U0544170

本书是国家文物局
“苏鲁豫皖先秦考古重点课题”
考古发掘成果报告之一

本书出版得到
国家重点文物保护专项补助经费支助

2016年国家社会科学基金重点课题项目
“侯家寨遗址发掘资料的整理与研究”（16AKG001）

定远侯家寨

（上）

考古报告

安徽省文物考古研究所 编著

阚绪杭 主编

科学出版社

北 京

内 容 简 介

本书是侯家寨遗址历年考古发掘与研究工作的系统总结。侯家寨遗址1977年发现，1985～1986年进行了两次375平方米的考古发掘，出土大量陶器、石器、骨角器和动物骨骼以及一批陶器刻划符号，是安徽省最早发现具有自身两期考古学文化特征的新石器时代遗址，其考古发掘研究成果，为淮河中游地区新石器时代考古树立了标尺，填补了该地区考古学文化的空白，对建立该地区新石器时代考古学分期框架和文化谱系研究具有极其重要的价值意义。

本书适合从事考古学、古文字学、文物博物馆学、历史学、陶瓷学、动物学、生态环境学及淮河中游地区历史与文化学研究的专家、学者以及高等院校相关专业师生参考、阅读。

图书在版编目（CIP）数据

定远侯家寨：全3册 / 安徽省文物考古研究所编著；阚绪杭主编.—北京：科学出版社，2022.12

ISBN 978-7-03-074190-5

Ⅰ. ①定… Ⅱ. ①安… ②阚… Ⅲ. ①新石器时代文化-文化遗址-考古发掘-安徽 Ⅳ. ①K878.05

中国版本图书馆CIP数据核字（2022）第235882号

责任编辑：雷　英 / 责任校对：邹慧卿

责任印制：肖　兴 / 封面设计：张　放

科学出版社 出版

北京东黄城根北街 16 号

邮政编码：100717

http://www.sciencep.com

中国科学院印刷厂 印刷

科学出版社发行　各地新华书店经销

*

2022年12月第　一　版　开本：889 × 1194　1/16

2022年12月第一次印刷　印张：21 1/2

字数：620 000

定价：850.00元（全三册）

（如有印装质量问题，我社负责调换）

主　编： 阚绪杭

副主编： 陈　艳　唐更生

序　言

李修松

（安徽省政协副主席、安徽大学博士生导师）

阚绪杭先生主编《定远侯家寨》一书，寄来书稿，嘱我写序。考虑到我从2000年任安徽省文化厅副厅长兼文物局局长，2008年之后虽然不再兼任文物局局长，但仍长期分管文物（包括文物、考古、博物馆）工作，2013年任安徽省政协副主席后，仍继续任文化厅副厅长分管文物工作，至2017年退出文化厅岗位，分管安徽全省文物工作历18年，故此我对省文物系统及文物工作充满感情，与阚绪杭先生更是成为知心的学术好友，遂不揣浅陋，欣然命笔。

阚绪杭先生是安徽明光市人，1975年毕业于南京大学考古专业，为首批二级文博研究馆员，安徽省直宣口“四个一批”拔尖人才，享受安徽省政府和国务院特殊津贴，是为我省文物考古事业做出杰出贡献的考古专家。他先后成功主持定远侯家寨、潜山薛家岗、蚌埠双墩新石器时代遗址的考古发掘，学术界据此三处发掘成果结合其周边同类文化研究，分别命名侯家寨文化、薛家岗文化和双墩文化，填补了安徽新石器时代文化空白，完善了文化分期框架与谱系。他所主持发掘的淮北隋唐大运河柳孜遗址被评为1999年全国十大考古新发现，获安徽省政府通报表彰。该遗址于2001年被公布为第五批全国重点文物保护单位，之后成为世界文化遗产中国大运河之重要文化遗产点。亦由他考古领队主持发掘的凤阳卞庄1号墓、蚌埠双墩1号墓，深刻揭示了春秋时期钟离国历史文化，提供了研究当时淮夷古国族难得的两批考古资料，产生了相当重要的影响。其中蚌埠双墩1号钟离君柏墓被评为2008年度全国十大考古新发现并获田野考古奖，同时获评中国社会科学院中国六大考古新发现而登上中国考古论坛，再获安徽省政府通报表彰。此外，他还先后主持过望江汪洋庙新石器时代遗址、潜山公山岗战国墓群、绩溪霞间北宋窑址、繁昌骆冲五代窑址、淮南唐代龙窑址等发掘，也都取得了重要成果。作为考古学家，能够主持这么多重要的考古发掘并取得如此重要的发掘成果，是十分难能可贵的，由此可见他敬业、勤奋、刻苦、拼搏、钻研的精神。尤其值得肯定的是，他退休后仍全身心扑在考古发掘资料的整理与研究上；他还受聘帮助凤阳县政府构建明中都皇城国家考古遗址公园，做了大量基础研究工作，并每每提供咨询。经长期辛勤努力，他完成了多项课题研究，编撰出版了10多部（册）考古著作，获国家文物局科技三等奖和安徽省社会科学著作一、二等奖。《定远侯家寨》，就是他主持整理研究并主编的成果之一。

侯家寨遗址于1977年发现，是江淮中部新石器时代中期一处距今7000～6000年典型的中心聚落遗址，位于安徽省定远县七里塘乡，面积约4万平方米，文化层厚达2.5米。内涵丰富，面貌复杂，特色明显，是研究江淮一带史前文化很好的切入点。1985年和1986年两次发掘，发掘面积375平方米。可分为上下两期。一期陶器均为手制，以夹砂红褐陶为主，器壁较为厚重，器形特征为鋬手平底罐与钵形釜配之以祖形支架，还有少量圆锥足鼎及鬶、豆、罐、盂、勺、碗、瓮、缸、盆等。特别是出土大量刻于陶器底部的刻划符号。另外还出土一些骨角器和石器，其中有许多鹿角勾形器分外引人注目。二期陶器手制仍较多，已出现轮修或轮制，以夹砂红褐陶为主，其次为泥质灰陶，器形以罐形与釜形鼎配套多种形状的三足炊器和大量彩陶为特征，还伴有钵、碗、豆、罐、甑、盂、盘、壶、盆等。另外，还出土一些玉石器和骨器。两期地层都出土许多动物和鱼类骨骼。侯家寨遗址是安徽省最早发现具有自身两期考古学文化不同特征的新石器时代遗址，其考古研究成果，为江淮地区及其周边一带新石器时代考古树立了标尺，填补了该地区考古学文化的空白，对建立该地区新石器时代考古学分期框架和文化谱系，具有重要的价值和意义。有的研究者曾提出将其归属于青莲岗文化双墩期或石山孜文化，但随着蚌埠双墩遗址的发掘及相关研究的深入，将其一期遗存归属于双墩文化、二期遗存及其附近的同类文化遗存命名为侯家寨文化，越来越成为共识。仅此，足可见该遗址之重要。

我对于侯家寨遗址的了解，始于2005年由中国先秦史学会、安徽省文化厅、蚌埠市人民政府联合主办的蚌埠双墩遗址暨双墩文化研讨会。我当时作为安徽省文化厅副厅长兼文物局局长，又利用担任中国先秦史学会副理事长等有利条件，亲自主持策划、组织了这次会议。为研讨、论证双墩文化，我们举办了一个展览，将侯家寨遗址一期出土的器物与双墩遗址出土的器物分类（如陶塑人头像、陶制祖形支架、陶釜、鹿角勾形器、陶器底部的刻划符号等）排列，从而证明了双墩遗址出土器物所反映的文化不是孤立的，与侯家寨一期文化等一起构成了这一带当时的双墩文化体系。这次展览中所展现的侯家寨一期器物，成为与会专家研讨论证并认可双墩文化的力证。在此基础上，这次会议还提出：双墩文化所发现的大量的刻划符号说明，淮河流域是我国文字起源的重要源头之一，在中国文字乃至世界文字起源过程中都具有重要的地位；淮河流域与黄河流域、长江流域一样，是中华文明重要的发祥地。可以说，这次会议之所以取得如此众多的成果，侯家寨遗址发掘成果所提供的论据，是十分重要的原因。

《定远侯家寨》书稿内容丰富，系统全面，沉甸厚重。可从四个方面介绍和评价其内容：

（1）侯家寨遗址考古发掘报告。内容包括“概述”“地层堆积与新石器时代遗存分期”“侯家寨一期遗存——双墩文化”“侯家寨二期遗存——侯家寨文化”“汉代墓葬”“结语”，共六章。这一部分是编者在对该遗址考古发掘资料分类整理、系统研究的基础上分章设节，依次展开编写的，可谓全面、系统、翔实地发布了该遗址的考古发掘资料，并相应进行了准确的阐述，结构合理，论述严谨，观点正确，对于研究安徽省江淮地区及其周边新石器时代历史文化意义重大，为考古学界、历史学界及相关学术领域研究侯家寨遗址乃至其他相关课题提供了珍贵的第一手资料，学术界自该遗址发掘后30多年来一直翘首以盼的这部分资料也将因该书的出版而得以公布。

（2）侯家寨遗址及其遗物之鉴定检测与研究报告。分别为“动物骨骼研究鉴定报告”“动物骨骼与^{14}C测年”“淮河中游农业考古”“侯家寨遗址二期植物性食物资源利用的淀粉粒证据”“双墩遗址、侯家寨遗址彩陶与红衣陶制作工艺的初步研究”，是配合该遗址考古发掘资料的整理、研究与发布分专题所做的鉴定检测和科研报告，为考古学、历史学及相关学术领域研究侯家寨遗址乃至其他相关课题研究，提供了难得的科技鉴定检测成果和科研报告。

（3）与研究侯家寨遗址相关的8项学术研究成果。包括“试论淮河流域的侯家寨文化”“苏鲁豫皖考古座谈会纪要”“安徽新石器文化发展谱系的初步观察”“关于安徽原始文化研究中的几个问题”“安徽江淮地区原始文化初探”“试析淮河中游地区的双墩遗址与双墩文化”“淮河流域双墩文化及其序列的初步研究与探讨”“蚌埠双墩遗址陶塑人头像的发现与观察”。另附有相关书目。这部分内容为深入研究侯家寨遗址，以及研究包括侯家寨一期文化在内的双墩文化、侯家寨文化乃至研究其周边的相关遗址，建立年代框架，构建安徽省江淮一带及其周边的文化谱系，提供了业已形成的多方面研究成果。

（4）关于侯家寨遗址7个方面的研究论文。分别为“侯家寨遗址分期、年代和文化研究”“环境考古研究”“技术工艺研究”“彩陶研究”“陶塑与陶支架研究”“鹿角勾形器研究”“刻划符号研究”。另有附录“侯家寨遗址考古发掘与整理研究年表”“引用书目”及后记。主要是从7个方面对侯家寨遗址进行较为深入的研究，为考古学、历史学及相关学科进一步研究侯家寨遗址乃至其他相关课题，打下了较好的基础，提供了有益的引导、启迪和学术参考。

全书以侯家寨遗址考古发掘报告为主干，配合提供了5项鉴定检测与科研报告，同时配合提供了7个方面的研究论文，可谓一主两翼，构成全书体系完备的整体。8篇相关研究成果的收录，进一步丰富了该书的内容，是不可多得的重要补充，为研究侯家寨遗址及其相关学术研究提供了诸多方便。

值得提出的是，作为本课题负责人的阚绪杭先生，在组织整理侯家寨遗址考古发掘资料、开展相应的鉴定检测和学术研究的过程中，着意选拔一批青年学生（包括博士后、博士、硕士生，甚至本科生）参与其中，精心予以传帮带，带出了一批人才，也带出了一批成果。虽然他们的研究成果有的还需要求精、求深，甚至个别观点尚待商榷，但是，这种在项目研究过程中重视青年、培养人才、提携后学的做法，无疑是值得肯定、支持和推广的。在这个过程中，阚绪杭先生长期默默付出了大量的心血和汗水，无疑说明了他高尚的学术品格。

根据上述内容分析，该书的出版，不仅对考古学、历史学，而且对古文字学、文物博物馆学、陶瓷学、古动物学、生态环境学，特别是对安徽省江淮地区及其周边的历史文化研究，都具有重要的价值和意义。是为序。

2020年2月10日

目　录

（上）

插图目录

插表目录

第一章　概　　述

第一节　自然环境与历史沿革

一、地理位置

定远县地处安徽省中东部，位于安徽省江淮分水岭北部，属淮河中游水系，一条起源于县境北部凤阳山的池河流经定远县全境，曲折蜿蜒穿过明光市的女山湖流入淮河。定远县行政隶属皖东滁州市，南邻合肥市的肥东县，北连凤阳县，西接合肥市的长丰县和淮南市，东与滁县、明光市接壤，地理坐标为：东经117°12′2″～118°5′22″，北纬32°12′6″～32°42′22″。

县境内交通便捷，自古有“境连八邑，衢通九省”之说。合肥至京、沪铁路与合徐高速公路穿越县境西部炉桥和永康均设有出口，县城设有京沪高铁站。合肥至蚌埠、淮南至滁州、定远至盱眙三条省道公路干线穿越交汇于境内，县、乡、村公路交织成网，形成四通八达的交通网络。公路客运已开辟至南京。合肥、蚌埠、滁州、淮北、淮南、明光、泗县等地市县直达班车。

二、自然环境

定远县地理环境优越，地势东北高，西南低，多为低山丘陵地貌，地形比较复杂。全县丘陵区面积343平方千米，约占全县总面积的12%。山脉主要有东部的皇甫山脉和北部的凤阳山脉，最高峰岱山，海拔347米。凤阳山横枕县境北部地区，最高峰狼窝山，海拔340米。山岗塝冲地形2300平方千米，约占全县总面积的80%。西南有海拔50米以下的成片小平原，面积约240平方千米，约占全县总面积的8%。小平原主要分布在炉桥镇和年家岗、严涧、八一、青洛、十里黄、七里塘六个乡镇的全境。另有熊仁、永康、孙集、九梓等乡镇的部分地区。县境内小平原形成的原因主要是洛河长期将凤阳山脉地表的大量泥沙带到中下游淤塞堆积，属堆积地形，地表多为第四系地层。县境内第四系地层发育除北部和东部低山丘陵外，其余地方均有分布。下部岩性，在炉桥出露的为青灰色亚黏土，含砾粉砂质亚黏土和亚砂土，在练铺、永宁等处出露的为沙砾石层；中部岩性，在青洛河、江港河、霸王桥为棕红色亚砂土，含砾亚黏土，粉砂质亚黏土，含铁锰结核和钙质结核；上部岩性，在炉桥、江巷、得胜集、池河等地为灰黄色粉砂质亚黏土、亚砂土、砂、砾石层，厚度50米。土层内含植物残片，腹足类和脊椎动物化石。

定远县境内水系发达，分池河、窑河两大水系，共有大小河流72条，其支流大多源于凤阳山和皇甫山。蜿蜒于南部和东部地域的池河，发源于凤阳山脉，流经明光市的女山湖入淮河。洛河、青洛河源于凤阳山西流入高唐湖。

定远县处于我国秦岭、淮河南北气候分界线南侧，属北亚热带气候向暖湿带气候过渡的地带。主要气候特征是四季分明，季风明显，气候温和，无霜期长，日照充足，雨量偏少。由于季风影响，四季雨量分布不均，时有旱涝灾害。年平均温度14.8℃，无霜期212天，年降水量924.7毫米，具有良好的自然环境，非常适宜人们的生活和生产。

定远县境内的名胜古迹有韭山洞名扬江淮，其洞口在凤阳县境内已经是旅游景点，开发中的九华山，以其青山、绿水、怪石、温泉浑然天成，山内古迹有能仁寺、莫邪寺、霸王寺等。

三、历史沿革[①]

定远县历史悠久，古为淮夷之地，春秋战国时期先属钟离后为楚地。

秦设郡县时属九江郡所辖的阴陵（治今定远县靠山乡古城村）东城县（治今定远县大桥乡三官集）。

两汉至三国时期建制如下：西汉时县境内设阴陵、东城二县和曲阳侯国（治今凤阳县龙头坝），均属九江郡。王莽改东城为“武城”，阴陵为“阴陆”，曲阳侯国为“延平亭”。东汉时恢复西汉旧称，将延平亭改称西曲阳，东城、阴陵、西曲阳三县皆隶属九江郡（治阴陵）。永平十五年（72年），东城改属徐州下邳国，三国魏时撤销东城、阴陵二县建制，改属淮南郡西曲阳县。

西晋恢复东城、阴陵二县制，仍属淮南郡。东晋建制与西晋同。

南北朝时期，江淮地区为南北激烈争夺的场所，归属和建制变动频繁。刘裕代晋称宋时，东城县先属南朝宋，后入北魏。南朝齐时，在境内设马丘郡（治今定远县兴隆乡蓝栅桥）。南朝梁武帝时，开始以“定远”为县名。据《太平寰宇记》载：“梁天监三年（504年），土人蔡丰据东城，自魏归，武帝嘉之，改曰丰城，立为定远郡，又改为广安郡定远县。”梁武帝普通五年（524年），派定远将军曹世宗攻破西曲阳，收复淮南失地，将西曲阳、阴陵东城三县并为定远郡，置定远县。“定远”县名含有安定边界、收复远方失地之意。梁大同六年（540

① 内容参照《定远县志》，黄山书社，1995年。

年）置安州（治今定远县大桥乡三官集），领定远、临濠二郡。南朝陈时，陈宣帝太建五年（573年）定远复归南朝。

北朝曾数度领辖县境。北魏孝文帝永平三年（510年），置安州（治今定远县大桥乡三官集），后又置北谯郡，治阴陵城（治今定远县靠山乡古城村），领南蔡（治阴陵城）、北谯（今凤阳县龙头坝）二县。北魏、东魏时，在今县境内曾设西沛郡，领肖、沛、平阳三桥县。北齐时，置广安郡（由梁临濠郡改名，位今定远县大桥乡）。大象元年（580年）入北国。

隋文帝仁寿元年（602年），改广安郡为临濠县（治东城），属濠州。隋炀帝改濠州为钟离郡，仍辖临濠县。

唐高祖武德三年（620年），改钟离郡临濠县为豪州定远县。唐玄宗天宝四年（745年）定远县治迁至定城。此后，历朝县治基本未动。天宝元年至乾元元年（742～758年）属钟离郡，后复豪州。

五代十国时，定远先属杨行密割据地区，后归南唐。后晋开运元年（944年）升定远县为定远军。显德三年（956年）归后周。

北宋时，定远先属淮南路，后属淮南西路濠州。南宋乾道元年（1165年）濠州团练使移戍藕塘，金兵攻占濠州和定城。嘉定四年（1211年）金兵退，县治迁回原址并筑定城土城。

元朝时，定远初属濠州，至元十五年（1278年）改属临淮府，至元二十八年（1291年）属河南江北行省安丰路濠州。

明洪武二年（1369年）九月，定远县直属中都（今凤阳城）。十三年（1380年）属六部凤阳府。永乐元年（1403年）一月属南京凤阳府。

清初定远县属江南行省，康熙六年（1667年）属安徽省凤颍六泗道凤阳府。

民国初实行省、道、县三级管理体制。民国元年（1912年）元月属安徽省，民国三年（1914年）至十七年（1928年）8月属安徽省淮泗道。民国二十一年（1932年）10月属第四专区，二十七年（1938年）10月改属第六专区，二十九年（1940年）4月改属第五专区。

1949年1月18日定远初属江淮第一分区；同年4月21日改属皖北行署滁县专区。1956年1月随宿县、滁县两专区合并，属蚌埠专区。1961年4月复属滁县专区。1971年3月改滁县专区为滁县地区；1979年2月改滁县地区为滁县地区行署，仍辖定远县。

定远县地处我国东西南北文化交汇的淮河中游，土地肥沃，物产丰富。侯家寨遗址的考古发掘研究证明，至少在7000年以前人类就在这里创造了远古新石器时代文明。有文献记载以来，这里是古淮夷之地；春秋战国先属钟离后属楚；秦汉时期置阴陵、东城县，之后改置临濠、钟离；南北朝时期置定远县至今。斗转星移，定远数度兴衰，到明朝时期城市颇具规模，市井繁荣兴盛，成为中都的重要拱卫之城。当今定远是全国产粮基地之一，林业和地下矿藏丰富。全县具有盐业、建材、轻工业、加工业、机械制造等多种经济开发区，县城正朝着一座新兴的工业化中等城市迅速发展。

第二节　遗址的概况与发掘经过

一、遗址概况

侯家寨遗址位于定远县城西约40千米的七里塘乡潘庄行政村袁庄自然村后300米处，遗址北距炉桥镇火车站7千米，北约3千米即是定远县城至炉桥镇公路。南约2千米即为七里塘乡政府所在地，青洛河古代应是流经遗址北侧，现如今修筑堤坝使河道北移与遗址相距约800米（图一）。

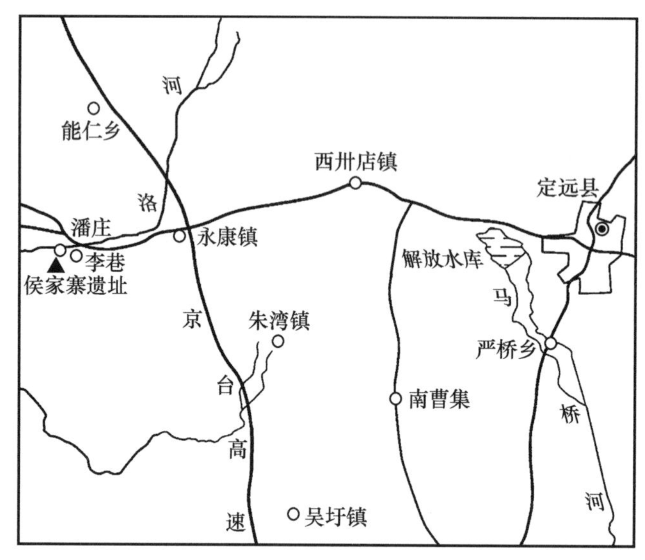

图一　侯家寨遗址位置示意图

遗址平面呈长方形，南北长200米，东西宽170米，总面积约34000平方米。遗址南部平坦，北部陡坡，从北向南呈缓坡逐渐低平，与遗址之外的农田持平，南北高差在3米以上。陡坡下往北低洼地带与青洛河相连，古代这里应该是一个小的湖泊。遗址东侧北高南低，高差从3米降至1.5米左右，有一条水沟沿遗址东侧陡坡而过。遗址西侧北高南低呈阶梯状陡坡，高差从2米降至1米左右，沿遗址西边缘有一条田间小路。该遗址与周边均为农耕田，遗址地表分布大量的碎陶片、动物骨骼、螺蚌壳和红烧土颗粒等文化遗物。这不仅说明该遗址内涵丰富，同时也说明该遗址上层已经遭到历年来农耕的较大破坏（彩版一）。

二、发掘经过

1. 遗址的发现

1977年，在安徽省博物馆工作的笔者（阚绪杭）参加安徽省委组织的下农村党的基本路线教育工作队，进驻安徽省定远县青洛乡李巷村。同年4月的一个傍晚，为改善伙食，笔者与李巷村民兵营长外出抓黄鳝泥鳅时，无意中发现一个半露倒扣在高坎沟埂边上的红褐色陶器，与现代陶器有明显不同，于是，笔者就将它抠出来装袋带回驻地。

第二天，笔者将这件陶器清洗晾干后拼接粘对，发现它是一件外红褐内黑色夹炭陶圈足钵形碗，具有马家浜文化时期陶器的特征，年代也应相近。为确认自己的判断，当天上午笔者又到那个发现陶器的地方进行查看，发现这里是一处高于周边2～3米的农田高地，地表分布大量的红烧土小块和颗粒、陶器碎片、动物骨骼等文化遗物，陶器多为夹炭或夹砂粗红褐色陶。高坎断面有2米左右的文化堆积地层，地层内含红烧土颗粒和碎陶片等文化遗物。根据现场考古调查与观察，确定这里是一处年代很早的新石器时代遗址，这个台地是由古人类长期居住活动而形成的文化堆积。

侯家寨遗址由两部分组成，一部分是新石器时代文化堆积，一部分是汉代人在遗址上埋葬的土坑墓。新石器时代文化遗址是笔者在1977年发现的，埋葬在遗址上的汉代墓葬是笔者在1985年发掘遗址时发现的。

2. 遗址的发掘

1978年春，作为安徽省博物馆工作人员的笔者和卢茂村两人到徽州、安庆、六安等地进行流散文物征集和野外考古调查，在调查中又发现薛家岗新石器时代遗址。

在当时，安徽的史前考古非常薄弱。为填补安徽新石器时代文化的空白，我们随即向安徽省博物馆领导，特别是向刚成立不久的安徽省文物局的洪沛局长提出开展安徽新石器时代考古的意见和要求。洪沛局长专门带安徽省文物局部门领导来安徽省博物馆调研，认真听取我们科研室同志关于田野考古学研究在安徽文博事业发展中的重要性及其意义，通过对典型遗址的发掘解决和填补安徽考古学文化空白、增加博物馆藏品与展览文物等意见，并建议成立博物馆考古队。1979年初，安徽省文物局将在博物馆工作的笔者、张敬国、高一龙三人调到安徽省文物工作队，后改为安徽省文物考古研究所。1979～1984年，安徽省文物考古研究所杨德标、笔者、贾庆元、高一龙等与安庆地区张超儒、余本爱、宋康年、刘兴汉、姚中亮等及安徽省内部分地市县的文博人员分批分期对潜山县薛家岗、汪洋庙、黄鳝嘴、天顶寨等遗址进行了新石器时代遗址考古发掘研究工作，确立了安徽长江地区新石器时代薛家岗文化，填补了安徽没有自己考古学文化的空白。

薛家岗等遗址考古和整理工作结束以后，为解决侯家寨遗址的年代和内涵问题，1985年春笔者开始对侯家寨遗址进行试掘工作。试掘工作于5月3日至5月25日结束，历时23天。试掘选择在遗址北部最高的地方，正方向开东西3米×南北10米探沟一条，发掘面积30平方米，探方编号为T1。遗址保存最好的地方文化层堆积厚达2.5米左右，可分为四个自然文化堆积地层。试掘取得了丰硕成果，获得了一批面貌一新的新石器时代文化遗物。此次试掘工作得到了当时定远县文化局和七里塘乡、潘庄村袁庄自然村的大力支持和帮助，参加试掘工作的有定远县七里塘乡文化站张行方。

为了进一步弄清侯家寨遗址内涵的文化面貌，取得更多的文物、遗迹等方面的考古资料来证明其文化属性，1986年笔者正式申报领队发掘侯家寨遗址，即第二次发掘，发掘工作从1986年9月开始至11月结束。此次发掘前对遗址进行了平面人工拉皮尺测量，绘制了遗址平面图，在遗址北部中间部位埋下水泥柱桩作为永久测绘坐标点。这次发掘没有统一布方，在第一次试掘T1的北边开10米×10米探方2个，探方编号T2、T3；在遗址中间和近遗址西边缘处各开5米×10米探方1个，编号T4、T5；遗址北部偏东开5米×7米探方1个，编号T6。发掘面积345平方米（不包括扩方）。

第二次发掘工作由安徽省文物考古研究所阚绪杭（领队）、何长风、胡欣民、韩立刚、汪景辉和定远县七里塘乡文化站张行芳参加。发掘工作得到当时定远县文化局副局长沈静、文物干部姚刚和七里塘乡何炳饶等同志的大力支持。

两次发掘共开探方6个，发掘面积375平方米（包括扩方面积在内）（图二、图三；彩版二、彩版三）。

目前侯家寨遗址是省级重点文物保护单位，由于该遗址远离城市建设用地范围，至今仍为农耕旱田，保存完好。但是也出现了一些值得关注的情况，如在遗址上有高压电线铁塔，最不应该出现的是几座新葬的坟墓，希望这些破坏遗址保存的现象能得到及时的制止。

第三节　资料整理与学术研究

一、资料整理

侯家寨遗址发掘结束后的第二年，即1987年，笔者就开始了出土器物的修复和发掘资料的整理。首先整理了打破遗址文化层的汉代土坑墓葬，并撰写了《安徽定远侯家寨西汉墓》与《定远侯家寨汉墓》两篇简报，分别发表在《考古》1987年第6期和《文物研究》第4辑（1988年）。至1988年完成了部分新石器出土器物的修复、绘图、照相和器物分类排对的基础工作。整理期间，撰写了《定远县侯家寨新石器时代遗址发掘简报》，刊于《文物研究》第5辑（1989年）。参加1987～1988年整理工作的人员有：阚绪杭、郑玲、葛林等；照相、拓片：马启来、杨瑞久、阚绪杭等。

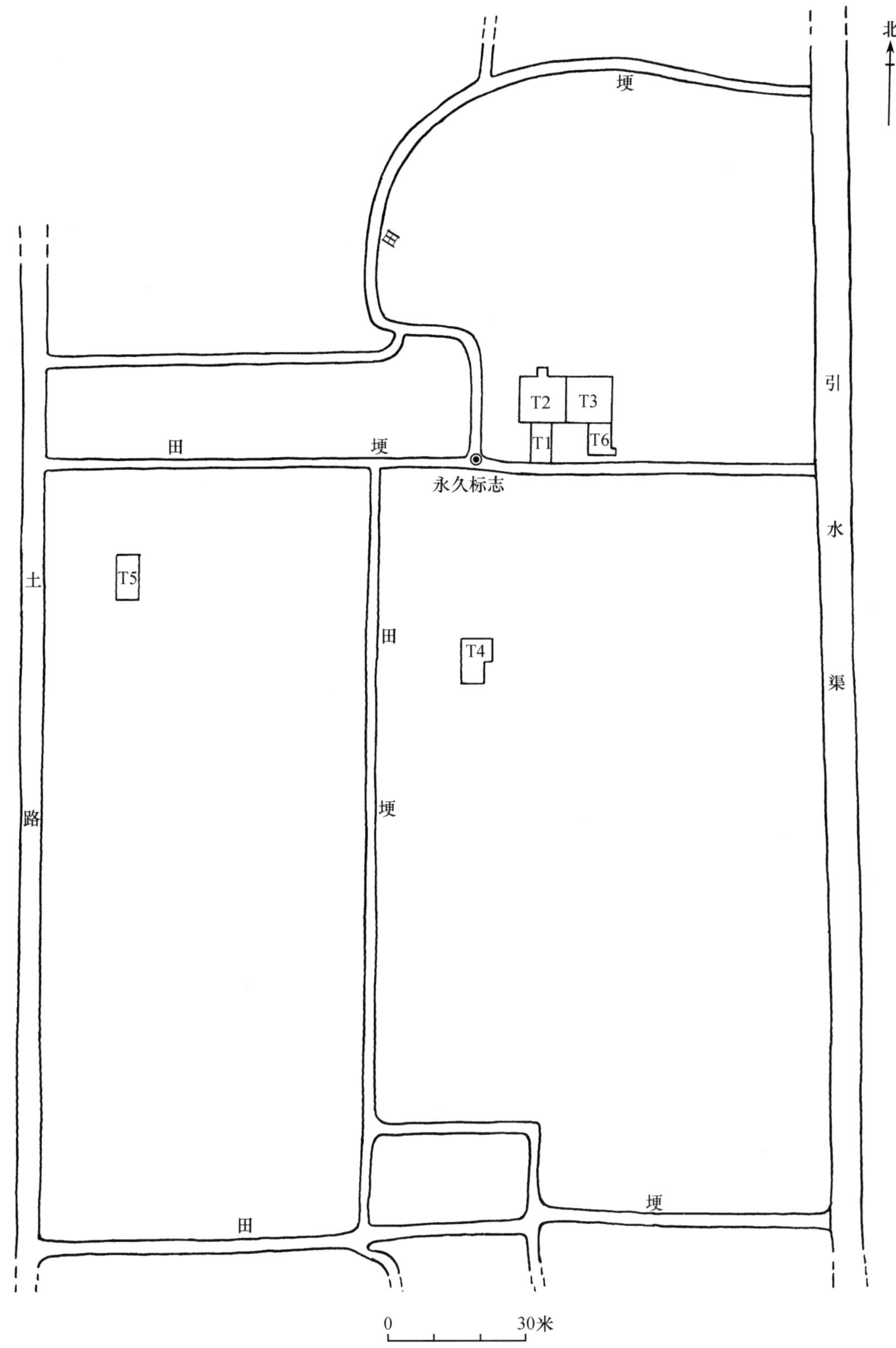

图二　侯家寨遗址平面和发掘探方分布图

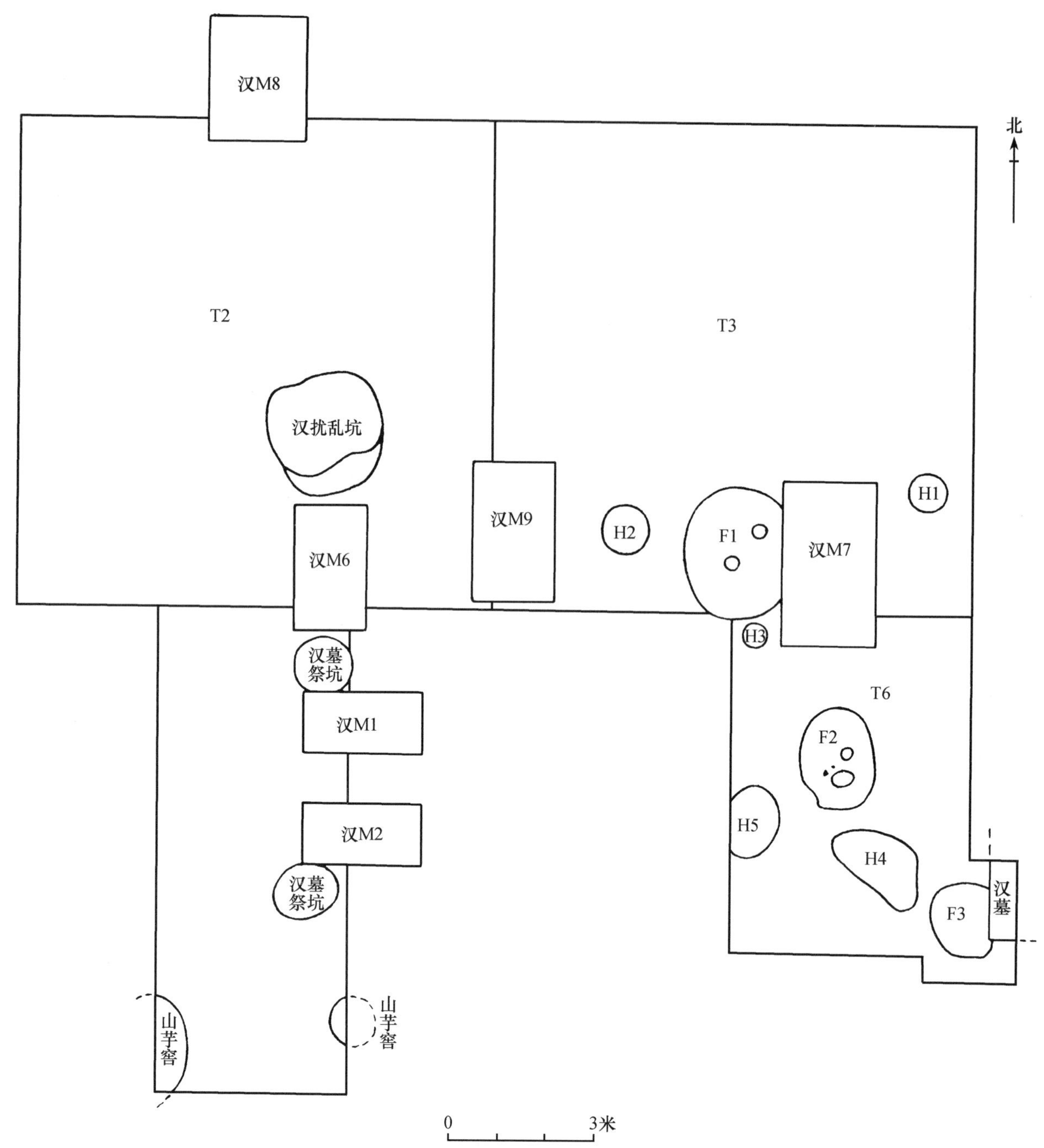

图三　侯家寨遗址部分探方遗迹分布图

之后，编写“侯家寨遗址发掘报告”被列入安徽省1995年社会科学重点科研课题。但是由于当年考古所条件简陋和场地的限制，发掘材料被多次打包搬迁又被多次打开，而整理研究工作一直在断断续续地进行，没有放弃。为参加1993年在山东济南召开的中国考古学会年会，撰写了《试论淮河流域的侯家寨文化》，刊于《中国考古学会第九次年会论文集》（1997年）。

1999年因配合基本建设野外考古繁忙，侯家寨遗址资料整理工作又被搁置下来，在此期间，侯家寨遗址文物被装箱搬运到合肥经开区科研基地仓库（今安徽省文物考古研究所）。

2012年笔者完成了蚌埠双墩《钟离君柏墓》发掘报告的整理研究和出版工作回到合肥，再次提出整理侯家寨遗址考古发掘报告，得到安徽省文物局领导和单位领导的大力支持。自侯家寨遗址1985～1986年发掘至当时已有26个年头之多。

在合肥经开区安徽省文物考古研究所科研基地再次开包整理。这次整理之初，对1999年之前整理的侯家寨遗址的基础材料进行了检查核实，发现存在诸多问题：一是没有编号，选用的器物残件与文字、表格难以核对；二是出土器物修复太少，质量差，多已破碎，特别是复原修复量不足；三是绘图量太少，不能更多地反映发掘遗存的器物群面貌；四是黑白照片与底片年代久远，无法再用。在此情况下，资料整理基本全部重新开始：从器物修复、绘图、照相、分型分式等基础工作做起。至2017年12月，基本完成上述基础材料的收集整理工作。参加这次整理工作的人员有：阚绪杭（主持）、陈艳、高超、唐更生等。动物骨骼整理工作：戴玲玲、罗运兵、陶洋。器物修复：王广珍、梁苏红。器物绘图描图：刘坠生。野外拍摄和器物照相：阚绪杭。刻划符号拓片：金春刚等。动物骨骼测年选送：戴玲玲等。

考古发掘报告内容编排参照通常考古发掘报告体例，全面而系统地编撰了1985～1986年侯家寨遗址的两次发掘材料。发掘报告部分分为两册，一册为考古发掘资料整理研究报告篇，为：概述、地层、下层一期双墩文化遗存、上层二期侯家寨文化遗存。出土遗物按照两期分别编写，遗迹、陶器、玉石器、骨角器、刻划符号、分期与年代，之后是汉代墓葬、结语、发掘资料“鉴定检测与研究报告”专题篇等章节，并附有器物插图。另一册为附录及彩色图版。除了发掘报告两册外，还编有安徽大学考古师生们在这次侯家寨遗址报告整理期间申报的社会科学课题研究论文一册，与两册报告共三册。

侯家寨遗址两次发掘共清理了9座汉代土坑墓葬，打破遗址文化地层，虽然在出版本报告之前对这批墓葬已经分别做了整理并刊发了简报，但是为了全面了解侯家寨遗址两次发掘的资料，这次同时将这批汉墓材料进行了重新修复、绘图、照相、整理，并收编在上册中。

二、学术研究

侯家寨遗址通过1985～1986年两次小面积的发掘取得了重大考古新发现。1987年在《中国文物报》上发布了考古新发现消息。1991年5月国家文物局在合肥召开“苏鲁豫皖考古工作座谈会”，会上与会领导、专家对侯家寨遗址发掘材料和正在发掘的双墩遗址给予了高度评价。1993年，笔者在中国考古学会济南年会上撰文提出了“侯家寨文化”，此后考古界很多学者均对侯家寨文化内涵进行研究，并撰文讨论，揭开了安徽淮河流域新石器时代考古学文化研究的序幕。

经过多年的断续整理，对侯家寨遗址内涵已经有了一个清晰明确的认识。根据遗址地层的内涵，其具有上下两期不同的文化面貌，其下层与蚌埠双墩遗址建立了一个新的考古学文化，即“双墩文化”。而上层文化面貌新颖，是由侯家寨遗址下层（双墩文化）延续发展起来的一种新的文化，以1993年提出的“侯家寨文化”命名。本报告的编写更进一步确立了侯家寨遗址内涵不同期段的器物群特征，并单独列章对其分期和文化属性进行了讨论。

侯家寨遗址发掘材料整理期间对安徽大学历史系考古专业和中国科学技术大学科技史与科技考古系师生开放，为其提供考古资料选题以撰写论文，毕业了多位本科生、硕士生、博士生与博士后。还申报了学校、安徽省教育厅多项研究课题项目，2016年安徽大学与安徽省文物考古研究所合作申报了国家社会科学基金重点课题项目“侯家寨遗址发掘资料的整理与研究”等。

第二章　地层堆积与新石器时代遗存分期

第一节　地层堆积

一、布方与发掘面积

侯家寨遗址1985年试掘开3米×10米探沟一条，1986年正式发掘开10米×10米探方2个，5米×10米探方2个，5米×7米探方1个，共开探方（沟）6个，总发掘面积（包括扩方）375平方米（图二）。

二、地层堆积

通过发掘了解到侯家寨遗址除了被汉代墓葬、水坑和少数近现代山芋窖打破外，为单一的新石器时代文化遗址，文化地层堆积厚度在已发掘的6个探方中深浅不一，与这个台形遗址北高南低的地势相一致。北部探方地层最厚达2.5米左右，而南部的文化层比较浅，仅有1.6米左右。

该遗址发现3座浅穴房基残存居住面：F1～F3。F1位于T3南部，F2位于T6中部，F3位于T6东南角。3座房址均开口于1层下，打破第2层。

灰坑5个：H1～H3，位于T3东南部，均开口于1层下，打破第2层；H4位于T6东南部，H5位于T6西南部。灰坑均开口于1层下，打破第2层。

柱洞7个和一段残存墙基槽，位于T4中部，地层关系为3层下。

三、地层成因

侯家寨文化地层成因，根据各个地层的文化层土质、土色及内涵物等做如下说明和推测。

（1）第1层为耕土层，其内涵为大量的新石器时代文化遗物和少量近现代文化遗物。农耕或其他原因致使该遗址原来的高度受到一定的破坏，如在第1层下发现土坑汉墓、新石器房基、灰坑遗迹多残破不全，有的遭到严重破坏，这就说明该遗址的文化堆积远比现在的要厚。

（2）第2层文化层内含灰烬、红烧土等杂物，质地结构较紧密。该层除了自身堆积外，还有第1层下开口的汉代土坑墓葬、新石器时代残房基居住面、灰坑遗迹打破和叠压。地层内含有大量的陶片、动物骨骼等文化遗物。该文化层应为当年人类居住类活动形成。

（3）第3层文化层堆积有两种情况，一种地层结构较紧，为原堆积地层，即人类居住活动形成。另一种地层结构较松，内含大量陶片，这些陶片破碎块小，不像器物被摔碎直接扔在这里的情况，好像是当时人们平整场地移动扰乱而形成。

（4）第4层土质呈瓣状，接近生土层，结构紧密，其下为生土层。此层应是人们来到这里最早居住生活形成的文化堆积地层，因此可以看到一些陶片和动物骨骼夹嵌在几乎是生土的地层中。

四、发掘探方地层剖面

侯家寨遗址文化地层堆积厚度在1.6～2.5米，根据土色土质可以划分为4个自然文化地层。现以T1东剖面、T3南剖面为例说明如下：

1. T1东壁剖面

第1层：灰黄色，耕土层，土质细而松散。厚20～25厘米。内含较多的新石器时代文化遗物，如夹炭或夹蚌末的粗红褐色陶片、红烧土块及颗粒、动物骨骼以及近现代陶瓷片、砖瓦碎片等。

第2层：黄灰色，土质较硬。深20～25、厚100～125厘米。底层内含有较多的红烧土块、陶片和残陶器、少量残石器和动物骨骼、螺蚌壳等文化遗物。能辨认的器形有陶鼎足、豆柄、碗、钵、圈足等。局部地层被汉代土坑墓葬和现代山芋窖等遗迹打破。

第3层：灰色，土质较硬。深120～150、厚30～85厘米。地层中含有大量的陶片、红烧土块、少量石器等文化遗物。能辨认器形的有罐、钵形釜口沿、支架、盂形器、钵形碗等残陶器。还有大量的动物骨骼和螺蚌壳等遗物。

第4层：深灰色，土质较坚硬。深150～210、厚30～85厘米。地层中含红烧土块、较多的红烧土颗粒，以及大量的陶片等文化遗物，能辨认器形的有钵形釜、罐形釜、仿男性生殖器支架等陶器。还有一定数量的动物骨骼等。

第4层以下为灰褐色瓣状生土层，不含文化遗物（图四，1）。

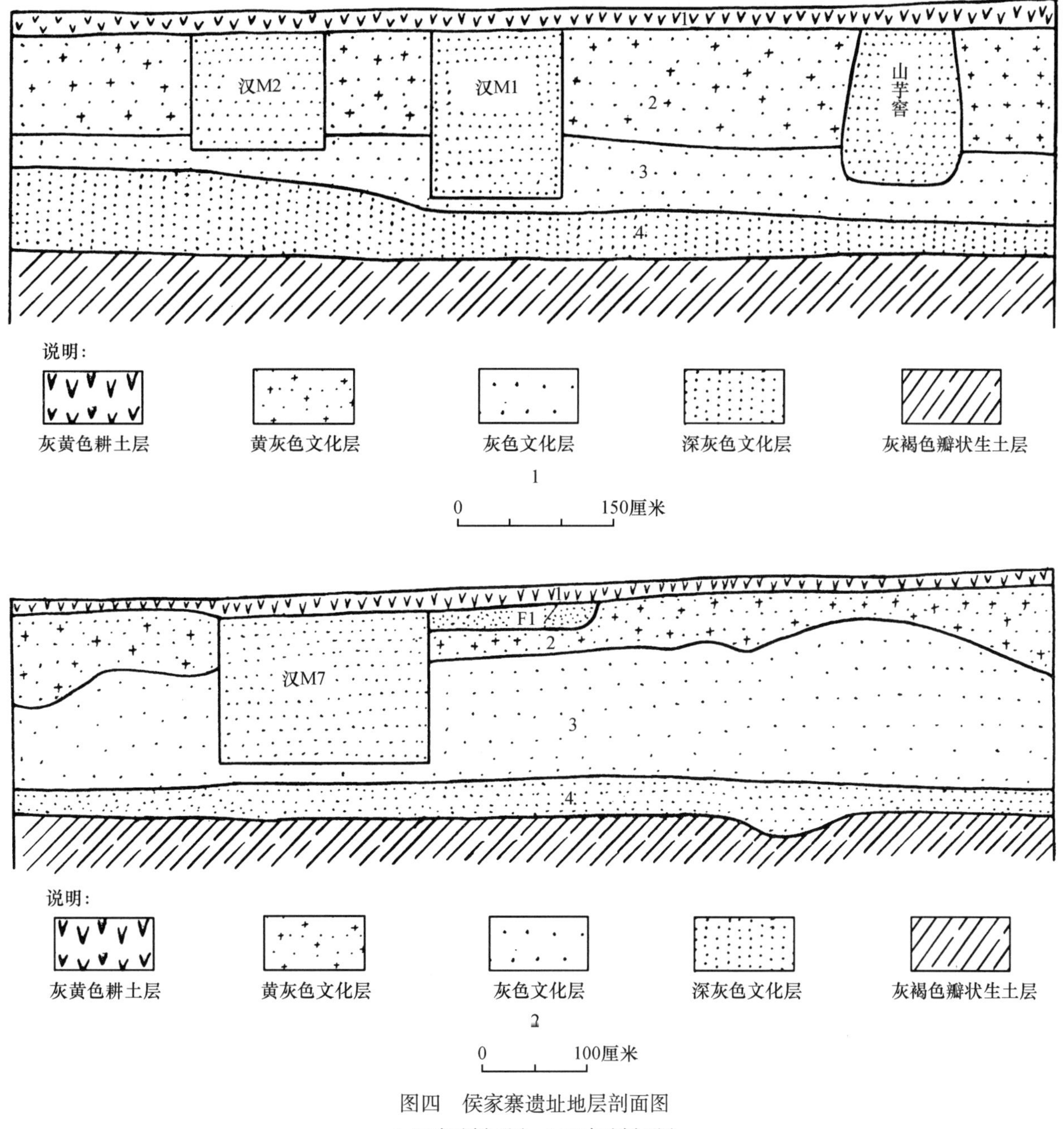

图四　侯家寨遗址地层剖面图

1. T1东壁剖面图　2. T3南壁剖面图

2. T3南壁剖面

第1层：灰黄色，耕土层。土质细而松软。厚15～20厘米。地层内含有较多的新石器时代文化遗物，如粗红褐色陶片、少量动物骨骼等。还含有近现代陶瓷片等遗物。

第2层：黄灰色，土质较硬。深15～20、厚20～90厘米。地层内含大量的红烧土、兽骨、陶片、螺蚌壳，少量石器等文化遗物。能辨认的器形有陶鼎、盂、釜和石锛等。打破此地层的有汉代土坑墓葬和新石器时代灰坑、残房基等文化遗迹。

第3层：灰色，土质较紧。深45～110、厚80～160厘米。地层内含有红烧土块和大量陶片。在T3和T4两个探方中此层陶片分布比较集中，呈堆积状态分布，陶片均破碎严重，块小，很难辨认是哪种陶器上的碎片。能辨认器形的有陶釜、支架、盂、钵形碗等。底层内还含有大量的动物骨骼和螺蚌壳等。

第4层：深灰色，土质较硬。深180～210、厚20～55厘米。地层内含有红烧土颗粒、陶片和动物骨骼等。能辨认的器形有陶釜、钵、钵形碗、支架等。

第4层以下为灰褐色瓣状生土层，不含文化遗物（图四，2）。

第二节　新石器时代遗存分期

侯家寨遗址共发掘6个探方共375平方米，每个探方均可分为4个自然文化地层。地层关系较为单一，为简单的上下叠压关系。6个探方除了第1层为耕土层之外，其余3层为可通连的层位，均是单一的新石器文化地层。侯家寨遗址有3个房址：F1～F3；5个灰坑：H1～H5，均开口于第1层下，打破第2层。柱洞7个和一段墙基槽，开口于3层下，其包含的遗物较少，以红烧土碎块为主。遗址中发现汉代墓葬9座，均开口于1层下，打破第2层。因第1层为耕土层，其出土器物通过整理将一部分与第2层相同的器物归到侯家寨新石器第2层遗存。

根据地层叠压关系、土质土色及包含物分析，第3、4两层土色为灰色和深灰色，土质较紧，包含物为釜、钵、支架、刻划符号、鹿角勾形器、动物骨骼、螺蛳壳等。陶器多红褐色夹蚌末粗陶或夹炭红衣陶，器形较大。第3、4两层流行粗红褐色陶釜、钵、支架、刻划符号、鹿角勾形器等，在第2层均不见这些器物。可见，第3、4两层关系更为密切，包含物也极为相似。可将侯家寨新石器第3、4两层划为侯家寨一期遗存。7个柱洞和一段墙基槽开口于3层下，可见柱洞与基槽相对晚于第3层。依据以上地层和遗迹内包含物的种类、器形等判断，其和淮河中游的双墩遗址应属于同一考古学文化——双墩文化。

侯家寨遗址第2层为灰黄色土层，地层内含大量的红烧土、兽骨、陶片、螺蚌壳，少量石器等文化遗物。能辨认的器形有陶鼎、豆、盂、釜及石锛等。陶质除红褐色夹蚌末陶之外，夹炭和泥质彩陶占据重要地位。第1层为浅灰黄色，土质细而松软，为耕土层，但第1层出土部分新石器遗物和第2层出土的器物种类、器形均基本相同，如粗红褐色陶鼎、泥质彩陶豆和罐等。

此外，侯家寨遗址发现有5个灰坑和3个残居住面，均开口于1层下、打破第2层，显然这5个灰坑H1～H5和3个残居住面F1～F3的年代应晚于第2层。在残居住面和灰坑里，包含物和器形基本相同。如 F1发现有较多的陶片，能辨认的有泥质彩陶片、鼎等；F2有残陶鼎等文化遗物；F3有陶鼎、彩陶豆、盖纽等。H1内有彩陶罐、彩陶豆、甑等；H2出土有陶盂、陶球；H3出土了彩陶罐、彩陶豆、鼎等；H4出土了陶鼎；H5有陶鼎、彩陶豆。显然，第2层、残居住面、灰坑及第1层所包含的部分新石器时代遗物，均流行夹炭和泥质彩陶或黑陶豆、彩陶罐及红褐鼎等，流行的文化遗存种类、器形基本相同而区别于第3、4两层。这一晚于一期具有新颖的文化特征器物群的是侯家寨二期遗存。因侯家寨二期独特的考古学文化特征，且在同一类型考古学文化中发现较早，根据考古学命名原则，命名为“侯家寨文化”（表一）。

表一　侯家寨遗址考古学文化分期表

文化分期	地层、遗迹	代表性器物群与文化属性	其他
二期文化（上层）	②、灰坑、房址	以炊器各种类型的三足陶鼎器物群等组合，文化属性为“侯家寨文化”	彩陶器、盂形器等
一期文化（下层）	③	以炊器祖形支架与罐形、钵形陶釜器物群等组合，文化属性为“双墩文化”	刻划符号、鹿角勾形器
	④		

第三章　侯家寨一期遗存——双墩文化

侯家寨下层一期包括第3、4层两个地层、柱洞与墙基槽遗迹，以及出土遗物。出土文化遗物以陶器、石器、骨角器、刻划符号和鹿角勾形器等为主。陶器以夹蚌末为主，部分夹炭，少见泥质陶。

第一节　一期文化遗迹

侯家寨一期文化遗迹发现较少，仅在T4中部发现柱洞、墙基槽、殉狗等遗迹现象。遗迹均开口于3层下，打破第4层。

一、柱洞与墙基槽遗迹

柱洞与墙基槽遗迹位于T4中部，在2米×2.5米范围内分布有7个柱洞和一段墙基槽、薄红烧土层等。7个柱洞四大三小，深浅不一，分布没有规律性（表二）。柱洞形状均为圆形直壁弧底，洞内填满红烧土碎块，结构较紧密。残存墙基槽东西向分布，长3.5、宽0.2、深0.18米，基槽内填土紧密，有1个柱洞正好位于基槽上。基槽西部被破坏并向探方东隔梁内延伸，没有扩方清理，整体情况不清楚（图五）。

表二　侯家寨遗址柱洞登记表

柱洞编号	柱洞尺寸（直径×深/厘米）
Z1	80×15
Z2	65×35
Z3	75×20
Z4	60×25
Z5	50×10
Z6	40×10
Z7	50×10

二、殉狗祭祀遗迹

该遗迹发现于T4中部，位于柱洞与墙基槽及红烧土遗迹分布范围的北部，两种遗迹之间是否有关联性尚不清楚。该遗迹发现一具完整的狗骨架，姿态蜷曲，其周围分散有狗头、猪头、肢骨、龟板、鳖壳等（图五、图六；彩版四）。

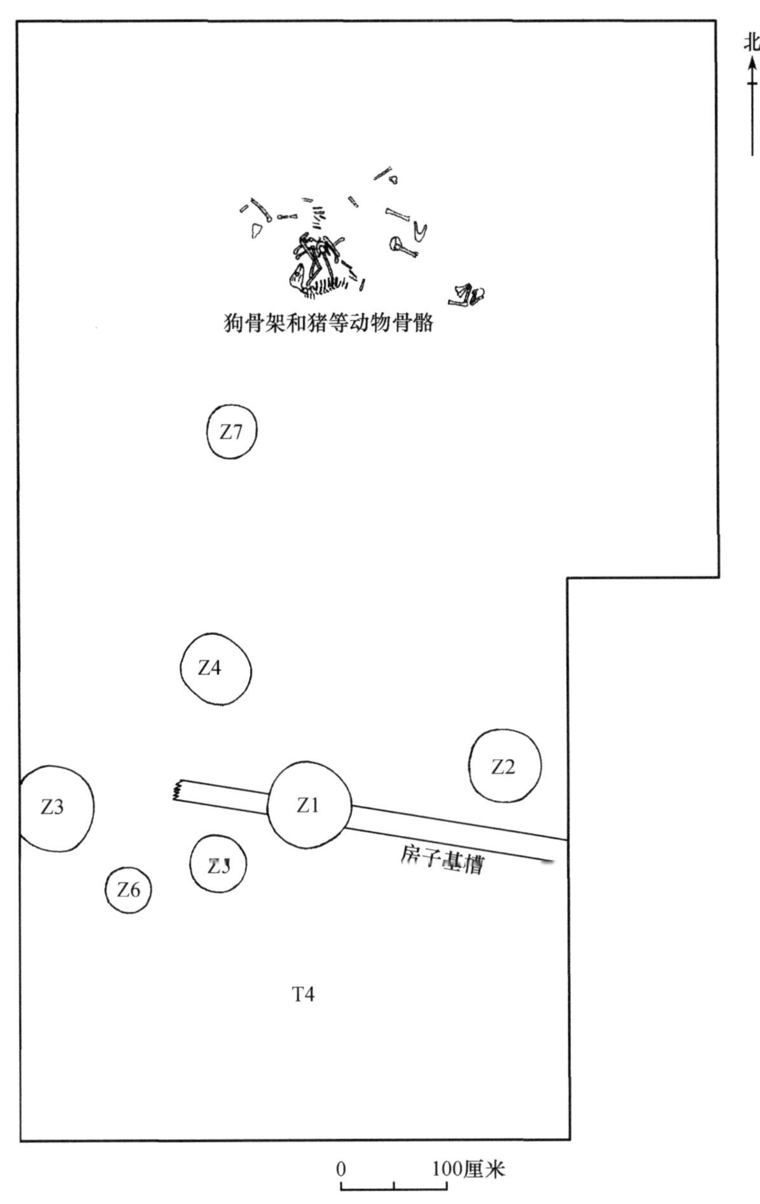

图五　侯家寨遗址T4③下房子与祭祀遗迹平面图

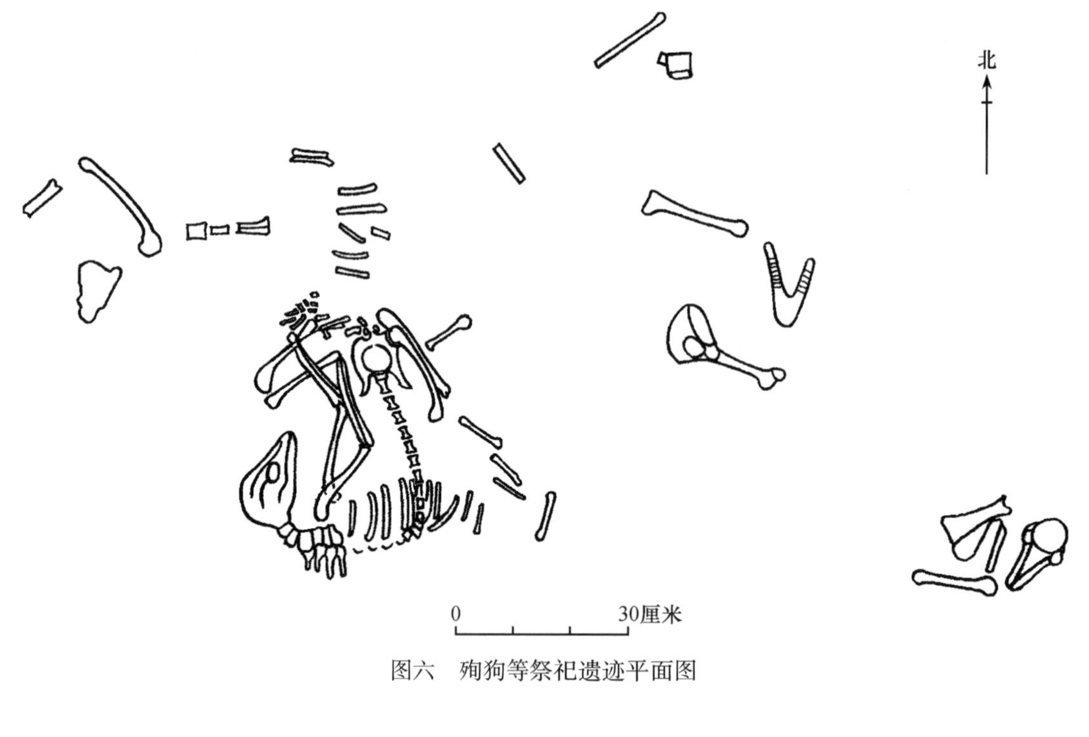

图六　殉狗等祭祀遗迹平面图

第二节　一期文化遗物

一、陶　器

侯家寨一期出土陶器最多的是陶片，还有特殊的陶器刻划符号等。第3、4两层内陶片非常多，部分探方中有的地方几乎是陶片堆积层，但是这些丰富的陶片都很破碎，能拼对修复完整器形的极少。陶质陶色多为夹蚌末或夹砂褐色陶、红褐色陶和外红内黑色陶，有一部分夹炭黑色胎陶，这种陶胎夹植物叶茎类有机物，烧后胎内留有气孔，有极少数夹砂或夹蚌末灰色陶和黑色陶，罕见灰色陶。陶器器形多较大，除了夹炭陶器体重较轻外，其余陶器胎壁皆粗糙厚重，器表多抹平或磨光。陶器纹饰以抹光素面为主，但是也往往在器物的口部、颈肩、耳系鋬手、腹、柄等部位饰以指甲纹、刻划纹、附加堆纹，少见乳钉纹、捺窝纹等简单而粗糙的单一或组合纹饰。制陶工艺均为手制，大件陶器为泥饼对接整形，小件手捏成型，复杂一点的器形先分段成型再对接整形，最后内外刮削和磨光等。陶器主要是生活器皿，有少量工具类器物。流行鋬手、耳系、平底、矮圈足等。第3、4两层出土陶器以四鋬手平底罐形釜和钵形釜与仿男性生殖器的祖形支架配套使用的炊器为典型的器物群特征。器形还有碗、勺、钵、罐、盆、盂、器盖、支架、甑、鬶类生活用具和纺轮、陶挫、圆饼类工具等。

（一）炊器

一期文化炊器主要由各类釜、支架、灶框、甑、勺、鼎和极少的鬶等陶器组合构成。

1. 陶釜类

68件。釜类器形数量较多，多为口腹部的残片，有少量的残件，仅修复30余件。陶色多为红褐色，有一些为外红内黑色。胎壁较厚且粗糙，多夹蚌末，少数夹砂。器形较大，主要是罐形和钵形釜两种，其特征为平底和两个或四个对称鋬手。纹饰以素面为主，有少量的指切纹和戳刺纹。依其口部和腹部的形制不同，可分为A、B两型。

A型　10件。罐形釜。

均为残件修复。陶色多为红褐色，少量为外红内黑色。陶胎以夹蚌末为主，有少量的夹砂和夹炭陶。口部较大，带沿或无沿两种，深腹，平底，四个或两个对称鋬手。根据口、腹部的不同，又分为Aa、Ab、Ac三亚型。

Aa型　4件。为有沿深腹罐形釜。

均为残件修复。为有沿深腹罐形釜，最大腹径偏下。平底，窄鸡冠形对称鋬手。T4④：31，为口腹部残片修复。胎壁粗厚夹蚌末，内外表红褐色，器内有刮削痕。口部卷沿较窄。复原通高26.3、口径16、腹径26.3、底径14.8厘米（图七，1；彩版五，1）。T2④：286，为口腹部残件修复。胎壁粗厚夹蚌末或炭，外表红褐色，内表黑色，器表内外有明显的整平刮削痕。口沿较宽外侈。复原通高29.4、口径21.4、腹径29、底径17.2厘米（图七，2；彩版五，2）。T3③：138，为口腹部残片修复。陶色内外均红褐色，口部卷沿。复原通高26.4、口径19.6、腹径25.8、底径15.6厘米（图七，3；彩版五，3）。T2③：156，为口腹部残片修复。陶色外红内黑色，口部直沿，沿内外侈。对称鋬手冠部饰指切纹。复原通高28.8、口径21.8、腹径28、底径16厘米（图七，4；彩版五，4）。

Ab型　2件。为有沿鼓腹罐形釜。

为口腹部残片修复。陶色内外均为红褐色，胎质夹蚌末。口部有大小两种，卷沿，弧腹，平底。肩腹部有两个或四个对称鋬手。对称鋬手冠部饰指切纹。T3③：213，为大口，宽沿外卷，颈部微束，饰四个对称鸡冠形鋬手。复原通高25、口径27.6、腹径25、底径16.8厘米（图七，5；彩版五，5）。T3④：61，为小口，束颈。腹部为圆弧形鼓腹。小平底。肩部横装两对称窄鸡冠形鋬手，对称鋬手冠部饰指切纹。复原通高26.4、口径16、腹径27.6、底径15.6厘米（图七，6；彩版五，6）。

Ac型　4件。为无沿鼓腹罐形釜。

均为口腹部残片修复。陶色内外均为红褐色，胎质夹蚌末。器形有大小之分，口部无沿，口内敛，圆弧腹，平底，饰两个或四个对称鸡冠形鋬手。T1④：92，鸡冠形鋬手冠部饰指切纹。复原通高33.4、口径37、腹径42.2、底径21.4厘米（图八，1；彩版六，1）。T1④：93，

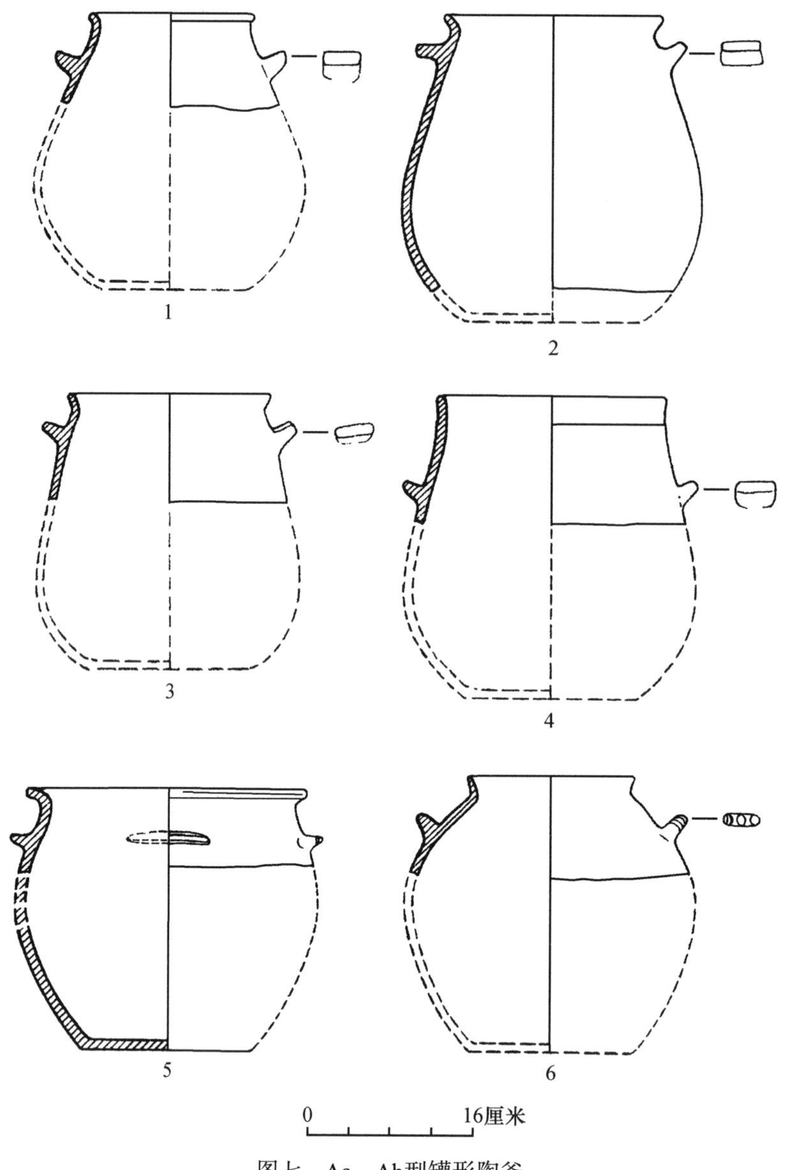

图七　Aa、Ab型罐形陶釜

1～4. Aa型（T4④：31、T2④：286、T3③：138、T2③：156）　5、6. Ab型（T3③：213、T3④：61）

鸡冠形鋬手冠部饰指切纹。复原通高32、口径33.4、腹径39.8、底径21.4厘米（图八，2；彩版六，2）。T2③：155，器形较小，口部无沿，肩部横装两对称窄鸡冠形鋬手。复原通高23.8、口径18、腹径25.3、底径14厘米（图八，3；彩版六，3）。T4④：29，为口沿部残片修复。陶色内外均为红褐色，胎质夹蚌末。口部微外敞，弧腹内收，平底，两个对称短扁形鋬手。复原通高16、口径17、腹径17、底径9厘米（图八，4）。

B型　58件。钵形釜。

多为口腹部残片修复，少数完整。陶色为红褐色或外红内黑色。陶质皆夹蚌末。大口内敛或敞口，折沿，斜弧腹或斜直腹内收，平底，绝大多数上腹部装有四个宽扁形对称鸡冠形鋬手。折棱和鋬手冠部多数饰指切纹，少数饰戳刺纹和刻划纹。根据口沿和腹部器形的不同，可分为Ba、Bb二亚型。

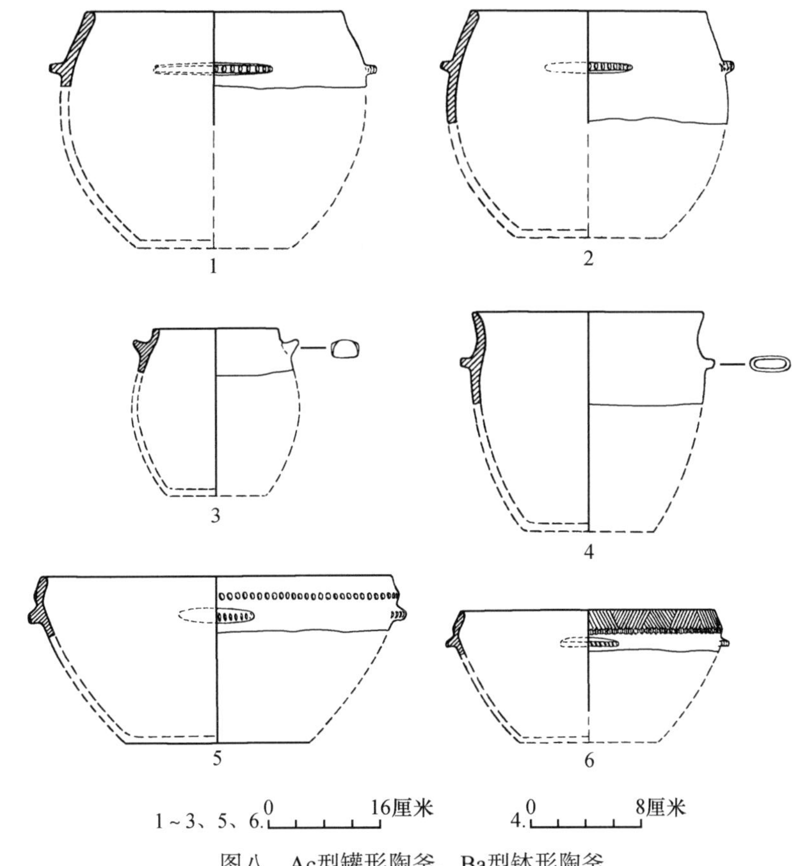

图八　Ac型罐形陶釜、Ba型钵形陶釜
1～4. Ac型（T1④：92、T1④：93、T2③：155、T4④：29）　5、6. Ba型（T2③：238、T6③：54）

Ba型　49件。为敛口钵形釜。

均为器物的残件和残片，有一部分参照双墩遗址出土器物进行了修复复原。陶色为红褐色或外红内黑色。大口内敛，折沿，弧腹内收，平底。肩下装有鸡冠形鋬手，肩部一周和鋬手冠部饰戳刺纹或指切纹或刻划纹。T2③：238，为口腹残片修复，器形较大，陶色内外均红褐色。折棱部位和鋬手冠部均饰指切纹。复原通高23.8、口径50、底径26.4厘米（图八，5；彩版六，4）。T6③：54，为口腹部修复，器形中等。器表外红内黑色，折棱部位和鋬手冠部均饰指切纹。口沿外部饰连续三角形刻划纹。复原通高18.8、口径37、底径20.6厘米（图八，6；彩版六，5）。T6④：117，为口腹残件修复，陶色外红内黑色，折棱饰指切纹。复原通高17.6、口径33.2、腹径35.6、底径17.6厘米（图九，1；彩版六，6）。T3④：328，为口腹残件修复，陶色内外皆红褐色，折棱部位和鋬手冠部均饰指切纹。复原通高12.5、口径27、底径16厘米（图九，2；彩版七，1）。T3④：331，为口腹残件修复，陶色内外表均红褐色，折棱部位饰指切纹。复原通高14.9、口径33、底径18.2厘米（图九，3；彩版七，2）。T2④：287，为口腹残件修复，陶色内外均红褐色，素面，外表粗糙，有抹平痕迹。复原通高18.6、口径33.2、底径18.6厘米（图九，4；彩版七，3）。T3④：327，为口腹残件修复，陶色内外均红褐色，折棱部位饰有戳刺纹，鋬手冠部均饰指切纹。通高12、口径33.2、底径19.6厘米（图九，5；彩版七，4）。T3③：136，为口腹残件修复，器表内外均红褐色，折棱部位和鋬手冠部均

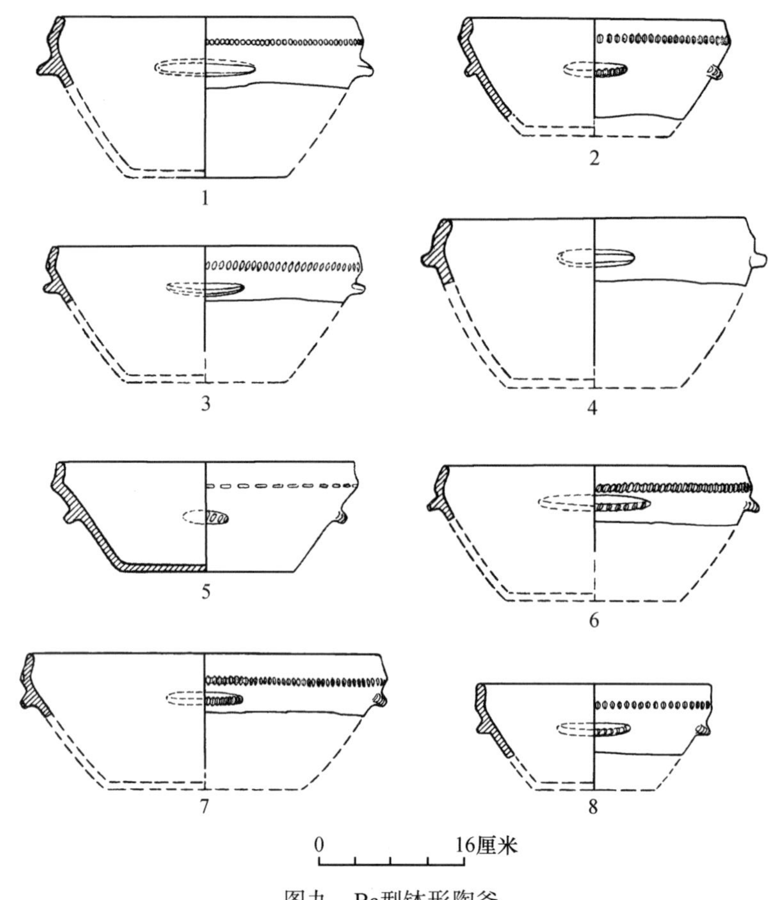

图九　Ba型钵形陶釜

1. T6④：117　2. T3④：328　3. T3④：331　4. T2④：287　5. T3④：327　6. T3③：136　7. T1③：63　8. T6④：102

饰指切纹。复原通高14.6、口径35、底径18.8厘米（图九，6；彩版七，5）。T1③：63，为口腹残件修复，器表内外均红褐色，折棱部位和錾手冠部均饰指切纹。复原通高14.6、口径39、底径21.2厘米（图九，7；彩版七，6）。T6④：102，为口腹残件修复，陶色内外皆红褐色，折棱和錾手冠部饰指切纹。复原通高11.6、口径26、底径13.4厘米（图九，8；彩版七，7）。T1④：111，为口肩部残片，红褐色陶，折棱饰指切纹。存高9.5、口径约57厘米（图一〇，1）。T1④：110，为口肩部残片，红褐色陶，折棱饰指切纹。存高5.5、口径约34厘米（图一〇，2）。T1④：114，为口肩部残片，红褐色陶，折棱饰指切纹。存高8、口径约60厘米（图一〇，3）。T6④：105，为口肩部残片，红褐色陶。存高6、口径约35厘米（图一〇，4）。T2④：263，为口肩部残片，红褐色陶，折棱饰指切纹。存高6.5、口径约52厘米（图一〇，5）。T3④：310，为口肩部残片，红褐色陶，折棱饰指切纹。存高6.3、口径约40厘米（图一〇，6）。T2④：264，为口肩部残片，红褐色陶，折棱饰指切纹。存高7、口径约56厘米（图一〇，7）。T3④：309，为口肩部残片，红褐色陶，折棱饰指切纹。存高约8、口径约34厘米（图一〇，8）。T3③：184，为口肩部残片，红褐色陶，折棱饰指切纹。存高8、残高8、口径56厘米（图一〇，9）。T3④：307，为口肩腹部残片，红褐色陶，折棱錾手冠部饰指切纹。存高约7.4、口径约31厘米（图一〇，10）。T3③：187，为口肩部残片，红褐色陶，折棱饰指

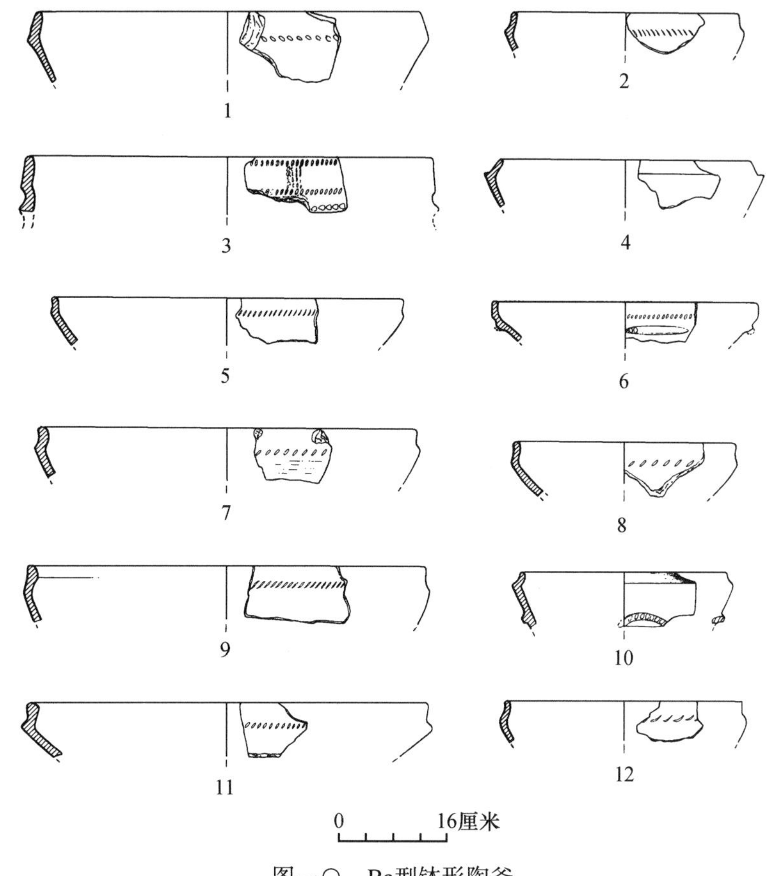

图一〇　Ba型钵形陶釜

1. T1④：111　2. T1④：110　3. T1④：114　4. T6④：105　5. T2④：263　6. T3④：310　7. T2④：264　8. T3④：309　9. T3③：184　10. T3④：307　11. T3③：187　12. T6④：106

切纹。存高6、口径约60厘米（图一〇，11）。T6④：106，为口肩部残片，红褐色陶，折棱饰指切纹。存高5、口径约36厘米（图一〇，12）。T6③：57，为口肩部残片，红褐色陶，折棱饰指切刻划纹。存高约7.5、口径约55厘米（图一一，1）。T6③：58，为口肩部残片，红褐色陶，折棱饰指切纹。存高约6.5、口径约30厘米（图一一，2）。T3③：180，为口肩部残片，红褐色陶，折棱饰指切纹。存高约6.5、口径约56厘米（图一一，3）。T2④：261，为口肩部残片，红褐色陶，折棱饰指切纹。存高约4.5、口径约32厘米（图一一，4）。T2③：185，为口肩部残片，红褐色陶，折棱饰指切纹。存高10.2、口径约52厘米（图一一，5）。T2③：25，为口肩腹部残片，外红内黑色陶，折棱部位和鋬手冠部均饰指切纹。复原通高12.2、口径29.4、腹径30.8厘米（图一一，6；彩版八，1）。T6③：56，为口肩部残片，红褐色陶。存高11、口径约50厘米（图一一，7）。T2③：231，为口肩腹部残片，外红内黑色陶，折棱部位和鋬手冠部均饰指切纹。通高13.2、口径29.8、腹径31、底径16.4厘米（图一一，8；彩版八，2）。T3③：185，为口肩部残片，红褐色陶，折棱饰指切纹。存高7.5、口径约50厘米（图一一，9）。T3③：137，为口肩腹部残片，内外均红褐色陶，折棱部位和鋬手冠部均饰指切纹。复原通高12.6、口径35、底径14.8厘米（图一一，10）。T1④：91，为口肩腹部残片，陶色外红内黑色。折棱部位和鋬手冠部均饰指切纹，外沿中部饰有一周指切纹并间饰三

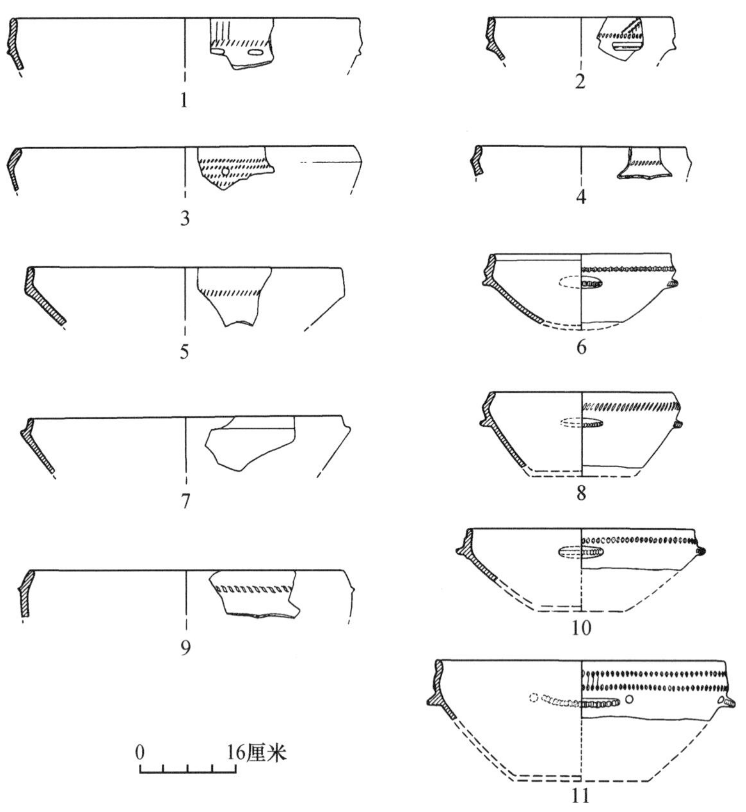

图一一　Ba型钵形陶釜

1. T6③：57　2. T6③：58　3. T3③：180　4. T2④：261　5. T2③：185　6. T2③：25　7. T6③：56　8. T2③：231　9. T3③：185　10. T3③：137　11. T1④：91

道竖条刻划纹，鋬手两端饰乳钉纹。复原通高19.5、口径47.4、腹径48.4、底径22.2厘米（图一一，11；彩版七，8）。T3④：330，为口肩部残片，外红褐色内黑色陶。敛口，宽沿。折棱部位饰指切纹，外沿间饰竖条刻划纹，鋬手两端饰乳钉纹。复原通高21、口径37.4、腹径40、底径21.6厘米（图一二，1；彩版八，3）。T6③：85，为口肩腹部残片，内外均红褐色，素面。复原通高15.2、口径32、底径16.4厘米（图一二，2；彩版八，4）。T3④：333，为口肩腹部残片，外红内褐色陶，折棱和鋬手冠部饰指切纹。复原通高14、口径30、腹径28、底径12厘米（图一二，3）。T3④：308，为口肩部残片，外红内褐色陶，折棱饰指切纹。存高约8、口径约36厘米（图一二，4）。T3④：337，为口肩腹部残片，外红内褐色陶，折棱鋬手冠部饰指切纹。复原通高11、口径38、腹径36厘米（图一二，5）。T3④：329，为口肩部残片，外红内黑色陶，折棱部位和鋬手冠部饰指切纹。复原通高9、口径30、腹径32、底径9厘米（图一二，6）。T1④：108，为口肩部残片，外红内褐色，折棱饰指切纹。存高12、口径约54厘米（图一三，1）。T3③：181，为口肩部残片，折棱饰指切纹。存高5.8、口径约29.5厘米（图一三，2）。T1④：113，为口肩腹部残片，外红内褐色，折棱和鋬手冠部饰指切纹。存高6.7、口径约38厘米（图一三，3）。T3④：289，为口肩腹部残片，夹砂黑色陶，折棱饰指切纹。存高7.3、口径31厘米（图一三，4）。T1④：109，为口肩腹部残片，外红内褐色，鋬手冠部饰指

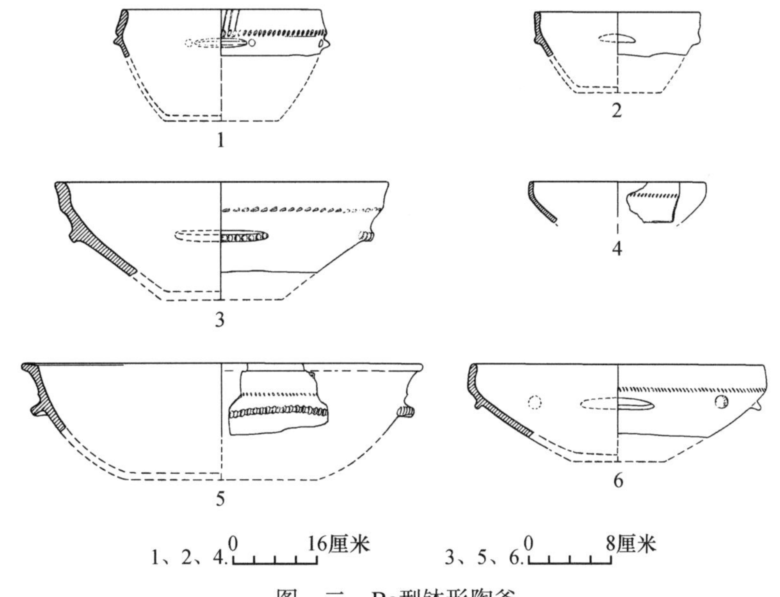

图一二　Ba型钵形陶釜

1. T3④：330　2. T6③：85　3. T3④：333　4. T3④：308　5. T3④：337　6. T3④：329

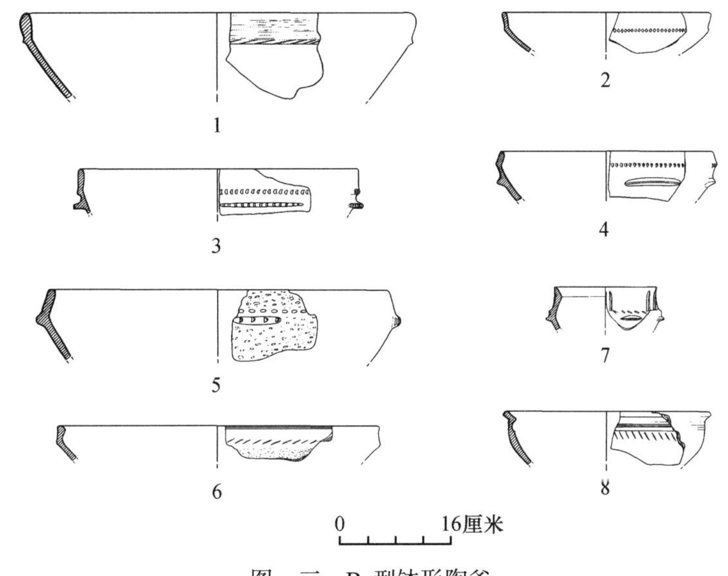

图一三　Ba型钵形陶釜

1. T1④：108　2. T3③：181　3. T1④：113　4. T3④：289　5. T1④：109　6. T3④：311　7. T3③：173　8. T3④：301

切纹。存高10、口径48厘米（图一三，5）。T3④：311，为口肩部残片，红褐色陶，折棱饰指切纹。存高6、口径44厘米（图一三，6）。T3③：173，口肩腹部残片，红褐色陶，折棱饰指切纹。存高5.7、口径约16厘米（图一三，7）。T3④：301，口肩腹部残片，红褐色陶，折棱饰指切纹。存高7.2、口径约29厘米（图一三，8）。T3③：219，为口肩腹部残片修复，红褐色，大口微敛，弧腹较深，肩腹部有对称窄鸡冠形鋬手。复原通高22、口径30、底径15.6厘米（图一四，1；彩版八，5）。T3③：135，为口肩腹部残片修复，红褐色。敞口微敛，折肩下装有四个对称鸡冠形鋬手。折棱部位和鋬手冠部均饰指切纹。通高13.4、口径37.4、底径14.8

厘米（彩版八，6）。

Bb型　9件。为敞口钵形釜。

均为口肩腹残片，修复复原件。陶色为红褐色或外红内黑色。陶质多夹蚌末或夹砂。器形较大，广敞口，无沿，斜腹内收，平底，多有四个对称宽扁鸡冠耳形鋬手。鋬手冠部饰指切纹或素面，少数口沿外侧饰附加堆纹叠加指切纹及小型鋬手。T2④：266，为口腹部残片，敞口微内敛，对称鸡冠形四鋬手。存高7.5、口径29厘米（图一四，2）。T6③：11，为口腹部残片修复，外红内黑色，大敞口，斜收腹，对称鸡冠形四鋬手，平底。复原通高14.6、口径40、底径18.2厘米（图一四，3；彩版八，7）。T3④：332，为口腹部残片修复，外红内黑陶，大敞口，斜收腹，对称鸡冠形四鋬手，平底。复原通高23、口径34、底径17.2厘米（图一四，4；彩版八，8）。T6③：12，为口腹部残片修复，外红内黑色陶，大敞口，斜收腹，对称鸡冠形四鋬手，平底。复原通高20.2、口径45、底径21厘米（图一四，5；彩版九，1）。T3③：218，为口腹部残片修复，内外皆红褐色陶，大敞口，斜收腹，对称鸡冠形四鋬手，平底。鋬手冠部饰指切纹。复原通高19.3、口径35.2、底径17.2厘米（图一四，6；彩版九，2）。T2③：232，为口腹部残片修复，内外皆红褐色，大敞口，弧腹内收，对称鸡冠形四鋬手，平底。复原通高13.8、口径29.4、底径16.8厘米（图一五，1）。T3③：215，为口腹部残片修复，内外皆红褐色，对称四鸡冠形鋬手，平底。复原通高12、口径29、底径17厘米（图一五，2）。T3③：152，为口腹部部残片，红褐色陶，大敞口，斜收腹，对称四鸡冠形鋬手，平底。复原通高16、口径32、底径19厘米（图一五，3）。T3③：217，为口腹部残片，红褐色陶，大敞口，斜收腹，对称四鸡冠形鋬手，平底。复原通高18.3、口径31.2、底径15.2厘米（图一五，4）。

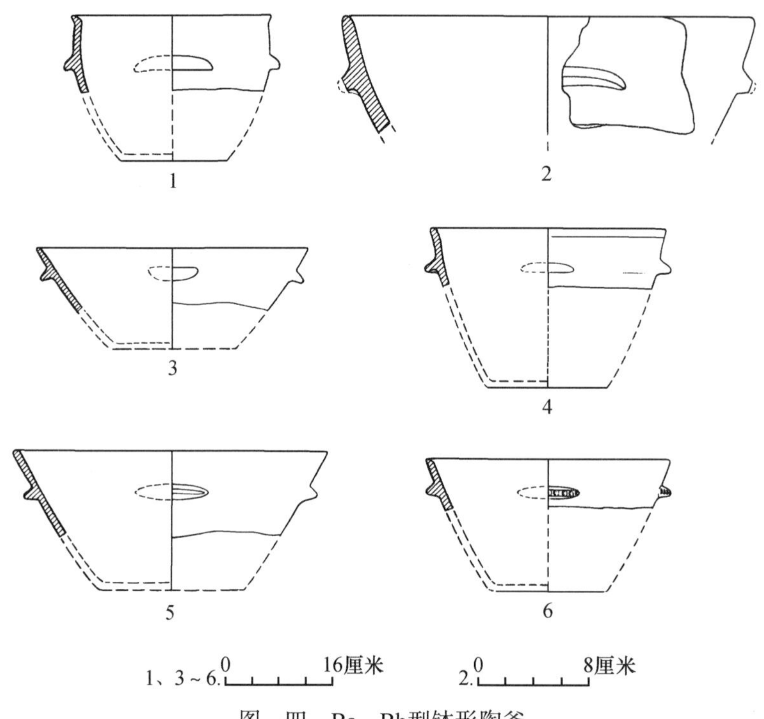

图一四　Ba、Bb型钵形陶釜

1. Ba型（T3③：219）　2～6. Bb型（T2④：266、T6③：11、T3④：332、T6③：12、T3③：218）

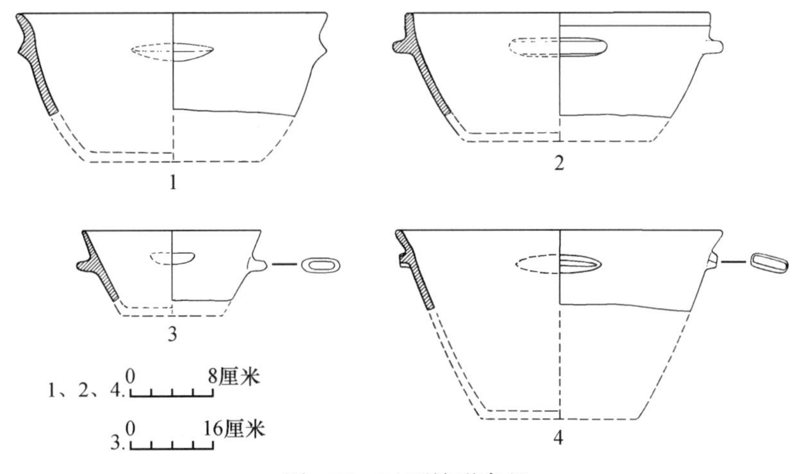

图一五　Bb型钵形陶釜
1. T2③：232　2. T3③：215　3. T3③：152　4. T3③：217

2. 陶支架类

17件。均为残件。陶色多为红褐色或灰色。胎质粗夹蚌末或砂，器物表面均为素面。器形有祖形、圆柱形等。依其形不同可分为A、B两型。

A型　12件。祖形支架。

T1④：130，为支架残件修复件，圆柱体支架粗壮硕大，上部顶端呈蘑菇状。复原通高40.2、最大径11.6厘米（图一六，1；彩版九，5）。T1④：131，为支架残件修复，圆柱体支架粗壮硕大，上部顶端呈蘑菇状。复原通高41.6、最大径12.2厘米（图一六，2；彩版九，6）。T1④：132，为支架残件修复，椭圆形支架粗壮硕大，上部顶端呈蘑菇状。复原通高40.1、最大径11.7厘米（图一六，3；彩版九，7）。T1④：133，为支架残件修复，椭圆形支架粗壮硕大，上部顶端呈蘑菇状。复原通高41.8、最大径13.1厘米（图一六，4；彩版一〇，1）。T1③：119，为支架残件，仅存蘑菇状支架头部和部分支架圆柱体。存高8、最大径8厘米（图一六，5；彩版九，3）。T3④：267，为支架残件，仅存蘑菇状支架头部和部分支架圆柱体。存高10.5、最大径6.3厘米（图一六，6）。T3④：268，为支架残件，仅存蘑菇状支架头部和部分支架圆柱体。存高4.3、最大径5.3厘米（图一六，7；彩版九，4）。T1④：134，为支架残件，仅存支架部分底部。存高11.4、最大径10.7厘米（图一六，8）。T1④：80，为支架残件，仅存支架部分柱体。存高7.8、最大径8.7厘米（图一六，9）。T3③：118，为支架残件修复，仅存支架头部和部分支架圆柱体，底部有一圆形孔。复原通高31.5、最大径7.5厘米（图一七，1；彩版一〇，2）。T2③：255，为黑色陶支架残件，器形较小，仅存蘑菇状支架头部和部分支架圆柱体。残高4.7、最大径2.1厘米（图一七，2；彩版九，8）。T3③：236，为灰色陶支架头部残件。残高3.9、最大径3.5厘米（图一七，3）。

B型　5件。圆柱形支架。

T3④：37，为灰色陶圆柱形支架底部残件。底圈出沿，柱体中空，底部有两圆孔。存高5.2、最大径5.5厘米（图一七，4；彩版一〇，3）。T2③：235，为红褐色陶圆柱形支架

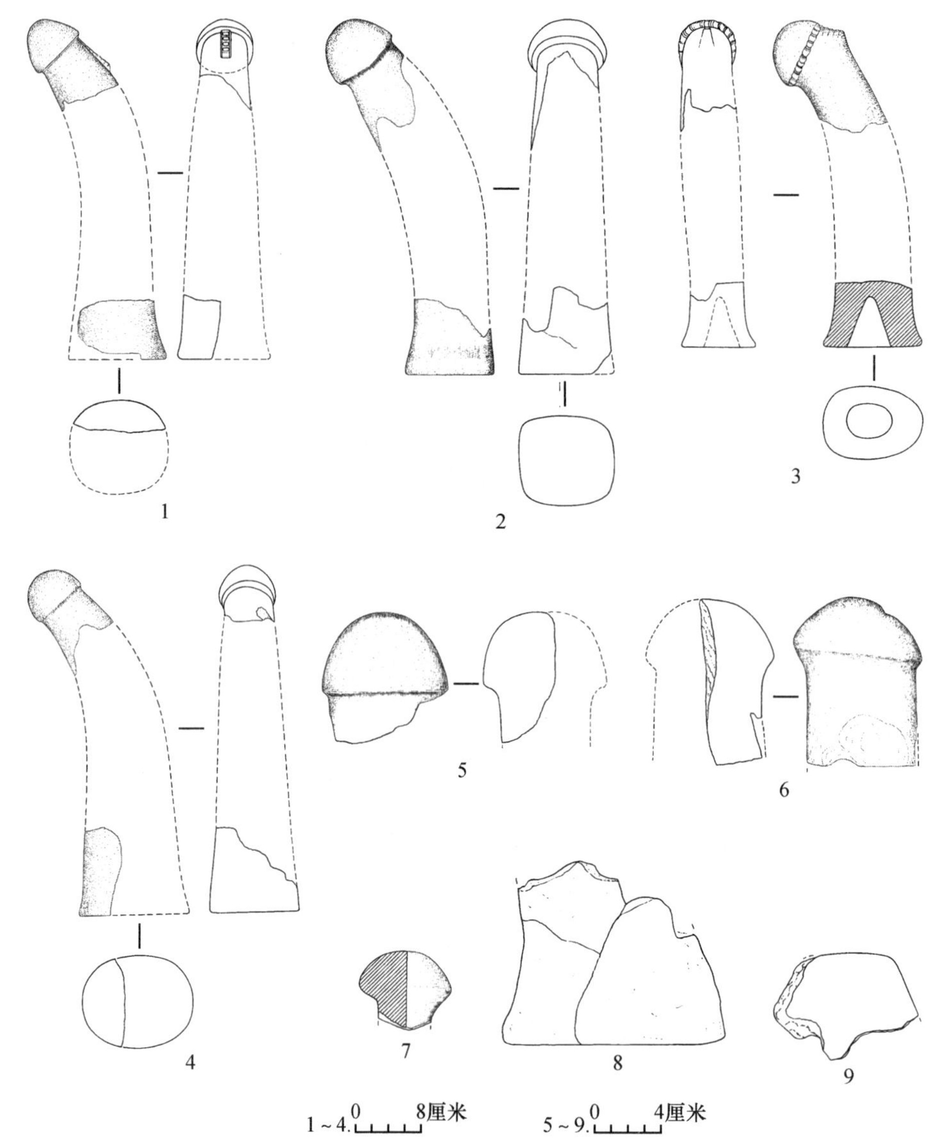

图一六　A型祖形陶支架

1. T1④：130　2. T1④：131　3. T1④：132　4. T1④：133　5. T1③：119　6. T3④：267　7. T3④：268　8. T1④：134　9. T1④：80

柱体残件，柱体为实体，胎粗糙。存高8.5、最大径5.9厘米（图一七，5；彩版一〇，4）。T3④：270，为红褐色陶圆柱形支架底部残件。底部抹角方柱状，柱体为实体，胎粗糙。存高4.8、最大径5.9厘米（图一七，6；彩版一〇，5）。T3④：269，为红褐色陶圆柱形支架底部残件。仅存半个底部，底部稍出沿，柱体为实体。存高5.1、最大径7.8厘米（图一七，7；彩版一〇，6）。T3③：144，为红褐色陶圆柱形支架底部残件。仅存半个底部，柱体为实体。存高9、最大径7.4厘米（图一七，8；彩版一〇，7）。

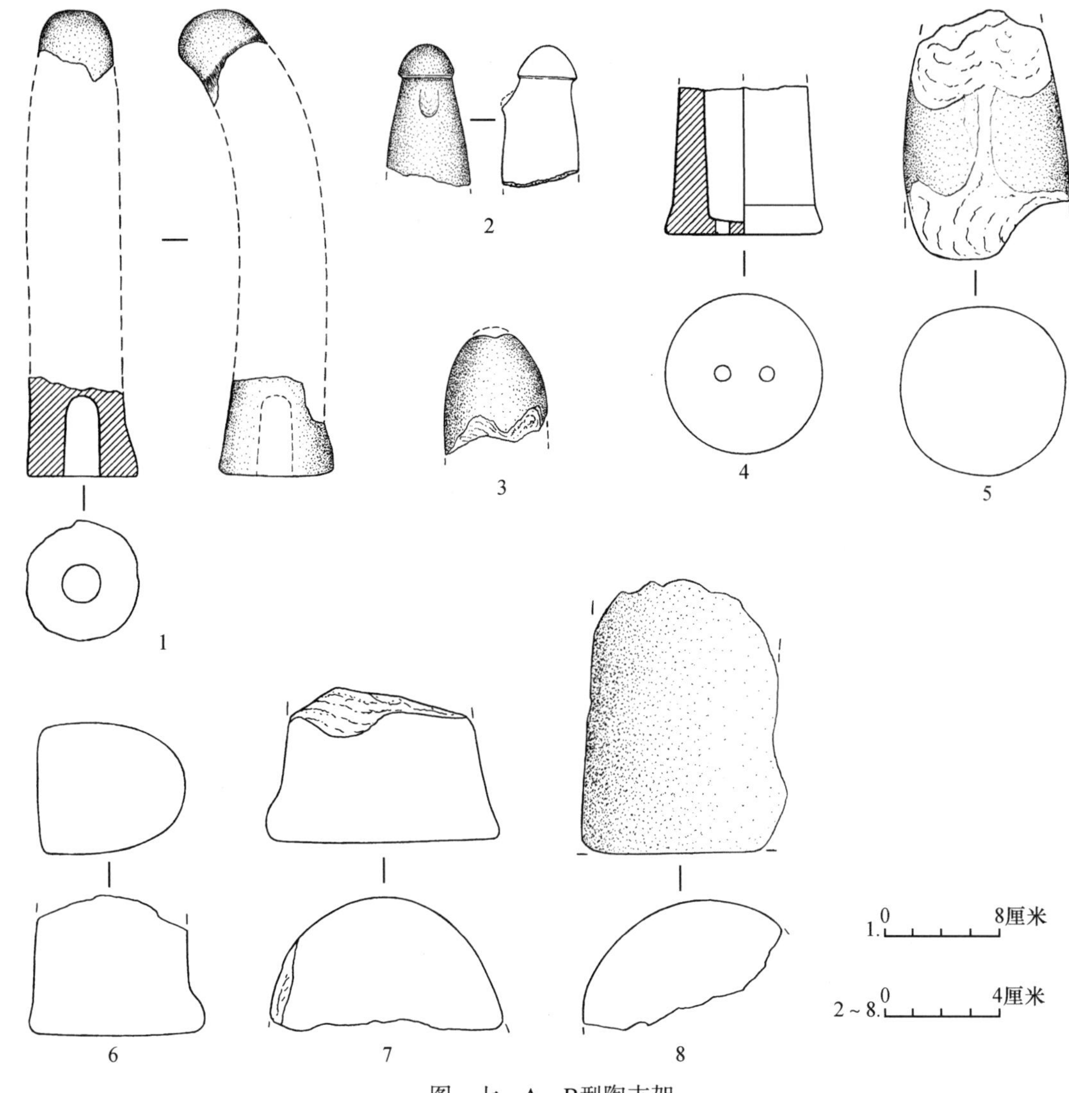

图一七　A、B型陶支架

1～3. A型（T3③：118、T2③：255、T3③：236）　4～8. B型（T3④：37、T2③：235、T3④：270、T3④：269、T3③：144）

3. 陶灶框残件

4件。均为矮形灶框上部残件，均为红褐色夹炭或夹砂陶，发掘所见为圆形或椭圆形矮框形结构，其矮灶框口部有凸出的支架头。T1④：88，为灶框上部残件，并保留有一个支架头。存高7.7厘米（图一八，1；彩版一〇，8）。T1④：121，为矮灶框口上面的一个支架头。存高6.5厘米（图一八，2；彩版一〇，9）。T3④：312，为矮灶框口部残段。存高7.3厘米（图一八，3）。T1④：90，为矮灶框口部残段。存高14厘米（彩版一〇，10）。

4. 陶鼎类

16件。完整器形数量少，残片和残件也不多，主要是一些圆柱形或圆锥形鼎足。陶色有红褐色或外红内黑陶，胎粗多夹蚌末。

（1）陶鼎，3件。

T3③：119，为束颈罐形鼎口腹部残片，红褐色陶。大口内敛，宽侈沿，束颈，弧腹，上腹饰对称乳钉纹。存高8.8、口径29.3厘米（图一八，4）。T3③：172，为盆形鼎口腹部残片，红褐色陶。大敞口，宽平沿，上腹凹收，下腹折收，腹饰弦纹。存高7.3、口径18.4厘米（图一八，5）。T2③：237，为盘形鼎残件修复，黑色陶，器形较小，大敞口，内沿折棱明显，斜腹，平底，四圆柱形矮足。复原通高8.4、口径17.6、身高4.7厘米（图一八，6；彩版一一，1）。

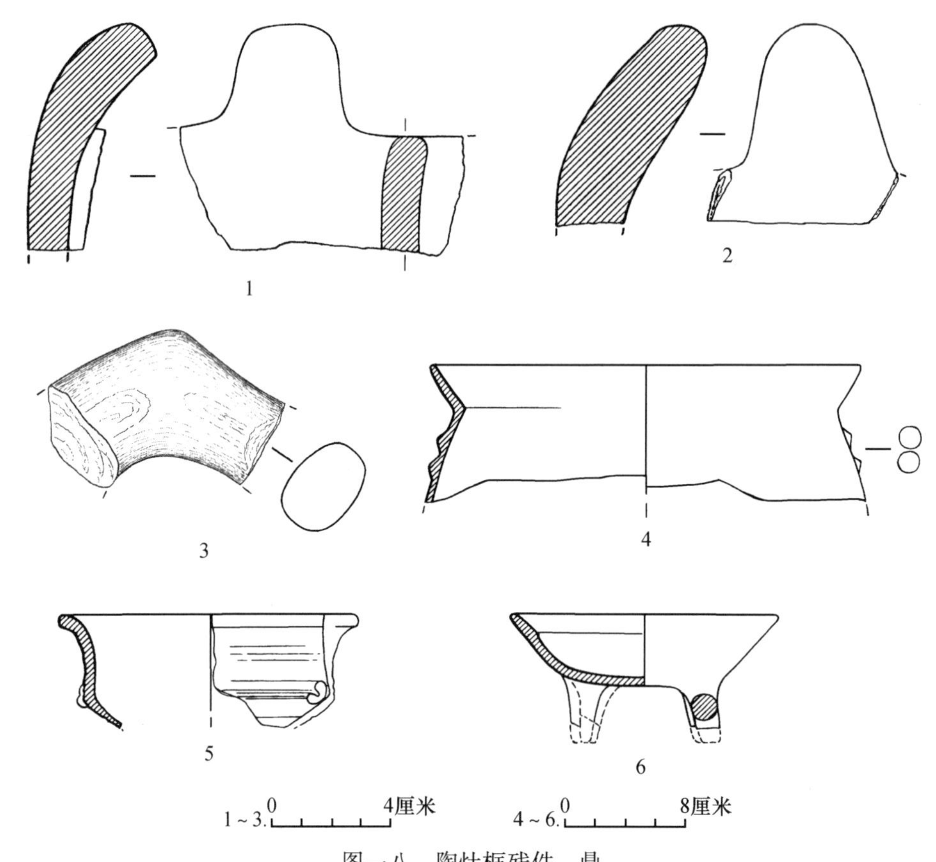

图一八　陶灶框残件、鼎

1～3. 灶框残件（T1④：88、T1④：121、T3④：312）　4～6. 鼎（T3③：119、T3③：172、T2③：237）

（2）陶鼎足，13件。

鼎足为圆柱形或圆锥形，数量少，多为残件，红褐色粗陶，夹蚌末。T3③：42，足尖残断，上粗下细，存高13.5厘米（图一九，1，彩版一一，2）。T1③：81，足尖残断，上粗下细，存高13厘米（图一九，2，彩版一一，3）。T1③：82，足下部残断，上粗下细，存高7.7厘米（图一九，3，彩版一一，4）。T3③：146，完整，足尖扁宽，足上部有一圈凹刻纹，高13.7厘米（图一九，4）。T6③：86，足下部残断。存高7.7厘米（图一九，5，彩版一一，5）。T6③：87，完整，上粗下细。高10厘米（图一九，6；彩版一一，6）。T2③：174，足尖残断，上粗下细。高9.7厘米（图一九，7，彩版一一，7）。T2③：173，足下部残断，上粗下细。存高6.4厘米（图一九，8）。T1④：19，足下部残断，上粗下细。存高6.6厘米（图一九，

9）。T2③：175，足下部残断，上粗下细。存高6.6厘米（图一九，10）。T3④：256，足下部残断。存高5.6厘米（图一九，11）。T3④：258，足下部残断。存高5.4厘米（图一九，12）。T3③：140，完整，上粗下细。存高8.6厘米（彩版一一，8）。

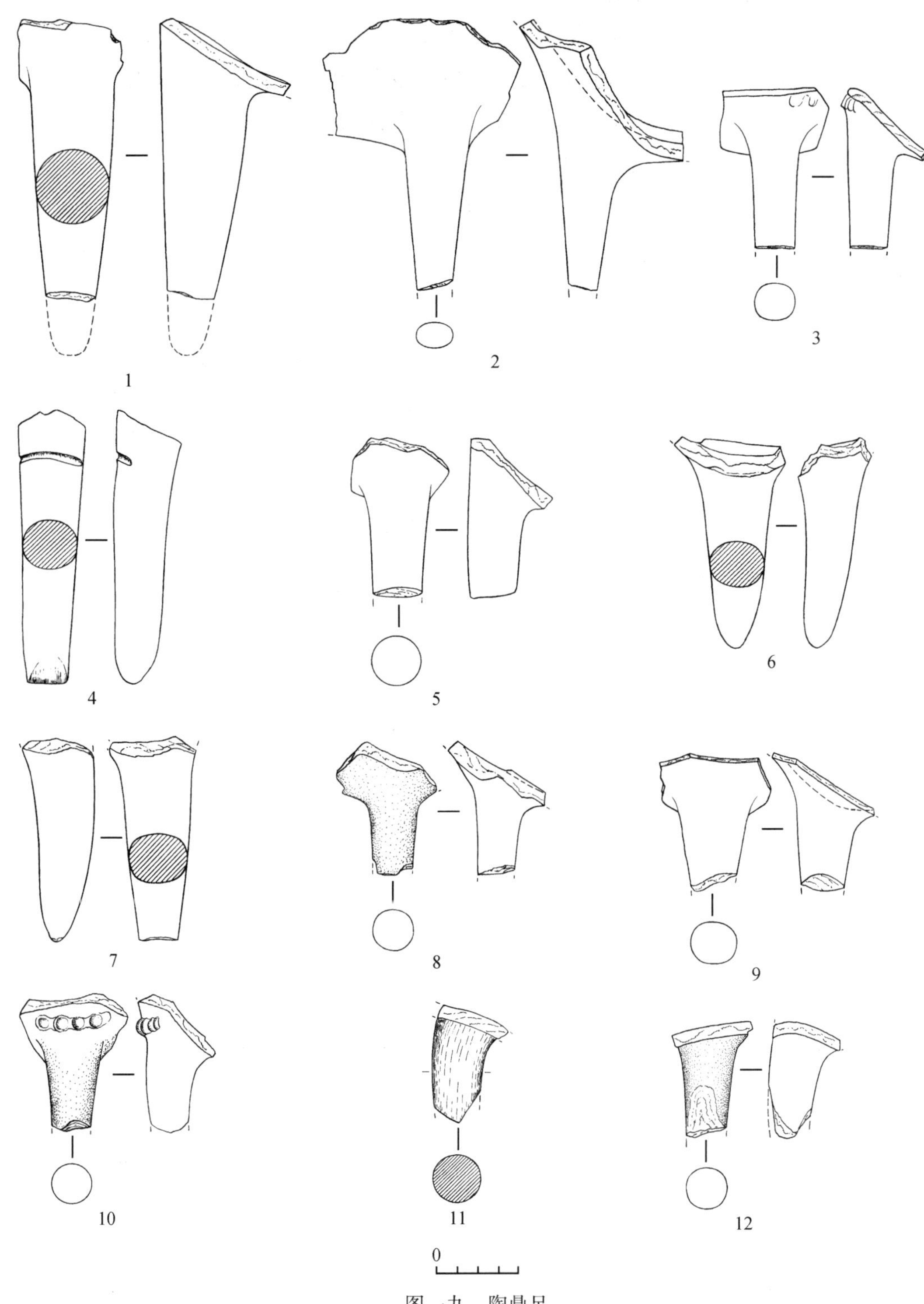

图一九　陶鼎足

1. T3③：42　2. T1③：81　3. T1③：82　4. T3③：146　5. T6③：86　6. T6③：87　7. T2③：174　8. T2③：173　9. T1④：19　10. T2③：175　11. T3④：256　12. T3④：258

5. 陶鬶

2件。一件为形体基本完整的残把手，另一件为鬶的把手。

T3③：206，红褐色陶。小口高领溜肩，肩部饰三组双乳钉纹，肩腹部装有把手。上腹圆弧，下腹直壁，大平底，三扁足。通高12.2、口4.9、腹径10.4、身高8.6、通长17.7厘米（图二〇，1，彩版一一，9）。T2③：176，为陶鬶把手，连着部分足腹残片，保存有完整把手和残断的足根部。存高6.5、存长10.5厘米（图二〇，2）。

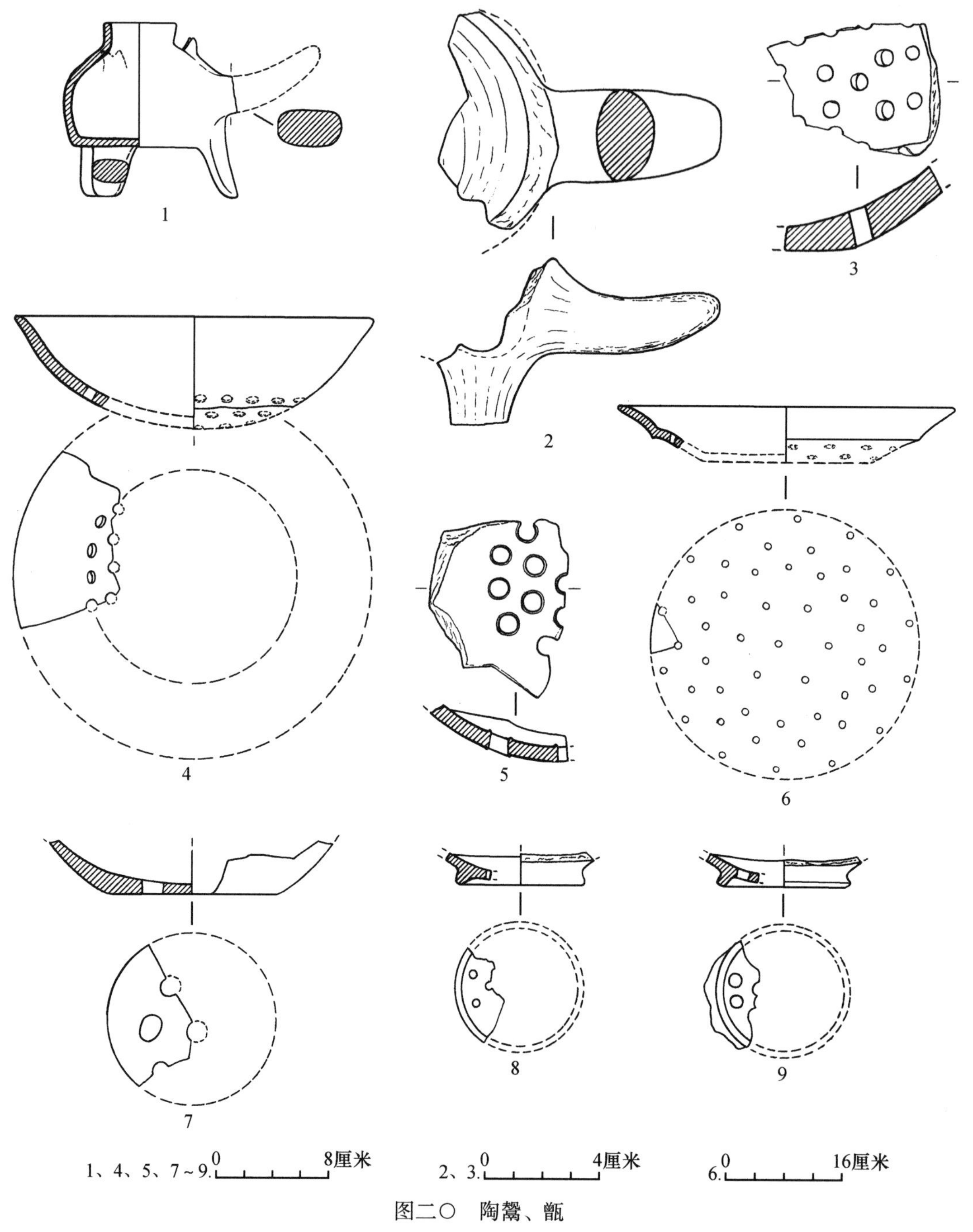

图二〇　陶鬶、甑

1. 鬶（T3③：206）　2. 鬶把手（T2③：176）　3～5. A型甑（T3④：271、T2④：289、T2③：356）
6、7. B型甑（T2③：212、T2④：257）　8、9. C型甑（T2④：256、T2③：179）

6. 陶甑

8件。陶甑数量少，多为口底部残片和少量的残件。陶色均为红褐色。胎壁粗糙，多为夹蚌末或夹砂陶，纹饰以素面为主。器形特征为大敞口，弧腹或斜腹，圜底、平底或圈足底，有的底和腹部均有箅孔，有的仅底部有箅孔。多无鋬手，少数装有两个对称鋬手。器形多为钵形和盘形两种，还有少数圈足似碗形，可分为A、B、C三型。

A型　3件，钵形陶甑。

T3④：271，为陶甑底部残片，底部保存有箅孔7个。底片存长径5.5厘米（图二〇，3；彩版一二，1）。T2④：289，为陶甑底腹残件修复，胎壁粗厚夹砂，箅孔位于底与腹部。复原高7.4、复原口径25厘米（图二〇，4；彩版一二，2）。T2③：356，为陶甑底部残片，保存有完整箅孔5个，残箅孔4个。箅孔较大，制作粗糙，从外底部向内锥箅孔时留下的毛刺未抹平。底片存长径12厘米（图二〇，5；彩版一二，3）。

B型　3件，盘形陶甑。

T2③：212，为口腹部残片修复，器形硕大。大敞口外撇，斜折腹内收，折棱比较明显，平底。底和腹部均有箅孔。复原高7.7、复原口径46.6、底径22.8厘米（图二〇，6；彩版一二，4）。T2④：257，为陶甑底腹部残片，箅孔位于底部，底部保存有3个孔。底部存长径8.4厘米（图二〇，7；彩版一二，5）。T6③：91，为陶甑底部残片，底部保留箅孔。底片存长径4.8厘米（彩版一二，6）。

C型　2件，圈足碗形陶甑。

T2④：256，为圈足形底部残片，底部圈足内保存有2个完整的箅孔和1个残箅孔。残底长径6.5厘米（图二〇，8，彩版一二，7）。T2③：179，为圈足形陶甑底部残片，底部圈足内保存有2个完整的箅孔和2个残箅孔。底长存径7.4厘米（图二〇，9，彩版一二，8）。

7. 陶勺

6件。陶勺均基本完整，勺柄端部向上弯曲。陶色为红褐色或红衣陶，陶胎夹有细砂或蚌末，器表均素面。

T2③：140，勺头部分残缺和勺柄末端残断修复。通长23、勺头高4、口径10厘米（图二一，1；彩版一三，1）。T2③：139，勺头部分残缺修复。通长21.4、勺头高5、口径10厘米（图二一，2；彩版一三，2）。T6③：90，勺柄残断修复。通长20、勺头高4、口径7.3厘米（图二一，3；彩版一三，3）。T2③：123，勺头部分残缺和勺柄残断修复，表面有明显的手工捏制痕迹。通长23、勺头高5.6、口径10.6厘米（图二一，4；彩版一三，4）。T4③：133，勺头残缺修复。通长21、勺头高4、口径8.8厘米（图二一，5；彩版一三，5）。T2③：122，勺头稍残和勺柄末端残断修复。通长21、勺头高4、口径8.7厘米（图二一，6；彩版一三，6）。

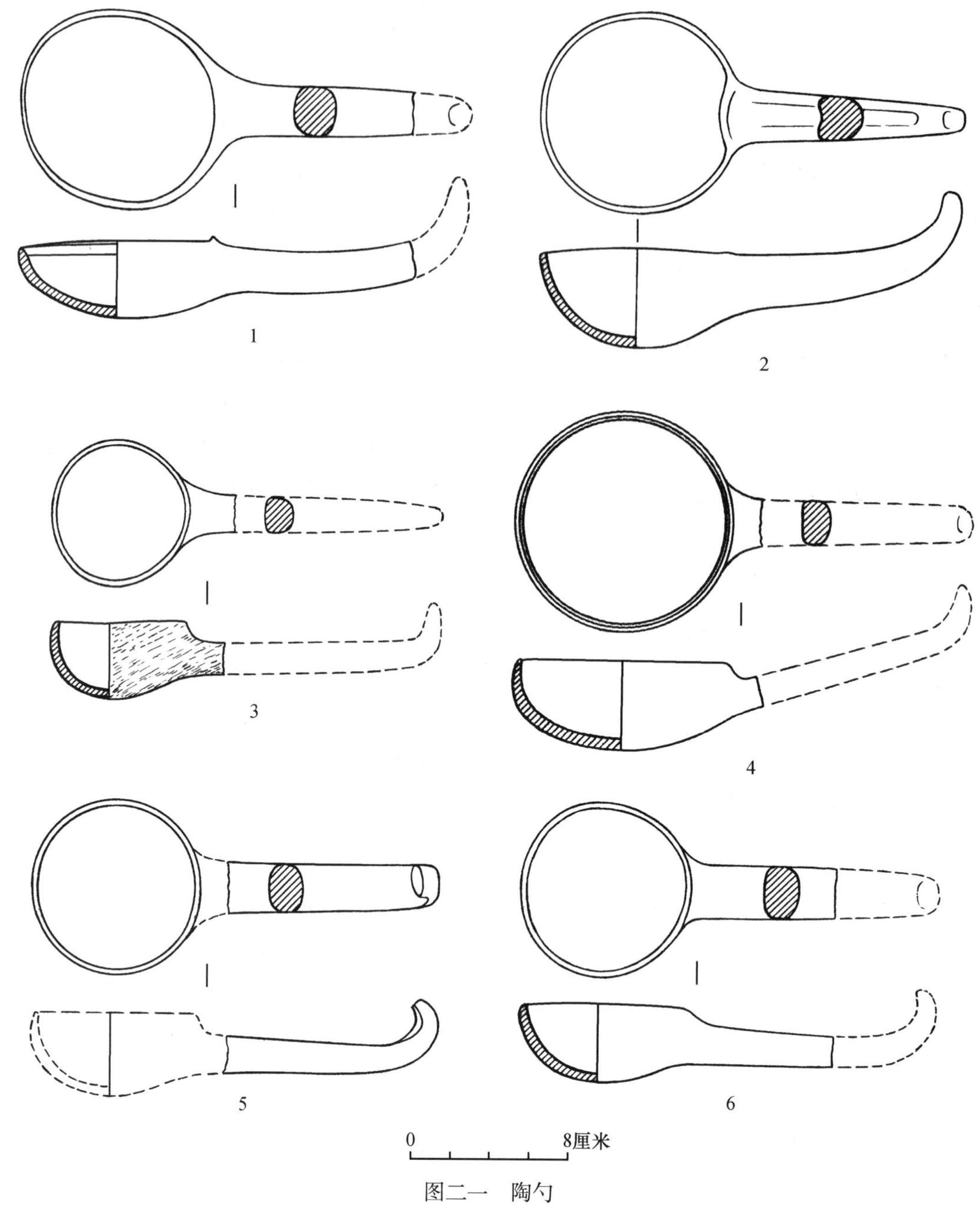

图二一　陶勺

1. T2③：140　2. T2③：139　3. T6③：90　4. T2③：123　5. T4③：133　6. T2③：122

（二）生活用具

一期出土生活用具陶器数量种类多，大多为破碎的陶片或器物的部位残件，少有完整器或能修复的陶器。陶色多为红褐色或少量红衣陶，少数为灰陶或黑陶。陶胎多为夹蚌末、炭或细砂陶。器形有钵、碗、豆、罐、瓮、缸、盂形器、盆等。

1. 陶钵类

14件。多为陶钵的口腹部残片，有少量残件。陶色多数为红褐色或外红内黑色，胎质多夹蚌末或炭。纹饰大多素面，少数饰指切纹或戳刺纹。有红衣陶和红口彩陶、黑陶等。器形多为敞口钵，有碗形钵、折腹钵、深腹钵等，可分为A、B、C三型。

A型　6件。碗形陶钵。

多为口腹部残片，有少量残件。陶色多数为红褐色或外红内黑色，胎质多夹蚌末。器形为敞口平底碗形钵，有的折腹或有对称鋬手等。纹饰大多素面，少数饰指切纹。

T2③：233，为口腹部残件修复，黑色陶。敞口，弧腹，平底残缺，腹部横装有对称泥条桥形鋬手。复原通高8.8、口径19.6、底径8.2厘米（图二二，1；彩版一四，1）。T3④：387，为口腹残件修复，红褐色陶。窄沿微侈，弧腹微鼓，平底残缺。器表内外有明显的整平刮削痕。复原高16.2、口径26.2、底径13.8厘米（图二二，2；彩版一四，2）。T3③：394，为口腹残件修复，红褐色陶。无沿，敞口微敛。口部下方横装有对称鸡冠形鋬手。复原高12、口径29、底径18厘米（图二二，5；彩版一四，3）。T2④：262，为口沿残片，红褐色陶。窄平沿微侈。存长径9.8厘米（图二二，4）。T6④：104，为口腹残片，红褐色陶。敞口，窄平沿微侈。存高10.5厘米（图二二，3）。T3④：335，完整，器形较小，外红内黑色。敛口，束颈圆肩，弧腹内收，小平底。通高8、口径12.4、腹径13.1、底径5.6厘米（图二二，6；彩版一四，4）。

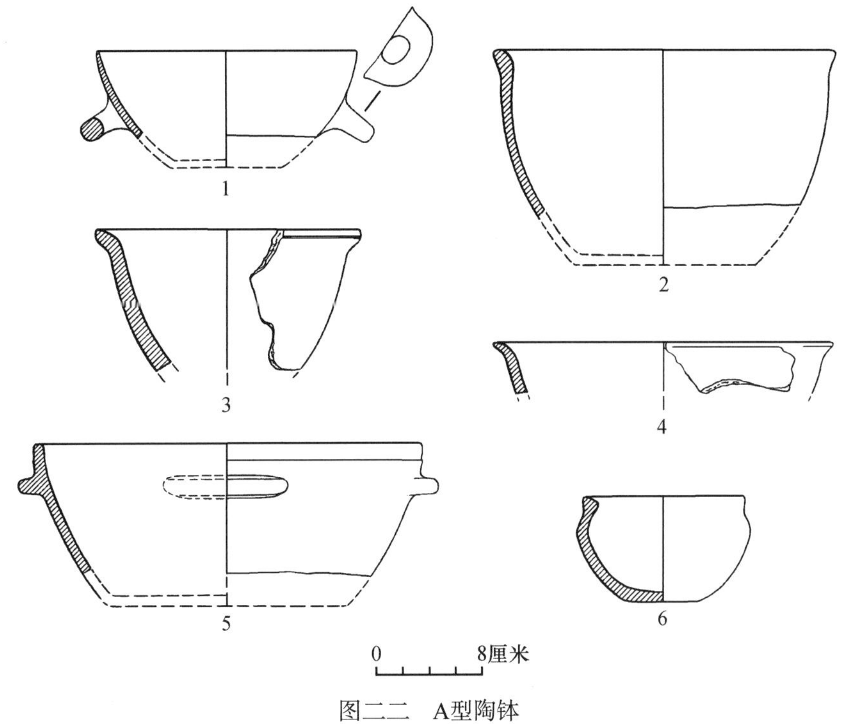

图二二　A型陶钵

1. T2③：233　2. T3④：387　3. T6④：104　4. T2④：262　5. T3③：394　6. T3④：335

B型　3件。折腹钵。

T3④：424，为口腹残片修复，厚胎粗红褐色夹砂陶。敞口，平沿，折腹，斜腹，平底。复原通高10、口径25、底径11厘米（彩版一四，5）。T3④：425，为口腹残片修复，厚胎粗红褐色夹砂陶。敞口，平沿，折腹，斜腹，平底。复原通高9.8、口径21、底径10厘米（彩版一四，6）。T3④：362，为口腹残片修复，厚胎粗红褐色夹砂陶。敞口，平沿，折腹，斜腹，平底。复原通高12、口径23、底径11厘米（彩版一四，7）。

C型　5件。深腹钵。

T3③：395，为口腹残片修复，外红内黑色陶。敞口，沿微侈，深腹，平底残缺。复原高15.6、口径26.4、底径14厘米（图二三，1）。T3③：396，为口腹残片修复，红褐色陶。敞口，深腹，沿下横装泥饼状对称鋬手，平底残缺。复原高18.7、口径31.6、底径15厘米（图二三，2；彩版一四，8）。T3③：234，为口腹残片修复，红褐色陶。敞口，深腹，沿下横装泥饼状对称鋬手，平底残缺。复原高16.5、口径24.4、底径14厘米（图二三，3）。T3③：398，为口腹残片修复，外红内黑陶。敞口侈沿，深腹，沿下横装泥饼状对称鋬手，平底残缺。器表内外有明显整平刮削痕。复原高14、口径29、底径16厘米（图二三，4）。T4④：64，为口腹残片修复，红褐色。敞口侈沿，深腹，沿下横装泥饼状对称鋬手。复原高15.6、口径16.6、底径9.4厘米（图二三，5）。

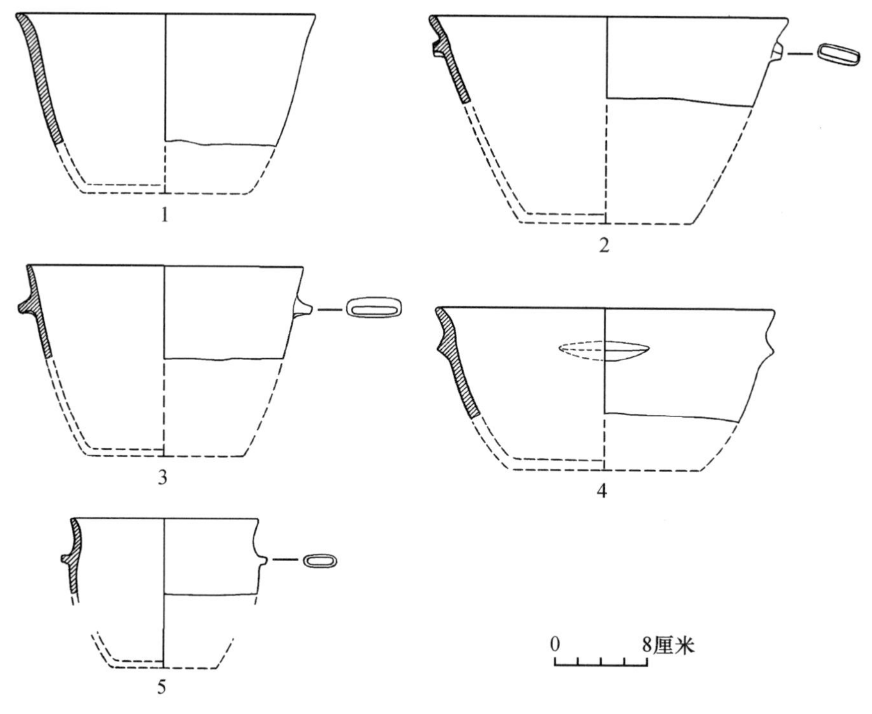

图二三　C型陶钵

1. T3③：395　2. T3③：396　3. T3③：234　4. T3③：398　5. T4④：64

2. 陶碗类

31件。多为碗的残件或碗口与底残片等。

（1）陶碗，10件。

陶碗数量较多，多为碗的残片或残件，完整器形很少。胎质烧成温度稍高，陶色有红衣陶、外红内黑陶、红褐陶、少数黑陶。胎质较细，夹微量蚌末或炭。器形为大口折沿或敞口，弧腹内收，矮圈足。可分为A、B两型。

A型　6件，为直口折沿形碗。

T2④：292，为口腹底残件修复，红衣陶。胎质较细，夹微量蚌末。直口，折沿，矮圈足。通高8.6、口径28、底径8.6厘米（图二四，1；彩版一五，1）。T2④：293，为口腹残件修复，红衣陶。胎质较细，夹微量蚌末。直口，折沿，矮圈足。复原通高8.8、口径27.6、底径9.4厘米（图二四，2，彩版一五，2）。T2③：229，为口腹残件修复，外红内黑色夹炭陶，直口，折沿，矮圈足底部残缺。复原通高9、口径23.9、底径9.4厘米（图二四，3；彩版一五，3）。T2③：230，器形基本完整，器形较小，稍残修复，黑陶。直口，折沿，矮圈足。通高7.4、口径18、底径7.6厘米（图二四，4；彩版一五，4）。采集：1，器形基本完整，残缺部

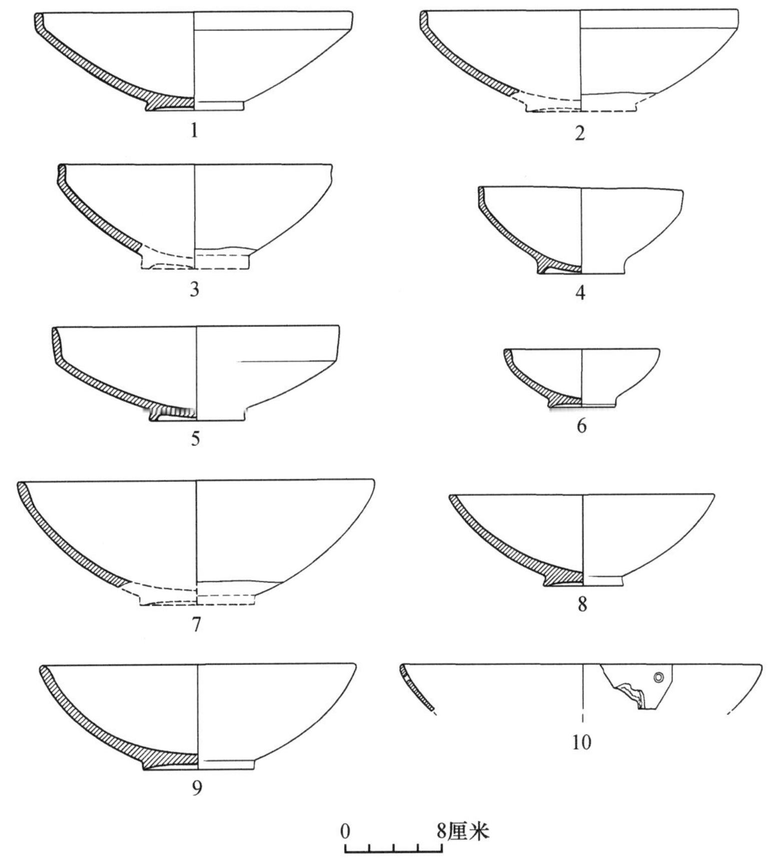

图二四　A、B型陶碗

1～6. A型（T2④：292、T2④：293、T2③：229、T2③：230、采集：1、T3④：336）　7～10. B型（T2④：291、T1④：89、T2④：290、T2③：105）

分修复，外红衣内黑色夹炭陶。直口，折沿，矮圈足。通高8.2、口径25.2、底径8.3厘米（图二四，5；彩版一五，5）。T3④：336，为口腹底残件修复，外红内黑色夹炭陶。敞口，内折沿，矮圈足。通高5.1、口径14、底径6厘米（图二四，6；彩版一五，6）。

B型　4件，为敞口或敞口内折沿形碗。

T2④：291，为口腹残件修复，外红内黑色夹炭陶。敞口，内折沿，矮圈足底残缺。复原通高10.2、口径30、底径9厘米（图二四，7；彩版一五，7）。T1④：89，为口腹底残件修复，红褐色夹蚌末陶。敞口，内折沿，矮圈足。通高8、口径23.6、底径7厘米（图二四，8；彩版一五，8）。T2④：290，为口腹底残件修复，外红内黑色夹炭陶。敞口，内折沿，矮圈足。通高9.1、口径27.4、底径9.8厘米（图二四，9；彩版一六，1）。T2③：105，为口沿残片，外红内黑色夹炭陶。敞口，腹足残缺。存高4.2、复原口径31厘米（图二四，10）。

（2）陶碗底残件，12件。

碗底矮圈足残件，胎壁多粗厚，陶色有外红衣内黑色陶或红褐色。T1④：117，为碗底残片，外红衣内褐色陶，圈足底部有半圆弧形刮削痕。复原底径16.8厘米（图二五，1；彩版一六，2）。T1④：116，为碗底残件，红褐色。复原底径8厘米（图二五，2；彩版一六，3）。T1④：118，为碗底残件，红褐色陶。复原底径8厘米（图二五，3；彩版一六，4）。T1④：140，为碗底残件，外红内黑色陶。复原底径8.1厘米（图二五，4）。T6④：118，为碗底残件，外红衣内黑色彩陶。复原底径8.7厘米（图二五，5）。T3④：272，为完整碗底残件，外红衣内黑色彩陶。底径8.6厘米（图二五，6）。T3④：273，为完整碗底残件，红褐色。底径8.5厘米（图二五，7）。T3④：274，为完整碗底残件，黑色陶。底径7.4厘米（图二五，8）。T3④：276，为完整矮圈足，外红内黑色陶。底径9厘米（图二五，9；彩版一六，

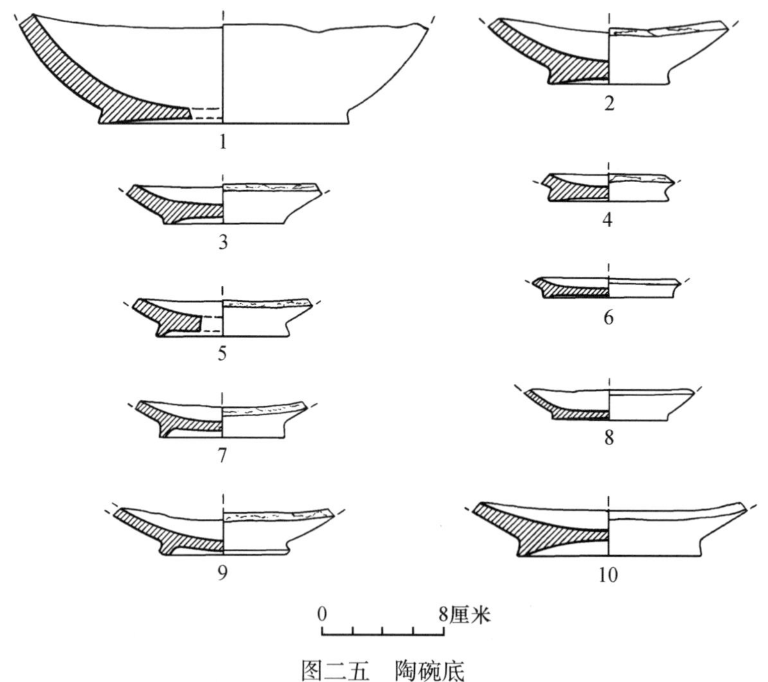

图二五　陶碗底

1. T1④：117　2. T1④：116　3. T1④：118　4. T1④：140　5. T6④：118　6. T3④：272　7. T3④：273　8. T3④：274　9. T3④：276　10. T2③：178

5）。T2③：178，为完整碗底残件，外红衣内黑色彩陶。底径12.1厘米（图二五，10）。T2④：316，为碗底残件，外红衣内黑色彩陶。复原底径10.9厘米（图二六，1；彩版一六，6）。T3③：36，为碗底残件，红褐色。复原底径10.6厘米（图二六，2）。

（3）碗口残片，9件。

陶碗口部残片，陶色有红褐色、黑色、外红内黑色。碗口残片有直口折沿和敞口内折沿两种，可分为A、B二型。

A型　1件。为直口折沿形碗口残片。

T2③：182，为碗口腹残片，红褐色陶，直口，折沿。复原口径27.76厘米（图二六，3）。

B型　8件。为敞口内折沿形碗口残片。

T3③：71，为红口彩陶碗口腹残片，外红内黑色陶，敞口内折沿。复原口径29厘米（图二六，4）。T3④：292，为陶碗口腹残片，外红内黑色陶，敞口内折沿。复原口径28厘米（图二六，5）。T3③：175，为陶碗口腹残片，外红内黑色陶，敞口内折沿。复原口径25.6厘米（图二六，6）。T5③：66，为陶碗口腹残片，红褐色陶，敞口，内折沿不明显。复原口径23厘米（图二六，7）。T5③：73，为陶碗口腹残片，外红内黑色陶，敞口，内折沿不明显。复原口径22厘米（图二六，8）。T2④：75，为陶碗口腹残片，外红内黑色陶，敞口，内折沿不明显。复原口径23.5厘米（图二六，9）。T2④：359，为陶碗口腹残片，外红内黑色陶，敞口，内折沿。复原口径26.8厘米（图二六，10）。T3③：275，为陶碗口腹残片，外红内黑色陶，敞口，内折沿。复原口径23.5厘米（图二六，11）。

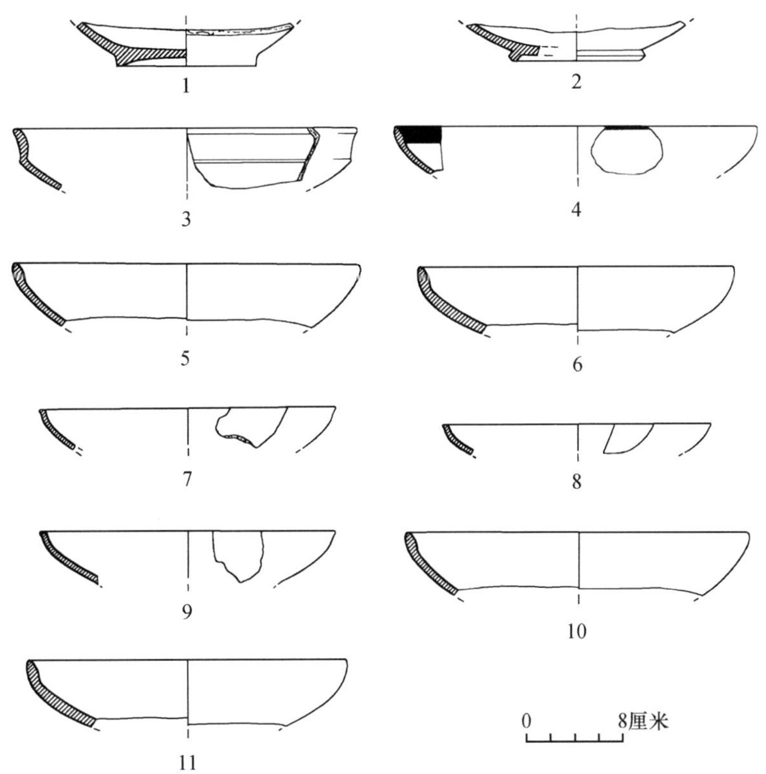

图二六　陶碗底、碗口片

1、2. 碗底（T2④：316、T3③：36）　3. A型碗口片（T2③：182）　4～11. B型碗口片（T3③：71、T3④：292、T3③：175、T5③：66、T5③：73、T2④：75、T2④：359、T3③：275）

3. 陶豆类

12件。陶豆没有完整件，均为豆座残件和豆盘口残片，陶胎为夹蚌末红褐色和外红衣内黑色夹炭陶，少数黑陶。矮豆座多保存完整，豆柄短粗，喇叭圈足座。

（1）陶豆座残件，9件。

T3④：326，为矮豆座，夹蚌末红褐色陶，矮喇叭形豆座，圈座内有一个干栏式房屋形刻划符号。修复豆盘，豆盘复原为敞口碗形。复原高16、口径19.4、腹径19、柄高7.2、底径9.7厘米（图二七，1；彩版一七，1）。T3④：399，为矮豆座，红褐色陶黑胎。座高5.8、底径7.3厘米（图二七，2；彩版一七，2）。T4③：69，为矮豆座，红衣陶，红衣大多脱落，器壁较薄。座高7.3、底径7.2厘米（图二七，3；彩版一七，3）。T3④：48，为矮豆座。红衣陶黑胎。座高4.8、底径8.4厘米（图二七，4；彩版一七，4）。T2④：258，为矮豆座，黑陶，胎粗壁厚。座高7.8、底径7.2厘米（图二七，5；彩版一七，5）。T2④：360，为矮豆座。红衣陶，黑胎较粗糙。座高4.7、底径8.1厘米（图二七，6，彩版一七，6）。T6④：82，为矮豆座，红衣陶。座高4.2、底径6.8厘米（图二七，7）。T3④：257，为矮豆座残件，外红衣陶，黑胎，器壁粗厚。存高7、残底径8.2厘米（图二七，8；彩版一七，7）。T3③：149，为矮豆座，外红衣内红褐色，黑胎陶，器壁粗厚。残高7.6、残底径7.8厘米（图二七，9）。

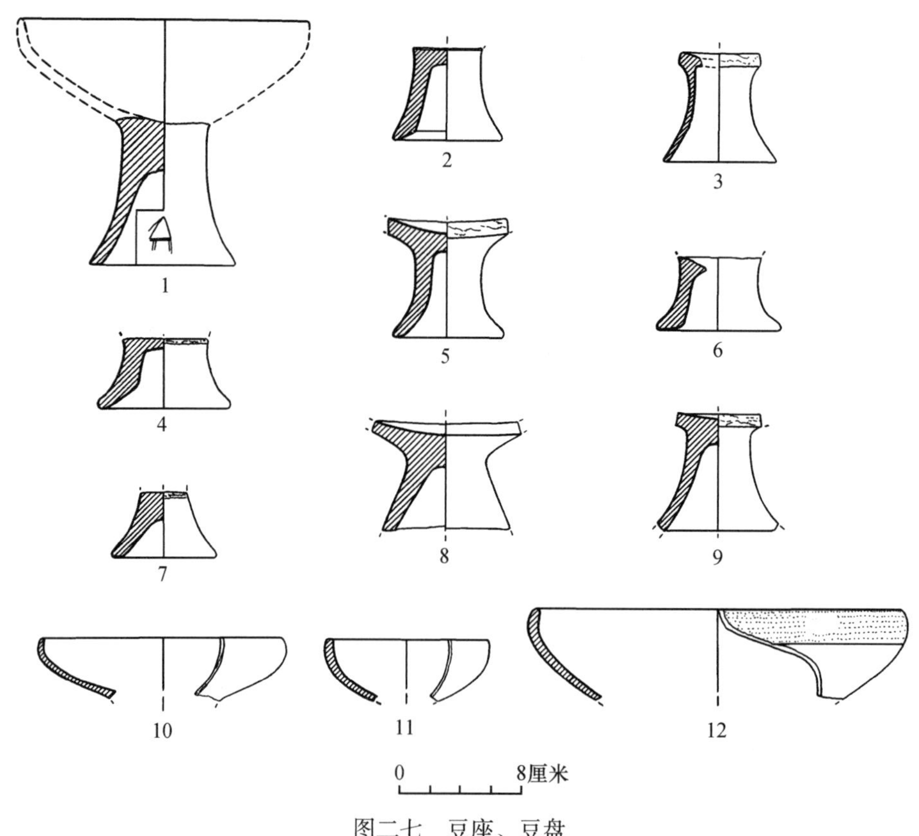

图二七　豆座、豆盘

1～9. 豆座（T3④：326、T3④：399、T4③：69、T3④：48、T2④：258、T2④：360、T6④：82、T3④：257、T3③：149）
10～12. 豆盘（T3②：50、T2②：49、T4②：17）

（2）豆盘，3件，均为敛口豆盘口部残片。

T3②：50，为红衣陶豆盘口部残片。复原高5.6、口径16厘米（图二七，10）。T2②：49，为红衣陶豆盘口部残片。复原高4.2、口径10.7厘米（图二七，11）。T4②：17，为红衣陶豆盘口部残片，外口沿饰刺点纹。复原高5.6、口径26厘米（图二七，12）。

4. 陶罐类

21件。陶罐类主要是罐的口肩腹部残片或残件。陶色陶质以夹蚌末红褐色陶为主，有少量灰色陶。器形有小口矮领和大口折沿深腹两种。小口矮领罐和大口罐均装有对称耳系，耳系有牛鼻子形和鸟首形。依据口部的不同可分为A、B二型。

A型　5件。为小口矮领罐，肩部装有对称耳系。

T4④：30，为罐口肩部残件修复，红褐色，器壁粗厚。内外表抹平显得粗糙，留有整平刮削痕。复原高28.9、口径10.3、腹径31、底径13.3厘米（图二八，1；彩版一八，1）。T3③：214，为罐口与上腹部残件，外红内黑色，器形较小。内外表抹平显得粗糙，留有整平刮削痕。复原高36.4、口径22.5、腹径39.6、底径20.5厘米（图二八，2；彩版一八，2）。T2④：285，为罐口肩部残件修复，红褐色夹蚌末陶，器壁粗厚。内外表抹平显得粗糙，留

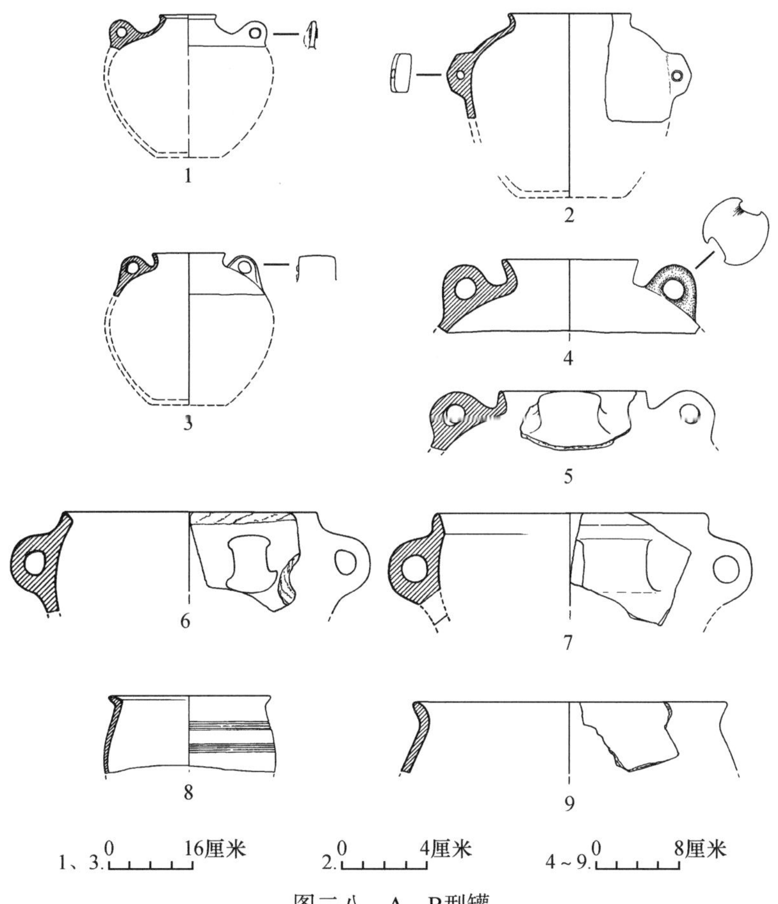

图二八　A、B型罐

1～5. A型（T4④：30、T3③：214、T2④：285、T2③：307、T2③：206）　6～9. B型（T2④：282、T3④：189、T1③：68、T1④：106）

有整平刮削痕。复原高29.1、口径14、腹径32、底径14厘米（图二八，3；彩版一八，3）。T2③：307，为罐口肩部残件，外红内黑色。内外表抹平显得粗糙，留有整平刮削痕。存高7.1、口径12.7厘米（图二八，4）。T2③：206，为罐口肩部残件，外红内黑色。内外表抹平显得粗糙，留有整平刮削痕。存高5.6、口径14.6厘米（图二八，5）。

B型　16件。为大口折沿深腹罐，装有对称耳系。

T2④：282，为罐口沿残片，红褐色陶，器壁粗厚。大口内敛。存高9、复原口径24厘米（图二八，6）。T3④：189，为罐口沿残片，红褐色陶，器壁粗厚。大口内敛尖唇。存高10.5、复原口径26厘米（图二八，7）。T1③：68，为罐口部残片，红褐色陶，器壁厚重。敛口圆唇，平窄沿外撇，束颈，溜肩，肩腹饰弦纹。存高6.4、复原口径15.3厘米（图二八，8）。T1④：106，为罐口沿残片，红褐色陶。敛口圆唇，沿外侈，束颈，溜肩。内外表抹平，留有整平刮削痕。存高6.8、复原口径30.5厘米（图二八，9；彩版一八，4）。T3③：279，为口部残片，红褐色陶，器壁厚重。敛口圆唇，沿外侈，束颈，溜肩，颈肩部饰菱形刻划纹。存高5.3、复原口径17.5厘米（图二九，1；彩版一八，5）。T3③：438，为罐口沿残片，红褐陶，敛口圆唇，沿外侈，束颈，溜肩。存高5.6、复原口径24.3厘米（图二九，2）。T3④：143，口部残片，灰褐色陶。复原残高2.8、口径11.8厘米（图二九，3）。T6③：88，为罐口沿残片，红褐色陶。内外表抹平，留有整平刮削痕。复原残高8、口径20.9厘米（图二九，4；彩版一八，6）。T2③：96，为罐口沿残片，红褐色陶，胎质粗糙夹蚌末。内外表抹平，留有整平刮削痕。复原残高10.5、口径27.3厘米（图二九，5；彩版一八，7）。T2③：3，为罐口沿残片，外红内黑色陶，胎质粗糙夹蚌末。内外表抹平，留有整平刮削痕。复原残高7.7、口径31厘米（图二九，6）。T1④：107，为罐口沿残片，红灰色陶。内外表抹平，留有整平刮削痕。复原残高7.5、口径29厘米（图二九，7；彩版一八，8）。T2②：87，为罐口沿残片，红灰色陶。内外表抹平，留有整平刮削痕。复原残高5.2、口径23.6厘米（图二九，8）。T3③：439，为罐口沿残片，红灰色陶。复原残高7.5、口径27.5厘米（图二九，9）。T4③：11，为罐口沿残片，红褐色陶。敛口，圆唇，沿外侈，束颈，溜肩。内外表抹平，留有整平刮削痕。存高4.2、复原口径21.3厘米（图二九，10）。T6③：55，为罐口沿残片，红衣陶。敛口圆唇，沿外侈，束颈，溜肩。内外表抹平，留有整平刮削痕。存高3、复原口径12.4厘米（图二九，11）。T6③：61，为罐口沿残片，外红内黑色，器壁粗厚，敛口圆唇，沿外侈，束颈，溜肩。内外表抹平显得粗糙，留有整平刮削痕。存高4.6、复原口径16.6厘米（图二九，12；彩版一八，9）。

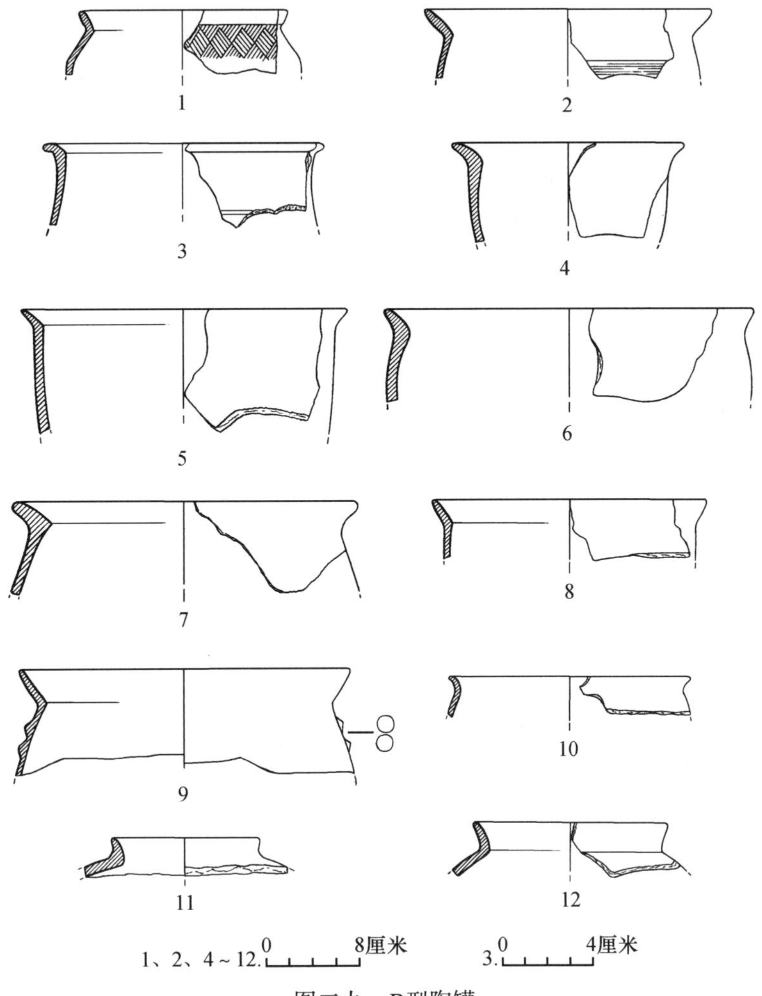

图二九　B型陶罐

1. T3③：279　2. T3③：438　3. T3④：143　4. T6③：88　5. T2③：96　6. T2③：3　7. T1④：107　8. T2②：87　9. T3③：439　10. T4③：11　11. T6③：55　12. T6③：61

5. 陶瓮类

18件。陶瓮类均为口部残片，陶色以红褐陶为主，胎壁较厚，多夹蚌末。器形为敛口，圆弧腹内收，通体素面无纹。瓮口部分有沿、无沿、矮领三种，即A、B、C三型。

A型　8件。为有沿敛口瓮。

T2③：184，为瓮口沿残片，红褐色陶。敛口侈沿，内外表抹平，留有整平刮削痕。存高8、复原口径40.6厘米（图三〇，1；彩版一九，1）。T3③：440，为瓮口沿残片，红褐色陶。敛口，侈沿，内外表抹平，留有整平刮削痕。存高7.3、复原口径37.3厘米（图三〇，2；彩版一九，2）。T3④：306，为瓮口沿残片，外黑内红色。敛口，侈沿，内外表抹平，留有整平刮削痕。存高14.6、复原口径76厘米（图三〇，3；彩版一九，3）。T3④：305，为瓮口沿残片，红褐色陶。敛口，侈沿，内外表抹平，留有整平刮削痕。复原残高9.1、口径41.9厘米（图三〇，4；彩版一九，4）。T3④：303，为瓮口沿残片，红褐色陶。敛口，侈沿。器壁粗厚，胎夹蚌末。内外表抹平显得粗糙，留有整平刮削痕。存高8.8、复原口径36厘米（图三〇，5）。T3④：302，为瓮口沿残片，红褐色陶，器壁粗厚，胎夹蚌末。敛口，侈沿。内外表抹平显得粗糙，留有整平刮削痕。存高5.7、复原口径30.5厘米（图三〇，6；彩版一九，5）。T3③：177，为瓮口沿残片，红褐色陶，器壁粗厚，胎夹蚌末。敛口，侈沿。内外表抹平显得粗糙，留有整平刮削痕。存高8.5、复原口径46.9厘米（图三〇，7；彩版一九，6）。T2④：268，为瓮口沿残片，红褐色陶，器壁粗厚。敛口，侈沿。存高8.2厘米（彩版一九，7）。

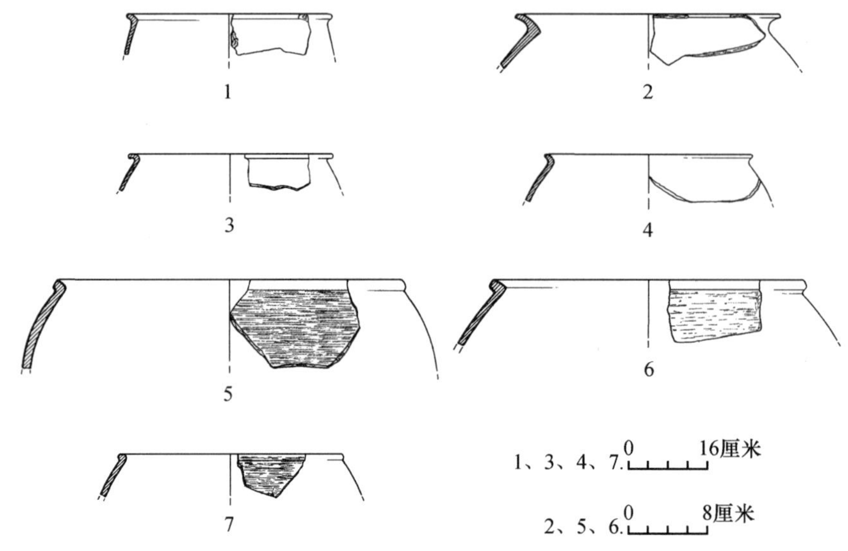

图三〇　A型陶瓮

1. T2③：184　2. T3③：440　3. T3④：306　4. T3④：305　5. T3④：303　6. T3④：302　7. T3③：177

B型　6件。为无沿敛口瓮。

T2④：303，为瓮口沿残片，红褐色陶，器壁粗厚，胎夹蚌末。无沿，敛口。内外表抹平显得粗糙，留有整平刮削痕。存高6.8、复原口径36.1厘米（图三一，1；彩版一九，8）。T3④：297，为瓮口部残片，红褐色陶，器壁粗厚，夹蚌末。无沿，敛口。存高7.7、复原口径29.3厘米（图三一，2；彩版一九，9）。T3④：184，为瓮口部残片，红褐色陶，器壁粗厚，夹蚌末。无沿，敛口。存高10.2、复原口径61.4厘米（图三一，3；彩版一九，10）。T3④：384，为瓮口部残片，红褐色陶，器壁粗厚，夹蚌末。无沿，敛口。存高10、复原口径60厘米（图三一，4）。T1④：105，为口部残片复原。残高12.8、口径58.4厘米（图三一，5；彩版一九，11）。T6③：13，为瓮口腹部残片修复，无沿敛口，红褐色陶，器壁粗厚，夹蚌末。复原高22.5.口径14、腹径30、底径14厘米（彩版一九，12）。

C型　4件。为矮领敛口瓮。

T2③：183，为瓮口沿残片，红褐色陶，器壁粗厚，夹蚌末。矮领，敛口。内外表抹平，留有整平刮削痕。存高3.6、复原口径27厘米（图三一，6；彩版一九，13）。T1②：45，为瓮口沿残片，红褐色陶，器壁粗厚，夹蚌末。矮领，敛口。内外表抹平显得粗糙，留有整平刮削痕。存高3、复原口径25厘米（图三一，7；彩版一九，14）。T2③：93，为瓮口沿至肩部残片，外黑内红色，器壁粗厚，夹蚌末。矮领比较明显。内外表抹平显得粗糙，留有整平刮削痕。存高10.1、复原口径24.6厘米（图三一，8；彩版一九，15）。T3③：441，为瓮口肩部残片修复，红褐色陶，器壁粗厚，夹蚌末。矮领，敛口。复原高32.5、口径19.8、腹径38、底径21厘米（彩版一九，16）。

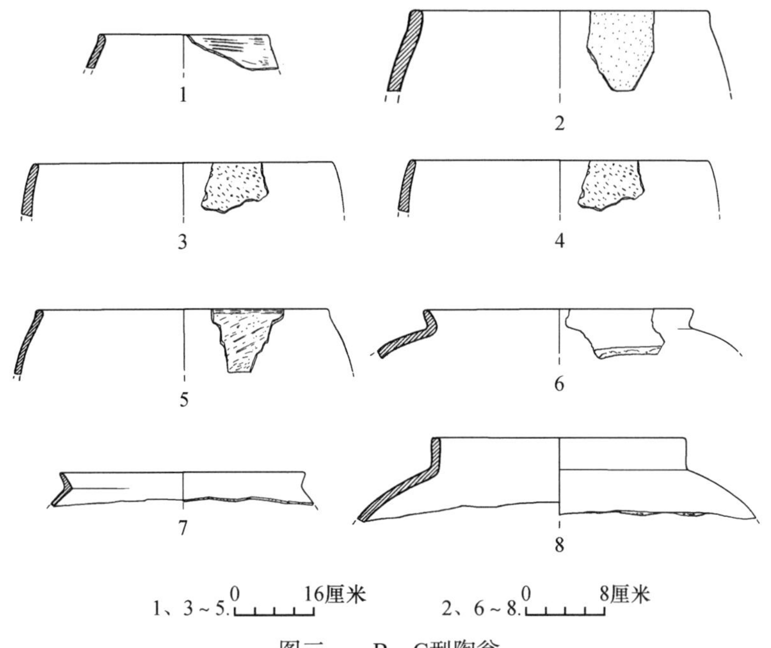

图三一　B、C型陶瓮

1～5. B型（T2④：303、T3④：297、T3④：184、T3④：384、T1④：105）　6～8. C型（T2③：183、T1②：45、T2③：93）

6. 陶缸类

7件。陶缸类器形数量较少，均为口部残片。陶色为红褐褐色，厚胎夹蚌末。大敞口，窄平沿，多直壁内收，少无沿直口，颈部和上腹多饰弦纹，少数素面。

T4③：83，为缸口腹部残片，红褐色陶。无沿，直口。口外侧饰三道弦纹。存高18、口径36厘米（图三二，1；彩版二〇，1）。T4③：10，为缸口部残片，外红内黑色。窄平沿，直壁内收。颈部饰弦纹。存高6.4、口径64厘米（图三二，2；彩版二〇，2）。T4③：8，为缸口部残片，外红内黑色陶。窄平沿，直壁内收。颈部饰弦纹。存高8、口径56厘米（图三二，3；彩版二〇，3）。T4③：4，为缸口部残片，外红内黑色陶。窄平沿，直壁内收。颈部饰弦纹。存高10.8、口径44厘米（图三二，4）。T3③：176，为缸口部残片，外红内黑色。窄平沿，直壁内收。素面。存高6、口径60厘米（图三二，5）。T4③：73，为缸口部残片，外红内黑色。窄平沿，直壁内收。存高8、口径56厘米（图三二，6）。T4③：70，为缸口部残片，外红内黑色。窄平沿，直壁内收。颈部饰弦纹。存高12、口径55厘米（彩版二〇，4）。

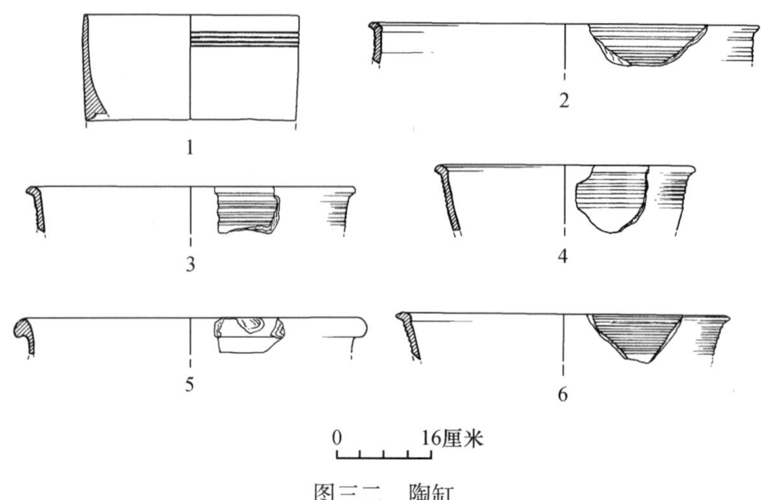

图三二　陶缸

1. T4③：83　2. T4③：10　3. T4③：8　4. T4③：4　5. T3③：176　6. T4③：73

7. 陶盂形器

13件。陶盂形器是一种手工捏制的小盂、小盅形器皿，制作粗糙，形制不规整，大小一，均为红褐色陶，胎粗夹蚌末。

T2④：83，器形完整，胎壁粗厚，敞直口，弧腹平底，呈蒜臼形。口径4.2、高2.9厘米（图三三，1）。T3③：211，为盂形器口腹残件修复，敞口，弧腹内收，圈足，呈小碗形。复原口径8.4、高4.3、底径4.4厘米（图三三，2；彩版二一，1）。T3④：265，器形完整，直口，尖唇，鼓腹，圜底。口径4、高5.4厘米（图三三，3）。T1③：79，器形基本完整，敞口，浅弧腹内收，圜底，留有手制痕迹。口径5.6、高2.7厘米（图三三，4；彩版二一，2）。T3③：209，器形基本完整，直口微敛，深圆腹，圜底，肩部饰一圈乳钉纹。口径8.4、高6.7厘米（图三三，5；彩版二一，3）。T1③：144，为三件套叠残件，粗胎厚壁，口部均残缺，弧腹，圜底。底层最大件残口径4.8、三件套叠通高5.1厘米（图三三，6；彩版二一，4）。T3④：263，器形完整，粗胎厚壁，敞口，弧腹内收，圜底。口径4.4、高4.4、腹径4.9厘米（图三三，7；彩版二一，5）。T3③：210，器形基本完整修复，直口，尖唇，圆腹，平底，腹部装有对称鋬手，鋬手冠部饰指切纹。口径2.7、高3.2、腹径3.9、底径2.3厘米（图三三，8；彩版二一，6）。T6③：16，器形特小而完整，敞口，直壁下腹折收，平底形浅圈足。口径2.2、高2.4厘米（图三三，9）。T4④：2，器形完整，敞口尖唇，圆鼓腹，圜底近平。口径3.4、高2.8、腹径4.2、底径1.9厘米（图三三，10）。T3④：264，器形特小完整，敞口，窄平沿，束颈，折肩弧腹，平底。口径3、高2.1、腹径3、底径1.8厘米（图三三，11）。T2③：226，器形基本完整，残三乳钉足。敞口外撇，凹弧腹折收，圜底近平，底部留有三乳钉足痕。口径5.6、身高3.3、腹径4.7厘米（图三三，12；彩版二一，7）。T4④：38，器形完整，敞口外撇，尖唇，束颈折肩，弧腹内收，平底。口径6.1、高3.1、腹径6.4、底径3.2厘米（图三三，13；彩版二一，8）。

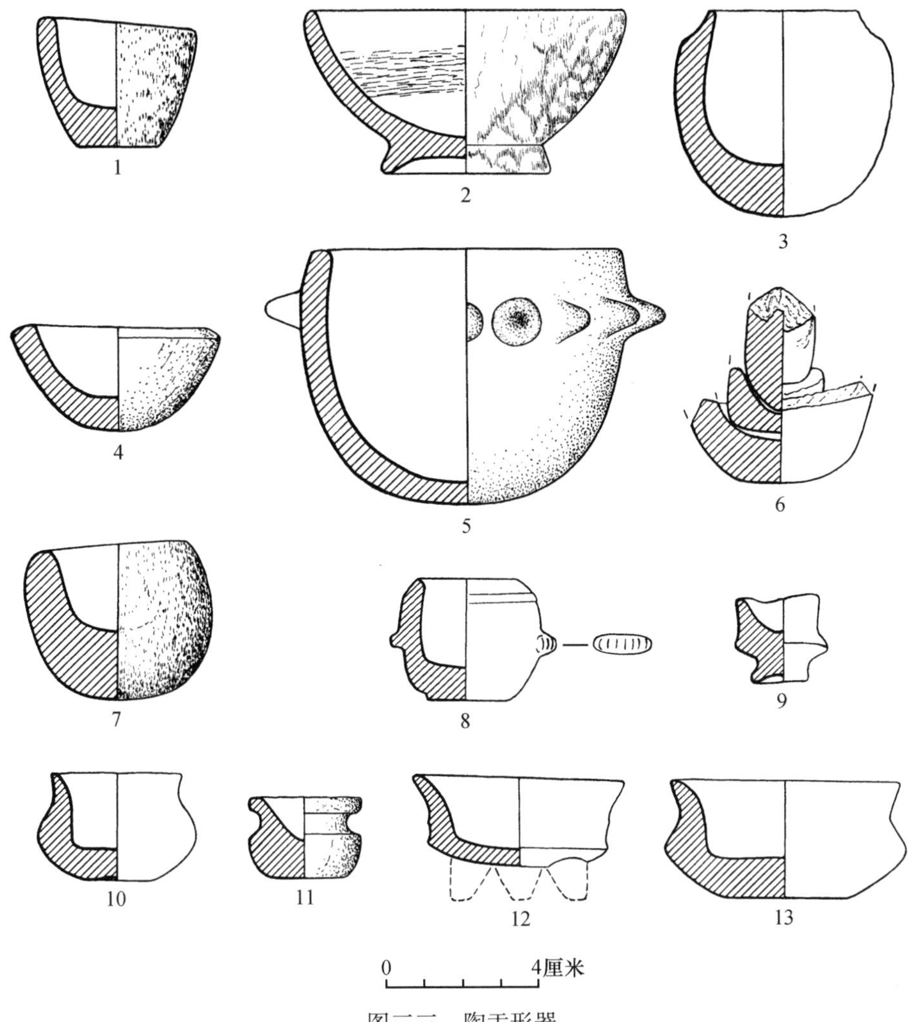

图三三　陶盂形器

1. T2④：83　2. T3③：211　3. T3④：265　4. T1③：79　5. T3③：209　6. T1③：144　7. T3④：263　8. T3③：210　9. T6③：16　10. T4④：2　11. T3④：264　12. T2③：226　13. T4④：38

8. 陶盆口沿

5件。陶盆均为口部残片，器形较大，器壁粗厚，多夹蚌末，多为敞口平沿外侈。

T3④：295，为盆口沿残片，外红衣内黑色。大敞口，窄沿外侈。复原口径37.3厘米（图三四，1）。T3③：51，为盆口沿残片，外红衣内灰褐色。敛口，平沿外侈。复原口径29.5厘米（图三四，2）。T3④：304，为盆口沿残片，内外皆红褐色。敛口，平沿外侈。复原口径22.6厘米（图三四，3）。T4③：74，为盆口沿残片，内外皆浅褐色。敞口，宽平沿外侈。口沿下饰刻划菱格纹。复原口径43厘米（图三四，4）。T3③：174，为盆口沿残片，内外皆浅褐色，敞口，宽平沿外侈。复原口径45.4厘米（图三四，5）。

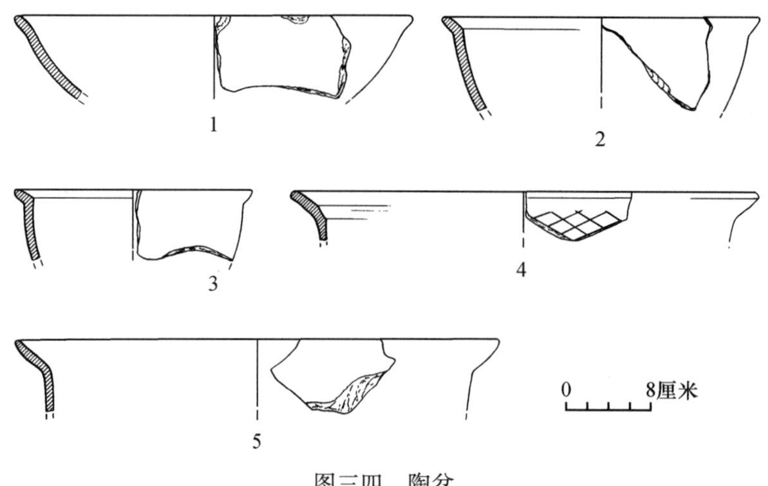

图三四　陶盆

1. T3④：295　2. T3③：51　3. T3④：304　4. T4③：74　5. T3③：174

（三）陶器残件类

90件。陶器残件类，主要有陶器的盖纽、器底、把手、耳系等。

1. 陶器盖纽

24件。陶器盖均为盖纽残件，其形状为圈座形，器表素面和纽顶外沿一周多饰指切纹。陶色陶质多为夹蚌末红褐色粗陶。

T4④：42，为红褐色素面圈足盖纽残件。存高2.5厘米（图三五，1）。T4④：48，为红褐色素面有柄圈足盖纽残件。存高2.2厘米（图三五，2）。T4④：46，为红褐色素面浅圈足盖纽残件。存高5.2厘米（图三五，3，彩版二二，1）。T4④：49，为红褐色素面浅圈足盖纽残件。存高3.5厘米（图三五，4，彩版二二，2）。T4④：50，为红褐色素面浅圈足盖纽残件。存高3.1厘米（图三五，5；彩版二二，3）。T6④：108，为红褐色浅圈足盖纽残件，纽外缘一周饰指切纹。存高3厘米（图三五，6；彩版二二，4）。T1③：77，为红褐色浅圈足盖纽残件，纽外缘一周饰指切纹。存高4厘米（图三五，7；彩版二二，5）。T3④：281，为红褐色浅圈足盖纽残件，纽外缘一周饰指切纹。存高3.8厘米（图三五，8；彩版二二，6）。T3④：278，为红褐色浅圈足盖纽残件，纽外缘一周饰指切纹。存高3.6厘米（图三五，9；彩版二二，7）。T3④：445，为红褐色圈足盖纽残件，纽外缘一周饰指切纹。存高4.4厘米（图三五，10；彩版二二，8）。T3③：446，为红褐色素面圈足盖纽残件。存高4.2厘米（图三五，11）。T3④：97，为红褐色浅圈足盖纽残件，纽外缘一周饰指切纹。存高4厘米（图三五，12；彩版二二，9）。T3④：293，为红褐色素面浅圈足盖纽残件。存高4.5厘米（图三五，13）。T2③：195，为红褐色圈足盖纽残件，纽外缘一周饰指切纹。存高4.3厘米（图三六，1；彩版二二，10）。T2③：193，为红褐色圈足盖纽残件，纽外缘一周饰指切纹。存高2.9厘米（图三六，2；彩版二二，11）。T3③：155，为红褐色圈足盖纽残件，纽外缘一周

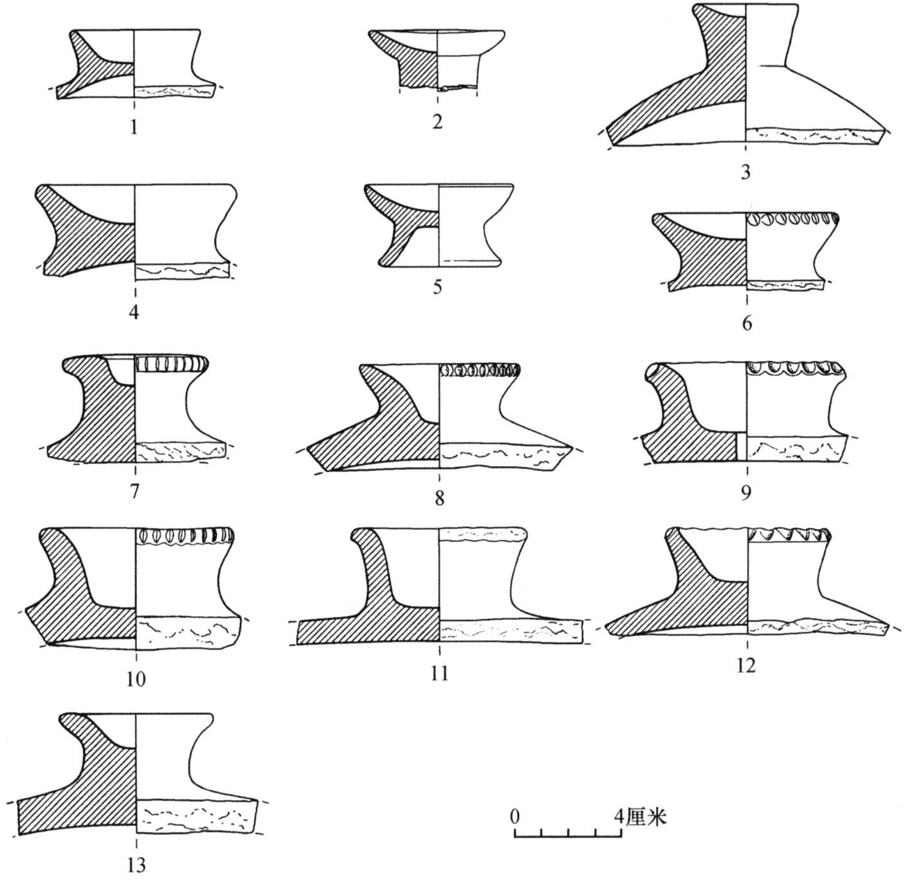

图三五　陶器盖纽

1. T4④：42　2. T4④：48　3. T4④：46　4. T4④：49　5. T4④：50　6. T6④：108　7. T1③：77　8. T3④：281　9. T3④：278　10. T3④：445　11. T3③：446　12. T3④：97　13. T3④：293

饰指切纹。存高2.7厘米（图三六，3；彩版二二，12）。T6③：131，为红褐色素面圈足盖纽残件。存高3.5厘米（图三六，4）。T1③：76，为红衣素面圈足盖纽残件。存高2.2厘米（图三六，5；彩版二三，1）。T3④：444，为红褐色陶盖纽残件，纽外缘部饰指切纹。存高2.6厘米（图三六，6）。T5③：8，为红褐色素面圈足盖纽残件。存高3.2厘米（图三六，7；彩版二三，2）。T2④：372，为红褐色圈足盖纽残件，纽外缘一周饰指切纹。存高4厘米（图三六，8；彩版二三，3）。T2④：373，为红褐色圈足盖纽残件，纽外缘一周饰指切纹。存高5.5厘米（图三六，9；彩版二三，4）。T5③：7，为红褐色素面圈足盖纽残件。存高3.3厘米（图三六，10；彩版二三，5）。T3③：105，为红褐色浅圈足盖纽残件，纽外缘一周饰指切纹。存高3.3厘米（图三六，11）。T3③：151，为红褐色浅圈足盖纽残件，纽外缘一周饰指切纹。存高4.8厘米（图三六，12；彩版二三，6）。

2. 陶器底类

5件。陶器底均为平底残片，胎壁较厚且粗糙，夹蚌末，为红褐色陶。

T3③：188，为平底残片。复原底径15、厚1.2厘米（图三七，1；彩版二三，8）。

T3④：450，为平底残片。复原底径36、厚3.6厘米（图三七，2）。T2③：180，为平底残片。复原底径19.4、厚2.5厘米（图三七，3；彩版二三，7）。T3④：449，为平底残片。复原底径14.6、厚1.3厘米（彩版二三，9）。T2③：181，为平底残片。复原底径20、厚2.5厘米（图三七，4；彩版二三，10）。

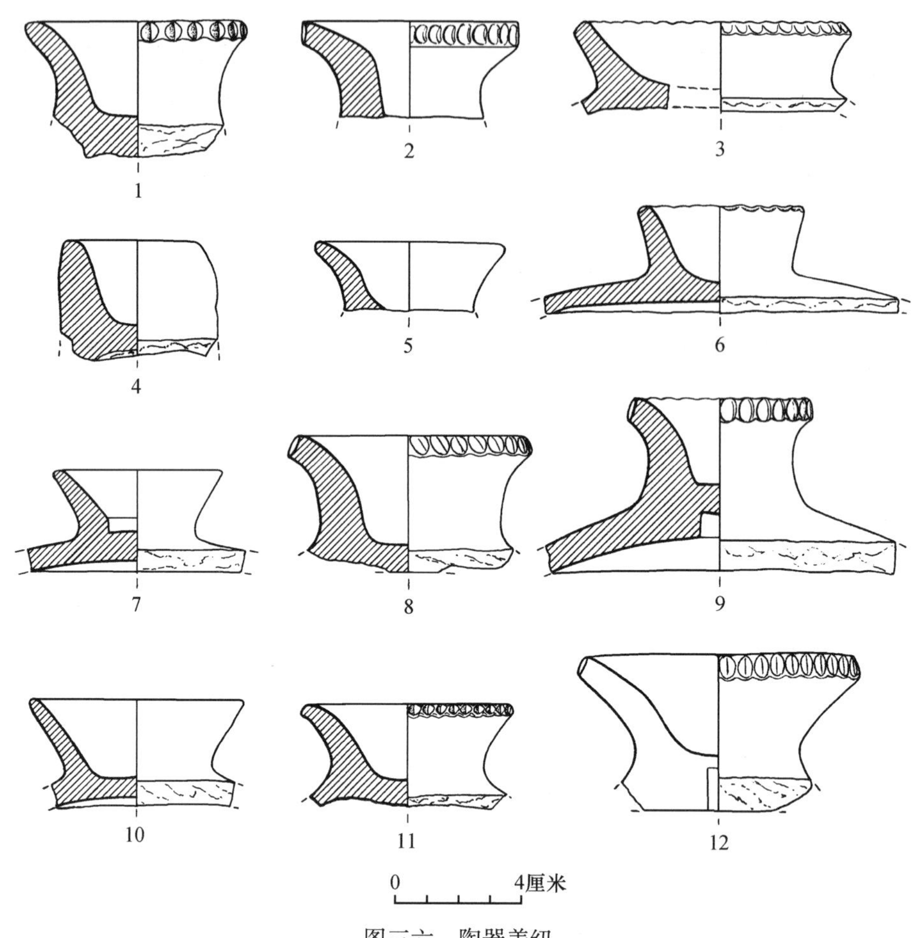

图三六　陶器盖纽

1. T2③：195　2. T2③：193　3. T3③：155　4. T6③：131　5. T1③：76　6. T3④：444　7. T5③：8　8. T2④：372　9. T2④：373　10. T5③：7　11. T3③：105　12. T3③：151

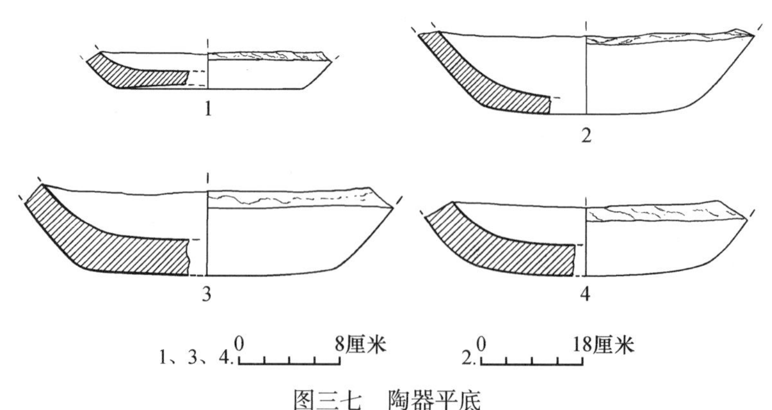

图三七　陶器平底

1. T3③：188　2. T3④：450　3. T2③：180　4. T2③：181

3. 陶器把手

8件。陶器把手均为桥形把手残件，多为夹蚌末粗胎红褐色陶。在把手上多有乳钉、戳刺纹、刻划纹等纹饰。

T3③：170，为把手半截残件，红褐色陶。把手端有折棱，折棱处饰指切纹。存长7.7厘米（图三八，1；彩版二四，1）。T3③：157，为把手半截残件，红褐色陶。把手外表饰平行刻划纹。存长7.5厘米（图三八，2；彩版二四，2）。T3③：159，为把手半截残件，黑色陶。把手外表有明显的刮削痕迹，端头两侧有乳钉纹。存长6.6厘米（图三八，3；彩版二四，3）。T6③：64，为完整桥形把手，红褐色陶。把手两边末端偏上位置有两道横平行凸起棱形纹。长11.4厘米（图三八，4；彩版二四，4）。T6③：65，为把手小半截残件，红褐色陶。把手外表有两道平行指切纹，把手端头有乳钉纹饰。存长4.6厘米（图三八，5；彩版二四，5）。T2③：375，为把手半截残件，红褐色陶。把手端头饰乳钉纹。残长6.5厘米（图三八，6；彩版二四，6）。T2③：187，为把手半截残件，红褐色陶。把手外表饰多道平行刻划纹。存长10.2厘米（图三八，7；彩版二四，7）。T2③：188，为把手小半截残件，红褐色陶。把手外表饰三道平行指切纹。存长6.7厘米（图三八，8）。

4. 陶器耳系

52件。陶器耳系均为陶罐的耳系残件，数量较多，多素面，夹蚌末红褐色陶。器形主要有牛鼻形、鸟首形和鸡冠形等，可分为A、B、C三型。

A型　28件。牛鼻形穿孔耳系。

T3④：286，为牛鼻形残件。存长11.3厘米（图三九，1；彩版二四，8）。T3④：287，为牛鼻形残件。存长9厘米（图三九，2；彩版二四，9）。T2④：280，为牛鼻形残件。存长8.4厘米（图三九，3；彩版二四，10）。T2③：205，为牛鼻形残件。存长6.3厘米（图三九，4）。T3③：166，为牛鼻形残件，存系表满饰指切纹。残长5.8厘米（图三九，5；彩版二四，11）。T2③：200，为牛鼻形残件。存长8.9厘米（图三九，6；彩版二四，12）。T3③：158，为牛鼻形残件。存长5.6厘米（图三九，7）。T3③：160，为牛鼻形残件。存长5.1厘米（图三九，8）。T2③：197，为牛鼻形残件。存长5厘米（图三九，9；彩版二四，13）。T2④：378，为牛鼻形残件。存长9.1厘米（图四〇，1；彩版二四，14）。T3④：288，为牛鼻形残件。存长8.1厘米（图四〇，2；彩版二四，15）。T1④：125，为牛鼻形残件。存长6.4厘米（图四〇，3；彩版二四，16）。T2③：208，为牛鼻形残件。存长5.7厘米（图四〇，4；彩版二四，17）。T2③：379，为牛鼻形残件。存长5厘米（图四〇，5；彩版二四，18）。T1④：123，为牛鼻形残件。存长5.9厘米（图四〇，6；彩版二五，1）。T2④：283，为牛鼻形残件。存长7厘米（图四〇，7；彩版二五，2）。T2③：338，为牛鼻形残件。存长7.2厘米（图四〇，8；彩版二五，3）。T6③：67，为牛鼻形残件。存长8厘米（图四一，1；

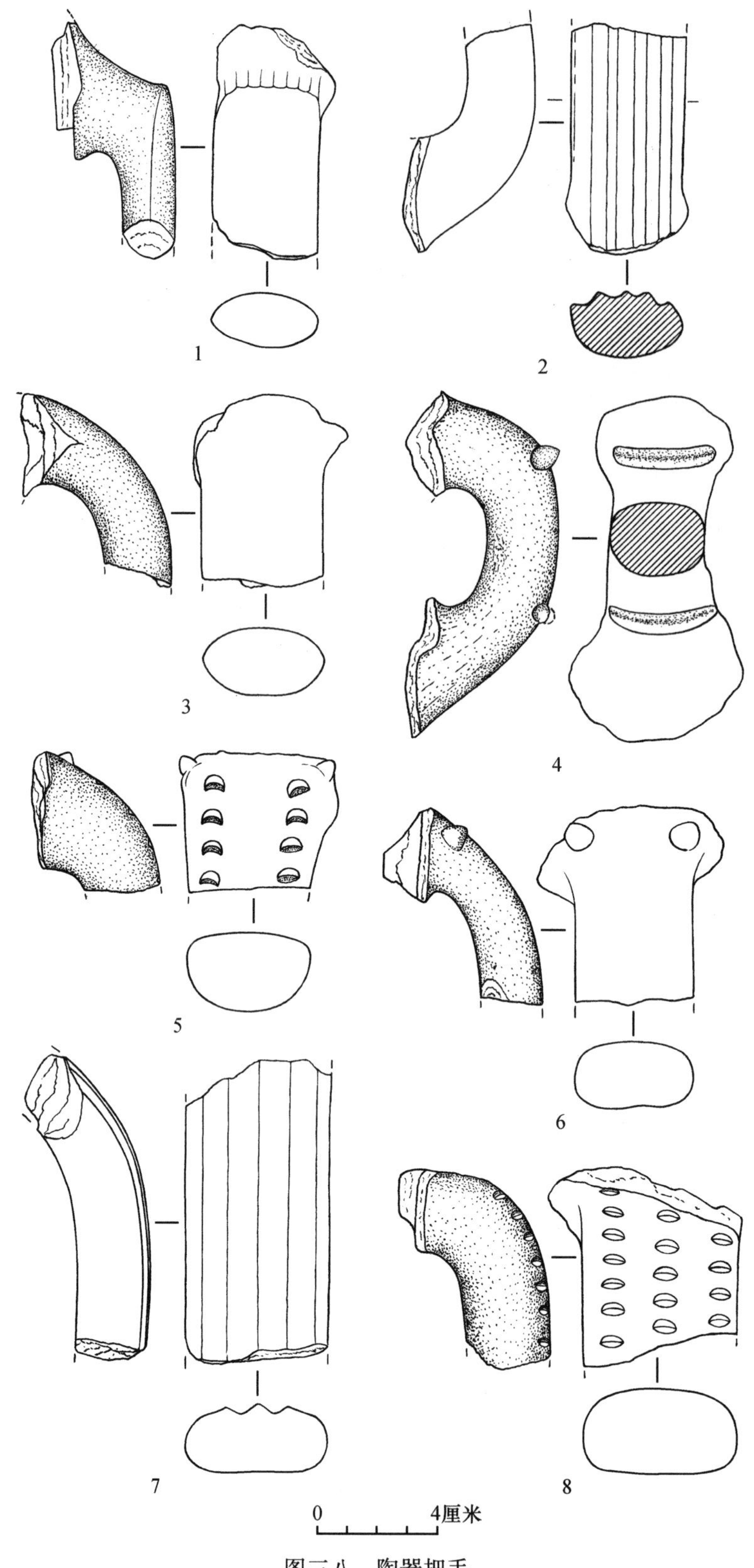

图三八　陶器把手

1. T3③：170　2. T3③：157　3. T3③：159　4. T6③：64　5. T6③：65　6. T2③：375　7. T2③：187　8. T2③：188

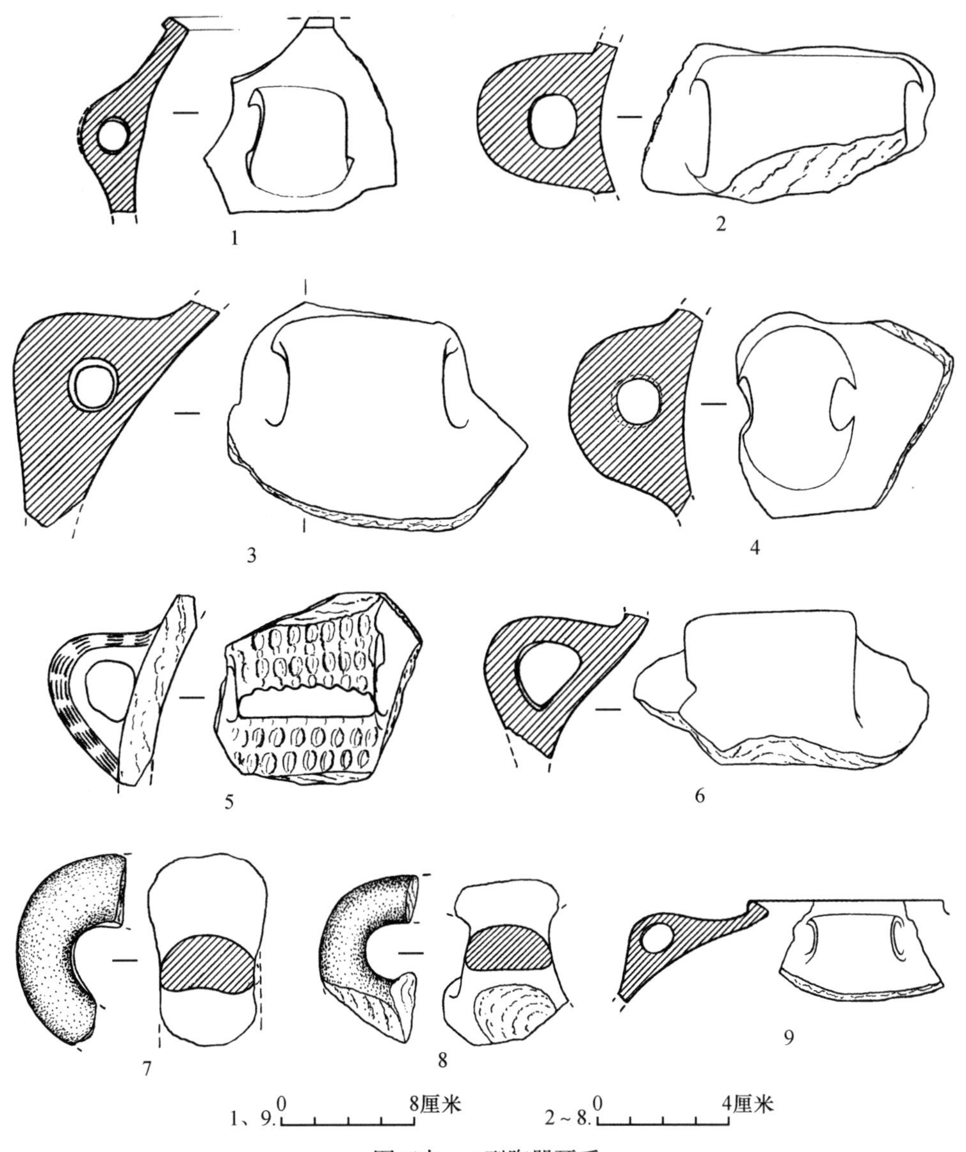

图三九　A型陶器耳系

1. T3④：286　2. T3④：287　3. T2④：280　4. T2③：205　5. T3③：166　6. T2③：200　7. T3③：158　8. T3③：160　9. T2③：197

彩版二五，4）。T3④：283，为牛鼻形残件。存长6.3厘米（图四一，2；彩版二五，5）。T1③：78，为牛鼻形残件。存长4.6厘米（图四一，3；彩版二五，6）。T2③：199，为牛鼻形残件。存长6.7厘米（图四一，4）。T2④：381，为牛鼻形残件。存长7.7厘米（图四一，5）。T3③：163，为牛鼻形残件。存长5.5厘米（图四一，6；彩版二五，7）。T2③：382，为牛鼻形残件。存长5.8厘米（图四一，7；彩版二五，8）。T3③：165，为牛鼻形残件。存长5.5厘米（图四一，8）。T3④：84，为牛鼻形残件。存长5.2厘米。T3④：453，为牛鼻形残件。存长6.6厘米（彩版二五，9）。T2③：380，为牛鼻形残件。存长6.8厘米（彩版二五，10）。

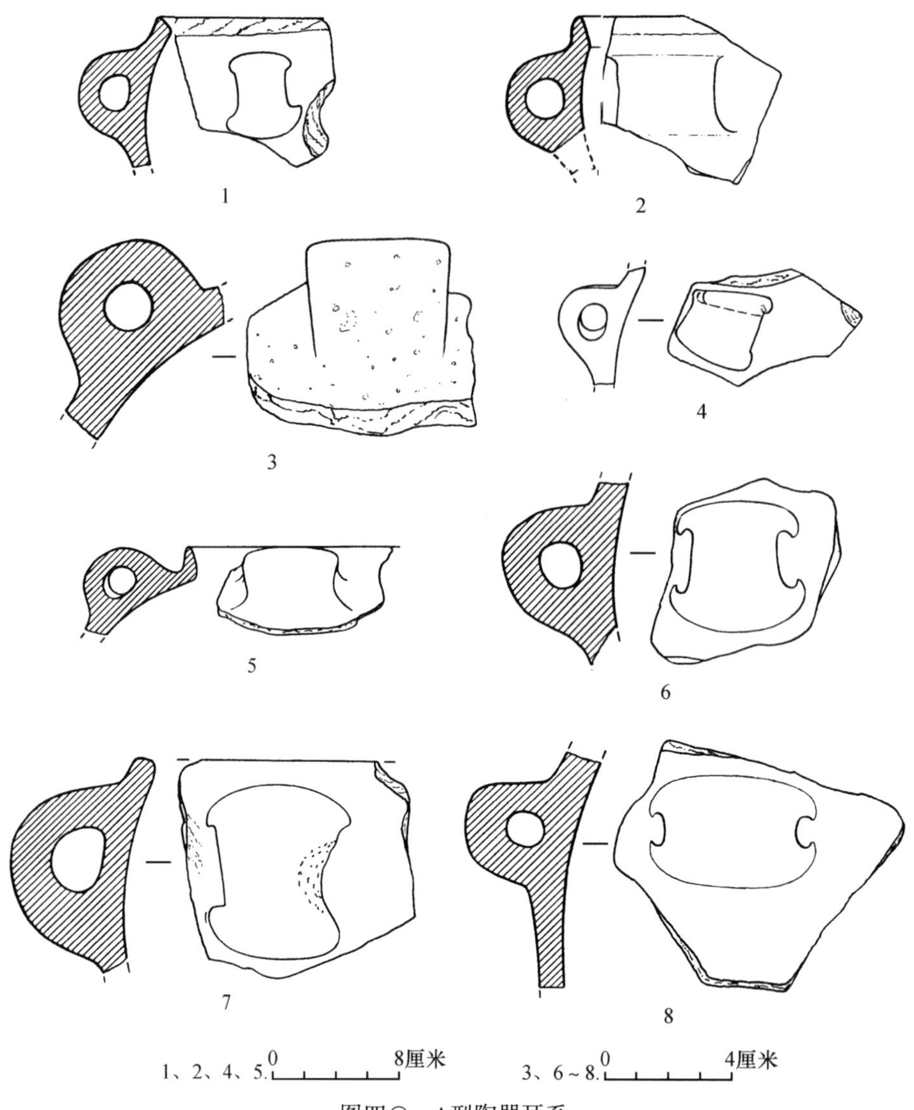

图四〇　A型陶器耳系

1. T2④：378　2. T3④：288　3. T1④：125　4. T2③：208　5. T2③：379　6. T1④：123　7. T2④：283　8. T2③：338

B型　20件。鸟首形穿孔耳系。

T2③：53，为鸟首形残件。存长5.6厘米（图四二，1；彩版二五，11）。T2③：267，为鸟首形残件。存长5.9厘米（图四二，2）。T6③：66，为鸟首形残件。存长6.3厘米（图四二，3）。T2③：377，为鸟首形残件。存长8.4厘米（图四二，4；彩版二五，12）。T2③：207，为鸟首形残件。存长5.5厘米（图四二，5；彩版二五，13）。T5③：12，为鸟首形残件。存长6.2厘米（图四二，6）。T3③：168，为鸟首形残件。存长3.8厘米（图四二，7）。T4④：40，为鸟首形残件。存长6.1厘米（图四三，1；彩版二五，14）。T1④：148，为鸟首形残件。存长5.6厘米（图四三，2）。T2④：281，为鸟首形残件。存长5厘米（图四三，3）。T6④：121，为鸟首形残件。存长7.4厘米（图四三，4）。T3③：164，为鸟首形残件。存长6.4厘米（图四三，5；彩版二五，15）。T1④：124，为鸟首形残件。存长5.2厘米（图四三，6）。T4④：85，为鸟首形残件。存长5.8厘米（图四三，7；彩版二五，16）。

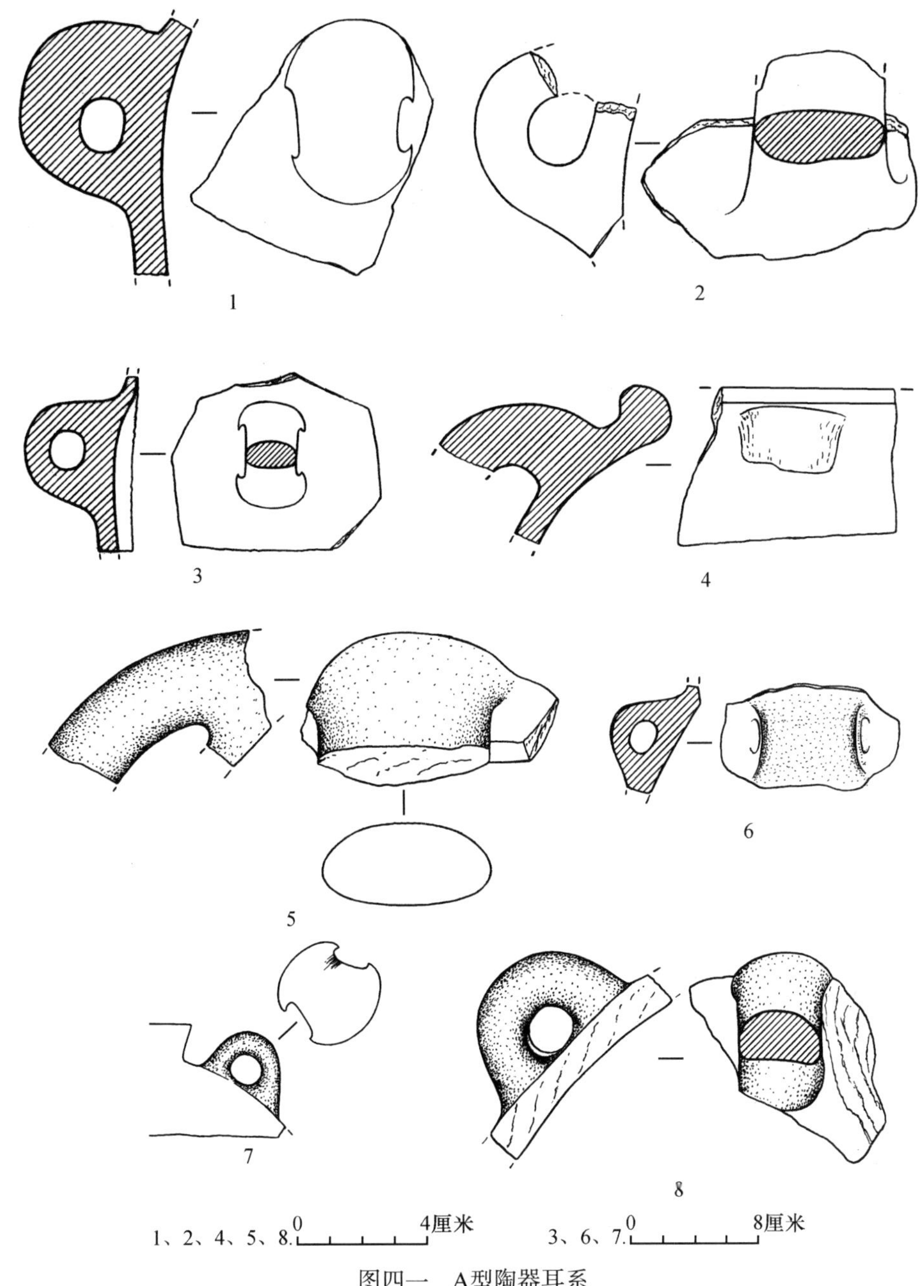

图四一　A型陶器耳系

1. T6③：67　2. T3④：283　3. T1③：78　4. T2③：199　5. T2④：381　6. T3③：163　7. T2③：382　8. T3③：165

T6③：68，为鸟首形残件。存长6.1厘米（图四三，8；彩版二五，17）。T4④：41，为鸟首形残件。存长8.2厘米（图四四，1）。T4④：66，为鸟首形残件。存长6.9厘米（图四四，2）。T4④：36，为鸟首形残件。存长5.4厘米（图四四，3；彩版二六，1）。T2③：203，为鸟首形残件。存长7厘米（图四四，4；彩版二六，2）。T2④：377，为鸟首形残件。存长7.8厘米（彩版二六，3）。

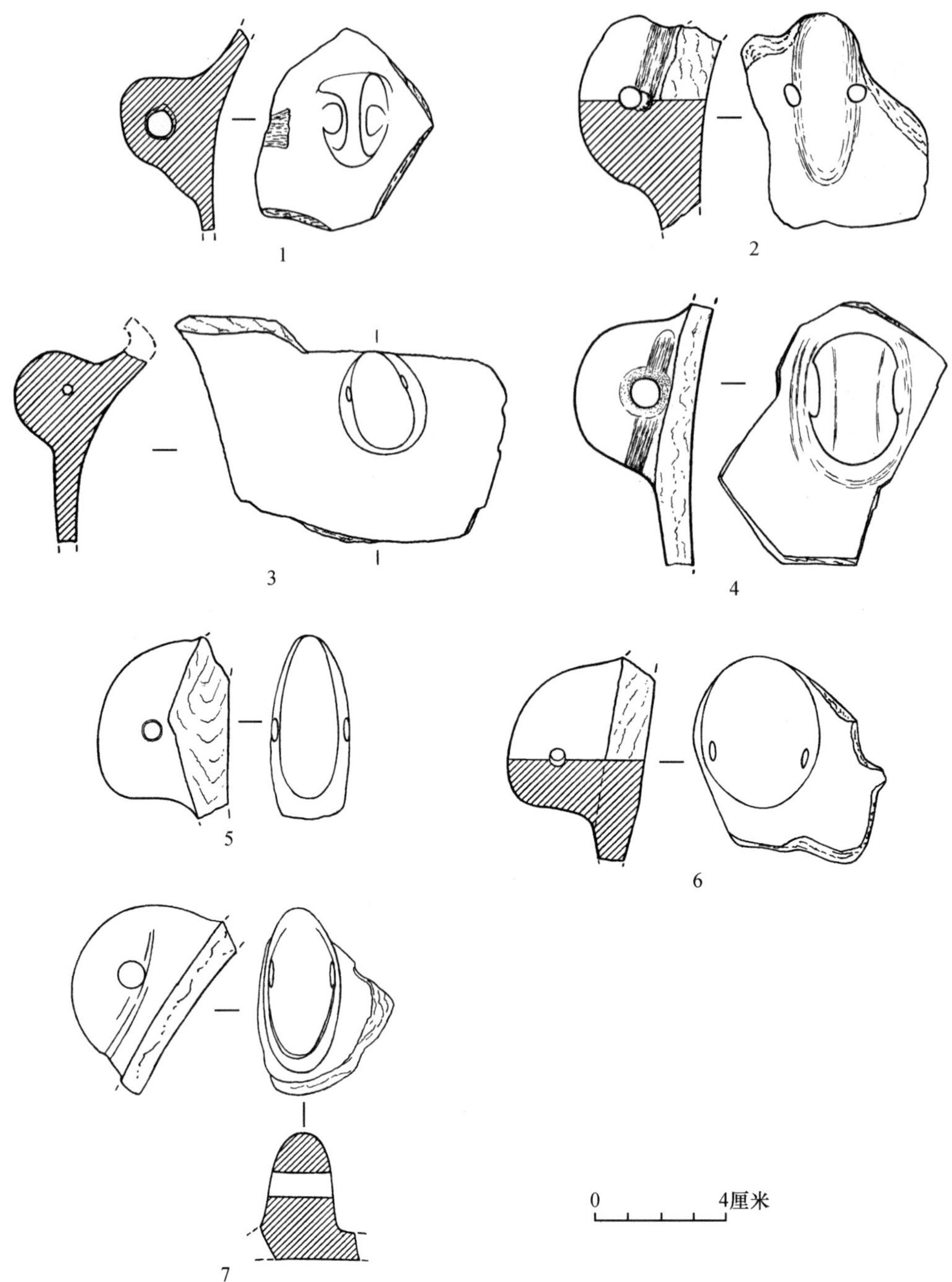

图四二　B型陶器耳系

1. T2③：53　2. T2③：267　3. T6③：66　4. T2③：377　5. T2③：207　6. T5③：12　7. T3③：168

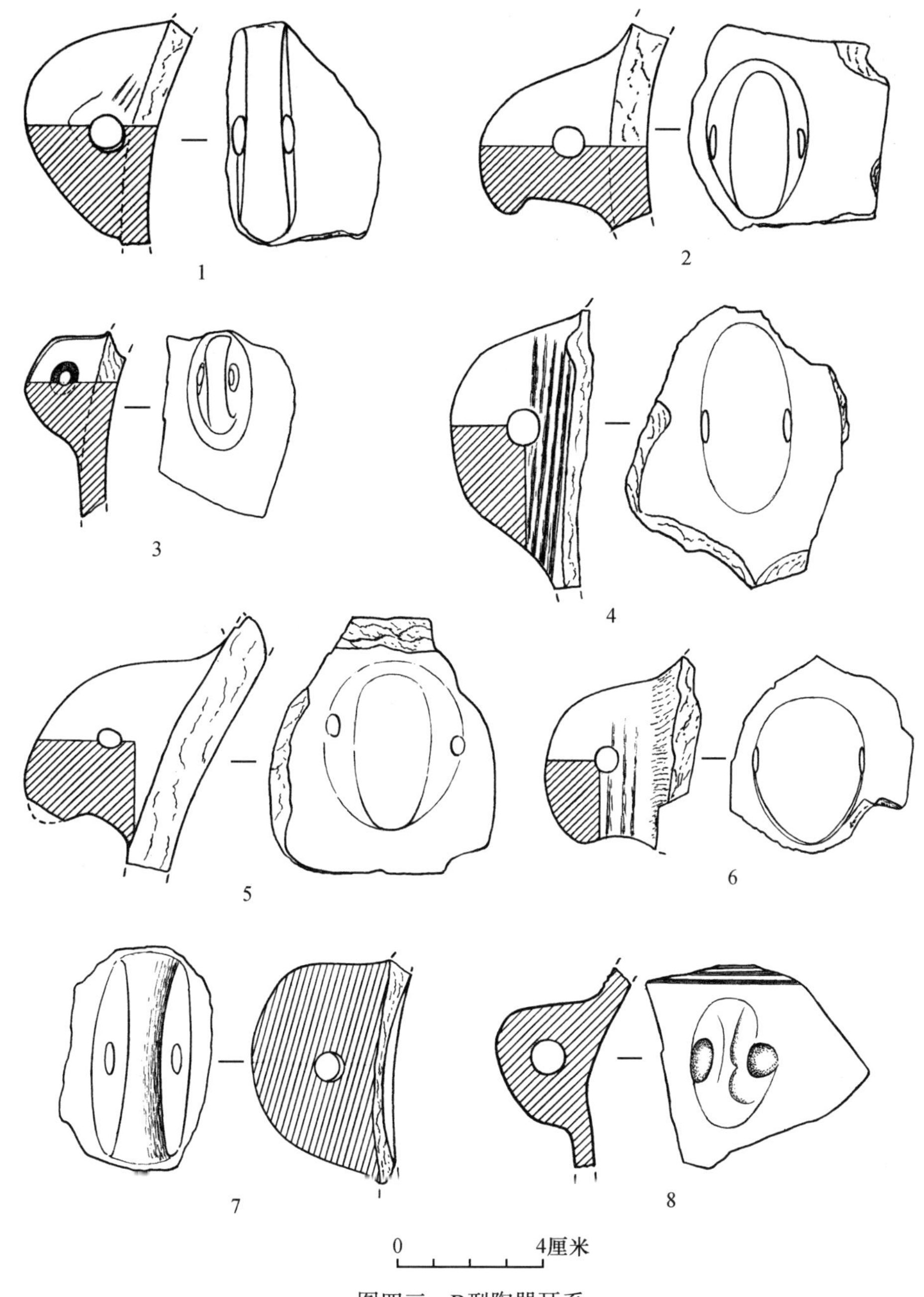

图四三　B型陶器耳系

1. T4④：40　2. T1④：148　3. T2④：281　4. T6④：121　5. T3③：164　6. T1④：124　7. T4④：85　8. T6③：68

C型　4件。鸡冠形双孔耳系。

T3④：294，为鸡冠形残件，双系孔。存长7.8厘米（图四四，5）。T6④：107，为鸡冠形残件，双系孔。存长8厘米（图四四，6；彩版二六，4）。T6④：109，为鸡冠形残件，双系孔。存长6.2厘米（图四四，7；彩版二六，5）。T3③：405，为鸡冠形残件，双系孔。存长8厘米（图四四，8；彩版二六，6）。

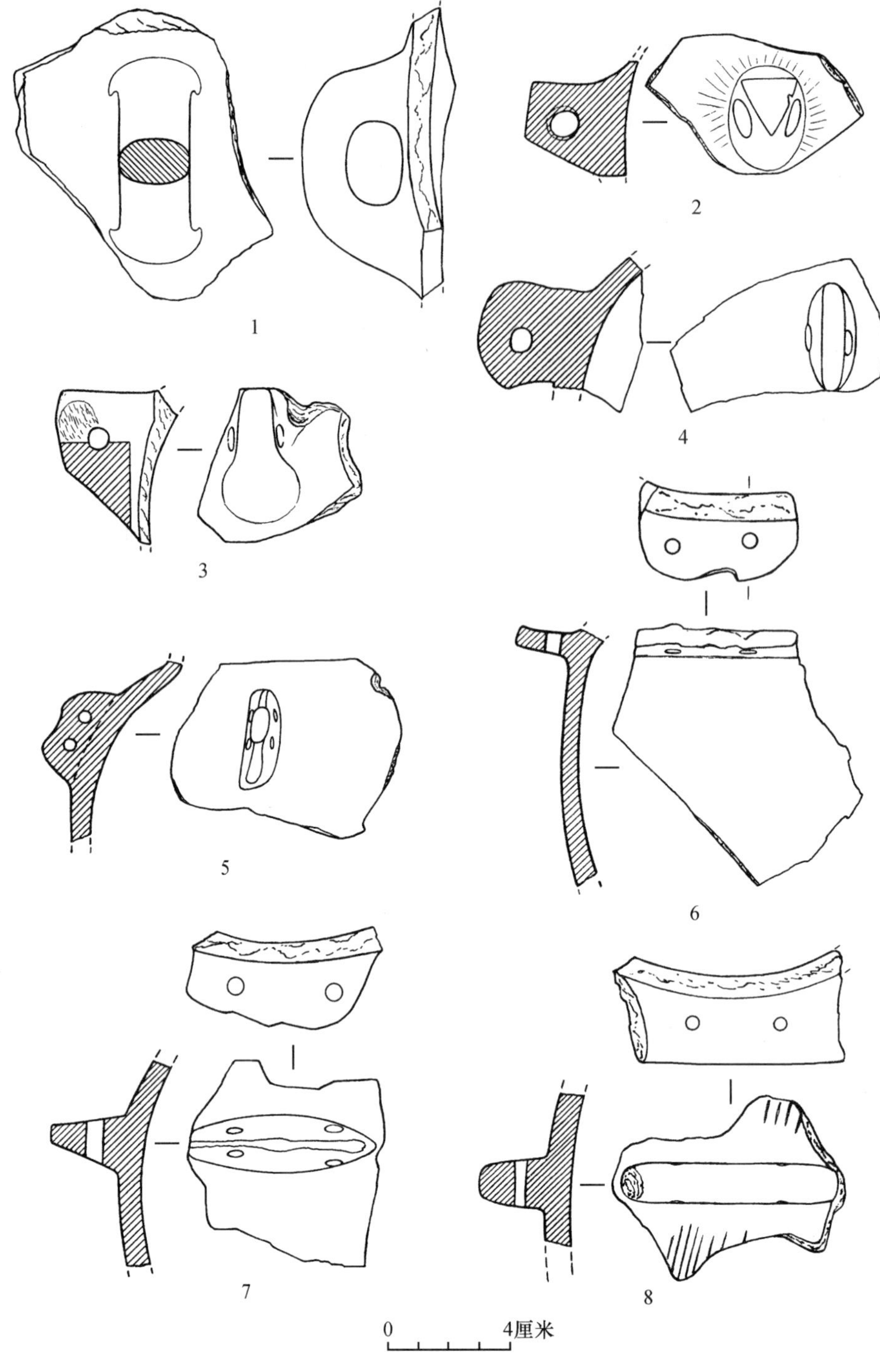

图四四　B、C型陶器耳系

1～4. B型（T4④：41、T4④：66、T4④：36、T2③：203）　5～8. C型（T3④：294、T6④：107、T6④：109、T3③：405）

（四）陶质工具类

57件。陶质工具类有陶锉、拍形器、圆饼、网坠、柄形器、纺轮等。

1. 陶锉

36件。陶锉多为残件，完整少。器形为两头细尖中间粗厚，多数呈椭圆扁形、宽扁形或窄扁形，少数呈圆棒形等。形制大小宽窄不一，通体布满麻坑。均为灰褐色陶，胎粗多夹蚌末，少数夹砂。

T3③：199，为椭圆扁形陶锉残件。存长9.2、最宽3.9、最厚1.7厘米（图四五，1；彩版二六，7）。T3③：200，为椭圆扁形陶锉残件。存长5.2、最宽3.9、最厚2.2厘米（图四五，2；彩版二六，8）。T6③：30，为宽扁形陶锉残件。存长9.6、最宽4.5、最厚1.4厘米（图四五，3；彩版二六，9）。T1④：126，为宽扁形陶锉残件。存长9.2、最宽5.2、最厚2厘米（图四五，4；彩版二六，10）。T1④：127，为宽扁形陶锉残件。存长7.6、最宽4.3、最厚1.7厘米（图四五，5；彩版二六，11）。T3④：320，为宽扁形陶锉残件。存长8.8、最宽4.6、最厚1.8厘米（图四五，6；彩版二六，12）。T6③：73，为窄扁形陶锉残件。存长6.1、最宽3、最厚1.1厘米（图四五，7；彩版二六，13）。T3③：202，为窄扁形陶锉残件。存长5.2、最宽3.2、最厚1.4厘米（图四五，8；彩版二六，14）。T3③：204，为窄扁形陶锉残件。存长7.8、最宽3.1、最厚1.4厘米（图四六，1；彩版二七，1）。T3③：198，为窄扁形陶锉残件。存长7.8、最宽3.3、最厚1.4厘米（图四六，2；彩版二七，2）。T1③：147，为窄扁形陶锉残件。存长5.2、最宽3.6、最厚2.1厘米（图四六，3；彩版二七，3）。T1③：72，为窄扁形陶锉残件。存长7、最宽3、最厚1.4厘米（图四六，4）。T3③：203，为窄扁形陶锉残件。存长6.1、最宽2.9、最厚1.6厘米（图四六，5；彩版二七，4）。T3③：205，为窄扁形陶锉残件。存长6.2、最宽3.1、最厚1.4厘米（图四六，6；彩版二七，5）。T1④：128，为窄扁形陶锉残件。存长6.2、最宽2.8、最厚1.2厘米（图四六，7；彩版二七，6）。T6④：112，为窄扁形陶锉残件。存长8、最宽3.2、最厚1.7厘米（图四六，8；彩版二七，7）。T3④：442，为窄扁形陶锉残件。存长8.1、最宽3.5、最厚1.3厘米（图四六，9；彩版二七，8）。T3④：315，为窄扁形陶锉残件。存长6.4、最宽3.2、最厚1.5厘米（图四六，10；彩版二七，9）。T3④：325，为窄扁形陶锉残件。存长7.9、最宽2.9、最厚1.5厘米（图四七，1；彩版二七，10）。T3④：319，为窄扁形陶锉残件。存长7.2、最宽3.8、最厚1.5厘米（图四七，2；彩版二七，11）。T3④：321，为窄扁形陶锉残件。存长4.6、最宽3.4、最厚1.4厘米（图四七，3；彩版二七，12）。T3④：316，为窄扁形陶锉残件。存长7.6、最宽3、最厚1.5厘米（图四七，4；彩版二八，1）。T3④：317，为窄扁形陶锉残件。存长6、最宽2.6、最厚1.3厘米（图四七，5；彩版二八，2）。T3④：323，为窄扁形陶锉残件。存长8.2、最宽2.5、最厚1.3厘米（图四七，6；彩版二八，3）。T3④：324，为窄扁形陶锉残件。存长6.3、最宽2.6、最厚1.2厘米（图四七，7）。T6④：111，为窄扁形陶锉残件。存长7.6、最宽2.5、最厚1.5厘米（图四七，8；彩版二八，4）。T2③：209，为椭圆形陶锉残件。存长9.4、最宽3.6、最厚3.2厘米（图四八，1；彩版二八，5）。T2③：210，完整，椭圆形。长7.5、最宽2.7、最厚2厘米（图四八，2；彩版二八，6）。T3③：197，完整，椭圆形。长11.3、最宽3、最厚1.9厘米（图四八，3；彩版二八，7）。T3③：201，为椭圆形陶锉残件。存长6、最宽3、最厚2厘米（图四八，4）。T2③：371，为椭圆形陶锉残件。存长7.9、最宽3.2、最厚2厘米（图四八，5；彩版二八，8）。T1④：120，为椭圆形陶锉残件。存长6、最宽2.4、最厚2.3厘米（图四八，6；彩版二八，9）。T3④：313，完整，椭圆形。长9.68、最宽2.3、最厚1.9厘米（图四八，7；彩版二八，10）。T3④：318，为椭圆形陶锉残件。存长7、最宽3、最厚1.8厘米（图四八，8；彩版二八，11）。T3④：322，为椭圆形陶锉残件。存长4.2、最宽3、最厚2.3厘米（图四八，9）。T6④：113，完整，椭圆形。长5.8、最宽2.4、最厚1.9厘米（图四八，10；彩版二八，12）。

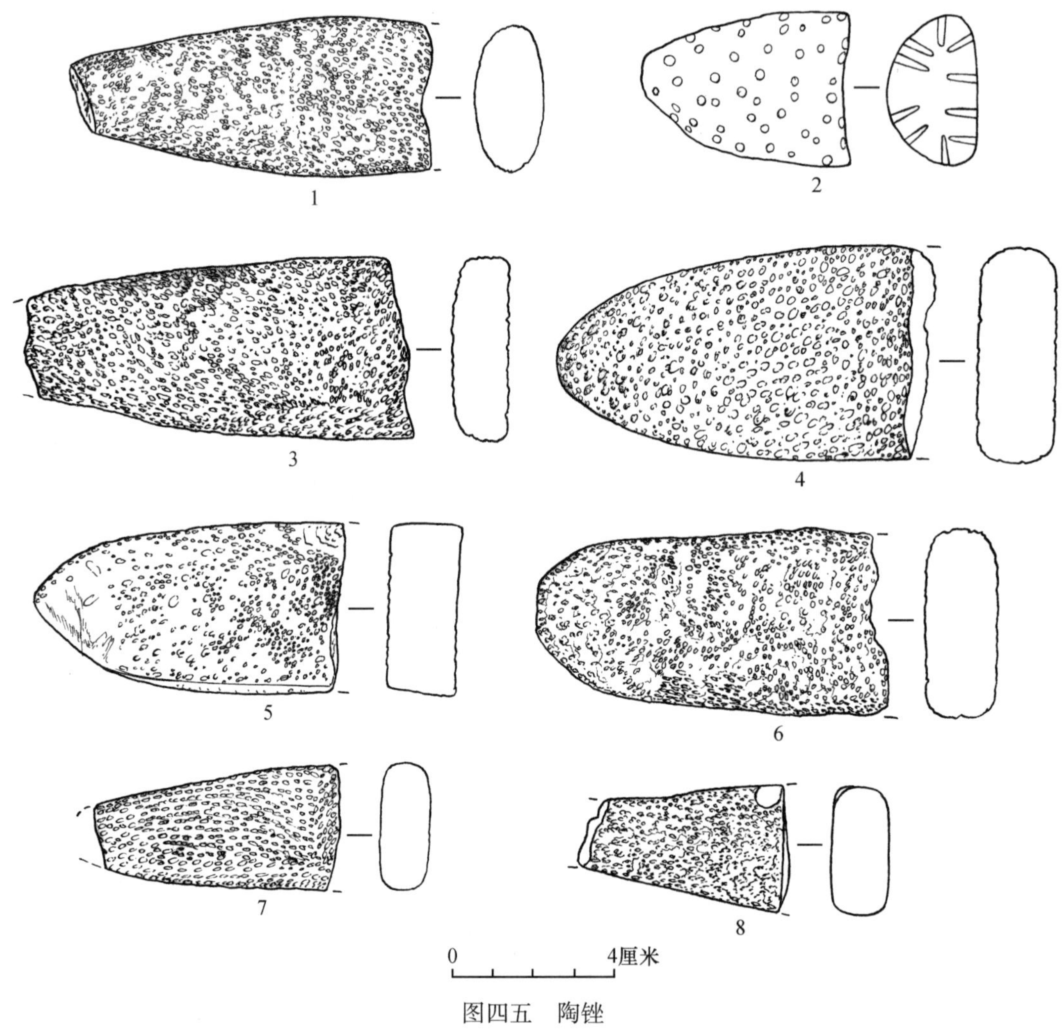

图四五　陶锉

1. T3③：199　2. T3③：200　3. T6③：30　4. T1④：126　5. T1④：127　6. T3④：320　7. T6③：73　8. T3③：202

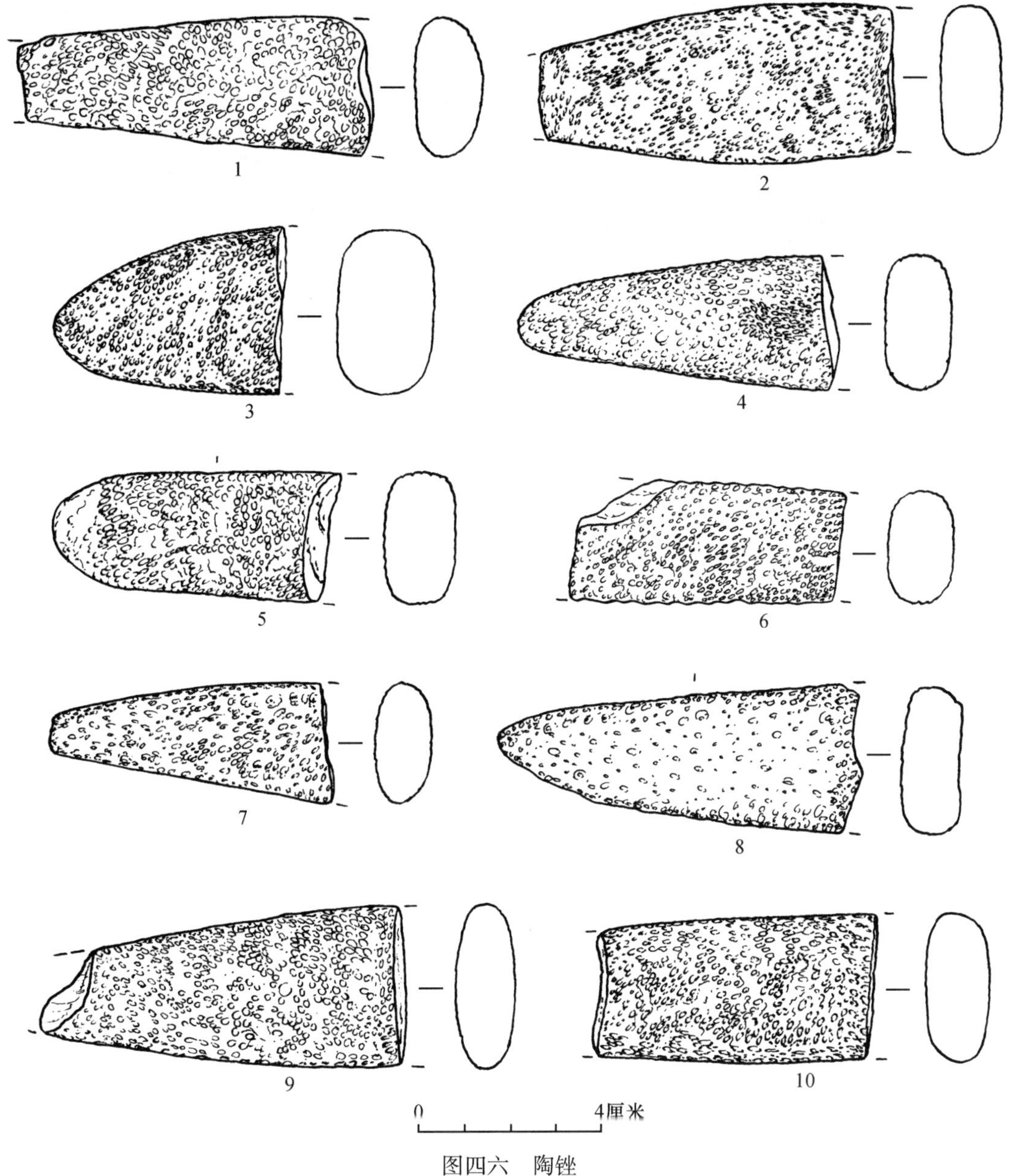

图四六　陶锉

1. T3③：204　2. T3③：198　3. T1③：147　4. T1③：72　5. T3③：203　6. T3③：205　7. T1④：128　8. T6④：112　9. T3④：442　10. T3④：315

2. 陶拍形器

1件。T3③：193，陶拍残件修复。红褐色陶，粗胎夹蚌末。椭圆形，柄残，平面满布戳刺孔。存高3.6、长9.9、宽5.1厘米（图四九，1；彩版二九，1）。

3. 陶圆饼

1件。T1④：129，饼形器残件修复。红褐色陶，陶质夹砂。圆饼形，一面平且粗糙，一面中间微鼓。素面。复原直径28.7、厚3.2厘米（图四九，2；彩版二九，2）。

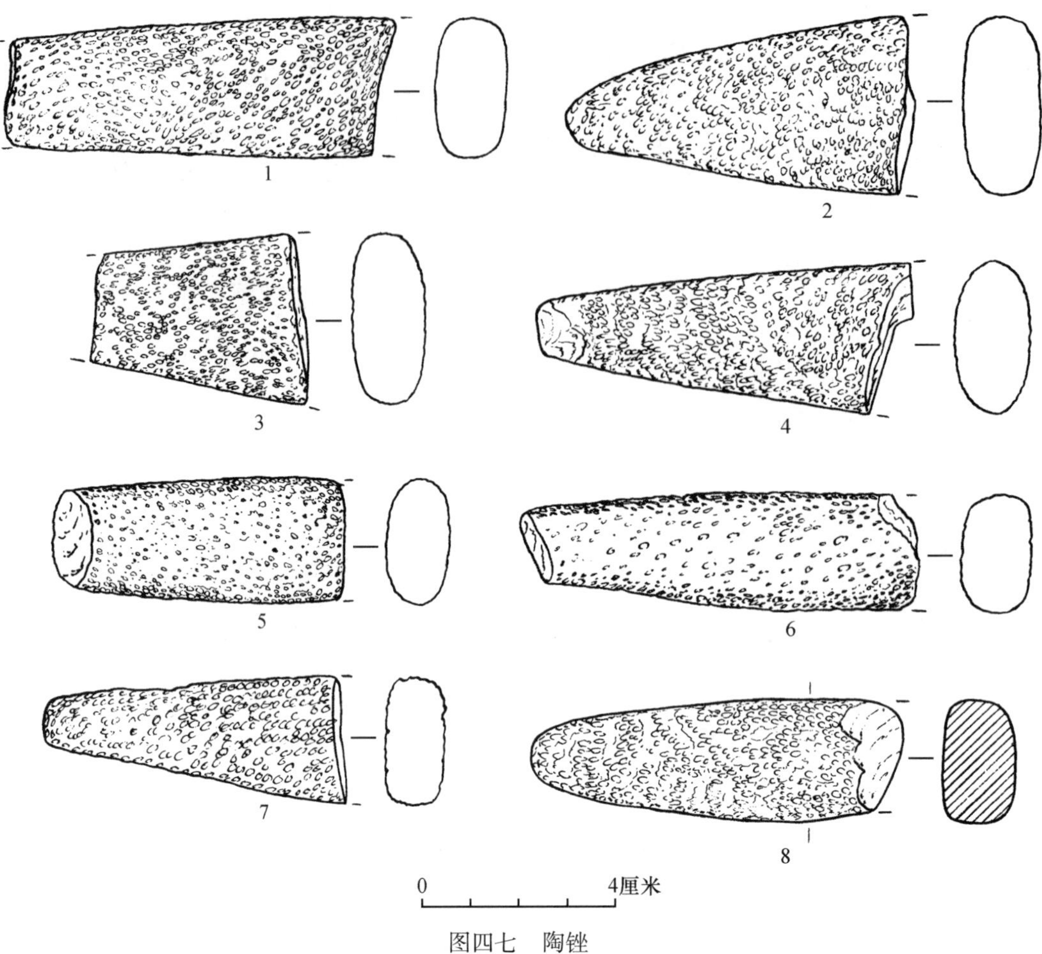

图四七　陶锉

1. T3④：325　2. T3④：319　3. T3④：321　4. T3④：316　5. T3④：317　6. T3④：323　7. T3④：324　8. T6④：111

4. 陶网坠

4件。均为完整件。灰褐色陶，胎夹蚌末。其形制有扁方形和两端尖的椭圆形，两端都有系索的凹槽。

T3③：195，为扁方形，网坠两端有索槽。长3.3、宽1.9、厚1.7厘米（图四九，3；彩版二九，3）。T3③：194，为扁方形，网坠两端和两侧均有索槽。长3、宽2、厚1厘米（图四九，4；彩版二九，4）。T3③：455，为扁方形，网坠两端和两侧均有索槽。长3.8、宽2、厚1.2厘米（图四九，5；彩版二九，5）。T2③：386，为两端尖体近圆形，中部和两侧有索槽。长6.8、宽2.4、厚1.9厘米（图四九，6；彩版二九，6）。

5. 陶柄形器

1件。T2③：2，为柄形器，完整。红色陶。柱状，两端出沿呈“工”字形。中间直径2.8、高6厘米（图四九，7；彩版二九，7）。

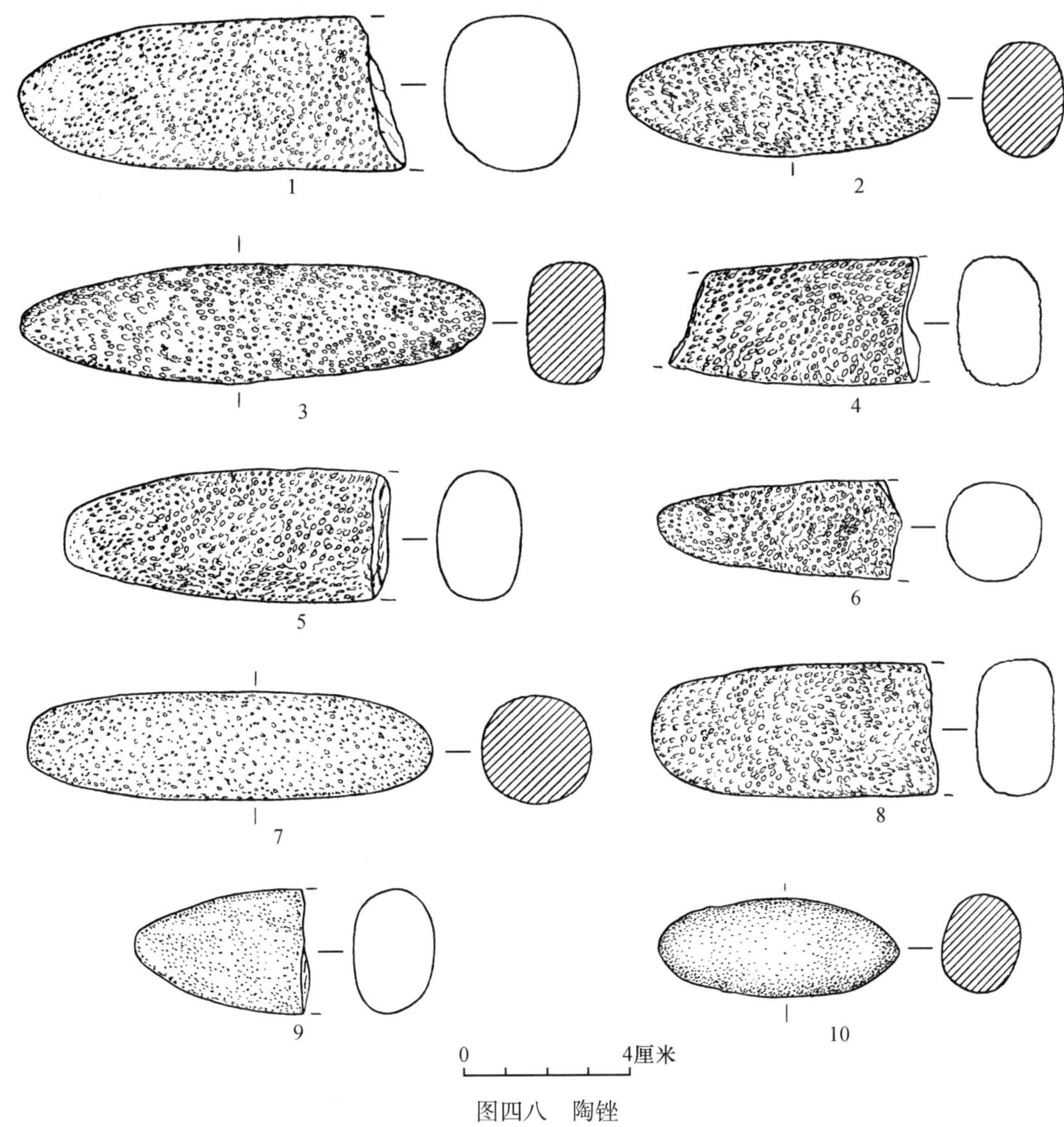

图四八　陶锉

1. T2③：209　2. T2③：210　3. T3③：197　4. T3③：201　5. T2③：371　6. T1④：120　7. T3④：313　8. T3④：318　9. T3④：322　10. T6④：113

6. 陶纺轮

7件。陶纺轮均为利用陶片加工改制而成，完整，轮边粗磨，往往留有打制茬口，厚薄大小不一，中间穿孔为两面钻。陶色多为一面红、一面黑。

T3③：192，轮边基本没有磨制加工，周边均留有明显的制作敲打茬口。直径3.5、厚0.7厘米（图五〇，1；彩版二九，8）。T3③：7，磨制不精，轮边留有制作茬口。直径4、厚0.6厘米（图五〇，2；彩版二九，9）。T6④：110，基本完整，制作粗糙，轮边留有打制茬口。直径3.7、厚0.8厘米（图五〇，3；彩版二九，10）。T3③：443，基本完整，磨制不精，轮边留有打制茬口。直径3.8、厚0.8厘米（图五〇，4）。T3④：261，轮边磨制较精。直径3.4、厚0.8厘米（图五〇，5；彩版二九，11）。T3④：262，轮边磨制较精。直径3.4、厚0.5厘米（图五〇，6；彩版二九，12）。T3③：29，基本完整，轮边磨制不精，留有打制茬口。直径3.6、厚0.7.6厘米（彩版二九，13）。

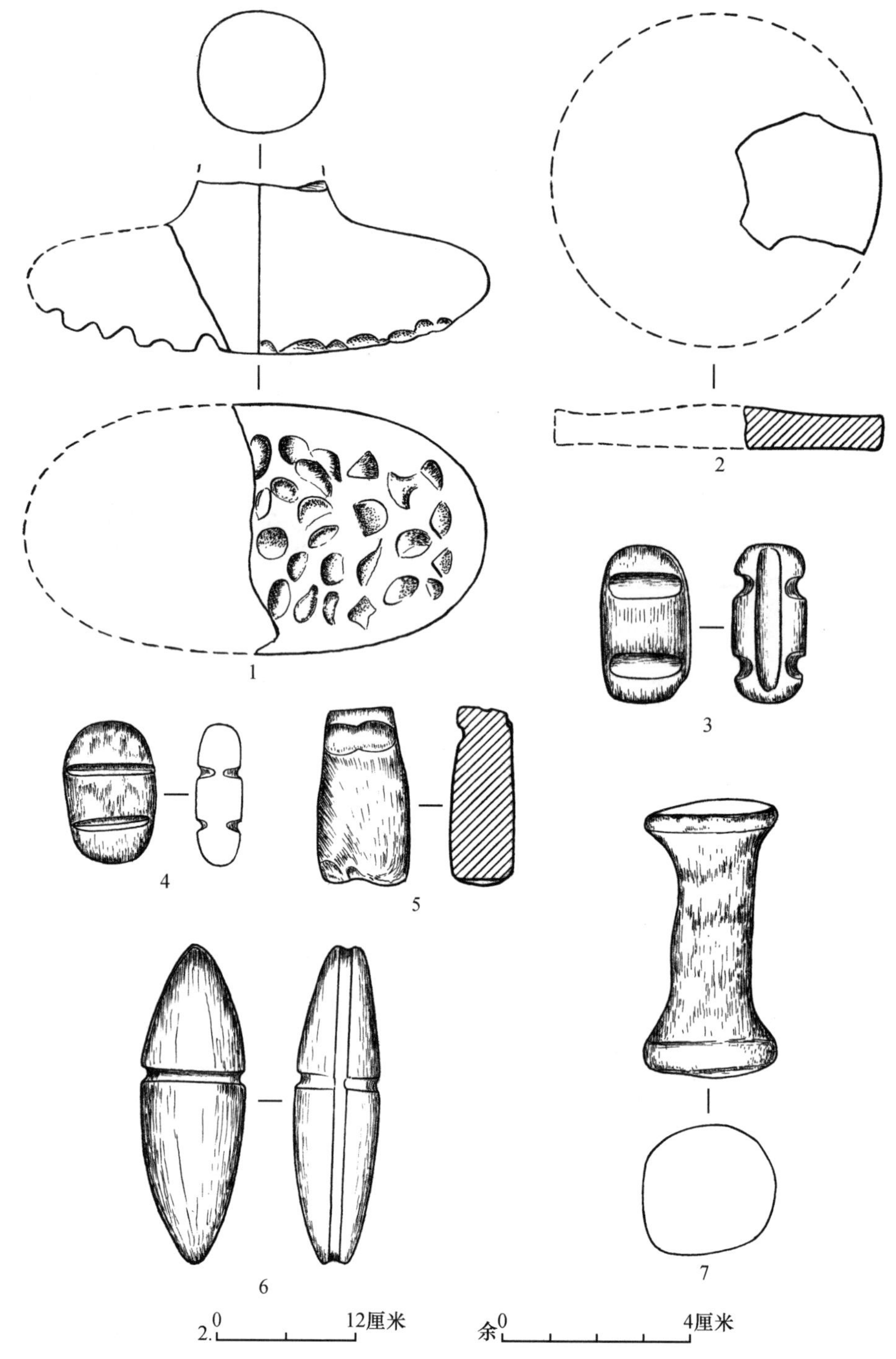

图四九　陶拍形器、圆饼、网坠、柄形器

1. 陶拍形器（T3③：193）　2. 陶圆饼（T1④：129）　3～6. 陶网坠（T3③：195、T3③：194、T3③：455、T2③：386）　7. 陶柄形器（T2③：2）

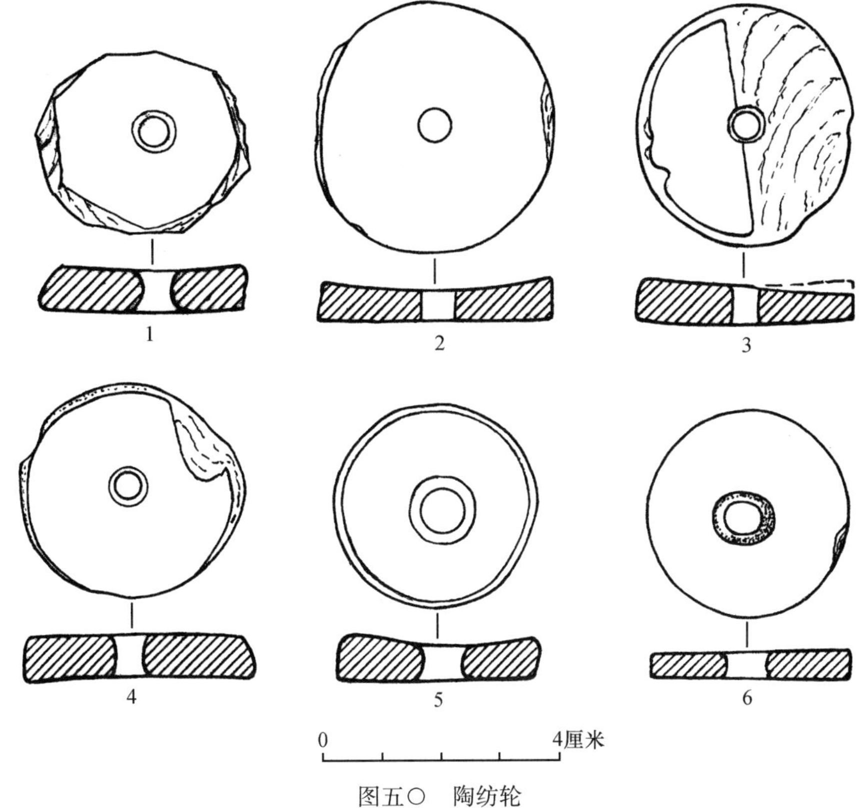

图五〇　陶纺轮

1. T3③：192　2. T3③：7　3. T6④：110　4. T3③：443　5. T3④：261　6. T3④：262

（五）其他类陶器

69件。属于此类陶器的主要有圆片、球、陶塑和尖状器等。

1. 陶圆片

47件。均为利用陶器破碎的陶片加工而成，陶色多为一面红，一面黑，少数两面红褐色和黑褐色，胎多夹蚌末。其形制多为不规则的圆形，大小直径在3～6厘米、厚薄依据陶片而定，多为一侧厚一侧薄，制作粗糙，边缘不整齐，多留有不整齐的打击茬口。

T2③：221，为一面红一面黑陶。直径4、厚0.6厘米（图五一，1）。T6③：79，为一面红一面黑陶。直径4、厚0.7厘米（图五一，2）。T2③：204，为一面红一面黑陶。直径4.2、厚1厘米（图五一，3；彩版三〇，1）。T2③：216，为黑褐色陶。直径3.9、厚0.7厘米（图五一，4）。T2④：276，为一面红一面黑陶。直径5.1、厚1.4厘米（图五一，5）。T2③：215，为一面红一面黑陶。直径4.5、厚0.8厘米（图五一，6；彩版三〇，2）。T2④：274，为一面红一面黑陶。直径4.4、厚1厘米（图五一，7）。T2④：271，为一面红一面黑陶。直径4.2、厚0.8厘米（图五一，8）。T6③：130，为红褐色陶。直径4.2、厚0.9厘米（图五一，9；彩版三〇，3）。T2④：272，为一面红一面黑陶。直径4.8、厚0.8厘米（图五一，10）。T1③：73，为红褐色陶。直径3.7、厚1.5厘米（图五一，11；彩版三〇，4）。T1④：103，为红褐色陶。直径4.1、厚1.1厘米（图五一，12；彩版三〇，5）。T2③：218，为红褐色陶。直径4.6、厚0.6厘米（图五一，13）。T2③：222，为红褐色陶。直径3.9、厚0.6厘米（图五一，14；彩版三〇，6）。T2③：346，为红褐色陶。直径3.5、厚0.5厘米（图五一，15；彩版三〇，7）。T2③：324，为红褐色陶。直径4.6、厚0.6厘米（图五一，16）。T1④：99，为一面红一面黑陶。直径4.2、厚0.8厘米（图五二，1）。T3③：191，为红褐色陶。直径4、厚0.8厘米（图五二，2；彩版三〇，8）。T3④：454，为红褐色陶。直径4.4、厚0.8厘米（图五二，3；彩版三〇，9）。T6③：41，为红褐色陶。直径5.8、厚0.9厘米（图五二，4）。T2③：137，为一面红一面黑陶。直径4.4、厚0.5厘米（图五二，5）。T6③：78，为一面红一面黑陶。直径5、厚0.8厘米（图五二，6；彩版三〇，10）。T2③：211，为一面红一面黑陶。直径5.2、厚0.9厘米（图五二，7）。T2④：270，为一面红一面黑陶。直径4.8、厚0.6厘米（图五二，8；彩版三〇，11）。T1④：98，为红褐色陶。表面留有间隔刻划纹。直径5、厚1厘米（图五二，9）。T6③：127，为红褐色陶。直径4.9、厚0.7厘米（图五二，10）。T6③：31，为红褐色陶。直径5、厚1.1厘米（图五二，11）。T2④：275，为黑褐色陶。直径4、厚0.8厘米（图五二，12；彩版三〇，12）。T1④：101，为红褐色陶。直径4.8、厚1厘米（图五二，13；彩版三〇，13）。T2④：269，为一面红一面黑陶。直径5.2、厚0.8厘米（图五二，14）。T6③：138，为一面红一面黑陶。直径3.8、厚0.5厘米（图五二，15；彩版三〇，14）。T2③：223，为红褐色陶。直径6.8、厚1.1厘米（图五三，1）。T2③：81，为黑褐色陶。直径3.4、厚0.6厘米（图五三，2；彩版三〇，15）。T1④：100，为一面红一面黑陶。直径4.6、厚0.6厘米（图五三，3；彩版三〇，16）。T6③：139，为一面红一面黑陶。直径3.4、厚0.6厘米（图五三，4）。T2③：224，为一面红一面黑陶。直径5.9、厚1.4厘米（图五三，5）。T2③：219，为一面红一面黑陶。直径3.5、厚0.9厘米（图五三，6）。T2④：273，为红褐色陶。直径5.1、厚0.9厘米（图五三，7；彩版三〇，17）。T6③：84，为一面红一面黑陶。直径3、厚0.7厘米（图五三，8；彩版三〇，18）。T2③：245，为一面红一面黑陶。直径5.7、厚1.1厘米（图五三，9）。T2③：383，为黑褐色陶。直径5.5、厚1.3厘米（图五三，10）。T1④：104，为红褐色陶。直径3、厚0.5厘米（图五三，11）。T3③：190，为一面红一面黑陶。直径5.3、厚0.6厘米（图五三，12）。T1④：84，为一面红一面黑陶。直径3、厚0.7厘米（图五三，13）。T6③：77，为一面红一面黑陶。直径2.3、厚0.5厘米（图五三，14）。T6③：83，为一面红一面黑陶。直径4.5、厚0.6厘米（彩版三〇，19）。T2④：384，为一面红一面黑陶。直径2.2、厚0.4厘米（彩版三〇，20）。

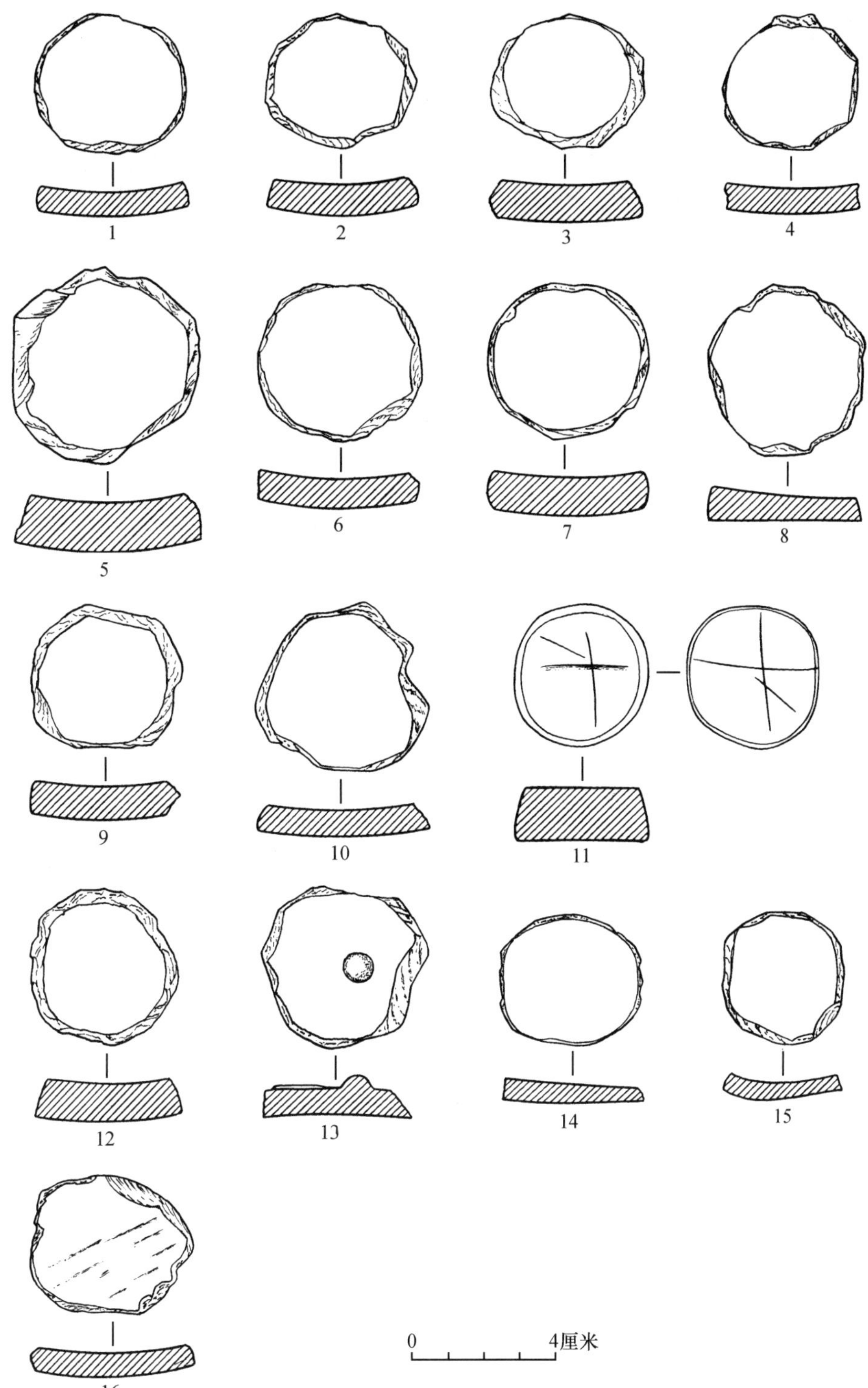

图五一　陶圆片

1. T2③：221　2. T6③：79　3. T2③：204　4. T2③：216　5. T2④：276　6. T2③：215　7. T2④：274　8. T2④：271
9. T6③：130　10. T2④：272　11. T1③：73　12. T1④：103　13. T2③：218　14. T2③：222　15. T2③：346　16. T2③：324

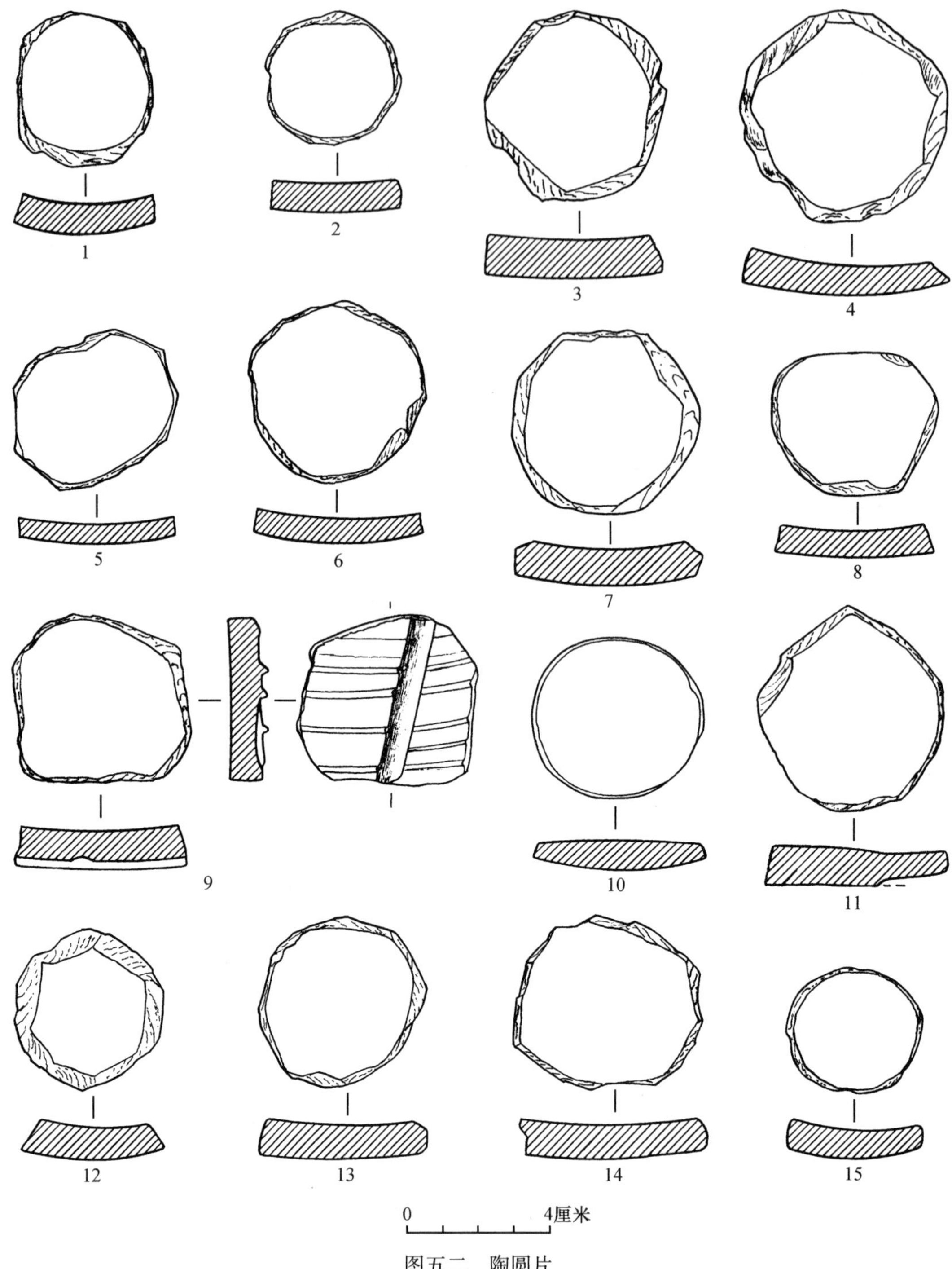

图五二　陶圆片

1. T1④ : 99　2. T3③ : 191　3. T3④ : 454　4. T6③ : 41　5. T2③ : 137　6. T6③ : 78　7. T2③ : 211　8. T2④ : 270　9. T1④ : 98　10. T6③ : 127　11. T6③ : 31　12. T2④ : 275　13. T1④ : 101　14. T2④ : 269　15. T6③ : 138

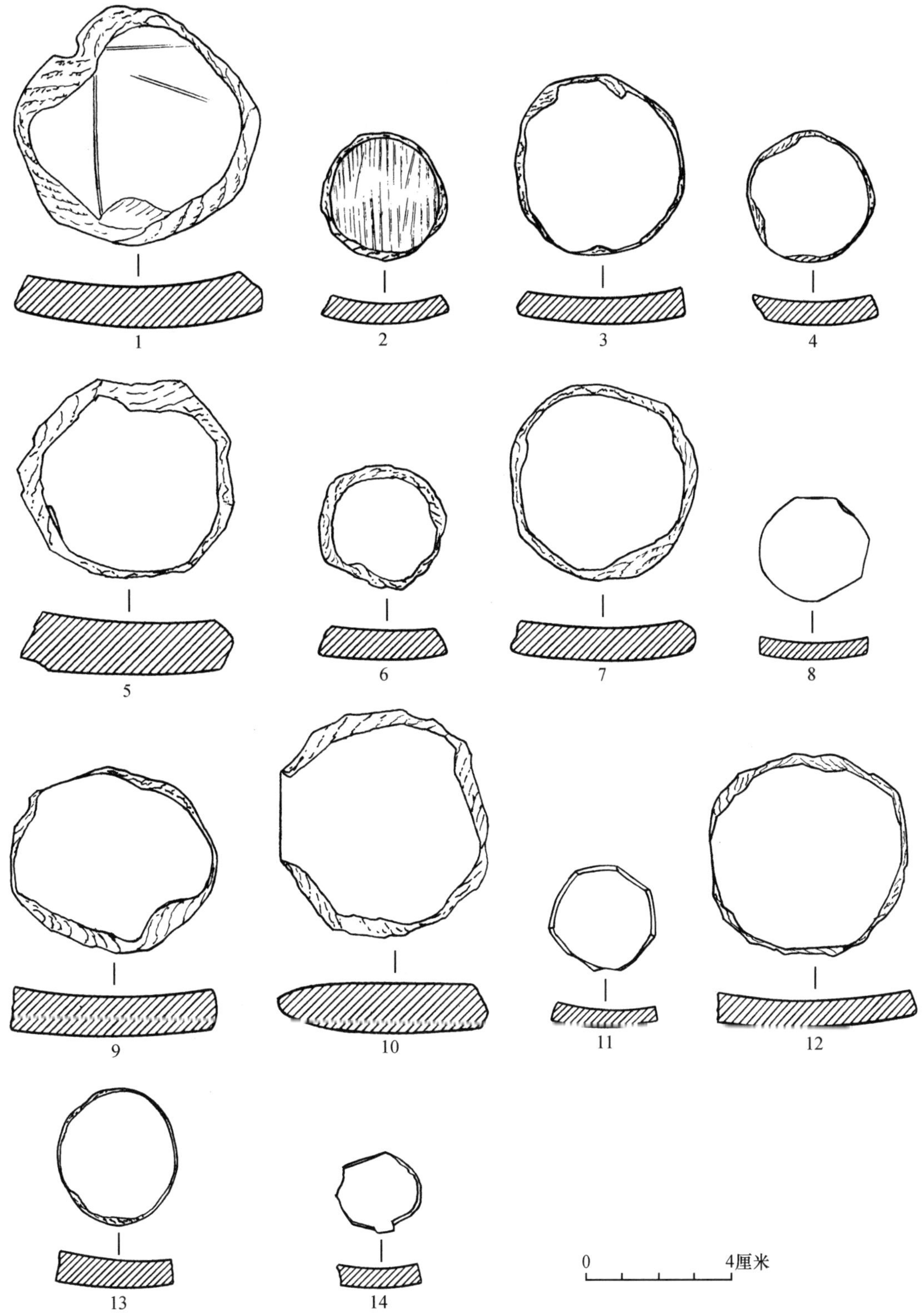

图五三　陶圆片

1. T2③：223　2. T2③：81　3. T1④：100　4. T6③：139　5. T2③：224　6. T2③：219　7. T2④：273　8. T6③：84　9. T2③：245　10. T2③：383　11. T1④：104　12. T3③：190　13. T1④：84　14. T6③：77

2. 陶球

15件。多为灰褐色陶，部分黑褐色陶。器形多为圆形实体球状，大小不一。

T6③：140，完整，灰褐色陶。直径3.4厘米（图五四，1）。T2③：170，完整，灰褐色陶。直径3.2厘米（图五四，2；彩版三一，1）。T3③：196，完整，黑褐色陶。直径2.8厘米（图五四，3；彩版三一，2）。T4③：86，完整，黑褐色陶。直径2.6厘米（图五四，4）。T2③：172，残损，灰褐色陶。直径2.4厘米（图五四，5；彩版三一，3）。T2③：142，不规则球形，灰褐色陶。直径2.2厘米（图五四，6）。T2③：171，完整，灰褐色陶。直径2.5厘米（图五四，7）。T2③：77，完整，灰褐色陶。直径2.4厘米（图五四，8）。T5③：4，完整，黑灰色陶。直径2.2厘米（图五四，9；彩版三一，4）。T3④：259，完整，灰褐色陶。直径2厘米（图五四，10）。T4④：45，完整，扁圆形，灰褐色陶。直径1.8厘米（图五四，11）。T6③：70，完整，灰褐色陶。直径1.6厘米（图五四，12；彩版三一，5）。T1④：94，完整，灰褐色陶。直径1.5厘米（图五四，13）。T3④：260，完整，灰褐色陶。直径1.4厘米（图五四，14；彩版三一，6）。T6③：69，完整，灰褐色陶。直径1.2厘米（图五四，15）。

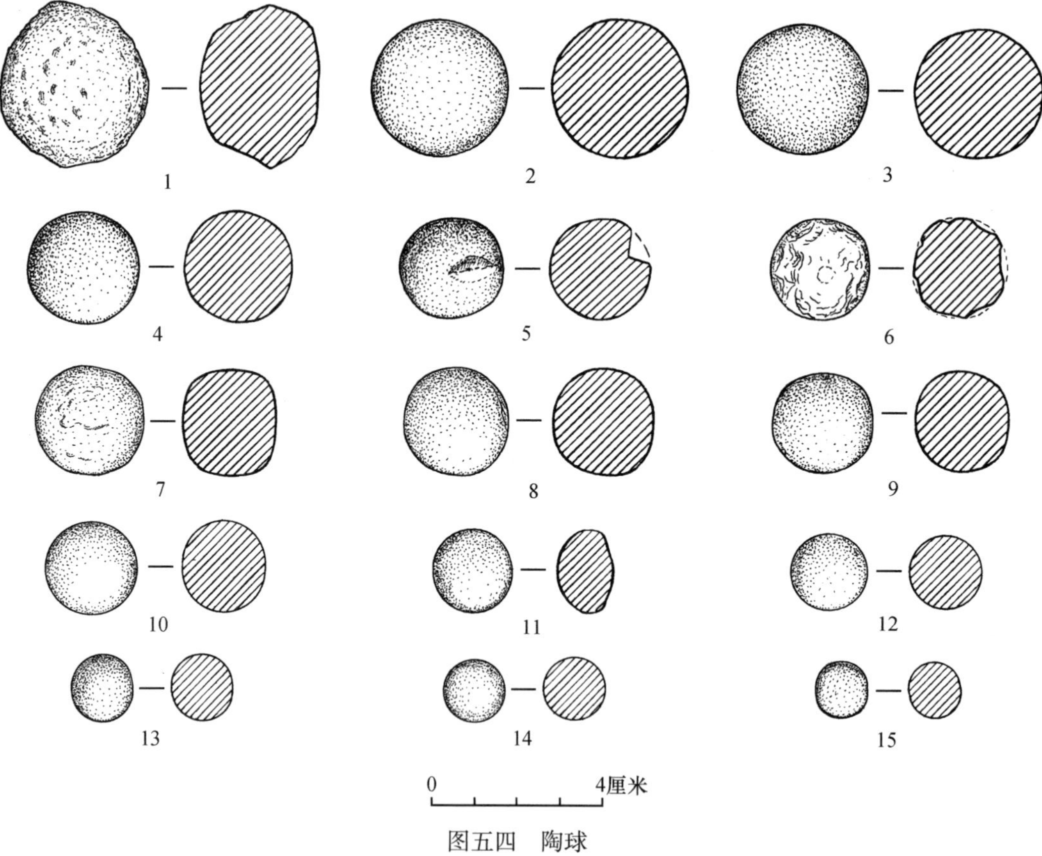

图五四　陶球

1. T6③：140　2. T2③：170　3. T3③：196　4. T4③：86　5. T2③：172　6. T2③：142　7. T2③：171　8. T2③：77　9. T5③：4　10. T3④：259　11. T4④：45　12. T6③：70　13. T1④：94　14. T3④：260　15. T6③：69

3. 陶塑

3件。均为残件，红褐色陶，胎质粗糙。塑形多为动物，也有人面像。

T4④：44，似为猪残件。身体圆鼓，上部残，下有4个乳钉状足。高5、宽3.3厘米（图五五，1；彩版三一，7）。T1④：95，动物残件。上部残缺，下部长方体，有4个乳钉状足。高3、宽4.6厘米（图五五，2；彩版三一，8）。T6④：33，泥塑人头像。高5.9、宽3.1、厚2.8厘米（图五五，3；彩版三一，9）。

4. 陶尖状器

4件。为红褐色和灰褐色陶，有坠形和两端尖形。

T6③：75，两端尖形，黑色陶。器身中间出沿，中部有一穿孔。通体饰刻划纹。高6.4、中间直径3.4厘米（图五五，4；彩版三一，10）。T3④：266，坠形，红褐色陶。高3.3、底径

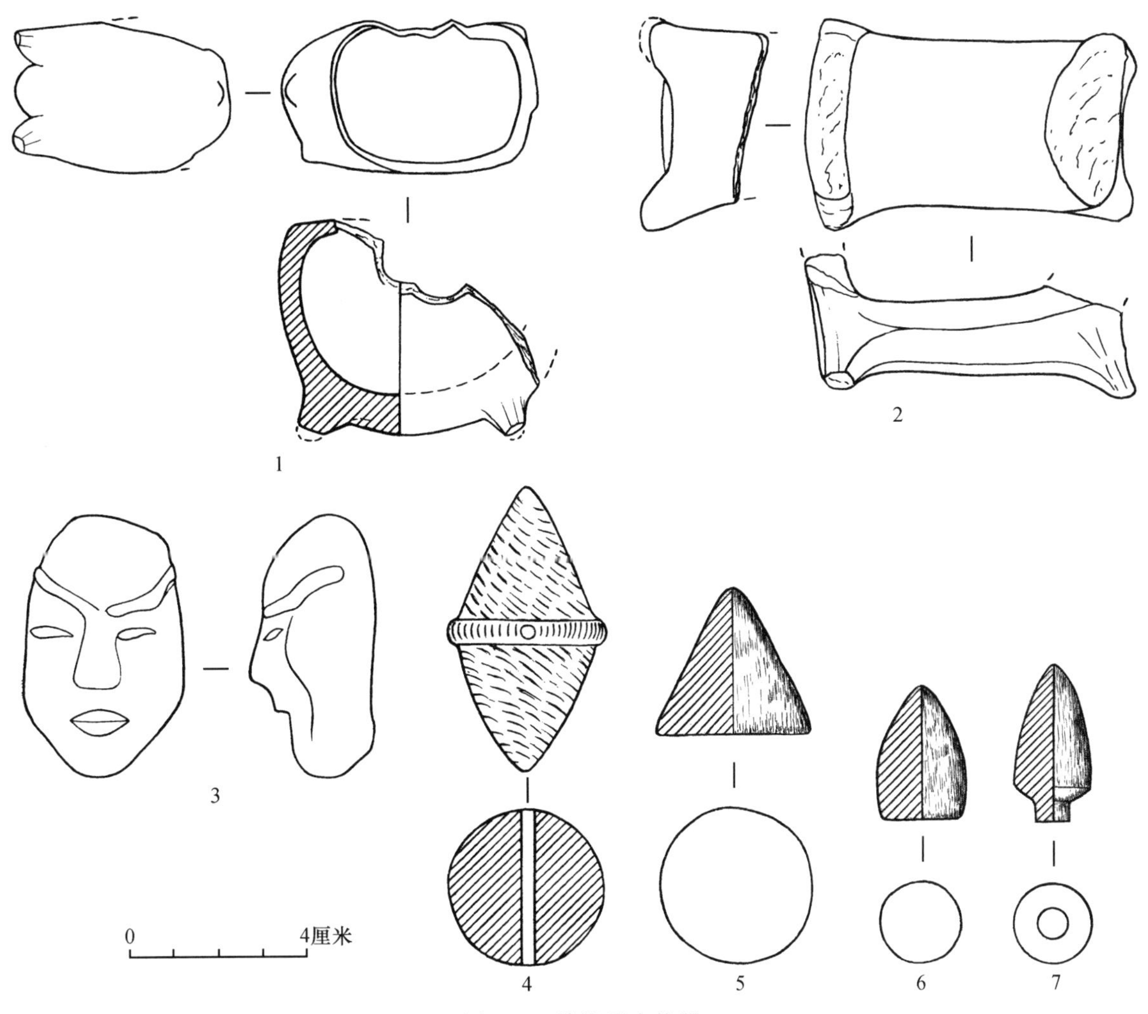

图五五　陶塑及尖状器

1、2. 陶塑动物残件（T4④：44、T1④：95）　3. 泥塑人头像（T6④：33）　4～7. 尖状器（T6③：75、T3④：266、T3③：104、T1④：96）

3.4厘米（图五五，5；彩版三一，11）。T3③：104，坠形，灰褐色陶。高3.1、底径1.9厘米（图五五，6；彩版三一，12）。T1④：96，坠形，红褐色陶。高3.5、底径1.8厘米（图五五，7；彩版三一，13）。

二、石　器

14件。石器数量少，多为残件，有磨制和打制两种，多数为打磨结合。器形有石锛、石铲、石刀、石球，还有一部分自然石块等。

1. 石锛

1件。T2④：322，基本完整。黑色石料，粗磨。高4.1、宽1.6、厚0.7厘米（图五六，1；彩版三二，1）。

2. 石铲

1件。T6③：301，石铲刃部部分残件，弧刃。灰褐色石料。残高8.1、宽6.1、厚0.8厘米（图五六，2；彩版三二，2）。

3. 石刀

2件。T6③：103，为中部残件。残长8.2、宽7.2、厚0.9厘米（图五六，3；彩版三二，3）。T3④：388，为片状刀形石器，灰色石料。磨制痕迹不明显，似自然石料。长7.6、宽3.9、厚0.7厘米（图五六，4；彩版三二，4）。

4. 残石器

2件。T1③：155，为椭圆形石棒残件，红褐色石料，磨制较精。残高5.8、宽4、厚3.7厘米（图五六，5；彩版三二，5）。T3④：377，长条形片状残石器，灰褐色石料。两端缺损。磨制痕迹不明显，似自然石料。残高8.5、宽5.5、最厚1.6厘米（图五六，6）。

5. 石球

5件。T6③：302，圆形球体不规则，部分残缺，深灰色石料。直径5.3厘米（图五六，7；彩版三二，6）。T6④：115，为自然椭圆形鹅卵石。长径5.4、厚2.2厘米（图五六，8；彩版三二，7）。T1④：137，不规则球形，完整。深灰色石料。长径4、短径2.8厘米（图五六，9；彩版三二，8）。T1③：135，圆球形，完整，灰色石料。直径4.2厘米（图五六，10；彩版三二，9）。T1③：136，圆形球体不规则，有残损。深灰色石料。直径4.6厘米（图五六，11；彩版三二，10）。

6. 自然石块

3件。T6④：116，为自然椭圆形鹅卵石。长径2.6、短径1.6厘米（图五六，12；彩版三二，11）。T6④：114，椭圆形，完整，深灰色石料。长径6.4、短径5.5厘米（图五六，13；彩版三二，12）。T2③：321，为黑色自然椭圆形片状。长径5.4、短径3.7厘米（图五六，14；彩版三二，13）。

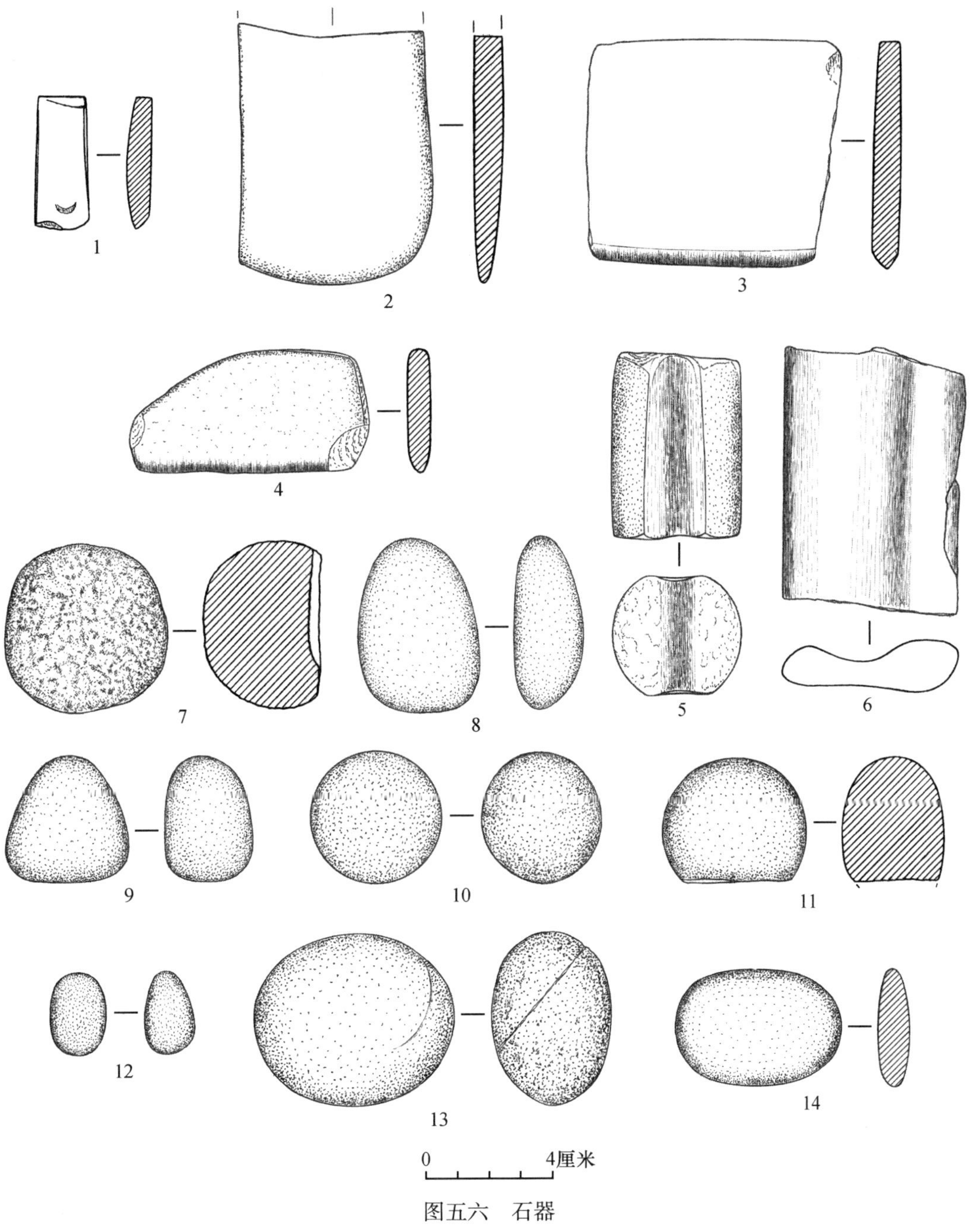

图五六　石器

1. 锛（T2④：322）　2. 铲（T6③：301）　3、4. 刀（T6③：103、T3④：388）　5、6. 残石器（T1③：155、T3④：377）　7～11. 石球（T6③：302、T6④：115、T1④：137、T1③：135、T1③：136）　12～14. 自然石块（T6④：116、T6④：114、T2③：321）

三、骨、角器

114件。骨器多为各种动物的肢骨、肋骨等加工磨制而成，多数加工磨制比较精细，少数打磨粗糙。器形有骨笄、两头尖状器、骨针、骨镞、骨锥、骨凿、骨料等。鹿角器在这里大量发现的是一种鹿角加工制作的勾形器。

（一）骨器

29件。

1. 骨笄

5件。均为肢骨制成，粗细长短不一，磨制较精。多数一端较尖细，少数扁平状。另一端稍粗。有的尖部或顶部残缺。T2③：251，通体磨制较精，尖部细尖，平顶，留有骨槽。长9.1厘米（图五七，1；彩版三三，1）。T6③：40，圆形，磨制较精，上部残缺。长6.7厘米（图五七，2；彩版三三，2）。T2④：311，圆形，精磨，尖部少缺。长10厘米（图五七，3；彩版三三，3）。T3③：457，圆形，上部残缺。长4.4厘米（图五七，4）。T2③：254，圆形，两头尖。长9厘米（图五七，5；彩版三三，4）。

2. 骨凿

1件。T6③：12，体扁平，两面刃。长8.1厘米（图五七，6；彩版三三，5）。

3. 骨针

4件。T3④：458，尖部残缺，针孔尚未做成。残长7.6厘米（图五七，7）。T4④：67，尖部残缺。残长3.9厘米（图五七，8）。T2④：313，尖部余顶部均残缺。残长7.2厘米（图五七，9；彩版三三，6）。T2④：312，完整，残断两截。体圆精磨，微弯曲。一端有孔，一端刃较钝。长9.1厘米（图五七，10；彩版三三，7）。

4. 骨尖状器

3件。T2③：252，形体圆形，短粗。一头短粗尖形，另一头一侧磨平，一侧有索槽，头部尖状翘起。长6.3厘米（图五七，11；彩版三三，8）。T3③：412，形扁圆形，上部残缺，尖头形。长7厘米（图五七，12）。T3③：413，形体扁圆形，有骨槽，一头尖形，另一头磨平。长12.9厘米（图五七，13）。

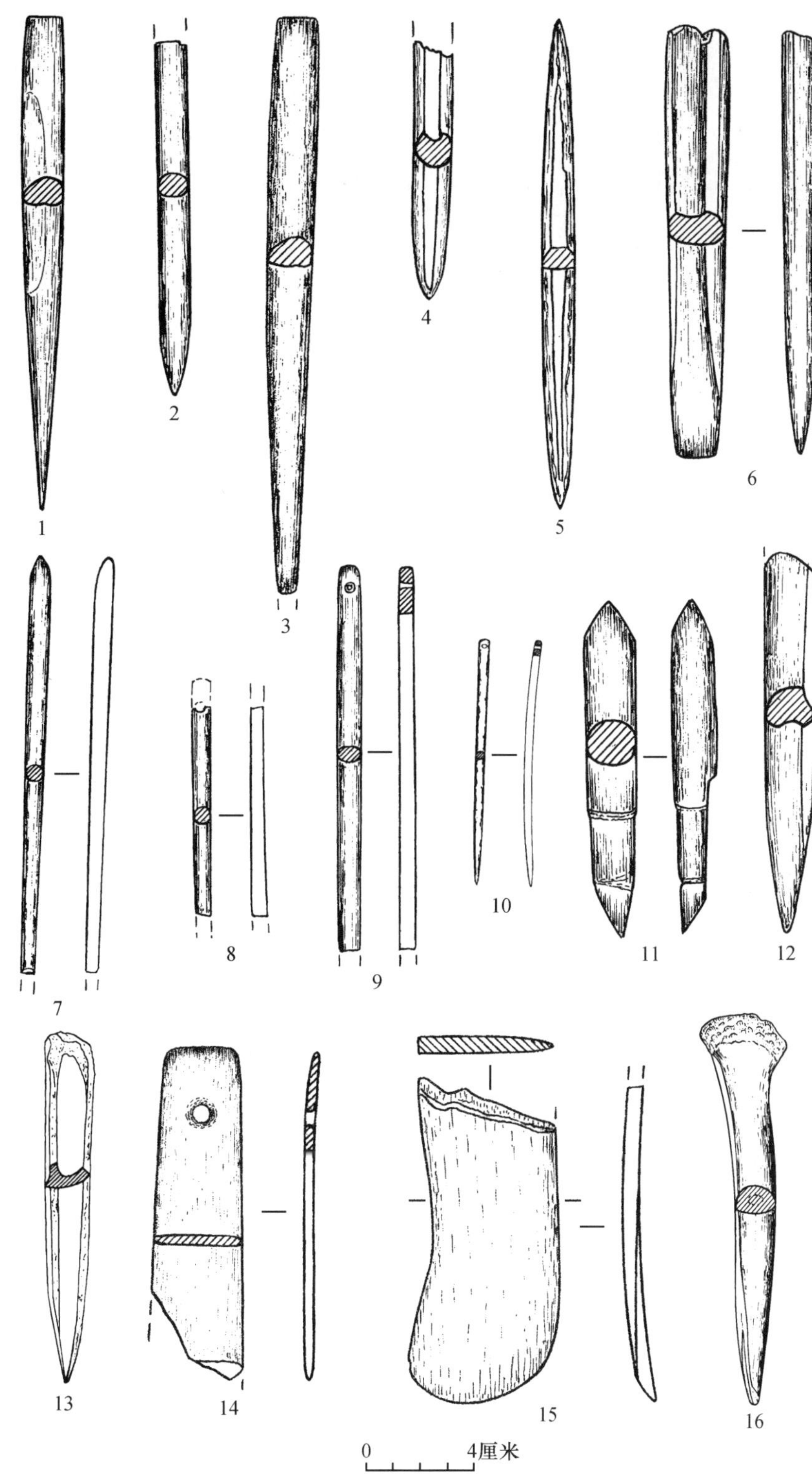

图五七　骨笄、骨凿、骨针等

1～5. 骨笄（T2③：251、T6③：40、T2④：311、T3③：457、T2③：254）　6. 骨凿（T6③：12）　7～10. 骨针（T3④：458、T4④：67、T2④：313、T2④：312）　11～13. 骨尖状器（T2③：252、T3③：412、T3③：413）　14、15. 残骨匕（T3③：414、T2③：377）　16. 半成品尖状器（T3③：382）

5. 残骨匕

2件。T3③：414，为骨匕柄部残件，顶部有钻孔。残长6厘米（图五七，14）。T2③：337，为骨匕头部残件，精致。残长5.4、宽2.4厘米（图五七，15；彩版三三，9）。

6. 半成品尖状器

12件。T3③：382，一端已经切割成尖状，但未打磨。顶端未做加工。保留骨节的原状。长14.4厘米（图五七，16；彩版三三，10）。T2③：348，为一件切割半片的骨片，中间有明显的骨槽。肩部略残。长8.4厘米（图五八，1）。T2③：349，一端已经切割成片状，有骨槽，尖状残缺，但未打磨。长11.1厘米（图五八，2）。T3③：415，为肢骨切割成片状，肩部明显，但未打磨。长11厘米（图五八，3）。T3③：416，为肢骨切割成片状，肩部明显，但未打磨。长13.3厘米（图五八，4）。T3③：417，为肢骨切割成片状，肩部明显，但未打磨。长14.7厘米（图五八，5）。T3③：418，为肢骨切割成片状，肩部明显，但未打磨。长9.7厘米（图五八，6）。T2③：350，为肢骨切割成片状，肩部明显，但未打磨。长8厘米（图五八，7）。T5③：141，为肢骨切割成片状，肩部明显，但未打磨。长10.1厘米（图五八，8）。T2③：351，为肢骨切割成片状，肩部明显，但未打磨。长11.3厘米（图五八，9）。T2③：352，为肢骨切割成片状，肩部明显，但未打磨。长12.7厘米（图五八，10）。T3③：419，为肢骨切割成片状，肩部明显，但未打磨。长11.1厘米（图五八，11）。T2③：353，为肢骨切割成片状，肩部明显，但未打磨。长8.1厘米（图五八，12）。

7. 骨料

2件。T2③：335，骨壁较厚。两端留有整齐的切割痕迹。长6.1厘米（图五八，13）。T2③：336，骨壁较薄。一端钻有一圆孔。长6.3厘米（图五八，14）。

（二）鹿角器

85件。鹿角器主要就是鹿角勾形器。均为截取鹿角精心加工制成的勾形器，制作精细，工序复杂。截取一段鹿角的主、叉枝，然后切割加工成坯，再精磨成器，主枝为钩，叉枝为柄。钩柄有打磨的横隔段和竖系索槽。

T3④：366，钩长4.8、柄长4.3厘米（图五九，1；彩版三四，1）。T2③：248，钩残断缺损。残长3.8、柄长4.8厘米（图五九，2；彩版三四，2）。T3④：363，钩长4.2、柄长5厘米（图五九，3；彩版三四，3）。T3③：372，钩残断缺损。残长3.5、柄长5.6厘米（图五九，4；彩版三四，4）。T2③：340，钩长4、柄长5.5厘米（图五九，5；彩版三四，5）。T3④：368，钩前部残缺。残长4.1、柄长5.6厘米（图五九，6；彩版三四，6）。T3④：365，

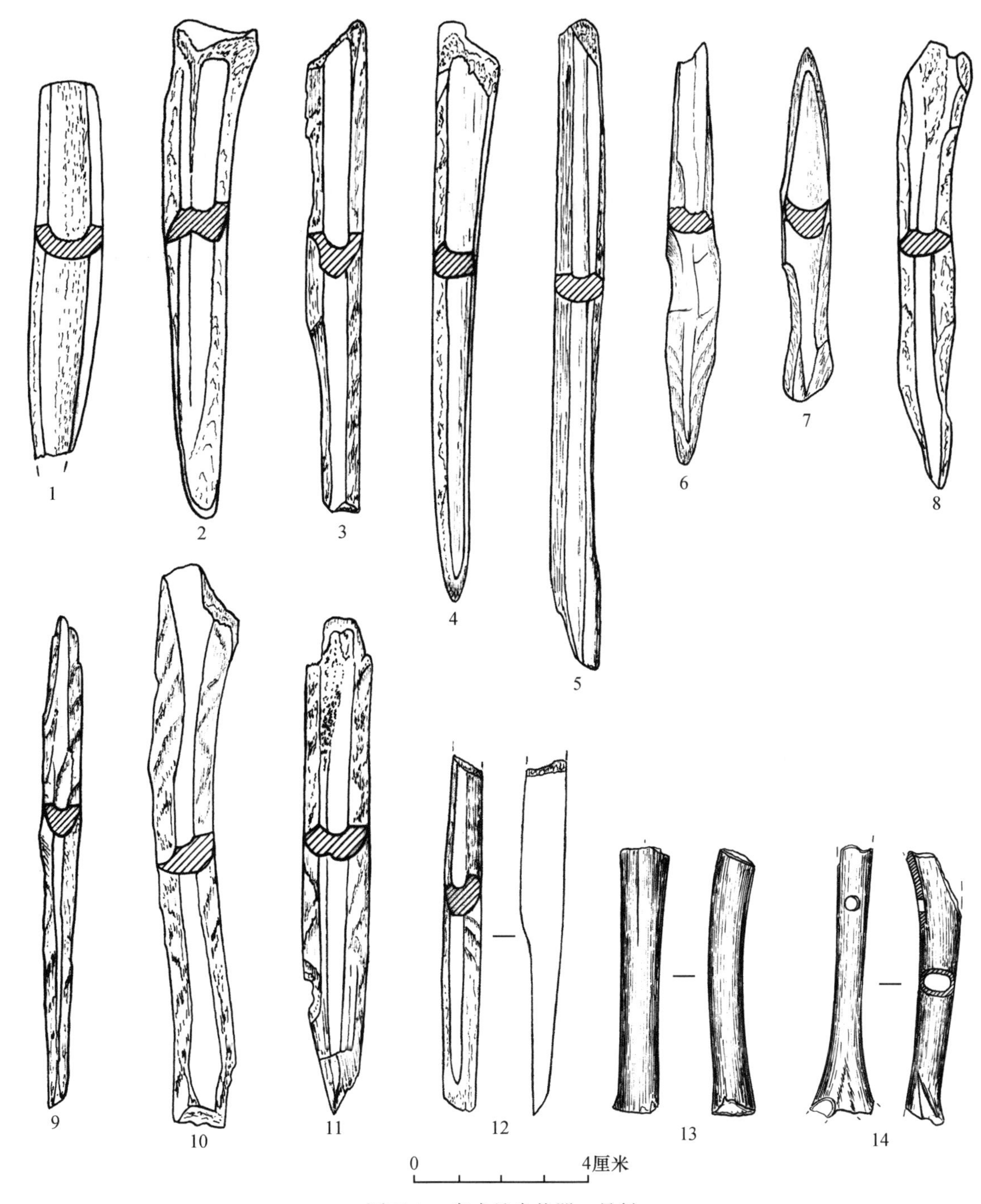

图五八　半成品尖状器、骨料

1～12. 半成品尖状器（T2③：348、T2③：349、T3③：415、T3③：416、T3③：417、T3③：418、T2③：350、T5③：141、T2③：351、T2③：352、T3③：419、T2③：353）　13、14. 骨料（T2③：335、T2③：336）

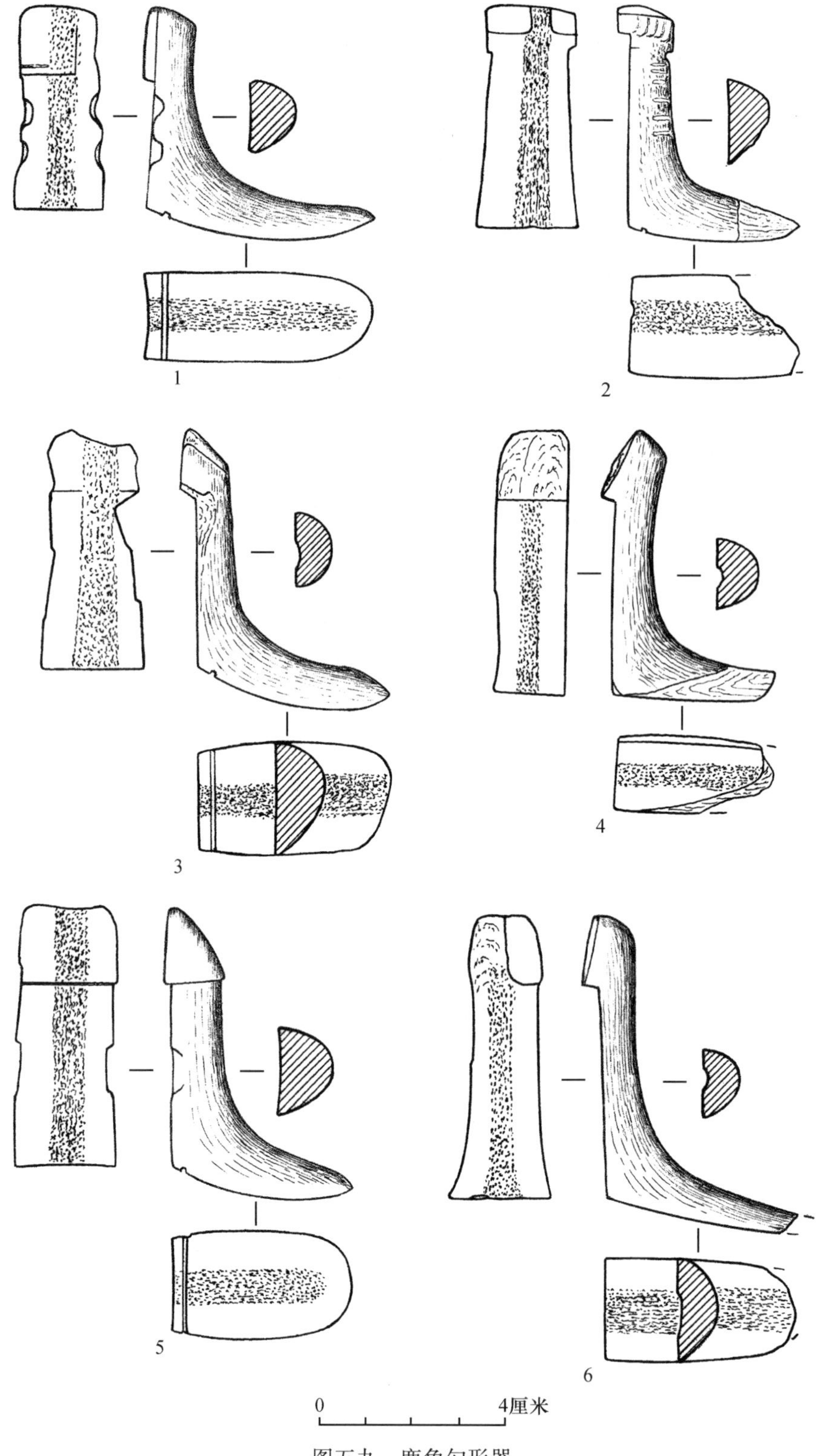

图五九　鹿角勾形器

1. T3④：366　2. T2③：248　3. T3④：363　4. T3③：372　5. T2③：340　6. T3④：368

钩前部缺损。残长3.2、柄长4厘米（图六〇，1；彩版三四，7）。T3④：367，钩前部缺损。残长4.6、柄长4.5厘米（图六〇，2；彩版三四，8）。T2③：387，钩长3.7、柄长4.5厘米（图六〇，3；彩版三四，9）。T3③：374，钩长4.9、柄长5.2厘米（图八四，4；彩版三五，1）。T1④：87，柄残断缺损。钩长4.8、柄残长3厘米（图六〇，5；彩版三五，2）。T6④：94，钩长4.1、柄长4.6厘米（图六〇，6；彩版三五，3）。T3③：373，钩前部残断缺损。残长3.1、柄长4.5厘米（图六一，1；彩版三五，4）。T6③：52，钩长3.2、柄长6厘米（图六一，2；彩版三五，5）。T6③：49，钩长4.5、柄长5.7厘米（图六一，3；彩版三五，6）。T6③：44，钩长3.6、柄长5.2厘米（图六一，4；彩版三五，7）。T3③：253，钩长3.9、柄长4.8厘米（图六一，5；彩版三五，8）。T2④：315，钩长4.5、柄残长4厘米（图六一，6；彩版三五，9）。T6③：147，钩长4.9、柄长6.4厘米（图六二，1；彩版三六，1）。T6④：93，钩长3.8、柄长5.5厘米（图六二，2；彩版三六，2）。T6③：43，钩前部残缺。残长2.6、柄长4.8厘米（彩版三六，3）。T6③：148，钩前部缺损。残长2.6、柄长4.8厘米（图六二，3）。T3④：393，钩长5、柄长4.3厘米（图六二，4）。T3③：375，钩长5.7、柄长5厘米（图六二，5；彩版三六，4）。T3③：255，钩前部缺损。残长4.2、柄长5.1厘米（图六二，6；彩版三六，5）。T6③：48，钩长4.2、柄长5.6厘米（图六三，1；彩版三六，6）。T3④：459，钩长4.8、柄长4厘米（图六三，2；彩版三六，7）。T3④：371，钩长5、柄长5.1厘米（图六三，3；彩版三六，8）。T3④：364，钩长4.4、柄长4.2厘米（图六三，4；彩版三六，9）。T6④：92，钩长5.4、柄长5.5厘米（图六三，5；彩版三七，1）。T3③：251，钩前部缺损。残长4.6、柄长4.6厘米（图六三，6；彩版三七，2）。T3④：369，钩长4、柄长5.2厘米（图六四，1；彩版三七，3）。T2③：324，钩前部缺损。残长3、柄长5厘米（图六四，2；彩版三七，4）。T3④：370，钩长3.5、柄长4.4厘米（图六四，3；彩版三七，5）。T3③：248，钩长5.2、柄长5.6厘米（图六四，4；彩版三七，6）。T2③：325，钩前部缺损。残长5、柄残断缺损。残长2.6厘米（图六四，5；彩版三七，7）。T3③：460，柄残断缺损。钩长6.8、柄残长3.4厘米（图八四，6；彩版三七，8）。T3③：461，钩长5、柄长4.4厘米（图六五，1；彩版三七，9）。T3③：462，钩长6.3、柄长4.5厘米（图六五，2；彩版三八，1）。T3③：252，钩长4.4、柄长4.2厘米（图六五，3；彩版三八，2）。T3③：250，柄残缺。钩长6.7、残长3.2厘米（图六五，4；彩版三八，3）。T2③：244，钩前部残缺。残长6.4、柄长4.8厘米（图六五，5；彩版三八，4）。T2③：260，钩长4.8、柄长5.5厘米（图六五，6；彩版三八，5）。T2③：246，钩长6.6、柄长6.2厘米（图六六，1；彩版三八，7）。T3③：244，钩长3.6、柄长6.1厘米（图六六，2；彩版三八，6）。T2③：242，钩长7.3、柄长6.3厘米（图六六，3；彩版三八，8）。T2③：250，钩长4.8、柄长6.1厘米（图六六，4；彩版三八，9）。T1③：156，柄残断缺损。钩长7、柄残长1.7厘米（图六六，5）。T3③：378，钩前部残缺。残长6.1、柄长5.5厘米（图六六，6；彩版三九，1）。T3③：386，钩长4.6、柄长7.5厘米（图六七，1；彩

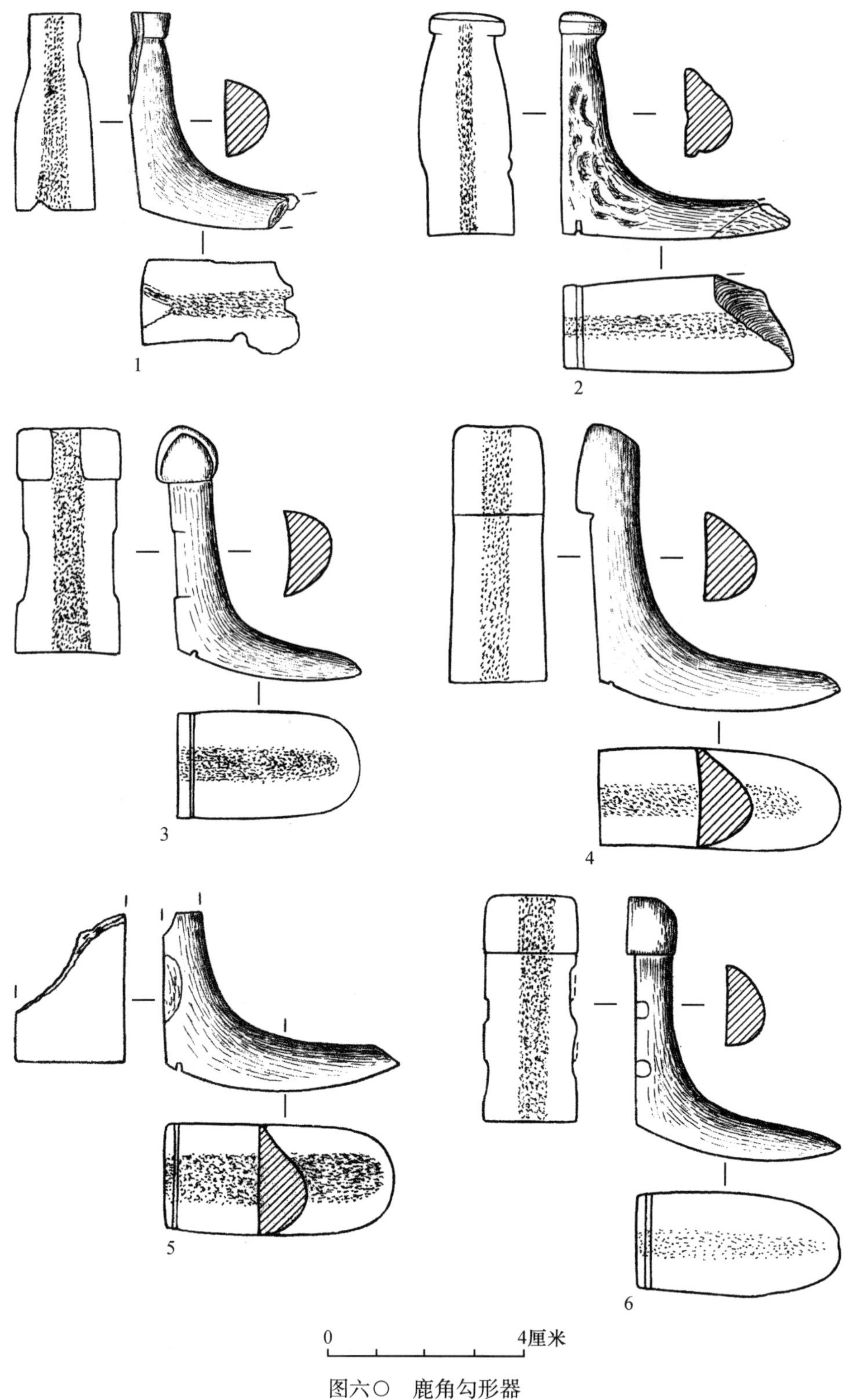

图六〇　鹿角勾形器

1. T3④：365　2. T3④：367　3. T2③：387　4. T3③：374　5. T1④：87　6. T6④：94

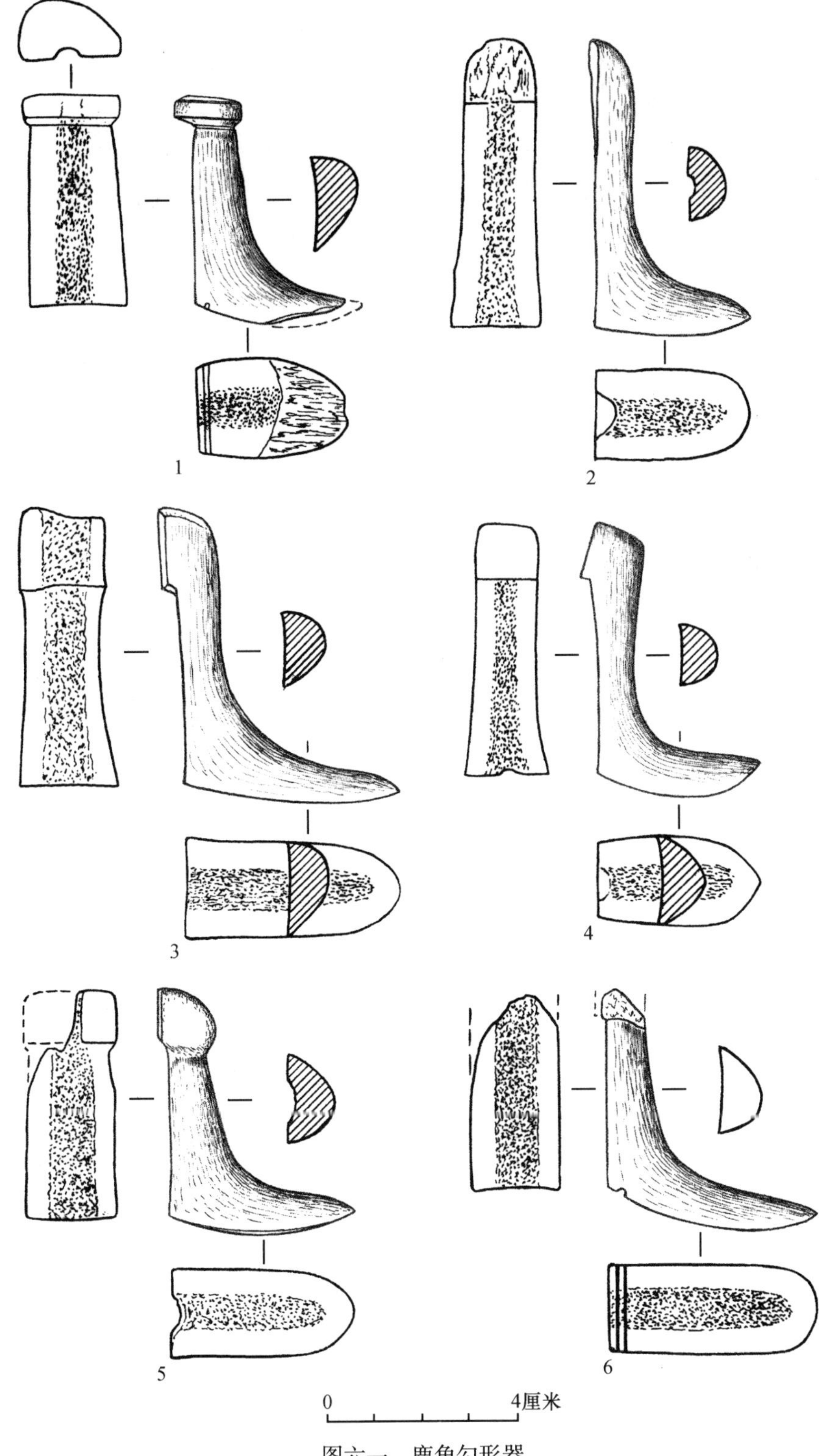

图六一　鹿角勾形器

1. T3③：373　2. T6③：52　3. T6③：49　4. T6③：44　5. T3③：253　6. T2④：315

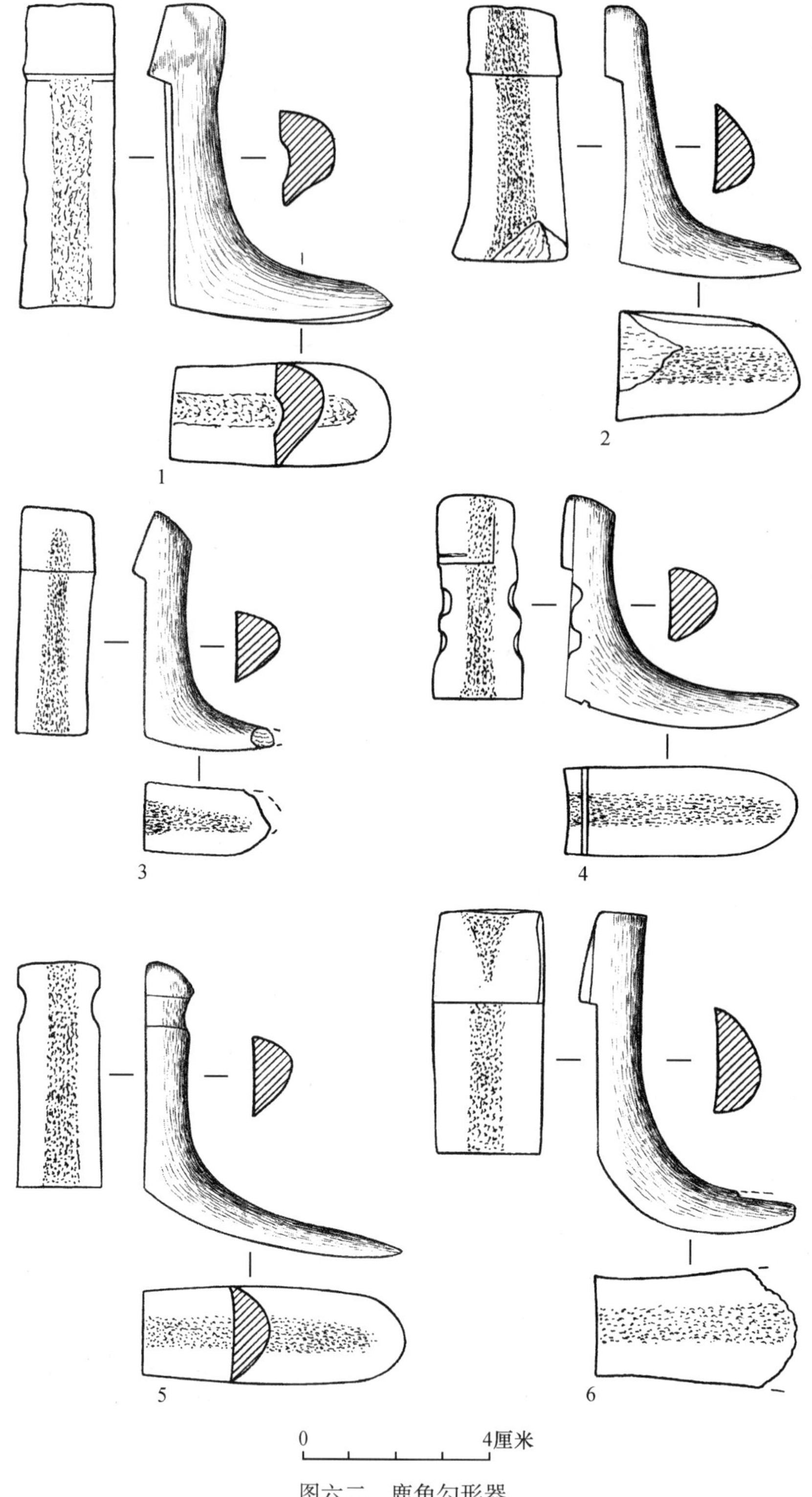

图六二　鹿角勾形器

1. T6③：147　2. T6④：93　3. T6③：148　4. T3④：393　5. T3③：375　6. T3③：255

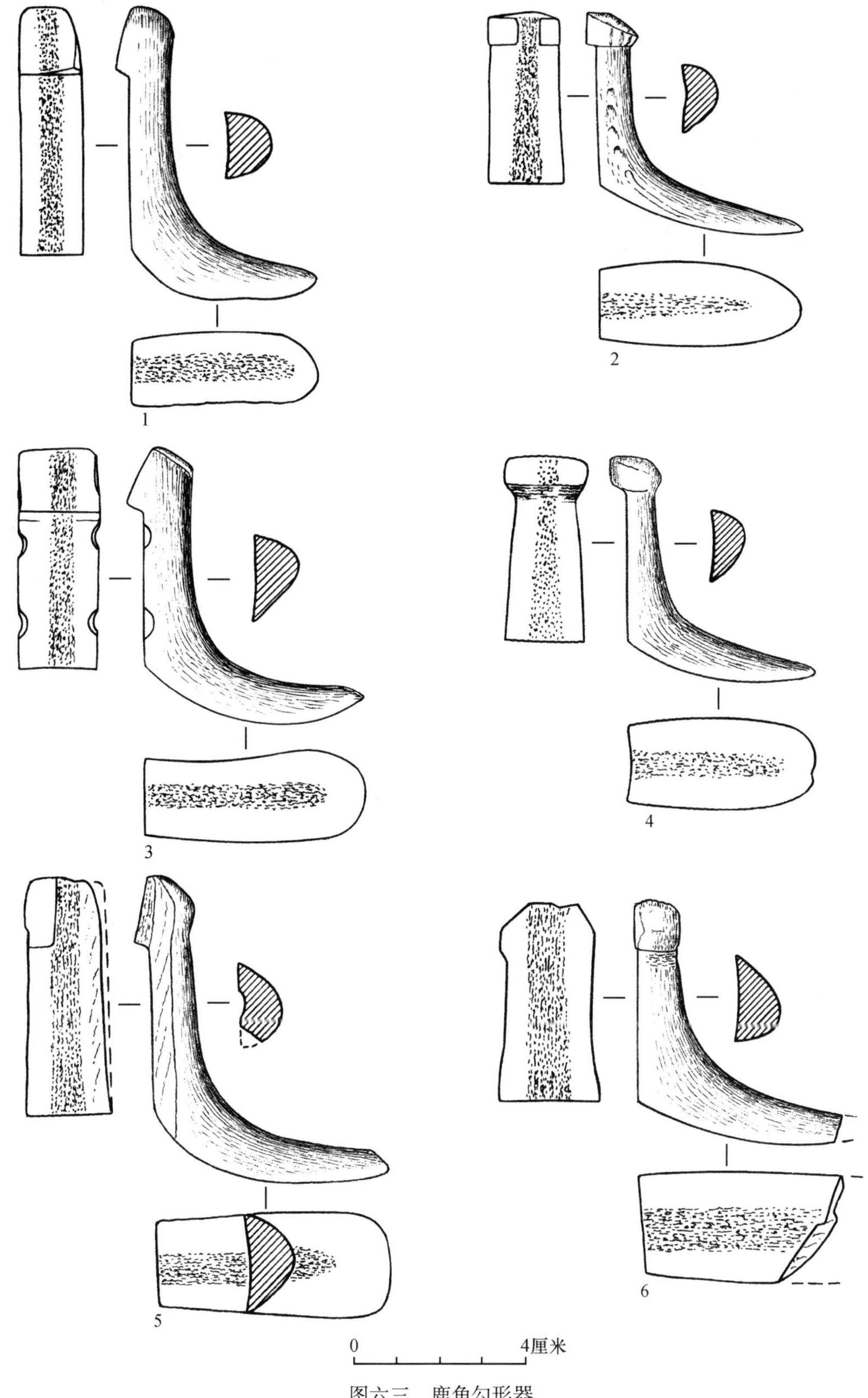

图六三　鹿角勾形器

1. T6③：48　2. T3④：459　3. T3④：371　4. T3④：364　5. T6④：92　6. T3③：251

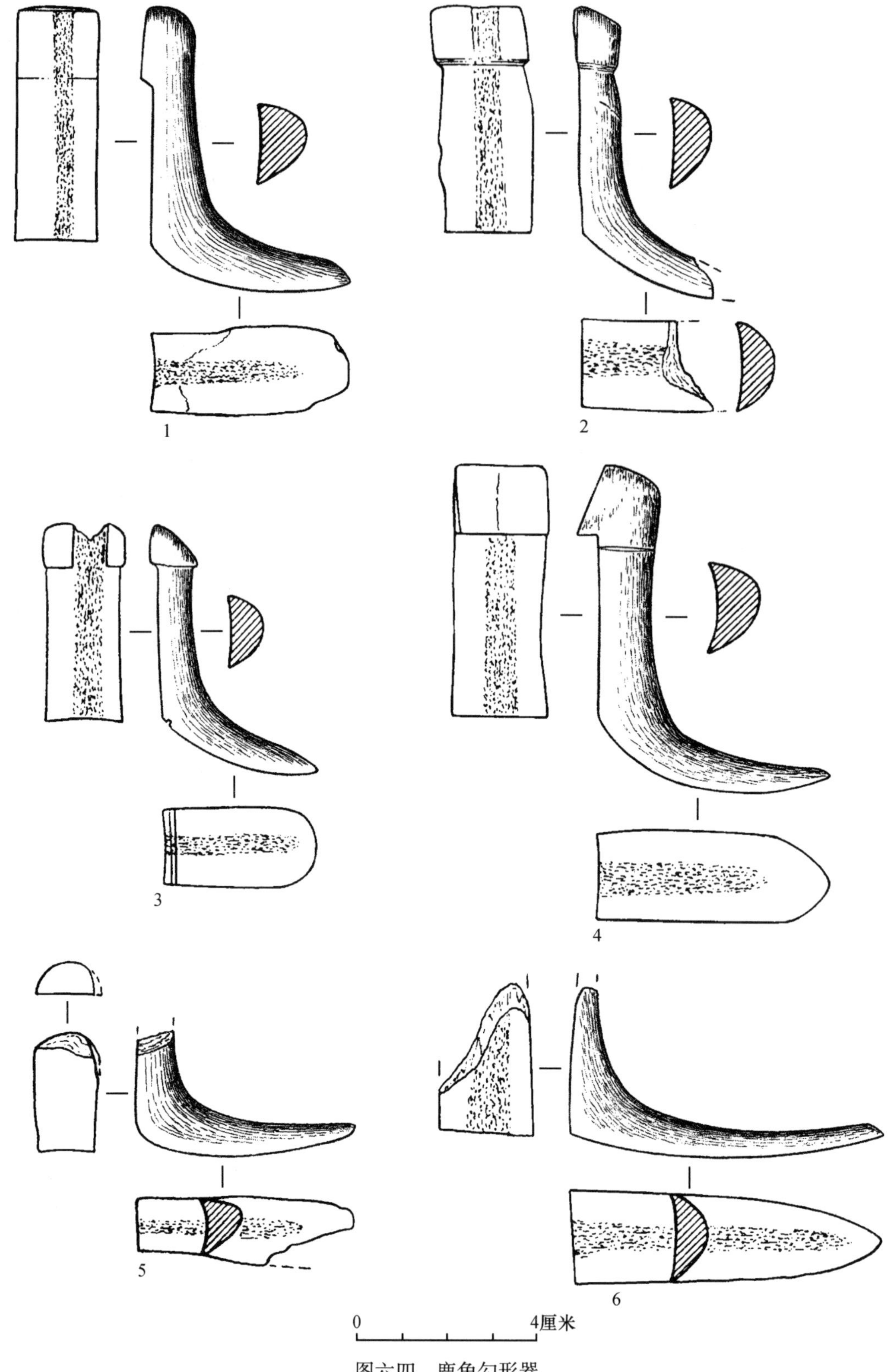

图六四　鹿角勾形器

1. T3④：369　2. T2③：324　3. T3④：370　4. T3③：248　5. T2③：325　6. T3③：460

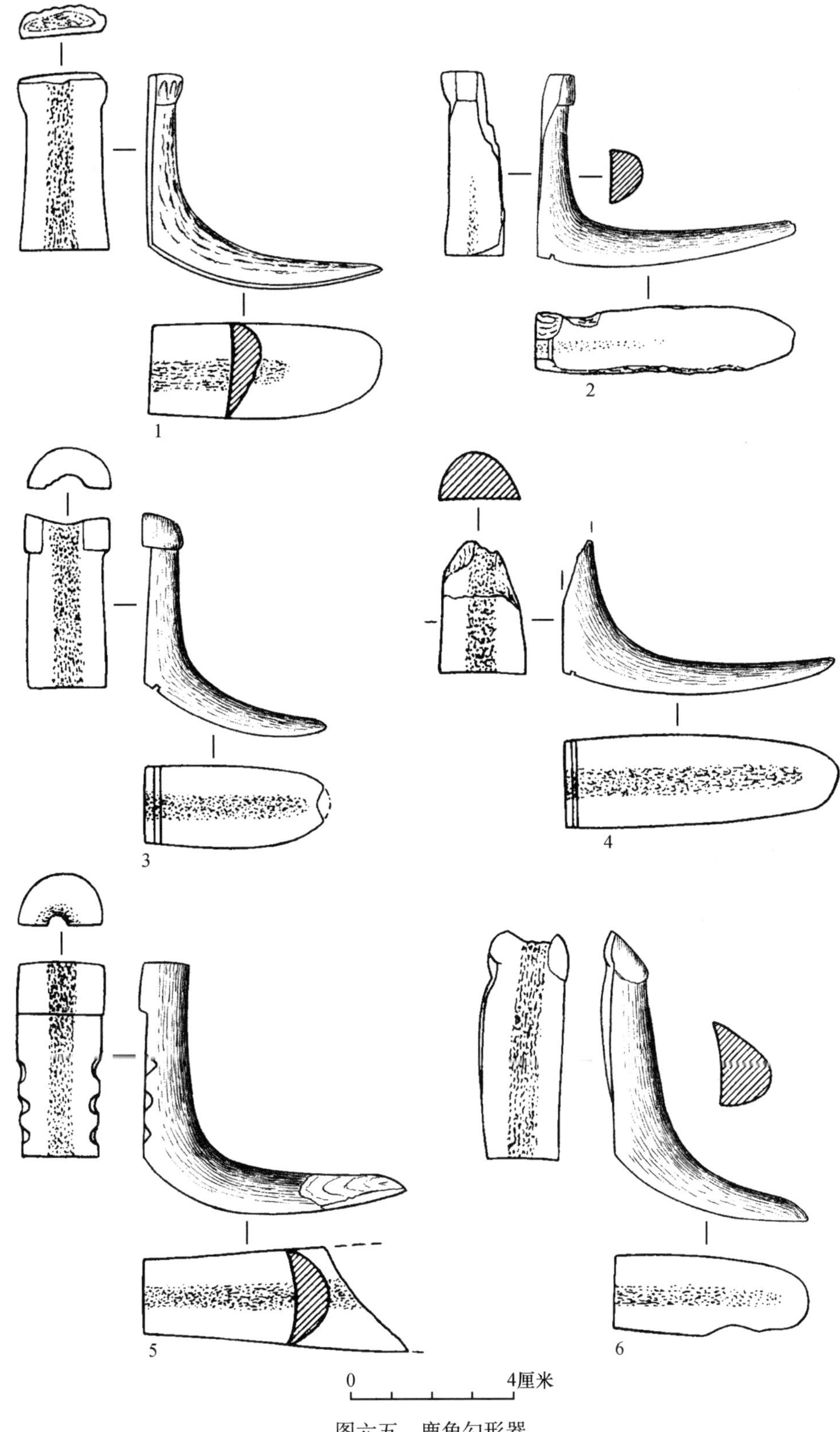

图六五　鹿角勾形器

1. T3③：461　2. T3③：462　3. T3③：252　4. T3③：250　5. T2③：244　6. T2③：260

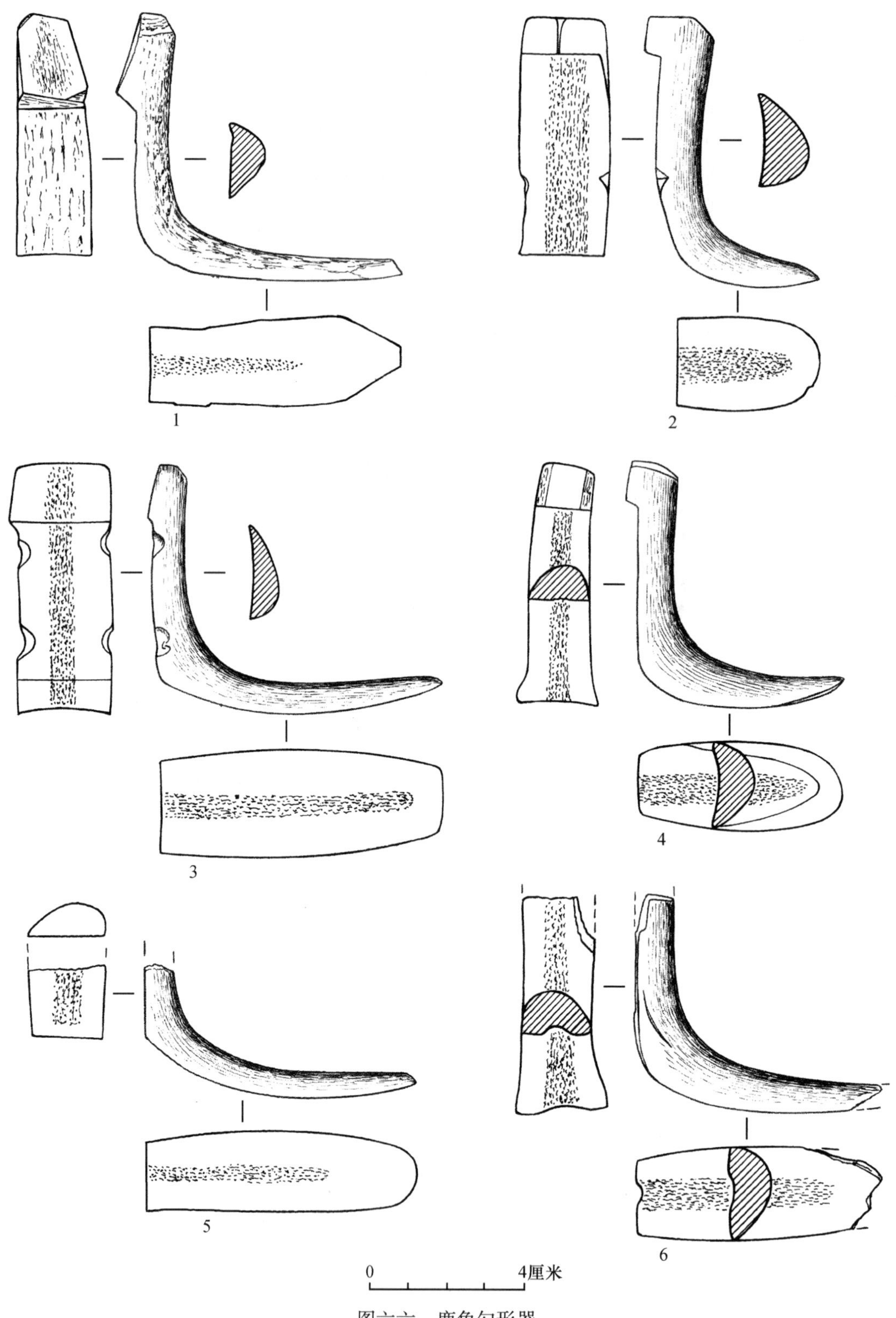

图六六　鹿角勾形器

1. T2③：246　2. T3③：244　3. T2③：242　4. T2③：250　5. T1③：156　6. T3③：378

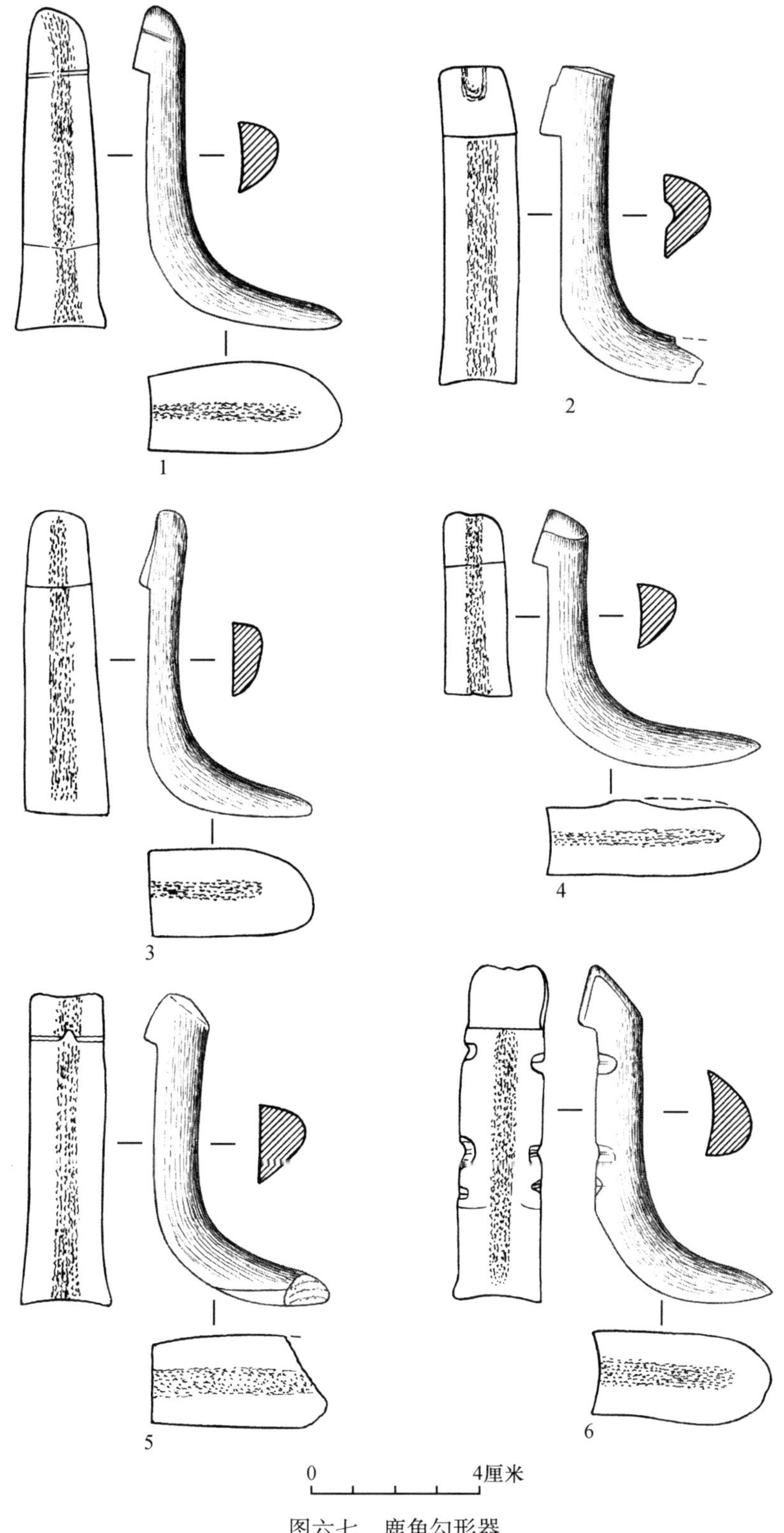

图六七　鹿角勾形器

1. T3③：386　2. T6③：50　3. T6③：42　4. T3③：385　5. T3③：242　6. T6③：46

版三九，2）。T6③：50，钩全部残断缺损。残长3.2、柄长7.5厘米（图六七，2；彩版三九，3）。T6③：42，钩长3.9、柄长7.2厘米（图六七，3；彩版三九，4）。T3③：385，钩长5.1、柄长4.5厘米（图六七，4；彩版三九，5）。T3③：242，柄部顶端和末端各有一系索槽。钩前部残缺。残长4.2、柄长7.3厘米（图六七，5；彩版三九，6）。T6③：46，柄部顶端和末端各有一系索槽。钩长4.2、柄长7.8厘米（图六七，6；彩版三九，7）。T6③：149，钩前部残缺。残长3、柄长6.1厘米（图六八，1；彩版三九，8）。T3③：243，钩长6、柄长6.7厘米（图六八，2；彩版三九，9）。T3③：245，钩前部和侧边残缺。残长5.1、柄长7.5厘米（图六八，3；彩版四〇，1）。T3③：463，柄部顶端和末端各有一系索槽。钩前部残缺。残长3.7、柄长5厘米（图六八，4；彩版四〇，2）。T6③：53，柄部顶端和末端各有一系索槽。钩长5.1、柄长5.2厘米（图六八，5；彩版四〇，3）。T3③：376，柄残断缺损。钩长5.2、柄残长4.5厘米（图六八，6；彩版四〇，4）。T3③：246，钩长6.3、柄长5厘米（图六九，1）。T3③：389，钩长3.2、柄长6.6厘米（图六九，2；彩版四〇，5）。T3③：379，柄残断缺损，钩长5.5、柄残长4.4厘米（彩版四〇，6）。T3③：464，钩前部残断缺损。残长4.2、柄长5.3厘米（图六九，3）。T6③：98，钩长4.2、柄长5.5厘米（图六九，4）。T3③：380，钩长9.2、柄长10.6厘米（图六九，5）。T2④：314，钩长8.2、柄长7.9厘米（图六九，6；彩版四〇，7）。T2③：249，钩长8.8、柄长11.5厘米（图七〇，1；彩版四〇，8）。T2③：243，钩部未切割。钩毛坯长10.4、柄长6.6厘米（图七〇，2；彩版四〇，9）。T3③：381，钩部残件，柄部残断缺损。钩部残长8厘米（图七〇，3）。T2③：329，柄部残缺，钩残断缺损。柄长5.6厘米（图七〇，4）。T2③：334，柄部残断缺损，仅存钩部前段。残钩长6厘米（图七〇，5）。T2③：332，柄部残断缺损，仅存钩部前段。钩部残长6.2厘米（图七〇，6）。T1③：157，柄部残断缺损，仅存钩部。钩部残长9.5厘米（图七一，1）。T3③：465，柄部残断缺损。仅存钩部。钩部残长6.3厘米（图七一，2）。T2③：330，柄部残断缺损，仅存钩部前段。钩部残长6.5厘米（图七一，3）。T6③：150，钩残断缺损，仅存柄部。柄长8厘米（图七一，4）。T3③：466，钩残断缺损，仅存柄部。柄长5.8厘米（图七一，5）。T3③：410，柄部残断缺损，仅存钩部。钩长6.2厘米（图七一，6）。T2③：326，柄部残断缺损。钩长9.1、柄部残长3.9厘米（图七二，1）。T2③：327，为钩形器残件，柄部缺损。钩残长6.7厘米（图七二，2）。T2③：234，柄缺损，钩残断。残长6.1厘米（图七二，3）。T1③：85，柄部缺损。钩长8.8厘米（图七二，4）。T2③：331，钩部缺损。柄长6.1厘米（图七二，5）。

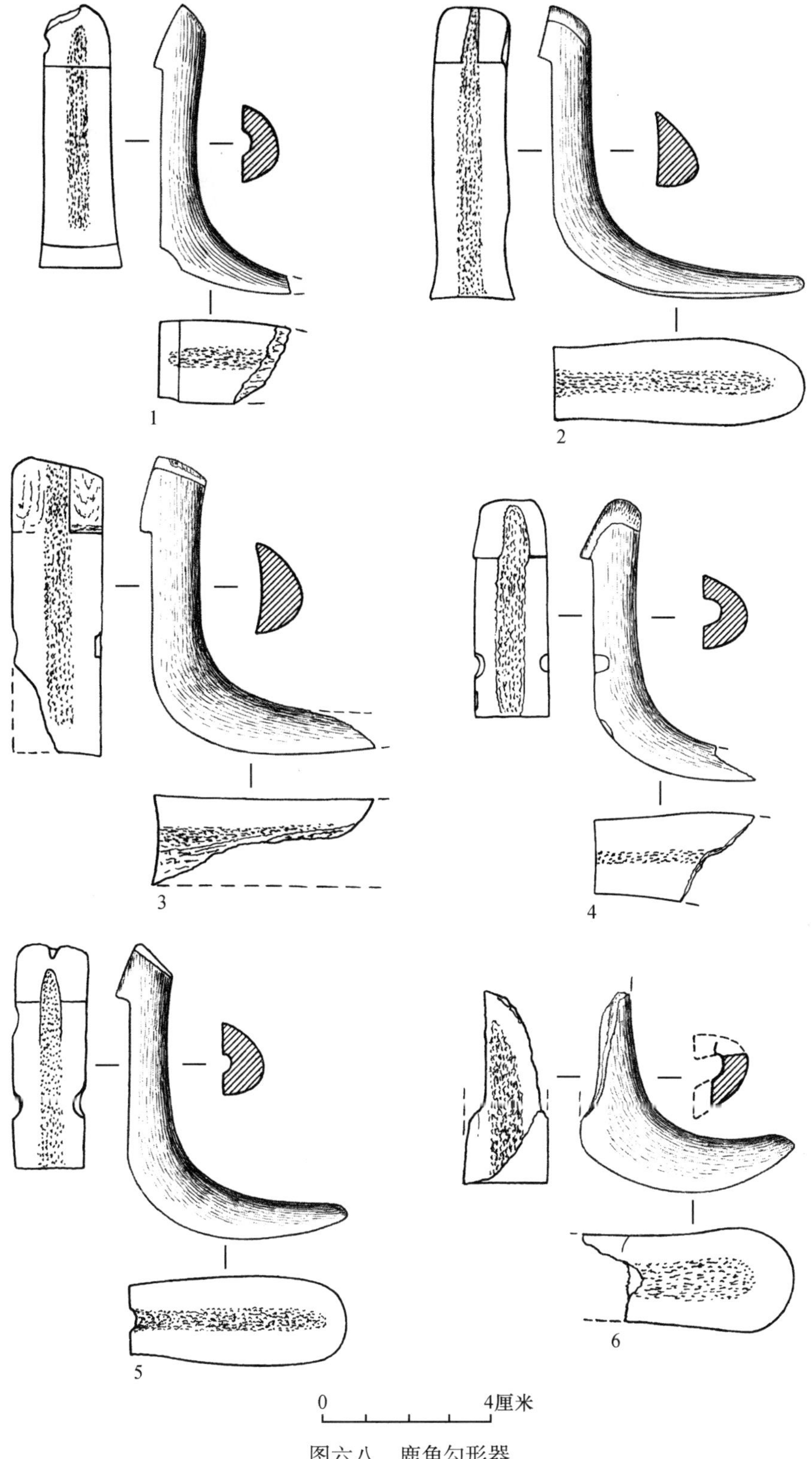

图六八　鹿角勾形器

1. T6③：149　2. T3③：243　3. T3③：245　4. T3③：463　5. T6③：53　6. T3③：376

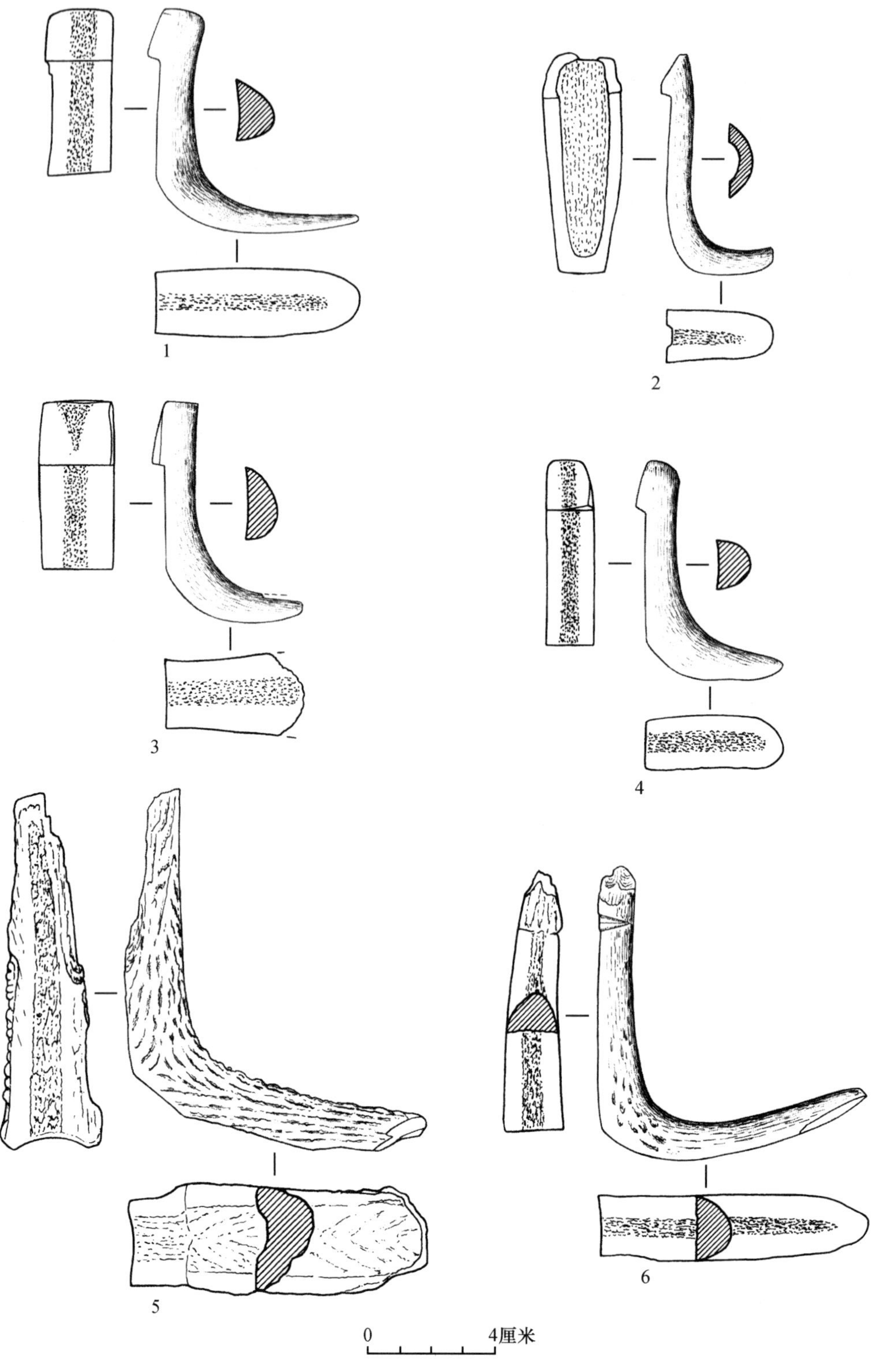

图六九　鹿角勾形器

1. T3③：246　2. T3③：389　3. T3③：464　4. T6③：98　5. T3③：380　6. T2④：314

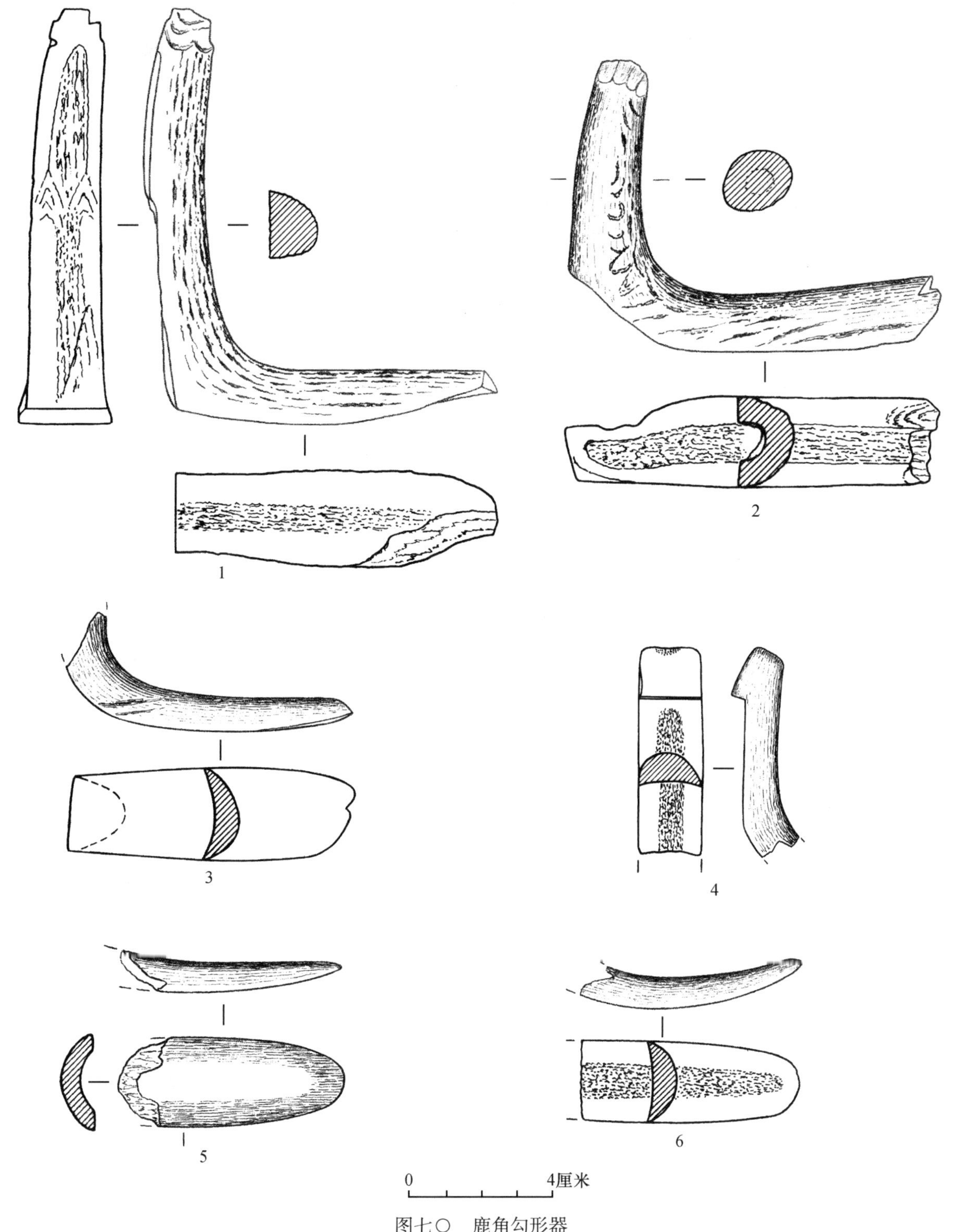

图七〇　鹿角勾形器

1. T2③：249　2. T2③：243　3. T3③：381　4. T2③：329　5. T2③：334　6. T2③：332

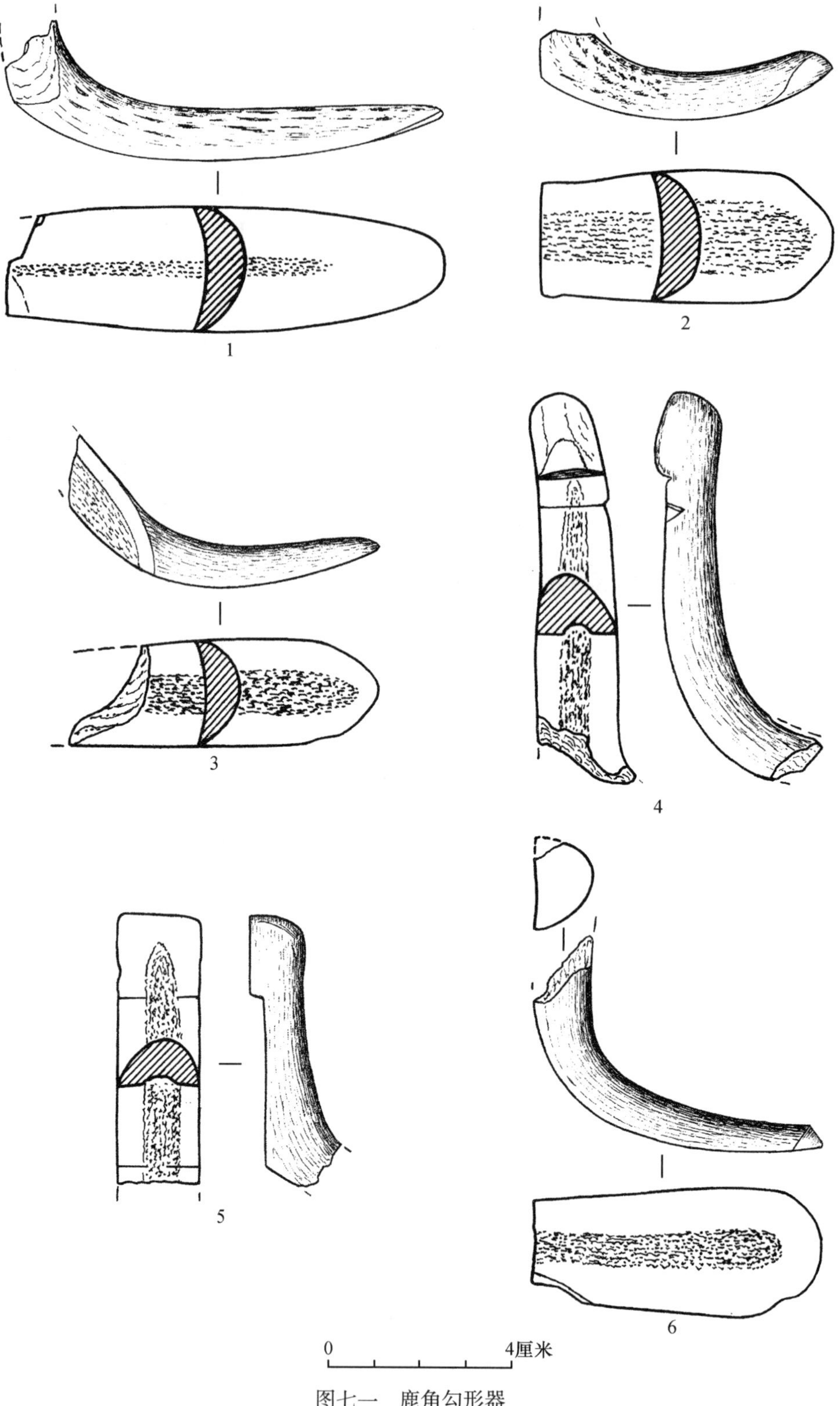

图七一　鹿角勾形器

1. T1③：157　2. T3③：465　3. T2③：330　4. T6③：150　5. T3③：466　6. T3③：410

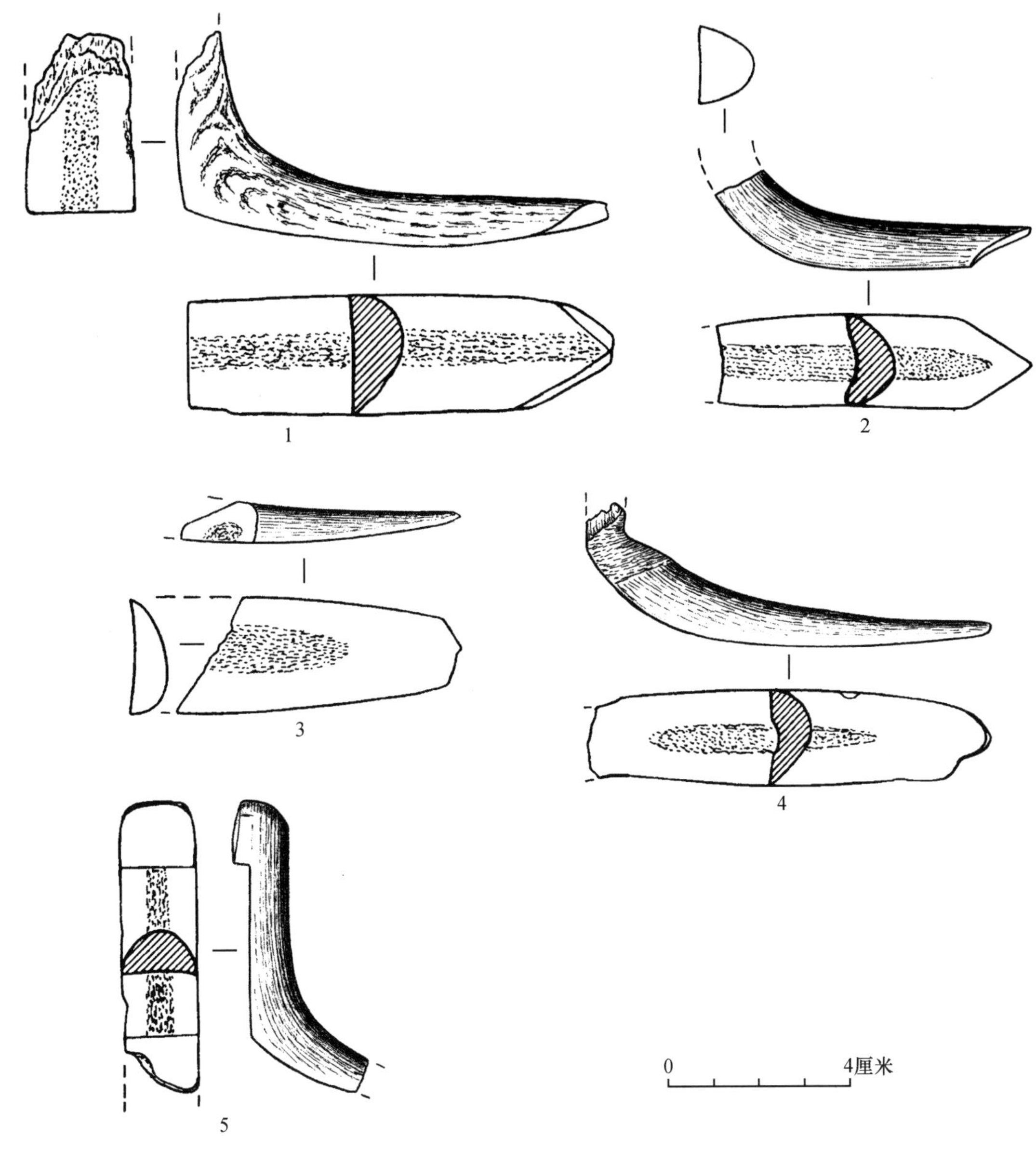

图七二　鹿角勾形器

1. T2③：326　2. T2③：327　3. T2③：234　4. T1③：85　5. T2③：331

第三节　陶器刻划符号

侯家寨遗址两次小面积考古发掘中发现了90多件陶器刻划符号，这批陶器刻划符号主要刻划在碗的底部圈足内，极少数符号刻划在陶器的其他部位。依据刻划符号的形状不同可分为象形、几何形和其他三类。符号的刻划方法以阴线刻划为主，有少数压印线条纹符号等。符号的形状似有一定的规律可循，比如一个单体符号出现，也会有重体符号，还有两种或两种以上的不同符号刻划在一起形成一个组合符号的现象等。

一、刻划符号

93件。根据刻划符号的形状，将其分类介绍。

1. 象形类符号

16件。象形类刻划符号象动物形、植物形和人面形等，均刻划在碗的底部圈足内。

（1）鱼形，3件。

鱼形符号刻划真实生动，以简单的两道线条勾勒出鱼身和鱼尾。

T2④：297，为一件完整的碗底饼足。在其外底部刻划有两条弧线构成的鱼形刻划符号，鱼形完整，形体扁长。刻道清楚，似为碗底烧成后刻划。碗底鱼形中部至尾部，重合四组平行的折线纹，似为在未干的坯胎上压印上去。底径8.2厘米（图七三，1、2；彩版四一，1）。这个符号从图形上看表现的是一条鱼遨游在长满水草的水里的画面，是典型的两种不同符号刻划在一起组成一个完整的组合符号。T6③：38，为一件碗底残片，饼底内凹。在其外底部刻划由两条弧线构成的鱼形刻划符号，鱼形完整，形体较圆。刻道清楚，似为碗底烧成后刻划。底径9.2厘米（图七三，3、4；彩版四一，2）。T6③：37，为一件碗底残片，饼底内凹。在其外底部刻划由两条弧线构成的鱼形刻划符号，鱼形体扁长，鱼头稍残。刻道清楚，似为碗底烧成后刻划。底径8.6厘米（图七三，5、6；彩版四一，3）。

（2）植物形，12件。

植物形刻划符号，主要是一些有干、枝或叶脉形状的刻划形状。

单株植物形符号　2件。符号画面均形似干或枝的植物形状。

T3③：230，为一件碗的残底部，饼形底。碗外红内黑，外部着红色陶衣，碗底外部似未着色。碗底外部刻划有单株植物形符号，刻道清晰，应在干坯上刻划。底径9.6厘米（图七四，1、2；彩版四一，4）。T6④：47，为一件碗的底部，圈足底。碗外红内黑，外部着红色陶衣，碗底外部似未着色。碗底外部刻划有单株植物形符号，主径和杈枝刻道清晰，应在干坯上刻划。底径9.1厘米（图七四，3、4；彩版四一，5）。

叶脉形符号　10件。符号画面均形似植物的叶脉形状，有单叶脉形和重叶脉形等。

T3③：223，为碗的残底片，饼形底，饼底内凹。碗外部包括底部似均着红色陶衣，其底部刻划有植物叶脉形残符号，刻道清晰，似在干的坯胎上刻划。底径8.8厘米（图七四，5、6；彩版四一，6）。T3③：226，碗的残底片，矮圈足底。碗外红内黑，外部着红色陶衣，碗底外部似未着色。其底部刻划有植物叶脉形残符号。刻道不太清晰，似在干的坯胎上刻划。底径9.6厘米（图七五，1、2；彩版四二，1）。T3③：235，碗的残底片，饼形底，饼底内凹。碗外红内黑，外部着红色陶衣，碗底外部似未着色。其底部刻划有植物叶脉形残符号，叶脉简单稀少。刻道较清晰，似在干的坯胎上刻划。底径9厘米（图七五，3、4；彩版四二，2）。

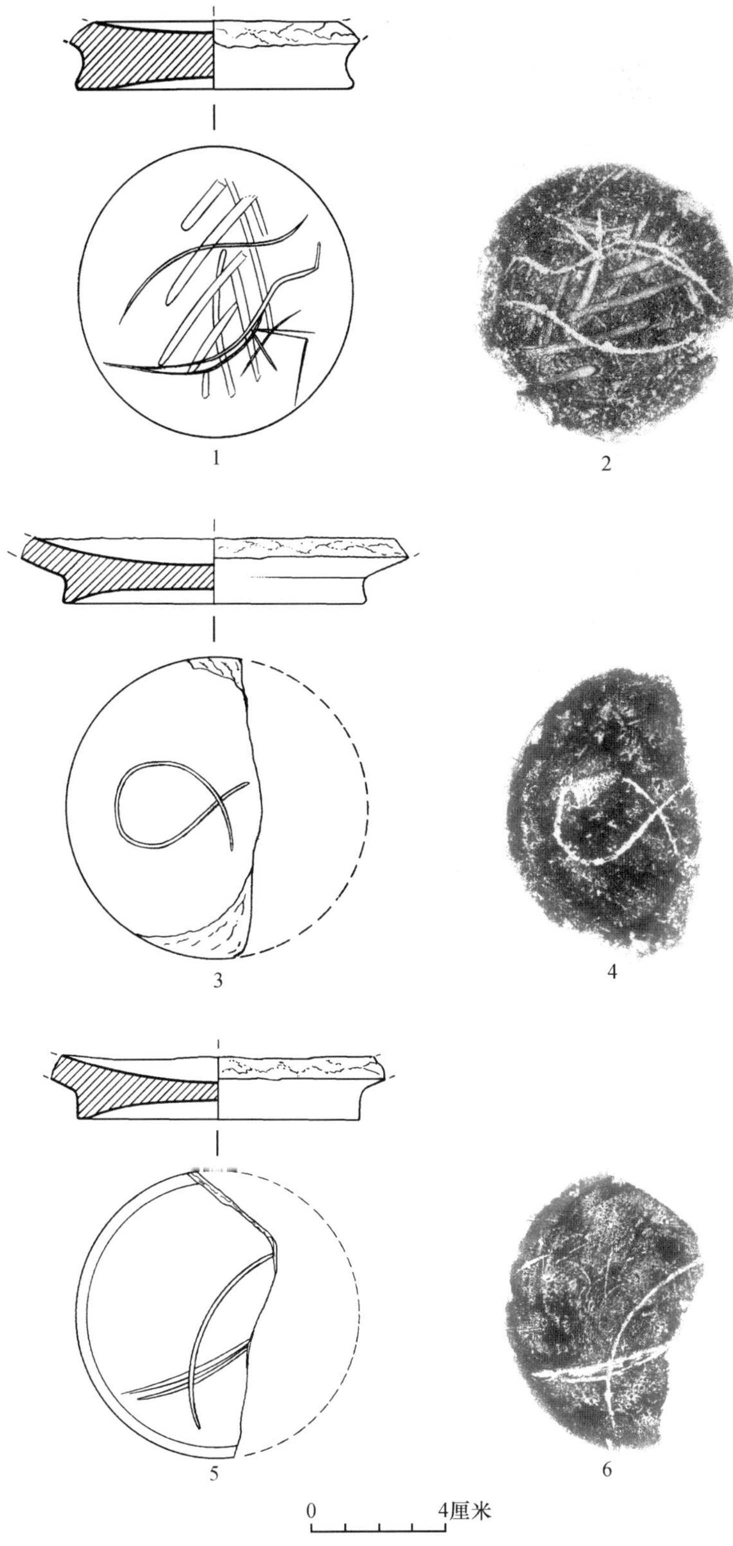

图七三　象形类鱼形刻划符号

1. T2④：297　2. T2④：297　3. T6③：38　4. T6③：38　5. T6③：37　6. T6③：37

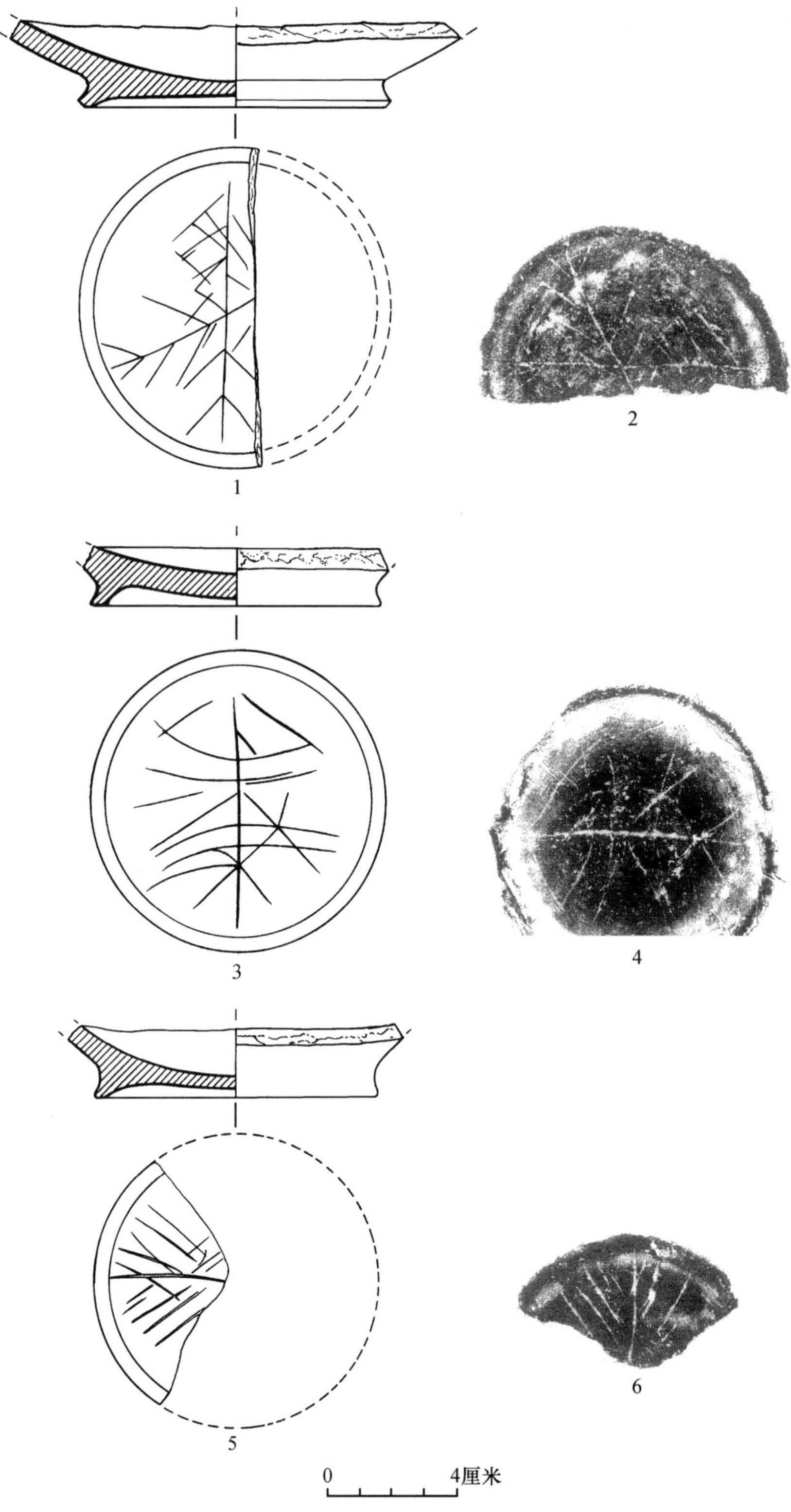

图七四　象形类植物形刻划符号

1. T3③ : 230　2. T3③ : 230　3. T6④ : 47　4. T6④ : 47　5. T3③ : 223　6. T3③ : 223

T6③：151，碗的残底片，饼形底，饼底内凹。碗外红内黑，外部着红色陶衣，碗底外部似未着色。其外底部刻划有植物叶脉形残符号。刻道较清晰，似在干的坯胎上刻划。底径10厘米（图七五，5、6；彩版四二，3）。T6③：35，碗的残底片，饼形底。碗外红内黑，外部着红色陶衣，碗底似未着色。其底部刻划有植物叶脉形残符号。刻道清晰，似在未干的坯胎上刻划。底径7厘米（图七六，1、2；彩版四二，4）。T2④：304，碗的残底片，饼形底，饼底内凹。碗内黑外红，外部着红色陶衣，碗底外部似未着色。其底部刻划有植物叶脉形残符号。叶脉主径和枝径均用双平行线。刻道较清晰，似在干的坯胎上刻划。底径9厘米（图七六，3、4；彩版四二，5）。T3④：346，碗的残底片，圈足底。碗内黑外红，外部着红色陶衣，碗底外部似未着色。其底部为组合符号。圆形符号内部刻划有植物叶脉形残符号。刻道不太清晰，圆形似在似在未干的坯胎上刻划，叶脉形似在干坯胎上刻划。底径8.3厘米（图七六，5、6；彩版四二，6）。T3④：355，碗的残底片，圈足底。碗内黑外红，外部着红色陶衣，碗底外部似未着色。其底部刻划有植物叶脉形残符号。刻道清晰，似在坯胎未干时刻划。底径8.6厘米（图七七，1、2；彩版四三，1）。T3④：344，碗的残底片，饼形底，饼底内凹。碗内黑外红，外部着红色陶衣，碗底外部似未着色。其底部刻划有植物叶脉形残符号。刻道较清晰，似在未干的坯胎上刻划。底径9厘米（图七七，3、4；彩版四三，2）。T3④：340，碗的残底片，饼形底，饼底内凹。碗内黑外红，外部着红色陶衣，碗底外部似未着色。其底部刻划有植物形残符号。刻道较清晰，似在未干的坯胎上刻划。底径9厘米（图七七，5、6；彩版四三，3）。

（3）人面形，1件。

T3④：391，为一件碗的残片，饼形底。碗内黑外红色。其外底部刻划人面形状。刻道清晰有力，似在坯胎未干时刻划。残长径4.7厘米（图七八，1、2；彩版四三，4）。

2. 几何类符号

56件。几何类刻划符号数量相对较多，内容复杂。符号刻划的形状画面有方框形、网格形、圆圈形、弧线形、数字形、叉形、勾形、房屋形、重十字形等。符号多刻划在碗的底部圈足内。

（1）方框形，21件。

方框形符号均为阴线刻划在碗的底部圈足内，刻道一般比较清晰，有单线方形和组合方形等。

单线方框形　15件。

T2③：160，为碗的残底片，矮圈足底。碗内外皆红褐色。其外底部刻划有残方框形。刻道清晰，似在干坯胎上刻划。底径9厘米（图七八，3、4；彩版四三，5）。T3③：232，为碗的残底片，圈足底。碗外红内黑，外着红色陶衣，碗底外部似未着色。其外底部刻划有残方框形。刻道清晰，似在干坯胎上刻划。底径8厘米（图七八，5、6）。T3③：237，为碗的残底

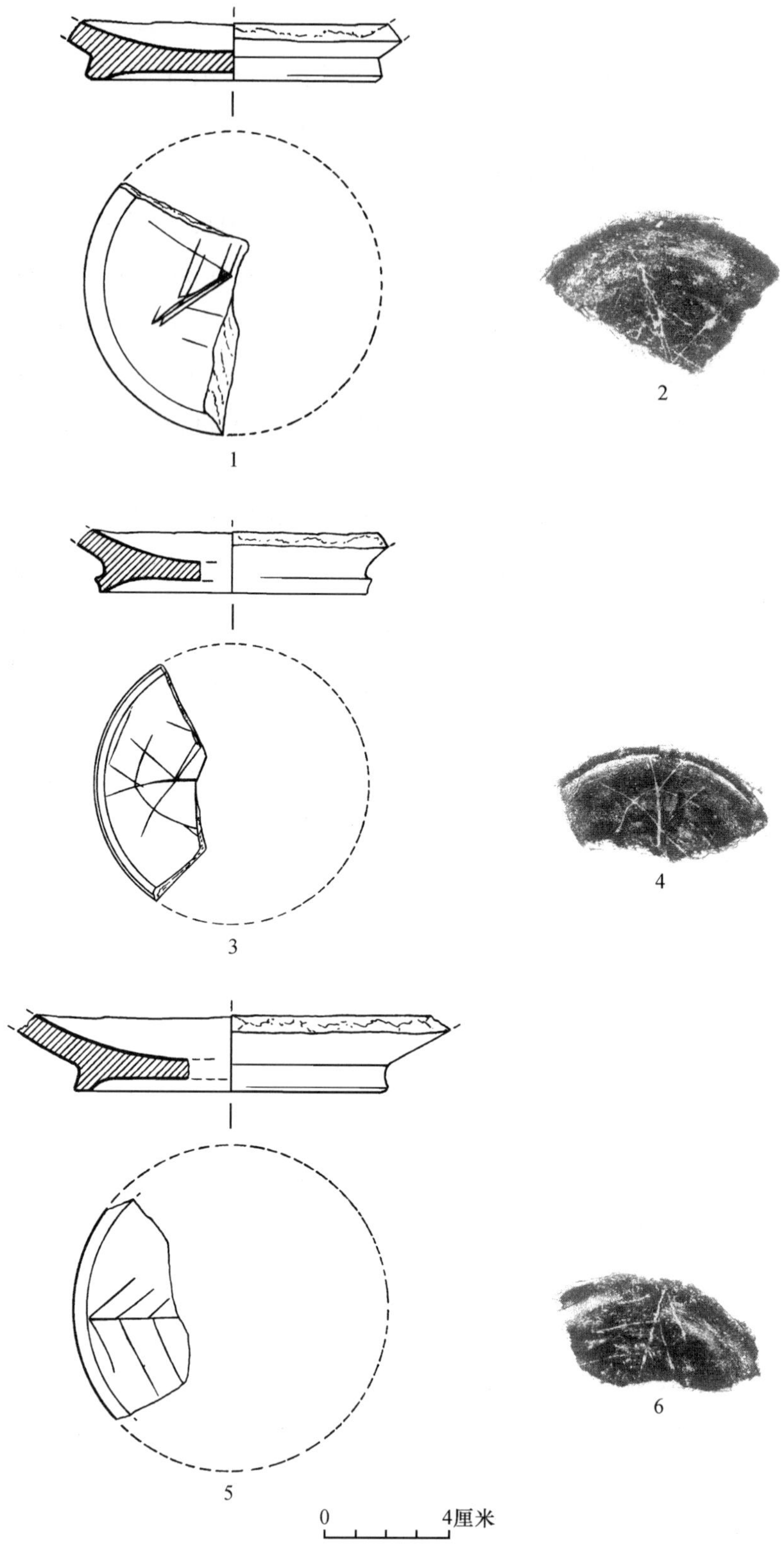

图七五　象形类植物形刻划符号

1. T3③：226　2. T3③：226　3. T3③：235　4. T3③：235　5. T6③：151　6. T6③：151

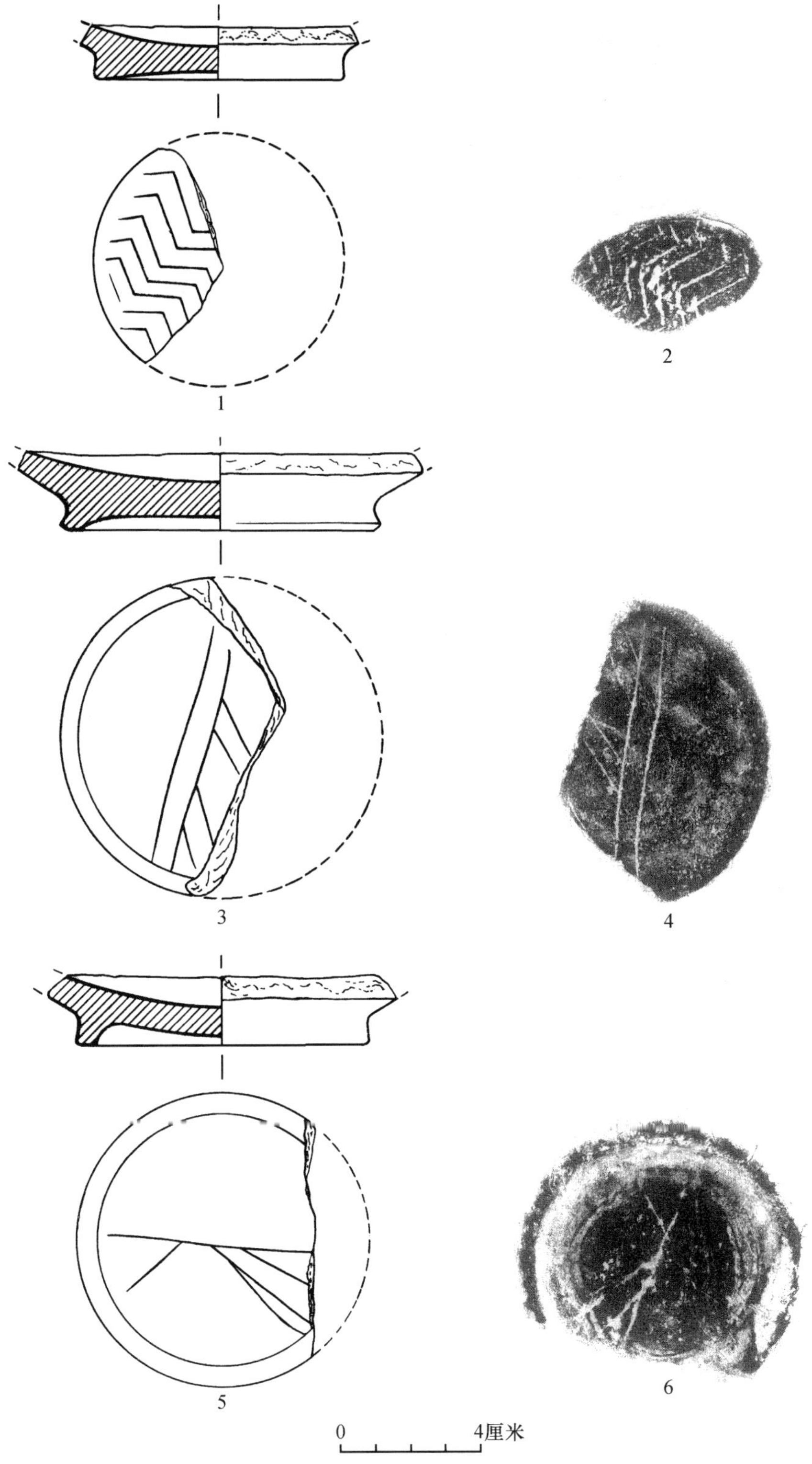

图七六　象形类植物形刻划符号

1. T6③ : 35　2. T6③ : 35　3. T2④ : 304　4. T2④ : 304　5. T3④ : 346　6. T3④ : 346

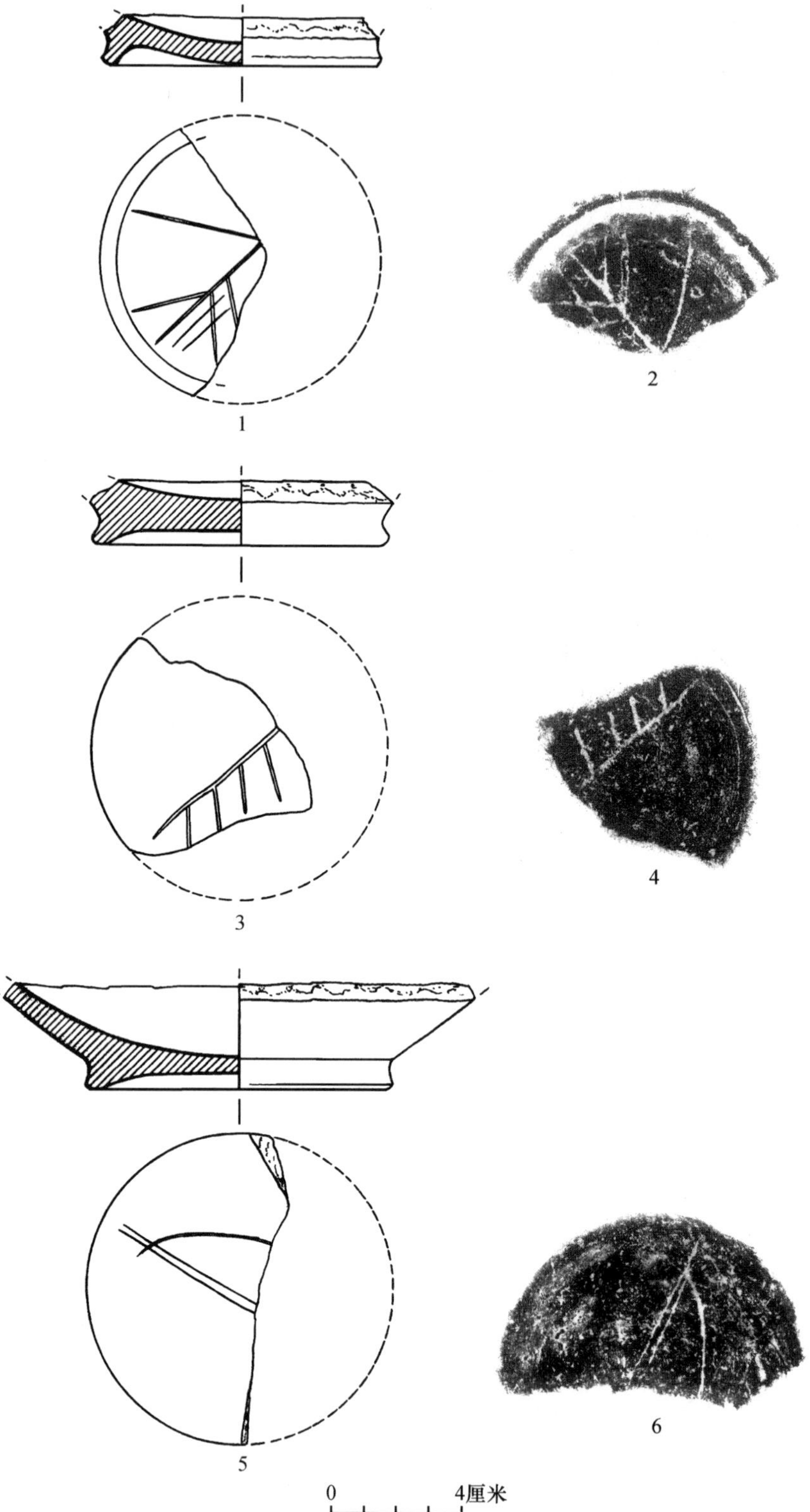

图七七　象形类植物形刻划符号

1. T3④：355　2. T3④：355　3. T3④：344　4. T3④：344　5. T3④：340　6. T3④：340

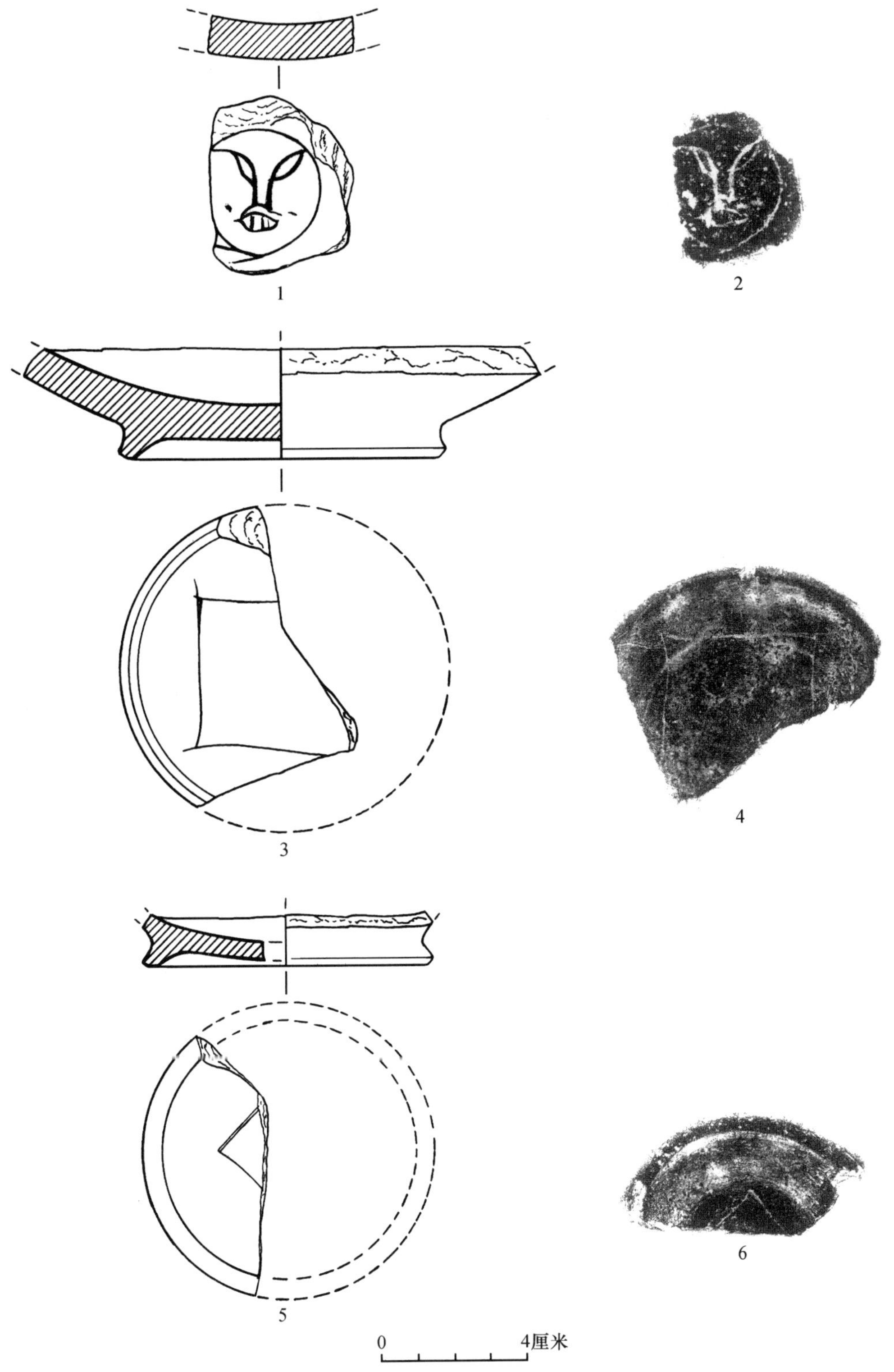

图七八　象形类人面形、几何类方框形刻划符号

1、2. 人面形（T3④：391、T3④：391）　3～6. 方框形（T2③：160、T2③：160、T3③：232、T3③：232）

片，圈足底。碗内为黑色，外部磨损不能判断其有无着色，碗底外部为红褐色。其外底部刻划有残方框形。刻道清晰，似在坯胎未干时刻划。底径9.2厘米（图七九，1、2；彩版四三，6）。T3③：467，为碗的残底片，圈足底。碗外红内黑，外着红色陶衣，碗底外部未着色。其外底部刻划有残方框形。刻道清晰，似在干坯胎上刻划。底径9.6厘米（图七九，3；彩版四四，1）。T3③：238，为碗的残底片，饼形底。碗外红内黑，外着红色陶衣，碗底外部未着色。其外底部刻划有残方框形。刻道清晰，似在未干坯胎上刻划。底径9.6厘米（图七九，4、5；彩版四四，2）。T2④：305，为碗的残底片，饼形底，饼底内凹。碗外红内黑，外着红色陶衣，碗底外部未着色。其外底部刻划有残方框形。刻道清晰，似在坯胎未干时刻划。底径8.4厘米（图八〇，1、2；彩版四四，3）。T2④：247，为碗的残底片，饼形底，饼底内凹。碗外红内黑，外着红色陶衣，碗底外部未着色。其外底部刻划有残方框形。刻道清晰，似在坯胎未干时刻划。底径9厘米（图八〇，3、4）。T2④：310，为碗的残底片，饼形底，饼底内凹。碗外红内黑，外着红色陶衣，碗底外部未着色。其外底部刻划有残方框形。刻道清晰，似在坯胎未干时刻划。底径9厘米（图八〇，5、6；彩版四四，4）。T3④：345，为完整的碗底，饼形底，饼底内凹。碗外红内黑，外着红色陶衣，碗底外部未着色。其外底中部刻划有方框形。刻道清晰，似在坯胎干时刻划。底径9.4厘米（图八一，1、2；彩版四四，5）。T3④：351，为碗的残底片，饼形底。碗外红内黑，外着红色陶衣，碗底外部未着色。其外底部刻划有残方框形。刻道清晰，似在坯胎未干时压印上的。底径9.6厘米（图八一，3、4；彩版四四，6）。T3④：353，为碗的残底片，矮圈足底。碗外红内黑，外着红色陶衣，碗底外部似未着色。其外底部刻划有残方框形。刻道清晰，似在坯胎未干时刻划。底径8厘米（图八一，5、6；彩版四五，1）。T3④：358，为碗的残底片，矮圈足底。碗外红内黑，外着红色陶衣，碗底外部似未着色。其外底部刻划有残方框形。刻道清晰，似在坯胎已干时刻划。底径10厘米（图八二，1、2；彩版四五，2）。T3④：361，为碗的残底片，饼形底。碗外红内黑，外着红色陶衣，碗底外部未着色。其外底部刻划有残方框形。刻道不太清晰，似在坯胎已干时刻划。底径9.6厘米（图八二，3、4；彩版四五，3）。T6④：99，为碗的残底片，饼形底。碗外红褐色内黑色。其外底部靠近碗底边缘刻划方框形，刻出三边。刻道清晰，似在坯胎未干时刻划。底径9.3厘米（图八二，5；彩版四五，4）。T2④：388，为碗的残底片，矮圈足底。碗外红褐色内黑色，外着红色陶衣，碗底外部未着色。其外底刻划有两重弧线残方框形符号。刻道清晰，似在坯胎已干时刻划。底径8.6厘米（图八二，6）。

组合方框形　6件。

T3③：221，为完整的碗底片，矮圈足底。碗外红内黑色，外着红色陶衣，碗底外部未着色。外底部刻划有方框形和三角形组成的组合符号。刻道清晰，似在坯胎未干时刻划。底径8.1厘米（图八三，1、2；彩版四五，5）。T3③：239，为碗底残片，矮圈足底。碗外红内黑色，外着红色陶衣，碗底外部未着色。外底部刻划有残方框形及方形内部一直线和方形一边平行的符号。刻道清晰，似在坯胎未干时刻划。底径8厘米（图八三，3、4；彩版四五，6）。T3③：240，为完整的碗底片，矮圈足底。碗外红内黑色，外着红色陶衣，碗底外部未

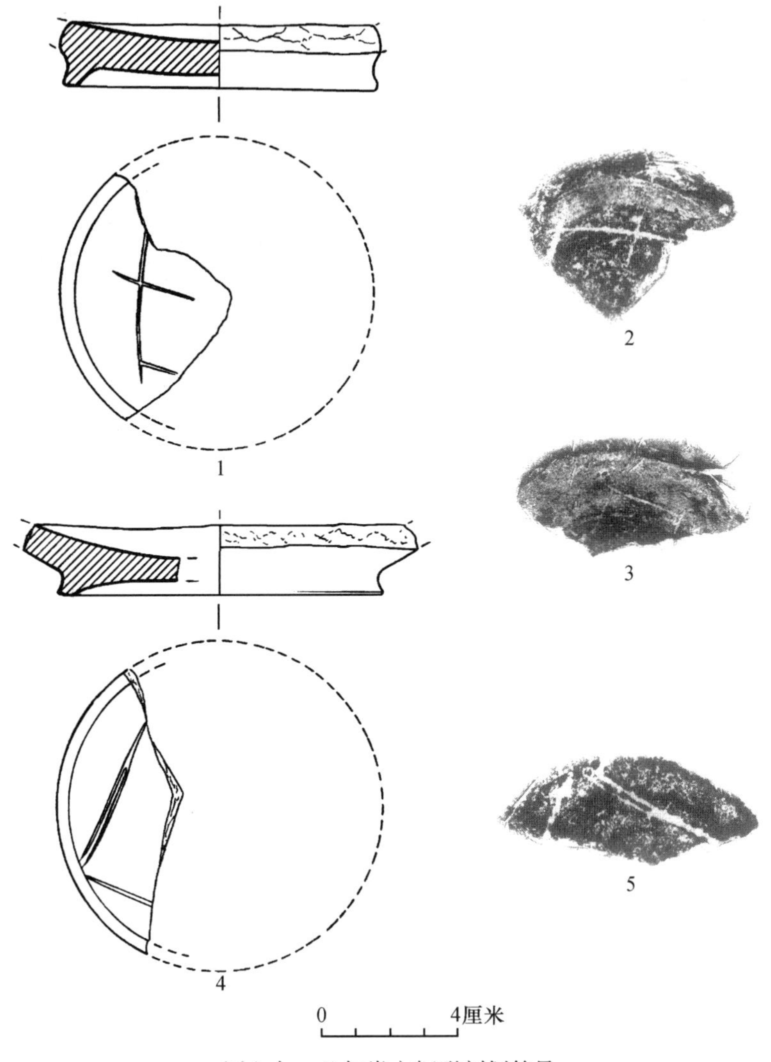

图七九 几何类方框形刻划符号

1. T3③：237 2. T3③：237 3. T3③：467 4. T3③：238 5. T3③：238

着色。外底部刻划有方形及方形内部圆形组成的组合符号。方形刻道清晰，似在坯胎未干时刻划。三角形刻道稍浅，似在坯胎已干时刻划。底径8.6厘米（图八三，5、6；彩版四六，1）。T2④：295，为完整的碗底片，饼形底。碗外红内黑色，外着红色陶衣，碗底外部未着色。外底部刻划有方形，方框形外部刻划有和其一边平行的弧线。刻道清晰，似在坯胎未干时刻划。底径9.6厘米（图八四，1、2；彩版四六，2）。T3③：468，为残碗底片，外红内黑色，饼形圈足底。碗外底部刻划有残方框形符号。残底径8.2厘米（彩版四六，3）。T2④：389，为残碗底片，外红内黑色，饼形圈足底。碗外底部刻划有残方框形符号。残底径7.4厘米（彩版四六，4）。

（2）网格形，13件。

网格形符号均刻划在碗底部圈足内，多为斜阴线、直阴线和少数弧阴线交织状网格形符号，刻道一般比较清晰。

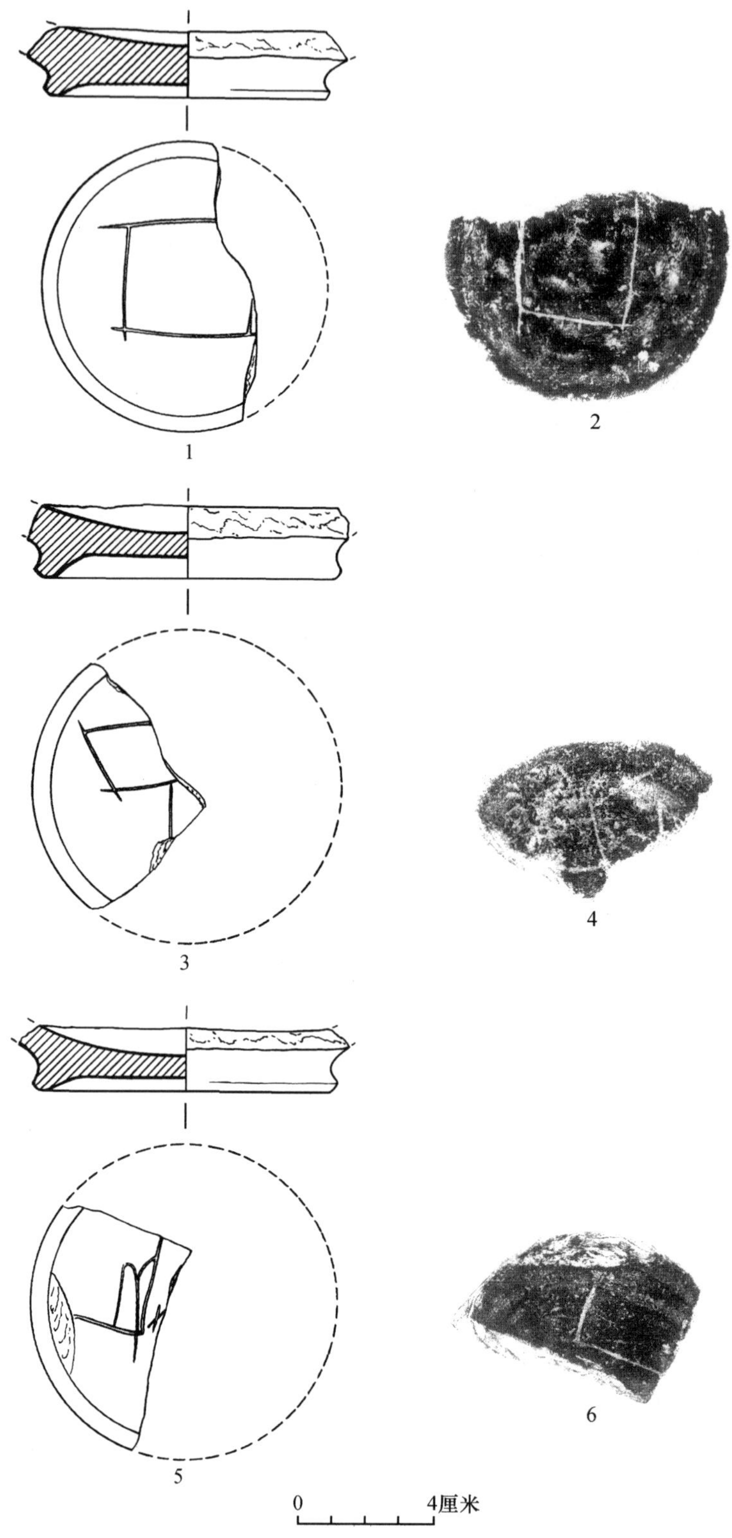

图八〇　几何类方框形刻划符号

1. T2④：305　2. T2④：305　3. T2④：247　4. T2④：247　5. T2④：310　6. T2④：310

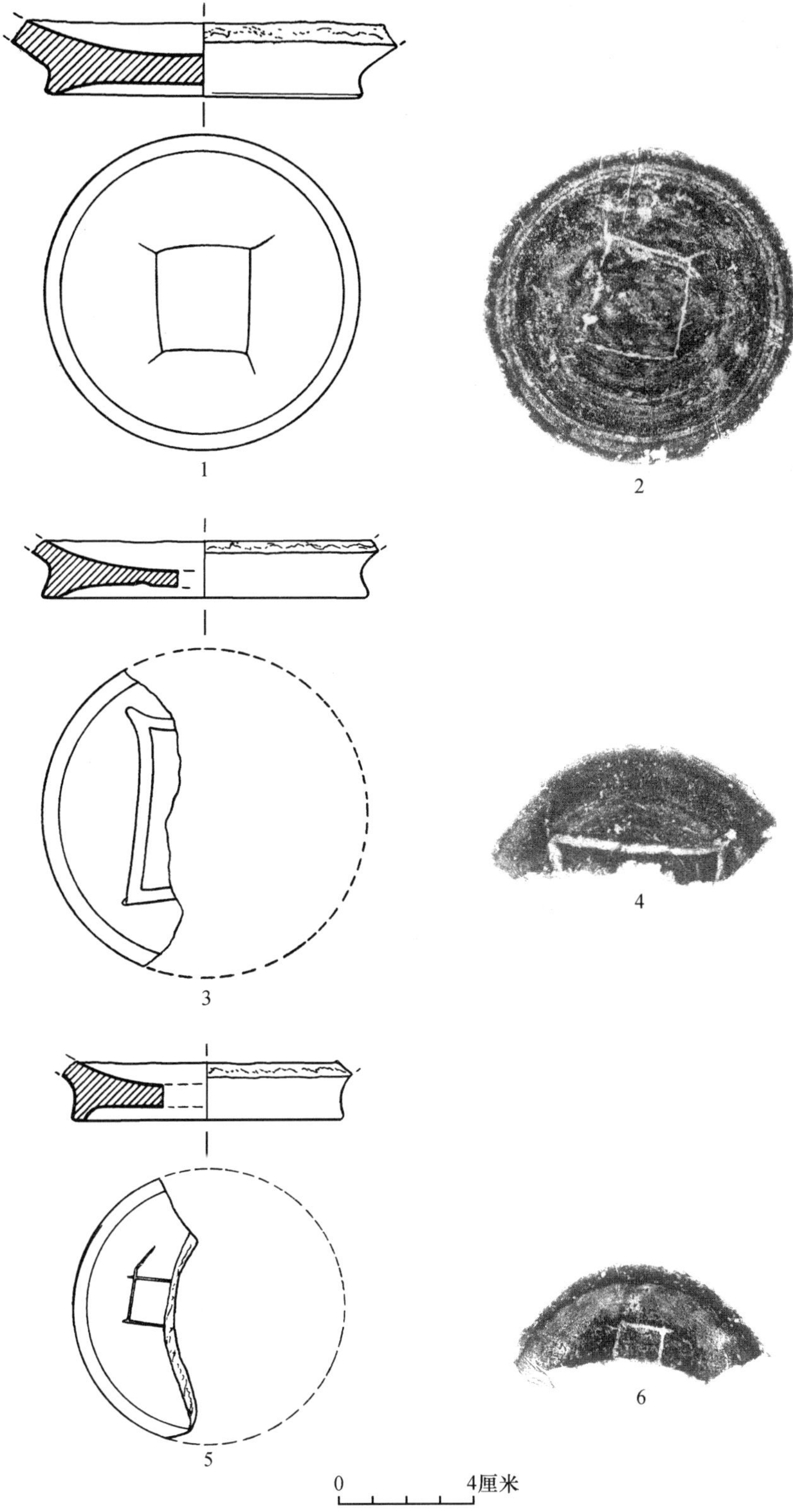

图八一　几何类方框形刻划符号

1. T3④：345　2. T3④：345　3. T3④：351　4. T3④：351　5. T3④：353　6. T3④：353

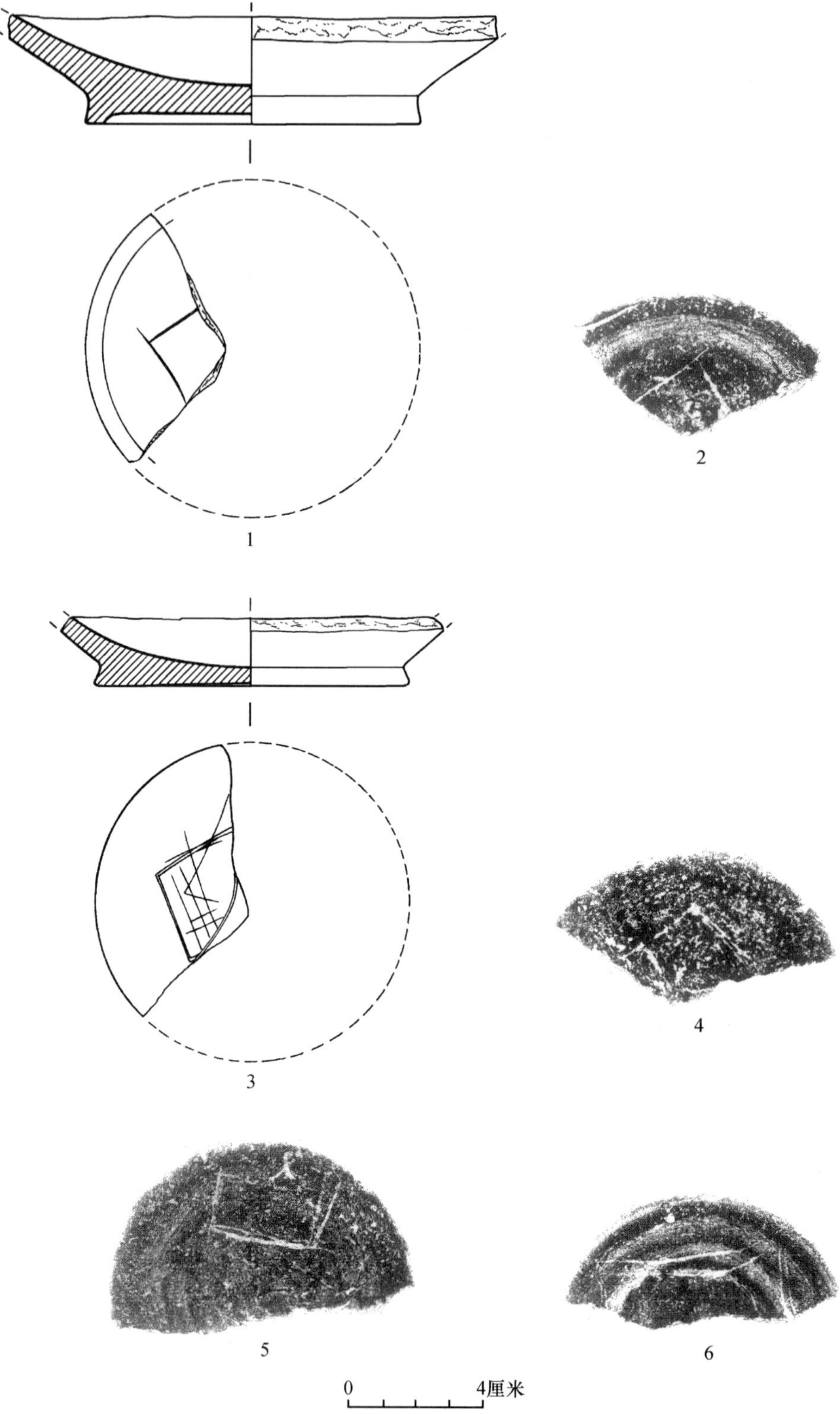

图八二　几何类方框形刻划符号

1. T3④：358　2. T3④：358　3. T3④：361　4. T3④：361　5. T6④：99　6. T2④：388

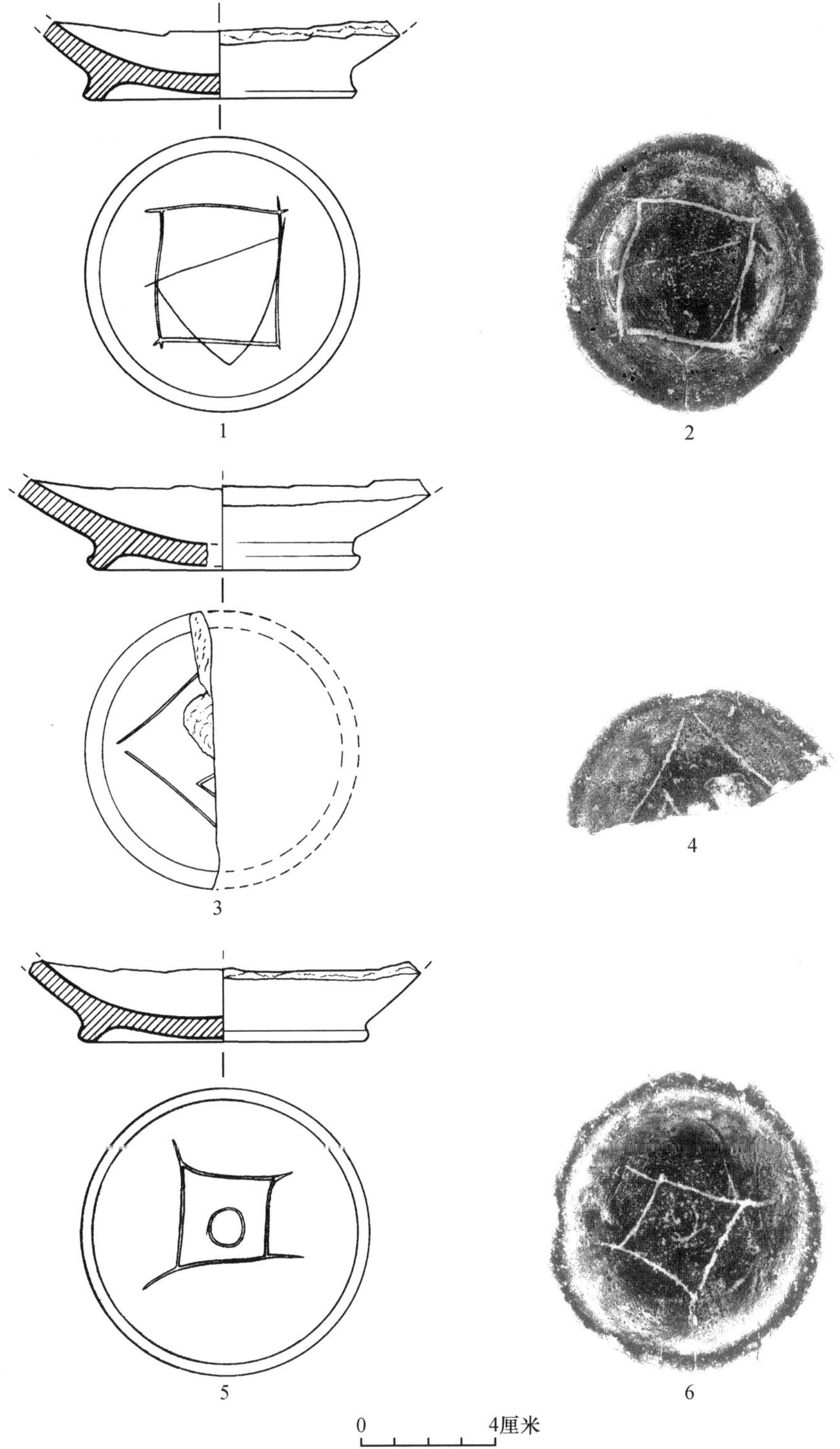

图八三　几何类方框形刻划符号

1. T3③：221　2. T3③：221　3. T3③：239　4. T3③：239　5. T3③：240　6. T3③：240

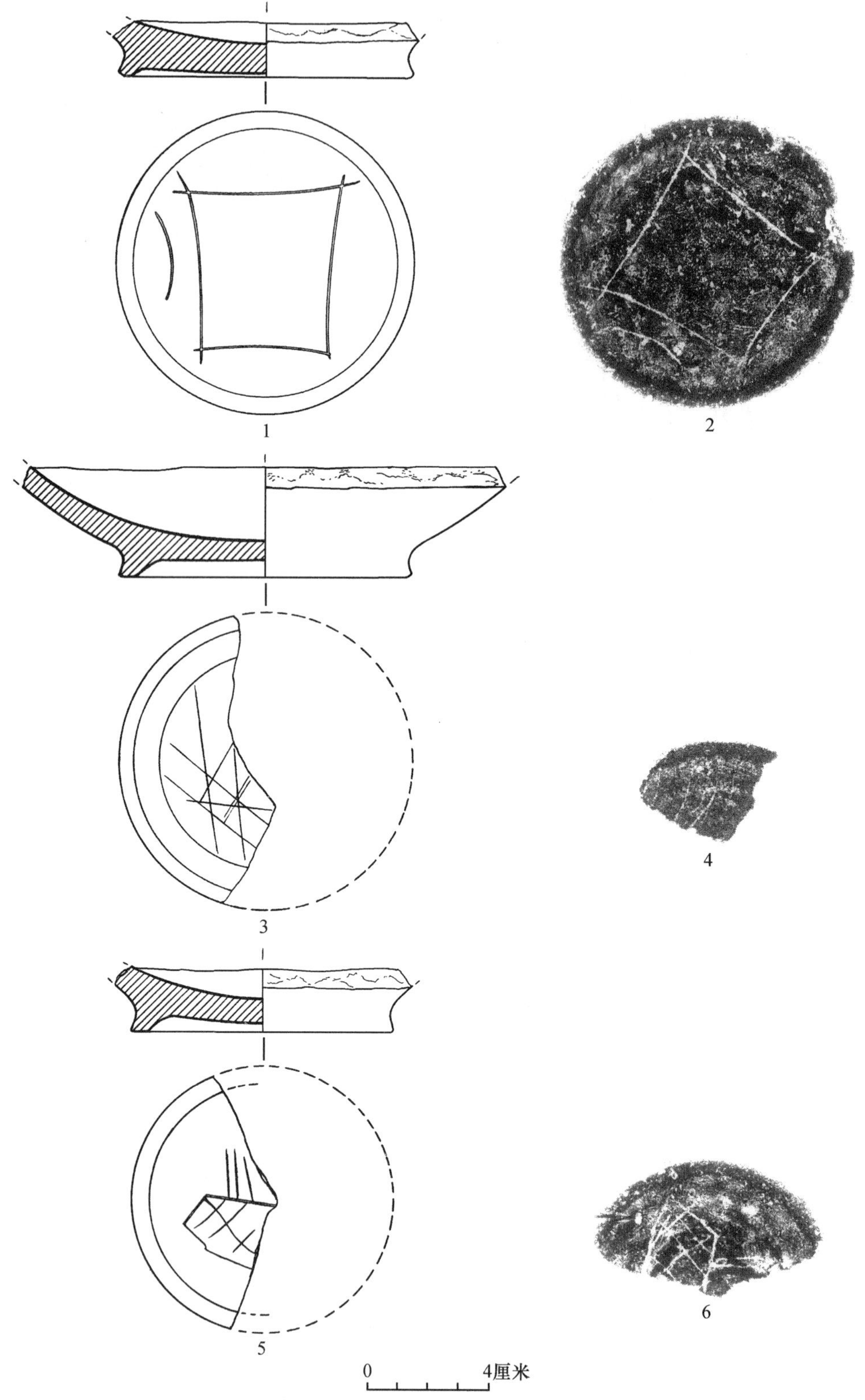

图八四　几何类方框形、网格形刻划符号

1、2. 方框形（T2④：295、T2④：295）　3～6. 网格形（T2③：157、T2③：161、T3③：227、T3③：227）

T2③：157，碗底残片，圈足底。碗外红褐色内黑色。外底部刻划有网格形符号，刻道较清晰，似在坯胎未干时刻划。底径9.6厘米（图八四，3；彩版四六，5）。T2③：161，碗底残片，矮圈足底。碗外红褐色内黑色。外底部刻划有网格形符号，刻道不太清晰，似在坯胎已干时刻划。底径9厘米（图八四，4）。T3③：227，碗底残片，饼形底，饼足内凹。碗外红褐色内黑色。外底部刻划有网格形符号，刻道较清晰，似在坯胎已干时刻划。底径8.6厘米（图八四，5、6）。T2③：240，碗底残片，饼形底。碗外红褐色内黑色。外底部刻划交叉斜平行线组成的网格形符号，刻道清晰，似在坯胎未干时刻划。底径9厘米（图八五，1、2）。T3③：229，碗底残片，矮圈足底。碗外红褐色内黑色。外底部刻划有网格形符号，刻道清晰，似在坯胎未干时刻划。底径8.6厘米（图八五，3、4）。T3③：220，碗底残片，饼形底，饼足内凹。碗外红褐色内黑色。外底部刻划有连续小方格网格符号，刻道清晰有力，似在坯胎未干时刻划。底径9.6厘米（图八五，5、6；彩版四六，6）。T3③：231，碗底残片，矮圈足底。碗外红褐色内黑色，外着红色陶衣，碗外底部未着色。外底部刻划有网格形符号，刻道较清晰，似在坯胎已干时刻划。底径8.8厘米（图八六，1、2；彩版四七，1）。T3④：352，碗底残片，圈足底。碗内外皆红褐色。外底部刻划有网格形符号，刻道不太清晰，似在坯胎已干时刻划。底径8.8厘米（图八六，5、6；彩版四七，2）。T3④：348，碗底残片，饼形底，饼足内凹。碗外红褐色内黑色。外底部刻划有网格形符号，刻道清晰有力，似在坯胎未干时刻划。碗底中部似残缺人为打磨钻孔。底径8.6厘米（图八七，1）。T3④：342，为碗底残件，饼形底。碗外红内黑色，外着红色陶衣，外底部似未着色。残部刻划四条直线接近平行，四条直线近乎同时垂直于另一条直线。图案刻道较清晰，似为坯胎未干时刻划。底径5厘米（图八七，2）。T2④：308，碗底残片，圈足底。碗外红褐色内黑色，外着红色陶衣，碗外底部未着色。外底部刻划有网格形符号，刻道清晰有力，似在坯胎未干时刻划。底径9.6厘米（图八七，3、4）。T3④：338，为碗底残件，矮圈足。碗外红内黑色，外着红色陶衣，外底部似未着色。残部刻划几个平行且相交的框形。刻道较清晰，似为坯胎已干时刻划。底径9.4厘米（图八七，5、6，彩版四七，3）。

（3）圆圈形，7件。

圆圈形符号刻划在碗或其他类器物底部，有单线和组合形两种符号等。

单线圆圈形　4件。

T3③：224，为完整的碗底，饼形底，饼足内凹。碗内外皆黑色。外底部刻划有圆圈形符号，刻道不清晰，似在坯胎已干时刻划。底径5.2厘米（图八八，1、2；彩版四七，4）。T2④：339，为碗底残片，饼形底。碗内黑色外红褐色。外底部刻划有圆圈形符号，刻道不清晰，似在坯胎已干时刻划。底径10.7厘米（图八八，3、4）。T3④：469，为碗底残片，矮圈足底。碗内外皆红褐色。外底部刻划有圆圈形符号，刻道清晰，似在坯胎已干时刻划。底径10厘米（图八八，5、6；彩版四七，5）。T6④：96，为器物底部残片。底部周圈饰有一周指切纹。器物内外呈黑色。外底部刻划有圆圈形符号，刻道模糊不清，似在坯胎已干时刻划。底径11.6厘米（图八九，1、2；彩版四七，6）。

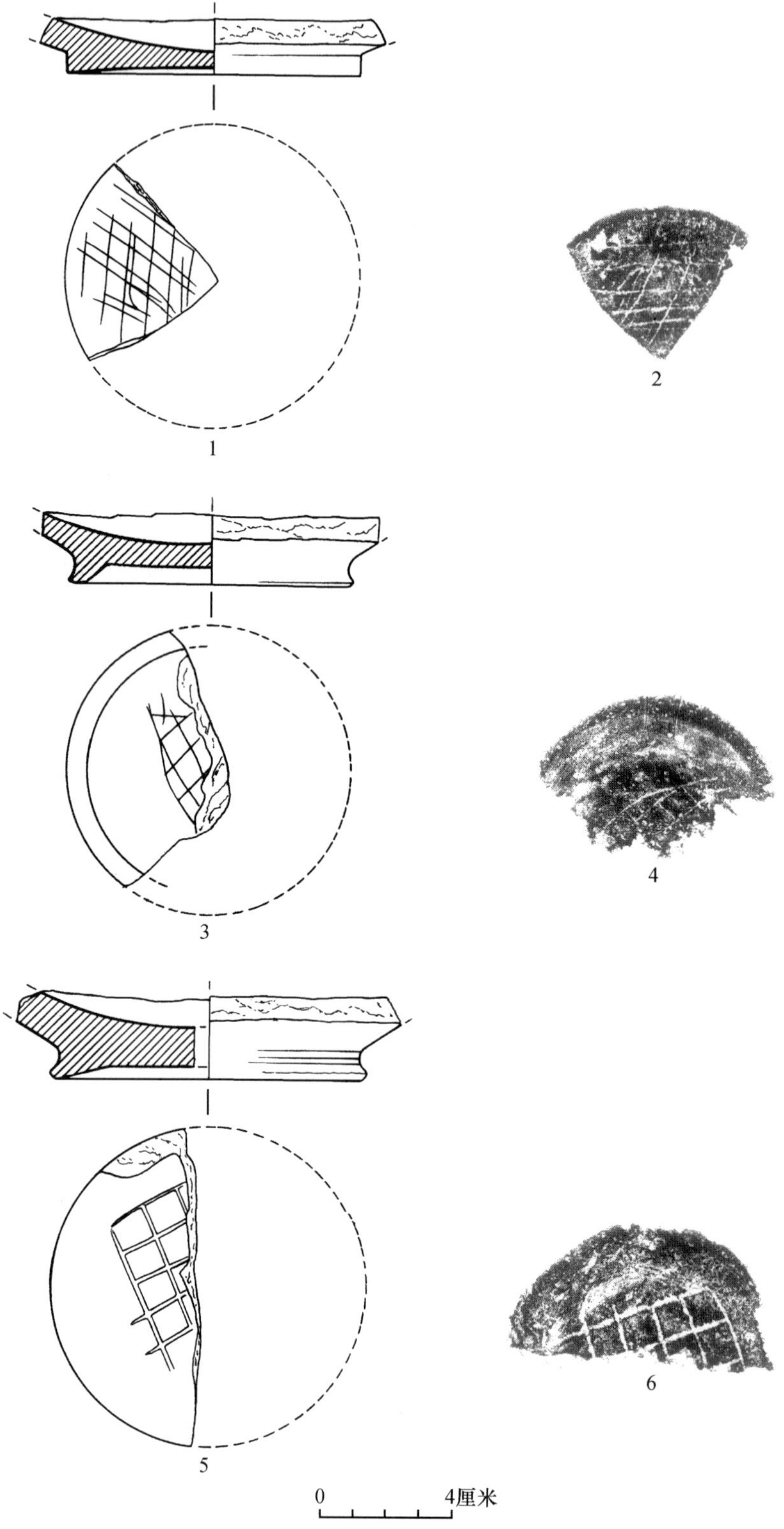

图八五　几何类网格形刻划符号

1. T2③：240　2. T2③：240　3. T3③：229　4. T3③：229　5. T3③：220　6. T3③：220

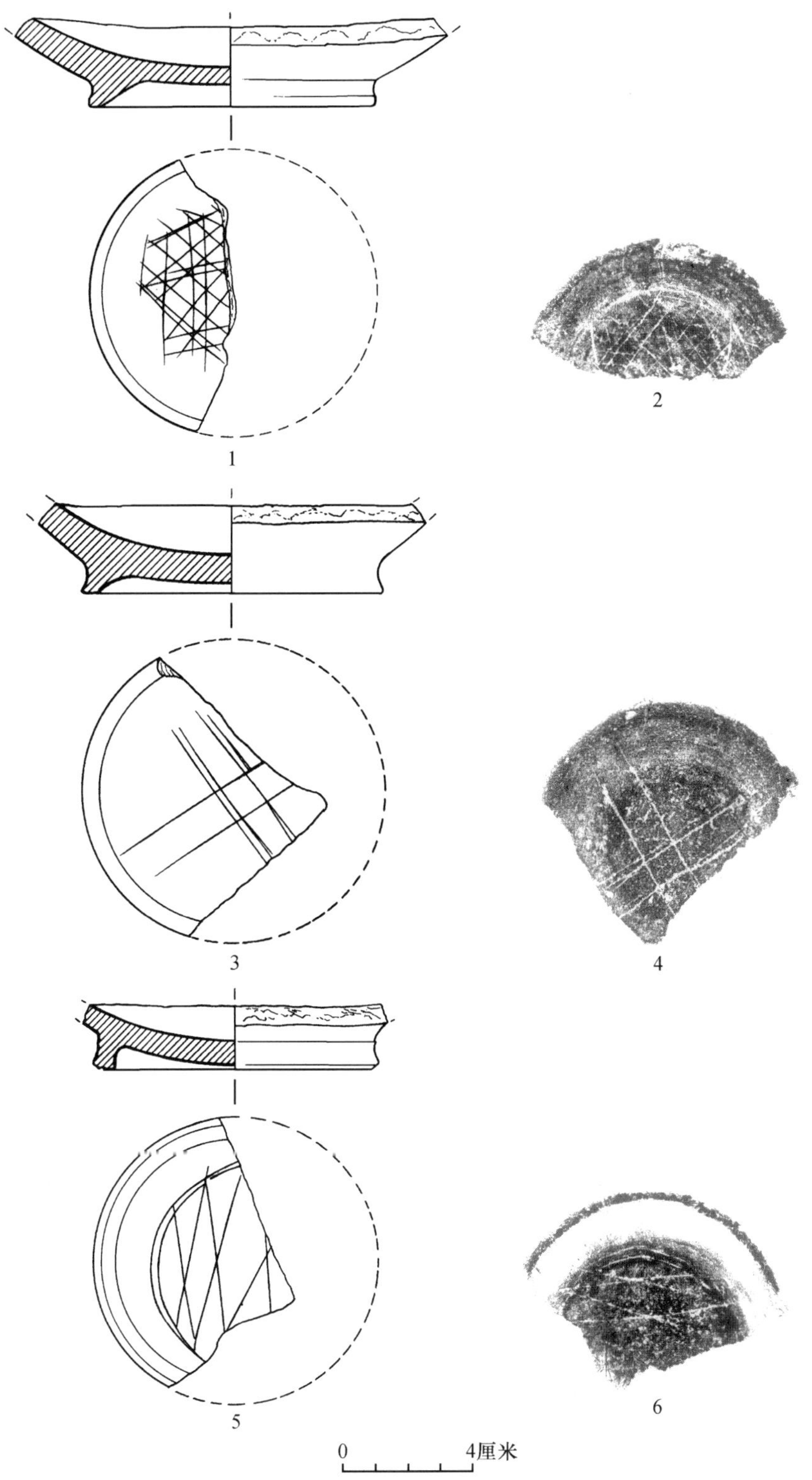

图八六　几何类网格、重十字形刻划符号

1、2、5、6. 网格形符号（T3③：231、T3③：231、T3④：352、T3④：352）　3、4. 重十字形符号（T3④：339、T3④：339）

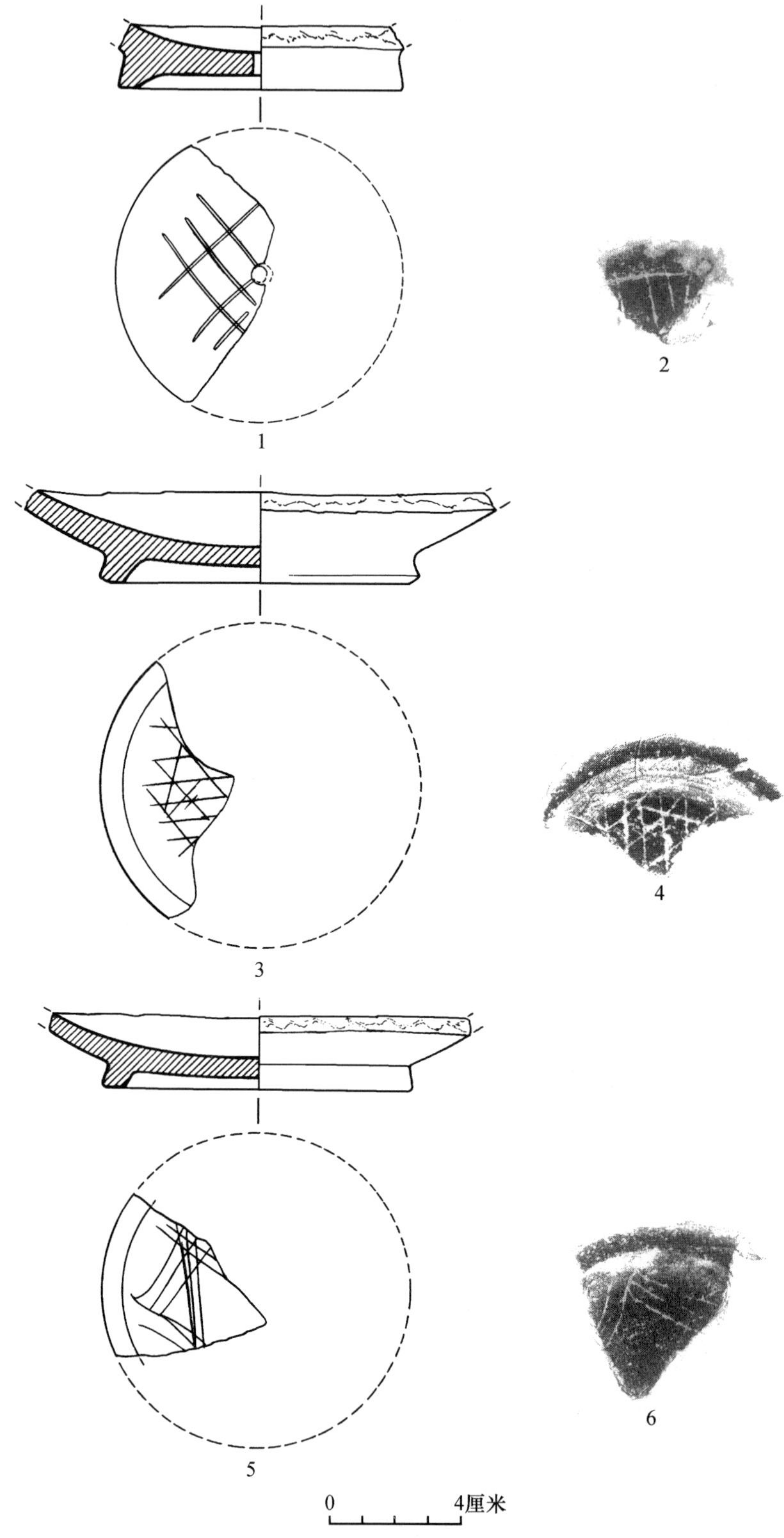

图八七　几何类网格形刻划符号

1. T3④：348　2. T3④：342　3. T2④：308　4. T2④：308　5. T3④：338　6. T3④：338

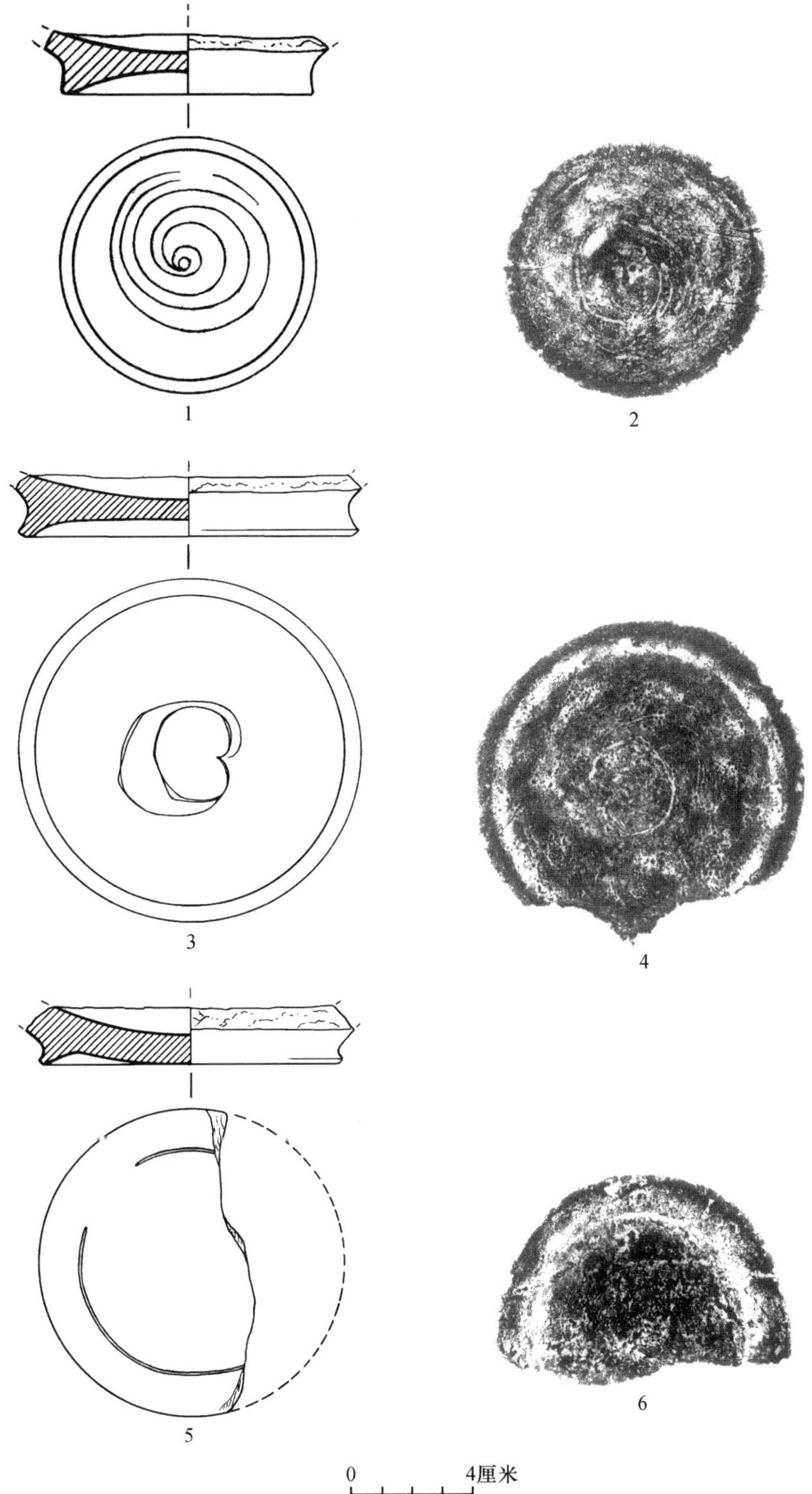

图八八　几何类圆圈形刻划符号

1. T3③：224　2. T3③：224　3. T2④：339　4. T2④：339　5. T3④：469　6. T3④：469

组合圆圈形　3件。

T2④：294，为碗底残片，矮圈足底。碗内黑色外红褐色。外底部刻划有圆圈形符号，圆形外部刻划射线，似放射光芒的太阳。刻道清晰，似在坯胎未干时刻划。底径8.6厘米（图八九，3、4；彩版四八，1）。T2④：296，为完整，饼形底，饼足内凹。碗内黑色外红褐色，外着红色陶衣，碗外底部未着色。外底部刻划有圆圈内部套一小圆圈，刻道不清晰，似在坯胎已干时刻划。底径11.1厘米。T2③：241，碗底基本完整，饼形底，饼足内凹。碗内外皆黑色。外底部刻划有圆圈形符号，刻道不清晰，似在坯胎已干时刻划。底径5.2厘米（彩版四八，2）。

（4）弧线形，5件。

弧线形符号均刻划在碗的外底部。符号为重弧线和组合弧线形两种，刻道多比较清晰。

重弧线形　4件。

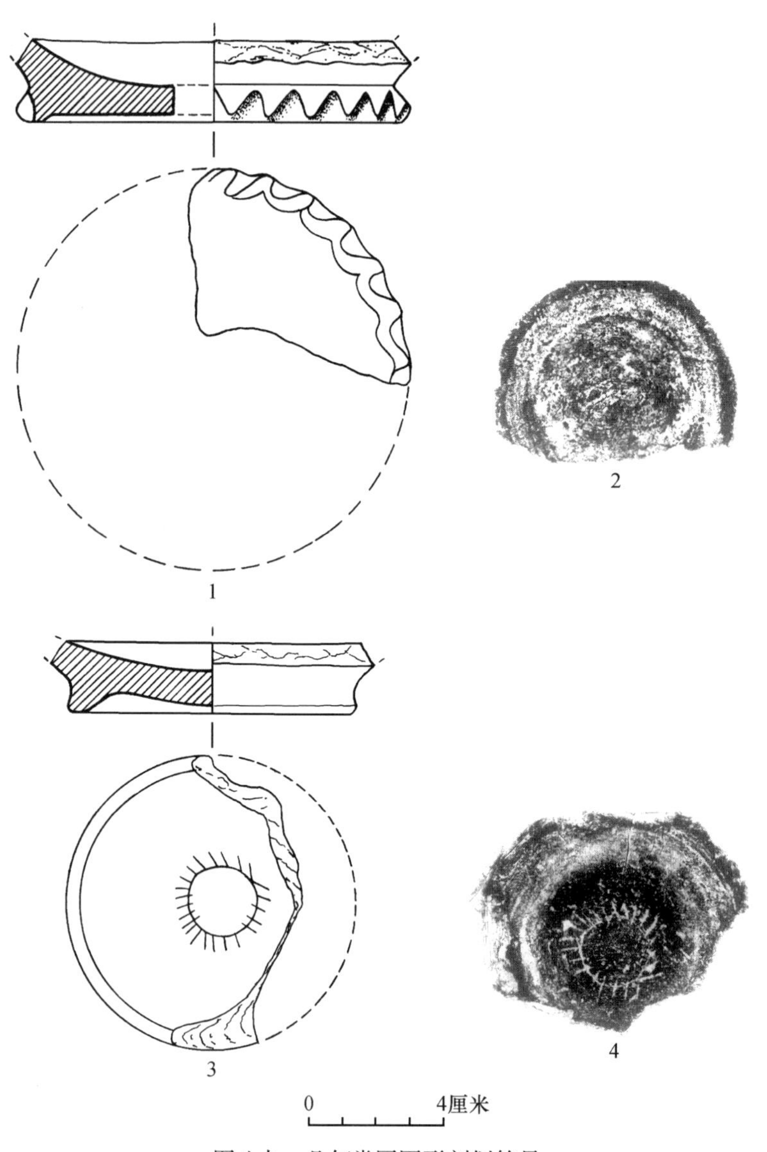

图八九　几何类圆圈形刻划符号

1. T6④：96　2. T6④：96　3. T2④：294　4. T2④：294

T6③：34，为一件碗的残片，饼形底，饼足内凹。碗内外皆红褐色。其外底部刻划有四组对称、弧线背部向内，每组三条平行弧线的图形。刻道清晰有力，应在坯胎未干时刻划。底径7.8厘米（图九〇，1、2；彩版四八，3）。T6④：97，为一件完整的碗底，矮圈足。碗外红内黑色，外施红色陶衣，碗底外部未着色。其外底部刻划有两组对称、弧线背部向内，每组两条平行弧线的图形。刻道较清晰，应在坯胎已干时刻划。底径8.3厘米（图九〇，3、4；彩版四八，4）。T2④：302，为一件碗的残片，饼形底，饼足内凹。碗内外皆红褐色，外部似着红色陶衣，碗外底部未着色。其外底部刻划有两条平行弧线。刻道清晰有力，应在坯胎未干时刻划。底径9厘米（图九〇，5、6；彩版四八，5）。T6④：100，为一件碗的残片，饼形底。外红褐色内黑色，外部似着红色陶衣，外底部未着色。其外底部刻划有三条平行弧线。刻道清晰有力，应在坯胎未干时刻划。底径9厘米（彩版四九，1）。

组合弧线形　1件。

T2③：390，为一件碗的残片，饼形底，饼足内凹。碗内外皆红褐色，似皆着红色陶衣，外底部未着色。其外底部刻划两道平行弧线，并伴随着其他不太清晰的弧线线条。平行弧线刻道清晰，似在坯胎未干时刻划。其他弧线线条不清晰，应在坯胎未干时刻划。底径8.6厘米（图九一，1、2；彩版四八，6）。

（5）数字形，3件。

发现数字符号均刻划在碗的外底部，多为单一的形式，少数为组合形。

T3③：241，为碗的底部。饼形底。碗内黑外红色，外着红色陶衣，外底部未着色。一字形横穿碗底中部，刻道清晰有力，应在坯胎未干时刻划。底径9.6厘米（图九一，3、4；彩版四九，2）。T3④：354，为碗的底部。饼形底。碗内黑外红色，外着红色陶衣，外底部未着色。底部刻划有“二”字形，一竖垂直压划在“二”字形上。刻道清晰有力，应在坯胎未干时刻划。底径7.6厘米（图九一，5、6；彩版四九，3）。T2④：301，为碗的残底片，矮圈足底。碗外红内黑色。其外底部有“一”字形符号，刻道较清晰，似在已干的坯胎上刻划。底径8厘米（彩版四九，4）。

（6）叉形，2件。

发现的两件叉形刻划符号，均为重叉形，刻在碗的外底部。

T2④：306，为碗的残底片，矮圈足底。碗外红内黑色，外着红色陶衣，外底部未着色。其外底部有对称的叉形符号，刻道较清晰，似在已干的坯胎上刻划。底径9.4厘米（图九二，1；彩版四九，5）。T3④：341，为碗的残底片，矮圈足底。碗外红内黑色。其外底部有对称的叉形符号，刻道较清晰，似在已干的坯胎上刻划。底径8厘米（图九二，2；彩版四九，6）。

（7）重十字形，1件。

T3④：339，碗底残片，矮圈足底。碗外红褐色内黑色，外着红色陶衣，碗外底部未着色。外底部刻划有重十字形符号，刻道较清晰，似在坯胎已干时刻划。底径9.2厘米（图八六，3、4；彩版五〇，1）。

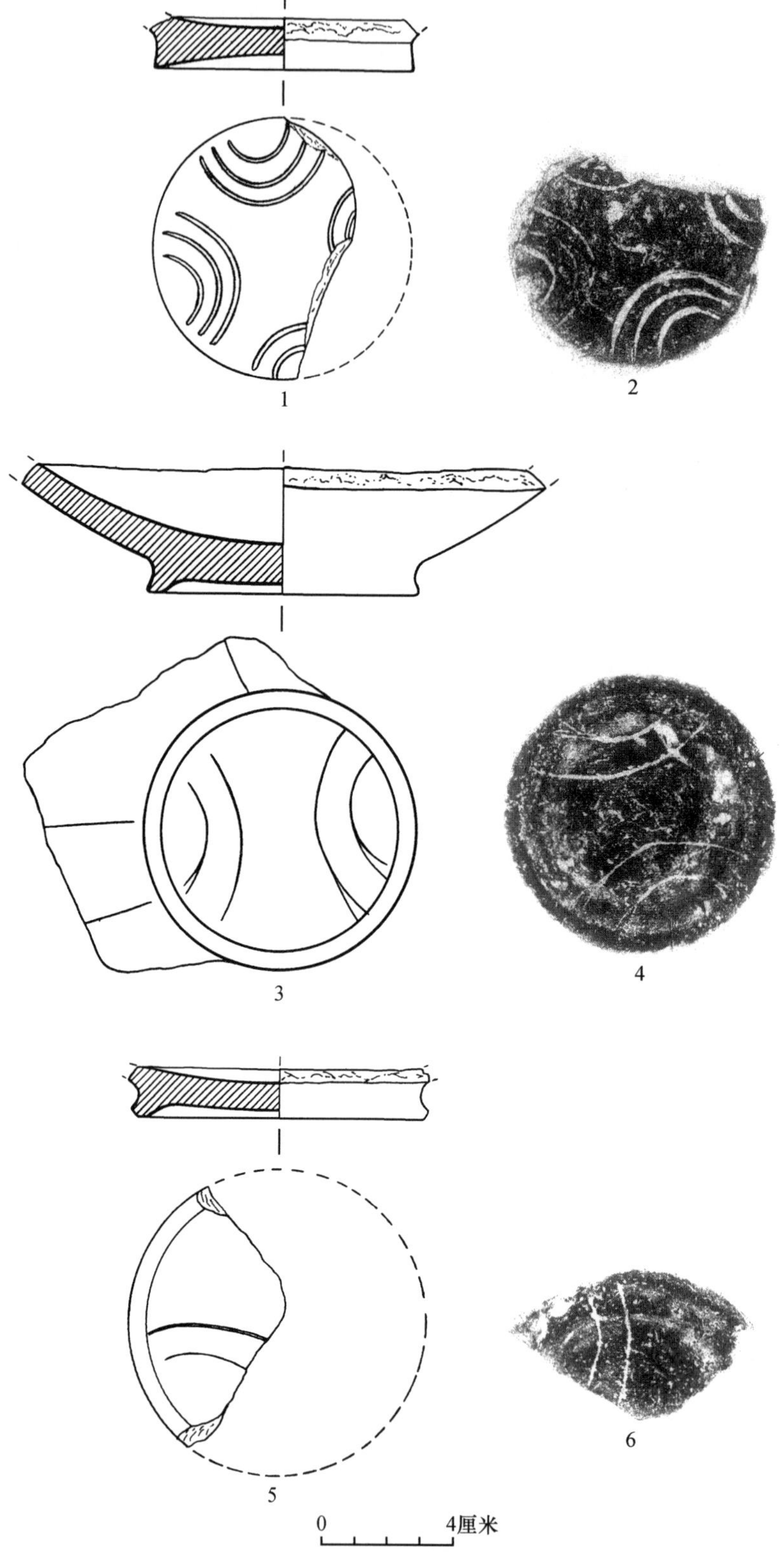

图九〇　几何类弧线形刻划符号

1. T6③：34　2. T6③：34　3. T6④：97　4. T6④：97　5. T2④：302　6. T2④：302

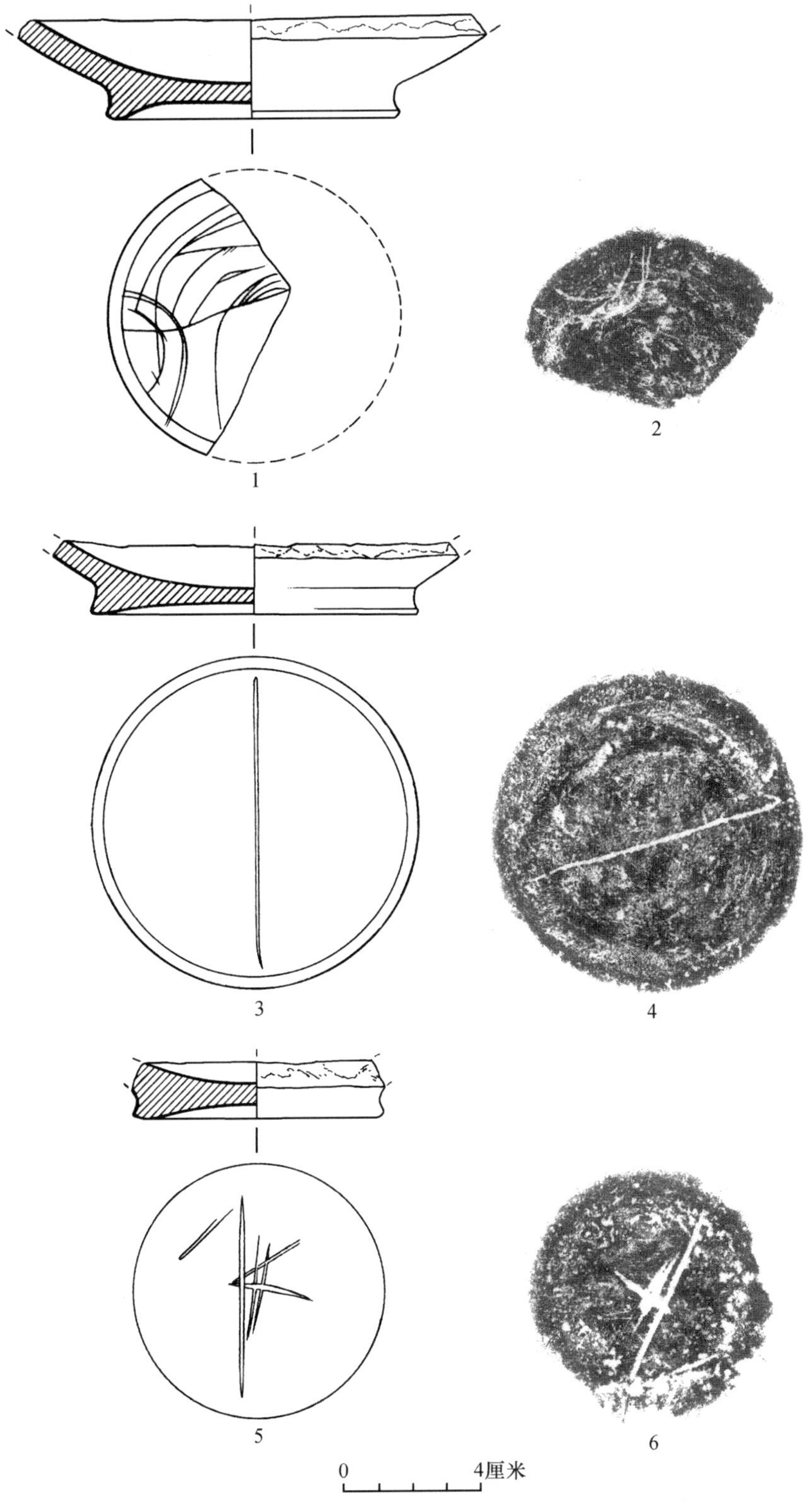

图九一　几何类弧线形、数字形符号

1、2. 弧线形（T2③：390、T2③：390）　3～6. 数字形（T3③：241、T3③：241、T3④：354、T3④：354）

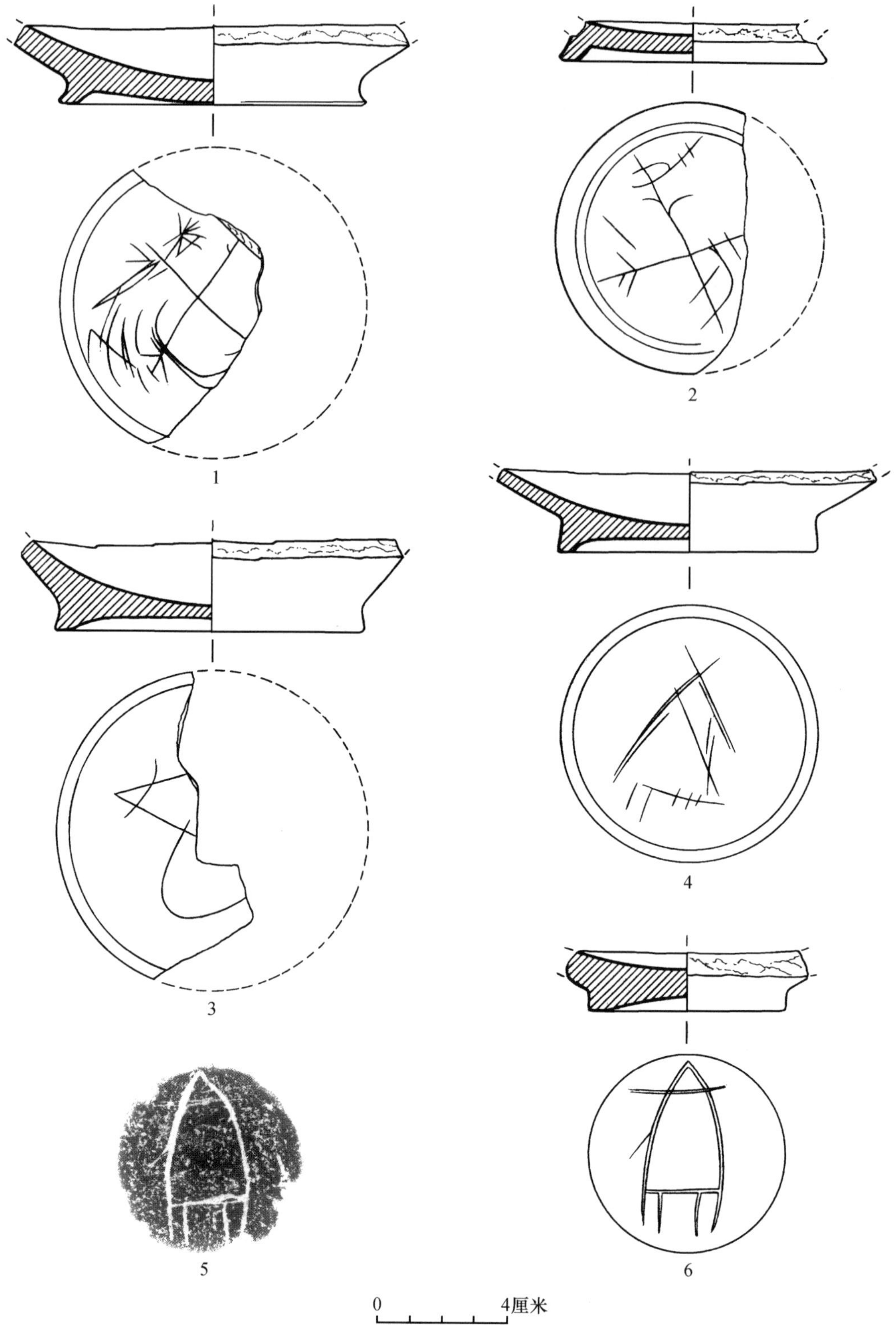

图九二　几何类叉形、勾形、房屋形符号

1、2. 叉形（T2④：306、T3④：341）　3. 勾形（T3③：222）　4～6. 房屋形（T2③：239、T6③：36、T6③：36）

（8）勾形，2件。

勾形刻划符号均为碗底残片上，完整的勾形符号极少。

T3③：222，为碗的残片，饼形底，饼足内凹。碗内黑外红色，外着红色陶衣，外底部未着色。刻道较清晰，似在坯胎已干时刻划。底径9.6厘米（图九二，3；彩版五〇，2）。T3③：233，为碗的残片，饼形底。碗内黑外红色，外着红色陶衣，外底部未着色。刻道清晰有力，似在坯胎未干时刻划。底径8厘米。

（9）房屋形，2件。

房屋形刻划符号均刻划在碗底圈足内，符号画面显示房屋形为干栏式建筑。

T2③：239，为碗底，饼形底，饼足内凹。碗外红内黑色，外着红色陶衣，外底部似未着色。碗外底部似刻划不太清楚的房屋形符号，应在坯胎已干时刻划。底径8.2厘米（图九二，4；彩版五〇，3）。T6③：36，为碗的底片，饼形底。碗外红内黑色，碗外部似皆着红色陶衣，外底部似未着色。其外底部有一个完整的房屋建筑形符号。房屋呈三角形状，底部架高。刻道清晰有力，应在坯胎未干时刻划。底径6厘米（图九二，5、6；彩版五〇，4）。

3. 其他类符号

21件。其他类陶器刻划符号，多刻划在碗的底部圈足内，少数刻划在其他器物上。有单线形、重线形和组合形等。符号内容复杂，基本可分为两种情况：一是符号虽然比较完整，但其形状不好界定，不能归入上述分类中，这里称为特殊形；二是符号皆为残件，不能做出完整符号形状的判断，这里称为残形。

（1）特殊形，1件。

T3④：392，符号刻划在一件器物残件平底外部，底部为黑色，器身红色陶衣。在器物底部刻划数条交叉横竖线，线条刻道较清晰，似为坯胎未干时刻划。该符号为个例，其形状不能归属以上符号分类。底径4、腹径8.3厘米（图九三，1、2；彩版五〇，5）。

（2）符号残件，20件。

均为刻划符号残件，其完整情况不明确，也不能归属以上符号分类。

T3④：356，碗底残片，饼形底，饼足内凹。碗外红褐色内黑色，外着红色陶衣，碗外底部未着色。外底部刻划有网形符号，刻道较清晰，似在坯胎已干时刻划。底径9.2厘米（图九三，3）。T3④：349，为碗底残件，矮圈足。碗内外着红色陶衣，外底部似未着色。残部三条平行折线及一条直线穿过四条平行线。图案较清晰，似为坯胎未干时刻划。底径8厘米（图九三，4；彩版五〇，6）。T3③：228，为碗的残底部。饼形底。碗内黑外红色，外着红色陶衣，外底部未着色。底部刻划有交叉十字形。碗底边缘刻有米粒状平行刻划纹。刻道清晰，应在坯胎未干时刻划。底径14厘米（图九三，5；彩版五一，1）。T3④：360，为碗底残件，饼形底。碗内外着红色陶衣，外底部似未着色。残部有一条折线。图案较清晰，似为坯胎未干时刻划。底径9.4厘米（图九三，6；彩版五一，2）。T2④：309，为碗底残件，矮圈足。碗外红内黑色，外着红色陶衣，外底部似未着色。残部刻划略大于90°的两平行钝角。刻道较清晰，似为坯胎已干时刻划。底径8.8厘米（图九四，1；彩版五一，3）。T2④：299，为碗底残件，饼形底，饼足内凹。碗外红内黑色，外着红色陶衣，外底部似未着色。残部刻划有三条边的框形，框形外有一条斜线。刻道清晰，似为坯胎未干时刻划。底径9厘米（图九四，2）。T3③：225，为碗底残件，饼形底，饼足内凹。碗外红内黑色。似刻划有一条残直线，刻道较清晰，应为坯胎已干时刻划。底径9.4厘米（图九四，3；彩版五一，4）。T6③：39，为碗的底部。饼形底，饼足内凹。碗内黑外红色，外着红色陶衣，外底部未着色。"一"字形横穿碗底，刻道不太清晰，应在坯胎已干时刻划。底径8.2厘米（图九四，4）。T2③：158，为碗底残件，饼形底，饼足内凹。碗外红内黑色，外着红色陶衣，外底部似未着色。似有三条平行线，其中一条斜线斜交于其中两条平行线。刻道较清晰，似为坯胎已干时刻划。底径8.6厘米（图九四，5、6；彩版五一，5）。T2④：298，为碗底残件，矮圈足。碗外红内黑色，外着红色陶衣，外底部似未着色。残部有连续两道波浪纹。刻道清晰，似为坯胎未干时刻划。底径10.4厘米（图九五，1、2；彩版五二，1）。T2③：162，为碗的残底部。饼形底。碗内黑外红色，外着红色陶衣，外底部未着色。"一"字形横穿碗底，刻道清晰有力，应在坯胎未干时刻划。底径8.6厘米（图九五，3；彩版五二，2）。T2③：391，为碗的残底部。饼形底。碗内黑外红色，外着红色陶衣，外底部未着色。碗底刻几道横线纹，应在坯胎未干时刻划。底径8.6厘米（图九五，4）。T3④：359，为碗底残件，矮圈足。碗外红内黑色，外着红色陶衣，外底部似未着色。残部一条直线穿过圆形和其内部的两条平行线。图案不太清晰，似为坯胎已干时刻划。底径8.2厘米（图九五，5、6；彩版五二，3）。T2④：343，为碗的残底部。矮圈足底。碗内黑外红褐色。"一"字形斜穿碗底残片，刻道清晰，应在坯胎未干时刻划。底径9.6厘米（图九六，1、2）。T2④：345，为碗底残件，饼形底。碗外红内黑色，外着红色陶衣，外底部似未着色。残部刻划残椭圆，椭圆外有不规则线条交叉。刻道清晰，似为坯胎未干时刻划。底径9.6厘米（图九六，3、4）。T3④：347，为碗底残件，矮圈足。碗外红内黑色，外着红色陶衣，外底部似未着色。碗底一残圆内部刻划连续折线纹。图案刻道较清晰，似为坯胎未干时刻划。底径9.4厘米（图九六，5；彩版五二，4）。T6③：152，为器底残件。陶质粗糙厚重，内外着浅褐色。残底部刻划一道横线纹。图案较清晰，似为坯胎未干时刻划。底径12厘米（图九六，6）。T2④：300，为碗底残件，饼形底，饼足内凹。碗外红内黑色，外着红色陶衣，外底部似未着色。残部似残留几条平行弧线。刻道模糊，似为坯胎已干时压印图案。底径9.4厘米（彩版五二，5）。T3④：305，为碗底残件，饼形底。碗外红内黑色，外着红色陶衣，外底部似未着色。残部刻划三条直线相交于一点，呈锐角，其中两条直线距离较近。图案刻道较清晰，似为坯胎未干时刻划。底径9.4厘米。T3④：470，为碗底残件，饼形底。碗外红内黑色，外着红色陶衣，外底部似未着色。残部刻划残存不规则线条，刻道清晰，似为坯胎未干时刻划。底径9.6厘米（彩版五二，6）。

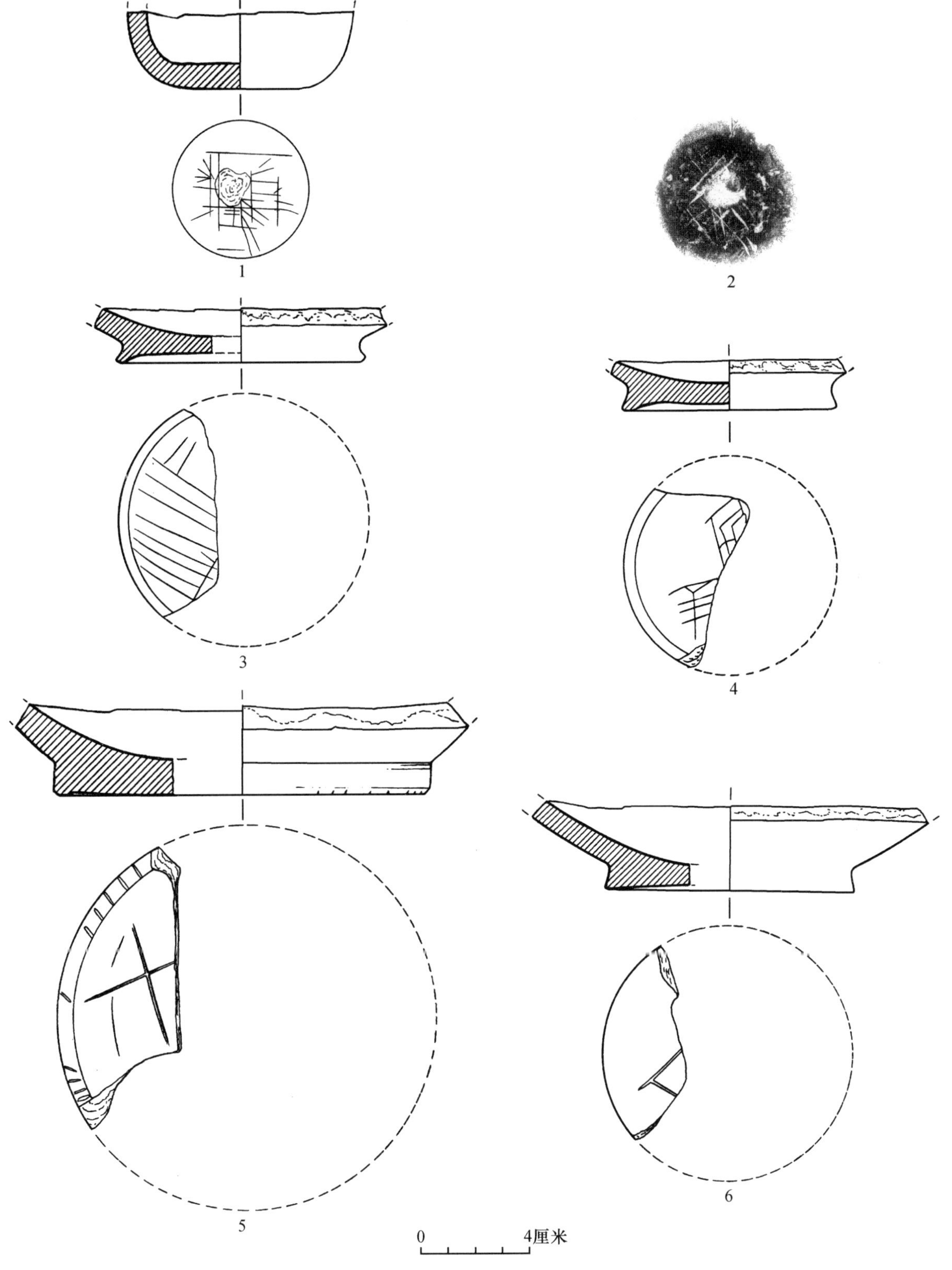

图九三　其他类残件刻划符号

1. T3④：392　2. T3④：392　3. T3④：356　4. T3④：349　5. T3③：228　6. T3④：360

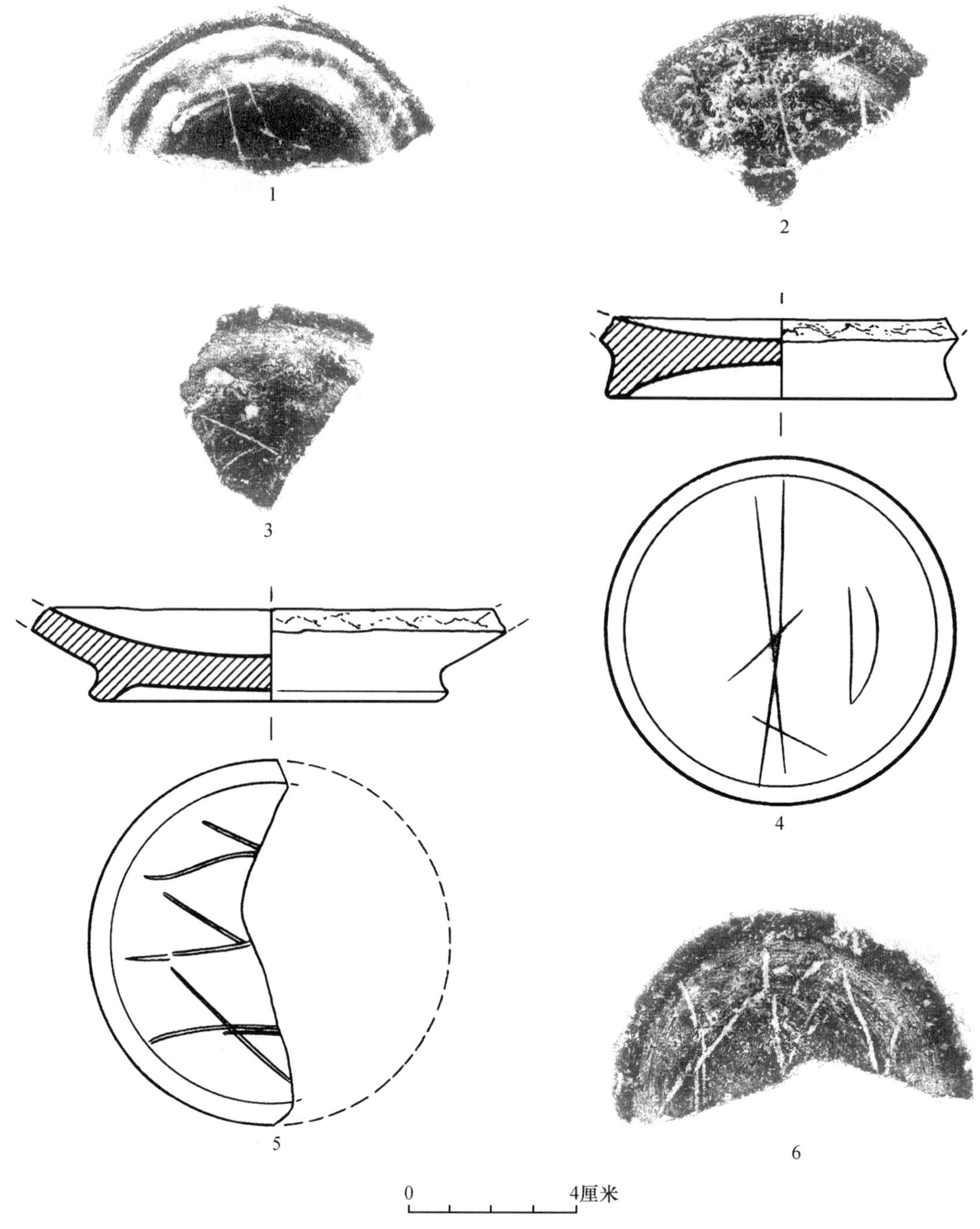

图九四　其他类残件刻划符号

1. T2④：309　2. T2④：299　3. T3③：225　4. T6③：39　5. T2③：158　6. T2③：158

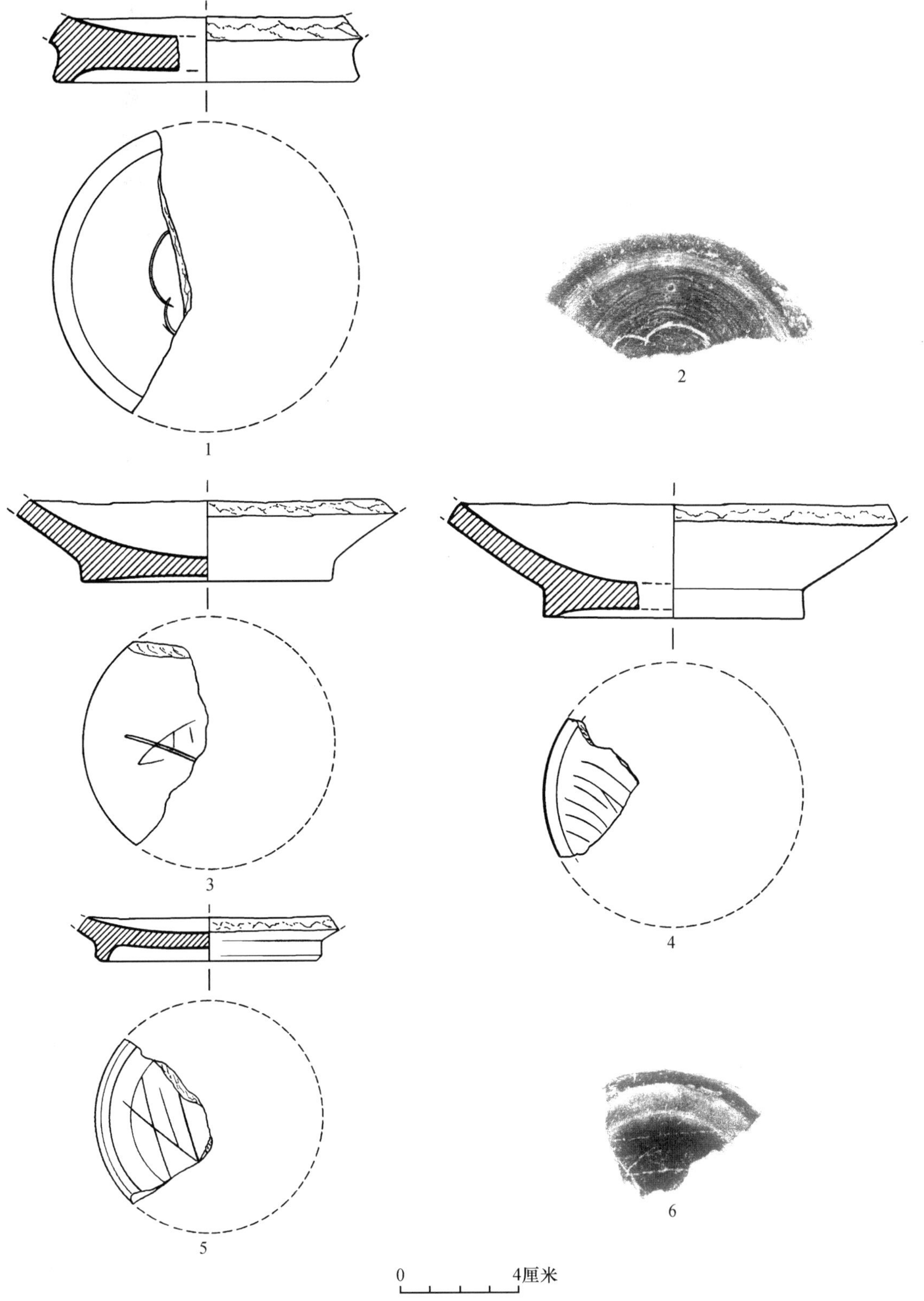

图九五　其他类残件刻划符号

1. T2④：298　2. T2④：298　3. T2③：162　4. T2③：391　5. T3④：359　6. T3④：359

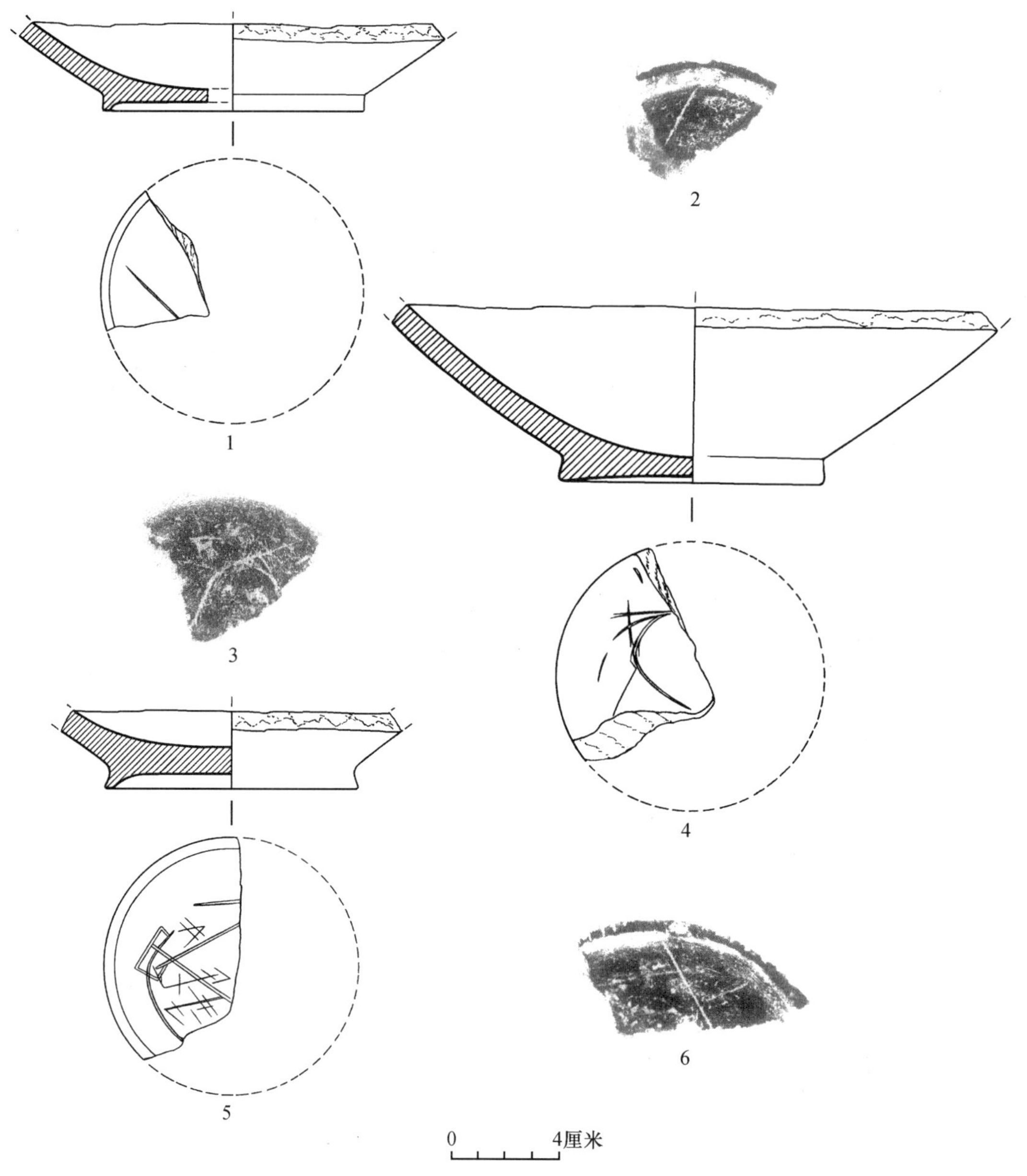

图九六　其他类残件刻划符号

1. T2④：343　2. T2④：343　3. T2④：345　4. T2④：345　5. T3④：347　6. T6③：152

二、相关讨论

侯家寨遗址一期出土93件陶器刻划符号，是淮河流域除了双墩遗址以外出土刻划符号最多的一处新石器时代遗址。双墩遗址刻划符号与侯家寨遗址一期刻划符号属于同一类型（表三）。《蚌埠双墩——新石器时代遗址发掘报告》中对新石器时代陶器刻划符号进行了讨论①，因侯家寨遗址一期与双墩遗址同属于双墩文化，其刻划符号刻划的内容、载体、风格相同，所以，在讨论侯家寨遗址的刻划符号时，对双墩遗址的刻划符号部分讨论内容也多有引用。

---

① 安徽省文物考古研究所等：《蚌埠双墩——新石器时代遗址发掘报告》，科学出版社，2008年。

表三　侯家寨遗址与双墩遗址符号举例对比表

分类		侯家寨符号	双墩符号
象形	动物	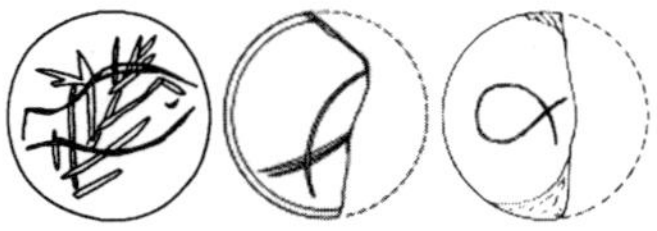	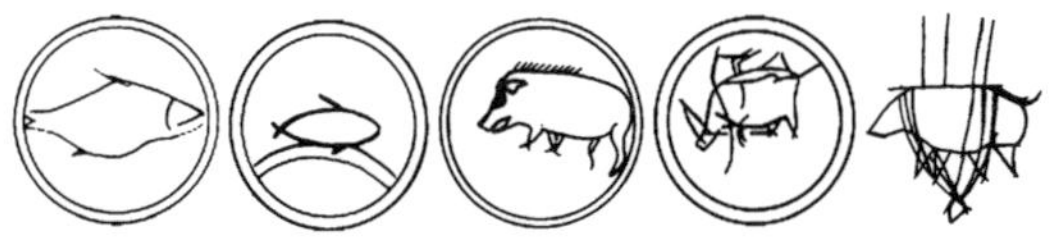
	植物	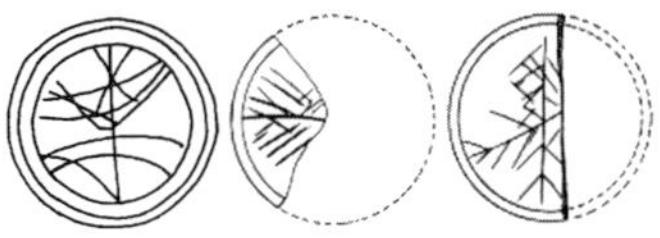	
几何	圆圈	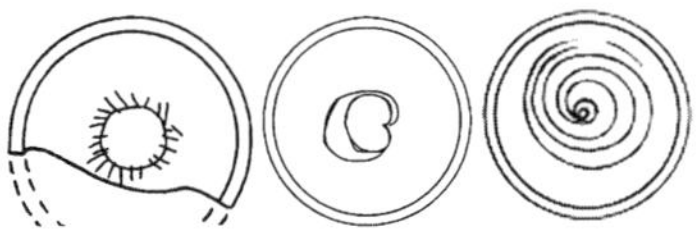	
	方形	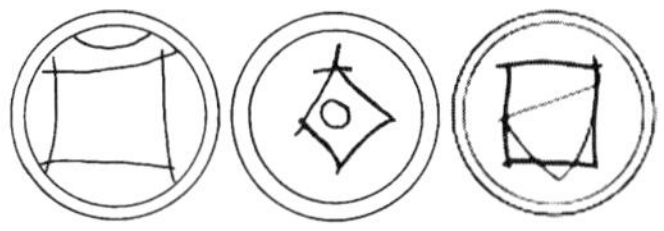	
	弧线	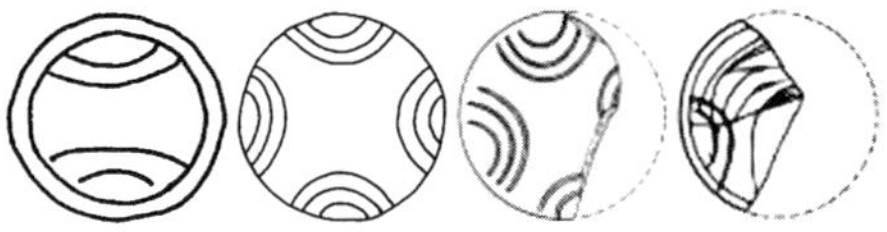	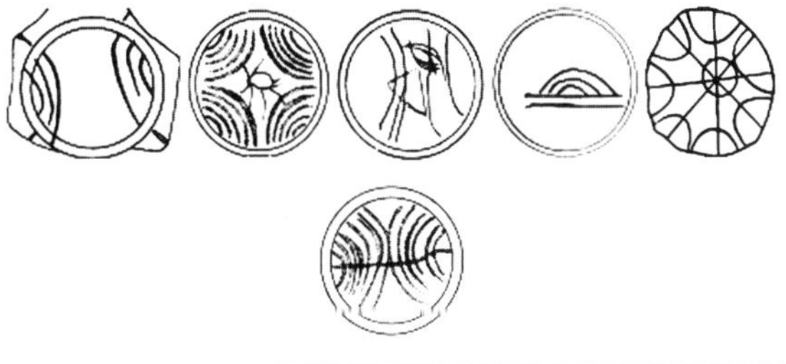
	其他	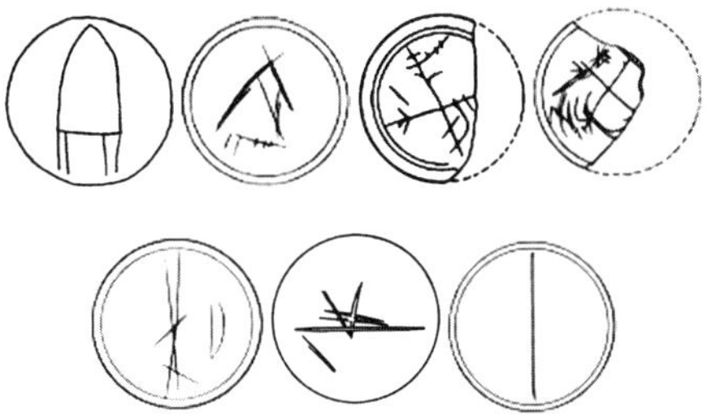	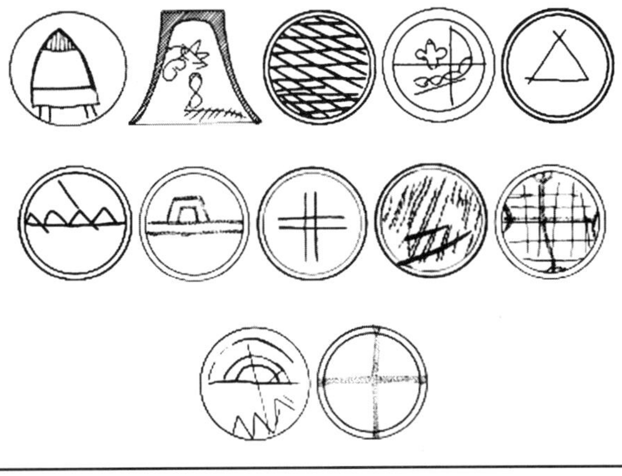

续表

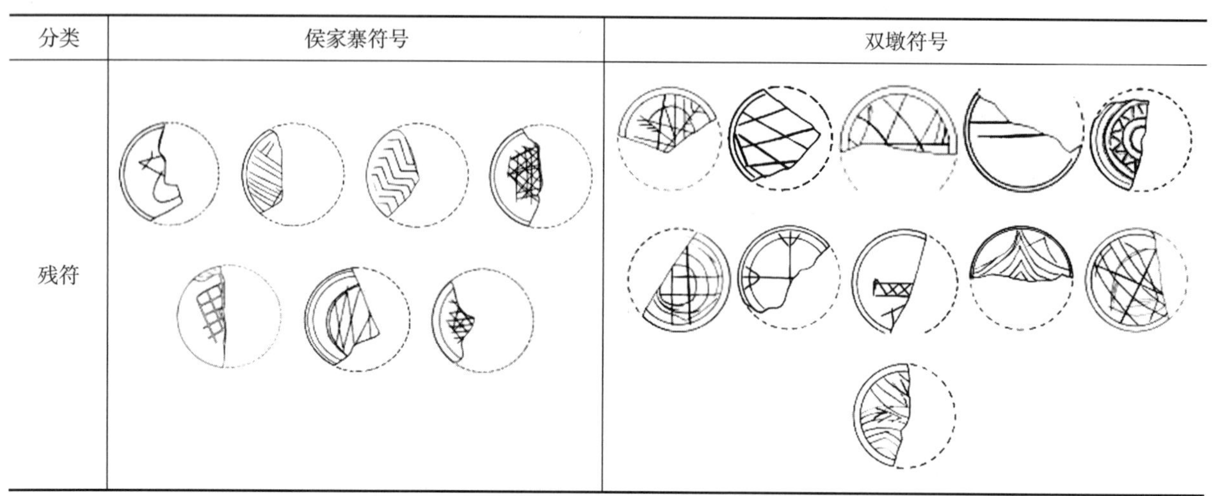

分类	侯家寨符号	双墩符号
残符		

注：侯家寨遗址出土符号90余件，双墩遗址出土符号640余件，对两处遗址符号进行比较后发现完全一致

1. 史前刻划符号概述

在我国新石器时代遗址中从早期到晚期均有陶器刻划符号发现。新石器时代刻划符号的载体多为陶器，故又被称为“陶器刻划符号”或“陶文”。陶器符号在各个文化之间选择的器形多不相同，有碗、豆、平底、盆、钵、大口尊、支架、坠形器、陶圆片、盘、簋、杯、罐、缸、壶等陶器，多为用具和盛储器。符号多刻划在器物的底部，少数刻划在喇叭座内、腹部、口部、颈肩部位，其中以碗底圈足内最多。尽管各文化之间的陶器刻划符号多不相同，但是载体和刻划部位多有雷同之处，这也是研究中不可忽视的情况。少数符号刻在龟甲、骨器和玉、石器上，这些刻划在不同质地上的符号除了作为一种载体质料的补充外，是否与符号本身的性质和应用情况有某种联系，这一现象同样不可忽视。另外，还在一些陶器上发现彩书符号等。

早期符号（距今9000～7000年）有河南贾湖遗址的刻划符号[①]，安徽侯家寨和双墩遗址的刻划符号等（在甘肃秦安大地湾一期文化陶器上还发现了彩书符号[②]）。这一时期我国境内发现的符号主要集中在淮河流域，可谓异军突起，侯家寨和双墩符号可以算得上是中国境内发现数量最多、内容最丰富的早期刻划符号了。中期符号（距今7000～5500年）有仰韶文化、柳林溪文化、大溪文化符号。如柳林溪遗址的符号、南京丁沙地遗址的刻划符号[③]等多刻划在碗底隐蔽部位[④]。这一时期发现符号的遗址以黄河和长江流域遗址为多，符号数量和形体特征丰富多彩。晚期符号（距今5500～4000年）有大汶口文化、龙山文化和崧泽文化、良渚文化符号等。这个时期发现符号的遗址分布以黄河、淮河和太湖流域为多，符号数量和形体各具特征，精彩纷呈，既令人瞩目又耐人寻味。

① 河南省文物考古研究所：《舞阳贾湖》，科学出版社，1999年。

② 甘肃省文物考古研究所：《秦安大地湾——新石器时代遗址发掘报告》上下册，文物出版社，2006年。

③ 南京博物院：《江苏句容丁沙地遗址试掘钻探简报》，《东南文化》1990年第1、2期合集。

④ 国务院三峡工程建设委员会办公室、国家文物局：《秭归柳林溪》，科学出版社，2003年。

2. 侯家寨遗址刻划符号特征

侯家寨和双墩符号与国内其他遗址符号一样都出在文化地层中，没有发现这些符号被当时人们作为特殊品保管起来或另行处理的现象，所有符号都随着所依附器物的破碎而被一起扔掉了。因此，有相当多的符号残缺不全，仅保存有部分完整或基本完整的符号。对这种现象有人认为陶器是人在某种活动中有意弄碎的，如祭祀等。

侯家寨和双墩遗址符号基本上都是刻划在陶碗的圈足内，只有少数符号刻划在豆圈足或平底或碗的腹部等器物的不同部位。在双墩遗址中凡带有刻划符号的碗，多数在其外腹部有2～4道放射状刻道，这是双墩符号具有的特殊刻划形式。但是，也有刻划符号碗的腹部不刻放射状刻道的，或没有符号的碗腹部也刻有放射状刻道的。碗腹部的这2～4条刻道均是在烧后刻上去的（符号多是在烧前刻上去的），破坏了磨光施有红色陶衣的器物表面，这应是使用的时候刻上去的。

侯家寨和双墩两处遗址的刻划符号“年代早、数量多、多刻划在圈足内、内容丰富多彩、形体规范，含义明显，应具有可释性”，具有明显的不同于其他地区的特征，是自成体系的符号系统，可以称为双墩文化刻划符号。

3. 刻划符号研究

侯家寨和双墩遗址的发掘引起学术界关注，特别是刻划符号至发现以来有不少学者进行了研究，目前，对于淮河中游双墩遗址和侯家寨遗址的刻划符号的讨论，主要从以下几个方面进行了解读。

（1）从文字学的角度解读。

20世纪以来，学术界对刻划符号的研究，主要侧重于从文字学的角度解读，其主要观点认为淮河流域双墩遗址与侯家寨遗址的刻划符号是文字或文字的起源。

2005年11月，在“蚌埠双墩遗址暨双墩文化学术研讨会”上，与会专家们对侯家寨和双墩符号的主要观点便是认为其是文字或文字的起源。如北京大学教授李伯谦先生认为：这套刻划符号数量大、内容丰富、时代早，在研究文字起源形成学术问题中具有不可替代的地位。中国文字学会会长安徽大学黄德宽教授认为：这套符号进到表达观念的阶段；具有文字书写特点；在不同遗址中出现，符合文字固定形态和文字社会性；多种组合符号具有表达复杂和完整的情节，表意功能强；符号内容多样，既有物象，又有意象，体现了“仰观象于天，俯则观法于地，观鸟兽之文，与地之宜，近取诸身，远取诸物”的文字特征；体现了淮河流域先民对生活、环境和宇宙地理观察的深层次的思想观念，具有可解读性。中国先秦史学会副会长安徽大学教授李修松先生认为：符号数量多，内涵丰富，结构复杂，不少符号反复出现，使用频率高，具有明显的记事性质和表意功能以及可解释性，是中国文字起源的重要源头之一。北京大学教授葛英会先生认为：符号可以称为后来汉字的先驱。这套符号是目前我国发现的新石器时代内容最丰富的一批，符合构成汉字的象形符号，是在当时人类对世界的观察和对自然环境的认识基础上产生的，对文字学研究和原始社会学的研究有着重要意义。中国科技大学教授张居中先生认为：这套刻划符号，表明当时已经到了语段文字阶段。先秦史学会会长清华大学教授李学勤先生认为：这批符号年代这么早，在发掘面积这么小的范围内出大量的刻划符号，特别令人惊奇，这简直是过去不能想象的，在整个世界古代文明研究中和世界考古学上也是极为罕见的。这些发现不仅对探讨中国文字起源以及文明起源的问题有着非常重大的意义，而且为文字起源的学术理论提供了一次重新检讨的机会。不仅对这个地区，对中国，乃至对整个人类文字起源问题应该怎样去研究，通过什么样的方法和途径，遵照什么样的理论和学说，给了一个考量和反省的机会。希望由此引发的这方面研究的进展，能为我国文字起源的研究和文字起源的理论做出更多的贡献等。

2009年10月，中国文字学会会长黄德宽先生在蚌埠由他组织召开的“双墩遗址刻划符号国际研讨会”上，对淮河流域刻划符号予以分析，并将其论文发表于《东南文化》。他对几组典型符号进行了重点分析解释，认为这套符号是在当时淮河流域先人们对世界的观察和对自然环境的认识基础上产生的，记录传承了先人们对“仰观象于天，俯则观法于地，观鸟兽之文，与地之宜，近取诸身，远取诸物”大自然的认知，具有文字可解释性的特征。并认为在史前刻划符号中，侯家寨和双墩符号是最具有文字学研究价值的[①]。

（2）从天文学的角度解读。

中国社会科学院学部委员天文考古学家冯时先生从天文学的角度对双墩遗址刻划符号进行了解读，他指出，距离史前双墩遗址近2700年前后的双墩钟离君柏墓葬中用五色土构筑“玉璧、圆形墓坑、放射线、土丘、土偶墙、十（亚）字形墓室”等实物性遗迹在侯家寨和双墩中均可找到相同形状的陶器刻划符号，完全继承了侯家寨和双墩这套符号的构形理念，记录传承了从7300年前的原始社会新石器时代到2700多年商周以来先民对生活在淮河流域的地理环境和对天体宇宙观察的认知以及深层次的思想观念。冯时先生将钟离君柏墓中诸多遗迹形制与侯家寨和双墩符号对比研究，根据古文献记载的解释大体是这样：圆形象征宇宙天体；放射线象征天文星座；土丘象征天地之间的擎天柱；土偶墙象征大地边缘土埂墙；十字形或亚字形象征大地等[②]。

（3）从宗教学的角度解读。

2005年11月，在“蚌埠双墩遗址暨双墩文化学术研讨会”上，中国社会科学院考古研究所研究员任式楠先生认为：这套符号种类繁多，在国内同时期文化遗存中是独一份。刻划在器底，具有神秘性。符号复杂，应为少数特殊人物掌握，是否与某种仪式有关，如祭祀活动，有待探索。

---

① 黄德宽：《蚌埠双墩遗址几何类刻划符号试释》，《东南文化》2012年第3期。

② 冯时：《上古宇宙观的考古学研究——安徽蚌埠双墩春秋钟离墓解读》，《钟离君柏墓》（中册），文物出版社，2013年。

侯家寨和双墩符号意义深远，不仅为深入研究探讨侯家寨和双墩遗址时期的生产、生活和社会事项起到重要的作用，更重要的是为解释新石器时代刻划符号的研究理论、方法和途径提供了实物例证，为研究符号的产生、传播、传承和探索符号与文字的渊源关系，以及符号在汉字形成和发展过程中所起到的借鉴和影响作用等提供了一套内涵丰富的早期刻划符号新资料。

第四节　侯家寨一期双墩文化

一、文化特征

侯家寨下层一期文化内涵包括3、4两个地层、柱洞及墙基槽，以及其包含的出土遗物。其文化特征主要是以陶器、石器、骨角器和陶器刻划符号等器物群为代表的文化遗存。陶器以夹蚌末为主，部分夹炭，基本不见泥质陶。陶色多为红褐色或外红内黑色，少量红衣和红口彩陶等。陶器多为手制，器形较大，胎壁皆粗厚。纹饰多素面，除了少数红衣和红口彩陶外，往往在器物的口、颈、肩部或鋬手冠部等部位饰以指甲纹、刻划纹、戳刺纹和少量乳钉纹等简单纹饰。陶器主要是生活器皿，有少量工具类器物。流行鋬手、耳系、平底、矮圈足器、盖纽和少数圆锥形鼎足等。器形以鋬手平底罐形釜和鋬手平底钵形釜与祖形支架配套使用的炊器为典型特征，还有少数柱足鼎、三足平底鬶、甑、勺等。其次是矮圈足碗、豆和鸟首形或牛鼻形耳系罐、钵、缸、瓮、盆、圈座形盖纽、桥形盖把手类生活用具等。陶质工具有锉、用陶片制作的纺轮、网坠、圆饼等。还有少数动物形或人面形陶塑艺术品等（表四）。

石器数量少，多为拣选来的天然石片和鹅卵石类。骨、角器主要是用具和工具类。其中骨器有骨笄、骨匕、骨锥、骨凿、骨针等。角器数量比较多，主要是数量较多的鹿角勾形器，这种精致而工序复杂的鹿角勾形器的功能应该是一种勾捞采集工具（表四）。

一期文化最特别的文化遗物是数量较多的陶器刻划符号，两次发掘共发现93件带有刻划符号的陶器残件。这些陶器刻划符号绝大多数刻划在陶碗底部的圈足内，少数刻划在陶豆的喇叭圈足内。尽管这批陶器刻划符号由于陶器的破碎而多不完整，它仍然是侯家寨一期文化的重要而特殊的文化遗存。根据符号的形状可分为象形、几何形和其他形（包括残符）三类。其中象形和几何形两类符号的结构有规律可循，多具有单体、重体或组合体特征。重体符号为两个相同的符号刻划在一起；组合符号为两个不同形或两个以上不同形符号刻划在一起（表四）。

侯家寨一期文化器物群特征与蚌埠双墩遗址基本相同，不仅平底鋬手罐形釜、钵形釜、祖形支架、矮圈足碗、矮圈座豆、鸟首形和牛鼻形耳系罐、盖纽、桥形把手、鼎足等陶器相同或基本相同，而且大量的碗底刻划符号和鹿角勾形器等都与双墩惊人一致（见表三）。由此，侯家寨遗址一期和双墩遗址应具有同一个考古学文化属性。

表四　侯家寨一期文化代表性器物群组合

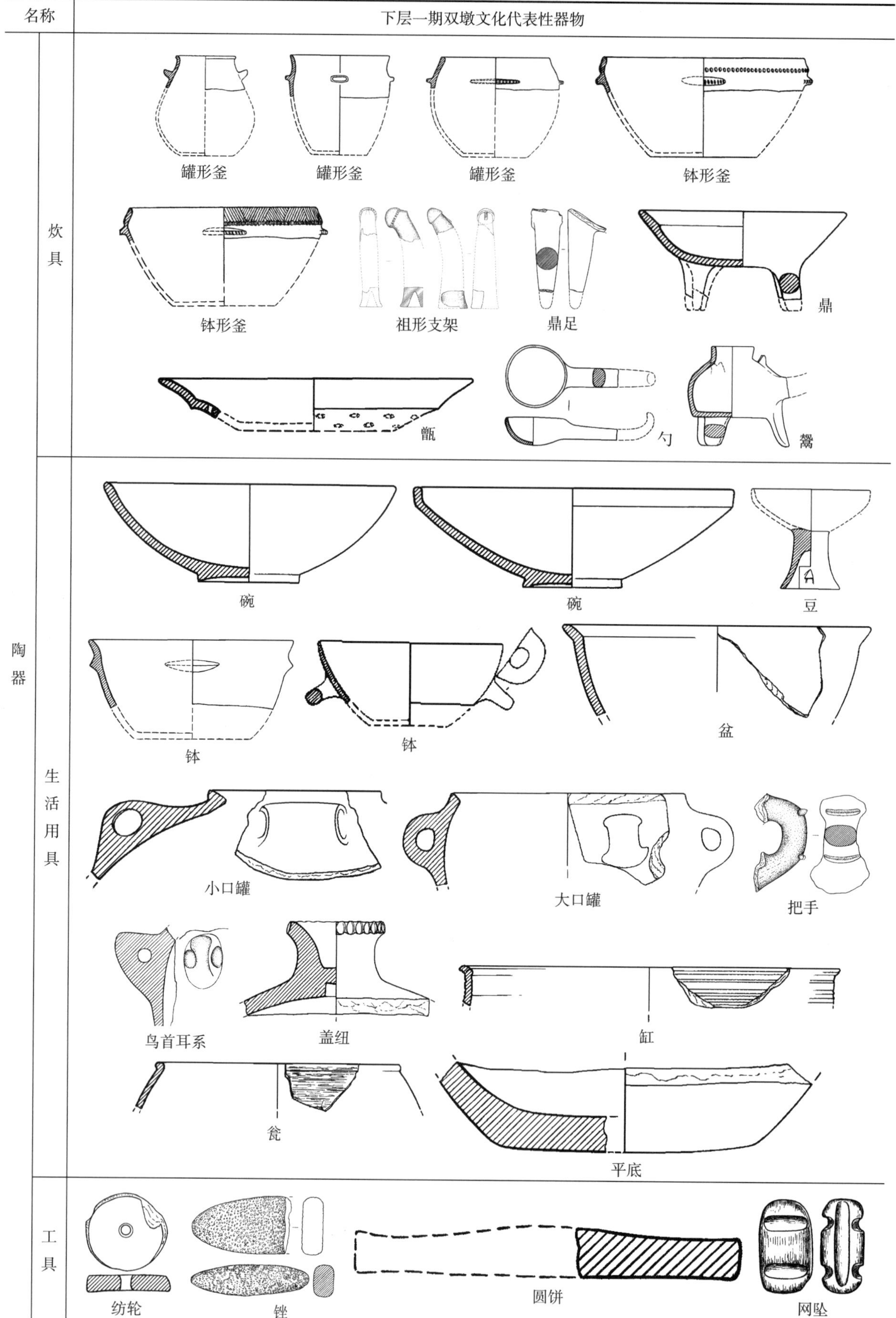

续表

名称	下层一期双墩文化代表性器物				
陶器刻划符号	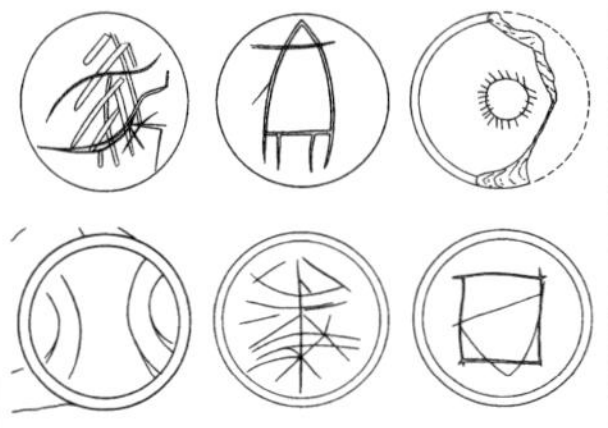	石器	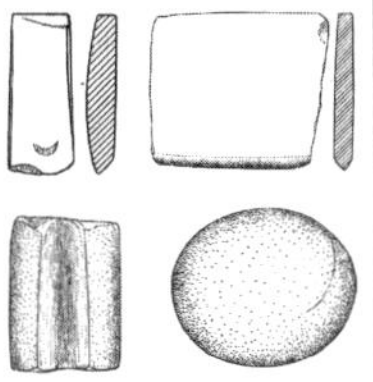	骨角	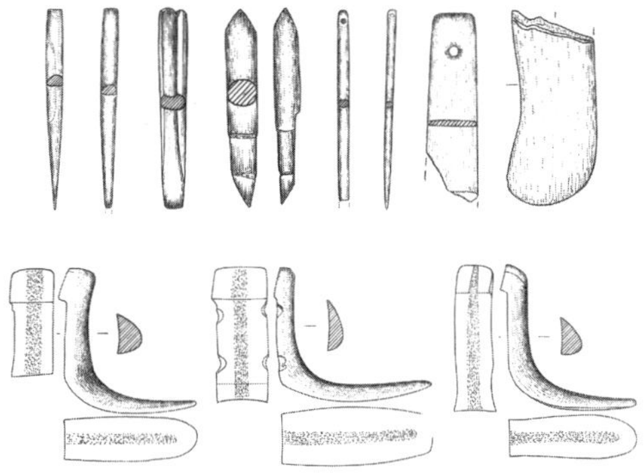

1991年5月国家文物局在合肥召开“苏鲁豫皖考古座谈会”[①]，与会领导和专家们考察了侯家寨遗址发掘出土文物和双墩遗址发掘工地，听取了侯家寨和双墩遗址发掘情况和出土文物以及文化遗存的面貌与年代介绍。与会专家们认为：侯家寨和双墩的材料比较丰富，其自身特色十分明显，这一阶段可看作与北辛文化并列的考古学文化时期。出土器物的文化面貌跟裴李岗和北辛是完全不一样的，与泰沂文化系统区别较大，不属同一文化谱系，它应该属于单独的一个文化属性等。在1993年“济南中国考古学会第九次年会”上阚绪杭先生将淮河中游地区具有自身文化特征的早中期新石器时代文化遗址内涵按照年代序列分为四期，即“双墩→侯家寨一期→石山孜→侯家寨二期”，得到考古界学界的认可[②]。之后，随着这个地区考古材料的深入和整理研究，特别是双墩遗址三次发掘材料的整理研究和发掘报告的出版，对侯家寨文化的分期有了更进一步的认识。如：侯家寨遗址一期与双墩遗址文化面貌及年代相同而区别于侯家寨二期，与淮河中游同类文化遗址比较，侯家寨一期与双墩遗址的内涵更具有典型性和代表性。因此，2005年11月在蚌埠召开的“双墩遗址暨双墩文化学术研讨会”上正式提出了“双墩文化”的命名，将《试论淮河流域的侯家寨文化》中的一、二两期整合为一期。也就是说，侯家寨一期和双墩这两个遗址共同构建了一个以淮河中游地区为中心分布的7300多年前的新石器时代早中期独立的考古学文化——“双墩文化”。由此，侯家寨遗址下层一期文化属性为“双墩文化”（表五）。

① 本刊编辑部：《苏鲁豫皖考古座谈会纪要》，《文物研究》（第7辑），黄山书社，1991年。

② 阚绪杭：《试论淮河流域的侯家寨文化》，《中国考古学会第九次年会论文集》，文物出版社，1997年。

表五　侯家寨一期与双墩代表性器物

名称		侯家寨一期	双墩
陶器	炊具	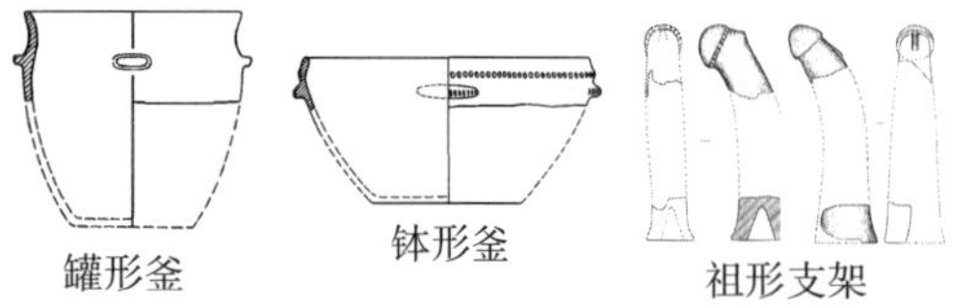 罐形釜　钵形釜　祖形支架	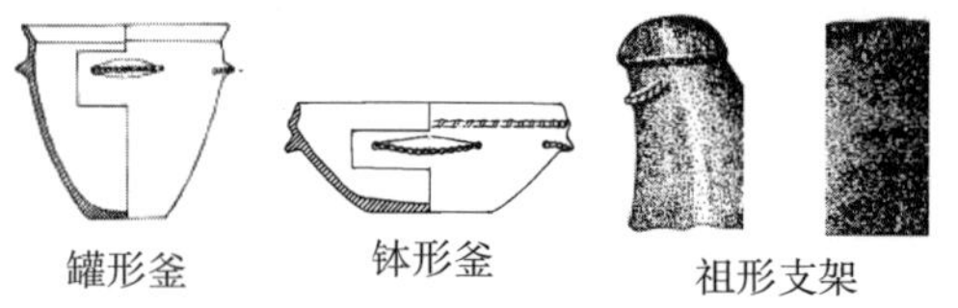 罐形釜　钵形釜　祖形支架
	用具	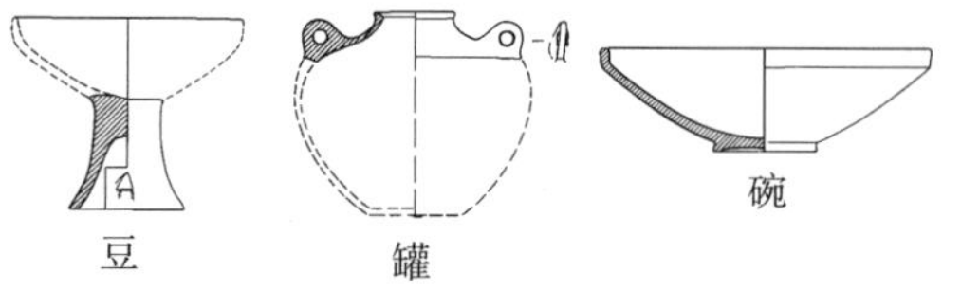 豆　罐　碗	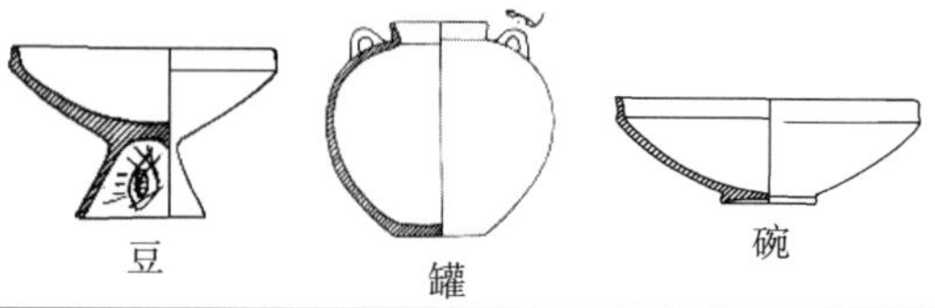 豆　罐　碗
鹿角勾形器		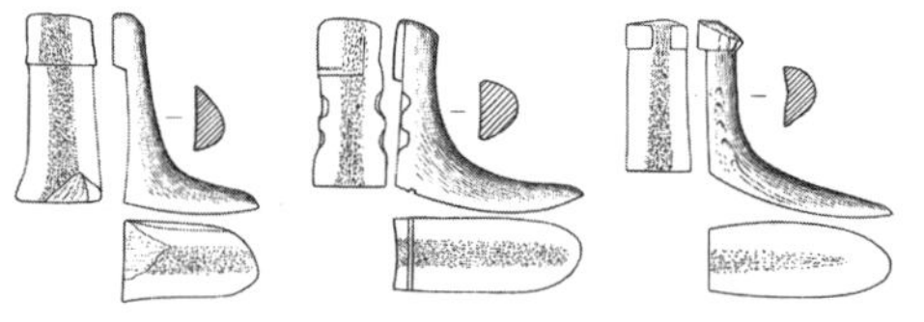	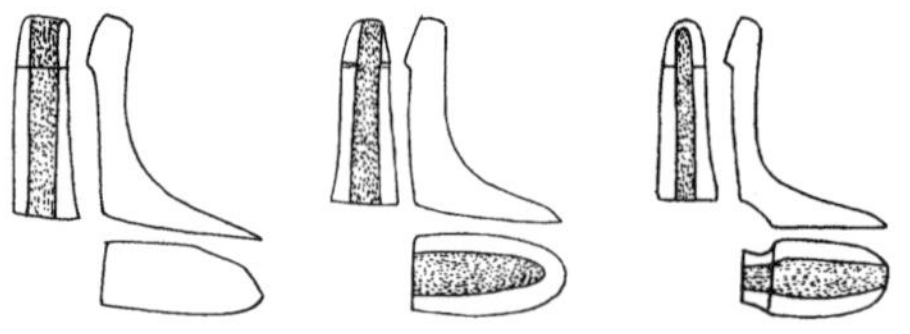
刻划符号		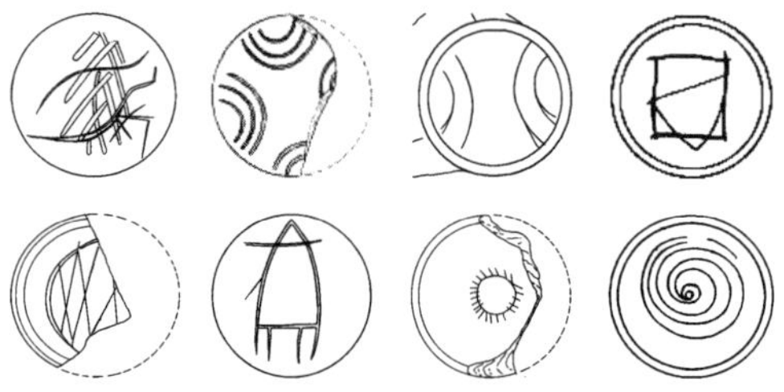	

二、文化年代

侯家寨遗址先后两次选送标本进行^{14}C测年，第一次是1986年把发掘选取的动物骨骼送中国社会科学院考古研究所^{14}C测年实验室进行^{14}C年代测定。第二次是2016年由安徽大学博士后戴玲玲女士选取侯家寨遗址出土的动物骨骼送到美国加州大学欧文分校地球系统科学系进行^{14}C年代测定。两次测定年代除了第一次选取的H5骨骼测定年代偏晚外，其他地层选取的动物骨骼测定的年代基本一致。根据侯家寨遗址年代，依据其^{14}C测年，并结合双墩遗址的^{14}C测年数据，判定了侯家寨一期的距今年代。

1. 侯家寨遗址^{14}C测年

1986年中国社会科学院考古研究所^{14}C测年实验室进行年代测定。1987年公布的3个年代测定的数据见表六。

表六　侯家寨遗址第一次^{14}C年代测定的数据表

实验室编号	样品	采集单位	^{14}C年代（BC）	树轮较正年代（BP）
ZK2183	兽骨	二期H5	4630 ± 85	5175 ± 125
ZK2184	兽骨	一期T2③	6250 ± 110	6990 ± 130
ZK2185	兽骨	一期T3④	6260 ± 90	6905 ± 120

注：此表中选取的上层二期遗迹H5骨骼测定的年代数据偏晚，与第二次测定的年代和器物类型学年代差距较大，不可用

2012年在合肥经济开发区考古研究所基地再次铺开侯家寨遗址1985 ~ 1986年两次发掘材料进行整理研究，在整理研究的过程中由安徽大学博士后戴玲玲女士选取不同层位出土的动物骨骼送美国加州大学欧文分校地球系统科学系进行^{14}C年代测定。2016年给出6个测定的年代数据（表七）。

表七　侯家寨遗址第二次（骨胶原）^{14}C年代测定的数据表

实验室编号	样品	采集单位	^{14}C测年（BP）	树轮较正年代（BP）
176998	兽骨	二期T4②	5280 ± 15	6110 ~ 6079
177005	兽骨	二期T4②	5070 ± 15	5797 ~ 5754
176999	兽骨	一期T2③	6235 ± 20	7241 ~ 7194
177000	兽骨	一期T2③	6200 ± 15	7112 ~ 7068
177006	兽骨	一期T2④	6260 ± 15	7244 ~ 7202
177007	兽骨	一期T2④	6320 ± 20	7272 ~ 7245

2. 蚌埠双墩遗址^{14}C测定的年代数据[①]

1991年发掘采集不同地层的6个样品送中国社会科学院考古研究所^{14}C测年实验室测定的年代数据（表八）。

表八　蚌埠双墩遗址木炭^{14}C年代测定的数据表

实验室编号	样品	采集单位	^{14}C测年（BC）	树轮较工年代（DP）
1	木炭	91T0620⑪	5194 ~ 4790	7194 ~ 6790
2	木炭	91T0719⑬	4837 ~ 4460	6837 ~ 6460
3	木炭	91T0819⑭	4936 ~ 4685	6936 ~ 6685
4	木炭	91T0819⑲	5240 ~ 4910	7240 ~ 6910
5	木炭	91T0819⑲	5330 ~ 4949	7330 ~ 6949
6	木炭	T2④	6320 ± 20	7245 ~ 7272

注：双墩遗址目前尚不能分期，1991年所测定的^{14}C年代代表双墩遗址的年代。综合以上各数据树轮校正其距今年代大约在7300年

① 阚绪杭：《定远县侯家寨新石器时代遗址发掘简报》，《文物研究》（第5辑），黄山书社，1989年。

根据侯家寨遗址下层测年数据，结合蚌埠双墩遗址的^{14}C测年数据来分析，侯家寨遗址下层一期文化^{14}C年代数据与蚌埠双墩遗址^{14}C测定的年代数据基本一致（见表四～表六），其距今年代为7300～7000年。

三、分布范围

侯家寨一期属性为双墩文化，是一支新石器时代早中期考古学文化，其分布范围主要在淮河流域的中游地区。到目前为止，在这一地区发现大约同时期的文化遗址二十余处，经过发掘的遗址有十余处，如：蚌埠双墩①、霍邱县红墩寺下层早段②、淮南市小孙岗下层③、肥西县古埂下层早段④、含山县大城墩下层早段⑤、濉溪县石山孜下层中段⑥、怀远县双孤堆下层早段⑦、凤台县峡山口下层早段⑧、鹿邑县武庄一期⑨等。这些遗址多分布于台地上，遗址中出土的动、植物遗存情况，反映了当时这里的地理植被环境优越，有平原草地和丰富的水域，周围还有山丘和森林等。侯家寨一期—双墩文化时期淮河流域是亚热带温暖湿润型气候，大约与现代长江流域气候相当，在红烧土中发现了栽培水稻印痕，其生业是以水稻农业和渔猎为主，兼采集和家猪饲养。尽管这些遗址之间内涵存在一定的差别，却都与侯家寨和双墩遗存有着共同的文化面貌和非常密切的内在联系，这些差别构成了这个地区以侯家寨和双墩遗存为框架的侯家寨一期—双墩文化年代的序列关系。这些遗址的分布范围，西从河南东部与安徽交界的鹿邑至信阳一线；东达江苏洪泽湖至六合一带；北到安徽与山东交界；南以大别山北麓六安、合肥至滁州一线。由此，侯家寨一期—双墩文化遗址主要分布在淮河中游地区，目前除在江苏宁镇地区丹阳发现丁沙地遗址和南京龙潭镇附近的山间盆地外，还没有更多淮河中游以外的考古材料发现。

① 安徽省文物考古研究所、蚌埠市博物馆：《蚌埠双墩——新石器时代遗址发掘报告》，科学出版社，2008年。

② 见1987年安徽省文物考古研究所发掘材料。

③ 见淮南市博物馆小孙岗遗址考古调查发掘材料。

④ 安徽省文物考古研究所：《安徽肥西县古埂新石器时代遗址》，《考古》1985年第7期。

⑤ 安徽省文物考古研究所等：《安徽含山大城墩遗址第四次发掘简报》，《考古》1989年第2期。

⑥ 安徽省文物考古研究所等：《濉溪石山孜遗址第二、三次发掘报告》，文物出版社，2017年。

⑦ 见安徽省文物考古研究所发掘材料。

⑧ 见安徽省文物考古研究所发掘材料。

⑨ 张文军、张志清、赵新平：《试析河南鹿邑县武庄遗址新石器时代文化遗存》，《考古》2003年第2期；河南省文物考古研究所：《河南鹿邑县武庄遗址的发掘》，《考古》2002年第3期。

四、文化源流

1. 文化来源

侯家寨一期文化具有很强的自身特征，目前还没有迹象表明是哪一支外来文化的迁入或融合。侯家寨一期文化地处淮河中游，自古以来，这里就是我国东西南北文化的交汇地和通道，在其发展过程中，有一些文化因素是受到了周边文化的影响，如：淮河中游的小山口类型文化遗存[①]、淮河上游的贾湖文化[②]、淮河中游东部顺山集文化[③]等，从目前的考古材料看，这些位于侯家寨一期文化分布区周边的早期文化可能构成一定的影响而构不成直接来源关系。

小山口遗址位于淮河中游的安徽省宿州市境内，距今8000年左右。陶器以夹蚌末为主，夹炭次之，少量泥质陶，陶器表面以红褐色为主，多以外红内黑为其特点。陶器以素面为主，纹饰简单，主要是附加堆纹、指甲纹和戳印纹。小山口类文化陶器的色、质和纹饰与侯家寨一期有相同的文化面貌和文化特征。小山口陶器多为残片，器形单调，以釜、钵、碗等为基本器物组合。釜类无完整器形，直口器和口沿外有一周凸棱比较普遍。从直口和侈口形釜的陶片看，器腹似较深，敞口釜的腹似比直口釜浅。这两种釜似为深腹罐形釜和敞口钵形釜，还有鋬手釜等，这些特征与侯家寨一期的釜有更多的接近之处。在小山口的发掘报告中没有见到釜的底片，发掘者将其与后李比较后认为是圜底，这与侯家寨一期鋬手平底釜有较大的区别。实际上小山口的釜与后李的釜并不一样，釜底也不尽相同。小山口似以平底和小平底为多，圜底只是其中的极少数。小山口与釜配套使用的支架为圆柱形，底座一周外凸，这种支架在淮河流域新石器遗址中延续使用的时间较长，与侯家寨一期“祖形支架”并行存在。小山口的侈沿大口罐、敛口形钵、敞口深腹盆和小盂形器等，在侯家寨一期遗存中有类似或相同的器形。小山口陶器的总体特征与侯家寨一期基本一致。两者之间区别明显的是陶釜。小山口陶釜多为直口、敞口，口部外沿多附加一周凸棱，这种直口釜在侯家寨一期遗存中极少见，侯家寨一期釜主要是鋬手平底。它们之间地缘相近，其内涵存在一定的渊源关系[④]。

贾湖遗址位于淮河上游河南省舞阳境内，距今9000～7800年。陶器中有相当一部分夹蚌、夹炭、夹云母的褐陶和外红内黑陶，与侯家寨一期陶器中的主要陶色陶质相同，具有淮河流域陶器的区域特征。贾湖与侯家寨一期陶器中大量存在施红色陶衣的器物，还有少量在器物口部施彩带的（红口）彩陶器。贾湖陶器纹饰多为绳纹，与侯家寨一期不同，与侯家寨一期相同或类似的有少数戳刺纹、篦点纹、刻划纹、附加堆加刻划纹等。在器形上，贾湖的深腹平底角把罐、侈口罐、折沿罐等与侯家寨一期罐形釜的形有相同的因素，具有大口深腹平底特征。贾湖

① 中国社会科学院考古研究所安徽队：《安徽宿县小山口和古台寺遗址试掘简报》，《考古》1993年第12期。

② 河南省文物考古研究所：《舞阳贾湖》，科学出版社，1999年。

③ 南京博物院、泗洪县博物馆：《顺山集——泗洪县新石器时代遗址考古发掘报告》，科学出版社，2016年。

④ 中国社会科学院考古研究所安徽队：《安徽宿县小山口和古台寺遗址试掘简报》，《考古》1993年第12期。

的圆柱形鼎足、折沿盆、碗形钵、矮圈座豆、折沿大碗、矮圆柱形支脚、锉、陶器刻划符号等，在侯家寨一期有类似的器物。贾湖文化位于淮河中上游，地域相连，纬度相同，表明其有着共同的自然环境和气候条件，经济形态基本相同等，这些文化因素对侯家寨一期文化的形成应有一定的影响，尚不能明确这些相雷同的文化因素为侯家寨一期双墩文化的来源①。

顺山集遗址位于淮河中游东部末端，洪泽湖西侧，距离侯家寨遗址也比较近，是继20世纪七八十年代发现发掘的侯家寨和双墩遗址之后淮河中游地区新石器时代遗址又一重大考古新发现。发掘报告中将顺山集遗存分为三期，第一期遗存绝对年代为距今8500 ~ 8300年；第二期遗存绝对年代为距今8300 ~ 8000年；第三期遗存绝对年代为距今8000 ~ 7500年，其与第二期遗存之间应有缺环。顺山集遗址从一期到三期陶器多为圜底陶器，与侯家寨一期平底陶器之间差距较大，顺山集的炊器均以大口圜底二个对称鋬手钵形陶釜配套猪嘴形支架为其特征，没有深腹平底罐形釜，其炊器不仅质地粗糙，形制也很单调，与侯家寨一期大口平底四鋬手钵形釜形制不同。顺山集炊器支架为猪嘴形，可能直接流向了淮河下游的龙虬庄文化，而与侯家寨一期祖形支架不是一个系统。仅在顺山集的一至三期中见有盂形器和二期的小口罐以及三期的陶锉等极少数非主流陶器类与侯家寨一期的形制雷同。顺山集虽然与侯家寨相邻，两者文化面貌上差距较大。但是，也不能否认其对侯家寨一期文化构成一定的影响②。

2. 文化流向

侯家寨一期文化之后，目前在其文化分布范围内具有地层叠压关系和基本相同器物组合的器物群遗址有侯家寨二期、武庄二期③、小孙岗二期④等，它们都是在其一期“釜文化”的基础上发展而来的“鼎文化”，这类文化遗存被统称为“侯家寨文化”。侯家寨文化的分布范围超出一期文化的分布地区而有很大的发展，并向淮河下游和长江下游的安庆、黄梅和巢湖、宁镇、太湖等东南地区传播。能够归为双墩后续文化遗址的还有肥西古埂下层⑤，含山大城墩遗址下层⑥等。在东南地区受侯家寨一期和二期文化传播和影响的有宁镇地区的丁沙地、龙潭镇山涧盆地⑦等遗址，淮河下游的龙虬庄⑧文化和太湖流域的马家浜文化⑨等，其文化因素影响辐射到周边地区诸多考古学文化中。

侯家寨一期后续文化的主要器物特征以侯家寨二期、武庄二期和孙家城一期为代表：

① 河南省文物考古研究所：《舞阳贾湖》，科学出版社，1999年。
② 南京博物院、泗洪县博物馆：《顺山集——泗洪县新石器时代遗址考古发掘报告》，科学出版社，2016年。
③ 河南省文物考古研究所：《河南鹿邑县武庄遗址的发掘》，《考古》2002年第3期。
④ 淮南市博物馆考古材料。
⑤ 安徽省文物考古研究所：《安徽肥西县古埂新石器时代遗址》，《考古》1985年第7期。
⑥ 张敬国：《含山大城墩遗址第四次发掘的主要收获》，《文物研究》（第4辑），黄山书社，1988年。
⑦ 南京博物院：《江苏句容丁沙地遗址试掘钻探简报》，《东南文化》1990年第1、2期合集。
⑧ 龙虬庄遗址考古队：《龙虬庄——江淮东部新石器时代遗址发掘报告》，科学出版社，1999年。
⑨ 张敏：《关于环太湖地区原始文化的思考》，《庆祝张忠培先生七十岁论文集》，科学出版社，2004年。

①陶器的陶色以红陶和红褐陶并存，夹砂陶、泥质陶增多而夹蚌陶减少。②彩陶非常发达，刻划纹等纹饰减少，磨光红陶替代了红衣陶等。③大量的三足鼎替代了釜与支架。④用具碗、罐、盆、钵等多有继承双墩文化时期的矮圆足和平底的形制。特别是鸟首形、牛鼻形双系小口圆腹罐基本上是一脉相承，变化不大。⑤具有发达的盂形器。⑥制陶工艺由单一的手制发展成手制与慢轮修整或轮制等。

侯家寨一期文化遗存的陶器以红褐色为主，次为外红衣内黑色陶，有少量的红色陶、黑陶和灰陶，二期文化有大量的彩绘陶。二期陶器夹蚌末和夹砂陶仍有一定数量，有一部分泥质陶和少数夹炭陶、夹云母末陶。陶器多为手制，有轮制的痕迹。器表以素面为主，都经过刮平抹光，少数磨光，有少量的刻划纹、捺窝纹、附加堆纹、轮旋纹、乳钉、镂孔等。纹饰多饰在器物的錾手或耳系或肩部或折沿或肩腹折棱处。流行平底、圈足、三足器，流行把手、鸡冠形、牛鼻形和鸟首形以及泥条形耳系；流行圈足座形盖纽、矮喇叭形豆圈座、带流器和盂等。器类多为生活用具和少量的工具等。侯家寨一期具有代表性的器物群组合炊器釜和支架演变发展到二期三足鼎。甑由窄沿盆形演变为敞口。二期鼎足形制大小各异，也区别于其他诸文化的炊器，具有二期文化很强的自身组合特征和个性特征。盛储器有大口和小口罐、碗、钵、矮喇叭形圈座豆、红衣壶等。这套盛储器绝大多数为彩陶，器形比较规整，如小口罐球腹肩部装对称牛鼻形或鸟首形耳系；碗的形体特大，矮圈足，浅腹盘形，这些器物特征均由一期延续发展而来。由此，侯家寨二期与一期器物存在较多的承袭关系，是在一期的基础上发展起来的后续文化。

鹿邑武庄遗址内涵与侯家寨基本相同，武庄一期纳入双墩文化，二期考古界将其纳入侯家寨文化。武庄二期陶器以夹砂和蚌末红褐色为主，次为泥质红陶、灰陶、澄黄陶。泥质陶比例渐增，与一期相比，二期夹蚌末陶减少而夹砂陶增多。器表多素面，有磨光陶，少量纹饰有刻划纹、附加堆纹、弦纹、指甲纹、镂孔等。本期彩陶较为发达，以红彩为大宗，黑彩极少。彩陶图案主要是由宽窄彩带相间组成的几何形组合纹，与侯家寨二期彩陶图案相同。武庄二期陶器器类较一期有明显区别和增加，器形以三足器、平底器为大宗，还有少数圜底器，流行圈足器。鼎有罐形鼎、釜形鼎和盆（钵）形鼎，取代了一期的釜和单纯的锥足罐形鼎，鼎足形制也由圆锥变为扁体形。大口罐和鸟首形双耳小口罐、碗、钵、矮喇叭形圈座豆等，与侯家寨二期相同。从武庄遗址的地层关系和相同器类或演变因素来看，两期一脉相承，二期是在一期基础上发展而来的。两期变化最大的情况与侯家寨遗址的两期一样，主要是二期炊器鼎替代了一期的釜与支架，并出现大量彩陶器[①]。由此，武庄二期与侯家寨二期器物与一期存在较多的承袭关系，是在一期文化的基础上发展起来的后续文化。

孙家城遗址位于安徽省怀宁县西北的马庙镇栗岗村孙家城和费屋两个村民组内，北靠长江支流大沙河，地处冲积平原南部。发掘者根据地层堆积和陶器变化情况，将孙家城分为三期，孙家城一期、二期和薛家岗文化早期。其中，第14至9层及各层下的遗迹属于孙家城一期。孙

① 河南省文物考古研究所：《河南鹿邑县武庄遗址的发掘》，《考古》2002年第3期。

家城一期和侯家寨二期文化遗存的陶质都以粗红褐色陶和泥质陶为主。孙家城一期陶器鼎、豆、釜、钵、甑、陶塑、球、纺轮等器物形制均与侯家寨二期相同或相类似。孙家城数量较多的罐形鼎和釜形鼎与侯家寨二期的鼎高度一致。孙家城一期圆锥形、麻花形、凹槽鼎足是侯家寨二期盛行的典型鼎足。孙家城一期的钵形彩陶豆盘是侯家寨二期典型器物，且数量众多。孙家城一期彩陶纹饰中的垂帐纹、网格纹及勾连云纹，是侯家寨二期彩陶豆及其他彩陶器物尤为流行的纹饰。孙家城一期和侯家寨二期在器物群、陶器纹饰等方面均显现出高度的一致性，共性非常明显。根据^{14}C测年数据，孙家城一期文化的绝对年代为距今5800年左右[①]。

① 安徽省文物考古研究所等：《安徽怀宁孙家城新石器时代遗址发掘简报》，《文物》2014年第5期。

第四章　侯家寨二期遗存——侯家寨文化

侯家寨二期遗存包括侯家寨遗址第2层，5个灰坑和3个残居住面出土的新石器时代遗物，还有第1层和遗址地面采集的部分二期新石器时代遗物。侯家寨二期出土遗存除了少数的房基居住面、灰坑遗迹外，主要是以炊器包括多种类型的三足陶鼎和丰富多彩的陶豆、罐、钵、碗等为文化特征。

第一节　二期文化遗迹

侯家寨两次小面积发掘的二期文化遗存中有3座残存的房基居住面和5个灰坑遗迹现象等。

一、房　　基

侯家寨遗址在T3与T6两个探方中发现的3座浅穴式房基残存居住面，分别编号为F1～F3。三座房基均遭到严重破坏仅残存部分不完整的居住面，特别是F2与F3破坏严重。

残存房基呈圆形或椭圆形，直径在2～2.5米，面积约在5平方米。居住面平，整体内凹，为土质硬面，用灰黑色黏土铺垫并经压实处理，结构紧密，表面有一层较坚实的硬面，硬面厚6厘米左右。居住面四周保存高度20～30厘米。

居住面上塞（淤）满细而纯净的黄色沙土，这种现象似乎是房子废弃后形成的。在黄沙土层下居住面上残存有陶器或陶器碎片，支架及动物骨骼，还有猪头骨等，中间有1或2个柱洞。在房子遗存周围通常会有一两个灰坑等遗迹现象（图九七）。

在遗址发掘探方的文化地层中发现少量的红烧土块和红烧土碎块废弃堆积，其中有极少数红烧土块一面抹光一面有夹杆（柱）孔，这可能与红烧土房子的屋面或墙体有关。

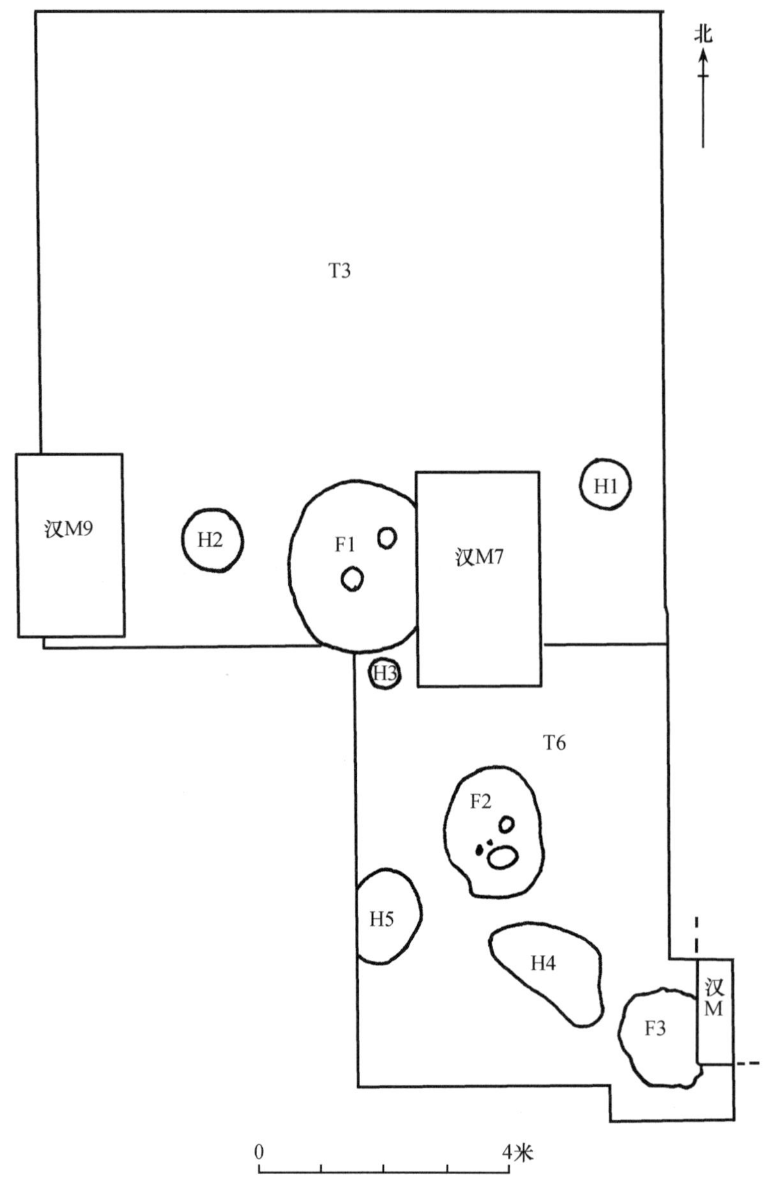

图九七　侯家寨遗址房基遗迹分布图

1. F1

位于T3南部，开口于1层下，打破第2层。房基东部被汉代土坑墓葬M7打破。居住面呈不太规则的椭圆形，南北直径2.5米，居住面整体内凹0.25米左右。居住面铺垫0.06米灰黑色黏土并压实，表层较平坚硬。居住面内塞（淤）满细而纯净的黄色沙土层。居住面中间有两个圆形的柱洞，柱洞直径0.3、深0.4～0.66米。在居住面上发现有较多的陶片，能辨认的陶器残件有：豆盘口片、鸟首形罐耳系、盆口片、鼎足、把手、罐口片等。在房子的东、西、南三面相近处各发现灰坑一座（H1～H3）。灰坑内堆积均为草木灰、陶器残片、动物骨骼、螺蚌壳等（图九八，1；彩版五三，1）。

F1：1，为红衣彩陶罐腹部残片，外表上下饰多道连续彩色水波纹。残片长径10.1厘米

（图九八，2；彩版五四，1）。F1：2，宽扁形红褐陶鼎足。存高10.7厘米。F1：3，宽扁形红褐陶鼎足，残断，仅剩上部，凹槽内有戳纹。残长6.7厘米。F1：4，宽形红褐陶鼎足，残断，外侧中间凹槽纹。残高6厘米（彩版五四，2）。F1：5，罐形陶鼎，残口部。外红内黑陶。口部外侈，束颈，溜肩。颈肩部饰弦纹。残高6.2、口径23厘米（图九八，3）。F1：6，为陶鼎口沿残片。外灰褐内黑色陶。大口，沿外撇，凹颈饰弦纹。存高5.7、复原口径23.6厘米。F1：7，为带把柄盆形陶鼎残件修复，红褐色陶。敞口窄平沿，凹颈，折腹圜底，腹部装有把柄，通高11、口径19.8、身高7.2厘米（图九八，4；彩版五四，3）。

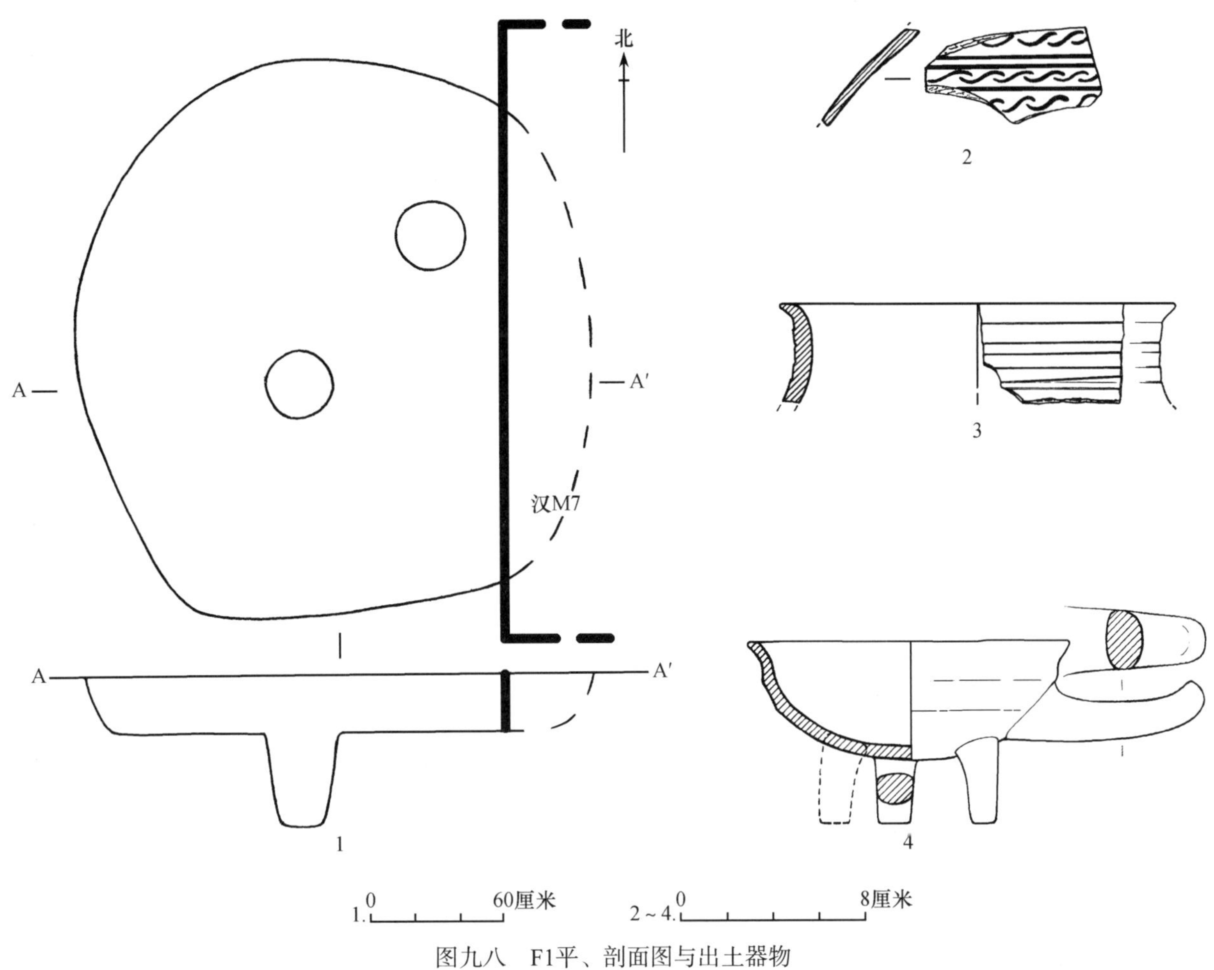

图九八　F1平、剖面图与出土器物

1. F1平、剖面图　2. 彩陶片（F1：1）　3. 罐形陶鼎口沿（F1：5）　4. 带把柄盆形鼎（F1：7）

2. F2

位于T6中部，开口于1层下，打破第2层。房基遭到严重破坏，残存浅穴式居住面，呈南北椭圆形，残长径2米左右，房基浅穴深0.15米左右。居住面铺垫厚0.06米灰黑色黏土层并压实，表层较平整坚硬，中间有大小两个柱洞。大柱洞呈椭圆形，直径0.3～0.5、深0.5米。小柱洞圆形，直径0.2、深0.4米。房基浅穴内塞（淤）满黄色沙土层。居住面上有陶器残件、陶支架、残陶鼎与猪头骨等文化遗物。在房基东南和西南两个邻近的地方发现两个不规则的灰坑（H4、

H5）。灰坑内含大量草木灰和陶器残件、动物骨骼、螺蚌壳等（图九九，1；彩版五三，2）。

F2：1，为椭圆形双头支架残件，顶端修复，红褐色陶。器形并列圆形双头，双头内侧有使用接触面。残高9.8、最大径10.5厘米（图九九，2；彩版五四，4）。

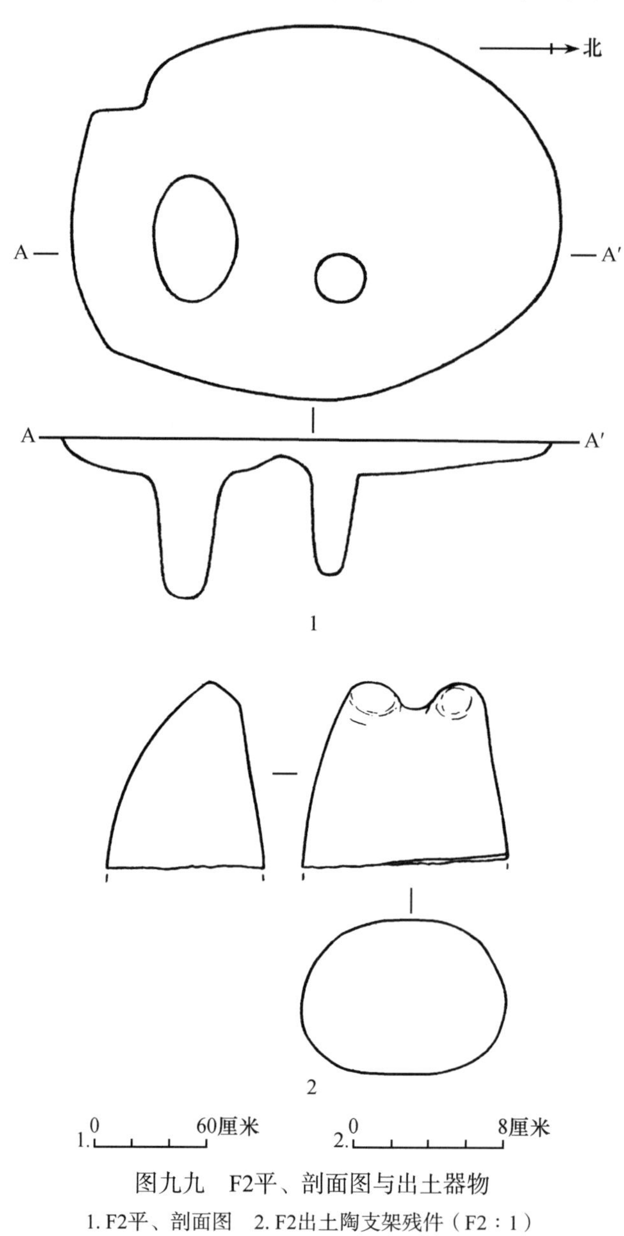

图九九　F2平、剖面图与出土器物

1. F2平、剖面图　2. F2出土陶支架残件（F2：1）

3. F3

位于T6东南部角，扩方进行了清理。开口于1层下，打破第2层。房基遭到严重破坏，东部被汉代墓葬打破。残存的部分居住面呈不规则形状，南北存直径1.5、东西存直径1.4、深0.15米。居住面为0.06米厚的灰黑色黏土铺垫并压实，表面较平整坚硬。房基浅穴内塞（淤）一层黄色沙土层。居住面上留有残陶器碎片与动物骨骼等文化遗物（图一〇〇，1；彩版五五，1）。

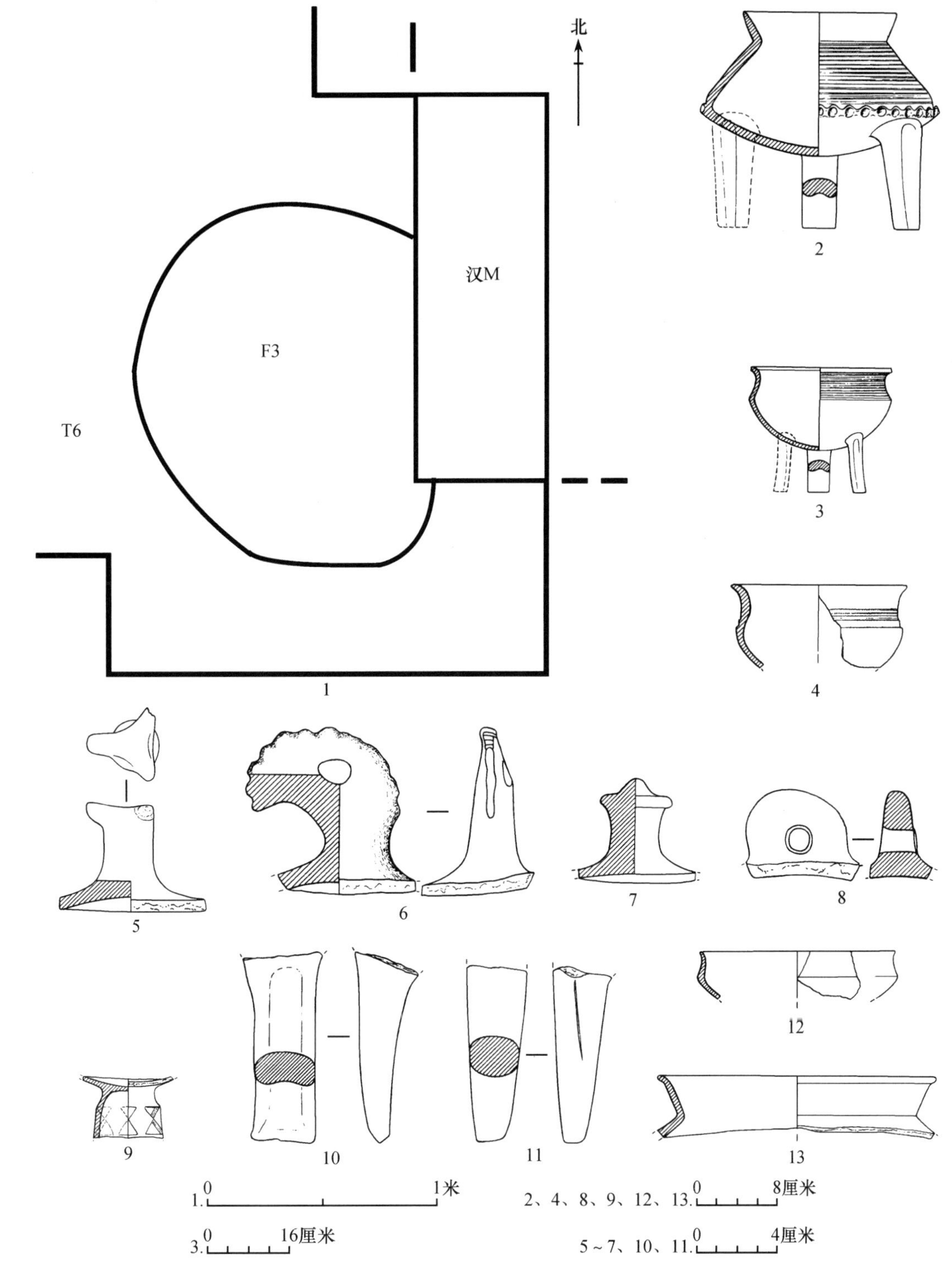

图一〇〇　F3平面图与出土器物

1. F3平面图　2、3. 陶釜形鼎（F3：1、F3：2）　4. 陶鼎口腹（F3：16）　5～7. 陶盖纽（F3：3、F3：8、F3：5）　8. 陶耳系（F3：6）　9. 陶豆柄（F3：7）　10、11. 陶鼎足（F3：9、F3：11）　12. 陶豆盘（F3：13）　13. 陶鼎口（F3：14）

F3：1，为釜形鼎修复。内外红褐色陶，敞口，圆唇，束颈，斜腹，下腹折收圜底，折棱凸显，上腹满饰弦纹，折棱一周饰指捺纹。通高21、身高14、口径15.2、颈径13.4、腹颈23.7厘米（图一〇〇，2；彩版五四，5）。F3：2，为釜形鼎修复。外灰褐内黑色陶。大口内敛，平窄沿微外侈方唇，颈肩凹收，折腹折棱明显内收圜底，三宽扁形足微外撇，足外侧中间凹槽形。颈肩部饰弦纹。通高24、口径27.8、腹径28、身高16厘米（图一〇〇，3）。F3：16，为釜形鼎口腹部残片，外灰褐内黑色陶。大敞口沿外侈，颈肩凹收饰弦纹，上腹折棱明显。存高6.6、复原口径17.7厘米（图一〇〇，4）。F3：3，为红褐色陶盖纽残件，盖顶三角形。存高4.4厘米（图一〇〇，5；彩版五四，6）。F3：8，为盖纽残件，红褐色陶，鸡冠形。高8.1厘米（图一〇〇，6；彩版五四，7）。F3：5，为红褐色陶盖纽残件，尖纽顶出沿，呈帽子形。存高5.1厘米（图一〇〇，7；彩版五四，8）。F3：6，为圆浑鸟首形陶罐耳系，红陶。残长11厘米（图一〇〇，8；彩版五四，9）。F3：7，为红色豆柄残件，上部残留豆盘外红内黑色。豆柄有箍状凸起，间隔饰上下组合三角形镂孔纹饰。柄残高5.8、柄残底径7.2厘米（图一〇〇，9；彩版五四，10）。F3：9，为红褐色宽扁形陶鼎足，足外侧有凹槽。高9.3厘米（图一〇〇，10，彩版五四，11）。F3：11，为圆柱形陶鼎足，足尖残断，红褐色陶，存高8厘米（图一〇〇，11；彩版五四，12）。F3：13，为黑色陶豆盘残件，胎夹炭。敞口，折腹，折棱明显。存高4.5、口径19.5厘米（图一〇〇，12）。F3：14，为外红内黑陶鼎口部残件，敛口，高领，侈沿，束颈溜肩。存高5.4、口径29.7、颈径24.4厘米（图一〇〇，13）。F3：10，为红褐色窄扁形陶鼎足。高10.15厘米。F3：12，为红褐色陶鼎足，足尖残断，存高7厘米。

上述三座房基残存情况可以做这样的推测或判断：是一种地面浅穴式房子残存的居住面，房顶中间木柱支撑，其结构似一种四周屋檐直接连到地面的草庵型草房子类建筑。

二、灰　　坑

侯家寨遗址1986年发掘清理灰坑5座，其中位于发掘T3内3座，分别编号为H1～H3，位于发掘T6内2座，编号为H4、H5。这5座灰坑均位于房子遗迹附近，皆开口耕土层下，是房子的附属遗存（图二七）。这5座灰坑的形状可分为近圆形和不规则形两种。

1. H1

位于T3东南部，开口于1层下，打破第2层。其形状近圆形，口大底小，最大口径0.7、底径0.6、深0.4米。坑内文化层堆积为灰色土，质地松散，内涵文化遗物有陶片、动物骨骼及大量螺蚌壳。出土陶片90片，以夹砂红褐色陶为主，次为褐色陶，还有少量红色彩陶片、黑色陶片等。陶片中能辨认器形的有钵、甑、鼎、盘、豆等陶器。出土动物骨骼中能辨认种类的有猪、鹿、龟、鳖、螺、蚌等（图一〇一，1；彩版五五，2）。

H1：1，为红色夹细砂陶甑，经修复完整，器表内外打磨比较平整。器形规整，为带鋬手盆形，大口微敛平沿，颈部凹收，折肩，折棱比较明显，折肩处装有两对称饼状鋬手，弧腹内收，小平底，底部有26个箅孔。通高13、口径30.6、底径11厘米（图一〇一，2，彩版五四，13）。H1：2，为外施红色彩陶豆残件修复。底色为橘色，内表黑色。钵形豆盘，圆弧腹内收，矮喇叭形圈座。口沿顶端及肩部下方饰有两条红色宽彩带状条纹。两条彩带中间饰以间隔竖条将两条平行水波纹隔开。豆座顶部、中部至底部饰有三条红色宽彩带，三条彩带中间饰两组连续三角形纹。复原通高16.8、口径17.8、腹径18.2、柄高7.6、底径11.4厘米（图一〇一，3；彩版五四，14）。H1：3，为夹蚌末红褐色陶罐残件修复件，器壁粗厚。内外表抹平显得粗

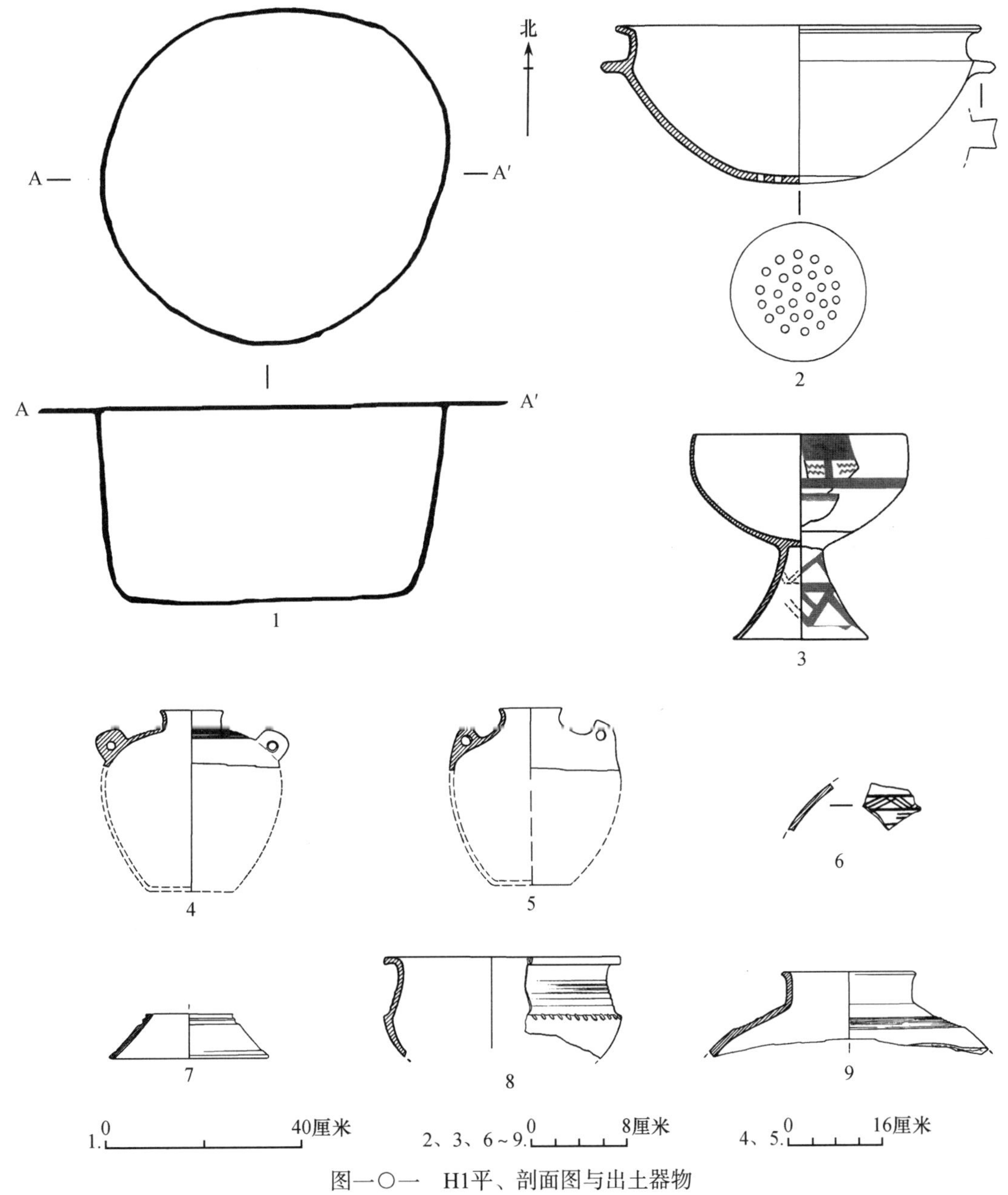

图一〇一　H1平、剖面图与出土器物

1. H1平、剖面图　2. 陶甑（H1：1）　3. 陶豆（H1：2）　4、5. 陶罐（H1：3、H1：4）　6. 彩陶片（H1：9）　7. 陶豆座（H1：5）　8. 陶鼎口腹片（H1：6）　9. 陶罐口片（H1：7）

糙，留有整平刮削痕。小口，沿外侈，束颈，溜肩上部饰弦纹，肩腹处安装对称鸟首形耳系。复原残高29.1、口径10.7、腹径29.6、底径14.8厘米（图一〇一，4；彩版五六，1）。H1：4，为红褐色陶罐残件修复件，器壁粗厚，内外表抹平显得粗糙，留有整平刮削痕。小口，沿外侈，束颈，溜肩，肩腹处安装对称鸟首形耳系。复原残高29、口径10.1、腹径28.5、底径13厘米（图一〇一，5；彩版五六，2）。H1：9，为彩陶片，红色陶。最长径4.6厘米（图一〇一，6）。H1：5，为红衣陶豆座残片。器形呈覆碗形喇叭矮豆座，近豆柄处饰刻划旋纹。存高3.9、底径13.2厘米（图一〇一，7；彩版五六，3）。H1：6，为外灰褐内黑色陶鼎身残片。大口，平沿，颈肩内凹饰弦纹，上腹折收，折棱一周饰指切纹。存高7.6、口径19.2厘米（图一〇一，8）。H1：7，为外红内灰褐色小口罐口沿和肩部残片，器壁粗厚，夹蚌末，内外表抹平显得粗糙，留有整平刮削痕。小直口，沿外侈，矮直领，溜肩饰弦纹。复原残高5.9、口径10.8厘米（图一〇一，9；彩版五六，4）。

2. H2

位于T3西部，开口于1层下，打破第2层。其形状近圆形，口大底小，最大口径0.9、底径0.8、深0.3米。坑内文化层堆积几乎没有灰层，为大量的动物骨骼堆积而形成。出土少量陶片，陶色有夹砂红褐色、黑色、红色彩陶等。陶片中能辨认器形的有钵、瓮、盆、罐、鼎足、盂等。出土动物骨骼中能辨认种类的有猪、鹿、羊、狗、鸟、龟、鳖等（图一〇二，1；彩版五五，4）。

H2：1，为粗陶盂形或杯形器残件。大直口直腹，下腹近底部内收，圜底近平，器身满布手捏制痕迹。口径8.8、高7.4厘米（图一〇二，3；彩版五六，5）。H2：2，为粗陶盂形器残件。大敞口，弧腹内收，圜底，器身满布手捏制痕迹。口径9.5、高3.8厘米（图一〇二，4；彩版五六，6）。H2：3，为红褐色实心陶球，器形小，完整。直径2.7厘米（图一〇二，5）。

3. H3

位于T3西北角，开口于1层下，打破第2层。其形状圆形，口小底大，口径0.73、底径0.6、深0.31米。灰坑内文化层堆积为黑色灰烬，质地松散，内涵火烧过的动物骨骼、木炭、陶片等。出土少量陶片，以泥质红陶、红彩陶占多数，少量夹砂褐色陶和泥质黑陶等。陶片中能辨认器形的有豆、罐等。出土动物骨骼中能辨认种类的有猪、鹿等（图一〇二，2；彩版五五，3）。

H3：1，为红衣彩盂形器残件，呈碗形，胎质较薄。敞口，弧腹内收，矮圈足。复原通高4.8、口径21.5、底径8.9厘米（图一〇二，6）。H3：5，为内外皆红色陶豆盘残片，红口彩陶，口沿折棱明显。复原豆盘残高5.1、口径22.1厘米（图一〇二，7）。H3：7，为外红内黑色陶碗残片，红口彩陶，沿微敛。复原口径22厘米（图一〇二，8）。H3：2，为红衣彩陶豆盘残件。钵形豆盘，豆盘中部有一道凸起弦纹。复原高13.2、口径15.7、腹径16.1、复原柄高7、复原底径10.7厘米（图一〇二，9；彩版五六，7）。H3：8，为内外红色陶豆盘残片，口沿折棱

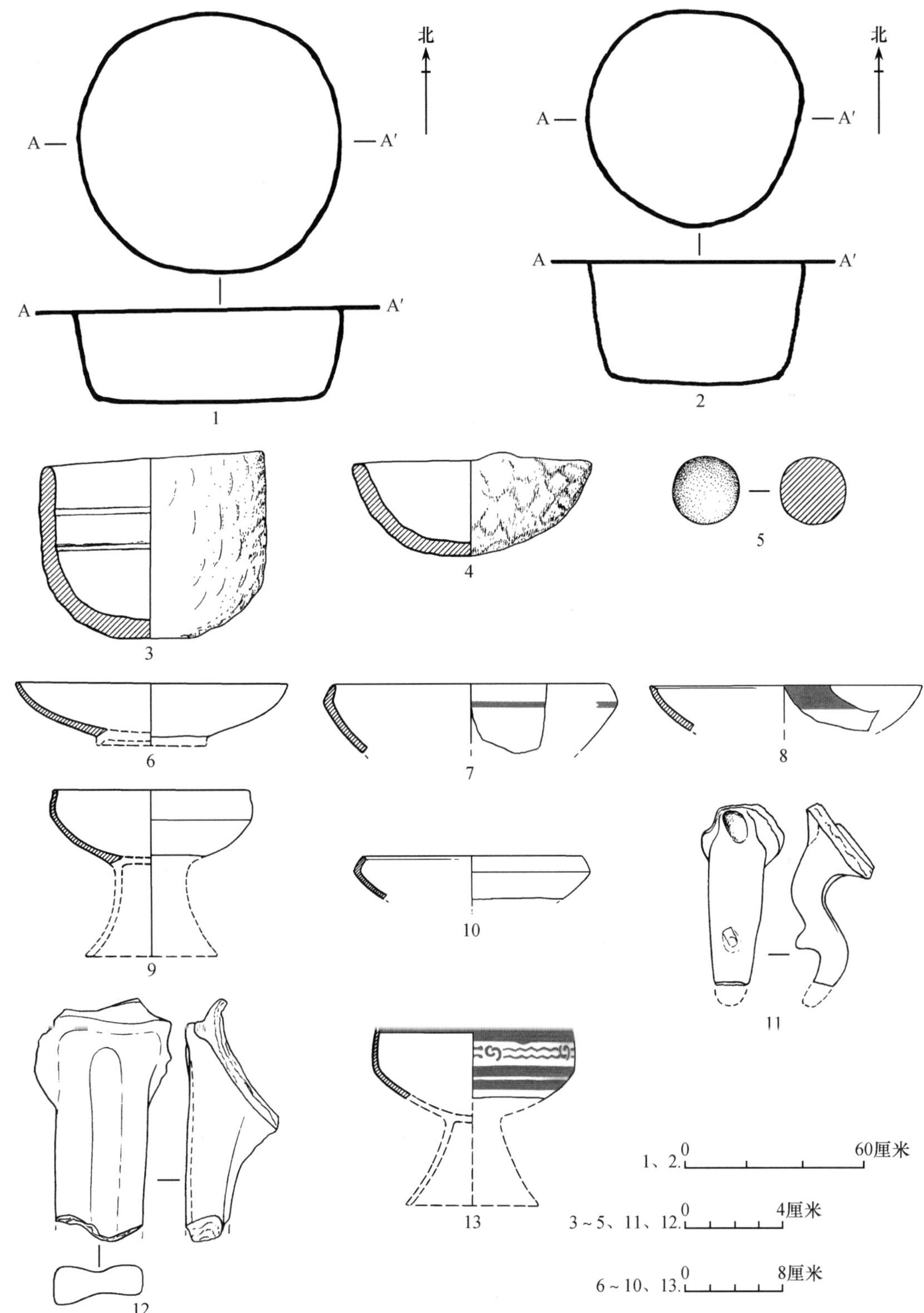

图一〇二　H2、H3平、剖面图与出土器物

1. H2平、剖面图　2. H3平、剖面图　3、4、6. 陶盂形器（H2：1、H2：2、H3：1）　5. 陶球（H2：3）　7、10. 陶豆盘（H3：5、H3：8）　8. 陶碗（H3：7）　9、13. 陶豆（H3：2、H3：11）　11、12. 陶鼎足（H3：10、H3：12）

明显。复原豆盘残高3.2、口径18.2厘米（图一〇二，10）。H3：10，为“S”形陶鼎足，高7厘米（图一〇二，11；彩版五六，8）。H3：12，为宽扁形红褐陶鼎足，下部部分残断，外侧中间有凹槽。存高9.5厘米（图一〇二，12；彩版五六，9）。H3：11，为外红内黑色陶豆盘残件修复，器表底色为橘色，外绘红衣彩陶纹。豆盘呈深腹钵形，大直口，圆折腹。豆盘外表上下绘三道宽彩带纹，在上部两条彩带中间绘间隔曲折水波纹。复原豆盘高14、口径15.6、腹径16、柄高7、底径10.4厘米（图一〇二，13；彩版五六，10）。

4. H4

H4位于T6东南部，开口于1层下，打破第2层。其形状为不规则形，口略大于底，最大口径2.2、深0.44米。灰坑内文化层堆积为棕红色灰烬，质地松散，内涵少量陶片和动物骨骼等。出土少量夹砂褐色陶片等。陶片中能辨认器形的有釜形鼎等陶器。出土动物骨骼中能辨认种类的有猪等（图一〇三，1；彩版五七，1）。

H4：1，为外灰褐内黑色陶鼎残件修复。大敞口，窄平沿，圆唇，颈肩上腹不分呈内弧形束收，折腹内收圜底，三宽扁弯曲形足，足外侧中间凹槽形，凹槽两侧有两排并列指切纹。折腹处饰附加指切堆纹，肩腹部内外饰弦纹。通高22.8、口径23.8、腹径22、身高15厘米（图一〇三，3；彩版五六，11）。

5. H5

位于T6西南部，开口于1层下，打破第2层。其形状为不规则形，口大底小，最大口径南北1.5、东西1.08、深0.75米。灰坑内文化层堆积为灰白色草木灰夹炭粒，质地松散，内涵陶片、动物骨骼等文化遗物。出土陶片以夹砂褐色陶为主等。陶片中能辨认器形的有鼎、豆、鬶等。出土动物骨骼中能辨认种类的有猪等（图一〇三，2；彩版五七，2）。

H5：2，为黑陶豆。豆盘呈折口钵形，折腹内收，喇叭形圈座。上腹有细旋纹，豆柄中部有三道凸起弦纹，弦纹处上下间饰有横8字形镂孔6个。通高16、口径18、腹径18、柄高9、底径10.5厘米（图一〇三，4；彩版五六，12）。H5：7，为外红内黑釜形陶鼎，基本完整，器身偏扁。口沿外侈，束颈，肩与上腹不分呈斜腹饰弦纹间以泥丁，中腹向上出沿折收，折棱凸显饰指捺纹。通高20.1、口径15.4、颈径12.5、腹颈22.4、身高14.1厘米（图一〇三，5；彩版五六，13）。H5：4，为黑陶罐形鼎。口部外侈，颈部内凹饰弦纹，溜肩，圆鼓腹内收，圜底，三圆锥形足。通高17.3、口径11.6、腹径13.8、颈径10.2、身高12.5厘米（图一〇三，6；彩版五七，3）。H5：5，为灰褐色陶罐形鼎。口部外侈，颈肩部内凹，上腹桶形，下腹圆鼓折收，折腹折棱明显，圜底，三圆锥形足。中腹饰弦纹。通高16.8、口径13.2、腹径14.8、颈径11.4、身高13.2厘米（图一〇三，7；彩版五七，4）。H5：6，为黑陶罐形鼎。口部外侈，颈肩部内凹饰弦纹，中腹圆鼓折收，折棱明显，圜底，三圆形足。通高17.7、口径11.4、腹径14.4、颈径10、身高13.1厘米（图一〇三，8；彩版五七，5）。H5：3，为外红内黑陶罐形鼎口颈部

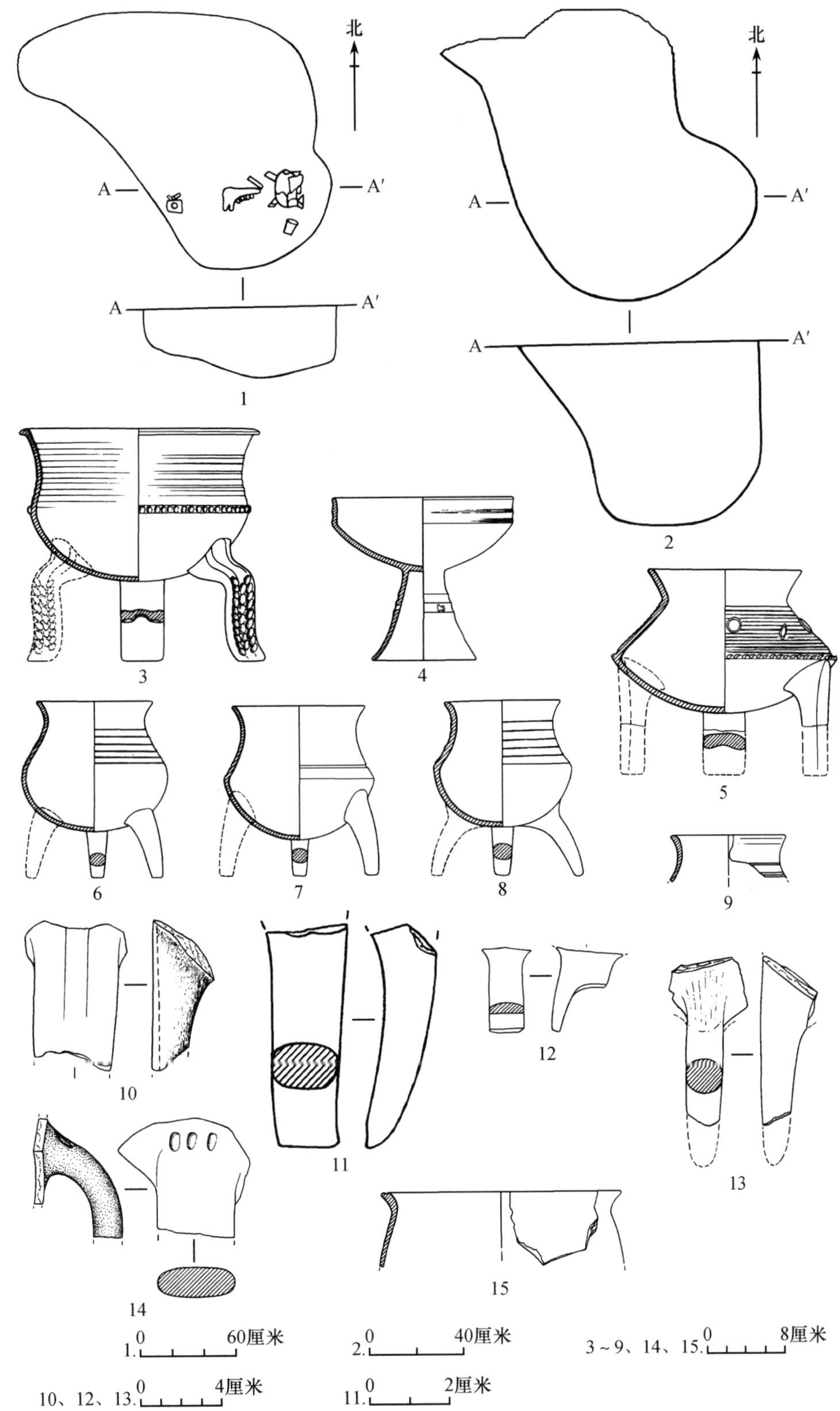

图一〇三 H4、H5平、剖面图与出土器物

1. H4平、剖面图 2. H5平、剖面图 3、5~8. 陶鼎（H4：1、H5：7、H5：4、H5：5、H5：6） 4. 陶豆（H5：2） 9. 陶鼎口残片（H5：3） 10~13. 陶鼎足（H5：14、H5：8、H5：9、H5：10） 14. 陶把手（H5：12） 15. 陶罐口片（H5：13）

残片。口部外侈，颈部内凹，溜肩。肩部饰弦纹。残高4.2、口径11.3厘米（图一〇三，9）。H5：14，为宽扁形鼎足，下部残断，足外侧中间凹槽形。残高7.4厘米（图一〇三，10，彩版五七，6）。H5：8，矮扁形鼎足。高5.6厘米（图一〇三，11）。H5：9，矮扁形鼎足，足身上部宽厚下部变薄扁。高4.5厘米（图一〇三，12，彩版五七，7）。H5：10，为圆柱形鼎足，足尖残断。残高7.8厘米（图一〇三，13；彩版五七，8）。H5：12，为红褐色陶器把手残件。把手端部竖饰三个戳刺纹。残长6厘米（图一〇三，14）。H5：13，为褐色陶罐口沿残片，内外表抹平显得粗糙，留有整平刮削痕。大口微敛，侈沿，颈部微内收，肩腹不分。残高6.9、复原口径24厘米（图一〇三，15；彩版五七，9）。

第二节　二期文化遗物

侯家寨二期文化遗物以陶器为主，还有玉石器、骨角器等。陶器可分为炊器、用具和工具等。二期呈现了一种与一期完全不同的新的文化面貌，如：由一期釜与祖形支架的组合炊器过渡到二期的三足鼎炊器；一期的刻划符号、鹿角勾形器在二期均不再出现；二期大量的彩陶器和盂形器等在一期少见。

一、陶　　器

陶器是侯家寨二期文化的主要遗物。其陶色陶质除大量的夹蚌、夹粗砂红褐色陶和少量的灰陶、黑陶外，还有少量的泥质陶。流行红衣彩陶和红色彩绘陶。陶器以素面为主，也有在器物的口部、颈肩、耳系、鋬手、腹、柄等部位饰以弦纹、指甲纹、刻划纹、附加堆纹和乳钉纹、镂孔等纹饰；彩绘陶器流行宽带纹、折线纹和水波纹等。在陶器表面多留有制作手工痕或慢轮旋纹。在器物上流行耳系、平底、圈足等。陶器主要是生活器皿，有少量工具类器物。出土陶器有鼎、豆、碗、钵、罐、盆、盂、器盖、支架、甑等。

（一）炊器类

二期炊器主要是由多种类型的三足陶鼎、甑等器物组合构成。

1. 陶鼎类

29件。

多为破碎的陶鼎残片，少量残件。陶色以外红内黑以及灰褐色为主。胎壁较厚，多夹蚌末。器形以釜形和罐形为主，并有少量盆形鼎等。依据陶鼎器身可分为A、B、C三型。

A型　釜形陶鼎。16件。

器形有大口圆腹和敛口扁折腹，圜底，三足，可分为Aa、Ab二亚型。

Aa型　大口圆腹釜形陶鼎。12件。

多为口肩腹部残片，少数残件。该型鼎为大口侈沿，颈肩和上腹多不分，内凹折收圆弧腹，圜底，三足，三足以正宽扁形、扁扭曲形和扁弯曲形足为主，少圆柱形等。胎夹蚌末，肩腹部均饰弦纹，少数折腹处饰附加堆指切纹。

T1②：59，为残片修复件。外灰褐内黑色陶。大口微敛，窄沿外侈方唇，束颈溜肩，颈肩上腹不分，圆鼓腹内收，圜底，三扭曲形麻花扁足。弧腹处饰一周戳刺纹，上腹部饰弦纹。复原通高22、口径18.8、腹径19、身高13.6厘米（图一〇四，1；彩版五八，1）。T1②：60，为残件修复。外红褐内黑色陶。大口微内敛，窄平沿圆唇，束颈溜肩，颈肩上腹不分，折弧腹内收，圜底，三宽扁形足外撇。折腹处饰附加堆纹指切纹，肩上腹部饰弦纹。复原通高26、口径31.6、腹径32、身高18.6厘米（图一〇四，2；彩版五八，2）。T1②：58，为残件修复。

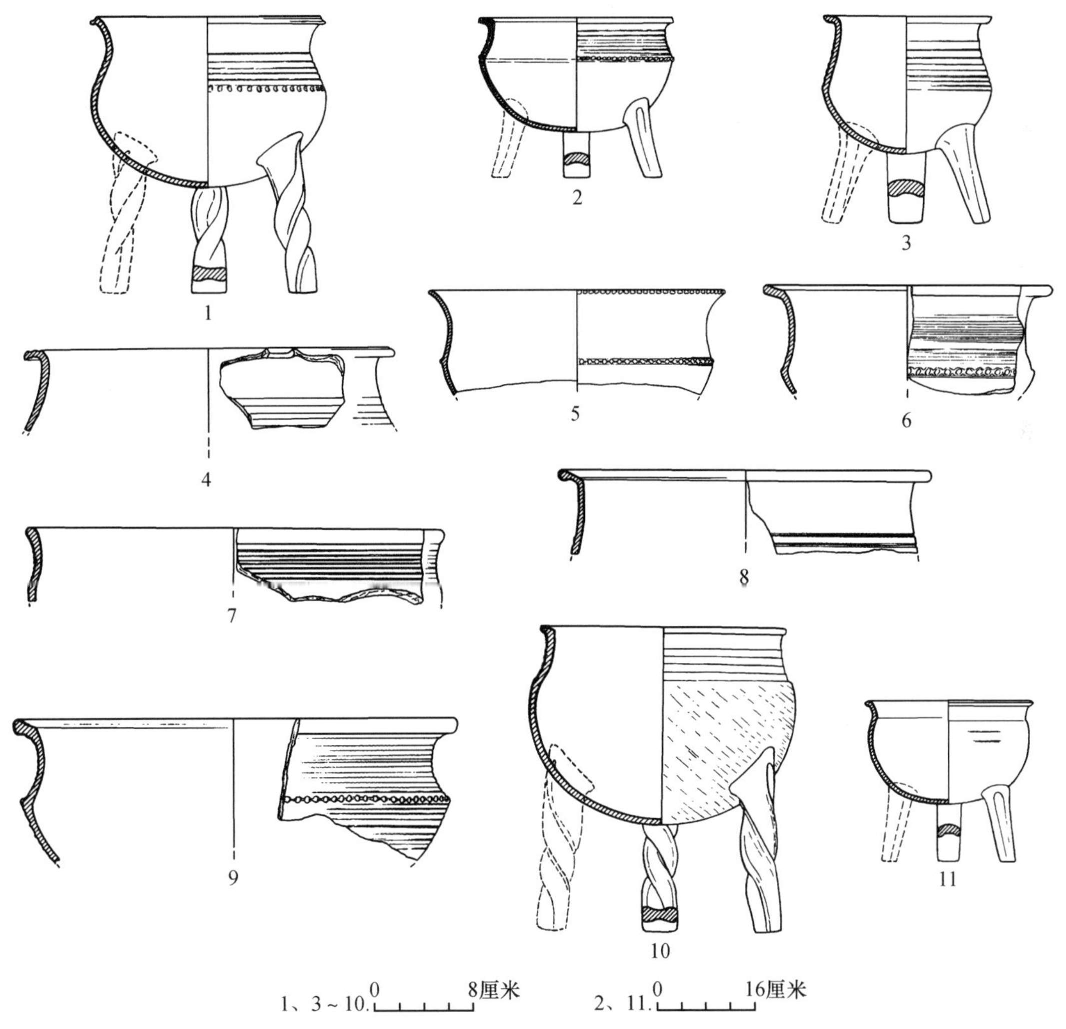

图一〇四　Aa型釜形陶鼎

1. T1②：59　2. T1②：60　3. T1②：58　4. T1②：69　5. T2②：89　6. T2②：90　7. T1②：40　8. T2②：92　9. T2②：88　10. T2②：147　11. T3②：133

外红内黑色陶。大口微敛，窄平沿方唇，束颈溜肩，中腹圆折弧腹内收，圜底，三宽扁形足外撇，足外侧中间凹槽形。上腹部饰弦纹。通高16.8、口径14、腹径14、身高11.2厘米（图一〇四，3；彩版五八，3）。T1②：69，为口沿残片，外灰褐内黑色陶。大口为内敛，窄平沿，颈肩部分饰弦纹。存高7、复原口径37.6厘米（图一〇四，4）。T2②：89，为口腹部残片，外灰褐内黑色陶。大敞口，沿外撇，凹颈，折弧腹，折棱明显，口沿唇部和腹部折棱一周均饰指切纹。存高7.6、复原口径25.4厘米（图一〇四，5）。T2②：90，为口腹部残片，外灰褐内黑色陶。大敞口，侈沿近平，颈与上腹连体内凹饰弦纹，下腹折收，折棱明显一周饰指切纹。存高8、复原口径26.4厘米（图一〇四，6）。T1②：40，为口部残片，外灰褐色陶。大口，沿微外侈，凹颈饰弦纹。存高5、复原口径35.2厘米（图一〇四，7）。T2②：92，为口沿残片，外灰褐色陶。大口，侈沿近平。颈下饰弦纹。存高6.6、复原口径31厘米（图一〇四，8）。T2②：88，为口腹部残片，外灰褐内黑色陶。大敞口，侈沿近平，凹颈，上腹折收，颈腹饰弦纹，腹部折棱一周饰指切纹。存高11.7、复原口径35.2厘米（图一〇四，9）。T2②：147，为残件修复，内外红褐色陶。大口微敛，窄平沿圆唇，束颈饰弦纹，圆弧腹内收圜底，三扭曲形麻花扁足。通高24.6、口径20.2、腹径21.8、身高16厘米（图一〇四，10；彩版五八，4）。T3②：133，为残件修复，外灰褐内黑色陶。大口微敛，窄侈沿，圆唇，束颈，圆弧腹内收，圜底，三扁形凹槽足。通高25.6、口径27.6、腹径26、身高16.6厘米（图一〇四，11；彩版五八，5）。T3②：35，为口腹部残片，外灰褐色陶。大口内敛，沿外侈，束颈。存高5.4、复原口径24厘米。

Ab型　敛口扁折腹釜形陶鼎。4件。

多为口腹残片和残件，器形为敛口，高侈沿，扁折腹内收，圜底，三宽扁形足，足外侧有凹槽。胎夹蚌末，肩腹部均饰弦纹、折腹处饰附加堆指切纹。

T3②：134，器形基本完整，外红内黑陶。器形为敛口高直沿，颈肩不分，扁折腹，下腹出沿折收圜底，三扁凹槽足。上腹饰弦纹，腹部折棱饰附加堆戳刺纹。通高19、腹径24.2、口径16.6、身高13.4厘米（图一〇五，1；彩版五八，6）。T2②：108，残存口部，外红内黑陶。器形为敛口高直沿饰弦纹。存高5.2、口径15.4厘米（图一〇五，2）。T3②：56，残存口部，内外红褐色陶。器形为敛口，高沿外敞，束颈饰弦纹。存高4.5、口径18.6厘米（图一〇五，3）。T1②：66，为残腹片，外红内黑陶。扁折腹，上腹饰弦纹间饰泥丁纹，折腹饰附加堆戳刺纹。存高4.4、复原腹径23.6厘米（图一〇五，4）。

B型　罐形陶鼎。10件。

为残片和残件，有黑褐色陶和红褐色陶。器形为罐形，敛口侈沿微外卷圆唇，束颈，圆弧腹内收，圜底，三足。器外表打磨光滑，肩腹部饰弦纹，少数肩饰一周指切纹间饰泥丁纹。

T2②：148，为残件修复，灰褐色陶。敛口卷沿，束颈，圆鼓腹，圜底，三圆柱形足。复原通高19.5、口径11.3、腹径15.4、颈径10.1、身高14.8厘米（图一〇五，5；彩版五九，1）。T3②：132，为残件修复，灰褐色陶。敛口，卷沿，颈肩上腹微内弧形，圆弧腹，圜底，三圆柱形足。复原通高17.2、口径11.6、腹径13.4、颈径10.6、身高12.6厘米（图一〇五，6；彩版

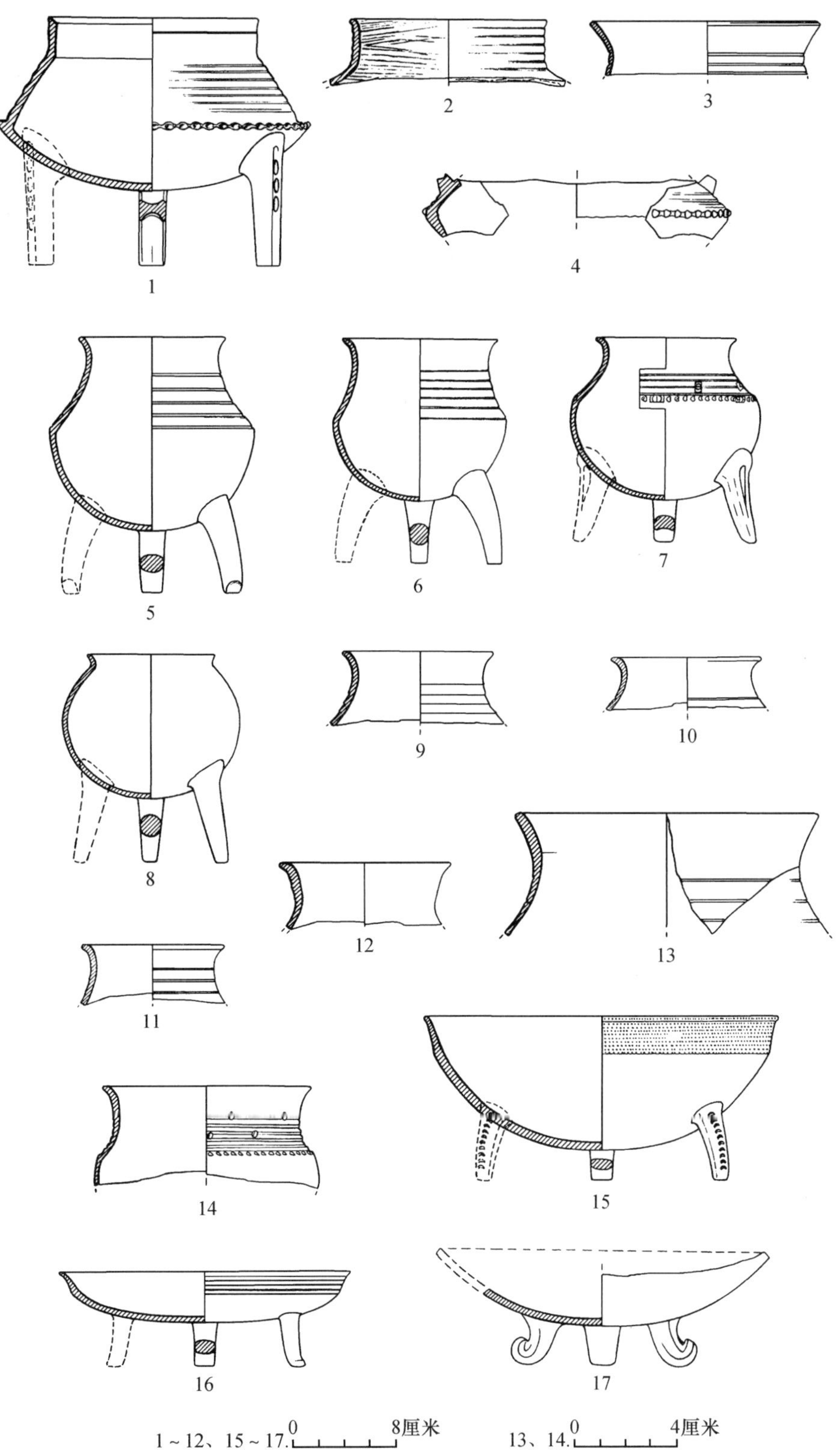

图一〇五　Ab型釜形陶鼎、B型罐形陶鼎、C型盆形陶鼎

1～4. Ab型（T3②：134、T2②：108、T3②：56、T1②：66）　5～14. B型（T2②：148、T3②：132、T2②：97、T2②：146、T3②：54、T2②：9、T3②：58、T3②：57、T6②：132、T1②：39）　15～17. C型（T2②：145、T2②：149、T3②：423）

五九，2）。T2②：97，为残件修复，外红内黑陶。敛口，卷沿，束颈，溜肩，圆鼓腹，圜底，三窄扁足，外侧饰凹槽。肩部饰弦纹间饰泥丁纹，折肩饰戳刺纹。复原通高15.6、口径10.8、腹径14.8、颈径9.6、身高12.4厘米（图一〇五，7；彩版五九，3）。T2②：146，为残件修复，外红内黑陶。敛口，卷沿，束颈，圆鼓腹，圜底，三圆柱形足。复原通高15.8、口径9.8、腹径13.8、身高11.9厘米（图一〇五，8；彩版五九，4）。T3②：54，为口部残件，外红内黑陶。敛口，卷沿，束颈，溜肩。肩部饰弦纹。存高5.6、口径11.2厘米（图一〇五，9）。T2②：9，为口部残件，外红内黑陶。敛口卷沿，束颈，溜肩。存高3.7、口径15.2厘米（图一〇五，10）。T3②：58，为口部残件，外红内黑陶。敛口卷沿，束颈溜肩饰弦纹。存高4.2、口径10.2厘米（图一〇五，11）。T3②：57，为口部残件，外红内黑陶。敛口，卷沿，束颈，溜肩。存高4.8、口径11.9厘米（图一〇五，12）。T6②：132，为口部残件，外红内黑陶。敛口，卷沿，束颈，溜肩。饰弦纹。存高4.5、口径11.5厘米（图一〇五，13）。T1②：39，为口部残件，外红内黑陶。敛口，卷沿，束颈，溜肩。颈肩部饰弦纹加戳印纹。存高7.2、口径16厘米（图一〇五，14）。

C型　盆形陶鼎。3件。

为残件修复，有黑色陶、红褐色陶和红色彩陶，胎夹蚌末或夹砂，彩陶为泥质陶，有的腹部饰指切纹。器形为敞口，浅腹，个别腹部带把手，圜底或平底。三矮足，个别四足。

T2②：145，为残件修复，红衣彩陶。敞口，上腹折棱明显，深腹钵形，圜底，三扁矮足。足外侧饰指切纹，口部内外饰红色彩带纹。通高12.6、口径27.8、身高10.1厘米（图一〇五，15；彩版五九，5）。T2②：149，为修复件，红衣彩陶。大敞口，浅腹盘形，大平底，三矮足。上腹部饰弦纹。复原通高7.8、口径22.4、身高4.5厘米（图一〇五，16；彩版五九，6）。T3②：423，为底部和足部残件，黑色泥质陶。底部三足短小，稍外撇，足尖向上弯如钩状。存通高9、残口径26.1厘米（图一〇五，17）。

2. 陶鼎足

105件。

数量较多，保存较为完整，少数残断。多红褐色陶，少量红衣陶。红褐色陶，多夹蚌末或砂，红衣陶足质地比较细腻，应为泥质陶。鼎足的形制有圆柱形、宽扁形和异形矮足等，可分为A、B、C三型。

A型　圆柱形陶鼎足。30件。

该型陶鼎足多为残件，有大小粗细之分，足体呈圆柱形上粗下细。

T6②：18，足下部残断，仅剩上部与鼎腹接面。存高8.8厘米（图一〇六，1；彩版六〇，1）。T2②：10，足下部残断，足根部外侧饰指切纹。存高6.7厘米（图一〇六，2；彩版六〇，2）。T2②：12，完整，足体较大。高12.9厘米（图五一，2；彩版六〇，3）。T2②：14，完整。高10.2厘米（图一〇六，4；彩版六〇，4）。T6②：22，足上下残断，仅剩中部。存高9.7厘米（彩版六〇，5）。T6②：25，足下部残断。存高7.2厘米（图一〇六，

5；彩版六〇，6）。T6②：20，足上部残断。存高8.3厘米（图一〇六，6；彩版六〇，7）。T6②：24，足上部残断。存高8.2厘米（彩版六〇，8）。T6②：19，足上下部残断，仅剩中部。存高8.5厘米（图一〇六，7；彩版六〇，9）。T6②：17，足下部残断。存高7.8厘米（图一〇六，8；彩版六〇，10）。T6②：21，完整，扁足尖。高9.1厘米（图一〇六，9；彩版六〇，11）。T6②：23，足上部残断。存高7.2厘米（图一〇六，10；彩版六〇，12）。T1②：23，足尖残断，上部保留与腹部接面。存高8.8厘米（图一〇六，11；彩版六〇，13）。T1②：24，完整。高10.1厘米（图一〇六，12；彩版六〇，14）。T1②：25，足尖残断。存高9.1厘米（图一〇六，13；彩版六〇，15）。T1②：26，足下部残断。存高7.1厘米（图一〇六，14；彩版六〇，16）。T3②：11，完整，足体较大，足上部有一圈凹形刻纹。高14厘米（图一〇六，15；彩版六〇，17）。T2②：13，足下部残断，足根部外侧有指切纹。存高9.75厘米（图一〇七，1；彩版六〇，18）。T2②：23，完整，足根部外侧饰指切纹。高12厘米（图一〇七，2；彩版六〇，19）。T3②：15，足尖略残。存高10.5厘米（图一〇七，3；彩版六〇，20）。T3②：12，完整，扁足尖，保留足腹接面，足根部外侧有指切纹。高12.6厘米（图一〇七，4；彩版六〇，21）。T2②：17，完整，足根部外侧饰乳钉纹。高12.6厘米（图一〇七，5）。T2②：15，足下部残断，足根部外侧饰两乳钉纹。存高10.2厘米（图一〇七，6；彩版六〇，22）。T3②：421，足下部残断，保留足腹接面，足根部饰指切纹。存高6.2厘米（图一〇七，7）。T2②：11，完整。高10.9厘米（图一〇七，8）。T3②：21，基本完整。高6.4厘米（图一〇七，9）。T2②：354，完整。高8.4厘米（彩版六〇，23）。T1②：36，足下部残断，仅留上部腹接面，界面有榫结构，存高9.4厘米。T1②：37，足下部残断。存高5.8厘米。T2②：16，完整。高11.1厘米。

B型　宽扁形陶鼎足。38件。

该型陶鼎足有大小宽窄和扭曲等形制，足外部中间多有凹槽纹。

T3②：314，为窄扁形足，足尖残端，足外侧凹槽形，足顶端饰有对称圆窝纹。高8厘米（图一〇七，10）。T3②：16，为窄扁形足，足下部残断，正面饰凹槽纹。存高6.7厘米（图一〇七，11）。T6②：81，为正窄扁弯曲形足，完整，正面饰凹槽纹。高9.2厘米（图一〇七，12）。T4②：55，为正宽扁形足，足尖残端，正面饰凹槽纹。存高12厘米（图一〇七，13）。T4②：54，为正宽扁形足，足下部残断，正面饰凹槽纹。存高15厘米（图一〇七，14）。T4②：56，为正宽扁形足，足下部残断，正面饰凹槽纹。存高9.4厘米（图一〇七，15）。T1②：28，为正宽扁形足，足尖残断，正面饰三道凹槽纹。存高10.3厘米（图一〇八，1，彩版六一，1）。T1②：32，为正宽扁形足，足尖残断，正面饰凹槽加间隔戳点纹。存高14.3厘米（图一〇八，2；彩版六一，2）。T1②：33，为正宽扁形足，足尖残断，正面饰三道凹槽纹。存高10.1厘米（图一〇八，3；彩版六一，3）。T1②：27，为正宽扁形足，足尖残断，正面饰凹槽纹。存高10.8厘米（图一〇八，4；彩版六一，4）。T1②：35，为正宽扁形足，完整。高13.9厘米（图一〇八，5；彩版六一，5）。T2②：18，为正宽扁形足，足尖残断，正面饰凹槽纹，凹槽顶端戳有孔洞。存高10.3厘米（图一〇八，6；彩版六一，6）。T2②：20，为

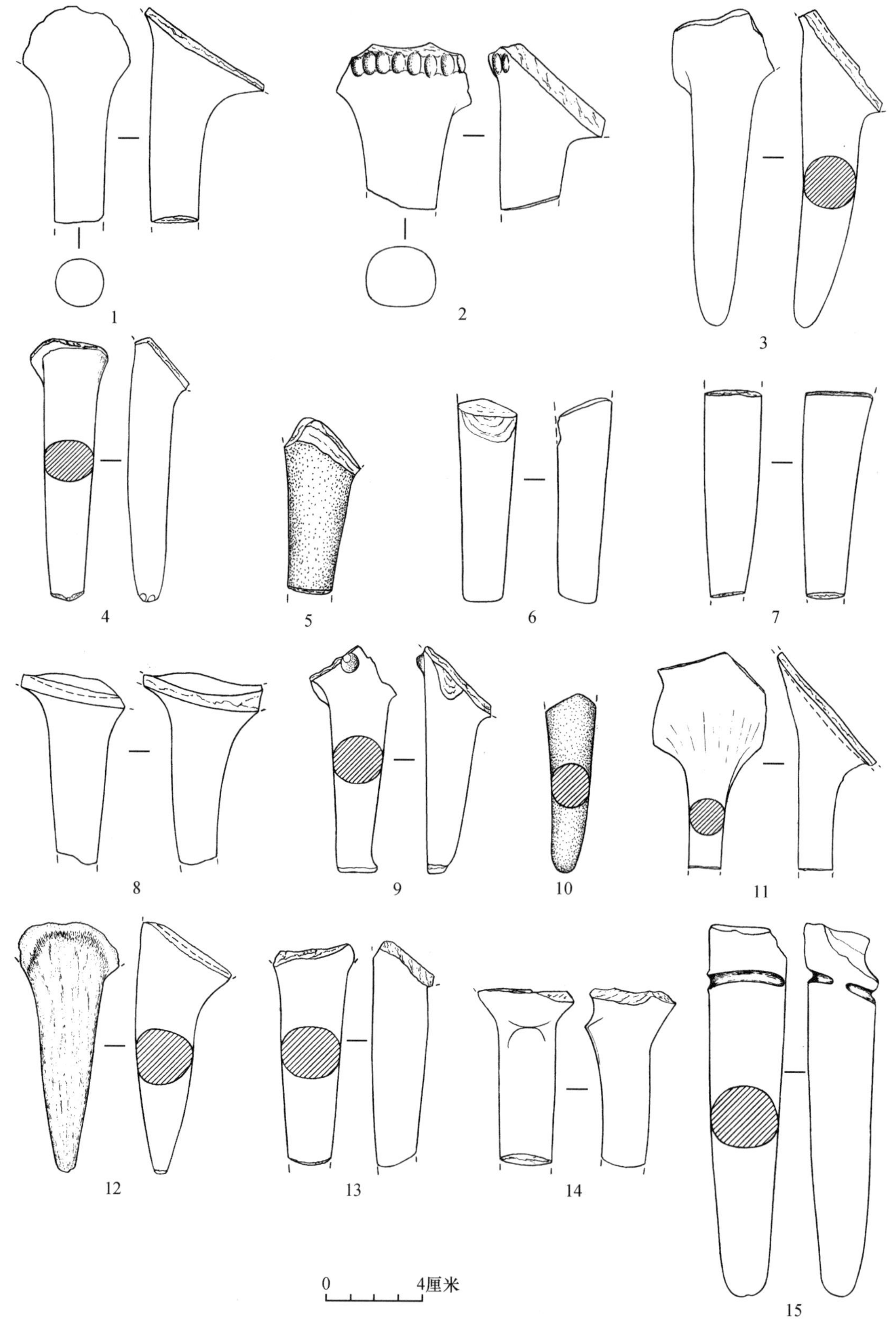

图一〇六　A型陶鼎足

1. T6②：18　2. T2②：10　3. T2②：12　4. T2②：14　5. T6②：25　6. T6②：20　7. T6②：19　8. T6②：17　9. T6②：21　10. T6②：23　11. T1②：23　12. T1②：24　13. T1②：25　14. T1②：26　15. T3②：11

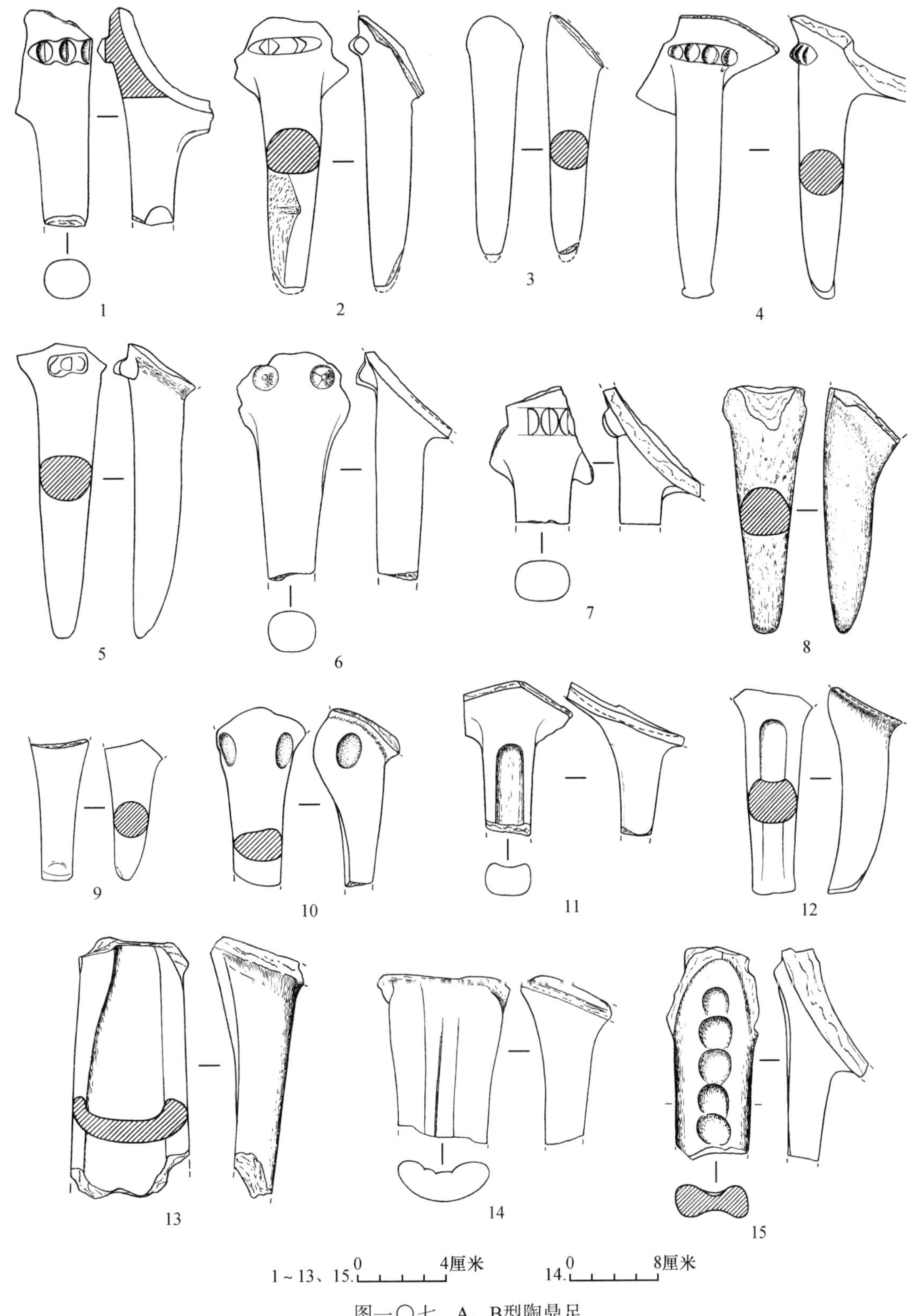

图一〇七　A、B型陶鼎足

1～9. A型（T2②：13、T2②：23、T3②：15、T3②：12、T2②：17、T2②：15、T3②：421、T2②：11、T3②：21）
10～15. B型（T3②：314、T3②：16、T6②：81、T4②：55、T4②：54、T4②：56）

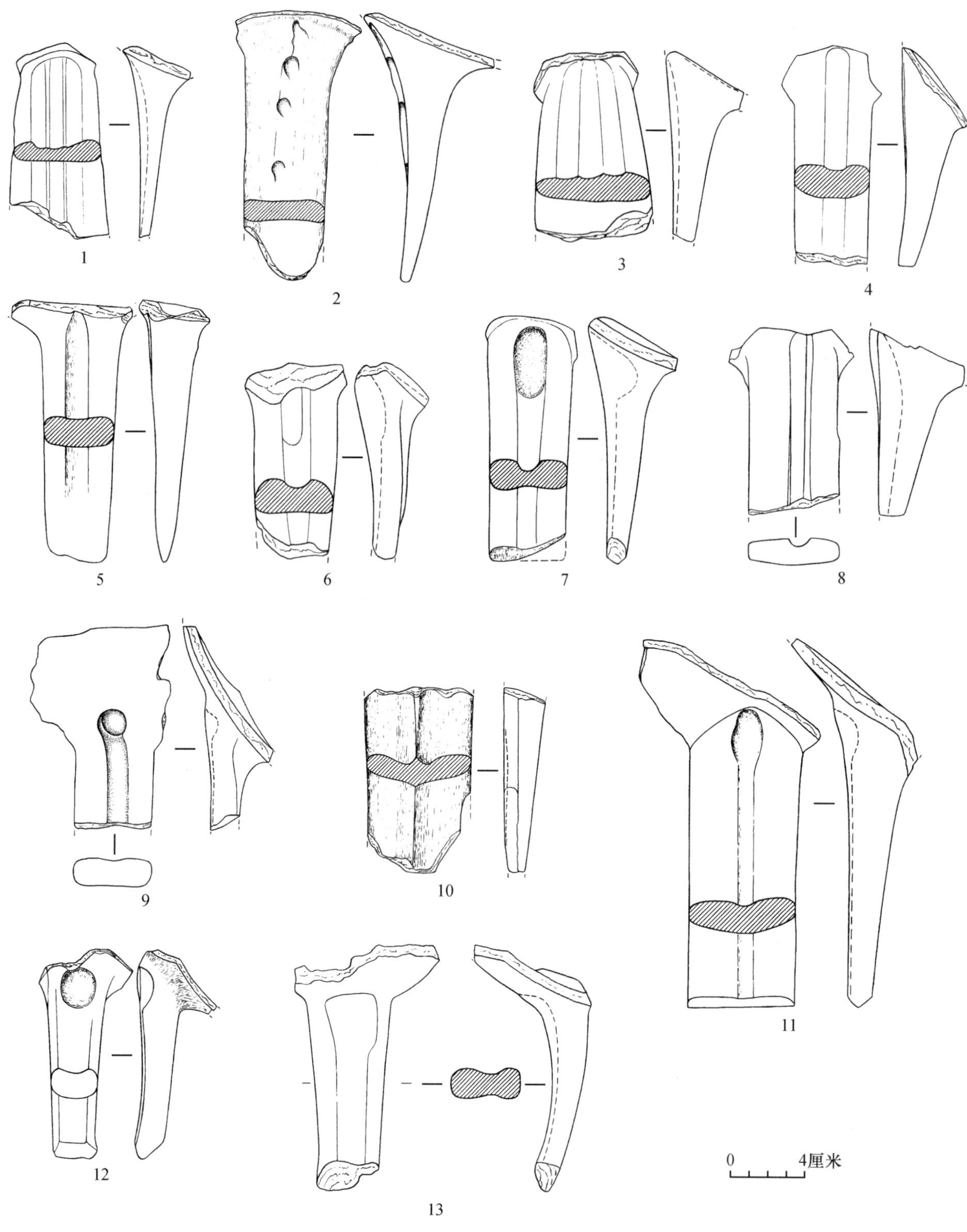

图一〇八　B型陶鼎足

1. T1②：28　2. T1②：32　3. T1②：33　4. T1②：27　5. T1②：35　6. T2②：18　7. T2②：20　8. T2②：21　9. T2②：22　10. T2②：43　11. T3②：17　12. T3②：298　13. T3②：18

正宽扁形足，足尖略有残损，凹槽顶端戳一洞。高13厘米（图一〇八，7；彩版六一，7）。T2②：21，为正宽扁形足，足尖残断，正面饰凹槽纹。存高9.8厘米（图一〇八，8；彩版六一，8）。T2②：22，为正宽扁形足，足下部残断，正面饰凹槽纹，凹槽顶端戳一孔洞。存高10.8厘米（图一〇八，9）。T2②：43，为正宽扁形足，足上下均残断，正面饰凹槽纹。存高9.9厘米（图一〇八，10；彩版六一，9）。T3②：17，为正宽扁形足，完整，正面饰凹槽纹，凹槽顶端戳一孔洞。高19.7厘米（彩版一〇八，11；彩版六一，10）。T3②：298，为正宽扁足，完整，正面饰凹槽纹，凹槽顶端戳一孔洞。高10.6厘米（图一〇八，12；彩版六一，11）。T3②：18，为正宽扁弯曲形足，足尖残断，正面饰凹槽纹。存高12.8厘米（图一〇八，13；彩版六一，12）。T2②：30，为正扁形足，完整，足尖加宽外翻。高6厘米（图一〇九，1）。T4②：23，为正宽扁形足，下部残断，正面饰三道凹槽纹。存高7.7厘米（图一〇九，2）。T4②：22，为正宽扁形足，足尖残断，正面饰凹槽纹。存高12.2厘米（图一〇九，3；彩版六一，13）。T3②：23，为正宽扁形足，完整，正面顶端饰凹窝纹。高14.1厘米（图一〇九，4；彩版六一，14）。T4②：20，为正宽扁凹弧形足，完整。高13.6厘米（图一〇九，5；彩版六一，15）。T4②：79，为正宽扁形足，基本完整，正面饰凹槽纹。高12.3厘米（图一〇九，6；彩版六一，16）。T4②：27，为正宽扁“S”状扭曲形足，完整。存高9.9厘米（图一〇九，7；彩版六一，17）。T4②：28，为正宽扁形足，完整，正面饰凹槽纹。高12.8厘米（图一〇九，8；彩版六二，1）。T4②：1，为正宽扁形足，足尖残断，正面饰三道凹槽纹。存高11厘米（图一〇九，9；彩版六二，2）。T6②：28，为正宽扁形足，足尖残断，正面饰凹槽纹。存高12.4厘米（图一〇九，10；彩版六二，3）。T6②：29，正宽扁形足，足尖残断，正面饰凹槽纹。存高12.9厘米（图一〇九，11；彩版六二，4）。T3②：145，为正宽扁形足，完整，正面饰凹槽纹。高11.8厘米（图一〇九，12；彩版六二，5）。T4②：24，为正宽扁形足，完整。存高7.5厘米（图一〇九，13；彩版六二，6）。T4②：26，为正宽扁扭曲麻花形足，足下部残断。存高8.4厘米（图一〇九，14；彩版六二，7）。T3②：46，为正宽扁扭曲麻花形足，完整。存高10.3厘米（图一〇九，15；彩版六二，8）。T3②：13，为正窄扁形足，足顶端饰圆窝纹。高7.6厘米（图一〇九，16；彩版六二，9）。T6②：26，为正宽扁形足，足尖残断。存高9.3厘米。T6②：27，为正宽扁形足，足下部残断，正面饰三道凹槽纹。存高9.1厘米。T3②：94，为正宽扁形扭曲足，下部残断，正面饰凹槽纹。存高10厘米（彩版六二，10）。T1②：30，为正宽扁扭曲麻花形足，下部残断。高11.1厘米（彩版六二，11）。T3②：16，为窄扁形足，下部残断。存高6.9厘米。

C型　矮小异形陶鼎足。37件。

矮小异形陶鼎足，形状各异，如乳钉形、弯曲形、矮扁形、足尖铲形、松鼠尾巴形等。

T2②：27，为乳钉形足，完整。高5.2厘米（图一一〇，1；彩版六三，1）。T2②：37，为矮扁形足，完整，足尖铲形。高3.8厘米（图一一〇，2；彩版六三，2）。T4②：25，为乳钉形足，完整。高3.9厘米（图一一〇，3）。T2②：32，为乳钉形足，完整。高4.4厘米（图一一〇，4；彩版六三，3）。T2②：44，为乳钉形足，完整，足体外撇。高4.5厘米

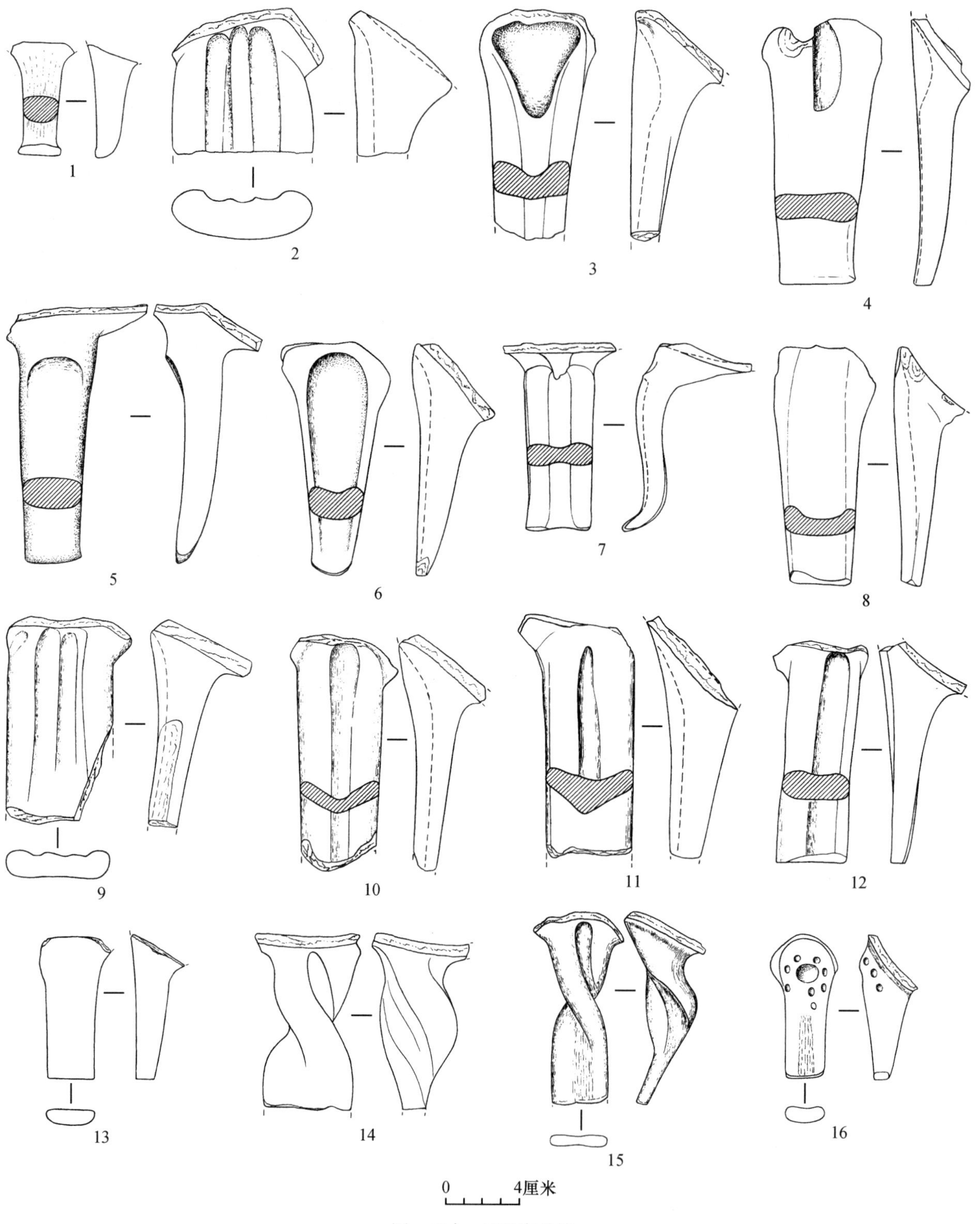

图一〇九　B型陶鼎足

1. T2②：30　2. T4②：23　3. T4②：22　4. T3②：23　5. T4②：20　6. T4②：79　7. T4②：27　8. T4②：28　9. T4②：1　10. T6②：28　11. T6②：29　12. T3②：145　13. T4②：24　14. T4②：26　15. T3②：46　16. T3②：13

（图一一〇，5）。T2②：40，为矮扁乳钉形足，完整。高3.9厘米（图一一〇，6，彩版六三，4）。T2②：166，为矮扁乳钉形足，完整，足外侧施红衣彩。高6厘米（图一一〇，7；彩版六三，5）。T2②：45，为乳钉形足，完整，足尖铲形。高3.2厘米（图一一〇，8）。T3②：28，为矮扁乳钉草帽形足，完整。高3.5厘米（图一一〇，9；彩版六三，6）。T3②：24，为矮扁乳钉草帽形足，完整。高3.7厘米（图一一〇，10；彩版六三，7）。T6②：14，为矮扁乳钉草帽形足，完整。高4.6厘米（图一一〇，11；彩版六三，8）。T3②：27，为矮扁乳钉草帽形足，完整。高5.6厘米（图一一〇，12；彩版六三，9）。T2②：29，为矮扁乳钉草帽形足，完整。高4.1厘米（图一一〇，13；彩版六三，10）。T2②：33，为矮扁乳钉草帽形足，完整。高3.9厘米（图一一〇，14；彩版六三，11）。T2②：41，为矮扁乳钉形足，完整，施红衣彩，足尖铲形。高4.2厘米（图一一〇，15；彩版六三，12）。T2②：38，为矮扁乳钉形足，完整，足尖铲形。高3.2厘米（图一一〇，16；彩版六四，1）。T2②：39，为矮扁乳钉草帽形足，完整。高6.5厘米（图一一〇，17；彩版六四，2）。T2②：190，为矮扁松鼠尾巴形足，完整，足外侧饰凹窝纹。高6.1厘米

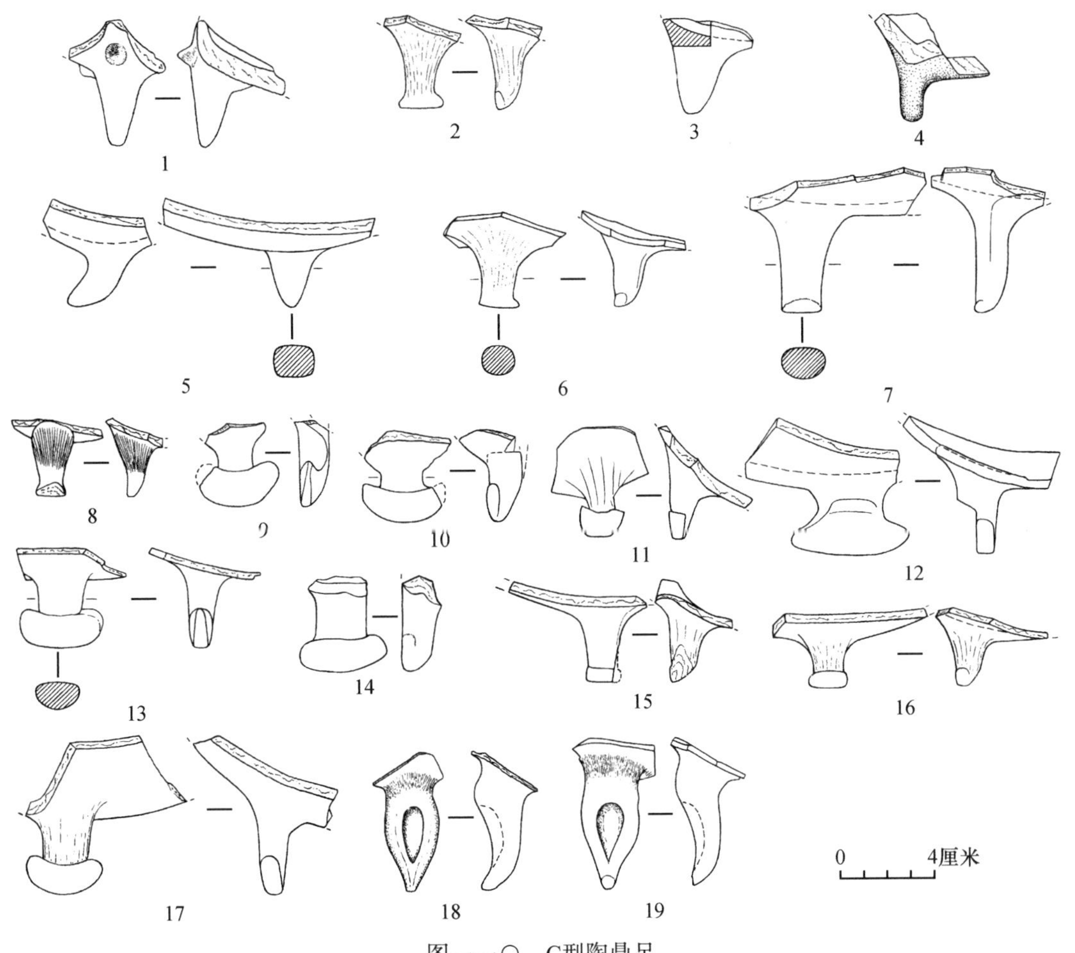

图一一〇　C型陶鼎足

1. T2②：27　2. T2②：37　3. T4②：25　4. T2②：32　5. T2②：44　6. T2②：40　7. T2②：166　8. T2②：45　9. T3②：28　10. T3②：24　11. T6②：14　12. T3②：27　13. T2②：29　14. T2②：33　15. T2②：41　16. T2②：38　17. T2②：39　18. T2②：190　19. T3②：30

（图一一〇，18；彩版六四，3）。T3②：30，为矮扁松鼠尾巴形足，完整，足外侧是凹窝纹。高6.1厘米（图一一〇，19；彩版六四，4）。T2②：355，为矮扁乳钉形足，完整，足尖铲形。高5.8厘米（图一一一，1）。T2②：26，为矮扁乳钉形足，完整。高6.9厘米（图一一一，2；彩版六四，5）。T1②：31，为矮扁乳钉弯曲形足，完整。高6.6厘米（图一一一，3；彩版六四，6）。T2②：35，为矮扁乳钉形足，完整，足尖铲形。高6.7厘米（图一一一，4；彩版六四，7）。T3②：21，为矮扁形足，完整，足外侧饰凹槽纹，凹槽顶端一圆孔。高9.6厘米（图一一一，5）。T6②：15，为矮扁形足，基本完整。高6厘米（图一一一，6；彩版六四，8）。T3②：422，为矮扁弯曲形足，完整。高8厘米（图一一一，7）。T3②：20，为矮扁弯曲形足，完整。高8.9厘米（图一一一，8）。T3②：19，为宽扁乳钉形足，完整，足表施红衣彩。高6.2厘米（图一一一，9，彩版六四，9）。T3②：26，为矮扁乳钉弯曲形足，完整。高5.4厘米（图一一一，10；彩版六四，10）。T3②：38，为矮圆形足，完整。高7厘米（图一一一，11）。T3②：22，为矮扁形足，完整，足表施红衣彩，足外侧饰两排并列指切纹。高6.2厘米（图一一一，12；彩版六四，11）。T3②：31，为矮扁乳钉形足，完整，足外表饰红衣彩和戳刺纹，足两侧各有一排指切纹。高4.3厘米（图一一一，13；彩版六四，12）。T2②：31，为矮扁形弯足，完整。高8.8厘米（图一一一，14；彩版六四，

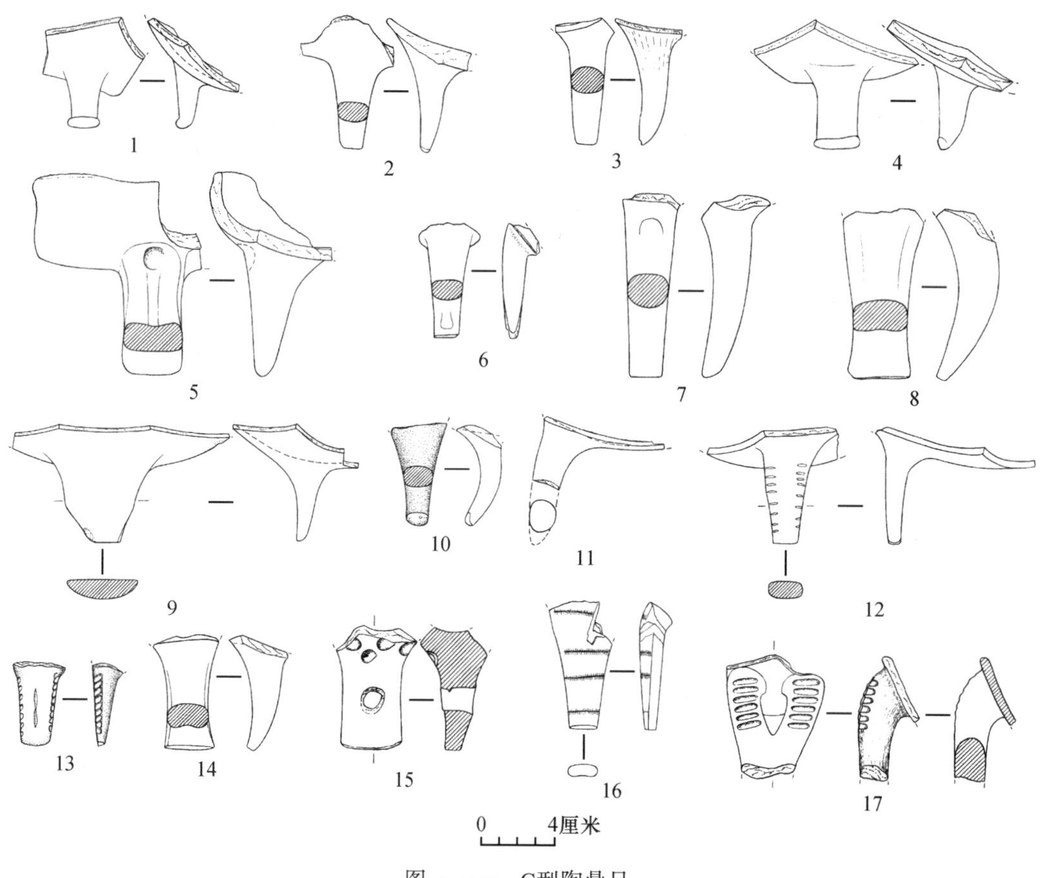

图一一一　C型陶鼎足

1. T2②：355　2. T2②：26　3. T1②：31　4. T2②：35　5. T3②：21　6. T6②：15　7. T3②：422　8. T3②：20　9. T3②：19　10. T3②：26　11. T3③：38　12. T3②：22　13. T3②：31　14. T2②：31　15. T2②：36　16. T1②：34　17. T2②：42

13）。T2②：36，为矮扁形足，完整，足中部饰一圆孔。高6.4厘米（图一一一，15；彩版六四，14）。T1②：34，为矮扁形足，完整，外侧饰三道刻划纹。高6.7厘米（图一一一，16；彩版六四，15）。T2②：42，为矮扁镂空形足，足尖残断。存高6.5厘米（图一一一，17；彩版六四，16）。T2②：28，为矮扁乳钉草帽形足，上端保留鼎腹。高3.1厘米（彩版六四，17）。

（二）生活用具类

二期陶器中生活用具主要有钵、碗、豆、彩陶片、罐、盂形器、壶、彩陶盆、器盖与器纽、尖底器、把手、耳系等。

1. 陶钵类

11件。为陶钵的口腹部残片或残件修复。陶色多数为红褐色或外红内黑色，胎质多夹蚌末和炭，还有少数泥质彩陶或彩绘陶、黑陶。纹饰大多素面，少数饰指切纹或戳刺纹。

T6②：7，为口腹部残片，红褐色陶，口沿下留有残鋬手。存高7.4、复原口径约22厘米（图一一二，1）。T1②：62，为残件修复，内外表均红褐色，胎质夹砂。大口微敛，侈窄沿，束颈饰弦纹，肩腹部折棱比较明显。折棱处装有对称鋬手，鋬手冠部饰指切纹。复原通高17.1、口径31.6厘米（图一一二，2；彩版六五，1）。T2②：151，为红口泥质彩陶，底色橘黄色。大敞口，斜弧腹内收，平底。通高5.6、口径21.6，底径9.2厘米（图一一二，3；彩版六五，2）。T3②：426，为口腹部残片，红衣泥质彩陶，底色为红色，颜色已经磨损发暗。大敞口，宽沿外撇，内折腹，折棱明显饰一周黑色彩带纹。存高3.6，复原口径20厘米（图一一二，4）。T3②：66，为口腹部残片，红衣彩陶。大敞口，宽沿外撇，内折腹，折棱明显。存高2.4、复原口径11厘米（图一一二，5）。T1②：86，为口沿残片，器表内外皆红褐色。大敞口，宽沿外侈。存高9厘米（图一一二，6）。T2②：7，为红褐色泥质陶，器形完整。大口微敛，颈肩上腹部分内凹，中腹出沿折收，平底，折棱处装对称鋬手。通高11.5、口径19，腹径20、底径8.8厘米（图一一二，7；彩版六五，3）。T4②：12，为红褐色泥质陶，器形完整。大口微敛，颈肩上腹部分内凹，中腹出沿折收，平底，折棱处装对称鋬手。通高11.8、口径18、腹径19、底径8.4厘米（图一一二，8；彩版六五，4）。T2②：111，为泥质黑色陶，完整，敛口，侈沿，束颈，圆鼓腹，圜底近平，腹部装单环形把手。通高12.3、口径15.2、腹径16.6厘米（图一一二，9；彩版六五，5）。T2②：150，为夹蚌末红褐色陶，完整。大敞口，深腹，平底，上腹有对称乳钉状鋬手，饰两道弦纹。通高11、口径14、底径7厘米（图一一二，10；彩版六五，6）。T2②：153，为口腹残片，器表内外皆红褐色。器形较小。大敞口，斜弧腹内收，上腹装对称鋬手。存高11.6、复原口径35厘米（图一一二，11；彩版六五，7）。

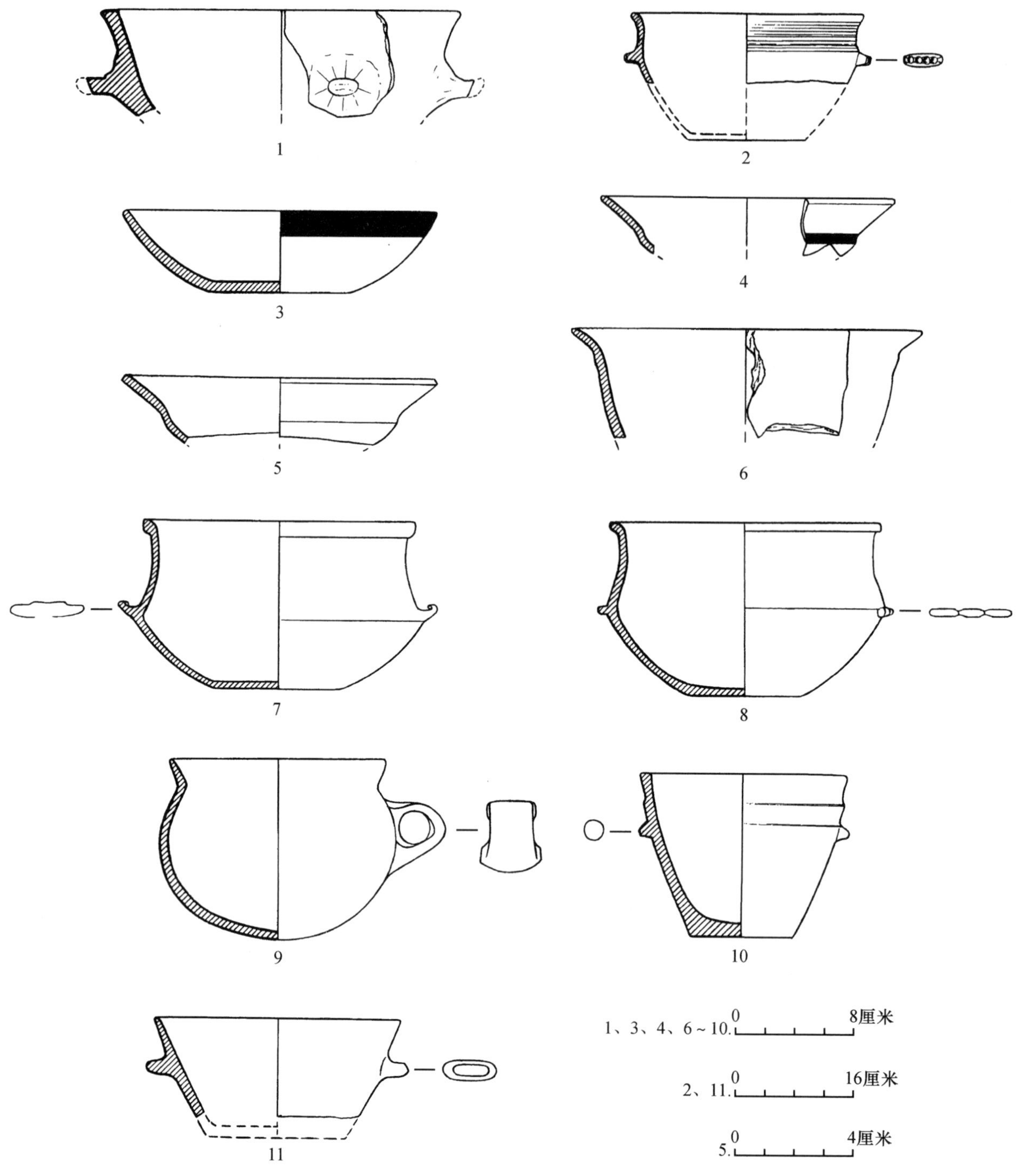

图一一二　陶钵

1. T6②：7　2. T1②：62　3. T2②：151　4. T3②：426　5. T3②：66　6. T1②：86　7. T2②：7　8. T4②：12　9. T2②：111　10. T2②：150　11. T2②：153

2. 陶碗类

21件。均为陶碗的残片和少数修复的残件。

（1）陶碗，3件。均为残件修复，陶色内外红衣彩陶，胎夹微量蚌末或炭。大敞口或微敛，弧腹内收，矮圈足。

T3②：400，为大口微敛，内折沿，矮圈足外侈。红彩底色为橘黄色，内红口彩带，内腹部和内底部绘有似植物和几何形黑彩图案花纹。通高6.4、口径22.5、底径10.5厘米（图一一三，1；彩版六六，1）。T3②：121，为小型红口彩陶，底色外部为橘黄色，内部为黑色，口沿和足部均饰一周红色彩带纹。通高4.2、口径14.8、底径9.4厘米（图一一三，2；彩版六六，2）。T2②：358，为泥质红口彩陶碗，底色为橘色。大敞口，弧腹，圈足稍残，口沿和足部各饰红色彩带纹。复原通高5.4、口径18、残底径14厘米（图一一三，3）。

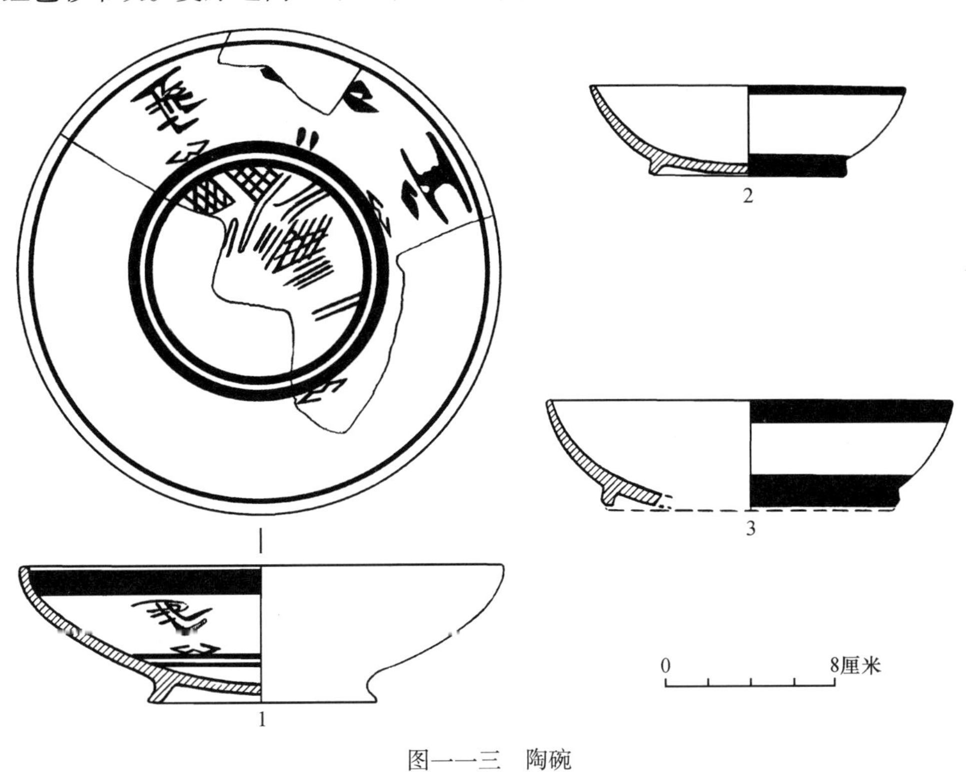

图一一三　陶碗

1. T3②：400　2. T3②：121　3. T3②：358

（2）陶碗底残件，2件。为碗底圈足残件或残片。

T1②：71，为外侈碗底圈足，内外红色陶。底径6.4厘米（图一一四，1；彩版六六，3）。T2②：357，为外侈碗底圈足，红褐色陶。底径7.8厘米（图一一四，2）。

（3）陶碗口残片，16件。均为陶碗破碎的口部残片，有泥质和夹炭陶，陶色有外红内黑色、红褐色、黑色、施红衣加红口彩等。

T3②：62，为外红内黑色陶，口沿微敛。复原口径22厘米（图一一四，3）。T3②：41，为外红内黑色陶，红口，沿内折。复原口径20.6厘米（图一一四，4）。T3②：427，为外红

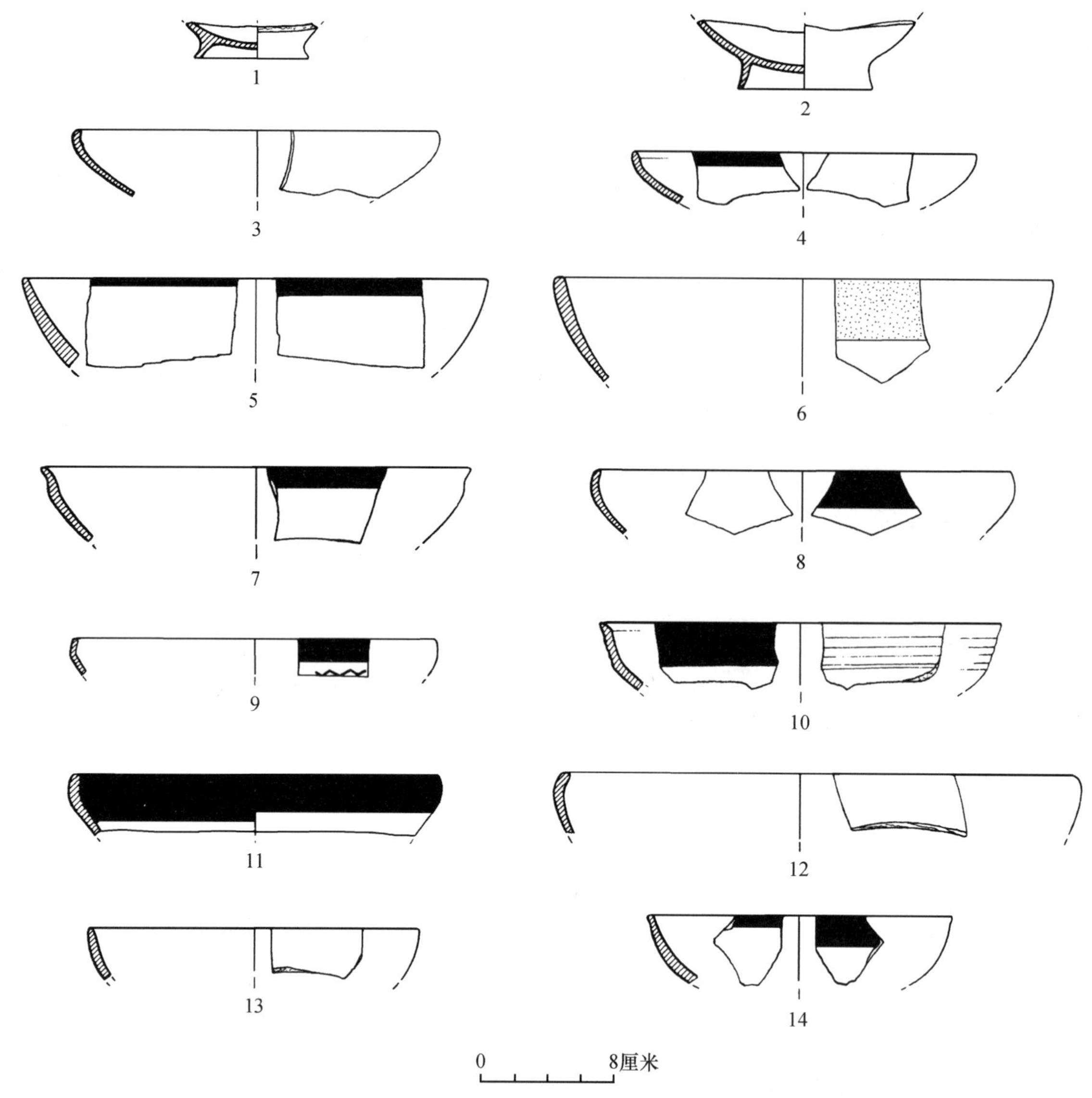

图一一四　陶碗底、碗口残片

1、2. 碗底（T1②：71、T3②：357）　3～14. 碗口（T3②：62、T3②：41、T3②：427、T3②：77、T2②：106、T3②：18、T3②：428、T4②：59、T3②：79、T4②：42、T4②：71、T4②：58）

内黑色陶，敞口，内外饰红口彩带纹。复原口径28厘米（图一一四，5）。T3②：77，为外红内黑色陶，敞口微敛，外沿饰红口彩带纹。复原口径28厘米（图一一四，6）。T2②：106，为外红内黑色陶，敞口内折沿，外沿饰红口彩带纹。复原口径25厘米（图一一四，7）。T3②：18，为外红内黑色陶，敛口，外沿饰红口彩带纹。复原口径24厘米（图一一四，8）。T3②：428，为外红内黑色陶，敞口内折沿，外饰红口彩带纹。复原口径22.1厘米（图一一四，9）。T4②：59，为外红内黑色陶，敞口内折沿，内口饰红色彩带纹。复原口径23厘米（图一一四，10）。T3②：79，为外红内黑色陶，敛口内折沿，口部内外饰红彩宽带纹。复原口径22.1厘米（图一一四，11）。T4②：42，为红衣彩陶，敛口内折沿。复原口径31厘米（图一一四，12）。T4②：71，外红内黑色陶，敞口。复原口径20.8厘米（图一一四，13）。

T4②：58，为外红内黑色陶，敞口，口部内外饰红口彩带纹。复原口径18.2厘米（图一一四，14）。T4②：37，为外红内黑色陶，敞口，口部内外饰红口彩带纹。复原口径14.1厘米（图一一五，1）。T3②：80，为外红内黑色陶，敛口沿外侈，折腹，外饰红口彩带纹。复原口径22.1厘米（图一一五，2）。T2②：101，为外红内黑色陶，敞口，口部内外饰彩带中间三角形连续纹。复原口径21.5厘米（图一一五，3）。T5②：38，为外红内黑色陶，敞口内折，口部内外饰红口宽带纹，内彩带下饰网状三角纹。复原口径21.3厘米（图一一五，4）。

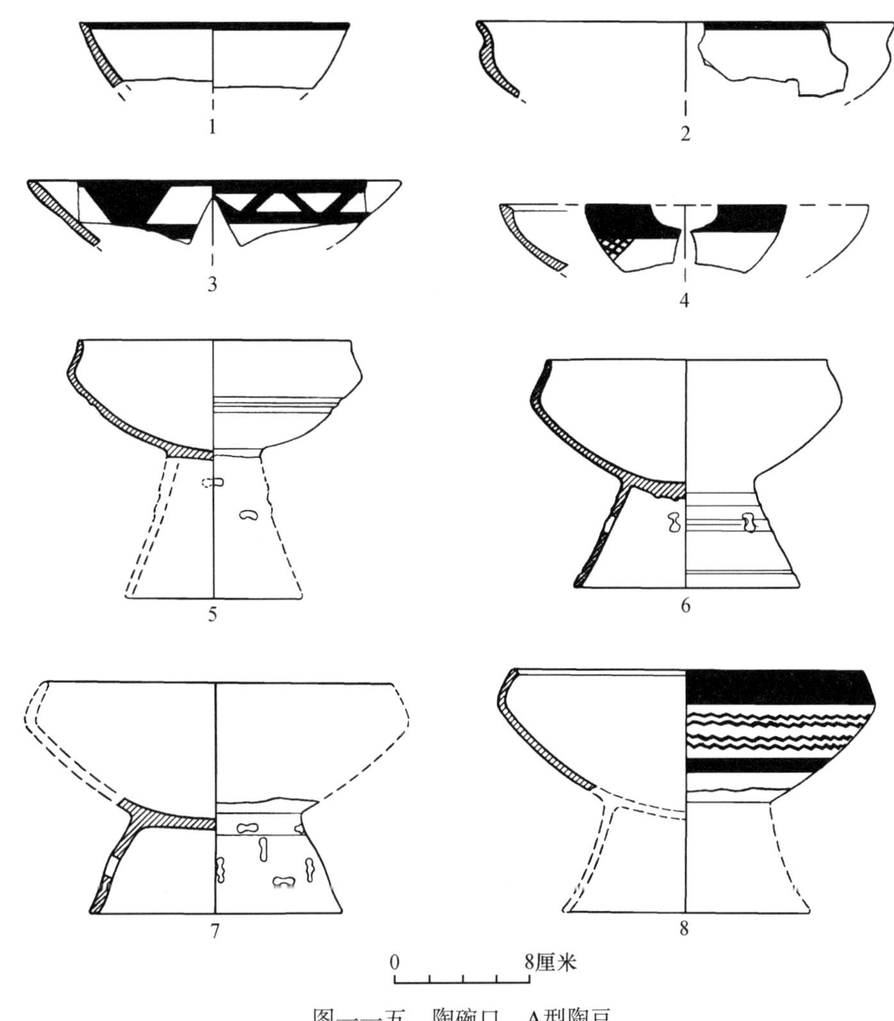

图一一五　陶碗口、A型陶豆

1～4. 碗口（T4②：37、T3②：80、T2②：101、T5②：38）　5～8. A型陶豆（T3②：124、T3②：141、T3②：127、T4②：77）

3. 陶豆类

64件。均为豆盘和豆座的残片和残件，陶色多为红衣彩陶，少数黑陶，陶胎夹炭或泥质，制作较精。豆盘有敛口折沿，敞口或敛口折腹，豆盘多为深腹，呈钵形。矮柄喇叭形圈足。多为彩陶豆，红彩底色为橘色或暗红色，豆盘多饰红口彩带纹，豆座彩带纹间饰几何形图案花纹。黑陶豆多为素面，外表留有制作时的弦纹。

（1）陶豆，13件。多为残件修复，根据盘口形状的不同，可分为A、B、C三型。

A型　8件，为深腹钵形盘豆。

T3②：124，为黑陶豆盘，柄座残修复。敛口折腹钵形盘，折棱凸显，下腹饰弦纹，豆柄弦纹间镂孔。复原通高15.2、口径16.3、腹径17.4、柄高8、底径10.3厘米（图一一五，5；彩版六六，4）。T3②：141，为残件修复，黑陶素面，矮豆柄圈座喇叭形，中部饰三道凸起弦纹间饰竖8字形镂孔5个。通高13.4、口径16.8、腹径18.4、柄高7.8、底径13.3厘米（图一一五，6；彩版六六，5）。T3②：127，为红衣彩陶矮豆座，豆盘残，依据相同器修复。矮形圈座饰间横竖8字形镂孔。复原通高13.5、口径20.6、腹径22.6、座高7、底径15厘米（图一一五，7；彩版六六，6）。T4②：77，为彩陶豆盘修复件，敛口折腹深腹钵形豆盘，矮豆座残，依据相同器修复。口盘外表彩底为橘红色，豆盘上下饰宽彩带纹，在两条彩带之间饰两组平行水波纹。复原通高14.3、口径21.2、腹径22.8、柄高6、底径15.2厘米（图一一五，8；彩版六六，7）。T2②：143，为彩陶豆盘，敛口折腹，折棱凸出，矮豆座残，依据相同器修复。盘口沿饰两道彩带纹中间间饰勾连云纹。复原通高14、口径27.4、腹径29.2、柄高7、底径24.6厘米（图一一六，1；彩版六七，1）。T3②：128，为彩陶豆盘残件修复，豆盘深腹钵形，直口微敛，折腹，矮圈座残，依据相同器修复。豆盘饰两道彩带纹中间间饰水波纹。复原通高14.6、口径15.8、腹径17.3、柄高6、底径10.6厘米（图一一六，2；彩版六七，2）。T3②：125，为豆座和柄残件修复，豆盘依据相同器修复。豆座饰三条宽彩带纹，彩带中间间饰连续三角形。复原通高16.2、口径17.8、腹径19.4、柄高8、底径10.7厘米（图一一六，3；彩版六七，3）。T3②：129，为豆柄和底座残件修复，豆盘依据相同器修复。内外红衣彩陶底色为橘色，豆座饰三条宽彩带纹，彩带纹中间间饰连续三角形。复原通高14.6、口径18.8、腹径20、柄高6、底径10.7厘米（图一一六，4；彩版六七，4）。

B型　2件，为浅腹碗形盘豆。

T3②：131，为残件修复，敞口微敛，矮圈足喇叭形。彩陶纹饰磨损不清楚。豆盘饰红口宽彩带纹。豆座饰三条宽彩带纹，三条彩带纹中间间饰连续三角形。通高12.6、口径16.6、腹径16、柄高6.4、底径10.8厘米（图一一六，5；彩版六七，5）。T3②：429，为豆座修复，矮豆座喇叭形，豆盘残，依据相同器修复。豆座红衣彩陶，表面粗糙，有明显制作痕迹。复原高11.7、口径16.4、腹径16、柄高5.8、底径10.4厘米（图一一六，6；彩版六七，6）。

C型　3件，浅腹盘形豆。

T3②：130，为豆盘残件修复，大敞口浅腹盘形，矮豆座残，依据相同器修复。红衣彩陶底色皆为橘色，口部饰宽彩带纹。复原通高11.1、口径21.6、腹径21、柄高6.4、底径15厘米（图一一六，7；彩版六七，7）。T2②：142，为豆座复原，豆盘残修复。豆盘大敞口，折腹，折棱明显，矮豆座喇叭形饰凸棱弦纹，弦纹中间间饰镂孔。复原高13.2、口径18.3、柄高6.2、底径13.3厘米（图一一七，1；彩版六七，8）。T3②：126，为残件修复，黑色陶。豆盘大敞口沿外侈，折腹，折棱明显。矮豆座喇叭形饰凸棱弦纹，弦纹间饰镂孔。通高12.5、口径17.6、柄高7、底径9.6厘米（图一一七，2；彩版六八，1）。

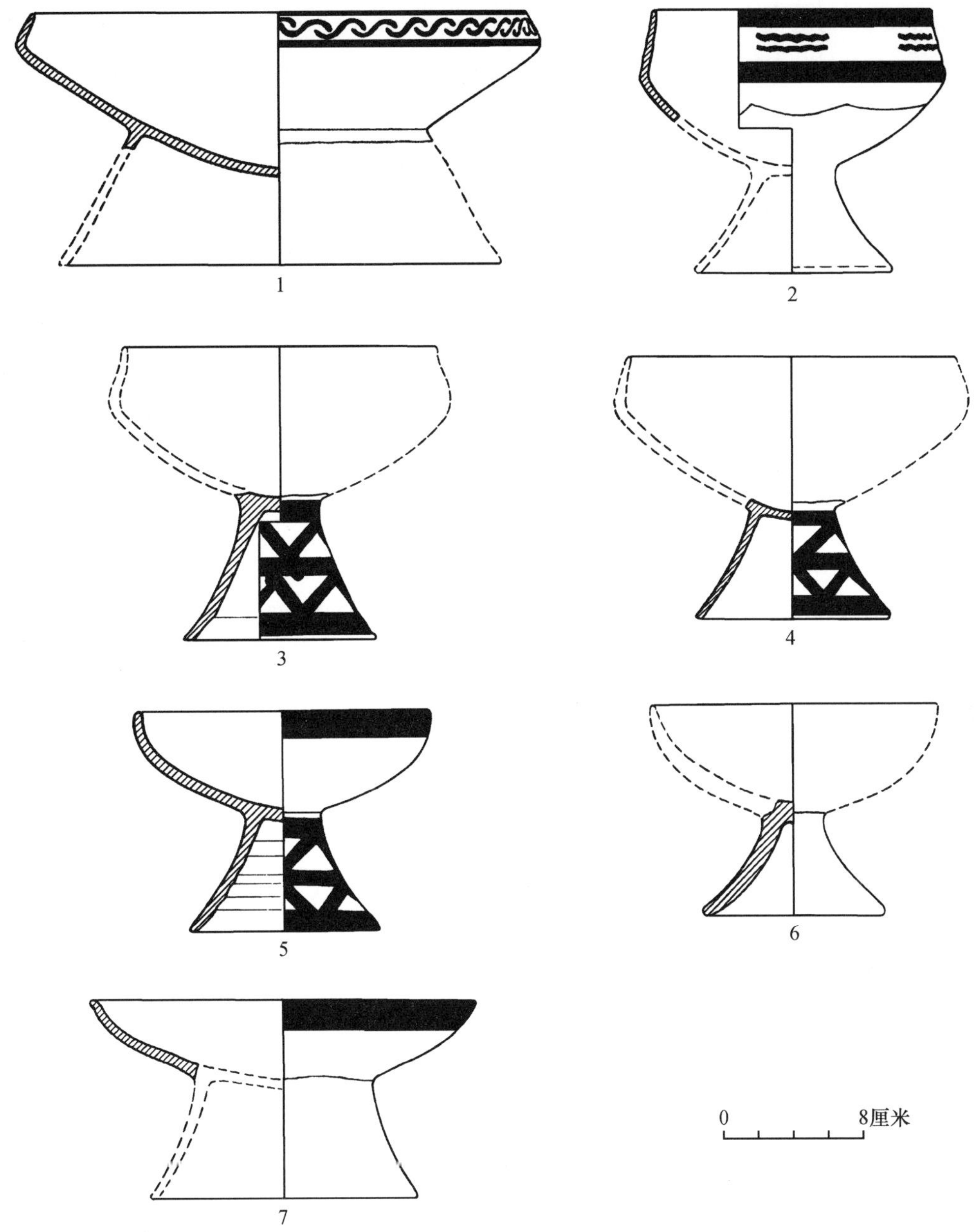

图一一六　A、B、C型陶豆

1～4. A型陶豆（T2②：143、T3②：128、T3②：125、T3②：129）　5、6. B型陶豆（T3②：131、T3②：429）

7. C型陶豆（T3②：130）

（2）陶豆座残片残件，18件。大多为矮豆座残片残件，有部分豆座保存基本完整，少数豆柄残件。以泥质红衣彩陶为主，部分外红衣内黑色陶，少数黑陶，器壁较薄，豆座均为矮喇叭形圈座，部分圈座内壁留有明显轮制打磨痕迹。红衣彩陶底色多为橘色，少数内外皆红色陶，豆座大多饰彩绘纹，部分素面豆座，少数饰镂孔。

T2②：102，为矮豆座残片。泥质彩陶，陶色内外底色皆橘黄色。矮豆座满饰上下彩带间填饰连续三角形纹。存高5.5、座径13.6厘米（图一一七，3；彩版六八，2）。T3②：60，为矮豆座残片。泥质彩陶，陶色内外底色皆橘黄色。矮豆座满饰上下彩带间填饰连续三角形纹。存高3、座径10.4厘米（图一一七，4；彩版六八，3）。T3②：59，为矮豆座残片。泥质彩陶，陶色内外底色皆橘黄色。矮豆座满饰上下彩带间填饰连续三角形纹。存高5.7、座径9.8厘米（图一一七，5；彩版六八，4）。T2②：100，为矮豆座残片。泥质彩陶，陶色内外底色皆橘黄色。矮豆座满饰上下彩带间填饰连续三角形纹。存高4、座径14厘米（图一一七，6；彩版六八，5）。T2②：99，为矮豆座残片。外红衣内黑色陶，底色皆橘黄色。矮豆座满彩，上部饰连续三角形纹之下满彩带纹。存高7.3、座径12厘米（图一一七，7；彩版六八，6）。T4②：80，为矮豆座残片，泥质彩陶。矮豆座满饰彩带纹。存高3.1、座径18.8厘米（图一一七，8；彩版六八，7）。T3②：64，为矮豆座残件，泥质红衣陶，器座较完整。座间隔饰有横卧或竖卧8字形镂孔。高7.9、座径15厘米（图一一七，9；彩版六八，8）。T3②：45，为矮豆座残残片，泥质红衣彩陶，底色皆橘黄色。存高4、座径14厘米（图一一七，10；彩版六八，9）。T2②：202，为矮豆座残片，外红衣内黑色彩陶。矮豆座满饰上下彩带间填以连续三角形纹。存高7.3、座径13.8厘米（图一一七，11）。T3②：82，为矮豆座残片，外红衣内黑色彩陶。矮豆座满饰上下彩带间填以连续三角形纹。存高4.6、座残径9.6厘米（图一一七，

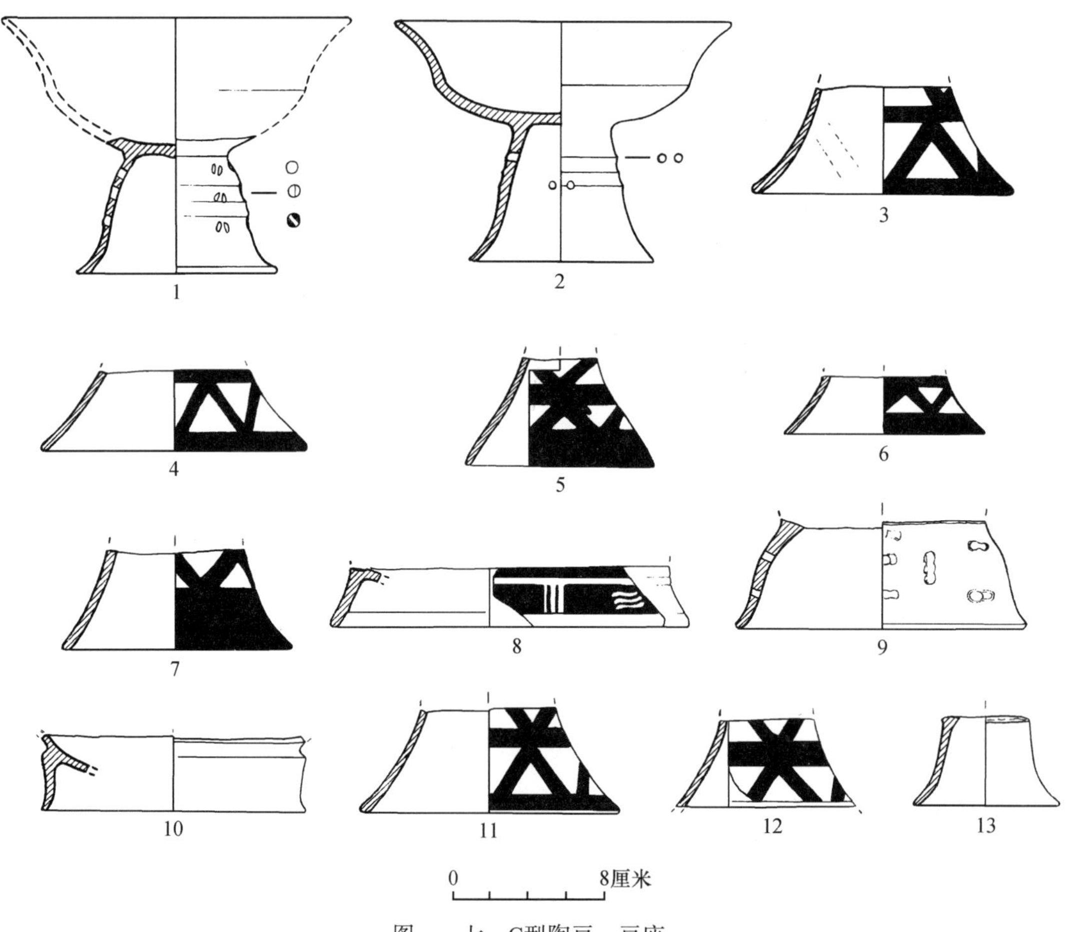

图一一七　C型陶豆、豆座

1、2. C型陶豆（T2②：142、T3②：126）　3～13. 豆座（T2②：102、T3②：60、T3②：59、T2②：100、T2②：99、T4②：80、T3②：64、T3②：45、T2②：202、T3②：82、T3②：431）

12；彩版六八，10）。T3②：431，为矮豆座残件。泥质红衣彩陶，底色橘黄色。存高4.7、座径7.6厘米（图一一七，13；彩版六八，11）。T2②：86，为矮豆座残片，素面黑陶。存高4.3、座径7厘米（图一一八，1；彩版六八，12）。T3②：438，为矮豆座残件，黑色陶。矮豆座满饰上下彩带间填以连续三角形纹。存高8.2、座径9.6厘米（图一一八，2）。T2②：84，为矮豆座残片，外红衣内黑色彩陶。存高5.2、座径8.6厘米（图一一八，3；彩版六八，13）。T2②：85，为豆柄残件，红衣彩陶。豆柄中部有两道箍状凸起呈竹节形，竹节纹间饰竖条刻道纹。存高6.5、残座径4.4厘米（图一一八，4；彩版六八，14）。T1②：48，为矮豆座残件，外红衣内黑色彩陶。存高4.6、残座径7.2厘米（图一一八，5）。T3②：48，为矮豆座残件，外红衣内黑色彩陶。存高4.5、残座径7.3厘米（彩版六九，1）。T3②：49，为矮豆座残件，外红衣内黑色彩陶。矮豆座满饰上下彩带间填以连续三角形纹。存高7.8、残座径8.6厘米（彩版六九，2）。

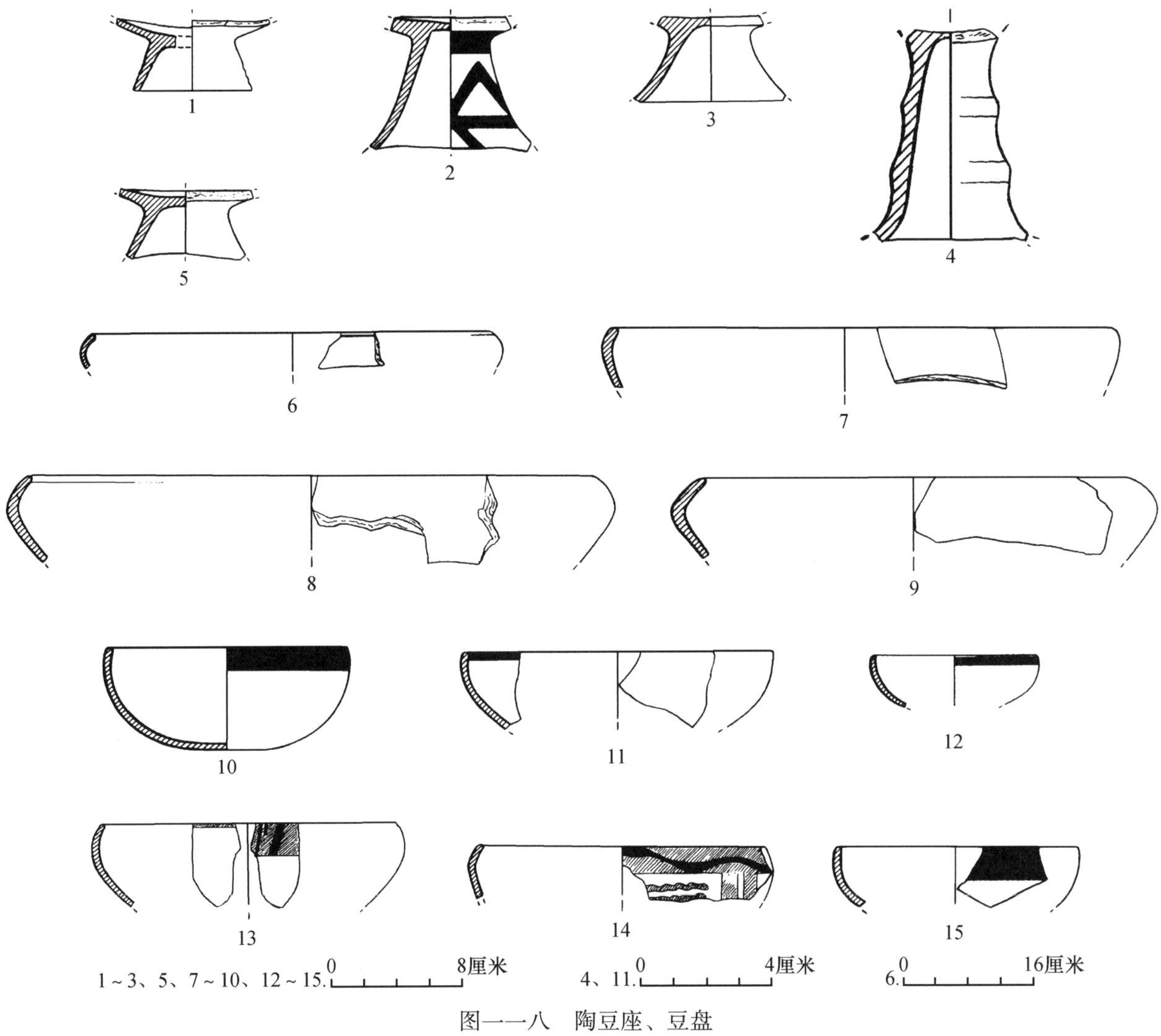

图一一八　陶豆座、豆盘

1～3、5. 豆座（T2②：86、T3②：438、T2②：84、T1②：48）　4. 豆柄（T2②：85）　6～9、11～15. 豆盘口（T2②：103、T5②：42、T2②：104、T1②：141、T3②：72、T3②：67、T4②：15、T3②：74、T1②：21）　10. 陶豆盘（T4②：57）

（3）陶豆盘口沿残片，33件。均为豆盘口沿残片，器形多敛口折沿、折腹或弧腹。盘口残片多数为泥质红衣红口彩陶或通体彩绘纹，少数素面红陶或黑陶，部分豆盘纹饰为彩带纹之间填以云纹、水波纹等。

T2②：103，陶色外红内黑色，口沿内敛。复原口径23.5厘米（图一一八，6）。T5②：42，外红内黑色陶，敛口内折。复原口径29.5厘米（图一一八，7）。T2②：104，外红内黑色陶，敛口内折。复原口径34.5厘米（图一一八，8）。T1②：141，为夹砂内外红色陶豆盘口沿残片，敛口折腹。存高5、复原口径28厘米（图一一八，9）。T4②：57，为红口彩陶豆盘残件，柄和座残缺。内外红衣底色为橘色，红口饰宽带彩纹。盘高7、口径14.7厘米（图一一八，10）。T3②：72，为红衣豆盘口沿残片，敛口弧腹，内红口彩带纹。存高2.3、复原口径9.4厘米（图一一八，11）。T3②：67，为红衣陶豆盘口沿残片，敛口弧腹，红口宽带彩纹。存高3.6、复原口径10.3厘米（图一一八，12）。T4②：15，为红衣豆盘残片，敛口弧腹，红口宽带彩纹。存高6.3、复原口径18.6厘米（图一一八，13）。T3②：74，为红衣豆盘口沿残片，敛口弧腹，红口宽带彩纹之下饰竖条间隔水波纹。存高3.1、复原口径18厘米（图一一八，14；彩版六九，3）。T1②：21，为红衣豆盘残片，敛口弧腹，红口宽带彩纹。存高4、复原口径15.4厘米（图一一八，15）。T3②：75，为红衣豆盘残片，敛口弧腹，红口宽带彩纹。存高5.1、复原口径16厘米（图一一九，1；彩版六九，4）。T3②：69，为红衣豆盘残片，敛口弧腹，内外红口，外口宽带彩纹。存高4.4、复原口径17.1厘米（图一一九，2；彩版六九，5）。T3②：81，为红衣豆盘残片，敛口弧腹，红口宽带彩纹。存高5.7、复原口径20厘米（图一一九，3；彩版六九，6）。T3②：90，为红衣豆盘残片，口部残，折腹，红口宽带彩纹。存高7.6、复原残口径18厘米（图一一九，4）。T2②：67，为黑色陶豆盘残片，敛口弧腹，内外红口，外口宽带彩纹。存高3.5、复原口径17.1厘米（图一一九，5）。T2②：117，为红衣豆盘残片，敛口弧腹，红口宽带彩纹。存高2.9、复原口径15.1厘米（图一一九，6）。T3②：408，为红衣豆盘残片，浅盘，敛口弧腹。存高2、复原口径24厘米（图一一九，7）。T3②：52，为红衣豆盘残片，敛口弧腹，红口彩带纹。存高3.3、复原口径15.3厘米（图一一九，8）。T3②：4，为红衣豆盘残片，敛口折腹，内外红口，外沿宽带彩纹之下饰水波彩纹。存高3.1、复原口径15.3厘米（图一一九，9）。T3②：55，为红衣豆盘残片，敛口折腹，红口宽带彩纹。存高4、复原口径11.1厘米（图一一九，10）。T2②：113，为红衣豆盘残片，敛口折腹，红口宽带彩纹。存高4.5、复原口径11.8厘米（图一一九，11）。T2②：114，为红衣豆盘残片，敛口，口沿下饰网形彩纹。存高3、复原口径15.6厘米（图一一九，12）。T4②：35，为红衣豆盘残片，口部残，外口部双道彩带之间填以曲折彩纹。存高5.6、复原口径16.4厘米（图一一九，13）。T4②：40，为红衣豆盘残片，敛口，红口彩带纹下饰波浪彩纹。存高3、复原口径15.6厘米（图一一九，14）。T4②：39，为红衣豆盘残片，敛口，红口彩带纹下饰波浪纹彩纹。存高3.3、复原口径12厘米（图一一九，15）。T3②：76，为外红衣内黑色豆盘残片，红衣底色为橘黄色。敛口折腹，豆盘通饰上下彩带间以水波彩纹。存高5.3、复原口径17.7厘米（图一一九，16）。T3②：63，为红衣豆盘残片，敛口，折腹，豆盘通

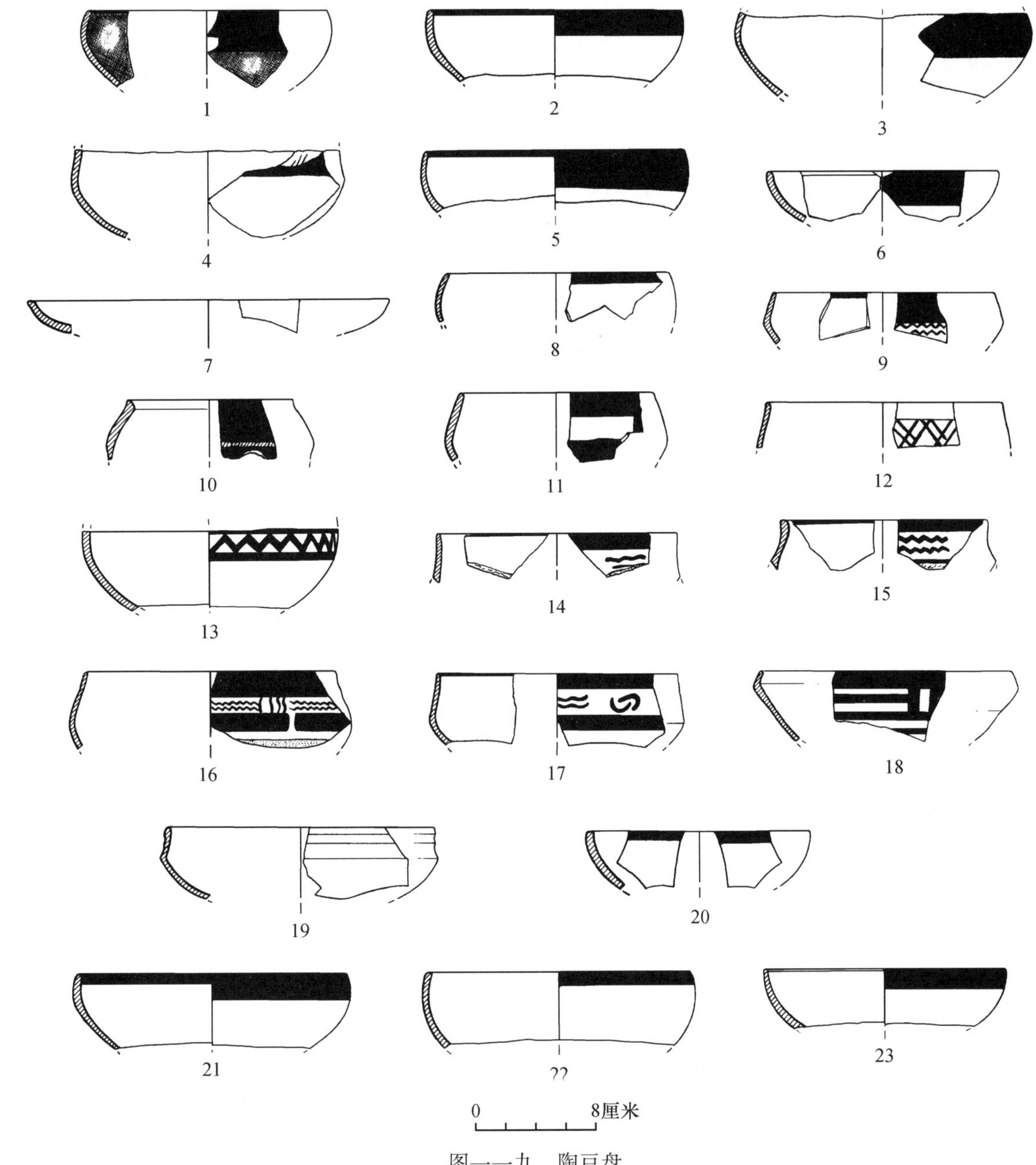

图一一九　陶豆盘

1. T3②：75　2. T3②：69　3. T3②：81　4. T3②：90　5. T2②：67　6. T2②：117　7. T3②：408　8. T3②：52　9. T3②：4　10. T3②：55　11. T2②：113　12. T2②：114　13. T4②：35　14. T4②：40　15. T4②：39　16. T3②：76　17. T3②：63　18. T6②：101　19. T5②：42　20. T5②：16　21. T3②：65　22. T4②：13　23. T3②：70

饰上下彩带间以水波、勾连彩纹。存高4.6、复原口径16厘米（图一一九，17）。T6②：101，为内外红色豆盘残片，敛口折腹，折棱明显。红衣豆盘通饰多层彩带纹。存高4、复原口径16.8厘米（图一一九，18）。T5②：42，为素面红色陶豆盘残片，敛口，折腹，折棱明显，外口沿饰弦纹。存高5.6、复原口径18厘米（图一一九，19）。T5②：16，为红衣豆盘残片，敛口，弧腹，红口彩带纹。存高3.9、复原口径15.1厘米（图一一九，20）。T3②：65，为红衣豆盘残片，敛口，弧腹，内外红口，外口宽带彩纹。存高4.6、复原口径17.8厘米（图一一九，

21；彩版六九，7）。T4②：13，为红衣豆盘残片，敛口，弧腹，红口宽带彩纹。存高4.6、复原口径18厘米（图一一九，22；彩版六九，8）。T3②：70，为红衣豆盘残片，敛口弧腹，红口宽带彩纹。存高3.8、复原口径16厘米（图一一九，23；彩版六九，9）。

4. 彩陶片

45块。侯家寨遗址发掘出土了一批破碎的彩陶片，主要是红衣彩陶，少见黑色彩陶，有相当一部分器物上施满彩几何纹，彩陶器胎壁多较薄，以泥质陶为主，内外磨光并施以橘黄色底色。从彩陶碎片中可以辨认器形的大约有碗、豆、钵、罐、杯等器类。这些彩陶碎片可供研究侯家寨二期文化陶器特征的典型参照物（彩版七〇）。

T3②：167，为红色陶，为口部残片，内外施以红色彩绘纹，外饰宽彩带纹，内饰相对三角纹。最长径4厘米（图一二〇，1）。T3②：189，为红衣彩陶豆座残片，纹饰为彩带间填以三角纹。最长径3.6厘米（图一二〇，2）。T1②：142，为红衣彩陶豆座残片，纹饰为彩带间填以三角纹。最长径4.6厘米（图一二〇，3）。T1②：143，为红衣彩陶，为口部残片，红口饰宽彩带纹。最长径2.9厘米（图一二〇，4）。T2②：69，为红衣彩陶，为口部残片，红口饰宽彩带纹。最长径3.5厘米（图一二〇，5）。T2②：194，为红衣彩陶，为口腹部残片，饰宽彩带间隔纹。最长径4.6厘米（图一二〇，6）。T3②：34，为红衣彩陶，为口腹部残片，饰彩带纹。最长径5.4厘米（图一二〇，7）。T2②：131，为红衣彩陶，为腹部残片，饰彩带件填以三角纹。复原残长径19厘米（图一二〇，8）。T4②：81，为红衣彩陶，为口部残片，红口饰彩带纹。最长径5.5厘米（图一二〇，9）。T4②：76，为红衣彩陶，似为豆座残片，饰宽彩带间以三角纹。最长径3厘米（图一二〇，10）。T3②：78，为红衣彩陶，为口部残片，红口饰宽彩带纹。最长径3.7厘米（图一二〇，11）。T4②：33，为红衣彩陶，为腹部残片，外饰宽窄彩带间以曲折、三角网纹，内饰宽彩带纹。最长径9.7厘米（图一二〇，12）。T6②：32，为红衣彩陶，为腹部残片，饰双彩带间以网形纹。最长径8.7厘米（图一二〇，13）。T6②：76，为红衣彩陶，为口部残片，红口饰上下彩带间以水波纹。最长径4.1厘米（图一二〇，14）。T5②：21，为红衣彩陶，为口部残片，红口饰宽彩带纹。最长径5.8厘米（图一二一，1）。T5②：18，为红衣彩陶，为腹部残片，饰双彩带纹。最长径4.4厘米（图一二一，2）。T3②：93，为红衣彩陶，为口部残片，红口饰彩带纹。最长残径6厘米（图一二一，3）。T3②：91，为红衣彩陶，为腹部残片，饰彩带等纹。最长径4.7厘米（图一二一，4）。T3②：296，为红衣彩陶，似为豆座残片，饰彩带间以三角纹。最长径5.8厘米（图一二一，5）。T6②：3，为红衣彩陶，为口部残片，竖饰交叉彩带纹。最长径4.2厘米（图一二一，6）。T3②：89，为红衣彩陶，为口部残片，红口饰宽彩带纹。最长残径4.5厘米（图一二一，7）。T3②：85，为红衣彩陶，为口部残片，红口饰宽彩带纹。最长径2.2厘米（图一二一，8）。T3②：88，为红衣彩陶，为腹部残片，饰彩带间以重线三角、网状纹。最长径9.2厘米（图一二一，9）。T6②：10，为红衣彩陶，为腹部残片，饰宽彩带纹。最长径7.8厘米（图一二一，10）。T3②：435，为红衣彩陶，为腹部残片，饰宽彩带纹。最长径

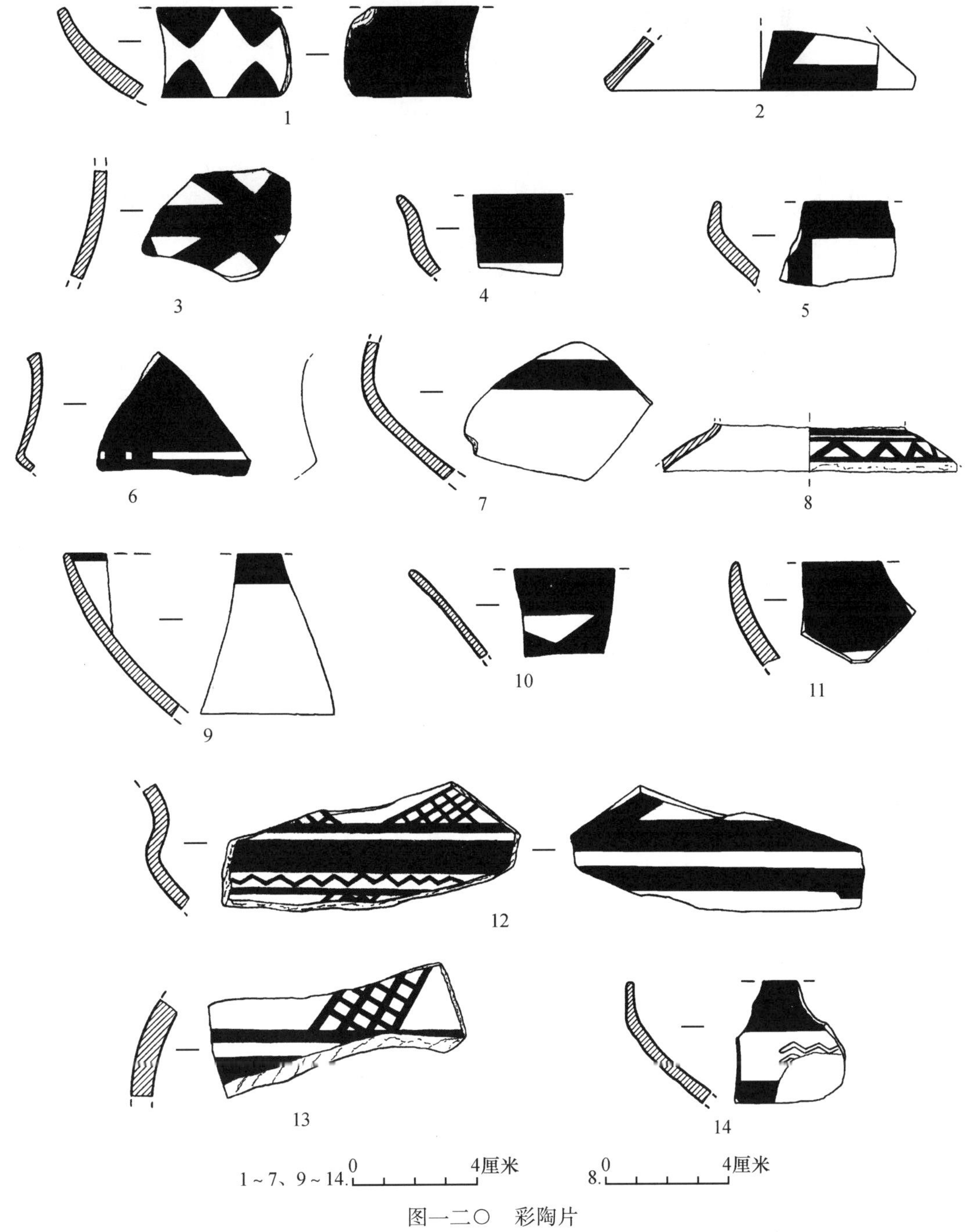

图一二〇　彩陶片

1. T3②：167　2. T3②：189　3. T1②：142　4. T1②：143　5. T2②：69　6. T2②：194　7. T3②：34　8. T2②：131　9. T4②：81　10. T4②：76　11. T3②：78　12. T4②：33　13. T6②：32　14. T6②：76

7.1厘米（图一二一，11）。T3②：116，为红衣彩陶，为腹部残片，饰双彩带间以曲线、网状三角等纹。最长径6.9厘米（图一二一，12）。T3②：96，为红衣彩陶，似为罐口部残片，饰重彩带间以曲线纹。最长径19厘米（图一二一，13）。T4②：3，为红衣彩陶，为腹部残片，饰重彩带间以网状纹。最长径5.4厘米（图一二一，14）。T4②：75，为红衣彩陶，为口部残片，红口饰宽彩带纹。最长径5.6厘米（图一二二，1）。T4②：61，为红衣彩陶，为腹部残

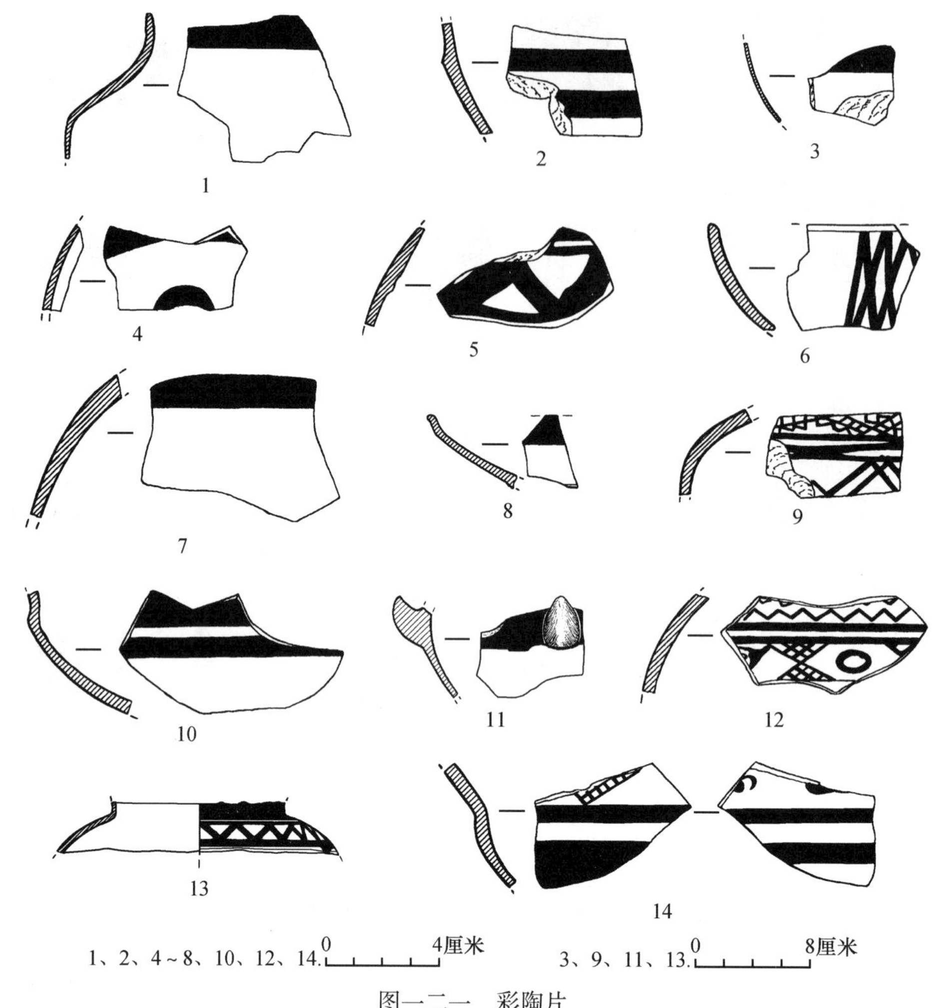

图一二一　彩陶片

1. T5②：21　2. T5②：18　3. T3②：93　4. T3②：91　5. T3②：296　6. T6②：3　7. T3②：89　8. T3②：85　9. T3②：88　10. T6②：10　11. T3②：435　12. T3②：116　13. T3②：96　14. T4②：3

片，饰彩带间以连珠等纹。最长径5.7厘米（图一二二，2）。T3②：161，为红衣彩陶，为腹部残片，饰双彩带间以斜方形网纹。最长径3.8厘米（图一二一，3）。T4②：52，为红衣彩陶，为口部残片，红口饰宽彩带纹。最长径4.5厘米（图一二二，4）。T4②：19，为红衣彩陶，为腹部残片，饰彩带间以双交叉三角纹。最长径6.3厘米（图一二二，5）。T6②：71，为红衣彩陶，似为豆座残片，饰宽彩带间以五折三角纹。红色陶。最长径10.1厘米（图一二二，6）。T4②：21，为红衣彩陶，为口部残片，红口饰宽彩带纹。最长径5.7厘米（图一二二，7）。T3②：86，为红衣彩陶，为口部残片，红口饰宽彩带纹。最长径7厘米（图一二二，8）。T5②：20，为红衣彩陶，为口部残片，红口饰宽彩带纹。最长径4.9厘米（图一二二，9）。T4②：63，为红衣彩陶，为腹部残片，饰相对三角彩纹。最长径4.4厘米（图一二二，10）。T4②：62，为红衣彩陶，似为罐口部残片，饰宽彩带下水波纹。最长径4.6厘米（图一二二，11）。T6②：51，为红衣彩陶，似为矮豆座残片，饰彩带纹。最长径7.2厘米（图一二二，12）。T3②：27，为红衣彩陶，为口部残片，内外红口饰宽彩带纹。最长径5.7厘米

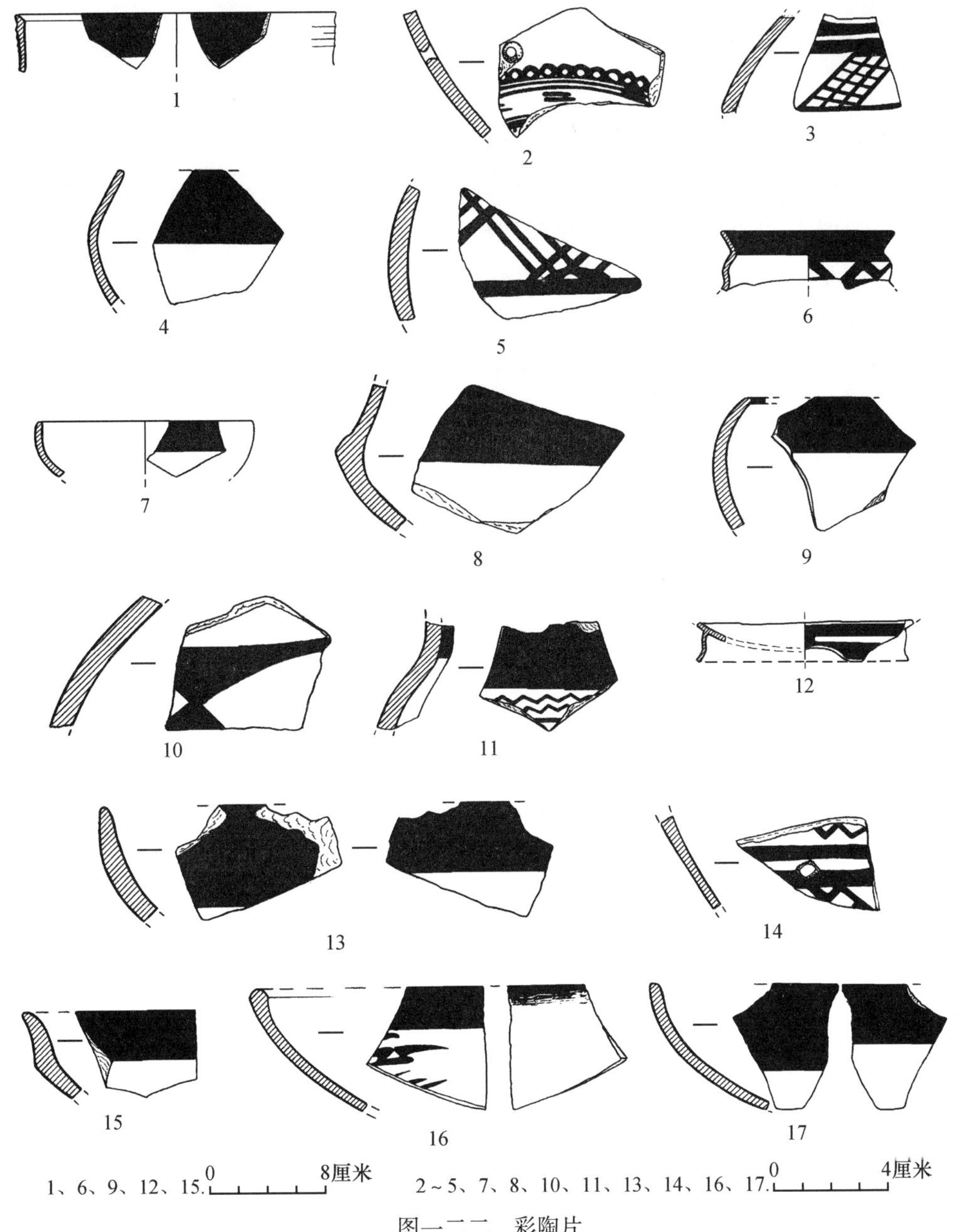

图一二二　彩陶片

1. T4②：75　2. T4②：61　3. T3②：161　4. T4②：52　5. T4②：19　6. T6②：71　7. T4②：21　8. T3②：86　9. T5②：20　10. T4②：63　11. T4②：62　12. T6②：51　13. T3②：27　14. T3②：436　15. T5②：118　16. T3②：149　17. T6②：128

（图一二二，13）。T3②：436，为红衣彩陶，为腹部残片，饰双彩带间以曲折纹。最长径4.5厘米（图一二二，14）。T5②：118，为红衣彩陶，为口部残片，红口饰宽彩带纹。最长径8厘米（图一二二，15）。T3②：149，为红衣彩陶，为口部残片，红口饰宽彩带纹。最长径4厘米（图一二二，16）。T6②：128，为红衣彩陶，似为口部残片，红口饰宽彩带纹。最长径3.6厘米（图一二二，17）。

5. 陶罐类

19件。多为破碎残片和残件。陶色有夹蚌末或夹炭红褐色陶、彩陶和少量灰陶。器形有大口、小口和弧腹、鼓腹的不同，均为平底。根据罐口的不同可将其分为A、B二型。

A型　8件，为大口弧腹平底罐的残片或残件。

T1②：47，为罐口部残片，灰褐色陶，器壁较厚，夹蚌末。敛口，平窄沿外侈，束颈，溜肩，颈部饰弦纹。存高3.2、复原口径14.4厘米（图一二三，1）。T3②：53，为罐口部残片，灰褐色陶，夹蚌末，器壁较厚。敛口，平沿外侈，束颈，溜肩弧腹，肩部饰一周指切纹。存高16、复原口径19.4厘米（图一二三，2；彩版七一，1）。T2②：98，为罐口部残片，灰褐色陶，器壁较厚，夹蚌末。敛口，平窄沿外侈，束颈，溜肩。存高5.3、复原口径20.1厘米（图一二三，3）。T6②：5，为罐口沿残片，外红内灰色，夹蚌末，器壁较厚，器表留有抹平痕。存高3.8、复原口径10.1厘米（图一二三，4）。T4②：82，为罐口部残片，灰褐色陶，夹蚌末，器壁较厚。敛口，圆唇，窄沿外侈，束颈，溜肩，肩部对称鋬手。存高7.2、复原口径20.8厘米（图一二三，5）。T1②：42，为罐口沿残片。灰褐色夹蚌末，器壁较厚，器表留有抹痕。存高8.3、复原口径20.5厘米（图一二三，6；彩版七一，2）。T2②：94，为罐口沿残片，外红内黑色，器壁较厚，内外表留有抹平痕。存高10、复原口径30.2厘米（图一二三，7；彩版七一，3）。T2②：89，为罐口沿残片，外红内黑色，器壁较厚。内外表抹平，腹部饰一周指切纹。存高8.4、复原口径23厘米（图一二三，8）。

B型　11件，小口鼓腹平底罐残片或残件，多为彩陶罐。

T2②：261，为泥质卷沿束颈小口彩陶罐口沿残片，残片满饰彩陶纹，外口沿饰宽彩带纹，肩部以下饰多层连续三角纹。存长径15厘米（彩版七一，4）。T1②：83，为泥质罐口腹残片，灰褐色陶。敛口，卷沿，束颈，溜肩。肩腹饰弦纹。存高8.5、复原口径8.2厘米（图一二三，9；彩版七一，5）。T2②：154，为泥质卷沿束颈小口彩陶罐口沿残片，残片满饰彩陶纹，内外口沿饰宽彩带纹，肩部以下饰多层连续双线水波纹。存高7.7、复原口径7厘米（图一二三，10；彩版七一，6）。T3②：437，为泥质彩陶罐腹部残片，残片满饰多层勾莲纹。长径9.6厘米（彩版七一，7）。T2②：362，为泥质彩陶罐口沿残片，残片满饰多层三角纹。长径6.7厘米（彩版七一，8）。T2②：107，为泥质红衣陶罐口沿残片。长径8厘米（彩版七一，9）。T3②：94，为泥质彩陶罐颈肩部残片，残片满饰多层彩带与连续三角纹。长径28厘米（彩版七一，10）。T2②：363，为红衣彩陶罐口沿残片，饰红口。长径8.6厘米（彩版七一，11）。T2②：364，为内外红口彩陶罐口沿残片。长径7.8厘米（彩版七二，1）。T2②：8，为彩陶罐颈肩部残片，残片满饰多层彩带间隔水波纹。长径5.4厘米（彩版七二，2）。T2②：365，为彩陶罐颈肩部残片，残片饰彩带间饰水波纹。长径5.6厘米（彩版七二，3）。

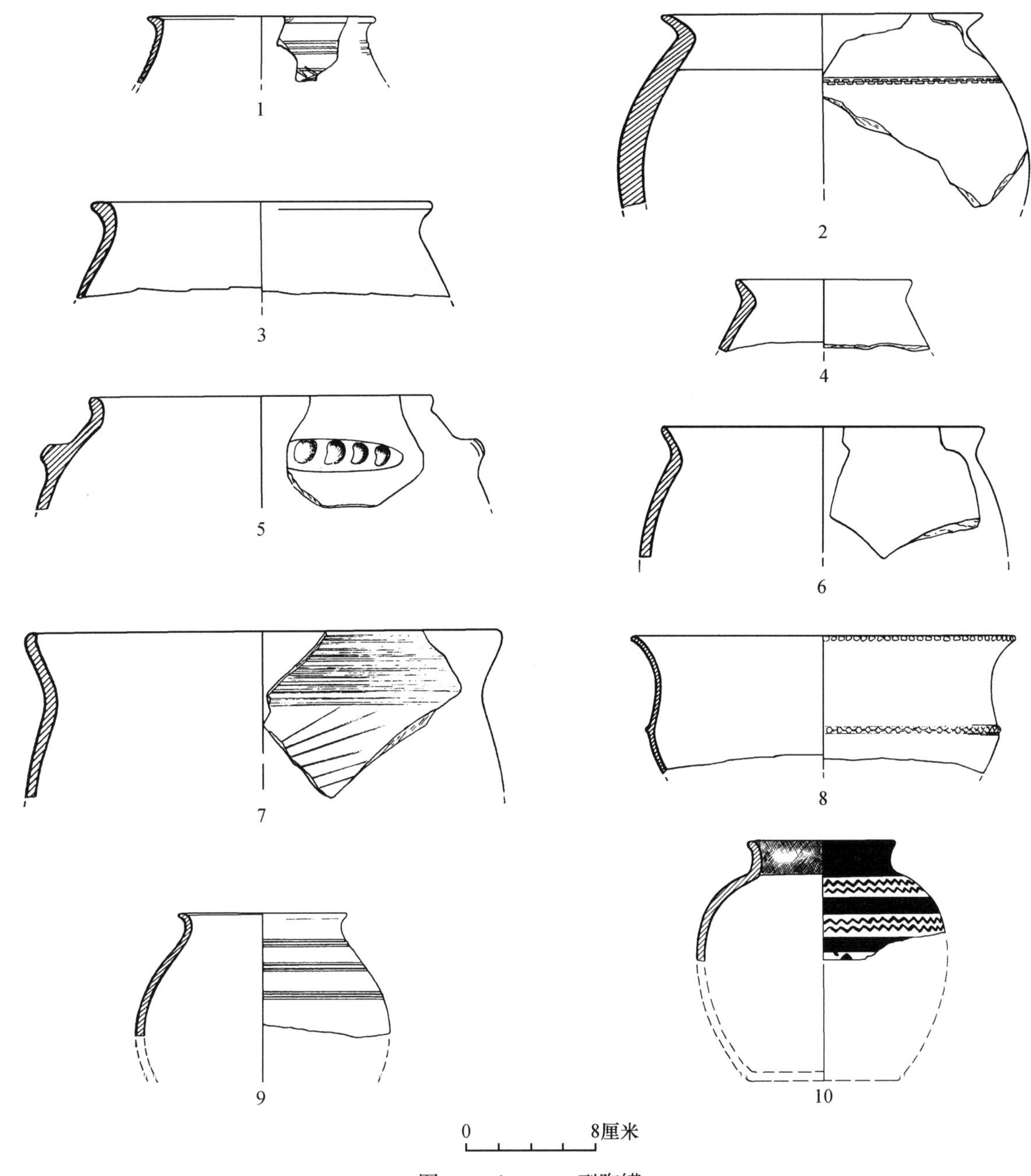

图一二三　A、B型陶罐

1～8. A型（T1②：47、T3②：53、T2②：98、T6②：5、T4②：82、T1②：42、T2②：94、T2②：89）

9、10. B型（T1②：83、T2②：154）

6. 陶盂形器

54件。为红褐色夹蚌末陶，多完整，少数修复，器形制作粗糙，不规整，大小不一。盂形器多为有沿形，少数无沿形，根据口沿不同分为A、B二型。

A型　50件，为有沿盂形器。器形多样各不相同。

T2②：214，为有沿形，口部稍残修复，敛口，侈沿，折腹，平底。口径6.2、高4.7、腹径6.3、底径4厘米（图一二四，1；彩版七二，4）。T2②：125，为有沿形，基本完整，敛口，侈沿，折腹，平底。口径5.4、高4.9、腹径6.1、底径3.4厘米（图一二四，2；彩版七二，5）。T2②：128，为有沿形，口部残修复，敛口，侈沿，折腹，平底。口径6.2、高4.9、腹径6.6、底径3.9厘米（图一二四，3；彩版七二，6）。T1②：13，为有沿形，完整，敛口，侈沿，折腹，平底。口径4.4、高3、腹径4.6、底径3厘米（图一二四，4；彩版七二，7）。T1②：65，为有沿形，口腹部稍残修复，敛口，侈沿，折腹，平底。口径5.5、高4.4、腹径6.4、底径3.6厘米（图一二四，5；彩版七二，8）。T3②：107，为有沿形，口部稍残修复，

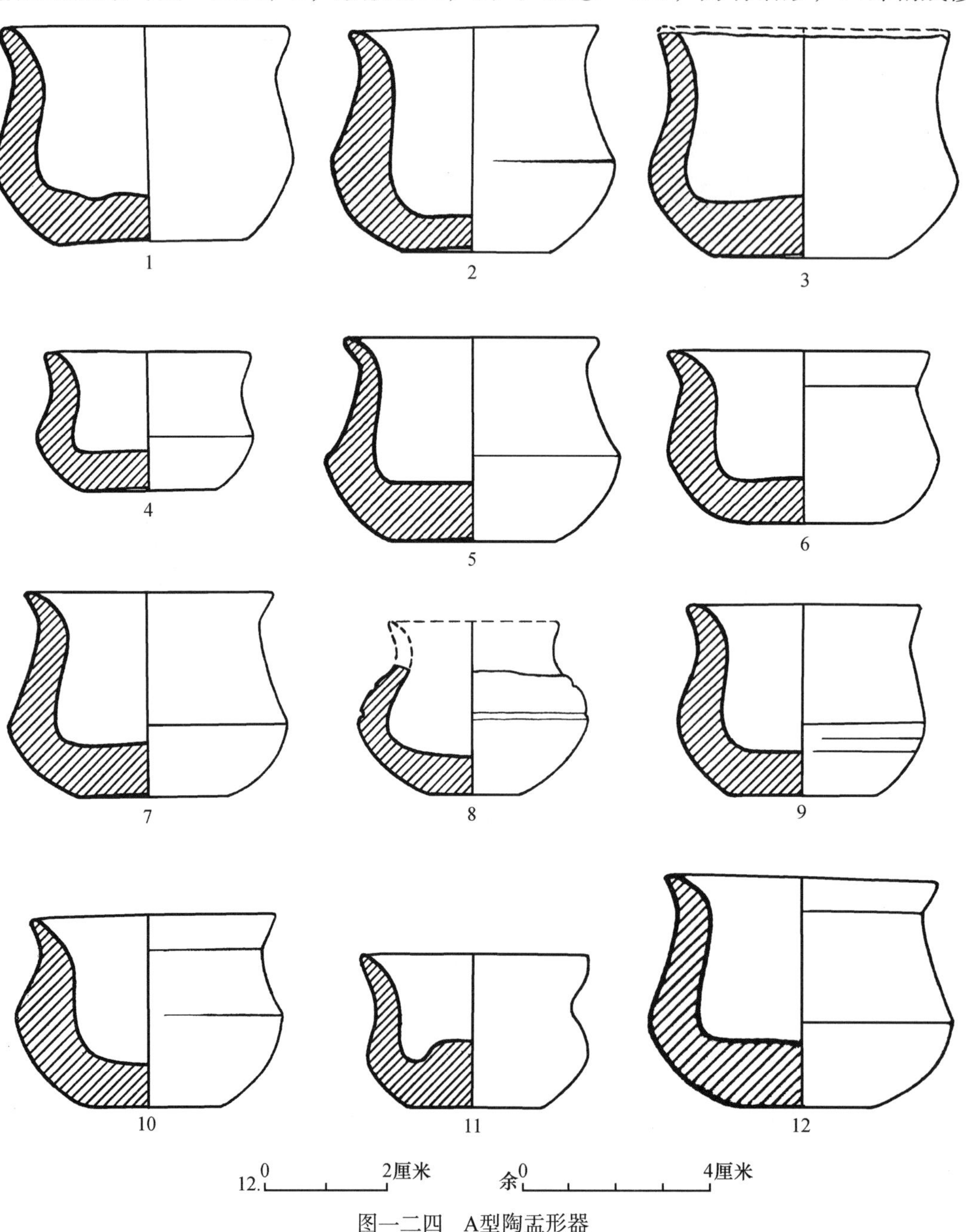

图一二四　A型陶盂形器

1. T2②：214　2. T2②：125　3. T2②：128　4. T1②：13　5. T1②：65　6. T3②：107　7. T1②：12　8. T1②：8　9. T1②：10　10. T5②：5　11. T6②：80　12. T2②：366

敛口侈沿，折腹，平底。口径5.6、高3.7、腹径5.8、底径3.2厘米（图一二四，6；彩版七二，9）。T1②：12，为有沿形，口部稍残修复，敛口，侈沿，折腹，平底。口径5.4、高4.4、腹径6.1、底径3.1厘米（图一二四，7；彩版七二，10）。T1②：8，为有沿形，口部稍残修复，敛口，侈沿，折腹，平底，上腹饰弦纹。口径3、高3.7、腹径5、底径2.2厘米（图一二四，8）。T1②：10，为有沿形，完整，敛口，侈沿，折腹，平底，下腹饰弦纹。口径5、高4、腹径5.3、底径3.1厘米（图一二四，9）。T5②：5，为有沿形，完整，敛口，侈沿，折腹，平底。口径5.3、高4.2、腹径5.8、底径3.2厘米（图一二四，10）。T6②：80，为有沿形，口部稍残修复，敛口，侈沿，折腹，平底。口径5、高3.3、腹径4.9、底径2.9厘米（图一二四，11；彩版七二，11）。T2②：366，为有沿形，口部稍残修复，敛口，侈沿，折腹，平底。口径4.6、高4、腹径5.2、底径3.4厘米（图一二四，12；彩版七二，12）。T3②：106，为有沿形，口部稍残修复，敛口，侈沿，折腹，平底。口径5、高2.8、腹径4.6、底径3厘米（图一二五，1；彩版七二，13）。T3②：108，为有沿形，完整，敛口，侈沿，折腹，平底。口径3.8、高2.1厘米（图一二五，2）。T3②：109，为有沿形，基本完整，敛口，侈沿，束颈，折腹，平底。口径9.5、高6.7、腹径10.2、底径4厘米（图一二五，3；彩版七三，1）。T1②：145，为有沿形，完整，敛口，侈沿，折腹，平底。口径4.4、高3.2、腹径4.1、底径2厘米（图一二五，4）。T1②：7，为有沿形，完整，敛口，侈沿，折腹，平底。口径4.6、高4.4、腹径6.4、底径3.4厘米（图一二五，5；彩版七三，2）。T2②：227，为有沿形，完整，敛口，侈沿，折腹，平底。口径5.7、高4.4、腹径5.9、底径2.7厘米（图一二五，6；彩版七三，3）。T3②：111，为有沿形，基本完整，敛口，侈沿，折腹，平底，上腹部饰弦纹。口径5.1、高4.6、腹径5.8、底径2.6厘米（图一二五，7；彩版七三，4）。T2②：118，为有沿形，口部稍残修复，敛口，侈沿，折腹，平底，肩部饰三圈刻划戳刺纹。口径4.3、高4.1、腹径5.4、底径2.9厘米（图一二五，8；彩版七三，5）。T2②：213，为有沿形，口部稍残修复，敛口，侈沿，折腹，平底。口径7.2、高6.2、腹径8.5、底径5.3厘米（图一二五，9；彩版七三，6）。T1②：11，为有沿形，口部稍残修复，敛口，侈沿，折腹，平底。口径6.5、高5.3、腹径7、底径4.2厘米（图一二五，10；彩版七三，7）。T2②：217，为有沿形，口部稍残修复，敛口，侈沿，折腹，平底。口径5、高4、腹径5.1、底径2.2厘米（图一二五，11；彩版七三，8）。采集：3，为有沿形，口部稍残修复，敛口，侈沿，折腹，平底。口径5、高4、腹径5.6、底径2.4厘米（图一二五，12；彩版七三，9）。T3②：207，为有沿形，完整，敛口，侈沿，折腹，平底。口径4.7、高2.9厘米（图一二六，1）。T2②：130，为有沿形，口部稍残修复，敛口，侈沿，折腹，平底。口径6.2、高3.7、腹径5.9、底径3.2厘米（图一二六，2；彩版七三，10）。T2②：367，为有沿形，完整，敛口，侈沿，折腹，平底。口径7.8、高5.4、腹径8.2、底径3.6厘米（图一二六，3；彩版七三，11）。T1②：146，为有沿形，口部残修复，敛口，侈沿，折腹出沿，平底。口径7.7、高4.6、腹径7.8、底径3.2厘米（图一二六，4；彩版七三，12）。T4②：32，为残件修复。敞口，折腹，圜底，底部有三乳钉状足。口径7.6、高4.1、腹径7.3厘米（图一二六，5；彩版七四，1）。T2②：134，为有沿形，基本完整，敛口，侈沿，束颈，

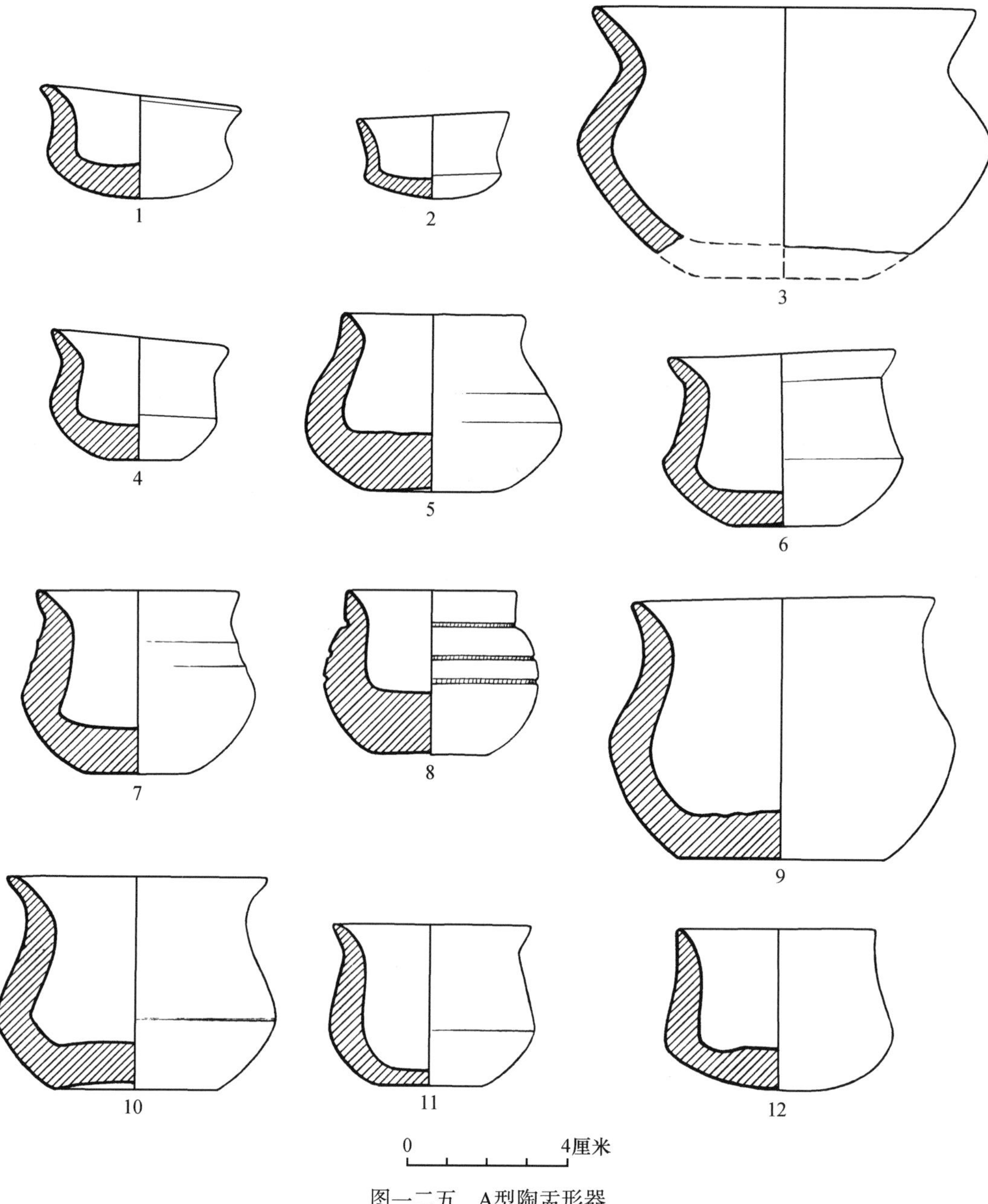

图一二五　A型陶盂形器

1. T3②：106　2. T3②：108　3. T3②：109　4. T1②：145　5. T1②：7　6. T2②：227　7. T3②：111　8. T2②：118　9. T2②：213　10. T1②：11　11. T2②：217　12. 采集：3

折腹，折棱凸显平底。口径8.6、高4.5、腹径7.7、底径3.8厘米（图一二六，6；彩版七四，2）。T3②：110，为有沿形，口部稍残修复，敛口，侈沿，折腹，平底。口径6.5、高3、腹径5.5、底径3厘米（图一二六，7）。T6②：4，为有沿形，口部残修复，敛口，侈沿，折腹，平底。口径5.5、高2.7、腹径4.9、底径2.8厘米（图一二六，8；彩版七四，3）。T3②：208，器形完整，大口，卷沿，折腹，小平底，腹部残损。口径6.3、高4.6厘米（图一二六，9；彩版七四，4）。T2②：121，为有沿形，完整，敛口，侈沿，弧腹，圜底，腹部饰凸弦纹。口径4、高4.3、腹径5.2、底径2厘米（图一二六，10；彩版七四，5）。T3②：2，为有沿形，口部

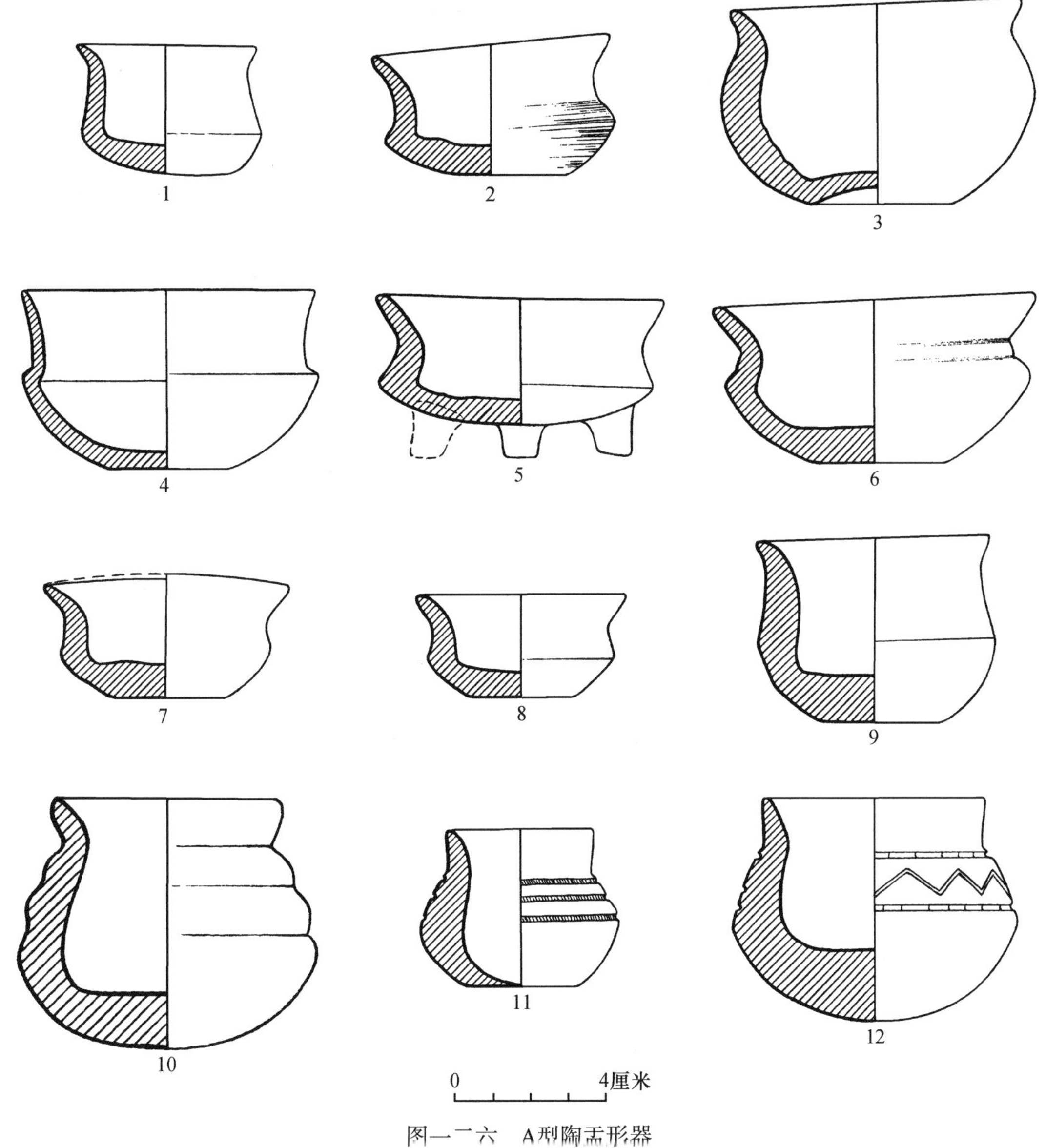

图一二六　A型陶盂形器

1. T3②：207　2. T2②：130　3. T2②：367　4. T1②：146　5. T4②：32　6. T2②：134　7. T3②：110　8. T6②：4　9. T3②：208　10. T2②：121　11. T3②：2　12. T3②：114

残修复，敛口，侈沿，折腹，平底，上腹饰三道刻划戳刺纹。口径3.9、高4、腹径5.2、底径3厘米（图一二六，11；彩版七四，6）。T3②：114，为有沿形，口部残修复，敛口，侈沿，折腹，圜底，肩部饰条带刻划间曲折纹。口径6、高5.9、腹径7.6、底径2厘米（图一二六，12；彩版七四，7）。T3②：113，为有沿形，完整，敛口，侈沿，圆鼓腹，平底内凹。口径4.5、高6、腹径6.6、底径3.5厘米（图一二七，1；彩版七四，8）。T2②：126，为有沿形，口部残修复，敛口，侈沿，折腹，平底。口径7、高6、腹径7.6、底径4.2厘米（图一二七，2；彩版七四，9）。T3②：112，为有沿形，口部残修复，敛口，侈沿，折腹，平底。口径6.5、高6.4、腹径8.1、底径4.4厘米（图一二七，3；彩版七四，10）。T2②：1，为有沿形，口部残修复，敛口，侈沿，折腹，平底。口径5.4、高4.6、腹径5.7、底径3厘米（图一二七，4；彩

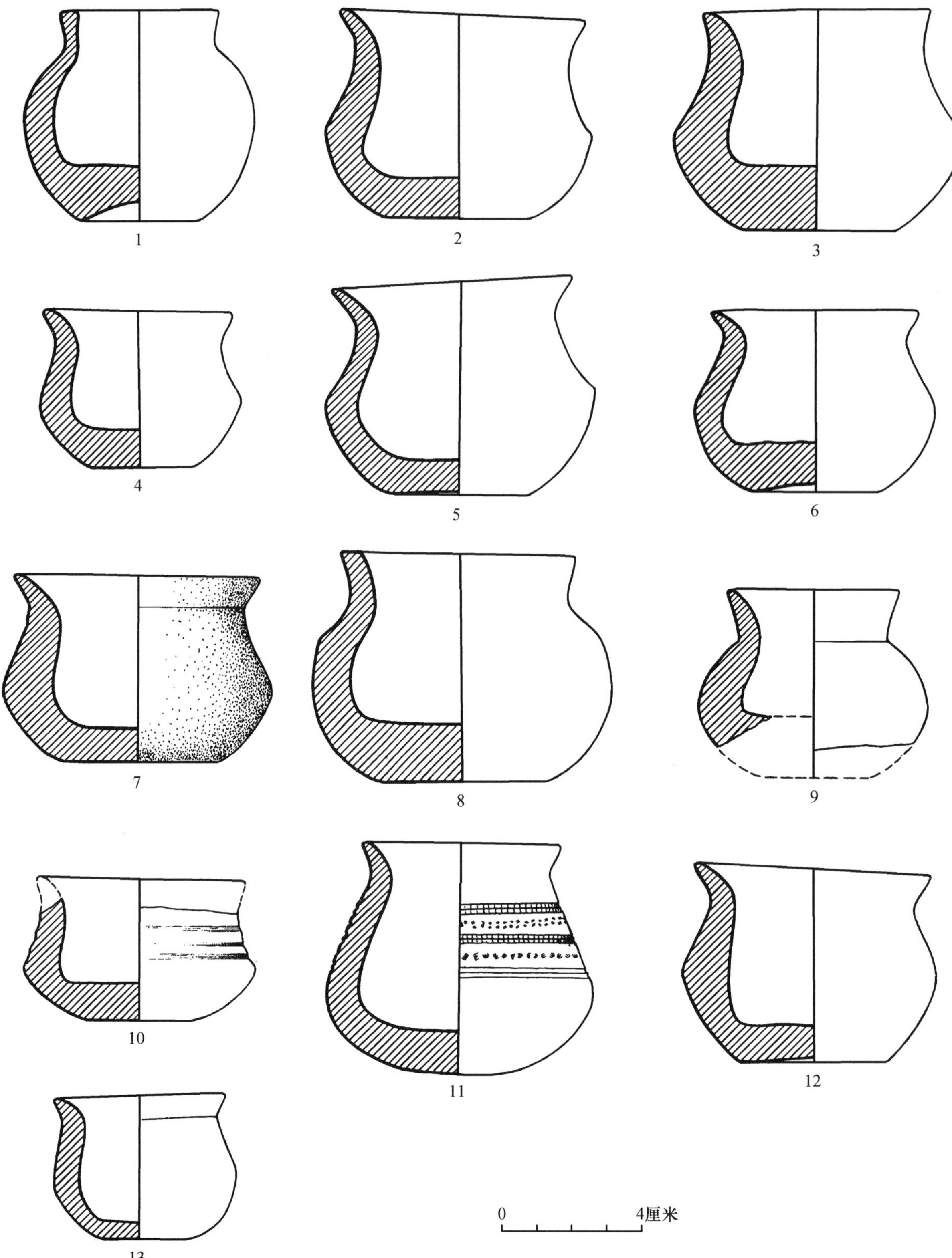

图一二七　A型陶盂形器

1. T3②：113　2. T2②：126　3. T3②：112　4. T2②：1　5. T2②：127　6. T2②：159　7. T2②：369　8. T2②：119　9. T1②：15　10. T2②：228　11. T2②：124　12. T3②：208　13. T1②：2

版七四，11）。T2②：127，为有沿形，口部残修复，敛口，侈沿，折腹，平底。口径6.9、高6.4、腹径7.8、底径3.9厘米（图一二七，5；彩版七四，12）。T2②：159，为有沿形，基本完整，敛口，侈沿，折腹，平底。口径5.9、高5.2、腹径6.8、底径3.4厘米（图一二七，6；彩版七四，13）。T2②：369，为有沿形，基本完整，敛口，侈沿，折腹，平底。上腹饰戳刺纹。口径7、高5.4、腹径7.7、底径4.8厘米（图一二七，7；彩版七四，14）。T2②：119，为有沿形，完整，敛口，侈沿，折肩，圆弧腹，平底。口径6.7、高6.5、腹径8.6、底径4.8厘米（图一二七，8；彩版七四，15）。T1②：15，为有沿形，口部残件修复，敛口，侈沿，圆弧腹，平底。口径4.9、高5.4、腹径6.5厘米（图一二七，9；彩版七五，1）。T2②：228，为有沿形，口部残修复，敛口，侈沿，折腹，圜底近平。上腹饰弦纹。口径5.9、高4.1、腹径6.6、底径3厘米（图一二七，10；彩版七五，2）。T2②：124，为有沿形，完整，敛口，侈沿，束颈，折腹，圜底。上腹饰多层刻划戳刺纹。口径5.7、高6.6、腹径6.7、底径3厘米（图一二七，11；彩版七五，3）。T3②：208，为有沿形，残件修复，敛口，侈沿，折腹，平底。口径6.7、高5.6、腹径7.2、底径4厘米（图一二七，12；彩版七五，4）。T1②：2，为有沿形，基本完整，敛口，侈沿，折腹，平底。口径4.9、高4.2、腹径5.3、底径2.3厘米（图一二七，13；彩版七五，5）。T2②：116，为有沿形，口部残修复，敛口，侈沿，折腹，平底。口径5、高5.4、底径2.4厘米（彩版七五，6）。

B型　4件，无沿形盂形器。数量较少，多为直口直腹圜底器。

T1②：14，为无沿形盂形器，基本完整。大直口，直腹微弧，圜底近平。口径7.8、高7.7厘米（图一二八，1；彩版七五，7）。T1②：6，为无沿盂形器，大直口，直腹，下腹折收，圜底，近底部有一流样残痕。口径7、高6.7厘米（图一二八，2；彩版七五，8）。采集：4，为无沿盂形器残件修复。敛口，折腹，小平底。口径4、高4.1、腹径6.2、底径2.6厘米（图一二八，3；彩版七五，9）。T2②：132，为无沿盂形器，直口内收，弧腹，平底，下腹部有一柄样残痕。口径3.5、高3.5、腹径4.6厘米（图一二八，4；彩版七五，10）。

7. 陶壶类

11件。为陶壶和流残件。多为红衣彩陶，少量黑色陶。流有短流和长弧形流两种。

T3②：139，为残件修复。泥质红褐色陶，器形为扁形带流壶。直口，窄卷沿，矮领，宽肩圆折，弧腹内收，似小平底，肩部有残流。肩部饰弦纹间乳钉纹。口径7.7、高6.4、腹径11.9、流存长3.7厘米（图一二八，5；彩版七六，1）。T3②：9，为红衣彩陶壶的短流。长5.8厘米（图一二八，6；彩版七六，2）。T2②：7，为红衣彩陶壶的短流。长7.2厘米（图一二八，7；彩版七六，3）。T4②：53，红色彩绘陶。残长6.2厘米（图一二八，8；彩版七六，4）。T5②：11，浅黄色陶。残长6.3厘米（图一二八，9；彩版七〇，5）。T3②：4，为红衣彩陶壶的短流。长3.7厘米（图一二八，10；彩版七六，6）。T2②：370，为红褐色陶壶的短流，陶质粗。存长4.2厘米（图一二八，11；彩版七六，7）。T3②：5，为黑陶壶流腹

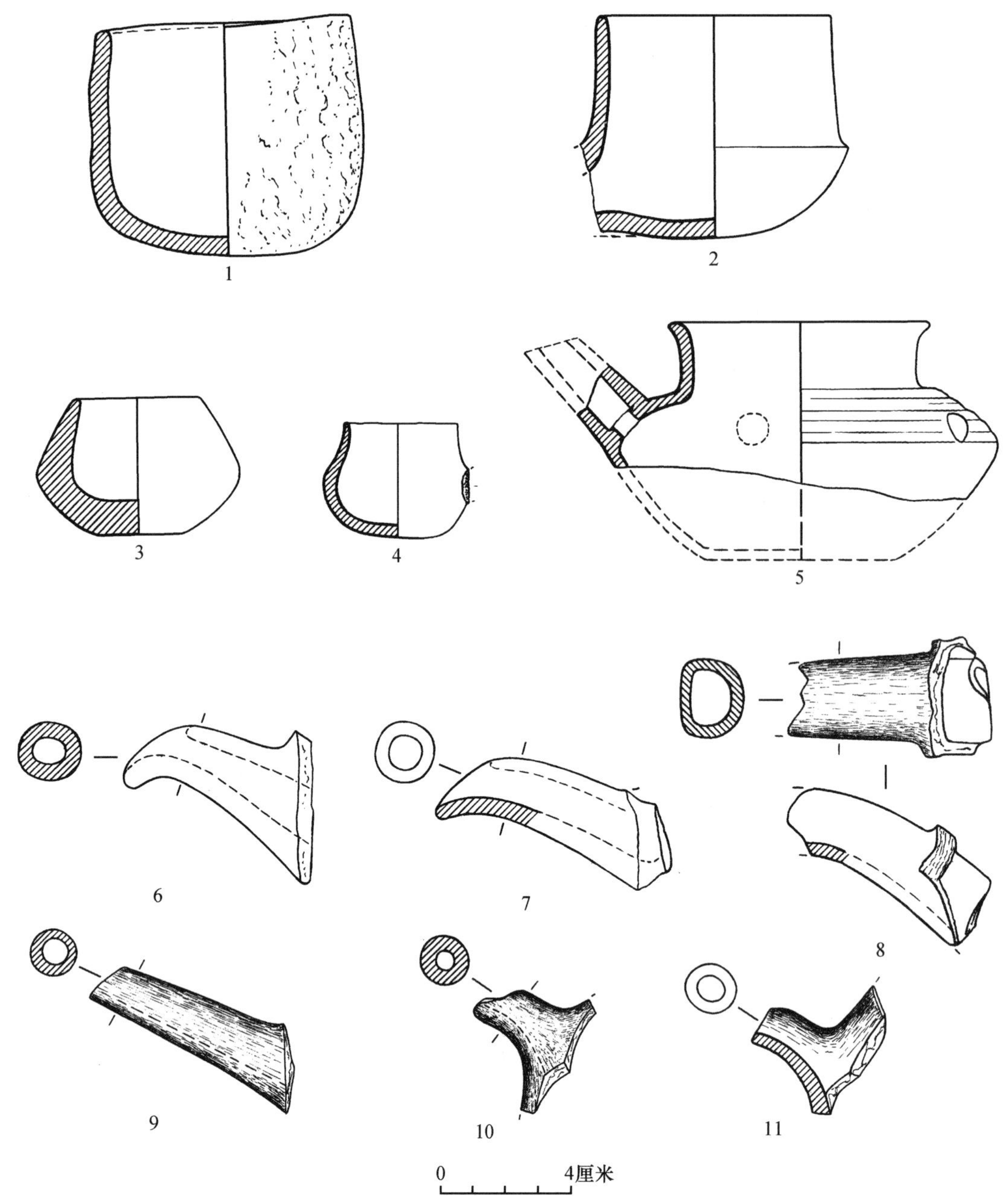

图一二八　B型陶盂形器、陶壶

1～4. B型陶盂形器（T1②：14、T1②：6、采集：4、T2②：132）　5. 陶壶（T3②：139）　6～11. 陶壶流（T3②：9、T2②：7、T4②：53、T5②：11、T3②：4、T2②：370）

残件。流存长6.4厘米（图一二九，1；彩版七六，8）。T2②：6，为红褐色陶壶流腹残件，陶质粗。流存长6.5厘米（图一二九，2；彩版七六，9）。T2②：371，为红褐色陶壶流残件，陶质粗。存长5厘米（图一二九，3；彩版七六，10）。T6②：74，为红衣彩陶壶流。存长4厘米（图一二九，4；彩版七六，11）。

8. 彩陶盆残件修复

1件。T4②：14，为泥质彩陶盆残件修复，底色为橘色。器形较大，敞口，宽侈沿，颈肩部内凹，弧腹内收，似为平底。口沿至颈部一周满饰彩宽带纹，以下饰彩带间连续曲折纹。复原高8.6、口径24、腹径20、底径7.2厘米（图一二九，5；彩版七七，1）。

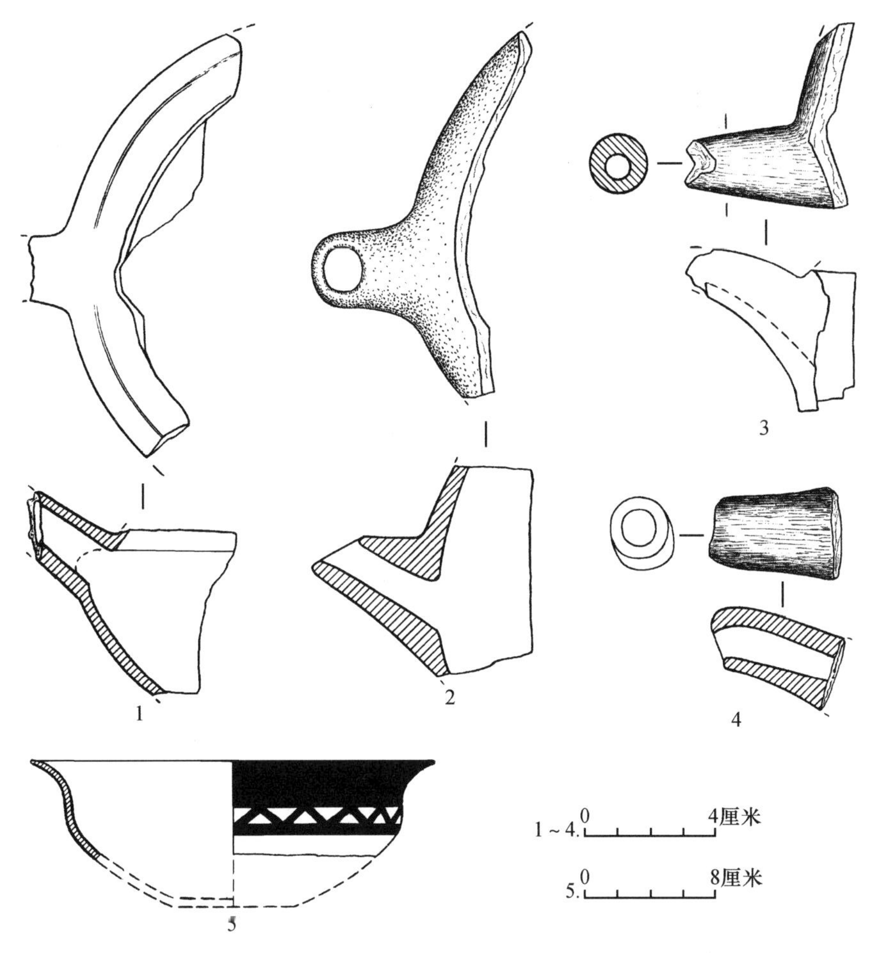

图一二九　陶壶、彩陶盆

1～4. 陶壶流（T3②：5、T2②：6、T2②：371、T6②：74）　5. 彩陶盆（T4②：14）

9. 陶器盖与盖纽类

28件。多为盖纽或盖残件，陶色多为红褐色，少数灰色、黑色陶，胎夹蚌末。纽顶多圈座或角形等。纹饰多素面，少数彩陶或饰指切纹。

（1）陶器盖，7件。多为残件修复，有彩陶和素面两种，器盖多呈伞形或覆碗形。

T2②：136，为泥质红衣彩陶器盖纽与顶部残件修复。圈座形盖纽饰凸起弦纹，盖纽和盖通饰彩带间连续三角纹。通高10.3、口径20厘米（图一三〇，1；彩版七七，2）。T2②：225，为泥质黑色陶器盖残件修复，素面。通高9.1、口径18.8厘米（图一三〇，2；

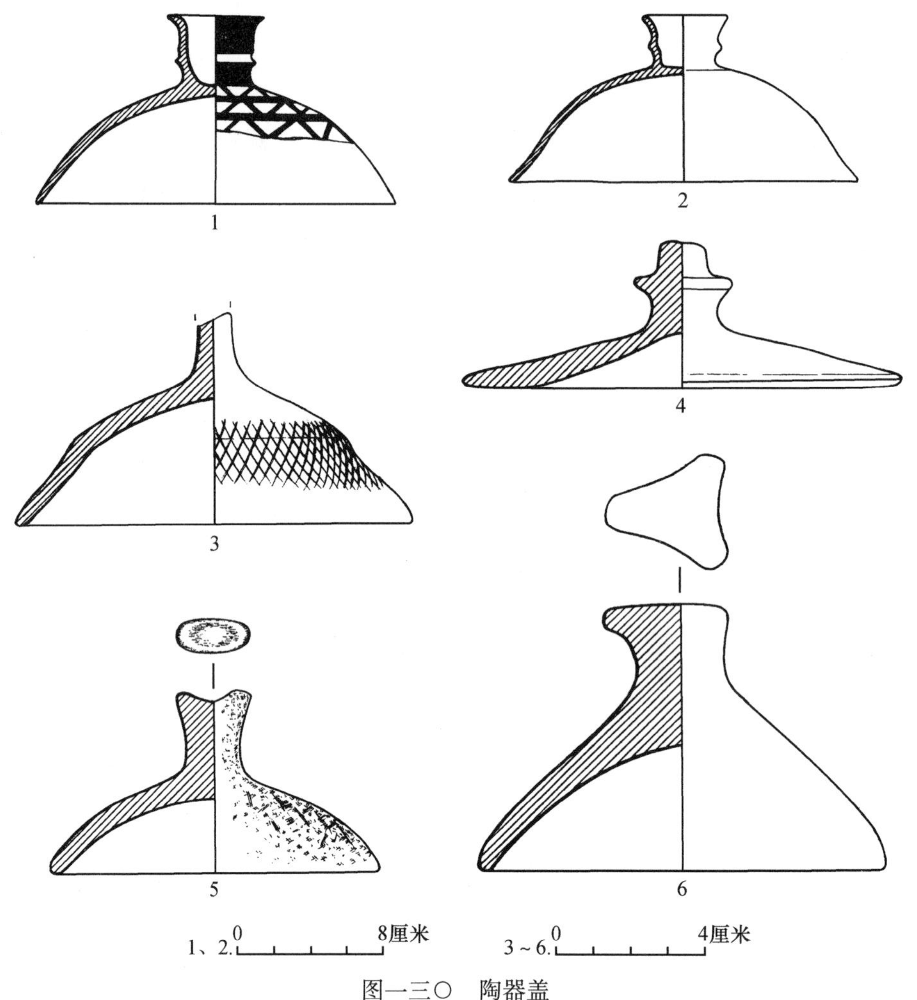

图一三〇　陶器盖

1. T2②：136　2. T2②：225　3. T2②：138　4. T4②：60　5. T3②：448　6. T2②：137

彩版七七，3）。T2②：138，为红褐色陶器盖残片修复，盖纽顶部残，盖中间折棱凸显，器表饰菱形刻划纹。高5.5厘米（图一三〇，3；彩版七七，4）。T4②：60，为红褐色陶盖纽残件修复，盖纽顶部草帽形。口径12、高3.1厘米（图一三〇，4；彩版七七，5）。T3②：448，为红褐色陶器盖残件修复，盖纽顶部两角形。高5、口径9厘米（图一三〇，5；彩版七八，1）。T2②：137，为红褐色陶器盖残件修复，盖纽顶部三角形。高7.3、口径11.5厘米（图一三〇，6；彩版七八，2）。T3②：117，为泥质彩陶器盖顶部残片修复，盖纽似为圈座形，盖中间折棱凸出，器盖通体饰彩带间三角网格纹。通高9.3、口径21.2厘米（图一三一；彩版七八，3、4）。

（2）陶器盖纽，21件。为器盖的盖纽，纽顶部有圈座形、平顶、三角、四角等不同形状。

T2②：168，为泥质红衣彩陶圈座形盖纽。高3.6厘米（图一三二，1；彩版七九，1）。T2②：70，为泥质红衣陶圈座形盖纽。高2.7厘米（图一三二，2，彩版七九，2）。T2②：72，为红褐色陶圈座形盖纽。高3.8厘米（图一三二，3；彩版七九，3）。T3②：32，

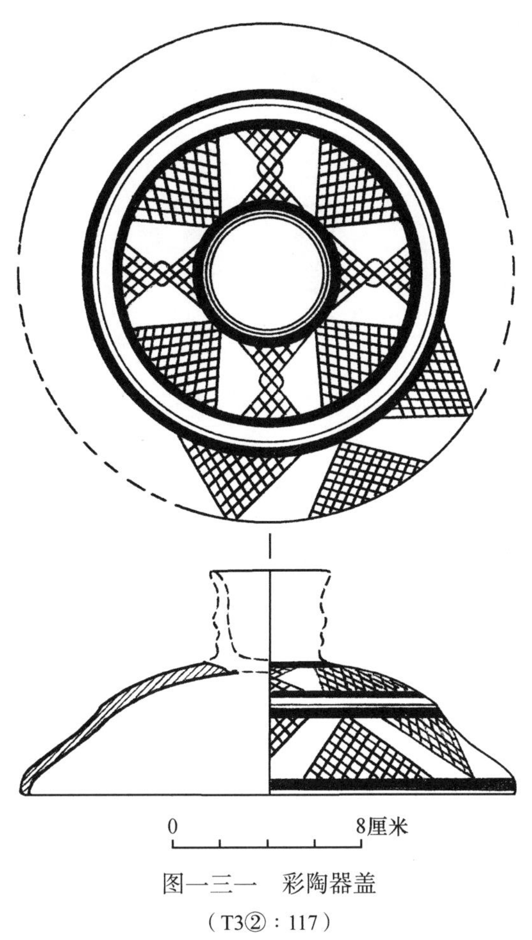

图一三一　彩陶器盖
（T3②：117）

为泥质红衣陶圈座形盖纽。高3.1厘米（图一三二，4；彩版七九，4）。T3②：443，为泥质红衣陶圈座形盖纽。高2.8厘米（图一三二，5；彩版七九，5）。T6②：54，为泥质红衣陶圈座形盖纽。高4厘米（图一三二，6；彩版七九，6）。T5②：6，为泥质红衣陶圈座形盖纽，盖纽饰三道凸起弦纹。高7.3厘米（图一三二，7；彩版七九，7）。T1②：55，为红褐色陶两角顶形盖纽。高5厘米（图一三二，8；彩版七九，8）。T3②：303，为红褐色陶两角顶形盖纽。高4.4厘米（图一三二，9；彩版七九，9）。T2②：374，为红褐色陶两角顶形盖纽。高7.2厘米（图一三二，10；彩版七九，10）。T2②：169，为红褐色陶三角顶形盖纽。高4.6厘米（图一三二，11；彩版七九，11）。T2②：71，为红褐色陶四角顶形盖纽。高4厘米（图一三二，12；彩版七九，12）。T2②：74，为红褐色陶出沿平顶形盖纽。高3.5厘米（图一三三，1；彩版七九，13）。T2②：192，为红褐色陶出沿平顶形盖纽。高5.6厘米（图一三三，2）。T3②：447，为红褐色陶出沿平顶形盖纽。高3.4厘米（图一三三，3；彩版七九，14）。T3②：154，为红褐色陶出沿平顶形盖纽。高4.1厘米（图一三三，4；彩版七九，15）。T6②：62，为红褐色陶出沿平顶形盖纽。高4.3厘米（图一三三，5）。T2②：7，为红褐色陶出沿平顶形盖纽。高4.1厘米（图一三三，6）。T3②：280，为红褐色陶出沿平顶形盖纽，纽

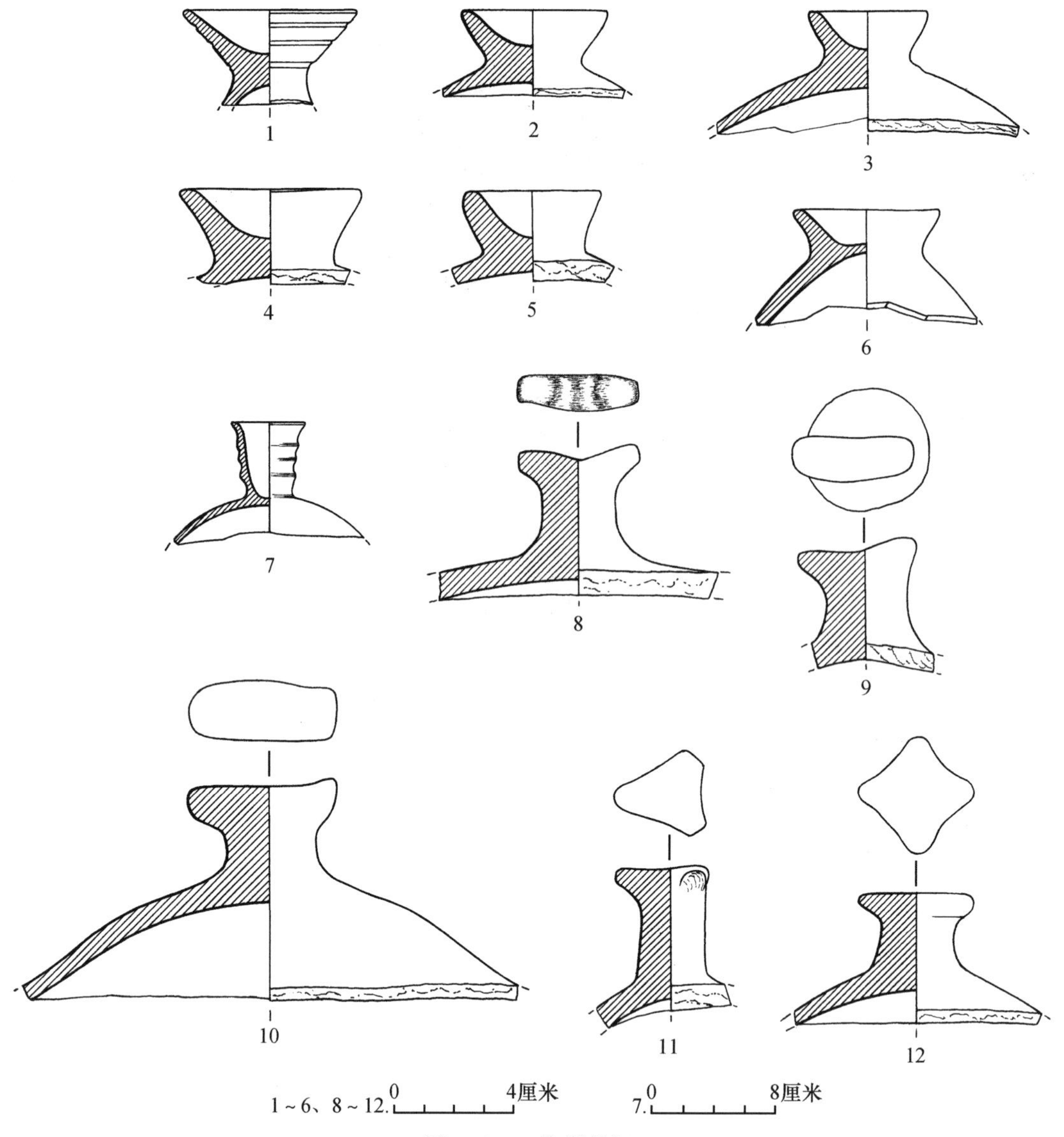

图一三二　陶器盖纽

1. T2②：168　2. T2②：70　3. T2②：72　4. T3②：32　5. T3②：443　6. T6②：54　7. T5②：6　8. T1②：55　9. T3②：303　10. T2②：374　11. T2②：169　12. T2②：71

外缘部饰指切纹。高3.6厘米（图一三三，7；彩版七九，16）。T1②：75，为红褐色陶出沿尖顶形盖纽，纽外缘部饰指切纹。高4.9厘米（图一三三，8；彩版七九，17）。T3②：150，为红褐色陶凸棱尖顶形盖纽。高4.2厘米（图一三三，9；彩版七九，18）。

10. 陶器尖底

1件。T3②：98，仅存器物的尖状底部。残高6.2厘米（图一三四，1；彩版八〇，1）。

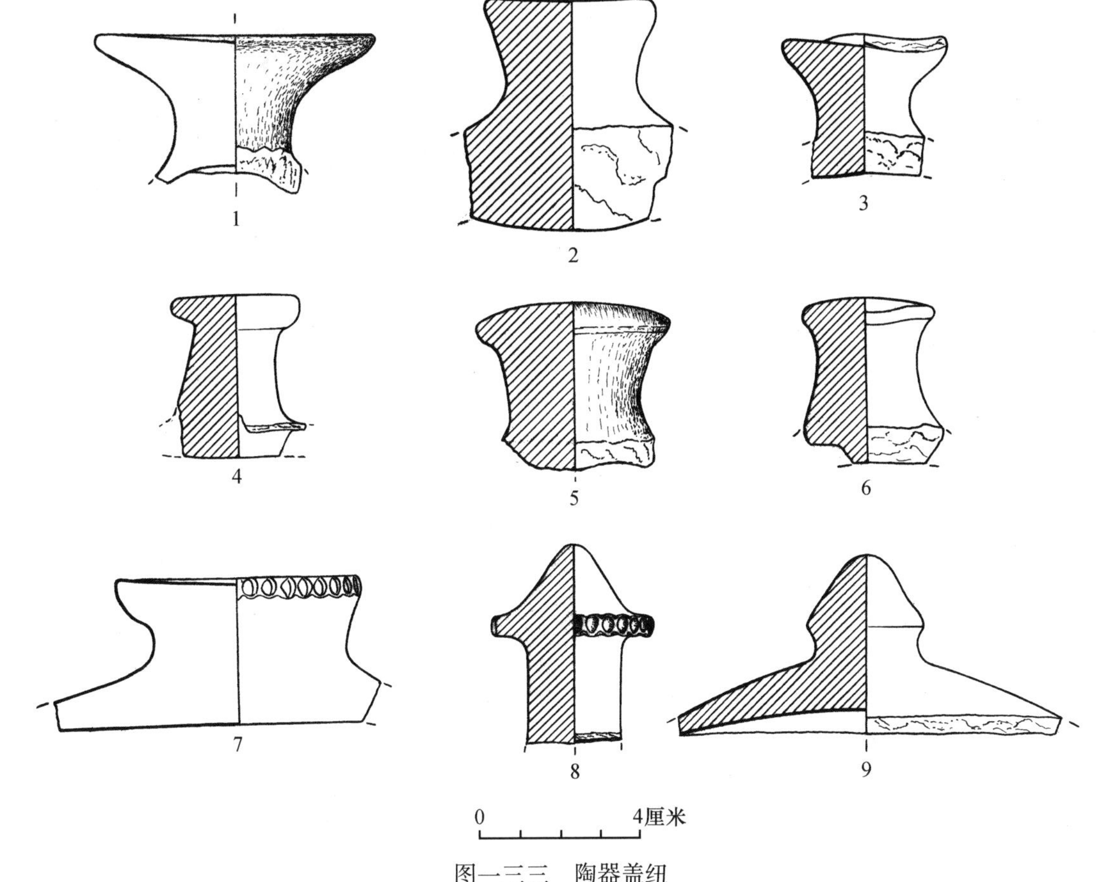

图一三三　陶器盖纽

1. T2②：74　2. T2②：192　3. T3②：447　4. T3②：154　5. T6②：62　6. T2②：7　7. T3②：280　8. T1②：75　9. T3②：150

11. 陶器把手

9件。均为把手残件。陶色多数为红褐色，少数为黑色。有桥形、环形，直柄把手等。

T6②：135，为红褐色陶桥形把手。残长径7.4厘米（图一三四，2；彩版八〇，2）。T1②：1，为红褐色陶把手残件。残长5.3厘米（图一三四，3）。T1②：3，为黑色陶桥形把手。残长8.4厘米（图一三四，4）。T2②：64，为红色陶环形把手。残长3.5厘米（图一三四，5；彩版八〇，3）。T2②：65，为红色陶环形把手。残长5.2厘米（图一三四，6；彩版八〇，4）。T2②：66，为红色陶环形把手。残长3.5厘米（图一三四，7；彩版八〇，5）。T3②：291，为红褐色陶直柄羊角形把手。残长4.2厘米（图一三四，8；彩版八〇，6）。T2②：19，为红褐色陶直柄羊角形把手。残长9.2厘米（图一三四，9；彩版八〇，7）。T3②：186，为红褐色陶直柄把手。残长10厘米（图一三四，10）。

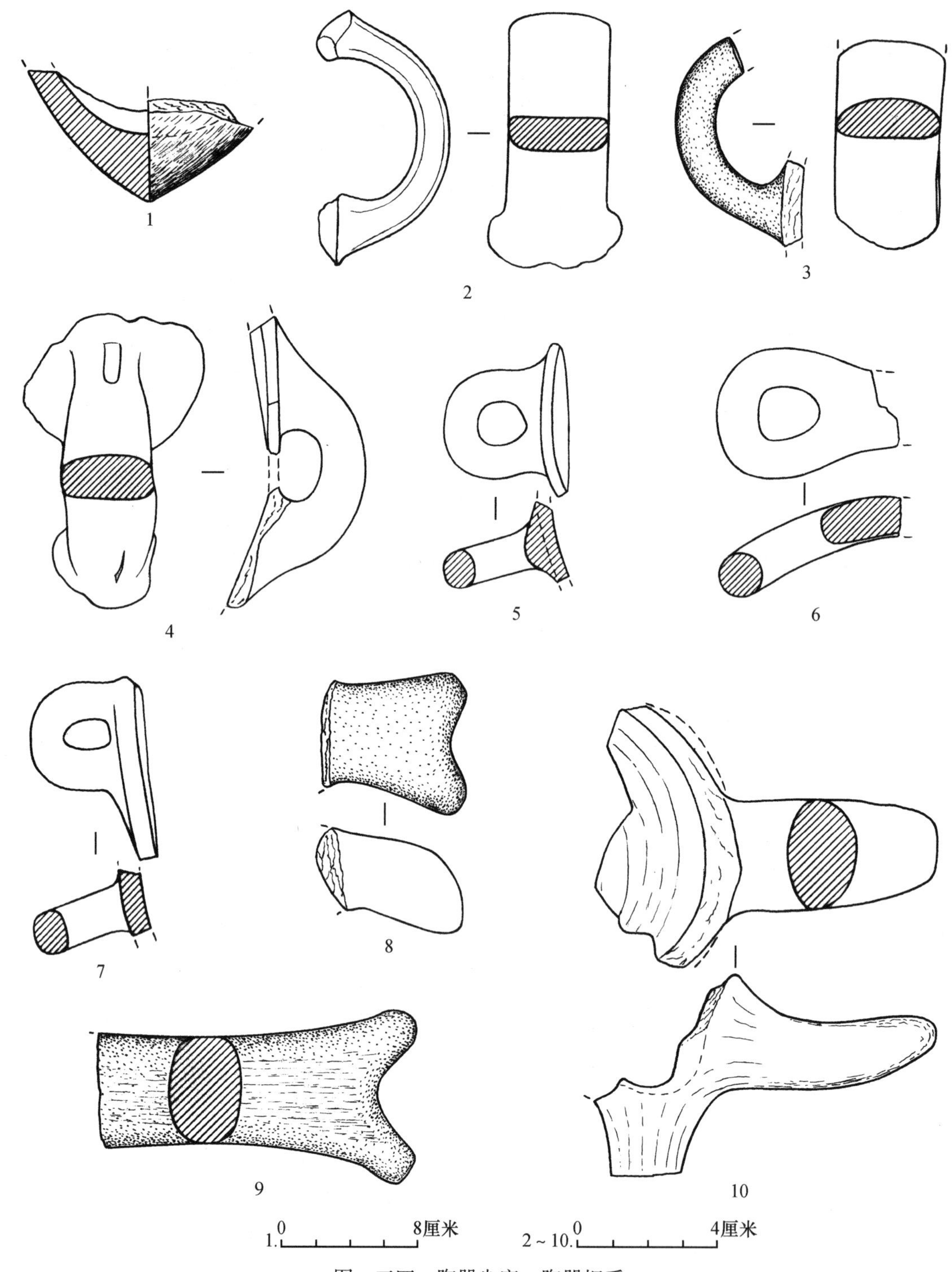

图一三四　陶器尖底、陶器把手

1. 陶器尖底（T3②：98）　2～10. 陶器把手（T6②：135、T1②：1、T1②：3、T2②：64、T2②：65、T2②：66、T3②：291、T2②：19、T3②：186）

12. 陶器耳系类

43件。均为鸟首形陶罐耳系，数量较多，对穿单孔。陶色以红褐色、灰褐色为主，并有少量黑色陶。多数素面无纹，少数有指切纹。依其嘴部凸出与圆浑鸟首形，可分为A、B二型。

A型　嘴部凸出鸟首形耳系，20件。该型耳系顶端一侧圆形，一侧凸出形似鸟的尖嘴，加上对穿系孔似鸟的双眼，整体就是一个典型的鸟首形。

T2②：54，耳系存长5.1厘米（图一三五，1；彩版八〇，8）。T2②：163，耳系存长10厘米（图一三五，2；彩版八〇，9）。T2②：375，耳系存长6.1厘米（图一三五，3；彩版八〇，10）。T2②：51，耳系存长5.4厘米（图一三五，4；彩版八〇，11）。T2②：47，耳系存长6.6厘米（图一三五，5；彩版八一，1）。T3②：285，耳系存长7厘米（图一三五，6；彩版八一，2）。T6②：6，耳系存长8厘米（图一三五，7）。T2②：55，耳系存长6.7厘米（图一三五，8；彩版八一，3）。T2②：50，耳系存长5.9厘米（图一三五，9；彩版八一，4）。T6②：136，耳系存长10.1厘米（图一三五，10；彩版八一，5）。T2②：376，耳系存长4.9厘米（图一三六，1；彩版八一，6）。T3②：40，耳系存长8.8厘米（图一三六，2）。T2②：60，耳系存长5.4厘米（图一三六，3；彩版八一，7）。T6②：9，耳系存长8厘米（图一三六，4；彩版八一，8）。T1②：64，耳系存长9.7厘米（图一三六，5；彩版八一，9）。T4②：65，耳系存长11厘米（图一三六，6；彩版八一，10）。T2②：52，耳系存长7.6厘米（图一三六，7；彩版八一，11）。T1②：50，耳系存长4.1厘米（图一三六，8；彩版八一，12）。T2②：165，耳系存长6.5厘米（图一三六，9；彩版八一，13）。T1②：51，耳系存长8厘米（图一三六，10；彩版八一，14）。

B型　圆浑鸟首形耳系，23件。该型耳系顶端圆浑或部分圆突出与对穿系孔的双眼，是一个非典型的鸟首形。

T1②：53，耳系一侧微突出。存长6.1厘米（图一三七，1；彩版八一，15）。T1②：52，耳系浑圆上翘。存长4.8厘米（图一三七，2；彩版八一，16）。T3②：169，耳系浑圆。存长5.9厘米（图一三七，3；彩版八一，17）。T3②：350，耳系浑圆，冠部饰指切纹。存残长6.8厘米（图一三七，4）。T2②：62，耳系一侧圆突出。存长7.2厘米（图一三七，5；彩版八一，18）。T1②：54，耳系浑圆。存长10厘米（图一三七，6；彩版八一，19）。T3②：451，耳系一侧圆突出。存长8.4厘米（图一三七，7；彩版八一，20）。T3②：452，耳系一侧圆突出。存长7.6厘米（图一三七，8；彩版八二，1）。T2②：220，耳系一侧圆突出，无孔。存长6.1厘米（图一三七，9）。T1②：49，耳系圆浑。存长8.4厘米（图一三七，10；彩版八二，2）。T2②：61，耳系一侧圆突出。存长7.6厘米（图一三八，1；彩版八二，3）。T1②：46，耳系圆浑。存长12.3厘米（图一三八，2；彩版八二，4）。T1②：67，耳系一侧微突出。存长6.3厘米（图一三八，3；彩版八二，5）。T2②：59，耳系一侧圆突出。存长6.4厘米（图一三八，4；彩版八二，6）。T1②：56，耳系圆浑，冠部饰指切纹。存长6.4厘米

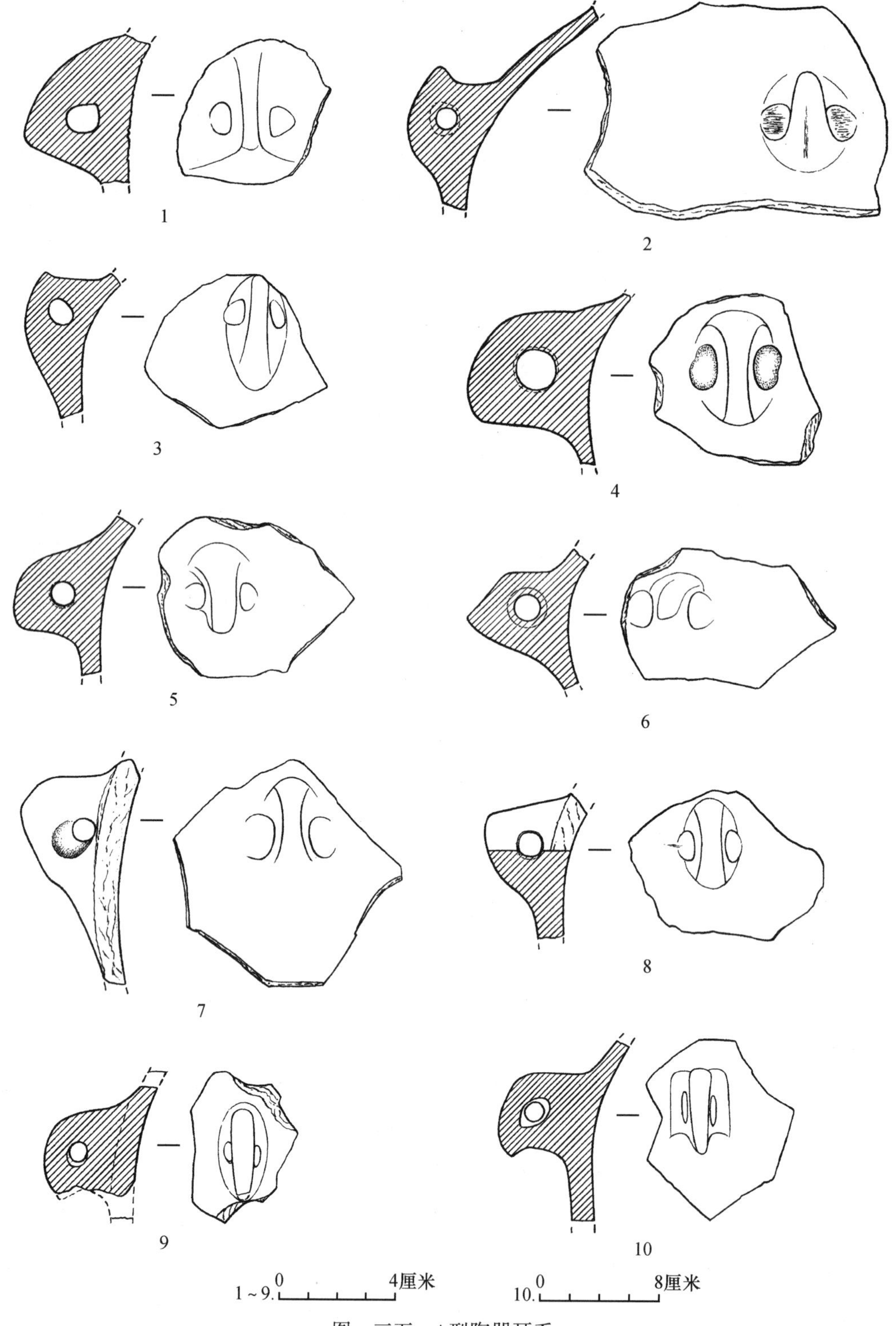

图一三五　A型陶器耳系

1. T2②：54　2. T2②：163　3. T2②：375　4. T2②：51　5. T2②：47　6. T3②：285　7. T6②：6　8. T2②：55　9. T2②：50　10. T6②：136

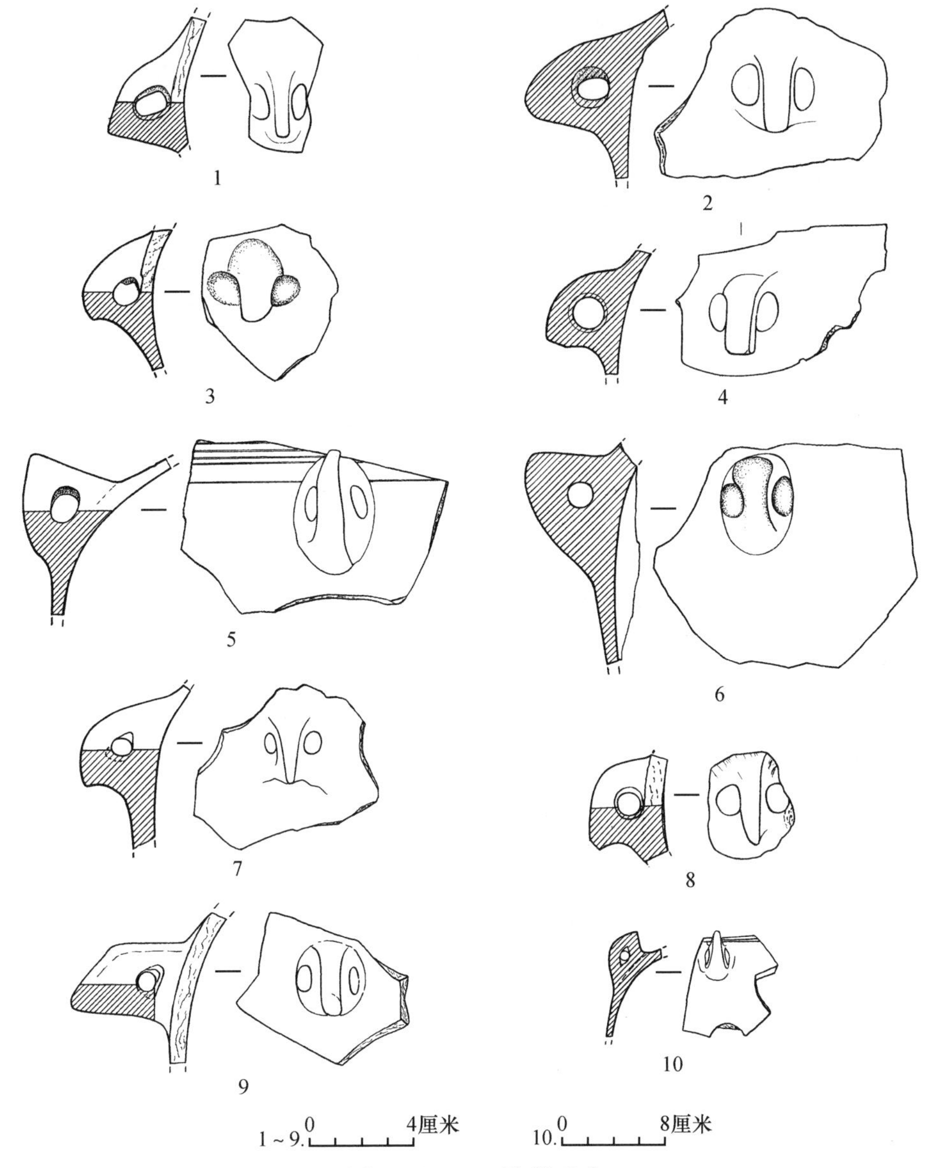

图一三八 A型陶器耳系

1. T2②：376 2. T3②：40 3. T2②：60 4. T6②：9 5. T1②：64 6. T4②：65 7. T2②：52 8. T1②：50 9. T2②：165 10. T1②：51

（图一三八，5；彩版八二，7）。T6②：125，耳系圆方。存长5.2厘米（图一三八，6；彩版八二，8）。T2②：57，耳系圆方。存长7.6厘米（图一三八，7；彩版八二，9）。T2②：58，耳系圆浑。存长7.4厘米（图一三八，8）。T3②：300，耳系圆浑。存长7.6厘米（图一三八，9；彩版八二，10）。T3②：407，耳系圆浑。存长11.1厘米（图一三八，10）。T2②：167，耳系圆浑。存长5.1厘米（图一三八，11；彩版八二，11）。T4①：1，耳系一侧圆突出。存长5.5厘米（图一三八，12）。T6②：110，耳系圆浑。存长6.3厘米（彩版八二，12）。

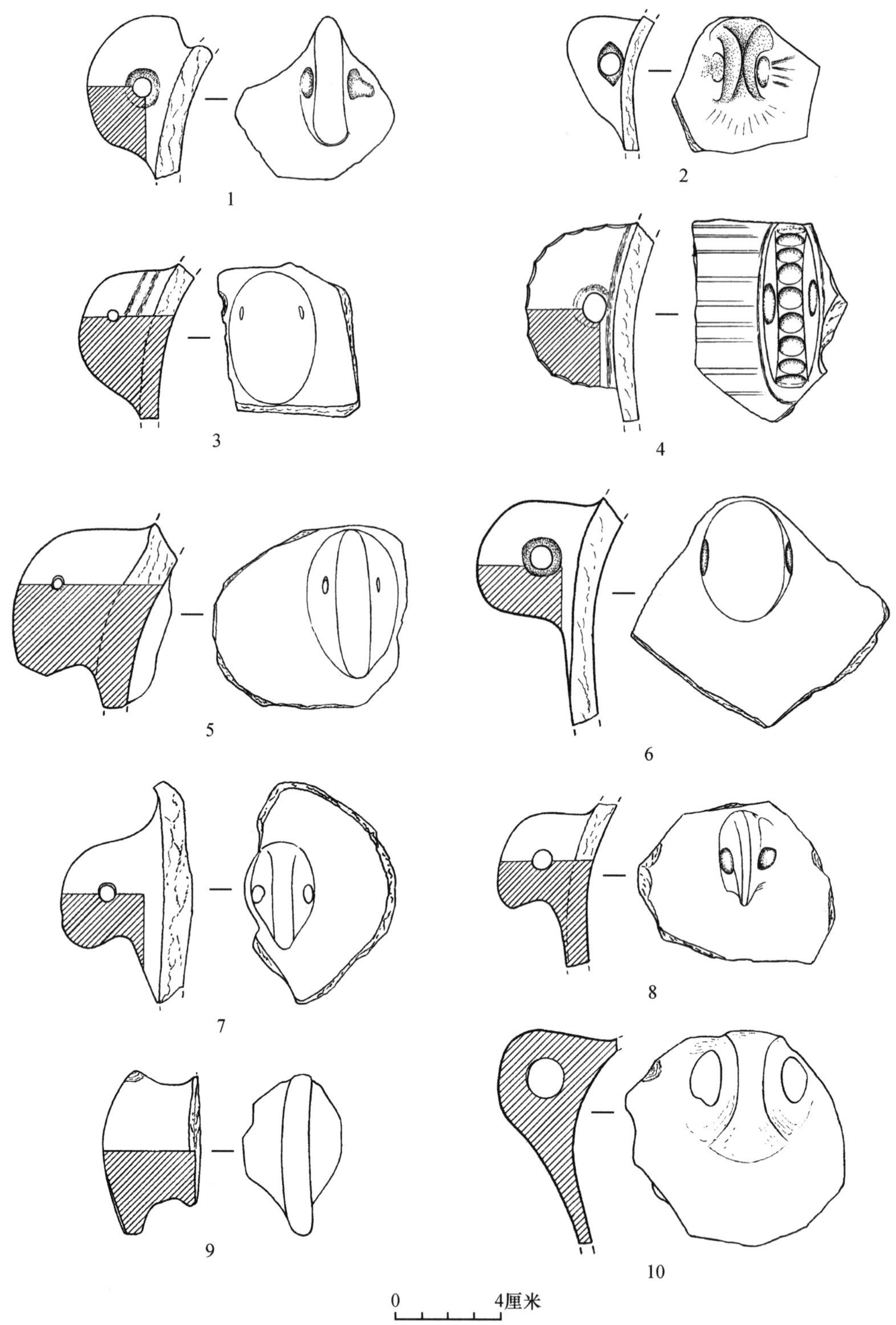

图一三七　B型陶器耳系

1. T1②：53　2. T1②：52　3. T3②：169　4. T3②：350　5. T2②：62　6. T1②：54　7. T3②：451　8. T3②：452　9. T2②：220　10. T1②：49

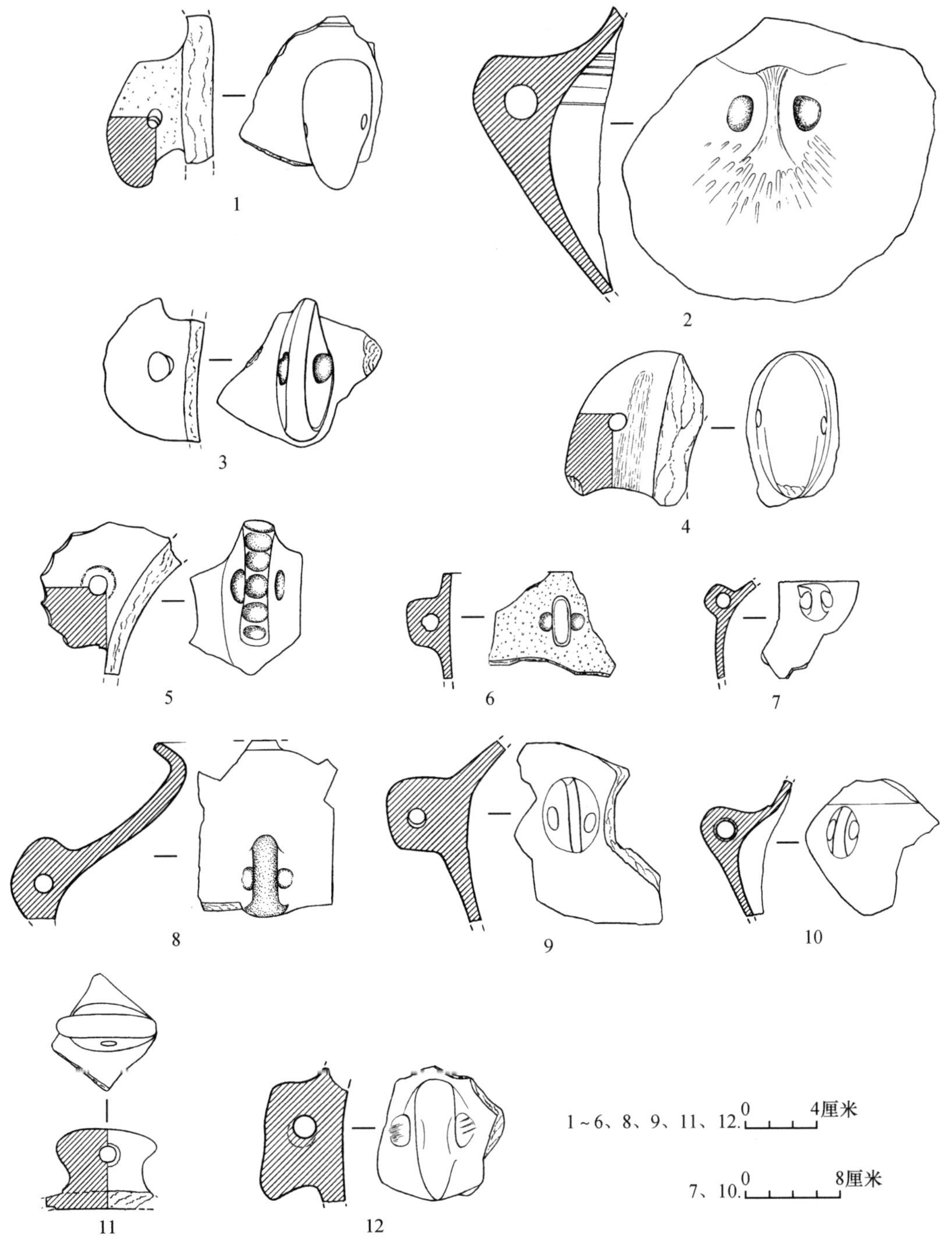

图一三八　B型陶器耳系

1. T2②：61　2. T1②：46　3. T1②：67　4. T2②：59　5. T1②：56　6. T6②：125　7. T2②：57　8. T2②：58　9. T3②：300　10. T3②：407　11. T2②：167　12. T4①：1

（三）陶质工具类

陶纺轮　9件。多数为完整或基本完整件，少量残损。均为手工制作，圆饼形，多弧边，中间一圆形穿孔，陶色有红褐色、灰褐色等。

T1①：5，为黑陶底大面小纺轮残件修复。直径4.2、厚1.3厘米（图一三九，1）。T3②：1，为灰褐色陶纺轮，基本完整。直径6、厚1.9厘米（图一三九，2；彩版八二，13）。T1②：16，为红褐色陶纺轮，基本完整，轮边是指切纹。直径5.4、厚1.4厘米（图一三九，3；彩版八二，14）。T2②：79，为灰褐色陶房轮，完整，中间厚与边缘。直径4.3、厚1.5厘米（图一三九，4；彩版八二，15）。T2②：80，为灰褐色陶纺轮，完整。直径4.1、厚1.5厘米（图一三九，5；彩版八二，16）。T3②：6，为灰褐色陶纺轮，完整，中间厚边缘薄，正面简饰指切纹。直径5.4、厚1.4厘米（图一三九，6）。T3②：87，为红褐色陶纺轮，基本完整，直边。直径5.6、厚0.9厘米（图一三九，7；彩版八二，17）。T4②：5，为灰褐色陶纺轮，稍残修复。直径5.2、厚1.2厘米（图一三九，8）。T1②：17，为红褐色陶纺轮，稍残修复。直径3.2、厚1.1厘米（图一三九，9）。

（四）其他陶器类

其他类陶器有陶球、陶塑等。

1. 陶球

15件。多为红褐色陶，少量黑褐色陶，部分泥质陶。器形小，呈圆形球状实体。素面。

T1②：18，为灰褐色陶，完整，圆球形。直径3.4厘米（图一四〇，1；彩版八三，1）。T1②：38，为红褐色陶，完整，呈不规则圆球形。器表饰戳刺纹。直径3.5厘米（图一四〇，2；彩版八三，2）。T1②：4，为红褐色陶，完整，圆球形。直径3.1厘米（图一四〇，3；彩版八三，3）。T3②：102，为红褐色陶，完整，圆球形。直径2.7厘米（图一四〇，4；彩版八三，4）。T1②：29，为灰褐色陶，完整，圆球形。直径3厘米（图一四〇，5）。T3②：101，为灰褐色陶，完整，圆球形。直径2.6厘米（图一四〇，6；彩版八三，5）。T3②：103，为灰褐色陶，完整，圆球形。直径3厘米（图一四〇，7；彩版八三，6）。T2②：385，为黑褐色陶，残件，圆球形。直径3.2厘米（图一四〇，8；彩版八三，7）。T6②：141，为灰褐色陶，完整，圆球形。直径2.5厘米（图一四〇，9；彩版八三，8）。T1②：150，为红褐色陶，完整，圆球形。直径2.6厘米（图一四〇，10；彩版八三，9）。T3②：100，为灰褐色陶，完整，圆球形。直径2.8厘米（图一四〇，11）。T5②：9，为红褐色陶，完整，圆球形。直径2.2厘米（图一四〇，12）。T6②：143，为灰褐色陶，完整，圆球形。直径2厘米（图一四〇，13；彩版八三，10）。T2②：78，为灰褐色陶，完整，圆球形。

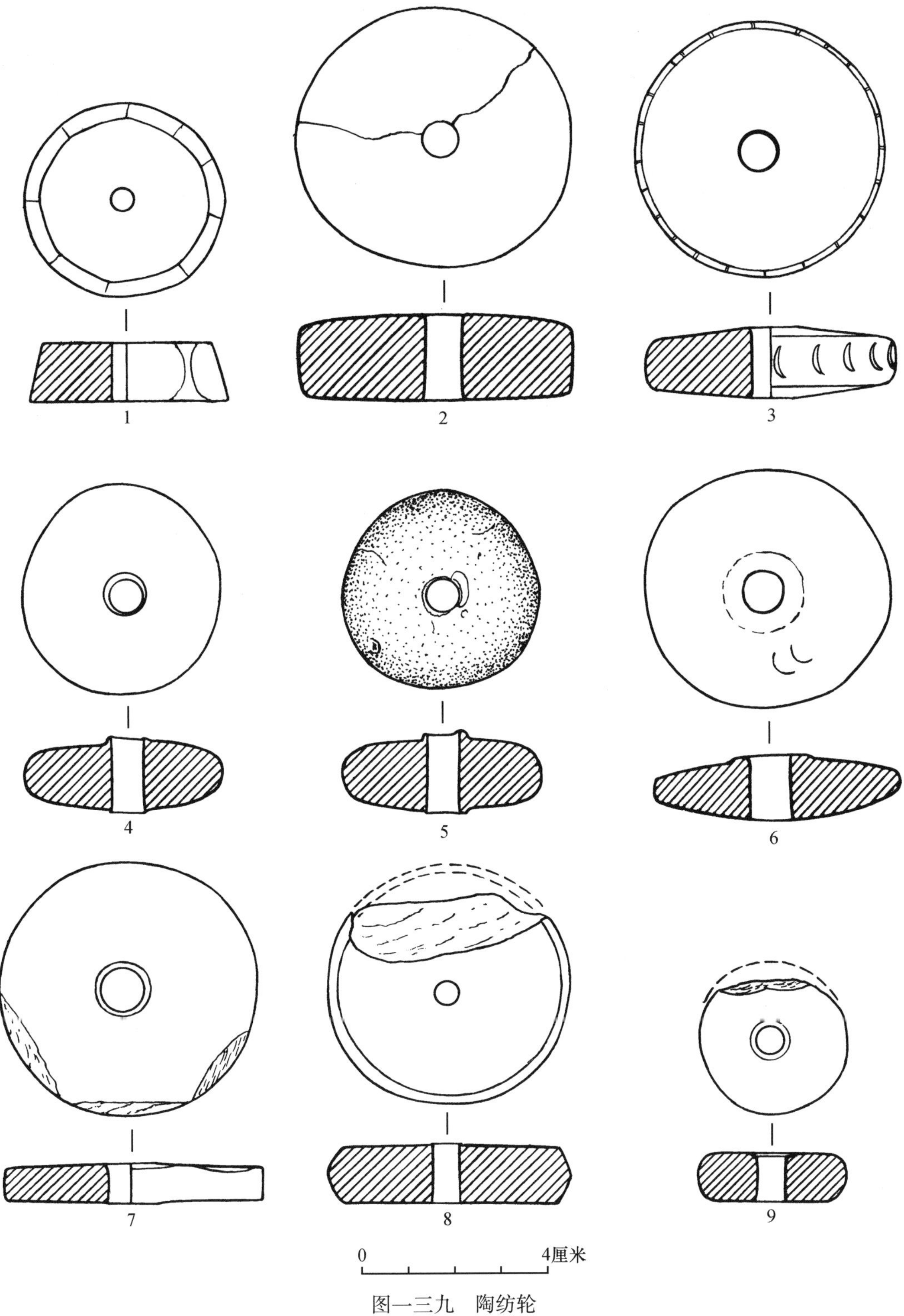

图一三九　陶纺轮

1. T1①：5　2. T3②：1　3. T1②：16　4. T2②：79　5. T2②：80　6. T3②：6　7. T3②：87　8. T4②：5　9. T1②：17

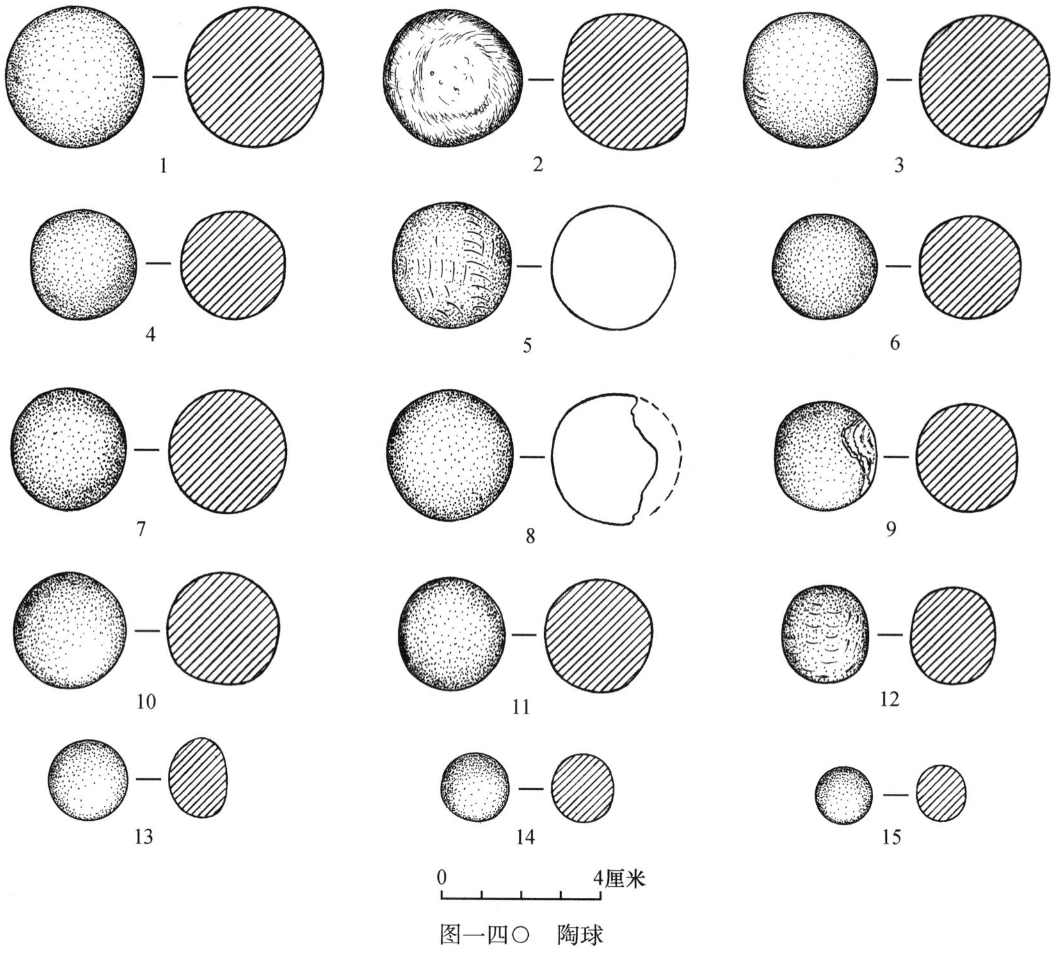

图一四〇　陶球

1. T1②：18　2. T1②：38　3. T1②：4　4. T3②：102　5. T1②：29　6. T3②：101　7. T3②：103　8. T2②：385　9. T6②：141　10. T1②：150　11. T3②：100　12. T5②：9　13. T6②：143　14. T2②：78　15. T1②：20

直径1.6厘米（图一四〇，14；彩版八三，11）。T1②：20，为红褐色陶，完整，圆球形。直径1.4厘米（图一四〇，15；彩版八三，12）。

2. 陶塑类

6件。均为残件，红褐色陶，胎质粗糙。塑形多为动物形。

T1②：22，为乌龟塑形，基本完整。长9、高4.2厘米（图一四一，1；彩版八四，1）。T1②：41，为不明动物塑形残件，仅存头部和前半身，作翘首状。长6.9、高3.9厘米（图一四一，2；彩版八四，2）。T6②：144，为不明立体动物塑形，基本完整，嘴部残缺。顶部呈翘首状，立体身圆筒状，底部饰一圈圆孔。高7.6、底部直径5.1厘米（图一四一，3；彩版八四，3）。T3②：115，为不明似动物尾巴形残件，呈弯曲状。残长10.6、残断直径6厘米（图一四一，4；彩版八四，4）。T3②：99，为不明动物脚趾残件。前后有四个脚趾。存高2.3、上端断面直径1.4厘米（图一四一，5；彩版八四，5）。采集：6，为不明动物尾巴形残件，微弯曲，尾巴脊部饰三道凸起的菱形纹，棱上饰指切纹。长8.7、宽3.8、厚3.1厘米（图一四一，6；彩版八四，6）。

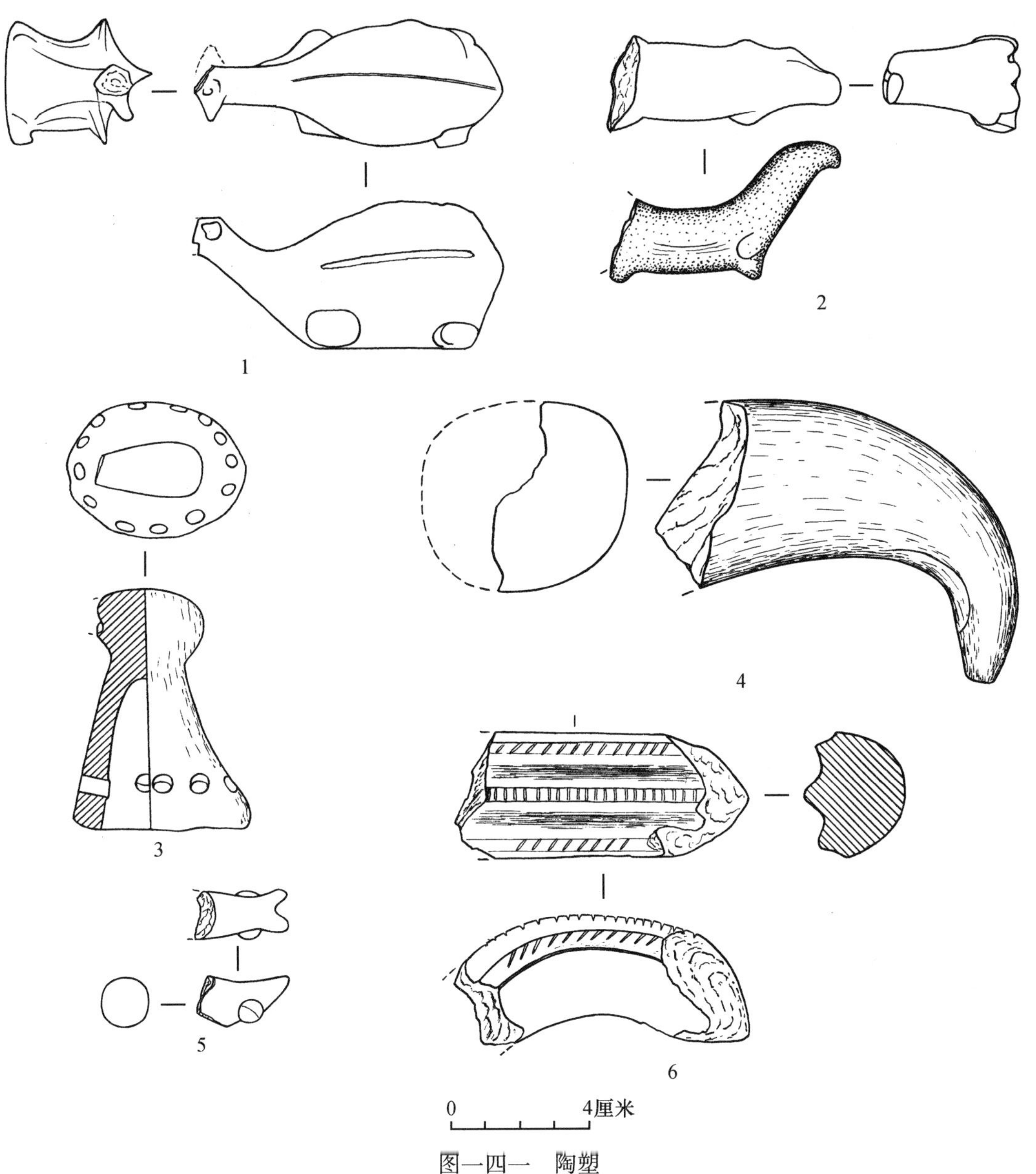

图一四一　陶塑

1. 陶塑乌龟（T1②：22）　2、3. 陶塑动物残件（T1②：41、T6②：144）　4、6. 陶塑残件（T3②：115、采集：6）
5. 动物残脚趾形陶塑（T3②：99）

二、玉、石器

玉石器有玉璜、石锛、石斧、石铲等。

（一）玉璜

2件。两件玉璜均为浅白绿色玉质，精磨，形制基本一致，半圆状，星月形，两端各对钻一个圆孔。

T5②：43，形制为片状，圆角端头平齐，两端最宽间距6.7、两孔间距5.2厘米，玉璜本体宽1.73、厚0.32厘米（图一四二，1；彩版八五，1）。T6②：145，形制为椭圆形，端头圆角平齐，两端最宽间距4.46、两孔间距3.53厘米，玉璜本体宽0.84、厚0.58厘米（图一四二，2；彩版八五，2）。

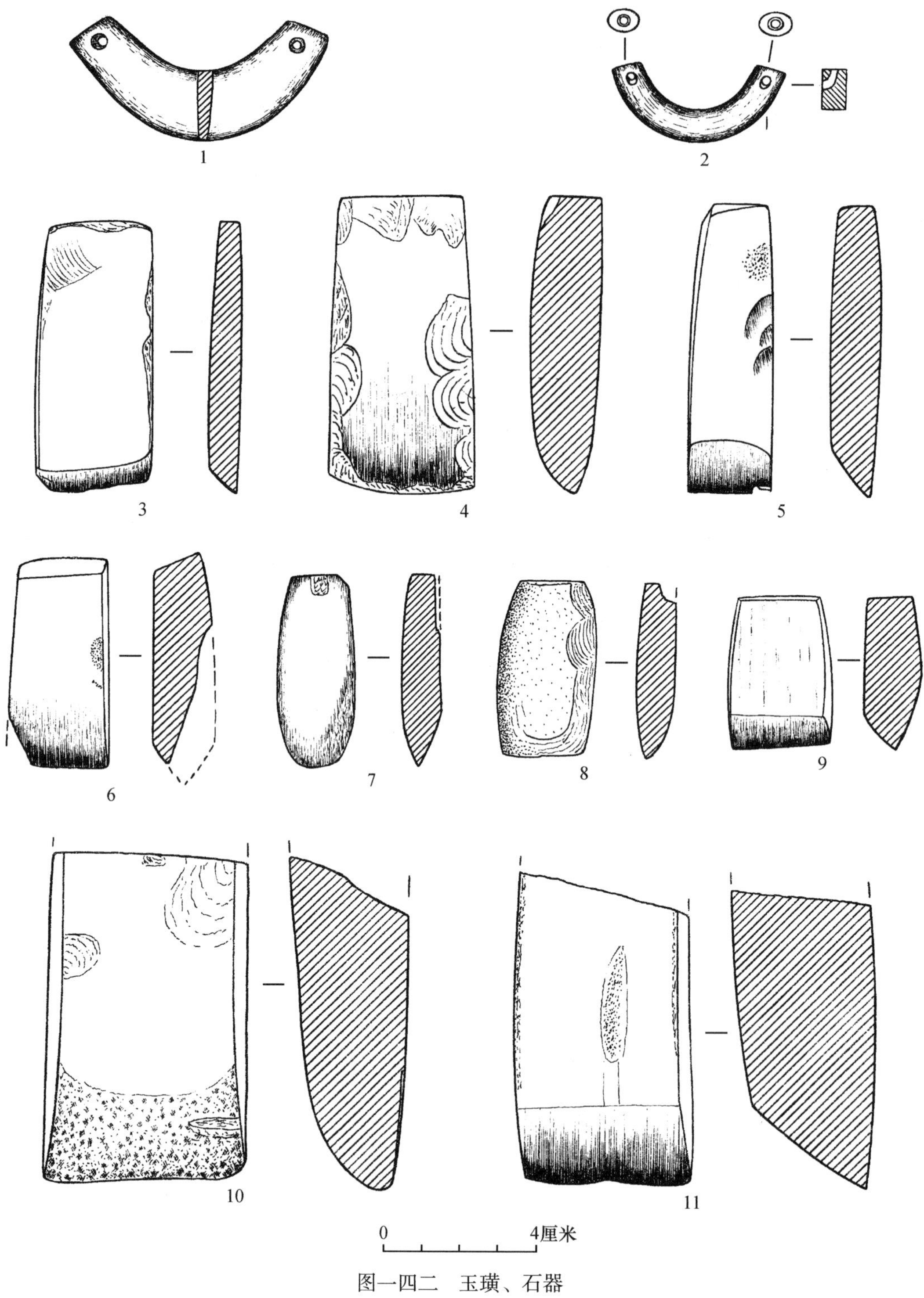

图一四二　玉璜、石器

1、2. 玉璜（T5②：43、T6②：145）　3～11. 石器（采集：7、T1②：139、T1②：151、采集：12、T2②：318、T2②：317、T5②：10、T2②：320、T6①：146）

（二）石器类

19件。石器数量少，器形有锛、斧、铲、刀等。

1. 石锛

12件。石锛均单面弧刃，有黑色和灰色石料磨制而成，大多数磨制粗糙，少数磨制较为精细，多留有打击斑痕。

采集：7，为黑色石料，基本完整，粗磨。高7、宽3、厚0.7厘米（图一四二，3；彩版八五，3）。T1②：139，为灰色石料，完整，粗磨，留有打击斑痕。高7.7、宽3.9、厚1.8厘米（图一四二，4；彩版八五，4）。T1②：151，为灰色石料，完整，粗磨，留有打击斑痕。高7.5、宽2.2、厚1.2厘米（图一四二，5；彩版八五，5）。采集：12，为灰色石料，刃部残损，粗磨。存高5.5、宽2.7、厚1.6厘米（图一四二，6；彩版八五，6）。T2②：318，为灰色石料，基本完整，粗磨。高4.9、宽2、厚1厘米（图一四二，7；彩版八五，7）。T2②：317，为黑色石料，基本完整，粗磨，留有打击斑痕。高4.6、宽2.5、厚1厘米（图一四二，8）。T5②：10，为灰色石料，完整。高3.9、宽2.7、厚1.5厘米（图一四二，9；彩版八五，8）。T2②：320，为灰色石料，粗磨，上部残断。存高8.5、宽5.2、厚2.9厘米（图一四二，10；彩版八五，9）。T6①：146，为灰色石料，粗磨，上部残断，刃部残损。存高8、宽4.5、厚3.6厘米（图一四二，11；彩版八六，1）。T1②：152，为灰色石料，完整，留有打击斑痕。残高7.1、宽2.6、厚1.2厘米（彩版八六，2）。T1②：153，为黑色石料，基本完整，粗磨。高7.3、宽2.4、厚1.2厘米（彩版八六，3）。T6①：2，为灰色石料，基本完整，留有打击斑。高5.4、宽3.6、厚1.5厘米（彩版八六，4）。

2. 石斧

1件。

T2①：319，为灰褐色石料，磨制较精，两面刃，刃部留有使用留下斑痕，顶部一侧有凹槽，或为残损。高7.9、宽4.6、厚2.2厘米（图一四三，1；彩版八六，5）。

3. 石铲

1件。

T1①：154，为青灰色石料，刃部残件，弧刃留有使用留下的缺损斑痕。残高9、宽11、厚1.2厘米（图一四三，2；彩版八六，6）。

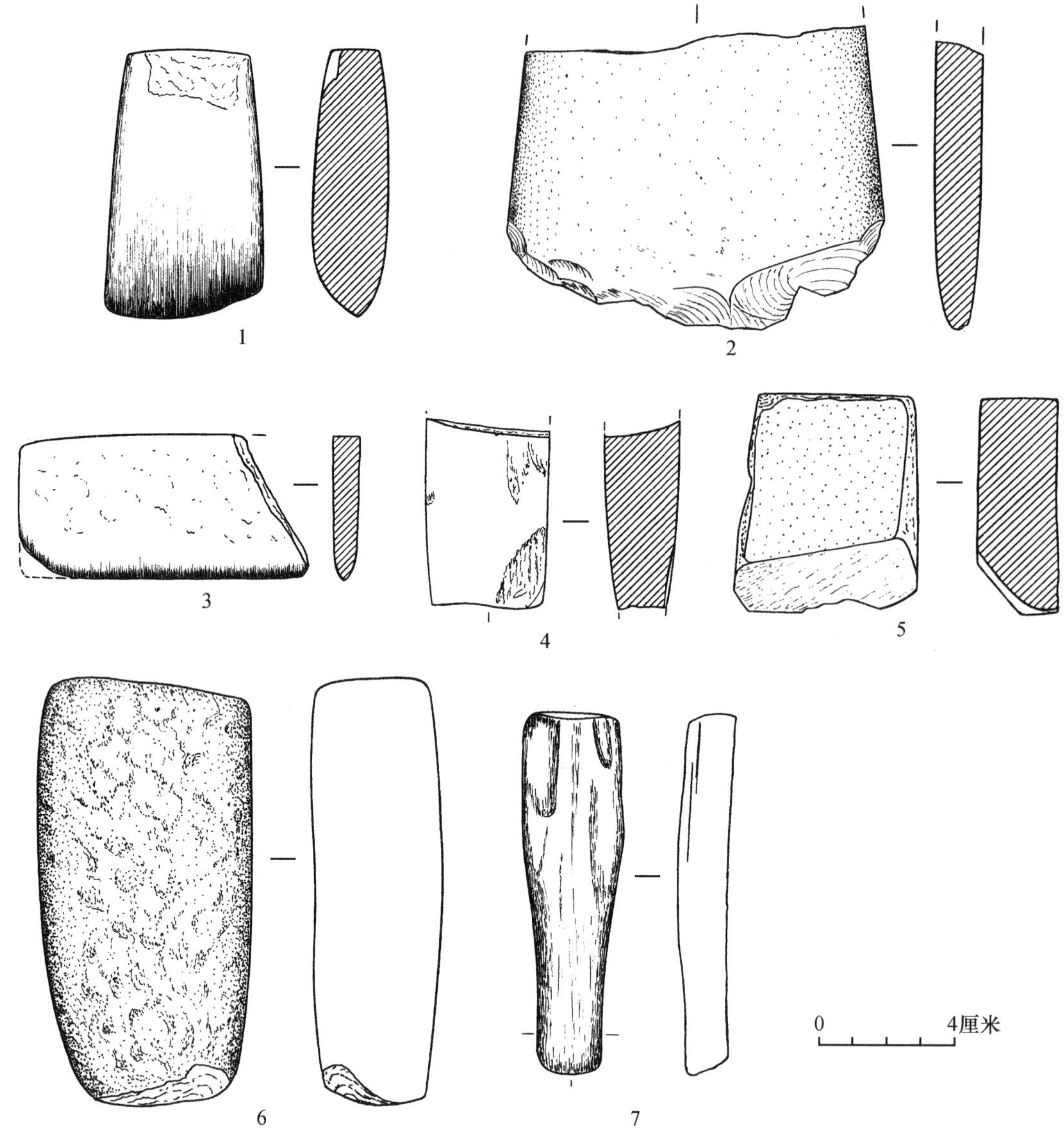

图一四三　石器

1. 石斧（T2①：319）　2. 石铲（T1①：154）　3. 石刀（T3②：357）　4～7. 残石器（T5②：1、T5②：13、T2②：386、T3②：376）

4. 石刀

1件。

T3②：357，为灰色石料，一端缺损。存长8.6、宽4.2、厚0.8厘米（图一四三，3；彩版八六，7）。

5. 残石器

4件。

T5②：1，为石锛残件，两头残缺，灰褐色石料，磨制较精。存高5.5、宽3.6、厚2.2厘米

（图一四三，4）。T5②：13，为石锛顶部残件，浅灰色石料，粗磨，留有打击斑。存高6.4、宽5.4、厚2.2厘米（图一四三，5；彩版八六，8）。T2②：386，为石斧上部残件，灰褐色石料，粗磨，留有打击斑。存高12.4、宽6.2、厚3.8厘米（图一四三，6）。T3②：376，为灰褐色石料，带柄长条形两头残石器，磨制痕迹不明显，似自然石料。存长10.8、最宽3、最厚1.4厘米（图一四三，7；彩版八六，9）。

三、骨　　器

6件。骨器数量较少，用动物骨骼制作，多为工具类，主要有骨笄、骨凿、骨尖状器、骨镞、骨锥等。

1. 骨笄

2件。

T3②：455，为两端缺损件，长圆形柱体，上粗下细。存长7.6厘米（图一四四，1；彩版八七，1）。T3②：456，为两端缺损件，长椭圆形柱体，上粗下细。存长5.3厘米（图一四四，2；彩版八七，2）。

2. 骨凿

1件。

T3②：95，为长椭圆形柱体，单面刃，上端残损。存长5.3厘米（图一四四，3；彩版八七，3）。

3. 骨尖状器

1件。

T2②：164，为长扁圆形体，完整，中间粗两头尖形。长9.6厘米（图一四四，4；彩版八七，4）。

4. 骨镞

1件。

T3①：3，为长柳叶棱形体，铤稍损，具有脊、叶、铤等镞的特征，磨制精，棱角清晰。存长7.3厘米（图一四四，5；彩版八七，5）。

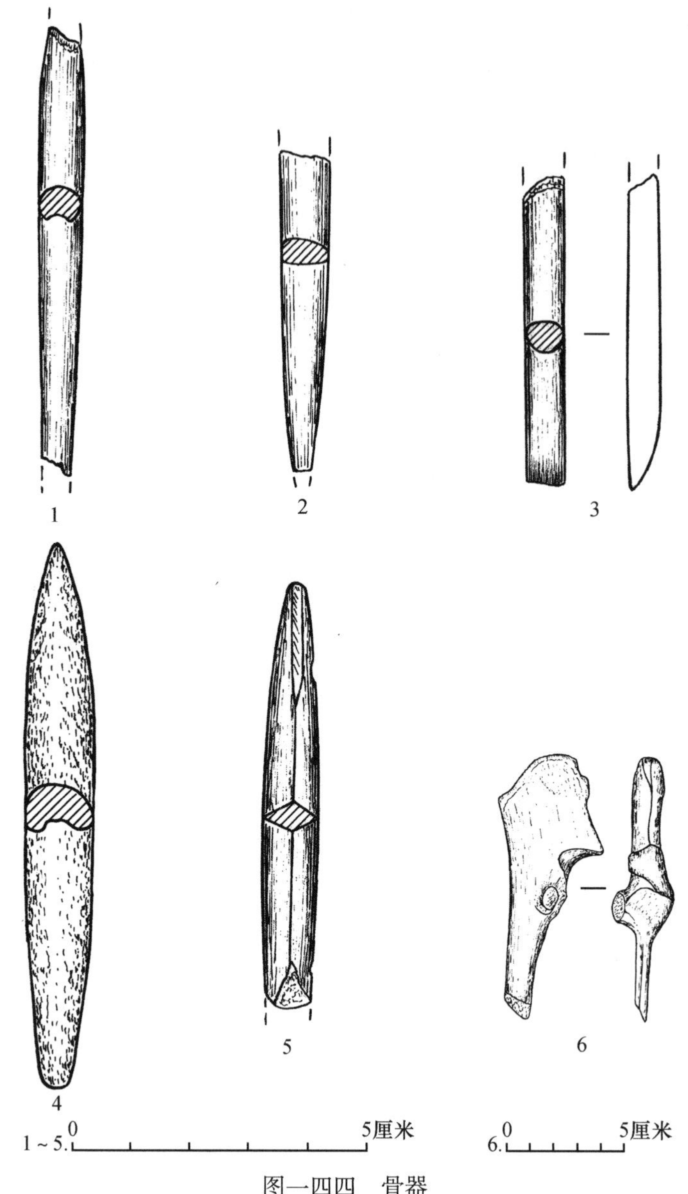

图一四四　骨器

1、2. 骨笄（T3②：455、T3②：456）　3. 骨凿（T3②：95）　4. 尖状器（T2②：164）　5. 骨镞（T3①：3）　6. 骨锥（采集：8）

5. 骨锥

1件。

采集：8，为动物脚部的尺骨加工而成，尖部残缺，柄部利用自然状态，尖部稍做加工。存长8.9厘米（图一四四，6）。

第三节　二期侯家寨文化

一、文化特征

根据地层堆积及出土器物分析，侯家寨二期主要包括地层第2层、5个灰坑和3个房址及其出土遗物，第1层耕土层出土的和在遗址上面采集的新石器时代器物，通过器形的比较分析多归属到二期文化遗存当中。

侯家寨二期文化特征，主要以出土的陶器与彩陶器、少量玉石器等器物群为代表的文化遗存，陶器主要是炊器和生活器皿类器物等。陶质有夹砂、夹蚌末陶和泥质陶。陶色有红褐色、外红内黑色、彩陶、黑陶等。陶器纹饰多素面和红衣、红口、彩绘纹，有少量弦纹、指切纹、捺窝纹、戳刺纹、附加堆纹、镂孔等。彩陶一般是先在陶器橘色底上施以红色陶衣和彩绘纹，往往在器物肩腹部饰红色彩带间以水波纹、勾连云纹、连续三角纹、网状纹等几何纹。陶器流行三足器、圈足器、平底器，盖纽、鸟首形器耳等，以釜形鼎、罐形鼎、钵形鼎以及各种类型鼎足和红色彩陶碗、豆、钵、盆、盖等为其典型特征，还有罐、盂、陶纺轮和陶塑动物艺术品等。与下层一期陶器最大的区别是炊器，由鋬手平底釜配套祖形支架的釜文化发展到三足鼎文化。特别是下层一期大量的鹿角勾形器和陶器刻划符号在上层二期不见，由下层一期简单红衣和红口彩陶器发展到上层二期大量的发达的彩绘纹陶器等（见表三）。

玉、石器数量少，磨制。在这里值得重视的是发现了两件磨制较精的玉璜，均为半月形，一件扁体，一件椭圆体，两端穿系索孔。石器多为石锛和石斧、石铲等，有别于下层一期文化利用拣选来的天然石片和鹅卵石类石器（表九）。

表九　二期侯家寨文化代表性器物群组合

名称		二期侯家寨文化代表性器物
陶器	炊具	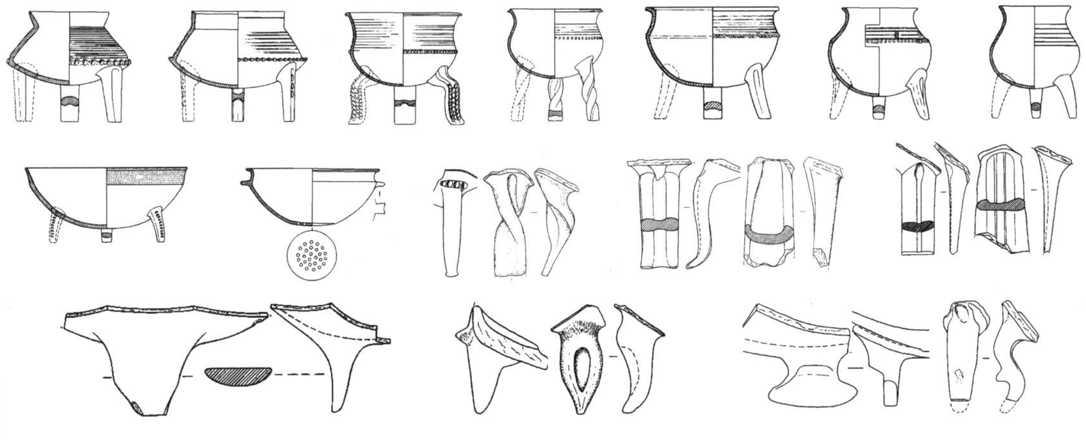

续表

名称		二期侯家寨文化代表性器物
陶器	生活用具	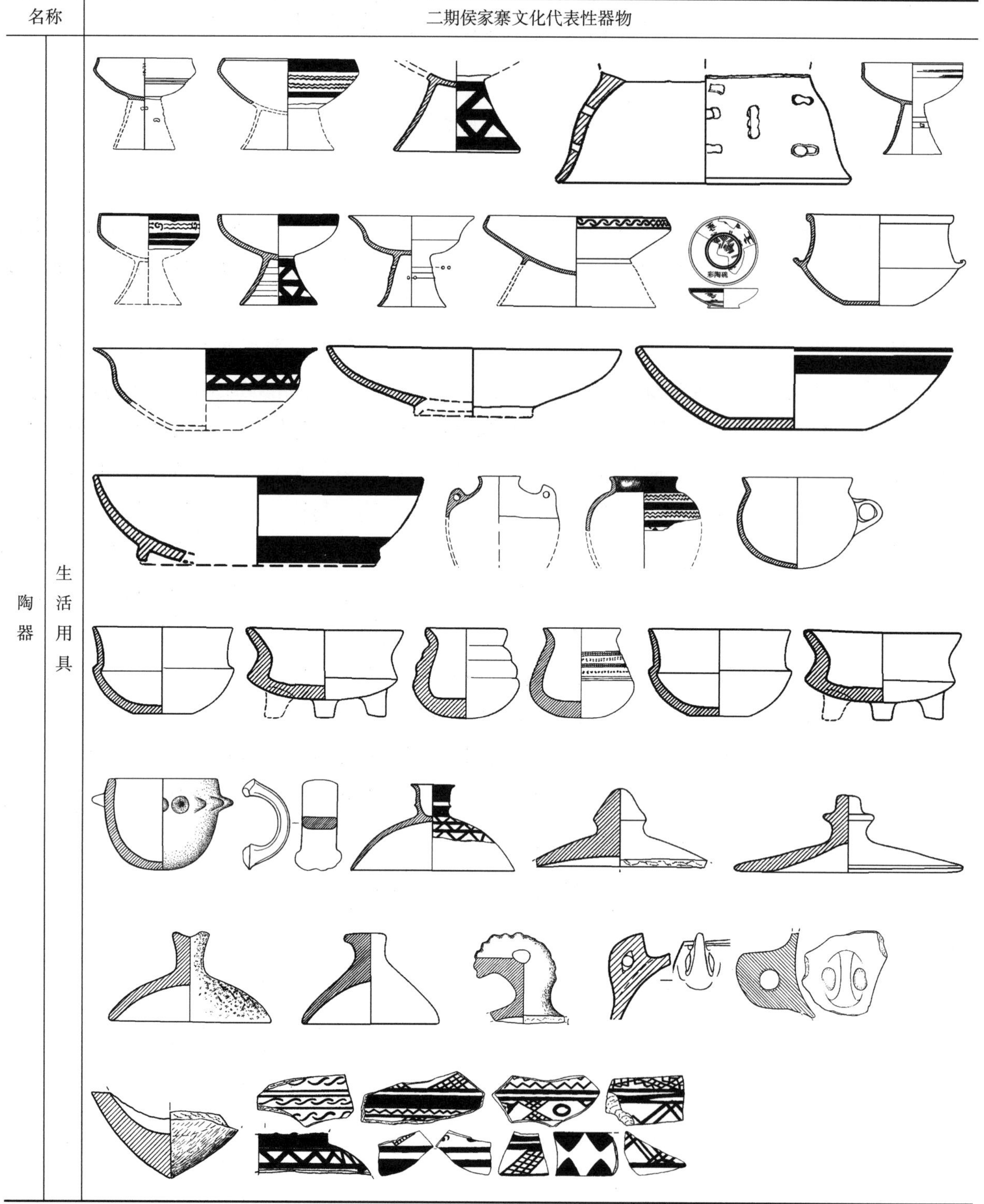

续表

名称	二期侯家寨文化代表性器物
玉石器	

二、文化年代

侯家寨遗址的年代先后做过两次^{14}C年代测定数据（表一〇、表一一）。除第一次选取的H5骨骼测定的年代偏晚外，其他地层选取的动物骨骼测定的年代基本一致。侯家寨二期的两次测年数据如下。

1. 侯家寨二期^{14}C测年数据

表一〇　侯家寨遗址第一次^{14}C年代测定的数据表

实验室编号	样品	采集单位	^{14}C年代（BC）	树轮较正年代（BP）
ZK2183	兽骨	二期H5	4630 ± 85	5175 ± 125

注：此表中选取的上层二期遗迹H5骨骼测定的年代数据偏晚，与第二次测定的年代和器物类型学年代差距较大，不可用

表一一　侯家寨遗址第二次（骨胶原）^{14}C年代测定的数据表

实验室编号	样品	采集单位	^{14}C测年（BP）	树轮较正年代（BP）
176998	兽骨	二期T4②	5280 ± 15	6110 ~ 6079
177005	兽骨	二期T4②	5070 ± 15	5797 ~ 5754

2. 侯家寨二期同时期遗址^{14}C测年数据

侯家寨和武庄二期①、孙家城一期②、汪洋庙下层③、薛家岗三期④等遗址“发掘简报”或“发掘报告”中刊用的^{14}C测年数据见表一二。

① 张文军、张志清、赵新平：《试析河南鹿邑县武庄遗址新石器时代文化遗存》，《考古》2003年第2期；河南省文物考古研究所：《河南鹿邑县武庄遗址的发掘》，《考古》2002年第3期。

② 安徽省文物考古研究所等：《安徽怀宁孙家城新石器时代遗址发掘简报》，《文物》2014年第5期。

③ 安徽省文物考古研究所：《望江汪洋庙新石器时代遗址》，《考古学报》1986年第1期。

④ 安徽省文物工作队：《潜山薛家岗新石器时代遗址》，《考古学报》1982年第3期。

表一二　同时期各遗址^{14}C年代数据表

遗址	实验室	样品	期段	层位	树轮校正年代（BP）	发掘年代
侯家寨	美国	兽骨	二期	T4②	6110～6079	1985～1986年
侯家寨	美国	兽骨	二期	T4②	5797～5754	1985～1986年
孙家城	北京大学	木炭	一期（AMS）	G2、⑪、M1	5800～5500	2007～2008年
鹿邑武庄			二期		未查到^{14}C测年数据	1990年
汪洋庙	文保所	木炭	下层	H6	6030±130	1980～1982年
薛家岗	文保所	木炭	第三期	T16④	5170±125	1979～1980年

注：①“文保所”即中国文化遗产研究院；②“美国”即美国加州大学欧文分校地球系统科学系

依据侯家寨二期的测年数据，结合周边同时期遗址如怀宁孙家城一期遗址的^{14}C测定的年代数据、望江汪洋庙下层^{14}C年代测定的年代数据，结合宿松黄鳝嘴遗址的器物类型等方面综合分析，侯家寨二期距今年代为6100～5800年。

三、文化命名

侯家寨二期文化器物群与其一期双墩文化器物群有明显的区别，最突出的器物组合是炊器由“釜文化”发展到“鼎文化”，不能纳入一期双墩文化范畴。侯家寨二期的大口或小口扁折腹釜形鼎和罐形鼎炊器明显与其一期罐形和钵形釜配套祖形支架的炊器具有不同的文化面貌，具有自身文化器物群组合特征，且区别于周边其他文化。二期是在一期釜文化的基础上发展而来的鼎文化。二期文化内涵在怀宁孙家城一期①、鹿邑武庄二期②、濉溪石山孜二期③等遗址中均有相同的文化面貌和器物群组合（表一三～表一五）。侯家寨二期矮小异形鼎足在宿松黄鳝嘴遗址中较为流行④。侯家寨二期大量彩绘陶器具有显著的特征，是在一期红衣、红口陶豆、陶碗等简单的彩陶器的基础上发展到二期大量彩绘纹饰陶豆、碗、钵、罐等彩陶器的。这类彩绘纹陶器在河南鹿邑武庄二期和安徽怀宁孙家城一期遗址中同样大量存在，其所绘纹饰图案和器类与侯家寨二期基本一致。由此，侯家寨遗址二期与一期属于两个不同的考古学文化属性，其自身文化特征典型而丰富，具有代表性，文化遗存分布在文化区的中心地区，从地层学角度二期是在继承一期文化的基础上发展起来的一种新的文化类型，可以承载《试论淮河流域的侯家寨文化》中“侯家寨文化”的命名⑤，即侯家寨二期和鹿邑武庄二期、怀宁孙家城一期三个典型遗址共同构建了一个以淮河中游为中心分布区的6000年左右的新石器时代独立的考古学文

① 安徽省文物考古研究所等：《安徽怀宁孙家城新石器时代遗址发掘简报》，《文物》2014年第5期。
② 河南省文物考古研究所：《河南鹿邑县武庄遗址的发掘》，《考古》2002年第3期。
③ 安徽省文物考古研究所等：《濉溪石山孜遗址第二、三次发掘报告》，文物出版社，2017年。
④ 安徽省文物考古研究所：《宿松黄鳝嘴新石器时代遗址》，《考古》1987年第4期。
⑤ 阚绪杭：《试论淮河流域的侯家寨文化》，《中国考古学会第九次年会论文集》，文物出版社，1997年。

表一三　侯家寨二期与孙家城一期典型器物对比

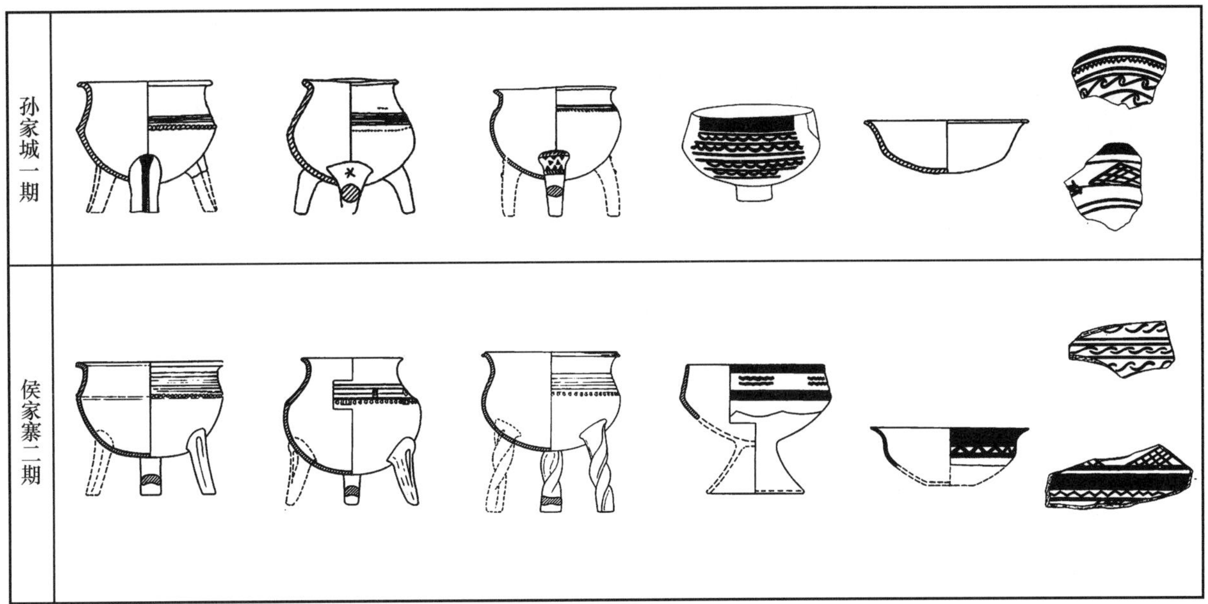

表一四　侯家寨二期与武庄二期典型器物对比

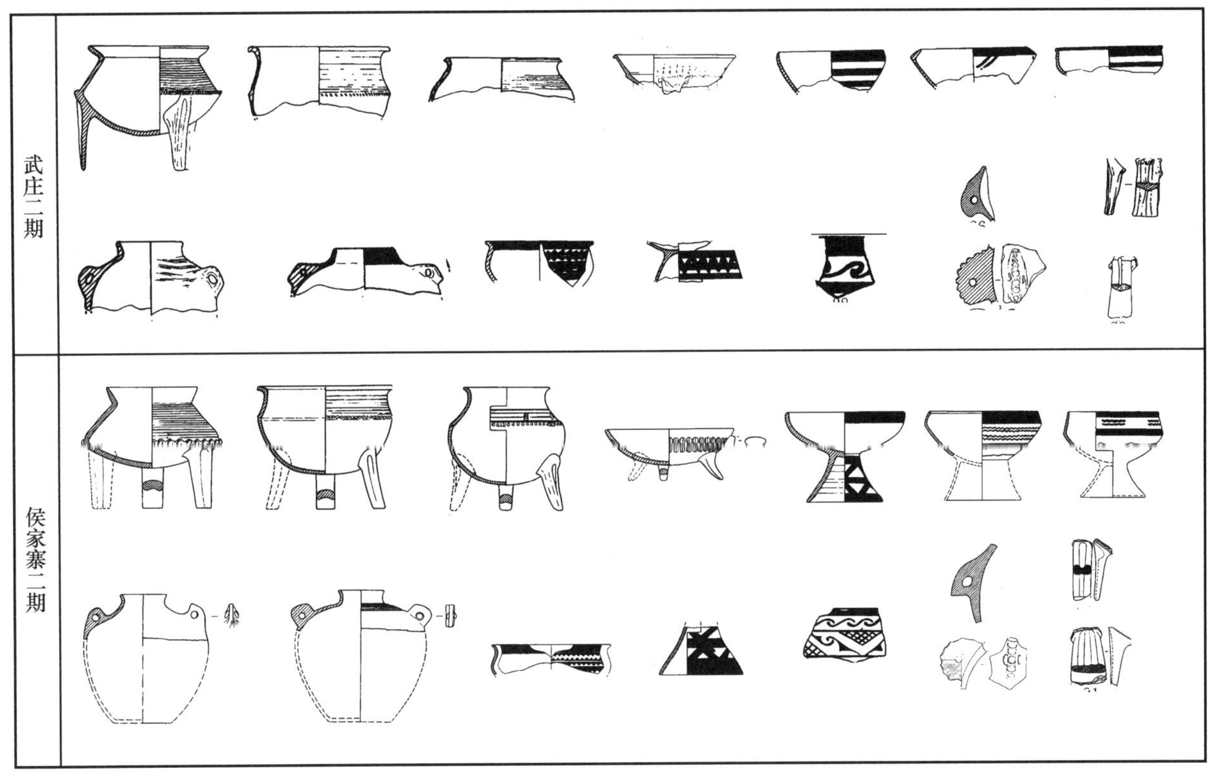

表一五　侯家寨二期与石山孜二期典型器物对比

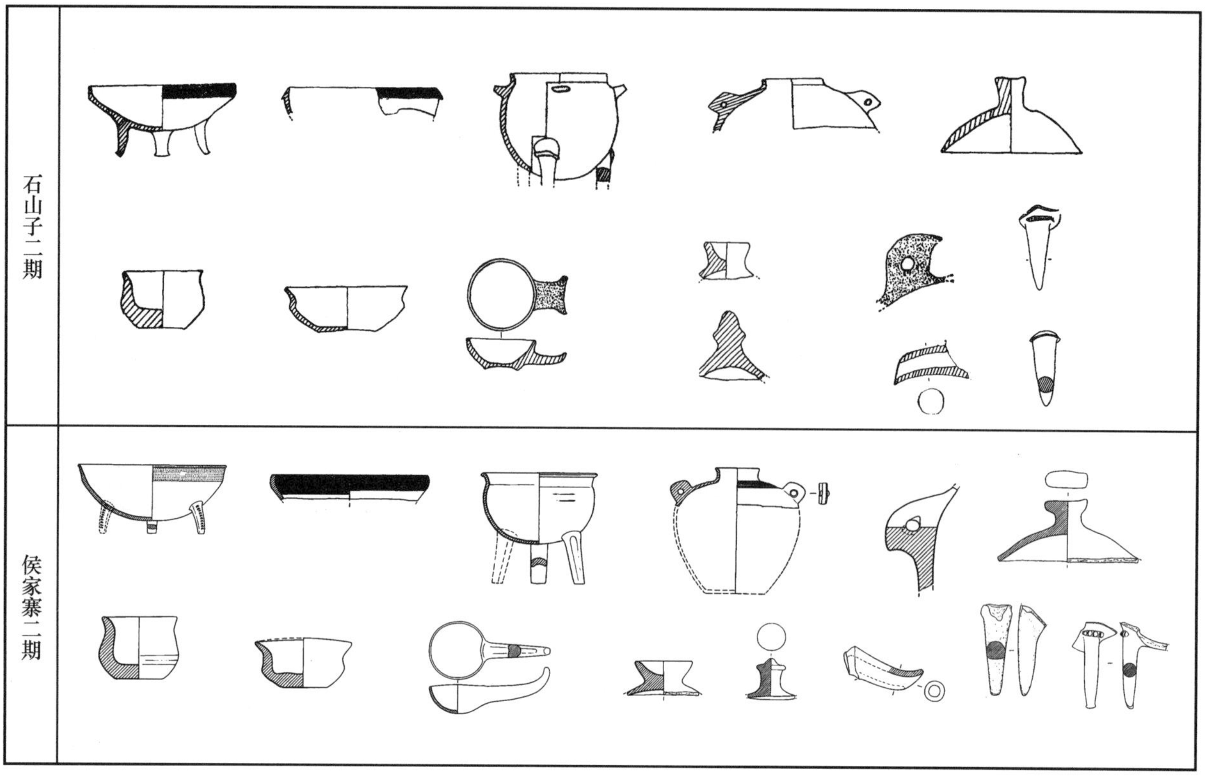

石山子二期	
侯家寨二期	

化——“侯家寨文化”。

关于“侯家寨文化”的命名问题。根据夏鼐先生考古学文化命名的原则，以首次发现的典型遗址小地名为名，且具有一组与其他已知文化区分开来的器物群，有一定的分布范围，并有一处代表性遗存。侯家寨遗址1985年春和1986年秋进行了两次发掘，1989年9月简报发表。1991年“苏鲁豫皖考古工作座谈会”上正式提出侯家寨文化①，认为侯家寨出土器物具有很强的自身特征，内涵丰富，且具有一定的分布范围，是一个新的文化类型——“侯家寨文化”。鹿邑武庄遗址1990年发掘，2002年发表简报，2003年张文军等撰写论文将武庄二期、侯家寨二期文化遗存等分布于淮河两岸、面貌特征独特的考古学文化称为“武庄二期文化”②。1985年发掘的侯家寨遗址不仅发掘年代早，文化命名也早③，又分布在文化区的中心地区，文化因素典型而丰富，武庄遗址考古材料尚显单薄，地处淮河中游分布区西部边缘，并含有较多的外来文化因素，这里将武庄二期纳入侯家寨文化的一处比较典型的遗址。怀宁孙家城遗2007～2008年发掘，简报发表于2014年④，孙家城一期和侯家寨二期器物群、彩陶器纹饰均显现出高度的一致性。孙家城遗址考古材料没有侯家寨丰富，地处淮河中游南部边缘的长江水系，并含有一

① 本刊编辑部：《苏鲁豫皖考古座谈会纪要》，《文物研究》（第7辑），黄山书社，1991年。

② 张文军、张志清、赵新平：《试析河南鹿邑县武庄遗址新石器时代文化遗存》，《考古》2003年第2期。

③ 阚绪杭：《试论淮河流域的侯家寨文化》，《中国考古学会第九次年会论文集》，文物出版社，1997年。

④ 安徽省文物考古研究所等：《安徽怀宁孙家城新石器时代遗址发掘简报》，《文物》2014年第5期。

定的外来文化因素，同样这里将孙家城一期文化遗存纳入"侯家寨文化"。目前这三处遗址文化遗存比较丰富，文化面貌基本一致。内涵最丰富而又处于文化中心分布区的侯家寨遗址，发掘年代早，提出"侯家寨文化"命名也是最早的，符合考古学文化命名规范。实际上自侯家寨遗址发掘三十多年以来考古学界已经认同"侯家寨文化"的命名。本书通过对淮河流域中游地区侯家寨二期文化类遗存综合研究分析，确立为"侯家寨文化"，建立了淮河中游地区新石器时代考古学文化的发展序列，即小山口类文化遗存→双墩文化→侯家寨文化。

四、分布范围

以侯家寨遗址二期遗存为代表的"侯家寨文化"，分布范围基本覆盖了以侯家寨一期为代表的"双墩文化"分布区，并且继续向安徽东南和西南部扩展，对江淮东部和西南部文化产生了强烈的影响和交融。以中心地区定远侯家寨二期侯家寨文化为中轴，西部有怀远双孤堆①、淮南小孙岗二期②、鹿邑武庄二期③；东部有龙虬庄二期④；北部的濉溪石山孜二期⑤；南部和西南部的肥西古棂早期⑥、怀宁孙家城一期⑦和宿松黄鳝嘴⑧及望江汪洋庙一期⑨；东南部的含山大城墩一期⑩、南京北阴阳营⑪、高淳薛城中层⑫等遗址（表一六～表二一）。由此，侯家寨文化的主要分布区：东南部到江苏西部一带；西部至鹿邑地区；北部位于淮北平原濉溪一线；南部达安庆地区长江一线。侯家寨文化在继承侯家寨一期双墩文化的基础上发展了大量新的文化元素，如鼎、豆、罐、碗、钵、盂形器和泥质彩陶等，对周边考古学文化产生了重要的影响，如北阴阳营文化⑬、薛家岗文化⑭、塞墩文化⑮、龙虬庄文化⑯等。侯家寨文化是引领淮河

① 见安徽省文物考古研究所发掘材料。

② 见淮南市博物馆考古调查发掘材料。

③ 河南省文物考古研究所：《河南鹿邑县武庄遗址的发掘》，《考古》2002年第3期。

④ 龙虬庄遗址考古队：《龙虬庄——江淮东部新石器时代遗址发掘报告》，科学出版社，1999年。

⑤ 安徽省文物考古研究所等：《濉溪石山孜遗址第二、三次发掘报告》，文物出版社，2017年。

⑥ 安徽省文物考古研究所：《安徽肥西县古埂新石器时代遗址》，《考古》1985年第7期。

⑦ 安徽省文物考古研究所等：《安徽怀宁孙家城新石器时代遗址发掘简报》，《文物》2014年第5期。

⑧ 安徽省文物考古研究所：《宿松黄鳝嘴新石器时代遗址》，《考古学报》1987年第4期。

⑨ 安徽省文物考古研究所：《望江汪洋庙新石器时代遗址》，《考古学报》1986年第1期。

⑩ 安徽省文物考古研究所等：《安徽含山大城墩遗址第四次发掘简报》，《考古》1989年第2期。

⑪ 南京博物院：《北阴阳营——新石器时代及商周时期遗址发掘报告》，文物出版社，1993年。

⑫ 南京市文物局、南京市博物馆、高淳县文管所：《江苏高淳县薛城新石器时代遗址发掘简报》，《考古》2000年第5期。

⑬ 南京博物院：《北阴阳营——新石器时代及商周时期遗址发掘报告》，文物出版社，1993年。

⑭ 安徽省文物工作队：《潜山薛家岗新石器时代遗址》，《考古学报》1982年第3期。

⑮ 中国社会科学院考古研究所：《黄梅塞墩》，文物出版社，2010年。

⑯ 龙虬庄遗址考古队：《龙虬庄——江淮东部新石器时代遗址发掘报告》，科学出版社，1999年。

表一六　侯家寨二期与古埂早期典型器物对比

表一七　侯家寨二期与大城墩一期典型器物对比

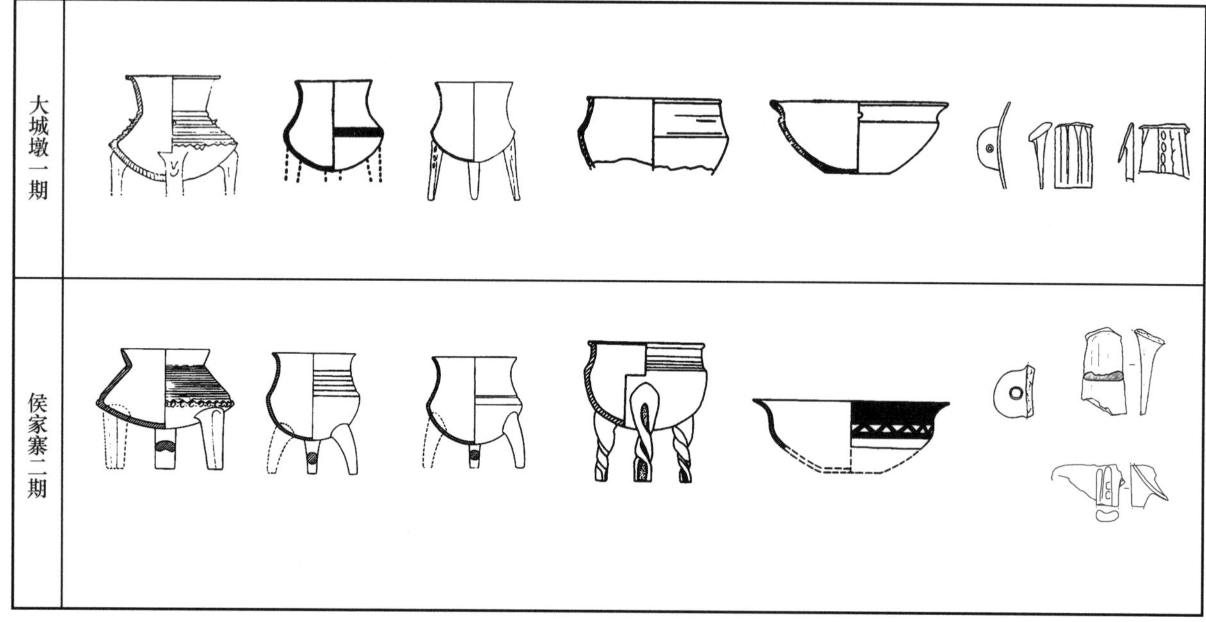

表一八　侯家寨二期与薛城中层典型器物对比

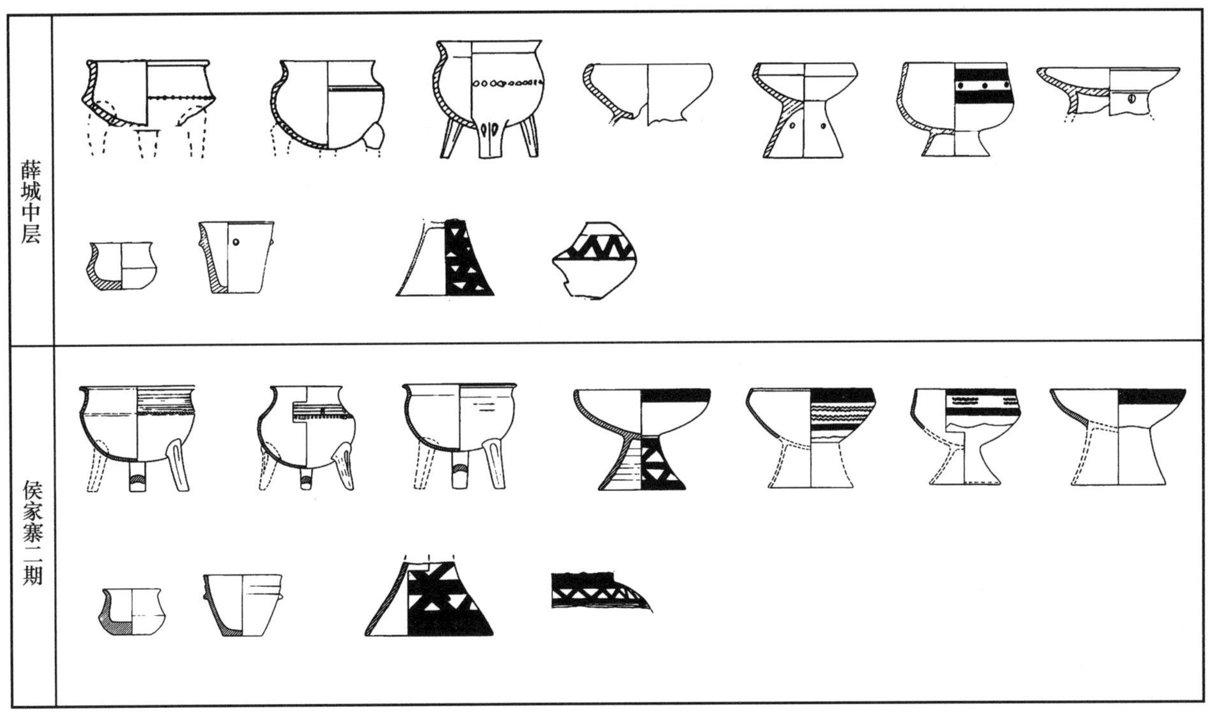

表一九　侯家寨二期与龙虬庄三期典型器物对比

表二〇　侯家寨二期与北阴阳营下层典型器物对比

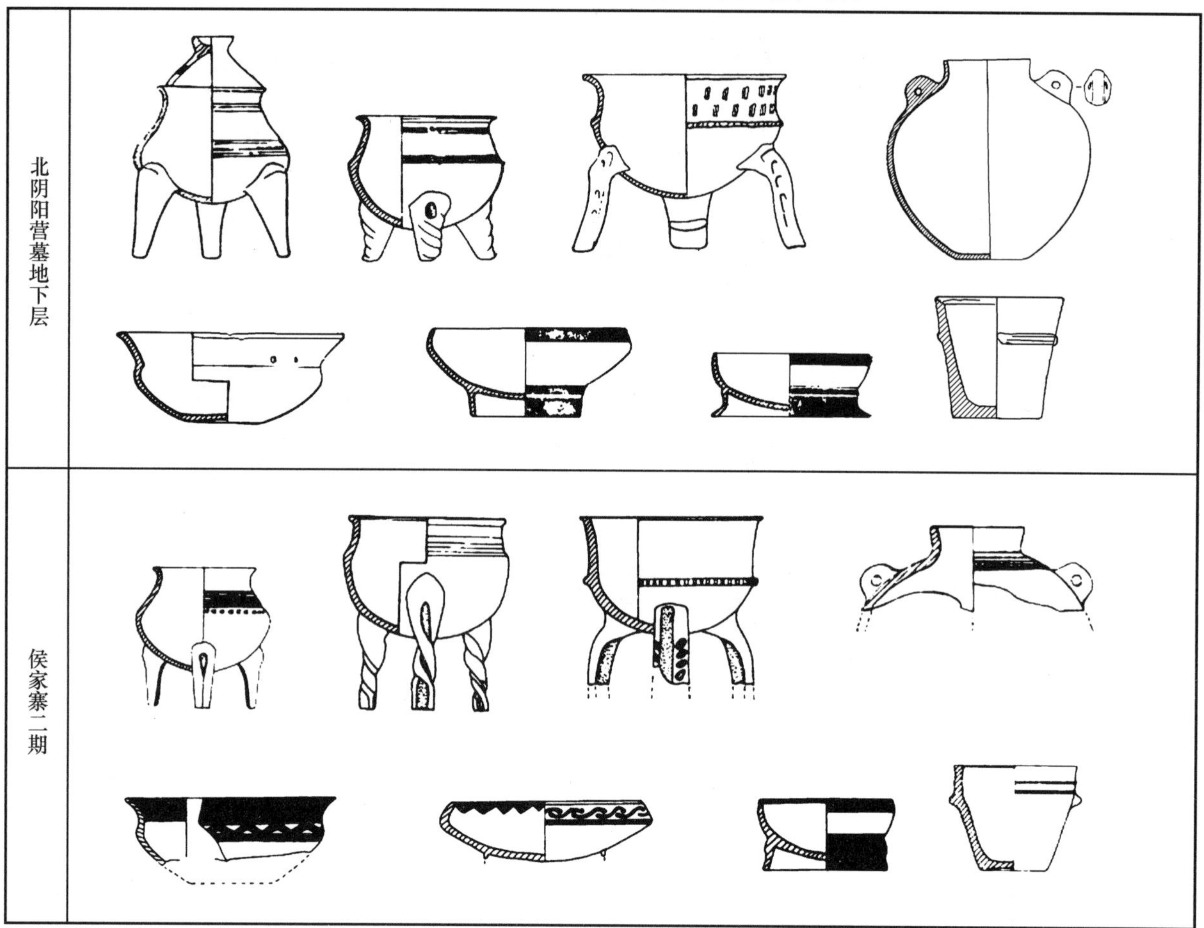

表二一　侯家寨二期与黄鳝嘴典型器物对比

中游6000年左右的一支强劲的考古学文化。

淮河流域在史前时期是黄河流域和长江流域的交汇地带，侯家寨二期便不可避免地与长江流域和黄河流域的新石器时代文化发生关系。在南部江淮流域，侯家寨二期文化遗存兵分两路，一路分布在江淮东部，其发展的路径，先是南下到肥西古埂，然后从古埂转向东南，经巢湖、裕溪河渡江到达现今马鞍山的石臼湖和南京的固城湖，进入宁镇地区。罗运兵特别提到了这条路径，他认为早在侯家寨一期淮河中游遗存南下的现象就已经非常明显，而且这种南下的势头相当强劲[①]。这一地区，侯家寨二期同类文化遗址有肥西古埂早期、大城墩一期、高淳薛城遗址中层等，同时影响到南京北阴阳营；另一路分布在江淮西部，其传播路径是从肥西古埂，通过陆路和水路的途径，转向西南怀宁孙家城遗址，同时对附近的宿松黄鳝嘴、安庆夫子城、望江的汪洋庙等遗址有较大的影响。汪洋庙和黄鳝嘴应为侯家寨文化与潜山的薛家岗文化、湖北的黄梅塞墩文化相碰撞、交汇的地带。

五、文化源流

1. 文化来源

侯家寨二期文化即侯家寨文化，主要是在侯家寨一期文化的基础上发展起来的一支后续文化，来源于一期双墩文化，同时也受到其周边地区的一些早期文化因素的影响。

侯家寨一期陶器以夹蚌末、夹炭为主，基本不见泥质陶。侯家寨二期陶器在延续一期夹蚌末陶的基础上新增了夹砂和泥质陶。一期陶色多为红褐色或外红内褐色，外红衣和红口彩陶等，二期陶色除了延续红褐色和外红内黑色外，新增黑陶和大量的彩绘纹陶器等。一期陶器多为手制，器形较大，胎壁皆粗厚，而二期陶器胎壁变薄多为慢轮修整。一期纹饰多素面，除了少数红衣和红口彩陶外，往往在器物的口颈肩部或鋬手冠部等部位饰以指切纹、刻划纹、戳刺纹和少量乳钉纹等简单纹饰。二期陶器纹饰也是多素面，除有少量指切纹、戳刺纹外，新增弦纹、捺窝纹、附加堆纹、镂孔等。还有大量在橘色底上施以红色彩绘纹陶。一期陶器流行鋬手、耳系、平底、矮圈足器、盖纽和少数圆锥形鼎足等，二期陶器流行三足器、圈足、平底、盖纽、耳系等。一期器形以罐形和钵形釜与祖形支架配套使用的炊器和外红衣陶豆、碗以及鸟首或牛鼻形耳系罐、刻划符号等为典型特征，还有圆锥鼎足、鬶、甑、勺、钵、缸、瓮、盆、圈座形盖纽、桥形盖纽、陶锉、陶圆饼等。二期陶器以釜形、罐形和钵形、盆形鼎及大小多形鼎足；红色彩绘陶碗、豆、钵、盆、盖等为其典型特征。还有鸟首耳系罐、甑、盂、多形盖纽、纺轮、陶球等。上述仅列举了侯家寨遗址本身一、二两期陶器，通过梳理不难看出，从陶质、色、形和群组来看，二期都是在一期的基础上发展而来的。两期除了共性外，多存在一定

① 罗运兵：《薛家岗文化与周邻文化的关系》，《道远集——安徽省文物考古研究所五十年文集（1958～2008）》，黄山书社，2008年。

的延续变化关系，如：由一期简单红衣、红口彩陶发展到二期大量而发达的彩绘纹陶；一期的釜配套祖形支架炊器发展到二期的三足鼎炊器。两期存在的区别是一期大量的鹿角勾形器和陶器刻划符号到二期消失等。

2. 文化流向

淮河流域在史前时期是黄河流域和长江流域的交汇地带，侯家寨文化便不可避免地与长江流域和黄河流域的新石器时代文化发生关系。一路在南部江淮流域，侯家寨文化遗存发展的路径，先是南下到肥西古埂，然后从古埂转向东南，经巢湖、裕溪河渡江到达现今马鞍山的石臼湖和南京的固城湖，进入宁镇地区。这一地区有肥西古埂早期①、含山大城墩一期②、高淳薛城遗址中层③等，同时影响到南京北阴阳营④；环巢湖流域，侯家寨文化通过肥西古梗遗址、含山大城墩遗址⑤对之后距今5600～5300年的凌家滩文化⑥产生一定的影响。如凌家滩的敛口钵形豆、盆形鼎、直口斜腹圈足钵等器物都是来自侯家寨文化的因素。另一路分布在江淮西南部，其传播路径从肥西古埂，经过桐城通道流向安庆夫子城、怀宁孙家城⑦、宿松黄鳝嘴⑧、望江汪洋庙⑨等遗址，这就是距今5800～4800年薛家岗文化的主要源头。如：薛家岗文化⑩的圆腹罐形鼎、折腹壶形鼎、钵形豆等均是直接或间接来源于汪洋庙、黄鳝嘴、侯家寨文化因素并结合自身特征而形成的器形。侯家寨文化时期淮河中游以北地区一支深受双墩文化影响的大汶口文化开始南进，如：蒙城尉迟寺⑪、亳州富庄遗址下层⑫、河南鹿邑栾台⑬，在中晚期基本覆盖了这一地区。大汶口文化⑭作为一支强势的文化对新兴的侯家寨文化造成挤压，这也是侯家寨文化后期没有在淮河以北发展，而是转向淮河以南的重要原因。

侯家寨二期文化直接来源于侯家寨一期文化，即侯家寨文化源于一期双墩文化，它是淮河中游地区重要的一支距今6000年左右的新石器时代考古学文化。然而这支强势文化之后出现了

---

① 安徽省文物考古研究所：《安徽肥西县古埂新石器时代遗址》，《考古》1985年第7期。

② 安徽省文物考古研究所等：《安徽含山大城墩遗址第四次发掘简报》，《考古》1989年第2期。

③ 南京市文物局、南京市博物馆、高淳县文管所：《江苏高淳县薛城新石器时代遗址发掘简报》，《考古》2000年第5期。

④ 南京博物院：《北阴阳营——新石器时代及商周时期遗址发掘报告》，文物出版社，1993年。

⑤ 安徽省文物考古研究所等：《安徽含山大城墩遗址第四次发掘简报》，《考古》1989年第2期。

⑥ 安徽省文物考古研究所等：《安徽含山县凌家滩遗址第三次发掘简报》，《考古》1999年第11期。

⑦ 安徽省文物考古研究所等：《安徽怀宁孙家城新石器时代遗址发掘简报》，《文物》2014年第5期。

⑧ 安徽省文物考古研究所：《宿松黄鳝嘴新石器时代遗址》，《考古学报》1987年第4期。

⑨ 安徽省文物考古研究所：《望江汪洋庙新石器时代遗址》，《考古学报》1986年第1期。

⑩ 安徽省文物工作队：《潜山薛家岗新石器时代遗址》，《考古学报》1982年第3期。

⑪ 中国社会科学院考古研究所：《蒙城尉迟寺》，科学出版社，2001年。

⑫ 见安徽省文物考古研究所发掘材料。

⑬ 河南省文物研究所：《河南鹿邑栾台遗址发掘简报》，《华夏考古》1989年第1期。

⑭ 山东省文物考古研究所：《大汶口续集：大汶口遗址第二、三次发掘报告》，科学出版社，1997年。

明显的变化，后续文化至今不很清晰。但是，其文化因素流向东北大汶口文化[①]、东南凌家滩文化[②]、宁镇北阴阳营[③]文化和西南薛家岗文化[④]、黄梅塞墩[⑤]文化等。最重要的是在西南长江中下游交会地区，如怀宁孙家城遗址费屋地点发掘的两个探方（T2、T3）下层发现薛家岗墓葬叠压在侯家寨文化之上的地层关系[⑥]，佐证侯家寨文化是薛家岗文化的源头，也就是说，侯家寨文化因素在西南地区融入了后续的薛家岗、塞墩等文化之中。

① 山东省文物考古研究所：《大汶口续集：大汶口遗址第二、三次发掘报告》，科学出版社，1997年。
② 安徽省文物考古研究所等：《安徽含山县凌家滩遗址第三次发掘简报》，《考古》1999年第11期。
③ 南京博物院：《北阴阳营——新石器时代及商周时期遗址发掘报告》，文物出版社，1993年。
④ 安徽省文物考古研究所：《潜山薛家岗》，文物出版社，2004年。
⑤ 中国社会科学院考古研究所：《黄梅塞墩》，文物出版社，2010年。
⑥ 安徽省文物考古研究所等：《安徽怀宁孙家城新石器时代遗址发掘简报》，《文物》2014年第5期。

第五章　汉代墓葬

侯家寨遗址的新石器地层堆积，受到汉代人在其上埋葬和现代人农耕的破坏。在1985～1986年两次发掘375平方米范围内共清理了9座汉代土坑墓葬，已经构成了该遗址上层的一个汉代土坑墓葬群，因没有对遗址进行钻探，尚不知遗址上面还有多少座汉代的土坑墓葬。1985年5月发掘一条探沟，清理了2座打破遗址的汉代土坑墓葬。1986年秋季第二次发掘侯家寨遗址时，又清理了7座打破遗址汉代土坑墓葬，侯家寨遗址两次考古发掘共清理打破遗址发掘探方的汉代土坑墓葬9座，统一编号M1～M9。为保证侯家寨遗址两次发掘材料的完整性，在这里再次将清理的这批汉代墓葬材料和出土器物集中整理、修复、绘图、照相，单独列一章，以便于研究者查阅。

第一节　墓葬分布

根据考古发掘资料和当地群众介绍证明，该遗址上面是一处汉代的墓葬群，墓葬结构主要是土坑墓。当地农民反映侯家寨遗址台地上常发现一些墓葬随葬的陶器等，陶器出土时都被打烂扔掉，说明该墓群在历代农事中已遭到一定的破坏。从发掘中清理的9座土坑墓葬的分布情况看，这些土坑墓葬主要分布在遗址的东北部，这里地势相对较高，其分布相对来说还是比较密集的。这两次对侯家寨新石器时代遗址考古发掘工作中，没有对该遗址进行全面钻探工作，固对遗址上面的汉代墓葬整体分布和保存情况还不清楚（见图三）。

侯家寨是一处台地型新石器时代遗址，晚期两汉墓葬打破地层关系清楚。这批墓葬地表均无封土堆，均开口于耕土层下，打破新石器时代遗址文化地层。在发掘区清理的9座汉代墓葬均为土坑结构，没有发现砖室结构的墓葬，但当地人说这里有砖室结构的墓葬。在T4东北部发现的M3、M4和M5之间有一定的打破和叠压关系（见图一四七）。

第二节　墓葬结构与随葬器物

侯家寨遗址两次发掘清理9座汉代墓葬（表二二），其形制规模均较小，结构简单，为单人单棺土坑竖穴墓，无墓道，无封土堆，随葬品少，属小型类墓葬。随葬品多为鼎、盒、壶、灶、圈厕、匜、杯、罐、盉、井栏等陶器，少数墓随葬车马器、盆、弩机、镜等青铜器，稀见玉璧等。下面以每一座墓葬为单位分别介绍：

表二二　侯家寨遗址汉代墓葬登记表

墓号	墓坑方向（°）	形制与结构	墓坑 长×宽—深（米）	随葬器物	备注
M1	90	土坑竖穴，未夯	2.6×1.30—1.16	鼎1、壶1、钫1、灶（有釜与甑）1、盉1、盘1	位于T1内，墓口有祭祀坑
M2	90	土坑竖穴，未夯	2.6×1.25—1.80	罐2	位于T1内，墓口有祭祀坑
M3	90	土坑竖穴，未夯	1.65×0.9—1.20	无随葬品	位于T4内，与M4、M5有打破关系
M4	356	土坑竖穴，未夯	2.2×1.4-2.3	鼎2、盒2、壶3、灶2、圈厕2、匜2、杯2、罐1、盉1、井栏2、铜镜1、铜盆2、铜弩机4、铜质车马构饰59	位于T4内，与M3、M5有打破关系
M5	90	土坑竖穴，经夯	2.7×1.75—2.45	无随葬品	位于T4内，与M3、M4有打破关系
M6	180	土坑竖穴，未夯	2.7×1.4—0.75	罐1、钫盖1、铜镜1	位于T2内
M7	180	土坑竖穴，未夯	3.2×2—1.7	钫1、壶1、盒1、釜甑1、鼎1、匜1、罐3、器盖1、玉璧1	位于T3内，合葬墓
M8	180	土坑竖穴，经夯	2.6×1.97—2.3	鼎1、灶2、罐4、瓿1、壶1、圈厕1、铜盆2	位于T2内
M9	180	土坑竖穴，未夯	3×1.7—1.05	罐4、铜镜1	位于T3内

注：①墓坑的长、宽为墓底尺寸，深为底距现地表高度；②随葬器物栏中未注明质料者皆为陶器；③随葬器物栏中数字表示件数

一、M1、M2

这两座墓葬是1985年试掘发现，开口于耕土层下，打破发掘探沟T1遗址地层。位于T1东部中间，墓坑一部分在探方内，一部分超出探方范围，扩方清理。两座墓葬东西向，并列相距1米，但M1（汉墓全称DHM1，省作M1，余同）的墓穴比M2的墓穴浅0.64米。M1墓坑长260、宽130、距地表深116厘米。M2墓坑长250、宽110、距地表深度180厘米。两座墓均在墓口一侧发现祭祀活动的遗迹（见图三），M1在北侧，M2在南侧。祭祀遗迹呈圆形或椭圆形浅坑，其浅坑范围直径100、深40厘米，坑内堆积物为草木灰烬，还含有小动物骨骼和陶器碎片，有

罐、盆之类陶器的口沿、腹片等，墓口后部的祭祀坑和墓坑内部的随葬品在同一侧。

M1和M2墓坑内的填土均未夯实，头向正东，单人仰身直肢葬，墓坑底部有清晰的骨架和木棺腐朽留下的一薄层痕迹。随葬品放在前部棺外一侧，均为陶器。M1随葬品置棺外右侧前部，摆放成一排，有鼎、壶、钫、灶（釜与甑）、盉、盘等陶器6件（图一四五，2；彩版八八；彩版八九）。M2随葬品置棺外左侧前部，仅有2件陶罐（图一四六，1；彩版九〇，1～3）。

两座墓共出土随葬品8件，均为陶器，除陶罐2件系M2所出，余皆出自M1。陶器均为夹细砂灰陶，轮制，主要有鼎、壶、钫、罐、灶等生活用具。兹述如下。

陶盉　1件。M1：6，小口短径，圆鼓腹，底近平，三乳钉足，兽首状短流，流无孔，扁方形把手。口径6.2，腹径12，高8.6厘米（图一四五，1，彩版八九，5）。

陶灶　1件。M1：2，灶身呈尖头状，有灶门及一个火眼，兽首状烟囱，火眼上置釜和甑。釜为罐形，小口圆腹，圜底；甑侈口平沿，斜收腹小平底，底有5个箅孔。长23.4、宽16.3、通高13厘米（图一四五，3；彩版八九，2）。

陶壶　1件。M1：5，折沿，直口，平唇，圆鼓腹，平底，有盖。口径11.8、腹径19.6、通高27.2厘米（图一四五，4；彩版八九，4）。

陶鼎　1件。M1：4，子母口，覆钵形鼎盖，两侧长方形附耳，扁圆腹，底近平，三蹄足。口径19.4、腹径22.4、通高16厘米（图一四五，5；彩版八九，3）。

陶钫　1件。M1：1，折沿，方口，平唇，鼓腹，平底，方座。口宽12、腹宽22.6、底宽12、高31.8厘米（图一四五，6；彩版八九，1）。

陶小盘　1件。M1：3，侈口，折沿，浅腹底近平，器内有两道弦纹。口径17.4、高4厘米。

陶罐　2件。束颈，溜肩，双系，饰弦纹，近底部饰绳纹。M2：1，完整，三角缘口沿，尖唇，长圆腹，小平底内凹。口径13.2、腹径25.2、高27.1厘米（图一四六，2；图版九〇，2）。

M2：2，口部残缺，圆球腹，圜底。腹径25.6、残高21.8厘米（图一四六，3；彩版九〇，3）。

二、M3～M5

这三座墓葬是1986年发掘发现，开口于耕土层下，打破发掘探方T4遗址地层。三座墓葬均位于T4东北部，墓坑相互略有打破叠压，M4与M5墓坑大部分在探方内，超出部分进行扩方清理。三座墓葬的打破叠压关系为：M4→M3→M5，M4→M5，M5北部被打破和扰乱。三座墓葬除了M5墓坑内的填土有夯筑外，其他两座墓坑填土均未夯实。三座墓葬只有M4有随葬品和人骨架及葬具的明显腐朽迹象，其他两座墓均无随葬品和人骨架及葬具腐朽痕迹。M3东西向，墓坑长1.65、宽0.9、距地表深1.2米。M5东西向，墓坑长2.7、宽1.75、距地表深2.45米（图一四七）。

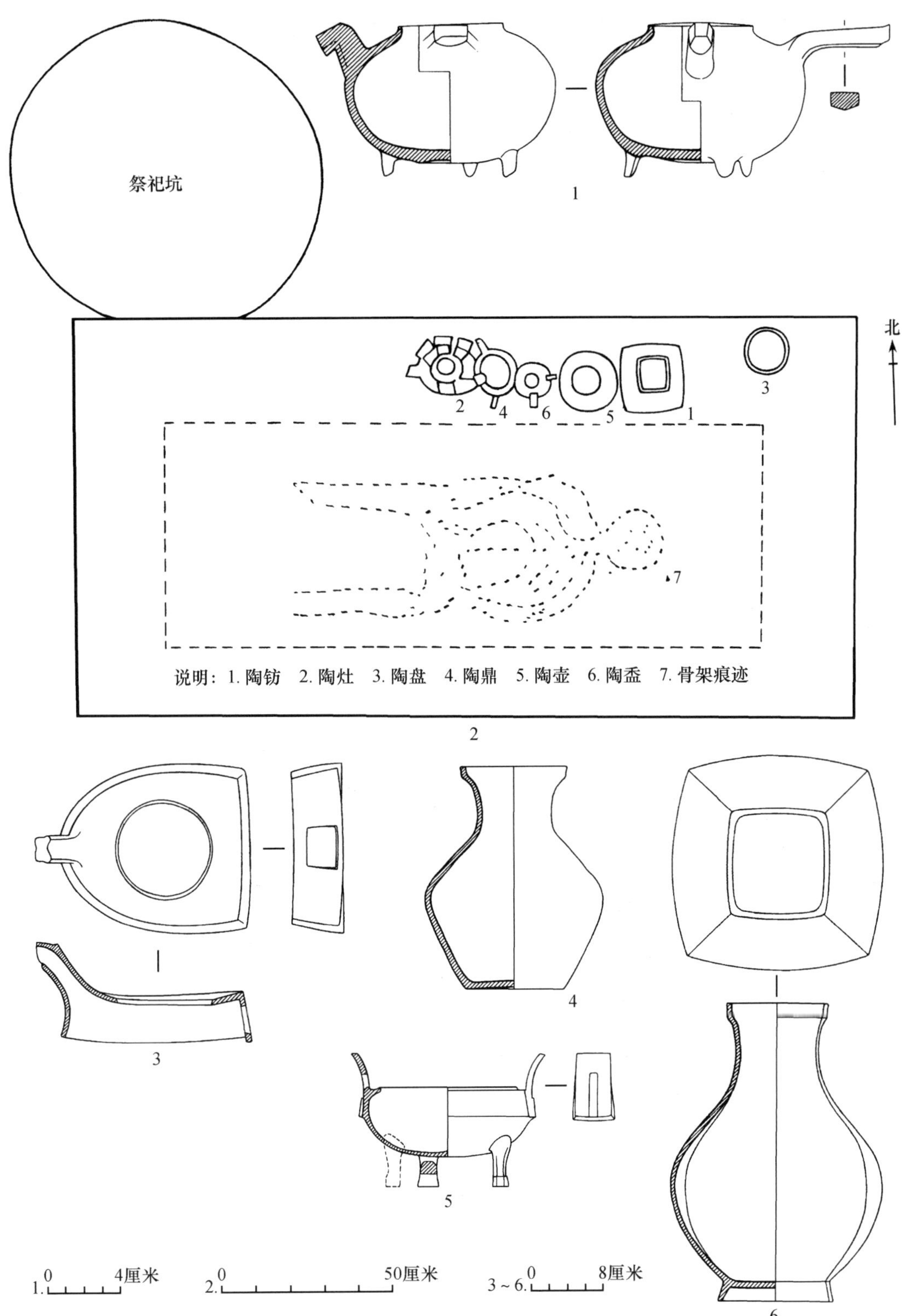

图一四五　汉墓M1平面与出土器物

1. 陶盉（M1∶6）　2. 汉墓M1平面图　3. 陶灶（M1∶2）　4. 陶壶（M1∶5）　5. 陶鼎（M1∶4）　6. 陶钫（M1∶1）

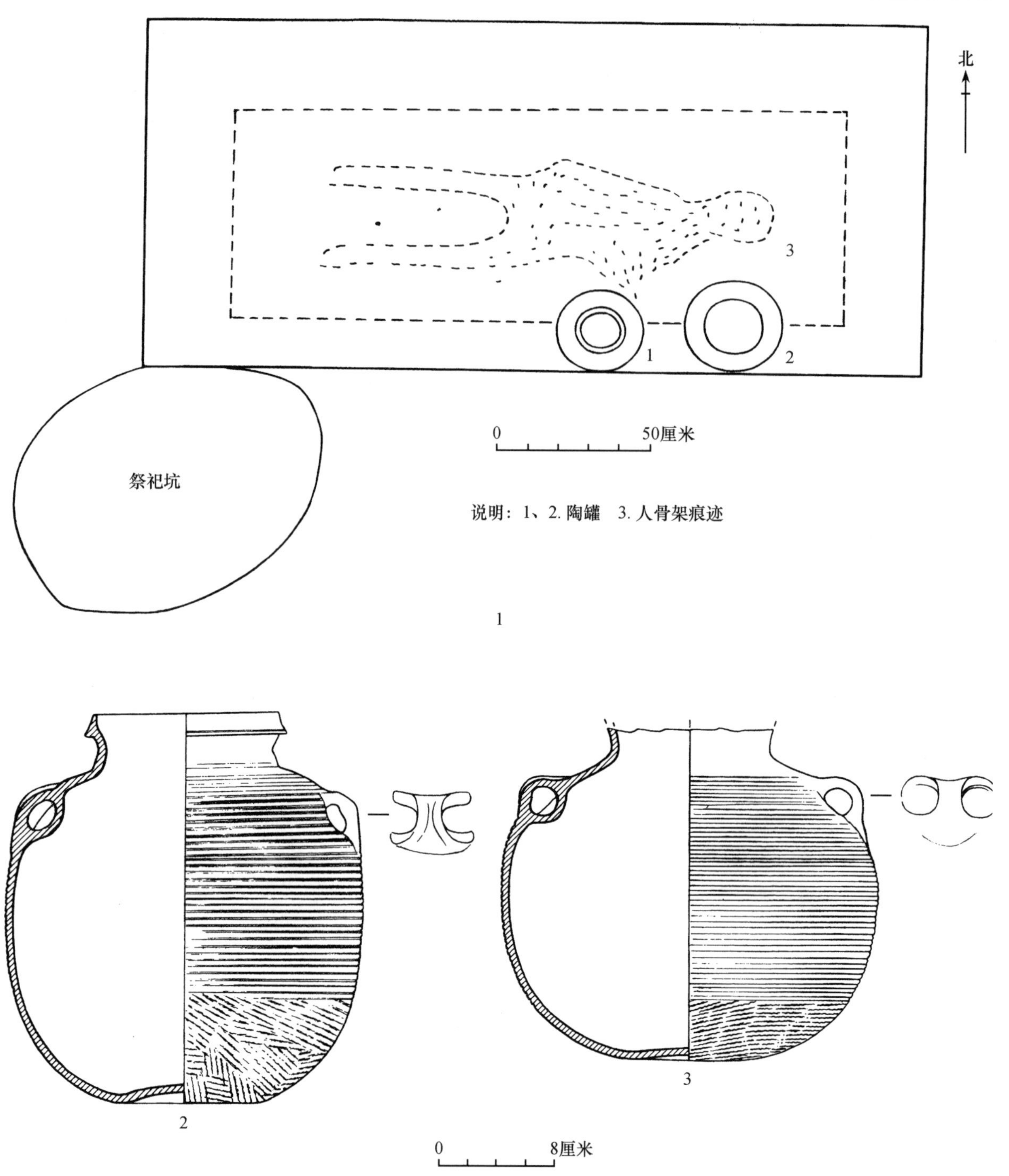

图一四六　汉墓M2平面与出土器物

1. 汉墓M2平面图　2、3. 陶罐（M2：1、M2：2）

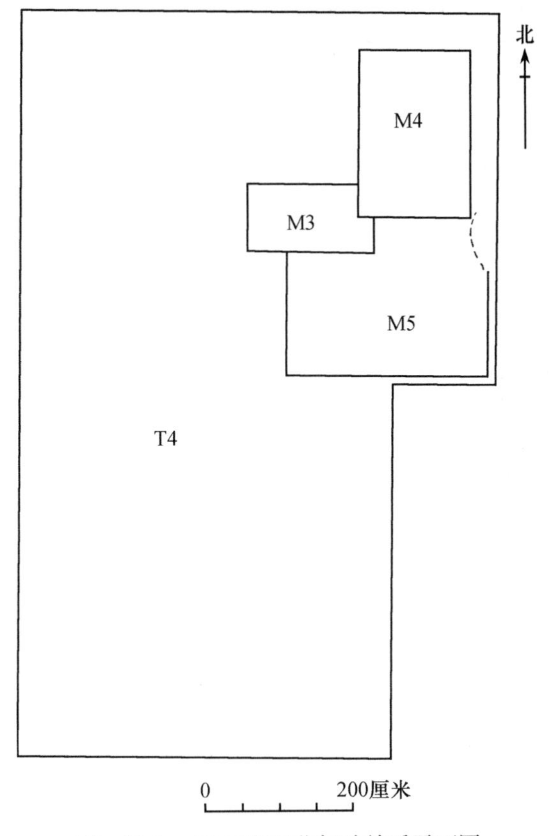

图一四七　T4三座汉墓打破关系平面图

M4南北向，墓坑长2.2、宽1.4、距地表深2.3米。头向356°（图一四八）。填土未经夯实。墓坑底部有人骨架及棺木腐朽迹象。为单人仰身直肢葬。随葬品较多，共计86件。其中陶器19件、铜器7件、铁器1件。木制车马模型，似为2套，出土时木质已腐朽，仅存铜质构饰59件。这些随葬品中，除少数陶壶、陶罐、铜盆、铜镜等为实用器外，其余均为明器或模型，分述如下：

1. 陶器

19件。大多数陶器为红胎红釉，少数为褐胎绿釉。器形有鼎、盒、壶、灶、圈厕、匜、杯、罐、盉、井栏等。鼎、盒、壶等圆形器的制法为轮制，外挂釉，多素面，少数有弦纹。

鼎　2件。为浅腹圜底，敛口，口沿为子母口，方附耳外侈，耳有方孔。M4：12，红釉红胎，鼎盖隆起，三个乳钉足。口径22、通高17厘米（图一四九，1；彩版九一，1）。M4：19，红釉灰陶，平底无足。口径16、通高12厘米（图一四九，2；彩版九一，4）。

壶　3件。这三件陶壶均为束颈，圆弧腹，平底。在陶质、陶色和形制上均不相同。M4：6，为红釉红胎，敛口，圆唇，短束颈，溜肩，圆腹，平底较大，底中间穿孔。口径3.8、高12厘米（图一四九，3；彩版九一，3）。M4：4与M4：3两件均为绿釉褐胎，敞口圆唇，溜肩弧腹，平底，双系。系上饰叶脉纹及“S”状纹，颈下饰水波纹，肩及上腹饰三道弦纹，下

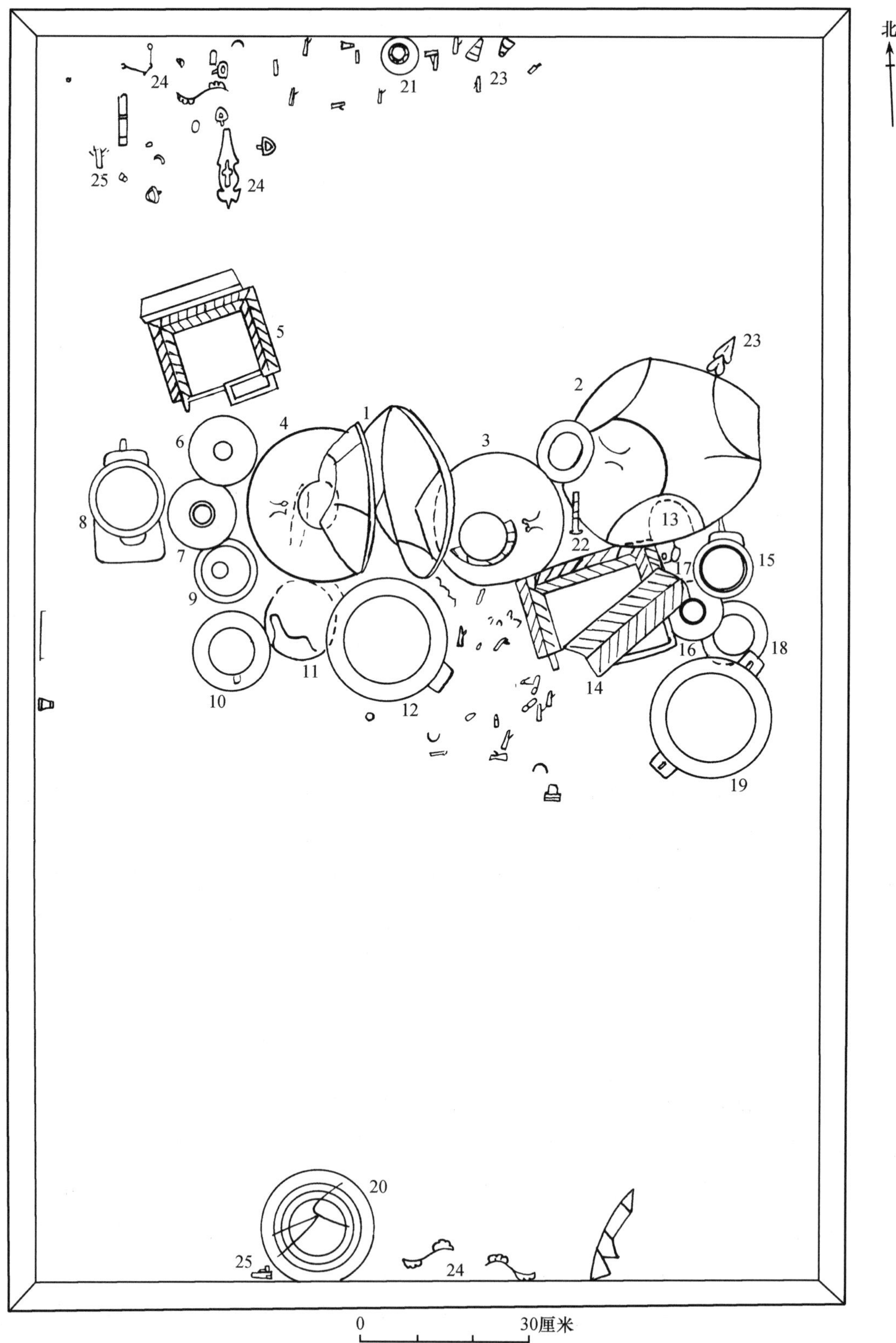

图一四八　汉墓M4平面图与出土器物

1. 铜盆　2. 陶罐　3、4. 釉陶壶　5、14. 陶圈厕　6. 陶壶　7、16. 陶杯　8、15. 陶灶　9、18. 陶井栏　10. 陶盉　11、17. 陶匜　12、19. 陶鼎　13、20. 陶盒　21. 铜镜　22. 铁剑　23、24. 铜车马装饰件　25. 弩机

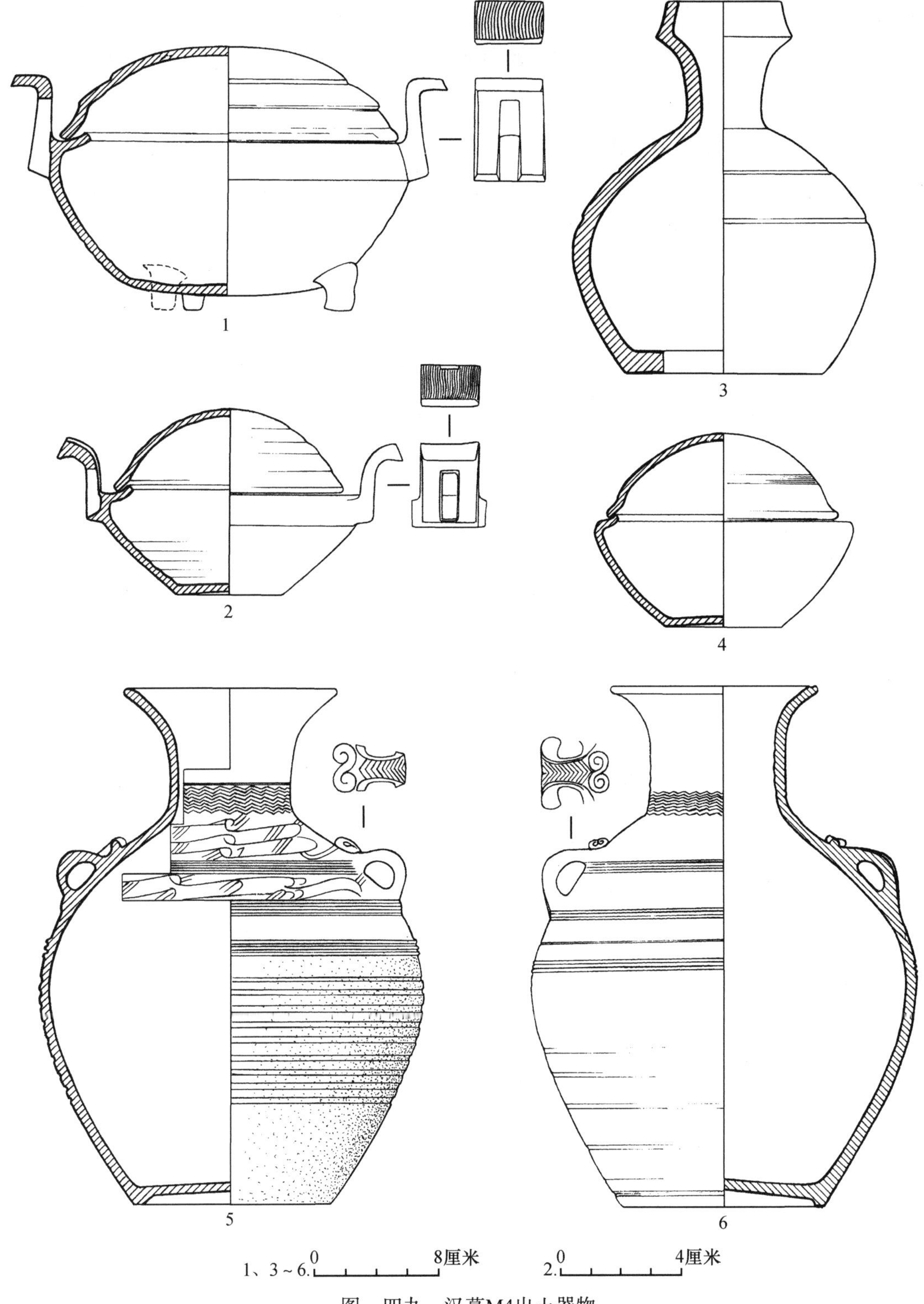

图一四九　汉墓M4出土器物

1、2. 陶鼎（M4：12、M4：19）　3. 陶壶（M4：6）　4. 陶盒（M4：13）　5、6. 釉陶壶（M4：4、M4：3）

腹饰凹弦纹。口径13.6、高33.5厘米（图一四九，5、6；彩版九一，5、6）。

盒　2件。一大一小，器形相同。红胎红釉。子母口，复钵形器盖，弧腹内收，平底。盖与器腹均饰轮弦纹。M4：13，口径14、通高12.4厘米（图一四九，4；彩版九一，2）。M4：20，口径17、通高16厘米（图一五〇，2；彩版九二，2）。

罐　1件。M4：2，灰陶。侈口，尖唇，束颈，双系，圆鼓腹，平底内凹。腹饰弦纹，近底部饰绳纹。口径16.5、高28厘米（图一五〇，1；彩版九二，1）。

盉　1件。M4：10，红釉红胎，矮领，溜肩，折腹，圜底，三矮足，假流，单把手。口径9.3、高9.4厘米（图一五〇，3；彩版九二，3）。

井栏　2件。器形相同，皆红釉红胎，桶形，口微敛，宽平沿，直筒腹。M4：9，口径13.8、高11.5厘米（图一五〇，4；彩版九二，5）。M4：18，口径9.8、高6.7厘米（图一五〇，5；彩版九二，4）。

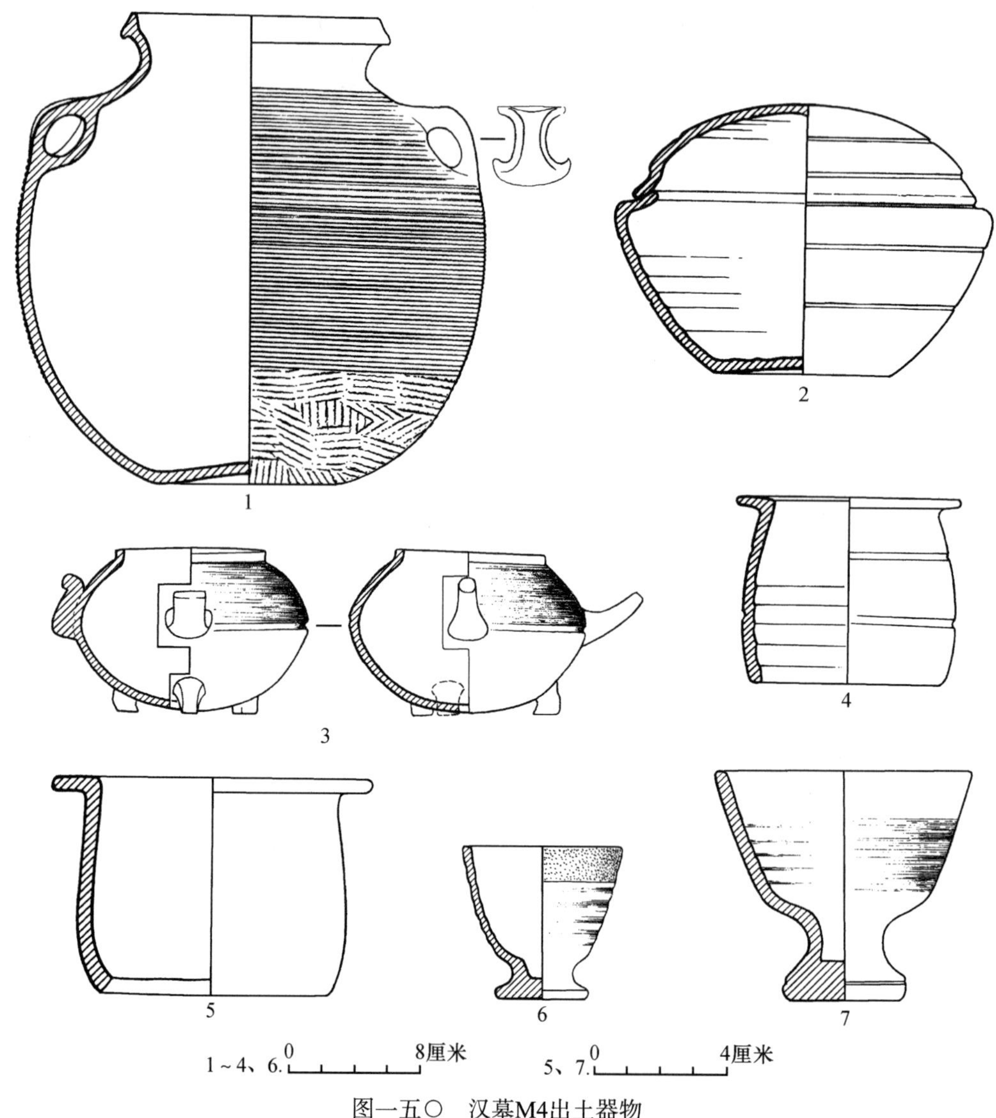

图一五〇　汉墓M4出土器物

1. 陶罐（M4：2）　2. 陶盒（M4：20）　3. 陶盉（M4：10）　4、5. 陶井栏（M4：9、M4：18）　6、7. 陶杯（M4：7、M4：16）

杯　2件。器形相同，为一大一小。均为红釉红胎，敞口，圆唇，斜腹内收，假圈足。M4：7，口径9.6、高9厘米（图一五〇，6；彩版九三，1）。M4：16，口径7.6、高6.7厘米（图一五〇，7；彩版九三，2）。

圈厕　2件。一件稍大，一件略小，器形相同。均为红釉红胎，制作较精。厕所附在猪圈前侧，为一整体建筑。厕所蹬坑下和猪圈有洞相通。屋顶围墙均为瓦顶。M4：5，长19、高10.8厘米（图一五一，1；彩版九三，3～5）。M4：14，长24.4、高13.6厘米（图一五二，1；彩版九四，1～3）。

匜　2件。盏形，短流，一大一小，器形相同，均为红釉陶。M4：11，口径14、高4.8厘米（图一五一，2；彩版九三，6）。M4：17，口径10.2、高3.6厘米（图一五二，2；彩版九三，7）。

灶　2件。均为红胎红釉。灶身两边外弧。灶门的一头平直。平灶面，有两个火眼，一置釜甑，一置锅。釜为鼓腹小平底。甑为敛口，宽平沿，腹斜收，小平底，有5个箅孔。锅敞口，浅腹，小平底。灶门拱形，烟囱上翘，作鸟首状。M4：8，长20.8，通高16.8厘米（图一五三，1；彩版九四，4）。M4：15，长19.3，通高12.6厘米（图一五三，2；彩版九四，5）。

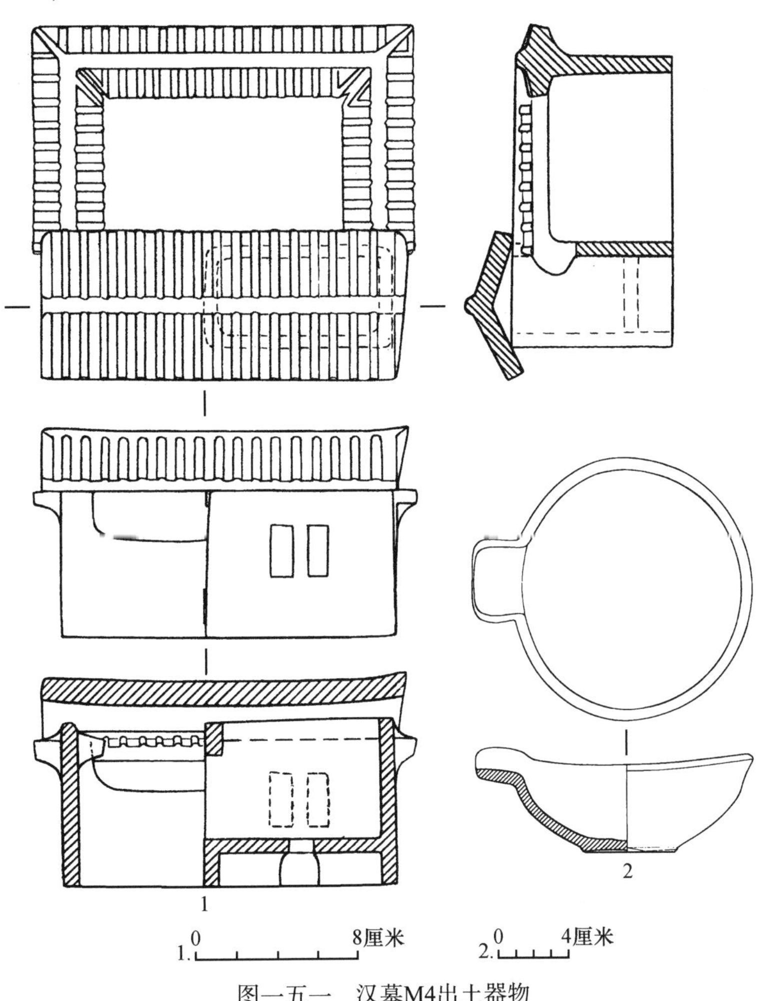

图一五一　汉墓M4出土器物

1. 陶圈厕（M4：5）　2. 陶匜（M4：11）

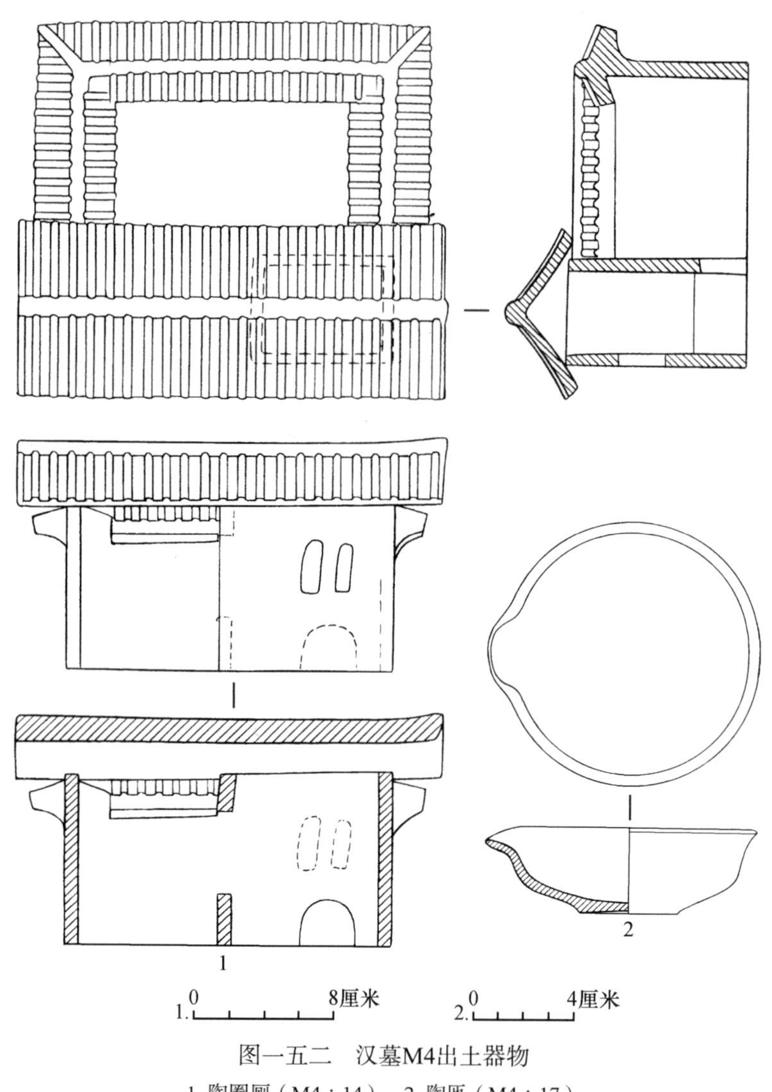

图一五二　汉墓M4出土器物

1. 陶圈厕（M4：14）　2. 陶匜（M4：17）

2. 铜器

7件。镜和盆为实用器，弩机较小推测是否为明器。

镜　1件。M4：21，为昭明镜。圆纽，纽座外饰内向连弧纹一周，外区为铭文带。铭文为“内而清而以昭明，光而日月心而不泄”。有的字与字之间隔以“而”字。铭文省字很多，字体瘦长，非篆非隶。直径7.4厘米（图一五四；彩版九五，1、2）。

盆　2件。M4：1-1、M4：1-2，出土时两件套叠在一起，已压扁，锈蚀残缺严重。器形和大小相同，宽沿外折，弧腹，平底，有一对铺首耳环。口径24、腹径23、底径12、高13厘米。

弩机　4件。M4：25-1～M4：25-4，器形较小，大小相同，制作精巧，可能为明器。其结构和大弩机相同，由郭、悬刀、钩心、牙键等部件组成。郭部前窄后宽，上有箭槽。长4.6厘米（图一五五，1～4；彩版九五，2～6）。

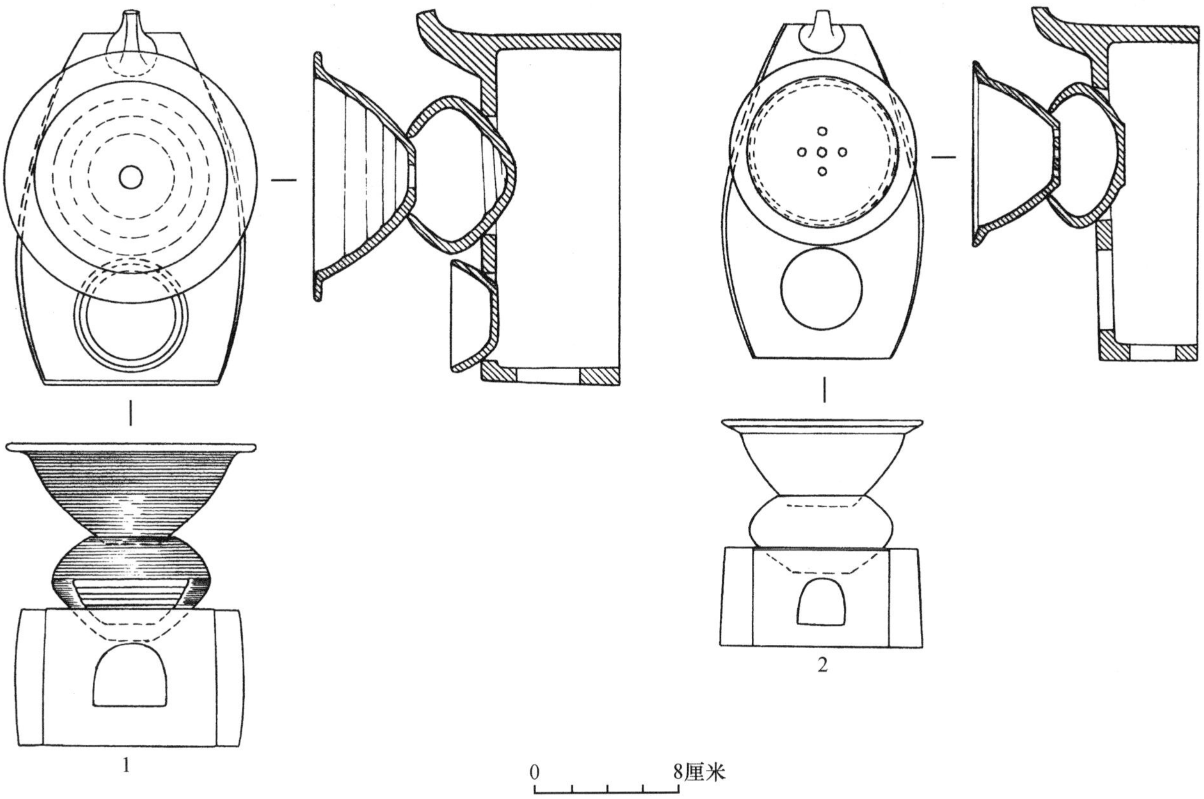

1　2

0　8厘米

图一五三　汉墓M4出土陶灶

1. M4：8　2. M4：15

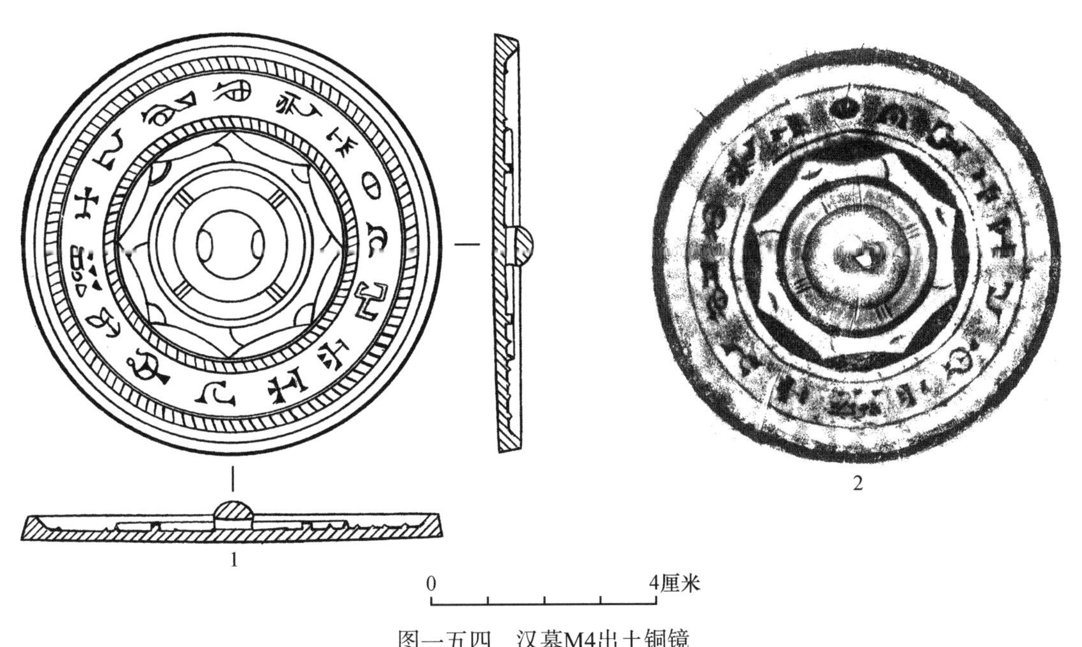

图一五四　汉墓M4出土铜镜

1. 线图（M4：21）　2. 拓片（M4：21）

帽饰　4件。M4：23-26～M4：23-29，大小形状相同，作兽首形，弯曲如沟，中空，断面呈马蹄形。出土时腔内有朽木残留。高2.3厘米（图一五五，5～8；彩版九六，1）。

3. 铁剑

1件。M4：22，锈蚀严重，剑身前部及柄均残缺，柄部有菱形剑格。残长9厘米（图一五六，1；彩版九六，2）。

4. 铜车马器

59件，均为象征性明器，分述如下。

盖柄铜箍　2件。M4：23-1、M4：23-2，形制大小同样，长圆筒形，外饰三周凸棱。全长9.5、直径1.6厘米（图一五六，2、3；彩版九六，3）。

马衔　2件。M4：23-3、M4：23-4，形制大小相同，均存三节或为三节式，中段较短，作纽索状。长10厘米（图一五六，4、5；彩版九六，4）。

铜泡　2件。M4：23-5、M4：23-6，圆盖形，泡面凸乳状，周沿宽平，背附一梁，有孔。直径1.2厘米（图一五六，6、7；彩版九六，5）。

輈饰　4件。M4：23-7～M4：23-10，器形相同，呈直背弓形，高9厘米，断面圆形。直径0.4厘米（图一五六，8～11；彩版九六，6）。

輢饰　9件。M4：23-11、M4：23-16～M4：23-23，大小相同，圆杯形中空，直壁，下腹部有一周凸棱，平底，高1.9厘米（图一五六，12、17～24；彩版九七，2）。

车軎　4件。M4：23-12～M4：23-15，大小相同，高3厘米。軎身凸棱纹两周。附辖，辖呈长方形条状（图一五六，14～16；彩版九六，7）。

当卢　2件。M4：23-24、M4：23-25，形状大小形同，似马面形，镂空，背面上下有竖纽一个。长10.6厘米（图一五七，1、2；彩版九七，3）。

镳　4件。M4：24-1～M4：24-4，形状大小相同，作“S”状形，两边的一侧饰叶状镂空花纹，中段横穿两孔。长10厘米（图一五七，3～6；彩版九七，4）。

兽面形车饰　4件。M4：23-59～M4：23-62，形制大小相同，兽面凸出，背面内凹，上有插榫。宽2.4、高2.7厘米（图一五七，7～10；彩版九七，6）。

盖弓帽　25件。M4：23-30～M4：23-40、M4：23-45～M4：23-58，器形大小相同。子弹头形，中空，顶部半球状。上侧端出一钩刺，腔内有朽木残留。高2.8厘米（图一五八，1～11、16～28；彩版九八，1～4）。

环形钉　1件。M4：23-41，马蹄状，器形小，平直的一侧有一插钉。长1.3厘米（图一五八，12；彩版九七，1）。

轙饰　3件。M4：23-42～M4：23-44，半圆弧形，断面圆形。高2厘米（图一五八，13-15；彩版九七，5）。

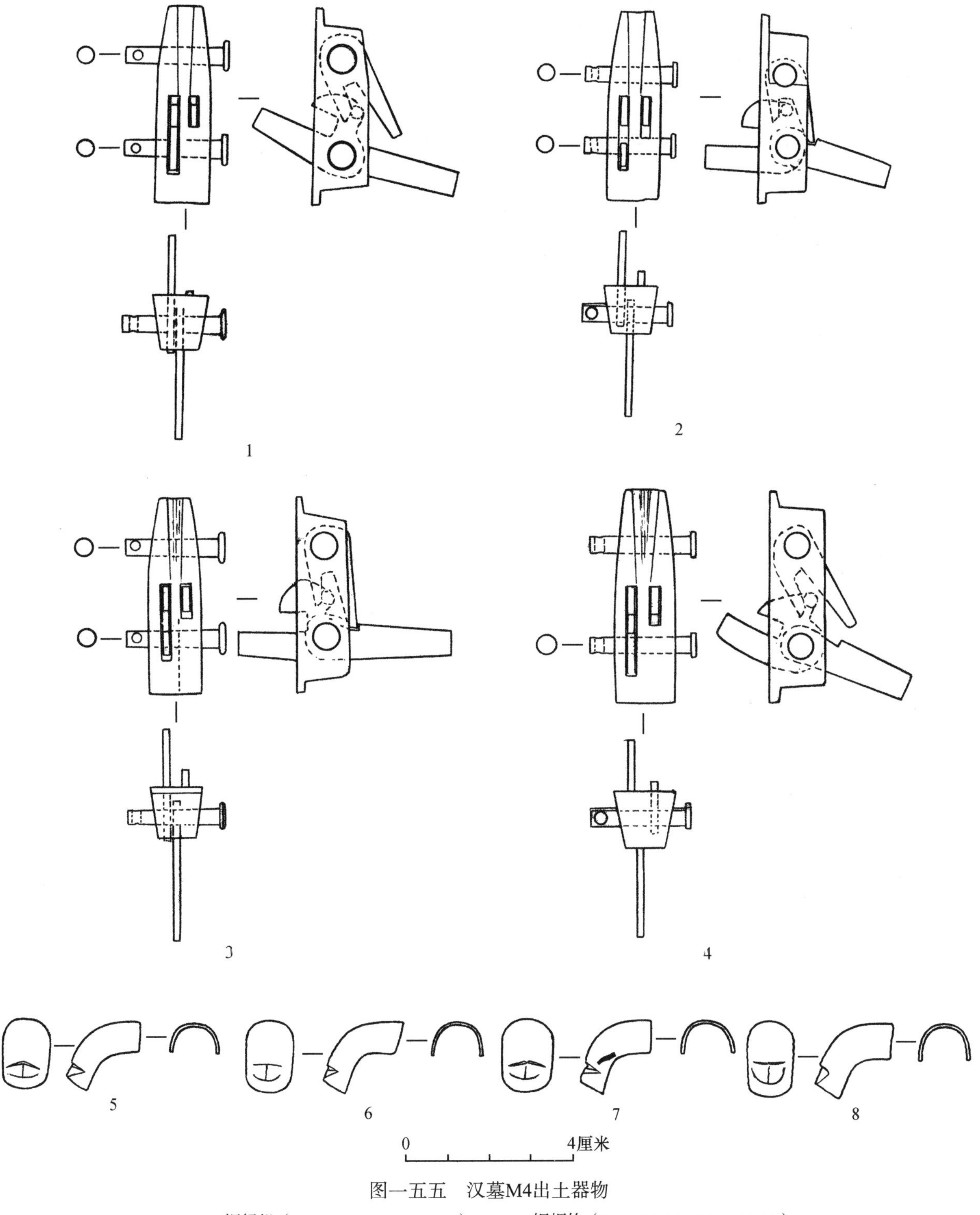

图一五五　汉墓M4出土器物

1～4. 铜弩机（M4：25-1～M4：25-4）　5～8. 铜帽饰（M4：23-26～M4：23-29）

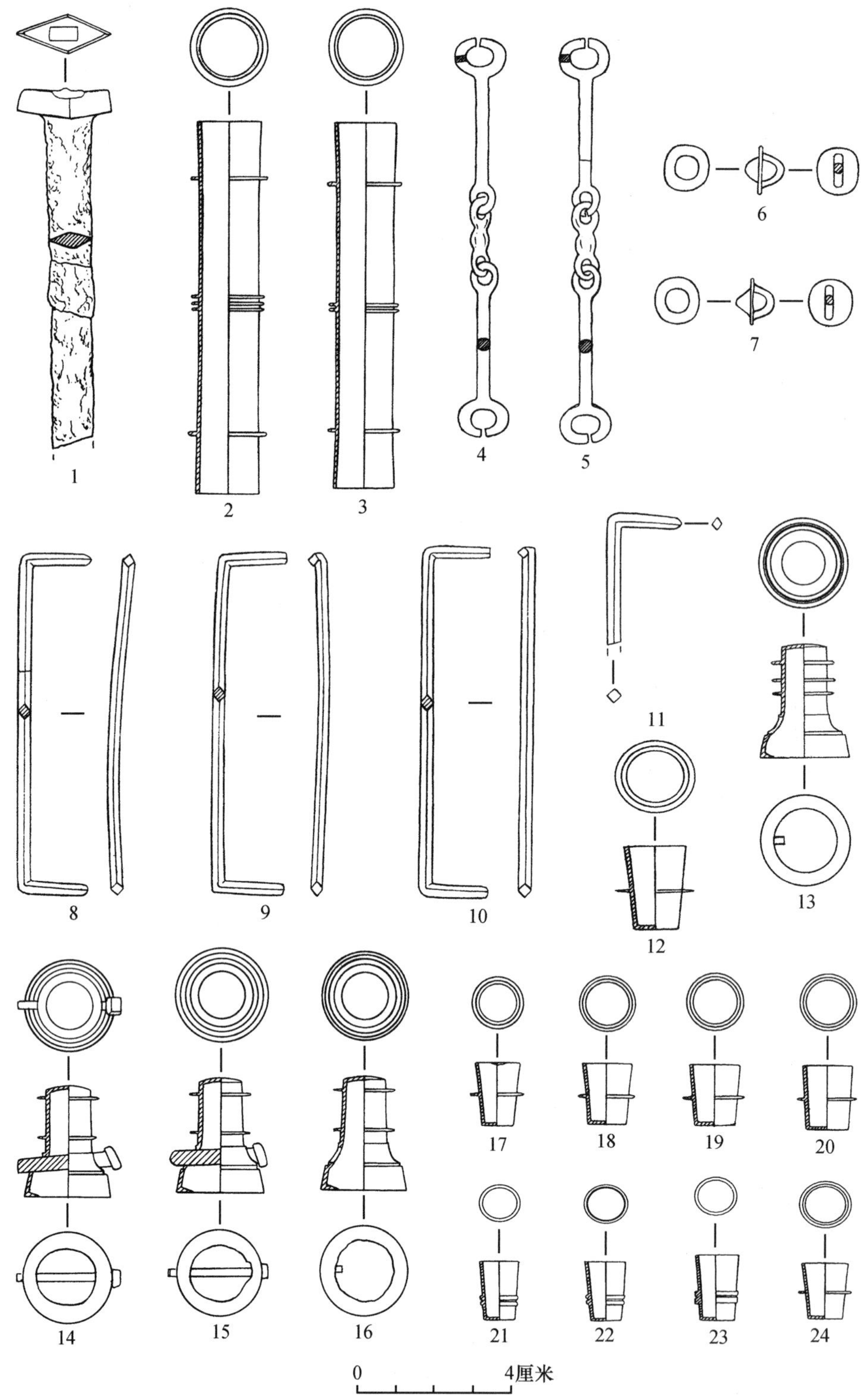

图一五六　汉墓M4出土器物

1. 铁剑（M4：22）　2、3. 盖柄铜箍（M4：23-1、M4：23-2）　4、5. 铜马衔（M4：23-3、M4：23-4）　6、7. 铜泡（M4：23-5、M4：23-6）　8～11. 铜軥饰（M4：23-7～M4：23-10）　12、17～24. 铜輢饰（M4：23-11、M4：23-16～M4：23-23）　13～16. 铜车軎（M4：23-12～M4：23-15）

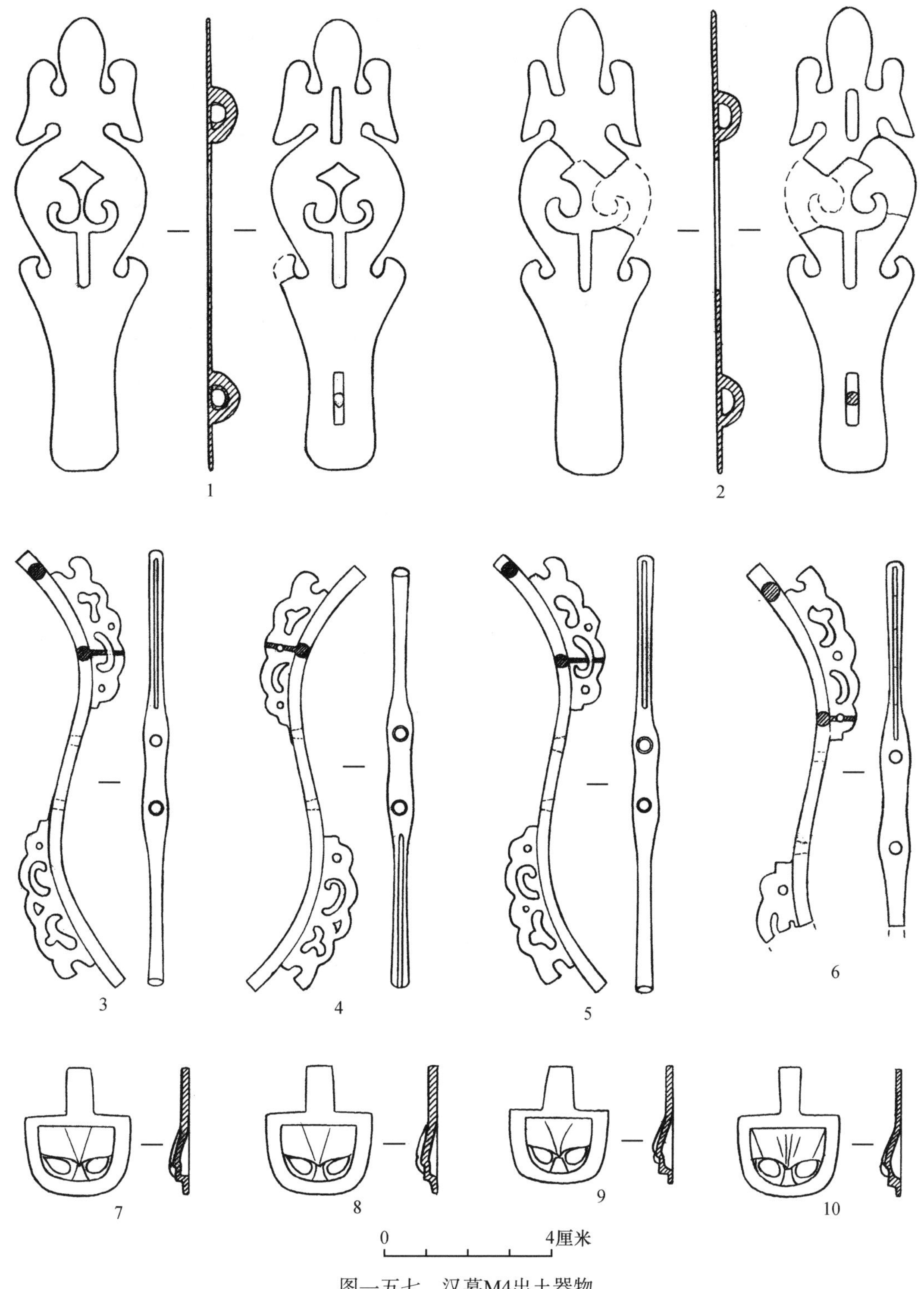

图一五七　汉墓M4出土器物

1、2. 铜当卢（M4：23-24、M4：23-25）　3～6. 铜镳饰（M4：24-1～M4：24-4）　7～10. 铜兽面形车饰（M4：23-25、M4：27～M4：29）

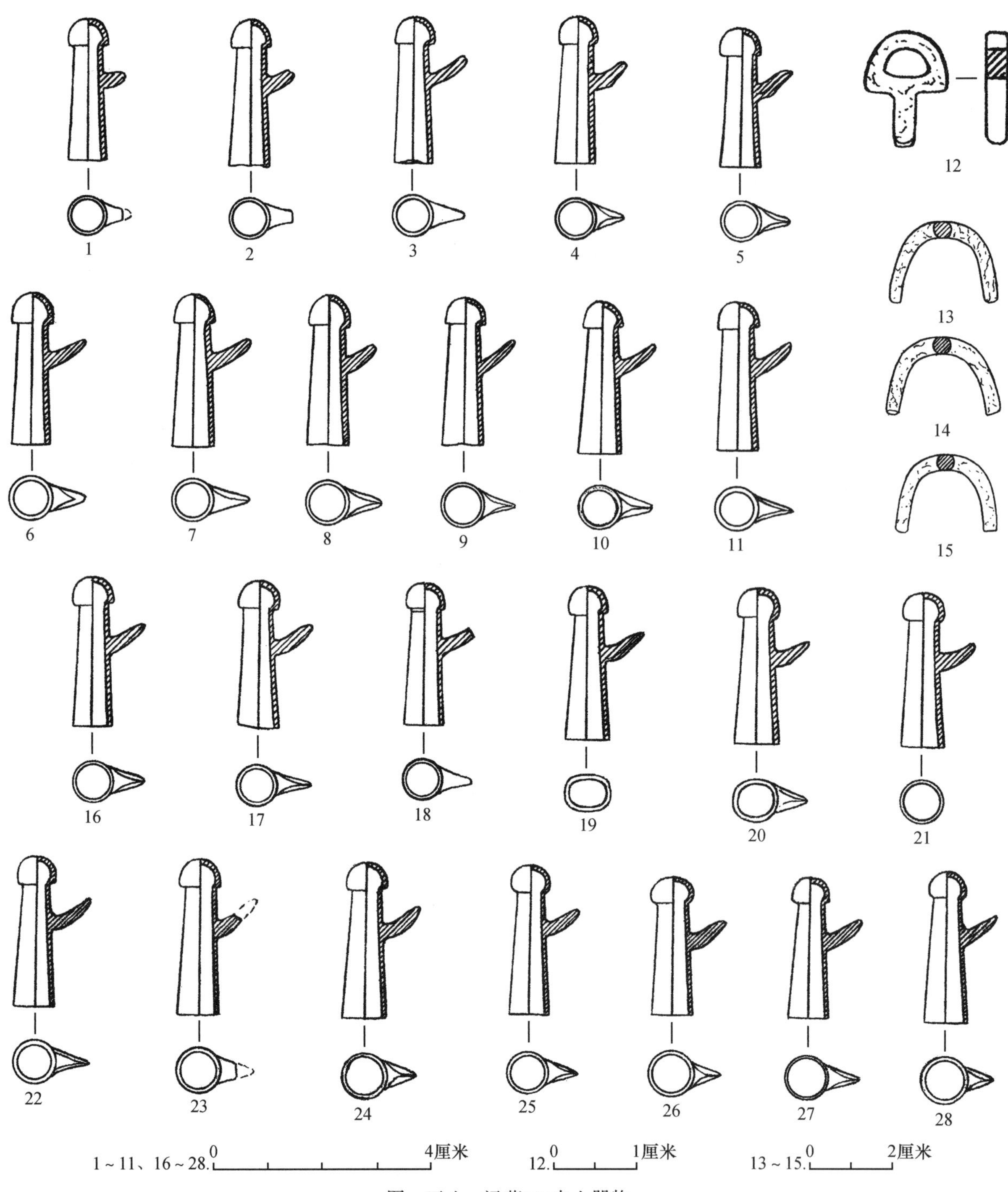

图一五八　汉墓M4出土器物

1～11、16～28. 铜盖弓帽（M4∶23-30～M4∶23-40、M4∶23-45～M4∶23-57）　12. 铜环形钉（M4∶23-41）
13～15. 铜軏饰（M4∶23-42～M4∶23-44）

三、M6

这座墓葬是1986年发掘发现，开口于耕土层下，打破T2遗址地层。该墓葬位于T2南部，墓坑几乎全部在探方内，仅超出探方南壁坑边40厘米左右，延伸到1985年发掘的T1内，已被挖掉了，当时没有扩方清理。该墓葬南北向，墓坑长2.7、宽1.4米。因该墓上部遭到破坏，故现距地表深度仅0.75米。墓底有葬具和人骨架腐朽痕迹，为单人仰身直肢葬，头向正南。随葬品较少，陶罐置于右侧，铜镜放在头部右侧，还有残陶器口沿等（图一五九，1）。

陶钫盖　1件。M6：3，灰陶，盝顶方形，是陶钫的盖，出土时盖在陶罐口上，未见陶钫（图一五九，2；彩版九九，3）。

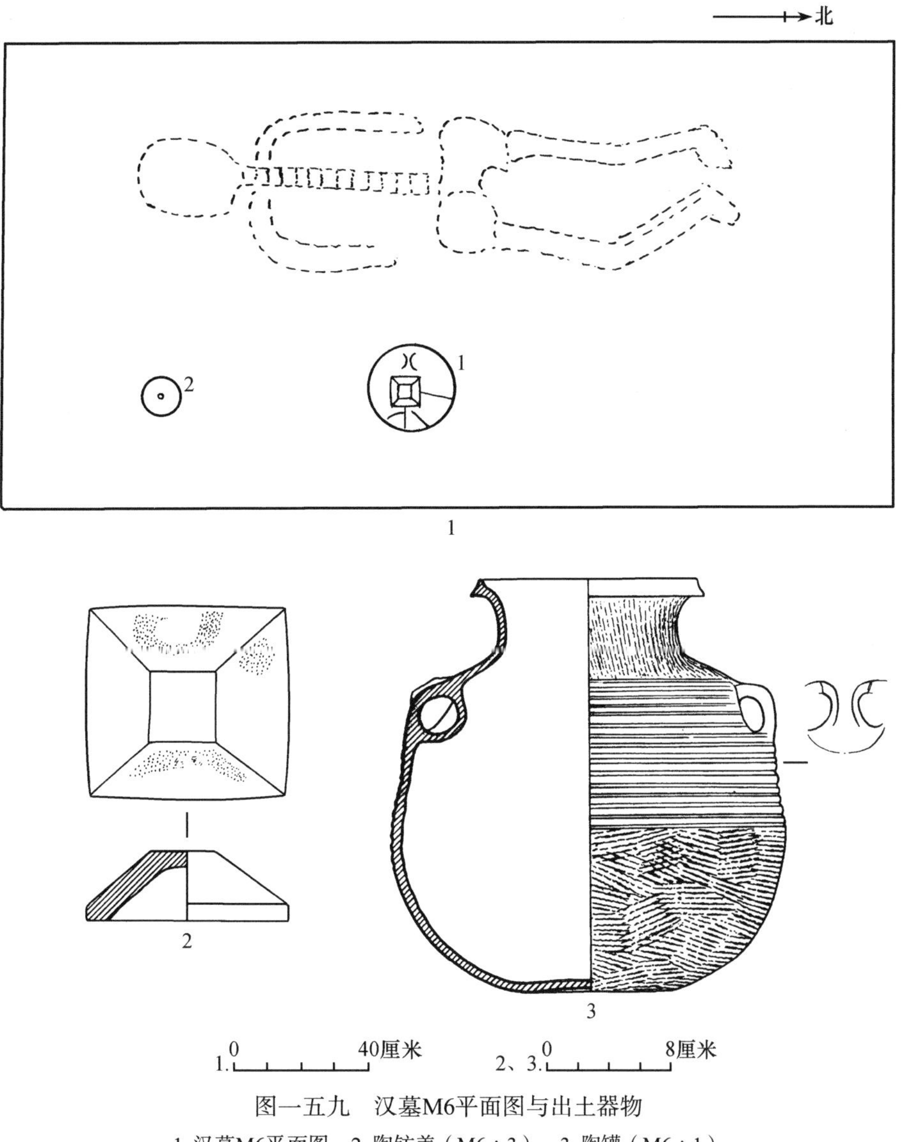

图一五九　汉墓M6平面图与出土器物

1. 汉墓M6平面图　2. 陶钫盖（M6：3）　3. 陶罐（M6：1）

陶罐　1件。M6：1，灰陶，束颈小口双系罐，侈口，尖唇，折沿，球腹，小平底。腹饰弦纹，颈及底部饰绳纹。口径12.4、腹颈25、高26厘米（图一五九，3；彩版九九，1）。

陶器残口沿　2件。敛口，宽平沿，肩饰绳纹。

铜镜　1件。M6：2，为星云镜。连峰式纽，圆纽座，纽座外为内向十六连弧纹，其外为星云纹带。即四乳相隔分为四组，每组五星，以曲线相连。内向连弧纹缘。直径10.5厘米（图一六〇；彩版九九，2、4）。

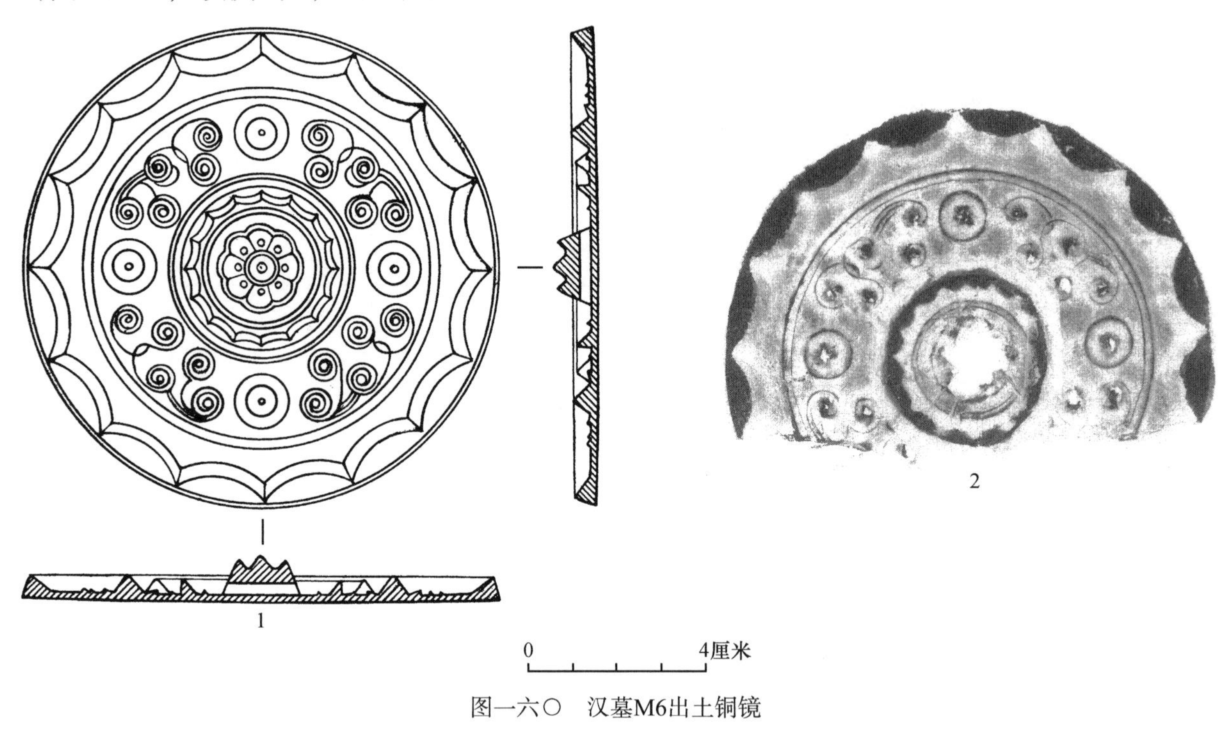

图一六〇　汉墓M6出土铜镜

1. 线图（M6：2）　2. 拓片（M6：2）

四、M7

该墓葬是1986年发掘发现，开口于耕土层下，打破T3遗址地层。该墓葬位于T3南部，墓坑大部分在探方内，延伸到T6内的进行了扩方清理。该墓葬南北向，墓坑长3.2、宽2、距地表深1.7米。该墓葬是一座合葬墓，右侧人骨架完整，为仰身直肢，左侧为二次迁葬，人骨保存较好。迁葬者骨骼比较细小，应为女性。右侧骨骼比较粗壮，应为男性。两具骨骼都是成年人，应为一座夫妻合葬墓。棺木腐朽无存。随葬品放置左侧，器物有鼎、钫、壶、匜、釜、甑、杯等陶器12件。陶器外面均有红色彩绘，为烧好后绘成，已大多脱落。另有一件玉璧（图一六一，1）。

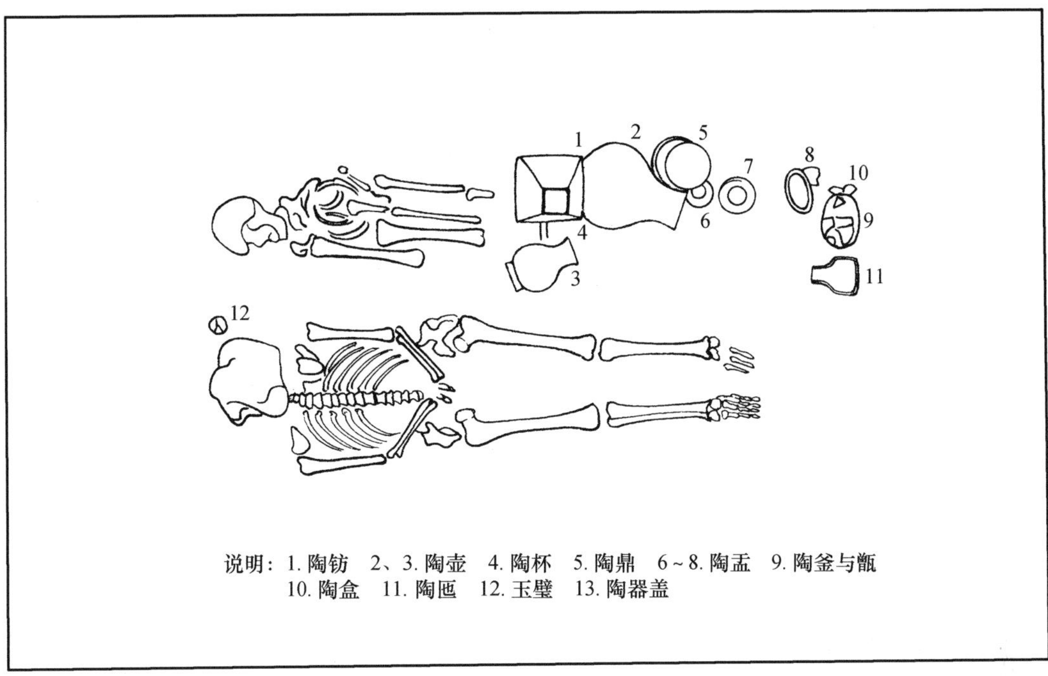

1

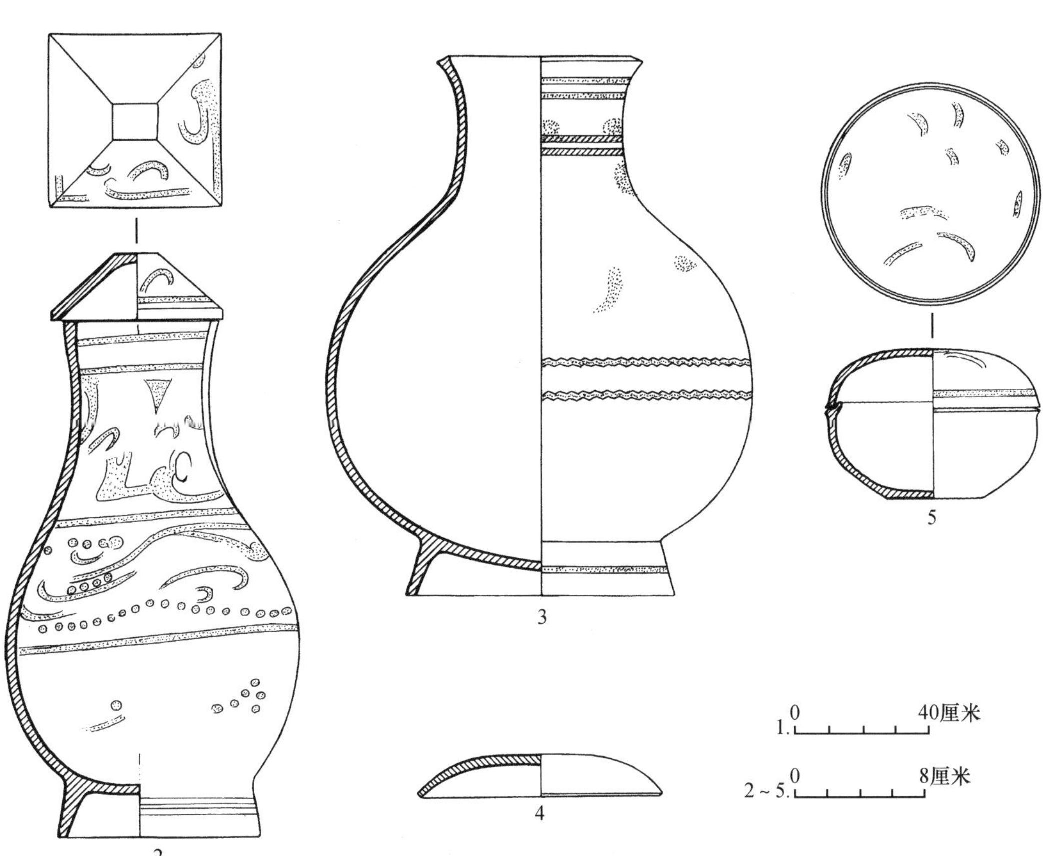

图一六一　汉墓M7平面图与出土器物

1. M7平面图　2. 陶钫（M7：1）　3. 陶壶（M7：2）　4. 陶器盖（M7：13）　5. 陶盒（M7：10）

1. 陶器

钫　1件。M7：1，灰陶，方口，鼓腹，方座盝顶盖。彩绘严重脱落，图案不清。口径9、腹径18、高32厘米（图一六一，2；彩版九九，5）。

壶　2件。均为灰陶。一大一小，侈口，粗矮颈，球腹，圈足。饰红色彩带纹。M7：2，口径12.6、高36.4厘米（图一六一，3；彩版九九，6）。M7：3，口径8.6、高23.6厘米（图一六二，1；彩版一〇〇，3）。

器盖　1件。M7：13，灰陶，复盘式，口径15.4、高2.8厘米（图一六一，4；彩版一〇〇，2）。

盒　1件。M7：10，灰陶圆形，子母口，扁圆腹，小平底，覆钵式盖。彩绘已不清楚。口径13、高9.4厘米（图一六一，5；彩版一〇〇，1）。

杯　1件。M7：4，灰陶，敞口，斜直腹，平底假圈足。红色彩带图案。口径11、高9.6厘米（图一六二，2；彩版一〇〇，4）。

匜　1件。M7：11，灰陶，箕形，有流。口长14.3、高4.3厘米（图一六二，3；彩版一〇〇，5）。

鼎　1件。M7：5，灰陶，子母口，弧腹，圜底，三蹄足，附耳，覆盖式器盖。口径12.5，高11.4厘米（图一六二，4；彩版一〇一，3）。

釜、甑　1套。M7：9，灰陶。甑敞口，宽平沿，弧腹斜收，小平底。底有5个孔眼。口径13.2、高5.2厘米。釜敛口，扁圆腹，有一周腰沿，小平底。口径6.6，高5.8厘米（图一六二，6；彩版一〇〇，6）。

罐　3件。均为灰陶，侈口，圆唇，束颈，溜肩，圆鼓腹或中部凸出些，小平底。M7：7，口径5、高7厘米（图一六二，7；彩版一〇一，5）。M7：6，口径4.6、高5.6厘米（图一六二，8；彩版一〇一，4）。M7：8，口径6、高8.5厘米（图一六二，9；彩版一〇一，6）。

2. 玉器

玉璧　1件。M7：12，质较硬，白色，部分残缺。一面为素面，一面刻蒲纹，即细斜方格纹。直径12.4、厚0.8厘米（图一六二，5；彩版一〇一，1、2）。

五、M8

该墓葬是1986年发掘发现，开口于耕土层下，打破T2遗址地层。该墓葬位于T2北部，墓坑一半延伸到探方外进行了扩方清理。该墓葬南北向，墓坑长2.6、宽1.97、距地表深2.3米。填土经夯实，人骨架和棺木已腐朽无存，仅在墓底留有8～10厘米的灰层。随葬品有陶器10件，铜器2件，多为明器（图一六三，1）。

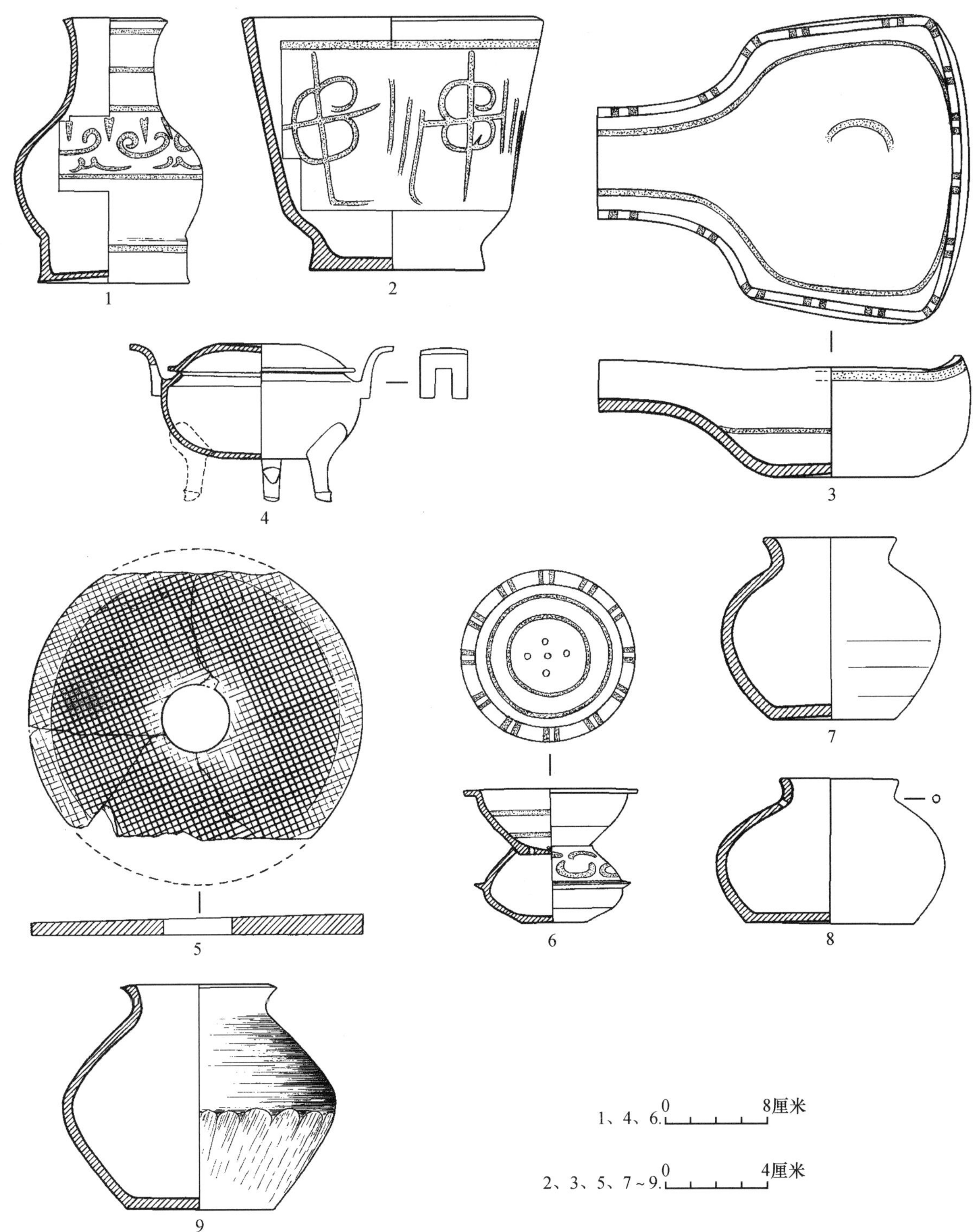

图一六二　汉墓M7出土器物

1. 陶壶（M7：3）　2. 陶杯（M7：4）　3. 陶匜（M7：11）　4. 陶鼎（M7：5）　5. 玉璧（M7：12）
6. 陶釜与甑（M7：9）　7～9. 陶罐（M7：7、M7：6、M7：8）

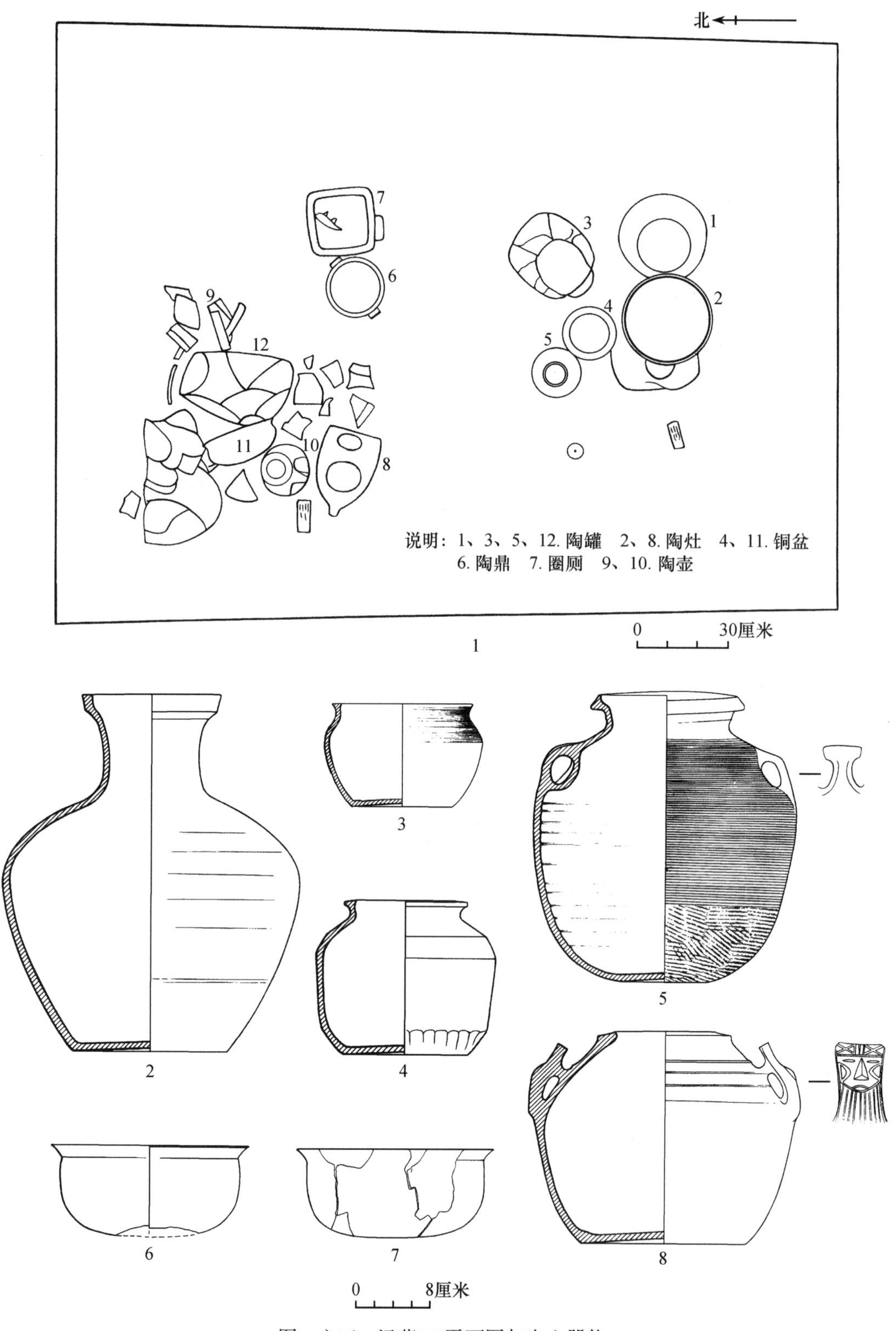

图一六三　汉墓M8平面图与出土器物

1. M8平面图　2. 陶壶（M8：10）　3～5. 陶罐（M8：12、M8：5、M8：1）　6、7. 铜盆（M8：4、M8：11）　8. 釉陶罐（M8：3）

1. 陶器

10件。有灰陶和釉陶两种，器形有鼎、灶、壶、圈厕、罐、甑等。陶器纹饰以素面为主，少量弦纹。

壶　1件。M8：10，盘口微侈，平沿，束颈较粗，溜肩，上鼓腹下弧腹内收，平底。通身挂黄绿色釉。口径15、高37.4厘米（图一六三，2；彩版一〇二，1）。

罐　3件。均为灰陶，形制大小各不相同，可述如下。M8：12，直口，平沿，沿下内束，圆折肩，弧腹内收，平底微内凹。口径14.2、高11厘米（图一六三，3；彩版一〇三，3）。M8：5，直口，平沿，束颈，圆溜肩，直腹，下腹近底部内折收，平底。肩部饰弦纹。口径10、高12.4厘米（图一六三，4；彩版一〇三，4）。M8：1，侈口，尖唇，束颈，溜肩安装牛鼻形双系，圆弧腹，小平底内凹。腹饰弦纹，近底部饰绳纹。口径18、高31厘米（图一六三，5；彩版一〇二，2）。

釉陶罐　1件。M8：3，敛口，平沿，斜溜肩，肩部装对称人面形双耳系，上鼓腹，下弧腹内收，平底微内凹。通身挂黄绿色釉。口径11、高22厘米（图一六三，8；彩版一〇二，3）。

灶　2件。均为灰陶，灶的形状大体为长椭圆，一端大，一端小，平灶面上有两个火眼，上置釜、甑、锅。烟囱为兽头形。M8：8，三角形灶门，釜、锅为陶质。长31、通高11厘米（图一六四，1；彩版一〇二，5）。M8：2，为弧形灶门，灶面及两侧刻划人物、鹿、鹤等画面。釜、锅为铁质，甑为陶质。长31.5、通高10.6厘米（图一六四，4；彩版一〇三，1、2）。

圈厕　1件。M8：7，灰陶。形状呈椭圆角方形，厕所附建在圈墙一侧，围墙开方孔与厕所相通，圈内有食槽和小猪一头。长22、高9厘米（图一六四，2；彩版一〇二，6）。

甑　1件。M8：2-1，灰陶，大敞口平沿，斜腹内收，小平底有5个箅孔。口径24，高10厘米（图一六四，3）。

鼎　1件。M8：6，子母口，弧腹，平底，三蹄足，对称附耳，通身施橘黄色釉。口径15.7、高16.3厘米（图一六四，5；彩版一〇二，4）。

2. 铜器

铜盆　2件。两件器物形状和大小相同，出土时锈蚀严重，残破。敛口，侈沿较宽，沿下内收，弧腹，圜平底。M8：4、M8：11，口径21.7、高9.6厘米（图一六三，6、7；彩版一〇三，5、6）。

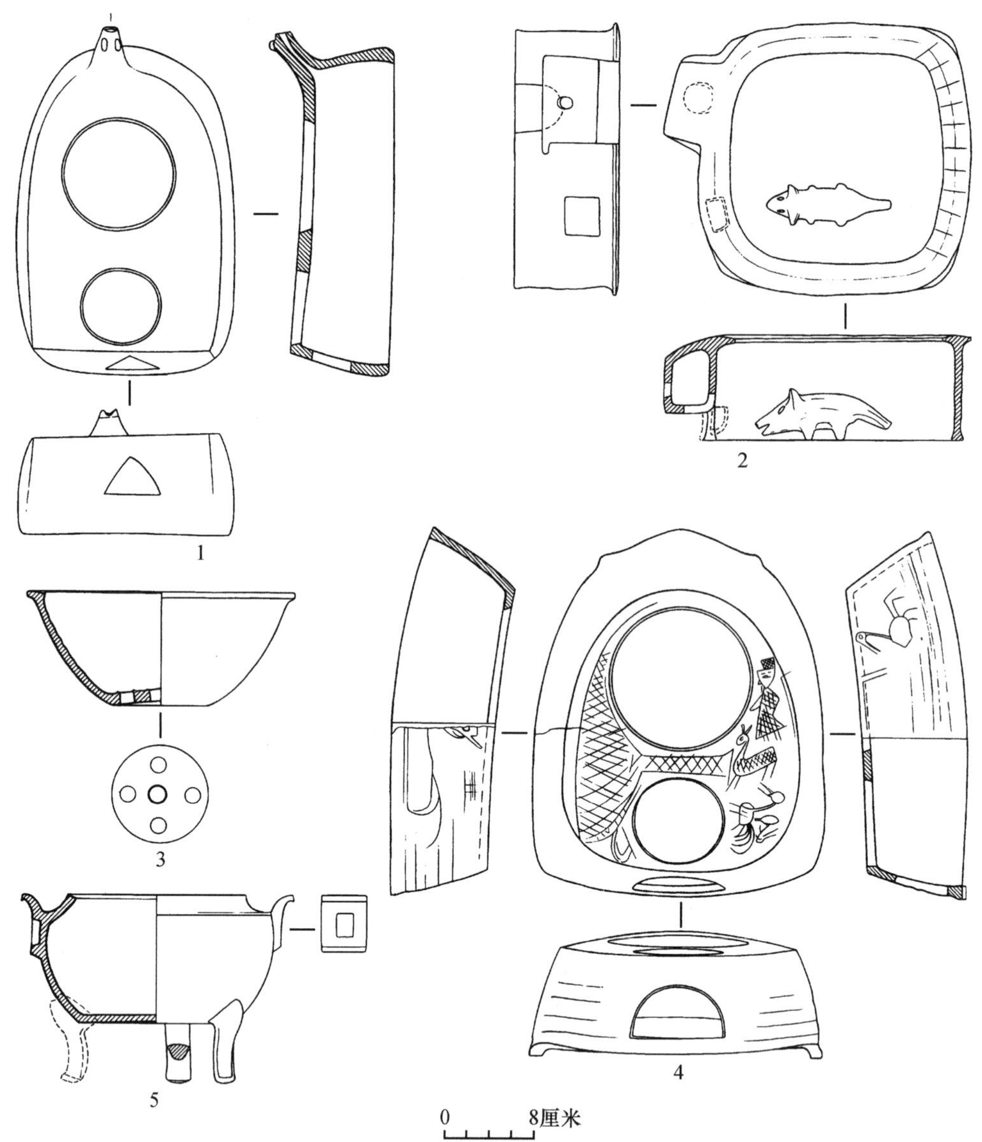

图一六四　汉墓M8出土器物

1、4. 陶灶（M8：8、M8：2）　2. 陶圈厕（M8：7）　3. 陶甑（M8：2-1）　5. 陶鼎（M8：6）

六、M9

该墓葬是1986年发掘发现，开口于耕土层下，打破T3遗址地层。该墓葬位于T3西南角，南北向，墓坑长3、宽1.7、距地表深1.05米。填土未经夯实。墓底可见人骨腐朽痕迹，为单人仰身直肢葬。随葬品放置右侧，有陶罐4件，铜镜1件（图一六五，1）。

陶罐　4件。灰陶，束颈，双系，小平底内凹，略述如下。M9：1，侈口，尖唇，球腹。腹饰弦纹，肩部及底部饰绳纹。口径13.7、高26厘米（图一六五，2；彩版一〇四，1）。M9：2，侈口，尖唇，球腹。腹饰弦纹，肩部及底部饰绳纹。口径13.7、高26厘米（图

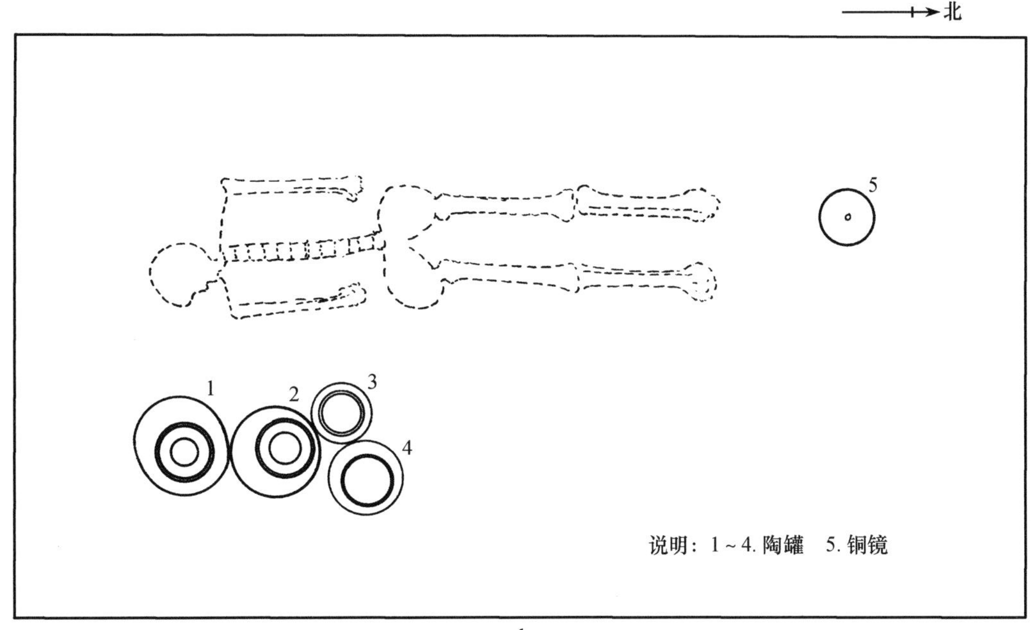

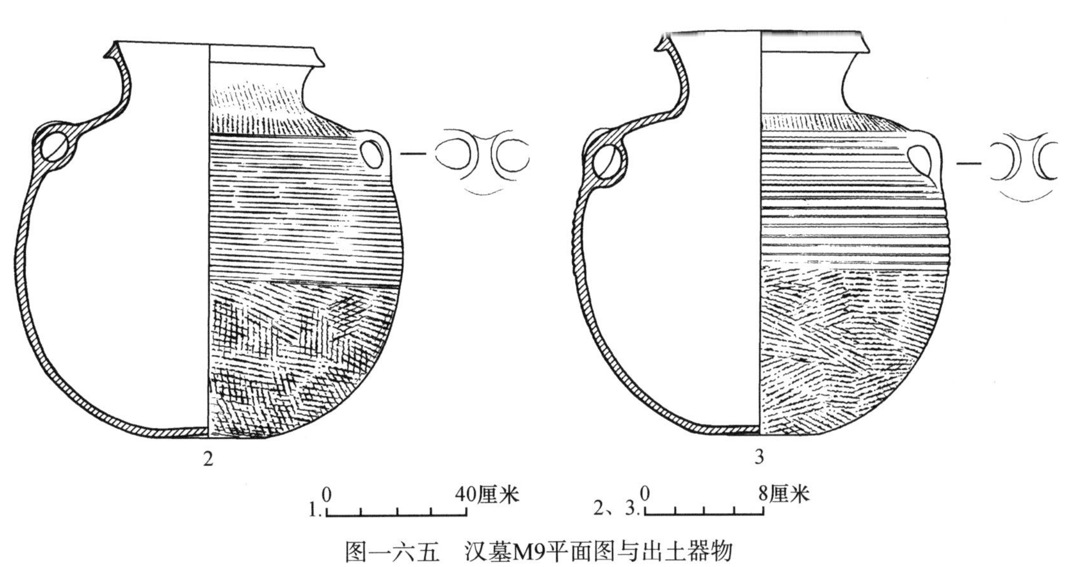

图一六五　汉墓M9平面图与出土器物

1. M9平面图　2、3. 陶罐（M9：1、M9：2）

一六五，3；彩版一〇四，2）。M9：3，侈口，圆唇，圆腹，大平底。口径12、高20.8厘米（图一六六，3；彩版一〇四，3）。M9：4，侈口，尖唇，束颈，直筒腹，小平底内凹。肩和近底部饰绳纹，肩饰宽弦纹。口径12、高25厘米（图一六六，4；彩版一〇四，4）。

铜镜　1件。M9：5，四乳草叶纹镜，圆纽，内区大方格，外区饰四乳草叶纹，内向十六连弧纹缘。直径9.2厘米（图一六六，1、2；彩版一〇四，5、6）。

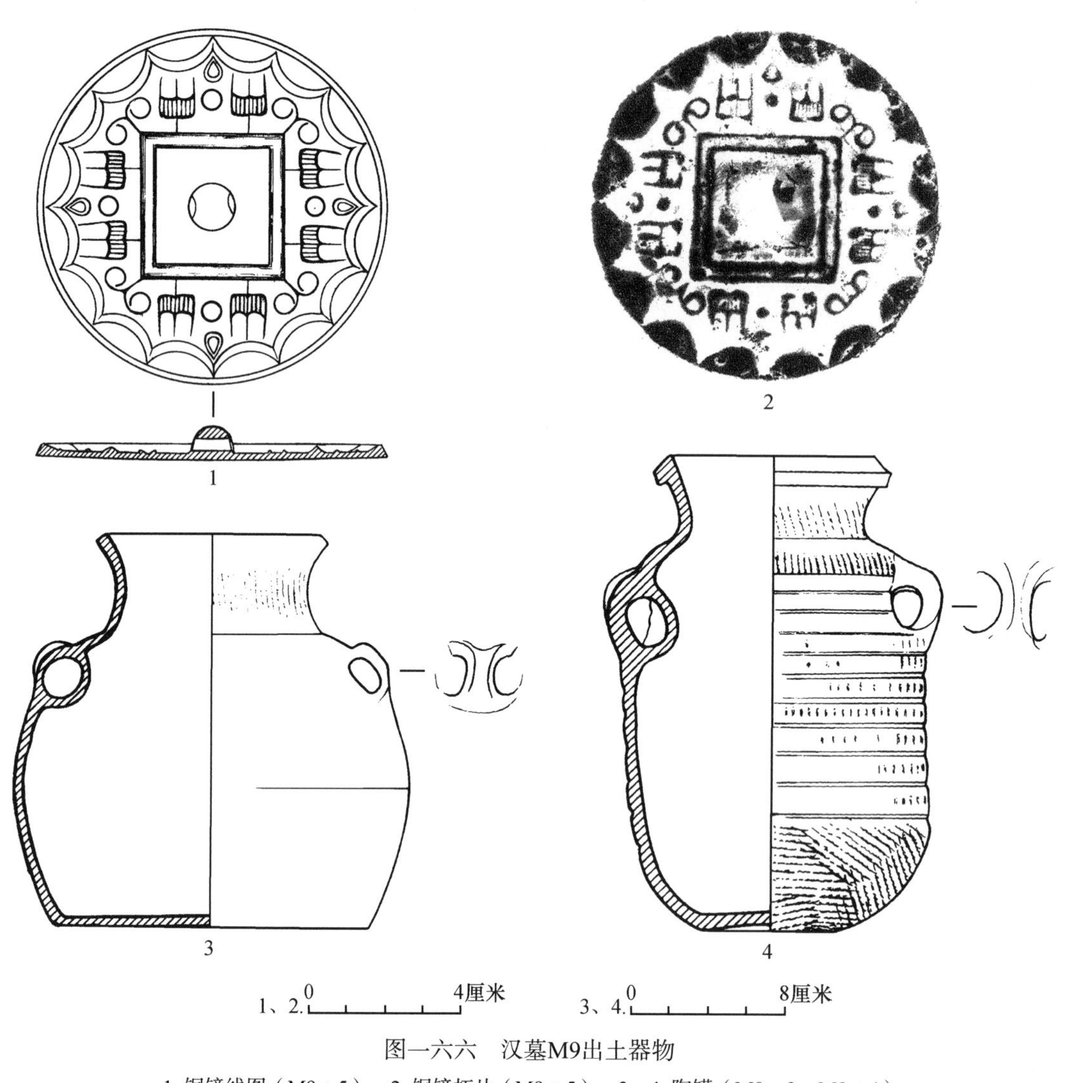

图一六六　汉墓M9出土器物

1. 铜镜线图（M9：5）　2. 铜镜拓片（M9：5）　3、4. 陶罐（M9：3、M9：4）

第三节　小　　结

侯家寨发掘的这9座汉代墓葬均为长方形竖穴土坑墓，无墓道，无封土堆。墓坑方向为东西向或南北向，基本是正方向。M5与M8墓坑填土经过夯实处理，其余墓坑内填土均未夯实。这批墓葬以单人葬为主，仅M7为合葬墓。葬式均为仰身直肢葬。棺木及人骨架均已腐朽仅存痕迹，少数在墓坑底留有人骨架和葬具较厚的木炭朽迹，只有M7两具骨架保存较好，为夫妻合葬墓。M1与M2两座墓葬的墓穴并排相距1米，埋藏方向一致，均为正东向，似为同茔不同穴夫妻合葬墓。两墓穴深浅不一，M1比M2浅0.64米，器物组合和数量也不相同，M1为鼎、壶、钫等，M2仅罐一种，可能埋葬有先后。这里值得一提的是两座墓葬在墓口后部一侧均发现祭祀坑。

这批墓葬多有随葬品，仅M3与M5没有随葬品。各墓随葬器物多寡不一，多放置在墓穴前部或一侧。随葬品中以陶器为主，有少量的铜器等。

从各墓随葬器物的组合及器物的风格特征来看，这9座墓可分为两个类型组。一组以M8为代表，M2、M6、M8、M9都可归纳为这一组。器物组合为陶鼎、盒、罐、匜、井、灶、圈厕及铜昭明镜。两件陶鼎，一件鼎足已演变成三个小钉足，另一件鼎已经是平底无足了，成了只保留附耳的盒形器；匜，如碗盘，有短流。多座墓均随葬有三缘器口的牛鼻耳灰陶，这是西汉晚期常见的陶器器形。釉陶壶、瓿两器与芜湖贺家园西汉墓M2的壶、瓿相似①；铜昭明镜、星云镜、四乳草叶纹镜流行于西汉中晚期②。这组墓葬时代应属于西汉晚期。M1与M7是另一种类型。器物组合为陶鼎、盒、钫、壶、匜、灶，盉、盘及蒲纹玉璧等。器物组合与器物特征都与上述类型不同，陶器均为灰陶，钫、壶有彩绘，没有硬胎釉陶。器物组合和器物风格保留有西汉早期的特征，这组墓应属西汉中期或偏早。M4出土的铜车马明器，木质构件已腐朽无存，发现铜质构饰件59件。这些构饰件器形很小，与河北满城汉墓出土实用车马构饰件大体相同③。

---

① 安徽省文物工作队等：《芜湖市贺家园西汉墓》，《考古学报》1983年第3期。

② 孔祥星、刘一曼：《中国古代铜镜》，文物出版社，1984年。

③ 中国社会科学院考古研究所等：《满城汉墓发掘报告》，文物出版社，1980年。

第六章　结　　语

在整理侯家寨遗址发掘报告的同时，对侯家寨遗址进行了分期研究，明确了侯家寨各期文化性质、年代、分布范围以及与周邻考古学文化的互动。在研究的过程中，对淮河中游这一时期各考古学文化的命名及在淮河流域考古学文化中的角色进行了梳理和归位。这些研究为淮河中游新石器时期考古学文化谱系构建提供了参考。

一、淮河中游新石器考古学文化序列

编者将淮河流域作为一个整体，把淮河中游新石器时代文化序列分为小山口文化遗存或石山孜文化遗存、双墩文化遗存、侯家寨二期文化遗存[①]。因小山口发掘面积较小，出土遗物较少，暂不能反映其整体文化面貌，所以小山口暂不适宜称为文化，可以称为小山口类遗存。石山孜一期应属于双墩文化范畴，也不适宜称为石山孜文化。所以，本书认为淮河中游新石器时期文化序列应为小山口类遗存→双墩文化→侯家寨文化。

1. 小山口类遗存

小山口、古台寺是早于双墩文化的遗址，其遗存器物类型少，仅出土一些釜口、钵口、碗底和鼎足等残片，其与裴李岗文化和后李文化有一定的相似性[②]，栾丰实在论及后李文化时，认为小山口与后李“两者或许就是一种文化”[③]。其时代也与后李文化大致同时，距今8000年左右。小山口类遗存本身就是后李文化，抑或是具有自身特色的考古学文化或类型，还需要更多的考古资料补充。暂将早于双墩文化的淮河流域新石器早期遗存称为小山口类遗存。

---

① 安徽省文物考古研究所、蚌埠市博物馆：《蚌埠双墩——新石器时代遗址发掘报告》，科学出版社，2008年，第415页。

② 朔知：《安徽淮河流域早期原始文化略说》，《东南文化》1999年第5期。

③ 栾丰实：《试论后李文化》，《海岱地区考古研究》，山东大学出版社，1997年。

2. 双墩文化

以双墩遗址为代表的双墩文化是淮河流域具有自身特色的考古学文化，分布于淮河中游的沿淮、淮北及淮南地区。淮河以南相对较少。侯家寨遗址位于淮河以南，其一期是典型的双墩文化，内涵丰富。侯家寨遗址的发掘，进一步丰富了双墩文化，且与双墩遗址南北呼应，是双墩文化向南发展的明证。除侯家寨遗址外，双墩文化典型遗址有鹿邑武庄一期、濉溪石山孜一期、怀远双孤堆、淮南小孙岗句容丁沙地等。其典型器物有釜、罐、钵、碗、甑、支架、刻划符号，包括鹿角勾形器，包括淮河流域目前所发现的中期新石器遗存的基本内涵，具有典型的自身文化特征。可以说双墩文化统领了淮河中游7000年左右的新石器文化。

3. 侯家寨文化

以侯家寨遗址二期为代表的侯家寨文化，其分布范围基本覆盖了双墩文化的范围，且向安徽东南和西南部进一步扩展，与江淮东部和西南部文化交流频繁，前期显示了强劲的生命力。其典型遗址有鹿邑武庄二期、濉溪石山孜二期、定远侯家寨二期、肥西古埂早期、含山大城墩一期、高淳薛城中层和怀宁孙家城一期等。侯家寨遗址位于文化的中心位置，是连接淮河两岸及沿淮地区一个关键点。其文化内涵典型丰富，在继承和发展双墩文化的基础上，又出现了大量新的文化元素，如鼎、豆、罐、碗、钵、盂形器等，数量颇多的泥质彩陶的出现及制陶工艺的变化等，不仅表现在侯家寨文化自身特色中，还对周邻同时期考古学文化产生了重要的影响，如北阴阳营文化、黄鳝嘴类型等，均有颇多的侯家寨文化元素，说明了侯家寨文化在淮河中游的蓬勃发展的势头。可以说，侯家寨文化引领淮河中游6000年左右的考古学文化。

简而言之，淮河中游地区新石器时代文化发展序列为小山口类文化遗存→双墩文化→侯家寨文化。之后，随着环境的恶化及山东文化区的扩张，这支考古学文化日益削弱，其文化因素融入了后续文化之中。

二、留待解决的问题

1. 侯家寨遗址一、二期之间文化的差异问题

侯家寨遗址文化遗存通过发掘整理分为一、二两期，他们之间除了上下地层叠压关系外，其器物群组合在陶质、陶色和鸟首形小口罐、碗、矮豆座、钵等方面也存在相同或部分延续的发展关系。但是，两期的器物群组合区别明显，分别代表了不同的文化面貌，侯家寨两期文化之间是否还存在缺环，目前没有更多的考古材料来佐证，留待今后继续深入研究。

2. 遗址文化堆积层形成问题

侯家寨遗址作为两个考古学文化的中心遗址，上层二期侯家寨文化发现了房子和灰坑等遗迹，证明其文化堆积是人们生活居住形成的。下层一期双墩文化仅发现几个柱洞、一段墙基槽及一处殉狗等人们活动的遗迹现象。值得重视的是在该文化地层堆积中有的地方陶片集中破碎严重，这些大量的破碎陶片似为多次移动形成。这样的局部地层堆积可能是人们什么样的活动形成的呢？双墩遗址前三次发掘有类似的情况，那是双墩人们在台地活动中将大量的文化遗物倒入一条沟里形成的。由于该遗址发掘面积小，也没有除双墩外更多的考古材料比对或佐证，目前尚不能做出明确的判断或推测，希望今后随着考古发掘工作的深入能得到进一步关注。

3. 多学科研究问题

随着现代考古学科的发展，不仅仅是运用地层学和类型学来研究古代遗物和遗迹现象，更需要多学科的合作通过宏观和微观来进行量化、定性研究，尽可能多地复原当年人们的社会形态和生存自然环境。侯家寨遗址在发掘和整理过程中也是尽可能地开展多学科合作研究工作，还申报了国家社会科学课题等，如侯家寨文化属性研究、先后两次^{14}C年代测定、出土大量动物骨骼鉴定、水稻印痕测定、黑陶与彩陶的制作技术与成分测定、陶器残留物提取测定研究，等等。但是，仍需要有更多学科介入做更多层面的深入研究，如古代淮河流域或中游地区自然生态环境和气候水文方面的研究，更多年代数据的测定，植被孢粉分析研究，农作物样品浮选收集和测定研究，遗址分布范围的宏观调查和勘探，等等，希望能在今后的考古工作中得到弥补。

第七章　鉴定检测与研究报告

在侯家寨遗址发掘材料整理期间对出土遗物和动物骨骼等进行科学检测鉴定研究和选取动物骨骼标本进行^{14}C年代测定，水稻农业考古调查与检测研究和陶器残留物淀粉粒提取测定研究，彩陶与红衣陶制作工艺研究等。

第一节　动物骨骼研究鉴定报告*

侯家寨遗址在1985～1986年的发掘过程中出土并收集了大量的动物骨骼，我们对其进行了较为全面的分析和研究，以探讨侯家寨遗址先民当时对动物资源的开发和利用、骨器的加工和使用、先民的生业方式以及当时的环境等相关问题。

一、种属鉴定及典型标本介绍

动物骨骼部位和种属的鉴定比对了古代和现生的动物骨骼标本，并参考了相关的动物骨骼图谱，包括伊丽莎白·施密德的《动物骨骼图谱》①、B. 格罗莫娃的《哺乳动物大型管状骨检索表》②、西蒙·赫森的《哺乳动物骨骼和牙齿鉴定方法指南》③以及中国社会科学院考古研究所科技考古中心编写的《考古遗址出土动物骨骼图谱》④。经统计，侯家寨遗址共收集动物骨骼1000余件。种属鉴定的结果显示，这些动物骨骼共30余种。具体的动物种属如下：

---

* 此节作者为戴玲玲、罗运兵、陶洋。

① 〔瑞士〕伊丽莎白·施密德著，李天元译：《动物骨骼图谱》，中国地质大学出版社，1992年。

② B. 格罗莫娃著，刘后贻等译：《哺乳动物大型管状骨检索表》，科学出版社，1960年。

③ 〔英〕西蒙·赫森（Simon Hillson）著，侯彦峰、马萧林译：《哺乳动物骨骼和牙齿鉴定方法指南》，科学出版社，2012年。

④ 中国社会科学院考古研究所科技考古中心：《考古遗址出土动物骨骼图谱》，文物出版社，待刊。

软体动物门 Mollusca

瓣鳃纲 Lamellibranchia

真瓣鳃目 Eulamellibranchia

蚌科 Unionidae

丽蚌属 *Lamprotula*

三巨瘤丽蚌 *Lamprotula triclava*

多瘤丽蚌 *Lamprotula polysticta*

白河丽蚌 *Lamprotula*（*Parunio*） *paihoensis*

背瘤丽蚌 *Lamprotula leai*

珠蚌属 *Unio*

圆顶珠蚌 *Unio douglasiae*

扭蚌属 *Arconaia*

扭蚌 *Arconaia lanceolata*

尖嵴蚌属 *Acuticosta*

中国尖嵴蚌 *Acuticosta chinensis*

楔蚌属 *Cuneopsis*

鱼尾楔蚌 *Cuneopsis pisciculus*

江西楔蚌 *Cuneopsis Kiangsiensis*

楔蚌未定种 *Cuneopsis* sp.

裂嵴蚌属 *Schistodesums*

射线裂嵴蚌 *Schistodesums lampreyanus*

矛蚌属 *Lanceolaria*

短褶矛蚌 *Lanceolariaglayana*

脊索动物门 Chordata

硬骨鱼纲 Oteichthyes

鲶形目 Siluriformes

鲿科 Bagridae

黄颡鱼属 *Pelteobagrus*

黄颡鱼 *Pelteobagrus fulvidraco*

鲇科 *Siluridae*

鲇属 *Silurus*

鲇鱼 *Silurus asotus*

鲤形目 Cypriniformes

鲤科 Cyprinideae

草鱼属 *Ctenopharyngodon*

草鱼 *Ctenopharyngodon idellus*

青鱼属 *Mylopharyngodon*

青鱼 *Mylopharyngodon piceus*

鲤属 *Cyprinus*

鲤鱼 *Cyprinus carpio*

鲟形目 Acipenseriformes

鲟科 Acipenseridae

鲟属 *Acipenser*

中华鲟 *Acipenser sinensis*

鸟纲 Aves

鸡形目 Galliformes

雉科 Phasianidae

雉属 *Phasianus*

雉未定种 *Phasianus* sp.

爬行纲 Reptilia

龟鳖目 Chelonia

鳖科 Trionychidae

鼋属 *Pelochelys*

中华鳖属 *Pelodiscus*

中华鳖 *Pelodiscus sinensis*

龟科 Chelonia

鳄目 Reptilia

鼍科 Alligatoridae

短吻鳄属 *Alligator*

扬子鳄 *Alligator sinensis*

哺乳纲 Mammalia

偶蹄目 Artiodactyla

猪科 Suidae

猪属 *Sus*

野猪 *Sus scrofa*

家猪 *Sus scrofa domestica*

牛科 Bovidae

牛属 *Bos*

鹿科 Cervidae

麋鹿属 *Elaphurus*

麋鹿 *Elaphurus davidianus*

鹿属 *Cervus*

梅花鹿 *Cervus nippon*

獐属 *Hydropotes*

獐 *Hydropotes inermis*

麂属 *Muntiacus*

麂未定种 *Muntiacus* sp.

麝科 Moschidae

麝属 *Moschus*

麝未定种 *Moschus* sp.

啮齿目 Rodenti

鼠科 Muridae

家鼠属 *Rattus*

褐家鼠 *Rattus norvegicus*

兔形目 Lagomorpha

兔科 Leporidae

兔属 *Lepus*

兔未定种 *Lepus* sp.

食肉目 Carnivora

犬科 Canidae

犬属 *Canis*

家犬 *Canis lupus familiaris*

貉属 *Nyctereutes*

貉 *Nyctereutes procyonoides*

鼬科 Mustelidae

獾属 *Meles*

狗獾 *Meles meles*

猫科 Felidae

豹属 *Panthera*

虎 *Panthera tigris*

猫属 *Felis*

猫 *Felis silvestris*

熊科 Ursidae

熊属 *Ursus*

猬形目 Erinaceomorpha

猬科 Erinaceidae

猬属 *Erinaceus*

刺猬 *Erinaceus amurensis*

（一）软体动物门

侯家寨遗址中出土了少量软体动物，种类包括丽蚌属、尖嵴蚌属、楔蚌属、珠蚌属、扭蚌属、裂嵴蚌属、矛蚌属，选典型标本介绍如下。

1. 丽蚌属

丽蚌属中可鉴定至种的包括多瘤丽蚌、三巨瘤丽蚌、白河丽蚌和背瘤丽蚌四种。

1）多瘤丽蚌

多瘤丽蚌共发现6件。T3③：1132，壳长91、壳高60毫米。T3②：1134，壳长73、壳高44毫米。这两件为多瘤丽蚌的左壳，部分壳体已残（图一六七，1、2；彩版一〇五，1、2）。

2）三巨瘤丽蚌

发现三巨瘤丽蚌仅2件，左、右壳各1件，保存较完整，可拼对，属于同一个体。T3②：1125，壳长76、壳高42毫米（图一六七，3）。

3）白河丽蚌

共发现2件白河丽蚌，T3③：1128，壳长77、壳高47毫米。T3④：1527，壳长79、壳高52毫米。均为白河丽蚌左壳，保存较完整（图一六七，4、5；彩版一〇五，3）。

4）背瘤丽蚌

背瘤丽蚌共3件。其中2件出土于同一探方，T3②：1817，左壳，壳长58、壳高43毫米（图一六七，6）。T3④：1001，右壳，壳长85、壳高69毫米。两件背瘤丽蚌的后端略残（图一六八，1）。

此外，还有少量丽蚌属标本由于残损严重，未统计在内。

2. 尖嵴蚌属

尖嵴蚌属中仅有3件可鉴定为中国尖嵴蚌。T3③：1127和T3②：1126为左壳， T3②：1816为右壳，均保存完整。3件中国尖嵴蚌的壳高分别为29、24、26毫米（图一六八，2～4；彩版一〇五，5）。

3. 楔蚌属

楔蚌属中鉴定出鱼尾楔蚌和江西楔蚌两种，另外，有少量楔蚌属标本由于残损严重，无法鉴定至种。

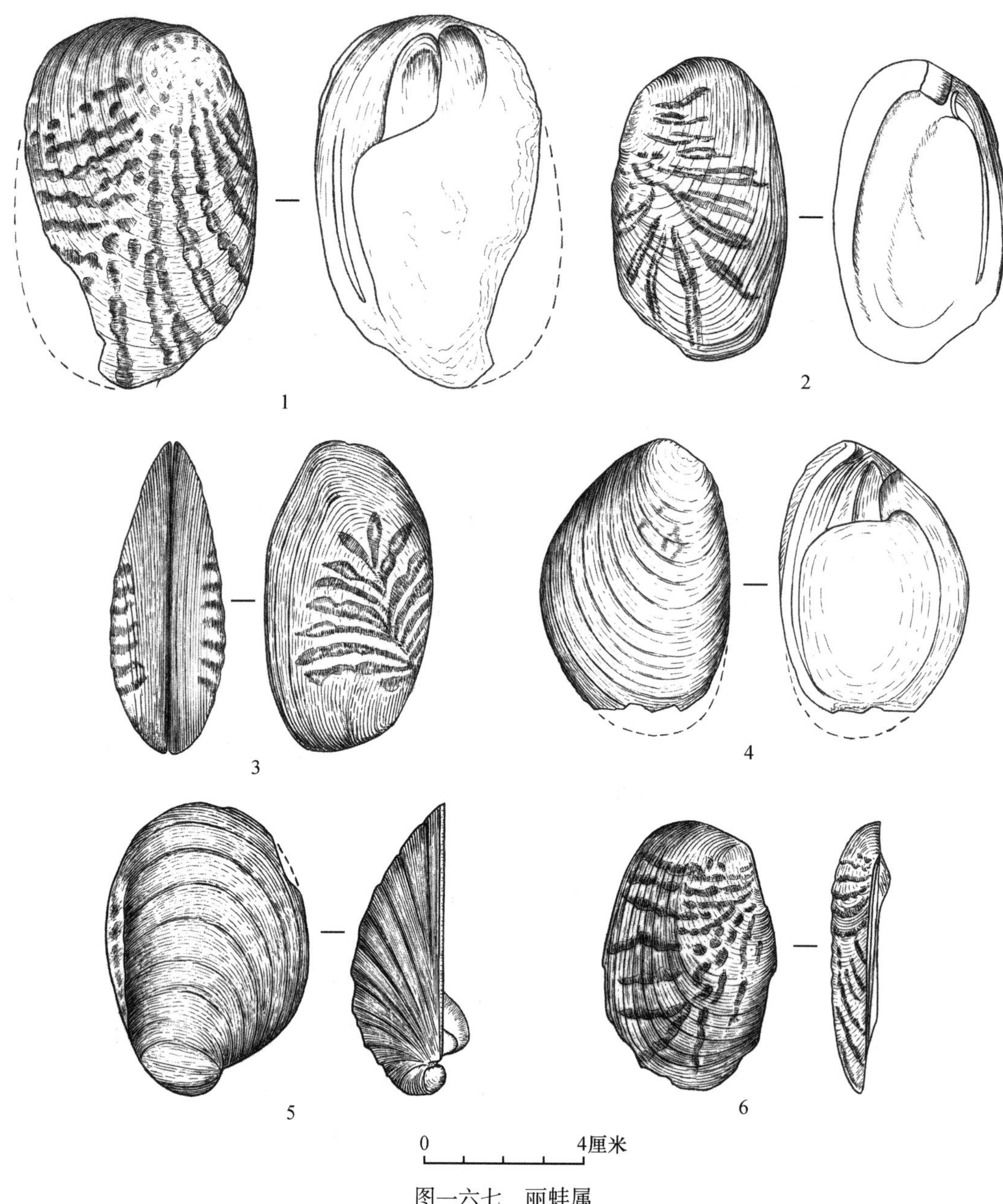

图一六七　丽蚌属

1、2. 多瘤丽蚌（T3③：1132、T3②：1134）　3. 三巨瘤丽蚌（T3②：1125）　4、5. 白河丽蚌（T3③：1128、T3④：1527）　6. 背瘤丽蚌（T3②：1817）

1）鱼尾楔蚌

鱼尾楔蚌1件。T3③：1909，左壳，保存基本完整。壳长103、壳高48毫米（图一六八，5；彩版一〇五，6）。

2）江西楔蚌

江西楔蚌2件。T3②：1129，右壳，后端略残，壳长54、壳高25毫米（图一六八，6；彩版一一六，1）。T3②：1029，左壳，后端残，壳高26毫米（彩版一〇六，2）。

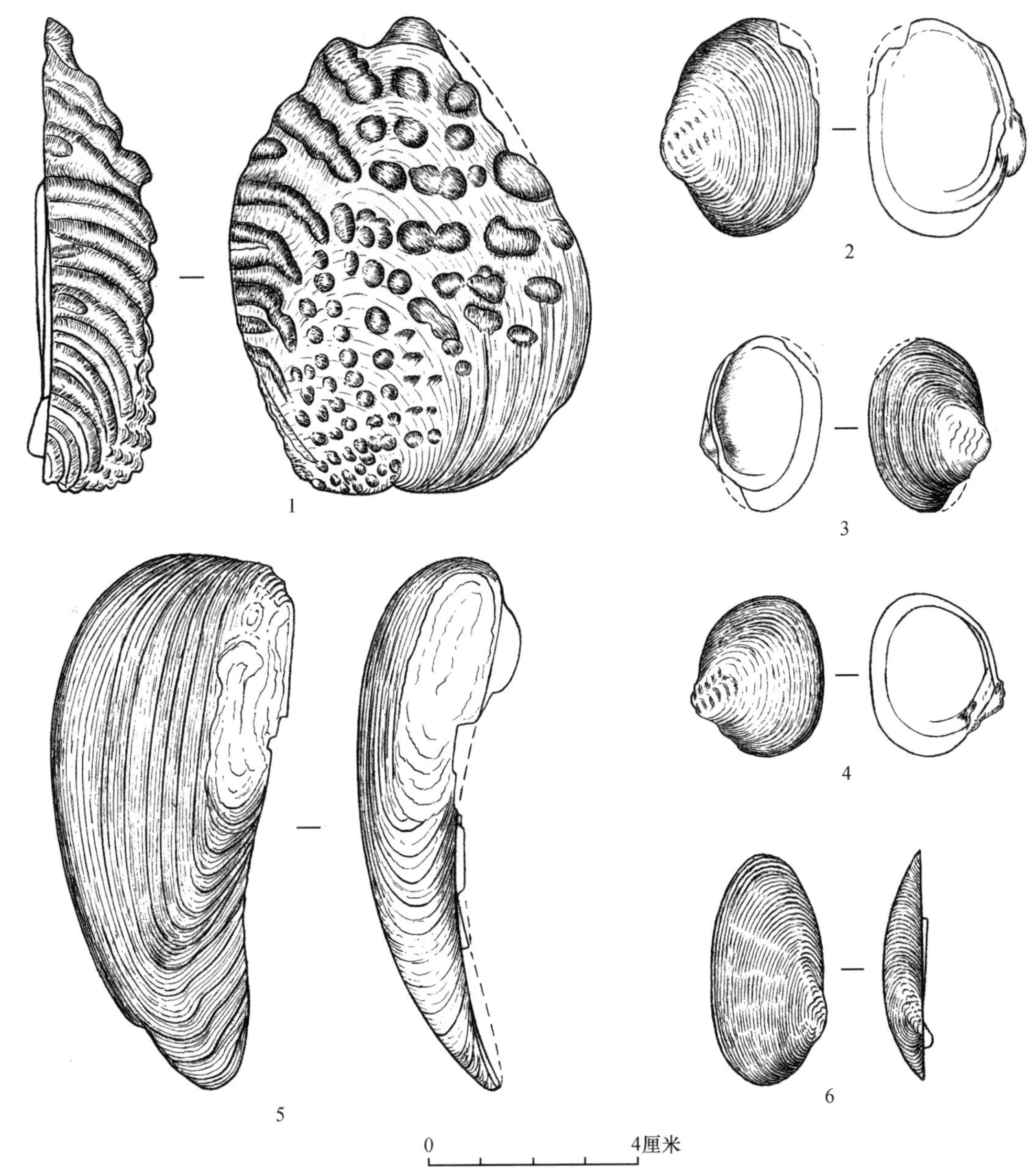

图一六八　背瘤丽蚌、中国尖嵴蚌、鱼尾楔蚌及江西楔蚌

1. 背瘤丽蚌（T3④：1001）　2～4. 中华尖嵴蚌（T3③：1127、T3②：1816、T3②：1126）　5. 鱼尾楔蚌（T3③：1909）　6. 江西楔蚌（T3②：1129）

4. 珠蚌属

圆顶珠蚌1件。T3②：1147，左壳，后端残损，壳长72、壳高32毫米（图一六九，1；彩版一〇六，3）。

5. 扭蚌属

扭蚌属仅1件。T3②：1130，右壳，整体扭曲严重，保存基本完整，仅后端略残。壳长81、高35毫米（图一六九，2；彩版一〇六，4）。

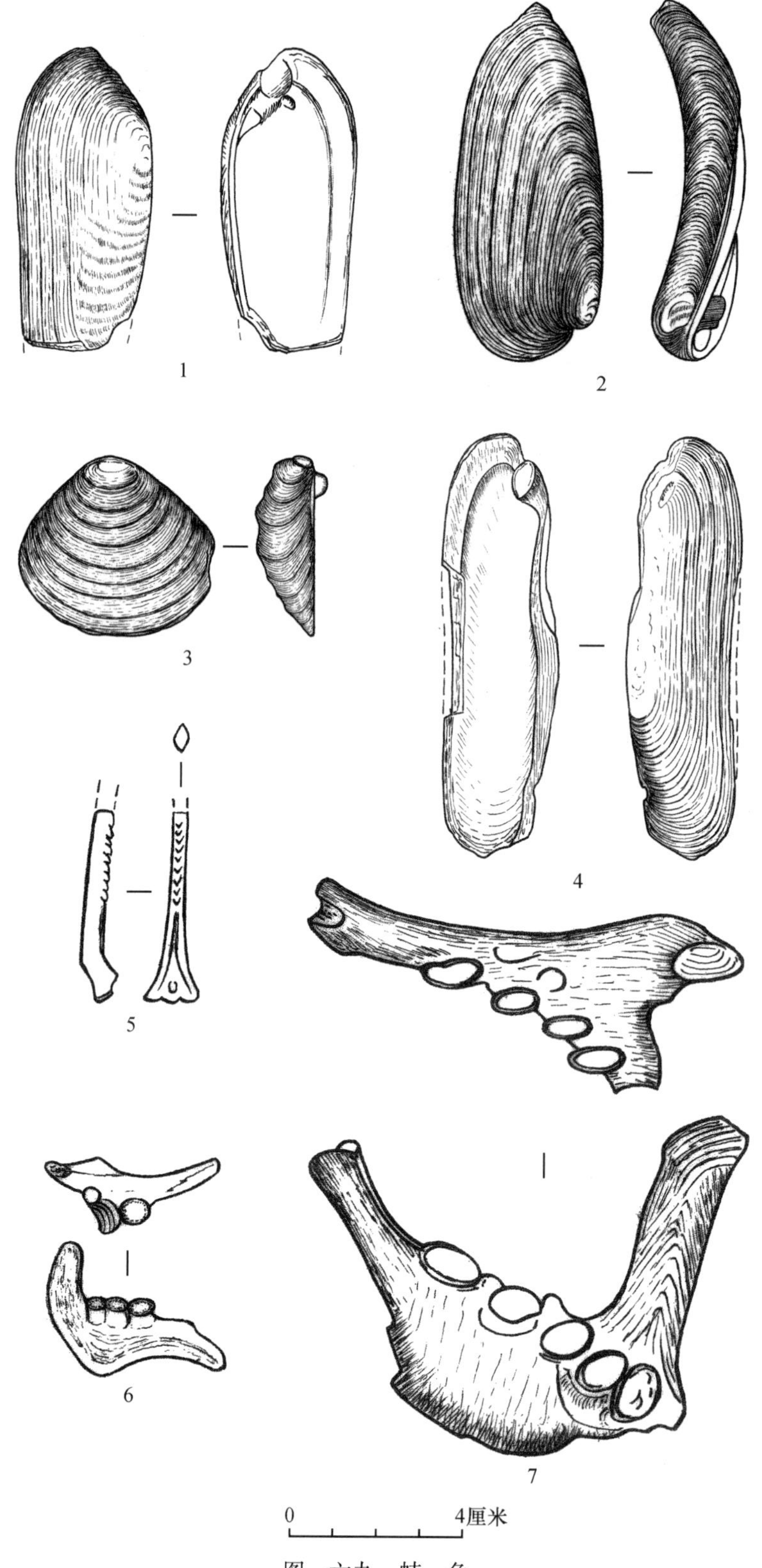

图一六九　蚌、鱼

1. 圆顶珠蚌（T3②：1147）　2. 扭蚌（T3②：1130）　3. 射线裂嵴蚌（T3④：1527）　4. 矛蚌（T3②：1145）　5. 黄颡鱼背鳍刺（T2②：1140）　6. 鲤鱼咽齿（T2②：1137）　7. 草鱼咽齿（T3③：1136）

6. 裂嵴蚌属

裂嵴蚌属中仅鉴定出射线裂嵴蚌一种。T3④：1527，为蚌的左壳，略残，壳高44毫米（图一六九，3）。

7. 矛蚌属

矛蚌属仅发现短褶矛蚌1件，T3②：1145，右壳，残损，壳高27毫米（图一六九，4）。

（二）鱼纲

侯家寨遗址中收集的鱼类骨骼数量较少，经鉴定包括鲟属、黄颡鱼属、鲶属等。

1. 黄颡鱼属

黄颡鱼属骨骼仅1件，T2②：1140，为鱼的背鳍刺，上部已残，残长46毫米（图一六九，5；彩版一〇六，5）。

2. 鲤科

发现鲤科骨骼7件，经鉴定属于鲤鱼、草鱼和青鱼三种。

1）鲤鱼

鲤鱼骨骼共3件。T2②：1137、T2②：1138、T2②：1139，均为咽齿，保留了部分牙齿。T2②：1137为鲤鱼的左侧咽齿（图一六九，6；彩版一〇六，7）。

2）草鱼

草鱼右侧咽齿1件。T3③：1136，牙齿已全部脱落（图一六九，7；彩版一〇六，6）。

3）青鱼

青鱼咽齿骨3件。T2③：1151，保留了1颗牙齿，尺寸较大（图一七〇，1；彩版一〇六，8）。T6④：1135，咽齿骨碎块，牙齿全部脱落（彩版一〇七，1）。

3. 中华鲟

发现中华鲟骨板2件，尺寸较大，均已残。T2③：1134，残长108毫米（图一七〇，2；彩版一〇七，2）。

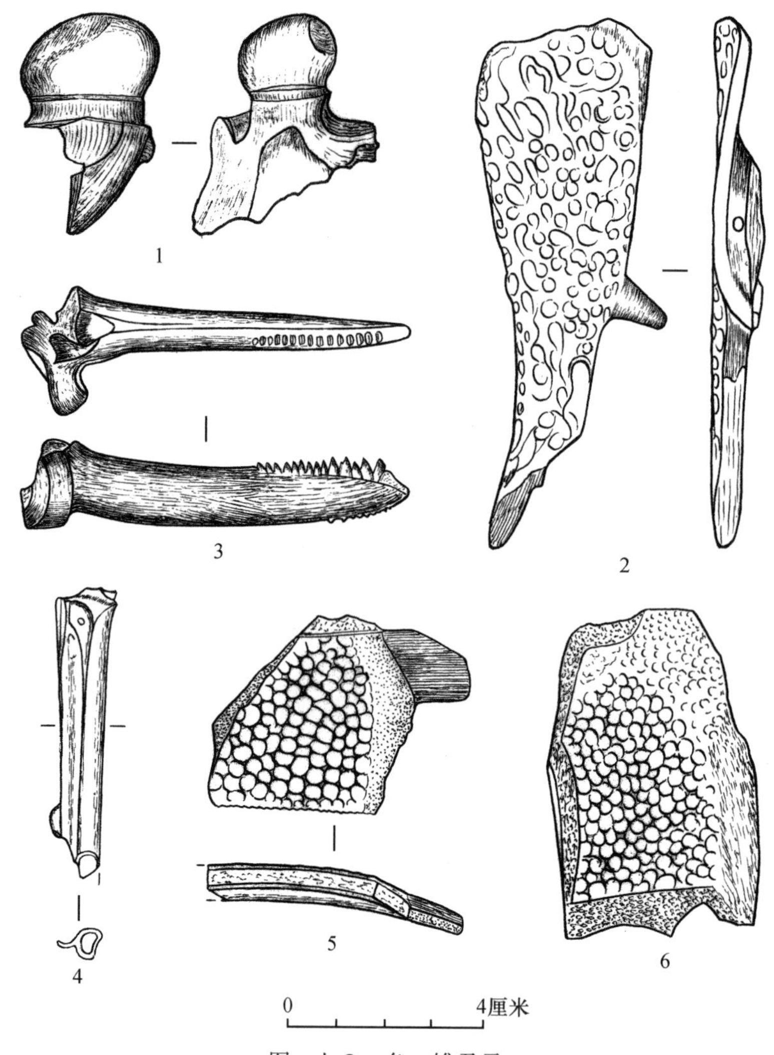

图一七〇　鱼、雉及鼋

1. 青鱼咽齿（T2③：1151）　2. 中华鲟骨板（T2③：1134）　3. 鲇鱼骨骼（T3③：1944）　4. 雉右跗趾骨（T3②：1130）　5、6. 鼋骨板（T3②：1002、T3②：1002-1）

4. 鲇鱼

发现鲇鱼骨骼9件，均为胸鳍棘。其中2件尺寸较大，保存较为完整，T3③：1944，残长约80毫米（图一七〇，3；彩版一〇七，3右）。T3③：1945，残（彩版一〇七，3左）。T2②：1401、T2②：1402，保存较完整，长约60毫米。T2②：1403残损严重（彩版一〇七，4）。

（三）鸟纲

鸟纲骨骼共32件，全部为肢骨，部位包括肱骨、胫跗骨、乌喙骨、股骨、尺骨、跗趾骨，绝大部分骨骼已残。

T3②：1130，为中型鸟的右侧跗趾骨，骨骼腹侧近端至骨干三分之二处无棱，与雉的解剖学特征极为相似，残长59毫米（图一七○，4；彩版一○七，5）。

另有一部分鸟纲的肢骨难以确定种属。

（四）爬行纲

侯家寨遗址中发现了少量爬行纲的骨骼，根据骨骼形态，鉴定出鳖、龟、鼋和扬子鳄四类，其中，鳖的骨骼数量最多。

1. 龟

龟的骨骼4件，全部为腹板，表面不见占卜痕迹（彩版一○七，6）。

2. 鳖

鳖的骨骼27件，多数为背甲，少数为腹板。其中多件可以拼合，属于同一个体。T2②：1003，为鳖的5件肋板和1件舌板（彩版一○七，7）。

3. 鼋

鼋是鳖科中体型最大的一类，在侯家寨遗址中发现了5件鼋的背甲，均已破损。T3②：1002，残长53毫米（图一七○，5；彩版一○七，8）。T3②：1002-1，残长64毫米（图一七○，6；彩版一○七，8）。

4. 扬子鳄

扬子鳄亦称鼍，侯家寨遗址中发现2件扬子鳄下颌，其中1件残损严重，另外1件左侧下颌保存相对完整，但牙齿已全部脱落。T3③：1149，残长125毫米（图一七一，1；彩版一○八，1）。

（五）哺乳纲

侯家寨遗址中哺乳动物的骨骼数量最多，种属包括猪、鹿类（大、中、小型）、野兔、褐家鼠、熊、牛、狗獾、貉、虎、猫等，以下分别对各类动物选取典型标本进行介绍。

1. 猪

猪的骨骼共321余件，骨骼部位以上、下颌和肢骨数量为主（图一七一，2～6；彩版一○八，2～8；彩版一○九～彩版一一二）。T3④：1100为猪的右侧下颌，保留P_2齿根和P_4—M_3，所有牙齿的磨耗程度均较严重，推测年龄超过2岁，M_3长度为45.78毫米（图一七一，

2；彩版一〇九，4上）。T2④：1104，为猪的左侧下颌和部分下颌联合部，保留了左侧犬齿（C）和P_3—M_3，其中M_3尚未完全萌出，M_1和M_2的磨耗并不太严重，年龄推断为1.5～2岁（图一七一，4；彩版一〇九，3下）。T3④：1101，为猪的右侧上颌，已残损，保留牙齿P^1—M^3（图一七一，3）。

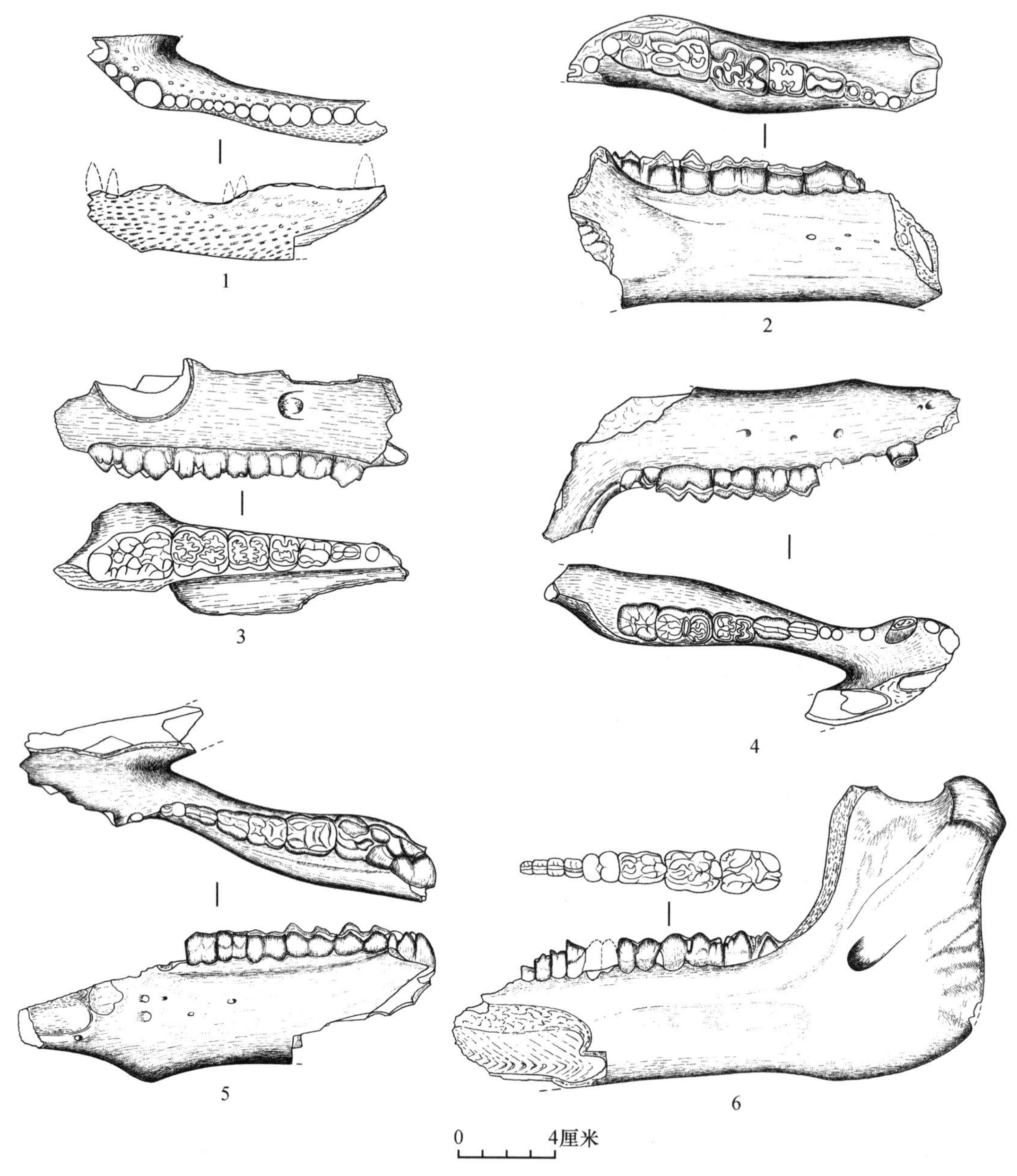

图一七一　扬子鳄、猪

1. 扬子鳄左下颌骨（T3③：1149）　2. 野猪右下颌骨（T3④：1100）　3. 猪右上颌骨（T3④：1101）　4. 猪左下颌骨（T2④：1104）　5. 猪左下颌骨（T2③：1242）　6. 猪右下颌骨（T3③：1006）

2. 鹿类

侯家寨遗址中发现了数量较多的鹿类动物骨骼，其数量和所占比例仅次于猪。根据鹿角和牙齿的形态及骨骼的尺寸，推断其中包括麋鹿、梅花鹿、獐、麂、鹿五类（图一七二；图一七三，1～3；彩版一一三～彩版一一九；彩版一二〇，1、2）。

1）麋鹿

T2③：1152，为麋鹿角的一部分，断面呈圆形，表面生长着大小不同的瘤状凸起，并有分叉（彩版一一九，1）。T2③：1119，麋鹿右侧跖骨，远端，发掘出土时已残损为2件，其中1件有烧烤痕迹。在滋养孔上方，环绕骨干有一圈锯痕，应与截取骨料等行为有关（彩版一一九，2）。T2③：1729，麋鹿的左侧尺骨，近端，骨骺已经愈合，保存相对完整（图一七二，2；彩版一一九，3）。

2）梅花鹿

梅花鹿是侯家寨遗址的鹿类动物中数量和所占比例最多的一类，共114件，占所有鹿类动物的67.4%。T3③：1682，梅花鹿角的眉枝，从角环处脱落，主枝已残（图一七二，1；彩版一一九，4）。T2③：1114，梅花鹿右侧下颌，上升支已残损，保留牙齿P_2—M_3（图一七二，3；彩版一一九，5）。T2④：1116，梅花鹿右侧下颌，上升支残损，保留牙齿P_2—M_3，所有牙齿均已残，其中P_4的后叶和M_1磨耗严重，整体凹陷，臼齿列（M_1—M_3）长57.35毫米（图版一七二，4；彩版一一九，6）。T2③：1165是一件自然脱落的梅花鹿右侧鹿角，残存了部分主枝和大部分眉枝（彩版一一九，7）。T3③：1166是一件梅花鹿角，主枝和眉枝均已残，并且眉枝上有一圈锯痕，反映了截取角料的行为（彩版一一九，8）。T3③：1168，为梅花鹿角的枝叉，其中一枝的尖部较为完整，主枝的底部有明显的斜向砍痕，为截取角料所致（彩版一一三，1）。

3）獐

T6③：1110为獐的左侧下颌，上升支已残，保留牙齿P_3—M_3，臼齿列（M_1—M_3）长56.5毫米（图一七二，6）。T2③：1105，亦为一件獐左侧下颌，较为完整，仅上升支残缺了小部分，保留牙齿P_3—M_3。臼齿列（M_1—M_3）长55毫米，M_1前下颌骨高15.02毫米，M_3后下颌骨高18毫米（图一七二，5；彩版一一九，9）。

4）麂

T4②：1148，麂的游离右上侧犬齿，保存完好，齿根闭合，齿尖及齿冠内缘尖锐（图一七三，1；彩版一一九，10）。T2③：1106～T2③：1108，3件麂的游离上颌犬齿（彩版一一九，11～13），其中1件在靠近齿根处有两道平行的人工凹槽（图一七三，2）。T2②：1009，麂右侧下颌，水平枝前部残损，保留牙齿dp_3—dp_4和M_1，其中M_1尚未完全萌出，下颌颌骨表面似乎有啮齿类动物啃咬的痕迹（彩版一二〇，1）。

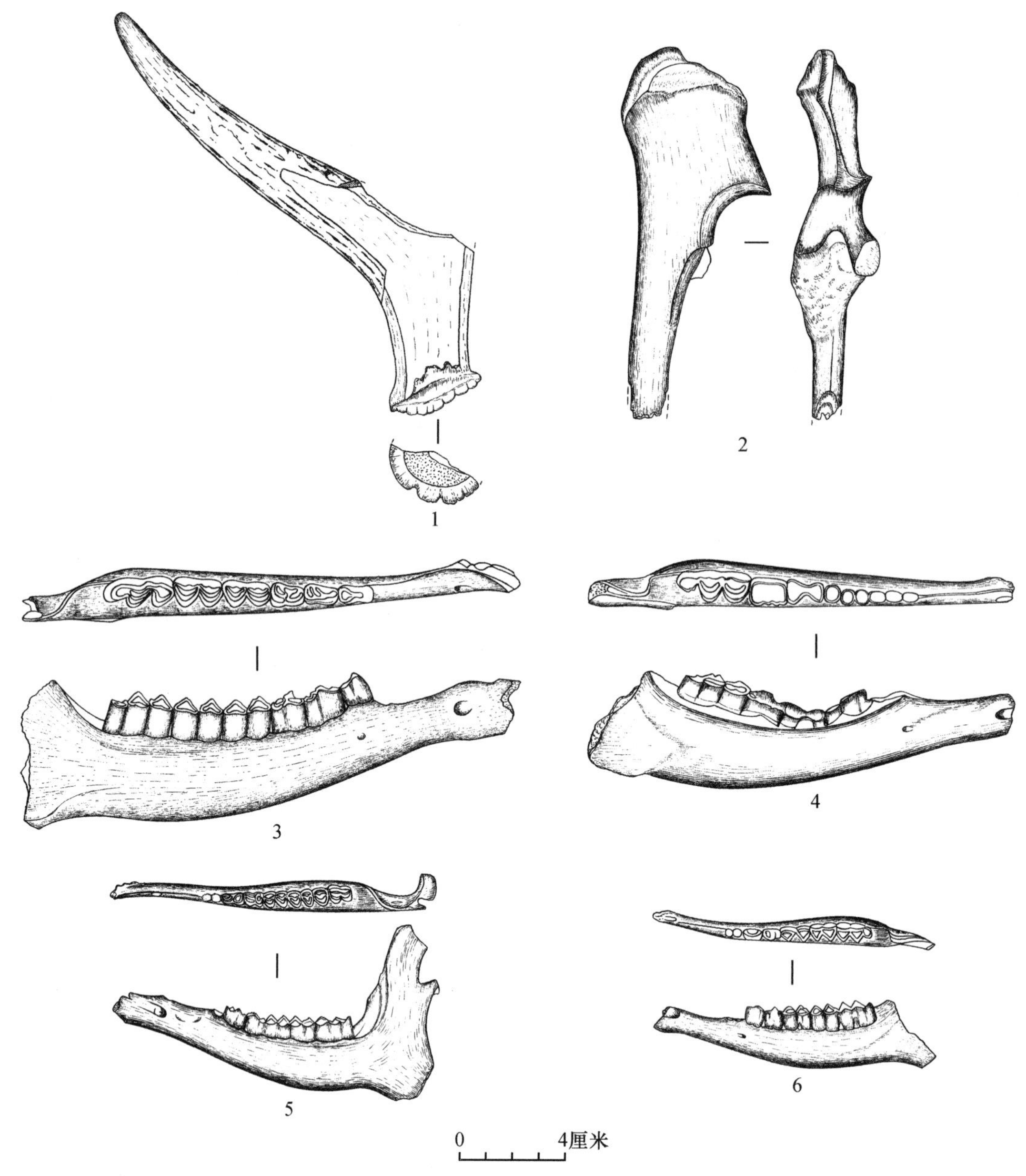

图一七二　梅花鹿、麋鹿獐

1. 梅花鹿角眉枝（T3③：1682）　2. 麋鹿左尺骨（T2③：1729）　3、4. 梅花鹿右下颌骨（T2③：1114、T2④：1116）　5、6. 獐左下颌骨（T2③：1105、T6③：1110）

5）鹿

T6③：1107是鹿的左侧角，主枝和叉枝保存完好，角柄的下端有砍砸痕迹（图一七三，3；彩版一一九，15）。T3④：1008为鹿的左侧下颌骨，上升支已残，保留牙齿M_1—M_3（彩版一二〇，2）。

3. 牛

T4③：1153为牛的游离左侧下颌M_3，牙齿的第三叶和齿根已残，无法判定是黄牛还是水牛（图一七三，6；彩版一二〇，4）。

4. 啮齿类

侯家寨遗址中发现的啮齿类动物骨骼数量极少，仅2件褐家鼠标本，均已残，各保留了3颗臼齿（彩版一二〇，3），其中T2②：1161为褐家鼠左侧下颌骨，还保留有门齿（图一七三，7；彩版一二〇，3）。

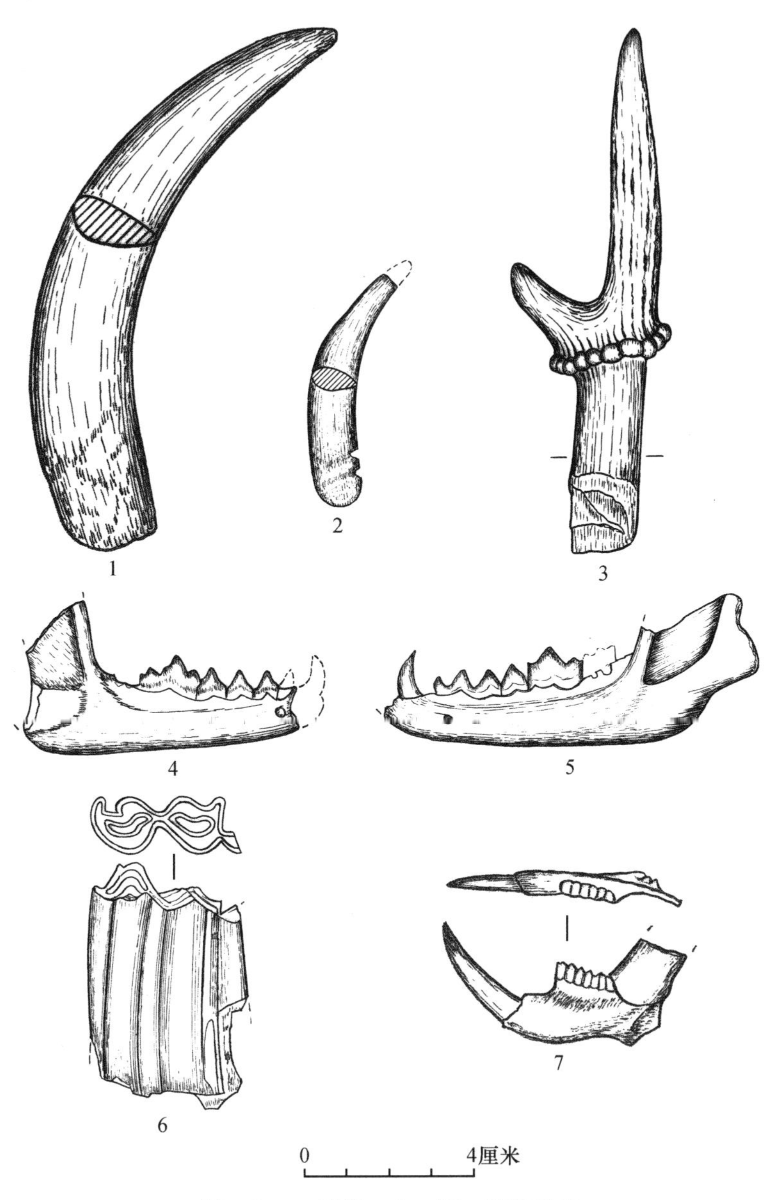

图一七三　鹿类、牛、鼠、狗獾及貉

1、2. 麝右上犬齿（T4②：1148、T2③：1007）　3. 麂左侧角（T6③：1107）　4. 狗獾左下颌骨（T2③：1975）　5. 貉右下颌骨（T2③：1967）　6. 牛左下颌M_3（T4③：1153）　7. 褐家鼠左下颌骨（T2②：1161）

5. 猫科

猫科动物的骨骼共发现6件，属于虎和猫两类动物。

1）猫

T3④：1406，猫的左侧下颌，上升支残损，保留2颗前臼齿和1颗臼齿。M_1长8.67、宽3.78毫米，M_1后下颌高10.22毫米，P_3前下颌高9.61毫米（彩版一二〇，6）。

2）虎

T2③：1991，为一件虎的右侧上颌，残损严重，仅保留P^3和P^4，P^3长21.52、宽9.16毫米，P^4长31.91、宽16.69毫米（图一七四，1；彩版一二〇，5）。T3③：1012，为一件虎的左侧第三掌骨，保存完整，长118.55、近端宽26.09、远端宽23.78毫米（彩版一二〇，7）。

6. 犬科

1）狗

狗的骨骼共发现有头骨、颌骨等22件。T3④：1013，为一件狗的左侧第四跖骨，保存完整，长79.52、近端宽13.49、远端宽13.70毫米（彩版一二〇，9上）。T3④：1014，为一件狗的右侧胫骨，仅保存了远端部分，远端宽22.85、厚16.23毫米（彩版一二〇，9下）。T3④：1117，为一件狗的左侧上颌，残损严重，仅保留牙齿P^2—P^4、M^1和M^2（彩版一二〇，8）。

2）貉

侯家寨遗址中发现35件貉的骨骼，部位包括肱骨、胫骨、下颌和上颌（彩版一二〇，10、11；彩版一二一，1、2）。此外，在T4③中出土了多件貉的下颌骨，多数已经残损。在T2③中出土一件貉的右侧胫骨，保存基本完整。长102.16毫米；近端已残，无法测量；远端宽13.64毫米。T2③：1967，为貉的右侧下颌，保存较完整，水平枝的前部已经残损，保留P_4、M_1和M_2，其余牙齿均已脱落（图一七三，5）。在T4③中出土的一件貉左侧下颌，上升支已经残损，保留了犬齿（C）、P_2—P_4和M_1。

7. 鼬科

狗獾

侯家寨遗址中狗獾的骨骼共7件，全部为下颌（彩版一二一，3～5）。T2③：1975，为狗獾的左侧下颌，残损较严重，门齿全部脱落，保留小部分犬齿和P_2（图一七三，4）。T3③：1122，为狗獾的右侧下颌和极小部分左侧下颌，上升支已残损，保留了所有门齿（I）、犬齿（C）、前臼齿（P_2—P_4）和M_1。M_1长1.43、宽6.11毫米（彩版一二一，3）。

8. 熊科

熊

T2③：1947，为一颗熊的左侧游离下颌犬齿，保存相对完整，仅齿根略残（彩版一二一，6上）。在T3④中出土1件熊的左侧肩胛骨，已残，保存远端的部分肩臼，肩胛结最大长37.99、肩臼长31.6、肩臼宽24.07毫米。

9. 兔科

遗址中发现5件兔的骨骼，包括下颌骨2件，肱骨、股骨和胫骨各1件。T2②：1158，兔的右侧股骨，保留远端，骨骺已经愈合（图一七四，2；彩版一二一，6下）。T2②：2365，为一件兔的下颌，保留了左和右侧门齿（I），左侧保留了P_3、P_4和部分M_1，右侧保留了P_4和M_1、M_2。T2③：1160，为兔的左侧下颌，上升支已残损，保留了门齿（I）、1颗前臼齿（P_4）和3颗臼齿（M_1—M_3），部分牙齿已残，颊齿列（M_1—M_3）长17.15毫米（彩版一二一，7）。

10. 猬科

猬科仅发现1件刺猬的右侧下颌。T3②：1159，全部牙齿已经脱落，仅有齿槽（彩版一二一，8）。

二、量化统计

按照地层，对所有可鉴定至属或种的动物进行量化统计。需要指出的是，鹿科动物种类繁多，不同鹿科动物在骨骼形态上极为相似，现在主要依靠鹿角的形态进行区分。侯家寨遗址中出土的鹿类动物以骨骼为主，仅有少部分鹿角可以鉴定至确切的种。因此，对于大多数鹿类动物的肢骨，根据尺寸划分为大、中、小型三类。在量化统计时，将所有鹿类动物进行合并。

表二三显示了侯家寨遗址中所有动物种属的可鉴定标本数（NISP）和最小个体数（MNI）的量化统计结果。第1层为现代耕土层，不做介绍。需要注意的是，相对于哺乳类动物而言，鸟和鱼的骨骼细小，保存下来的概率低；此外，侯家寨遗址发掘时代早，未对动物骨骼的进行筛选，这会使得部分碎小的骨骼被遗漏，从而造成发掘出土的鱼类和鸟类骨骼远远低于先民当时的实际利用数量。

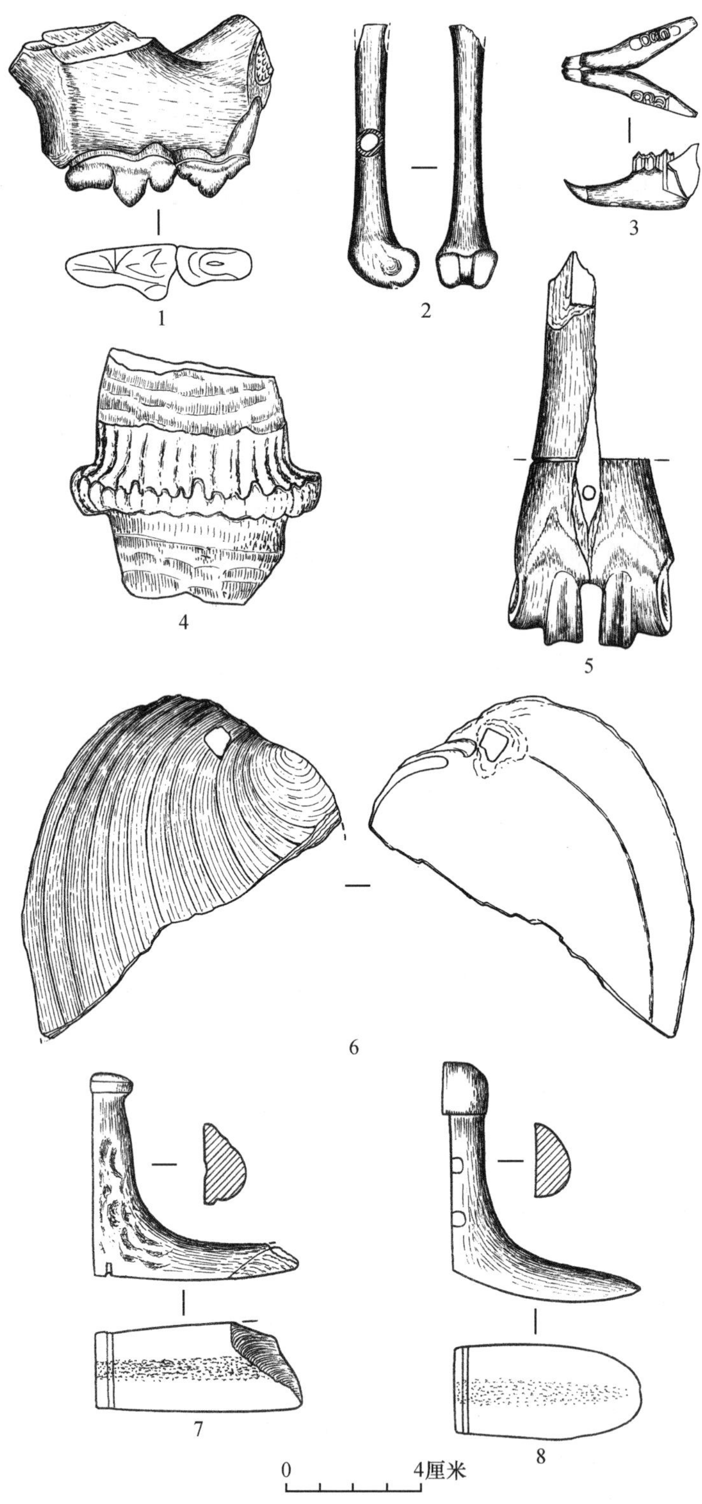

图一七四　虎、兔及骨骼上的痕迹

1. 虎右上颌骨（T2③：1991）　2. 兔右股骨（T2②：1158）　3. 兔下颌骨（T2②：2365）　4. 鹿角砍痕（T2③：1662）
5. 麋鹿炮骨（T2③：1119）　6. 贝壳钻孔痕迹（T3②：1148）　7、8. 鹿角勾形器磨痕（T3③：1027、T3③：1028）

表二三　侯家寨遗址出土动物骨骼量化统计表

层位 / 种属	②/件		③/件		④/件		合计/件	
	NISP	MNI	NISP	MNI	NISP	MNI	NISP	MNI
猪	6	1	120	13	195	40	321	54
鹿	34	9	71	9	64	7	169	25
褐家鼠	2	2					2	2
猫			1	1	1	1	2	2
虎			5	1	1	1	6	2
狗			2	1			2	1
貉			23	7	12	5	35	12
狗獾			7	4			7	4
熊			1	1	1	1	2	1
兔	5	1					5	1
牛			1	1			1	1
刺猬	1	1					1	1
雉	15	3	15	3	1	1	31	7
鳖	16	1	20	2			27	3
龟	2	1					2	1
扬子鳄			2	1			2	1
鼋			4	1	1	1	5	2
中华鲟			1	1			1	1
黄颡鱼	1	1	2	1			3	2
鲇鱼	9	1					9	1
鲤鱼	3	3					3	3
草鱼			1	1			1	1
青鱼			1	1	2	1	3	2
不明鱼			1	1			1	1
三巨瘤丽蚌	2	1					2	1
白河丽蚌			1	1	1	1	2	2
背瘤丽蚌	2	1			1	1	3	2
多瘤丽蚌			6	1			6	1
鱼尾楔蚌			1	1			1	1
江西楔蚌	2	2					2	2
楔蚌	4	1					4	1
扭蚌	1	1					1	1
圆顶珠蚌	1	1					1	1
中国尖嵴蚌	2	1	1	1			3	2
短褶矛蚌	1	1					1	1
射线裂嵴蚌					1	1	1	1
不明蚌	1	1	27	1	4	1	32	3

注：NISP为可鉴定标本数，MNI为最小个体数

整体上，哺乳纲动物的骨骼数量最多，其次为软体动物门，再次为爬行纲，最后为鸟纲和硬骨鱼纲。从可鉴定标本数看，哺乳纲占所有出土动物骨骼的79.2%，软体动物占7.6%，爬行纲占6.1%，鸟纲占4.2%，鱼纲占2.9%；从最小个体数看，哺乳纲占所有出土动物骨骼的72.1%，软体动物门占10.9%，爬行纲占4.8%，鸟纲占4.8%，鱼纲占7.5%。以上各类动物种属的数量和所占比例反映出，哺乳纲动物是侯家寨遗址先民利用的重点，是先民主要的肉食来源。在哺乳纲动物中，猪和鹿的骨骼数量最多。可鉴定标本数中，猪和鹿占所有哺乳动物骨骼的85%左右，其中，猪的骨骼占55.2%，鹿类占29.1%，其他动物占15.8%。在最小个体数中，两类动物占所有哺乳动物骨骼的约75%，其中，猪的骨骼占约50.9%，鹿类占23.6%，其他各类动物所占比例约25.5%。由此可见，侯家寨遗址的人们对猪和鹿的利用和依赖程度明显高于其他动物。

三、动物骨骼表面痕迹和骨器

侯家寨遗址中出土的动物种属鉴定及各类动物的数量和比例统计，为揭示先民获取肉食资源的途径和方式提供了重要依据。动物除为人类提供肉食资源外，其骨骼（包括角、牙等）是加工和制作骨器（工具、武器和装饰品等）的重要材料。本小节将对侯家寨遗址中出土的动物骨骼的表面痕迹及各类骨器等进行介绍和分析，尝试探讨先民对动物的宰杀和肢解、骨料的获取及骨器加工等相关方面问题。

侯家寨遗址中出土的动物骨骼和鹿角上发现的人工痕迹种类包括砍砸痕、锯痕、打磨痕迹、切割痕迹、钻孔和烧烤等多种，造成以上痕迹的原因主要为敲骨吸髓、截取骨（角）料、加工骨器等人工行为。

1. 砍砸痕

砍砸痕迹多见于各类动物的肢骨骨干和鹿角上。T2③：1015，是一件梅花鹿的掌骨，骨干中部清晰可见多道横向砍痕，端口较平齐（彩版一二二，1）。T2③：1263，是一件猪的肱骨近端，骨干中部有多道横向砍痕，断口略参差不齐，推测是敲骨吸髓或为截取中间的骨干作为骨料而造成的（彩版一二二，2）。T2③：1662，为一件残损的鹿角，保留了小部分的角柄和角环，其上可见清晰的砍痕（图一七四，4）。T2③：1608是一件梅花鹿的鹿角杈枝，末端有多处砍砸痕迹，推测是裁取角料所致。侯家寨遗址中出土了多件梅花鹿的鹿角，均保留了主枝和眉枝，主枝上可见清晰的砍砸痕迹，多为对向砍后，从中间折断，应是截取部分鹿角作为角料所致。T3③：1020，一组6件，均有对向砍痕（彩版一二二，3）。

2. 烧烤痕迹

侯家寨遗址仅有极少数动物骨骼上有烧烤痕迹。T2③：1022，为一件猪的左侧肱骨，其骨干后侧可见烧烤痕迹（彩版一二二，4）。烧烤痕迹可能是先民在肉食加工过程中造成的，也有可能是将骨骼作为燃料所导致。

3. 锯痕

侯家寨遗址中不同动物的下颌、肢骨、鹿角、牙齿上均发现有锯痕。

6件中型鹿科动物下颌上发现有纵向锯痕。T2③：1023，为梅花鹿的右侧下颌，保留牙齿M_1—M_3，在P_3和P_4之间，下颌体两侧均有纵向锯痕（彩版一二二，5）。T2③：1007，为一件麝的游离上颌犬齿，其齿尖已残损，在靠近齿根处可见两道明显的横向锯槽（图一七三，2；彩版一一九，14）。

动物肢骨和鹿角上发现有锯痕的数量较多，以鹿角为主。T2③：1119，为麋鹿的跖骨远端，在滋养孔上方有一周锯痕，锯痕上方的部分骨干已残缺（图一七四，5；彩版一一九，2）。T2③：1016，为2件梅花鹿桡骨，其骨干中部均有一周清晰的锯痕（彩版一二二，6）。T2③：1021，为一组3件鹿角，均在尖部或下部有一圈锯痕，锯槽较粗（彩版一二二，7）。

考虑到侯家寨遗址中发现的工具类型，推断以上锯痕可能是使用蚌或石质工具锯切所形成。肢骨和鹿角是制作骨、角器理想的材料，其锯痕的形成应与截取骨料密切相关。下颌骨因结构特点并不是制作工具或武器的理想原材料，6件鹿科下颌骨上的纵向锯痕，其产生原因尚不明。

4. 切割痕迹

切割痕迹主要是在肢解动物过程中产生，如在关节处切割肌腱、剔肉等，通过分析此类痕迹的数量及分布特征，可以对先民肢解动物技术有所了解。侯家寨遗址中仅发现了极少数骨骼上有疑似切割的痕迹，分布部位无特定规律。

5. 钻孔

钻孔的数量较少。T2③：1018，为一件经过打磨加工而成的骨板，其一端发现有一圆形钻孔，是双向对钻而成（彩版一二三，2）。T2③：1019，为一件骨针，其一端可见明显的钻孔，孔直径2～3毫米，采用对钻的方法（彩版一二二，7）。此外，T2③：1336，为一件兔的肱骨，骨干的上端发现一钻孔，亦采用对钻方法加工而成，至于其用途尚不可知（彩版一二二，7）。T3②：1148，是一件不明种属的贝类左侧壳，其顶部可见一个近似方形的钻孔（图一七四，6）。

6. 打磨痕迹

侯家寨遗址中发现了少量成型或半成型的骨（角）器，器形包括骨簪、骨匕、骨针、骨锥和鹿角勾形器等（彩版一二二，7；彩版一二三，1），所有骨（角）器都经过打磨。

骨锥多以动物的长骨为坯料，进一步打磨加工而成。T3③：1382，是一件用熊的桡骨加工而成的骨锥，骨干的一端先经过砍削，形成一个斜面，然后对断口进行打磨，最后加工成型（彩版一二二，7）。T3③：1026，是一件中型鹿科的跖骨骨干，其近端的关节已残损，远端骨干经过打磨，呈锥形（彩版一二二，7）。骨针、骨笄等，多是截取动物长骨的一段，作为长条形的坯料，然后通体打磨，磨出尖部，最终加工成型。

鹿角勾形器作为侯家寨中数量最多的骨器，通体打磨，制作工艺复杂，如图一七四，7、8；彩版一二三，1之右一右二。

四、相关讨论

1. 侯家寨遗址所在地区的自然环境

侯家寨遗址所在的淮河中游地区，按照现在的气候区划分，属于北温带向北亚热带过渡的气候类型，四季分明，光照充足，受季风气候影响，降水集中于夏季，呈现显著的季节性变化[①]。参照古气候的研究，距今8000～3000年为全新世大暖期[②]；萧县黄口钻孔的孢粉分析表明，距今7500～5300年，该地区的气候温暖潮湿，植被为含针叶林成分的落叶阔叶林[③]，气温比现今高1.5℃左右。

侯家寨遗址的动物群中，鹿类动物（包括梅花鹿、麋鹿、獐、麝、麂等）占有极为重要的地位。其中，现今的野生梅花鹿、麝、獐、麂等均多生活在安徽以南地区，喜山林、灌木丛和沿海草滩等植被环境。侯家寨遗址中发现了一定数量的大型鹿科动物，其中一件鹿角的形态与麋鹿角极为相近，由此可以推断，侯家寨遗址时期，该遗址周围应有麋鹿生活。现今麋鹿生活在长江中下游的沼泽地带，喜食嫩草和水生植物。此外，爬行类动物，尤其是现今只生活在长江流域甚至更南地区的鼋、扬子鳄以及中华鲟等动物骨骼的发现，表明侯家寨遗址时期，当地的气温比现在高。

通过侯家寨遗址的动物群组成可以得知，侯家寨遗址所在时期，当地的水热条件较优越，

---

① 金权等：《安徽淮北平原第四系》，地质出版社，1990年。

② 施雅风主编：《中国全新世大暖期气候与环境》，海洋出版社，1992年。

③ 黄润、朱诚、郑朝贵：《安徽淮河流域全新世环境演变对新石器遗址分布的影响》，《地理学报》2005年第5期。

为该遗址的先民生活提供了充裕的自然资源。适宜的水热条件、丰富的动植物资源，为当地古人类文化的发展提供了有利条件。

2. 猪的属性及侯家寨遗址先民肉食资源的获取途径刍议

侯家寨遗址出土的动物骨骼中以猪的数量最多，占所有哺乳类动物骨骼的50%以上，表明先民对此类动物的依赖程度极高。科学地判断猪的属性，即家养或野生，对于认识和理解先民获取肉食资源的途径及其生业经济模式至关重要。国内外学者曾指出，采用一系列标准、综合多重证据才能科学地对家猪或野猪进行判别，包括数量统计、形态和尺寸、病理特征、年龄结构、考古现象、食性分析和DNA分析等[①]。鉴于现阶段对侯家寨遗址出土的猪骨骼的研究尚处于初始阶段，仅能根据有限的判别方法对猪的属性进行初步的研究和判断。

1）数量比例

由表二三侯家寨遗址出土各类动物骨骼的种属和数量统计可以看出，猪骨的数量和所占比例最高，其在哺乳动物中所占的比例，无论是可鉴定标本数还是最小个体数，均超过50%。当某种动物的数量呈现明显优势，与野生状态下整个动物群中各类动物的自然分布不同时，应是古人有意识饲养并使之大量繁殖的结果[②]。故由以上的比例可以推断，侯家寨遗址中猪骨的数量优势应与人类饲养和繁殖行为有关。

2）牙齿（M_3）尺寸

M_3的尺寸（最大长）作为一条区分家猪和野猪的判别标准，被广泛地应用于动物考古研究中[③]。猪在驯化过程中牙齿尺寸会减小，根据罗运兵的研究，下颌M_3的平均值小于39毫米的猪群中已经出现了家猪，但这并非否定大于这一值的猪群中也可能存在家猪；此外，雌雄性的牙齿尺寸也存在差异，这可能会造成判别的误差[④]。

侯家寨遗址中，猪下颌M_3的尺寸数据共有34个。其中，小于39毫米的有21件；大于39毫米的13件标本，其范围为39.27～45.67毫米。参照罗运兵提出的判别标准，侯家寨遗址中无疑同时存在家猪和野猪，并且，家猪所占比例略高。但是，图一七五所显示的猪M_3长度和宽度的数据分布，若以39毫米作为区分家猪和野猪的标准，大于和小于39毫米的个体并非完全分为两组，大于39毫米的个体，其数据分布较为分散。此外，在41毫米处，所有数据可以划分为不同的两组。这样的数据分布，可能暗示侯家寨遗址虽然已经存在驯化的家猪，但是由于尚处于驯化的初级阶段，人工驯养和控制的强度略低，猪的牙齿尺寸变化相对较小。牙齿的尺寸大小受

---

① 袁靖：《中国古代家养动物的动物考古学研究》，《第四纪研究》2010年第2期。

② 袁靖：《动物考古学揭密古代人类和动物的相互关系》，《西部考古》2007年第1期。

③ Evin A, Cucchi T, Escarguel G,. Using traditional biometrical data to distinguish West Palearctic wild boar and domestic pigs in the archaeological record: new methods and standards. Journal of Archaeological Science, 2014, 43: 1-8; Rowley-Conwy P, Albarella U, Dobney K. Distinguishing Wild Boar from Domestic Pigs in Prehistory: A Review of Approaches and Recent Results. Journal of World Prehistory, 2012, 25: 1-44.

④ 罗运兵：《中国古代家猪研究》，中国社会科学院，2007年。

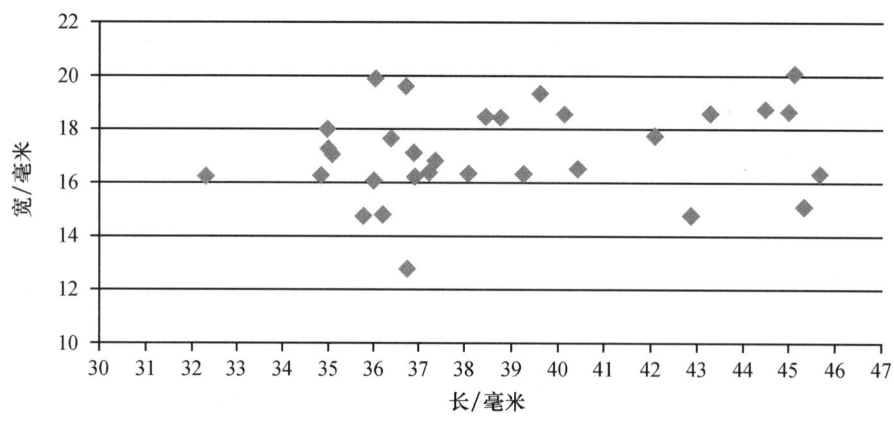

图一七五　侯家寨遗址猪下颌M_3尺寸分布

到多种因素影响（包括环境、品种等），M_3长度毕竟只是区分家猪和野猪的一条参考，还必须结合其他证据做进一步研究。另外，侯家寨遗址猪牙齿尺寸的样本量较小，无法代表遗址的全貌，尚需更多数据才能做出科学判断。

3）牙齿形态

除了尺寸外，牙齿的嚼面结构是牙齿形态的另一要素。家猪和野猪在牙齿的结构上存在一定差异，成为区分两者的重要参考。目前，国内多通过对猪牙齿咀嚼面结构进行肉眼观察，凭借经验区分。家猪和野猪在M_3的结构上的差异主要体现在牙齿咀嚼面各齿尖的布局上：家猪的各个齿尖呈聚拢态，而野猪则相对分散；家猪的副乳突不发育，野猪则有较多的副乳突。对侯家寨遗址所有M_3咀嚼面结构的观察显示，仅一件M_3呈现四叶的结构特征，经测量，这件个体的M_3的长度为42.86毫米，远远超出家猪的尺寸范围，由此推断该个体为野猪的可能性极大。但是，由于以上家猪和野猪牙齿形态的差异仅是个别学者的归纳总结，其是否具有普遍适应性还需进一步验证。

除肉眼观察外，几何形态测量方法被越来越多地应用于对猪牙齿形态的分析中，国外学者利用这一方法成功地对多个遗址的家猪和野猪进行了区分①。但是，现阶段尚未对侯家寨遗址的猪牙开展此项研究，希望将来可以利用这一技术对该遗址的猪牙齿形态做进一步的研究，以对遗址猪的属性有更科学的判断和认识。

4）病理现象

线性釉质发育不全（linear enamel hypoplasia， LEH）是在牙齿齿冠形成过程中牙釉质的厚度上出现的一种缺陷，多表现为一个或多个齿沟或齿线，多是由于发育期生理紧张所造成

① Cucchi T, Hulme-Beaman A, Yuan J et al. Early Neolithic pig domestication at Jiahu, Henan Province, China: clues from molar shape analyses using geometric morphometric approaches. Journal of Archaeological science, 2011, 38(1): 11-22; Cucchi T, Fujita M, Dobney K. New insights into pig taxonomy, domestication and human dispersal in Island South East Asia: Molar shape analysis of Sus remains from Niah Caves, Sarawak. International Journal of Osteoarchaeology, 2009, 19: 508-530.

的[①]。野猪和家猪的牙齿均可能会出现LEH，但有研究显示，家猪LEH的发生率明显高于野猪，这种高发生率多是由于人类的干预所造成的[②]。

侯家寨遗址中共于10例猪的牙齿表面发现LEH现象，M_1、M_2、M_3的分布情况分别为1/62（1.6%），3/60（5%），6/52（11.5%），LEH的发生率明显高于现生野猪，但低于时代稍晚的尉迟寺遗址[③]。考古遗址中的猪群如果LEH的发生率较高，说明该种群所处的生存环境较恶劣，这是由自然或人为的环境压力造成的。侯家寨遗址猪群较低的LEH发生率，反映了它们的生存环境相对较好，是自然环境中食物资源充裕，还是人类干预程度低，抑或人类提供了充裕的食物供给，尚待其他证据加以验证。

5）年龄结构

先民对野猪进行捕获，通常没有明确的年龄选择，随机性比较强，因此，各个年龄阶段（幼年、青年、老年）的个体均可以成为狩猎对象。古人饲养家猪的主要目的之一是获取肉食资源。哺乳动物生长到特定年龄阶段后，肉量就不会再有明显的增加，为保证最优的投入和产出比，古人多会选择在产肉率最高时将其宰杀。有研究显示，猪在1~2岁时的产肉量最高，因此，如果某遗址中多为家猪，则其年龄结构会呈现以1~2岁为主的特征[④]。

对动物死亡年龄的判断方法有多种，现阶段最常用的是根据牙齿的萌出与磨蚀和肢骨的骨骼愈合状况进行判断。鉴于侯家寨遗址中猪的肢骨数量极少，因此，仅能通过牙齿的萌出和磨蚀程度对猪群的年龄结构进行大致重建。猪牙齿的萌出与磨蚀程度，参照的是Grant[⑤]的标准，分别记录下颌各牙齿的萌出和磨蚀程度，然后参考李志鹏根据殷墟遗址猪下颌牙齿萌出与磨蚀的组合[⑥]，对每件猪下颌的年龄进行推断。

侯家寨遗址中可以推断死亡年龄的猪下颌共84件，其年龄分布如图一七六。从第Ⅰ年龄阶段（0~4月）至第Ⅶ阶段（大于37个月）均有个体存在。1~2岁之间（Ⅲ~Ⅴ阶段）死亡的猪所占比例超过50%，这部分猪极有可能是先民为了保证最大的肉量产出而进行宰杀的。

① 凯斯·道伯涅、袁靖、安东·欧富恩克等：《家猪起源研究的新视角》，《考古》2006年第11期。

② Dabney K, Ervynck A, Ferla L. Assessment and Further Development of the Recording and Interpretation of Linear Enamel Hypoplasia in Archaeological Pig Populations. Environmental Archaeology, 2002, 7:35-46; Dobney K, Ervynck A, Albarella J, et al. The chronology and frequency of a stress marker (linear enamel hypoplasia) in recent and archaeological populations of Sus scrofa in north-west Europe, and the effects of early domestication. Journal of Zoology, 2004, 264(2): 197-208.

③ 罗运兵：《中国古代家猪研究》，中国社会科学院，2007年。

④ Greenfield H J. Fauna from the Late Neolithic of the Central Balkans: Issues in Subsistence and Land Use. Journal of Field Archaeology, 1991, 18(2): 161-186；马萧林：《灵宝西坡遗址家猪的年龄结构及相关问题》，《华夏考古》2007年第1期。

⑤ Grant A. The use of toothwear as aguide to the age of domestic ungulates. In: Wilson B, Grigson C, Payne S eds. Ageing and sexing animal bones from archaeological sites. Oxford: British Archaeological Reports British Series, 1982.

⑥ 李志鹏：《殷墟孝民屯遗址出土家猪的死亡年龄与相关问题研究》，《江汉考古》2011年第4期。

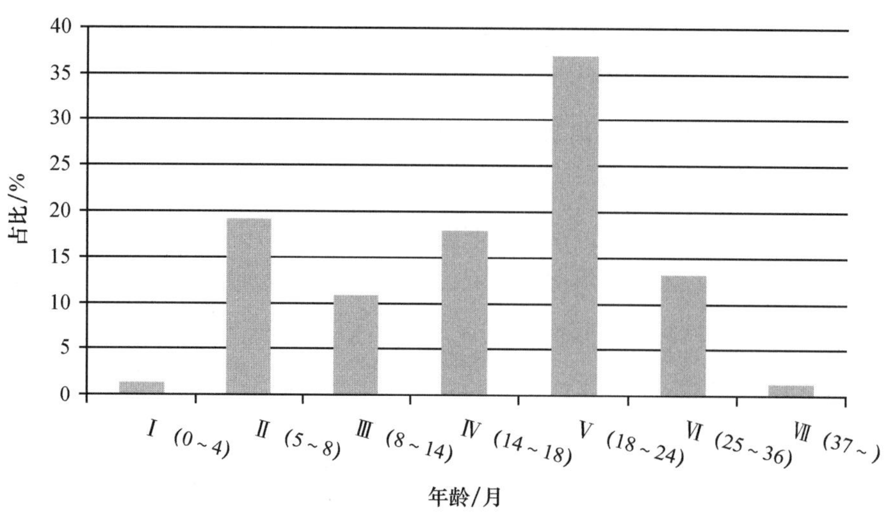

图一七六　侯家寨遗址猪的年龄结构

但是，与此同时，0.5岁以下和2岁以上的个体也各占一定的比例，这些个体被宰杀时显然并非是其肉量产出最大化时，与饲养家猪获取肉食的目的并非完全一致。

为与前文猪下颌M_3的尺寸进行综合分析，对M_3长度大于40毫米的个体的死亡年龄进行了统计。结果表明，M_3长度大于40毫米的标本中，共有9个个体可以获知年龄信息，其死亡年龄均在Ⅴ阶段及以后（即2岁以后）。两方面的数据表明：牙齿尺寸偏大（大于家猪的尺寸范围）的个体，其死亡年龄亦偏老，这些个体为野猪的可能性极大。

由侯家寨遗址猪群的死亡年龄结构可以看出，虽然各年龄阶段均有分布，但是1～2岁的个体所占的比例最高，超过整个猪群的50%，整体上反映了人们对猪的宰杀时间具有一定的选择性，符合饲养家猪以获取肉食资源的基本规律。但是，仍存在一定数量的个体在幼年或老年时被宰杀，这或许与该遗址先民对家猪的饲养和管理水平比较低有一定关系。尤需注意的是，M_3长度超出家猪范畴的个体（>40毫米），其死亡年龄均偏大，结合两方面的证据，推断这些个体极可能是捕获的野猪。

综合以上几方面对猪群属性的判断和分析可知，侯家寨遗址的猪群中既有家猪又有野猪，以家猪为主。大多数猪被宰杀于产肉量最高的1～2岁，说明人们已经了解了猪的生长习性，掌握一定的家猪饲养策略和技术。但是，一定数量和比例野猪的存在，以及猪牙齿线性釉质发育不全的发生率较低，暗示了此时对猪的管理和控制强度并不高，尚处于家猪饲养的早期阶段。总而言之，侯家寨遗址的先民主要依靠哺乳动物来获取肉食资源；其中，家猪饲养是最重要的方式。与此同时，野猪、鹿等野生动物亦是重要的肉食补充。

袁靖研究和总结了新石器时代长江和黄河流域肉食资源的获取方式指出，整体上黄河流域以家猪饲养为主，而长江流域则强烈依赖渔猎的方式①。淮河流域地处两大河流的过渡地带，

---

① 袁靖：《论黄河流域和长江流域史前居民获取肉食资源方式的差异》，《科技考古文集》，文物出版社，2009年。

动物考古工作相对薄弱，这一地区史前先民肉食资源的获取方式仍不甚清晰。

淮河流域曾有多个新石器中—晚期的考古遗址进行了动物考古的相关研究。距今9000年前的淮河上游的贾湖遗址中出土了一定数量的猪骨，但其所占比例较低，贾湖第七次发掘所得的动物遗骸中，猪骨的数量仅占10%。但是，多方面的证据显示，贾湖遗址已经开始对家猪进行人工饲养[①]。驻马店杨庄遗址，包括石家河文化、龙山文化和二里头文化时期的文化遗存。其中，该遗址的二期和三期出土了少量的动物骨骼，由于没有具体的数量统计，仅指出其中包括少量猪骨。猪的年龄结构显示，二期以幼年个体居多，三期时老年个体多，其次为成年个体，反映了家猪饲养技术的进步[②]。淮河中游地区，比侯家寨遗址时代略早的石山孜遗址中，出土的猪骨的比例约占所有哺乳动物的30%[③]；与侯家寨时代相近的双墩遗址中，同样出土了不少猪骨，但是缺乏数量统计；管理对双墩遗址出土猪骨的年龄、形态及稳定同位素的综合分析指出该遗址存在家猪[④]；年代稍晚的尉迟寺遗址，其大汶口文化层中，家猪的骨骼占所有动物的51%[⑤]。淮河下游地区，高邮龙虬庄遗址中，家猪所占的比例（最小个体数）为34%[⑥]；沭阳万北遗址中，家猪所占的比例高达78%[⑦]。

综合侯家寨及以上诸遗址的数据可以看出，淮河流域自新石器时代中期开始，已存在饲养家猪的活动，至新石器时代中晚期，相当于中原地区仰韶文化时期，家猪的饲养得到了较大发展。但是，整个淮河流域，家猪饲养的发展存在明显的地域性差异。与淮河下游地区相比，淮河中、上游地区，虽然家猪的数量由早至晚呈现增加趋势，但其所占的比例始终未超过50%；而在淮河下游地区，家猪骨骼占所有动物骨骼的比例较高（＞70%），反映了淮河下游地区家猪饲养发展程度高于中上游地区。这种家猪饲养和利用程度的差异是与淮河不同流域的地理环境有关，还是与各自分属不同文化体系有关，仍需更多材料加以证实。总而言之，地处长江和黄河之间过渡地带的淮河流域地区，先民获取肉食资源的方式呈现出与南、北方均不同的地域性特征，在已经开始饲养家猪的情况下，先民始终保持捕捞和渔猎的传统，来满足自身的肉食需求。

---

① 罗运兵、张居中：《河南舞阳县贾湖遗址出土猪骨的再研究》，《考古》2008年第1期；Cucchi T, Hulme-Beaman A, Yuan J et al. Early Neolithic pig domestication at Jiahu, Henan Province, China: clues from molar shape analyses using geometric morphometric approaches. *Journal of Archaeological science*, 2011, 38(1): 11-22.

② 周军、朱亮：《驻马店杨庄遗址发现的兽骨及其意义》，《考古与文物》1998年第5期。

③ 韩立刚：《安徽省濉溪县石山子遗址动物骨骼鉴定与研究》，《考古》1992年第3期。

④ 管理：《家猪起源研究方法探索》，中国科学技术大学，2008年。

⑤ 陈亮：《安徽尉迟寺遗址出土的猪骨材料分析与研究》，中国社会科学院研究生院，2000年。

⑥ 李民昌、张敏、汤陵华：《高邮龙虬庄遗址史前人类生存环境与经济生活》，《东南文化》1997年第2期。

⑦ 李民昌：《江苏沭阳万北新石器时代遗址动物骨骼鉴定报告》，《东南文化》1991年第C1期。

3. 骨器制作

通过前文对侯家寨遗址动物骨骼表面人工痕迹的分类介绍、统计和分析（彩版一二三，2），可以初步得到以下几点认识。

（1）侯家寨遗址中动物骨骼表面的剔、割等痕迹不多，并未呈现出晚期遗址（如殷墟等）中在同类动物、同一骨骼部位高频率出现剔、割等痕迹的现象。这在某种程度上说明侯家寨遗址先民对动物的肢解或对动物的相关解剖学知识的掌握程度相对较低。骨干中部多见砍砸痕迹，主要是由敲骨吸髓造成的，反映了侯家寨遗址的先民对动物资源的利用方式较为原始，除食肉外，骨髓也是他们摄取的重要资源。

（2）取骨料等产生的锯、砍等痕迹，多出现于直的骨干，尤以鹿科动物发现的数量最多。此外，绝大部分鹿角或角柄上发现有砍、锯等痕迹，结合遗址中出土的数量众多的鹿角勾形器可知，先民对鹿类动物的捕获，除作为重要的肉食来源外，骨角料的获取也是重要目的。除了鹿角勾形器外，侯家寨遗址中的骨器数量及类型较少，包括极少量的半成型装饰品（带穿孔的骨板）、骨锥、骨针、骨镞等。骨器数量虽少，但均经过打磨，加工精细。

（3）鹿角勾形器是侯家寨遗址中出土的具有典型特征的器物。其以鹿角的两枝交叉处为原料，采用锯和砍等方式截取其中一段为原料，纵向剖开制成坯料，然后对断面进行打磨，最终加工成勾形角器。有的鹿角勾形器两条长边顶部经打磨或钻，形成一组或两组凹槽。

鹿角勾形器是侯家寨遗址极具代表性的器物，双墩遗址中也曾有大量发现；此外，长江下游等多个地区也有少量出土。关于此类器物的功用，已有不少学者对其进行过探讨，包括渔猎或采摘工具、陶器打磨工具、纺织工具等多种观点①，但至今尚无定论。前人对鹿角勾形器功用的讨论，多是根据其形制特点而得出。工具在使用过程中由于与使用对象之间的相互作用，会在工具表面留下痕迹，根据痕迹的特征和产生机理，可以对工具的使用方法和功用进行推断。如能在后续的工作中选取适量的鹿角勾形器，利用微痕分析技术，可望对其使用方式做进一步的探讨。

总之，侯家寨鹿角勾形器可细分为不同的形制和类型，其制作遵循一套较为系统的工序，其繁复的制作工艺无疑反映出这类器物在侯家寨遗址先民生活中具有极为重要的地位。遗憾的是，囿于现阶段的研究手段和方法，对鹿角勾形器的加工方法和加工工具等的认识几乎没有，希望日后可以对这一问题开展相关研究，这对揭示当时先民的手工业技术和文化交流等具有重要意义。

---

① 张小雷：《简论中国古代的靴形鹿角器》，《中原文物》2011年第4期，第46～50页；王宇：《试谈蚌埠双墩遗址出土靴形器功用》，《南方文物》2011年第4期；解华顶：《蚌埠双墩新石器时代遗址出土鹿角靴形器功用考》，《中国文物报》2008年12月26日第7版。

4. 与双墩遗址的比较

侯家寨遗址与邻近的双墩遗址，在文化面貌上呈现出高度的相似性，尤其是两个遗址均出土了数量众多的带刻划符号的陶器、鹿角勾形器等典型器物，表明两个遗址之间存在极为密切的关系。但是，比较两个遗址出土的动物种类及数量、比例发现，两个遗址在动物利用等经济形态上存在较明显的不同。

双墩遗址中出土了大量软体动物遗骸，尤其是螺，数量多达几十万件；并且，双墩遗址中有大量的鹿科动物骨骼（原文指出鹿类动物占狩猎动物的69%），反映了捕捞和狩猎活动在双墩遗址中具有极为重要的地位。相比之下，侯家寨遗址中仅出土了少量的淡水类软体动物遗骸，且几乎全为双壳纲，另有极少量鱼类骨骼，反映了先民对水生资源的有限利用。侯家寨遗址出土的哺乳动物中，虽然也有大量鹿科动物骨骼，但是，整体上是以猪为主（占所有动物的50%以上）。此外，双墩遗址中，发现了大量尺寸较小的网坠，而侯家寨遗址中仅发现几件网坠。以上诸方面证据显示，与双墩遗址相比，侯家寨遗址虽然也存在对淡水资源的利用，但是对其依赖程度远不及双墩遗址；侯家寨遗址先民捕获野生动物的活动亦不如双墩遗址频繁，相较而言，家猪饲养对其居民的肉食贡献较高。

两个遗址先民在生业经济上的差异，除受到各自的文化属性和居民行为习惯的影响外，与各自所在地区的局部环境和资源情况应密切相关。双墩遗址地处淮河沿岸，遗址所在地距离淮河的直线距离最短仅5千米，发掘过程中发现有疑似洪水作用形成的钉螺层，共6层平行层沉积，表明遗址当时距河流位置极近，为捕捞活动提供了便利条件和资源。侯家寨遗址虽然同样位于淮河流域，但其所在地距离河流距离则相对较远（60千米），这或许在某种程度上限制了人们对淡水资源的利用。由此可见，虽然文化面貌上暗示两个遗址之间存在密切关系，但是在实际的生业经济方式上仍存在明显不同，这极可能受到了局部自然环境和资源差异的制约。

五、小　　结

侯家寨遗址经过1985～1986年的发掘，在面积仅375平方米的发掘范围内出土了数量众多的动物骨骼，为我们认识当时的生业活动提供了重要的材料。通过动物种属鉴定和量化统计得知，该遗址先民的肉食资源获取途径以家畜（主要是家猪）饲养为主，同时辅以渔猎和捕捞；骨骼表面痕迹和半成型/成型骨器的分析，为认识当时的手工业等活动提供了重要线索和参考。然而，对于当时家猪的饲养和管理策略等尚不得知，需要今后依靠相应的科技考古方法（如食性分析）做进一步研究。作为侯家寨遗址的极具代表性的鹿角勾形器，希望可以利用微痕分析技术，对其制作工艺和使用方法有进一步的研究和认识。

第二节　动物骨骼与^{14}C测年*

一、侯家寨出土动物骨骼标本骨胶原测年

数据如下（表二四）。

表二四　侯家寨遗址出土动物骨骼测年数据表

实验室编号	样品类型	样品单位	^{14}C年代（BP）	校正后年代（BC）		送样时间
				σ1（68.3%）	σ2（95.4%）	
176998	兽骨	T4②	5280±15	4161-4130	4171-4089	2016
177005	兽骨	T4②	5070±15	3848-3805	3881-3800	2016
176999	兽骨	T2③	6235±20	5292-5245	5301-5206	2016
177000	兽骨	T2③	6200±15	5163-5119	5177-5066	2016
177006	兽骨	T2④	6260±15	5295-5253	5298-5217	2016
177007	兽骨	T2④	6320±20	5323-5296	5346-5281	2016

注：测年实验室为美国加州大学欧文分校地球系统科学系Keck碳循环加速质谱实验室（The Keck Carbon Cycle AMS Laboratory, Department of Earth System Science, University of California, Irvine）

二、相关遗址的^{14}C测年

遗址名称与对应年代如下（表二五）。

表二五　相关遗址^{14}C测年数据统计表

遗址名称及^{14}C测年	遗址名称及^{14}C测年
舞阳贾湖遗址 一期9000～8600年 二期8600～8200年 三期8200～7800年	宿州小山口遗址 8077～7720年 7958～7650年
蚌埠双墩遗址（均为树轮校正值） 7330～6949年 7240～6910年 7194～6790年 6936～6685年 6837～6460年	定远侯家寨遗址 一期　（6905年±120）年 （6990年±130）年 二期　（5175年±125）年

* 此节作者为戴玲玲、胡耀武。

续表

遗址名称及^{14}C测年	遗址名称及^{14}C测年	
濉溪石山孜遗址 7266～6836年 7059～6772年	薛家岗遗址 早期（1～3期同崧泽中层墓葬和凌家滩墓地晚期， 大溪文化晚段）5500～5300年 中期（4期同北阴阳营三期，5期同良渚中期）5300～4800年 晚期（6期同良渚晚期，皖北大汶口晚期）4600年左右	
裴李岗遗址 定为7495～7195年 （见1979年裴李岗发掘简报，《考古》1982年第4期）	磁山文化 8100～7960年 8032～7750年 7820～7630年 （见贾湖报告538页）	
老官台、李家村文化 19个数据分布在距今7150～6105年大约1000年的范围内 （见贾湖报告538页）	老官台、李家村遗址 早期　7150～6710年 中期　6645～6325年 晚期　（6105±90）年 （6245±90）年	
北阴阳营遗址（均为报告集中的推测年代） 一期与青莲岗同时期 二期与刘林、崧泽早期相当 三期与刘林、崧泽晚期或更晚一些 四期相当于大汶口晚期或良渚中期	高邮龙虬庄遗址 一期　6600～6300年 二期　6300～5500年 三期　5500～5000年	
后李遗址 未经树轮校正年代为 距今7900～7300年 （见贾湖报告537页）	北辛遗址 7300～6300年 （大汶口遗址中的北辛文化遗存属于北辛文化晚期， 年代为6470～6100年）	
大汶口遗址（报告续集）： 一期为6100～6000年； 二期为6000～5800年 三期为5800～5700年	尉迟寺遗址 4800～4500年 （属于大汶口文化晚期阶段）	
邳县大墩子遗址 （5785±105）年	苏北沭阳万北遗址 （5770±100）年 （5775±85）年	苏北二涧下层 年代大体与万北遗址相同
秭归柳林溪遗址 报告认为，估计绝对年代在距今7000～6000年，晚于城背溪 早于大溪文化，与城背溪文化有密切联系，属柳林溪文化	彭头山、城背溪遗址 绝对年代范围可判断为8200～7200年（目前已测33个数据， 见贾湖报告535页）	

第三节　淮河中游农业考古

一、淮河中游地区稻作农业考古调查报告*

淮河流域地处我国南北气候的过渡地带，气候温和湿润，雨量充沛，自古以来就是人类繁衍生息的理想生境。淮河流域作为我国稻作农业的传统分布区，无疑在探讨我国水稻的起源、分化与传播方面具有重要地位。近年来，地处淮河上游的河南舞阳贾湖遗址、中游的安徽蒙城尉迟寺遗址和下游的江苏高邮龙虬庄遗址分别发现了丰富的新石器时代稻作农业遗存，从而为研究中国乃至亚洲稻作农业的起源、演化、传播及环境变迁等重要理论问题增加了有力的实物证据。因此更令我们相信安徽境内的淮河中游地区也应当存在早期稻作农业遗存。鉴于此，我们于2001年10月对安徽境内的新石器时代稍早阶段的定远侯家寨、蚌埠双墩、霍邱红墩寺等遗址进行了短期考古调查， 在遗址中采集的红烧土块上，我们发现了一批保存甚好、具有鉴定特征的稻壳印痕，运用体视显微镜和扫描电镜进行形态学观察后，我们对观察、鉴定结果进行了初步探讨。

（一）材料和方法

1. 材料

研究的材料分别来自蚌埠双墩、定远侯家寨和霍邱红墩寺三处遗址，是含有水稻印痕的草拌泥土块和红烧土块，这三处遗址是淮河中游地区新石器时代较早阶段的代表，有学者将其命名为“侯家寨文化”[①]，这批标本对研究该地区栽培稻的起源、演化和传播具有重要的理论和实际意义。

2. 方法

将野外采集回来的草拌泥土块和红烧土块进行剥离，当在其断面上见到稻壳印痕时，将保存有稻壳印痕的标本切割成小片，编号后首先放在光学显微镜下对稻壳印痕上的细微形态结构进行观察并和现代栽培稻进行形态学上的比较鉴定。对保存较好的稻壳印痕进行了长、宽、厚的测量，对印痕保存完整并且在体视镜下细微结构十分清晰的，我们利用扫描电镜对其显微结构进行了观察并拍照，使获得的结果更加真实可靠。

---

* 此部分作者为张居中、尹若春、杨玉璋、王象坤、孔昭宸、阚绪杭。

① 阚绪杭：《试论淮河流域的侯家寨文化》，《中国考古学会第九次年会论文集》，文物出版社，1997 年。

（二）稻壳印痕的形态描述和对比

1. 现代稻（Oryza sativa）谷粒的形态结构

稻在植物学上特指外包稃片的颖果（称大米），带稃的颖果呈长圆形，两侧常压扁，长6~8、宽2.5~4、厚1.5~2.5毫米。稃片的外稃均呈船底形，硬纸质，外表多硅质。外稃大，内稃小，各粒的每一侧面均有两条隆起的纵脉棱。在光学显微镜下，外稃的表面上有方形小突起紧密排列若干纵列。于扫描电镜下观察，小突起的基部呈方形，约65微米，上部为乳头状，且顶端稍塌，带稃的颖果紧贴着两片退化的外稃。剥除内外稃片后，可见到里面的颖果，一般为扁椭圆形，外包一薄层籽实皮，表面光滑并有光泽。

据王象坤等对水稻粒型观察与判别标准，＜2.3为粳型；2.31~2.5为籼粳中间型；2.51~3.5为籼型（＞3.0~3.5中含部分不典型的野生稻型）；＞3.51为典型普通野生稻型①。本节采用这一标准，对采集到的水稻颖壳印痕进行粒型判断。

2. 调查发现的稻壳印痕和残片及与现代稻谷粒的形态比较

1）双墩遗址

该遗址位于安徽省蚌埠市北郊小蚌埠镇双墩村北侧，南距淮河5千米，是一处侯家寨文化早期遗存， 距今年代为7107~6759年。双墩遗址出土有陶器、石器、蚌器和骨角器等丰富的文化遗物。陶器以粗红褐陶为主，陶胎中夹大量蚌末，火候较低；彩陶不发达，主要在豆和碗、钵等器物口部绘红彩或施红色陶衣。器表多素面，制法均为手制，器表磨光；流行牛鼻形、宽扁形、鸟首形器耳，横装鸡冠形鋬手，平底，矮圈足等。器形有釜、支架、罐、钵、甑、碗、豆、器座、纺轮等。从器形上看，主要是生活用具，其中以釜占绝大多数，甑也是常见器物，多为钵形，底部有箅孔。碗的数量较多，均为矮圈足。在圈足底部发现大量刻划符号。

我们在双墩遗址调查时，在地表和地层剖面上发现大量陶片、丽蚌壳、猪骨等，还采集到一些经轻度烧烤的草拌泥块和红烧土，其中夹有少量的水稻壳印痕。遗址代号为“ABSD”，代表“安徽蚌埠双墩”，样品编号为SD1~SD8，观察和分析结果如下。

SD1、SD3、SD4均为草拌泥土块中的水稻凹痕，SD7、SD8为两个较大的草拌泥土块，各有 3 个水稻凹痕，分别编为SD7-1~SD7-3和SD8-1~SD8-3，其中SD8-1、SD8-2仅残存水稻壳的一端，SD8-3残存水稻的一端，虽印痕清晰，却无法测量判断。SD2为红烧土中的水稻凸痕，一端被压断，但仍保留痕迹。SD5、SD6为红烧土中的水稻凹痕。

在双墩的土块和红烧土中，共发现了12个稻壳的印痕，可以判断类型的有9个，其中2个为

---

① 王象坤、孙传清主编：《中国栽培稻起源与演化研究专集》，中国农业大学出版社，1996年。

阔卵形，长宽比为2～2.14，判断为粳稻，占22.2%，4个为籼稻，占44.4%，3个为中间型，占33.3%。经过仔细的观测与统计，我们将结果列为表二六。

在扫描电镜下观察，SD5可见排列整齐的乳突状隆起，但因细部保存较差，未能见到双峰，故无法判断其籼粳。

表二六　双墩遗址稻壳印痕观察、测量记录表　（单位：毫米）

样品号	保存状况	印痕形状	长	宽	厚	长/宽	类型判断
SD1	完整	狭长形	7.0	2.5	—	2.8	籼稻
SD2	完整	狭长形	7.0	2.0	—	3.5	籼稻
SD3	完整	长椭圆形	7.0	2.8	—	2.5	中间型
SD4	比较完整	阔卵形	5.0（残）	2.8	—	2.14（复原）	粳稻
	芒端稍残		6.0（复原）				
SD5	比较完整	阔卵形	6.0（残）	3.5	—	2.0（复原）	粳稻
	芒端稍残		7.0（复原）				
SD6	比较完整	长椭圆形	4.5（残）	2.5	—	2.4（复原）	中间型
	一端稍残		6.0（复原）				
SD7-1	完整	长椭圆形	7.0	3.0	—	2.33	中间型
SD7-2	完整	狭长形	6.5	2.5		2.6	籼稻
SD7-3	完整	狭长形	7.3	2.5		2.92	籼稻

2）侯家寨遗址

侯家寨遗址位于定远县西南七里塘乡袁庄村东北土岗上，北临枯河，北距淮河约40千米。该遗址于1977年发现，1985年春和1986年秋进行两次发掘，分为早晚两期文化。据^{14}C测定，侯家寨一期文化距今6900年左右，二期文化距今为6000～5800年。由于其较为独特的文化面貌，发掘者将其命名为“侯家寨文化”。侯家寨遗址出土了非常丰富的文化遗物，其中一期文化代表器物有罐形釜、钵形釜、支架、豆、罐等，晚期以夹砂陶为主，多红褐色，也有泥质陶，器形以鼎数量较多，釜和支架数量较少，还有豆、钵、甑、罐、盂、勺、鸟首形双耳小口罐等，并有大量彩陶器。尤其值得一提的是，在侯家寨文化层中出土了大量的动物骨骼。经鉴定有猪、鹿、狗、牛、蚌、鱼、龟、鳖、鼋、扬子鳄等30余种。以猪和鹿的数量最多，占80%左右，由此可以推断，当时人们已经有相当发达的农业，有一定的饲料来喂养家猪、狗等动物[①]。

我们在侯家寨遗址调查时，在地层剖面上和地表采集到大量陶片、动物骨骼、残石器等，还在遗址东侧水沟西壁新石器时代文化层中采集到一些经轻度烧烤的草拌泥块，因采样点上文化层破坏殆尽，这些泥土块多采自下文化层，红烧土块则有的采自文化层，有的来自地表，但无疑均为新石器时代遗物。尽管在采集的红烧土块中，含稻壳印痕的较为少见，但我们在其中

① 阚绪杭：《定远县侯家寨新石器时代遗址发掘简报》，《文物研究》（第5辑），黄山书社，1989年。

的一块火候较高呈黑褐色的烧土块中发现了十分丰富的稻壳印痕及其稃片，这块红烧土标本出自早期地层，质地坚硬，可能是当时灶上的残块，红烧土中稻壳印痕多出于此，对此我们进行了认真观测和记录，对所获样品按照所拍照片的顺序进行了编号，遗址代号为“ADHJZ”，代表“安徽定远侯家寨”，样品编号为HJZ1～HJZ28，观察和分析结果如下。

HJZ1、HJZ2、HJZ4～HJZ9、HJZ11～HJZ15、HJZ28为红烧土中的水稻壳凹痕，其中HJZ4、HJZ5、HJZ7、HJZ11～HJZ13红烧土已烧成褐色或黑褐色，有大量孔洞。HJZ21为红烧土中的水稻凸痕，红烧土已烧成褐色。

HJZ10为土块中的水稻凹痕。HJZ16-1、HJZ18、HJZ19-1、HJZ20、HJZ3-1、HJZ26、HJZ27-1、HJZ27-3为草拌泥块中的水稻壳凸痕，其中HJZ3-1与HJZ3-2，HJZ16-1与HJZ16-2，HJZ19-1与HJZ19-2，HJZ20-1、HJZ20-2与HJZ20-3，HJZ27-1与HJZ27-2，HJZ27-3与HJZ27-4均为同一水稻壳的印痕。

HJZ17为草拌泥土块中夹的稻壳中填充的米粒状土粒，外带稃片，基本可反映米粒的形状，HJZ17-2与HJZ17-1为同一水稻的印痕。

HJZ22、HJZ24为红烧土中的带有部分稃片的米粒印痕，红烧土已烧成褐色，HJZ22-2与HJZ22-1、HJZ24-2与HJZ24-1是同一个体的水稻印痕。

HJZ23为草拌泥土块中的带有部分水稻稃片的凹痕，只残余印痕的一部分，无法测量判断。HJZ25为草拌泥土块中的带有部分水稻稃片的凸痕。HJZ25-3是同一个体的水稻凹痕，HJZ25-1互补。

在侯家寨的草拌泥土块和红烧土中，共发现了28个样品，29个稻壳印痕或草拌泥土块中夹的稻壳中填充的米粒状土粒，其中可以判断类型的有27个，9个为粳稻，占33.3%，11个为籼稻，占40.7%，7个为中间型，占25.9%。2个标本因残缺较甚无法判断其粒型。经过仔细的观测与统计，我们将结果列为表二七。

在扫描电镜下观察，HJZ17-2稻壳稃片放大1000倍可见清晰的双峰乳突状隆起，垭距较宽，显具粳稻特征，但同一标本HJZ17-1为草拌泥土块中夹的稻壳中填充的米粒状土粒，粒形窄长，长宽比2.71，显具籼稻特征。HJZ28、HJZ30均是残稻壳稃片，在扫描电镜下均可清晰见到排列较为整齐的双峰乳突状隆起，峰值较低，垭距较宽，显具粳稻特征。HJZ31也是残稻壳稃片，但在扫描电镜下见到的则是网状结构（表二七）。

表二七　侯家寨遗址稻壳印痕观察、测量、记录表　（单位：毫米）

编号	保存状况	印痕形状	长	宽	厚	长/宽	长/厚	类型判断
HJZ1	完整	长椭圆形	6.5	2.7	—	2.41	—	中间型
HJZ2	完整	阔卵形	6.5	2.9	—	2.24	—	粳稻
HJZ3	完整	狭长形	6.0	—	1.7	—	3.53	籼稻
HJZ4	完整	阔卵形	5.5	2.7	—	2.04	—	粳稻
HJZ5	完整	阔卵形	7.5	3.3	—	2.27	—	粳稻
HJZ6	残缺	无法判断	—	—	—	—	—	无法判断

续表

编号	保存状况	印痕形状	长	宽	厚	长/宽	长/厚	类型判断
HJZ7	完整	狭长形	7.5	2.8	—	2.68	—	籼稻
HJZ8	完整	短圆形	6.0	3.1	—	1.94	—	粳稻
HJZ9	完整	长椭圆形	6.2	2.5	—	2.48	—	中间型
HJZ10	比较完整	阔卵形	5.0（残） 6.0（复原）	2.8	—	2.14（复原）	—	粳稻
HJZ11	比较完整	长椭圆形	6.0	2.5	—	2.40	—	中间型
HJZ12	完整	长椭圆形	7.0	2.6	—	269	—	籼稻
HJZ13	完整	阔卵形	6.7	3.0	—	2.23	—	粳稻
HJZ14	长完整 宽残	狭长形	6.5	1.3（残）， 2.2（复原）	—	2.95（复原）	—	籼稻
HJZ15	长完整 宽稍残	长椭圆形	6.5	2.2（残）， 2.6（复原）	—	2.32（复原）	—	中间型
HJZ16	完整	阔卵形	7.0	—	2.0	—	3.5	粳稻
HJZ17	完整	狭长形	6.5	1.1（残） 2.4（复原）	1.3	2.71（复原）	5.0	籼稻
HJZ18	完整	长椭圆形	7.3	—	2.2	—	3.32	中间型
HJZ19	一端稍残 厚完整	狭长形	5.5（残） 65（复原）	—	1.5	—	5.0	籼稻
HJZ20	完整	狭长形	7.2	—	1.8	—	4.0	籼稻
HJZ21	完整	长椭圆形	7.5	3.0	—	2.5	—	中间型
HJZ22	完整	狭长形	6.5	2.5	—	2.6	—	籼稻
HJZ23	残缺	无法判断	—	—	—	—	—	无法判断
HJZ24	比较完整	长椭圆形	5.5	—	1.7	—	3.24	中间型
HJZ25	完整	狭长形	6.0		1.4	—	4.29	籼稻
HJZ26	完整	阔卵形	7.0	3.1	—	2.26	—	粳稻
HJZ27-1	完整	狭长形	6.5	—	1.7	—	3.82	籼稻
HJZ27-3	完整	狭长形	7.0	—	1.8	—	3.89	籼稻
HJZ28	完整	短圆形	6.3	3.0	—	2.1	—	粳稻

3. 红墩寺遗址

红墩寺遗址位于安徽省霍邱县，淮河之南，该遗址包括新石器时代到西周不同时期的堆积。尽管地表散落有新石器时代和西周时期的遗物，但我们选择的采样点却未见西周时期的文化层堆积。根据采集到的新石器时代陶片观察，其陶器以红陶为主，有泥质、夹蚌和夹炭陶，火候不一，应有早晚的差别。该遗址曾进行过试掘，发掘者认为第一期文化比侯家寨上层阶段略早，相当于侯家寨遗址早晚之间的阶段，距今约6000年，如若是，则红墩寺第一期与濉溪石山孜遗址大体相当，第二期文化相当于侯家寨上层，是属于侯家寨文化的一个重要遗址[1]。我们在对红墩寺遗址采集到的红烧土进行分析时发现，部分含有较多的植物茎叶遗存，其结构较为粗疏，而另一部分则较为纯净，质地坚硬，含较少的稻壳遗存。我们推测这两种红烧土应有着不同的用途。这些红烧土块均采自遗址西北断崖上新石器时代文化层中，火候都不高，呈浅红色，还有一些轻度烧烤的草拌泥土块。

我们对红墩寺的草拌泥土块和红烧土块中所获稻壳遗存样品进行了认真观测和记录、编号并拍照，遗址代号为“AHHDS”，代表“安徽霍邱红墩寺”，样品编号为HDS1～HDS12，观察和研究分析的结果如下。

HDS1、HDS3、HDS8-1、HDS8-2为草拌泥土块中的水稻凹痕；HDS9为草拌泥土块中的水稻凸痕；HDS2、HDS4、HDS5、HDS6、HDS7、HDS10、HDS11-1、HDS11-2为红烧土中的水稻凹痕；在红墩寺的土块和红烧土中，共发现了11个样品，12个稻壳的印痕，其中可以判断其粒型的有8个，全部为粳稻。另有4个标本因残缺较甚无法判断其粒型。在扫描电镜下观察，HDS4、HDS7稻壳稃片可见排列整齐的乳突状隆起，但因细部保存较差，双峰模糊不清。经过仔细的观测与统计，我们将结果列为表二八。

表二八　红墩寺遗址稻壳印痕观察、测量、记录表　　（单位：毫米）

样品号	保存状况	印痕形状	长	宽	厚	长/宽	长/厚	类型判断
HDS1	完整	短圆形	6.0	—	1.7	—	3.53	粳稻
HDS2	残缺	无法判断	—	—	—	—	—	无法判断
HDS3	比较完整	阔卵形	6.0（残）	4.0	—	2.0	—	粳稻
	一端稍残		8.0（复原）					
HDS4	完整	短圆形	6.5	3.5	—	1.86	—	粳稻
HDS5	完整	短圆形	6.8	3.7	—	1.84	—	粳稻
HDS6	比较完整	阔卵形	6.3（残）	3.1	—	2.16	—	粳稻
	两侧微残		6.7（复原）					
HDS7	比较完整	短圆形	5.5（残）	3.4	—	1.82	—	粳稻
	一端稍残		6.2（复原）					
HDS8	残缺	无法判断	—	—	—	—	—	无法判断
HDS9	完整	阔卵形	5.5	2.5	—	2.2	—	粳稻
HDS10	完整	短圆形	7.0	4.2	—	1.67	—	粳稻
HDS11-1	残缺	无法判断	—	—	—	—	—	无法判断
HDS11-2	残缺	无法判断	—	—	—	—	—	无法判断

① 安徽省文物考古研究所发掘资料。

（三）讨论

本节所分析的材料来自安徽省中部新石器时代较早阶段的侯家寨文化，据发掘者研究，这一考古学文化的主要特征是：陶器以手制为主，晚期出现轮修或轮制。陶系以夹砂和夹蚌末红褐陶为主，器体多粗糙厚重，还有一些夹炭陶。早期泥制陶极少，中期以后逐渐增多。器表多素面，多在器物的口沿、肩部、手、附加堆纹上饰刻划纹、指切纹、戳刺纹等，晚期在鼎和豆座上多饰弦纹、镂孔等；彩陶也较为发达，由早期通身饰红衣发展为口、腹部简单彩绘，再发展为通身彩绘；器物以生活用具为主，其中炊器以釜为主，有罐形和钵形两大类，为侯家寨文化的代表性器物；与釜配套使用的支脚以祖形最具特色；早中期鼎较少，晚期取代釜成为主要炊器；还有鸟首形双耳小口罐、钵形碗、彩陶圈足盘等；在碗、盘底圈足内常见刻划符号，具有原始文字性质。劳动工具有陶制的纺轮、网坠、投掷器、弹丸、锉、拍等；石制的有斧、锛、凿、石核器、臼；骨制的有针、锥、镖、镞等；蚌制的有刀、锯、匕、刮削器等；角质的有尖状器及鹿角勾状器等。这些劳动工具都具有数量少、器类简单、制作粗糙、器体小等特征。遗址中还有大量鹿、猪、蚌壳、螺壳等动物骨骼伴出。这类文化遗存主要分布在淮河中游地区，在安徽省中北部分布范围较广，经过发掘的侯家寨文化遗址除侯家寨、双墩、红墩寺外，还有肥西县古埂下层、濉溪石山孜、含山县大城墩下层等。经调查的有淮南潘集下孙岗，怀远双孤堆，寿县刘家墩，霍邱扁担岗、柚城子，滁县朱郢山等遗址。发掘者将该文化分为前后相承的四期，其中一期以双墩遗址为代表，二期以侯家寨下层为代表，三期以石山孜遗址1988年发掘材料为代表，四期以侯家寨上层为代表。本节所分析的三处遗址，在时间上具有一定的连续性，是侯家寨文化早、中、晚期的代表，年代范围为距今7100～5200年，基本上代表了淮河中游地区新石器时代中期文化的面貌。发掘者根据出土遗物推测，侯家寨人主要从事农业、渔猎和采集三种经济活动，但从事何种农业则因材料所限未能论及①。

通过对以上三个遗址采集到的红烧土和经轻度烧烤的草拌泥土块中所含稻壳印痕及其残存稃片的形态观察，我们可以得出以下初步认识。

首先，根据在光学显微镜下对稻壳印痕及残存稃片的观察，我们可以看到印痕上有明显的1或2条纵沟，这些纵沟是由稻谷粒稃片上两条隆起的纵脉棱在红烧土上保留下的压痕。其次，印痕表面有不同程度的圆形或乳头状突起，这实际上是稃外表面突起间隙在红烧土表面形成的负相，由于稃外表面与未烧前的土面相互挤压程度的不同，稻壳印痕上的突起程度明显也不相同，甚至连成棱状，有些则呈网格状。最后，通过对侯家寨HJZ29、HJZ30残余稃片的扫描电镜观察，我们发现了清晰的水稻双峰乳突，通过与张文绪所拍摄的各种水稻双峰乳突照片比较②，可以看出是典型粳稻的双峰乳突。值得注意的是，于扫描电镜下观察，侯家寨HJZ17稻

---

① 阚绪杭：《试论淮河流域的侯家寨文化》，《中国考古学会第九次年会论文集》，文物出版社，1997年。

② 张文绪：《水稻颖花外稃表面双峰乳突扫描电镜观察》，《北京农业大学学报》1995年第2期；稻属20个种外稃乳突的扫描电镜观察，见《中国栽培稻起源与演化研究专集》，中国农业大学出版社，1996年。

壳稃片双峰乳突显具粳稻特征，但同一标本稻壳之中填充的米粒状土粒，粒形窄长，显具籼稻特征，这与贾湖古稻粒形偏籼而植硅体偏粳的特征有相似之处[①]。此外，红烧土中稻稃残片外表面和内表面的形态特征与现代栽培稻稻壳十分相似。

以上几点说明，我们在双墩、侯家寨和红墩寺遗址采集到的红烧土中所含的稻壳印痕及其残存稃片无疑属于栽培稻的稃片及印痕残片。

关于稻作农业的起源问题，不仅是农业考古研究的中心议题之一，而且与中华文明的起源问题密切相关。中国具有举世瞩目的悠久的稻作农业文化传统，又是栽培稻的祖先种普通野生稻的传统分布区，同时中国还是世界上发现早期栽培稻遗存最多的国家，自20世纪70年代以来，中国一直是世界农业考古界关注的热点，并且被公认为世界农业的起源地之一。

虽然国内外学者已认同中国是世界稻作农业起源地之一的观点，但中国栽培稻到底起源于何地，目前仍众说纷纭，未能取得一致的意见，其中主要的观点有以下四种：一是50年代由丁颖先生提出来的“华南说”。二是日本学者渡部忠世和菲律宾华人学者张德慈提出的“阿萨姆·云南说”。三是严文明先生等提出的长江中下游说。四是王象坤先生等提出的淮河上游—长江中游说。进入90年代之后，由于我国农业考古界又取得了不少突破性进展，主要集中在长江中游和淮河流域，包括江西万年仙人洞和吊桶环万年前水稻植硅石，湖南道县玉蟾岩万年前稻壳，澧县八十垱、河南舞阳贾湖、江苏高邮龙虬庄大量炭化稻等重要发现，据此学术界又提出了“边缘地带起源说”[②]“中心起源边缘发展说”[③]等新理论。

就稻作农业考古资料而言，淮河流域20世纪80年代以前所做工作很少，人们普遍认为，淮河流域的稻作农业是从长江流域传播而来的。90年代以后，随着河南舞阳贾湖、江苏高邮龙虬庄、安徽蒙城尉迟寺三批重要资料的公布，人们对此问题进行了反思，一些新的学术观点提了出来，但因淮河中游地区的尉迟寺遗址时间较晚，没有相应的资料连接上、下游的贾湖和龙虬庄，影响了人们对淮河流域稻作农业的起源与发展问题的认识。这次调查所获资料虽然不甚丰富，但也可为我们认识淮河流域稻作农业的起源与发展、淮河上中下游稻作农业的关系、淮河流域与长江流域稻作农业的关系提供一些有价值的信息。

这次发现的淮河中游地区新石器时代考古学文化第2阶段的稻作遗存，为我们系统了解淮河流域稻作农业的起源与发展提供了可能性。从现有材料的研究结果来看，在时间上较早的双墩和侯家寨的水稻印痕的样品中，同时有粳稻、籼稻和中间型并存，其中双墩遗址粳稻占22.2%，籼稻占44.4%，中间型占33.3%；尤其是侯家寨样品数量较多，观察测量和统计结果较为可靠，可以判断类型的27个印痕中，粳稻占33.3%，籼稻占40.7%，中间型占25.9%；时间上稍晚的红墩寺的样品中的水稻印痕均为粳稻。从中我们可以看出，当时人们种植的水稻，已经开始了粳稻和籼稻的分化。而且随着时间的推移，籼稻比例逐渐减少直至消失，粳稻却由少渐

① 河南省文物考古研究所：《舞阳贾湖》，科学出版社，1999年。

② 严文明：《农业发生与文明起源》，科学出版社，2000年。

③ 朱乃诚：《中国早期新石器文化研究的新进展》，《光明日报》2000年7月28日第4版。

多，到晚期完全取代籼稻，这是人们在水稻栽培的过程中对水稻的品种进行人工选择优化选育的必然结果，与淮河下游的江苏高邮龙虬庄遗址第4层距今5500年左右即已完成粳稻特征的定型化是一致的[①]。

（四）结语

从上面的讨论我们可以看出，居住在淮河流域的先民，在距今1万年后，可能已经利用逐渐好转的自然条件，开始了将野生稻驯化为栽培稻的尝试。在距今9000～7500年以贾湖文化以代表的淮河上游地区，人们已经种植了籼粳分化尚不明显的原始栽培稻，但由于特定的自然水热条件，这些原始稻种已经开始了向粳稻方向发展的趋势。这种趋势一直延续到了7000年前双墩遗址的遗存中，但到了7000年以后的侯家寨和龙虬庄遗址时期，这种发展的趋势加快，稻种中粳形特征明显，比重增加，表明人工干预的压力增大。到了红墩寺和龙虬庄遗址第4层时期，距今5500年左右，即已完成粳稻特征的定型化，其完成时间要早于长江流域。尽管长江流域的先民对野生稻的采食和利用可能要早于淮河流域，但现有资料显示，稻作农业的发展几乎是同步的，而且由于淮河流域的全新世早期位于亚热带的北部边缘，气候和环境条件所造成的人类生存压力要甚于长江流域，对稻作农业的依赖促使人们加大了对稻种的优化选育类人工干预的程度。鉴于以上原因， 我们推测，淮河中游地区有可能是粳稻的初始起源地之一。

二、淮河流域史前稻作农业与文明进程的关系*

淮河流域是中华民族起源地的重要组成部分，在中华民族五千年文明史上具有重要地位。史前考古学文化序列已经基本确立，文化面貌已被世人所了解。淮河作为亚热带与暖温带的气候分界线，只是距今两千年以来的事情。万年以来的全新世时期，这一分界线随着气候环境的变迁而不时南北摆动，先民的栽培对象和耕作方式也必然会随之而发生变化，进而使考古学文化的面貌甚至考古学文化的主体都会随之而发生变化。 在距今九千年前，黄淮地区就同时存在稻作农业与粟作农业两种耕作方式，其分界线在北纬33°～34°。在全新世大暖期期间，这一分界线进一步北移，但在几次降温事件中，又几度向南摆动，直到全新世大暖期结束，才大体稳定在北纬32°左右淮河干流一线。

近年来，地处淮河上游的河南舞阳贾湖遗址、中游的安徽蒙城尉迟寺遗址和下游的江苏高邮龙虬庄遗址分别发现了新石器时代丰富的稻作农业遗存，从而为研究中国乃至亚洲稻作农业的起源、演化、传播及环境变迁等重要基础理论问题增加了有力的实物证据。因此也更令我们

① 汤陵华、张敏等：《高邮龙虬庄遗址的原始稻作》，《中国栽培稻起源与演化研究专集》，中国农业大学出版社，1996年。

* 此部分作者为张居中、尹若春、杨玉璋、王象坤、孔昭宸。

相信安徽境内的淮河中游地区也应当存在早期稻作农业遗存。鉴于此，我们于2001 年 10 月对安徽境内的新石器时代稍早阶段的定远侯家寨、蚌埠双墩、霍邱红墩寺等遗址进行了短期考古调查，发现了一批保存甚好、具有鉴定特征的稻壳印痕，为研究淮河中游地区早期稻作农业提供了一些有价值的信息。

（一）淮河中游地区史前稻作遗存新发现

1. 侯家寨遗址

侯家寨遗址位于定远县西南七里塘乡袁庄村东北土岗上，北临枯河，北距淮河约40千米。该遗址于1977年发现，1985年春和1986年秋进行两次发掘，分为早晚两期文化。据^{14}C测定，侯家寨一期文化距今6900年左右，二期文化距今为6000～5200年。由于其较为独特的文化面貌，发掘者将其命名为侯家寨文化①。在侯家寨遗址调查时，在地层剖面上和地表采集到大量陶片、动物骨骼、残石器等，还在遗址东侧水沟西壁新石器时代文化层中采集到一些经轻度烧烤的草拌泥块，因采样点上文化层破坏殆尽，这些泥土块多采自下文化层，红烧土块则有的采自文化层，有的采自地表，但无疑均为新石器时代遗物。在侯家寨的草拌泥土块和红烧土中，共发现了28个样品，29个稻壳的印痕或草拌泥土块中夹的稻壳中填充的米粒状土粒，其中可以判断类型的有27个，9个为粳稻，占33.3%，11个为籼稻，占40.7%，7个为中间型，占25.9%。2个标本因残缺较甚无法判断其粒型。

2. 双墩遗址

该遗址位于安徽省蚌埠市北郊小蚌埠镇双墩村北侧，南距淮河5千米，是一处侯家寨文化早期遗存，距今年代为7107～6759年②。此次发现了12个稻壳的印痕，其中可以判断其类型的有9个，其中2个为阔卵形，长宽比为2～2.14，判断为粳稻，占22.2%，4个为籼稻，占44.4%，3个为中间型，占33.3%。

3. 红墩寺遗址

红墩寺遗址位于安徽省霍邱县，淮河之南，该遗址包括新石器时代到西周不同时期的堆积。尽管地表散落有新石器时代和西周时期的遗物，但我们选择的采样点却未见西周时期的文化层堆积。观察采集到的新石器时代陶片，其陶器以红陶为主，有泥质、夹蚌和夹炭陶，火候不一，应有早晚的差别。该遗址曾进行过试掘，发掘者认为第一期文化比侯家寨上层阶段略早，相当于侯家寨遗址早晚之间的阶段，距今约6000年，如若是，则红墩寺第一期与濉溪石山

① 阚绪杭：《蚌埠双墩遗址的发掘收获》，《文物研究》（第8辑），黄山书社，1993年。

② 阚绪杭：《定远县侯家寨新石器时代遗址发掘简报》，《文物研究》（第5辑），黄山书社，1989年。

孜遗址大体相当；第二期文化相当于侯家寨上层，属于侯家寨文化的一个重要遗址①。在红墩寺的土块和红烧土中，共发现了11个样品，12个稻壳的印痕，其中可以判断类型的有8个，全部为粳稻。另有4个标本因残缺较甚无法判断其粒型。

（二）对新发现的淮河中游地区史前稻作遗存的初步认识

本节所分析的三处遗址，在时间上具有一定的连续性，是侯家寨文化早、中、晚期的代表，年代范围为距今7100～5200年，基本上代表了淮河中游地区新石器时代中期文化的面貌②。通过对新发现稻壳或印痕的形态学观察，得到以下初步认识。

根据在光学显微镜下对稻壳印痕及残存稃片的观察，我们可以看到印痕上有明显的纵沟1或2条，这些纵沟是由稻谷粒稃片上两条隆起的纵脉棱在红烧土上保留下的压痕。其次，印痕表面有程度不同的圆形或乳头状突起，这实际上是稃外表面突起间隙在红烧土表面形成的负相。在侯家寨样品残余稃片的电镜扫描照片中，发现有清晰的典型粳稻的双峰乳突。在扫描电镜下观察，侯家寨HJZ17稻壳稃片双峰乳突显具粳稻特征，但同一标本稻壳中填充的米粒状土粒粒形窄长，显具籼稻特征。红烧土中稻稃残片外表面和内表面的形态特征与现代栽培稻稻壳十分相似。

以上说明，我们在侯家寨、双墩和红墩寺遗址采集到的红烧土中所含的稻壳印痕及其残存稃片无疑属于栽培稻的稃片及印痕残片。这次调查所获资料虽然并不甚丰富，但也可为我们认识淮河流域稻作农业的起源与发展、淮河上中下游稻作农业的关系、淮河流域与长江流域稻作农业的关系提供一些有价值的信息。

淮河流域的新石器时代考古学文化，依据目前材料可分为三个区域和四个阶段。20世纪80年代以来，这三个区域和四个阶段均发现有丰富的史前稻作农业遗存。

三个区域是指以河南中、东和南部为代表的上游地区，以安徽中北部为代表的中游地区，以鲁南、苏北为代表的下游地区。

以距今9000～7500年为第1阶段，上游地区以贾湖文化为代表，中游地区以双墩文化为代表，下游地区尚未发现这个阶段的遗存。

以距今7100～5000年为第2阶段，上游地区以大河村文化为代表，中游地区以侯家寨文化为代表。下游地区分为南北两部分，北部黄淮地区以北辛文化、大汶口文化为代表，南部江淮平原区以龙虬庄文化为代表。

以距今5000～4500年为第3阶段，上游地区以谷水河三期文化为代表，中游地区以大汶口文化尉迟寺类型为代表。下游地区这个阶段北部黄淮地区以大汶口文化花厅类型为代表，南部江淮平原区为文化间歇期。

---

① 安徽省文物考古研究所发掘资料。

② 阚绪杭：《试论淮河流域的侯家寨文化》，《中国考古学会第九次年会论文集》，文物出版社，1997年。

以距今4500～4200年为第4阶段，上游地区以王湾三期文化为代表，中游地区以造律台文化为代表。下游地区这个阶段北部黄淮平原区以龙山文化为代表，南部江淮平原区仍为文化间歇期，有少量良渚文化和造律台文化遗存分布，被称为“文化走廊”①。

这一带在新石器时代为传统稻作农业区，全新世高温期中几次降温事件期间，又同时存在着粟作农业，成为稻粟混作农业区。进入全新世后期，特别是秦汉以来，随着气候逐渐变冷，这一带才逐渐成为粟作农业区，稻粟混作农业区推移到了淮河以南的江淮地区。虽然这一带不像沿长城农牧交错地带对气候变化那么敏感，但其生存模式的变化具有反映这一带全新世环境变迁的指示器作用也是显而易见的。

这次发现的淮河中游地区新石器时代考古学文化第2阶段的稻作遗存，为我们系统了解淮河流域稻作农业的起源与发展提供了可能性。从现有研究的结果材料来看，在时间上较早的双墩和侯家寨的水稻印痕的样品中，同时有粳稻、籼稻和中间型并存，时间上稍晚的红墩寺的样品中的水稻印痕均为粳稻。从中我们可以看出，当时人们种植的水稻，已经开始了向偏粳方向的演化。而且随着时间的推移，偏粳的特征由少渐多，到晚期完成了粳稻特征的定型化，这是人们在水稻栽培的过程中对水稻的品种进行长期优化选育的必然结果，与淮河下游的江苏高邮龙虬庄遗址第4层距今5500年左右即已完成粳稻特征的定型化是一致的。

尽管长江流域的先民对野生稻的采食和利用可能要早于淮河流域，但现有资料显示，稻作农业的发展几乎是同步的，而且由于淮河流域在全新世前期位于北亚热带的北部边缘，气候和环境条件所造成的人类生存压力要重于淮河流域，对稻作农业的依赖促使了人们加大了对稻种的优化选育类人工干预的程度。鉴于以上原因，我们推测，淮河中游地区有可能是粳稻的初始起源地。

（三）淮河流域史前稻作农业与文明进程的关系

稻作农业的持续发展，保证和促进了氏族经济的发展与繁荣，也促使氏族内部社会关系随之发生变化。属于军事首领或氏族首领的人占有丰富的财富，高高在上，掌握氏族的祭祀、军事大权，应属于氏族内部的特权阶层。社会意识的变化，逐渐产生了宗教与权力合一的神权。其中之一是宗教观的变化，从万物有灵的原始宗教观进步到对天地人的崇拜。

经济和文化的发展促进了社会的进步，5000多年前，淮河流域出现了一批中心聚落或次中心聚落遗址，如蒙城尉迟寺等。这些聚落遗址面积大，规格高。如蒙城尉迟寺遗址有10万平方米左右。他们都处于区域经济中心的主导地位。中心聚落遗址具有雄厚的农业、手工业基础，经济总量也远远大于一般聚落遗址。生产工具作为生产资料，是衡量经济发展的重要标准。在凌家滩遗址发现有许多带加工痕迹的玉石料及半成品，表明有着比较发达的手工业作坊，经济

---

① 龙虬庄遗址考古队：《龙虬庄——江淮东部新石器时代遗址发掘报告》，科学出版社，1999年。

基础比较雄厚。从各等级聚落遗址的分化程度看，有着等级越高分化越严重的趋势。以上特点表明，中心聚落遗址在文明化进程中的步伐要比一般聚落遗址快得多。到了4000年前的龙山时代，目前淮河上游地区已发现有平粮台、郝家台等古城址，著名的登封王成岗、新密古城寨古城也都在淮河上游地区范围内。东方沿海的连云港则发现了藤花落龙山文化城址，淮河中游地区虽然暂未发现城址（注：目前已经发现了固镇霸王城大汶口时代晚期城址和怀宁孙家城良渚时代城址两座），但从调查发掘所掌握的材料看，这个时期的遗址也是密集的呈群状分布，或沿淮河二三级支流呈带状分布，每群几个、十几个甚至几十个不等。这类聚落群在空间分布上有固定的地域和活动范围，在经济、文化、宗教崇拜方面具有同一性。它们之间的关系是从属关系，即一般聚落遗址从属于次中心聚落遗址，中心聚落遗址居于主导地位。这类聚落群的出现，既是区域经济发展的结果，也是军事联盟的产物，更是地缘政治变化的需要。这种聚落群联合体的形成，也产生了凌驾于各氏族之上的最高权力组织，它已超出原有的氏族社会组织结构而具有较为复杂化的程度，抑或已经跨入了国家的门槛。

8000年前的淮河上游地区：贾湖遗址出现了具有原始文字性质的甲骨契刻符号、七声音阶骨笛和以龟灵崇拜为核心的原始宗教，这些因素在淮河流域一脉相传。7000年左右的双墩、侯家寨一期文化时期发现了大量陶器刻划符号，与贾湖的符号有很强的相似性；5000多年前，这一带主要是大汶口文化分布区，蒙城尉迟寺遗址作为这一带的中心聚落，不仅发现了整齐的排房和聚落广场，还发现了带有图腾性质的鸟形神器和与大汶口等遗址相同的“日月山”符号，这说明相同的符号已在相当大的范围内流通。开始于贾湖的龟灵崇拜和犬牲现象，在整个大汶口文化范围内流通，而且在稍偏南的安徽含山凌家滩遗址还发现内装式盘的玉龟和贾湖遗址内装石子的龟壳在观念上具有明显的传承性。4000多年的兴化南荡遗址，发现了较为成熟的陶文。

文明化进程是一种渐进的过程。从上述材料可以看出，黄淮地区文明化进程启动较早，但在进入历史时期以后，夏商周王朝不断用兵淮河中下游地区，以致三代时期这一带一直未能形成很有影响的国家，境内小国林立，分合无常，处于松散的联合体，在文明化进程的后期显得比较滞后，但在中华文明进程中的作用是不可低估的。

黄淮地区是中华文明的主要发祥地，黄淮地区是连接黄河、长江两大文化传统的纽带和桥梁，是华夏、东夷、苗蛮三大集团相互碰撞、交叉与融合的主战场，因而在中华文明的起源、形成与发展的历史进程中具有非常重要的地位。黄淮地区又是史前稻作农业和粟作农业两种耕作方式的交错分布带，两种耕作方式及其操作者在这一带的势力范围也不断变化。黄河中下游、长江中下游和淮河流域考古学诸文化的动态发展过程在耕作方式上也可反映出来。而耕作方式的不同则反映了经济形态和生存模式的差异，人们的行为习惯和文化传统的形成又与其经济形态和生业形式密切相关。

两种耕作方式的此消彼长与两大文化传统、三大部族集团的势力此消彼长密不可分，史前耕作方式的变更又与全新世气候环境的演变密切相关。研究其相互关系，总结其演变规律，对今后的发展也具有重要的借鉴价值。因此可以认为，黄淮地区是解密中国传统文化的钥匙。因此，以耕作方式为切入点，来研究黄淮地区史前各主要考古学文化的碰撞、交叉与融合的历史进程，进而探讨其在中华文明起源与发展的历史进程中的作用，探讨文明起源与农业起源的关系和人与自然的相互关系，对我们探讨中国古文明因素的起源及发展历程，具有重要意义。

第四节　侯家寨遗址二期植物性食物资源利用的淀粉粒证据*

一、引　　言

植物性食物资源是人类食物结构的重要组成部分。史前人类选择和利用植物性食物资源与农业的发生、发展及古人类如何适应和改造自然环境等问题密切相关，相关问题已成为考古学、第四纪地质学、环境科学等领域研究的重点课题①。淮河中游地区是中国中东部南北地理、气候和农业的过渡地带，同时也是中国史前长江流域和黄河流域、东部沿海和西部中原腹地古文化相互交流、碰撞、融合的重点区域。对这一地理、气候、农业、文化过渡地带新石器时代先民植物资源利用情况及农业结构的研究，可以为认识全新世时期中国中东部农业起源、发展、传播及人类适应等问题提供重要的科学依据。

近年来，随着苏鲁豫皖考古课题的持续深入开展，学术界对淮河中游地区多个新石器时代遗址开展了相关的植物考古研究工作，大多分布在淮河以北地区，包括江苏泗洪顺山集②、

---

* 此节作者为罗武宏、禤华丽、姚凌、杨玉璋、易文文、阚绪杭、张居中。

① Piperno D R, Weiss E, Holst I, et al. Processing of wild cereal grains in the Upper Palaeolithic revealed by starch grain analysis. Nature 2004, 430: 670-673; Torrence R, Barton H. Ancient Starch Research. Walnut Creek: Left Coast Press, 2006; Liu L, Bestel S, Shi J M, et al. Paleolithic human exploitation of plant foods during the last glacial maximum in North China. Proceedings of the National Academy of Sciences, 2013, 110(14): 5380-5385; Yang X Y, Barton Huw J, Wan Z W, et al. Sago—Type palms were an important plant food prior to rice in southern subtropical China. PLOS One, 2013, 8(5): e63148.

② Yang Y Z, Li W Y, Yao L, et al. Plant food sources and stone tools'function at the site of Shunshanji based on starch grain analysis. Science China Earth Sciences, 2016, 59(8): 1574-1582；Luo W H, Yang Y Z, Yao L, et al. Phytolith records of rice agriculture during the Middle Neolithic in the middle reaches of Huai River region, China. Quaternary International, 2016, 426: 133-140；吴文婉、林留根、甘恢元等：《泗洪顺山集二期聚落环境与生业的植硅体证据》，《中国农史》2017年第1期。

韩井[①]，安徽蚌埠双墩[②]、淮南小孙岗[③]、淮北濉溪石山孜[④]、蒙城尉迟寺[⑤]、蚌埠禹会[⑥]、钓鱼台[⑦]、宿州杨堡[⑧]等遗址。结果显示，距今8500～6800年，淮河中游地区先民从事稻作农业生产的同时，主要通过采集经济获取薏苡属（*Coix* spp.）、小麦族（Triticeae）、葫芦科栝楼（*Trichosanthes kirilowii* Maxim.）、莲属（*Nelumbo* spp.）、豇豆属（*Vigna* spp.）、薯蓣（*Dioscorea opposite* Thunb.）、燕麦属（*Avena* spp.）、姜科（Zingiberaceae）、菱属（*Trapa* spp.）、栎属（*Quercus* spp.）、桃属（*Amygdalus* spp.）、梅（*Armeniaca mume* Sieb.）、枣属（Ziziphus spp.）等野生植物性食物；至距今5100～4000年，本地先民主要依赖稻作农业和粟作农业获取植物性食物资源，同时采集大豆属（*Glycine* spp.）、柿属（*Diospyros* spp.）、桃属、栎属等野生植物作为食物补充。总体来看，学术界对淮河中游地区新石器时代中期和末期先民植物资源利用以及农业结构有了较为清楚的认识，同时也意识到新石器时代晚期是淮河中游地区从单一的稻作农业转变为稻旱兼作农业的关键时段[⑨]。然而，新石器时代晚期即距今6800～5100年淮河中游地区，尤其是淮干以南地区先民的植物资源利用的情况，以及该地区农业经济何时发生转变，并取代采集经济在人们的生业经济中的主体地位等问题至今依然不清楚。

侯家寨遗址（东经117°16′20″，北纬32°31′4″）位于安徽省定远县七里塘乡袁庄村，南距淮河约60千米。该遗址发现于1977年春，于1985年和1986年进行了两次发掘，发掘面积375平方米，发现了一批重要的文化遗物和遗迹[⑩]。根据出土器物的形制、器物组合及地层关系，侯家寨遗址下层、上层遗存可分为两期：一期流行刻划符号、鹿角勾形器，文化面貌与双墩遗址极为相似，属于双墩文化；二期的文化面貌具有很强的自身特征，内涵丰富，与肥西古埂早期、大城墩一期、高淳薛城中层、鹿邑武庄二期等遗存属于同一期文化[⑪]，^{14}C测年数据显示（表二九），侯家寨遗址二期年代修正后为距今6200～5600年，被命名为“侯家寨文化”[⑫]。

---

① 邱振威、庄丽娜、林留根：《江苏泗洪韩井遗址水稻驯化的植硅体证据及相关问题》，《东南文化》2018年第1期。

② 姚凌：《植物淀粉粒分析方法的探讨及其在中国新石器时代遗址研究中的应用》，中国科学技术大学博士学位论文，2016年，第1～176页。

③ 程至杰、杨玉璋、张居中等：《安徽淮南小孙岗遗址炭化植物遗存研究》，《第四纪研究》2016年第2期。

④ 董珍、张居中、杨玉璋等：《安徽濉溪石山子遗址古人类植物性食物资源利用情况的淀粉粒分析》，《第四纪研究》2014年第1期。

⑤ 王增林：《植物硅酸体分析在安徽蒙城尉迟寺遗址中的应用》，《考古》1995年第1期。

⑥ 赵志军：《植物考古学：理论、方法和实践》，科学出版社，2010年，第109～119页；中国社会科学院考古研究所、安徽省蚌埠市博物馆：《蚌埠禹会村》，科学出版社，2013年，第250～268页。

⑦ 张娟、杨玉璋、张义中等：《安徽蚌埠钓鱼台遗址炭化植物遗存研究》，《第四纪研究》2018年第2期。

⑧ 程至杰、杨玉璋、袁增箭等：《安徽宿州杨堡遗址炭化植物遗存研究》，《江汉考古》2016年第1期。

⑨ Yang Y Z, Cheng Z J, Li W Y, et al. The emergence, development and regional differences of mixed farming of rice and millet in the upper and middle Huai River Valley, China. Science China (Earth Sciences), 2016, 59(9): 1779-1790.

⑩ 阚绪杭：《定远县侯家寨新石器时代遗址发掘简报》，《文物研究》（第5辑），黄山书社，1989年。

⑪ 陈艳：《论侯家寨文化》，《东南文化》2016年第2期。

⑫ 《文物研究》编辑部：《苏鲁豫皖考古座谈会纪要》，《文物研究 》（第7辑），黄山书社，1991年。

本节主要依据《中国考古学·新石器时代卷》的新石器时代考古学文化分期[①]，将侯家寨遗址二期归属于新石器时代晚期文化。遗憾的是，由于侯家寨遗址发掘年代较早，迄今为止未开展系统的植物考古工作，仅见张居中等[②]在侯家寨遗址考古调查采集的红烧土中发现少量水稻印痕，但无法确定其具体年代。因此，关于该遗址先民植物性食物资源利用及农业结构等至今依然不清楚。淀粉粒是以颗粒状态存在于细胞中的葡萄糖分子聚合物，在各类贮藏器官中较为集中，如种子的胚乳和子叶、植物的块根块茎中。淀粉粒可以在考古遗物和地层中长时间保存，而且不同种属的植物淀粉具有不同的形态特征，可以根据淀粉粒的形态特征进行植物种类的鉴定[③]，因此，淀粉粒分析方法被广泛应用于史前人类植物资源利用、农业起源与传播、石器功能分析及古环境重建等研究方面[④]。本节拟利用淀粉粒分析的方法对侯家寨遗址二期出土的部分陶器表面残留物进行分析，旨在探索该遗址先民距今6200～5600年植物性食物资源利用及农业结构等情况，为研究淮河中游地区新石器时代晚期植物资源利用及农业结构等补充资料，以完善本地区新石器时代农业结构演替历程等方面的研究，同时可以为探讨中国中东部稻作、粟作农业发展、传播等问题提供重要线索。

表二九　侯家寨遗址二期AMS ^{14}C年代数据表

编号	出土单位	材料	^{14}C年代（BP）	校正年代（Cal. BP）	
				1σ（68.2%）	2σ（95.4%）
ZK-2183*	T6②H5	骨骼	4630± 85	5575～5550（4.8%）	5584～5502（11.0%）
				5475～5285（57.4%）	5491～5213（65.8%）
				5161～5141（3.4%）	196～5050（18.6%）
				5102～5087（2.6%）	
176998#	T4②：1	骨骼	5280±15	6020～5993（23.9%）	6177～6148（19.3%）
				6173～6155（15.0%）	6120～6038（46.0%）
				6110～6079（23.9%）	6032～5990（28.9%）
					5960～5954（1.2%）
177005#	T4②：2	骨骼	5070±15	5892～5879（11.0%）	5899～5844（30.8%）
				5826～5802（21.8%）	5830～5749（64.6%）
				5797～5754（35.4%）	

注：*在中国社会科学院考古研究所测定，#在美国β实验室测定；所用^{14}C半衰期为5568年，BP为距1950年的年代，树轮校正所用曲线为IntCal13，所用程序为OxCalv3.10

① 中国社会科学院考古研究所：《中国考古学·新石器时代卷》，中国社会科学出版社，2010年，第1～880页。

② 张居中、尹若春、杨玉璋等：《淮河中游地区稻作农业考古调查报告》，《农业考古》2004年第3期。

③ Perry L. Starch analyses reveal multiple functions of quartz“Manioc”grater flakes from the Orinoco Basin, Venezuela. Interciencia, 2002, 27(11): 635-639.

④ Torrence R, Barton H. Ancient Starch Research. Walnut Creek: Left Coast Press, 2006. Lentfer C, Therin M, Torrence R. Starch grains and environmental reconstruction: a modern test case from West New Britain,Papua New Guinea. Journal of Archaeological Science, 2002, 29(7): 687-698; Zarrillo S, Pearsall Deborah M, Raymond J Scott, et al. Directly dated starch residues document early formative maize (Zea mays L.) in tropical Ecuador. Proceedings of the National Academy of Sciences, 2008, 105(13): 5006-5011; Piperno DR, Dillehay TD. Starch grains on human teeth reveal early broad crop diet in northern Peru. Proceedings of the National Academy of Sciences, 2008, 105(50): 19622-19627.

二、材料与方法

本次实验共提取侯家寨遗址上层地层、灰坑和房址等遗迹单位出土陶器残片，全部来源于安徽省文物考古研究所藏，包括豆、碗、甑、罐、鼎等22件样品（图一七七），同时采集安徽省文物考古研究所仓库浮土两份，用于对照。实验过程参考Yang等①、Liu等②、姚凌等③对陶器表面淀粉粒残留物的提取方法。整个提取制样过程中均加入了空白样品对照，以排除淀粉粒来源于实验过程污染的可能性。因所取样品为馆藏标本，故在取样前首先利用一次性软毛刷对器物表面进行清洁，并利用反渗透水对器物内、外壁进行冲洗，同时提取器物架上的浮尘作为环境对照样品以排除标本存放过程中的污染；而后，使用超声波牙刷分别对器物内壁和外壁进行超声清洗取样，前者为目标样，后者为对照样，以排除器物非使用过程中的污染残留；样品前处理分别利用5%多偏磷酸钠［（$NaPO_3$）n］溶液和10%盐酸（HCl）溶液进行抗絮凝和去碳酸盐杂质；淀粉粒提取主要是利用密度为1.8克/立方米左右的氯化铯（CsCl）溶液进行重液法分离；最终样品加入25%甘油（体积比）振荡重悬后制片，并用中性树胶封片。制作好的光学玻片在LeicaDM4500P（63×）偏光显微镜下观察、拍照。淀粉粒形态鉴定、分类主要参考了本实验室积累的现代淀粉粒数据库，以及相关研究成果④。

三、实验结果

本节对定远侯家寨遗址上层出土的22件陶器残片进行了淀粉粒的提取工作，在其中的一件器物表面提取到了较丰富的植物淀粉粒，同步的空白对照及环境对照样结果显示是阴性的，

① Yang X Y, Ma Z K, Wang T, et al. Starch grain evidence reveals early pottery function cooking plant foods in North China. Chinese Science Bulletin 2014, 59(32): 4352-4358.

② Liu L, Ma S, Cui J X. Identification of starch granules using a two—step identification method.Journal of Archaeological Science, 2014, 52: 421-427；杨晓燕、孔昭宸、刘长江等：《中国北方主要坚果类淀粉粒形态对比》，《第四纪研究》2009年第1期；程至杰、杨玉璋、张居中等：《安徽淮南小孙岗遗址炭化植物遗存研究》，《第四纪研究》2016年第2期。

③ 姚凌：《植物淀粉粒分析方法的探讨及其在中国新石器时代遗址研究中的应用》，中国科学技术大学博士学位论文，2016年，第1～176页。

④ Torrence R, Barton H. Ancient Starch Rearch. Walnut Creek: Left Coast Press, 2006；杨晓燕、孔昭宸、刘长江等：《中国北方现代粟、黍及其野生近缘种的淀粉粒形态数据分析》，《第四纪研究》2010年第2期；葛威、刘莉、金正耀：《几种禾本科植物淀粉粒形态比较及其考古学意义》，《第四纪研究》2010年第2期；万智巍、杨晓燕、李明启等：《中国常见现代淀粉粒数据库》，《第四纪研究》2012年第2期；Yang X Y, Perry L. Identification of ancient starch grains from the tribe Triticeae in the North China Plain. Journal of Archaeological Science, 2013, 40: 3170-3177。

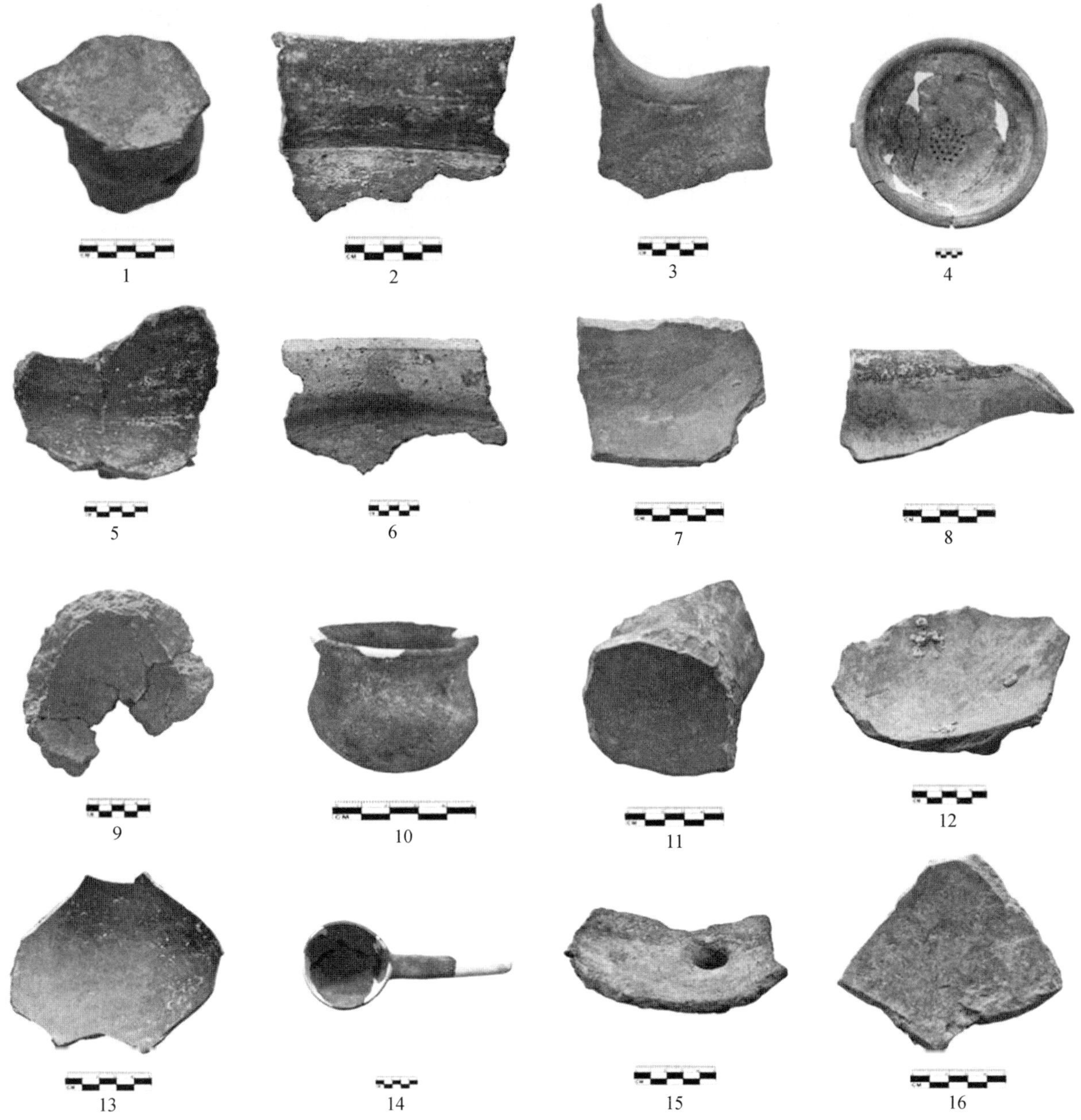

图一七七　实验选取的侯家寨遗址二期部分陶器

1、11. 豆底（F3：7、T2②：84）　2、5、6、10. 鼎（T3H1：6、T2②：23、T2②：88、T2②：869）　3、12. 罐（T3H1：7、T2②：46）　4. 甑（T3H1：1）　7、8. 彩陶罐（T3②：88、T3②：23）　9. 缸（T3②：98）　10. 豆（T2②：84）　13. 碗（T3②：44）　14. 勺（T3②：122）　15. 带流器（T2②：6）　16. 釜（T1②：109）

表明实验提取和标本存放过程没有受到外界污染。样品中有4件陶器样品内、外壁提取到的淀粉粒数量相当，无法判断淀粉残留是否来源于器物使用过程，故本实验中将其视为无效数据而剔除。其余17件样品在内壁目标样中共提取到淀粉粒640粒，外壁对照样中提取到的淀粉粒数量远远低于使用面上提取到的淀粉粒数量，其含量占所提取的淀粉粒总量的不到1%，因此，可以认为该17件器物内壁超声样品中提取到的淀粉粒来源于先民使用过程中的残留。所提取到的全部淀粉粒中有54粒受微生物降解或食物加工过程的影响，基本丧失鉴定特征，无法判断其种属来源。其余淀粉粒根据粒形、粒径、层纹、脐点位置、裂隙类型和消光臂结构等特征，共分为5大类9个亚类（表三〇），包括来自稻属（*Oryza* spp.）、小麦族、薏苡属、粟［*Setaria italica*（L）P. Beauv.］、黍（*Panicum miliaceum* L.）、栎属、莲属以及其他无法进一步鉴定的黍亚科（Panicoideae）与块根块茎类植物淀粉粒（图一七八、图一七九）。

表三〇　侯家寨遗址上层陶器样品表面淀粉粒形态学分类及数量统计结果　（单位：粒）

	A1	A2	B	C1	C2	C3	C4	D1	D2	D3	E	合计
F3：7豆底				2								2
T3F1：5豆口沿							2	2	1			5
H5：42豆口沿		1	21	16			4	12	11		2	67
T3H1：7罐		1	10	4					2		1	18
T3H1：8罐			2		2		1					5
T3H1：6鼎口沿			2				8	2			4	16
T6H5鼎				2			1	1			3	7
T3H1：1甑			18	43	2		11	2	3		2	81
T1②：86鼎	1	1		11			2			1		16
T2②：23鼎	1	19	63	42	3	4	74	28	37	1	8	280
T2②：869鼎									2			2
T2②：6带流器			3	3			2	3	5			16
T3②：122勺			8	9			2	1	2			22
T2②：46罐			3	6				4				13
T3②：88彩陶罐		1	10					2	2			15
T2②：84豆底			5		1		3		4			13
T3②：44碗		1	6				1					8
合计	2	24	151	138	8	4	111	57	69	2	20	586

A类：共 26 粒，该类淀粉粒形状呈多面体，脐点处闭合，接触面多呈尖锐夹角，无明显的裂隙与层纹，正交偏光显微镜下消光臂呈“X”形，粒径范围为5.2～9.97微米，平均粒径约为7.36微米。根据淀粉粒的聚合形式又可以分为两个亚类。A1（n=2）为复粒淀粉粒，由单颗多面体淀粉粒构成，复粒淀粉粒边缘平滑，内部单颗淀粉粒排列紧密，因存在叠压现象，难以准确统计单颗淀粉粒数量（图一七八，1、2）；A2（n=24）为游离态的单颗淀粉粒（图一七八，3、4）。韦存虚等[①]将现代水稻植物淀粉粒在扫描电镜下观察发现，水稻淀粉由于在淀粉体内紧密生长，部分淀粉粒在被膜降解后仍能驻留在原位，同时，也有部分复粒淀粉聚集结构的外层淀粉粒脱离原位，以游离的单颗淀粉粒形式存在。结合本实验室现代植物淀粉粒的

① 韦存虚、张军、周卫东等：《水稻胚乳淀粉体被膜的降解和复粒淀粉粒概念的探讨》，《中国水稻科学》2008年第4期。

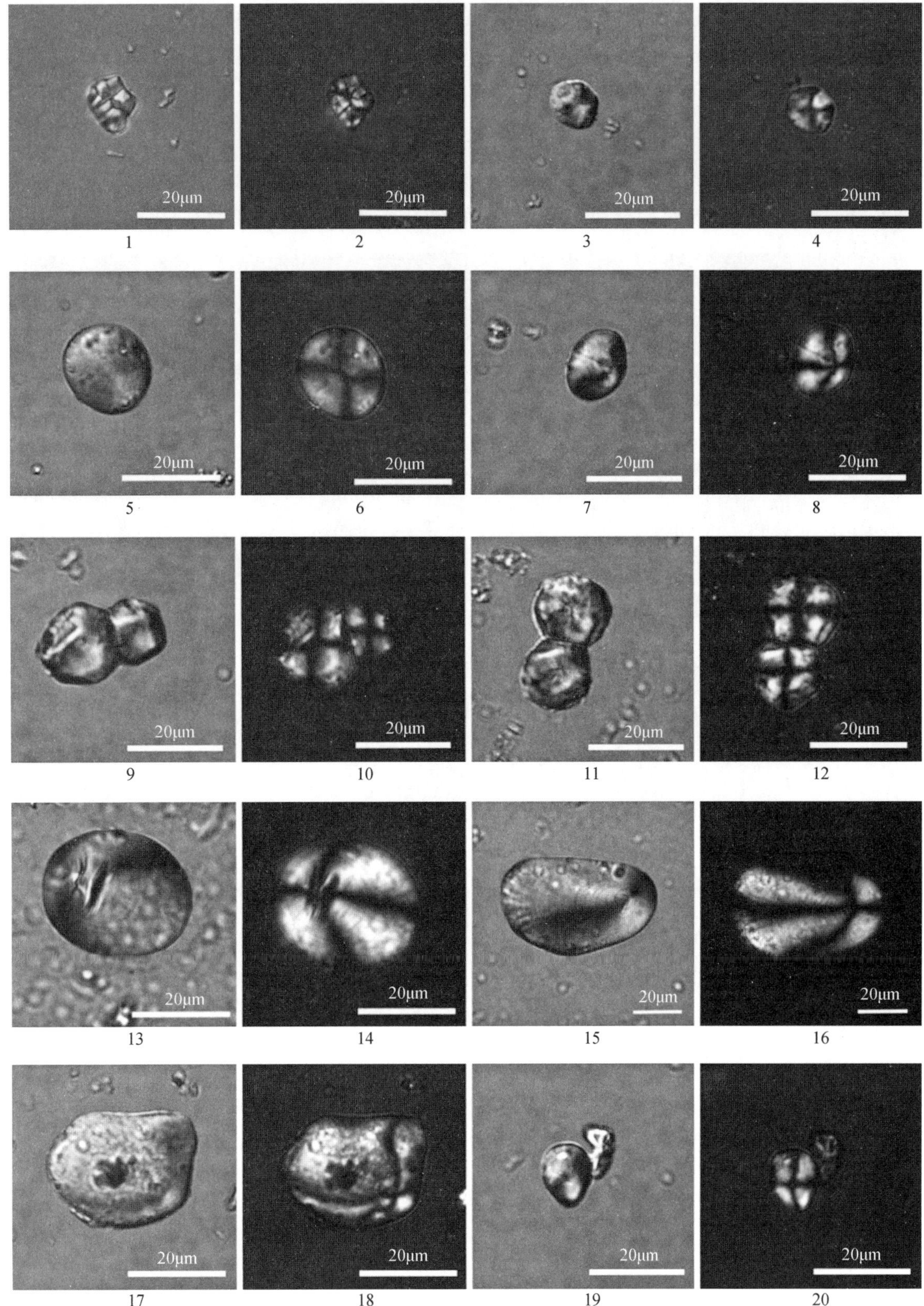

1～4. A类：稻属（*Oryza* spp.）　5、6. B类：小麦族（Triticeae）　7、8. C1型：薏苡属（*Coix* spp.）　9、10. C2型：粟［*Setariaitalica*（L.）P. Beauv.）］　11、12. C3型：黍（*Panicum miliaceum* L.）　13～16. D1型：莲属（*Nelumbo* spp.）　17、18. D2型：其他块根茎类　19、20. 栎属（*Quercus* spp.）

图一七八　侯家寨遗址二期陶器样品内壁提取到的各类型淀粉粒

显微观察数据（图一七九，1、2）以及已发表的相关研究成果①，A类淀粉粒符合稻属植物淀粉粒的特征，判断其来源较大可能为稻属植物。

B类：共 151 粒，该类淀粉粒多呈椭圆或近圆形（图一七八，5、6），轻敲玻片可见淀粉粒翻转呈透镜状，脐点居中无裂隙，部分淀粉粒可见清晰层纹，消光臂弥散大多呈“X”形，粒径范围在 5.63～41.2微米，平均粒径为17.5微米。根据本实验室现代植物淀粉粒图谱（图一七九，3、4），同时参照相关研究成果②，我们认为该类淀粉粒应来源于禾本科小麦族植

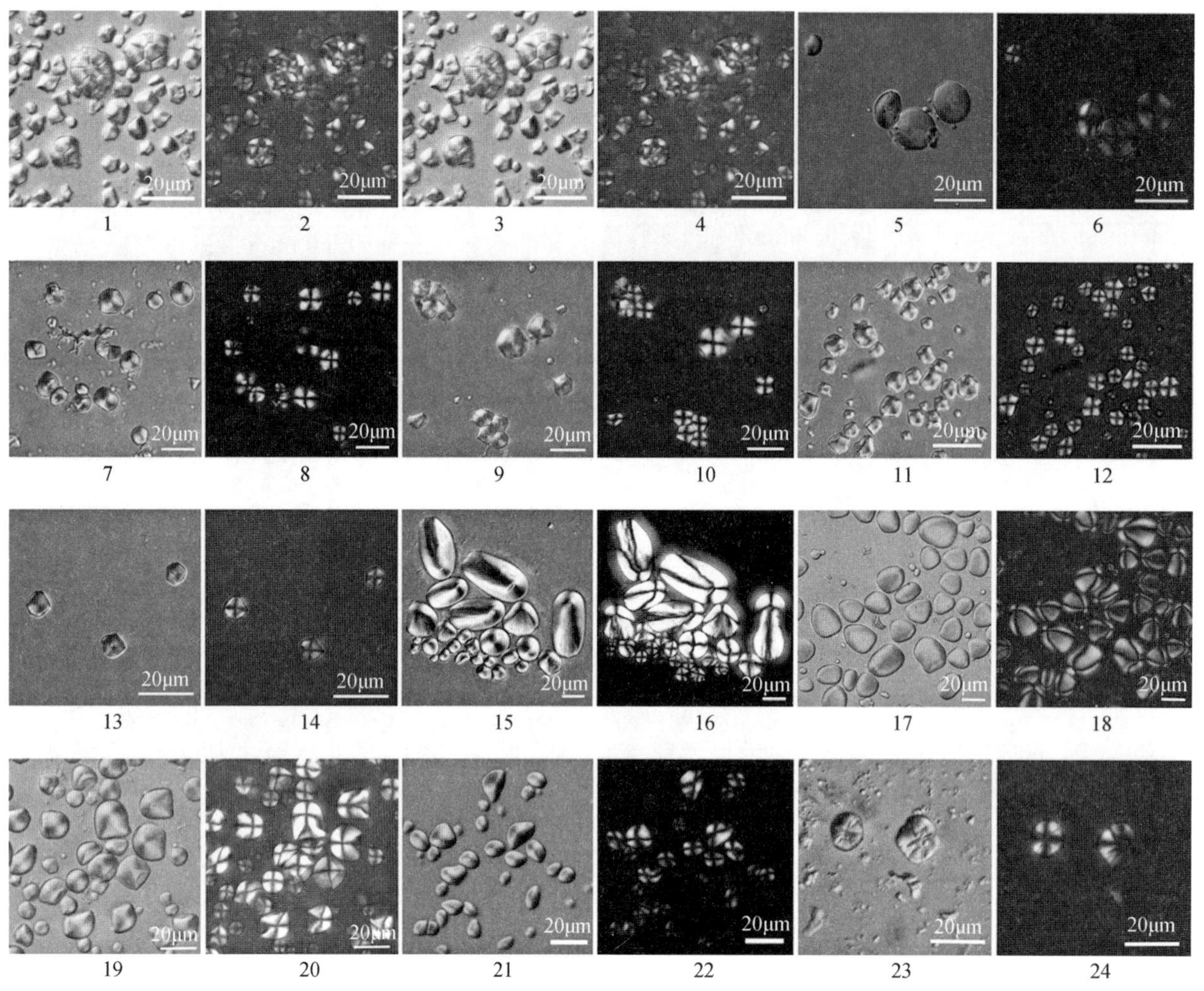

图一七九　部分现代淀粉粒形态

1、2. 栽培水稻（*Oryza sativa* L.）　3、4. 六倍体小麦（*Triticum aestivum* L.）　5、6. 薏苡（*Coix lacryma-jobi* L.）　7、8. 粟［*Setaria italica* (L) P. Beauv.］　9、10. 黍（*Panicum miliaceum* L.）　11、12. 马唐［*Digitaria sanguinalis* (L.) Scop.］　13、14. 莲藕（*Nelumbo mucifera* Gaertn）　15、16. 薯蓣（*Dioscorea opposita* Thunb.）　17、18. 栝楼根（*Trichosanthes kirilowii* snakegourd roots）　19、20. 麻栎（*Quercus acutissima* Carruth.）　21～24. 未确定

① Yang Y Z, Li W Y, Yao L, et al. Plant food sources and stone tools’function at the site of Shunshanji based on starch grain analysis. Science China Earth Sciences, 2016, 59(8): 1574-1582；杨晓燕：《中国古代淀粉研究：进展与问题》，《第四纪研究》2017年第1期。

② Piperno D R, Weiss E, Holst I, et al. Processing of wild cereal grains in the Upper Palaeolithic revealed by starch grain analysis. Nature 2004, 430: 670-673.

物。另外，有学者认为根据淀粉粒的大小、表面凹坑、放射性裂隙以及层纹等特征可以对小麦族植物进行属一级或种一级的鉴定①。因本次实验提取到的小麦族植物淀粉粒的表面没有观察到明显的层纹、凹坑、放射性裂隙等，故本节暂不对小麦族植物淀粉粒做进一步的种属鉴定。

C类：共261颗，该类淀粉粒呈多面体，脐点居中，多有裂隙，呈“Y”形或横断形，表面层纹不可见，正交偏光下消光臂清晰且互相垂直。常见多面体结构淀粉粒有玉米（*Zea mays* L.）、粟、黍、高粱［*Sorghum bicolor*（L.）Moench］、薏苡（*Coix lacryma-jobi* L.）等禾本科（Gramineae）植物。此外，杨晓燕②还发现柯属（*Lithocarpus* spp.）和锥属（*Castanopsis* spp.）植物也存在多面体结构淀粉粒，但是这些淀粉粒在粒形、粒径和显微结构上与本节发现C类淀粉存在明显区别。根据粒径和表面形态等特征将C类分为3个亚类。

C1型（*n*=138）淀粉粒以呈圆角多面体为主（图一七八，7、8），少量呈圆形，裂隙多为“Y”形和“一”字形，无层纹，消光臂呈“Z”字形，脐点略微偏心，消光臂垂直且末端可见弯折（图一七八，7、8），粒径范围为8.3～22.71微米，平均粒径为15.82微米。该淀粉粒各形态参数与Liu et al.③、葛威等④、杨晓燕等⑤对薏苡属植物淀粉的形态描述及现代淀粉粒形态较为吻合（图一八〇，5、6），因此推断该类型淀粉粒可能来源于薏苡属植物。C2（*n*=8）淀粉粒与C1型相比多面体结构更为明显，脐点居中凹陷，伴有星形或“十”字形裂隙，无层纹，消光臂垂直。粒径范围为14.39～19.17微米，平均粒径约16.42微米（图一七八，9、10）。形态特征与现代粟的淀粉粒吻合（图一八〇，7、8），且大小处于其粒径分布区间内，故鉴定其来源于粟的可能性较大。C3（*n*=4）淀粉粒粒径和表面特征与C2相似，为不规则多面体，表面光滑，只是脐点处不见凹陷或裂隙等结构，而且粒径范围为11.37～14.93微米，平均粒径约12.93微米，较C2略小（图一七八，11、12），这些淀粉粒存在来源于黍的可能性（图一八〇，9、10）。C4（*n*=111）淀粉粒总体形态处于各类黍亚科植物淀粉粒的交叉区间，缺乏典型的鉴定特征，故暂不对其进行种属一级的判断。

D类：共128粒，该类淀粉粒的共同特点是脐点偏心率较为明显，偏光显微镜下消光臂呈“X”形，按其形态的不同可划分为4个亚类。D1（*n*=57）淀粉粒为长卵圆形（图一七八，13～16），脐点处有短“一”字形裂隙或者凹陷，部分淀粉粒脐点闭合，层纹清晰，远离脐点一端多有粗糙面。该类淀粉粒粒径范围较大，在11.3～65.03微米，平均粒径为21.43微米。该

---

① Yang X Y, Perry L. Identification of ancient starch grains from the tribe Triticeae in the North China Plain. Journal of Archaeological Science, 2013, 40: 3170-3177.

② 杨晓燕：《中国古代淀粉研究：进展与问题》，《第四纪研究》2017年第1期。

③ Liu L, Ma S, Cui J X. Identification of starch granules using a two—step identification method.Journal of Archaeological Science, 2014, 52: 421-427.

④ 葛威、刘莉、金正耀：《几种禾本科植物淀粉粒形态比较及其考古学意义》，《第四纪研究》2010年第2期。

⑤ 杨晓燕、孔昭宸、刘长江等：《中国北方现代粟、黍及其野生近缘种的淀粉粒形态数据分析》，《第四纪研究》2010年第2期。

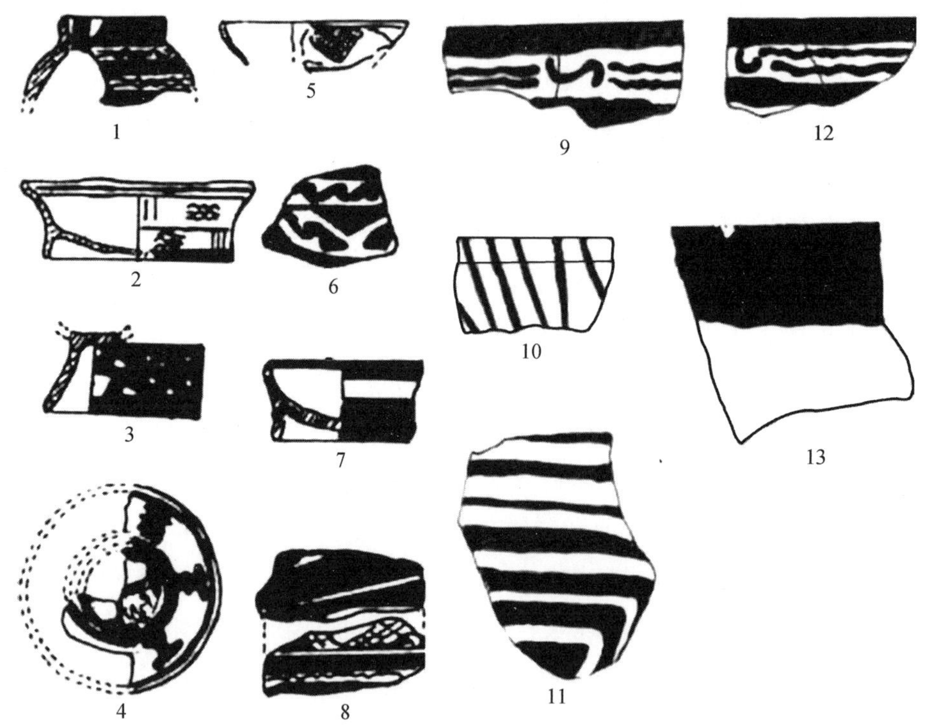

图一八〇　侯家寨遗址、双墩遗址彩陶图
1～9、12. 侯家寨遗址出土，10、11、13. 双墩遗址出土

类淀粉粒的形态特征与莲属植物的块茎部淀粉粒较为接近[①]（图一八〇，13、14）。本节推断该类型淀粉粒应来源于莲属，很可能为莲藕（4.22～70.85微米）。D2（*n*=69）淀粉粒粒形多样，有钟形、不规则形、半圆形、不规则四边形等（图一七八，17、18），脐点闭合，偏心率高，粒径范围为7.65～34.27微米。该类淀粉粒在形态上与生姜（*Zingiber officinale* Roscoe）和薯蓣相似，但从粒径大小来看，生姜淀粉粒（5.55～16.22微米）粒径偏小[②]，D2淀粉粒粒径落在山药淀粉粒（12.53～53.36微米）粒径范围内，但偏心率较高[③]，因此本节仍仅将D2淀粉鉴定为块根块茎类植物（图一七八，17、18）。D3（*n*=2）淀粉粒为二粒或三粒复粒淀粉粒，单粒淀粉粒呈钟形。该类淀粉粒在多种块根块茎类植物淀粉粒中均有发现，如莲藕、栝楼和太子参［*Pseudostellaria heterophylla*（Miq.） Pax］等，杨晓燕[④]认为出现粒径和表面特征与多种植物淀粉粒重合的情况，因此，本节也仅将其鉴定为块根块茎类，不再进一步鉴定种属。

E类：共20类，该类淀粉粒为三角卵圆形淀粉粒，脐点闭合偏心，无层纹，呈"X"形消光（图一七八，19、20），粒径范围在7.84～16微米，平均粒径为13.55微米。这种三角卵圆

① 万智巍、杨晓燕、李明启等：《中国常见现代淀粉粒数据库》，《第四纪研究》2012年第2期。

② 任光云：《亚洲栽培稻与非洲栽培稻种间杂种不育的遗传研究》，云南农业大学硕士学位论文，2006年。

③ 万智巍、杨晓燕、葛全胜等：《中国南方现代块根块茎类植物淀粉粒形态分析》，《第四纪研究》2011年第4期；万智巍、杨晓燕、葛全胜等：《淀粉粒分析揭示的赣江中游地区新石器晚期人类对植物的利用情况》，《中国科学：地球科学》2012年第10期。

④ 杨晓燕：《中国古代淀粉研究：进展与问题》，《第四纪研究》2017年第1期。

形淀粉粒多见于栎属和栗属（*Castanea* spp.）植物中，栗属植物如板栗（*Castanea mollissima* BL.）有层纹，不符合该类淀粉粒典型特征①。结合已有相关研究②和现代淀粉粒形态数据库（图一八〇，19、20），E类淀粉粒应来源于栎属植物，但是由于多数栎属植物种属间缺乏显著的显微结构特异性，本次实验提取到的栎属植物淀粉粒较少，难以进一步鉴定种属。

四、讨　论

本节从侯家寨遗址上层出土的6件陶片样品上提取到26粒稻属植物淀粉粒。稻属，属于禾本科，全世界约有24个种，其中大多数为野生种，栽培种现仅两种，包括非洲栽培稻（*Oryzaglaberrima* Steud）和亚洲栽培稻（*Oryza sativa* L.）③。亚洲栽培稻是世界主要的粮食作物之一。一般认为，亚洲栽培稻起源于中国长江中下游地区④。淮河中游地区迄今为止发现年代最早的水稻遗存出现在顺山集文化遗址，年代为距今8500～8000年⑤。此外，考古工作者还在本地区多个新石器时代遗址发现水稻遗存的证据，包括安徽蚌埠双墩⑥、淮南小孙岗⑦等双墩文化时期遗址（距今7300～6800年），大汶口文化早期的临泉宫庄（距今5900～5700年）⑧、大汶口文化晚期的蒙城尉迟寺遗址（距今5100～4600年）⑨等，以及蚌埠禹会⑩、钓鱼台⑪、

---

① 杨晓燕、孔昭宸、刘长江等：《中国北方主要坚果类淀粉粒形态对比》，《第四纪研究》2009年第1期。

② 杨晓燕、孔昭宸、刘长江等：《中国北方主要坚果类淀粉粒形态对比》，《第四纪研究》2009年第1期。

③ Zhao Z J, Piperno Dolores R. Late Pleistocene/Holocene environments in the middle Yangtze River Valley, China and rice (Oryza sativa L.) domestication: The phytolith evidence. Geoarchaeology, 2000, 15(2): 203-222.33.

④ Lu HY, Liu ZX, Wu NQ, et al. Rice domestication and climatic change: Phytolith evidence from East China. Boreas, 2002, 31(4): 378-385；Zuo X X, Lu H Y, Jiang L P, et al. Dating rice remains through phytolith carbon-14 study reveals domestication at the beginning of the Holocene. Proceedings of the National Academy of Sciences, 2017, 114(25): 6486-6491；南京博物院考古研究所、泗洪县博物馆：《江苏泗洪顺山集新石器时代遗址发掘报告》，《考古学报》2014年第4期。

⑤ Yang Y Z, Li W Y, Yao L, et al. Plant food sources and stone tools'function at the site of Shunshanji based on starch grain analysis. Science China Earth Sciences, 2016, 59(8): 1574-1592；吴文婉、林留根、甘恢元等：《泗洪顺山集二期聚落环境与生业的植硅体证据》，《中国农史》2017年第1期；邱振威、庄丽娜、林留根：《江苏泗洪韩井遗址水稻驯化的植硅体证据及相关问题》，《东南文化》2018年第1期；程至杰：《淮河上中游地区新石器时代植食资源利用研究》，中国科学技术大学博士学位论文，2016年，第103～118页。

⑥ 张居中、尹若春、杨玉璋等：《淮河中游地区稻作农业考古调查报告》，《农业考古》2004年第3期。

⑦ 程至杰、杨玉璋、张居中等：《安徽淮南小孙岗遗址炭化植物遗存研究》，《第四纪研究》2016年第2期。

⑧ 罗武宏：《淮河流域稻作农业起源的植硅体新证》，中国科学技术大学博士学位论文，2014年，第1～145页。

⑨ 王增林：《植物硅酸体分析在安徽蒙城尉迟寺遗址中的应用》，《考古》1995年第1期；赵志军：《植物考古学：理论、方法和实践》，科学出版社，2010年，第109～119页。

⑩ 中国社会科学院考古研究所、安徽省蚌埠市博物馆：《蚌埠禹会村》，科学出版社，2013年，第250～268页。

⑪ 张娟、杨玉璋、张义中等：《安徽蚌埠钓鱼台遗址炭化植物遗存研究》，《第四纪研究》2018年第2期。

宿州杨堡[①]）等龙山文化时期（距今4600～3900年）遗址。侯家寨遗址上层（距今6200～5600年）陶器表面稻属淀粉粒是淮河中游淮干以南地区双墩文化之后发现年代最早的水稻遗存，证明自新石器时代中期（距今8500年）至新石器时代末期，淮河中游地区先民对水稻利用的行为基本上是延续的。这种延续性与长江中下游[②]以及淮河上游地区[③]是一致的。遗憾的是，因为淀粉粒形态在栽培稻与野生稻之间没有明显区别[④]，我们暂时无法判断侯家寨遗址上层水稻的栽野属性。

本次实验分别在4件和1件器物内壁提取到8颗粟和4颗黍的淀粉粒。粟、黍是中国北方新石器时代的两种主要的农作物，其起源的时间可以追溯到距今1万年左右[⑤]。随着气候环境变化与文化变迁，粟、黍逐渐从其核心起源地向外扩散[⑥]。蚌埠双墩遗址动物骨骼稳定同位素研究结果表明，早在双墩文化时期北方从事旱作农业居民已经与淮河中游地区先民之间存在动物性食物交流[⑦]。从现有植物考古资料来看，淮河中游地区迄今为止报道发现黍遗存证据的最早时间为距今7300—6800年[⑧]，而粟遗存证据的最早时间约为距今5100年[⑨]。本节的研究结果显示，早在距今6200—5600年，粟、黍可能已经传播至淮河中游淮干以南地区，这一点从侯家寨遗址上层出土的彩陶与周边关系得到印证[⑩]。侯家寨上层发现的少量粟、黍证据在该地区同时期遗址中属于孤例，同时缺乏粟、黍是本地种植的证据，因此，我们暂时无法确定侯家寨遗址上层是否已经出现了稻旱兼作农业。此外，我们还在多个样品中发现111粒可能来自黍亚科植物的淀

① 程至杰、杨玉璋、袁增箭等：《安徽宿州杨堡遗址炭化植物遗存研究》，《江汉考古》2016年第1期。

② Ma Y, Yang X, Huan X, et al. Rice bulliform phytoliths reveal the process of rice domestication in the Neolithic Lower Yangtze River region. Quaternary International 2016, 426: 126-132; Luo W H, Yang Y Z, Fang F, et al. Chronology of ancient Dongxiang wild rice (Oryza rufipogon Griff.), and the morphologies of grains, double—peaked phytoliths, and starch, in the middle Yangtze river region, China. Review of Palaeobotany and Palynology,2017, 244: 140-147.

③ Yang Y Z, Cheng Z J, Li W Y, et al. The emergence, development and regional differences of mixed farming of rice and millet in the upper and middle Huai River Valley, China. Science China (Earth Sciences) 2016, 59(9): 1779-1790.

④ Yang X Y, Wan Z W, Perry L, et al. Early millet use in northern China. Proceedings of the National Academy of Sciences 2012, 109(10): 3726-3730.

⑤ Lu H Y, Zhang J P, Liu K B, et al. Earliest domestication of common millet (Panicum miliaceum) in East Asia extended to 10,000 years ago. Proceedings of the National Academy of Sciences 2009, 106(18): 7367-7372; He K, Lu H, Zhang J, et al. Prehistoric evolution of the dualistic structure mixed rice and millet farming in China. The Holocene 2017, 27(12): 1885-1898.

⑥ 管理、胡耀武、王昌燧等：《食谱分析方法在家猪起源研究中的应用》，《南方文物》2011年第4期。

⑦ Luo W H, Gu C G, Yang Y Z, et al. Phytoliths reveal the earliest interplay of rice and broomcorn millet at the site of Shuangdun (ca. 7.3—6.8 ka BP) in the middle Huai River valley, China. Journal of Archaeological Science 2019, 102: 26-34.

⑧ 董俊卿、朱铁权、毛振伟等：《双墩遗址、侯家寨遗址彩陶与红衣陶制作工艺的初步研究》，《东南文化》2006年第1期。

⑨ 赵志军：《植物考古学：理论、方法和实践》，科学出版社，2010年，第 109～119页；Yang YZ, Cheng ZJ, Li WY, et al. The emergence, development and regional differences of mixed farming of rice and millet in the upper and middle Huai River Valley, China. Science China Earth Sciences, 2016, 59(9): 1779-1790.

⑩ 董玉琛、郑殿升主编：《中国作物及其野生近缘植物·粮食作物卷》，中国农业出版社，2006年。

粉粒，因缺少进一步鉴定的标准，其具体的种属来源暂时不清楚。

小麦族植物在全球分布共有20多个属，其中在中国分布约有11个属，包括旱麦草属、冰草属、披碱草属、山羊草属、黑麦属等①。近年来，中国多个新石器时代遗址小麦族植物淀粉粒的发现，表明小麦族植物是中国早期先民重要的植物性食物资源之一②。遗憾的是，迄今为止在中国还未见到早于距今4500年前的小麦族大植物遗存的报道③。因此，学术界依然无法确定这些淀粉粒来自小麦族哪种植物。究其原因，大植物遗存是否能够在遗址中保存并被发现，与先民对植物遗存加工利用的方式、植物遗存本身质地与结构决定其是否容易炭化，以及其保存条件与埋藏方式等诸多因素有关④。本次实验在侯家寨遗址上层12件器物表面提取到151粒小麦族淀粉粒。结果表明，至新石器时代晚期，尽管淮河中游地区稻作农业已经兴起并取得了长足发展，但小麦族植物依然是当地先民的重要食物资源之一。

薏苡属植物喜暖湿，薏苡仁既可食用又可入药⑤，早在全新世早中期，是长江中下游、江淮黄淮等地区先民的重要食物来源⑥。淮河中游地区迄今为止发现最早的薏苡证据在江苏泗洪顺山集遗址，而且从淀粉粒的出现频率来看，薏苡是顺山集遗址先民主要的植物性食物资源⑦。本节在侯家寨遗址上层出土10件器物表面发现138粒薏苡属植物的淀粉粒，表明淮河中游地区先民利用薏苡属植物的现象至少延续到了距今6200～5600年。

---

① 靳桂云、王海玉、燕生东等：《山东胶州赵家庄遗址龙山文化炭化植物遗存研究》，《科技考古》（第3辑），科学出版社，2011年。

② Liu L, Bestel S, Shi J M, et al. Paleolithic human exploitation of plant foods during the last glacial maximum in North China. Proceedings of the National Academy of Sciences, 2013, 110(14): 5380-5385; Yang Y Z, Li W Y, Yao L, et al. Plant food sources and stone tools’function at the site of Shunshanji based on starch grain analysis. Science China Earth Sciences, 2016, 59(8): 1574-1582；程至杰、杨玉璋、张居中等：《安徽淮南小孙岗遗址炭化植物遗存研究》，《第四纪研究》2016年第2期；王增林：《植物硅酸体分析在安徽蒙城尉迟寺遗址中的应用》，《考古》1995年第1期；杨晓燕：《中国古代淀粉研究：进展与问题》，《第四纪研究》2017年第1期；He K, Lu H, Zhang J, et al. Prehistoric evolution of the dualistic structure mixed rice and millet farming in China. The Holocene, 2017, 27(12): 1885-1898.

③ 王灿：《中原地区早期农业——人类活动及其与气候变化关系研究》，中国科学院大学博士毕业论文，2016年，第1—236页。

④ Colledge S, Conolly J. Wild plant use in European Neolithic subsistence economies: A formal assessment of preservation bias in archaeobotanical assemblages and the implications for understanding changes in plant diet breadth. Quaternary Science Reviews, 2014, 101: 193-206；赵晓明等：《薏苡》，中国林业出版社，2000年，第1～198页。

⑤ 俞为洁、徐耀良：《河姆渡文化植物遗存的研究》,《东南文化》2000年第7期。

⑥ Yang Y Z, Li W Y, Yao L, et al. Plant food sources and stone tools’function at the site of Shunshanji based on starch grain analysis. Science China Earth Sciences, 2016, 59(8): 1574-1582；王增林：《植物硅酸体分析在安徽蒙城尉迟寺遗址中的应用》，《考古》1995年第1期；李文成、宋国定、吴妍：《河南淅川坑南遗址石制品表面残留淀粉粒的初步分析》，《人类学学报》2014第1期；赵志军、张居中：《贾湖遗址 2001 年度浮选结果分析报告》，《考古》2009年第8期；Tao D W, Wu Y, Guo Z Z, et al. Starch grain analysis for groundstone tools from Neolithic Baiyinchanghan site: Implications for their function in Northeast China. Journal of Archaeological Science, 2011, 38(12): 3577-3583.

⑦ Yang Y Z, Li W Y, Yao L, et al. Plant food sources and stone tools’function at the site of Shunshanji based on starch grain analysis. Science China Earth Sciences, 2016, 59(8): 1574-1582.

根茎类植物，包括莲藕、山药、芋头［*Colocasia esculenta*（L.）Schoot］、慈姑（*Sagittaria sagittifolia* L.）、葛根（*Pueraria lobata* L.）等，因富含淀粉，从晚更新世到整个全新世时期一直是中国人类利用的重要植物性食物资源。发现有莲藕的炭化遗存[①]，淮河上中游地区新郑唐户遗址[②]、濉溪石山子（孜）[③]、蚌埠双墩遗址[④]淀粉粒分析也发现有莲藕的淀粉粒，表明新石器时代中晚期，淮河流域先民持续利用莲藕等块根块茎类植物。栎属遗存在中国新石器时代遗址中十分常见，发现的分布范围包括中国中东部的大部分地区，如华北地区白音长汗[⑤]、东胡林遗址[⑥]，淮河上游地区的贾湖[⑦]、唐户遗址[⑧]，长江下游地区的小黄山[⑨]、跨湖桥、田螺山遗址[⑩]，华南地区的新村遗址等[⑪]。侯家寨遗址上层器物表面莲藕等块根块茎类植物以及栎属植物淀粉粒的发现表明，块根块茎类和栎属植物是淮河中游地区侯家寨文化先民的重要食物资源。

综上所述，侯家寨文化先民利用的植物性食物资源主要包括有稻属、小麦族、薏苡属、粟、黍、栎属、莲属以及其他无法进一步鉴定的黍亚科与块根块茎类植物。与淮河中游地区稍

---

① Tao D, Wu Y, Guo Z, et al. Starch grain analysis for groundstone tools from Neolithic Baiyinchanghan site: Implications for their function in Northeast China. Journal of Archaeological Science, 2011, 38(12): 3577-3583.

② 杨玉璋、李为亚、姚凌等：《淀粉粒分析揭示的河南唐户遗址裴李岗文化古人类植物性食物资源利用》，《第四纪研究》2015年第1期。

③ 董珍、张居中、杨玉璋等：《安徽濉溪石山子遗址古人类植物性食物资源利用情况的淀粉粒分析》，《第四纪研究》2014年第1期。

④ 姚凌：《植物淀粉粒分析方法的探讨及其在中国新石器时代遗址研究中的应用》，中国科学技术大学博士学位论文，2016年，第1～176页。

⑤ Tao D, Wu Y, Guo Z, et al. Starch grain analysis for groundstone tools from Neolithic Baiyinchanghan site: Implications for their function in Northeast China. Journal of Archaeological Science 2011, 38(12): 3577-3583.

⑥ Liu L, Field J, Fullagar R, et al. A functional analysis of grinding stones from an early Holocene site at Donghulin, North China. Journal of Archaeological Science 2010, 37(10): 2630—2639.

⑦ 赵志军、张居中：《贾湖遗址 2001 年度浮选结果分析报告》，《考古》2009年第8期。

⑧ 杨玉璋、李为亚、姚凌等：《淀粉粒分析揭示的河南唐户遗址裴李岗文化古人类植物性食物资源利用》，《第四纪研究》2015年第1期。

⑨ Yao L, Yang Y, Sun Y, et al. Early Neolithic human exploitation and processing of plant foods in the Lower Yangtze River, China. Quaternary International, 2016, 426: 56-64.

⑩ Liu L, Field J, Weisskopf A, et al. The exploitation of acorn and rice in early Holocene Lower Yangzi River, China. Acta Anthropologica Sinica, 2010, 29(3): 317-333.

⑪ Yang X Y, Barton Huw J, Wan Z W, et al. Sago—Type palms were an important plant food prior to rice in southern subtropical China. PLOS One, 2013, 8(5): e63148.

早的顺山集[①]、石山孜[②]、双墩[③]、小孙岗遗址[④]，甚至是更晚的宫庄遗址[⑤]利用植物资源相比，侯家寨遗址上层首次出现了粟这种北方典型的农作物的淀粉粒，比淮河中游地区已发表的最早粟遗存的年代要早一千多年[⑥]。本次实验结果可以为探讨淮河中游，尤其是淮干以南地区新石器时代晚期先民的植物资源利用情况，以及中国中东部农业发展、传播及人类适应等问题提供重要资料。然而，限于淀粉粒分析方法本身的局限性，我们无法确定粟、黍是本地种植的还是外地传来的，同时也无法判断侯家寨文化时期先民利用的部分植物资源是人工栽培的还是野生采集来的。

五、结　　语

本节从侯家寨遗址上层出土陶器残片表面提取到包括稻属、小麦族、薏苡属、粟、黍、栎属、莲属以及其他无法进一步鉴定的黍亚科与块根块茎类植物的淀粉粒，反映了距今6200～5600年淮河中游淮干以南地区先民植物性食物利用的多样性。稻属淀粉粒的发现为淮河中游淮干以南地区新石器时代晚期水稻的利用提供了直接的实验证据，证明了自新石器时代中期至新石器时代末期，淮河中游地区先民对水稻资源的利用基本上是延续的。粟、黍淀粉粒的发现是迄今为止淮河中游淮干以南地区已报道发现最早的旱生农作物证据，意味着早在距今6200～5600年，北方旱作农业文化与淮河中游淮干以南地区可能就存在着食物的交流与传播。本节可以为探讨淮河中游，尤其是淮干以南地区新石器时代晚期先民的植物性食物资源利用情况，以及中国中东部稻作、粟作农业发展、传播等问题提供重要资料。有必要说明的是，尽管淀粉粒分析能够提供植物资源利用的独特视角，然而，因其在植物种属鉴定和考古遗址中保存等方面的缺陷，进一步重建侯家寨遗址二期先民对植物资源利用的情况，还需要结合今后大植物遗存、植硅体分析的证据。

① Yang Y Z, Li W Y, Yao L, et al. Plant food sources and stone tools' function at the site of Shunshanji based on starch grain analysis. Science China Earth Sciences, 2016, 59(8): 1574-1592.

② 董珍、张居中、杨玉璋等：《安徽濉溪石山子遗址古人类植物性食物资源利用情况的淀粉粒分析》，《第四纪研究》2014年第1期。

③ 姚凌：《植物淀粉粒分析方法的探讨及其在中国新石器时代遗址研究中的应用》，中国科学技术大学博士学位论文，2016年，第1～176页。

④ 程至杰、杨玉璋、张居中等：《安徽淮南小孙岗遗址炭化植物遗存研究》，《第四纪研究》2016年第2期。

⑤ 罗武宏：《淮河流域稻作农业起源的植硅体新证》，中国科学技术大学博士学位论文，2014年，第1～145页。

⑥ Yang Y Z, Cheng Z J, Li W Y, et al. The emergence, development and regional differences of mixed farming of rice and millet in the upper and middle Huai River Valley, China. Science China Earth Sciences, 2016, 59(9): 1779-1790.

第五节　双墩遗址、侯家寨遗址彩陶与红衣陶制作工艺的初步研究*

以蚌埠双墩和定远侯家寨为代表的一批新石器时代中期的遗址具有明显的区域特征，自成一个文化发展序列，有关专家称其为“侯家寨文化”①或“双墩文化”②。这些遗址地处淮河中游，分布在沿淮平原一带和江淮丘陵的北部，南抵霍山—巢湖一线，已被发现的遗址有20余处，其中近半数已被发掘。主要典型遗址有侯家寨、双墩和石山孜三处，分别代表了该文化序列的四个发展阶段：即双墩→侯家寨下层→石山孜→侯家寨上层。经^{14}C测定（树木年轮校正后），双墩遗址距今7330～6759年；侯家寨遗址上层距今6000～5200年，下层距今6900年③。

双墩和侯家寨的先民，以农业、渔猎和采集为主，过着定居生活。以陶器、石器、蚌器和骨角器为生产工具和生活用具，其中最为典型的是陶制鋬手釜及鹿角靴形器等。其文化特征主要表现在陶器上，这些陶器以夹蚌和夹砂红褐陶为主，泥质陶和夹炭陶相对较少，陶器底部刻划符号特色鲜明。彩陶较为发达，绝大多数是泥质陶，由满施红色陶衣，经仅施于口部、腹部的简单彩绘，最后发展到通体彩绘。

一般说来，陶器上的装饰常常反映有关人群的宗教信仰、审美观点、风俗习惯及自然、人文环境。彩陶是我国新石器时代陶器的主要装饰形式，其工艺精湛、内涵丰富，在陶器发展史上占有重要的地位④，且彩陶多分布于中原和西北地区，江淮一带尚不多见，更未有科技考古方面的研究，为此，本节选取双墩遗址⑤和侯家寨遗址⑥出土的若干彩陶和红衣陶残片，利用体视显微镜、XRD、激光拉曼光谱和同步辐射XRF等方法，通过测试分析，来探讨陶彩料的成分与物相、制作工艺和文化内涵。

---

* 此节作者为董俊卿、朱铁权、毛振伟、张爱冰、阚绪杭、张茂林、黄宇营、何伟。

① 严文明：《安徽新石器文化发展谱系的初步观察》，《文物研究》（第5辑），黄山书社，1989年；高广仁：《谈谈对安徽淮北地区新石器时代遗址的初步认识》，《文物研究》（第5辑），黄山书社，1989年；何长风：《关于安徽原始文化研究中的几个问题》，《文物研究》（第5辑），黄山书社，1989年；阚绪杭：《试论淮河流域的侯家寨文化》，《中国考古学会第九次年会论文集》，文物出版社，1997年，第125～139页。

② 孙秀丽：《双墩遗址及双墩文化学术研讨会在蚌埠召开》，《中国文物报》2005年11月18日第1版，总第1370期。

③ 阚绪杭：《试论淮河流域的侯家寨文化》，《中国考古学会第九次年会论文集》，文物出版社，1997年，第125～139页。

④ 王家树：《我国新石器时代的彩陶工艺》，《历史教学》1962年第12期。

⑤ 阚绪杭：《蚌埠双墩的发掘与收获》，《文物研究》（第8辑），黄山书社，1993年。

⑥ 阚绪杭：《定远县侯家寨新石器时代遗址》，《文物研究》（第5辑），黄山书社，1989年。

一、样品特征

双墩遗址彩陶甚少，均为泥质陶。但红衣陶较多，其中只在器物外表满施红衣的多为夹炭陶，而内外均满施红衣的以泥质陶为主，个别为夹砂陶（表三一；图一八〇）。其彩陶大多是在橙黄色陶衣上，于口沿内外及肩或上腹部施以红彩，纹样简朴，有网纹、斜线纹、菱形纹和宽带红彩等。

侯家寨遗址，一期与双墩遗址相似，彩陶数量极少。二期，彩陶盛行（表三二；图一八〇），出土有彩陶豆、盘、钵、罐和300余件彩陶片，其特点是：①在色彩上，于黄色或红色及个别白色陶衣上施红彩或黑彩，增强了色彩的对比效果；②纹样丰富，常见由直线构成的宽带纹、平行条纹、网纹等几何图案，还有由曲折线、弧线构成的曲折纹、波折纹、勾连纹、弧线三角纹及花瓣纹等，往往是直线条与曲线、弧线配合，几何纹与植物纹搭配，使纹样生动流畅，趣意盎然；③施彩部位除外部口沿和上腹部以外，还出现了不少内彩。

表三一　双墩彩陶、红衣陶样品一览表

类型	编号	特征
彩陶	91BST0719⑱：109（样品1）	泥质口沿残片，口沿及口沿以下绘约4厘米宽的红彩带，陶片底色为橘黄色（图一八〇，13）
	92BST0522⑱（样品2）	泥质口沿残片，口沿内部绘红色网状交叉纹，外腹部至口沿处绘略平行的红色彩带，内外底色为橘红色（图一八〇，10）
	92BST0723㉔：18（样品3）	泥质，内灰黑，外表绘红黑相间略呈弧形彩带（图一八〇，11）
	92BST0721㉓	泥质口沿残片，内外表均为橘黄色，外表上腹部有一条宽0.3厘米左右的红色条纹
红衣陶	91BST0621⑦：137（样品4）	夹砂B型豆座残片，内、外表均施紫红色陶衣，底为橘黄色，内表仅存红彩痕迹，从陶片断裂处看，胎体两面为橘黄色，中间为灰色
	92BST0721㉓（样品5）	泥质罐底残片，外红内黑，外表除底外通体施红色陶衣
	91BST0819⑰：138	泥质A型豆座残片，外红内橘黄，外表通体施紫红色陶衣，底为橘红色
	92BST0721㉓	泥质，外红内黑，外表施红色陶衣
	92BST062㉓（样品8）	泥质，外表红色，内表上红下黑，内外表面光滑，断面中间呈淡黄色，断面下部靠近内表的边缘处有较薄的黑色层，坯体中黑色残留物较少
	92BST0721㉓	泥质口沿残片，外红内黑，外表施红色陶衣
	92BST0721㉒	泥质口沿残片，外红内黑，外表施红色陶衣
	92BST0721㉓	泥质口沿残片，内外表均施红色陶衣
	92BST0721㉓	泥质口沿残片，外红内黑，外表施红色陶衣
	92BST0721㉙	泥质口沿残片，外红内黑，外表施红色陶衣
	92BST0721㉓	泥质，外表施红色陶衣，内表为橘黄色
	92BST0523⑤	夹砂，口沿残片，内外表均施红色陶衣
	92BST0523④	泥质，口沿残片，内外表均施红色陶衣
	92BST0722㉔	泥质，口沿残片，口沿及外表施红色陶衣，多已剥落，内表为橘黄色
	91BST0819⑰	泥质，口沿残片，外红内黑，外表施红色陶衣

表三二　侯家寨遗址彩陶一览表

编号	特征
T2②（样品6）	泥质，器物口沿残片，内灰外橘黄。内口沿有0.1厘米宽的红彩，外口沿上部1厘米处和距口沿2厘米处各施一条红色彩带，两条彩带之间橘黄色的底上绘两条红色的曲线，曲线中断开处绘一横躺的中间断开的“S”形单曲线，曲线宽0.2～0.3厘米（图一八〇，12）
1977年采集：1（样品7）	泥质，豆座残片，外红内黑。外表施一层紫红色的陶衣，底色为淡红色，较为粗糙
H3：11（样品8）	泥质，器物口沿残片，内灰外橘黄。口沿内有0.1～0.4厘米宽的红色带，外表口沿上部1～1.2厘米处和距口沿2.7～2.8厘米处各施一条红色彩带，两条彩带之间橘黄色的底上绘两条红色的曲线，曲线中断开处绘一横躺的中间断开的“S”形单曲线，曲线宽0.3厘米左右（图一八〇，9）
T2②：134	束颈圆鼓腹罐，口沿内外绘红彩，肩部施红色波浪纹（图一八〇，1）
T2②：33	盘，内外通施红衣，内口沿施两条带状橙黄彩，外口沿及腹底部施四条带状纹，带状纹中间施竖条和短波折纹（图一八〇，2）
T3②：20	豆把，绘三条宽带纹红彩，中间填曲折纹（图一八〇，3）
T3②：33	盘，内壁残似“工”“圭”等图案，盘内底部有两圈带状纹，圈内有网纹和其他纹饰，均为黑彩（图一八〇，4）
T3②：129	豆盘，外腹绘红彩三角网纹（图一八〇，5）
T6②：55	残片，上绘勾连纹和网纹红彩（图一八〇，6）
T3②：141	碗，内外均有宽带纹红彩（图一八〇，7）
T3②：143	残片两面均有红彩，外彩难辩，内彩有宽带纹、曲折纹和网纹（图一八〇，8）

注：以上测试分析样品均由安徽省文物考古研究所提供

二、分析与讨论

除体视显微镜观察在中国科学技术大学科技考古实验室，同步辐射XRF在中国科学院高能物理研究所进行外，其余分析皆在中国科学技术大学理化分析中心进行。有关测试分析的仪器及实验条件如下。

X射线衍射仪（转靶D/Max-rA，日本理学电机公司），CuKα辐射，电压、电流为：40kV、100mA；2θ的测试范围：10°～70°；量程为2000CPS；DS、SS和RS依次为1°、1°、0.15mm。

激光拉曼光谱仪（LABRAM-HR型，法国JY）：以氩离子激光器为光源，波长为514.5nm，物镜为50×，光斑尺寸为1μm，信息采集时间是20～30s，累加次数为两三次。

体视显微镜（SMZ1500型，日本Nikon公司）。

同步辐射X荧光，储存环束流量2.2GeV，流强为65～115mA，光孔为20μm×100μm，加100μm的Al滤光片。

1. 陶彩的物相分析

利用X射线衍射（XRD）仪与激光拉曼光谱（RS）仪对样品进行了物相分析。图一八一的224、291、407、610cm^{-1}和图一八二中的224、291、417、610cm^{-1}及图一八三中的224、291、407、417、610cm^{-1}等拉曼峰都是赤铁矿（α-Fe_2O_3）的特征峰①，这表明样品1、2、3、6的红彩和样品4、5、7的红色陶衣的彩料均是赤铁矿。X射线衍射分析结果显示，样品1（图一八四）、3（图一八五）和5（图一八六）的主要物相为：赤铁矿、α-石英、钠长石、钙长石、柯石英等，其中赤铁矿是陶彩的物相，这与拉曼光谱分析的结果相一致②。

赤铁矿（α-Fe_2O_3，Hematite），三方晶系，晶体结构属刚玉型。一般与磁铁矿、尖晶石、铁钛矿、金红石等定向连生，有时含TiO_2、SiO_2、Al_2O_3等杂质成分③。赤铁矿作为无机彩料，在我国有着悠久的历史。早在山顶洞人遗址［^{14}C测年距今（18865±420）年］中，在人骨的周围即散布有赤铁矿粉末，另外还出土有用赤铁矿粉末染为红色的石珠及鲩鱼眼上骨④。说明在彩陶出现之前，赤铁矿以及其他红色颜料（如朱砂）已用于涂染器物或祭祀活动⑤。秦安大地湾遗址出土彩陶（彩绘陶）颜料以及块状颜料⑥，半山、马厂类型黑、红复彩陶器复合颜料⑦等，其红彩中都使用了赤铁矿。赤铁矿是矿物颜料，在当时所熟悉的红色颜料（朱砂、雄黄）中，只有赤铁矿经过火烧之后，基本不发生化学变化而保持着原先的色彩。虽然有时因含一些微量元素引起色度轻微变化，但红色色调却基本不变。颜料在研磨细化之后，留存于其中的方解石与高岭石对Fe_2O_3有包裹作用，有助于较流利地进行彩绘⑧。

双墩和侯家寨遗址中的陶器以夹蚌陶和夹砂陶为主，而这些彩陶和红衣陶大多数是泥质的。夹蚌陶和夹砂陶在时间上比泥质陶早，在技术上比泥质陶落后，在外观上比泥质陶粗糙。因此，在以夹蚌陶和夹砂陶为主的遗址中的泥质彩陶一定具有较高的地位和价值。从器形和用途上看，前者多为釜、鼎、支架、豆、勺、器座、器盖、甑、盂形器、鬶、壶、尖底器等器形

---

① I M Bell, et al. Raman spectroscopic library of natural and synthetic pigments (Per-≈1850AD), Spectrochimica Acta Part A, 1997, 53: 215-2179.

② 中国科学院贵阳地球化学研究所《矿物X射线粉晶鉴定手册》编著组：《矿物X射线粉晶鉴定手册》，科学出版社，1978年。

③ 沈明道：《矿物岩石学及沉积相简明教程》，中国石油大学出版社，1996年；马清林、胡之德、李最雄等：《甘肃秦安大地湾遗址出土彩陶（彩绘陶）颜料以及块状颜料分析研究》，《文物》2001年第8期。

④ 中国大百科全书出版社编辑部：《中国大百科全书·考古学卷》“山顶洞人”条，中国大百科全书出版社，1986年。

⑤ 马清林等：《中国古代颜料》，《故宫文物月刊》（192），台北，1999年。

⑥ 马清林、胡之德、李最雄等：《甘肃秦安大地湾遗址出土彩陶（彩绘陶）颜料以及块状颜料分析研究》，《文物》2001年第8期。

⑦ 陈晓峰、马清林、赵广田等：《半山、马厂类型黑、红复彩陶器复合颜料研究》，《兰州大学学报（自然科学版）》，2000年第5期。

⑧ 马清林、胡之德、李最雄等：《甘肃秦安大地湾遗址出土彩陶（彩绘陶）颜料以及块状颜料分析研究》，《文物》2001年第8期。

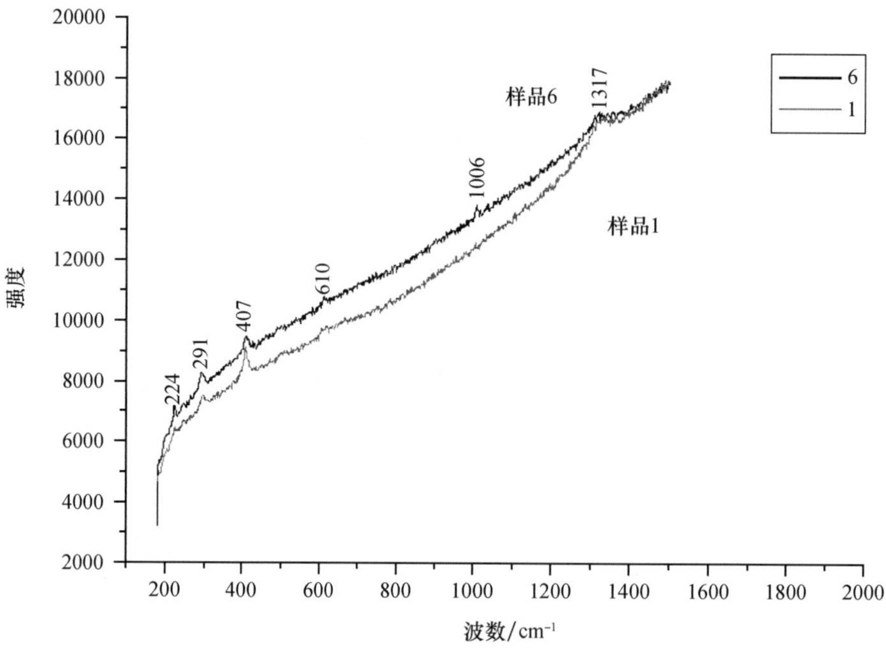

图一八一　样品1（91BST0719⑱：109红彩）和样品6（侯家寨T2②红彩）拉曼光谱图

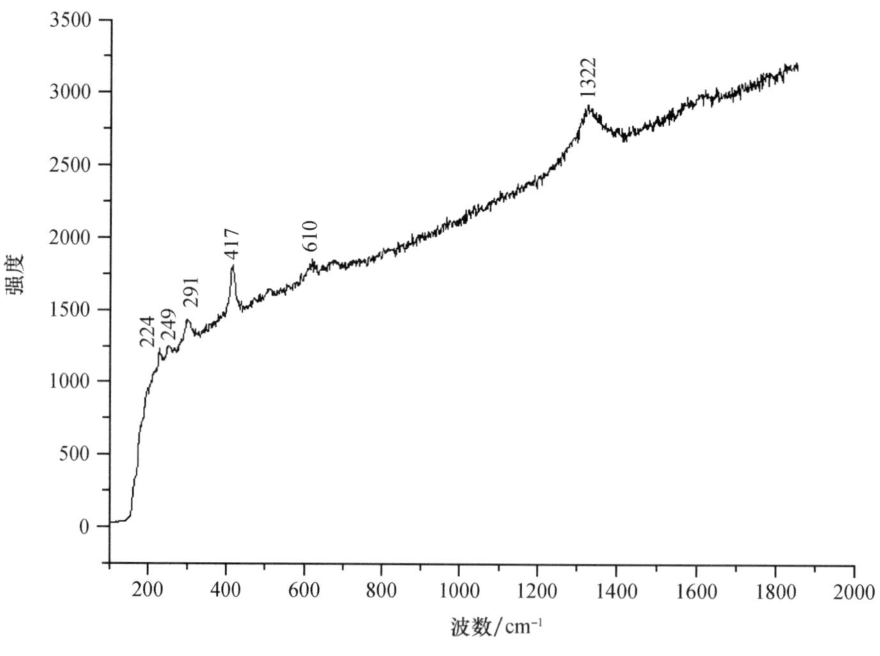

图一八二　样品3（92BST0723㉔：18红彩）拉曼光谱图

较大的生活用具和打磨器、纺轮、圆饼、拍、锉、弹丸、网坠、投掷器等生产工具以及陶塑等，还有少量器形较小的罐、杯、盘、尊和盅等，其中炊器最多，质地普遍较为粗糙。而后者则以豆、碗、钵、盘、罐等为主，主要是盛器，器形相对较小，制作规整、精细。笔者认为这些精美的彩陶除了地位较高者使用之外，还可能用于祭祀活动。新石器时代，祭祀祖先最为隆重，其所用器物也应贵重一些。

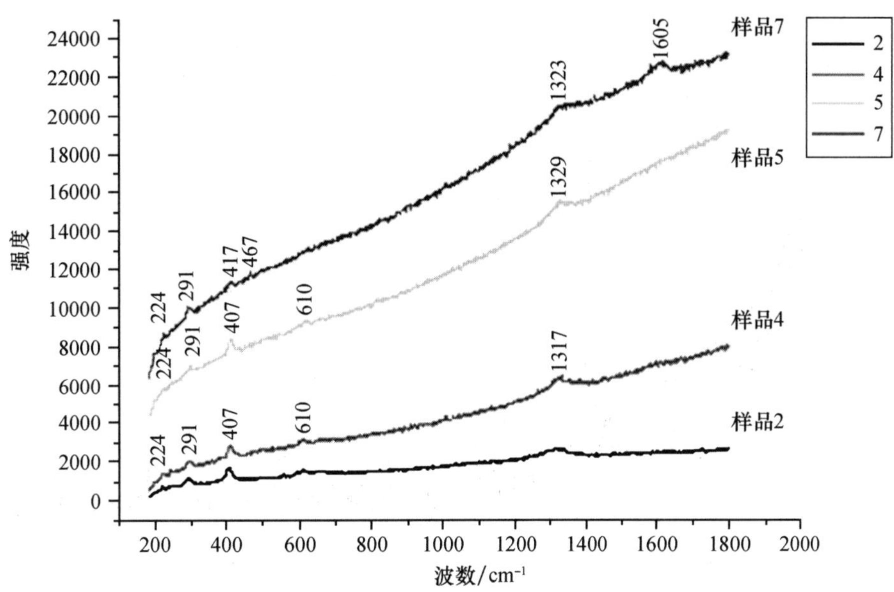

图一八三 样品2（92BST0522⑱红彩）、样品4（91BST0621⑦：137红衣）、样品5（92BST0721㉓红衣）、样品7（侯家寨1997年采集：1红衣）拉曼光谱图

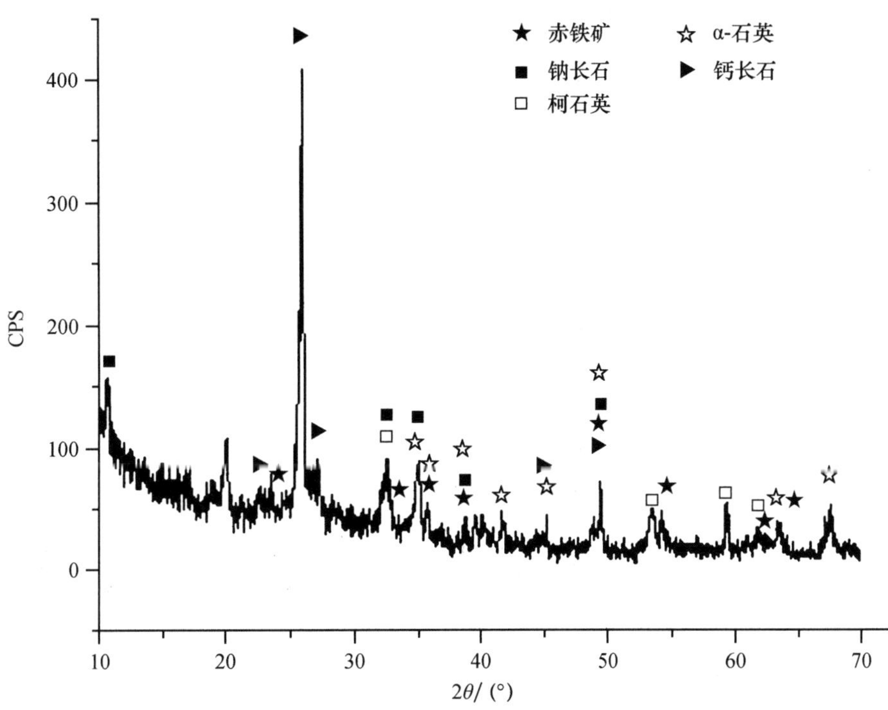

图一八四 样品1（91BST0719⑱：109）红彩XRD图谱

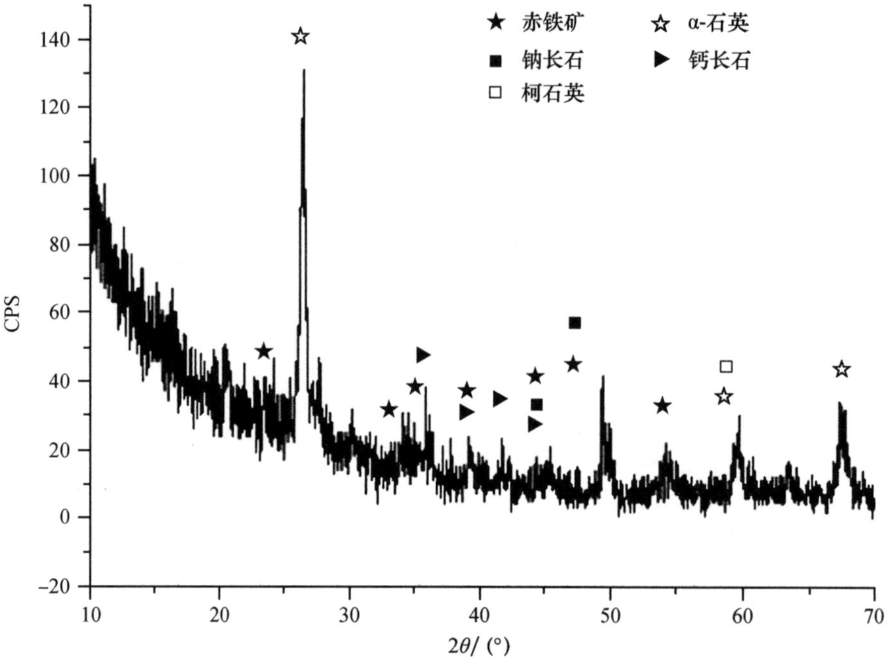

图一八五　样品3（92BST0723㉔：18）红彩XRD图谱

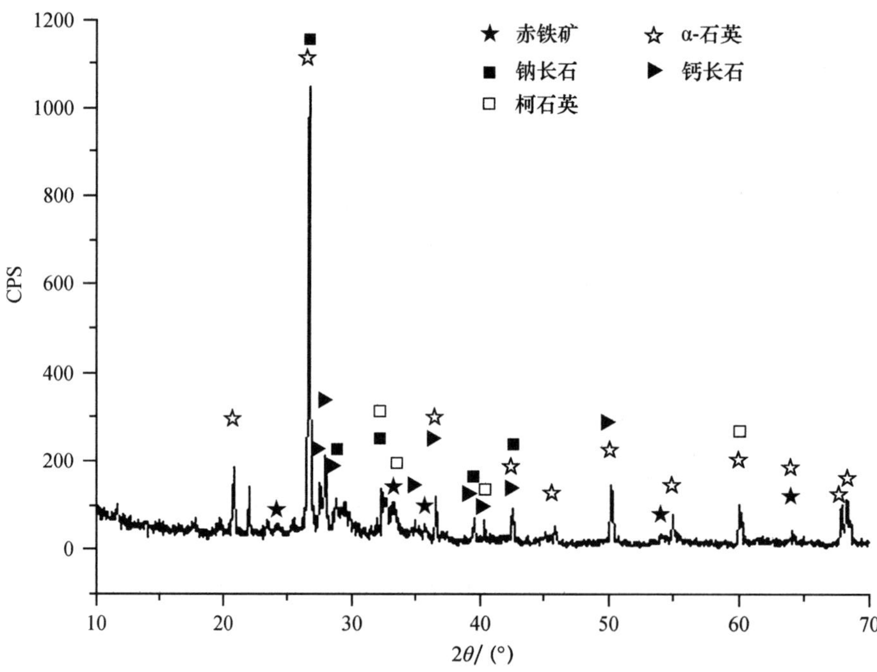

图一八六　样品5（92BST0721㉓）红色陶衣XRD图谱

2. 制作工艺探讨

图一八七是样品5～样品8在体视显微镜下的照片，其中样品6、7为侯家寨遗址的彩陶，而样品5、8是双墩遗址的红衣陶。样品6、7色彩对比鲜明，灰黑色的为陶胎，较为粗糙，甚至还有气孔和砂粒。橘黄色的是化妆土，细腻、均匀、致密，而最外层的红彩最鲜艳。在粗糙的陶胎上施一层化妆土，使胎体变得光滑细腻，彩料就可以均匀地绘在器物表面，并与无彩处形成鲜明对比；相对而言，样品5、8则是直接在胎体上施一层约2毫米厚的颜料做陶衣，较为简单、原始。从器物表面看，不见涂刷的痕迹，可能是将晾干后的胚体打磨光滑，然后整体浸泡在调好的颜料溶液中，最后晾干入窑焙烧。

利用同步辐射X射线荧光无损、微区分析的优点，分别对样品的化妆土与胎体做了成分分析。分析结果（表三三）显示，样品胎体与化妆土在化学组成上并没有很大差异，暗示了样品的胎体与化妆土可能采用了相同的原料。至于两者在外观上的差异，笔者认为可能跟它们经过不同工艺处理有关，而原料中有机物含量则是导致其外观差异的主要原因。结合样品的显微分析结果，可以推测古人在对原料进行粉碎、去杂、淘洗的过程中，化妆土处理得更为精细，杂

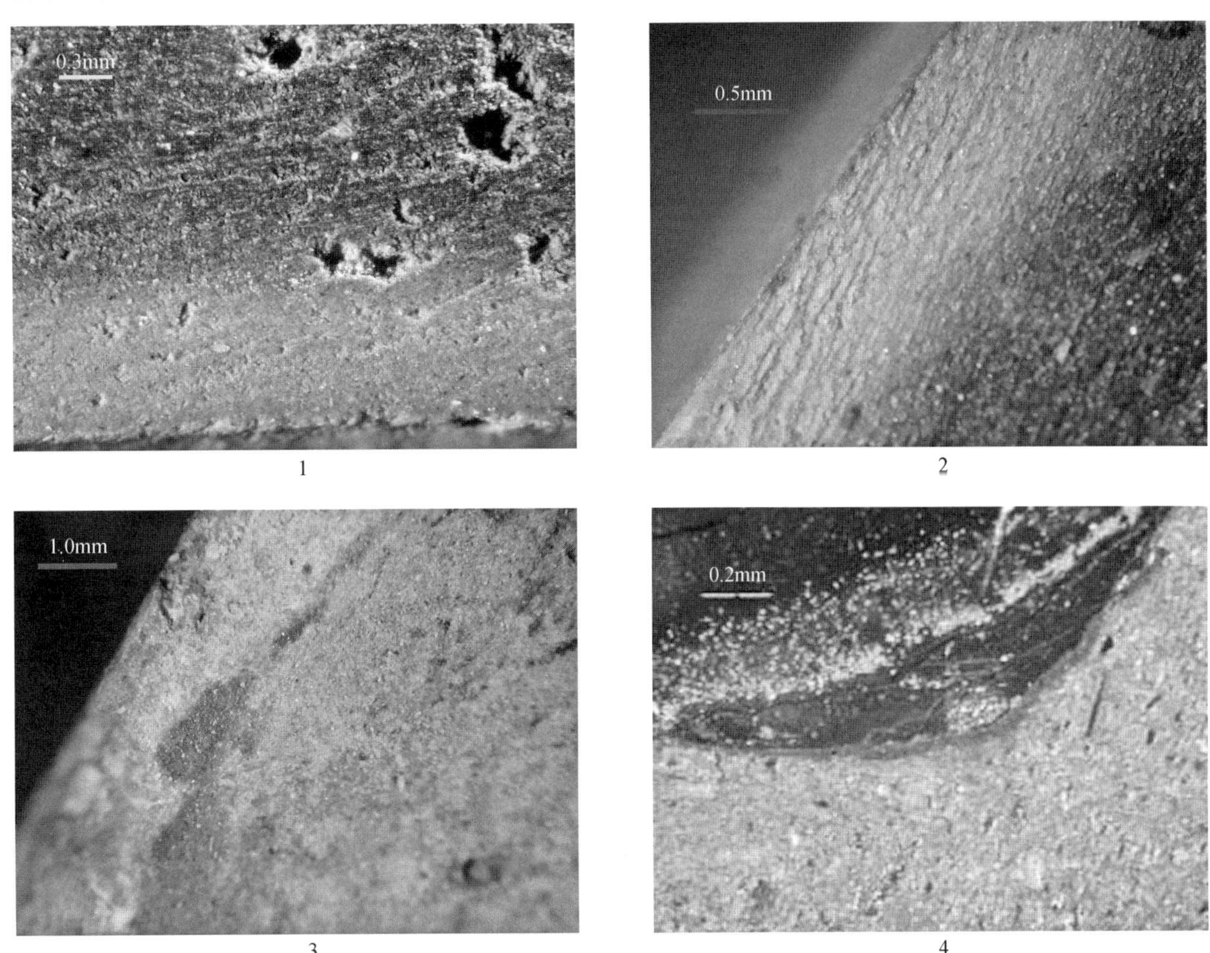

图一八七　样品显微照片

1. 样品6　2. 样品7　3. 样品8　4. 样品5

质含量较少。而且，陶器在烧制过程中，表面化妆土与空气接触面比内部胎体与空气接触面广，故化妆土中的有机物几乎被氧化殆尽，而胎体则因与空气接触不充分，许多有机物不能被充分氧化，从而导致化妆土色橘黄胎体色灰黑。由此推测，这种泥质陶器的制作过程应该是这样的，即先将淘洗好的陶土制成胎体，阴干并打磨光滑，然后在其表面施一层2毫米厚的化妆土，晾干后再进行彩绘，最后入窑焙烧。因其红彩是赤铁矿致色，所以最终形成红、橘黄、灰黑色彩对比鲜明的三层效果。

表三三　侯家寨样品的北京同步辐射测试结果

分析项目＼样品编号		侯家寨T2②内胎	侯家寨T2②化妆土	侯家寨H3：11内胎	侯家寨H311化妆土	侯家寨H311红彩
主量元素/%	Al_2O_3	12.85293	12.49506	13.73231	14.74089	12.90709
	SiO_2	74.15738	73.97423	72.7044	65.20946	76.34588
	K_2O	1.716655	1.61875	1.622474	2.233937	2.202475
	CaO	4.978652	6.093301	6.532124	5.01685	2.41699
	TiO_2	1.685698	0.985733	0.930303	0.94344	1.33123
	Fe_2O_3	3.612337	3.828301	3.553079	3.84208	3.77447
微量元素/（μg/g）	Cr	50.74152	48.80773	48.86251	49.28632	43.36917
	Mn	265.0901	508.2258	263.6854	406.0839	332.3301
	Cu	102.8565	69.19499	81.6439	71.93756	88.56516
	Zn	109.4236	111.8043	70.91017	125.887	98.92444
	Rb	126.2636	164.3449	109.4584	185.1443	142.0947
	Sr	156.2683	189.7528	134.7814	198.1685	140.6993
	Y	36.21789	37.26855	101.3034	34.05256	26.98257
	Zr	151.5539	272.2723	149.1239	249.7604	224.0799
	Pb	43.64947	44.27259	66.84386	35.6481	39.05234

三、文化交流

从新石器时代早期开始，彩陶作为一个时代特征，逐步流行起来。如我国的大河村遗址、仰韶文化、大汶口文化、北阴阳营文化等均有彩陶。

施陶衣和在器物口沿内外施一周宽带纹红彩的彩陶及装饰风格，不仅出现在双墩和侯家寨遗址中，大河村遗址的仰韶早期彩陶①中也较为常见。不过大河村遗址的陶衣以白色为主，且种类更多。双墩遗址的宽带纹、网纹等也见于仰韶文化的半坡类型②。但双墩彩陶多为红彩，

① 廖永民：《大河村新石器时代的彩陶艺术》，《中原文物》1984年第4期。

② 中国社会科学院考古研究所、陕西省西安半坡博物馆：《西安半坡》，文物出版社，1963年，第175、187页。

而半坡类型多为黑彩。同时，宽带纹红彩在白家聚落文化中，甚至在土耳其、伊朗、希腊等地也普遍存在[①]。侯家寨上层F1：30的“S”形纹与大汶口南区T5的M1018：30纹样颇为相似；另外，侯家寨T3②：30的纹样也与大汶口文化的镂孔圈足豆有渊源关系[②]。但是，大汶口文化的极富特征的八角星图案和复彩不见于侯家寨文化。此外，侯家寨彩陶还与北阴阳营文化有较多的关系。北阴阳营二期文化的28件彩陶以宽带纹为主要纹饰，风格与侯家寨的大部分彩陶颇为接近，如侯家寨 T3②：141即与北阴阳营M71：9基本相同[③]，两地的部分器形如小圈足碗、豆等也几乎完全一样。

通过对比发现，侯家寨二期的彩陶与同时代的其他遗址有许多相同或相近的因素，而双墩遗址的彩陶和红衣陶与其他遗址差别较大，更具有区域特征。这反映了在淮河流域文化发展序列上，双墩遗址作为一支淮河中游早期文化的代表是独立发展、自成体系的，经过两三千年的发展，到了侯家寨二期，这支文化已发生了巨大的变化，更具时代共性。从彩陶的颜色和绘彩风格上看，不同文化之间既各具特色，又相互影响，这可能是各个文化谱系独立发展过程中进行文化交流汇融的结果。

四、结　　论

以上分析证明，双墩和侯家寨的彩陶和红衣陶的显色物相是赤铁矿（α-Fe_2O_3）。Fe_2O_3经高温焙烧后使得陶器表面光滑、致密[④]。

其制作烧制过程，是先将制成的胚体阴干、打磨光滑之后，再把研磨均匀的红色颜料（赤铁矿粉末）涂、绘于其上，或者直接在胚体上施一层红色颜料，最后入窑焙烧而成彩陶和红衣陶。这种烧制方法实际上是颜料在高温下向陶体渗透，并为陶器或颜料中助熔成分所熔解后附着其上。从工艺上讲，可视为先民的高温固化无机涂料，从某种意义上也可以说这是彩釉工艺的雏形[⑤]。

在装饰手法上，双墩遗址的彩陶和红衣陶较为简单，数量也少，多在橙黄色陶衣上施红彩于口沿内外及肩或上腹部。而侯家寨二期的彩陶无论在纹样、色彩对比还是施彩部位上都先进许多，尤其化妆土工艺的运用，恰好反映了同一文化发展序列在不同发展阶段的不同特点。这种发展轨迹对后来的瓷釉装饰有一定的指导意义。

在文化交流上，双墩彩陶和红衣陶与同时期其他文化的差别较大，更具特色，而侯家寨二

① 石兴邦：《白家聚落文化的彩陶——并探讨中国彩陶的起源问题》，《文博》1995年第4期。

② 山东省文物考古研究所：《大汶口续集：大汶口遗址第二、三次发掘报告》，科学出版社，1997年，第174～180页。

③ 南京博物院：《北阴阳营——新石器时代及商周时期遗址发掘报告》，文物出版社，1993年，第54页。

④ 〔德〕H. 舒尔兹编，黄照柏译：《陶瓷物理及化学原理》，中国建筑工业出版社，1975年，第271页。

⑤ 周国信、程怀文：《丝绸之路古颜料考（Ⅰ）》，《现代涂料与涂装》1995年第1期。

期彩陶与其他文化的相同或相近因素较多。考虑到双墩遗址独具风格的陶器及刻划符号等，笔者认为在淮河中游地区早期文化发展序列上，双墩遗址代表了一支独立发展的强势文化，受外界影响较少，经过两千多年的发展，走向衰落。侯家寨二期既继承了该地区的文化传统，又吸收了更多周边文化的因素，文化面貌已发生了巨大的变化。

总之，作为新石器时代中期淮河流域的典型，双墩遗址和侯家寨遗址具有很强的区域特色，从其彩陶和红衣陶可以窥豹一斑。

定远侯家寨

（中）

附录、彩版

安徽省文物考古研究所　编著

阚绪杭　主编

科学出版社

北　京

内 容 简 介

本书是侯家寨遗址历年考古发掘与研究工作的系统总结。侯家寨遗址1977年发现，1985～1986年进行了两次375平方米的考古发掘，出土大量陶器、石器、骨角器和动物骨骼以及一批陶器刻划符号，是安徽省最早发现具有自身两期考古学文化特征的新石器时代遗址，其考古发掘研究成果，为淮河中游地区新石器时代考古树立了标尺，填补了该地区考古学文化的空白，对建立该地区新石器时代考古学分期框架和文化谱系研究具有极其重要的价值意义。

本书适合从事考古学、古文字学、文物博物馆学、历史学、陶瓷学、动物学、生态环境学及淮河中游地区历史与文化学研究的专家、学者以及高等院校相关专业师生参考、阅读。

图书在版编目（CIP）数据

定远侯家寨：全3册 / 安徽省文物考古研究所编著；阚绪杭主编.—北京：科学出版社，2022.12

ISBN 978-7-03-074190-5

Ⅰ. ①定… Ⅱ. ①安… ②阚… Ⅲ. ①新石器时代文化-文化遗址-考古发掘-安徽 Ⅳ. ①K878.05

中国版本图书馆CIP数据核字（2022）第235882号

责任编辑：雷 英 / 责任校对：邹慧卿

责任印制：肖 兴 / 封面设计：张 放

科学出版社 出版

北京东黄城根北街16号

邮政编码：100717

http://www.sciencep.com

中国科学院印刷厂 印刷

科学出版社发行 各地新华书店经销

*

2022年12月第 一 版 开本：889×1194 1/16

2022年12月第一次印刷 印张：8 插页：62

字数：450 000

定价：850.00元（全三册）

主　编： 阚绪杭

副主编： 陈　艳　唐更生

目　录

（中）

彩版目录

附录一 相关研究

20世纪70～80年代，淮河中游地区首次发现并发掘了内涵丰富、器物新颖的安徽定远侯家寨新石器时代遗址。这是一处具有独特的自身器物特征的地域新石器时代中期聚落文化遗址。侯家寨遗址的发现，不仅推动了淮河流域新石器时代考古工作的进程，也引起考古学界的高度关注，几十年来对其内涵和文化遗存面貌等问题进行了诸多探讨，后期并列入国家文物局"苏鲁豫皖先秦考古重点课题"探源项目。本书附录一收录部分已经发表的比较重要的文章和论文，以方便研究者查阅参考。

一、试论淮河流域的侯家寨文化*

位于长江与黄河之间的淮河发源于河南省南部桐柏山东麓，经安徽、江苏入东海，全长1000多千米，流域面积26万平方千米。淮河流域地处我国南北气候的过渡地带，一年四季分明，雨量充沛，气候温和湿润，沃野千里，物产富饶，自古以来就是人类生存繁衍的好地方。这一地区考古学文化体系建立的过程中，遗址受到考古学界的高度重视。1985年以来，考古工作者在江淮北部的淮河水系调查发掘了侯家寨、双墩、石山孜（也作"石山子"，后同）等10多处文化面貌与众不同的遗址。有关专家认为，侯家寨遗址的出土器物具有很强的自身特征，是一个新的文化类型，即侯家寨文化①。

1. 侯家寨遗址内涵特征

侯家寨遗址位于淮河以南约60千米处的定远县七里塘乡②。1977年春发现，1985年春和

---

* 作者阚绪杭。

① 本刊编辑部：《回顾与展望——庆祝中华人民共和国成立四十周年》，严文明：《安徽新石器文化发展谱系的初步观察》，高广仁：《谈谈对安徽淮北地区新石器时代遗址的初步认识》，何长风：《关于安徽原始文化研究中的几个问题》，《文物研究》（第5辑），黄山书社，1989年；本刊编辑部：《苏鲁豫皖考古座谈会纪要》，《文物研究》（第7辑），黄山书社，1991年。

② 阚绪杭：《定远县侯家寨新石器时代遗址发掘简报》，《文物研究》（第5辑），黄山书社，1989年。

1986年秋两次共发掘375平方米，出土器物有鋬手釜、支架、钵、鸟首形双耳罐、小盂形器、红彩陶器、鹿角勾形器等大量的新器形。根据地层和器物的变化可将侯家寨遗存分为两期：一期主要是红褐色陶，器壁厚重，胎多夹砂和蚌末，也有夹植物叶茎的夹炭陶。均为手制。器表多素面，少量有戳刺纹和指切纹、乳钉纹等。流行平底、矮圈足、鋬手、鸟首形器耳等。器形有罐形釜、支架、豆、罐、盂等。值得重视的是在圈足底部发现很多刻划符号。二期陶器以夹砂陶为主，多红褐色，也有泥质陶。器表纹饰有弦纹、刻划纹、捺窝纹、堆纹、指切纹等，也有镂孔的。制作方法除手制外，还有轮修或轮制。器形以三足鼎数量最多，釜和支架数量较少，还有豆、钵、甑、罐、盂、勺、鸟首形双耳小口罐等，并有大量彩陶器。流行三足、平底、鋬手、鸟首形器耳等。由上述情况可以看出，侯家寨遗址一、二两期之间变化较大，中间应有较大的缺环。

2. 分布、分期、年代

1）分布

侯家寨遗址的发掘不仅为淮河流域新石器时代文化研究提供了新资料，也为淮河流域树立了自己的文化标尺。几年来，在淮河水系的中上游地区先后发现这类文化遗址20多处。经过发掘的有鹿邑吴庄下层①、定远县侯家寨②、蚌埠双墩③、濉溪县石山孜④、怀远县双孤堆⑤、凤台县峡山口⑥、霍邱县红墩寺下层⑦、肥西古埂下层⑧、亳县后铁营⑨、宿州小山口⑩、含山县大城墩下层⑪等遗址。经过考古调查的还有淮南市潘集小孙岗、寿县刘家墩、霍邱县扁担岗、楼城子等遗址。上述遗址的调查和发掘，使我们对侯家寨文化的分布区域有了一个初步认识，即东到江苏洪泽湖，西至河南省东南部，北达安徽省北部，南到大别山北麓。

2）分期

这10余处遗址中，具有一定的发掘面积，出土器物较多，本身可分期，且有一定典型性的遗址有侯家寨、双墩和石山孜三处遗址。他们分别代表了侯家寨文化的四个发展阶段：双墩→侯家寨下层→石山孜→侯家寨上层。

---

① 本刊编辑部：《苏鲁豫皖考古座谈会纪要》，《文物研究》（第7辑），黄山书社，1991年。

② 阚绪杭：《定远县侯家寨新石器时代遗址发掘简报》，《文物研究》（第5辑），黄山书社，1989年。

③ 安徽省文物考古研究所发掘资料。

④ 安徽省文物考古研究所：《安徽濉溪石山子新石器时代遗址》，《考古》1992年第3期，以及安徽省文物考古研究所1993年的发掘资料。

⑤ 安徽省文物考古研究所发掘资料。

⑥ 安徽省文物考古研究所发掘资料。

⑦ 安徽省文物考古研究所发掘资料。

⑧ 安徽省文物考古研究所：《安徽肥西县古埂新石器时代遗址》，《考古》1985年第7期。

⑨ 安徽省文物考古研究所发掘资料。

⑩ 中国社会科学院考古研究所安徽队调查发掘资料。

⑪ 张敬国：《含山大城墩遗址第四次发掘的主要收获》，《文物研究》（第4辑），黄山书社，1988年。

3）年代

蚌埠双墩遗址有5个^{14}C测定数据，本节所引均为树轮校正值。①ZK2614，T0620⑪，公元前5194～前4790年；②ZK2615，T0719⑬，公元前4837～前4460年；③ZK2616，T0819⑭，公元前4936～前4685年；④ZK2617，T0819⑲，公元前5240～前4910年；⑤ZK2618，T0819⑲，公元前5330～前4949年。

5个数据的平均距今年代为7107～6759年。

定远侯家寨遗址有3个^{14}C测定数据，均为树轮校正值。①ZK2183，H3，距今（5175±125）年；②ZK2184，第3层，距今（6990±130）年；③ZK2185，第4层，距今（6905±120）年。

上层的H5年代为距今5175年左右，这不代表上层的全部年代，属上层的第2层年代应比其早几百年。第3、4两层为下层，两个数据接近，为6900年左右。因此，侯家寨遗址的年代估计应为上层在距今6000～5200年，下层距今6900年左右。

石山孜遗址没有测定年代，从器物特征来看，有的器物如大口深腹釜、三足盘等与侯家寨上层同类器物相近，鼎的数量比侯家寨下层多，并出现较多的泥质陶。其年代应晚于侯家寨遗址下层，而早于侯家寨上层。

由以上分析可知，侯家寨文化的年代跨度很大，这是目前所测年代的初步情况，希望能有更多遗址的年代测定数据以进行分析。

3. 代表性遗址与器物群

本文将侯家寨文化分为四期，每期选择一个典型的材料进行分析。一期以双墩遗址为代表；二期以侯家寨下层为代表；三期以石山孜遗址为代表；四期以侯家寨遗址上层为代表。

1）一期

以双墩遗址为代表。该遗址位于蚌埠市北郊元吴郢乡（今小蚌埠镇）双墩村北侧，南距淮河3.5千米。1986～1992年先后进行三次发掘，共揭露面积375平方米，出土了一大批文化遗物，是一处典型的侯家寨文化早期遗存。陶器以粗红褐色陶为主，也有内黑色外红色的。器壁厚重，火候低，吸水性较强，陶胎夹大量蚌末，因制陶用土不经处理，含有较多的砂粒，故又称夹砂和夹蚌末陶；还有较多的夹植物叶茎的夹炭陶；也有少量的夹云母末的灰色陶，这可能是一种有选择性的蚌壳末。有红彩陶，主要是在豆和碗、钵等器物上施红色陶衣或口部绘红彩。器表多素面，在一些器物的肩部和鋬手上饰指切纹、戳刺纹、刻划纹、乳钉纹等。制法均为手制磨光，有些器物内壁留有不平的指纹，一些难度较大的如小口罐、釜等器物则采用分体制再拼接的方法制成。流行牛鼻形、宽扁形、鸟首形耳系，横装鸡冠耳鋬手，平底、矮圈足等。器形有釜、支架、罐、钵、甑、碗、豆、器座、纺轮、网坠等。从器形看主要是生活用具，其中釜占绝大多数。釜的变化也较大，可以分为罐形釜和钵形釜两类。罐形釜均为深腹平底，沿下横装4个对称鸡冠耳鋬手，口部有不同的形状，一是口微敞，一是卷沿。钵形釜在釜中数量最多，均为斜收腹平底，肩下或沿下横装4个对称鸡冠耳鋬手，主要变化在口部，以敛口折肩形为主，还有一定数量的敞口和不折肩敛口等。与釜配套使用的支架有两种，一是单体圆柱形，一是连体框圈形，不管哪种形状的支架，其顶端均为大半圆形。这种支架器体高大，火候低，易碎，大部分似经火烧制，也有少数质地软而结构疏松的，显为受火不均所致。特别是连体支架，似未经过整体烧制，可能就是坯。器座也比较流行，形体变化大同小异，器壁厚重，多为敞口，卷沿，壁近直筒形，无底。在唇部饰刻划纹或指切纹，有的腹部有圆形孔。甑也是常见器物，多为钵形，底部有箅孔。还有一种为大敞口，除底部有箅孔外，下腹部也有箅孔。碗的数量较多，器形大多比较规整，如钵形，多为敞口，少数折沿，均矮圈足。在圈足底部发现大量刻划符号。钵多为敞口平底，也有宽沿大敞口深腹平底。豆均为矮喇叭形圈座。罐有小口双耳和大口双耳，还有大口鋬手等器形（附图1-1-1）。

工具为陶、石、蚌、骨、角等质料制成。陶质工具有纺织用的纺轮，狩猎用的投掷器，捕鱼用的网坠，制陶用的挫、拍，还有圆饼等，其中最多的是网坠和投掷器。

石制工具分为磨制和打制两类。器形以斧、石核器、砺石等为主，也有少量锛、臼、圆饼、网坠、弹丸等。磨制石器数量少，制作粗糙，大多数保留有打击斑和原石皮。器形以石斧等为主。打制石器主要是石核石器和砺石等。石料多为灰红色和浅灰色的细砂岩，质地较软，也有少数质地坚硬的青灰色、灰黑色和青白相间的石料。这时期的石器绝大多数都经过多次使用，出土时不是缺损就是崩口，完整器少见。磨制石器中有相当一部分经打成扁体石坯后，器体稍加磨制，没有明显的刃口。打制的石核，形状、大小不一，基本上是把选来的石块敲打成型后不磨制，没有明确的刃口，随其不规则的形状使用。砺石出土很多，其形状不规则，有的因使用而磨成平面，有的磨出沟槽。在地层中出土较多的自然石块，大小不一，没有加工痕迹，可能就是那么使用的。总体来说，这里的石器制作技术不高，具有相当的原始性，专业工具较少，体现了这一时期石器的多功能性。

蚌器在双墩遗址中发现的数量非常多，地层中堆积着大量的螺蚌壳，绝大多数都是生长数年的老蚌，壳厚而坚硬，非常适宜制作工具。就地取材，这种得天独厚的条件使蚌器成为双墩先民主要的大宗劳动工具。发掘中收集到大量的经过人工打制而成的蚌片，除了蚌刀、蚌锯、蚌匕、纺轮等器形外，大多是刮削器和切割器。据初步观察，制作蚌器的方法是首先把选好的蚌壳打成或切割成长方形，一般不做边加工，保留打、切时留下的粗糙而不整齐的边，利用蚌壳的口部做刃口，稍磨或不磨也很锋利。这种制作蚌器的制作方法与其他文化类型利用蚌口作背的制作法截然不同，既简单又省事，为大量生产提供了工具的保证。

骨、角器也是常用的劳动工具，发现数量较多。骨器大多是利用动物的肋骨制成，少数用肢骨等制作。一般多制作不精，保留有肋骨沟、肢骨面等。如锥、凿等器仅在尖部精磨。有一种桡骨锥，由于适手，只磨出尖峰，余保留原样。器形有锥、针、凿、镞、镖、匕、簪等。角器均为鹿角制成，主要是尖状器和勾形器等。尖状器的制作比较简单，仅将鹿角尖部的一段切割下来，稍磨其尖，余保留原样。勾形器的制作比较复杂，既费工又费时，它巧妙地利用鹿角的主杈枝劈割成钩形，然后通体精磨，主枝为钩，杈枝为柄，柄部多刻有系索槽，是一种绑在长杆子上使用的工具。

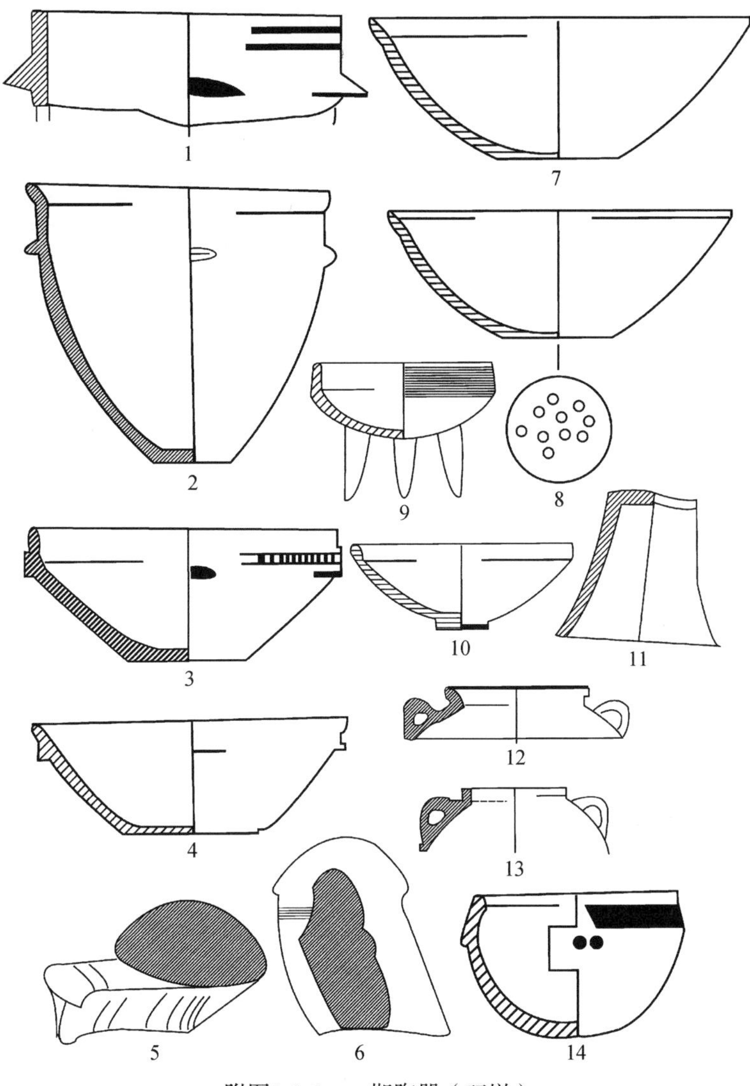

附图1-1-1　一期陶器（双墩）

1、2. 大口深腹釜　3、4. 钵形釜　5. 框形支架　6. 柱形支架　7. 钵　8. 甑　9. 钵形鼎　10. 碗　11. 豆座　12、13. 双耳罐　14. 大口罐

2）二期

以侯家寨下层为代表[①]。它包括第3、4两个地层。遗物主要有陶器、石器、骨器、角器等。陶器以夹砂和蚌末红褐色陶为主，器壁厚重而粗糙，有一定的夹炭陶，烧后器轻，多呈外红内黑色，少黑色。制法为手制，磨光，有的器物底部留有刮削痕迹，内壁留有指纹。器表多素面，有少量附加堆纹、指切纹、戳刺纹、刻划纹、乳钉纹等。还有一些施红色陶衣和在器物口部绘红色的彩陶器。流行平底、鋬手、器耳和矮圈足等。器形有釜、支架、碗、钵、豆、盂、盖、勺、罐、鬶、纺轮、锉等。主要是生活用具和少量的工具。在占绝对多数的炊器中，釜的数量最多。釜分为罐形和钵形两类。罐形釜为鋬手深腹平底，口部变化有卷沿、侈口等区

① 阚绪杭：《定远县侯家寨新石器时代遗址发掘简报》，《文物研究》（第5辑），黄山书社，1989年。

别。钵形釜以敛口、折肩、鋬手、平底为主，也有敞口、直口等不同型式。支架均为圆柱体，形体粗壮高大，顶为半圆形，整体向内倾斜。碗是常见的器物，而且制作比较精，器表较薄，多施红衣。碗的形体较大，可称为钵形碗，口部多为敛口，也有敞口和直口等变化，均矮圈足，圈足底有刻划符号。刻划符号有太阳、月亮、鱼、动物、植物、方框、数字、网形等。豆的制作也较精，外面多施红色彩陶衣，为矮喇叭形座。盂发现较多，器形较小，多数很难说是实用器，以折腹或圆腹小平底为多，口部有敛口、侈口、直口等。还有个别圜底和三件套叠在一起的。罐有小口和大口两类，小口罐肩部双耳，大口罐卷沿。仅发现一件鬶，器表粗糙，小口微侈，圆肩，大平底，三扁棱足，单把手，肩部饰3组双乳钉纹。鼎无完整器，足均为圆锥形。还有平底钵形甑、蘑菇状和圈足形盖纽、鸟首形器耳、人面头像陶塑等（附图1-1-2）。

侯家寨遗址下层出土了许多陶、石、骨、角等质料制成的工具。其中陶质工具有纺轮、锉、圆饼、网坠、弹丸等。石器发现数量较少，一般都通体磨光。多为灰色和灰黑色砂质岩石料，较软。器类比较简单，器体小而粗糙，没有明显的专业分工。器形有锛、臼、弹丸等。另外还有一些打制石器和自然石块，如石片、石核器、砺石等。骨角器的数量较多。骨器有锥、针、凿等，主要是用动物的肢骨制成。角器主要是鹿角勾形器和鹿角锥状器等。

3）三期

以石山孜遗址1988年发掘材料为代表①。该遗址位于淮北市濉溪县平山乡石山孜村北侧，南距淮河约120千米，至1993年共进行了四次发掘，揭露面积450平方米。出土器物有陶器、石器、蚌器、骨角器等。

陶器以夹砂和蚌末为主，有一定数量的泥质陶。陶色以红褐色为主，黑陶次之，灰陶较少。纹饰以附加堆纹为主，多饰于釜、盆等器物上，一种加厚口沿的附加堆纹还可以起到鋬手的作用。指甲纹多见于泥条状堆纹的表面，少数戳刺纹见于泥质陶器上。还出土了少量红色彩陶，多在泥质陶钵的口沿绘一周，个别彩绘于陶杯的腹部。陶器皆手制，内外均较粗糙，火候低，质地软，器壁厚重。泥质陶器壁较薄一些，质地也较硬。主要器形有釜、支架、鼎、罐、盆、钵、碗等。主要为生活用具，炊器釜的数量多，变化大，可以分为深腹罐形和钵形两类。深腹罐形釜主要变化在口部的形状和附加部分。口部形状有直口、敞口和敛口，口部附加部分有加厚口沿并在口沿上装对称鋬手，或在沿下附加一周泥条堆圈，或在沿下只装对称鋬手。钵形釜有敞口和侈口两种，腹部装有鸡冠耳鋬手。支架呈圆柱体，近底端外凸呈厚圆饼形。鼎均为圆锥形足，有敛口折肩钵形、敛口侈沿折腹釜形和罐形三类。罐有夹砂陶和泥质陶之分，分为鸟首形双耳小口罐和大口罐两类。鸟首形有尖嘴、方形嘴部凸出和环形三种变化。盆也有夹砂和泥质之分，口有敛口和敞口两种，沿有宽窄之别。敛口盆弧腹内收，敞口盆斜腹内收，口沿下均有附加堆纹一周。钵多泥质，器形多为敛口弧腹内收，少数口沿加厚呈倒钩状沿，还有的口沿绘红色彩，个别有鋬手。碗为敞口假圈足平底。豆为筒状矮喇叭形。还有盂、盖、流等

① 安徽省文物考古研究所：《安徽濉溪石山子新石器时代遗址》，《考古》1992年第3期；安徽省文物考古研究所1993年的发掘资料。

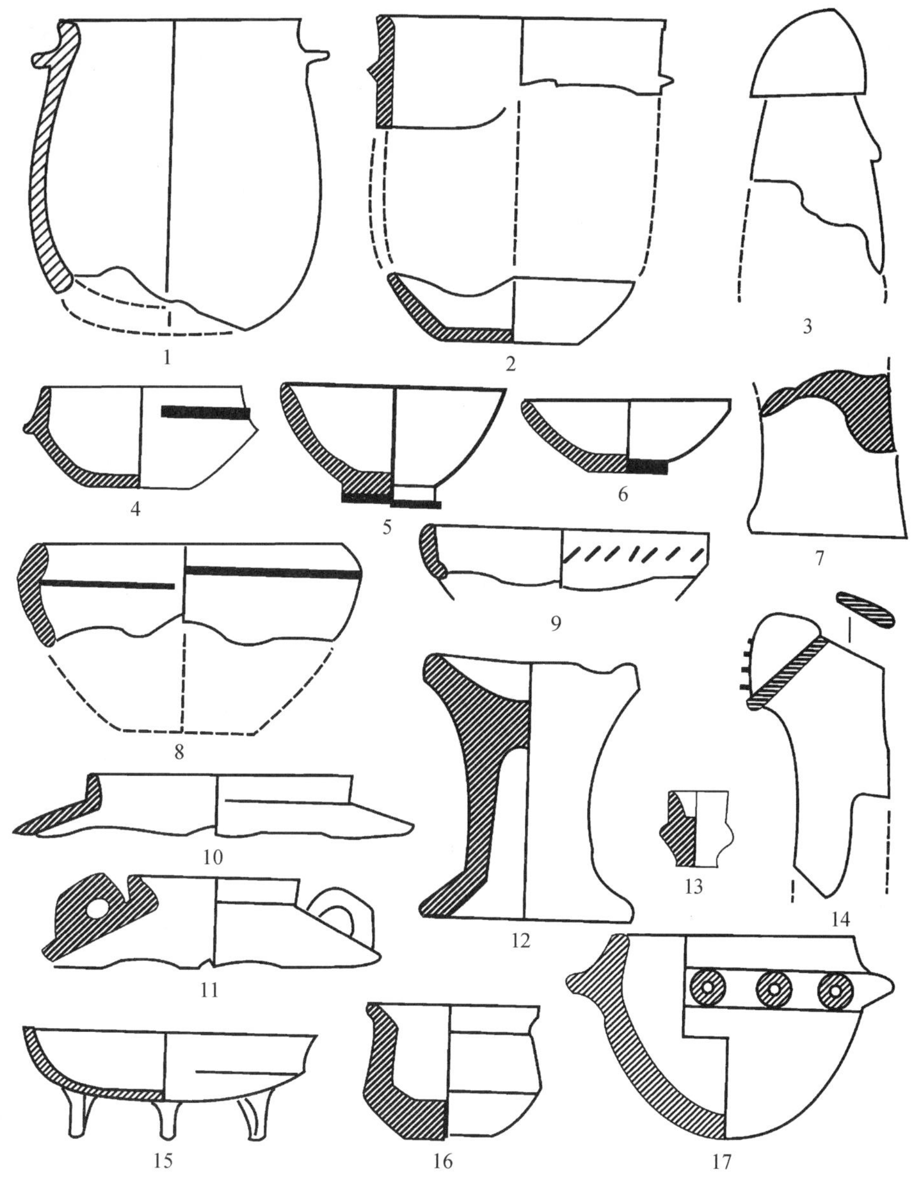

附图1-1-2　二期陶器（侯家寨）

1、2. 罐形釜　3、7、14. 支架　4、8. 钵形釜　5、6. 碗　9. 豆盘　10、11. 罐　12. 豆座　13、16、17. 盂　15. 三足盘

器物。发现少量彩陶片，多为泥质陶，为乳黄色或橙黄色底，用红色绘制（附图1-1-3）。

石山孜遗址出土的工具由陶、石、骨、角、蚌等质料制成。陶质工具较少，有制陶工具陶拍等。石器数量少，磨制粗糙，有斧、凿、杵、臼等。这些石器表现为多次再加工使用的情况。骨角器少，有骨针、鹿角勾形器等。蚌器有刀、镰等。

4）四期

以侯家寨遗址上层为代表[①]，包括第1、2层，遗迹为房基和灰坑。遗物有陶、石、骨、角等。

房基共发现3座，均被破坏，仅存部分居住面。居住面为黑灰色黏土压实或夯实，厚5～6

① 阚绪杭：《定远县侯家寨新石器时代遗址发掘简报》，《文物研究》（第5辑），黄山书社，1989年。

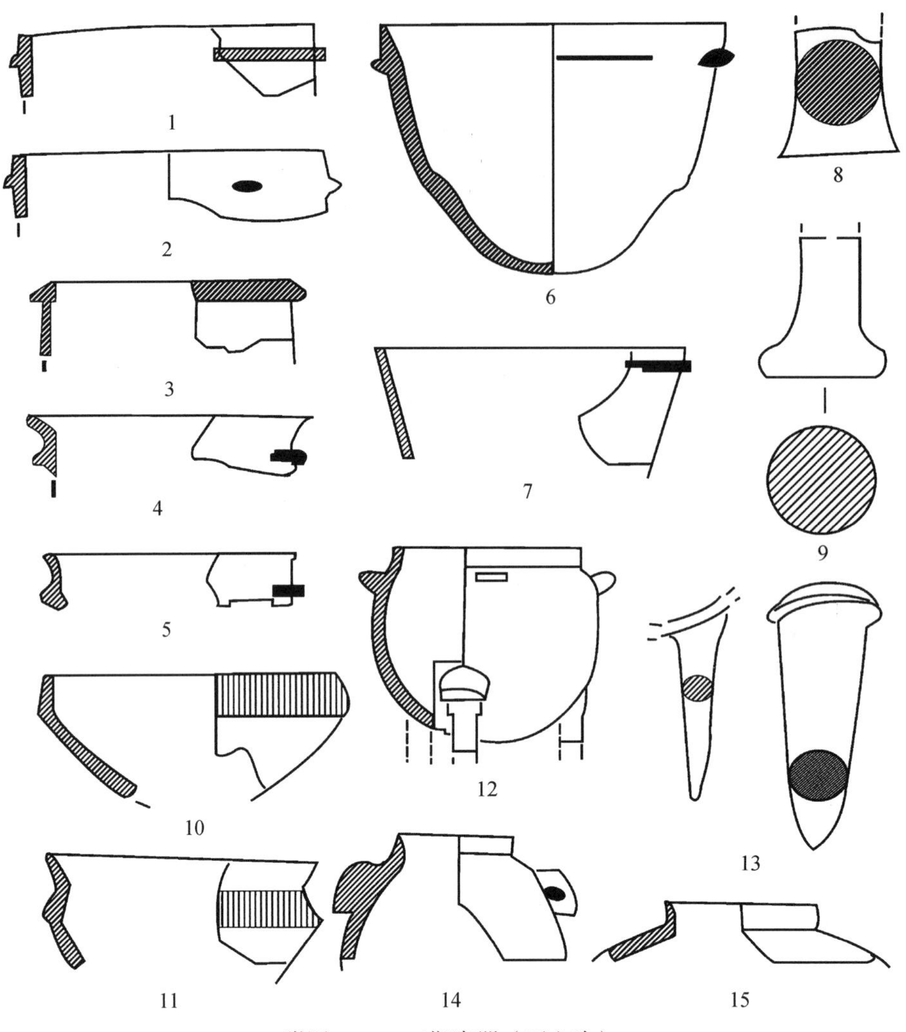

附图1-1-3　三期陶器（石山孜）

1～3. 大口深腹釜　4～7. 钵形釜　8、9. 支架　10、11. 钵形鼎　12. 罐形鼎　13. 鼎足　14、15. 小口罐

厘米，表面较硬，中间有圆形柱孔。硬面上发现有残陶器、支架、动物骨头等遗物。居住面不是平地建筑，现保存深度15厘米左右，呈椭圆形或圆形。如保存较好的F1残长250、残宽200厘米。没有发现红烧土建筑情况，估计这是一种半地穴式的窝棚建筑。

灰坑共发现5座，多分布在房子的周围，有近圆形和不规则形两种。坑内堆积为灰黑色松土或灰烬，含较多的陶片、动物骨头，有的含有大量的螺蚌壳等。出土陶器有鼎、豆、盘、甑、盂等。动物骨骼经初步鉴定有猪、鹿、羊、狗、鸟、龟、鳖等。

陶器以夹砂陶为主，有的还掺和蚌末，次为泥质陶。在泥质陶中，有些属于夹细砂的。陶色以红褐色为主，次为红色陶，少量为灰色和黑色，还有大量的彩陶器。陶器以手制为主，并有轮修或轮制。器表多素面，也有弦纹、镂孔、刻划、指切、捺窝、附加堆纹等。鼎上多饰弦纹、刻划纹，豆上多饰弦纹、镂孔等。彩陶多见于豆、盘、钵、罐、碗等器物，用红彩在橙黄色底上绘出图案，有三角纹、网纹、水波纹、曲折纹等，为上下间隔绘制。流行鋬手、耳系、三足、平底、圈足等。器形有鼎、釜、支架、罐、钵、豆、甑、壶、盂、盘等。主要为生活用具，其中炊器鼎不仅数量多，器形变化也大，可分为罐形、釜形和钵形三类。鼎足变化复杂，有圆柱形、厚扁形和乳钉、铲状、弯曲等异形足。罐形鼎分矮领球腹和束颈卷沿鼓腹两型；釜形鼎分束颈直口或卷沿折腹和大口折平沿圆腹两型；钵形鼎多为敞口圜底，有的腹部装有单把手。罐形鼎多圆柱足，少厚扁足；釜形鼎多厚扁足；钵形鼎为各种异形足。釜鼎器形较大，器壁厚重粗糙，有卷沿深腹和敞口深腹两类，口沿下附加一周堆纹和对称錾手。支架为椭圆形体，双峰顶，整体向内倾斜，似未经火烧制，向火的一面红褐色，坚硬，背火的一面灰色，质软易碎。罐均矮领圆腹，肩有鸟首形耳系。这种鸟首形耳系发现较多，还有环形、鸡冠形耳等。钵多为侈口，分平底和圈足两类，平底钵上腹内曲凹，折中腹，折棱明显并有对称錾手，下腹内收平底。圈足钵多是彩陶器，有盘形和碗形两种，内外彩都很发达。豆座有矮柄喇叭形座和大高圈足形座两类。豆盘有钵形、盘形和碗形等。甑为近圜底钵形，沿下装有对称錾手，底部有箅孔。勺有长而扁的羊角形把手。盂数量多，质地粗糙，器形大同小异，多为束颈侈沿圆腹或折腹平底，还有带把手和三孔足的。盖有覆碗形和覆钵形，盖纽变化较大，有双峰式、三角形式、蘑菇形式、圈足形式等。还有较多的流嘴。

本期彩陶比较发达，主要是红彩，只发现极个别的黑彩。彩陶器多为泥质陶，制作比较规整，完整器不多，能辨认器形的有豆、盘、罐、钵等。其方法是先绘后烧，不易脱落。一般是先在器物上施橙黄色陶衣，然后再绘红色图案。彩多绘在器物的口部和腹部，内外彩都很发达。从早期到晚期都流行施红彩陶衣。很多器物都是通体彩绘，图案变化较大，繁简不一，总体上是宽、窄线条组成的条带纹、水波纹、网状纹、曲折纹、勾连纹等（附图1-1-4）。

侯家寨遗址上层出土工具不多，由陶、石、骨等质料制成。陶质工具有纺轮、弹丸等。石器多为锛，制作粗糙，数量少，石质差，还有一些打制石核器等。骨器有锥等，制作不精。

4. 分期的文化特征

本节根据现有的考古材料将侯家寨文化分为四期，四期的文化面貌既有各自的特点，又有较紧密的内在联系和承袭关系。

侯家寨文化的陶器都是以夹砂和蚌末为主，器体厚重粗糙，火候低，多呈红褐色，一至三期有一定数量的夹炭陶，三至四期泥质陶逐渐增多。器表多素面，往往在器物的口部、肩部、錾手、附加堆纹上饰刻划纹、指切纹、戳刺纹等。在四期的鼎和豆上多饰弦纹、镂孔等。彩陶器从早至晚呈逐渐发展的趋势，除常见的红彩陶衣外，彩绘多见于器物的口部、腹部等。一至三期的彩绘线条比较简单，到四期大量出现通体彩绘陶器，内外彩都很发达。陶器的制法，一至二期为手制，三至四期除了手制外，出现了轮修或轮制。在器形上，釜是最主要的器物，不仅数量多，型式变化也大。一到四期的釜可统分为罐形和钵形两类，但形体有差异。一期的卷沿罐形釜为上腹大下腹小，而二期的釜上腹小下腹大，三到四期的釜多大口深腹，口沿部分都附加一周堆纹。钵形釜一到二期以敛口平底为主，少敞口平底；三期则以敞口为主，并有圜底器；到四期从器形看则失去釜的作用而为盛器钵了。支架在一到三期中多为圆柱体，少框圈形。一至二期的支架较粗壮，三期变为细瘦，四期则呈椭圆体。鼎在一到三期中不是主要

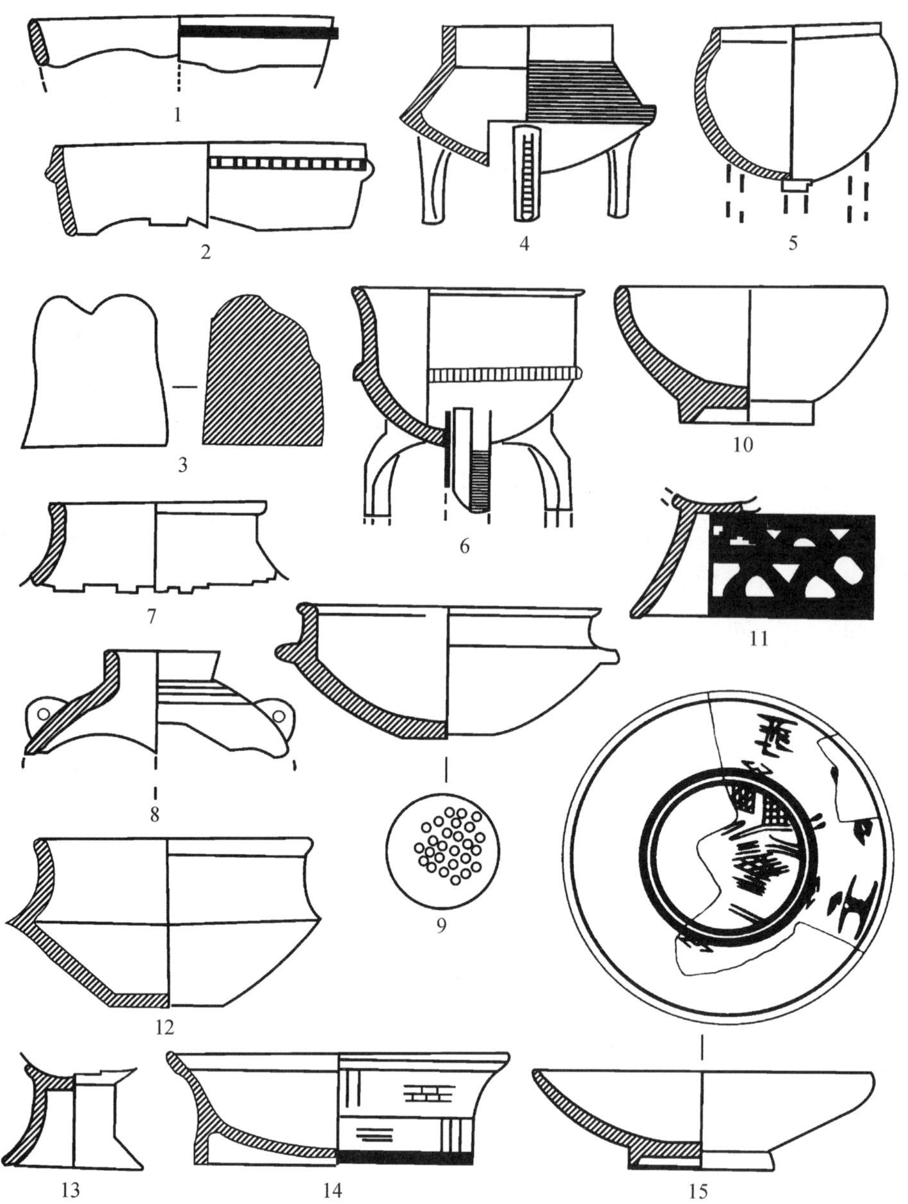

附图1-1-4　四期陶器（侯家寨）

1、2. 大口深腹釜　3. 支架　4、6. 釜形鼎　5. 罐形鼎　7、8. 罐　9. 甑　10. 碗　11、13. 豆座　12. 平底钵　14、15. 圈足钵

炊器，数量少，器形小，多为钵形，少罐形，足多为圆锥形。到四期鼎增多，取代釜而成为主要炊器，形体增大，有罐形、釜形、钵形三类，足除圆锥形外，还有较多的厚扁形和各种异形足。碗在一、二期以一种形体较大的钵形矮圈足为主，二期还有敞口碗；三期为矮假圈足平底碗；四期为敛口碗等。小口双耳罐一到四期都有，其变化主要是双耳，一期以牛鼻形、宽扁形为主，少鸟首形；二期以桥环形、鸟首形为主，三至四期以鸟首形为主。一期中还有大口罐，二、三期有无耳小口罐等。豆在一到四期中都有矮喇叭形座，一般都施红衣，四期则变为彩绘图案，并且出现了较多的饰弦纹、镂孔大圈足形豆座等。

由上述分析可知，一到四期的陶色、陶质、纹饰、器类和制陶技术等诸多方面以共性为主，同时也体现了各期之间前后承袭和发展的关系。一到二期之间除在器物特征、文化面貌上一致外，还有^{14}C年代参考。三期的泥质陶增多，深腹釜与四期釜类同，彩陶技法和纹饰同四期，这三个因素使石山孜遗存起到了承前启后的作用。总之，一到三期的文化面貌具有更大的一致性，早晚关系衔接得比较紧密。四期鼎大量使用，其他器形和纹饰也有一定的区别。因此，三到四期之间确有较大的变化。

5. 经济生活

1）定居的农业经济

定居与农业是相互依存的。在已经发掘的10余处侯家寨文化遗址中，均有大量与房子建筑有关的红烧土堆积遗迹。如蚌埠双墩遗址中就有多层红烧土堆积地层。在石山孜遗址中发现了柱洞排成的圆形地面建筑大房子和很多用红烧土包在柱子外面的柱础式遗迹。在定远侯家寨遗址上层还发现似半地穴式的房子遗迹等。已发现的用于农业劳动的工具有石斧、石锛、石铲、蚌刀、石镰、鹿角尖状器、石核器、石臼等。这些工具似没有专门的分工，反映了当时农业生产的原始性。总之，侯家寨文化时期的居民从早期就已经过着以农业为主的定居生活。从骨骼鉴定得知当时人们除了养狗外，还大量饲养猪等家畜。

2）渔猎经济

捕鱼打猎在侯家寨文化中占有极其重要的地位。从出土的大量网坠来看，网捕的方式被普遍采用。网坠绝大多数为陶制，器形有大、中、小之分，说明当时为了适应捕不同的鱼，网有大小不同的规格。同时还发现有骨镖等叉鱼的工具。在遗址堆积地层中发现有很多的鱼骨、龟板、鳖壳等。在各遗址中发现的镞头较少，说明射猎并不发达。遗址中大量的投掷器和弹丸说明当时打猎的方式以围猎为主。各遗址都出土了大量的动物骨骼，经鉴定有野猪、家猪、獾、貉、牛、梅花鹿、水鹿、獐、麂、鸡、涉禽、鳄鱼、麝等。这充分说明渔猎经济在侯家寨文化中的重要性。

3）采集经济

采集在侯家寨文化中同样占有重要的地位。发现的工具有蚌刀、镰及大量鹿角勾形器。后者是一种绑在杆子上的钩子，可以起到延长手臂的作用。在各遗址中还发现了大量的螺蚌壳，最典型的是蚌埠双墩遗址，如在T0621中做了每平方米面积的定量统计（附表1-1-1）。由此看来，对于侯家寨文化的先民来说，除了陆地上的采集活动外，水中的采集也是极其重要的。

附表1-1-1　双墩遗址T0621螺蚌壳数量统计表

层位	螺壳/个	蚌片/块
②	34368	384
⑤	27440	750
⑦	33400	1000
⑧	3580	376

由此可知侯家寨文化的经济生活是以农业、渔猎、采集三大经济来源为生存条件的多种经济生活形式。

6. 分布区域和与周边文化的关系

侯家寨文化是分布在淮河流域中上游地区的新石器时代早中期文化，在其周邻地区有着不同的文化分布。东北和东部淮河下游地区有北辛文化[①]、青莲岗文化[②]，南部长江水系有薛家岗文化[③]，西北部豫中地区有裴李岗文化等[④]。这种地理上的分布，使各文化之间必然会相互影响。

1）与北辛文化的关系

釜是侯家寨文化的主要器物，三期的釜与北辛遗址的钵形釜、大口深腹罐相类似。北辛遗址的主要器物鼎，除圆锥形鼎足与侯家寨文化的同类器物相似外，余均不同。从北辛遗址大量使用鼎来看，其年代不早于侯家寨遗址下层。

2）与青莲岗文化的关系

青莲岗出土的釜为腰沿平底或圜底，与侯家寨文化鋬手平底完全不同。有些平底钵、鸟首形双耳小罐在两个文化中均有同类器物。关于青莲岗文化，曾有研究者提出“江北类型”和“江南类型”说，1992年有学者撰文给青莲岗文化填充了新的内容，将侯家寨文化列入青莲岗文化，分为双墩期→侯家寨期→青莲岗期[⑤]。1994年2月27日《中国文物报》刊文认为高邮市龙虬庄遗址发掘成果对重新认识和研究所谓“青莲岗文化”有重要意义。总之，青莲岗遗址出土器物与侯家寨文化的器物完全不同，关于青莲岗文化的内涵，还有待今后考古工作的深入探讨。

3）与薛家岗文化的关系

薛家岗文化的年代晚于侯家寨文化，他的早期与侯家寨文化四期相当或接近。薛家岗一期出土的腰沿釜，显然是受马家浜文化的影响，而与侯家寨文化毫无类似之处。属于侯家寨文化四期的肥西古埂遗址下层出土的陶豆类似于薛家岗遗址二期的同类器[⑥]。属于薛家岗文化早期的宿松县黄鳝嘴遗址出土的异形鼎足[⑦]、圆柱形鼎足与侯家寨遗址上层出土的异形鼎足、圆锥形鼎足有些雷同。总之，两个文化虽在江淮之间交汇，但由于年代上的原因，除了早期有些相同因素外，再往前就无法比较了。

---

① 中国社会科学院考古研究所山东队、山东省滕县博物馆：《山东滕县北辛遗址发掘报告》，《考古学报》1984年第2期。

② 南京博物院：《江苏淮安青莲岗古遗址古墓葬清理简报》，《考古通讯》1958年第10期；南京博物院：《长江下游新石器时代文化若干问题的探析》，《文物集刊——长江下游新石器时代文化学术讨论会文集》（1），文物出版社，1980年。

③ 安徽省文物工作队：《安徽文物考古工作新收获》，《文物考古工作三十年（1949～1979）》，文物出版社，1979年。

④ 中国社会科学院考古研究所河南一队：《1979年裴李岗遗址发掘报告》，《考古学报》1984年第1期。

⑤ 邹厚本、谷建祥：《青莲岗文化再研究》，《东南文化》1992年第1期。

⑥ 安徽省文物考古研究所：《安徽肥西县古埂新石器时代遗址》，《考古》1985年第7期。

⑦ 安徽省文物考古研究所：《宿松黄鳝嘴新石器时代遗址》，《考古学报》1987年第4期。

4）与裴李岗文化的关系

裴李岗文化是分布在豫中地区渭河流域的新石器时代早期文化，与侯家寨文化可比器物不多，石山孜遗址出土的矮假圈足平底碗在裴李岗遗址中有同类器。平底器在裴李岗文化中也常见，有一种大口深腹平底罐与侯家寨文化的罐形釜相类似。

上述比较表明，侯家寨文化与周邻诸文化之间都有着各自的器物群体和分布区域。但由于地缘上的关系，相互之间又存在着一些共同的因素，如釜、鸟首形器耳、小口罐、平底钵、鼎足等，这些共同因素都是相互影响的结果。

侯家寨文化的确立是近几年来淮河流域新石器时代考古工作的一项重大成果，它是独立分布于淮河流域中上游地区的新石器时代文化。其主要特征是：以农业、渔猎和采集三大经济为生存支柱的定居生活。劳动工具有陶制的纺轮、网坠、投掷器、弹丸、锉、拍等；石制的有斧、锛、凿、石核器、臼等；骨制的有针、锥、镖、镞等；蚌制的有刀、锯、匕、刮削器等；鹿角制的有尖状器和勾形器等。这些劳动工具都具有数量少、器类简单、制作粗糙、器体小这四个基本特征。陶器以手制为主，三期以后出现轮修或轮制。陶色、陶质以夹砂和蚌末红褐色陶为主，器体多粗糙厚重，还有一些夹炭陶。一、二期泥质陶极少，三期以后逐渐增多。器表多素面，多在器物的口沿、肩部、鋬手、附加堆纹上饰刻划纹、指切纹、戳刺纹等，四期在鼎和豆上多饰弦纹、镂孔等。彩陶器也比较发达，有普遍使用满施红彩陶衣到施于口部、腹部的简单彩绘，再发展到通体彩绘。器物以生活用具为主，其中炊器釜最多，釜又分为罐形釜和钵形釜两大类，都是鋬手平底，多四鋬手，这是侯家寨文化特征最强的器物，它既不同于南方系的腰沿釜，又不同于北方系的圜底釜。与釜配套使用的支架，为圆顶粗壮柱体和极少框圈体，这也是与众不同的特殊造型。鼎在前三期中较少，呈现逐渐增多的情况，到四期才大量使用，以至于替代了釜的地位。还有鸟首形双耳小口罐，钵形碗，在碗底圈足内大量发现的刻划符号，彩陶圈足盘、豆、盂、勺等都具有典型的自身文化器物特征。总之，侯家寨文化具有一定的分布区域，有自己的生活方式，有一群自身文化特征的器物，并且在这块古老的土地上延续发展了近20个世纪，是一个独立于淮河流域的新石器时代文化体系。

说明：侯家寨文化随着20多年来淮河流域考古工作的深入发展，特别是2003～2008年对1986年和1991～1992年蚌埠双墩遗址发掘材料的整理研究，将论文中提出的侯家寨文化内涵一分为二，即侯家寨文化一期和论文中的二期双墩遗址同属于一个文化类型，归为“双墩文化”①。通过2013～2019年对侯家寨遗址1985～1986年发掘材料的整理研究，将侯家寨遗址下层一期归到双墩文化后，侯家寨遗址上层二期，即该论文中的四期，仍然承担“侯家寨文化”

① 安徽省文物考古研究所、安徽省蚌埠市博物馆：《安徽蚌埠双墩新石器时代遗址发掘》，《考古学报》2007年第1期；安徽省文物考古研究所、蚌埠市博物馆：《蚌埠双墩——新石器时代遗址发掘报告》，科学出版社，2008年。

的命名[①]。本文中的三期，即石山孜遗址早期遗存，在多年对石山孜遗址发掘材料整理研究[②]出版的发掘报告中，将石山孜遗址早期内涵分为三期，其一期归属于小山口文化类型，而二期归属于双墩文化，三期归属于侯家寨文化。

二、苏鲁豫皖考古座谈会纪要[*]

苏鲁豫皖地区古文化研究，是国家文物局根据著名考古学家苏秉琦先生的建议而设立的重点研究课题。自1987年开题以来，参加该课题的中国社会科学院考古研究所及苏鲁豫皖四省文物考古单位做了大量的工作，取得了可喜的成果。为加强相互了解，交流经验，深入探讨，协调工作，国家文物局于1991年5月28日至6月2日，在安徽省合肥召开了“苏鲁豫皖考古座谈会”。国家文物局副局长张柏以及来自北京、江苏、山东、河南、安徽的专家、学者20多人出席了会议。与会代表首先到蚌埠、灵璧、蒙城考察了安徽省文物考古研究所和中国社会科学院考古研究所安徽考古队的发掘现场，参观了安徽省文物考古研究所包括侯家寨遗址两次发掘的标本和陈列，然后进行座谈讨论。

会议期间，安徽省副省长杜宜瑾看望了与会代表，安徽省人大教科文卫委员会副主任张晓兰、省文化厅厅长蓝天、副厅长刘景龙、省政府三办主任张武扬、省文物局局长朱世力等出席了会议。张晓兰副主任、刘景龙副厅长、省文物局李广宁副局长、省文物考古研究所邓朝源所长在会上致辞，对来自首都和苏鲁豫三省的文物界领导和专家学者表示热烈欢迎。

座谈会上，中国社会科学院考古研究所（以下简称社科院考古所）和苏鲁豫皖四省的代表分别汇报了几年来课题工作进展情况，黄景略、张忠培、高广仁、郑笑梅等有关专家做了中心发言。国家文物局副局长张柏在座谈会开始和结束时发表了讲话。现根据记录将会议发言摘要整理如下。

（一）张柏（国家文物局）

“苏鲁豫皖考古座谈会”，在四省和社科院考古所同志们四年多的辛勤工作的基础上，今天在这里召开了。这个会议的召开，说明这个地区的工作有了一定的进展，是我们考古界的一件喜事。

---

① 安徽省文物考古研究所：《安徽定远侯家寨新石器时代遗址发掘》，《考古学报》2019年第1期；安徽省文物考古研究所等：《定远侯家寨》，待刊。

② 安徽省文物考古研究所、淮北市博物馆、濉溪县文物事业管理局：《濉溪石山孜——石山孜遗址第二、三次发掘报告》，文物出版社，2017年；安徽省文物考古研究所：《安徽濉溪石山子新石器时代遗址》，《考古》1992年第3期。

* 《文物研究》编辑部整理。载于《文物研究》（第7辑），黄山书社，1991年。

这次会议在安徽召开，安徽省政府、省人大、省委宣传部、省政府办公厅、文化厅、文物局对这次会议非常关心，非常支持，省文化厅、文物局为这次会议的召开做了大量的准备工作，创造了非常好的条件。我们前三天看了几个工地，工地的工作做得很好，准备很充分，看起来很方便。为此，我代表国家文物局，代表与会的代表，对安徽省对我们的支持和帮助表示衷心的感谢！

目前我们国家文物事业确实有了很大发展，我们国家的博物馆工作、考古工作和考古科研工作确实有了很大的进步，这主要是党中央和国务院对我们文物工作关心、支持的结果。前一段时间中央领导听取了国家文物局的汇报，并且做了非常重要的指示，指出我们当前文物工作的重点，就是要保护好文物。要保护好文物，科研工作是非常重要的，因为搞好考古科研工作，搞好博物馆的科研工作，就能够更好地认识如何保护、保护的目的、保护的意义、保护的方法、保护的重点。大家都知道，目前考古科研工作在全国一些地区有不少的突破，苏鲁豫皖这个地区，在整个考古工作当中是一个非常重要的地区，所以在四年前，国家文物局部署在这个地区进行考古课题的研究。这个任务落在苏鲁豫皖四省和社科院考古所的身上。四年多来，各省和社科院考古所做了大量的很有成效的工作。在工作过程中，大家产生了一些认识。到了现在这个阶段，根据各省的意见，需要召开这么一次会议，把大家这几年工作的情况和在工作中产生的一些认识，在这次会议上交流一下，通过交流，大家互相取长补短，使自己的认识更加丰富。也就是说，从这个地区科研工作的整体来考虑，大家会产生一些新的认识，通过这些认识的交流，我们对这个地区古代文化整体的认识会更加深入，这无疑是对这一地区考古科研工作的一个推动。另外，通过这样的交流、座谈，对下一步如何工作也会产生一些想法，有利于我们下一步对这项科研工作的开展。所以这次座谈会是很有意义的，不仅对我们整个考古科研工作是很有意义的，对做好文物保护工作也是很有意义的。所以我说这不仅仅是这一地区的工作，对全国的考古科研工作和文物保护工作都会产生很大影响。那么，如何开好这个会？总的想法是看、议相结合，通过看来讨论，在讨论当中大家尽可能畅所欲言，在座的都是考古界的同行，这么多年都在一起工作，大家都很熟悉，自己在这几年工作当中有一些什么认识，尽可能地谈，因为只有充分地议论，才能把一些问题摆出来，认识才能交叉，才能对下一步工作有更清楚的认识，对这一地区的工作会有好处，总的就是这样一个想法——先看，然后充分地议论。还希望大家对下一步的工作提一些意见、建议和希望。

这次到安徽来，我前几天在皖南地区看了几个文物点，看了民居，看了几个博物馆，还看了几个文物保护单位，皖南地区文物工作给我的印象不错。比如西递那个民居，去了以后，看到他们那里的工作确实有成绩。一是他们管理得好；二是宣传搞得好，到了这个村就感觉到保护文物的气氛很浓；三是他们制度建设好，整个村有一个制度，另外，和每家都有一个像合同一样的制度；四是工作认真负责，文保所同志基本上在那里盯着。因此，这几年保护工作越来越好。旅游局组织一些游客去参观，通过一些制度把一些关系固定下来，所以游客在那里参观也没有什么影响，民居还是保护得很好。宣州地区的宣城博物馆，他们那里资金不足，各方面条件都有困难，但是这几年他们通过努力，建起了一个相当不错的博物馆，文物保护也做得很好。展览还是可以的，在这样一个地区，有这样一个博物馆，我听他们的馆长和局长讲，受到了广大群众的欢迎。所以，皖南地区的文物工作做得还是不错的，给我很多启发。按照领导要求，我们当前文物工作的中心就是把文物保护好，在这个前提下来发挥文物的作用，为精神文明建设服务，为社会主义服务。我觉得这个地区的文物工作体现了这样的精神，这是一点。再一点我们与会的代表参观了安徽的这几个工地，有两个是安徽省文物考古研究所做的，有一个是社科院考古所做的。给我的印象，这几个工地的工作做得比较好，比较细，层位分得清楚，标本也很规整，符合国家规定的考古操作规程。几位同志向到会的专家、代表汇报了工作情况，汇报得很清楚。总之，安徽省考古发掘、考古研究、文物保护和宣传工作确实是给我留下了一个很好的印象。刘厅长、李局长对我说，他们这些工作取得的成绩主要是由于省政府重视，以及安徽省文物工作者积极地努力、辛辛苦苦地工作的结果。我这次到宣城见到了葛局长，他对文物工作非常热心，他说这一辈子我就交给文物工作了，我听了很受感动。我一路上遇到了很多老同志，我对这些老同志说，我这次来确实是一次学习，老同志的这种工作精神对我来说教育很大。我还碰到一位人大常委会的副主任，原来在文化局当副局长，姓熊，这位同志已50多岁了。他谈他如何抓文物工作的，我也很受教育。他去搞一些调查，自己花钱，他给我一本书，就是通过前几年的工作，自己搞出来的，这本书对文物保护工作发挥了很大作用。所以我这次来到安徽很受鼓舞，也很受教育。在这样一个地方，我们开这样一个座谈会，我想各位代表和我的心情差不多。我们不仅可以在一个很好的条件下坐下来，而且在看了安徽这几个工地之后，结合本省的情况把这个地区的文物科研工作好好地谈论一下，讨论一下，而且我们来到这里，我相信大家都会在安徽学到一些其他的东西，包括文物工作的经验，包括这样的一些精神和思想。所以，我们这个座谈会的收获应该是综合性的。最后，对于安徽省的各个方面对我们会议的支持和帮助，再一次表示衷心感谢！预祝座谈会圆满成功！

（二）张敬国（安徽省文物考古研究所）

这几年在国家文物局的领导和支持下，我们从1987年开始成立了淮北课题组，做了一些工作。现把我们这几年的工作向各位先生、各位领导和同行们作一个简单的汇报。

从1987年以来，我们在淮北地区做了一些调查发掘工作。在这之前，由于各种原因，我们在淮北地区做的工作很少。以前只做过一些零星调查，1982年我所在亳州市发掘了富庄遗址。总的来说，那时候我们对淮北地区的古代文化面貌还是知之甚少。1986年苏鲁豫皖工作会议之后，我们在淮北地区进行了大规模的考古调查，发现104处遗址。这些遗址大多分布在河流的两岸，遗址一般为台地，高出周围农田1～5米，这些台地面积一般较小，大部分为几千平方米，少数有几万平方米。没有被河水淹没的地方遗址都是平地，与周围农田高度相等，面积较大，文化堆积较为单一，基本是一个时代或两个时代。台地遗址一般跨越几个时代，下层一般是大汶口或龙山时期遗存，上边是商周地层堆积，较为丰富，这样的遗址一般厚3～5米。

在淮北地区，新石器时代较早阶段文化遗存有5处，如濉溪县的石山孜，怀远县的双孤堆，淮南市的小孙岗，蚌埠市双墩，凤台县峡山口。它们的主要特征表现为陶器以夹粗砂或蚌末片的红褐陶为主，均手制，胎较厚，火候低，吸水性强。陶器纹饰以素面为主，只有少量的刻划纹、乳钉纹、附加堆纹和一些刻划符号。器形主要有鼎、釜、罐、钵、支架等，其中以釜、鼎为大宗。

其次发现的是相当于大汶口文化阶段的遗存，现社科院考古所做的尉迟寺遗址和我们发掘的灵璧玉石山遗址，另外还有宿县的芦城子下层，是我们去年做的工作，发掘了100平方米，出土的遗物很有特色。104处遗址中相当于大汶口阶段的文化一共发现33处。这个时期的文化特点主要表现为陶器以夹砂红陶、褐陶为主，其次为泥质灰陶，胎质较硬，火候较高。陶器绝大多数为素面，纹饰主要有弦纹和少量的镂孔装饰，还有少量的附加堆纹。器形主要有鼎、鬶、豆、罐、杯、壶等，鼎足式样较多，有鸭嘴形、宽扁长方形、铲形、带竖凹槽扇形等。豆有钵形豆、盆形豆、盘形豆，豆座有镂孔装饰。杯有高柄实足杯、矮圈足杯等。淮北地区当时受到山东大汶口文化强烈影响，在地域上都属东夷系统，地理位置的不同，在文化遗物上表现出了不同的差异。因此，有些遗址的文化性质可以归属大汶口文化系统，有的是以当地文化因素为主的新的地方类型。

龙山阶段的文化遗存在淮河以北地区发现得比较多，目前调查发现有67处。这一时期文化遗物特征为以夹砂灰陶为主，泥质灰陶、夹砂红陶次之，还有少量的磨光黑陶。陶器以素面为主，纹饰主要是篮纹、绳纹、方格纹和少量的附加堆纹、弦纹、刻划纹等。器形主要有鼎、深腹罐、豆、钵、小平底碗。器形种类增多，鼎足以侧三角形和扁圆形为主。扁圆足根部多饰一个或几个按窝。从调查的情况看，安徽淮北西北部受河南龙山文化造律台类型文化影响较大，可能属于造律台类型。东北部和中部受山东龙山文化影响，有些器形十分相似，但地方因素也表现得较为突出。目前发掘的材料还不多，从整体文化因素分析，还应属于当地的土著文化，为东夷系统的一个新的类型。

我们很想多做一点商周时期的遗址，但目前我们发现的商代遗址比较少，只有8处。从采集的标本看，河南和我们这里的区别还是很大的，典型的商文化和我们这里的商代文化有些差异，目前不好进行横向比较。今后我们准备发掘一两处商代遗址，弄清商文化面貌内涵。到西周时期，我们淮北地区文化遗存普遍增多，这个时期可能是一个繁荣的时期，发现西周的文化遗存共有71处，这个时期的文化堆积也比较丰富，比较厚，有的遗址达4～5米厚。早期陶器以夹砂灰陶和泥质灰陶为主，夹砂红陶次之，还有少量的黑陶和印纹硬陶。中期与早期大致相同，红陶略有增加。到晚期，陶器以红陶为主，灰陶次之，印纹硬陶大量出现。纹饰主要是绳纹，还有附加堆纹、弦纹等。西周时期的器形主要有鬲、盆、豆、罐、甗、杯等。从早到晚可看出一些器物的演变规律，如鬲的形体由长到扁矮，由绳纹到素面，鬲足由尖锥状到平根，实足根由矮到高，晚期还出现了刮削绳纹鬲足、两层包制的红褐陶鬲足。西周时期本地区文化面貌与中原周文化有很密切的关系，但反映了很强的地方特点。古代文献记载，这个时期在淮北活动的人群主要是淮夷族。从古代铜器铭文上看，淮夷主要在苏鲁豫皖交界的地区和江淮之间活动。我们很想把淮夷和徐夷的问题弄清楚，因为在时空上讲，他们都是在这一带活动。在这个地区调查发掘的一些西周时期的遗物，我们认为它可能就是淮夷的文化遗物，今后这是我们主攻的目标，因为淮夷在中国历史上曾起过重大作用。

前几年我们重点解决淮北地区早一点的文化面貌和年代序列问题。经过几年的调查和发掘，文化面貌和年代序列基本上有一个比较清楚的框架。

在淮北地区目前发现比较早的文化遗存有濉溪县的石山孜，发掘面积100平方米。地层堆积自上而下共分七层，分为两期。一期文化陶器以夹砂红褐陶为主，泥质陶占比例少，夹砂陶多拌有蚌片碎末，质地较软。纹饰除素面外，以附加堆纹为主，划纹次之。陶器均为手制，釜、盆、鼎盛行宽沿，鼎多折腹，罐多尖唇，碗、钵多为深腹。其中宽卷沿、直口和敞口圆唇釜、折腹釜形鼎、长圆锥状鼎足、尖唇宽肩和溜肩罐、宽沿盆、深腹碗、弧长方形器耳、鹿角靴形器为本期代表性器物。二期文化仍以夹砂红褐陶为主，泥质陶比一期明显增多，并出土一定数量的红衣陶和彩陶片。纹饰除素面外，以堆纹为主，出现凹弦纹、戳印纹、镂孔等，制法以手制为主。釜、盆流行堆纹，有半环形和鸡冠形鋬手，鼎一般附有对称的扁纽，圆锥状鼎足根部外侧多附一横向堆纹或泥突。碗、钵多为浅腹。罐形鼎、短锥状鼎足、窄沿盆等代表了本期文化主要特征。

怀远双孤堆遗址我们发掘了375平方米，分为三期，第一期年代约相当北辛阶段，第二期相当于“大汶口”文化中期，第三期相当于周代。第一期出土遗物以陶器、骨器为主，石器较少，陶器以夹砂红褐陶为主，泥质陶较少，不见红衣和彩陶。纹饰以素面为主，少量的附加堆纹、凸棱和刻划纹。主要代表器物有釜、鼎、罐、盆、钵等，鼎足都是长圆锥形，支座有圆形、方形两种。流行平底器，骨角器以鹿角靴形器为最多。第二期陶器仍以夹砂红褐陶为主，其比例明显下降，泥质红、黑、灰陶明显增多，出现红衣和彩陶。纹饰除素面外，有堆纹、凸棱刻划、弦纹等，出现以各种线条和圆点组成的复合纹饰。器形有鼎、盆、罐、钵、豆等，釜不见。鼎足为扁形或侧三角形。平底器较少，盛行三足器，豆圈足出现大镂孔喇叭形。第三期以夹砂灰陶为主，纹饰多为绳纹，器形有鬲、瓮、罐、盆、豆等。

相当于这个时期的文化还有蚌埠双墩，大家都看过了。淮北地区早期文化面貌，暴露了一点苗头，从整体上看还不够，因为器物太少，发掘面积也小，整体文化面貌还没有出来，只露出一点线索，这条线索相当于北辛或裴李岗中晚期阶段。再早一点是什么呢？我们相信它还有，今后还有待于我们调查和发掘。

尉迟寺遗址，是社科院考古所做的，他们工作做得比较好，出土的遗物比较丰富，大家都看了。这个遗存相当于大汶口中期阶段，比较典型，但和山东大汶口文化又不是一回事情。

经过几年来的工作，我们淮北地区的古文化线索基本上摸清楚了。第一是早期的石山孜，第二是相当于大汶口的尉迟寺，第三是龙山时期的，第四是商代的，相当于二里冈时期，其后是西周时期。西周时期的文化面貌基本上是清楚的，它跟中原周文化有所区别，与豫东有些相似，跟山东又不一样，我们认为，淮北地区西周文化的内涵就是淮夷文化的较典型的类型。从整个淮北地区来看，我们认为淮北地区考古学文化有自己的特点，不能单纯地把黄河流域和长江流域的文化套到淮河流域来。淮河流域考古学文化有自己的源和流，有自己的古代文明和发展规律。因为淮河是我国气候的分界线，也是稻作农业和旱作农业的分界线。在地理环境上，它是连接中原腹地和东南沿海的通道，是南北东西文化交流的枢纽，这个地区是中国考古学谱系框架上的重要一环，在中华民族文化形成过程中起着重要的作用，它是中国东部与西部和中原交流的最前沿，是两大文化系统碰撞的地带，因而形成了这个地区文化的复杂性，但主流还是本地土著文化发展的序列。我们想先把淮河流域的文化序列建立起来，然后再与其他文化进行比较。现在我们初步建立了一个大致的框架。跟江苏、山东、河南的东西比较，有它自己的特点，也有文化交流的因素，我们认为文化交流因素这一部分是第二位的，淮河流域自身特点是主要的，是第一位的。

我们与社科院考古所安徽队配合比较好，我们互相协助，互相交流和支持，在一些问题上进行了讨论。今后我们想解决三个问题：第一，找出年代较早的文化遗存，解决早期淮河流域文化面貌问题；第二，要找遗址堆积比较丰富、跨越年代比较长的遗址，树立淮北地区年代标尺；第三，我们想解决淮夷问题，淮夷和徐夷在古代历史上有很发达的文化，有很强的经济和军事实力，在中国古代文明形成过程中起过非常大的作用。苏秉琦先生十分关注对淮夷和徐夷文化的考古研究。“苏鲁豫皖先秦考古重点课题”中包含了徐夷和淮夷的问题，因此，我们安徽更有责任解决淮夷和徐夷的问题，安徽在古代就是徐夷、淮夷的故乡，徐夷、淮夷的课题已列入安徽省文物考古研究所十年规划和“八五”计划，这个课题的解决，对中国考古学文化谱系来说，也是一个环节的贡献。

（三）阚绪杭（安徽省文物考古研究所）

定远县侯家寨新石器时代遗址，是1977年春我在那里搞党的基本路线教育时发现的。当时采集了一些夹砂粗红褐色陶片，有鼎足、钵口、器底等，觉得这些标本比较少见。1985年5月我试掘了一条3米×10米的探沟。从出土遗物看出这个遗址的时代比较早，出土的陶器大都是些新的东西，在别的遗址上没见过。比如一种外面是红色、里面是黑色的陶体，这种东西很像马家浜的。还有一些东西怪得很，如大量出小盂形器，形似男性生殖器的陶支架，还有鹿角勾形器等。1986年秋对侯家寨遗址正式发掘，两次共发掘375平方米。地层堆积分三个自然文化层，还有一些打破文化层的灰坑、房基等。在简报中我把它分了两大期，即一期文化和二期文化［《文物研究》（第5辑），1989年］。一期文化包括第3、4两个地层，二期文化包括第2层及第1层下遗迹。从两期文化来看，一期文化的陶器器壁厚重粗糙，均夹砂夹蚌末，少量夹植物叶茎。陶色主要是红褐色，还有一些外红内黑色的。制法均为手制，以素面为主，少量饰堆纹、指切纹、乳钉纹等。流行平底器、矮圈足及鋬手、流、鸟首形器耳等。器形有釜、支架、豆、勺、盂形器、罐、盖等。值得重视的是出土了大量的刻划符号。这些符号绝大多数刻在圈足底部。二期文化的陶器仍以夹砂陶为主，但出现一些纯泥质陶，陶色多为红褐色，同时有不少红、灰、黑等色，多为手制，有慢轮修整。陶器多素面，少量弦纹、指切纹、划纹、堆纹、镂孔等。器形有鼎、甑、钵、豆、壶、罐、盂、勺、纺轮等。流行鋬手、平底、器耳、三足器等。二期文化大量出现彩陶，为红色彩带组成的几何形图案，极个别为黑彩。从两期文化陶器来看，一期文化陶支架较多，几乎不见三足器，而二期文化三足器大量出现，鼎足的形式也有很多变化，有圆柱状、扁状等。这说明二期文化的鼎替代了一期文化的陶支架，这是一个较大的变化。另外，一期文化中出现较多的鹿角勾形器，刻划符号到了二期文化几乎不见了。到了二期出现大量的彩陶器等。这说明一、二期文化之间有较大的缺环。

侯家寨遗址的发掘给我们提供了一批新的考古材料。我们对比一下周围地区的有关遗址，如河姆渡、罗家角、北辛、裴李岗、磁山等遗址，出土器物跟侯家寨完全不同。

因此，侯家寨遗址的发掘证明，在淮河流域这个广大地区存在着一种比较早的新石器时代文化。

蚌埠市北郊双墩遗址是1985年文物普查时发现，1986年蚌埠市博物馆进行了一次发掘，面积约75平方米。现在我们正在进行发掘，揭露面积100平方米。从出土的器物看，与侯家寨有一定的区别。如炊器中侯家寨下层以鋬手深腹罐形釜为主，而双墩则以折沿鋬手钵为主，这种平底钵实际上就是釜，当炊器用的，不是当盛器用的。双墩遗址出土陶器多夹蚌末，器壁厚重粗糙，红褐陶占绝大多数，均手制。器形有钵形釜、罐形釜、罐、鼎、钵、碗、支架等。还有骨角器及少量石器。陶器流行平底、鋬手、矮圈足、牛鼻耳等。刻划符号也有较多的发现、［1986年蚌埠市博物馆发掘时发现大量刻划符号，徐大立有专文介绍，发表在《文物研究》（第5辑），1989年］。陶器纹饰比较简单，主要是戳刺纹和指切纹等。红色彩陶在双墩遗址中普遍使用，主要是用在一种碗形钵上，一般都是在外面满施红彩，也有内外均满施的，也有内满施外不施彩的，也有在罐口、钵口部施彩的，几乎没有图案，而侯家寨遗址中彩陶除了满施外，还有很多用红色条带组成的几何形图案。另外，在侯家寨常见的鸟首形器耳，双墩遗址却极少见，常见的则是牛鼻形器耳。总的来看，双墩遗址上层出有圆锥状鼎足等一些器形，相当于侯家寨遗址下层陶器，双墩下层应早于侯家寨下层。由此，我们认为双墩遗址的文化面貌与侯家寨遗址的文化面貌是一致的。从年代上讲，侯家寨下层测定年代是距今（6990 ± 130）年。那么双墩遗址下层的年代应早于7000年了。

在安徽省淮河两岸目前已发现有十多处这种类型的新石器时代遗址，已知的遗址有淮南小孙岗、怀远双孤堆、蚌埠双墩、濉溪石山孜、霍邱红城寺下层、寿县扁担岗、肥西古埂下层、定远侯家寨、青山、含山大城墩下层等，河南鹿邑武庄遗址也属于这种类型。这类遗存是淮河流域一种区别于周围诸文化的一种新的文化类型。它是依淮河这条水系来分布的，淮河不是这一文化的分界线。

近几年我们陆续做了一些遗址的发掘工作，各遗址内涵都有一定的差异。虽然在陶色、陶质和一些陶器、骨、石器上有共同的地方，但在一些器类上、纹饰上有不同之处，像石山孜的尖底器和双孤堆的印纹，这在侯家寨、双墩遗址上都没有见到，在肥西古埂下层出土陶器与侯家寨上层出土陶器中有相同特征，如罐、鸟首形耳系等。但它的上层与薛家岗文化是什么关系？有同志说可以联系起来，这个联系很重要。在含山大城墩下层出土一件高领釜形鼎，与侯家寨上层同类器有共同特征。我认为它们之间的差异应是一种文化在它自身发展过程中的时间上的区别，即年代上的差别，而不是文化面貌上的不同。

在我们发现、发掘的诸多遗址中，定远县侯家寨遗址的内涵较为丰富，并可分为若干期段，而它又是这一文化发现、发掘时间最早的一处遗址，它可以称得上淮河流域这一文化有代表性的遗址。因此，我们将这类文化遗存称为侯家寨文化。侯家寨文化的分布范围，在安徽境内主要分布在淮河水系以内。它包括淮河以北广大地区及淮河以南大别山脉以北属淮河水系的一些地区。向西进入河南境内，向东进入江苏境内。淮河和省界不是阻隔这一文化的分界线，大山则是阻隔文化分布和交流的唯一天然屏障。因此，侯家寨文化的分布范围是以淮河这条水系为生存条件的，是淮河的水哺育了这一文化，可以这么说：黄河孕育了仰韶文化，淮河则孕育了侯家寨文化，这两种古老文化与其他史前文化同是中华文明之源。

（四）吴加安（中国社会科学院考古研究所安徽工作队）

黄淮地区是中国考古学研究重要区域之一。苏秉琦先生曾多次指出这一地区的重要性，并提出在此区域开展深入的考古学研究的课题。国家文物局主持协调的苏、鲁、豫、皖四省相邻地区考古学文化的课题研究，抓住了重点，开拓了新的研究领域。

社科院考古研究所安徽队1989年开始进入皖北地区，工作的重点与课题同安徽省文物考古研究所淮北组是一致的，都是黄淮地区考古研究大课题的组成部分。皖北地区考古学文化比较复杂。首先要解决皖北地区是否存在有本地区特色的考古学文化及其发展序型，在弄清这一问题的基础上，进而分析和研究与相邻省份考古学文化的关系。三年中我队在皖北地区主要做了两大项工作。

1. 调查工作

我队在皖北地区进行了阶段性的重点调查。三年来集中调查了皖北西部的阜阳地区各县和东部宿州地区的部分县的百余处遗址，其中史前时期遗址64处，除张敬国同志汇报中提到的外，我队还新发现四处遗址。这些史前遗址从时间顺序上讲，大体分为三个阶段。早期阶段遗存，目前多见于皖北东部地区，西部地区发现不多。代表遗址除濉溪石山孜、定远侯家寨、蚌埠双墩外，我们在宿县古台寺遗址也发现有类似的遗存。河南省张文军先生介绍河南武庄遗址也发现了这类遗存。可见这类遗存在豫、皖交界地区有一定的分布。这类遗存文化面貌上有自身的特点，时间上相当于山东北辛文化阶段，代表了皖北地区史前考古学文化的早期阶段。中期阶段遗存，其文化面貌更接近大汶口文化，在皖北地区分布比较普遍。时代大体相当于大汶口文化中、晚期，尤以晚期更为普遍，相当于大汶口文化早期的遗存罕见。晚期阶段遗存，相当于龙山文化阶段，在皖北地区分布也很普遍，文化面貌比较复杂。皖北地区东西两片是否有区别，可作为一个问题提出来，待田野考古发掘中去解决。

2. 尉迟寺遗址发掘

遗址位于蒙城县城北22千米的毕集村东，南距北淝河2千米。遗址原系一大土堆，由于人为取土，四周形成断崖，现高出地面2～3米。面积大约10万平方米，文化堆积最厚可达5米。考古队对该遗址先后做过3次发掘，揭露面积近700平方米。地层有相当于大汶口文化和龙山文化的两种堆积，偶见汉代墓葬。龙山时期的文化堆积较薄，在遗址中分布不均匀，大汶口文化时期堆积较厚，初步可分早晚两期。我们将该遗址分为三期，一、二期文化相当于大汶口文化，三期文化相当于龙山时期文化。

三次共发掘出大汶口文化和龙山文化时期墓葬70余座，其中包括瓮棺葬，灰坑数十个，还有少量的房子和窑；出土了一批完整的陶器、骨器、蚌器、石器等工具，为了解尉迟寺遗址的文化面貌、性质及其年代提供了有益的实物资料。

尉迟寺遗址一、二、三期文化的墓葬多见于遗址西北部，儿童土坑葬与成人葬在同一墓地，西北部应为墓葬区。这里的墓向以135°为主向。龙山墓随葬品不多见，相当于大汶口时期的墓葬，随葬品多寡不一，大多数墓无随葬品，个别有二层台的墓随葬品较多，多者达18件。墓葬中人骨架尚待测量、观察和鉴定，经初步观察，未见拔牙、人工头骨变形现象。其中有2座大汶口文化时期墓葬的人骨架上有朱砂。瓮棺葬在遗址中分布不甚集中，大多属于大汶口时期。葬具一般是日常生活用品，流行将陶器打碎铺垫坑底，上置骨架，然后再盖以陶片的葬法，也有用完整大口直壁缸做葬具的。

房屋建筑遗迹2处，F2较为完整。该房子面积不大，平面呈方形，门朝西北，四周挖坑埋立柱。这类房子结构简单，不在遗址中心部位，不代表遗址的主要建筑形式。

尉迟寺遗址的第三期文化相当于龙山文化时期，其文化面貌比较复杂。其中有河南龙山文化的因素，如大量具有典型河南龙山文化特点的方格纹罐；有些器物又显示出山东龙山文化的风格，如磨光黑陶双耳壶。三期和一期文化相当于大汶口文化晚期和中期偏晚阶段。从文化传统上，我认为仍为大汶口文化传统，不过在总体特征上有许多不同于大汶口文化的因素，或者说有其自身特点，如篮纹在一、二期文化中均很普遍，绳纹占一定比例，篮纹圜底罐形鼎是富有代表性的器物，甗也是这个遗址中有代表性的器物之一。大汶口文化中典型器物背水壶、觚形杯在该遗址中极少见……尽管对尉迟寺遗址的发掘资料尚未进行系统的分类、整理和研究，对它的认识还有待深入，但该遗址一、二期文化与大汶口文化间的关系及其区别还是比较明确的。因此尉迟寺遗址的发掘有助于对皖北地区新石器文化的了解和认识。

几年来，我们对皖北地区史前考古学文化大的阶段有了初步了解。石山孜遗址的一类遗存是该地区早期文化的代表，也是该地区具有独特文化面貌的新石器文化；尉迟寺遗址一、二期文化是该地区中期阶段的代表性遗存，它更多地表现了大汶口文化的传统，相当于大汶口文化中期偏晚和晚期；尉迟寺遗址三期文化和宿县芦城子遗址，属于龙山文化时期的遗存，代表了该地区史前考古学文化的晚期阶段。目前从文化发展大的阶段看，时间顺序上线索清楚，但文化序列仍存在相当大的缺环。例如，相当于大汶口文化早期阶段的文化遗存尚未发现。

我们认为这一地区的文化发展，就像一组不间断的链条，我们虽然不可能依次认识每一段的面貌，但必须突破其中一环或几个环节，从文化面貌、文化性质上弄清楚，逐步把链条中的每一个环节衔接起来。应在立足认识本地区考古学文化的基础上，放眼于相邻省份的文化比较，从大的文化传统上寻求皖北地区古代文化应有的位置。因此选择一批重点遗址做深入细致的、规模较大的发掘工作是必要的。

皖北地区史前考古学文化早期阶段的石山孜一类遗存，其文化面貌很有地方特色，中期阶段的尉迟寺遗址一、二期遗存，也表现出了浓厚的地方特色，晚期阶段的尉迟寺遗址三期遗存特点也很明显。再晚一些相当于岳石文化阶段的遗存，在皖北地区也有发现，其面貌尚不清楚。我认为，该地区各个阶段的代表遗存都表现了较为强烈的地方特色。它们之间有无相互发展关系？这种关系是怎样一种情况？如果说中期阶段的遗存是大汶口文化系统，那么它与早期阶段的石山孜一类遗存是什么关系？大汶口文化来源是否仅仅是北辛文化？这些都有待于进一步做工作和深入地研究探讨。

（五）张文军（河南省文物局）

河南豫东一带1987年以前做过一些工作，社科院考古所在王油坊和诸城的西门寺做过一些发掘，1977、1978年社科院考古所在商丘地区和周回地区进行了两次比较大的发掘，我们河南省文物研究所在淮阳平粮台和郸城都搞过一些发掘，当时整个科研的情况对这个地区的认识，停留在仰韶、龙山、二里头、商这个阶段上。苏鲁豫皖考古工作开始以后，我们从1987年元月起，在沿着与安徽交界的7个县市进行了专题调查。从周口开始，淮阳、郸城、鹿邑、诸城、夏邑、永城，这些县市都属淮河流域。在淮阳看了42处遗址的材料，周口3处，郸城4处，鹿邑7处，诸城82处，夏邑8处，永城74处。在这些材料中，我们经过筛选，最后在鹿邑的栾台做了发掘。当时想，在这个地区过去也做过工作，但在区域编年上还不是很清楚，我们从考古学文化的编年入手，选择了栾台这一遗址。

栾台遗址在1987年8月份进行了发掘，到1989年的年底一共发掘面积425平方米。这个遗址的堆积相当厚，最深的地方8米多，一般的地方都有7.4米。这个遗址年代跨度比较长，从相当于大汶口西夏侯上层的年代开始一直到战国，中间基本不断线。这个遗址的堆积有相当于大汶口西夏侯阶段的东西，然后是龙山和王油坊的东西，往后是岳石，再往后是二里冈的下层。按照邹衡先生的《夏商周论文集》的分期，认为是进入了先商期这个阶段，商文化一直延续到殷墟四期，以后是西周和春秋、战国的东西。我们在发掘过程中，又在周围进行了一些调查，在距栾台遗址2.5千米远的地方发现了武庄遗址。1990年上半年进行了发掘，挖了625平方米。遗址中最早的东西与安徽蚌埠双墩的面貌一样，接下来的东西与定远侯家寨的东西比较接近，年代的上限可到双墩，下限相当于郑州大河村的三期和四期，中间基本不断线。在夏邑发掘了三里崮堆，在这个地点发掘了150平方米，堆积情况与栾台遗址基本相似，包含的遗物和年代跨度也基本上是一致的。这样我们基本上把与安徽交界的区域考古学文化的编年序列基本建立起来了。这个地区第一期的东西相当于双墩，我们叫武庄一期文化。炊器是鼎，水器是小口双耳壶，有假圈足的钵，出支座与鹿角靴形器这类器物。这个时期，在我们那里不见夹砂陶，粗陶用于炊器，都夹蚌或草。泥质陶是红陶，有细泥的红陶，这是武庄一期文化的东西，武庄一期文化从我们这里看，与长葛和始固第五期的文化面貌有所区别，年代相当。这套东西叠压在裴李岗遗存上。武庄一期的下限与长葛、始固的第五期在年代上差不多，上限要略早于五期的东西。武庄二期文化，炊器以釜形鼎为主，也有罐形鼎，流行红彩，早期的有内彩（彩陶）。一期不见庙底沟的弧线三角纹，二期发现了弧线三角纹。釜形鼎足有锥状的，与一期的圆锥状有所不同。彩陶早期有网状的，晚期出现田字形和菱形的网纹。三期的东西以灰陶为主，篮纹出现，从文化面貌看，庙底沟文化对它有影响，主体的东西还是自身的东西，定远侯家寨的器物和武庄的面貌比较相似。我们觉得这套东西是具有淮河流域特点的。看到这些东西，我们对郑州大河村文化的认识也比较清楚了。郑州大河村那一套釜形鼎过去被认为是大河村自身的东西，现在看来受到淮河流域的影响还是比较深的。今年四月份，我们对信阳地区八个县进行了调查，在八个县中都能看到这类东西。我们还准备在今年搞一些发掘。武庄二期文化就是栾台的一期文化，在《华夏考古》上发过一个简报。栾台一期的东西与安徽尉迟寺的一期年代是相同的，文化面貌也比较一致。在简报上认为它的文化性质属于大汶口，年代与西夏侯的上层相近。栾台一期有它的地方性，主要表现为篮纹比较发达。西夏侯的鼎一般都是平底的，这里的鼎一般都是圜底的，不见平底的。陶质以红陶为主。这个时期有红烧土房子。栾台二期相当于王油坊或造律台类型，我们在简报里也是这么认识的，认为这套东西是传承了当地大汶口文化发展起来的一种龙山文化，是继承栾台一期文化发展起来的。尉迟寺不见栾台一期绳纹，第二期出现绳纹，在器物演变上发展成了王油坊的东西。王油坊这套东西我们在简报中粗略地分了一下，分为二期，在以后的报告中还准备进一步地细分，把编年推出来。早期的东西与山东的相似性要比与河南郑州一期的文化面貌的相似性要大，晚期受西边的影响比较大。根据这套东西及前一阶段我们在山东考古领队培训班做的工作，看到晚期的东西对东部的影响比较大，我们是这么认识的。王油坊时期的居住区，都是连间的排房，有的是五间，有的是六间，建筑的形制有一种是抹白灰面，都是长方形的地面建筑。还有一种与大河村的一样。墙体经火烧，中间有一灶台，比较像岳石文化的房子。栾台三期是岳石文化，这套东西在栾台遗址上堆积比较薄，年代跨度比较短。在这里除了能看到与岳石文化相同的因素外，还有一些与二里头文化相近的东西。附加堆纹的罐，在二里头较常见，在这里的岳石文化里也可以看到，出的主要是夹砂红陶的甗、罐、盆、浅盘豆、碗和瓮等。这套东西直接叠压在王油坊最晚的地层上。商文化的东西，过去在东部只看到二里冈上层H9的年代。这套东西，主要有细绳纹的高卷沿和浅盘平底盆（简报所提H57），商文化在这里几乎是一脉相承，器物演变的形式和器物组合都是一致的。与我们在夏邑挖的三星孤堆有些区别。三星孤堆也是岳石文化之上是商文化，红褐陶的比例明显见多，陶胎也比较厚。两者之间有不同的地方，在栾台四期（商文化）。目前我们基本上把栾台遗址分为五期，栾台五期的东西有灰坑也有墓葬，简报里发表了一座墓，这套东西应该是周文化的东西。从整个发掘的情况来看，与以前的认识有所不同的是这个地区的二里头文化没有过太康，北京大学在夏邑挖了一个清凉寺，材料跟栾台的材料基本上相同。郑州大学在开封杞县做了鹿台岗遗址的发掘和段岗遗址的发掘，段岗与鹿台岗的龙山属于两套东西，段岗的鼎比较多，鹿台岗的龙山遗物与王油坊的器物比较一致，这样王油坊类型向西的界线可能就在杞县这一带，鹿台岗有先商的东西，卷沿鬲与深腹罐共存，这套东西与河北的面貌比较相近，比栾台H57的年代要略早，在鹿台岗的这套东西上面。这些都是1987年以后做的工作，现在的认识没有在一起讨论过，是个人的一些认识。岳石文化分布的西界基本上在杞县这一带，在淮阳看到的是二里头。龙山文化的分布，在苏、鲁、豫、皖看到的龙山文化，它的分布向西也是杞县一带。向南目前没有很好地做工作。1987年我们所在沈丘炉匠台做过一些工作，与安徽的界首相邻，所见主要是龙山遗物，与平粮台的相一致。我们下步的工作打算是，进一步搞清楚各时期考古学文化在河南境内的分布范围。今年有两个专题调查，一个是摸清范围，一个是为下一步工作做一些准备。即周口地区九县一市专题调查，信阳淮河流域的调查，在调查的基础上搞一些发掘。

（六）杨肇清（河南省文物研究所）

河南与安徽紧密相连，从考古文化上来看，淮北地区和豫东地区是比较一致的。从昨天介绍的资料和前几天看的实物，得知蚌埠双墩、濉溪石山孜等遗物是这一地区目前发现的最早的新石器时代的文化遗存，稍后就是大汶口文化中、晚期和河南龙山文化，再后就是商、西周时期的文化。其古文化发展序列是比较清楚的，当中也有某些缺环，需要今后进一步做工作。这一点和豫东地区基本相似。双墩出的那套器物在我们河南鹿邑武庄也有发现，武庄一期所出的器物与双墩所出的器物相似，但比双墩更进步些，如陶器火候比双墩的高。两者的关系很密切。陶质均以夹砂粗陶为主，并都夹有蚌粒，陶胎较厚；其色灰褐，素面多。器形都有侈沿深腹罐、圆锥形足的罐形鼎、大口鼓腹圜底钵、支架等。我认为武庄一期比双墩稍晚。武庄二期出的器物就和郑州大河村最下层的基本相同，如侈沿深腹平底罐，上腹饰数道弦纹，折沿鼓腹圆锥足的罐形鼎，大口鼓腹小平底钵，底上有糠点纹，周边划一道圆圈。这是豫中地区仰韶文化较早的器物。武庄三期相当于大河村二、三期，武庄的一、二期之间还有缺环，武庄二期和郑州大河村最下层虽然基本相同，当中也有一些差异，看来还有一定的缺环。今后，我们将努力工作争取早日解决这些缺环。像双墩出的较早的器物，在豫东地区除武庄外，其他地方目前尚未发现。武庄和安徽紧密相连，相距不过10千米。看来淮河以北的苏鲁豫皖相连的广大地区在新石器时代是一个文化区。双墩所出的这组器物和裴李岗文化截然不同，但从陶器的质、色、火候、制法等方面看是相同的，在年代上很可能与裴李岗文化晚期大致相同。裴李岗文化晚期所测的十余个^{14}C数据中，除误差大的数据外，一般为距今7010～6855年（未经树轮校正）。故双墩遗址的年代与它大致相同。像双墩这样的文化遗存，我估计淮北地区可能还有，望通过继续深入调查，多发现这类遗址。双墩遗址遗物丰富，目前发掘的面积不大，发现的遗迹太少，还可以继续做工作，将会有新的发现。我们河南准备在商丘、周口地区继续深入调查，也许还能发现类似双墩的文化遗存。

大汶口的文化遗存在河南也发现较多。整个豫东地区都有大汶口中、晚期的文化遗存。远在郑州、禹县、孟津、平顶山等地也发现有大汶口文化遗物。如郑州大河村三四期、禹县谷水河第二期的仰韶晚期遗址中出大汶口文化的陶器，器形有背壶、敛口尊、敛口盉、高领罐、敛口罐、深腹罐、浅盘豆等。其时代相当于大汶口文化中期。禹县谷水河三期（具有仰韶至龙山的过渡特色）也出土了大汶口的陶器，器形有盆形和罐形豆、长颈壶、深腹罐、筒形杯、袋足鬶等。其时代相当于大汶口文化中晚期之间。偃师滑城、二里头，临汝大张、孟津寺等河南龙山文化早期遗址中也发现了大汶口文化的陶器，如圆腹罐、高柄杯、罐形豆等，其时代相当于大汶口文化晚期。可见大汶口文化中晚期不仅在豫东地区普遍存在，并已影响到豫中地区，甚至西到洛阳、孟津一带。

这次来皖参观学习和实地考察，对我有很大启发。我们以前将平粮台一期归于大汶口文化晚期，将平粮台二期出有横篮纹的深腹罐、横篮纹的罐形鼎，归于河南龙山文化早期。现在看来，将平粮台二期归于大汶口文化晚期比归于河南龙山文化早期更合适些。以前张文军同志把它归到大汶口文化晚期是对的。关于造律台类型，从前河南有的同志称为河南龙山文化豫东类型，近来有的称为王油坊类型，均指龙山文化时期分布在豫东地区的文化共同体。它最早发现于永城造律台，以称为造律台类型为宜。它广泛分布于豫东的商丘、周口地区，山东菏泽地区也普遍存在，安徽淮北地区、江苏徐州地区也有。但仔细分析，这一广大地区龙山时期早期受山东龙山文化影响较大。如素面磨光陶较多，有锛形足的折沿罐形鼎、浅盘镂孔豆、三足盘等。但中、晚期受河南龙山文化影响比较强，所出的折沿鼓腹罐、罐形鼎、浅盘豆、敞口盆、小口高领瓮、大口碗等都属河南龙山文化的典型器物。为此我认为这个地区龙山文化时期的人们接收并融合了这两种文化，并结合本地文化固有的特点，产生了一种新的文化类型。这就是造律台类型或王油坊类型。

（七）邹厚本（南京博物院）

江苏这几年的主要工作有，在苏北搞了考古调查，发掘了沭阳万北遗址、灌云大伊山遗址、新沂花厅遗址和泗洪赵庄遗址。从我们工作的实际状况出发，首要任务是要解决好苏北徐淮区的考古学序列和编年问题，眉目已逐渐清晰。

我们的调查没有安徽和河南的同志做得那样面宽，主要是在一个比较小的区域范围内做较细的调查。1987年在沭阳县境内河流域，采取分组分区普查的方法，发现20余处新石器时代和商周遗址，1989年淮阴的同志在宿迁县骆马湖周围做了一些调查，材料都已发表。

沭阳万北遗址位于沭河以东，相距约千米，略高于周围农田，海拔5.7米，经钻探，面积为10万平方米。1987～1988年两次发掘500平方米，文化层堆积厚3～3.5米。按时代先后分为五期。一期仅见于遗址最下层，新石器时代，陶系以橘红色的泥质陶为主，夹砂褐陶次之，泥质陶多为陶钵，夹砂陶以堆贴窄条的罐为大宗，未发现三足鼎类器。陶器多手制，部分泥条盘筑，厚胎，形体小，不甚规整。生产工具中石器少见，而渔猎用的骨器十分发达。二期包括叠压在一期之上的文化层、灰坑和墓葬。主要遗物有鼎、壶、钵、罐。内彩陶十分发达，主要是水波纹和网纹，以及八卦纹，以红彩为主，也有褐彩，线条结构对称。儿童墓两座，随葬双耳小口罐和内彩钵各一件，钵底凿孔，盖在头部。内彩纹饰与淮安青莲岗遗址、邳县（今邳州市，下同）大墩子遗址下层的内彩完全一致。该期含有大量兽骨，动物种类有麋鹿、梅花鹿、猪、狗等，^{14}C的测定数据为距今6580～6330年。三期相当于大汶口文化花厅期，主要遗物有陶鼎、豆、罐、盆、壶、钵、鬶、盉等，石器有斧、铲、锛。发现墓葬一座。四期岳石文化，这个层位未覆盖遗址的全部，主要陶器有裆部附加堆纹的甗、带棱尊、浅盘豆、带流钵等。四期之上为商代墓葬，清理12座，相当于殷墟三、四期，东西向、浅穴竖坑，个别墓葬具有腰坑，内殉狗，墓主仰身直肢，随葬陶鬲、甗、豆、罐和铜兵器，随葬器物特征大部分与中原商代墓出土器物一致，但素面鬲、甗、罐等表现出较浓厚的地方特色。万北遗址的发现与发掘，为淮河下游地区新石器时代文化的编年提供了重要的地层依据，当然中间尚缺龙山文化阶段。

灌云大伊山遗址，第一次发掘材料于《东南文化》1988年2期已发表。该遗址主要清理了一批石棺墓，时代相当于青莲岗文化时期，石棺墓62座，排列比较整齐，绝少出现叠压现象。随葬品较少，有的仅1件，最多不超过10件。主要器物有带腰沿的鼎、釜、豆，双耳小口罐、红陶钵、盆以及鱼尾形陶拍，陶钵底部凿孔，盖于头部。在迄今我国发现的石棺墓葬制中，大伊山石棺墓时代是最早的。

上述两处遗址位于南北流向的沂、沭河以东。

新沂花厅遗址，1987年、1989年两次发掘，清理墓葬60座，时代相当于大汶口文化中晚期，引人注目的是这批墓葬内出土的玉器与南方良渚文化玉器的类别、形制、制作方法完全一致，尤其突出的是带特征性的神人兽面像，新沂花厅也有发现。同时墓葬内还出土了少量良渚式的陶器，所以它究竟与良渚文化是什么关系？是碰撞？是征服？还是其他？牵涉考古学文化的理论问题和重要研究课题。目前看来，花厅墓地出土的玉器确实与良渚文化玉器完全一致，但是陶器毕竟是少数，且陶色尚有差别，就拿出土神人兽面像玉琮的50号墓而言，陶器却是大汶口文化的特征，并非良渚文化式的，这是良渚人的墓葬？似乎不能这样说。

泗洪赵庄遗址，位于比较平坦的坡地上，面积10万平方米，20世纪80年代初发掘的。清理大汶口文化晚期墓葬11座。其中3座瓮棺葬，具体材料车广锦同志要做介绍。从这处遗址看到大汶口文化在沂沭河以西向南发展的线索，而在沂沭河以东向南范围至今尚未发现过大汶口文化遗存。

这几年在苏北徐淮区工作的同时，在苏南也发掘了一些新石器时代遗址。安徽同志做的工作，给我们不少启发，有必要将南京附近做的两处遗址介绍一下，因为关系太密切了。

第一处句容丁沙地遗址，在南京龙潭镇附近的山间盆地上，距长江4千米。1989年配合工程做了几条探沟，并对遗址进行了全面钻探，发现34处红烧土堆积，有圆形、椭圆形、凸字形几种，估计是居住遗迹，探沟内出土的陶器，陶系以夹砂红褐陶为主，夹砂红陶次之，并夹少量蚌末。主要器形为釜，沿下带箍和鸡冠耳，鸡冠耳罐，钵、盆、碗等，其中钵、盆、碗的陶质、陶色、形制以及支座、带孔甑箅、陶拍都与双墩的同类器十分相近，唯丁沙地多釜，双墩似未见到。

第二处高淳朝墩头遗址，面积1万多平方米。遗址第三层出土的陶器与河南龙山文化王油坊类型遗存比较接近，主要有绳纹扁足罐形鼎、高柄黑陶豆、束腰肥袋足甗盆、罐等，纹饰绳纹、篮纹、方格纹比例较高。同样的情况，南京附近点将台遗址、太岗寺遗址等也有发现，说明这是在南京周围有一定覆盖面的一种文化遗存。

通过江苏近年来的工作，我们感到这个地区确实处于南北文化的交汇地带。南面太湖流域是一个大文化区，北面早先有青莲岗文化，后有大汶口文化。要解决本地区的问题，绝非一个省的工作能解决好的，要把眼光放宽点，北看鲁，西看豫、皖。这次会很及时，对我们今后的工作有很大的启发和帮助。

下面简单补充两点。

第一点，会上谈到青莲岗文化的遗存，在这里看到怀远双孤堆的标本，陶钵的形制和带扁把的特征，都跟江苏万北遗址二期同类器一致，还有那件模印的厚胎陶器，万北遗址也发现过。这个遗址不见腰沿釜和豆形器。是否今后再做些工作，与东面联系起来看一看？因为它比较突出，与蚌埠双墩不一样，他们之间是平行关系？还是早晚关系？

第二点，看了侯家寨下层和双墩的材料，比较一下前面介绍过的江苏句容丁沙地资料，两者有一定的联系。陶质比例，碗、盆、钵都十分接近，还有鸡冠耳，应该是代表这些遗址文化特征的遗存。但是这里却不见箍形的器物，釜形器亦似不见，这两者是否存在早晚关系？句容丁沙地釜形器比重增加，是否可以解释为是地缘上接近马家浜文化圈，接受来自东南方较强烈的影响的结果。

（八）车广锦（南京博物院）

我介绍一下江苏泗洪县赵庄遗址的情况。赵庄遗址位于洪泽湖以西30千米、淮河以北40千米处，紧靠安徽的泗县。面积约10万平方米。南部面积较大，为平地，经试掘，地层堆积2.7米，分6层，第2层为商代文化层，第3～6层属大汶口文化层。遗址的北部呈台形，高出地面3米以上，高出的部分为商周文化遗存，下面为大汶口文化遗存，共分8层，第1、2层为西周文化层，第3、4层为商代文化层，第5～8层属大汶口文化堆积。

清理大汶口文化墓葬10座，其中1座合葬墓，9座单人葬。头向东南，多无墓坑，有3座儿童墓，墓具是将完整的陶器打成碎片，或上盖下整，或仅上盖。陶系以夹红褐陶为主，纹饰多为篮纹。主要器形有鼎、鬶、盆、罐、杯、豆、壶。鬶、盆、罐、杯、豆等器物的造型，与山东境内的大汶口文化晚期的同类器物基本一致。而陶鼎这一器物比较特殊，数量较多，绝大多数饰篮纹，鼎腹有的较深，有的呈球形，鼎足多呈鸭嘴形，也有少量刻有竖槽的凿形足，有的深腹鼎内有一周供放置甑箅用的凸棱。这种陶鼎在山东滕州岗上村、西康留、孟家庄和河南淮阳平粮台等遗址都有发现，而在安徽境内出土这种陶鼎的遗址发现最多，这种陶鼎可能代表着苏、鲁、豫、皖交界地带的文化特色。

赵庄遗址出土的商代遗物不多，主要是鼎和鬲，西周的遗存中有房基，器物有鬲、罐、簋，相当于西周早期。

关于青莲岗文化，我有几点想法。

首先谈江苏灌云县大伊山遗址，在这里先后清理出60多座石棺墓，属于青莲岗文化。这样，石棺墓的出现在时代上就显得很早。但是，我们在考虑苏北地区总体文化的时候，不应将石棺的因素考虑进去。因为墓地在大伊山脚下，现在在大伊山开采的石料均为板岩，与石棺的石料一致，就是说当地的先民易于就地取材，因而才建石棺墓。如果不是这有利条件，是不会出现石棺葬的。在具体研究大伊山遗存时，可以将石棺作为重要的文化现象来对待，而在研究总体文化时，应将石棺这一因素排除开。可惜的是这一遗址破坏殆尽，使我们不能知道这一遗存的全貌了。

关于青莲岗文化的概念问题，我曾配合纪仲庆先生写过《苏北淮海地区新石器时代诸文化的再认识》一文，在这篇文章中将青莲岗文化分为两个类型，即大伊山类型和北辛类型。我们在文中提出大伊山类型可能是属于淮夷先民的文化，北辛类型可能是徐夷先民的文化。这样一方面肯定了大伊山类型和北辛类型具有明显区别，同时也说明这两个类型分别是两个不同的人群共同体所创造的文化，即暗示了是两个不同的文化。现在看来还是将这两个类型直接区分为两个不同的文化为宜。这样，以青莲岗遗存和大伊山遗存为代表的青莲岗文化，即为淮河流域原始先民所创造的文化。

关于连云港市二涧村遗存的归属问题，我们根据器物上的附加堆饰与北辛类型在风格上较为相似这一点，在文中将其归入北辛类型（北辛文化）。但是，二涧村多数器物制作精细，不同于北辛，墓葬的头向和头盖红陶钵等葬俗，和大伊山、万北等地相似。因此，可以考虑将二涧村遗存归入淮河流域的青莲岗文化。

这次会议期间我们所看到的怀远双孤堆遗存，应跟青莲岗遗存有一定关系，说明淮河流域中上游和下游的原始文化可能比较接近。就整个淮河流域而言，南面有长江流域的强大的文化，北面有黄河流域的强大的文化，受南北两方面文化的影响较大，其中可能这一段受南方的影响大一点，可能那一段受北方的影响大一点，如连云港市二涧村遗存就受了北辛文化的影响，而大伊山和青莲岗两地带腰沿的器物较多，则是受了南面马家浜文化的影响（青莲岗文化较北辛文化应稍晚）。所以，淮河流域的原始文化其因素是很复杂的。

（九）谷建祥（南京博物院）

江苏这几年的考古工作，重点放在和山东关系比较密切的地区，所选的课题实际上就是和江苏以往提出的青莲岗文化有关的问题。苏北地区，以往北辛文化和青莲岗文化的关系，有人认为是分开的，有人认为是一致的，有人认为是互相交叉的关系，现在我们初步认为：江苏北部和山东交界的地区，从文化面貌上讲，在距今7000年上下的时期，同时并存着青莲岗文化和北辛文化。

青莲岗文化时间跨度不长，应和北辛文化相当。从以往“大青莲岗”的认识上退一步，从现有材料的实际出发，还是能够确定青莲岗文化的。那么，从区域上怎么分呢？我们认为，沂沭河是一个界线，苏北地区不能把它东西不分，若是仍像以往那样，仅仅通过南北文化比较是永远比不清的。现在我们比了一下，以沂沭河为界，东西是两个文化区。在沂沭河东部地区即江苏的沿海地区，相当于北辛文化和青莲岗文化时期的遗址，我们近几年发掘了灌云大伊山、沭阳万北等，以往的有连云港二涧村水库、大村等遗址。这些遗址的文化面貌反映出沂沭河以东地区实际上是青莲岗文化和山东的北辛文化之间的一个走廊地区。通过这几个遗址，尤其是沭阳万北遗址和大伊山遗址的发掘，我们认为相当于青莲岗文化时期，山东汶泗流域是北辛文化，江苏江淮之间则是青莲岗文化，连接这两个文化的一个走廊就是江苏沂沭河以东地区，相当于这一时期各文化圈的范围相对来说还是比较小的。到了大汶口文化时期，沂沭河东部和西部就可以合并到大汶口文化的体系之中。

在大汶口文化之前，沂沭河以东是一个地区，沂沭河以西是一个地区，现在看来沂沭河以西地区基本属北辛文化，其典型遗存就是邳县大墩子遗址最下层。沂沭河以东地区基本上还是和我们讲的青莲岗文化的总体面貌一致的。青莲岗文化的两大主要特征，一个是带腰沿器比较发达，一个是内彩陶十分丰富。沿着以往的二涧水库，到灌云大伊山，再到沭阳万北这样走下来，各遗址都具备上述两大特征。现在叫一个新的类型好还是叫其他好，还有待考虑。虽然在江淮之间江苏工作还是做得比较少，但是，通过沂沭河地区一些遗址做下来以后，可以反过来证明以往相当于北辛时期江苏的江淮之间青莲岗文化确实是存在的，而且沂沭河以东地区各个遗址基本上都有一点北辛的东西，但主体还是青莲岗那套东西，当然，它在各个遗址中间的表现是有所侧重的。例如，大伊山遗址主要表现在腰沿器很发达，基本上每一件器物都带腰沿，包括那些豆都带腰沿；而万北遗址，它吸收了江淮之间青莲岗文化的主要因素是内彩陶非常丰富，彩陶纹饰也和以往青莲岗文化的水波纹、鱼网纹，以及所谓的“八卦纹”是一致的。

上面讲的是有关沂沭河以东地区的相当于青莲岗时期的文化，目前暂叫万北二期文化。因为万北还有一个一期文化，它直接压在二期文化下面，属遗址的最下层，其文化内涵，陶器基本上是手制，骨器相当发达，不见石器。骨器的种类非常丰富，如骨锥、骨针、骨铲。另外，这时期渔猎、采集经济非常发达，出土的鹿角比陶片还要多，整个地层基本上就是由鹿的骨头组成的。主要陶系是泥质红陶的，器形主要是罐，钵是主要的食具，炊具是罐。另外，用得比较多的是盉，基本上为一件器物就是一个造型，有的像蚕茧一样，上面带两个直流，其中有一件和定远侯家寨的一件直流盉如出一辙，包括肩部那种像小鸡冠的贴塑都是一样的。一期这批东西从地层关系上讲它是下层的，而且压在青莲岗这个时期的下面，从文化面貌上讲，它的来龙去脉还不十分清楚。很明显，二期文化不是承接一期文化而来。

总之有关沂沭河东部地区，通过这几年的工作，我们认为和山东地区还是能够分开的，目前看来，北辛文化是不能把二涧水库、大伊山、万北遗址包括进去的，江苏淮北沿海的这些遗址，除了我们上面讲到的器物特征外，另外在葬俗上有着许多共同性，尤其是用红陶钵覆盖死者面部的习俗表现得非常普遍和突出，这也是有别于北辛文化的一个重要特征。

（十）张敏（南京博物院）

我讲一下关于点将台的问题。近几年，我们在宁镇地区做了一点工作，发现了以点将台遗址夏文化层为代表的文化遗存。点将台在南京江宁县，这种文化遗存在20世纪50年代就被发现了，但当时没有被认识，70年代发掘了点将台遗址后，才把它分出来。最近几年做的有句容城头山遗址、丹徒团山遗址、高淳朝墩头遗址。城头山遗址相当于这个阶段的遗存，在湖熟文化的下面，是第6层，第5层相当于湖熟文化的早期，第7层相当于崧泽文化的中晚期。在团山遗址，这个地层在早期湖熟文化地层下面，它是第11层，第10层是早期湖熟文化。在朝墩头遗址发现这个地层属第3层，第4层相当于崧泽晚期到良渚早期，上面是西周的。把这几个遗址排下来，相当于点将台夏文化层的文化遗存，基本上上下限都可以卡住了，大致相当于龙山晚期到二里头阶段，比二里冈下层还要早一些。

在这个地区我们发现相当于点将台下层的文化遗存里面，有相当大的比例是河南王油坊类型的东西。比较典型的像绳纹罐形鼎、大袋足、浅盘的高柄豆、带宽把的杯和一些带篮纹的罐，纹饰主要是篮纹、绳纹、方格纹。宁镇地区，北阴阳营文化和湖熟文化总的面貌是红陶的比例相当大，而到了这个阶段虽然红陶的比例也还有，但黑陶和灰陶的比例明显增多。这一段时期比较特殊，我排了一下，大致可分为三组器物，一组继承了宁镇地区新石器文化传统，是最主要的，第二组就是王油坊的这类东西，比例相当大，第三组很典型的岳石的东西就是带突棱的典型器，但从比例上来看以本地的这套东西为主，而王油坊占的比例是第二位的，岳石是第三位的。这个阶段有三种东西组成了这么一个共同体。后来我曾经提出，是不是可以叫"点将台文化"，因为它毕竟还是一种地方性的文化。商丘地区是王油坊的分布范围，这是很清楚的。而宁镇地区在安徽的东南角，斜跨安徽省，王油坊的东西是怎么样到宁镇地区来的？安徽有没有这样的线索？据李伯谦先生介绍，王油坊之后在商丘地区基本上是岳石的文化圈。那么王油坊类型的东西到哪去了，是融合在岳石文化或二里头文化里面，还是跑掉了，文化迁徙了？我们考虑可能同文化迁徙有关，它在商丘地区消失以后可能到了宁镇地区。因为我们从器形排队来看感觉到宁镇地区这批东西，从时代和发展序列来讲可能和王油坊最晚的东西衔接起来。所以我把这个问题提出来，主要是想通过交流提出线索，就是说宁镇地区和河南地区还是有点关系，现在还理不清，通过今后的工作，我们将会对这种关系有进一步的认识。

（十一）郑笑梅（山东省文物考古研究所）

苏鲁豫皖考古协作区工作已开展了几年，其他三省都做了大量工作。我们这几年工作的重点在鲁北，因有大量的建设任务（济青高速公路、乙烯工程等），全所力量都投入到那里去了。虽然领了苏鲁豫皖这个课题的任务，我们并没有开展多少工作，仅做了文物普查工作。对菏泽地区进行了详细的普查，共发现将近50处遗址，大部分是堌堆遗址，文化堆积与内涵比较丰富。有些遗址叠压着几个时代的东西，年代跨度较长。如成武县就发现了12处遗址，并且比较集中，我们称它为遗址群。这些遗址的内涵，基本上与山东其他地区的文化序列一致。大部分遗址有龙山文化遗存和岳石文化、商、周等。在菏泽安邱堌堆，经过发掘证实了龙山文化之上有岳石文化层，岳石之上为晚商文化。又如定陶的官堌堆，残存约500平方米，高出地面约8米。经调查，暴露在地面上最早的是龙山文化，其次分别为岳石、商、西周、春秋等各个时代的文化遗存，在现地表之下还有大汶口文化晚期阶段的遗存。安邱堌堆的发掘，因出水也没有做下去，只做到龙山文化层，据钻探底下还有1.5米深的文化层。在整理普查材料时，发现曹县的莘冢集遗址中，有少量具有代表性的大汶口文化早期偏晚的钵形鼎的鸭嘴形鼎足。大汶口文化早中期是否已分布到这里，仅此一例，现在很难讲。但大汶口文化晚期这一区域比较发达。关于大汶口文化，过去发表的资料基本上是墓葬方面的材料，给人留下了深刻的印象，因而在引用或对比材料时，多以随葬陶器来比较，很少与地层或遗迹单位出土器物相比较。例如，在大汶口文化晚期阶段的邹县野店、曲阜南兴埠、西夏侯以及莒县凌阳河等遗址材料中，篮纹不乏出土，却未引人注目。这一地区龙山文化的东西，我都把它划入王油坊类型（亦称造律台类型）。这个地区的岳石文化特征性的东西都已见到，至于属哪个阶段，因没有做细致发掘、研究工作，还不太清楚。在岳石文化层上面有商代的遗存。关于菏泽地区商代遗存情况，在调查中没有见到二里冈下层的，连二里冈上层的也少见，多数年代大致在殷墟的三、四期。也未见到具有地方特点的素面陶鬲等遗物，也许与仅属调查采集有关。商以后有西周的东西，多数属西周中、晚期。其中有很多东西属西边的那一套，本地的特点不明显。最晚堆积有春秋和战国时期的东西，有些遗址的文化堆积可延续到汉代。以上因工作做得少，没有什么可讲的，仅把我个人的看法说明一下而已。

（十二）王迅（北京大学考古系）

这次座谈会期间，通过参观遗址，接触了不少新的考古材料，在同与会代表交流座谈中，又了解到一些江苏、河南、山东的考古发据和研究成果，收获是多方面的。现在我根据这些新材料和新成果，结合我们过去在苏鲁豫皖地区所做的工作，就这个地区先秦时期的考古学文化谈几点认识。

先谈谈江苏的情况。我以前曾在苏北地区看到一些发掘材料和调查材料，其中有一件高领撇足铜鬲，是徐州师范学院历史系的阎孝慈先生采集的。我当时觉得这件铜器很重要，因为在商代，很多边境地区的青铜礼器都和中原地区商文化的同类器物相差无几，商铜器的地方特色远不及陶器显著。但这件铜鬲却与中原地区商文化的铜鬲形态大异。在其他地区也没有发现过。它的主要特点是：领特别高，分裆，空足下端外撇。我推测当地可能有一种与之相仿的陶鬲，因为铜器和陶器常常互相仿造。这样，我就把高领撇足鬲作为徐州地区商代文化（丘湾类型）的一个重要特点。但当时还没有发现这样的陶鬲，所以我的这篇文章发表后，总担心判断有误。现在，南京博物院的同志在苏北地区的万北遗址发掘了一批商代墓葬出土了不少陶鬲，具有高领、撇足的特点，是东方地区传统陶器素面鬲的又一种形式，这种素面鬲的渊源，可能还是在山东地区，大约在晚商和西周早期传入苏北地区。

对于揭示苏北地区商代的文化面貌，万北遗址的发掘是一个很好的开端，预计今后工作做得多了总会发现更多的有独特风格的文化遗存，包括有自己特色的青铜器群。

鲁西南地区的情况，我们了解得稍多一些。北京大学考古系曾在菏泽地区做过工作，并在其邻近地区进行过调查，从菏泽安邱堌堆遗址的材料来看，这里发现得最早的遗存属于大汶口文化，之后是内涵丰富的龙山文化遗存，从文化特征来看，属造律台类型或王油坊类型，也发现了房基， 这个遗址岳石遗存的一个显著特点是典型岳石文化遗存与一定数量的先商文化陶片共存。从时间上划分，这些岳石文化遗存可以分为三期，每一期都有卷沿鬲或鼓腹盆、平口瓮等先商文化陶器存在。特别有意思的是有些器物本身就具备了岳石文化和先商文化两方面的特征。比如，有的鬲分裆，锥形足，绳纹直到足根，这是先商文化鬲的特点，但表面的附加堆纹上又有斜十字切压纹，这又是岳石文化陶器常用的纹饰。岳石文化层上面是早商文化层，年代相当于二里冈上层。看来这里岳石文化的下限可能相当于二里冈下层期。再晚的，是晚商遗存，其中尚未发现素面鬲、素面甗等夷人系统的陶器，而大量的宽边鬲、甗很有特色，比例比河南的大。总之这一地区的文化长期与河南境内的文化有着密切的关系。

在豫东地区，北京大学考古系也做过一些工作，发现了一些岳石文化遗存。其特征与鲁西南地区的情况大体一致，也不是很纯粹的岳石文化遗存，而含有一些先商文化因素。其年代下限也和鲁西南岳石文化的年代下限大致相同。

安徽淮北地区的文化序列，最早的是以双墩遗址为代表的遗存，然后就是分布较为普遍的相当于大汶口阶段的文化遗存，它的某些特点，如缺乏觚形杯，多数遗址没有背水壶等，我认为只是大汶口文化中的一种文化类型的特点，再晚些的是造律台类型的龙山文化，再晚的情况就比较复杂。总的趋势是：这个地区越往西，二里头文化的因素越多，而岳石文化因素较少。岳石文化因素在这个地区的东北部较多，越往西越少。当然，二里头文化因素在东部的宿县地区也有发现，甚至在苏北地区也还存在。而岳石文化因素在西部的阜阳地区也能见到。这个地区还没有发掘过二里头—岳石这一时期的遗址，因而缺乏定量分析的基础，将来经过发掘，就有条件研究这一时期的文化除了二里头、岳石的文化因素外，还有没有自己的地方特征。

苏鲁豫皖地区在先秦时期曾有夷人文化分布，这个地区的考古学文化中，应该包括东夷文化和淮夷文化。这两支文化对于考古学研究和历史学研究都是很重要的。夏、商、周三代的初期，都发生过一次大的危机：夏代早期“后羿代夏”，商代早期伊尹放太甲，后羿和伊尹都是东夷人。西周早期又发生过淮夷的“叛乱”。可见东夷与淮夷力量之强和对中央王朝影响之大。以往的工作，对于揭示夷人文化的面貌、发展情况，与中原地区的文化关系和夷人内部诸文化关系等方面，已经提出很多线索。目前安徽、江苏考古界的学者们对淮夷文化尤为关注，有的同志提出了在苏鲁豫皖这个大的课题组下成立淮夷研究课题组的设想。在新形势下，苏鲁豫皖地区的考古工作一定会取得重要的突破。

（十三）栾丰实（山东大学历史系考古教研室）

这次到安徽来，看到许多遗址调查、发掘的实物资料，尤其是会议安排的三天皖北地区野外考察，使自己学到不少新的知识，感到收获很大。

按我的理解，苏鲁豫皖地区主要包括江苏省的淮北地区、山东省的泰沂山系以南地区、河南省的东部（包括商丘，以及周口和开封各一部分）和安徽省的淮北地区。从古代文化的文化面貌、特征，以及小自然地理环境方面考虑，又可再细分为四区，即鲁东南区、鲁中南区、鲁西南豫东皖西北区（以下简称鲁豫皖区）和苏北区。下面着重谈谈我对后两区几个问题的看法。因为有些想法过去就有，也有一些是这次看了材料之后的认识，可能很不成熟。

1. 关于鲁豫皖区古文化的序列与年代

这一地区新石器时代较早时期的遗址，经过发掘的主要有蚌埠双墩、濉溪石山孜和鹿邑武庄三处，双墩遗址的材料比较丰富，其自身特色十分明显，年代也有一定跨度。石山孜的材料较少，与双墩有一定联系。武庄未见到实物，主要为河南所带来的部分单位的材料。就主体部分而言，双墩遗址较早，石山孜似略晚，或与双墩遗址偏晚时期相当。武庄可分为若干期，其早期应与双墩略有交错。

年代在武庄之后和龙山之前的遗址，均可归到大汶口文化之内，主要有亳县富庄、肖县花甲寺、蒙城尉迟寺、鹿邑栾台等。从器物形态学方面分析，富庄下层墓葬较早，其他三处遗址则要晚一些。

龙山文化时期的遗址较多，发表的材料也比较丰富，富庄上层、尉迟寺上层和芦城孜是安徽境内比较重要的几处，一般被称为王油坊类型（或称造律台类型、青堌堆类型）。

这一区域龙山文化之后是岳石文化，架子上摆了31处遗址的调查标本，据我看有5处遗址存在岳石文化遗物，即花甲寺、永固、灰角寺、芮集堌堆和台子山。豫东和鲁西南发现的岳石文化遗址更多。经过发掘的有鹿邑栾台、夏邑清凉山、杞县鹿台岗和菏泽安邱堌堆。岳石文化之后是二里冈期商文化，然后是殷墟期商文化。

鲁皖区自新石器时代较早时期至商代的序列大致如上所述。对于其绝对年代，我们可以采取横向比较的方法加以推定，即与年代序列清楚的鲁中南区比较。

鲁中南区考古工作开展较多，分期与年代学研究比较细致。其文化序列依次为北辛文化（年代在距今7300～6300年，分三期）、大汶口文化（年代在距今6300～4600年，分十一段、六期和三个发展阶段）、龙山文化（年代在距今4600～4000年，分九段、六期和两个发展阶段）、岳石文化（年代在距今4000～3500年，分三期）和商代文化。以此为标尺来分析鲁豫皖区新石器时代遗存，可得出以下结果。

双墩遗址大致与北辛文化中晚期相当，年代在距今7000～6300年。武庄与北辛文化晚期和大汶口文化一、二、三期接近，年代在距今6500～5300年。富庄下层墓葬约当大汶口文化四期，年代为距今5300～5000年。尉迟寺、花甲寺、栾台为大汶口文化五、六期（主要属六期），年代在距今5000～4600年。王油坊约当龙山文化四、五、六期，栾台二期文化早段部分遗存的年代还早一些，年代在距今4400～4000年。

2. 关于鲁豫皖区古文化的文化性质

黄河、长江两河流域的新石器时代，主要存在着四个大的区系，亦可称为四大文化区，即以黄河中游为主的中原文化区、黄淮下游的海岱文化区、长江中游的江汉文化区和长江下游的太湖文化区。这四个大区系形成于裴李岗时代，成熟于仰韶时代，龙山时代和夏代是其繁荣发达时期，自商代开始逐渐走向统一，而统一的完全形成要到秦汉时期。

鲁豫皖区在上述区域中，处在东西交界地带，西南和东南又与长江流域的西大文化区相距不远。这种地理位置的特点，反映在考古学文化的文化面貌上则呈现比较复杂的状态。对这一地区考古学文化的文化性质，历来存在着不同的看法。

我认为，鲁豫皖区在大的区系上属于海岱文化区系统。具体分析起来，各个时期又有所区别。

双墩到武庄时期，虽然文化内涵中包含一些其他文化的成分，但主体因素是以自身特征为主。这一阶段可看作与北辛文化、大汶口文化并列的考古学文化时期。

富庄下层到栾台一期阶段，大汶口文化涌入并占领鲁豫皖区，在主体文化内涵上取代了当地的土著文化。同时，还存在一些不同于鲁中南和其他小区的文化因素。例如，红褐陶的比例较高，折腹鼎、细长颈袋足鬶、圈足罐的存在，以及拔除下侧门齿的习俗等。基于此，其可作为大汶口文化的一个地方类型。

王油坊类型的文化性质异议最多，多数人认为应归属中原文化系统，或者单独成为一区。我认为，王油坊类型主要继承了当地的大汶口文化并加以发展形成，最终过渡为岳石文化。尽管在其发展过程中受到来自中原地区的影响，而且这种影响一度有增大的趋势，但就文化要素的主体而言，文化性质并没有发生质的变化，仍可以归属为海岱龙山文化。

岳石文化时期的鲁豫皖区，在文化面貌上有 定自身特色，如绳纹鬲、箍状堆纹甗的存在，或是受到西部的影响，或是继承王油坊类型而来，但其主要方面与鲁中南乃至胶东半岛都是一致的，而与二里头文化迥异。岳石文化的影响，向南越过淮河，部分地区甚至渡过长江，向西则到达豫西一带。

到了商代，鲁豫皖区虽然有许多与中原地区不尽相同之处，但其性质已属商文化系统，或许商文化就是从这一地区产生出来的。

由上述鲁豫皖区古代文化性质的变迁，我们可以看到一条中国古代文化从分散到统一的变化运动轨迹，这一运动过程又是分阶段实现的。

总之，海岱文化区发端于北辛文化时期，最初限于泰沂山西侧，其范围随着时间的推移而逐渐扩大。到大汶口文化中晚期，势力迅速膨胀，扩展方向以向西和向东北为主，至晚到大汶口文化五、六期，分布范围已达到豫东的杞县、太康和淮阳一线，并一直维持到岳石文化时期，而没有发生大的进退。

3. 关于苏北区的两个问题

苏北区的新石器时代文化，在大的区系上属于海岱文化区，但从早到晚不断受到来自南方的强烈影响，这或许是对此区考古学文化认识上意见分歧的原因之一。我这里主要谈两点看法。

第一，1987年以来，南京博物院连续发掘新沂花厅遗址，发现一批大汶口文化墓葬。这批墓葬以其具有浓厚的良渚文化因素而格外引人注目。通过分析这批墓葬，我觉得有两个问题需要引起重视，一是正当大汶口文化四、五、六期大汶口人向西挺进的时候，其东部却受到来自南方的强烈影响，这意味着什么？二是良渚文化的年代比目前估计的要早。如果把良渚文化划分为五期，其第三期与大汶口文化四期（中期阶段偏晚）相当，第四、五期则大致与大汶口文化五、六期同时。这样对应起来，目前所发现的良渚文化大体与大汶口文化中、晚期阶段相当，最迟也只能到龙山较早时期。如是良渚文化与马桥文化之间应有文化的缺环，这种现象与北方的辽西地区十分相似。以往大家都认为良渚文化的上限较早，下限与龙山文化同时。现在看来，这一问题需要重新考虑。在海岱地区，从泰沂山两侧一直到胶东半岛，大汶口文化遗存中都发现有良渚文化的因素，而龙山文化中则全然不见，或是一个佐证。

第二，20世纪80年代南京博物院在沭阳万北遗址发现了一批商代墓葬。据发掘者介绍，这批墓葬可分为两类：一类随葬绳纹陶器，器形与商文化有别；一类随葬素面褐陶器或半月形石刀。后一类墓葬的陶器特征与岳石文化十分近似（如陶甗等），半月形双孔石刀也是岳石文化最典型的生产工具。因此，这一类以出素面红褐陶为主的墓葬在时代上应略早于出绳纹陶器的墓葬，并且是探索岳石文化在东部沿海地区去向的重要线索。

（十四）张文军（河南省文物局）

从调查材料、发掘材料看，淮北这个区域各阶段的东西都有了。对蚌埠双墩遗址我谈谈自己的看法。我们挖的武庄一期跟双墩晚期的东西是比较相近的。对年代和文代性质的判定，我是这么考虑的：第一我觉得这套东西不同于裴李岗，在文化面貌上有比较大的区别。关于它的年代，从武庄一期的情况看，这个时期基本上没出现彩陶，有红衣器物，鼎足上见有附加堆纹，制法一般都是贴接的。拿这个东西跟河南西部已经做过的工作来比，跟始固四、五期的东西相近。始固确定的年代是距今6800年，侯家寨测定年代是距今6900年，再拿这个东西来看郑州大河村的年代，郑州大河村已发表的材料最早的到半坡的晚期，1984～1986年做了两个方，这两个方做到底了，原来没有做到底，挖了14米才挖到底，出的东西要比始固五期的东西略晚，最下层的东西和始固的东西相同。从这个年代和地层上来看，它应该相当于半坡这个阶段。这样我们把武庄一期跟蚌埠双墩的东西放到这个年代里看，它们的年代相当于裴李岗的晚期到半坡早期，双墩早期的东西比这个年代要早一段，能够到裴李岗的三期。这套器物的文化面貌跟裴李岗和北辛是完全不一样的，它应该属于一个单独的文化。

濉溪的石山孜和怀远的双孤堆这批材料，在文化面貌上跟武庄一期文化有所区别。一个是它的羊角把的器物比较多见，再一个是带附加堆纹的盆形鼎比较发达，我们那里主要是罐形鼎，跟这套东西有所区别。这套东西与青莲岗的面貌比较相近，这里有个问题，就是说这套东西后来发展的方向是什么。在淮北这个地区比它再晚一段的东西，现在没有发掘的资料，所以说它的流是什么情况，现在不清楚。

从淮河以南定远侯家寨出的东西来看，它和武庄二期面貌比较相近。因此在这个区域中，刚好是一个跨档，在淮河北岸，定远侯家寨的这套东西，也就是武庄的这套东西，还是另外还有一套东西，现在从调查的零散材料来看，不好做出判断，根据这套东西不好说它就发展到武庄二期的那套东西。这是我看这套材料时的一个想法。从调查的情况看，这套东西与我们在信阳调查的材料比就比较一致，比较相近。因此，有很多地方存在着疑问，需要靠以后的工作来解决。

淮北的东西，现在缺这么一段材料，就是相当于大河村二、三、四期，这个阶段的材料不是很清楚。比较清楚的是亳县富庄和尉迟寺的材料。在文化性质方面，虽然有些与大汶口差距比较大的东西，但从总的成分来看，定性定为大汶口文化这一点是没有问题的。富庄M9看到的折腹盆形鼎，从武庄发掘来看，它在淮河流域的源是比较清楚的。武庄从最早开始就出现了有这种折腹的釜形盆一直到折腹豆这些东西。它是不是这一地区所特有的在这个地区发展的一种文化，也就是说大汶口文化到了这里，跟它又融合，反映了大汶口文化在这个时期开始向西进，再晚的一段时期，大汶口文化在这里站稳了脚。这个现象还可以看得出来。

再晚的是宿县（今安徽宿州市，下同）的芦城子遗址，对芦城子这套东西的认识，说它是河南龙山，和后岗二期比，不像，后岗二期的折腹盆和比较高的鼎，在这个地区不见，跟王湾的东西也不一样，所以说与河南北部和西部的东西都有区别。跟山东的东西也有区别，绳纹和方格纹发达，甗是山东成长起来的，但在它的形态上和外部装饰上也发生了一些变化，鬶在这个地方也都变了。也就是说他不像他妈也不像他爸，他就是他。他就是这个地区的特点，我是这么认为的，叫他造律台类型也好，王油坊类型也好，他是这一地区特有的东西。

再往下就是相当于夏这个时期的也就是东边的岳石，西边的二里头，北边的先商，在这个地区是个什么面貌，从材料看，有一些岳石文化的因素，但还可以看到北边先商的东西，刚才王迅讲的还可看到二里头的一些因素，但这个地区是一个什么样的文化面貌，这一段材料还比较少一些。

再后面是商的东西，从资料看，最早的东西相当于二里冈上层偏晚或殷墟一期的面貌。再往南看，含山大城墩的东西跨度比较大，它从相当于殷墟一期起一直到西周，整个面貌发生了很大的变化。这个东西应该怎么分析？西周的东西与我们河南的东西不一样，从整个器物看有相同的地方，但区别是比较大的。

（十五）高广仁（中国社会科学院考古研究所）

1989年初，社科院考古所成立了一个安徽队，得到了安徽省文化厅、省文物局、省考古所和有关兄弟单位的大力支持，工作进行得很顺利。借此机会，表达谢意。1988年到合肥参加安徽省文物考古研究所成立三十周年纪念会，第一次有机会到安徽看到了一些实物资料，作了一个简短的发言。主要是对淮北地区的富庄遗址的材料进行了一些分析。那时看到的材料不多，石山孜遗址的材料也不太多。时隔两年半后，又到了合肥，前几天到遗址现场观察，又看了标本，我觉得比1988年看的材料丰富多了，可比的东西也多了。淮北课题组在这几年做了大量的工作，调查的遗址就发现了100多处，重点发掘了几个遗址，发掘的收获是很大的，对淮北地区的文化面貌，有了一个清楚的认识。这次会议选择在合肥召开，是很合适的。苏秉琦先生提出这个课题后，由于四省不同程度地做了工作，对这个课题的深入开展起到了促进作用。河南从中华人民共和国成立初期开始做了大量的工作，山东也做了不少工作，江苏也是如此。相对来说安徽的工作起步是迟了些，很多工作是在十一届三中全会以后开展的，如和县猿人、薛家岗文化等都是在这十多年做的。就是这几年，有了一个突飞猛进的发展。对淮北地区文化面貌的认识，材料比以前丰富多了，认识也清楚多了，这一点是和同志们的努力工作分不开的。

整个淮北地区的文化面貌，目前看来，蚌埠的双墩在淮北来讲是比较早的遗存，有些同志做了一些比较。我觉得和其他省的遗址做比较这是一个方面，更主要的是建立起淮北地区自己的文化序列。山东的序列比较清楚，这是多年来工作的结果，河南也有一个比较清楚的序列。特别是听了河南的介绍，和安徽搭界的六个县、市的文化编年也清楚了，工作是很出色的。淮北目前最早的应是双墩遗址；富庄也是一个很重要的遗址，相对年代比双墩要晚，面貌是很清楚的；尉迟寺经过发掘证明也是一个很能说明问题的重要遗址；玉石山下层有大汶口文化时期的遗存，上面是龙山文化，还有西周的，看来还比较丰富。我想就这三个遗址，再说一点看法。上午我将双墩遗址和北辛、大汶口早期做了一些比较，如果说要归类的话，我觉得放在大汶口早期、北辛晚期是比较合适的。理由是，有些器物和北辛文化比较，还不如北辛文化原始（双墩采集了^{14}C标本，年代还没有测出来），如果归大类，应相当于北辛晚期这个阶段。北辛阶段与河南裴李岗的年代是大体相近的，双墩遗址的炊具是用支座架起来的，从陶片来看应有釜形器，虽然复原器还没见到，但用支座架起来作炊具，配套的应有釜形器，这些东西和北辛文化是比较相同的。鹿角器的使用，在双墩很多，如用鹿角做的靴形器，实际上是一种工具，这种器形在大汶口早期有少量发现，这种工具是早期文化面貌的一个重要方面。在淮北地区大汶口文化早期因素的东西还不多见，大汶口中期的因素就大大增加了。有的同志把这个地区划入大汶口文化范围之内，这也有一定的道理。就目前发掘的遗址来看，大汶口文化中晚期的居多，表现比较突出的特点是中期因素的东西特别多。富庄遗址出土的器物，多数是大汶口文化中期的东西，这中间也有一些不是大汶口文化因素的东西，像扁足鼎，在山东大汶口文化中是少见的。这种鼎表现出南方的因素多一些，如屈家岭。不是大汶口的东西出现在这里，是不是我们这个地方的一个特色呢？到了大汶口中期，淮北地区大汶口文化的因素是相当浓厚的，从尉迟寺墓葬出土的材料和遗址出土的器物看，也是如此，大汶口中期的因素很多。有的同志说，这可能是大汶口文化的一个类型，这也是一个见解。反映在淮北地区这种遗址的数量还是比较多的。大汶口早期的东西还没见，到了中期突然多起来了，说明当时大汶口中期阶段在这个地区有了明显的反映。晚期的东西，在淮北也是如此，玉石山的T2608第3层的材料，就是大汶口晚期的东西。这里有山东常见的篮纹夹砂红陶鼎和扁凿形的鼎足，还有白陶鬶、青灰杯、黑陶杯、黑陶豆等，所以说大汶口中、晚期因素的东西，在淮北地区的反映是很多的。是不是一个地方的类型，还是淮北自己的文化面貌，这个要靠更多的材料和同志们的进一步研究。普遍的在大汶口文化层上有一个龙山文化层，这个龙山文化层所反映的面貌，富庄有几件器物，其他的地点也有很多，龙山文化在淮北遗址调查中发现有67处。这比大汶口中、晚期的材料更丰富。这个地区的龙山文化，有它自己的特点。咱们现在发掘的龙山文化面貌和相邻地区中华人民共和国成立之前发掘的黑堌堆、造律台，之后发掘的王油坊（都在河南省境内）这几处很接近。玉石山T0509第3层和T0608第8层都出现过这些现象，从陶片中能够看出器形的东西有瓮、鼎、盆、罐、鬶、豆、高柄杯。纹饰有篮纹、方格纹、素面、黑皮陶。富庄还有完整的甗。淮北发现的材料和王油坊、造律台的文化面貌是基本一致的。这是不是淮北地区自己特有的东西呢？这也是可以考虑和研究的。另外，在山东、河南也发现了属于岳石文化的东西和二里冈上层的东西，还有周的东西。淮北的面貌基本清楚了，中间似乎还有缺环。特别是像比蚌埠双墩遗址再早一些的遗存还没有发现。相当于大汶口早期阶段的东西，这里见的还不多。建立起淮北地区的文化序列，中间还有缺环，还要今后做更多的工作。

关于今后的设想，张敬国同志提出了三条，我觉得很适合。①搞清早期的文化面貌；②找地层比较厚的遗存做一些工作；③和历史上的淮夷、徐夷结合起来研究。苏鲁豫皖课题由苏秉琦先生提出来，我想和中国文明起源的研究是有关系的，苏秉琦先生也提到这个问题。目前文明起源问题，已是一个很热烈的课题了。在苏鲁豫皖这一带，从我们的考古发掘和研究中间，为解决我们中国文明起源的问题，是能够做出自己的贡献的。从目前发掘的四个省份的材料来看，江苏、山东、河南、安徽的长江流域，长江和淮河之间，这一带地区，也是我们研究文明起源问题的一个很重要的方面。苏鲁豫皖四省交界地区是一个很重要的地区，在研究中国文明起源方面，应当说是有特殊作用的。文明的产生和标志，说法很多，比如说城市、文字、阶级、国家等要素都具备了才能进入文明时代。从历史时期来讲，应当说是从夏朝开始，商进入文明时代是没有问题的。在这之前的夏时期是一个关键的时期，夏的都城、夏的中心区我们都在找。促成夏商周这种文明的高度发达的社会之前，是由各个地区文化组成的，可以说在960万平方千米的土地上，它们对促成中华文明都是起过积极的进步的作用的。我想在开展苏鲁豫皖课题考古工作的时候，应当有这样一个想法，就是要为研究中华文明的起源，做出我们的应有的贡献。我们应该有这样一个学术思想，带着这样的一个问题，有这个想法的时候，我们的工作才会有更大的意义。

（十六）郑笑梅（山东省文物考古研究所）

这两天看了安徽同志的工作成果以及听了其他代表的发言，我受到了很大的启发，在此谈点有关的看法。

关于山东与苏北的古代文化关系。记得在1979年应邀参加江苏省的一次考古学会时，我已阐明了一些看法，如有关灌云县大伊山石棺葬遗存的归属，我认为它不属于泰沂文化系统，甚至连云港二涧水库的7座墓等遗存也不应属于山东系统等。这主要是从这些材料的葬俗和陶器群的主要特点来考虑的。就葬俗来说，在山东数以千计的墓葬材料中，未曾见到一例用陶钵扣在死者头部的习俗，而这一葬俗已在江苏的草鞋山等江淮一带的原始文化墓葬中见到。从陶器而言，大伊山等墓地出土那些具有长江下游一带原始文化陶器飞檐的特点，在泰沂文化系统中未曾见过。然而，这两种文化分布邻近，有些器物比较近似，说明两者有过文化交往关系。也有的如钵类器相同，这或属时代的共性等。我认为苏北地区地处南北文化通道，古代文化分布犬牙交错，反映了不同时期文化的消长。所以，既有北部泰沂文化系统的文化遗址的分布，亦有南部原始文化的足迹，而不是单纯划一的。如邳县的刘林、大墩子以及新沂花厅等著名遗址还是应当归入泰沂文化区的，这已被学术界所共识。而大伊山、二涧水库等遗存，应以传统的文化因素划入南部文化圈内更为妥当。江苏的同志这几年在沭阳万北遗址做了大量工作。我看过那批实物资料，确实很有特点。他们认为其中第二期陶器的鼎、壶、罐、碗等器类，彩陶以红彩多见而以内彩为主纹样又似八卦状，与青莲岗遗址比较接近。我以为与泰沂文化系统的差别较大，可能它另有源流。近些年来，与苏北接壤的鲁东南临沂地区，发现有旧石器晚期及细石器地点和遗址。至今未发现新石器时代偏早遗存。经文物普查发现属于大汶口文化早期遗址的也不多。过去采集到相当于北辛文化的无足大型石磨盘等遗存的地点，也已被平整，破坏殆尽，未找到与北辛文化有关的踪迹。总之早期情况不清楚或未被认识，这里较多的是大汶口文化中期至晚期的遗存。龙山文化和岳石文化遗址普遍发现，并有其特色，看来，以蒙山或沂、沭河河谷为界，以东的鲁东南与以西的鲁中南地区之间，在文化上可能存在地域类型的不同。从苏北而言，新沂花厅村的随葬器物与鲁中南的邹县野店第四期墓葬遗物基本相同，而以东的鲁东南的诸城呈子一期随葬品中的陶鬶等器的型式与临沂市附近普查中同类器的型式相近，而与苏北花厅、鲁中南的野店、大汶口等同期随葬器物的同类型式存在较大的差异。这是否可推断，至少在大汶口文化中期阶段之后，两地存在着地域类型。在山东的考古工作中，鲁中南做的工作比较多，已经建立起从北辛文化—大汶口文化—龙山文化—岳石文化的体系。目前在这里也发现几个细石器地点。至于在细石器遗存和北辛文化之间相距四五千年的时间，今后如何工作才能缩短两者之间的年代距离，建立起完整体系关系，是一项相当艰巨和长期的任务。

关于与江苏南部系统的文化关系。目前，在山东，只有鲁中南的可谈一点，而鲁东南工作做得少，不好多谈。过去，我们对大汶口文化强盛时期对周围地区的影响谈得多一些，其实文化交往总是相互的，既搞清本系统的特征，又了解对方的特点，从这一观点出发，就不难发现来自南部文化系统对山东的影响和二者间的交往。在邹县野店M31中的4件泥质黑皮陶贯耳壶，可以断定是良渚文化的遗物，在大汶口文化早期的第二段遗存中，那种泥质黑皮陶高柄豆，在盘底下有一圈窄堆纹装饰，无论如何与崧泽等文化难以区别。而这豆或壶只在大汶口文化特定时期突然出现，又很快消失或融合，无本身的演化轨迹。它们不应是泰沂文化系统原有的器类，而是从南方文化系统交流而至。总之，在文化交流中对具体遗存要做定量分析，以此来判断它的性质。

关于与安徽的文化关系。我们看到亳县富庄、蒙城尉迟寺及濉溪石山孜、蚌埠双墩等遗存。其中，亳州和蒙城两处遗存，从见到的墓葬和地层材料来看，它们基本上属于泰沂文化系统，具体说是大汶口文化晚期的遗存，特别在尉迟寺遗址中的篮纹陶片，墓葬的随葬器物组合与鲁中南一带无二，看到尉迟寺陶缸上的涂朱“图画”文字与莒县凌阳河等完全一致。篮纹这类拍印纹，在大汶口文化早期阶段的陶缸上已经出现，不过那时的粗犷，一般多横道或斜道，至大汶口文化晚期时在鼎、罐、盆、缸等器上均较普遍。因以往发表的墓葬随葬器物而遗迹单位及地层中出土的器物未引起注意，所以人们对大汶口文化陶器多是随葬器物的印象，在引用和对比材料时亦以此为据，而忽视了生活中的日用器。近年来在鲁中南各遗址，如邹县野店、曲阜西夏侯、南兴埠及莒县凌阳河等大汶口文化晚期中都存在可观的篮纹装饰陶器。由此，可知蒙城尉迟寺遗址基本归属泰沂文化系统大汶口文化晚期阶段的遗存，至于是否还有一些地方特点，整理中可用定量分析来确定。亳县富庄M9和M13的随葬陶器，主体属大汶口文化。其中，盘形鼎和高颈罐形鼎、凿形足鼎，似乎有些特点与河南鹿邑一带的鼎近似，带有南方文化系统的痕迹。可以肯定，在皖北一带存在着大汶口文化晚期或中期偏晚阶段的遗存。石山孜遗址中的龙山文化属造律台类型这一范畴，与鲁西南、豫东一带基本相同。

关于双墩、侯家寨等遗址，我觉得很有自己的特点，与泰沂文化系统不同谱系，至于与河南鹿邑武庄等遗址中二期文化有什么样的关系，还需进一步了解探讨。

在蚌埠博物馆看了双墩遗址的试掘和采集资料，对这批资料有点看法。这里多盆、碗、豆、壶等外表红色陶器，而在口内又多为黑色。有不少鹿角“勾形器”，便联想到南方系统中的马家浜文化的特点。在发掘工地看到了一批粗陶夹蚌陶为主的遗存，我想双墩遗址应包括不同时期的遗存，可以分期。看来双墩有自己的特点，与泰沂文化系统区别较大，不属同一文化谱系。

大家谈到双墩遗址的年代，我不妨与北辛文化做些比较。北辛文化偏早（而不是最早）的数据为距今7300年左右，在大汶口遗址的北辛中—晚期为距今6600　6200年光景。在大汶口遗址的北辛文化也有一些夹蚌陶，按地层统计，越早越少，越晚越增多，在第6、7层为4%～5%，在第5层为14%～15.5%。北辛文化器类除有泰沂文化系统特色的大宗鼎类器外，仅有钵、壶、支座、三足碗、盆等几类。没有双墩那些繁杂的器形。这里器底绝大多数为圜底，包括鼎类器身部分，在晚期方见少量似平不平的平底钵。鼎类足部一般直立，至晚期始见弯曲形的鼎足。器体绝少有把，在大汶口遗址北辛文化中未曾见到带把器。北辛文化早期粗陶器表常饰图案繁复的锥刺纹、窄行条堆纹，至中晚期图案简化，锥刺纹等渐少，代之以划纹和压划纹组成的图案。泥质陶多素面，钵类有“红顶”式，至晚期始见红色或熟褐色单彩绘在钵类器口，个别的可见到红彩竖道平行线组成数组，分列钵口外上腹部。以上情况与所见的双墩遗存，虽属不同谱系，但从时代特点上有共同之处。由此，推测双墩早期年代约相当于北辛文化中、晚期，也就是说在距今6600年之后。这样的估算是有很大缺陷的，据说侯家寨已有两个数据，在我的印象中，侯家寨遗存可能与双墩晚段相当，目前还不清楚两者的关系，需要进一步研究。

在我们中国的两大河流域，长江流域和黄河流域，经历了几十年、几代人的努力，在考古工作方面取得了可喜的成果，在古文化研究上也都有了一些眉目。特别在中华人民共和国成立之后，考古学得到了快速发展，在长江中、下游和黄河中、下游地区相继发现了些新的考古学文化，填补了这些区域古代文化中的缺环，建立起各自的文化发展序列，为研究中国文明起源等提供了重要线索。从这一点而论，两条河流都在促进其间的淮河流域来做出自己的答案。苏鲁豫皖考古课题的研究工作，正是在共同解决这方面的问题。说实在的，山东考古课题中的一些问题都涉及淮河以北地区的关系，多年来苦于缺乏资料，有些问题只是设想，却无科学的论据。这次是我第一次来安徽，感到幸运，特别是看到这许多地点的实物资料，有淮北的发掘材料，也有淮南一带的考古清理，都是围绕着淮河做的大量工作。我感受到了安徽同志们的努力，才有今天所见的丰富成果。安徽省的考古工作起步较其他省稍晚一步，但是，已经看到了端倪。虽然，目前还只有一些零碎的点，我想不久将会形成一个面，积累起一批批科学资料，通过一次次的考古实践，将会在淮河流域的土地上建立起地区的文化发展序列。从目前资料，已经了解到在淮河流域存在几种新的考古学文化，还需要认真地剖析出它的特征，区别本地的特点和外来因素，达到进一步了解苏鲁豫皖这一区域的历史状况及其为中华文明所做的贡献。我已对照了山东与皖北的一些资料，初步了解到在亳县、蒙城一带大汶口文化晚期遗存。如预料那样，在大汶口文化晚期向外扩展的途径为，通过皖北向豫东一带挺进，甚至伸向中原地区。也看到濉溪石山孜等遗址的龙山文化与鲁西南、豫东一带同属造律台龙山文化（王油坊）等类型。尽管学界对造律台类型有不同看法。但我认为造律台龙山文化类型应系大汶口文化晚期遗存的发展，它属于泰沂文化系统。总之，两者的陶器类型关系密切。要解决两者的关系，皖北是一重要区域，是连接中的关键所在。在安徽资料中，也不乏岳石文化材料。目前，在鲁苏豫等省，岳石文化与龙山文化关系也已逐渐被认识，也是有着传承沿袭关系。具体到造律台类型如何向苏鲁豫皖这一区域的岳石文化地方类型演化，以及岳石文化最后如何同当地文化融合而消亡等，都是值得思考的问题。据在山东东部及中南部岳石文化^{14}C测定年代的结果为距今3900～3600年，这正在中原的夏代纪年之内。分布在东方的岳石文化已经有了青铜工具等的制造能力，又有城址等出现，那么它对中华文明曾做过什么贡献等；上午南京博物院张敏同志提出，各地岳石文化如何与当地土著文化融合及其与西方来的文化融合过程等，都值得我们注目。

在安徽已经发现本地区较早的双墩、侯家寨之类的文化遗存，希望找到几处堆积厚、面积大的遗址，发掘面积扩大一些。揭露面积大，可能解决更多的疑题，也建议国家文物局多支持一些。

（十七）张忠培（故宫博物院）

1988年，我来合肥的时候，有感于要把中国考古学推向前进，需要有一个正确的出发点，故作了《关于考古学研究的几个问题》的发言［见《文物研究》（第5辑）］。现在看来，这一问题还需在同仁中得到更广泛的理解。那次发言提到的“新考古学派”，现在的势头，已较当年大大地减弱了。不少朋友认为依靠考古学自身的手段，是难以透过“物”见到“人”的。见人的愿望是好的，解决这一问题的唯一办法，是加强考古学基本理论与实践的修养，而不能为考古学请一个“上帝”来。这次会议名为“苏鲁豫皖考古座谈会”，会议形式不是单纯地“座谈”，而是先看工地和材料，边走边谈，然后坐而论道，开会的方式很好。四省的同志都发了言，论了道，谈得比较细致入理。看来，这一课题正在深入之中。听了很受启发。为了交流，下面谈几点认识。

武庄一期，是这里目前见到的最早的新石器时代文化遗存，据张文军讲，它的文化面貌不同于北辛一类遗存，也区别于裴李岗为代表的那类遗存，可归入青莲岗遗存那类系统（张文军：没有这么明确说过），我们就先不这样明确肯定。从它的基本文化面貌来看，它同于青莲岗的地方，是相当多的。

继武庄一期之后，是武庄二期。文军认为后者是紧接着前者发展来的。武庄二期跨的年代较长，起始于约当后岗一期文化或半坡文化和庙底沟文化交接前后，直到大河村三期或四期。

接着，是栾台一期和栾台二期。前者的文化面貌，约同于大汶口文化中、晚期；后者分为两段，早段基本特点和龙山文化一致，晚段就是王油坊那套东西，或叫“造律台类型”。

在栾台二期之后，先后为岳石文化、二里冈下层、二里冈上层、殷墟和西周。

皖北地区，张敬国同志说，应把淮河南岸归入淮河流域来考虑。这是值得研究颇有意思的见解。但这几次看的材料是淮河北部的，我还是只讲淮河北部。

这里在双墩遗址见到的遗存，与武庄一期雷同。

双墩遗址之后，是尉迟寺遗址中见到的四个阶段的遗存。前三个阶段属大汶口文化，相当于这个文化的中期偏晚到晚期，第四段的文化性质，同于“造律台类型”。对后岗遗址1979年发掘材料（《1979年安阳后岗遗址发掘报告》，《考古学报》1985年第1期）所进行的分析，可以认为它的斝式甗当早于同地出土的鬲式甗。依此，尉迟寺遗址出土的那件斝式甗的年代当早丁鬲式版。宿县芦城孜遗址出上的鬲式甗，与另 件山自亳县富庄遗址的鬲式甗，两者形态上有些区别。

灵璧玉石山遗址见到的遗存，形态上区别于双墩遗址第四段，基本上和龙山文化一致。

因此，在皖北同时存在着“造律台类型”早晚两段和龙山文化遗存。前面谈的豫东的系列，似乎只肯定以鬲式甗为代表的“造律台类型”的晚期遗存，晚于龙山文化。这样，皖北见到的以斝式甗为代表的“造律台类型”早期，和同地龙山文化的年代关系，还需今后研究。同时，在出土鬲式甗的芦城孜遗址中，也包含不少龙山文化因素，其中就有鬼脸式的鼎足。可见，龙山文化的年代，也可延到“造律台类型”晚期。那么，分布于淮河流域的龙山文化遗存，尤其是其中早于“造律台类型”晚期的那部分，在龙山文化整体分期中的位置问题，也有待于今后研究。只有这样，才可能从整体解决两者的关系。至于它们的文化关系，就只有依据两者的文化成分的谱系定性后，才可能做较符合实际的分析。

在造律台类型之后，目前揭示出来的是一些较为零散的岳石文化材料。它之后，是二里冈上层和殷墟。再后，就是西周。

可见，皖北的考古学文化序列，还不够完整。

苏北以往做了不少工作，也发表了不少材料，这次座谈会上又听了邹厚本等几位同志的发言。据此可知，苏北考古学文化的序列大致如下。

沭阳县万北一期，年代最早。从文化面貌来看，它可能是青莲岗文化的渊源。

万北一期之后，是青莲岗文化。江苏有的同志将这个文化分为两个类型，即大伊山类型和北辛类型。说前者“以灌云县大伊山、淮安县青莲岗为代表；北辛类型以连云港市二涧村、大村及邳县大墩子下层”为代表［《近十年来江苏考古的新成果》，《文物考古工作十年》（1979～1989），文物出版社，1990年］。看来，大伊山类型分布地区在北辛类型分布区的南面。从现在已见的情况来看，以北辛遗址为代表的遗存，和以青莲岗遗址为代表的遗存，虽有些相似之处，同时也存在相当重要的区别，两者很可能属于不同性质的考古学文化。如果在青莲岗文化中区别出一个名为“北辛”的类型，不仅混淆了两个文化的区别，而且，实际上是否定北辛文化的存在，并认为淮河流域是大汶口文化的策源地。我个人暂不敢苟同，认为需提出来讨论。但是，需要说明的是，他们将已见到的青莲岗文化的地域区别的认识，提出来进行讨论，有益于推动对青莲岗文化的深入研究。

继青莲岗文化之后，便是以刘林、花厅、大墩子及赵庄等遗址为代表的大汶口文化。和豫东对比，这里缺乏武庄二期那类遗存存在的空间，即较早地出现了大汶口文化。

接着，是在连云港市二涧村遗址见到的龙山时代的材料，发表的不多，整体面貌不十分清楚，很可能属于龙山文化。此后，便是岳石文化。它的遗存已见于徐州高皇庙、铜山县丘湾、赣榆县下庙墩、灌云县大伊山、盱眙县六郎墩及沭阳县的万北遗址。显然，岳石文化的分布范围，已深入淮河南岸。

在岳石文化之后，目前只见晚商及西周时期的遗存。这里的晚商遗存，有自身特点，存在着较多的素面鬲。可能反映它和其南部的遗存存在着文化联系。

从苏鲁豫皖这一课题来看，山东近年来没有做什么工作。而且，郑笑梅同志已做了发言，不必我再讲了。

据以上讲的考古学文化的序列来看，目前讨论的这个地区存在一定的区别：其一，在苏北缺乏“造律台类型”。其二，武庄二期是否也存在于皖北现在还不清楚，但它未能分布苏北，则似乎是可以肯定的。同时，据文军讲，位于淮河上游地区的考古学文化的序列，基本上同于豫东地区。

可见，淮河流域的中上游和下游是存在区别的。山东的菏泽地区和枣庄及临沂也可能存在不同之处，而和淮河流域相对应。菏泽的某些地区或其一定时期的遗存很可能同于或相似于豫东地区。

从目前认识到的文化谱系来看，苏鲁豫皖地区诸考古学文化，分别归属于如下几个谱系。

（1）武庄一期至武庄二期。前者，如上所述，属青莲岗文化，将它们暂称为青莲岗文化谱系。

（2）北辛文化、后岗一期文化、大汶口文化和龙山文化及岳石文化，是同一谱系的诸阶段的遗存。

（3）“造律台类型”，它的来龙去脉尚不清楚。

（4）商文化。

（5）周文化。

可见，苏鲁豫皖地区为不同谱系的诸文化先后占据。在一定的时候，它又是不同谱系的考古学文化的分割地带。

青莲岗文化，或武庄一、三期在这地区的存在，表明苏鲁豫皖地区曾发育出自己的新石器时代的文化。这个文化的前身，依江苏同志的意见，还可以向前追溯，即到万北一期。这说明淮河流域的新石器时代，很可能是独立起源的。

半坡文化，或者说是它的晚期阶段，和其后继者庙底沟文化，也对苏鲁豫皖的发展起过积极的影响。例如，它对武庄一期，尤其是武庄二期和大汶口文化的刘林期，是存在着明显的影响的。这种影响，正如我在以前讲的那样，是和半坡-庙底沟文化居民向东推进密切相关的。有的同志认为，大汶口文化的彩陶，有着自身特点，因而，是从自身古老因素中发育出来的。这意见有它合理之处，即大汶口文化的彩陶确有区别于庙底沟文化之处。但是，如下两个情况是值得注意的：一是彩绘着黑色，最早起源于半坡文化；二是由圆点、曲线条带、月牙形及曲线三角形组成的彩绘图案，只在北方中国的西部，即半坡-庙底沟文化中，才能清楚地看出这种图案的起源与流变。而这类图案，或它的变体，在大汶口文化彩陶中构成了基本因素。可见，大汶口文化的彩陶是接受庙底沟文化深入影响的结果。

但是，大汶口文化没有因接受庙底沟文化影响而消失自身特点，反之，它利用这种影响壮大起来。

在大汶口文化出现空三足鬶的时候，甚至比这还早点时期，已经强大起来，成了庙底沟文化后裔的劲敌。

（1）在它占据苏北，随着占据了深受庙底沟文化影响的武庄二期分布的豫东地区之后，据至今在伊洛地区见到的大汶口文化墓葬来看，它的居民可能还零散、插花式地进入了庙底沟文化后裔的分布地带。

（2）在中国北方，大汶口文化对其分布范围以外即原先庙底沟文化分布的地区，均存在广泛的影响。只需举两个例子，就足能说明这一问题。

其一，黄河流域中上游，在仰韶时代结束后，普遍出现了高领平底陶壶。大汶口文化是这种壶的原生地，并存在形制变化的完整序列。黄河流域中上游先后出现这类陶壶，是受大汶口文化直接、间接影响的结果；其二，空三足器最先产生于大汶口文化。它是由鼎式甗演变成斝式甗，再发展为龙山文化的鬲式甗，形制变化序列完整，一环接一环，形态演变不存在跳跃式的间隙。在釜式斝的影响下，先是伊洛地区的釜式鼎，过渡到了釜式斝，在釜式斝的影响下，渭河流域和汾河流域改造固有的炊器，分别出现了单把罐式斝和鋬手罐式斝。前者分布范围西到甘肃，后者还广泛见于内蒙古及河北等地。这种文化影响，波浪式地扩展到整个中国北方。

同时，位于大汶口文化分布区以南的长江流域，尤其是下游和东北的辽西地区，也是大汶口文化影响的方向。例如，良渚文化的陶鬶和赤峰大南沟墓地出土的陶壶、豆便是大汶口文化影响的产物。

当然，文化影响是双向的，但不是平等的，相互之间的影响作用，存在着强弱之分。在我们讨论的这个时期，大汶口文化对其周邻文化的影响，却起着主导作用。

在文化关系中，大汶口文化还起着传媒作用。例如，陶寺出土的玉琮，显然是大汶口文化将良渚文化的发明传输给陶寺居民的。

我想，最后还谈谈“造律台类型”问题。

“造律台类型”的年代，上承大汶口文化。文军说它是从大汶口文化发展来的。这个认识很可能是对的，除了他在《河南鹿邑来台遗址发掘简报》（刊《华夏考古》1989年第1期）讲的：这个阶段的袋足鬶、侈口圜底鼎、夹砂红褐陶深腹罐、豆、高柄杯等主要器类与第一期的递嬗发展关系十分清楚，可以说基本上继承了第一期文化的主要因素（文中说的第一期，即指大汶口文化晚期）外，当时的人文地理似乎也只能使我们这样考虑。

问题是大汶口文化在其他地区发展成龙山文化，而豫东地区却演变成“造律台类型”。

前面曾指出当大汶口文化在其南面，如江苏，取代青莲岗文化而扩大自己的地盘的时候，豫东地区，很可能如文军所说，还包括信阳地区，这两地的青莲岗文化居民却站稳了脚跟，并过渡到武庄二期。这种情况，应和当时的人文地理格局，主要是同庙底沟文化向东扩展所形成的人文地理情况有关。

类似的历史现象，往往在不同时期重演。当豫东地区的大汶口文化向下一阶段转化的时候，受到西方至少是居住在伊洛地区的居民的干扰和影响，使得它难以如其他地区那样，转变为龙山文化，而只能过渡到“造律台类型”。

因此，在分析“造律台类型”文化结构的时候，不仅应看到它和大汶口文化的关系或龙山文化的成分，也要看到它包含来自西方的因素。

在龙山时代，中国北方基本上也是一分为二的。其一，是使用鬶、鼎、甗及高柄杯的龙山文化的居民；其二，占据着广大地区，分别使用釜形斝、鋬手鬲、单把鬲和高领双耳罐的诸考古学文化，它们都是从庙底沟文化经过若干阶段发展而来的。这东西两个地域相互制约、抗衡及竞争的局面，直到二里冈上层时代，尤其是西周，才基本上将北方，即黄河中下游及其以北的大部分长城地带统一起来，才告结束。

无疑，“造律台类型”，就其渊源及其主要成分来看，在一分为二的中国北方，当归入东方系统。它的年代下限，可能进入夏纪年。需今后进一步研究的是，它同岳石文化的关系，至少应考虑豫东过渡到岳石文化时，它起了什么作用？从郑州南关外先商文化遗存中存在着类似“造律台类型”的陶甗来看，它的部分因素，可能为先商文化所吸收。

“苏鲁豫皖考古”这一课题提出后，使我们自觉地重视起淮河流域的历史研究，这是很有战略意义的。20世纪30年代，曾比较自觉地在这里搞考古。所谓自觉，是说有个明确的课题。

那时是探索殷墟文化的起源。中华人民共和国成立后，注重黄河与长江，对淮河流域不够重视。这当然不是没在这里做工作，工作也不少做，然而是断断续续的，没有搞出个考古学文化序列，甚至不是把它视为黄河的延伸，就是看成长江的一部分。这一课题黄景略同志提出并进行了组织工作后，大家围绕它做了不少工作，取得不小的成绩。现在我们坐在这里，就这个课题进行专门座谈，自然是这一工作取得成绩的结果。

以往的几年，各省的同志都为了搞清本地的文化序列而辛勤地工作，这是必要的。搞文化序列，也有一个方法或途径问题。例如，河南的同志，花的时间不多，工作规模也不算大，就基本上搞清楚了那个地区的文化序列。搞文化序列，应在广泛调查的基础上，选择露出苗头的地方，利用削面，清理暴露出来的灰层、灰坑或墓葬这类遗存，或者沿着断崖开探沟。在不必实行布方的大规模发掘的条件下，即可达到目的。在目前已有成绩基础上，今后如何开展工作？就这个问题，提出个人的一点想法，供参考。

其一，应把苏鲁豫皖考古作为一个存在着有机联系的总题目来考虑，并在注意其邻近地区已取得的认识的基础上，分题探索，以把这地区本身存在的文化序列及其谱系关系，完整地搞清楚。例如，作为一有机联系的总题目来考虑，河南今后搞清楚信阳地区的序列，和安徽填补武庄一期与大汶口文化之间的缺环，以及江苏在深入研究万北一期的基础上，继续向前求索，就显得十分必要。又如，在注意到邻近地区已取得认识的基础上，就不必探索大汶口文化如何转化为龙山文化，而应注重研究“造律台类型”的文化结构及它的源流。再如，在探讨不是本地形成和发展起来的考古学文化时，则需注重在本地形成和发展起来的那些特点的分析与其源流的探讨。

其二，刚才，高广仁同志讲了要注意这个地区的文明起源问题。1985年，苏秉琦先生提出探讨中国文明的起源与形成的课题，已引起考古学界的广泛注意。近年来，在苏鲁豫皖考古领域内，除花厅的发现引起点浪花而对这一问题进行讨论外，基本精力都用于文化序列与谱系的研究，未能涉及文明的起源与形成这类问题。这反映了我们工作所处的阶段。我想就其有关的问题谈点认识。

文明整个发展过程中，下列现象值得注意。

（1）文明起源和形成，是指两个时代，概念含义不同。起源所探讨的是史前社会中文明因素的兴起与发展。中国文明起源和形成是多中心的。在秦汉帝国之前，有的地区是独立进入文明社会，有的是在外来影响下才步入文明时代。

（2）文明发展中，应当注意：①领袖职务传承方面，尧舜禹实行禅让，自夏启以后为家族继承，除传子外，也存在兄终弟及。“唐虞禅，夏后殷周继，其义一也。”②领袖称号，尧舜禹为后，三代称王，自秦以后曰帝。③国家政治组织形式上有如下区别：唐虞及夏王朝时代为邑落诸侯盟主制，商周是宗法封建殖民制，秦汉实行郡县行政机制上的中央集权制。日知先生将古代城邦制分为如下四个阶段，即传贤时代为原始民主制城邦；西周是原始君主制城邦；春秋是公卿执政制城邦；战国时期，向帝国时代过渡，古代城邦制走向解体。④我在《中国父系氏族制发展阶段的考古学考察》一文中，已指出龙山时代已进入父权制。西周宗法制，仍是父权制的政治表现形式。李悝说农夫五口之家，耕田百亩的情况，是井田制破坏后出现的情形。战国的改革，促进了父权制的衰落，动摇了宗法封建制的根基，为建立在郡县行政机制上的中央集权制创造了条件。

总之，是从城邦至帝国。这里讲的是王朝为主线的走向帝国过程中的一些阶段性变化。中国是否存在其他的模式，不同地区怎样纳入这一过程？则待进行具体研究。

（3）文明的起源、形成和文明时代的发展阶段，归根结底，是由生产力发展水平所制约的社会关系和社会组织的变化。社会的本质是人，或者说人是社会的本体。所以最终还是人的变化。考古学是研究“物”的，是透过“物”去看人的。“物”是人的活动遗存。因之，透过这类活动遗存，是可以见到人的。事实上，在这方面，考古学已做出了不少成绩。如何见物见人，是个很大的方法论题目，既需要我们总结以往经验，又需开拓，不是几句话能说清楚的。可以肯定的是，依靠考古学自身方法，完全可以研究这些问题。同时，历史是一庞大体系，人的活动遗存，只是人遗留下来的一部分活动，且其有些活动还不能由物体现出来，因此，不能靠物研究人的全部历史。如以此非难考古学，是没有道理的。

（4）文明问题，应提到苏鲁豫皖考古日程上来了。在探讨这一问题时，应根据本地区固有历史特点，寻找具有代表性而又保存较好的墓地、遗址，进行全面揭露，用多种学科手段搜集信息，坚持考古学基本理论、方法，是可以达到预期效果的。

总之，在以往工作基础上，现在应在方法上有所转变，视线要换换角度。

（十八）黄景略（国家文物局专家组）

这次苏鲁豫皖考古座谈会，我们看了三天，讨论了两天，五天时间，大家看了很多，意见发表也很充分。这几天来，我感觉有一个问题，座谈中涉及的都不多，可能是我们准备得也不很充分。苏鲁豫皖这个地方，中华人民共和国成立以来，包括以前，我们做的工作不是很少，过去有一些发现，但对这个地方的历史了解得并不是很清楚。淮夷、徐夷在这带那么强大，苏秉琦先生讲，殷纣王虽然抓了一些人回来，可回到家里自己也完蛋了。商代晚期，商征淮夷，打了好几回，老打老不服气，说明这个地方还是有一定的历史、一定的文化，这个问题希望以后能注意一下。第三期领队培训班在鲁西南济宁发掘，我告诉苏先生我们在济宁发掘了一个商代遗址，他说这个地方你们要注意一下。苏鲁豫皖考古课题就是这样在苏先生的关注下提出来的。我们的想法是希望能够对这个地方一些文化的发展，了解得更清楚一些，包括对夏商周时期的一些情况都能有一些了解。因为从历史上来说，夏商周时期，这个地方包括淮河以南、淮河以北、鲁西南，这一地带有很多方国，西周八百诸侯，这里恐怕要占了一大部分。我们想，在这个地方开展一些工作，能够形成对这一地区的史前文化和夏商周时期文化诸问题的认识、得到一定的收获。这个苏鲁豫皖一带地区，是否包括淮河以南或以北，我认为这个应该考虑，将来包括淮河以南，不应该仅仅限制在淮河以北。现在先在淮河以北做些工作，工作总得有个步骤。将来整个问题的考虑，应该包括淮河以南的江淮之间，江淮之间这个地方有很多工作要做。

总的看起来，这个地区在文化上有它自己的一些特点，当然和周围的文化还是有些关系的，将来这个问题怎么个摆法，我想还是要进一步深入地研究。淮河中下游地区，是不是一个文化区，这一点值得进一步探讨。

经过这几年的工作后，对这一地区的原始文化有了一定的认识。大体上说，早一点的阶段相当于北辛晚期、大汶口早期，还有相当大汶口、龙山时期的材料，往后，岳石的也有，商周的也有一点。总之，文化的大阶段应该说是建立起来了。当然，每一个阶段如何来划分，恐怕还有待再做一些工作。这些大阶段如何来定性，现在大家看法可能不一定完全一样，我认为这是很自然的。将来这里能不能算大汶口，包括到太康和杞县这一带全属于大汶口，那么这一圈，我看把淮北都圈进去了。从地理条件来看，这一圈应该是，那么，这大汶口也太大了，还包括鲁东和胶东半岛，这些是不是都是一个文化呢？还是一个文化的几个类型呢？将来可以进一步探讨，包括龙山阶段是不是一回事。如果是，所谓造律台或王油坊这种龙山，既不同于山东的、也不同于河南的。永城和亳州是交错的，和苏北也相连接，这个地方如果能成为一种独立的文化体系，那么它要有一定的范围才行。这些问题将来如何来划定，我想有一些工作还需进一步做。不管怎么说，在原始文化问题上，大家经过讨论，都比较明确有这么几个大的阶段。涉及的少一些的是夏商周这一段，看的东西比较少，我们仅仅看了安徽的。从介绍看，也少一点。相当于夏的阶段在我们这个地方堆积，相对来说也比较薄，夏商周阶段的材料相对来说比较少一些。我有一个想法，夏商阶段，甚至到了西周这个时候，这个地方的文化应该还是比较丰富的。根据文献记载，淮夷最强大的阶段就是在这个时期。为什么商朝老来打淮夷，淮夷也主动打商朝。西周初年对东夷用兵，陕西扶风周原出了一个史墙盘也提到成王时期来打这个地方。在这个历史阶段，我认为这个地方应该有比较高的文化。西周分封后，这一带有很多小国家，包括淮河以南、长江以北的这些地方。山东沿着鲁南、鲁西南包括豫东、苏北、淮南、淮北，我数了一下将近有20个国家。这个地区过去发现的铜器，虽然属周文化的范畴，但每个国家出土的铜器，多少有一些自己的特点。安徽淮南、皖西这一带，曾出过春秋时期的比较大的墓葬，舒城九里墩出土的有铭文的鼓座，有人说是群舒的铜器，有的说是蔡国的铜器，这可以进一步研究。说明这些地方有很多国家，文化也比较高。豫东一带的国家，更直接受到周王朝的影响，联系也比较多，几个大的国家，包括宋、蔡。苏鲁豫皖这个地方，史书上称东夷，这个地区文化水平应该是比较高的。现在从我们调查的东西来看，发现的东西不多。我对这一段感到有些遗憾。现在我们注意史前的比较多，社科院考古所的同志列了一张表，史前的有60处。我想这个地方整个工作的开展恐怕不仅仅是原始文化这么个阶段，还得把夏商周这一部分包括进去，把淮夷、徐夷包括进去，应该包括夏商周这么个时期，甚至包括春秋的一部分。这个地方，当年有那么强大的力量能形成这么一个势力，除了原始文化应该有独特的方面外，在夏商周这个历史阶段，也应该有它一定的地位。所以这方面的工作不能忽视了，要给予充分的考虑才行。

这个地区今后怎么做工作，我想讲几点意见，我想社科院考古所的目标是在找早商的，不是在找原始文化，为什么？因为商汤都亳是在亳州，还是在偃师，还有争论。按书上记载，几次迁都，咱们这儿占三次，所以工作看起来很有搞头。怎么来做好呢？我的想法，有一个基础工作需要再做一下。安徽调查淮北20个县市共发现104处，我感觉少了。苏北不知调查了多少地点，豫东也没有一个具体的数字。总的看，我们的基础工作做得还不够，从现在来看，这项工作还要做。这些调查不是泛泛的普查，应该是有重点有目标的来做一点专题性的调查。我认为考古调查有点和地质调查一样，要不断地反复地进行。因为我们今天不能发现，可能明天就能发现，有的今天发现了，也可能不认识，通过几年的工作以后可能就认识了。所以调查还需要继续做。

第二点，在这个地方，将来抓哪方面的重点课题，我想得不太准，刚才老张（张忠培）说了，这个地方不仅仅是建立一种序列的问题，希望大家能做大面积的发掘，来解决一个什么方面的问题，作为重点，我希望在龙山到商代这个阶段多花一点力量，来做一点工作。我说这是重点，不是说前面的不要，后面的也不要。而是在龙山到商代之间这么一个阶段中，多开展一点相对来说比较大规模的发掘工作，能够解决这一阶段的文化面貌问题。从大家的发言中，多开展一点相对来说比较大规模的发掘工作，能够解决这一阶段的文化面貌问题。从大家的发言中，我感觉到这个阶段是叫王油坊类型好，还是其他什么类型好？这个阶段的文化分布，有些地方，如淮河南岸，可能与它不一样，再往东去，可能与西面的也不太一样。因为那个类型不能包括这么一个整个的地区，文化面貌的差别可能就要大一点。所以，我想，如果有条件，能在这方面多做一些工作，作为我们将来的工作重点。西周时期这个地方小国林立，我认为这个时期还不应该是我们工作的重点，第一个重点我认为是龙山到商代之间，第二个重点，就是大汶口阶段以前这么一个时期。我们重点抓这些方面是否可以，作为大家参考。

第三点，我们这个地区的文化面貌关系比较密切，不是安徽做、江苏做所能解决的，互相有联系。社科院考古所在安徽建立一个工作队，我看对工作是大有促进的，这些事情需要大家协作。今后，我们在这方面的工作如何开展，互相之间的学习，是大有好处的，不一定是坐在一起开会，这个会也不可能年年开，到有一定成果，我们再来座谈，可能会更好一些。但平常互相间的来往应该更密切一些，互相通气，特别是对某些学术问题上的探讨，有助于工作的开展。这个问题更重要。我们不是对各省的情况都很清楚，豫东这地方的年代序列建立得比较全一些，但他那个序列能不能代表淮北、代表苏北？淮南的距离更远一点。因为有些地方，你可能挖到一个好的遗址，可能会碰到好的地层关系，有的就不一定能碰到，地方的差别特点也就会不完全一样。因此有必要开展互相间的讨论，包括互相参观等。我们这个地区通过以后几年的工作，是能够有一些更好的收获的。

（十九）张柏（国家文物局）

我们这次会议讨论得很充分，特别是几位专家谈了非常好的意见。我把大家的意见归纳一下，说三个方面的情况：一是关于这次会议，二是关于四年来苏鲁豫皖四省考古科研的工作，三是研究下一步的工作。

第一，会议开了五天，前三天参观了工地，看标本，然后进行讨论，大家充分交流了情况，各省把自己这几年的工作都比较全面地在会上进行了交流，也谈了自己的认识。这些认识谈得都比较深入，有些认识有一些交叉，在一些具体问题上有一些不同的看法，这是很自然的。这样才能促使课题的研究向深入发展。这次会议收获是很大的，大家都说会议的形式比较好，也开得及时。这次会议使这四省相互了解了情况，对全局有了一定认识，交换了对一些问题的看法。这次会议是一次互相学习、互相促进、共同提高的交流会。会上大家也提出了一些问题，提出了下一步工作的意见，这本身就是对课题研究工作的进一步推动。以后还应组织这样的会议。

第二个问题，是说说四年来的工作情况。1987年国家文物局根据一些老专家的设想，对课题研究做了布置。各省对这个课题研究很重视，包括大学和社科院考古所都很重视，成立了课题组。有的省根据自己的设想制定了自己课题组的工作计划，进行了扎扎实实的工作。四年来确实有不少收获。第一是进行了大面积的调查，新发现了一些点和一些遗址，仅安徽就新发现104处。通过调查，我们对这个地区有一个总的概括的了解，为下一步工作打下了基础。第二是对一些重点的点进行了发掘。安徽的几个发掘点，包括社科院考古所做的，我们看了。河南也汇报了他们做的点，一个是挖了400多平方米，一个是挖了600多平方米。从这些点所做的工作看，选点还是比较合适的，也收获了很多成果，工作质量也很高。第三是根据调查和发掘，各省对这一段的工作进行了认真的研究和分析，对一些文化的时代序列、文化面貌、性质、分布范围都进行了分析和研究。河南做了分析，搞出了一个序列，安徽也有自己的认识。这些分析和研究，为下一步工作打下了基础。但是就这么大的研究课题来讲，我们的工作确实才刚刚起步。我们主要还是做了一些“点”的工作，至于有的同志讲，“线”怎么联起来，“面”怎么看，“流”怎么找，“源”怎么看，这些问题，我们现在还不能拿出一个明确的意见。还要做许多工作。我同意这样的一个基本的估计，下一步的工作量还相当大，不会三五年就把整个问题解决，可能要更多的时间，任重而道远。各课题组的同志都有了这种思想准备。总的来说，这段工作，大家都认真地对待了，工作做得好，有收获，有成绩，但工作还刚刚开始。

最后说一说下一步的工作。

第一是这个课题要继续搞下去，认真地、扎实地搞下去。因为这个课题意义重大，不仅对这个地区的文物考古研究工作有着很重要的意义，对全国的研究工作也有着重要的意义。长江流域有些文化的源的问题，很可能就在这里解决。我来之前，苏秉琦先生跟我讲，这个课题搞下去意义很大。比如说，楚国那么强大，她是怎么来的。安徽有个淮河，这个淮河就能简单地一分为二，给长江一半，给黄河一半！这些年我们考古学研究发展很快，发展到现在这一段，也该我们来搞了。所谓历史的人干历史的事，就是我们不干超越历史的事，但历史赋予我们这个时代应该干的，我们不要推给子孙后代去干。看来考古学的研究工作已发展到这一步了，需要我们这一代人把苏鲁豫皖的问题解决掉。这个课题确实是带有方向性的课题，非搞下去不可。从文博工作的整体来看，也需要这样做。目前从文博工作的整体来看，最重要的还是保护，在保护的前提下搞好宣传，发挥它的作用，这些工作都需要科研，科研搞好了，方向才能对头，重点才能找出来。所以研究工作是个基础，这也是符合我们当前文物工作的重点的。全国需要研究的课题很多，我们组织这样的一个课题攻关，也可以说是一个探索。组织几个省在一起这么搞，也是一种合作的新形式。原来在我们的脑子里好像一提合作，就是把一些人调在一起，然后搞联合发掘。实际上我们在自己的省里做工作，按照总的部署、总的思路做，然后合起来研究，也是一种合作方式。我们全国需要研究、攻关的问题不少，这里先搞十分有利。从这个角度讲，我们进行的课题研究意义是非常大的，我们必须走下去。

第二，关于下一步工作的形式，还是按以前的办法办，就是统一规划，分头工作，加强协调和交流。国家文物局提出这一课题，各省还要有自己的计划和规划，成立课题组。希望几个省要落实，落实后再报国家文物局。各省究竟想重点搞什么，根据会议讨论的情况，大家回去要研究一下。各课题组要好好把我们前一段工作分析一下，根据专家们谈的意见，制定规划。我们欢迎社科院考古所参加，欢迎有关大学参加，大学的科研力量雄厚，考虑的思路更全面些。

第三，是关于业务工作，我想谈几点。一是我们要围绕课题，明确学术思想、指导思想。二是课题研究的深度，要给自己立一个标准。三是基础工作要抓好，主要是调查问题和重视资料工作，每个课题组一定要把这个基础工作做好，资料包括录像、绘图、照相、研究等，要使其成为一个系统。另外要通过调查抓住重点，搞一些大面积的揭露，或者搞一些探沟。抓住重点把问题搞透。我们下一步的整个计划就是抓好基础，抓好重点，加强交流。四是关于前一段的成果，要及时反映，积累下来的资料应及时发表，如搞报告、简报、论文等。可以在咱们的《文物》月刊上发，或委托出专集、出书。总之成果不要拖。这些要有国家文物局文物处来协调。五是希望参加会议的同志，回去能向省厅或文物局汇报一下，加强领导和支持，要保证一定的人力、财力和时间，没成立课题组的要尽快成立。

总之，这项工作只要有领导的支持，四省同志共同合作，我们有信心把这个课题搞到底！

三、安徽新石器文化发展谱系的初步观察*

（一）安徽新石器文化的自然环境和人文环境

大家都知道，长江和淮河把安徽分成三大块，淮北、江南和江淮之间，但从大的自然区划看，秦岭—淮河是我国最重要的分界线。淮北为暖温带半湿润季风气候，淮河以南为亚热带湿润季风气候。一月份0℃等温线基本上与淮河干流吻合。这种自然环境显著地影响人们经济活动的方向。所以历来淮河以北主要发展旱地农业，淮河以南则以水田农业为主。新石器时代是

* 作者严文明。载于《文物研究》（第5辑），黄山书社，1989年。

一个农业初步发展的时代，人类改造自然的能力有限，依赖自然环境因素很大。既然自然环境上存在相当大的差别，那么必然在经济活动方向和考古学文化特征上造成很大影响。目前皖南地区没有做多少工作，所以我看到的只是两大块，即淮北和江淮之间，二者应分属于两个不同的经济文化区。

人文环境，主要指安徽新石器文化在存在和发展时期，周围有哪些人，哪些文化，这些人和文化对它有什么影响，两者之间有什么关系，等等。

在安徽东北部，有一个大的文化系统：北辛—大汶口—龙山—岳石文化，皖北萧县花甲寺遗址有明显的大汶口文化因素。

在安徽西北部有一个大的文化系统：裴李岗—仰韶—中原龙山—二里冈文化系统，安徽与那里关系是不直接接触，但观察安新石器文化和早期青铜文化时，都有中原地区的影响。

在安徽东南部，有河姆渡—马家滨—崧泽—良渚—马桥四期文化系统。

在安徽西南部，有城背溪—大溪—屈家岭—石家河文化系统。

以上就是安徽新石器文化以至早期青铜文化发展的自然背景和人文环境。我们观察安徽新石器文化应该从这一基本事实出发，不能孤立地看，否则许多问题就会看不清楚。这样说来，安徽地区新石器时代是否只是周围不同文化区系的一个交汇点，而没有自己的文化特点呢？或者既有自己的文化特点同时与周围各大系统文化发生关系呢？这个问题不能抽象回答，只能靠安徽同志的工作。我想现在的资料能不能为回答以上问题提供一点线索，安徽新石器文化究竟有没有自己的特点，特点多大，发展水平多高，能不能独立为一个大系统，或者是一个亚系统呢？这就是以下我要讲的第二个问题。

（二）安徽新石器发展谱系的初步观察

由于时间关系，我粗略地看了大家为这次会议提供的文章，特别是何长风同志的文章把安徽分为五个区，对我很有启发。下面我只能有一些粗浅的认识，好在大家都是做实际工作的，请参考和指正。

1. 淮北区

濉溪石山孜遗址出土的遗物，我看了两遍，觉得不十分懂（高广仁：完整器太少），东西特别，当然有些因素可以与别的地区对比，严格的分期较困难，大概通过整理可以分期，早与晚的时代差别不是很大，早到什么时候，从锥形鼎足、釜、钵等看，与山东地区大汶口遗址第一期有些相似，有少量蘑菇状纽的时代可能较早，这些蘑菇状纽在胶东一带较多。另外，有些因素与南方有些关系，如多数陶胎较厚，多釜等。我看主要还是有自己的特点，不能归到大汶口文化一期系统，与南边的侯家寨下层也不一样，一看就明白。

比石山孜遗址晚一点的有萧县花甲寺与亳县富庄遗址，据杨德标同志介绍，富庄墓葬中发现有拔牙习俗，大汶口文化拔牙是拔上侧门牙一对，这里不一样，上下门齿都拔。并且盛行一次葬，这与大汶口文化也不大相同。从陶器看，背水壶、簋形器等与大汶口文化相似，折腹鼎又有屈家岭文化因素，又不完全一样，且又有相当多的自己的特点。从整体特征来看，即使归为大汶口文化系统，也应是一个新的地方类型。

再晚的就是龙山时代的遗存。其中富庄上层比较接近鲁西南和豫东的造律台类型（青堌堆类型）而与附近徐州高皇庙有较大区别。但因材料太少，严格归类也有困难。至于萧县花甲寺中层则接近于高皇庙，属龙山文化。

淮北区大体是这样，谱系不十分完全，中间有缺环。单是从这一很不完全的谱系中也可大致看出一种趋向：较早的遗存（如石山孜）特征突出，与周围文化的关系较少；较晚的遗存（如花甲寺下层和付庄下层）虽受大汶口文化的强烈影响，但还有相当明显的地方特色；最后到龙山时代地方特色也很少了。只能分别归入龙山文化和中原龙山文化的造律台类型。由此可见，安徽淮北并不是一直作为一个独立而稳定的文化区面存在的。这与江淮之间的情况有较大不同。

2. 江淮地区

目前可大体分为两块，即东北块和西南块。

西南块，首先是薛家岗遗址的发掘。我们第一次对安徽新石器文化有比较明确的认识就是从薛家岗的发现开始的。由于文化面貌有特点，而且有一定的分布地域，所以被称为“薛家岗文化”。薛家岗遗址的分期大体代表了该文化发展的几个阶段，但该遗址墓边不好找，器物组合不十分清楚，重新进行分期观察比较困难，好在周围有别的遗址可以补充、校正。所以对本地区文化面貌了解比较多。

现知最早的遗存是薛家岗一期。这期资料甚少，内容也不太单纯。一部分因素如腰沿釜、圜底鼎等具有马家滨文化的特征，年代也应大体相当；另一部分因素如花瓣纹彩陶片、扁薄鼎足等似较晚，年代当与刘林期或崧泽期相当。因此薛家岗一期本身还可分期，而它本身的特征究竟有哪些，它同以后薛家岗二、三期的关系如何，是今后应探索的重要课题。

薛家岗二、三期遗存的内容丰富，特征明显。特别是第三期出土大量的多孔石刀和带花果纹的穿孔扁斧，十分引人注目。陶器中的宽扁足鼎、高柄豆、矮圈足壶、角形把鬶和甑套鼎的“甗”，都是很有特色的。完全可以确立为一个独立的考古学文化。此外，薛家岗二、三期文化也有明显的外来影响。如二期中的某些豆、壶、罐与崧泽的同类型非常相似，三期中个别豆、壶又与良渚文化同类器相近，这是自东方的影响。三期中的陶球与大溪文化和屈家岭文化的陶球相比，无论形状、结构还是纹饰都几乎别无一致，这是来自西方的影响。

位于本区的宿松黄鳝嘴，出土器物乍看起来与薛家岗二、三期有较大差别，因为靠近湖北边境，有同志可能认为它是另一种文化遗存。我的看法是黄鳝嘴基本上属于薛家岗文化。可能有地区差别，但主要是时代差别。因为它比薛家岗二、三期早。如果完全从地域上看，就难以解释在鄂东南地区也存在薛家岗文化因素的情况。在这方面任式楠同志比较清楚，不知是否可请他详细谈谈。

东北块，较早的有定远侯家寨下层及蚌埠双墩等，陶器胎厚，火候低，泥质陶有红衣，外红内黑，夹砂陶常有附加堆纹、印纹、刻划纹装饰。器形主要有釜、支脚、矮圈足钵（有一部分是器盖），少量的锥形足鼎、小口双耳壶，另外还有红彩。总之给我的印象是有相当多的马家滨文化因素，如胎厚，陶色有外红内黑，器形有釜、双耳壶等（蒋赞初：我们发掘的草鞋山遗址下层多外红内黑陶），但与马家滨文化又不完全一样。不是一个系统，显然有自己的特点，年代与淮北石山孜遗址差不多。

晚一个阶段有侯家寨上层和肥西古埂下层等。彩陶较多，多红宽带彩，有些器物与北阴阳营几乎完全一样，如小圈足碗、豆等，个别器形与大溪文化相似，有些花瓣纹彩陶和折腹釜形鼎等可以与大汶口文化的刘林期和仰韶文化的庙底沟期相比较。

第三阶段应该是含山凌家滩遗址为代表的遗存。那里的器物乍看起来很特殊，但有些器物如鬶形器等与薛家岗相似，年代可能与薛家岗二期相当。

最后一个阶段可以古埂上层为代表，年代也许与薛家岗四期相当，已进入龙山时代了。

我们虽然划了东北块和西南块，但总体上都在江淮之间，有可能是一个大文化区中的两个地方类型，这个大区往东至少影响到北阴阳营，因为那里也发现过多孔石刀和许多穿孔扁斧，某些陶器也同安徽的比较接近。这样，我们对江淮之间新石器时代文化大体有个了解，但谱系不完全，完整描述困难，我个人感觉是这样。

（三）对安徽今后工作的建议

安徽新石器至青铜时代的考古工作在近期内的重点应该是搞文化谱系。

首先要找典型遗址，进行比较大规模的发掘，扎扎实实把地层关系搞好，把类型学研究搞好。我们有些同志对地层学的了解常常出现偏差，认为一层就是一期文化，不能正确理解地层与分期的关系。只要有人生活，就会形成地层，有时在居址中动土，如挖抗、盖房子等，这样会有打破关系，而打破关系是地层学中非常重要的内容，也是考古地层学和地质地层学的重要差别。特别是淮河以南的南方地区，土壤黏性很大，找边比较困难，如果稍不注意，就把灰坑、房子、墓葬做成一般的地层，不能区分，把晚的混入早的地层单位中去了。因此，在田野工作中，我们安徽同志要把突破地层关系，特别是打破关系作为工作重点。

没有严密的地层关系就无法排队。地层学一方面有对遗迹和地层本身的辨认，还有一方面就是对地层关系的理解。有些同志把墓葬、灰坑、房子中的堆积不作为单独地层单位看，而说某层中有多少墓、灰坑等，这不符合考古地层学的常识。因为人挖一座墓，盖一座房子，是在地面上做的，即使废弃了，以后再有人来生活，只能在原有地面之上。以后的和原先的堆积两者总会有个界限，不能在一个地层中包含另一个或几个地层单位。地层是田野考古分析的最小单位。别的地层单位不能钻到某个地层中去，要钻就要有打破关系。这是我们田野考古的ABC（基本概念），但很重要，我们脑子中一定要有这根弦，否则永远搞不清楚（曹建昭：你讲到了我们的要害）。

把地层关系搞清后，就要对每个地层单位中共存的全部遗物进行整理，不能随便选几件，因为一个共存单位的东西有时候有早有晚，随便选，也许选到早的，也许选到晚的。因此我们必须将地层单位的全部陶片采集。在陶片上下功夫，但绝不是说在野外工作中将一个器物的碎片全部包在一块回来交给修复工就完了，而是要将全部陶片洗干净。按陶质、陶色、纹饰、器形等进行分类，然后下功夫粘对，由小片到大片，由一个器物到器物群，这样我们对某一文化的特征就有比较精确的了解了。粘对陶片一方面是为了研究文化特征，另一方面是锻炼干部的极重要的手段。我们一些老先生的功底就是粘对陶片对出来的，年轻时对，五六十岁了还要对。这是获取知识的最实际而有效的一个途径。例如，同样一个钵，在同一期文化有各种各样的，千差万别，但又有共性，与不同时期文化千差万别的钵相区别。在此基础上我们干部的素质提高了，再研究分期、特征、文化谱系等就得心应手了。年轻干部如果没有锻炼，靠这个那个老师的指点，人家哪有那么多时间，即使有也无法讲得那样具体、生动（曹建昭：你谈的是重要指导性意见）。

然后进行类型学研究，找出某些器物发展的谱系，请大家参照苏秉琦先生的《瓦鬲的研究》和高广仁、邵望平先生写的《史前陶鬶初论》，这是到目前为止单个器物研究比较成功的重要文章，但我们更重要的是注意陶器组合和器物群的变化，不要把器物分割。有时我们为了追溯一个文化发展谱系，要考虑每一个器物发展谱系，但如果没有组合和器物群的认识，就不能描述一个文化，通过以上方法把一个遗址的年代分期、文化发展阶段搞清了，与之共存的石器、骨器、灰坑、房子等都可以断定年代和分期。

一个遗址这样做，只能代表一个遗址的某一个或几个阶段，周围遗址可能不完全一样，有各种关系，这样我们由近及远进行比较，由小区域扩大到大区域的分期，再与安徽外面的文化对比，大的分期就出来了，然后在每一期中找出地域差别，这样每个区域的边界就清楚了。文化分期和分区与文化谱系不完全一样，因为一个遗址的一期和二期不一定是“老子”和“儿子”的关系，因此要进行文化因素的分析，具体分析后一阶段继承前一阶段的哪些因素，这样才能勾画出一个比较清晰的文化谱系，但绝不是单线条，原则上讲任何文化都不能孤立发展，只有相对较封闭或较开放的差别。

文化谱系建成后，可以考虑同历史文献记载相联系，包括对居民族属的探讨，但要有基础，如目前从考古学上谈淮夷就比较困难，但不是不能谈，可以谈较晚时期的，像黄盛璋先生的文章就很好。

在此基础上再解剖某一聚落或考古学文化的经济形态、社会组织等，这就是更深层次的研究，往往有不同的指导思想，而我们必须用马克思主义指导。

所以，考古学有几层结构，有的是基础性研究，有的是较高层次的研究或探索。这几个层次都是考古学的有机构成部分，不能孤立或割裂开来，也不能不分层次地搅在一起。这些层次同时也是研究的程序，只有前一个层次的研究做好了，后一个层次的研究才有基础。不能倒过来，这好像盖房子，基础不牢，房子盖好了也要垮掉。因此在基础研究还不扎实的情况下，不要急于做貌似新鲜而实际并不可靠的历史结论，中国考古学中这种教训太深刻了。

我们一些年轻同志思想活跃，对新事物敏感，这是很好的，要发扬这个优点开拓考古研究的新局面。但如不注意而只想走捷径，或只追求时髦，也容易出偏差。如目前时髦的新考古学，有些人认为这大概是我们今后考古学发展的方向。我不想在这里多谈新考古学，全面而正确地评价是要花一番功夫的。简单地说这是20世纪60年代初美国一批学者提出的一些想法，这原本是正常的，但有人把不是他们的一套统统说成传统考古学，加以批判，这就不恰当了。我觉得他们有些想法和勇于实践的精神是可取的，但绝不是考古学发展的方向。年轻人可以去了解，实践，但决不能从根本上抛弃和怀疑我以上讲的一套所谓传统的方法，否则，什么新考古学也新不了。比如盖房子，可以有各种设计和构想，但必须从地基盖起，不能吊在空中。这个道理是容易明白的。

总而言之，我们要搞好安徽考古工作。而安徽考古工作是很有前途的。现在纪念安徽省文物考古研究所成立三十周年，三十岁是而立之年，是成年人，取得了好成绩，值得我们来庆贺。但我们要朝前看，要做到四十而不惑，五十而知天命，必须做扎扎实实的工作，同时要解放思想，勇于实践，才能取得相应的成就。

四、关于安徽原始文化研究中的几个问题*

安徽地区新石器时代遗址的调查可追溯到20世纪30年代①。中华人民共和国成立后，安徽省考古工作者在全省境内，调查、发掘了一批重要的新石器时代遗址，取得了可喜收获。这一工作大致分两个阶段，前一阶段自中华人民共和国成立后至十一届三中全会以前，在这个时期，主要从事遗址的调查和试掘工作，根据当时获得的资料，有些研究者认为安徽境内大体分布有四种不同类型的文化，即大汶口文化、龙山文化、印纹陶文化和以红陶为主的另一种文化。十一届三中全会以来为第二阶段，这十年是安徽省新石器时代考古取得较大突破的十年。主要表现为全面深入的考古调查、较大规模的遗址发掘和初步研究工作的开始。其中调查了数百处新石器遗址，经过试掘和发掘的遗址有三十余处，积累了许多新资料，大大丰富了安徽史前文化研究的内容。许多研究者对许多重要问题，如薛家岗遗址的文化性质、江淮地区原始文化类型的划分、安徽地区原始文化与周围邻近地区古代文化的关系等问题，进行了有益的探索②。本节试图在以上新石器时代遗址调查、发掘和研究工作的基础上，对安徽原始文化研究中的几个问题做一初步探讨。

---

* 作者何长风。载于《文物研究》（第5辑），黄山书社，1989年。

① 王湘：《安徽寿县史前遗址调查报告》，《中国考古学报》（第二册），商务印书馆，1947年。

② 安徽省文物工作队：《安徽文物考古工作新收获》，《文物考古工作三十年（1949～1979）》，文物出版社，1979年。

（一）早期新石器文化的新线索

关于安徽早期新石器时代文化遗存的认识是近几年开始的，遗存主要以定远侯家寨遗址下层文化为代表①。侯家寨遗址位于定远县西南七里塘乡，北距淮河约40千米。经1985年和1986年两次发掘，共揭露面积约375平方米，文化堆积厚约2米左右，分四层。该遗址可明显分为上、下两个文化层，上层文化以第2层为代表，下层文化包括遗址的第3、4两层，据笔者的初步观察和整理，下层文化的主要特征表现为：陶器以夹粗砂及蚌末片的红褐陶为主，次为一种外红里黑的软炭陶，还有少量的红陶和黑陶，泥质陶很少。均手制，器物胎厚而粗糙，火候低，易碎。陶器以素面为主，只有极少量的刻划纹、弦纹、附加堆纹、乳钉纹等。器形以平底器、圈足器为大宗，三足器、圜底器极少。器类主要有低圈足盆、碗、钵形器（可能有部分是器盖）。这种陶器的一个显著特点是外红里黑，在低圈足底部多有刻划，内容题材丰富，有许多几何形图案，如方形、三角形、梯形等，有树叶等植物图案和猪、鹿、鱼等动物图案。夹砂褐陶平底双耳钵形器，胎厚，其突出特点是在口沿外侧有一明显折棱且其上饰一圈锥刺纹。以上两种器物特点突出而且数量大，是下层文化的典型代表器类。此外，还有粗而高的陶支脚，外施红衣里黑的喇叭状底座钵形豆、釜、直口筒形器、钵形器、深腹罐、小口平底三实足状把手鬶、铫等。鼎未发现完整器，有少量鼎足，主要为高柱状锥形。流行大鼻器耳及口沿以下有一对实心耳鋬作风，盛行花边状圈足捉手器盖。生产工具发现较少，主要有石锛、石斧、陶纺轮、网坠、骨针等，但最为引人注目的是出有大量的鹿角勾状器，其用途不明，有待研究。还发现有大型加工工具石臼。此外，下层文化中有一个突出特点是，伴随陶器出土有大量的动物骨骼，主要为猪和鹿，约占总数的80%，从一个侧面反映了当时原始先民的生活情景和自然环境。

目前已发掘的同类遗址还有蚌埠吴郢双墩，该遗址位于淮河北岸，蚌埠博物馆于1986年秋发掘了70平方米。出土器物的主要特征与侯家寨基本相同，在许多方面与侯家寨互为补充，使我们对这类文化遗存的认识更为全面，突出的是陶器底部刻划内容更加丰富，据粗略估计有刻划符号的陶片达287片之多②。另外出土了几种彩陶双耳壶残片，值得注意。

我们认为以定远侯家寨遗址下层为代表的文化遗存，有一组区别于其他文化的陶器组合群，具有独特的文化特征，如陶器非常粗糙而厚重，低圈足钵、碗、盆类器，且多在这类器底刻划，口沿外有一圈锥刺纹折棱的平底钵、粗大而高的陶支脚，大量鹿、猪等动物骨骼小件及鹿角勾状器等，皆具有明显的地方性特征。这类文化遗存与安徽近年发现的其他新石器遗址明显不同，从器物的造型、种类、制作技术及风格等方面推断，其年代较早，约相当于河姆渡文化时期或稍晚，距今7000年左右。是安徽目前所发掘的早期新石器文化。这类文化遗存主要分布在淮河流域，对寻找淮河流域远古文化渊源线索具有重要意义，代表了安徽淮河流域原始文

① 阚绪杭：《定远县侯家寨新石器时代遗址发掘简报》，《文物研究》（第5辑），黄山书社，1989年。

② 徐大立：《蚌埠双墩新石器遗址陶器刻划初论》，《文物研究》（第5辑），黄山书社，1989年。

化的一个新类型。

另外，1988年秋发掘的濉溪县石山孜遗址①，揭露面积100平方米，文化堆积分七层，其中第7～4层属新石器时代，经初步整理可分两期，第一期包括第7、6两层，第二期包括第5、4两层。两期文化差别不明显，时间跨度不很长，两期皆以夹砂红褐陶为主，火候低，陶色不均匀（尤以第一期明显），器胎较厚，器形种类较少，只有鼎、釜、罐、钵、支架等几种，其中以锥足鼎和釜为大宗。只是第一期特有的折腹釜形鼎（其上各有压划纹）在二期中不见，而二期流行的罐形锥足鼎、釜、支架等在一期中都能找到渊源。从陶质、陶色、器形等方面看，该遗址的时代较早。与侯家寨下层文化大体同时，其文化面貌虽与侯家寨下层有一定联系（如釜、鹿角勾状器等），但两者的差别还是明显的。与河南、山东同时期的原始文化也有区别。总之，对于该遗址文化面貌及文化性质的进一步推定，寄希望于今后材料的进一步充实。

根据笔者所知的调查材料看，怀远双孤堆、淮南潘集小孙岗、霍邱扁担岗、肥东岗赵等遗址，皆含有早期新石器文化遗物，从采集陶片看，以夹粗砂和蚌末片的褐陶、红陶为主，火候较低，出有圆锥形高鼎足、釜、钵等。对于这些遗址的文化内涵及与以侯家寨下层文化和石山孜为代表的文化遗存的关系，是否属于同一文化等问题的探讨，是我们今后研究安徽早期新石器文化必须注意的重点。

（二）文化分区与类型探讨

从自然地理区域看，长江、淮河横贯安徽，把安徽分成三大块：淮北平原、江淮丘陵和皖南山区。但自然区划与古代文化区域是不完全吻合的。就目前调查和发掘的材料看，笔者将安徽原始文化分为皖北、皖中、皖西南、皖东和皖南五个区。

1. 皖北地区

主要指淮北平原的北部，与河南、山东、江苏邻接，本地区发掘遗址较少，除上义介绍的濉溪石山孜，还有亳县富庄②和萧县花甲寺③。

富庄遗址位于涡河南岸，1982年曾进行小面积发掘，取得了重要收获，发掘了大汶口文化的多人合葬墓12座，该遗址可分上、下两个文化层。

富庄下层文化陶器以泥质灰陶为主，有少量的黑陶和极少量的红陶，绝大多数为素面，只有少量镂孔装饰和刻划纹，也有个别彩绘陶。典型器物主要有圆盘浅腹镂孔豆、双耳双小口鼓腹背水壶、小矮圈足深腹筒形罐、折盘浅腹镂孔豆、折腹盆形鼎、大口平底深腹罐、高颈折腹平底壶等。其中背水壶、镂孔豆等是大汶口文化的典型器物。12座墓葬，皆为长方形土坑墓，

① 资料待发表。

② 《安徽亳县富庄新石器时代遗址的发掘》，待刊。

③ 安徽省博物馆：《安徽肖县花家寺新石器时代遗址》，《考古》1966年第2期。

人骨架保存较好，均仰身直肢，其中单人葬3座，双人合葬墓1座，三人合葬墓1座，五人合葬墓2座，盛行拔牙习俗，且上、下门齿都拔。因此我们可以初步认为富庄下层属于大汶口文化系统，但又有地方差别，可看作一个新的地方类型，时代约相当于大汶口文化中期。相当于这一阶段的文化遗存还有萧县花甲寺下层，代表性器物有泥质黑陶、红陶高足杯、红陶鬶等。富庄上层以夹砂灰陶为主，有少量的黑陶，多为素面，纹饰增多，主要有篮纹、方格纹、弦纹等。典型器物有小平底碗、平底浅腹盆、方格纹深腹罐、鼓腹罐、深腹罐形鼎、折沿侧扁矮足绳纹深腹鼎、单耳圈足杯、小平底尊、大袋足绳纹甗等。从器物组合及特征看，富庄上层遗存基本上属于河南龙山文化豫东造律台类型，但也有地方特征。

相当于这一阶段的遗存还有花甲寺中层，但从出有一定数量的白陶及蛋壳黑陶看，其文化面貌更接近于山东龙山文化。

总之，我们可以从石山孜—富庄下层—富庄上层几个阶段的文化遗存看出，皖北区由于地理位置的开放性，文化面貌较复杂，正如严文明先生指出的，从早到晚并不是作为一个稳定而独立的文化区而存在①。较早阶段地方特点较明显，而与山东和河南的史前文化关系较密切。

2. 皖中腹地

本地区包括以淮河为中心的沿淮平原一带和江淮丘陵的北部，南抵霍山—巢湖一线。典型遗址有定远侯家寨、肥西古埂②、霍邱红盾寺③等。本地区文化序列较为清楚，新石器早期文化以上文着重介绍的侯家寨下层文化为代表，还有以古埂下层和侯家寨上层为代表的中期和以古埂上层为代表的晚期新石器文化。

古埂下层文化遗存的主要特征为：陶器以夹砂红陶为主，次为灰陶，黑陶较少。红陶中有一种夹砂红陶，质地疏松。火候低，胎粗厚而易碎，另一种泥质红陶，胎薄，质地细腻，器表施一层血红色陶衣。以素面为主，只有少量的刻划纹、波浪纹、附加堆纹及镂孔装饰等。还发现了相当数量的彩陶，色彩有红、橙黄和黑色三种，主要是条带纹、草叶花瓣纹波浪纹等。器形以三足器、平底器为主，次为圈足器，有罐形鼎、釜形鼎、盆形鼎，鼎足式样较多，有圆锥形，带凹槽宽扁形，半圆扁凹形，另有一种扁鼎足，足根上部圆形内弯，下部扁凹外撇，发掘者认为是古埂早期遗存的自身独特特征。还有直壁红陶尊、喇叭形圈足钵形豆、小平底杯、敛口鼓腹罐、钵、小盅等。器耳流行鸟喙形，还有少量扁环耳，生产工具中的方柱形陶网坠颇具特点。

古埂上层文化陶器以夹砂黑陶、灰陶为主，红陶显著减少，轮制技术出现，手轮兼制，陶胎较薄，有些器物口沿和器底经慢轮修整。以素面为主，纹饰主要有篮纹、弦纹、细绳纹、附加堆纹、方格纹等。器形主要有宽沿篮纹罐形鼎、细绳纹深腹罐形鼎、长颈红陶鬶、粗柄镂孔

---

① 严文明：《安徽新石器时代文化谱系的初步观察》，《文物研究》（第5辑），黄山书社，1989年。

② 安徽省文物考古研究所：《安徽肥西县古埂新石器时代遗址》，《考古》1985年第7期。

③ 安徽省文物考古研究所发掘资料。

豆、矮圈足盘、缸、尊、高柄杯等。鼎足以扁侧足为主。值得一提的是，在同期文化遗存中发现一座完整房基建筑，近方形，面积约25平方米，全为红烧土居往硬面，柱洞在四周较有规律地分布，中间还有一长方形灶台，这是江淮地区发现的较为完整的红烧土建筑遗迹。

另外，1987年秋发掘的霍邱红墩寺遗址，包据自新石器时代至西周不同时期的堆积，初步看该遗址的第6—4三层属新石器时代，其中第6层比侯家寨上层阶段略早，第5层相当于侯家寨上层或古埂下层，第4层时代相当于古埂上层。发掘者认为分属于红墩寺第一、二、三期文化，若如是，则红墩寺第一期文化填补了侯家下层和上层文化之间的缺环。

3. 皖西南地区

本区主要指霍山—巢湖以南、长江以北的皖西南一隅，与鄂东南地区邻近。本区发掘遗址较多，其中以1979年开始连续五次发掘的潜山薛家岗遗址①为代表，还有望江汪洋庙②、太湖王家墩③、潜山天宁寨④、宿松黄鳝嘴⑤等。根据薛家岗遗址整理报告，研究者把薛家岗新石器文化分为四期，其中第一期和第四期文化遗物较少，第二、三期文化内涵丰富，代表了薛家岗文化的基本特征。

第一期文化仅指薛家岗遗址第5层，陶器以夹砂红陶为主，次为黑陶，部分器物施红衣。均手制、胎厚，质地疏松，火候较低，吸水性强，纹饰有篮纹、附加堆纹、细绳纹等，器形主要有罐形鼎、圜底釜、腰沿釜、尖底器、甑、豆等。

第二期文化包括薛家岗第5层下墓葬，汪洋庙下文化层、天宁寨下层及其墓葬、王家墩第二期文化等。陶器以夹砂灰黑陶为主，夹砂红褐陶和混质黑陶次之，纹饰主要为刻划波浪纹，次为按窝纹和镂孔装饰等，器形主要有鼎、豆、鬶、壶、杯、罐、碗、钵、觚形杯、簋、盘等。其中扁状足和凿形足带盖罐形鼎、盆形鼎、釜形鼎、鸭嘴状足壶形鼎、竹节形柄的盆形豆、侈口圆腹矮圈足壶、细高颈喇叭口折腹凿形足带把鬶、小口高颈折痕平底壶等皆颇具特点。生产工具较少，主要有石铲、石锛、石凿及陶纺轮等，石铲多长方形、弧刃，对面钻孔；石锛体小，扁长方形，单刃，无段。

第三期文化遗存主要包括薛家岗遗址的第4层、汪洋庙上层、天宁寨上层、王家墩第三期文化、怀宁黄龙遗址⑥等。本期文化内涵最为丰富，代表了薛家岗文化的主要特征。陶器仍以夹砂灰黑陶为主，夹砂褐红陶次之，还有少量的泥质陶，红陶显著减少。纹饰主要流行带划纹、弦纹、戳刺纹、镂孔、篦点纹等。器形种类繁多，样式复杂。主要有鸭嘴形足、凿形足罐形鼎、小口球腹罐形鼎、扁凹足、枫叶形足釜形鼎、带把釜形鼎、细高柄镂孔喇叭形圈足浅腹

---

① 安徽省文物工作队：《潜山薛家岗新石器时代遗址》，《考古学报》1982年第3期。

② 安徽省文物考古研究所：《望江汪洋庙新石器时代遗址》，《考古学报》1986年第1期。

③ 高一龙：《太湖王家墩遗址试掘》，《文物研究》（第1辑），黄山书社，1985年。

④ 安徽省文物考古研究所：《安徽潜山县天宁寨新石器时代遗址》，《考古》1987年第11期。

⑤ 安徽省文物考古研究所：《宿松黄鳝嘴新石器时代遗址》，《考古学报》1987年第4期。

⑥ 许闻：《怀宁黄龙新石器时代遗址试掘简报》，《文物研究》（第2辑），黄山书社，1986年。

盆形豆、钵形豆、侈口折肩折腹镂圈足壶、敞口宽沿平底盆、敞口斜腹圈足杯、鼎和甑组成的复合甗形器等。在本期文化中值得一提的是出现了大批精美的石器生产工具，最为典型的是多孔石刀，有3～13孔，均为单数。还有扁方形、梯形、长方形的穿孔石铲、石钺、有段石锛、石凿、石斧、石球、石镞等。另外陶球也是本期文化的一个特点，数量多，球内均装有小陶丸，摇之有声，表面有许多镂孔，布满各式针刺纹，别具特色。

第四期文化遗存发现较少，主要有薛家岗遗址四期、枞阳浮山、太湖何家凸、安庆张四墩等遗址，文化内涵不丰富，依初步观察，文化特征主要表现为陶器以泥质和夹砂灰黑陶为主，普遍出现轮制，火候较高，纹饰流行篮纹。器形主要有篮纹罐形鼎、黑陶高柄杯、细长颈红陶鬶等。鼎足上多带有数个按窝或带几道小沟槽。

需要提及的是，在本区内邻近湖北和江西的宿松黄鳝嘴遗址，文化堆积单纯，时代单一，文化特征主要表现为：陶器以夹砂红陶和黑衣陶为主，夹砂黑陶和泥质红陶次之，均手制。纹饰主要有凹弦纹、刻划纹、刻点连线纹等，另外有少量的刻划图案和彩绘，主要饰于器物口部及腹部，为单一的宽带纹。器形小巧，主要有鼎、豆、壶、杯、盆、钵、罐、碗、釜、盂、盅等。其中扁圆腹或斜腹罐形鼎高圈足钵形豆、盘形豆、单耳杯、釜形杯和大喇叭圈足碟形豆是该遗址的代表性器物。文化面貌呈现复杂性，既有薛家岗文化的因素，又有江汉地区原始文化的因素，而且主要表现为其他遗址不见的文化特点。根据调查，目前含有这种文化遗存的遗址还有枞阳小北墩、太湖王家墩第一期文化等。根据王家墩遗址的地层关系，黄鳝嘴遗址的时代早于薛家岗二期，与第一期时代相当。但这类遗址分布与薛家岗文化遗址互有交叉，这就给我们一个启示，黄鳝嘴与薛家岗可能主要是时代差别。不过对这类文化遗存性质的推定，还有待今后进一步的工作。

4. 皖东地区

本区大体包括长江以北、巢湖以东的皖东地区，与江苏南京一带毗邻。本区发掘遗址较少，只有含山大城墩[①]和凌家滩[②]。其中以凌家滩遗址为代表。大城墩遗址第四次发掘，发现了相当于大汶口和龙山阶段的文化遗存。其中第一期相当于大汶口文化中期，陶器以夹砂红陶为主，器形主要有釜形鼎、罐、豆、釜、钵等，第二期相当于龙山阶段，陶器以夹砂红陶为主，器形主要有篮纹鼎、小平底碗、盆尊、瓮等。由于文化遗物较少，文化面貌不明确。

凌家滩遗址，位于含山县长岗乡，裕溪河流经遗址的南缘，安徽省文物考古研究所1987年6～11月先后进行了两次发掘，共揭露面积325平方米，文化层堆积很薄，突出的是发现了一批墓葬，共15座，均长方形土坑竖穴，墓坑很浅，葬具和人骨架腐朽无存。墓葬中出有大批精美的玉器、石器、陶器、玛瑙、水晶等，其中以玉、石器为大宗，一座墓中少则几十件，多者一百余件，有玉人、玉龟、玉虎、玉龙、玉璧、玉管、石斧、石锛等。

---

① 张敬国：《含山大城墩遗址第四次发掘的主要收获》，《文物研究》（第4辑），黄山书社，1988年。

② 安徽省文物考古研究所：《凌家滩》，文物出版社，2006年。

但不见良渚文化墓葬中出土的玉琮。这些玉石器磨制精致，通体光洁，造型优美，从一个侧面反映了当时的生产力发展水平。从随葬陶器看，特点突出，以夹砂和泥质灰陶和褐陶为主，火候很低，极易碎，纹饰极少，只有少量的弦纹和镂孔装饰。器形主要有豆、罐、鼎、釜、盘、壶、鬶、杯等，其中三高足浅腹盘、带盖豆、细高柄镂孔大喇叭、底座钵形豆、小口鼓腹平底罐、高柄杯、鸡形器等造型特别，别具一格，表现了突出的地方特征，似看作分个新的原始文化类型。从平底带把实足鬶、圈足壶看，与薛家岗文化二期中的同类器较为相似，时代约相当于薛家岗文化二期或偏晚。背水壶等又具有大汶口文化的某些因素。

5. 皖南地区

指长江以南的皖南地区，相比之下，本区的考古工作十分薄弱，没有正式发掘一处遗址，只有零星的调查材料。据不完全统计，皖南各地发现的新石器时代遗址有50处左右，如屯溪下林塘，徽州桐子山，东至枣林湾，黄山蒋家山，歙县新州，绩溪胡家村，繁昌获港洞山、中滩、缪墩，郎溪乌龟包、欧墩、磨盘山、朱家山，铜陵前进农场，芜湖荆山，马鞍山高个山、霍里船墩、七亩田等，从调查材料看，该地区的原始文化面貌与宁镇地区及江浙的太湖流域原始文化有很密切的关系。多采集有扁形、鱼尾形、鸭嘴形鼎足以及有段石锛、穿孔石斧、半圆形双孔石刀等。芜湖荆山遗址出土的舌形石铲与北阴阳营遗址同类器相似；铜陵前进农场的石犁，屯溪下林塘出土的夹粗砂红陶鼎足，两侧均饰数道深划纹，正面饰数个浅按窝，皆与浙江钱山漾遗址出土的同类器酷似，属于良渚文化系统①。

以上我们大致勾画了各区原始文化面貌，但由于工作不平衡与资料的限制，似有失重之感，因而对有些问题的认识不够全面，不够深入，寄希望于今后材料的进一步充实。不过从目前看来，安徽地区的原始文化至少有以下几个文化类型：以侯家寨下层为代表的文化，可称侯家寨类型；以古埂下层和侯家寨上层为代表的文化，可称古埂-侯家寨类型；以古埂上层为代表的文化，可称古埂类型；以薛家岗遗址第二、三期文化为代表的薛家岗文化类型和以凌家滩遗址为代表的凌家滩类型。

（三）文化年代序列及相互关系

上文我们对安徽原始文化进行了分区探讨，虽然各区内的文化面貌皆有其自己的特点，但并不是封闭的，而是通过彼此的交流和影响，使文化面貌呈现一定的复杂性，彼此之间又存在一定的内在联系，下面就结合文化相互关系的分析来推定安徽原始文化的年代序列。

五区内，皖西南地区年代序列较为清楚，经^{14}C测定的绝对年代有薛家岗和汪洋庙，薛家岗遗址三期测定了三个数据：（均经树轮校正）WB80-45距今（5110±170）年，WB80-46距今（5170±125）年，WB80-47距今（4980±205）年。汪洋庙下层测定了一个数据，WB82-30

① 杨德标：《屯溪下林塘遗址试掘简报》，《文物研究》（第1辑），黄山书社，1985年。

距今（6080±130）年（经树轮校正）。从中看出，薛家岗三期的三个数据比较接近，平均距今约5100年，而汪洋庙测定的年代数据可能偏早，因为考虑到测定数据单位是下层文化中偏晚阶段，根据器物类型学分析，汪洋庙下层相当于薛家岗二期，而薛家岗二、三期文化之间没有大的缺环，估计年代跨度不会很长，同时考虑到二期中某些器物如壶、豆与南京北阴阳营居住区墓葬（宁镇三期）①和崧泽中期相似，两者年代大体相当，因此推测二期年代不会超过距今6000年，一期年代距今6000年左右。薛家岗四期文化明显与二、三期为代表的薛家岗文化类型有别，而又被晚期商代文化叠压，因此四期文化时代相当于新石器时代晚期的龙山阶段。

皖东区的凌家滩类型与薛家岗类型虽无直接的地层叠压关系，但从凌家滩遗址墓葬陶器中有少量的小口带把实足鬶看，与薛家岗二期同类器较多相似，说明两者之间有一定的交流和影响，推测年代大体相当。

古埂上层陶器以夹砂和泥质灰黑陶为主，纹饰主要为篮纹，出有篮纹罐形鼎、红陶袋足鬶、黑陶高柄杯等，与薛家岗四期时代相当，为新石器时代晚期的龙山阶段。而古埂下层文化陶器以夹砂红陶为主，流行鸟喙形器耳，扁凹槽形鼎足，且出有许多彩陶片，从这些特点看出，与薛家岗一期文化有一定联系，从釜形鼎、彩陶片等看，与大汶口文化刘林期有些相似，因此我们推定以古埂下层-侯家寨为代表的文化与薛家岗一期时代相当。这里我们明显看出，古埂上、下层文化之间存在较大缺环，但值得注意的是在古埂遗址采集到一个空心陶球，表面有许多镂孔，与薛家岗三期的陶球如出一模，说明两者有一定联系，因此我们认定在古埂遗址可能找到目前存在缺环的地层纽带。

如上所述，侯家寨下层文化陶器以夹砂褐陶为主，粗糙而厚重，火候较低，器物造型特点突出，与安徽目前所发现的原始文化遗址比较，时代明显偏早，约相当于新石器时代早期后段，距今约7000年。皖北区濉溪石山孜遗址从陶质、陶色及其某些器形如釜、鹿角勾状器等与侯家寨下层有些相似，估计年代大体相当，二期略晚。富庄上层文化测定了一个年代数据，经树轮校正距今（4460±145）年，相当于龙山文化早期，推测下层文化距今约5000年，相当于大汶口文化中期。这样我们把安徽原始文化的年代序列大体建立起来了，见附表1-4-1（皖南区由于没有典型遗址代表，从略）。

（四）结语

本文只是在历史回顾的基础上，着重对安徽新石器时代考古的分区和类型研究进行了初步探索，提出了一些不成熟的想法，供关怀和热心安徽原始文化研究的学者指正和参考。我想，关于安徽史前文化研究的内容和范围既深又广，对这一处女地的开发和研究还要做许多艰苦细致的科学工作。首先是扎实的田野考古基础，在近几年取得进展的基础上，进行全面和区域性

① 纪仲庆：《宁镇地区新石器时代文化与相邻地区诸文化的关系》，《中国考古学会第三次年会论文集1981》，文物出版社，1984年。

重点调查，然后选择若干个重点遗址进行较大规模的发掘，这里所谓重点遗址主要就两个方面而言，第一是地域性，主要指不同区域和类型的腹心地带和彼此相邻地区的交接过渡地带；第二要求遗址内涵丰富，跨越时代较长。其次是整理研究工作，野外发掘后及时整理出发掘简报和报告，从而进行科学研究，对不同区域不同遗址进行分析，确定文化内涵，并进行分期，把不同区域不同遗址的文化进行比较，同时与周围邻近地区的不同文化进行横向比较研究，这样对于安徽原始文化的地方特征及周围文化的关系等一系列问题的研究就可以深入了。我深信经过全省文物考古工作者的辛勤劳动，而立之年后的安徽文物考古工作定会一分耕耘，一分收获，安徽文物考古的黄金时代将会到来。

附表1-4-1　安徽原始文化遗址时代对照表

^{14}C年代	皖北区	皖中区	皖西南	皖东区	皖南
（距今）7000～	石山孜二期 石山孜一期	吴郢双墩 侯家寨下层	黄鳝嘴 王家墩一期 汪洋庙下层 薛家岗一期		（略）
6000		红墩寺一期二期 古埂下层 上层	怀宁黄龙 二期 二期	大城墩一期 凌家滩	
5000	花甲寺下层 富庄下层		上层 三期		
4000	花甲寺中层 富庄上层	三期 古埂上层	三期 四期	二期	

五、安徽江淮地区原始文化初探*

江淮地区原始社会的遗址十分丰富。中华人民共和国成立前中央研究院王湘先生在寿县一带调查中，发现了斗鸡台等一批原始社会遗址①。20世纪50年代，考古工作者在治淮工程中清理了嘉山泊岗等一批龙山时期遗址；在江淮中部、皖西一带，调查了肥东大陈头、大陈墩，霍

* 作者杨立新。载于《文物研究》（第4辑），黄山书社，1988年。

① 王湘：《安徽寿县史前遗址调查报告》，《中国考古学报》（第二册），商务印书馆，1947年。

邱绣鞋墩、花娘娘墩等一批原始社会遗址[①]。上述调查清理工作使我们对江淮地区龙山时期的原始文化面貌有了初步的认识。进入70年代后期，我们发掘了潜山薛家岗[②]、天宁寨[③]、含山大城墩[④]、肥西古埂[⑤]、望江汪洋庙[⑥]、宿松黄鳝嘴（也称“黄鳝咀”，后同）[⑦]、定远侯家寨[⑧]等一批原始社会遗址；调查和试掘史前遗址近百处，这些新的发现大大丰富了江淮地区原始文化研究的内容。这里笔者根据上述材料，对江淮地区原始文化的面貌等诸多问题，试做初步探讨。

（一）江淮地区原始文化的类型与特征

江淮地区的原始文化据目前掌握的材料看，大致可分为四类文化遗存。

（1）以定远侯家寨遗址和肥西古埂下层为代表的文化遗存（简称“侯家寨-古埂下层类型”）。

1983年6月，安徽省文物考古研究所发掘了肥西县古埂遗址。该遗址有上、下两个文化层，上层属于龙山时期，下层早于龙山时期，不同于周围地区的原始文化遗存。这类文化遗存的主要特征是：陶器以夹砂红陶为主，灰陶、黑陶较少。其中夹砂红粗陶质地酥松，火候极低，易碎，表面有许多气孔。部分泥质红陶火候较高，质地细腻，表面一般经过打磨，并施一层血红色陶衣。陶器均手制，以素面为主，少数器物上饰刻划纹、附加堆纹。豆柄和圈足上有圆形镂孔装饰。古埂下层发现有彩陶，色彩有红、黄、黑三种，底衬红陶衣，纹饰有条带纹、草叶花瓣纹。主要器形有夹砂罐形鼎、釜形鼎、直壁红陶尊、罐、壶、盆、钵、小杯、喇叭座钵形镂孔豆等。鼎足以圆锥形最多，扁条形面有一凹槽者次之。陶器中把手、纽、錾等附件较多见，有三角形、短舌形、扁凿形。器耳以鸟喙形、扁环耳两种多见，另有一种牛鼻式器耳，正面有几个圆镂孔，比较特殊。生产工具发现较少，有石斧，舌形刃，厚重。其他还有陶网坠、陶弹丸等。

目前江淮地区发现的同类文化遗存的遗址有含山大城墩T17第12层、定远侯家寨、滁县朱郢山下层[⑨]（原报告称朱勤大山）、肥东岗赵[⑩]等，主要集中在江淮中部地带。估计霍邱扁担

---

① 安徽省博物馆：《安徽新石器时代遗址的调查》，《考古学报》1957年第1期；尹焕章：《华东新石器时代遗址》，学习生活出版社，1955年。

② 安徽省文物工作队：《潜山薛家岗新石器时代遗址》，《考古学报》1982年第3期。

③ 系安徽省文物考古研究所调查发掘材料。

④ 系安徽省文物考古研究所调查发掘材料。

⑤ 安徽省文物考古研究所：《安徽肥西县古埂新石器时代遗址》，《考古》1985年第7期。

⑥ 安徽省文物考古研究所：《望江汪洋庙新石器时代遗址》，《考古学报》1986年第1期。

⑦ 贾庆元等：《宿松黄鳝咀遗址发掘简介》，《文物研究》（第1辑），黄山书社，1985年。

⑧ 阚绪杭：《定远县侯家寨新石器时代遗址发掘简报》，《文物研究》（第5辑），黄山书社，1988年。

⑨ 南京博物馆：《江苏仪六地区湖熟文化遗址调查》，《考古》1962年第3期。

⑩ 系安徽省文物考古研究所调查发掘材料。

岗遗存与这类文化遗存有关①。在这些遗址中，以定远侯家寨遗址的文化遗物最为丰富。该遗址于20世纪70年代发现，1985年和1986年曾进行过两次发掘。侯家察的陶器，陶质主要是夹砂粗陶，显得厚重。器形有釜、盂、陶支脚、釜形鼎、壶、钵、缸、小盅和纺轮等。该遗址可分为早晚两期，早期以陶支脚、粗红陶釜为特征；晚期以外红内黑陶器和鼎为主要特征。从器形特征上看，侯家寨晚期文化遗存的锥形鼎足、扁条形鼎足、牛鼻式器耳等与肥西古埂下层相同，年代也大体相当；早期与肥西古埂下层略异，在时代上应略早。从侯家寨遗址早期和古埂下层的文化面貌看，应是同一文化遗存的两个连续发展阶段（附图1-5-1）。

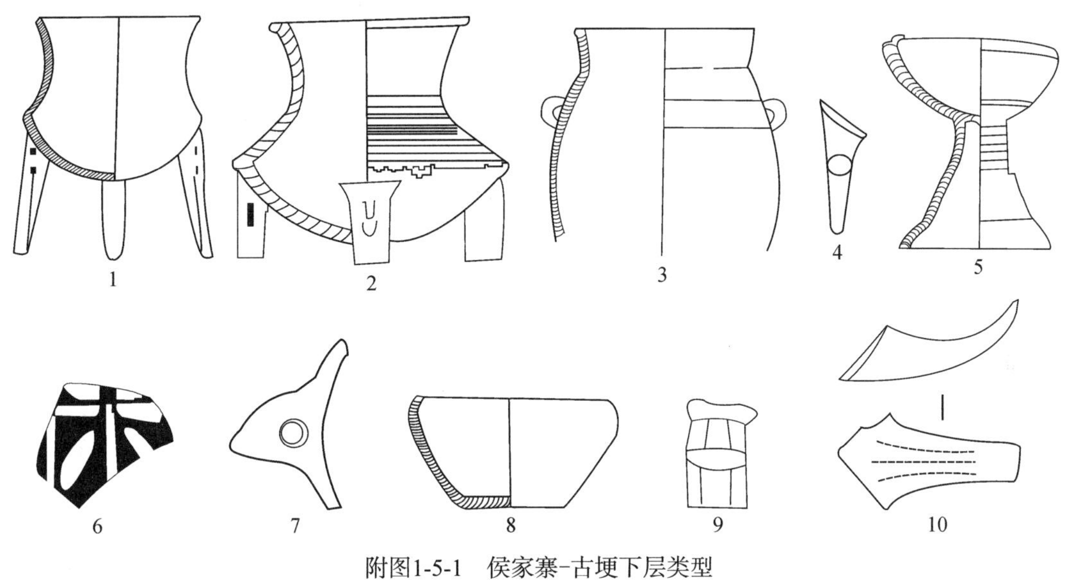

附图1-5-1　侯家寨-古埂下层类型

1、2. 含山大城墩　3～10. 肥西古埂

（2）以潜山薛家岗为代表的文化遗存（简称薛家岗类型）。

薛家岗类型是1979年首先在潜山县薛家岗遗址发现的具有地方特色的一类原始文化。目前发现含有这类文化遗存的遗址有望江汗洋庙、潜山天宁寨、太湖何家凸、王家墩、余墩、宿松-天门②、怀宁黄龙③等。文化分布主要在大别山东南部皖河流域和沿海一带的江陵地区，在鄂东黄梅县龙感湖北岸也有发现④。这类遗存可分为三期。

早期，有薛家岗遗址第5层。陶器主要有罐形鼎、红陶甑、黑皮陶瓦纹罐和壶、圜底釜、腰沿釜、豆等。鼎多为粗泥红陶，易碎，是以扁瓦状、面凹、根部有数个并列按窝的较为流行。早期发现彩陶一片，白衣棕彩，图案为圆点三角纹，近似庙底沟类型的圆点匀叶纹彩陶风格。

① 系安徽省文物考古研究所调查发掘材料。

② 安徽省文物工作队：《太湖、宿松古文化遗址调查》，《安徽文博》1983年第3期。

③ 系安徽省文物考古研究所调查发掘材料。

④ 同见安徽省文物工作队：《太湖、宿松古文化遗址调查》，《安徽文博》1983年第3期。

中期，主要有薛家岗第5层墓葬、望江汪洋庙第3层。陶器中红陶减少，灰黑陶增多，少数壶、鬶、豆为黑皮陶。典型陶器有扁柱状或扁瓦状足罐形鼎，算珠形柄敛口盆形豆、小口折腹平底壶、喇叭口折腹羊角把手实足鬶、鸡冠耳鋬平底碗、高圈足壶等。陶器表面流行刻划纹、波浪纹、绳索纹及波浪形堆纹。在一些豆盘、豆座的外表涂有朱红色宽带彩绘。本期发现的生产工具不多，主要有石斧、石锛、石铲、纺轮等。

晚期发现的遗址较多，有薛家岗地层第4层和墓葬、望江汪洋庙第2层、太湖何家凸T1①、宿松-天门、潜山天宁寨上层等。陶器中灰陶、黑皮陶明显增多。典型陶器有釜形鼎、盆形鼎、细高柄折腹浅盘豆和盘形豆、矮座镂孔豆、圈足碗、宽沿平底盆、折腹或坠腹小圈足壶、高圈足杯、大口圜底缸、复合甑形器等。盛行鸭嘴形、扁凿形、扁长方形面带划纹和枫叶纹鼎足。纹饰多刻划纹、戳印纹、凹弦纹、绳索纹等。晚期出现大批精致的大型石器，如扁长方形穿孔石铲、风字形石钺、有段石锛、有段石凿等。最典型的是大型多孔石刀，有3～13孔，均为奇数，最长达51厘米。在部分石刀和石铲的孔眼处还绘有花果形图案。晚期还流行一种空心陶球，表面有许多小孔，以锥刺纹相连，形成几何图案，十分美观。另外，此期还出土不少精美的玉石装饰品，有璜、珠管、铲、琮等。

（3）以宿松黄鳝嘴为代表的文化遗存（简称黄鳝嘴类型）。

该类文化遗存于1981年首先在宿松黄鳝嘴遗址发现（原报告称王孙咀）。该遗址坐落在一座小山坡上，文化堆积比较单纯。它与薛家岗类型以及邻近地区原始文化有所不同，自身特点明显，可视为一类文化遗存。陶器以夹砂红陶和表红胎黑的粗泥陶为主，亦有一些灰陶和黑皮陶。典型陶器有小口高颈深腹罐形鼎、双曲鼓腹圈足壶、曲腹圆底盆、直口短颈折肩釜、圜底灰陶罐、平底与圈足小碗、单把钵形平底杯、盘形豆、豆形器座等。豆的柄部多饰未透雕的三角形、圆形小孔，亦有圆镂孔。纹饰以篦点纹、维刺纹、压印纹最多见。在碗、豆盘、盆的沿部或腹部有用锥刺纹组成的多角星图案。在宿松黄鳝嘴有两件黄红色泥质圈足小碗，腹部有压印纹组成的图案，碗的底部有压印的米字纹，十分精美。此外还有五角星、多角星图案。在碗钵一类的薄胎陶器表面，施有红彩，但极易脱落。在宿松黄鳝嘴还发现一件残碗，口沿外侧抹一条红彩宽带纹，与仰韶文化半坡类型的红顶碗风格相似。黄鳝嘴类型的石制生产工具体形均小，有舌形石铲，比较厚重的小型石斧，以及刃部分棱不明显的小石锛。装饰品一般较小，有玉璜、玉玦、玉环等。在枞阳小北墩遗址采集到一件口沿已残的双曲鼓腹圈足壶，造型与黄鳝嘴遗址的同类器如出一辙②。此外，枞阳小北墩的陶鼎和石器也与黄鳝嘴遗址同类器相似，两者的关系是比较密切的，可归为黄鳝嘴类型。目前已发现的该类文化遗存的遗址有宿松黄鳝嘴和枞阳小北墩两处，分布的地区主要在江北沿江一带（附图1-5-2）。

---

① 同见安徽省文物工作队：《太湖、宿松古文化遗址调查》，《安徽文博》1983年第3期。

② 安徽省博物馆：《安徽新石器时代遗址的调查》，《考古学报》1957年第1期；尹焕章：《华东新石器时代遗址》，学习生活出版社，1955年。

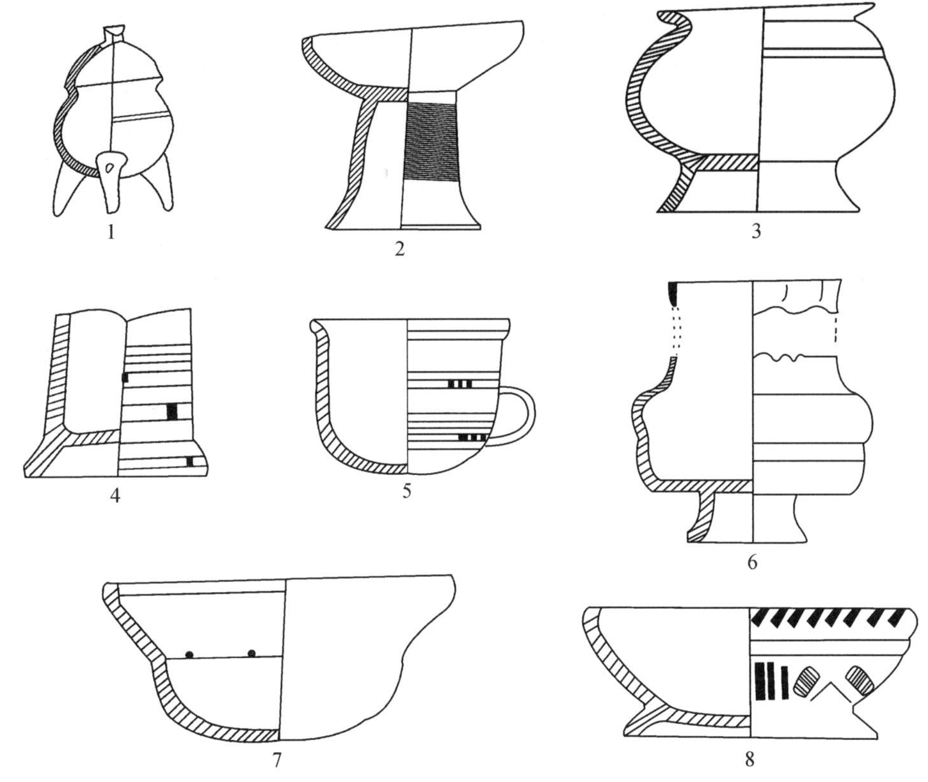

附图1-5-2 黄鳝嘴类型

1～5、7、8. 宿松黄鳝嘴 6. 枞阳小北墩

（4）江淮地区龙山时期原始文化遗存（简称江淮龙山类型）。

江淮龙山类型的遗址发现较多，遍布江淮地区。据目前所知，有寿县陶家祠堂、彭家郢子、大城子、霍邱花娘娘墩、绣鞋墩、古城子①、淮南翻咀丁、怀远禹墟②、嘉山泊岗、滁县朱郢山中层③、含山大城墩T17第10和11层、庐江孙墩、枞阳浮山、汤家墩④、安庆张四墩⑤、太湖何家凸T2、宿松野人湾⑥、桐城鲁欇⑦、肥西古埂上层、薛家岗第四期文化等。这一时期文化特征是：陶器以灰陶、黑陶为主，普遍出现轮制。流行篮纹、绳纹、划纹、按窝纹、附加堆纹，还有少量的方格纹。典型陶器有罐形鼎、镂孔豆、平底缸、细长颈红陶鬶、平底小碗、平底钵、子母口小盘、绳纹罐、壶、釜、蛋壳黑陶杯等。陶鼎特征：一般口沿较宽，沿上出现方唇，可以承盖，圆腹近球形，或扁球腹，足多为扁三角形，有的鼎足与腹部相连处内有一椭圆形浅窝。鼎的纹饰多见篮纹，绳纹少见。鼎足以扁三角形、侧面有几道划纹的鼎足和扁长方形

① 系安徽省文物考古研究所调查发掘材料。

② 系安徽省文物考古研究所调查发掘材料。

③ 系安徽省文物考古研究所调查发掘材料。

④ 系安徽省文物考古研究所调查发掘材料。

⑤ 系安徽省文物考古研究所调查发掘材料。

⑥ 同见安徽省文物工作队：《太湖、宿松古文化遗址调查》，《安徽文博》1983年第3期。

⑦ 系安徽省文物考古研究所调查发掘材料。

面有几条划槽的鼎足最流行。石制生产工具有扁平单孔铲、锛、镞、镰、刀等。石制工具的总趋势是制作简单化，显得比较粗糙。

纵观江淮龙山类型的文化面貌，北部沿淮一带与南部及沿江一带略有区别。如北部沿淮一带，陶器以灰陶为主，火候较高，质地坚硬。流行绳纹、篮纹，还有少数的方格纹；篮纹形式较多，有斜篮纹、交叉篮纹、断篮纹等。鼎足以扁长方形面带几条划槽和扁三角形足尖呈凿形的较多见，并有鬼脸式鼎足共存。此外，还流行圆镂孔豆、假圈足平底小碗。南部沿江一带，陶器以红陶、黑皮陶居多，一般火候不高。流行斜篮纹、划纹。绳纹少见。常见的鼎足有扁三角形和扁凿形，两侧带有划纹，还有丁字形鼎足。鼎多为球腹罐形鼎。在潜山薛家岗、安庆张四墩、肥西古埂上层出土有细长颈红陶鬶，特别是安庆张四墩遗址还出有一批肩部饰扉棱的红陶鬶，造型十分特殊。江淮龙山类型所表现的南北差异，客观上主要与地区不同，受不同地区原始文化的影响有关（附图1-5-3）。

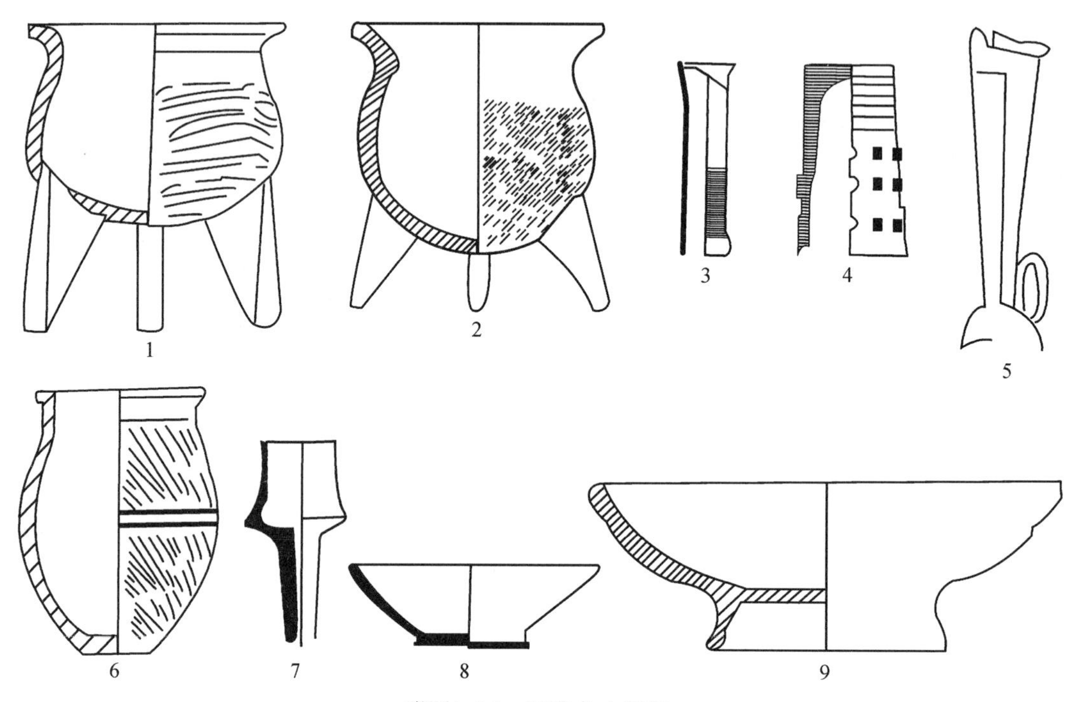

附图1-5-3　江淮龙山类型

1～3. 潜山薛家岗　4、5、7. 肥西古埂　6、8. 含山大城墩　9. 枞阳浮山

（二）江淮地区原始文化的年代与相互关系

1. 年代

薛家岗类型目前有四个^{14}C年代测定数据。晚期三个，WB80-45，距今（5100±170）年；WB80-46，距今（5170±125）年；WB80-47，距今（4980±205）年（均经树轮校正）。这三个数据之间误差不大，比较可信，其平均值在距今5100年左右。该期出现贯耳壶、浅盘豆等良渚文化常见的代表器形，因此，薛家岗晚期的年代应与良渚早中期相当，在距今5100～5000

年。中期，望江汪洋庙下层H6有一个数据，WB82-30，距今（6030±130）年（经树轮校正）。这个地层属于中期偏早，这个数据也可能偏早。从该期的钵形豆、刻划纹、三角形镂孔、绳索纹等文化因素看，与上海崧泽类型中期某些文化特征相似。崧泽类型距今5860~5180年。由此比较，薛家岗中期的年代距今5500~5100年。薛家岗早期文化遗物较少，其圆点三角纹与庙底沟类型相似。陕县庙底沟H333的标本，经树轮校正为距今（5860±125）年[①]，以此推断，薛家岗早期的年代不会超过5800年。薛家岗类型距今5800~5000年。

太湖王家墩遗址分三期文化堆积[②]。其中二、三期文化面貌属于薛家岗，年代上分别相当于薛家岗类型中、晚期。一期文化面貌接近宿松黄鳝嘴遗址，特别是该期出土的剖面呈月牙形的鼎足、根部有数个按窝的鼎足和隆形陶器盖等，与黄鳝嘴类型十分相近。根据地层叠压关系，黄鳝嘴类型的年代至少早于薛家岗类型中期，与早期相近，距今5800~5500年。

关于侯家寨-古埂下层类型的年代，从地层关系看，在滁县朱郢山、含山大城墩、肥西古埂等遗址，该类文化遗存均叠压于江淮龙山类型之下。从文化面貌看，两者间断很大，无直接联系，显然侯家寨-古梗下层类型要早于江淮龙山类型的年代。在肥西古埂下层发现有黄衣黑彩的草叶花瓣纹彩陶一片，与北阴阳营类型下层墓葬、刘林类型、庙底沟类型的彩绘风格十分相近，其年代大体与之相当，距今约6000年。侯家寨类型早期，以陶支脚、釜为主要炊器，鼎少见，这些情况与山东北辛文化、河北磁山文化相同，其年代应与之接近，约距今7000年。

在含山大城墩、肥东关大墩遗址中，相当于二里头晚期的地层叠压于江淮龙山类型地层之上。这个地层关系证明江淮龙山类型的下限要早于二里头文化时期。在潜山薛家岗遗址，其第四期文化属于江淮龙山类型，与第三期文化（属薛家岗类型晚期）虽未发现明确地层叠压关系，但从文化面貌和发展阶段看，它不可能介入薛家岗类型中、晚期之间，而只能晚于第三期文化。因此江淮龙山类型的上下限应晚于薛家岗类型晚期，而早于二里头文化时期，距今5000~4000年。

2. 相互关系

从目前江淮地区已发现的四类原始文化遗存的年代顺序看，以侯家寨-古埂下层类型的年代最早，次为薛家岗类型、黄鳝嘴类型，再次为江淮龙山类型。它们之间所呈现的文化面貌虽是复杂的，但又存在着一定的内在联系。

侯家寨-古埂下层类型与黄鳝嘴类型、薛家岗类型的关系，从地层上看，两者无叠压关系。从年代上看，它们比较接近。从文化面貌上看，侯家寨-古埂下层类型与薛家岗类型有一定的联系，与黄鳝嘴类型相差甚远。古埂遗址下层的彩陶片与薛家岗早期的彩陶片风格大体相同，古埂遗址下层的敛口钵形喇叭座黑陶豆与薛家岗中期的Ⅰ式陶豆相比较，除后者柄部多一算珠形突棱外，其他基本相似。此外，侯家寨-古埂下层类型陶器流行把手、扁鋬、鸡冠耳鋬

① 汪遵国：《太湖地区原始文化的分析》，《中国考古学会第一次年会论文集1979》，文物出版社，1980年。

② 高一龙：《太湖王家墩遗址试掘》，《文物研究》（第1辑），黄山书社，1985年。

等类附件。在定远侯家寨还发现有带把实足鬶，这些特征在薛家岗类型中都有反映。显示出薛家岗类型与侯家寨–古埂下层类型之间的内在联系。值得注意的是，1983年肥西县文物管理所在肥西古埂遗址采集到空心陶球半个，球空心、镂孔，镂孔之间以锥刺纹相连，与薛家岗晚期的陶球相比，如出一辙。该遗址面积2万多平方米，在1983年发掘的150平方米面积中，仅见侯家寨–古埂下层类型和江淮龙山类型这两个地层，未发现有薛家岗类型的地层和遗物。是没有发现这个地层，还是根本没有这个地层，目前尚难定论，但这种陶球的出现绝不会是孤立的。从时代上看，薛家岗类型的年代正介于侯家寨–古埂下层类型和江淮龙山类型之间。在文化分布上，两者地缘接近。从文化面貌分析，古埂遗址下层的文化面貌和古埂遗址发现的陶球等文化因素，与薛家岗类型比较接近。推测侯家寨–古埂下层类型可能是薛家岗类型的一个文化来源（附图1-5-4）。

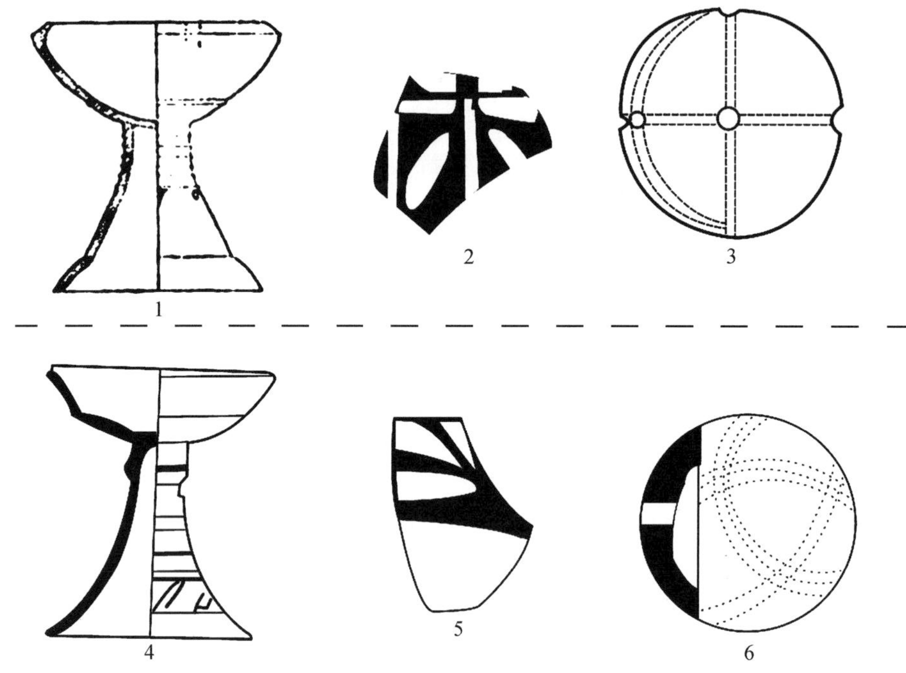

附图1-5-4　古埂与薛家岗部分器物比较图
1～3. 肥西古埂　4～6. 潜山薛家岗

黄鳝嘴类型与薛家岗类型的关系，据目前掌握的材料看，这两个类型主要分布在江淮西南隅江北沿江一带，其地域分布几乎交错共存。据太湖王家墩发现的地层关系看，黄鳝嘴类型的年代至少早于薛家岗类型中期，约与早期相当。以黄鳝嘴类型与薛家岗早中期文化面貌相比较，两者迥然不同，显然是分属于两个不同的文化系统。从地理位置上考虑，安庆地区为江淮地区与江汉地区的接壤地带。在文化面貌上，黄鳝嘴类型与鄂东黄梅寨墩、黄冈螺蛳山等地的原始文化面貌接近；薛家岗类型则与江淮地区原始文化接近。因此可以这样认为，黄鳝咀类型是受到江汉地区原始文化影响较深的一支原始文化类型，其文化来源应在鄂东或江汉地区；而薛家岗类型则是在江淮地区原始文化基础上发展起来的一支地方性质原始文化类型，其文化来源应在江淮地区。

江淮龙山类型在上节分析中看到略有南北差异，这种差别应与地域性和文化来源不同有一定的联系。从江淮南部看，与薛家岗类型关系密切。在潜山薛家岗遗址，属于江淮龙山类型的第四期文化面貌与薛家岗类型晚期接近。如四期的篮纹罐形鼎、篮纹瓮形鼎，除了口沿、足等局部略有变化外，基本承袭了三期陶鼎的风格。这种鼎在枞阳浮山、肥西古埂等地江淮龙山类型中均有发现。另外，南部陶器的表面流行红胎黑衣，这个特点与薛家岗类型黑皮陶相同。笔者认为薛家岗类型应是江淮龙山类型的一个文化来源。江淮北部因材料有限，目前还未发现相当于薛家岗类型时期的原始文化。北部江淮龙山类型中不少文化因素与南部相近，如扁凹槽鼎足、扁三角形鼎足、红陶釜、平底小碗、篮纹罐形鼎等。由此笔者认为北部江淮龙山类型的主要文化来源也应在江淮地区。

在对江淮地区原始文化的内涵分析中，大致可以得出这种印象：在江淮地区四类原始文化中，除黄鳝嘴类型具有较多的江汉地区原始文化因素外，其余三个类型基本上反映了江淮地区原始文化的基本面貌和发展脉络。在发展阶段上，把这三个类型按年代顺序分别排列，它们大致代表了江淮地区原始文化发展的三个不同发展阶段，即侯家寨-古埂下层类型是这一地区较早的原始文化代表；薛家岗类型据目前掌握的材料看，大体可作为南部晚于侯家寨-古埂下层类型的原始文化代表；江淮龙山类型则是这一地区晚期原始文化的代表。在发展序列上，侯家寨-古埂下层类型是这个地区原始文化的主要渊源；薛家岗类型是侯家寨-古埂下层类型吸收了东南沿海、江汉等地区原始文化部分因素的基础上在江淮南部的继续发展，同期江淮北部的原始文化面貌还不甚清楚，可能与薛家岗类型略异，江淮龙山类型是在承袭前原始文化的基础上，得到进一步发展的地方性原始文化。兹附图1-5-5简示如下。

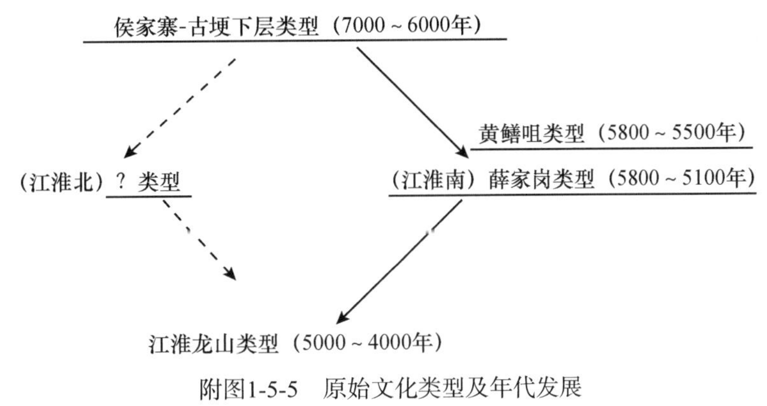

附图1-5-5 原始文化类型及年代发展

（三）江淮地区原始文化与周围原始文化的关系及基本特征

江淮地区在地理上是衔接黄淮、东南沿海、江汉三大区域的桥梁。这种特殊的地理环境决定了这一地区原始文化与上述三大区域内的原始文化有着密切的联系。

1. 与东南沿海地区原始文化的关系

北阴阳营类型文化是发现于江苏宁镇地区的一种原始文化，江淮地区薛家岗类型发现后，由于它的某些文化现象与北阴阳营类型近似，如实足、体形豆、多孔石刀及流行把手、各种錾类附件等，因此对于它的文化属性问题产生了以下几种意见。第一种认为薛家岗类型的多孔石刀与北阴阳营类型多孔石刀相同，而把它归入北阴阳营文化类型[①]。第二种认为时代上下一样，主要文化面貌不同，应属于两个不同的文化类型[②]。第三种认为是一个文化系统、前后两个不同的发展阶段，如马家滨文化，分为马家滨、崧泽等类型[③]。这些观点从侧面反映了北阴阳营类型与江淮地区原始文化关系的密切。最近由于发现了侯家寨-古埂下层类型，薛家岗类型在江淮地区找到了它的来源[④]。侯家寨-古埂下层类型晚期与北阴阳营类型年代相同，两者地域接壤，在文化面貌上也有许多相似之处。如均流行红衣陶、彩绘、釜形鼎、角形把手、实足和牛鼻式耳。侯家寨-古埂下层类型的牛鼻式器耳在芜湖市莲塘遗址也有发现。如果把宁镇地区和安徽江淮地区联系起来作为一个整体来考虑，就会发现北阴阳营类型与侯家寨-古埂下层类型的文化共性大于差异。有人认为“以南京北阴阳营下层墓葬为代表的遗存，位于江淮之间，可能另有来源”[⑤]。在定远侯家寨遗址中，于属于侯家寨-古埂下层类型早期地层中发现一些陶支脚，炊器以釜为主，其年代显然要早于北阴阳营类型。这为认识宁镇地区北阴阳营类型与安徽江淮地区早期原始文化的关系提供了重要的线索。

在薛家岗类型中，含有太湖流域崧泽类型和良渚类型的某些文化因素。如薛家岗中期的三角镂孔豆、盆形鼎、釜形鼎、小口折肩折腹平底壶等器形；波浪纹、绳索纹等刻划纹装饰在崧泽类型中都能见到。薛家岗晚期的扁横镂孔盘形豆、贯耳壶、玉琮等，又含有良渚类型的文化因素。江淮龙山类型中有不少丁字形鼎足、侧面带有刻划纹的扁三角形鼎足、长颈红陶鬶等器形，以及流行黑皮陶的作风，与良渚晚期文化面貌有一定相似之处。

2. 与江汉地区原始文化的关系

江淮西接江汉，尤其是大别山南麓江北沿江的丘陵地带，自古以来是沟通这两个地区的通道。陶球是薛家岗类型中具有特点的文化遗物，在江汉地区原始文化中也大量存在。陶球有实心、空心两种，一般直径在3～4厘米，表面有镂孔，以细密的锥刺相连，组成精美的图案。空心陶球内置泥丸或小石块，摇之有声。从陶球分布的地区看，主要集中在长江中游地区。从文

---

① 安志敏：《中国的新石器时代》，《考古》1981年第3期。

② 纪仲庆：《宁镇地区新石器时代文化与相邻地区诸文化的关系》，《中国考古学会第三次年会论文集1981》，文物出版社，1984年。

③ 谷建祥：《对宁镇皖南地区古代文化的初步认识》，《江苏省考古学会第四、五次年会论文选》，江苏省考古学会，1984～1985年。

④ 系安徽省文物考古研究所调查发掘材料。

⑤ 安志敏：《中国新石器时代论集》，文物出版社，1982年，第12页。

化类型看，大溪、屈家岭、薛家岗三个文化类型均有。从出现陶球的时间和地域看，以川东、鄂西地区的大溪文化最早，次为江汉地区的屈家岭文化和江淮地区的薛家岗类型文化。这条由西向东、由早到晚的发展线路和发展过程，反映了薛家岗类型陶球的出现，是受到了江汉地区原始文化的影响。由此可见，薛家岗晚期的壶杯、圈足壶、圈足杯、圈足碗等器形，与屈家岭早中期流行的同类器有相似风格。

黄鳝嘴类型的陶器，刻划纹十分发达，有锥刺纹、压印纹、篦点纹、戳印纹、弦纹等，在碗、钵的内外壁、口沿和底部，有以篦点纹、锥刺纹、压印纹组成的五角星、八角星、七瓣花、米字纹等图案。这些特点与湖南安乡划城岗大溪文化相近。在器形上，黄鳝嘴类型的碗、钵、小壶、浅盘豆、盘形支座，与江汉地区的枝江关庙山、松滋桂花树等大溪文化遗址同类器相近；并与鄂东黄冈螺蛳山遗存类似。它们之间的关系是比较密切的。

3. 与黄淮地区原始文化的关系

江淮与黄淮隔淮相望，在江淮地区原始文化中也存在一些与黄淮地区原始文化相似的因素。侯家寨-古埂下层的陶器器耳以鸟喙形最多见，在淮河北岸的怀远双孤堆遗址中发现不少与之相同的各类变体器耳，在江苏阜宁梨园、邳州市刘林等大汶口文化早中期遗址中都比较流行这种鸟喙形器耳。江淮与黄淮地区在上古史传说中是夷或东夷活动的区域，以鸟为图腾，这种鸟喙形器耳的广泛存在，并表现在生活用具上，应是对鸟图腾崇拜的一种反映。侯家寨-古埂下层类型的草叶花瓣纹彩陶与江苏邳州市大墩子遗址出土的彩绘风格基本相同。薛家岗中期的带盖罐形鼎与刘林墓地的罐形鼎造型相近。觚形杯是大汶口文化中晚期的典型陶器，在薛家岗遗址中也有发现，与山东曲阜西夏侯大汶口墓葬出土的觚形杯形制略同。进入龙山阶段，江淮北部沿淮一带的江淮龙山类型遗址中，北方龙山文化的影响较强烈。如怀远禹墟、嘉山泊岗、滁县朱郢山等处，都发现山东龙山文化的典型器——鬼脸式鼎足和磨光蛋壳黑陶杯，但有的鬼脸式鼎足已演变成地方性变体，由宽短变成瘦长。此外沿淮一带的文化遗存中，还流行灰陶、篮纹、绳纹及各类蚌器等，这都与北方龙山文化系统的影响有关。

基于上述分析，可以看到江淮地区特殊的地理位置，使得这一地区的原始文化处于黄淮、东南沿海、江汉三大原始文化系统交互影响的中心。在它的自身发展的各个阶段，都不同程度地吸收了上述三大原始文化系统的某些因素。这种特定的地理环境和周围原始文化的影响作用，使江淮地区原始文化一方面具有自己的特色，另一方面又具有强烈的过渡性文化的特点。

（四）结束语

通过对江淮地区原始文化的分析和探讨，可以得到如下基本认识：在距今7000～4000年的漫长岁月中，江淮地区的原始文化曾经历了三个不同的发展阶段，即侯家寨-古埂下层时期、薛家岗时期、江淮龙山时期，这三个阶段既有内在的联系，又有质的区别，基本上代表了江淮地区原始文化发展的线索。纵观江淮地区原始文化的面貌，它应是以地方性为主体，以过渡性为客体的一支具有自身发展体系的原始文化。

六、试析淮河中游地区的双墩遗址与双墩文化*

双墩遗址的考古是国家文物局“苏鲁豫皖先秦考古重点课题”中的一个发掘项目，对考古发掘材料的整理是这个项目工作的继续。通过两年来的整理，我们认为双墩遗址具有一组区别于其他诸文化的器物群，在淮河中游地区早中期新石器时代遗址中具有典型性，是淮河中游地区自生的早中期新石器时代文化遗址的代表。我们将双墩这个具有典型性内涵的文化遗存命名为“双墩文化”，在2005年11月12至13日“蚌埠双墩遗址暨双墩文化学术研讨会”上得到与会专家的高度评价。专家们认为，双墩文化的确立，填补了淮河中游地区考古学文化的空白，对建立淮河中游地区史前文化分期框架和谱系研究具有重要意义。同时，这也是国家文物局“苏鲁豫皖先秦考古重点课题”项目的重要成果。双墩文化的确立，更重要的是基本弄清了在淮河中游地区存在着一个以双墩文化为典型代表的早中期新石器时代考古学文化序列和体系，使淮河流域和安徽省的考古工作取得了突破性的进展。

（一）双墩遗址的考古工作概况

双墩遗址位于安徽省蚌埠市淮上区小蚌埠镇双墩村境内，1985年11月蚌埠市博物馆在文物大普查中发现。遗址坐落在双墩村北侧的一个台地上，现在保存面积约12000平方米。遗址地表为乱葬岗和农田，遗址东侧遭到一定的破坏，有1米多高的断面。遗址南距淮河约4千米，北距北肥河约2.5千米。1986年秋蚌埠市博物馆进行了抢救性考古发掘，取得了一定的收获。安徽省文物考古研究所于1991年春和1992年秋进行了两次发掘，三次共发掘面积375平方米，出土了一批新的文化遗物。2004年开始对双墩遗址发掘材料进行了整理工作。

（二）双墩遗存的特征

双墩遗址的三次发掘均位于遗址东南边的一条凹沟中，沟内的文化地层为移动性填充堆积，都是由高处向沟内低处倾倒废弃物而形成的斜向地层叠压关系。地层中含有大量的陶片、残陶器、红烧土块和丰富的螺蚌壳、动物骨骼以及一定数量的石器、骨器、角器、蚌器等文化遗物。

---

* 作者阚绪杭。载于《文物研究》（第14辑），黄山书社，2005年。

1. 陶器

以红褐色夹蚌末陶为主，次为外红衣内黑色夹炭陶，少量夹炭黑陶和夹云母末的灰陶等。陶胎有粗细之分，但无纯泥质陶。粗胎厚壁，均为手制。器表以素面为主，都经过刮平抹光，少数磨光，有的施陶衣和少量彩陶，少数纹饰多为组合型，纹饰多饰在器物的鋬手或耳系或肩部或折沿或肩腹折棱处，很少通体饰纹的情况。流行平底、矮圈足、支架和圆柱形锥状鼎足；流行鸡冠形和扁形鋬手、牛鼻形和鸟首形以及泥条形耳系；流行蘑菇形和圈足座形以及扁桥形等多种形状的盖纽等。器类多为生活用品和少量的工具以及艺术品等。器形相对来说还算是比较规整，由于手制的原因，器壁多厚薄不均，显得粗糙不精细，具有一定的原始性。

2. 炊器

有罐形釜和钵形釜、盆形甑和盘形甑，少数罐形鼎和钵形鼎，大小不同的圆柱形支架，还有灶框等。这套炊器具有很强的自身组合特征和个性特征，如平底釜与支架配套使用，釜的形状既不同于南方的腰沿釜，又不同于北方的尖底釜。大的支架是仿男性生殖器制作的，特别是龟头部分非常形象，它不同于其他诸文化类型支架的形状。矮灶框的使用开中国几千年以来锅灶的祖形。灶框圈虽然低矮，但仍能起到拦火的作用，使火头集中于釜底。甑的形状较大，有底部或底和腹满布箅孔的，个性特征明显。双墩遗址的鼎数量不多，在炊器中只是个配角，其折沿或折腹钵形和大口折沿罐形、三个圆柱形锥状足同样与众不同，具有很强的个性特征。

3. 盛储器

有大口罐和小口罐、内外折沿或外敛内折沿碗、敛口和敞口碗、窄沿和宽侈沿盆、折沿敛口钵、侈沿大口或敞口钵、宽沿浅腹盘、豆为钵形盘矮喇叭形圈座等。这套盛储器同样具有很强的自身特征，如小口罐球腹肩部装对称牛鼻形或鸟首形耳系；碗的形体特大，矮圈足，或可称为钵形碗，大量的符号多刻划在碗的矮圈足内；盆多彩陶，有红口和彩绘花纹以及通体红彩等；敛口、敞口的多种形式的钵形构成了钵的个性特征；豆的特征在于喇叭座的矮小。

用具有支座、器座、大小不同形状的器盖、盂、带流器等，这些用具的器类和形状都具有很强的自身特征，如圈形支座、桶形器座、多角形和圈座形盖纽、扁桥形纽平顶敞口器盖和四流器等。

工具比较典型的有手工工具纺轮、锉、圆饼和渔猎工具网坠和投掷器等。纺轮多为陶片改制；锉和圆饼为专门制作，用途尚不清楚；网坠不仅有大小之分，其形状至今不变，似为网坠之祖形。狩猎使用的投掷器显示了双墩人的智慧，手握捏烧制，在其他遗址和文化中还没有这种陶器，是为创制，其作用似围猎时驱赶猎物的投掷工具。

4. 艺术品

主要有泥塑人面像和陶猪等。其中一件人头像为夹蚌末红褐色粗陶，采用捏制、堆贴加刻划的方法，脸盘较宽，眉弓粗而长，双目炯炯有神，两颊各戳印5个排列整齐的小圆窝，额头上刻划重圆纹，是一幅渗透着雅嫩气息的纹面孩童的形象，具有鲜明的地域特征和很高的审美价值和学术研究价值，是一件非常难得的艺术珍品。

5. 石器

有斧、锛、砍砸器、研磨器、砺石、石锤、石球和经过加工或没有加工的自然石块等。这些石器多为生产工具和加工或手工工具以及石料等。生产工具制作多采用磨制技术，器形比较精致，加工或手工工具粗糙而不规整。这里的石器都经过多次反复使用，出土时不是缺块就是断刃崩口，完整器少见。双墩的磨制石器体现了工具的分工，但更多的是一器多用的情况，打制石器和加工或没有加工的自然石块都具有一器多用的多功能性。总体上说，双墩石器具有数量少、器形小、制作粗糙、器类简单这四个基本特征。

6. 骨角器

有骨锥、骨针、骨镞、骨镖、骨簪、骨饰件和鹿角锥、鹿角勾形器等。这些骨角器多为手工工具或渔猎工具或采集工具和装饰品等。骨角器多采用肢骨、肋骨、桡骨和鹿角等加工磨制而成，一般都制作得比较精，少数如桡骨锥和鹿角尖状器仅磨尖部，制作比较粗。鹿角勾形器在这里大量流行，数量众多，鹿角勾形器的制作比较有特点，要经过切割、裁断和精磨等比较复杂的工序才能完成，其作用似为采集用的钩捞工具。

7. 蚌器

比较发达，有刮削器、切割器、刀、锯、纺轮、匕等。这些蚌器主要是生产工具和手工工具，具有很强的个性特征，一般多制作粗糙，只是打下蚌壳的一块，基本上不进行加工，利用蚌口为刃，如刮削器、切割器和刀等，也有一些精加工的蚌器，如锯、刀、匙等。

8. 刻划符号

发现600多个，构成了双墩文化遗存的重要内容，为史前刻划符号又增添了一套新的时代早、数量大、种类多、内容丰富、结构独特而新颖的符号种类，不失为考古工作中的又一重要发现，是目前国内罕见的一处新石器时代早期遗址。从符号的刻划形状来看，可分为象形和几何形两大类。从符号的刻划结构来看，符号可分为单体符号、双重体符号、多重体符号和组合体符号。从符号的使用率来看，有些符号反复出现或与其他符号构成组合形符号。这就形成了双墩刻划符号自身的特征，与其他新石器时代遗址所发现的刻划符号相比，一部分单体和象形类符号的形体结构与其有一定的相似性，而重体和组合体符号更多的是区别和不同。总体来说，双墩符号的形体结构自成一套。例如，单体和象形类的猪形、鱼形、干栏式房子形、花瓣形、蚕丝形、太阳形和几何类的横形、竖形、叉形、钩形、十字形、三角形、方框形、圆圈形等符号多与其他文化遗址符号有一定的相似性。而组合符号的鱼形和双弧线形或与方框形组合等，三角形和鱼、花瓣形组合等，方框形和蚕形、花瓣形、钩形组合等，重弧线形和横线形或圆圈组合等，半框形和一道或二到横线形组合等，十字形和圆圈形组合等符号与其他新石器时代遗址符号的区别就比较大或大相径庭。目前这套符号在侯家寨遗址下层发现30多个，在石山孜发表的材料中也发现1个，在南京丹阳丁沙地遗址也发现与双墩、侯家寨相同的陶器刻划符号10个。

双墩刻划符号是双墩人们智慧的结晶，陶工们运用象形和抽象的艺术手法将双墩人的历史以不同的单体、重体和组合体符号的形式刻划在陶器上，是一套成熟的内容丰富的形、意结合的记事符号。双墩人以农业、渔猎、采集和饲养等多种经济来源的经济生活，所创造的这套刻划符号应该是对当时人们社会生活中的方方面面有所反映，如动物类符号当是反映双墩人与动物之间生存关系的记录，几何类符号当是反映双墩人对自然界的认识和社会生活中的一些具体事项的记录，等等。

双墩人的经济生活如下。

（1）水稻农业经济。考古材料证明淮河流域在5000年以前是种植水稻的农业经济区，上游的贾湖遗址和下游的龙虬庄遗址分别发现了炭化的稻谷，而位于中游的双墩、侯家寨、红墩寺等遗址中已发现农业经济的确切证据——种植水稻。在双墩遗址的红烧土中发现了12个稻壳的印痕，其中可以判断其类型的有9个，其中2个为阔卵形，长宽比为2～2.14，判断为粳稻，占22.2%，4个为籼稻，占44.4%，3个为中间型，占33.3%。在遗址中出土的石斧、石铲、蚌刀、蚌切割器等多为农业方面的生产工具。还有石圆饼、石棒或杵等应为谷物加工工具。

（2）渔猎经济。遗址中出土了大量的水生、陆生动物骨骼和介壳，充分反映了渔猎经济在双墩遗址时期人们经济生活中占有重要的地位。

反映捕捞经济的有网坠、鱼钩、骨镖工具和大量的螺蚌壳、鱼骨、龟鳖壳，以及鱼形、组合鱼形和网形刻划符号等。

反映狩猎经济的有镞、石块、陶投掷器等工具和猪、鹿、牛、麂、獾、虎等几十种动物骨骼，以及猪形、组合猪形、鹿形等刻划符号等。

（3）采集经济。反映采集经济的有鹿角勾形器、蚌器、石器和炭化的果核等。

由此可见，双墩人们的经济生活是以农业为主，渔猎为次，采集和饲养猪为辅的多种经济的生活方式。

（三）双墩文化的分布

双墩文化的分布主要在淮河中游地区，经过考古调查和发掘的有定远县侯家寨、蚌埠市双墩、怀远县双孤堆、凤台县狭山口、霍邱县红墩寺和扁担岗、淮南市小孙岗、肥西县古埂下层、含山县大城墩下层、宿县小山口和古台寺、濉溪县石山孜、临泉县宫庄、河南省鹿邑武庄等二十多处。这些遗址的分布范围，西从河南东部与安徽交界的鹿邑至信阳一线，东达江苏洪泽湖以西到滁州一线，北到安徽与山东交界线一带，南至大别山北麓六安、合肥至滁州一线。

（四）双墩文化的特征与分期

双墩、侯家寨、小山口、古台寺、石山孜和鹿邑武庄等考古材料证明，这些遗址内涵的文化面貌独特而新颖，具有强烈的自身文化特征。其中双墩遗址出土的陶器、石器、骨角器、蚌器和刻划符号等文化遗存，在淮河流域中游地区早期新石器时代遗址中具有典型性和代表性。

双墩遗址发掘后在学术界引起一定的反响。1991年5月发掘期间，正值国家文物局在合肥召开苏鲁豫皖考古座谈会，会前来自北京和四省的与会专家学者莅临发掘工地考察，在会上专家们认为：在淮河中游“这一地区新石器时代较早的遗址……双墩遗址的材料比较丰富，其自身特色十分明显，年代也有一定的跨度。石山孜的材料较少，与双墩有一定的联系……双墩遗址较早，石山孜似略晚，或与双墩遗址偏晚时期相当。武庄可分为若干期，其早期应与双墩略有交错。双墩到武庄时期，虽然文化内涵中包含有其他文化的成分，但主体因素是以自身特征为主，这一阶段可以看作是与北辛文化、大汶口文化并列的考古学文化时期”。双墩“这套器物的文化面貌跟裴李岗和北辛是完全不一样的，它应该属于单独的一个文化”；“双墩有自己的特点，与泰沂文化系统区别较大，不属同一文化谱系”；等等。

从发表的淮河中游地区早期新石器时代遗址的考古调查和发掘材料看，目前学术界对淮河中游地区发现和发掘的诸多遗址的文化面貌认识总体上说是一致的，基本上都认为这些遗址内涵的文化面貌新，是区别于周边诸文化的一个独立的文化区或文化序列，经^{14}C测定距今年代从8000年到6000年。但是，在对各个遗址之间进行文化内涵比较时，又发现彼此之间既有共性又存在着一定的差异。对这些差异的认识有不同的学术观点：多从现在的地理、气候、环境和文化的源头等来探讨它们之间差异的缘由，而不是从时间上找序列。将其分为以淮河以南地区——即江淮西北一块，称为“侯家寨-古埂文化类型”；淮河以北地区——即淮北一块，有的称小山口文化，有的称石山孜文化；淮河地区——即沿淮河两岸一块，称为双墩文化；甚至于还有将淮河中、下游地区统称为“青莲岗文化”的观点。这样一来，本来是一个完整的文化分布区给四分天下了。也有一开始就把淮河中游地区作为整体来考虑的，称为侯家寨文化（其中分为双墩期→侯家寨一期→石山孜期→侯家寨二期）。现在看来，双墩遗存既内涵丰富又承上启下，更具典型性和代表性，可以将中游地区这一新的文化序列统领起来，起到纲举目张的标尺作用，以“双墩文化”称之更为合适。

双墩文化的基本特征如下。

（1）遗址分布特征多位于台地上，其周边不远的地方有河流经过，地理和植被环境为境内有水网、草地和森林，亚热带温暖湿润型气候，适宜水稻农业的发生和发展。

（2）以水稻农业为主、渔猎为次、采集和家猪饲养为辅的经济生活。

（3）陶器以红褐色为主，有一定数量的红衣陶和少量的黑陶、灰陶等。陶质早中期以夹蚌末为主（晚期多夹砂），夹炭（草木灰）为次，少量夹云母末。泥质陶由早到晚呈逐渐增多的趋势（有的早中期遗址中没有泥质陶）。陶器的制作方法，早中期均为手制，晚期出现轮修或轮制。陶器的表面以素面为主，少量的刻划、戳刺、指切纹等纹多饰于器物的口、沿、肩、折棱和鋬手、耳系上，极少通体饰纹饰的情况。早期的彩陶多表现为红衣、红口或外红衣内黑色，少数饰彩陶纹。而到了晚期彩陶有较大的增加，多为彩陶图案。陶器的火候由早期的低到晚期的稍高呈渐变的状况。

陶器的器形多为釜、支架、罐、钵、盆、碗、器座、鼎、甑、器盖、纺轮、网坠等。在器类和器形上，早中晚各期遗址中还有一定的演变关系和个性差别。如炊器，由早期单调的直口、敞口和侈口鋬手或附加一周堆纹的凸棱釜发展到中期多种形制的卷沿、侈沿、直口、敛口、折肩罐形和敛口折肩、敞口钵形鋬手釜，与釜配套的支架也由一种小型圆柱体到中期又有一种大型的仿男性生殖器的支架。晚期的鼎逐渐取代了早中期的釜。陶器流行平底、矮圈足、矮喇叭豆足、鸡冠和扁形鋬手、鸟首形和牛鼻形耳系、蘑菇和圈足座形等多种形状的盖纽等。

（4）石器、蚌器和骨角器的数量目前不是很丰富，类型和形制也比较简单，构成了这一地区的文化特征。其中大量的蚌器和鹿角勾形器在这一地区比较流行，是双墩文化的典型器物。

（5）在早、中期遗址中多流行陶器刻划符号。

双墩文化的分期如下。

似可将淮河中游地区双墩文化遗存分为早、中、晚三个较大的发展时期。

早期以小山口和古台寺两个遗址为代表，参考^{14}C年代测定，距今8000～7300年，中期以双墩和侯家寨一期遗址为代表，参考^{14}C年代测定，距今7300～6600年（该期还包括石山孜、武庄一期、小孙岗一期、狭山口和双孤堆等遗址的遗存），晚期以侯家寨二期和武庄二期为代表，参考^{14}C年代测定，距今6600～5500年。

早期的东西较少，只有一些釜口、钵口、碗底和鼎足等残片，以釜、钵、碗等器物组合，与中期之间缺乏完整器形对比，这些残器在中期都有相同和雷同的器物，在陶质陶色和器类上没有根本性的区别，只是在器形和器物组合上有一定的区别，文化面貌与中期比较一致，应该说是一个文化序列上的早晚关系。就目前的考古材料另立文化，似乎显得单薄。故参考^{14}C测定年代，将其划分在双墩文化的早期。

中期的东西比较丰富，典型的釜、罐、钵、碗、盆、甑、支架、器座和刻划符号等器物群涵盖了中游地区目前所发现的早、中、晚三期遗存的基本内容和文化特征，既可上溯又可下延，是双墩文化和淮河中游地区早中期自身新石器时代遗存的典型期。

晚期的东西也比较多，以鼎、豆、罐、盂、盆、碗、钵和丰富的彩陶等器物组合，与中期有一定的区别，但从地层叠压关系、陶系和一些器物的演变关系证明，两期之间是一个连续发展的关系。对于这种鼎替代釜的陶器组合和一些器形的演变关系的区别，暂视为两期之间的早晚变化，中间是否有缺环或是否考虑现在就另立文化，我想还是等待发掘报告的整理和更多考古材料的补充，目前将其划分在双墩文化的晚期。

（五）双墩文化的源与流

双墩文化外来文化因素并不多，主要是自身的文化因素。与其有渊源关系的有以下几个。

一是来自淮河上游的贾湖文化。贾湖陶器中有一定数量的夹蚌、夹炭、夹云母的褐陶和外红内黑陶，陶器普遍施红色陶衣，有在器物口部施彩带的彩陶器（红口）等与双墩相同的文化因素。纹饰有些与双墩相同或类似的戳刺纹和篦点纹。贾湖的深腹平底角把罐、侈口罐、折沿罐等与双墩罐形釜有些相似的因素。贾湖的大口罐形鼎、圆柱形鼎足、折沿盆、碗形钵、矮圈座豆、折沿大碗、矮圆柱形支脚、垂球、锉、纺轮等器形与双墩相同或类似。贾湖发现3个与双墩类似的陶器刻划符号。

二是小山口遗址的文化遗存。陶器以夹蚌末为主，夹炭（草木灰）次之，以红褐色为主，以外红内黑为其特点与双墩一致。小山口的附加堆纹、指甲纹和戳印纹等与双墩遗址相同。小山口器形单调，直口器和口沿外有一周凸棱比较普遍，釜、钵、碗等基本器物组合不如双墩器物组合复杂典型。小山口的釜有直口或侈口腹壁较直和敞口的形制，有的直口带鋬手和侈口釜的腹似较深，敞口釜的沿部多有附加堆纹或凸棱一周，其腹似较直口釜浅，与贾湖深腹罐、侯家寨一期的釜、双墩的釜和后李的平底罐等遗址中的同类器物形制有较多相似的因素，可与双墩的深腹平底罐形釜和敞口平底钵形釜相比较。与釜配套使用的支架为圆柱形，底座一周外凸。这种支架在淮河中上游从早到晚的遗址中都有发现，如贾湖、双墩、石山孜、武庄等。小山口的侈沿大口罐、敛口形钵和小盂形器等与双墩遗址中基本相同。

三是后李文化。后李文化的陶器均为夹蚌（砂）红褐色和红陶，多为外红内灰、黑或黄色，少量的堆纹、划纹、戳刺纹、指甲纹和捺窝纹等，器形有大口深腹平底罐形釜、窄沿盆、敛口钵、小口双耳罐、折腹鼎等。这些器形在贾湖文化和双墩文化中都能找到相同或类似的器物。

继双墩文化晚期之后，在淮河下游的龙虬庄文化和长江中下游的薛家岗文化、北阴阳营文化和丁沙地遗址中存在一些双墩文化因素。

龙虬庄文化。陶器中所谓夹砂陶均为夹蚌屑、骨屑陶，器表涂红衣、彩绘（黑彩多红彩少）、刺点、捺印、镂空和贴塑等，陶器有釜、盆、豆座、盂、三足鼎、器座等，存在一定的双墩文化因素。

薛家岗文化。陶器有较多夹蚌末陶和陶棒（锉）、牛鼻耳系、角把、刻划纹、捺窝纹、支脚（支架）、罐形鼎、尖底器、鬶等，存在一定的双墩文化因素。

北阴阳营文化。陶器有一些刻划纹、捺窝纹、乳钉纹、附加堆纹以及少量的彩陶和红衣陶，器形有鼎、鬶、钵、罐、豆、盂、多角形盖纽等，存在一定的双墩文化因素。

丁沙地遗址。陶器有红褐色和外红内黑陶和少量灰、黑陶。夹砂陶掺入砂粒和蚌末，少量纹饰有刻划纹、附加堆纹、捺窝纹，红衣陶和彩陶。器形有鋬手大口深腹釜、小口罐、盂、鋬手钵、矮圈足碗、盆、支架，以及环形、桥形、蘑菇形、圈座形等盖纽、鸡冠形鋬手；10件刻划符号分别刻在罐、碗、盘的底部和圆饼上以及器盖的纽部，均为烧前刻。符号有十字形、十字与圆圈组合形、圆圈与三角、横线组合形等。丁沙地的这些主要文化因素与双墩文化有较多的相似性，两者之间是承袭关系，还是双墩文化的一支迁徙到那里的文化遗存，说不好。

（六）结束语

淮河，古代“四渎”之一，与黄河、长江齐名，自古以来就是人类生存繁衍的好地方。淮河流域的考古工作一直是学术界高度关注的地区，特别是淮河上游的贾湖和下游的龙虬庄两个文化的发现，中游地区仍然处在空白状态。现在双墩文化的确立揭开了这个地区的面纱，为淮河中游地区早中期新石器时代考古树立了标尺，证明了淮河流域也是中华古代文明的发祥地。

对淮河流域的考古工作苏秉琦先生说：“安徽有个淮河，这个淮河就能简单地一分为二，给长江一半，给黄河一半！”①（见张柏先生的讲话）。“不能把黄河流域、长江流域的范围扩大到淮河流域来，很可能在这个地区存在着一个或多个重要的原始文化。”②张忠培先生讲：“长期以来，考古发掘工作的重点及其研究领域，多‘重视黄河与长江，对淮河流域不够重视……没有搞出个考古学文化序列，甚至不是把它视为黄河的延伸，就是看成长江的一部分’。”③由此，也就是说，淮河流域是个整体，不能把淮河给长江一半，给黄河一半，也不能将其划为淮河以北一块，沿淮一块，淮河以南一块。

实际上淮河流域在距今8000～5000年前是亚热带湿润型气候，是一个以稻作农业为主的原始文化分布区。综合分析淮河中游地区各遗址的文化因素和特点，不难看出，它们之间的关系是以共性为主的，各遗址之间有些差别却并不能构成文化面貌或文化性质上的区别。结合^{14}C年代，初步认为：淮河中游地区是一个不可分割的新石器时代早期文化分布区，由距今8000年左右的早期一直延续到6000年左右新石器时代中期。目前的考古材料已基本能够证明在这个地区存在着一个独立发生和发展的原始文化或一个文化序列。各个遗址中的文化遗存在文化面貌上体现了很强的统一性和共性，它们之间有些差别不是文化性质问题，而是属于它们各自处于不同的发展阶段——即时间早晚的差别。这样的认识应该说更接近考古材料所反映的实际。

双墩遗址位于淮河流域中游中心点，由上述我们可以看到，在其周围分布着二十多处同

---

① 本刊编辑部：《苏鲁豫皖考古座谈会纪要》，《文物研究》（第7辑），黄山书社，1991年。

② 苏秉琦：《略谈我国东南沿海地区新石器时代考古》，《文物集刊》（第1集），文物出版社，1980年。

③ 本刊编辑部：《苏鲁豫皖考古座谈会纪要》，《文物研究》（第7辑），黄山书社，1991年，第31页。

一文化面貌和文化性质的文化遗址，这些遗址的内涵有早晚之分，有的与双墩遗址同时期，有的可早一些，有的已能够区分出晚于双墩遗址。总之，随着这些发掘材料的整理发表和考古工作的进一步开展，终将建立起淮河中游地区以双墩文化为代表的自身的新石器时代文化序列和体系。

双墩遗址发现600多件刻划符号，十几年来学者们对其中的一部分符号进行了不懈的深入的研究和探讨，并将符号与甲骨文→金文→今天的汉字进行对照释读，认为双墩符号与汉字之间存在着直接的渊源关系。双墩这套形、意结构的记事符号有别于其他史前遗址陶器上的刻划符号，它在双墩文化分布区的多处遗址中发现，是一种在双墩文化时期流行的具有文字性质和作用的刻划符号。由此，双墩符号对深入研究探讨双墩文化时期的历史事件，探讨其在中国文字起源和在汉字的形成和发展中所起到的借鉴和影响的重要作用，也可以说，是中国汉字的源头之一。同时，双墩这套复杂的符号对解读和破译史前符号将起到重要的作用，其学术价值和意义都是非常重大的。

七、淮河流域双墩文化及其序列初步研究与探讨*

（一）引言

淮河，古代“四渎”之一，与长江、黄河、济水齐名。双墩文化及其序列的诸多遗址主要分布在淮河流域的中游地区，中游地区以河段来界定，西部从河南与安徽交界的洪河口算起，东达安徽与江苏交界的洪泽湖以西，总长490千米，几乎是淮河总长的一半，由西向东横跨安徽中北部地区，它不仅是淮河水系的重要河段，更重要的是自古以来就有人类在这里生息繁衍，创造了淮河流域原生的考古学文化，同时也是我国东西南北文化传播的通道和交融的重要地区。淮河中游地区史前的考古工作在安徽境内可追溯到20世纪30年代，从中华人民共和国成立前中央研究院历史语言研究所李景聃和王湘先生在寿县一带进行的考古调查开始，发现了斗鸡台等一批原始社会遗址[①]。20世纪五六十年代，华东文物工作队在治淮工地清理了嘉山泊岗等一批新石器时代遗址[②]。安徽省考古工作者在中游地区对萧县花家寺等一批遗址的考古调查发掘工作[③]。根据当时所获资料，有些研究者认为在淮河中游地区大体分布着“大汶口文化”“龙山文化”和以红陶为主的另一种文化等不同的文化类型[④]。70～90年代，在淮河中游

* 作者阚绪杭。参见阚绪杭等：《安徽淮河流域的史前文明——双墩文化及其序列的初步探讨》，《文物研究》（第15辑），黄山书社，2007年。

① 王湘：《安徽寿县史前遗址调查报告》，《中国考古学报》（第二册），商务印书馆，1947年。

② 尹焕章：《华东新石器时代遗址》，学习生活出版社，1955年。

③ 安徽省博物馆：《安徽肖县花家寺新石器时代遗址》，《考古》1966年第2期。

④ 安徽省文物工作队：《安徽文物考古工作新收获》，《文物考古工作三十年（1949～1979）》，文物出版社，1979年。

地区发现了一大批史前文化遗址，其中有“大汶口文化”“龙山文化”等，特别是一大批具有地区自身考古学文化特征的早中期新石器时代遗址的发现，为淮河中游地区史前文化谱系研究提供了重要的依据。

本节根据目前淮河中游地区的考古材料，以双墩遗存为标尺，对淮河中游地区双墩文化及其序列的文化遗存进行初步的研究与探讨，以抛砖引玉，不足之处敬请方家勘正。

（二）双墩文化的研究

1. 双墩文化遗存的发现和考古研究概况

双墩文化遗存的发现和考古研究工作，要从1977年春定远县侯家寨遗址的发现开始，到1985年侯家寨遗址的试掘和1986年正式发掘，以及1985年蚌埠市双墩遗址的发现和1986年的试掘为第一阶段。对两个遗址考古调查所采集的标本和试掘、发掘出土的一批新颖的具有地域特征的文化遗物，被认为是淮河流域自身的文化类型[①]，资料报道后，引起了学术界的关注。第二阶段是从1987年配合国家文物局“苏鲁豫皖先秦考古重点课题”研究开始至今，在此期间淮河中游地区发现和发掘了一批重要的新石器时代遗址。1991～1992年双墩遗址的两次发掘工作，取得了丰硕的成果，学术界给予了高度重视。1991年5月28日至6月2日国家文物局在合肥召开“苏鲁豫皖考古座谈会”，来自北京和此四省与会的领导、专家会前考察了双墩遗址发掘工地并看了侯家寨等遗址的发掘标本，在座谈会上对这一新的文化内涵给予了肯定，专家们认为，“双墩的材料比较丰富，其自身特色十分明显，这一阶段可看是与北辛文化、大汶口文化并列的考古学文化时期。双墩这套器物的文化面貌跟裴李岗和北辛是完全不一样的，它应该属于单独的一个文化。双墩有自己的特点，与泰沂文化系统区别较大，不属同一文化谱系”[②]，等等。

从已发表的蚌埠双墩[③]、定远侯家寨[④]、宿州小山口和古台寺[⑤]、濉溪石山孜[⑥]和鹿邑武庄[⑦]等部分考古发掘材料证明，这些遗址内涵的文化面貌具有较强的共性，器物特征新颖具有强烈

① 阚绪杭：《定远县侯家寨新石器时代遗址》，《中国考古学年鉴》，1986年；阚绪杭、胡欣民：《江淮流域发现新石器时代早期文化类型》，《中国文物报》1987年2月20日第1版头条；本刊编辑部：《苏鲁豫皖考古座谈会纪要》，《文物研究》（第7辑），黄山书社，1991年。

② 本刊编辑部：《苏鲁豫皖考古座谈会纪要》，《文物研究》（第7辑），黄山书社，1991年。

③ 阚绪杭：《蚌埠双墩遗址发掘与收获》，《文物研究》（第8辑），黄山书社，1993年。

④ 阚绪杭：《定远县侯家寨新石器时代遗址发掘简报》，《文物研究》（第5辑），黄山书社，1989年；安徽省文物考古研究所未发表的考古发掘材料。

⑤ 中国社会科学院考古研究所安徽队：《安徽宿县小山口和古台寺遗址试掘简报》，《考古》1993年第12期。

⑥ 安徽省文物考古研究所：《安徽濉溪石山子新石器时代遗址》，《考古》1992年第3期；贾庆元：《谈石山子古文化遗存》，《文物研究》（第11期），黄山书社，1998年。

⑦ 河南省文物考古研究所：《河南鹿邑县武庄遗址的发掘》，《考古》2002年第3期；河南省文物考古研究院未发表的考古发掘材料。

的地域性和自生性。通过对双墩遗址考古发掘材料的整理，丰富的陶器、石器、骨角器、蚌器和刻划符号等文化遗物，被认为是一个具有很强的区别于其他文化的原生器物群，不属于任何一个谱系中的文化类型，在淮河流域中游地区目前发现和发掘的早中期新石器时代遗址中内涵最为丰富，特别具有典型性和代表性。在2005年11月12至13日“蚌埠双墩遗址暨双墩文化学术讨论会”上得到与会专家的高度评价，被命名为“双墩文化”。专家们认为，双墩遗址出土那么多气势恢宏、风格独特、罕见且丰富的文化内涵令人震撼、惊奇，将其命名为“双墩文化”当之无愧，顺理成章①。

双墩文化遗存的分布，主要集中分布在淮河中游地区。到目前为止，经过考古调查和发掘的遗址有20多处，其分布范围，从河南东部与安徽交界的鹿邑至信阳一线至江苏的洪泽湖以西，北达安徽与山东交界处往南到大别山北麓至张八岭一线。

2. 双墩文化特征

双墩文化是以双墩遗址内涵为代表的典型文化遗存，包括分布在淮河中游地区的侯家寨一期等在内的文化遗存。双墩文化目前发现的遗迹很少，只有一些灰坑，其主要文化内涵是大量而丰富的文化遗物②（附图1-7-1）。

1）文化遗物

陶器以红褐色夹蚌末陶为主，次为外红衣内黑色夹炭陶，少量夹炭黑陶和夹云母末的灰陶等。陶胎有粗细之分，还有少量的泥质陶。器表以素面为主，都经过刮平抹光，少数磨光，有的施陶衣和少量彩陶，少数纹饰为组合型，纹饰多饰在器物的鋬手或耳系或肩部或折沿或肩腹折棱处，很少通体饰纹的情况。流行平底、矮圈足、支架和圆柱形锥状鼎足；流行鸡冠形和扁形鋬手、牛鼻形和鸟首形以及泥条形耳系；流行蘑菇形和圈足座形以及扁桥形等多种形状的盖纽等。器类多为生活用品和少量的工具以及艺术品等。器形比较规整，由于为手制，器壁多厚薄不均，显得粗糙不精细，具有一定的原始性。

炊器有罐形釜和钵形釜、盆形甑和盘形甑，少数罐形鼎和钵形鼎、大小不同的圆柱形支架，还有灶框等。这套炊器具有很强的自身组合特征和个性特征，如平底釜与支架配套使用，釜的形状既不同于南方的腰沿釜，又不同于北方的尖底釜。大的支架是仿男性生殖器制作的，特别是龟头部分非常形象，目前在其他文化类型中还没有发现这种祖形支架。灶框的使用是一种发明，开中国几千年以来锅灶的祖形。灶框圈虽然低矮，但仍能起到拦火的作用，使火头集中于釜底。甑的形状较大，有底部或底和腹满布箅孔的，个性特征明显。双墩遗址的鼎数量不

① 孙秀丽：《双墩遗址暨双墩文化学术研讨会在蚌埠召开》，《中国文物报》2005年11月18日第1版；中国文物报编辑、蚌埠市博物馆：《聚焦淮河考古——蚌埠双墩遗址暨双墩文化研讨会纪要》，《中国文物报》2005年12月16日第3版专刊；阚绪杭、周群：《安徽淮河流域新石器时代考古重大突破——双墩文化概说》，《中国文物报》2005年12月16日第7版；徐大立：《探寻中国文字起源的重大发现——蚌埠双墩遗址刻划符号》，《中国文物报》2005年12月16日第7版。

② 安徽省文物考古研究所和蚌埠市博物馆考古发掘材料。

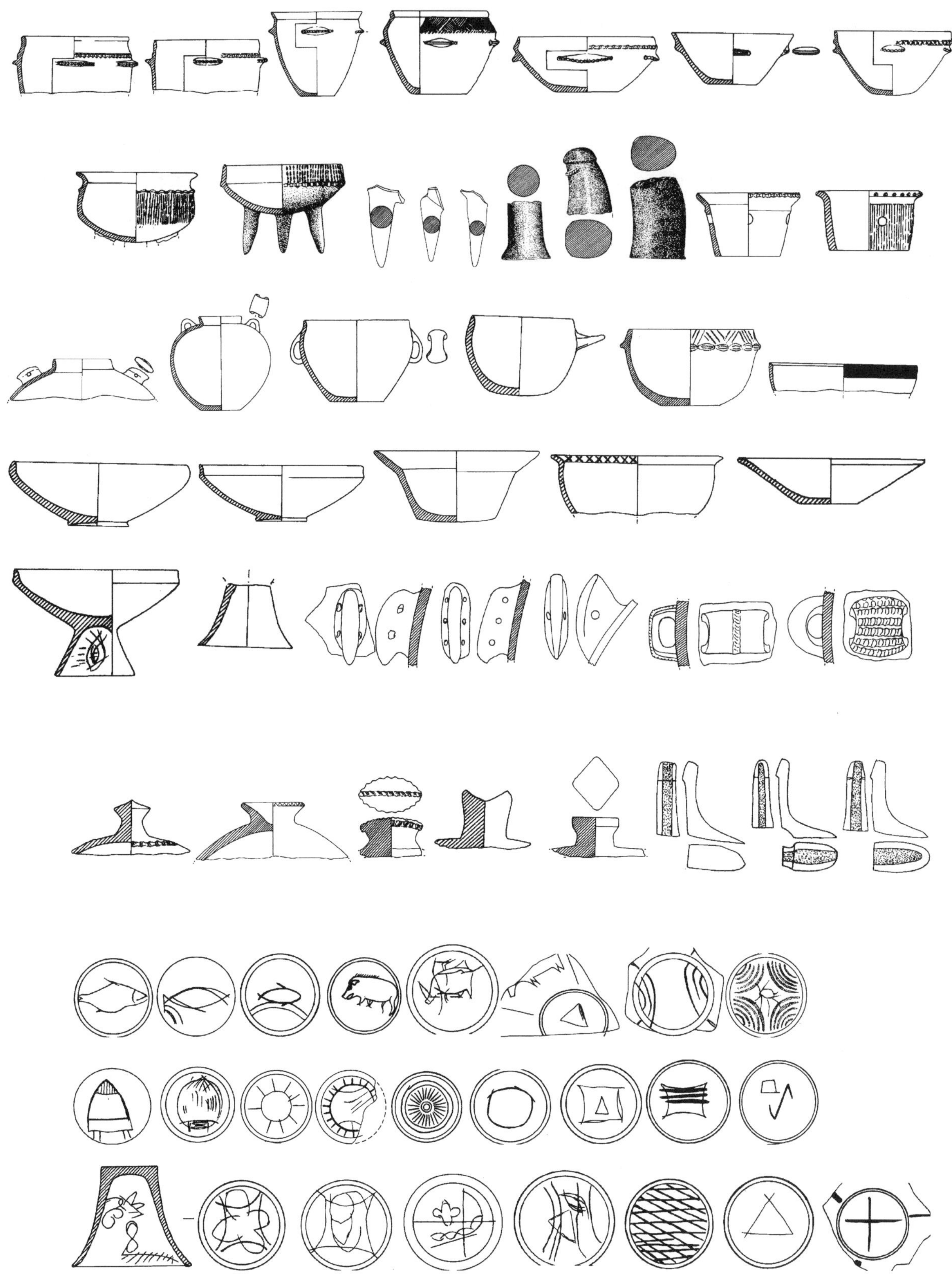

附图1-7-1　双墩遗址陶器及刻划符号图

多，在炊器中只是个配角，其折沿或折腹钵形和大口折沿罐形，三个圆柱形锥足同样具有很强的个性特征。

盛储器有大口和小口罐、内外折沿或外敛内折沿碗、敛口和敞口碗、窄沿和宽侈沿盆、折沿敛口钵、侈沿大口或敞口钵、宽沿浅腹盘、豆为钵形盘矮喇叭形圈座等。这套盛储器同样具有很强的自身特征，如小口罐球腹肩部装对称牛鼻形或鸟首形耳系；碗的形体特大，矮圈足，或可称为钵形碗，大量的符号多刻划在碗的矮圈足内；盆多彩陶，有红口和彩绘花纹以及通体红彩的；敛口、敞口的多种形式的钵形构成了钵的个性特征；豆的特征在于喇叭座的矮小，往往在豆喇叭座内有刻划符号。

用具有支座、器座、大小不同形状的器盖、盂、带流器等，这些用具的器类和形状都具有很强的自身特征，如圈形支座、桶形器座、多角形和圈座形盖纽、扁桥形纽平顶敞口器盖和四流器等。

工具比较典型的有手工工具纺轮、锉、圆饼和渔猎工具网坠和投掷器等。纺轮多为陶片改制；锉和圆饼为专门制作；网坠不仅有大小之分，其形状至今不变。投掷器的烧制，显示了双墩人的智慧，似为围猎时趋赶猎物的投掷工具。

艺术品主要有泥塑人面像和陶猪等。其中一件人头像为夹蚌末红褐色粗陶，采用捏制、堆贴加刻划的方法，脸盘较宽，眉弓粗而长，双目炯炯有神，两颊各戳印5个排列整齐的小圆窝，额头上刻划重圆纹，是一幅渗透着稚嫩气息的纹面孩童形象，具有鲜明的地域特征和很高的审美价值及学术研究价值，是一件非常难得的艺术珍品。

石器有斧、锛、砍砸器、研磨器、砺石、石锤、石球和经过加工或没有加工的自然石块等。这些石器多为生产工具和加工或手工工具以及石料等。生产工具制作多采用磨制技术，器形比较精致，加工或手工工具粗糙而不规整。这里的石器都经过多次反复使用，出土时不是缺损就是断刃崩口，完整器少见。双墩的磨制石器体现了工具的分工，但也体现了一器多用的情况，打制石器和加工或没有加工的自然石块都具有一器多用的多功能性。总体上说，双墩石器具有数量少、器形小、制作粗糙、器类简单这四个基本特征。

骨角器有骨锥、骨针、骨镞、骨镖、骨簪、饰件和鹿角锥、鹿角勾形器等。这些骨角器多为手工工具或渔猎工具或采集工具和装饰品等。骨角器多采用肢骨、肋骨、鹿角等加工磨制而成，一般都制作得比较精，少数如骨锥和鹿角尖状器仅磨尖部，制作比较粗。鹿角勾形器在这里大量流行，数量众多的鹿角勾形器的制作比较有特点，要经过切割、裁断和精磨等工序才能完成，其作用似为采集用的钩捞工具。

蚌器比较发达，有刮削器、切割器、刀、锯、纺轮、匕等。这些蚌器主要是生产工具和手工工具，具有很强的个性特征，一般多制作粗糙，只是打下蚌壳的一块，基本上不进行加工，利用蚌口为刃，如刮削器、切割器和刀等，也有一些精加工的蚌器，如锯、刀、匙等。

2）刻划符号

刻划符号在双墩、侯家寨等遗址中到目前已发现640多个，构成了双墩文化遗存的重要内容，为史前刻划符号又增添了一套新的时代早、数量大、种类多、内容丰富、结构独特而新颖的符号种类，不失为考古工作中的又一重要发现，是目前国内罕见的一处新石器时代早期遗址。从符号的刻划形状来看，可分为象形和几何形两大类。如果从符号的刻划结构来看，符号可分为单体符号、双重体符号、多重体符号和组合体符号。从符号的使用率来看，有些符号以单体符号或重体符号反复出现或与其他符号构成组合形符号，还有的由两个或两个以上的符号构成组合体符号等。这就构成了双墩刻划符号自身的特征，与其他新石器时代遗址所发现的刻划符号相比，一部分单体和象形类符号的形体结构与其有较多的相同和相似性，而重体符号有一定的相似性，组合体符号则显出更多的区别和不同。总体来说，双墩符号的形体结构自成一套，如单体和象形类的猪形、鱼形、杆栏式房子形、花瓣形、蚕丝形、太阳形和几何类的横形、竖形、叉形、钩形、十字形、三角形、方框形、圆圈形等符号多与其他文化遗址符号有一定的相似性，如组合符号的鱼形和双弧线形或与方框形组合等，三角形和鱼、花瓣形组合等，方框形和蚕形、花瓣形、钩形组合等，重弧线形和横线形或圆圈组合等，半框形和一道或二到横线形组合等，十字形和圆圈形组合等符号与其他文化遗址符号的区别就比较大，或大相径庭。这套符号目前只有双墩遗址和侯家寨遗址下层发现的符号是一样的。由此可见，双墩和侯家寨两个遗址发现的这套符号的使用范围和时间大约在双墩文化分布的地区和双墩文化存在的时期。

双墩刻划符号是当年人们智慧的结晶，陶工运用象形和抽象的技术手法将双墩人的历史以不同的单体、重体和组合体符号的形式刻划在陶器上，是一套成熟的表形表意的记事符号。双墩文化时期的人们是以农业、渔猎、采集和饲养为来源的经济生活，所创造的这套刻划符号应该对当时人们社会生活中的方方面面有所反映，如动物类符号当是反映双墩人与动物之间生存关系的记录。几何类符号当是反映双墩人对自然界的认识和社会生活中的一些具体事项的记录等。

3）经济生活

（1）水稻农业经济。在淮河流域上游的贾湖遗址和下游的龙虬庄遗址分别发现了炭化的稻谷，而位于中游的双墩、侯家寨、红墩寺等遗址已发现农业经济的确切证据——种植水稻。2001年中国农业大学王象坤和中国科学院孔昭宸以及中国科技大学张居中等与我曾专程到双墩、红墩寺、侯家寨等遗址进行调查，发现农业植物水稻留在红烧土上的印痕。发现了12个稻壳的印痕，其中可以判断类型的有9个，其中2个为阔卵形，长宽比为2～2.14毫米，判断为粳稻，占22.2%，4个为籼稻，占44.4%，3个为中间型占33.3%。在遗址中出土的石斧、石铲、蚌刀、蚌切割器等多为农业方面的生产工具。还有石圆饼、石棒或杵等应为谷物加工工具。

（2）渔猎经济。遗址中出土了大量的水、陆生动物骨骼和介壳，充分反映了渔猎经济在双墩遗址时期人们经济生活中占有重要的地位。

反映捕捞经济的有网坠、鱼钩、骨镖工具和大量的螺蚌壳、鱼骨、龟鳖壳，以及鱼形、组合鱼形和网形刻划符号等。

反映狩猎经济的有镞、镖、石块、陶投掷器等工具和猪、鹿、牛、麂、獾、虎等几十种动物骨骼，以及猪形、组合猪形、鹿形等刻划符号等。

（3）采集经济。反映采集经济的有鹿角勾形器、蚌器、石器和炭化的果核等。

在遗址中发现水稻印痕，地层含有特别多的螺蚌壳和大量的动物骨骼，猪的骨骼经鉴定为饲养的家猪。这就充分反映了双墩人的经济生活是以农业和渔猎为主，采集和饲养猪为次的多种经济生活。

（三）双墩文化序列的探讨

1. 各遗址器物特征

分布在淮河中游地区的诸多遗址除双墩、侯家寨一期等遗址内涵归属典型的双墩文化外，还有石山孜、小山口和古台寺、武庄、峡山口、双孤堆、小孙岗、侯家寨二期等比较典型的遗址，这些遗址内涵的文化面貌均与双墩有较大的一致性，它们之间存在着共同的淮河中游地区早中期自身的新石器时代区域性文化特征，但是在各个遗址之间器物组合或有些器物特征等方面又存在一定的区别。本文根据现有的考古材料，探讨一下这些区别的缘由，是否可以建立淮河中游地区以双墩文化遗存为代表的自身的早中期新石器时代考古学文化序列。讨论的对象以陶器为主，兼及其他遗存。

1）定远县侯家寨一期器物特征①

陶器以红褐色为主，次为外红衣内黑色或内外红衣陶，少量的黑陶和灰色陶。夹蚌末和夹炭陶占绝对多数，次为夹砂陶和少量的夹云母末陶。器表以素面为主，都经过刮平抹光，少数磨光，有少量的指切纹、刻划纹、刺点纹、戳刺纹、附加堆纹、弦纹、乳钉纹、镂孔等。有少量红口彩陶。纹饰多饰在器物的鋬手，或耳系，或肩部，或折沿，或肩腹折棱处。流行平底、矮圈足、支架和圆柱形锥状鼎足；流行鸡冠形和扁形鋬手、牛鼻形和鸟首形以及泥条形耳系；流行蘑菇形和圈足座形以及多角形等各种形状的盖纽等。器类多为生活用品和少量的工具以及艺术品等。陶器均为手制，多粗胎厚壁，器壁厚薄不均，具有一定的原始性。这些与双墩相同（附图1-7-2）。

器物可分为两组，第一组有罐形釜和钵形釜、祖形支架、锥形鼎足、灶框、有大口和小口罐、矮圈足折沿和敛口和敞口碗、窄沿和侈沿盆、折腹鋬手钵、矮喇叭形圈座豆、器座、大小不同形状的器盖、锉、网坠、圆饼，以及斧、锛、砍砸器、研磨器、砺石、石锤、石球、石块和骨锥、骨针、骨镞、骨镖、骨簪、鹿角锥、鹿角勾形器等。这些均与双墩相同，应为典型的双墩文化遗存。第二组有三足带把鬶、束腰钵、罐形釜出现扁形两鋬手等，这组器物在双墩不见，是新增或演变的器形。

刻划符号发现30多个，多是刻划在碗的底部圈足内，有单体、双重体和多重体以及组合体等。如鱼形、杆栏式房子形、太阳形、横形、网形、叉形、钩形、十字形、三角形、方框形、

① 阚绪杭：《定远县侯家寨新石器时代遗址发掘简报》，《文物研究》（第5辑），黄山书社，1989年；安徽省文物考古研究所未发表的考古发掘材料。

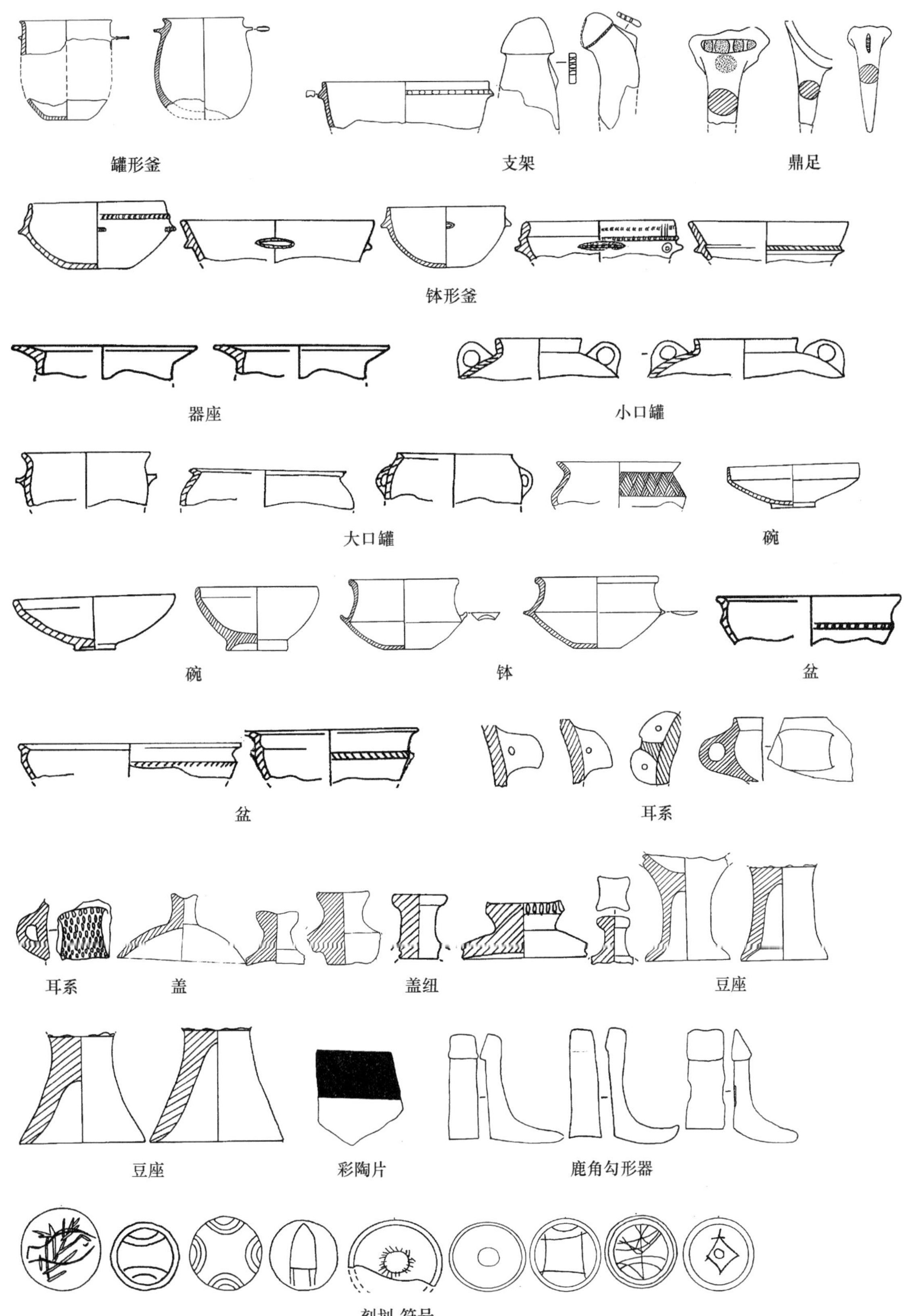

附图1-7-2　侯家寨一期陶器与部分刻划符号图

圆圈形、三角形组合、方框形组合、弧线形组合等符号。这套符号均与双墩相同。

由此，侯家寨一期应属于典型的双墩文化遗存，与双墩比较又出现了一些新的器物类型，参考^{14}C测定年代，其年代与双墩相当或稍晚。

2）鹿邑县武庄一期器物特征[①]

陶器以夹蚌红褐陶和夹炭外红内黑陶为主，有少量的泥质红陶和很少的灰陶。器表都经过抹光或磨光，以素面为主（超过90%），纹饰有划纹、弦纹、指甲纹、附加堆纹、篦点纹等。彩陶少见，有施红衣和饰红带者。纹饰多饰在器物的沿肩部和附加件上。陶器均为手制（附图1-7-3）。这些与双墩相同。

器物可分为两种组合：第一组常见平底器、三足器和矮圈足器，流行鋬手、鸟首形和泥条形耳系等。器形有鸡冠耳鋬手深腹罐形釜、钵形釜、罐形鼎、圆锥形鼎足、大口罐、外红内黑矮圈足碗、敛口钵、盆、器盖等。这些与双墩相同。第二组有少数圜底钵等器形属于北方文化因素，在双墩不见。

由此，武庄一期应属于双墩文化遗存。该遗址中出现了一些外来文化因素，与其所在地域有关，属于吸纳性文化因素，其年代与双墩相当或稍晚。

3）宿州市小山口和古台寺器物特征[②]

陶器以夹蚌末为主，夹炭次之，少量泥质陶，陶器表面以红褐色为主，多以外红内黑为其特点。陶器以素面为主，纹饰简单，主要是附加堆纹、指甲纹和戳印纹。在口沿外的堆纹上饰指甲纹于古台寺少见，古台寺有连珠形满饰刺点纹和按压纹等（附图1-7-4）。这些特征与双墩基本相同。

器形单调，直口器和口沿外有一周凸棱比较普遍，以釜、钵、碗等为基本器物组合。

釜有直口或侈口腹壁较直和敞口的形制，有的直口带鋬手和侈口釜的腹似较深，敞口釜的沿部多有附加堆纹或凸棱一周，其腹似较直口釜浅，与双墩的釜有类似之处，似为深腹平底罐形釜和敞口平底钵形釜。从发表的资料看，古台寺直口釜多于小山口遗址，小山口敞口釜在古台寺遗址不见。

与釜配套使用的支架为圆柱形，底座一周外凸。这种支架具有淮河地域性特征，与双墩小型支架相同。小山口的罐为侈沿大口形状，在双墩遗址中有这种大口罐。

两个遗址中的敛口形钵和小盂形器也在淮河流域早中期遗址常见。盆为敞口深腹形。

古台寺有圆锥形鼎足和鸡冠耳鋬手，鋬手上饰刻划纹，与双墩相同。

从这两个遗址器物的总体特征看，与双墩文化面貌基本一致，但就器物的形制与双墩比较有一定的区别，体现了一种较早的特征，参考小山口^{14}C年代，相对年代应比双墩早。古台寺出现了典型的双墩鸡冠耳鋬手和圆锥鼎足，其年代应晚于小山口。

---

① 河南省文物考古研究所：《河南鹿邑县武庄遗址的发掘》，《考古》2002年第3期；河南省文物考古研究院未发表的考古发掘材料。

② 中国社会科学院考古研究所安徽队：《安徽宿县小山口和古台寺遗址试掘简报》，《考古》1993年第12期。

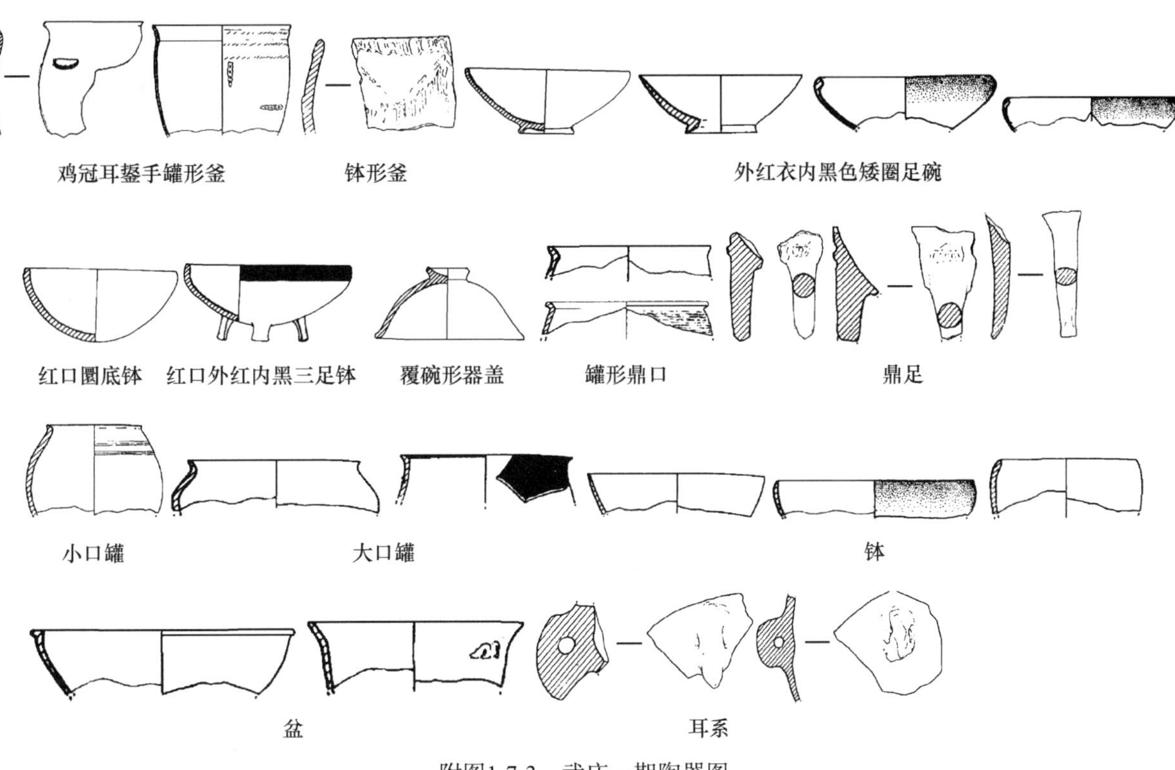

附图1-7-3 武庄一期陶器图

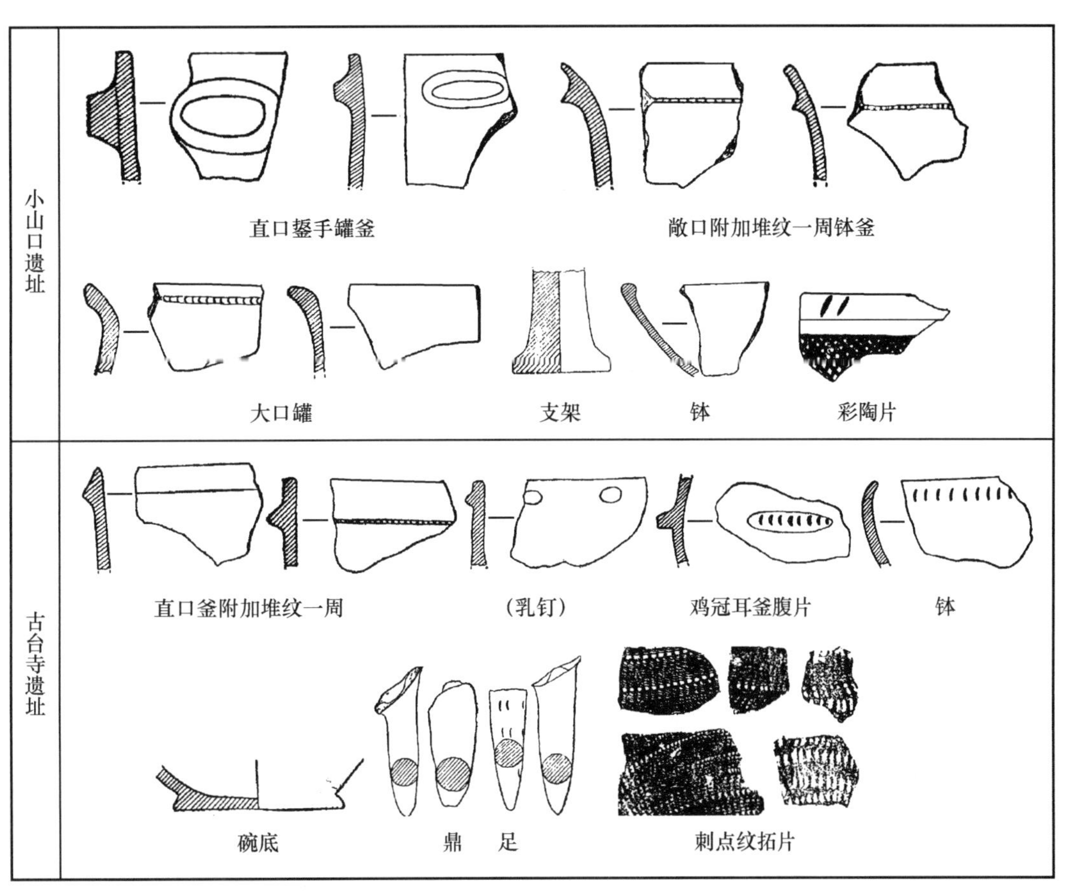

附图1-7-4 小山口、古台寺陶器图

4）濉溪县石山孜遗址器物特征[①]

陶器以夹蚌末和夹炭陶为主，泥质陶较少。陶色以红褐色和外红内黑色陶为多，有少量的红陶、黑陶和灰色陶。陶器均为手制，胎壁粗糙厚薄不均。器表都经过抹光或磨光，以素面为主，纹饰有附加堆纹、指切纹、戳刺纹、捺窝纹、乳钉纹、镂孔等。有少量彩陶。纹饰多饰在器物的鋬手，或耳系，或肩部，或折沿，或肩腹折棱处。流行平底、矮圈足、圆柱形支架和锥状鼎足；流行鸡冠形和扁形鋬手、鸟首形以及泥条形耳系；流行蘑菇形和圈足座形以及多角形盖纽等（附图1-7-5）。这些与双墩基本相同。

器物可以分为三种组合：第一组为附加宽泥条的钵形釜、罐形釜和倒钩沿盆等，与小山口相同，在双墩少见，应早于双墩。第二组为鋬手罐形釜和钵形釜、大口罐和球腹肩部装对称牛鼻形或鸟首形耳系的小口罐，敞口和折沿碗、敛口钵、矮喇叭形圈座豆、圆柱形支架，各种形状的盖纽、刻划符号、圆锥形鼎足等，这些器形与双墩基本相同。第三组为四鋬罐形鼎、三足钵等，在双墩不见，似为外来文化因素或为新出现的器类，其相对年代应稍晚或相当于双墩。

据发掘者讲：两次发表的石山孜遗址中的早期文化遗存考古材料，不是同一个地点发掘的。《考古》1992年第3期《安徽濉溪石山子新石器时代遗址》中的器物特征较早，与小山口相当，应早于双墩的器类。《文物研究》1998年第11辑《谈石山子古文化遗存》中的器物特征与双墩相当或稍晚于双墩的器类。

5）怀远县双孤堆遗址陶器的文化特征[②]

陶器的陶色以红褐色为主，有外红衣内黑色或内外红衣陶，还有少量的黑陶和红陶。陶胎多夹蚌末和炭，有少数泥质红陶。纹饰以素面为主，少量饰刻划纹、压印纹等。陶器的制法均为手制，似为泥片拼接法，器物胎壁粗糙厚薄不均，内外器表多留有抹光刮平痕迹，少数磨光和施红衣，陶质一般还比较硬（附图1-7-6）。由此，该遗址陶器的面貌与典型的双墩文化一致。

器形有罐形釜和钵形釜、小口罐、碗、钵、盖、锉、祖形支架、鋬手、鸟首耳系、圆锥鼎足和鹿角勾形器等。这些器类与典型的双墩文化相同。

器物可以分为三种组合：第一组为直口堆纹釜和倒钩沿盆等与双墩有一定的差异，这些文化因素可能稍早于双墩文化；第二组为敞口钵、鸟首形小口罐、圆锥鼎足、圆柱形支架和祖形支架以及鹿角勾形器等，与双墩文化相同；第三组为窄扁鋬手罐形釜、高圈足外红内黑碗，盂的数量也较多，直壁平底较大的钵等与双墩有一定的区别，可能稍晚于双墩文化。

从遗址器物数量上来看，后两种器物组合可能是该遗址的主要文化内涵，其相对年代应晚于双墩文化的典型遗存。

---

① 安徽省文物考古研究所：《安徽濉溪石山子新石器时代遗址》，《考古》1992年第3期；贾庆元：《谈石山子古文化遗存》，《文物研究》（第11期），黄山书社，1998年。

② 安徽省文物考古研究所考古发掘材料。

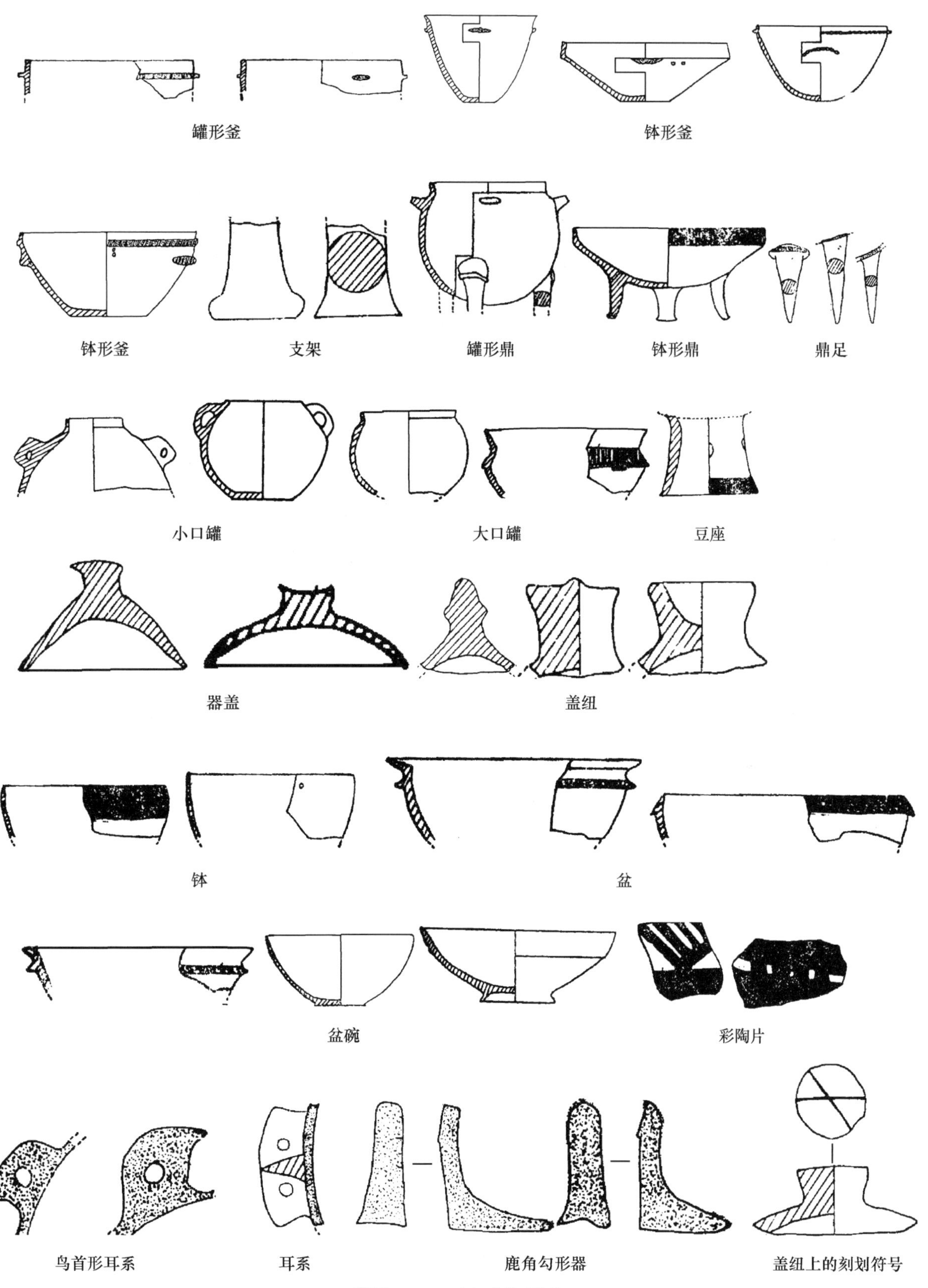

附图1-7-5 石山孜陶器图

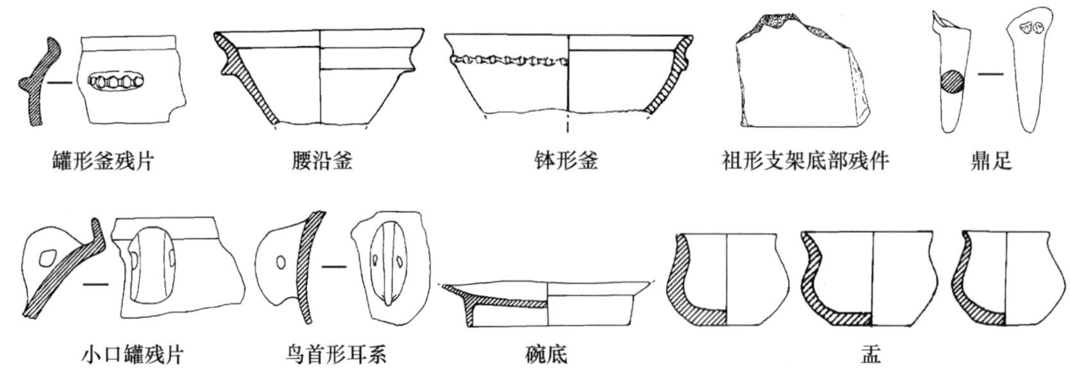

附图1-7-6　双孤堆陶器图

6）凤台县狭山口遗址陶器的文化特征[①]

陶器的陶色多不一致，还有少数表面脱落现象。以红褐色、灰褐色和外红衣内黑色为主，有少量黑陶和灰黑陶。陶胎多夹蚌末和炭，有少量泥质陶。纹饰以素面为主，有少数刻划纹、抹断弦纹、乳钉纹等。陶器均为手制，似为泥片拼接法，胎壁粗糙厚薄不均，内外器表多留有抹光刮平痕迹，少数磨光和施红衣，陶质一般还比较硬（附图1-7-7）。由此，该遗址陶器的面貌与典型的双墩文化一致。

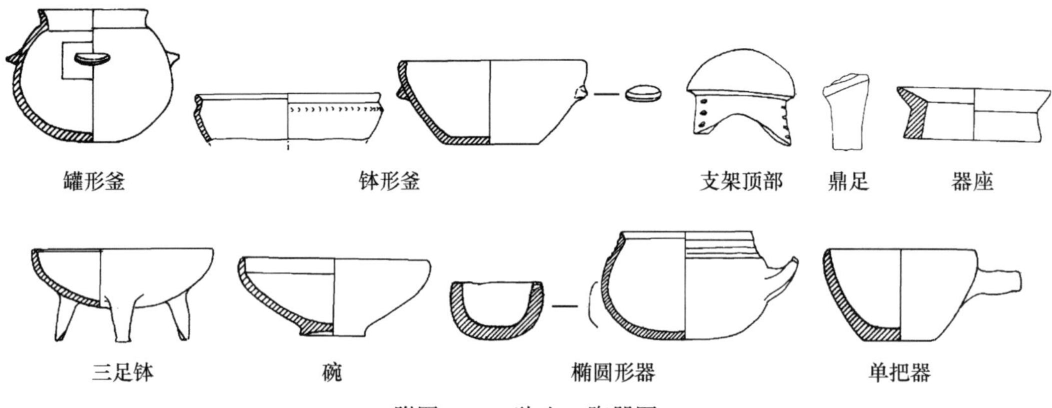

附图1-7-7　狭山口陶器图

器形有罐形釜和钵形釜、碗、钵、盆、单鋬手杯、耳杯形盂、罐、盘、祖形支架、器座、圆锥鼎足和石球、鹿角勾形器等。这些器类中的主要器类与典型的双墩文化基本相同，但有一些器形与双墩存在一定的区别。

根据我们所见到的发掘标本可以分为两种器物组合：第一组为折沿钵形釜、罐形釜（仅见腹片）、外红衣内黑色碗、祖形支架、单鋬手杯、圆柱形鼎足和鹿角勾形器等与双墩相同文化因素；第二组为中等宽度沿口盆、束腰矮器座、长椭圆形盂、四鋬罐、三足钵等，这些几乎是典型双墩文化所没有的器形，应比双墩文化稍晚。从遗址器物数量上来看，第一组器物组合可能是该遗址的主要文化内涵，其相对年代应晚于双墩文化的典型遗存。该遗址中出现了祖形支

① 安徽省文物考古研究所考古发掘材料。

架，这是目前认为只有典型双墩、侯家寨一期流行的器类。由此，尽管该遗址出现了很多新的器类，也可能归属于双墩文化的最晚期。

7）淮南市小孙岗遗址陶器的文化特征①

陶器以红褐色和外红内黑色为主，有少量黑陶和红陶。陶胎多夹蚌末和炭，有少量泥质陶。纹饰以素面为主，有少数刻划纹、戳刺纹等。陶器均为手制，似为泥片拼接法，胎壁粗糙，厚薄不均，内外器表多留有抹光刮平痕迹，少数磨光和施红衣，陶质一般还比较硬。由此，该遗址陶器的文化面貌与典型的双墩文化基本一致（附图1-7-8）。

根据笔者所见到的发掘标本，小孙岗遗址的陶器可以分为两种器物组合：第一组为折沿钵形釜、深腹罐形釜、外红衣内黑色碗、鸟首形双耳罐、鸡冠耳鋬手、圆柱形支架、圆锥形鼎足等，应属于典型的双墩文化的遗存。第二组为红陶鸟首形双耳罐、红陶钵等，应属于侯家寨二期文化因素，晚于双墩文化。

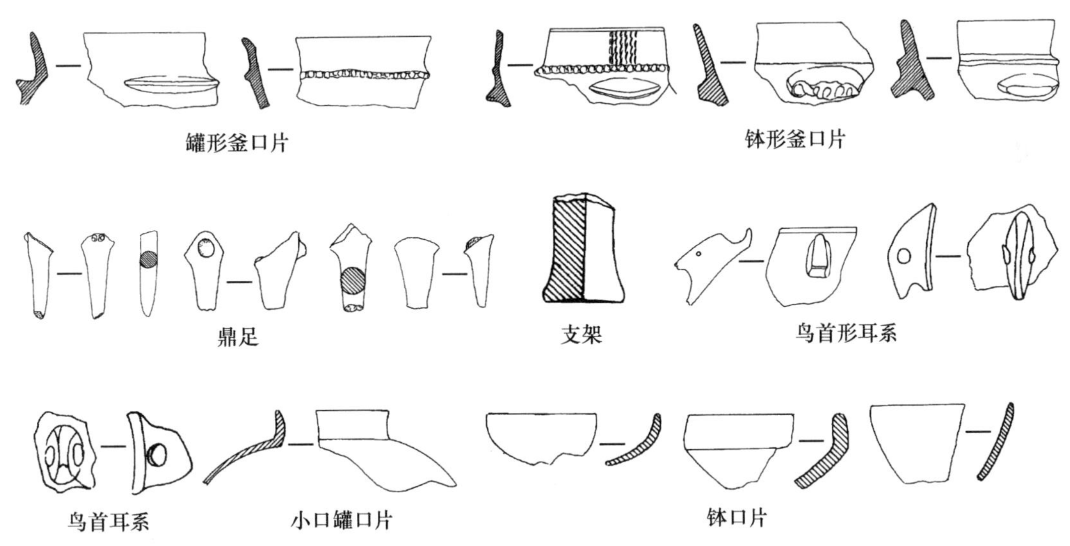

附图1-7-8　小孙岗陶器图

8）定远县侯家寨二期器物特征②

陶器以红褐色为主，次为外红内黑陶，有少量的红色陶、黑陶和灰陶，二期有大量的彩陶。二期陶器夹蚌末和夹砂陶仍占多数，有少量的泥质陶。少数夹炭陶和夹云母末陶。陶器多为手制，有轮制的痕迹。器表以素面为主，都经过刮平抹光，少数磨光，有少量的刻划纹、捺窝纹、附加堆纹、轮旋纹、乳钉纹、镂孔等。纹饰多饰在器物的鋬手或耳系或肩部或折沿或肩腹折棱处。流行平底、圈足、三足器，流行把手、鸡冠形、牛鼻形和鸟首形以及泥条形耳系，流行圈足座形盖纽、矮喇叭形豆圈座、带流器和盂等。器类多为生活用品和少量的工具等。

①　安徽省淮南市博物馆考古发掘材料。

②　阚绪杭：《定远县侯家寨新石器时代遗址发掘简报》，《文物研究》（第5辑），黄山书社，1989年；安徽省文物考古研究所未发表的考古发掘材料。

炊器有鼎、甑、鼎足、支架等。二期的主要炊器为罐形鼎和釜形鼎，一期的釜和支架到二期被三足鼎取代了，仅见双头扁体支架。甑由敞口变为窄沿盆形。鼎足形制大小各异，这套炊器在双墩遗址不见，也区别于其他诸文化的炊器，具有很强的自身组合特征和个性特征。

盛储器有大口和小口罐、碗、钵、矮喇叭形圈座豆、红衣壶等。这套盛储器绝大多数为彩陶，器形比较规整，具有很强的个性特征，如小口罐球腹肩部装对称牛鼻形或鸟首形耳系；碗的形体特大，矮圈足，浅腹盘形。罐和豆座与双墩基本一致。

用具有器盖、盂和工具纺轮等，在双墩遗址中有相同的器物。

侯家寨一、二期的器形有明显的区别，给人一种面貌一新的感觉，但从遗址的地层关系和相同器类或演变因素，特别是陶色、陶质、纹饰等方面来看，二期是在一期基础上发展起来的（附图1-7-9）。

由此，侯家寨二期器物存在较多的双墩文化因素，与双墩是一种存袭关系，其年代晚于双墩。是在双墩文化的基础上发展起来的一个新的文化类型。

9）鹿邑县武庄二期陶器特征①

陶器以夹砂和蚌末红褐色为主，次为泥质红陶、灰陶、橙黄陶。泥质陶比例渐增，与一期相比，二期夹蚌末陶减少而夹砂陶增多。器表多素面，有磨光陶，少量纹饰有刻划纹、附加堆纹、弦纹、指甲纹、镂孔等。本期彩陶较为发达，以红彩为大宗，黑彩很少。彩陶图案主要是由宽窄彩带相间组成的几何形组合纹。与侯家寨二期彩陶图案相同。武庄二期陶器器类较第一期明显区别和增加，器形以三足器、平底器为大宗，流行圈足器。鼎有罐形鼎、釜形鼎和盆（钵）形鼎，取代了一期的釜和单纯的锥足罐形鼎，鼎足形制也由圆锥变为扁体形。大口罐和鸟首形双耳小口罐、碗、钵、矮喇叭形圈座豆等，与侯家寨二期相同。

从武庄遗址的地层关系和相同器类或演变因素来看，两期一脉相承，二期是在一期基础上发展而来的。两期变化最大的情况与侯家寨遗址的两期一样，主要是炊器的鼎替代了釜和大量出现彩陶器（附图1-7-10）。

由此，武庄二期器物存在较多的双墩文化因素，与双墩是一种承袭关系，其年代晚于双墩，是在双墩文化的基础上发展起来的，属于侯家寨二期文化类型。

2. 双墩文化序列的探讨

由上述可知，分布在淮河中游地区的诸多早中期自身的新石器时代遗址中，其器物组合和器物特征有一定的区别，这些区别可能有分布上的或考古材料少的原因，但明确的是可以分出早晚不同内涵来，也并非一个典型双墩文化所能包容，似为一个双墩文化序列。

似可将淮河中游地区以双墩文化为代表的这些遗存分为早、中、晚三个连续发展的文化序列。

① 河南省文物考古研究所：《河南鹿邑县武庄遗址的发掘》，《考古》2002年第3期；河南省文物考古研究院未发表的考古发掘材料。

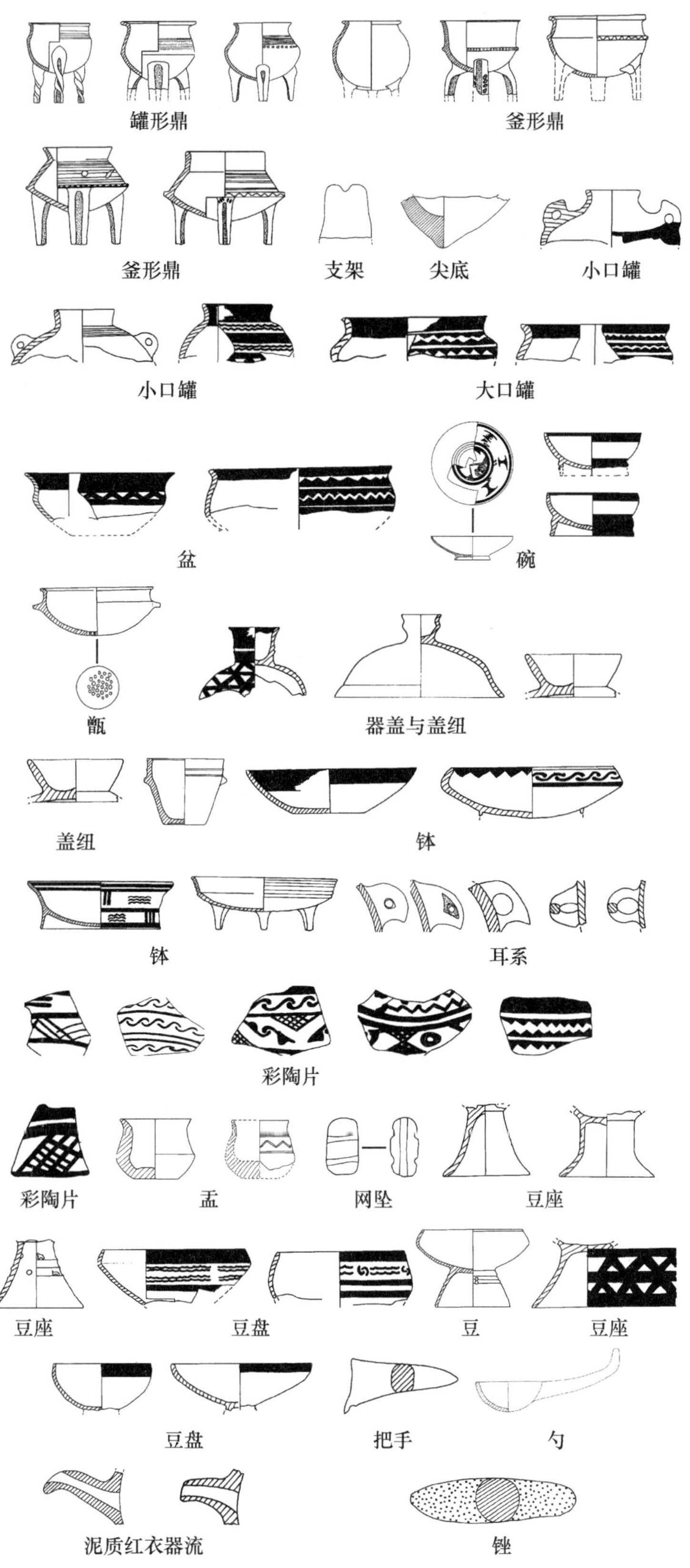

附图1-7-9　侯家寨二期陶器图

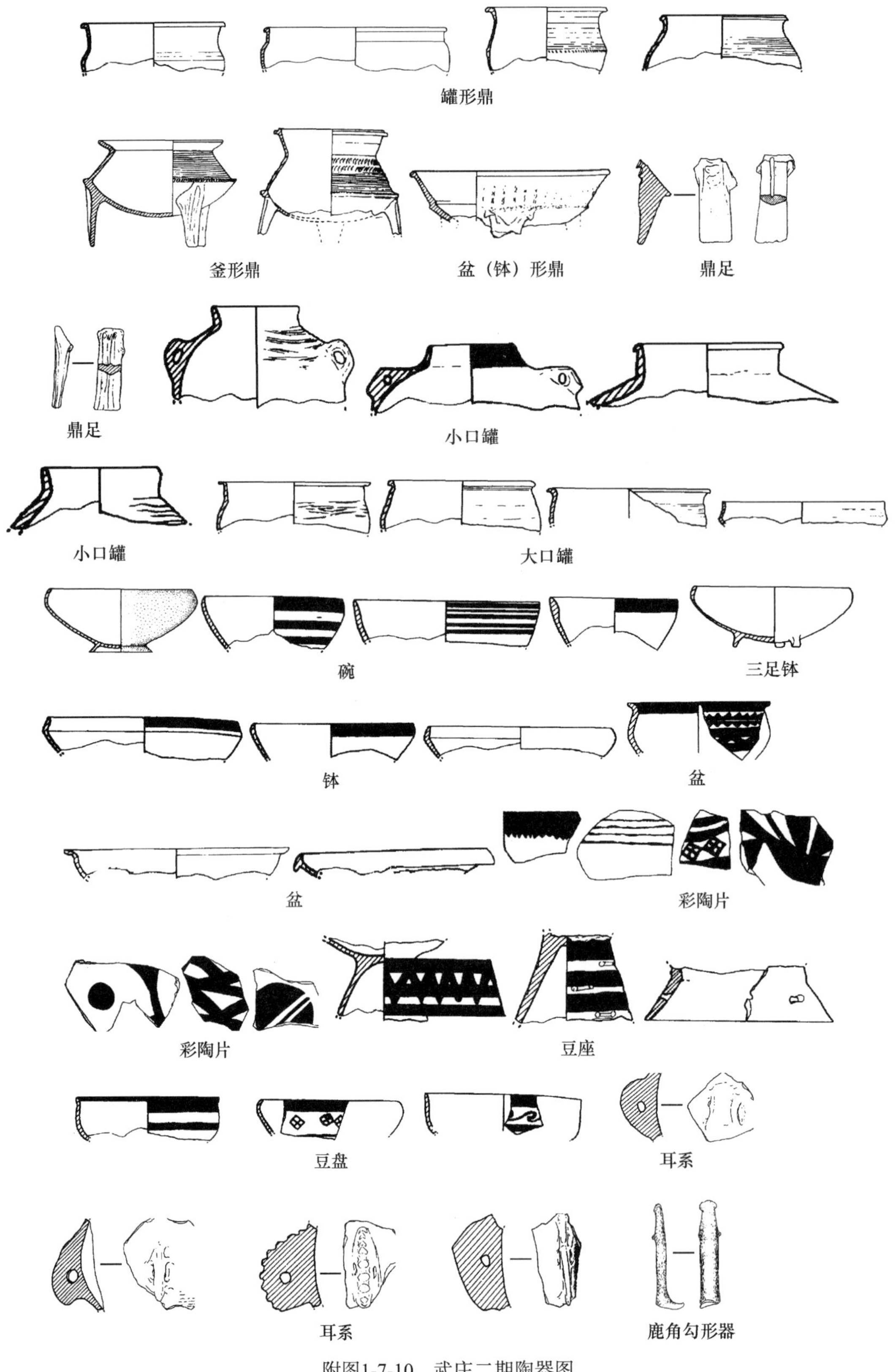

附图1-7-10　武庄二期陶器图

早期以小山口和古台寺两个遗址为代表，包括石山孜第一组器物群。参考^{14}C年代测定，距今8000～7300年。

中期以双墩和侯家寨一期遗址为代表，包括石山孜第二组器物群、小孙岗第一组器物群、小山口第一组器物群、双孤堆第一组器物群、武庄一期第一组器物群等。参考^{14}C年代测定，距今7300～6600年。

晚期以侯家寨二期和武庄二期为代表，包括小孙岗第二组器物群等。参考^{14}C年代测定，距今6600～5500年。

早期的器物较少，只有一些釜口、钵口、碗底和鼎足等残片，以釜、钵、碗等器物组合，与中期之间缺乏完整器形参照，这些残器在中期都有相同和雷同的器物，在陶质、陶色和器类上没有根本性的区别，文化面貌与中期比较一致。有人撰文提出了“小山口文化”或“石山孜文化”①，就目前的考古材料另立文化，似乎显得单薄，有待于发掘报告的整理和更多考古材料的补充，暂将其划分在双墩文化序列的早期。

中期被确立为双墩文化，器物比较丰富，典型的釜、罐、钵、碗、盆、甑、支架、器座和刻划符号等器物群，涵盖了淮河中游地区目前所发现的自身的早中期新石器时代早、中、晚三个时期遗存的基本内容和文化特征，既可上溯又可下延，这是双墩文化典型期的基本特征。根据目前双墩文化的诸多遗址内涵器物组合和特征，似可将上述归属于双墩文化的诸多遗址分为双墩→侯家寨→双孤堆或小山口等三段。

晚期的器物也比较多，以鼎、豆、罐、盂、盆、碗、钵和丰富的彩陶等器物组合，与中期有一定的区别，但地层叠压关系、陶系和一些器物的演变关系证明，两期之间是一个连续发展的关系。这种鼎替代釜的陶器组合和一些器形演变的区别，在文化面貌上明显区别于双墩文化，是一个新的文化类型，暂将其划分在双墩文化序列的晚期。从已发表的考古材料看，侯家寨遗址二期的材料比较丰富，而且具有典型性和代表性，可称为“侯家寨文化”或“侯家寨二期文化”。目前虽然已有文章提出“武庄二期文化”②，但是武庄二期文化因素比较复杂，不具典型性，材料发表的不多。对该期文化面貌性质的认识，还有待于侯家寨遗址发掘报告的整理和更多考古材料的补充。

双墩文化序列的特征如下。

（1）遗址分布特征多位于台地上，其周边不远的地方有河流经过，地理和植被环境为境内有水网、草地和森林，亚热带温暖湿润型气候，适宜水稻农业的发生和发展。

（2）以水稻农业为主、渔猎为次、采集和家猪饲养为辅的经济生活。

---

① 吴家安、梁中合、王吉怀：《皖北地区新石器文化遗存及其性质》，《文物研究》（第8辑），黄山书社，1993年；吴加安：《安徽北部的新石器文化遗存》，《考古》1996年第9期；贾庆元：《谈石山子古文化遗存》，《文物研究》（第11辑），黄山书社，1998年。

② 阚绪杭：《试论淮河流域的侯家寨文化》，《中国考古学会第九次年会论文集》，文物出版社，1997年，第108页；张文军、张志清、赵新平：《试析河南鹿邑县武庄遗址新石器时代遗址文化遗存》，《考古》2003年第2期。

（3）陶器以红褐色为主，有一定数量的红衣陶和少量的黑陶、灰陶等。陶质早中期以夹蚌末为主（晚期多夹砂），夹炭（草木灰）为次，少量夹云母末。泥质陶由早到晚呈逐渐增多的趋势。陶器的制作方法，早中期均为手制，晚期出现轮修或轮制。陶器的表面以素面为主，少量的刻划、戳刺、指切纹等纹多饰于器物的口、沿、肩、折棱和錾手、耳系上，极少通体纹饰的情况。早期的彩陶多表现为红衣、红口或外红衣内黑色，少数饰彩陶纹。而到了晚期彩陶有较大的增加，多为彩陶图案。陶器的火候由早期的低到晚期的稍高呈渐变的状况。

陶器的器形多为釜、支架、罐、钵、盆、碗、器座、鼎、甑、器盖、纺轮、网坠等。在器类和器形上，早中晚各期遗址中还有一定的演变关系和个性差别。如炊器，由早期单调的直口、敞口和侈口錾手或附加一周堆纹凸棱釜发展到中期多种形制的卷沿、侈沿、直口、敛口、折肩罐形和敛口折肩、敞口钵形錾手釜，与釜配套的支架也由一种小型圆柱体到中期又有一种大型的仿男性生殖器的支架。晚期的鼎逐渐取代了早中期的釜。陶器流行平底、矮圈足、矮喇叭豆足、鸡冠和扁形錾手、鸟首形和牛鼻形耳系、蘑菇和圈足座形等多种形状的盖纽等。

（4）石器、蚌器和骨角器的数量目前不是很丰富，类型和形制也比较简单，构成了这一地区的文化特征。其中大量的蚌器和鹿角勾形器在这一地区比较流行，是双墩文化的典型器物。

（5）在早中期遗址中发现大量的陶器刻划符号。

（四）结束语

淮河流域的考古成果是老一代考古学家的期待。苏秉琦先生说：“安徽有个淮河，这个淮河就能简单地一分为二，给长江一半，给黄河一半！”①“不能把黄河流域、长江流域的范围扩大到淮河流域来，很可能在这个地区存在着一个或多个重要的原始文化。”②张忠培先生讲：“长期以来，考古发掘工作的重点及其研究领域，多‘重视黄河与长江，对淮河流域不够重视……没有搞出个考古学文化序列，甚至不是把它视为黄河的延伸，就是看成长江的一部分。’”③由此，也就是说，我们在确定淮河考古课题和研究思路时，应把淮河流域看成一个整体，不能把淮河给长江一半，给黄河一半，也不能将其划为淮河以北一块，沿淮一块，淮河以南一块。先秦考古学文化是以水系分布的特点，在淮河中游地区发现的双墩文化及其序列遗存分布上得到进一步验证。

淮河流域的先秦考古课题是以淮河为界来划分的，受其影响，在探讨淮河中游地区早中期新石器时代各个遗址之间文化内涵时，又发现彼此之间既有共性又存在着一定的差异。对这些差异的认识有不同的学术观点，多从现在的地理、气候、环境和文化的源头等来探讨它们之间差异的缘由，而不是从时间上找序列。将其分为以淮河以南地区——即江淮西北一块，称为

① 本刊编辑部：《苏鲁豫皖考古座谈会纪要》，《文物研究》（第7辑），黄山书社，1991年。

② 苏秉琦：《略谈我国东南沿海地区的新石器时代考古——在长江下游新石器时代文化考古学术讨论会上的一次发言提纲》，《文物集刊》（第1集），文物出版社，1980年。

③ 本刊编辑部：《苏鲁豫皖考古座谈会纪要》，《文物研究》（第7辑），黄山书社，1991年。

"侯家寨-古埂文化类型"[①]；淮河以北地区——即淮北一块，有的称"小山口文化"[②]，有的称"石山孜文化"[③]；淮河地区——即沿淮河两岸一块，称为"双墩文化"[④]；甚至还有将淮河中、下游地区统称为"青莲岗文化"的观点[⑤]。这样一来，本来是一个完整的文化分布区给四分天下了。我曾经撰文《试论淮河流域的侯家寨文化》[⑥]，把淮河中游地区作为整体来考虑，将其分为双墩→侯家寨一期→石山孜→侯家寨二期，现在看来有很大的局限性，但总体思路是可以肯定的。

实际上淮河流域在距今8000～5000年前是亚热带湿润型气候，是一个以稻作农业为主的原始文化分布区。综合分析淮河中游地区各遗址的文化因素和特点，不难看出，它们之间的关系是以共性为主的，各遗址之间在器物组合和特征上有一定的区别，应视为一个地域内文化序列上的区别。目前的考古材料已基本能够证明，在淮河中游地区存在着一个独立发生和发展的原始文化序列，是一个不可分割的自身的早中期新石器时代文化分布区，由距今8000年左右的早期一直延续到距今5500年左右的中期。各个遗址中的文化遗存在文化面貌上体现了很强的统一性和共性，之间的差别是属于它们各自处于不同的发展阶段——即时间早晚的差别。这样的认识应该说更接近考古材料所反映的实际。

双墩遗址位于淮河流域中游中心点，由上述我们可以看到，在其周围分布着20多处同一文化面貌和文化性质的文化遗址，这些遗址的内涵有早晚之分，有的与双墩遗址同时期，有的可早一些，有的已能够区分出晚于双墩遗址。总之，随着这些发掘材料的整理发表和考古工作的进一步开展，终将建立起淮河中游地区以双墩文化为代表的自身的新石器时代文化序列和体系。

双墩文化的确立和其序列的初步探讨，为淮河中游地区考古学文化树立了标尺，填补了淮河中游地区早中期新石器时代考古学文化的空白，对建立淮河流域中游地区史前文化年代分期框架和谱系研究具有重要意义。这是"苏鲁豫皖先秦考古重点课题"项目的一个重要成果，也是安徽考古工作和淮河流域考古的一项重大发现与突破。此项考古成果证明淮河流域与黄河、长江同样是中华古代文明的发祥地之一。

双墩文化阶段发现640多个刻划符号，十几年来学者们对其中的一部分符号进行了不懈的

① 杨立新：《安徽江淮地区原始文化初探》，《文物研究》（第4辑），黄山书社，1988年。

② 吴家安、梁中合、王吉怀：《皖北地区新石器文化遗存及其性质》，《文物研究》（第8辑），黄山书社1993年；吴加安：《安徽北部的新石器文化遗存》，《考古》1996年第9期；贾庆元：《谈石山子古文化遗存》，《文物研究》（第11辑），黄山书社，1998年。

③ 吴家安、梁中合、王吉怀：《皖北地区新石器文化遗存及其性质》，《文物研究》（第8辑），黄山书社1993年；吴加安：《安徽北部的新石器文化遗存》，《考古》1996年第9期；贾庆元：《谈石山子古文化遗存》，《文物研究》（第11辑），黄山书社，1998年。

④ 本刊编辑部：《苏鲁豫皖考古座谈会纪要》，《文物研究》（第7辑），黄山书社，1991年。

⑤ 邹厚本、谷建祥：《青莲岗文化再研究》，《东南文化》1992年第1期。

⑥ 阚绪杭：《试论淮河流域的侯家寨文化》，《中国考古学会第九次年会论文集1993》，文物出版社，1997年，第108页。

深入的研究和探讨，并将符号与甲骨文→金文→今天的汉字进行对照释读①，认为双墩符号与汉字之间存在着直接的渊源关系。双墩文化这套形、意结构的记事符号有别于其他史前遗址陶器上的刻划符号，它在双墩文化分布区的多处遗址中发现，是一种在双墩文化时期流行的具有文字性质和作用的刻划符号。由此，双墩文化符号对汉字的形成和发展起到了一定的借鉴和影响作用，双墩的这套新的刻划符号材料的全部发表，将对深入研究探讨双墩文化时期的历史事项，探讨其在中国文字起源中所发挥的重要作用，也就是说，双墩文化的刻划符号同样是中国汉字的源头之一。李学勤先生挥毫写下了“双墩文化　淮水之光”②，表明早在距今7300多年前淮河中游地区已显露出早期文明的曙光。同时，双墩文化这套复杂的符号具有可解读性，对破译史前符号起到积极的重要的推动作用，其学术价值和意义都是非常重大的。李学勤先生说：这些符号的发现不仅对文字起源的探索提供了宝贵的线索，而且给了文字起源的学术理论一次重新检讨的机会。不仅对这个地区，对中国，对整个人类文字起源问题应该怎样去研究，通过什么样的方法和途径，遵照什么样的理论学说，给了一个考量和反省的机会③。

八、蚌埠双墩遗址陶塑人头像的发现与观察*

在20世纪七八十年代在安徽淮河中游地区发现“定远侯家寨”和“蚌埠双墩”两处重要的新石器时代遗址，经过几十年安徽考古人的不懈努力和在中国老一辈考古学家们的关怀指导下确立了“侯家寨文化④和双墩文化”⑤，填补了安徽新石器时代考古学文化空白，建立了安徽地区考古学年代框架，为研究中国新石器时代文化谱系提供了新资料，证明淮河流域也是中华文明的源头之一。双墩文化遗存内涵极其丰富多彩，曾经召开过两次专题学术研讨会。2005年11月在蚌埠召开“双墩遗址暨双墩文化学术研讨会”，将双墩遗存从侯家寨文化一期中分离出来立为“双墩文化”。2009年10月在蚌埠召开“蚌埠双墩遗址刻划符号暨早期文明起源国际学术研讨会”，认为双墩遗址600多件陶器刻划符号是一套表形、表意和指示性记事符号系统，是汉字的源头之一。

双墩遗址出土的这件陶塑人头像残件的发现，引起诸多学者从初期的艺术角度进行报道到连带刻纹的逐步分析，提出了不同的观点。本文从一个新的角度来深入探讨解析其塑形、性别和头像额头与脸颊刻纹等方面的内涵密码，抛砖引玉，望方家不吝赐教。

---

* 作者阚绪杭。载于《蚌埠双墩陶塑人头像与史前雕塑学术研讨会论文集》（2019年5月），待刊。

① 徐大立：《蚌埠双墩新石器时代遗址陶器刻划初论》，《文物研究》（第5辑），黄山书社，1989年。

② 中国文物报编辑、蚌埠市博物馆：《聚焦淮河考古——蚌埠双墩遗址暨双墩文化研讨会纪要》，《中国文物报》2005年12月16日第3版专刊。

③ 中国文物报编辑、蚌埠市博物馆：《聚焦淮河考古——蚌埠双墩遗址暨双墩文化研讨会纪要》，《中国文物报》2005年12月16日第3版专刊。

④ 安徽省文物考古研究所：《安徽定远侯家寨新石器时代遗址发掘》，《考古学报》2019年第1期。

⑤ 安徽省文物考古研究所、安徽省蚌埠市博物馆：《安徽蚌埠双墩新石器时代遗址发掘》，《考古学报》2007年第1期。

（一）头像发现与研究

双墩遗址1985年发现，1986年蚌埠市博物馆高和平、郑保民、汪朝中等先生在对该遗址试掘中发现这件陶塑人头像残件，重要的是蚌埠市博物馆搞美术的贾树宪先生从陶塑艺术美学角度，1994年首次撰写《双墩陶塑纹面头像》发表在《中国文物报》上①，引起了中央美术学院中国古代美术史教授汤池先生的关注和重视，并将其纳入教学课堂和编入《中国美术简史》（增订本）和《中国新石器时代艺术的萌芽》等书中；从此揭开了双墩遗址这件陶塑人头像的研究序幕。1995年杨士林先生编写《伏羲·气母·雕题——淮河文化探源》（油印本）；2008年阚绪杭主编的《蚌埠双墩——新石器时代遗址发掘报告》出版②；王志先生撰写《蚌埠双墩出土陶塑人头像试析》③和辛礼学先生撰写《双墩遗址出土的纹面现象至考述》④等专题研究文章。

2018年在蚌埠博物馆筹建了双墩陶塑人头像“七千年前的微笑——陶塑雕题纹面人头像”专题陈列室和2019年5月在蚌埠市召开了“淮河流域古代文明研究——蚌埠双墩陶塑人头像与史前雕塑学术研讨会”，助推这件陶塑人头像残件研究向纵深发展。为探讨研究一件新石器时代陶塑人头像艺术品而召开如此高规格专题学术研讨会还是很少见的，会议期间专家学者从多角度多方向对这件神圣的双墩陶塑人头像残件进行了解读。有的认为对头像的完整塑型因为残损严重说不清楚，有学者通过其他新石器时代遗址出土的陶塑人头像对比认为是陶器的附件；也有的认为是一件完整带颈部的陶器等。对其性别，有的认为是女性或少女；有的认为头像残件没有性别信息；有的从人类学角度认为眉骨弓凸出具有典型的男性特征等。对其额头和脸颊刻纹，有的认为是“夷蛮”人“雕题纹面”习俗；有的认为额头重圆纹是表示“天”或“太阳”的符号，脸颊戳点纹是纹面；有的认为是“帽徽”类的标记；我认为额头重圆纹和脸颊刺点纹应属于遗址陶器刻划符号，是天文历法的记事组合符号；等等。

（二）头像塑型与性别

陶塑艺术品只是陶器中的一个分类，在中国从早期到晚期各地新石器时代文化遗址出土陶器中多有陶塑人头像和动物类塑形艺术品，具有一定的共生性，陶塑人头像的性别多模糊不清。目前在安徽双墩和侯家寨两处典型双墩文化遗址中均有相同的陶塑艺术品出土，其种类有陶塑人头像、陶器人面像刻纹、陶祖和陶塑猪、鱼、鹿、乌龟等（附图1-8-1）。双墩文化伴生的陶塑艺术品和人面像在淮河流域新石器时代遗址中具有一定的代表性和典型的自身特征（附图1-8-2、附图1-8-3）。

① 贾树宪：《双墩陶塑纹面头像》，《中国文物报》1994年6月26日第3版。

② 安徽省文物考古研究所、蚌埠市博物馆：《蚌埠双墩——新石器时代遗址发掘报告》，科学出版社，2008年。

③ 王志：《蚌埠双墩出土陶塑人头像试析》，《道远集——安徽省文物考古研究所50年文集（1958～2008）》，黄山书社，2008年。

④ 辛礼学：《双墩遗址出土的纹面现象至考述》，《淮河文化纵论》，合肥工业大学出版社，2008年。

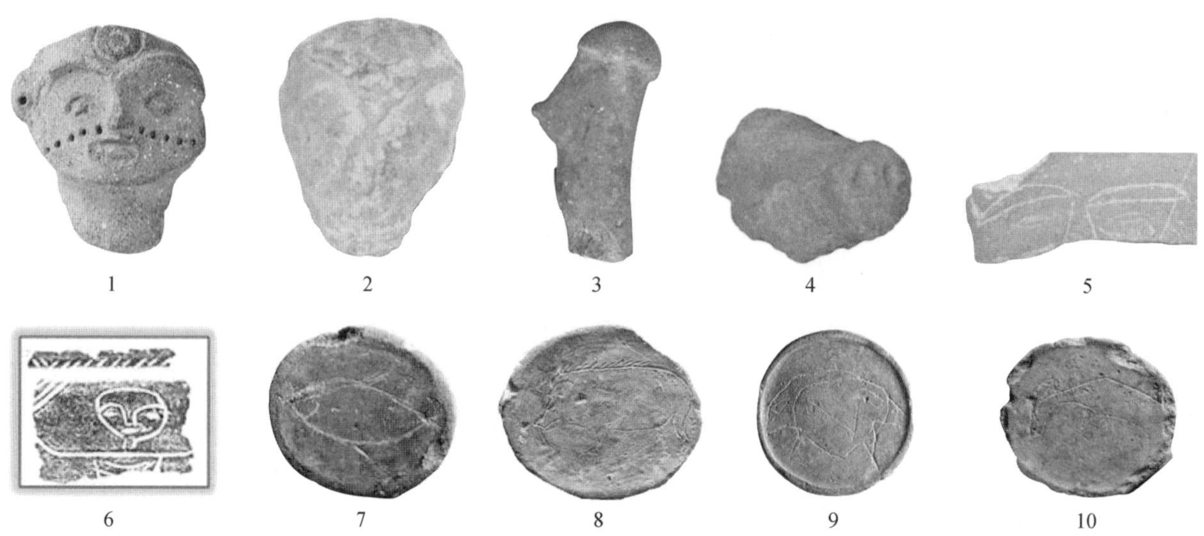
附图1-8-1　双墩遗址部分陶塑和刻划符号
1、2. 陶塑人头像　3. 陶祖　4. 陶猪嘴　5、6. 人面刻纹　7 ~ 10. 鱼、猪、鹿刻划符号

附图1-8-2　侯家寨遗址部分陶塑和刻划符号
1、2. 人面像刻纹和陶塑　3. 鱼形符号　4. 陶祖　5 ~ 8. 动物形陶塑残件　9. 陶塑乌龟

1. 头像保存

双墩遗址陶塑人头像残件编号86T0720③：290，面部保存基本完整，残通高9.2、面宽8.4厘米。头像左耳缺失，颈部残断，头后部残损。为红褐色陶，胎夹云母末，头像塑形椭圆形脸，面宽大于脸长，头圆弧形顶、罐系形招风耳，中间钻一耳蜗孔，柳月形眉弓凸显，双目炯炯有神，高高的短鼻梁连着小鼻头，小口微微张开。头像造型写实，五官端正，形象生动，特别是额头与面部两颊有两组刻纹，是一件难得地珍贵的早期古人头像陶塑艺术珍品（附图1-8-3）。

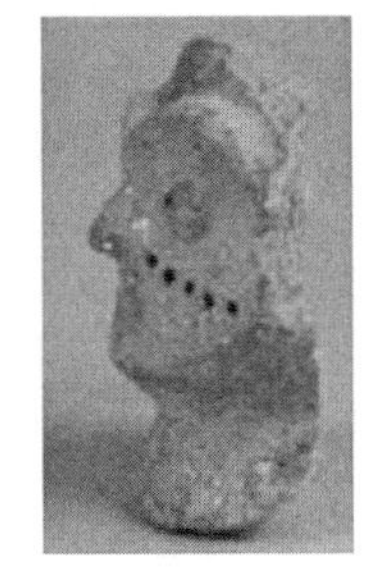

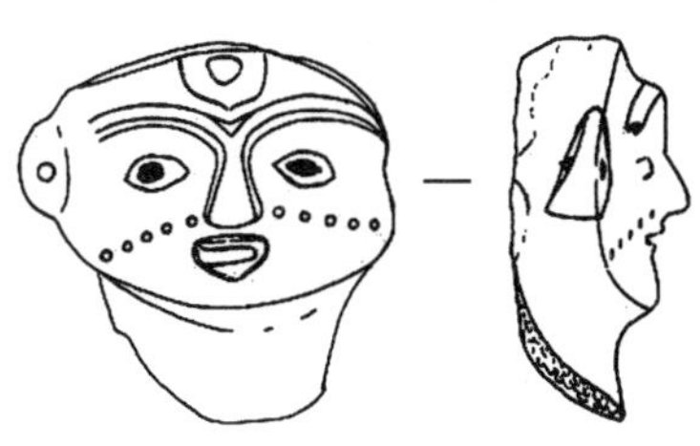

附图1-8-3 双墩遗址陶塑人头像残件正、侧、背面及线图

2. 头像塑型

双墩遗址幸存的这件面容五官＋刻纹的陶塑人头像十分罕见，遗憾的是头后部残损和颈部残断，本身没有留下任何可供复原完整塑型的信息元素。在双墩和侯家寨两处遗址中各出土一件仅有头面部的粗犷陶塑人头像，与这件特制的精美面部有刻纹的陶塑人头像残件完全不同，故不属于那种粗犷写意无刻纹的单独头像类塑型（附图1-8-1，2；附图1-8-2，2）。

在洛南县灵口镇焦村仰韶文化遗址中出土一件细泥红陶人头壶，高23、底径6.3厘米。人头与壶浑然一体，眉目清秀，鼻梁修长，双目上视，面带微笑，神态安详，发型以扁平锥刺纹表示。壶背有流，是一件盛液体的生活用具。这件仰韶文化的陶塑人形壶，头微微扬起，象征人类最初的凝望，古老、质朴而又神秘，好像穿越到了另一个时空。这件人形壶造型古拙，手法简练，是一件珍贵的陶塑艺术作品（附图1-8-4，1）。焦村遗址陶塑人头壶有颈部，与双墩人头像残断的颈部有一定的可比性，不能确定是此种类型的塑像。

在黄河上游甘肃、青海一带的马家窑文化出土有雕塑+彩绘人头形盖纽和人头彩陶瓶，盖纽人头面部彩绘突出眉毛眼圈、鼻梁和胡须与头发。马家窑文化以通身彩绘陶为代表，器形丰富，图案极富于变化和绚丽多彩，是世界彩陶发展史上无与伦比的奇观，是人类远古先民创造的最灿烂的文化之一，是彩陶艺术发展的顶峰。马家窑文化彩绘陶塑人头盖纽和彩绘人头瓶均有颈部，与双墩人头像残断的颈部有一定的可比性，其头像彩绘纹主要是突出和强化五官特征与双墩人头像刻纹符号内涵相差甚远（附图1-8-4，2、3）。因此，双墩陶塑人头像明显不属于

1

2

3

4

附图1-8-4 人头壶

1. 焦村仰韶文化遗址出土陶塑人头壶 2～4. 马家窑文化彩绘人头盖纽和彩陶人头瓶

这两种类型的人头像塑型。

上述不同地区新石器时代文化遗址中出土的陶塑人头像比较，只能从陶塑头像有颈这一点来看，有一定的可比性，并不能找出可以确定双墩陶塑人头像完整塑型的依据。尽管有的研究者认为双墩这件陶塑人头像残件是一件陶器的附件或是一件人物形象的单独塑型，也只是一些推测不足为据，其整体塑型目前尚弄不清楚。

3. 头像工艺

双墩遗址的陶塑艺术与大量陶器共生，其制陶工艺均为手制。这件陶塑人头像陶色为红褐色，陶质夹蚌末（云母），在泥料和烧制方面与制陶器采用同样的方法，从泥料、陶色、陶质与双墩陶器基本一致，并非有人说单独选料单独工艺制作（附图1-8-5）。在制作方面采用泥团塑型，面部雕刻五官+额头刻重圆纹，面颊鼻孔两边戳对称刺点纹。为达到塑型准确、造型精美和表达天文历法标志刻纹符号理念，是经过精心构思和设计制作的，尽显技艺老练娴熟，又充分满足和融合了审美观的需求，是双墩文化人文社会的结晶。

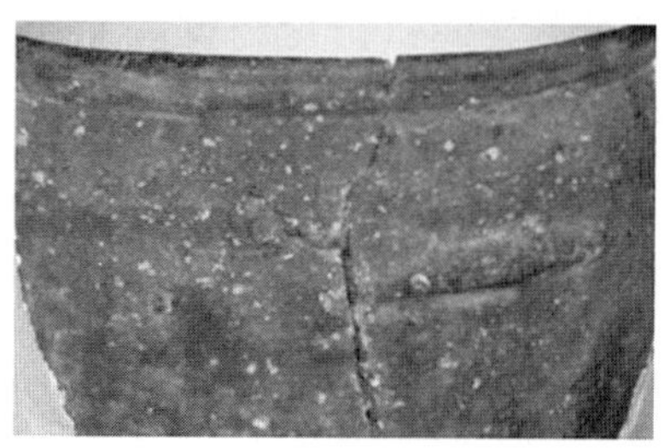

附图1-8-5　双墩陶器与头像制陶工艺对比

4. 头像性别

目前研究者有两种意见，一说女性，一说男性。持女性观点的认为：双墩陶塑人头像塑型端正精细，形象生动可爱，被认为是一个美丽的女性或少女形象，并列举一些有关考古遗址出土的女性塑像或远古女性绘画与石刻或双墩人处于母系氏族社会阶段等因素来例证。持男性说观点的认为：双墩遗址出土很多似男性生殖器的陶祖形支架，是否能说明在母系氏族社会阶段的双墩人崇拜男性。实际双墩陶塑人头像残件除了眉弓凸出为男性特征外，并没有更多的信息可以显示出其性别，上述性别多属推测，尚需要从不同的角度进行深层次的分析探讨。但是，双墩这件陶塑人头像不管是男性还是女性都不会影响它的价值和意义。

（三）头像刻纹观察与解析

在新石器时代陶器上装饰刻划、指切、戳刺、附加、镂空等纹饰是一种普遍审美现象，双墩遗址也不例外，在出土的陶器上除了大量刻划装饰纹外，重要的是发现一套600多件有规律性的单体、重体、组合体结构和象形、表意、指示性的记事刻划纹符号。我国著名天文考古学家冯时先生在解读双墩春秋钟离君柏墓结构和多种遗迹现象时认为与同一地点双墩遗址陶器刻划符号一脉相承，这一关联性信息给我们探索解析双墩陶塑人头像刻纹符号提出了重要的指向[①]。

双墩陶塑人头像+刻纹的现象，在我国新石器时代遗址中极其罕见，到目前仅此一例。对这件具有唯一性的陶塑人头像刻纹解读，多数研究者简单地认为是“雕题纹面”习俗，显然这一观点脱离了双墩遗址考古资料本身。双墩遗址除了陶塑人头像外，还有把人头和人面像刻划在陶器上的（附图1-8-1，5、6）。这也就是说陶器上刻划人头像，人头像上刻划纹同属于刻划符号，特别是这件陶塑人头像额头和面颊上刻划组合形指向性符号是最好的佐证。头像刻划纹可以在双墩遗址大量陶器碗底、圈座刻划符号中找到相同的，这里只是将符号刻在不同的载体头像上。因此，这件陶塑人头像上面的重圆和刺点刻纹与双墩刻划符号是一个符号系统内的产物。重要的是刻纹符号刻在陶塑人头像的额头和脸颊两侧部位，为我们提供了刻纹符号与陶塑人头像之间的关联性信息，从而为我们探索解析刻纹符号与头像“人”之间的关系提供了依据，就像考古地层学的叠压打破关系一样。人的头称为天顶盖，即“天盖”，在头像人的天盖前额刻重圆是“天”的标志符号，在天盖下鼻孔两侧脸颊戳10刺点数字纹，是数字记事符号，比最原始结绳数字记事还要先进些。这件陶塑人头像图形＋数字是一个组合刻划符号，是淮河流域7300年前双墩塑造特殊人物的标志形象，即将天文历法融入审美观里，创造了一件具有双重内涵的精致的艺术精品，显示了淮河水系文化人们的大智慧。

目前有些研究者引用考古资料和民俗学资料来佐证头像刻纹是“雕题纹面”，认为其额头重圆刻纹与河姆渡冠形器圆形刻纹相同，是未开化民族的太阳崇拜“雕题”（附图1-8-6，1）。对头像面颊戳刺纹认为如同东南地区夷蛮人的“纹面”习俗，“东方曰夷，披发文身，南方曰蛮，雕题交趾，有不伙食者矣”等，与双墩遗址考古资料完全不相符。双墩遗址考古资料证明双墩时期的人使用釜和甑烧火吃熟食，与夷蛮不火食者有较大区别。显然，双墩陶塑人头像刻纹不能简单地对应“夷蛮”人的习俗，应从遗址本身内涵来审视，归类于双墩陶器刻划符号系统。双墩头像上的两个刻纹之间是紧密相连的，以组合符号的形式来表达一套完整的大自然“天地人”的时空观。脸颊10刺点或加中间2鼻孔为12数字，是法天之数，是天文的记事符号，表示一年的月数，是构成天文历法的基础数字，是天文历法的标志符号（附图1-8-6，2～4；附图1-8-7）。

中国古历采用阴阳合历，即以地球绕太阳公转运动周期作为年，以月亮的盈亏圆缺周期作为月，以闰月来协调年和月的关系。古人根据天空的太阳和月亮星座一年内的位置变化以及由此引起的地面气候的演变次序，把一年分为10个月或者12个月，以反映春夏秋冬四季、气温、物候等情况，与农牧业生产密切相关。在《淮南子·天文训》中首次出现了完整的二十四节气名称，与现今名称一致。天文历法反映了农时季节，在农村家喻户晓。

① 冯时：《上古宇宙观的考古学研究——安徽蚌埠双墩春秋钟离君柏墓解读》，《钟离君柏墓》，科学出版社，2013年。

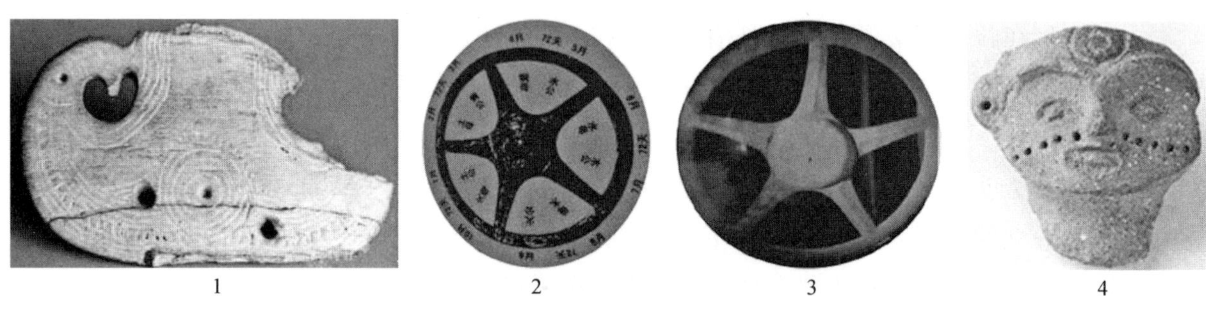

附图1-8-6　河姆渡冠形饰及彝族、三星堆、双墩图形数字年历图

1. 河姆渡冠形饰　2～4. 彝族、三星堆、双墩图形数字年历图

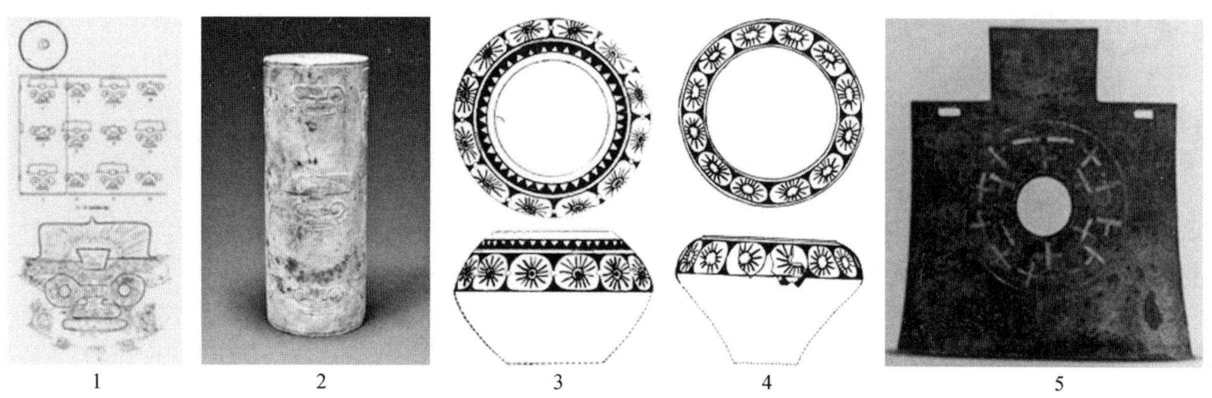

附图1-8-7　良渚玉管、仰韶彩绘纹陶钵和二里头青铜钺图形数字年历图

1、2. 良渚玉管　3、4. 仰韶彩绘纹陶钵　5. 二里头青铜钺图形数字年历图

双墩精美的陶塑人头像独具匠心，是我国发现最早仅见的一件人头像图形+数字刻纹符号的陶塑艺术品。其额头“重圆”刻纹在双墩和侯家寨遗址中有相同和多种类型的陶器刻划符号存在，并在双墩钟离君柏墓中以构筑诸多实物遗迹现象得到传承，说明头像“重圆”刻纹与陶器刻划符号和双墩钟离君柏墓实物遗迹一脉相承。历史学家李修松先生认为是“太阳”崇拜；古文字学家黄德宽先生认为是“天”（苍穹）；我国著名天文考古学家冯时先生认为是“天盖”标志符号，并在《钟离君柏墓》报告中撰文《上古宇宙观的考古学研究——安徽蚌埠双墩春秋钟离君柏墓解读》，引用了同一地点新石器时代双墩遗址出土的大量刻划纹符号来佐证，认为“将一种完整的宇宙观体系从上下五千年的文化中追溯出来，并可与考古资料及文献史料相互阐释，这样的实例并不多。这不仅使我们领悟了中国天文学的古老，而且更可以懂得从天文学发展形成的古代文化的渊源。并由此梳理出上古天文、思想与制度的绵永脉络与不变传统”。同时指出：“以安徽蚌埠双墩为中心的淮水流域呈现着深厚的文化传统，考古资料显示，至迟在公元前五千纪的新石器时代，这一地区的古代先民就已经完成了对时空制度的构建，形成了一种与之相适应的宗教体系。”“双墩新石器时代文化遗存已经发现象征阴阳北斗的双体异向的猪的刻划，将这一观念的起源时代上溯到了距今七千年前（附图1-8-8，1）。这种双体异向的猪后来简化为一体双首的造型，通过河姆渡文化、红山文化、凌家滩文化先民的传承，直至西汉仍可见其孑遗。”“这些思想与知识代代相传，对东周乃至汉代以后的政治、

宗教、哲学与科学都产生着极为深刻的影响。”

这里需要指出的是双墩文化大量的陶器刻划符号中表示“天”的圆形符号有各种不同的构形，这些不同的构形符号内涵是否有专门的指向？似可以认为单圆形为字根性符号（表示“日”），其次是重圆形符号（表示“天”），再次是圆外面带放射线圆形符号（表示“太阳”）；又次是圆内带放射线圆形符号（表示“星座分区”）；最后是其他各种组合圆形符号等。古人看到的天是圆弧形的天穹，用重圆形符号来表示最形象，天上有太阳、月亮、星宿与星区等，由此，可能在双墩文化陶器刻划符号中已经构成了一套完整地“圆形”系列刻划符号系统有待剖解（附图1-8-8，2～4；附图1-8-9～附图1-8-12）。

双墩陶塑人头像脸颊刺点纹是一种数字记事符号，10（刺点）+2（鼻孔）=12是法天之数，与额头“天”符号构成了一套完整的天文历法标志符号。说明当年双墩人已经使用“圭

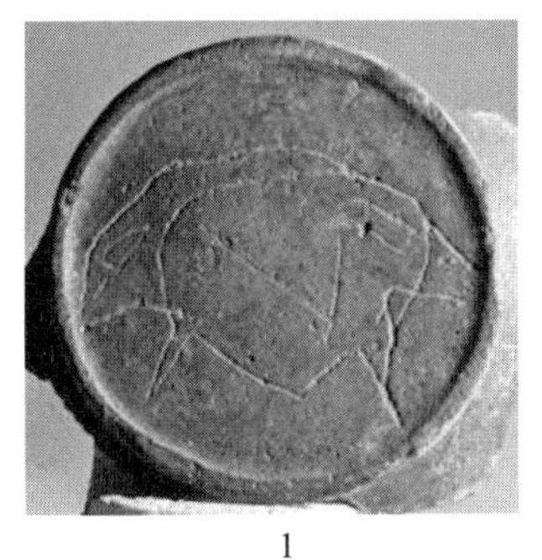
1

2

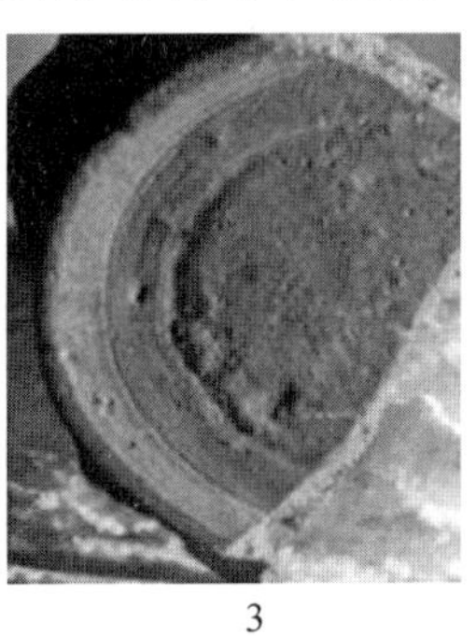
3

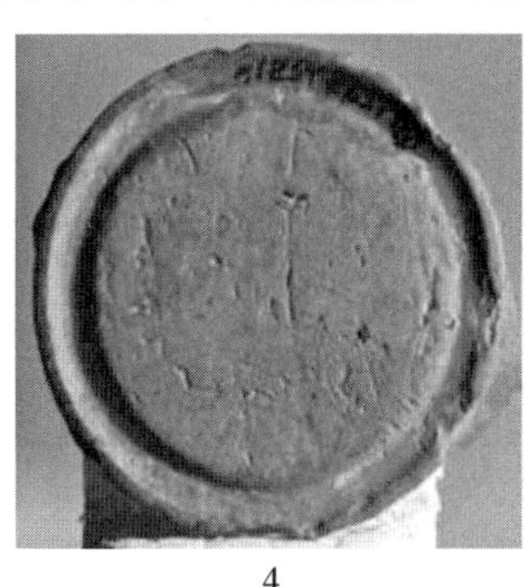
4

附图1-8-8 双墩文化刻划符号

1. 双墩遗址双猪刻划符号 2～4. 双墩文化遗址陶器单圆形刻划符号

1

2

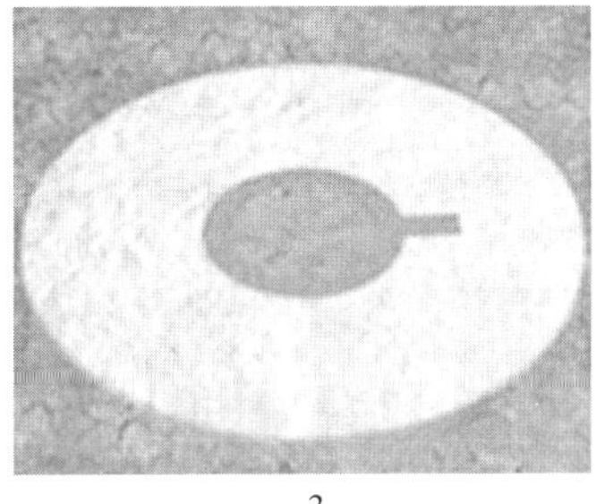
3

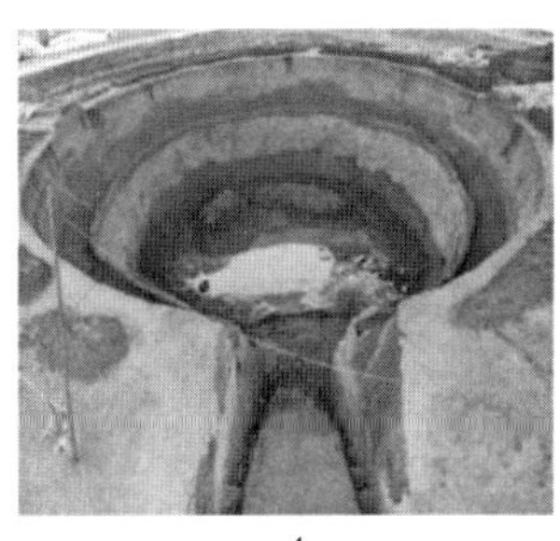
4

附图1-8-9 双墩文化刻划符号与钟离重圆遗迹

1、2. 双墩文化陶器和陶塑人额头重圆形刻划符号 3、4. 钟离墓坑与白土层重圆遗迹

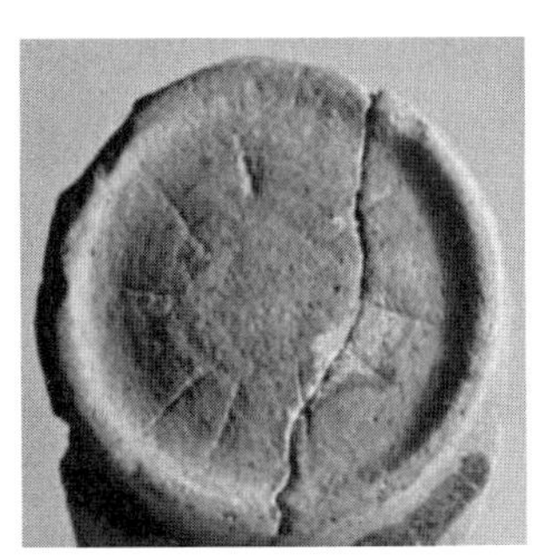

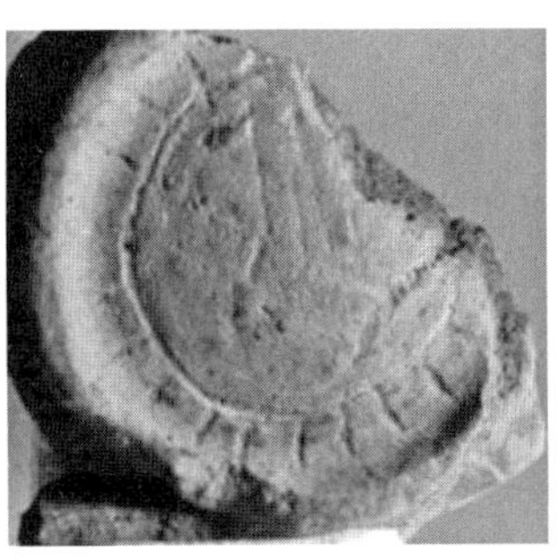

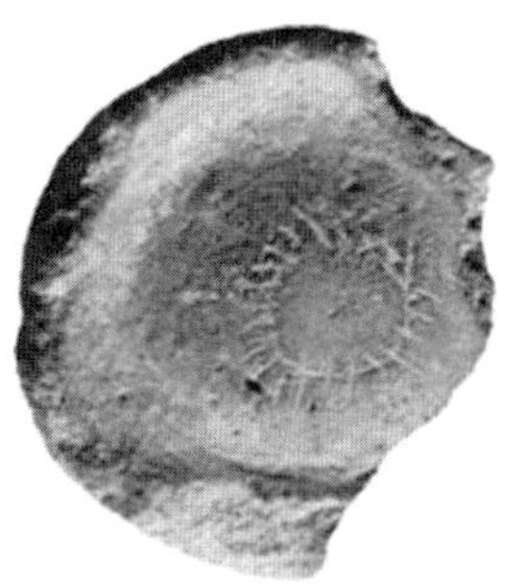

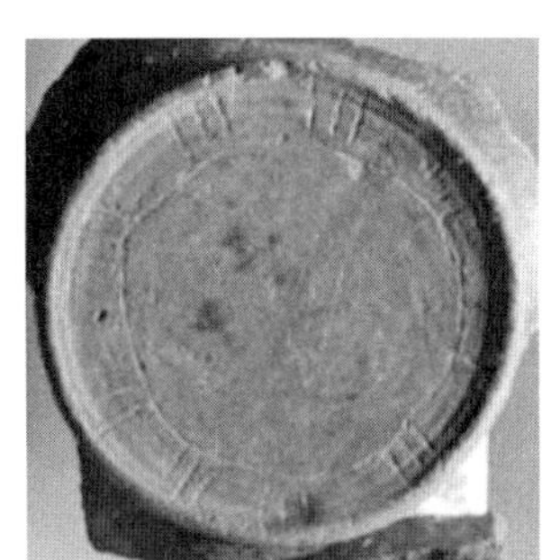

附图1-8-10 双墩文化圆圈外放射线纹刻划符号

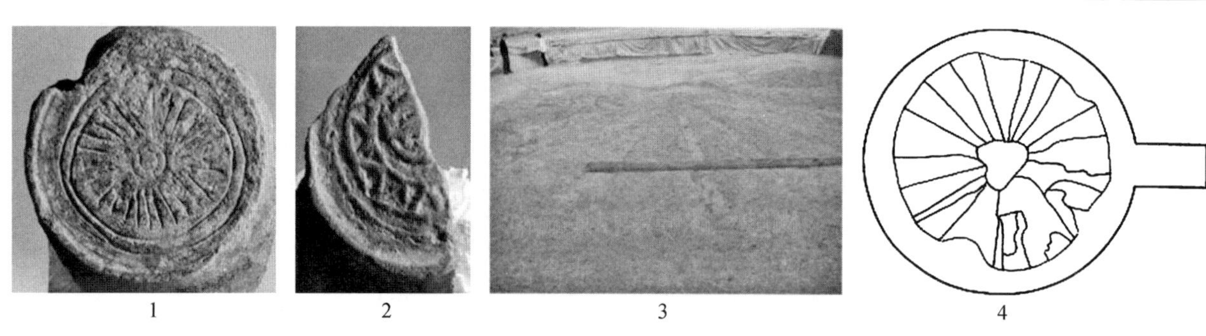
1　2　3　4

附图1-8-11　双墩文化刻划符号及钟离墓内遗迹

1、2. 双墩文化圆圈内放射线刻划符号　3、4. 钟离墓圆圈内放射线遗迹

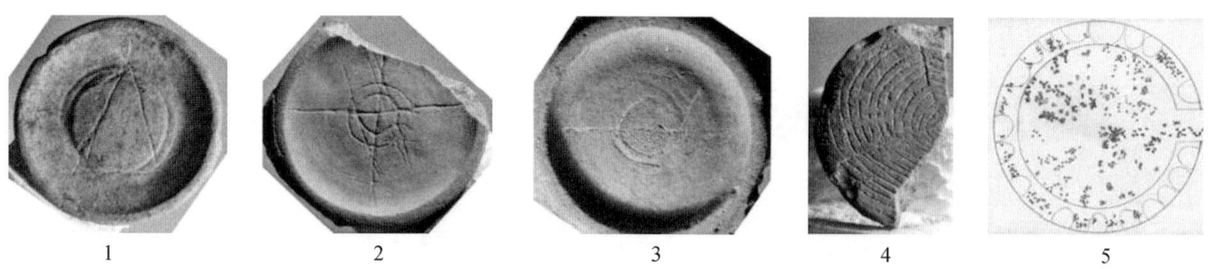
1　2　3　4　5

附图1-8-12　双墩文化其他组合圆圈形刻划符号和钟离墓圆圈组合遗迹图

1～4. 双墩文化其他组合圆圈形刻划符号　5. 钟离墓圆圈组合遗迹图

表”来测量日影的变化和对天空月亮和星宿运行规律的观察，即空间决定时间，得到一年分为10或12个月的历法。10和12两个数与“天干地支”相合，是汉族民间纪年方法，六十为一周始，是农历的一部分，也是历代历书中的重要组成部分。甲乙丙丁戊己庚辛壬癸10天干和子丑寅卯辰巳午未申酉戌亥12地支组合纪年（附图1-8-13，1）。由此，如果在7300年前淮河流域双墩文化时期人们已经用“天干地支”来纪年了，比资料显示从商朝使用“天干地支”纪年提早了太多的年代。

在我国云南省楚雄彝族自治州至今还保留着十月太阳历这种古老历法，36天为一个月，一年10个月360天。彝族保存的十月太阳历是古代世界上最精确和最简便的天文历法，大约渊源于万年前中原的远古时代，7300年前的双墩人确立和使用12月阴阳历在情理之中。这种悠久神秘的古老历法与中国儒、道、阴阳学说有深厚的渊源关系，至今还有许多“密码”有待研究和破译（附图1-8-6，2）。

天文学是历法产生的基础，人站在地中的位置对天地日月星辰和物候进行精准测量和观察，用图形和数字记录下全程变化规律，经过反复验证历法就产生了。中国古历采用阴阳合历，即以太阳的运动周期作为年，以月亮圆缺周期为月，一年分为12个月，由太阳位置的变化引起的地面物候演变次序又分为二十四节气，与农业有密切的联系。古人为观测日、月、五星运行规律，将天空划分为二十或者二十八个星区，把四方星区的七宿比喻为东苍龙、北玄武、西白虎、南朱雀四种动物，用来说明日月五星运行所到的位置等（附图1-8-6，2）。

天干地支对照表

天干

1	2	3	4	5	6	7	8	9	10
甲	乙	丙	丁	戊	己	庚	辛	壬	癸

地支

1	2	3	4	5	6	7	8	9	10	11	12
子	丑	寅	卯	辰	巳	午	未	申	酉	戌	亥

六十花甲子（干支表）

1	2	3	4	5	6	7	8	9	10
甲子	乙丑	丙寅	丁卯	戊辰	己巳	庚午	辛未	壬申	癸酉
11	12	13	14	15	16	17	18	19	20
甲戌	乙亥	丙子	丁丑	戊寅	己卯	庚辰	辛巳	壬午	癸未
21	22	23	24	25	26	27	28	29	30
甲申	乙酉	丙戌	丁亥	戊子	己丑	庚寅	辛卯	壬辰	癸巳
31	32	33	34	35	36	37	38	39	40
甲午	乙未	丙申	丁酉	戊戌	己亥	庚子	辛丑	壬寅	癸卯
41	42	43	44	45	46	47	48	49	50
甲辰	乙巳	丙午	丁未	戊申	己酉	庚戌	辛亥	壬子	癸丑
51	52	53	54	55	56	57	58	59	60
甲寅	乙卯	丙辰	丁巳	戊午	己未	庚申	辛酉	壬戌	癸亥

1

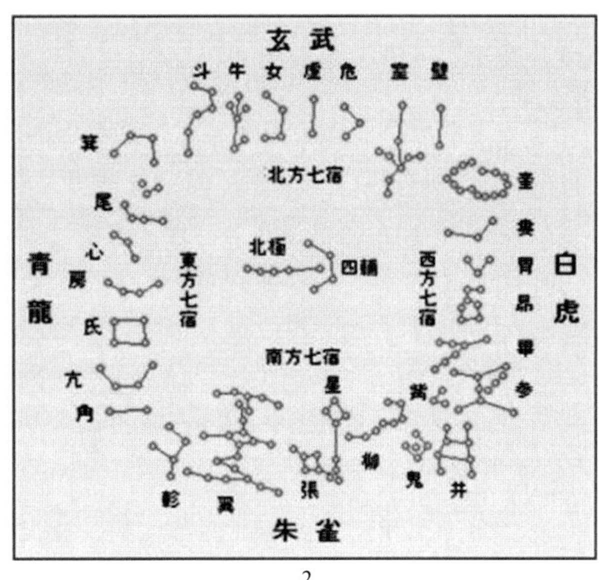

2

附图1-8-13　天干地支表格和北斗四方星区七宿分布图

1. 天干地支表格　2. 北斗四方星区七宿分布图

（四）结语

以上对双墩陶塑人头像的观察和初步分析，加深了对这件陶塑人头像的认识和进一步深化解读的可能性。特别是在多数研究者认为头像刻纹是“雕题纹面”习俗观念的情况下，受冯时先生天文考古学思想的影响，提出了头像刻纹应该归属于双墩遗址刻划符号来进行探索研究的新思路新观点，将推进这件双墩陶塑人头像向更加广泛的研究领域发展。

（1）双墩陶塑人头像是一件远古时代，距今7300多年前的陶塑人头像艺术品，不可想象的是其塑形精美已经达到了甚至超过了现代的陶塑美学工艺设计制作水平，考古资料显示其塑型+刻纹具有唯一性，中国美术界认为是我国史前陶塑艺术史上的里程碑。其额头和脸颊刻纹与五官非常协调，无意中增加了审美观的表现力度，具有与众不同的特征和很高的美学艺术和社会人文价值，是一件具有早期人类代表性的典型的最高水平的象征人类自我塑型、自我认知、自我欣赏和自我崇拜的审美观的陶塑艺术精品，值得我们从不同角度进行深入探讨与分析研究。

（2）双墩陶塑人头像两组刻纹虽然与同遗址陶器刻划符号相同，是一个典型的图形+数字的组合形符号，但是在此之前并没有研究者往这方面去想，这次认定是受冯时先生对双墩钟离墓遗迹与双墩遗址刻划符号关联性传承的研究启发。本次对陶塑人头像刻纹与同遗址陶器刻划符号的认定应该更加合情合理，特别是其刻纹在头像额头和两颊的部位，即上下的天地关系，为探讨解析符号提供了关联性研究依据。经上述探索分析研究认为其头像上的这个组合形刻纹是“天文历法”的标志符号，在淮河流域从7300年前双墩陶器刻划符号到春秋时代的钟离君柏土坑大墓实物遗迹几乎是一脉相承的传承几千年，是淮河流域人类文明的标志之一。由此，可以引申认为：图形+数字的融合是中国汉字构形的基础，顺着这条路往前走或许能够找到解读双墩文化陶器刻划符号和我国新石器时代刻划符号的内涵及其与汉字的渊源关系。

（3）双墩陶塑人头像并非只是具有史前里程碑式的精美陶塑艺术精品，其头像刻纹更具有深奥的天机内涵，头像塑形与刻纹两者是紧密地融合体。本节认为头像上的两组刻纹并非“雕题纹面”那么简单，而是“天文历法”标志符号。由此，在额头和脸颊刻“天文历法”标志符号的人，应该是具有特殊身份的人，起码是具有上知天文，下懂地理知识技能的人，受人尊崇，也是一种权力象征。就是说这件双墩陶塑人头像尽管不清楚其完整塑型，但是，可以认为是一件具有权力至上的氏族首领（巫觋）的标准塑像，也可能是一件神圣的供祭拜的氏族祖神塑型形象。据近些年社会科学院考古研究所安徽队发掘研究认为双墩遗址是一处大型祭祀台型遗址，这件陶塑刻纹头像1986年就出土在台子东侧的废弃坑内。

总之，天文历法是一门很重要的科学，没有天文的认知，农业就不可能发展，它与人类生存和社会进步息息相关，是人类文明的重要标志之一。双墩文化遗存充分证明双墩人对“天地人”三者之间的关系有了足够认知，已经掌握了生存与发展的天文历法命脉。双墩陶塑人头像上面的天文历法标志刻纹把中国的文明史进程追溯到7300年前，比古埃及、古印度、古巴比伦三个文明古国还要早。从双墩文化考古发掘资料来看，双墩人过着农业、渔猎、采集、养殖多种社会经济生活，是一个人口众多的社会氏族团体。这个社会团体的管理者就是双墩陶塑人头像这位首领（巫觋）。如果简单地把头像与刻纹解读为民俗“雕题纹面”可能会把淮河流域的文明曙光倒退到野蛮时代也未可知。

附录二　相关书目

安徽省文物考古研究所、安徽省蚌埠市博物馆：《安徽蚌埠双墩新石器时代遗址发掘》，《考古学报》2007年第1期。

安徽省文物考古研究所、蚌埠市博物馆：《蚌埠双墩——新石器时代遗址发掘报告》（全2册），科学出版社，2008年。

安徽省文物考古研究所：《安徽定远侯家寨新石器时代遗址发掘》，《考古学报》2019年第1期。

陈艳：《论侯家寨文化》，《东南文化》2016年第2期。

阚绪杭：《安徽淮河流域新石器时代考古的重大突破——双墩文化概说》，《中国文物报》2005年12月16日第7版。

阚绪杭：《蚌埠双墩遗址文化遗存的初步研究》，《先秦史研究动态——蚌埠市双墩文化专刊》2006年第1期。

阚绪杭：《定远县侯家寨新石器时代遗址发掘简报》，《文物研究》（第5辑），黄山书社，1989年。

阚绪杭：《淮河文化探源论》，《中国先秦史学会论文丛书》之五《蚌埠涂山华夏文明》，黄山书社，2020年。

阚绪杭、胡欣民：《江淮流域发现新石器时代早期文化类型》，《中国文物报》1987年2月20日头版右上。

侯家寨遗址航拍照片

（北向南俯拍）

1. 侯家寨遗址北部地貌（北向南摄）

2. 侯家寨遗址1986年发掘现场（南向北摄）

侯家寨遗址北部地貌与发掘现场

1. 1986年秋侯家寨遗址发掘清理遗迹（左起：何长风、韩立刚、胡欣民）

2. 1986年秋侯家寨遗址发掘探方打隔梁

侯家寨遗址1986年秋发掘现场

殉狗祭祀遗迹

1. Aa型（T4④：31）

2. Aa型（T2④：286）

3. Aa型（T3③：138）

4. Aa型（T2③：156）

5. Ab型（T3③：213）

6. Ab型（T3④：61）

Aa、Ab型罐形陶釜

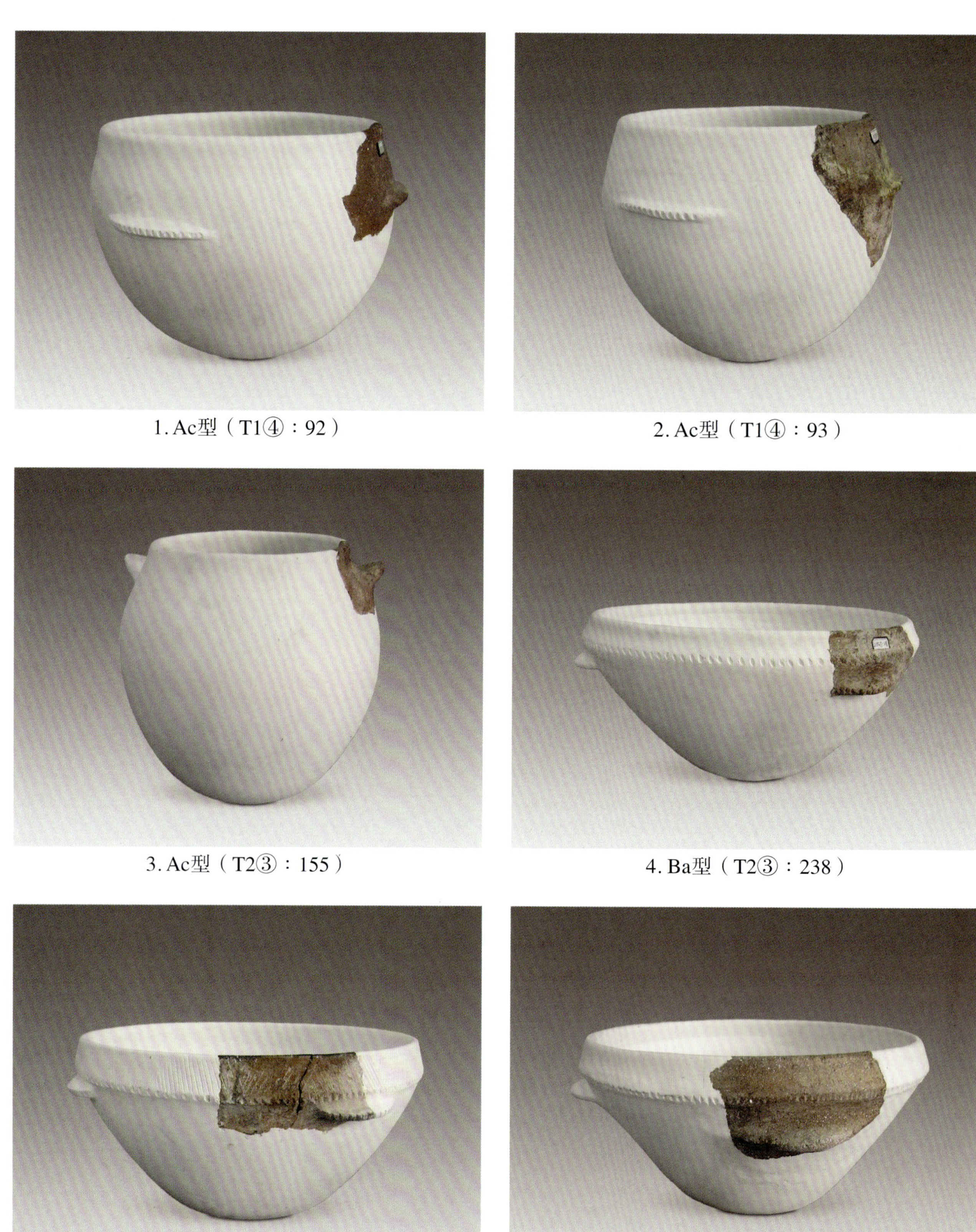

1. Ac型（T1④：92）

2. Ac型（T1④：93）

3. Ac型（T2③：155）

4. Ba型（T2③：238）

5. Ba型（T6③：54）

6. Ba型（T6④：117）

Ac型罐形陶釜及Ba型钵形陶釜

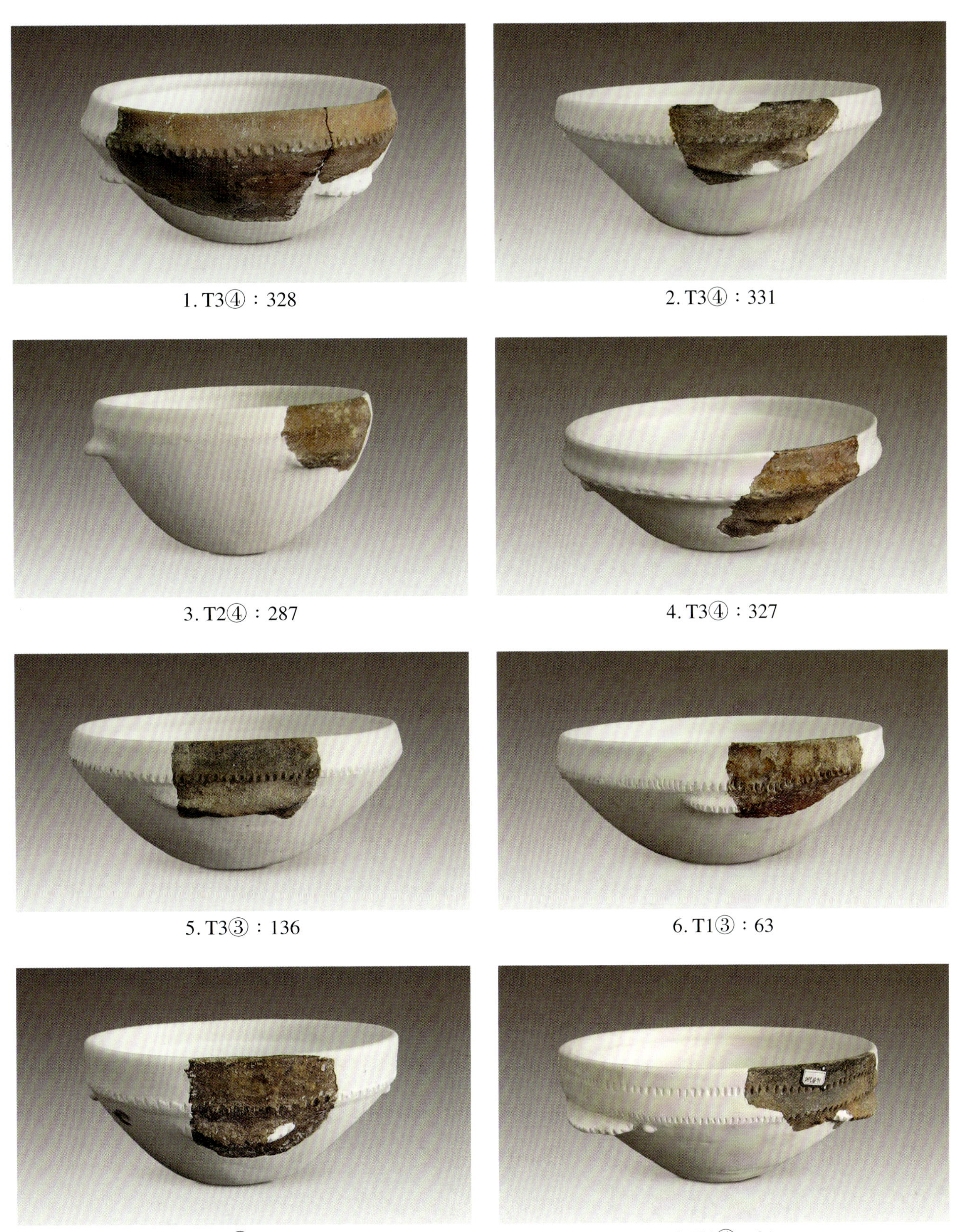

1. T3④：328　2. T3④：331

3. T2④：287　4. T3④：327

5. T3③：136　6. T1③：63

7. T6④：102　8. T1④：91

Ba型钵形陶釜

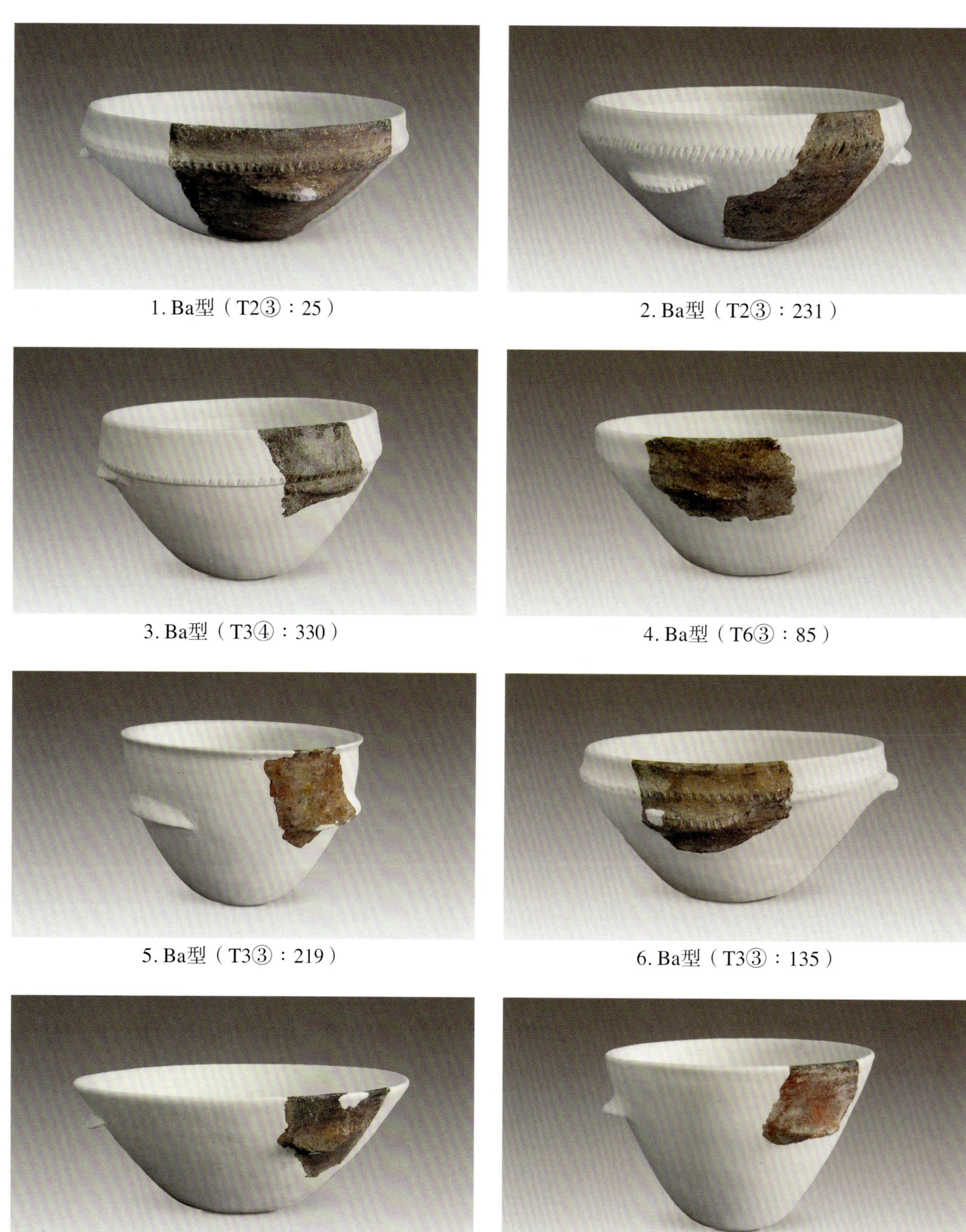

1. Ba型（T2③：25）
2. Ba型（T2③：231）
3. Ba型（T3④：330）
4. Ba型（T6③：85）
5. Ba型（T3③：219）
6. Ba型（T3③：135）
7. Bb型（T6③：11）
8. Bb型（T3④：332）

Ba、Bb型钵形陶釜

1. Bb型钵形釜（T6③：12）

2. Bb型钵形釜（T3③：218）

3. A型支架（T3③：119）

4. A型支架（T3④：268）

5. A型支架（T1④：130）

6. A型支架（T1④：131）

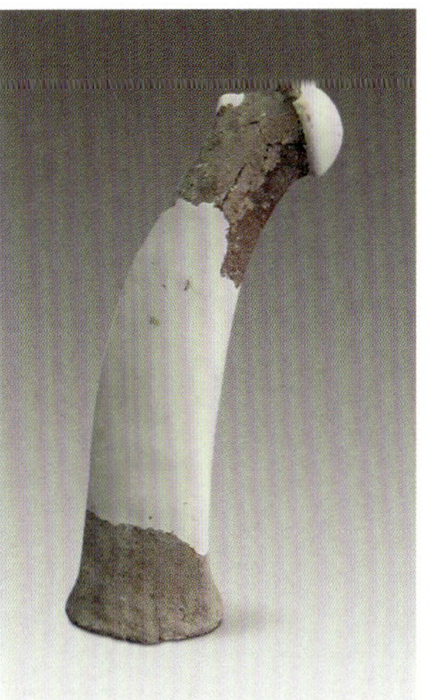

7. A型支架（T1④：132）

8. A型支架（T2③：255）

Bb型钵形陶釜及A型陶支架

1. A型支架（T1④：133）　2. A型支架（T3③：118）　3. B型支架（T3④：37）　4. B型支架（T2③：235）　5. B型支架（T3④：270）　6. B型支架（T3④：269）　7. B型支架（T3③：144）　8. 残灶框（T1④：88）　9. 残灶框（T1④：121）　10. 残灶框（T1④：90）

A、B型陶支架及灶框残件

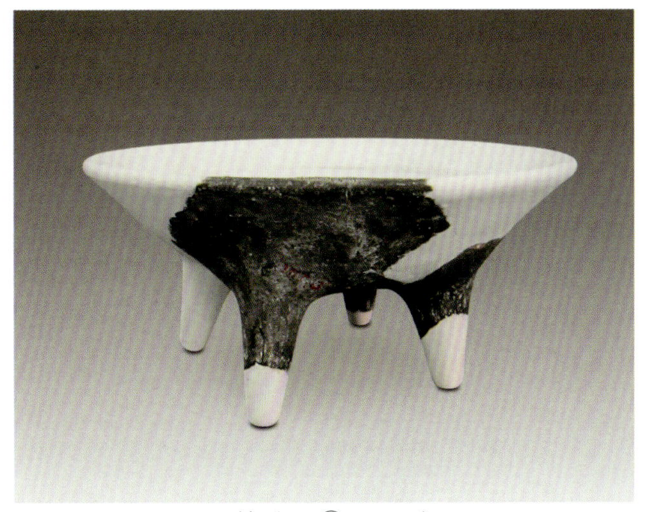
1. 鼎（T3③：237）

2. 鼎足（T3②：42）

3. 鼎足（T1③：81）

4. 鼎足（T1③：82）

5. 鼎足（T6③：86）

6. 鼎足（T6③：87）

7. 鼎足（T2③：174）

8. 鼎足（T3③：140）

9. 鬶（T3③：206）

陶鼎、鼎足与鬶

1. A型（T3④：271） 2. A型（T2④：289）

3. A型（T2③：356） 4. B型（T2③：212）

5. B型（T2④：257） 6. B型（T6③：91）

7. C型（T2④：256） 8. C型（T2③：179）

A、B、C型陶甑

1. T2③：140

2. T2③：139

3. T6③：90

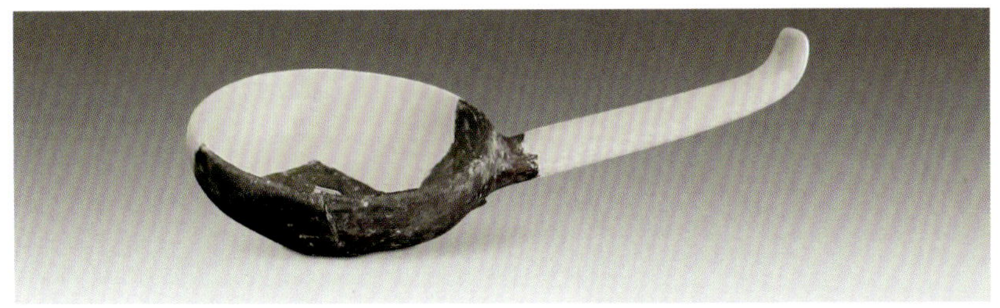
4. T2③：123

5. T4③：133

6. T2③：122

陶勺

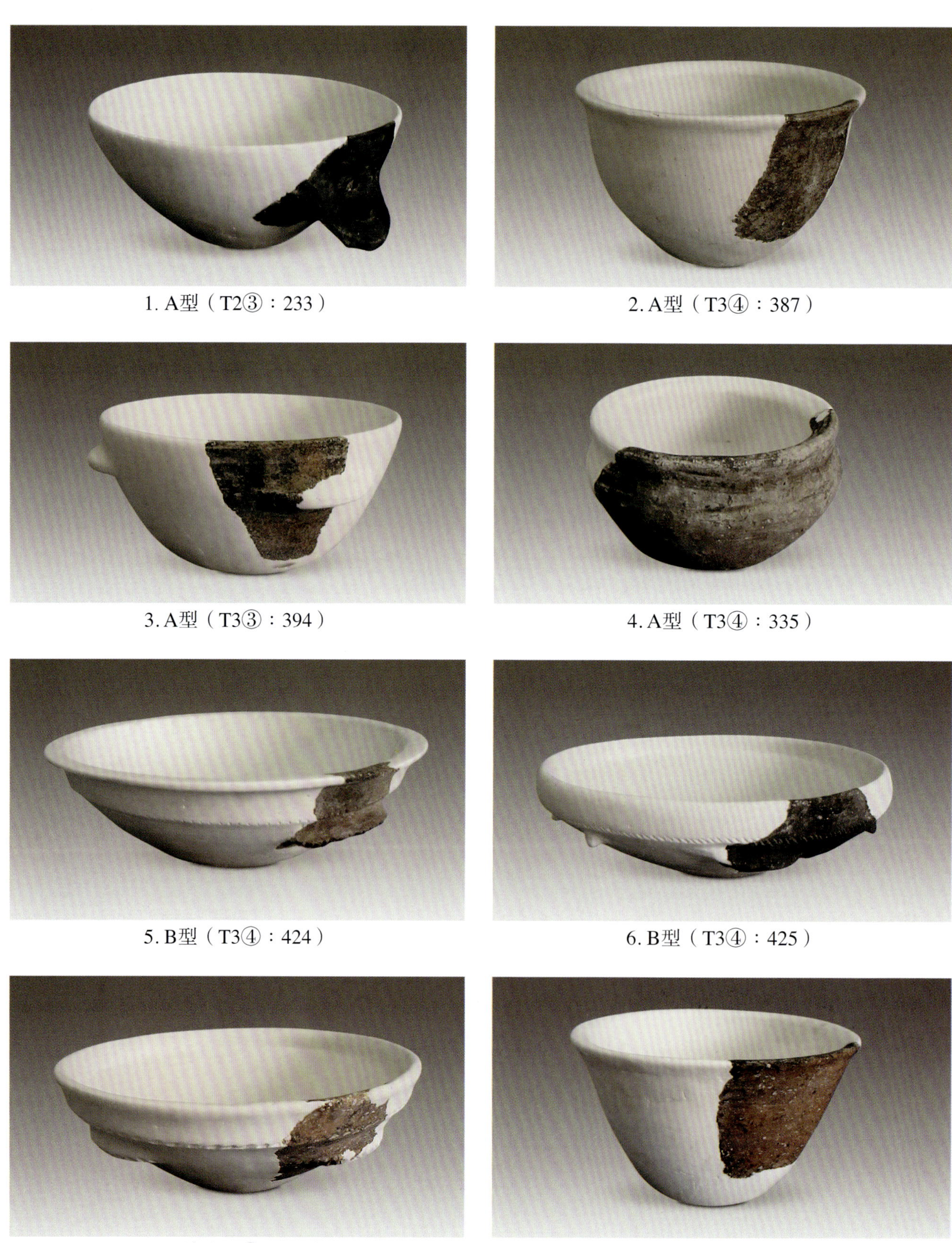

1. A型（T2③：233） 2. A型（T3④：387）

3. A型（T3③：394） 4. A型（T3④：335）

5. B型（T3④：424） 6. B型（T3④：425）

7. B型（T3④：362） 8. C型（T3③：396）

A、B、C型陶钵

1. A型（T2④：292）　2. A型（T2④：293）

3. A型（T2③：229）　4. A型（T2③：230）

5. A型（采集：1）　6. A型（T3④：336）

7. B型（T2④：291）　8. B型（T1④：89）

A、B型陶碗

1. B型碗（T2④：290）

2. 碗底（T1④：117）

3. 碗底（T1④：116）

4. 碗底（T2③：118）

5. 碗底（T3④：276）

6. 碗底（T2④：316）

B型陶碗、碗底

1. T3④：326

2. T3④：399

3. T4③：69

4. T3④：48

5. T2④：258

6. T2④：360

7. T3④：257

陶豆座

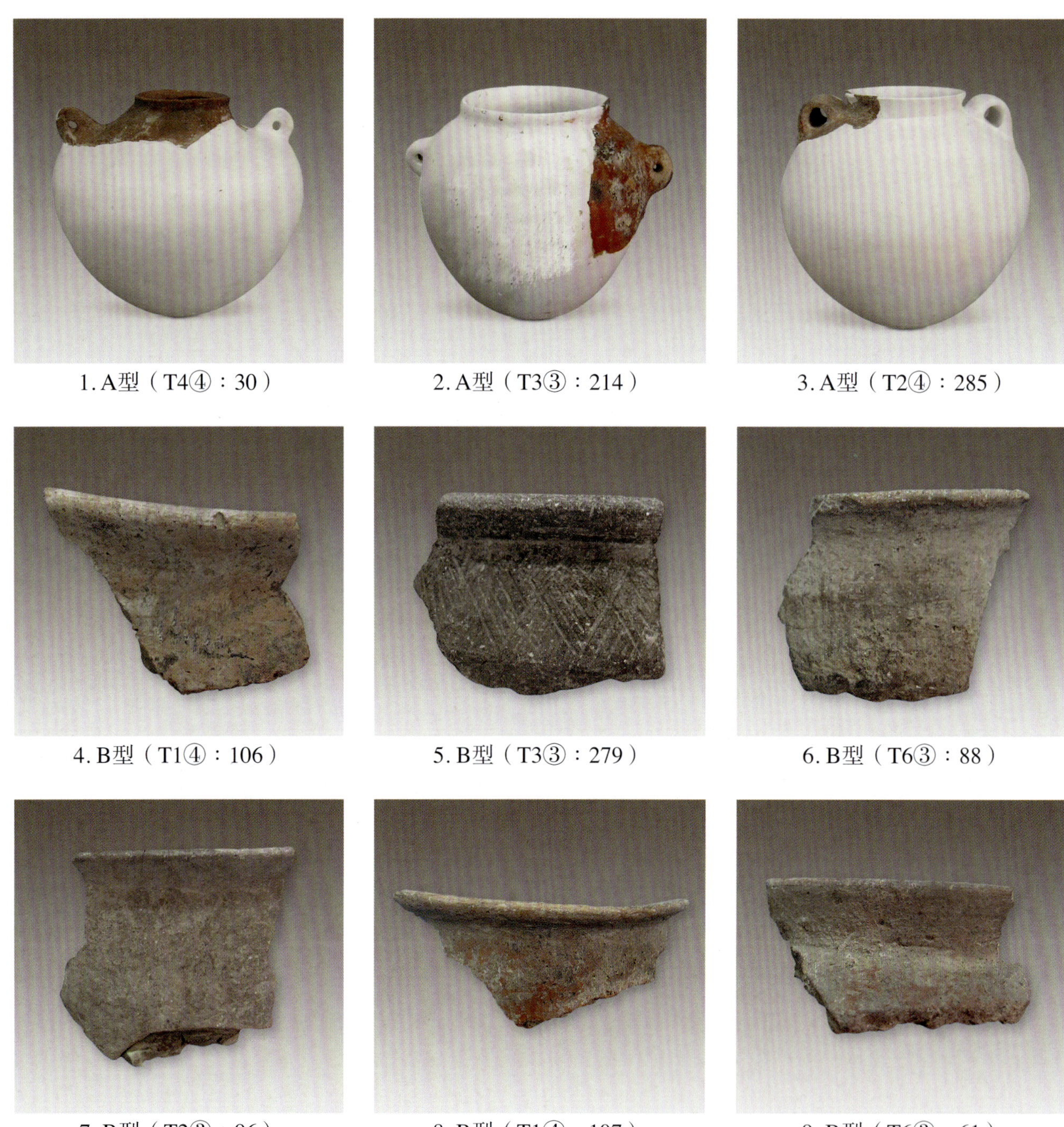

1. A型（T4④：30） 2. A型（T3③：214） 3. A型（T2④：285）

4. B型（T1④：106） 5. B型（T3③：279） 6. B型（T6③：88）

7. B型（T2③：96） 8. B型（T1④：107） 9. B型（T6③：61）

A、B型陶罐

1. A型（T2③：184） 2. A型（T3③：440） 3. A型（T3④：306）

4. A型（T3④：305） 5. A型（T5④：302） 6. A型（T3③：177）

7. A型（T2④：268） 8. B型（T2④：303） 9. B型（T3④：297）

10. B型（T3④：184） 11. B型（T1④：105） 12. B型（T6③：13）

13. C型（T2③：183） 15. C型（T3③：93） 14. C型（T1②：45） 16. C型（T3③：441）

A、B、C型陶瓮

1. T4③：83

2. T4③：10

3. T4③：8

4. T4③：70

陶缸

1. T3③：211　2. T1③：79

3. T3③：209　4. T1③：144

5. T3④：263　6. T3③：210

7. T2③：226　8. T4④：38

陶盂形器

彩版二二

1. T4④：46　2. T4④：49　3. T4④：50

4. T6④：108　5. T1③：77　6. T3④：281

7. T3④：278　8. T3④：445　9. T3④：97

10. T2③：195　11. T2③：193　12. T3③：155

陶器盖纽

1. 盖纽（T1③：76）

2. 盖纽（T5③：8）

3. 盖纽（T2④：372）

4. 盖纽（T2④：373）

5. 盖纽（T5③：7）

6. 盖纽（T3③：151）

8. 平底（T3③：188）

9. 平底（T3④：449）

7. 平底（T2③：180）

10. 平底（T2③：181）

陶盖纽与平底

1. 把手（T3③：170）
2. 把手（T3③：157）
3. 把手（T3③：159）
4. 把手（T6③：64）
5. 把手（T6③：65）
6. 把手（T2③：375）
7. 把手（T2③：187）
8. A型陶器耳系（T3④：286）
9. A型陶器耳系（T3④：287）
10. A型陶器耳系（T2④：280）
11. A型陶器耳系（T3③：166）
12. A型陶器耳系（T2③：200）
13. A型陶器耳系（T2③：197）
14. A型陶器耳系（T2④：378）
15. A型陶器耳系（T3④：288）
16. A型陶器耳系（T1④：125）
17. A型陶器耳系（T2③：208）
18. A型陶器耳系（T2③：379）

陶器把手及A型陶器耳系

1. A型（T1④：123）　2. A型（T2④：283）　3. A型（T2③：338）
4. A型（T6③：67）　5. A型（T3④：283）　6. A型（T1③：78）
7. A型（T3③：163）　8. A型（T2③：382）　9. A型（T3④：453）　10. A型（T2③：380）
11. B型（T2③：53）　12. B型（T2③：377）　13. B型（T2③：207）　14. B型（T4④：40）
15. B型（T3③：164）　16. B型（T4④：85）　17. B型（T6③：68）

A、B型陶器耳系

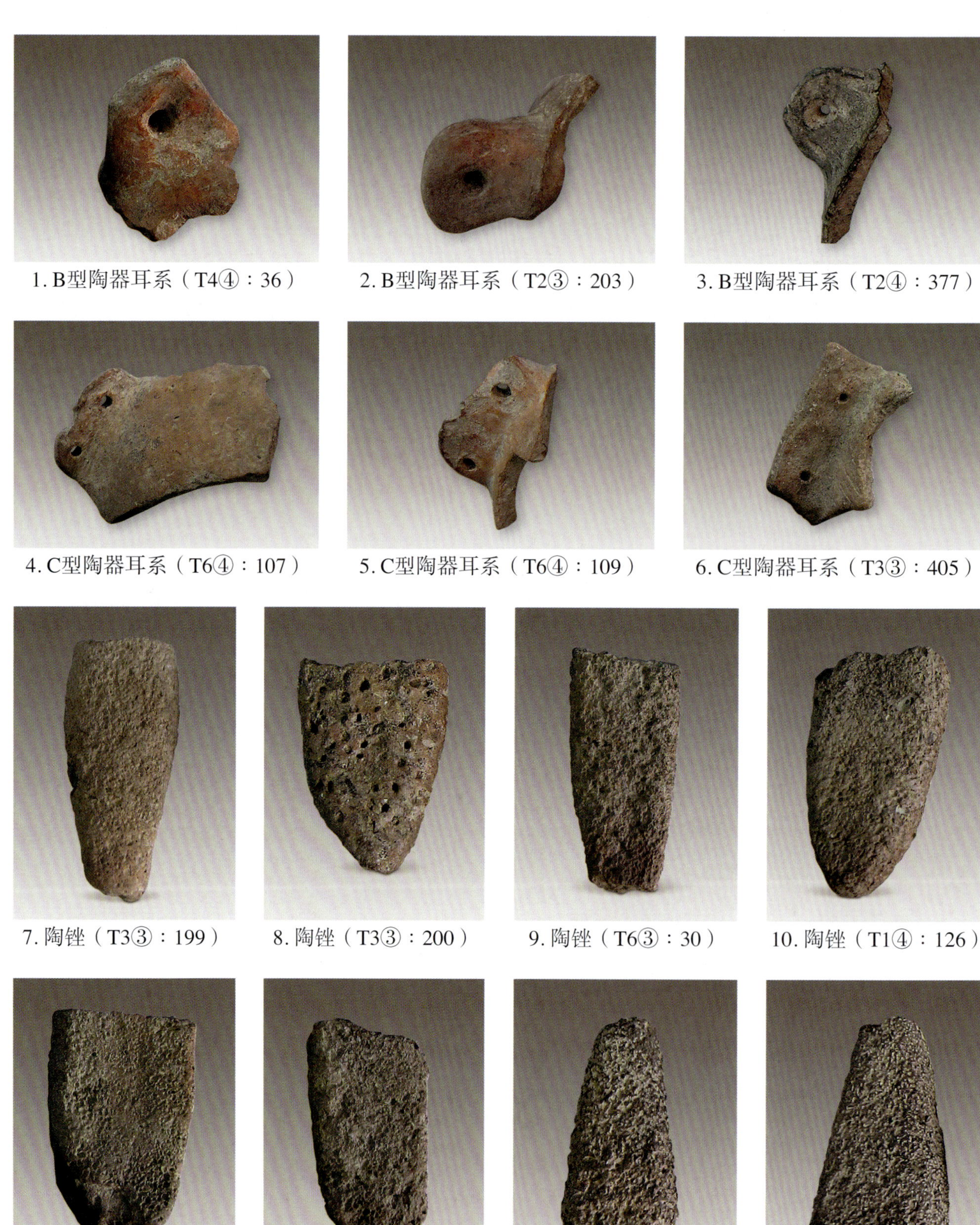

1. B型陶器耳系（T4④：36）　2. B型陶器耳系（T2③：203）　3. B型陶器耳系（T2④：377）

4. C型陶器耳系（T6④：107）　5. C型陶器耳系（T6④：109）　6. C型陶器耳系（T3③：405）

7. 陶锉（T3③：199）　8. 陶锉（T3③：200）　9. 陶锉（T6③：30）　10. 陶锉（T1④：126）

11. 陶锉（T1④：127）　12. 陶锉（T3④：320）　13. 陶锉（T6②：73）　14. 陶锉（T3③：202）

B、C型陶器耳系与陶锉

1. T3④：204　2. T3③：198　3. T1③：147　4. T3③：203

5. T3③：205　6. T1④：128　7. T6④：112　8. T3④：442

9. T3④：315　10. T3④：325　11. T3④：319　12. T3④：321

陶锉

彩版二八

1. T3④：316　2. T3④：317　3. T3④：323　4. T6④：111

5. T2③：209　6. T2③：210　7. T3③：197　8. T2③：371

9. T1④：120　10. T3④：313　11. T3④：318　12. T6④：113

陶锉

1. 拍形器（T3③：193）

2. 圆饼（T1④：129）

3. 网坠（T3③：195）

4. 网坠（T3③：194）

5. 网坠（T3③：455）

6. 网坠（T2③：386）

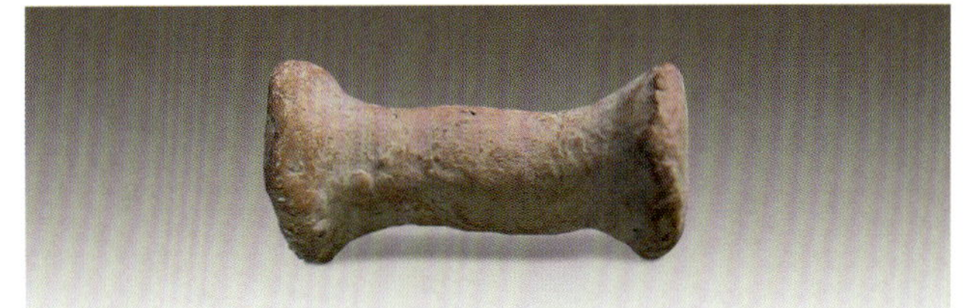
7. 柄形器（T2③：2）

8. 纺轮（T3③：192）

9. 纺轮（T3③：7）

10. 纺轮（T6④：110）

11. 纺轮（T3④：261）

12. 纺轮（T3④：262）

13. 纺轮（T3③：29）

陶拍形器、圆饼与网坠等

1. T2③：204　2. T2③：215　3. T6③：130　4. T1③：73

5. T1④：103　6. T2③：222　7. T2③：346　8. T3③：191

9. T3④：454　10. T6③：78　11. T2④：270　12. T2④：275

13. T1④：101　14. T6③：138　15. T2③：81　16. T1④：100

17. T2④：273　18. T6③：84　19. T6③：83　20. T2④：384

陶圆片

1. 陶球（T2③：170） 2. 陶球（T3③：196） 3. 陶球（T2③：172） 4. 陶球（T5③：4） 5. 陶球（T6③：70） 6. 陶球（T3④：260） 7. 陶塑动物残件（T4④：44） 8. 陶塑动物残件（T1④：95） 9. 泥塑人头像（T6④：33） 10. 尖状器（T6③：75） 11. 尖状器（T3④：266） 12. 尖状器（T3③：104） 13. 尖状器（T1④：96）

陶球、陶塑与陶尖状器

1. 锛（T2④：322）

2. 铲（T6③：301）

3. 刀（T6③：103）

4. 刀（T3④：388）

5. 残石器（T1③：155）

6. 球（T6③：302）

7. 球（T6④：115）

8. 球（T1④：137）

9. 球（T1③：135）

10. 球（T1③：136）

11. 自然石块（T6④：116）

12. 自然石块（T6④：114）

13. 自然石块（T2③：321）

石器

1. 骨笄（T2③：251）

2. 骨笄（T6③：40）

3. 骨笄（T2④：311）

4. 骨笄（T2③：254）

5. 骨凿（T6③：12）

6. 骨针（T2④：313）

7. 骨针（T2④：312）

8. 尖状器（T2③：252）

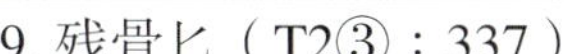

9. 残骨匕（T2③：337）

10. 半成品尖状器（T3③：382）

骨器

1. T3④：366　2. T2③：248　3. T3④：363

4. T3③：372　5. T2③：340　6. T3④：368

7. T3④：365　8. T3④：367　9. T2③：387

鹿角勾形器

1. T3③：374　2. T1④：87　3. T6④：94

4. T3③：373　5. T6③：52　6. T6③：49

7. T6③：44　8. T3③：253　9. T2④：315

鹿角勾形器

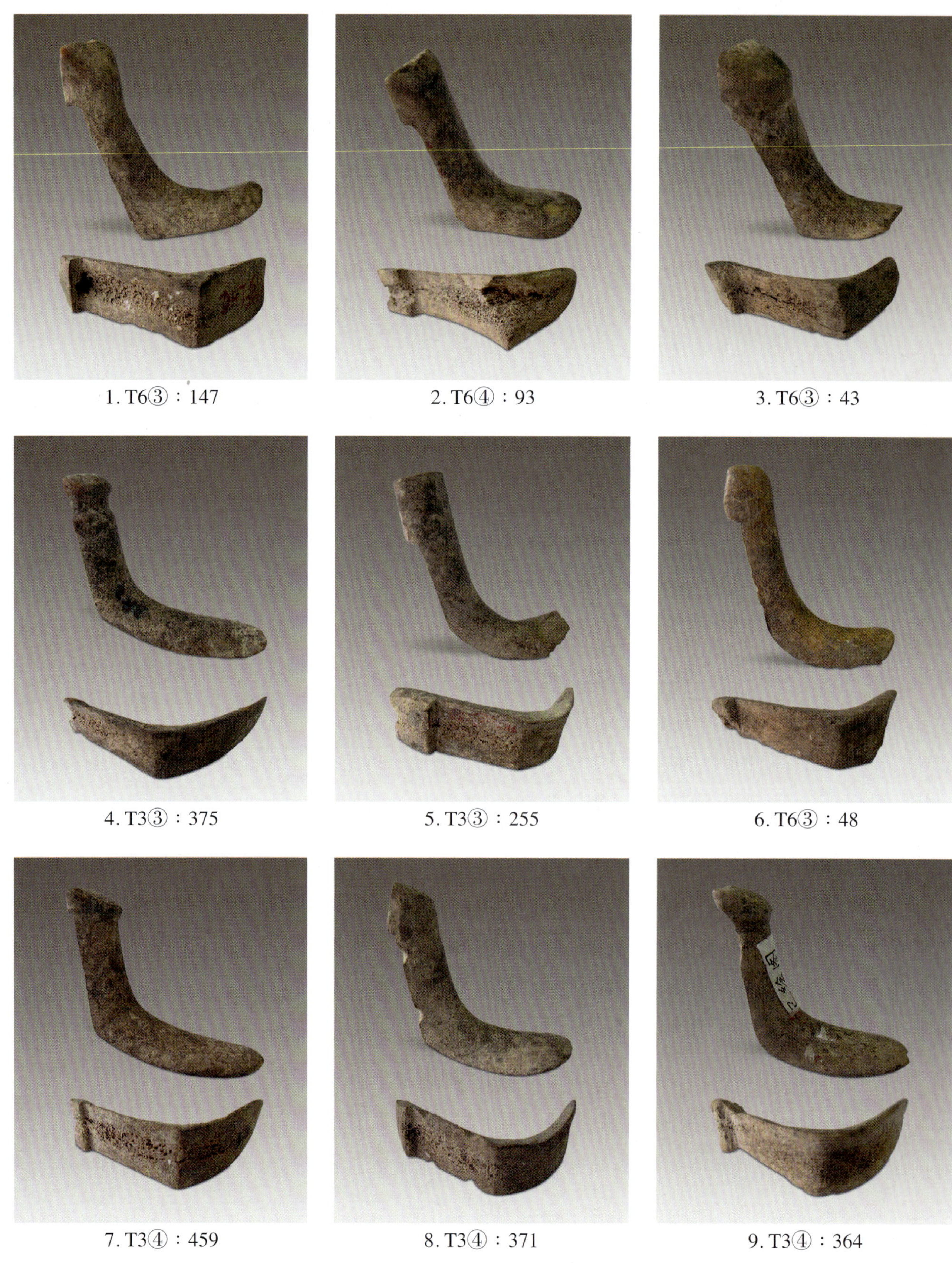

1. T6③：147　2. T6④：93　3. T6③：43

4. T3③：375　5. T3③：255　6. T6③：48

7. T3④：459　8. T3④：371　9. T3④：364

鹿角勾形器

1. T6④：92　2. T3③：251　3. T3④：369

4. T2③：324　5. T3④：370　6. T3③：248

7. T2③：325　8. T3③：460　9. T3③：461

鹿角勾形器

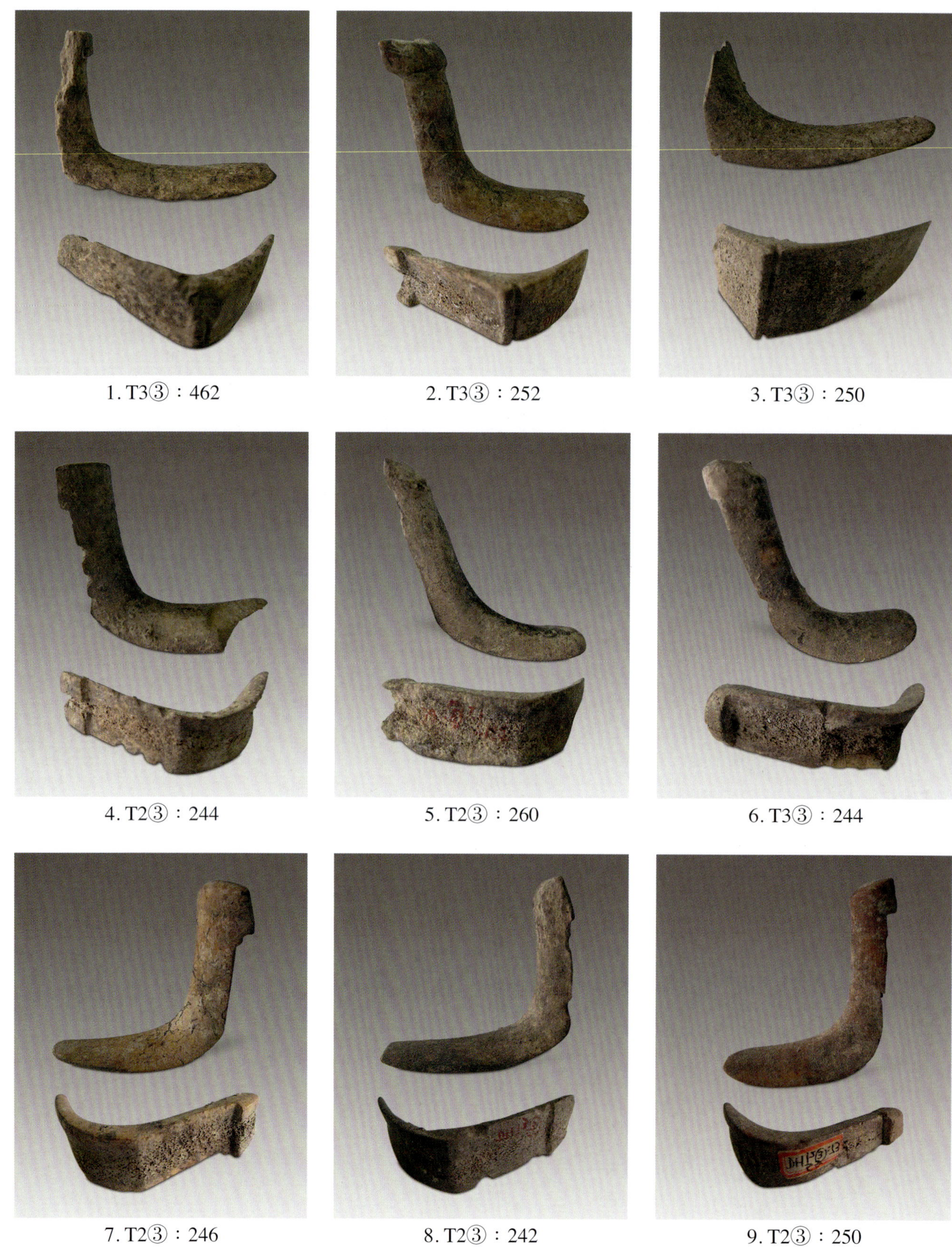

1. T3③：462　2. T3③：252　3. T3③：250

4. T2③：244　5. T2③：260　6. T3③：244

7. T2③：246　8. T2③：242　9. T2③：250

鹿角勾形器

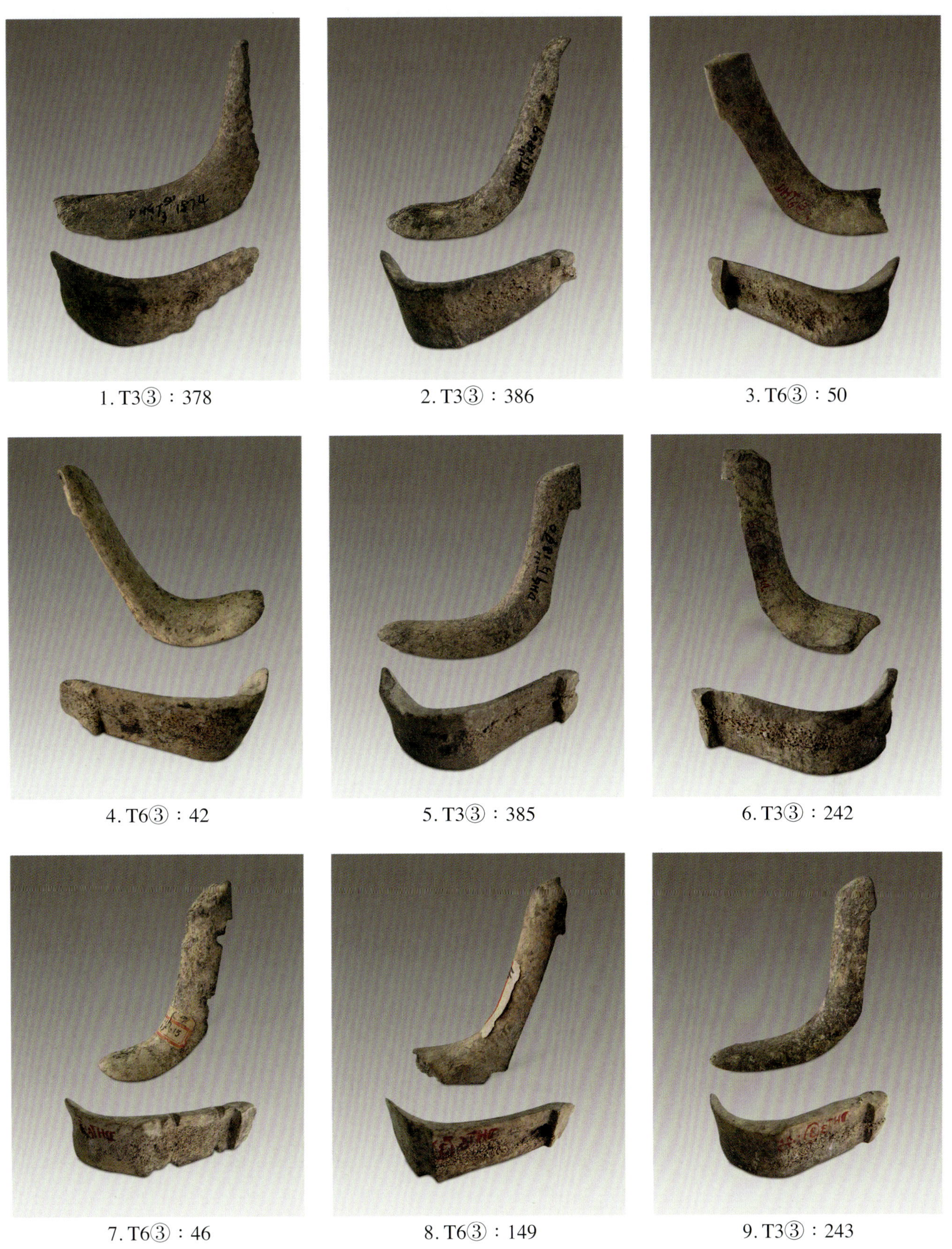

1. T3③：378　2. T3③：386　3. T6③：50

4. T6③：42　5. T3③：385　6. T3③：242

7. T6③：46　8. T6③：149　9. T3③：243

鹿角勾形器

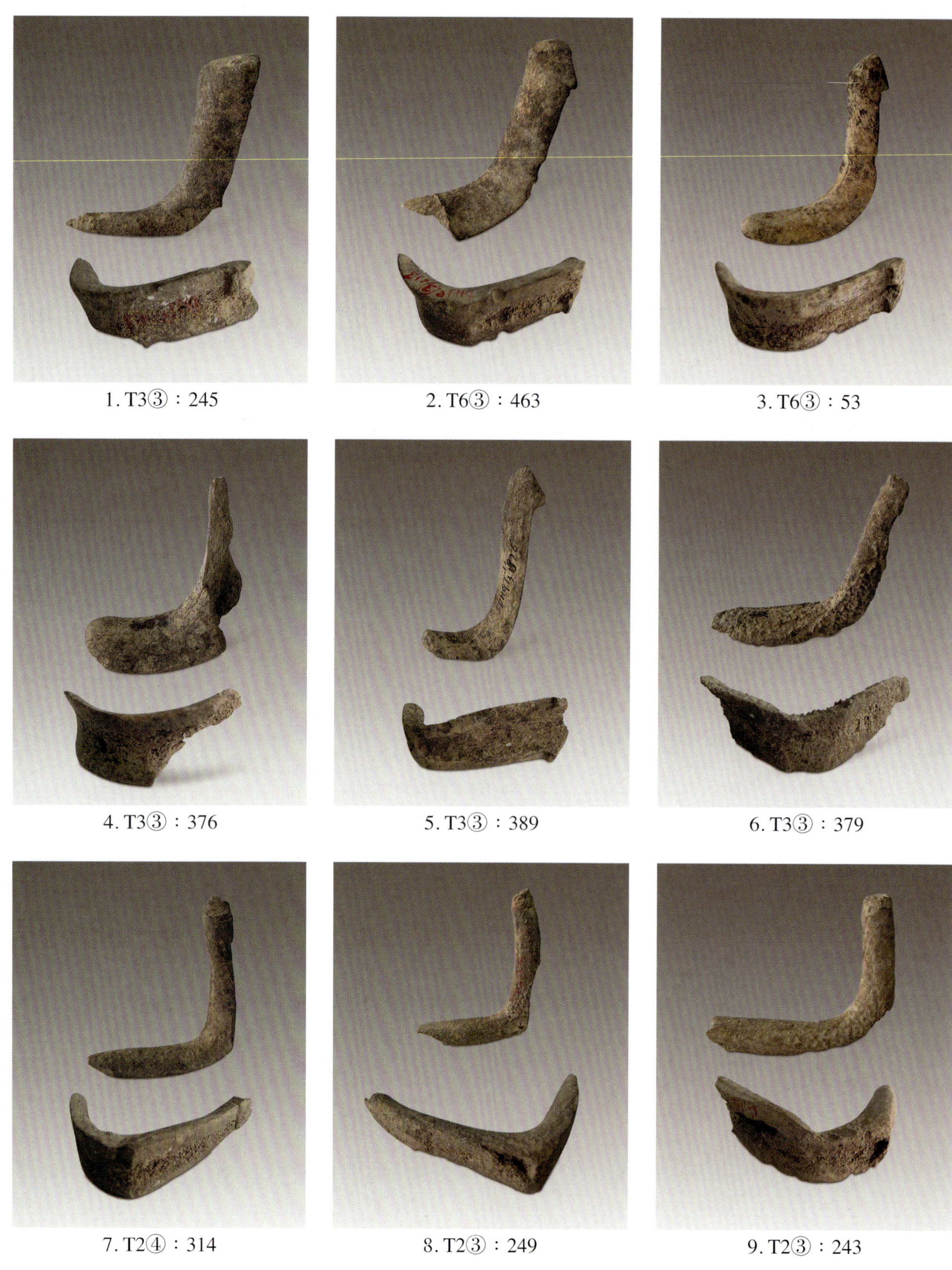

1. T3③：245　2. T6③：463　3. T6③：53

4. T3③：376　5. T3③：389　6. T3③：379

7. T2④：314　8. T2③：249　9. T2③：243

鹿角勾形器

1. 鱼形（T2④：297）

2. 鱼形（T6③：38）

3. 鱼形（T6③：37）

4. 植物形（T3③：230）

5. 植物形（T6④：47）

6. 植物形（T3③：223）

象形类陶器刻划符号

1. 植物形（T3③：226）

2. 植物形（T3③：235）

3. 植物形（T6③：151）

4. 植物形（T6③：35）

5. 植物形（T2④：304）

6. 植物形（T3④：346）

象形类陶器刻划符号

1. 植物形（T3④：355）

2. 植物形（T3④：344）

3. 植物形（T3④：340）

4. 人面形（T3④：391）

5. 方框形（T2③：160）

6. 方框形（T3③：237）

象形、几何类陶器刻划符号

1. 方框形（T3③：467）

2. 方框形（T3③：238）

3. 方框形（T2④：305）

4. 方框形（T2④：310）

5. 方框形（T3④：345）

6. 方框形（T3④：351）

几何类陶器刻划符号

1. 方框形（T3④：353）

2. 方框形（T3④：358）

3. 方框形（T3④：361）

4. 方框形（T6④：99）

5. 组合方框形（T3③：221）

6. 组合方框形（T3③：239）

几何类陶器刻划符号

1. 组合方框形（T3③：240）

2. 组合方框形（T2④：295）

3. 组合方框形（T3③：468）

4. 组合方框形（T2④：389）

5. 网格形（T2③：157）

6. 网格形（T3③：220）

几何类陶器刻划符号

1. 网格形（T3③：231）

2. 网格形（T3④：352）

3. 网格形（T3④：338）

4. 圆圈形（T3③：224）

5. 圆圈形（T3④：469）

6. 圆圈形（T6④：96）

几何类陶器刻划符号

1. 组合圆圈形（T2④：294）

2. 组合圆圈形（T2③：241）

3. 弧线形（T6③：34）

4. 弧线形（T6④：97）

5. 弧线形（T2④：302）

6. 组合弧线形（T2③：390）

几何类陶器刻划符号

1. 弧线形（T6④：100）

2. 数字形（T3③：241）

3. 数字形（T3④：354）

4. 数字形（T2④：301）

5. 叉形（T2④：306）

6. 叉形（T3④：341）

几何类陶器刻划符号

1. 重十字形（T3④：339）

2. 勾形（T3③：222）

3. 房屋形（T2③：239）

4. 房屋形（T6③：36）

5. 特殊形（T3④：392）

6. 符号残件（T3④：349）

几何类、其他类陶器刻划符号

1. T3③：228

2. T3④：360

3. T2④：309

4. T3③：225

5. T2③：158

其他类陶器刻划符号（残件）

1. T2④：298　2. T2③：162

3. T3④：359　4. T3④：347

5. T2④：300　6. T3④：470

其他类陶器刻划符号（残件）

1. F1与H3遗迹（北向南摄）

2. F2遗迹（北向南摄）

F1、F2房基与灰坑遗迹

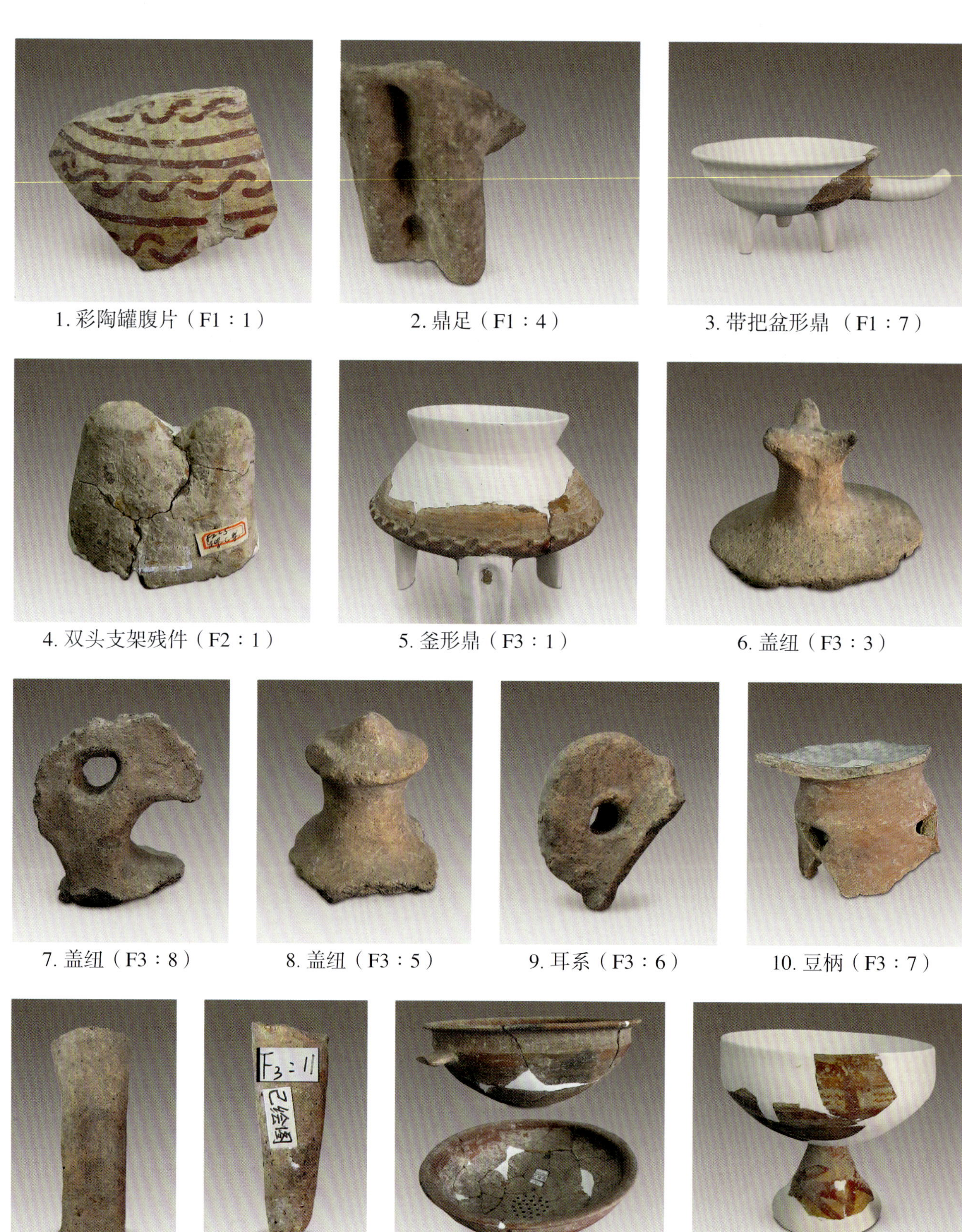

1. 彩陶罐腹片（F1：1）　2. 鼎足（F1：4）　3. 带把盆形鼎（F1：7）　4. 双头支架残件（F2：1）　5. 釜形鼎（F3：1）　6. 盖纽（F3：3）　7. 盖纽（F3：8）　8. 盖纽（F3：5）　9. 耳系（F3：6）　10. 豆柄（F3：7）　11. 鼎足（F3：9）　12. 鼎足（F3：11）　13. 甑（H1：1）　14. 豆（H1：2）

陶罐、鼎与支架等

1. F3遗迹（北向南拍摄）

2. II1遗迹

3. H3遗迹

4. H2遗迹

F3房基与H1～H3遗迹

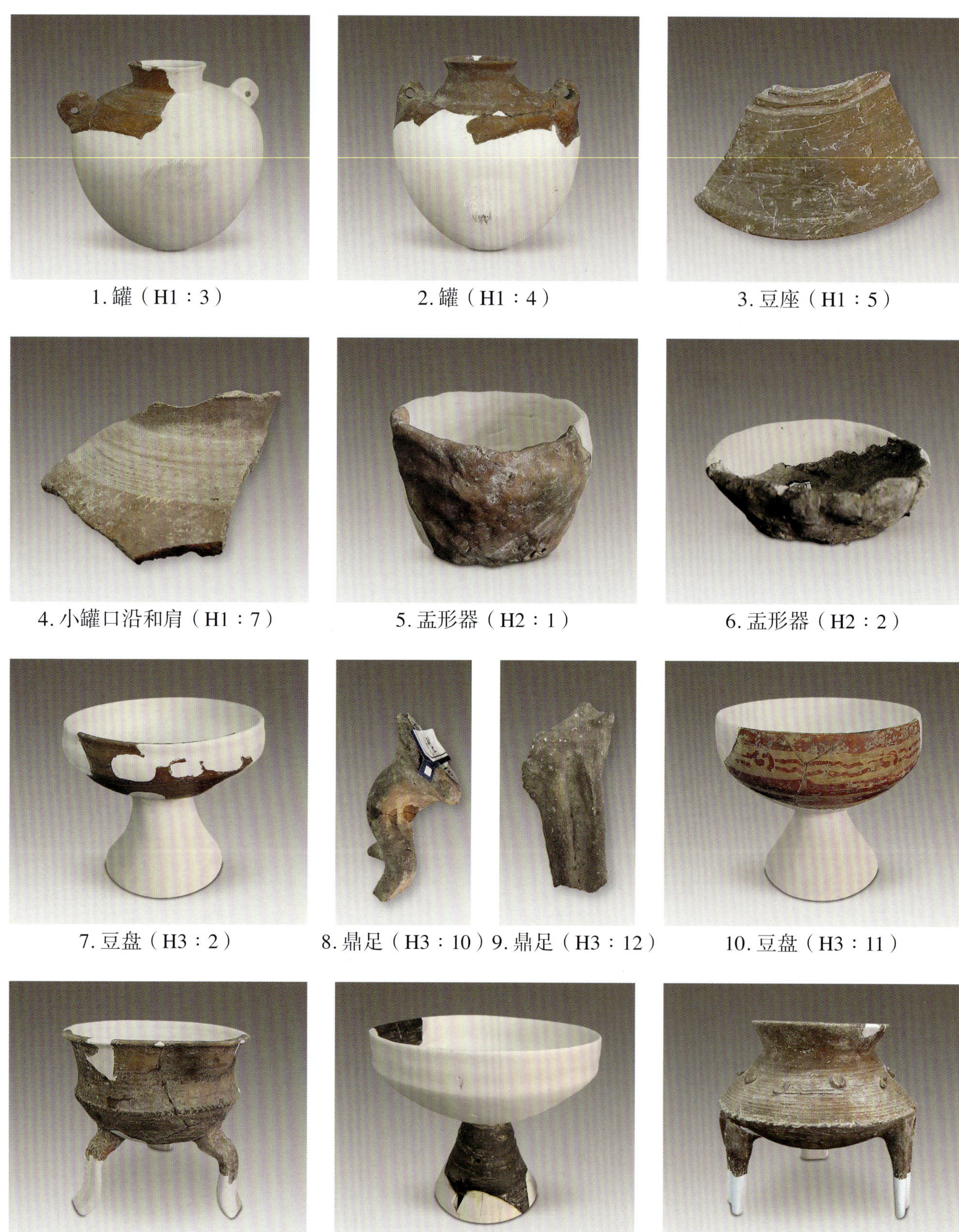

1. 罐（H1：3） 2. 罐（H1：4） 3. 豆座（H1：5） 4. 小罐口沿和肩（H1：7） 5. 盂形器（H2：1） 6. 盂形器（H2：2） 7. 豆盘（H3：2） 8. 鼎足（H3：10） 9. 鼎足（H3：12） 10. 豆盘（H3：11） 11. 鼎（H4：1） 12. 豆（H5：2） 13. 釜形鼎（H5：7）

陶罐、豆与盂等

1. H4遗迹

2. H5遗迹

3. 罐形鼎（H5：4）

4. 罐形鼎（H5：5）

5. 罐形鼎（H5：6）

6. 鼎足（H5：14）

7. 鼎足（H5：9）

8. 鼎足（H5：10）

9. 罐口（H5：13）

H4、H5灰坑与出土陶鼎、足、罐口

1. Aa型（T1②：59）

2. Aa型（T1②：60）

3. Aa型（T1②：58）

4. Aa型（T2②：147）

5. Aa型（T3②：133）

6. Ab型（T3②：134）

Aa、Ab型釜形陶鼎

1. B型罐形鼎（T2②：148）

2. B型罐形鼎（T3②：132）

3. B型罐形鼎（T2②：97）

4. B型罐形鼎（T2②：146）

5. C型钵形鼎（T2②：145）

6. C型盆形鼎（T2②：149）

B型罐形陶鼎与C型盆形陶鼎

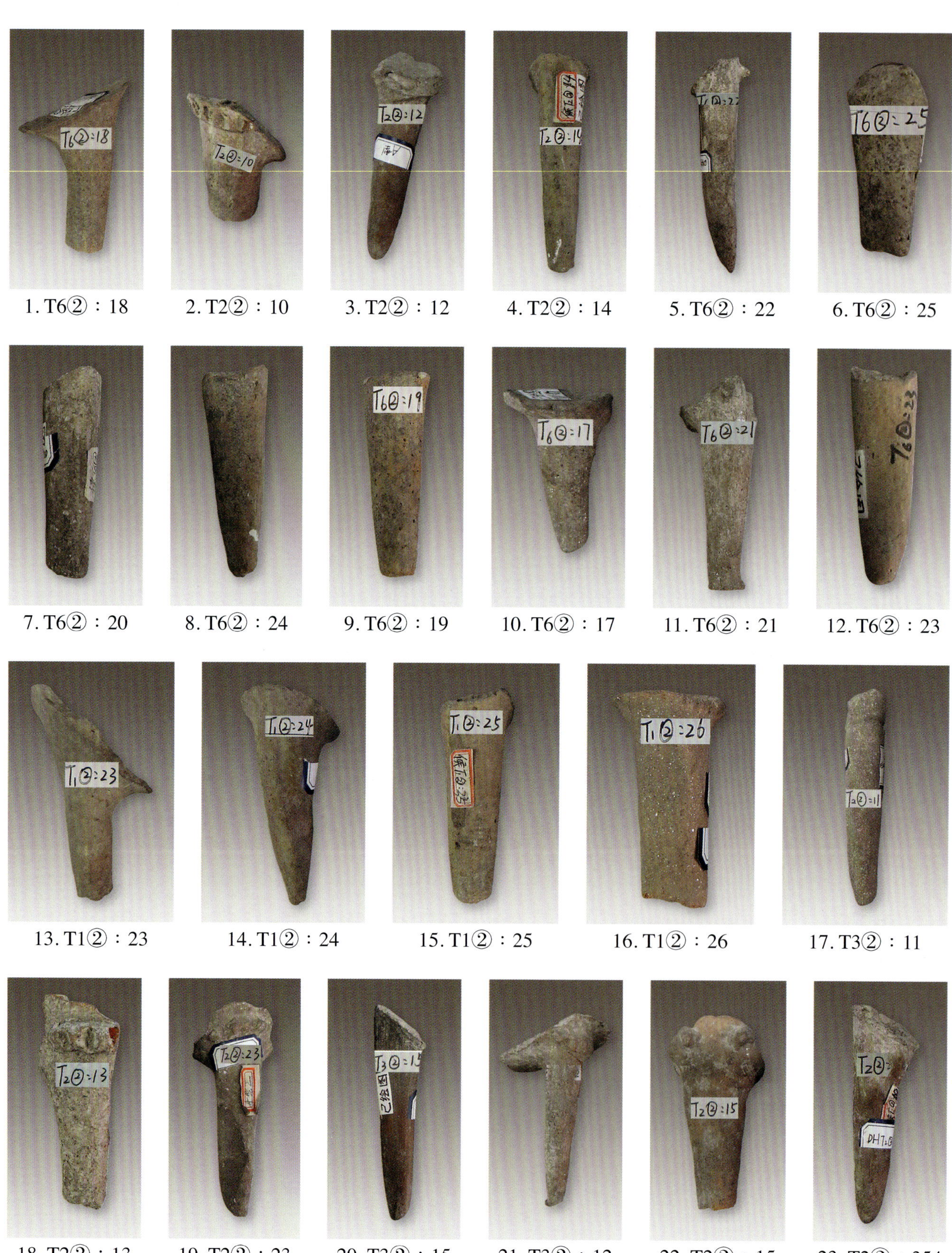

1. T6②：18　2. T2②：10　3. T2②：12　4. T2②：14　5. T6②：22　6. T6②：25

7. T6②：20　8. T6②：24　9. T6②：19　10. T6②：17　11. T6②：21　12. T6②：23

13. T1②：23　14. T1②：24　15. T1②：25　16. T1②：26　17. T3②：11

18. T2②：13　19. T2②：23　20. T3②：15　21. T3②：12　22. T2②：15　23. T2②：354

A型陶鼎足

1. T1②：28　2. T1②：32　3. T1②：33　4. T1②：27　5. T1②：35　6. T2②：18　7. T2②：20　8. T2②：21　9. T2②：43　10. T3②：17　11. T3②：298　12. T3②：18　13. T4②：22　14. T3②：23　15. T4②：20　16. T4②：79　17. T4②：27

B型陶鼎足

彩版六二

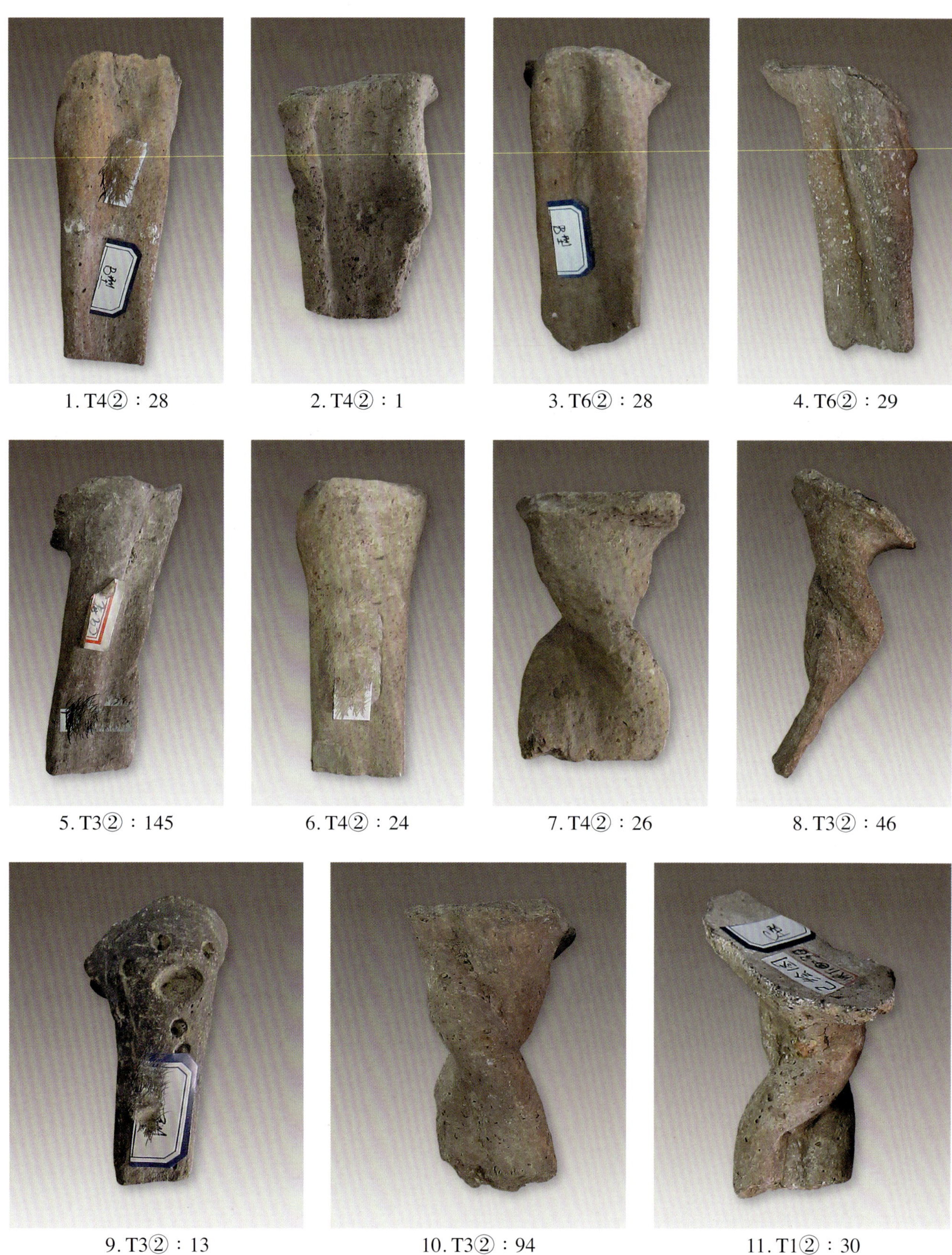

1. T4②：28　2. T4②：1　3. T6②：28　4. T6②：29

5. T3②：145　6. T4②：24　7. T4②：26　8. T3②：46

9. T3②：13　10. T3②：94　11. T1②：30

B型陶鼎足

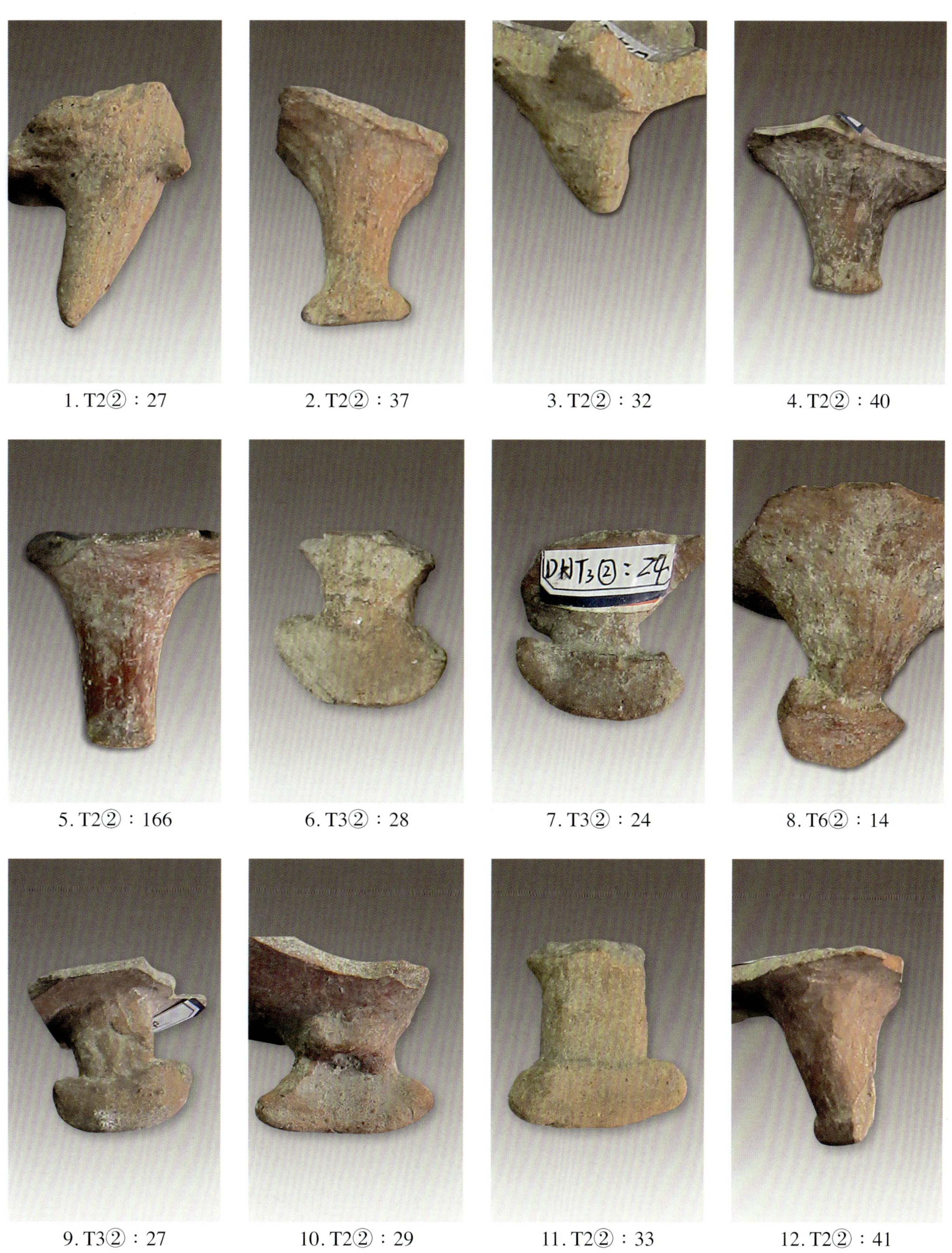

1. T2②：27　2. T2②：37　3. T2②：32　4. T2②：40

5. T2②：166　6. T3②：28　7. T3②：24　8. T6②：14

9. T3②：27　10. T2②：29　11. T2②：33　12. T2②：41

C型陶鼎足

1. T2②：38　2. T2②：39　3. T2②：190　4. T3②：30

5. T2②：26　6. T1②：31　7. T2②：35

8. T6②：15　9. T3②：19　10. T3②：26　11. T3②：22　12. T3②：31

13. T2②：31　14. T2②：36　15. T1②：34　16. T2②：42　17. T2②：28

C型陶鼎足

1. T1②：62

2. T2②：151

3. T2②：7

4. T4②：12

5. T2②：111

6. T2②：150

7. T2②：153

陶钵

1. 碗（T3②：400）

2. 碗（T3②：121）

3. 碗底（T1②：71）

4. A型豆（T3②：124）

5. A型豆（T3②：141）

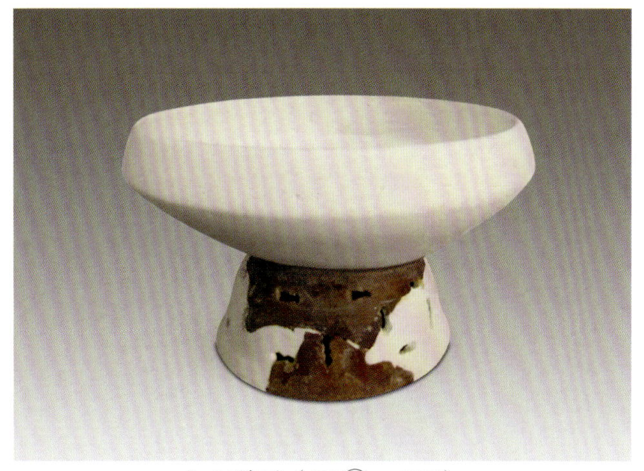

6. A型豆（T3②：127）

7. A型豆（T4②：77）

陶碗与A型陶豆

1. A型（T2②：143）

2. A型（T3②：128）

3. A型（T3②：125）

4. A型（T3②：129）

5. B型（T3②：131）

6. B型（T3②：429）

7. C型（T3②：130）

8. C型（T2②：142）

A、B、C型陶豆

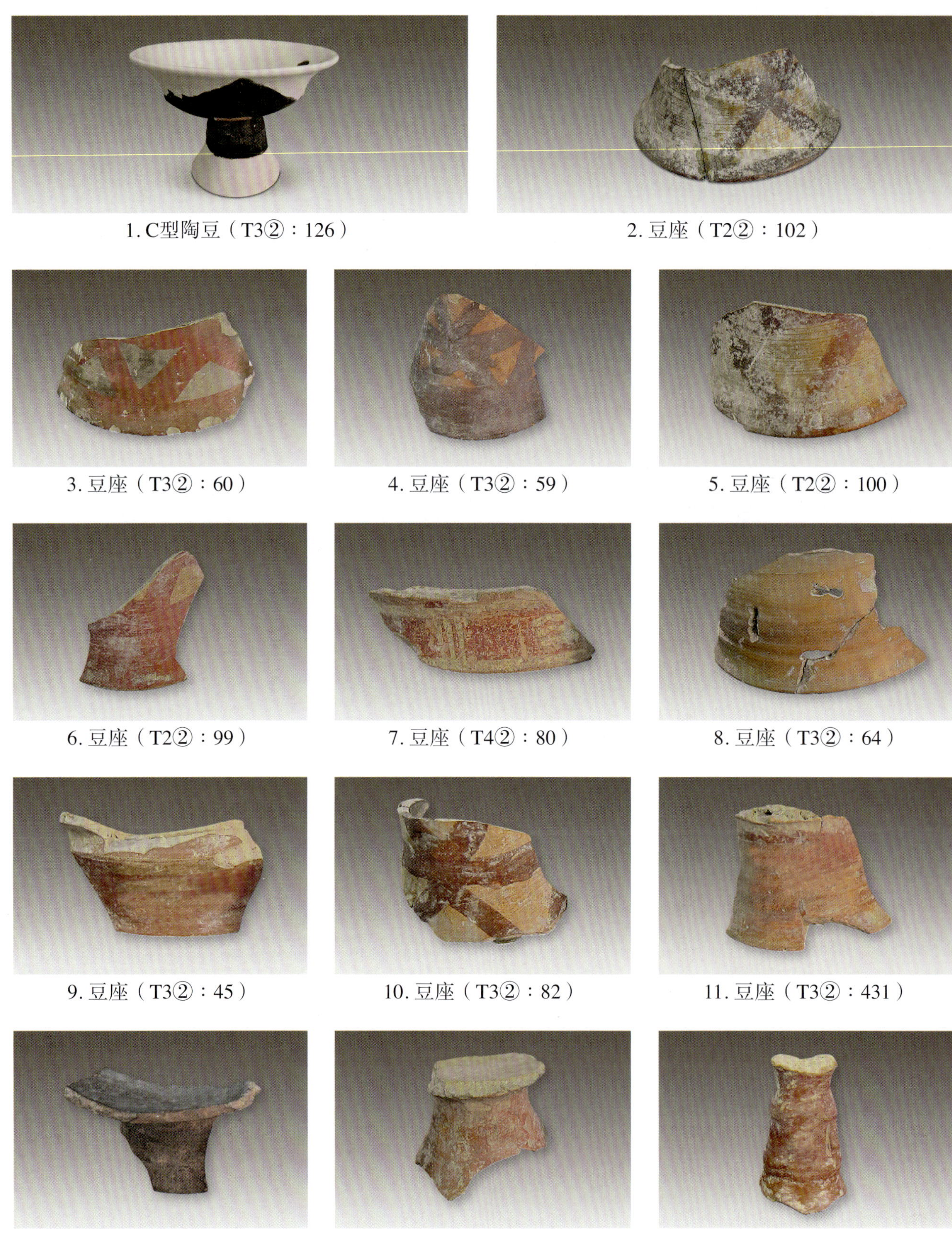

1. C型陶豆（T3②：126）
2. 豆座（T2②：102）
3. 豆座（T3②：60）
4. 豆座（T3②：59）
5. 豆座（T2②：100）
6. 豆座（T2②：99）
7. 豆座（T4②：80）
8. 豆座（T3②：64）
9. 豆座（T3②：45）
10. 豆座（T3②：82）
11. 豆座（T3②：431）
12. 豆座（T2②：86）
13. 豆座（T2②：84）
14. 豆座（T2②：85）

C型陶豆与陶豆座

1. 豆座（T3②：48）
2. 豆座（T3②：49）
3. 豆盘（T3②：74）
4. 豆盘（T3②：75）
5. 豆盘（T3②：69）
6. 豆盘（T3②：81）
7. 豆盘（T3②：65）
8. 豆盘（T4②：13）
9. 豆盘（T3②：70）

陶豆座与豆盘

彩陶片

（其中黑彩片为T1②：44）

1. A型（T3②：53）　2. A型（T1②：42）　3. A型（T2②：94）

4. B型（T2②：261）　5. B型（T1②：83）　6. B型（T2②：154）

7. B型（T3②：437）　8. B型（T2②：362）　9. B型（T2②：107）

10. B型（T3②：94）　11. B型（T2②：363）

A、B型陶罐

1. B型罐（T2②：364）
2. B型罐（T2②：8）
3. B型罐（T2②：365）
4. A型盂形器（T2②：214）
5. A型盂形器（T2②：125）
6. A型盂形器（T2②：128）
7. A型盂形器（T1②：13）
8. A型盂形器（T1②：65）
9. A型盂形器（T3②：107）
10. A型盂形器（T1②：12）
11. A型盂形器（T6②：80）
12. A型盂形器（T2②：366）
13. A型盂形器（T3②：106）

B型陶罐与A型陶盂形器

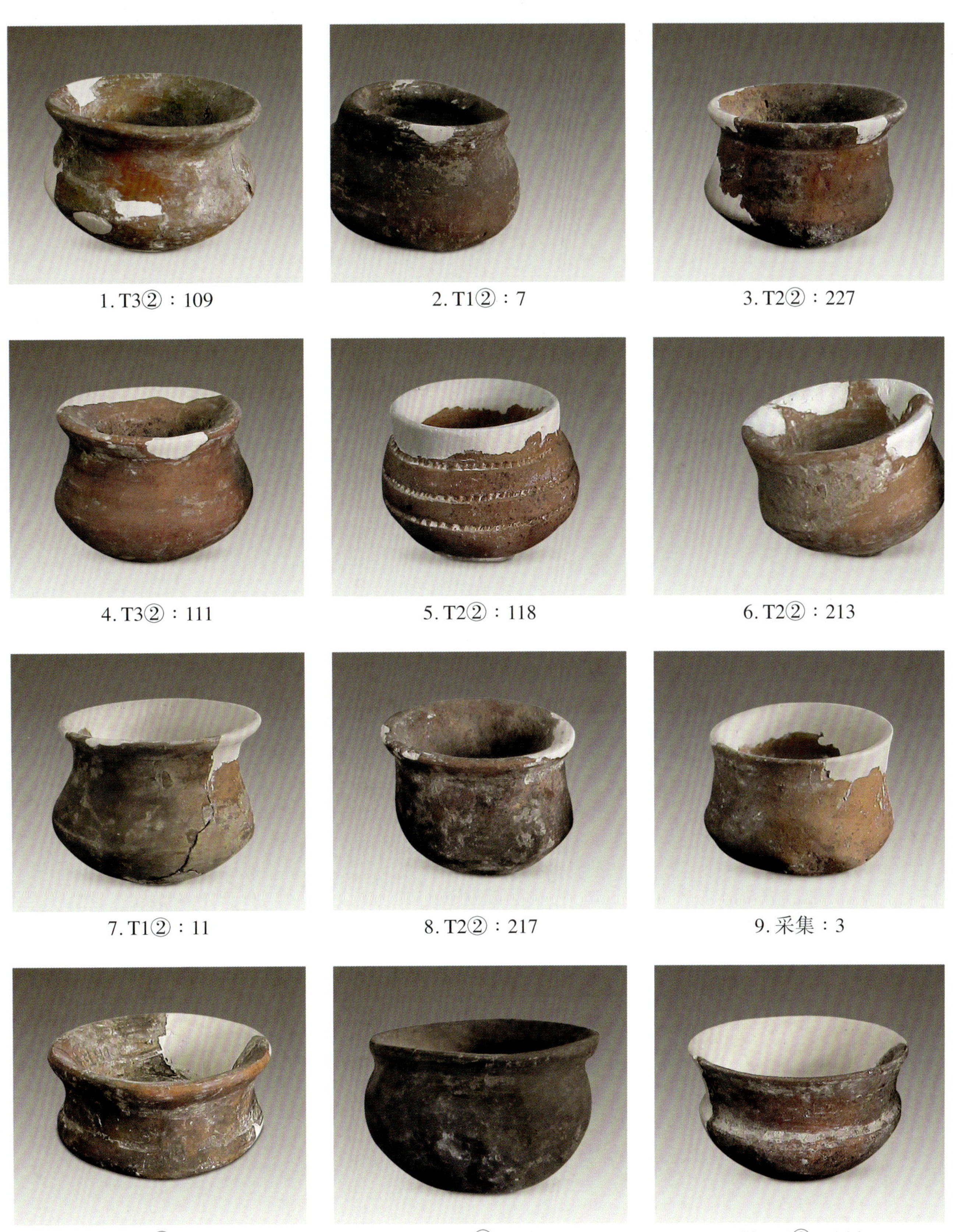

1. T3②：109　2. T1②：7　3. T2②：227

4. T3②：111　5. T2②：118　6. T2②：213

7. T1②：11　8. T2②：217　9. 采集：3

10. T2②：130　11. T2②：367　12. T1②：146

A型陶盂形器

1. T4②：32　2. T2②：134　3. T6②：4
4. T3②：208　5. T2②：121　6. T3②：2
7. T3②：114　8. T3②：113　9. T2②：126
10. T3②：112　11. T2②：1　12. T2②：127
13. T2②：159　14. T2②：369　15. T2②：119

A型陶盂形器

1. A型（T1②：15）　2. A型（T2②：228）　3. A型（T2②：124）

4. A型（T3②：208）　5. A型（T1②：2）　6. A型（T2②：116）

7. B型（T1②：14）　8. B型（T1②：6）　9. B型（采集：4）

10. B型（T2②：132）

A、B型陶盂形器

1. 陶壶（T3②：139）

2. 壶流（T3②：9）

3. 壶流（T2②：7）

4. 壶流（T4②：53）

5. 壶流（T5②：11）

6. 壶流（T3②：4）

7. 壶流（T2②：370）

8. 壶流（T3②：5）

9. 壶流（T2②：6）

10. 壶流（T2②：371）

11. 壶流（T6②：74）

陶壶与壶流

1. 彩陶盆（T4②：14）

2. 器盖（T2②：136）

3. 器盖（T2②：225）

4. 器盖（T2②：138）

5. 器盖（T4②：60）

彩陶盆与陶器盖

1. 陶器盖（T3②：448）

2. 陶器盖（T2②：137）

3. 彩陶器盖（T3②：117）

4. 彩陶器盖（T3②：117）

陶器盖

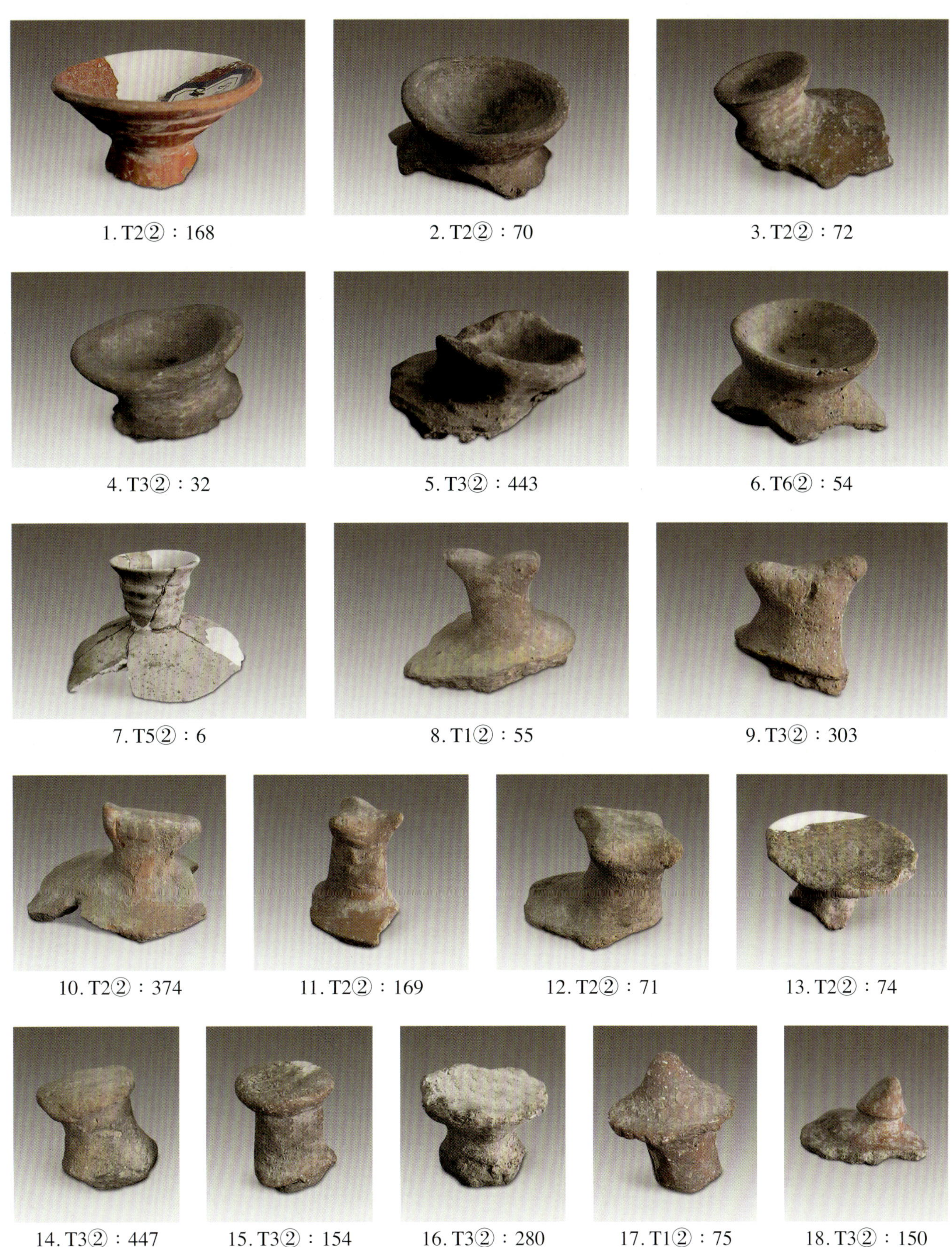

1. T2②：168　2. T2②：70　3. T2②：72　4. T3②：32　5. T3②：443　6. T6②：54　7. T5②：6　8. T1②：55　9. T3②：303　10. T2②：374　11. T2②：169　12. T2②：71　13. T2②：74　14. T3②：447　15. T3②：154　16. T3②：280　17. T1②：75　18. T3②：150

陶器盖纽

1. 尖底（T3②：98）
2. 把手（T6②：135）
3. 把手（T2②：64）
4. 把手（T2②：65）
5. 把手（T2②：66）
6. 把手（T3③：291）
7. 把手（T2②：19）
8. A型耳系（T2②：54）
9. A型耳系（T2②：163）
10. A型耳系（T2②：375）
11. A型耳系（T2②：51）

陶器尖底、把手与A型耳系

1. A型（T2②：47） 2. A型（T3②：285） 3. A型（T2②：55） 4. A型（T2②：50）

5. A型（T6②：136） 6. A型（T2②：376） 7. A型（T2②：60） 8. A型（T6②：9）

9. A型（T1②：64） 10. A型（T4②：65） 11. A型（T2②：52） 12. A型（T1②：50）

13. A型（T2②：165） 14. A型（T1②：51） 15. B型（T1②：53） 16. B型（T1②：52）

17. B型（T3②：169） 18. B型（T2②：62） 19. B型（T1②：54） 20. B型（T3②：451）

A、B型陶器耳系

彩版八二

1. B型耳系（T3②：452） 　2. B型耳系（T1②：49） 　3. B型耳系（T2②：61） 　4. B型耳系（T1②：46）

5. B型耳系（T1②：67） 　6. B型耳系（T2②：59） 　7. B型耳系（T1②：56） 　8. B型耳系（T6②：125）

9. B型耳系（T2②：57） 　10. B型耳系（T3②：300） 　11. B型耳系（T2②：167） 　12. B型耳系（T6②：110）

13. 纺轮（T3②：1） 　14. 纺轮（T1②：16） 　15. 纺轮（T2②：79）

16. 纺轮（T2②：80）

17. 纺轮（T3②：87）

B型陶器耳系与纺轮

1. T1②：18　2. T1②：38　3. T1②：4　4. T3②：102　5. T3②：101　6. T3②：103　7. T2②：385　8. T6②：141　9. T1②：150　10. T6②：143　11. T2②：78　12. T1②：20

陶球

1. 陶塑乌龟（T1②：22）

2. 陶塑动物残件（T1②：41）

3. 陶塑残件（T6②：144）

4. 陶塑残件（T3②：115）

5. 陶塑残件（T3②：99）

6. 陶塑残件（采集：6）

陶塑

1. 玉璜（T5②：43）

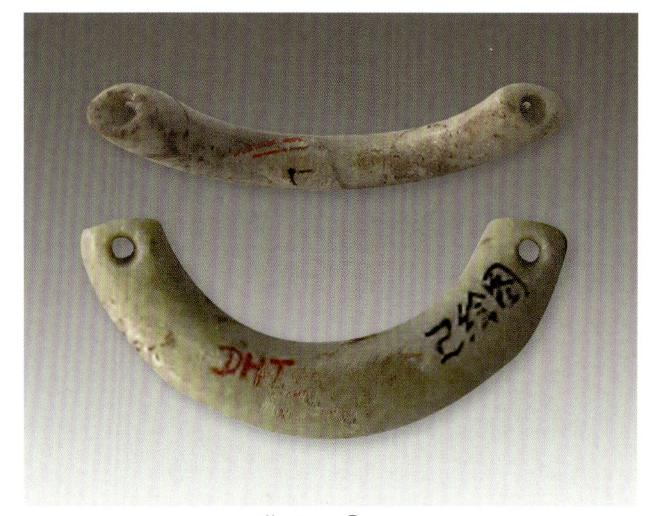

2. 玉璜（T6②：145）

3. 石锛（采集：7）

4. 石锛（T1②：139）

5. 石锛（T1②：151）

6. 石锛（采集：12）

7. 石锛（T2②：318）

8. 石锛（T5②：10）

9. 石锛（T2②：320）

玉璜与石锛

1. 石锛（T6①：146）

2. 石锛（T1②：152）

3. 石锛（T1②：153）

4. 石锛（T6①：2）

5. 石斧（T2①：319）

6. 石铲（T1①：154）

7. 石刀（T3②：375）

8. 残石器（T5②：13）

9. 残石器（T3②：376）

石器

1. 骨笄（T3②：455）

2. 骨笄（T3②：456）

3. 骨凿（T3②：95）

4. 骨尖状器（T2②：164）

5. 骨镞（T3①：3）

骨器

1. 汉代M1墓坑与随葬器物

2. 汉代M1随葬器物出土情况

汉代M1墓坑与随葬器物

1. 陶钫（M1：1）

2. 陶灶（M1：2）

3. 陶鼎（M1：4）

4. 陶壶（M1：5）

5. 陶盉（M1：6）

汉代M1出土陶器

1. 侯家寨遗址汉代M2墓坑与随葬器物

2. 陶罐（M2：1）

3. 陶罐（M2：2）

汉代M2墓坑与出土陶器

1. 陶鼎（M4：12）

2. 陶盒（M4：13）

3. 陶壶（M4：6）

4. 陶鼎（M4：19）

5. 釉陶壶（M4：4）

6. 釉陶壶（M4：3）

汉代M4出土陶器

1. 陶罐（M4：2）

2. 陶盒（M4：20）

3. 陶盉（M4：10）

4. 陶井栏（M4：18）

5. 陶井栏（M4：9）

汉代M4出土陶器

1. 陶杯（M4：7）

2. 陶杯（M4：16）

3. 陶圈厕背面（M4：5）

6. 陶匜（M4：11）

4. 陶圈厕前面（M4：5）

7. 陶匜（M4：17）

5. 陶圈厕侧面（M4：5）

汉代M4出土陶器

1. 陶圈厕侧面（M4：14）

2. 陶圈厕前面（M4：14）

3. 陶圈厕背面（M4：14）

4. 陶灶（M4：8）

5. 陶灶（M4：15）

汉代M4出土陶器

1. 铜镜背面（M4：21）

2. 铜镜正面（M4：21）

3. 铜弩机（M4：25-1）

4. 铜弩机（M4：25-2）

5. 铜弩机（M4：25-3）

6. 铜弩机（M4：25-4）

汉代M4出土铜器

1. 铜帽饰（M4：23-26 ~ M4：23-29）

2. 铁剑（M4：22）

3. 盖柄铜箍（M4：23-1、M4：23-2）

4. 铜马衔（M4：23-3、M4：23-4）

5. 铜泡（M4：23-5、M4：23-6）

6. 铜軥饰（M4：23-7 ~ M4：23-10）

7. 铜车軎（M4：23-12 ~ M4：23-15）

汉代M4出土铁器与青铜器

1. 铜环形钉（M4：23-41）

2. 铜輢饰（M4：23-11、M4：23-16～M4：23-23）

3. 铜当卢（M4：23-24、M4：23-25）

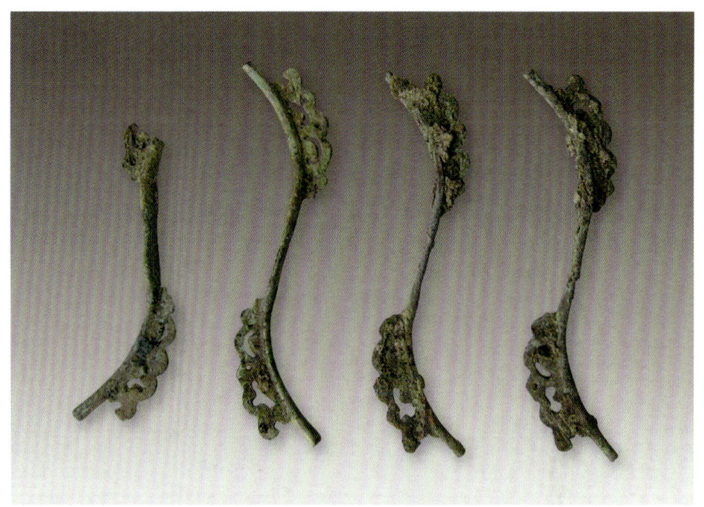

4. 铜镳（M4：24-1～M4：24-4）

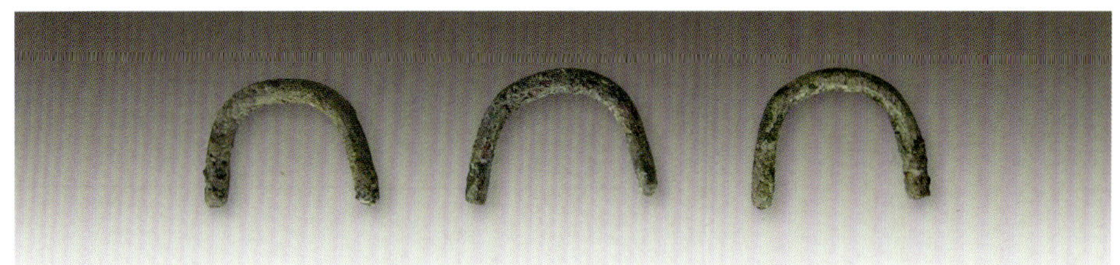

5. 铜轙饰（M4：23-42～M4：23-44）

6. 铜兽面形车饰（M4：25、M4：27～M4：29）

汉代M4出土青铜器

1. 铜盖弓帽（M4：23-30～M4：23-36）

2. 铜盖弓帽（M4：23-37～M4：23-40、M4：23-45、M4：23-46）

3. 铜盖弓帽（M4：23-47～M4：23-52）

4. 铜盖弓帽（M4：23-53～M4：23-58）

汉代M4出土青铜器

1. 陶罐（M6：1）

2. 铜镜正面（M6：2）

3. 陶钫盖（M6：3）

4. 铜镜背面（M6：2）

5. 陶钫（M7：1）

6. 陶罐（M7：2）

汉代M6、M7出土陶器与铜镜

1. 陶盒（M7：10）

2. 陶器盖（M7：13）

3. 陶壶（M7：3）

4. 陶杯（M7：4）

5. 陶匜（M7：11）

6. 陶釜与甑（M7：9）

汉代M7出土陶器

1. 玉璧正面（M7：12）

2. 玉璧背面（M7：12）

3. 陶鼎（M7：5）

4. 陶罐（M7：6）

5. 陶罐（M7：7）

6. 陶罐（M7：8）

汉代M7出土陶器与玉璧

1. 陶壶（M8：10）

2. 陶罐（M8：1）

3. 釉陶罐（M8：3）

4. 陶鼎（M8：6）

5. 陶灶（M8：8）

6. 陶圈厕（M8：7）

汉代M8出土陶器

1. 刻划鹿与鹤图（M8：2）

2. 陶灶与陶甑（M8：2、M8：2-1）

3. 陶罐（M8：12）

4. 陶罐（M8：5）

5. 铜盆（M8：4）

6. 铜盆（M8：11）

汉代M8出土陶器与青铜器

1. 陶罐（M9：1）

2. 陶罐（M9：2）

3. 陶罐（M9：3）

4. 陶罐（M9：4）

5. 铜镜正面（M9：5）

6. 铜镜背面（M9：5）

汉代M9出土陶器与青铜镜

1. 多瘤丽蚌（T3②：1134）

2. 多瘤丽蚌（T3③：1132）

3. 白河丽蚌（T3②：1128）

4. 中国尖嵴蚌（T3③：1126）

5. 中国尖嵴蚌（T3③：1127、T3②：1816）

6. 鱼尾楔蚌（T3③：1909）

丽蚌、尖嵴蚌与楔蚌

1. 江西楔蚌（T3②：1129）

2. 江西楔蚌（T3②：1029）

3. 圆顶珠蚌（T3②：1147）

4. 扭蚌（T3②：1130）

5. 黄颡鱼胸鳍刺（T2②：1140）

6. 草鱼咽齿（T3③：1136）

7. 鲤鱼咽齿（T2②：1137 ~ T2②：1139）

8. 青鱼咽齿（T2③：1151）

楔蚌、珠蚌、扭蚌与鱼骨骼

1. 青鱼咽齿骨（T6④：1135）

2. 中华鲟鱼（T2③：1134）

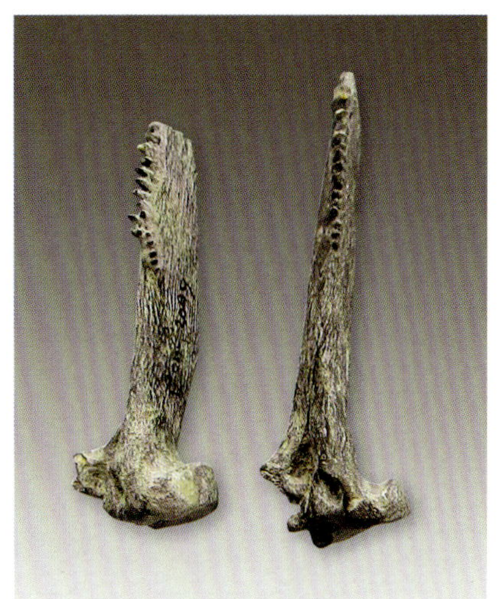
3. 鲇鱼胸鳍刺
（T3③：1945、T3③：1944）

4. 鲇鱼脊鳍刺
（T2②：1401～T2②：1403）

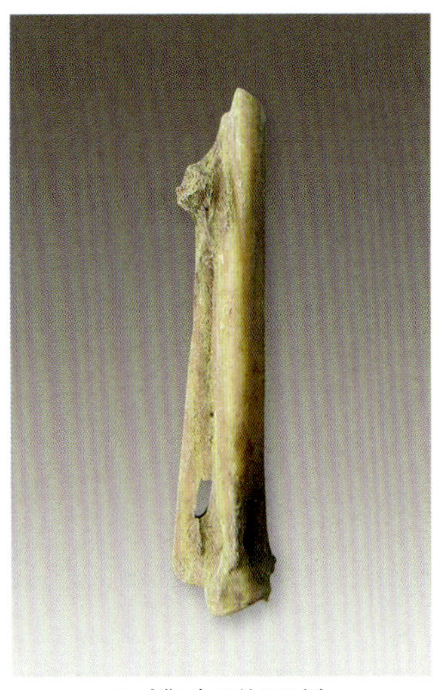
5. 雉右跗跖骨
（T3②：1130）

6. 龟骨板（T2②：1004）

7. 鳖骨板（T2②：1003）

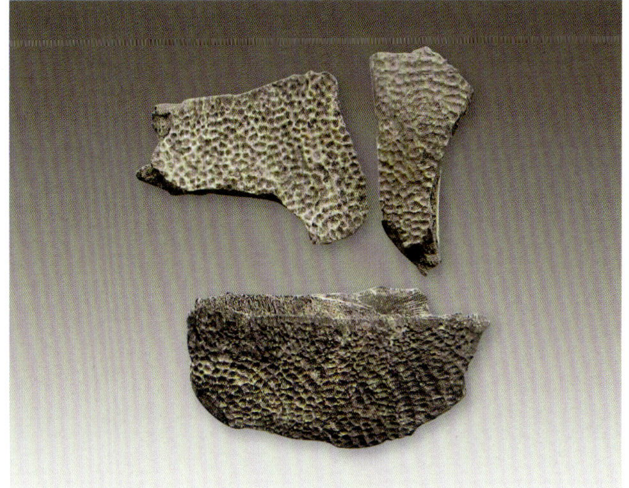
8. 鼋骨板（T3②：1002、T3②：1002-1）

鱼骨骼与鳖、龟骨板

1. 扬子鳄左下颌（T3③：1149）

2. 野猪下颌骨（T2③：1311）

3. 猪下颌骨（T2③：1241）

4. 猪下颌骨（T2③：1423、T2③：1424）

5. 猪下颌骨（T3④：1300）

6. 猪下颌骨（T3④：1302）

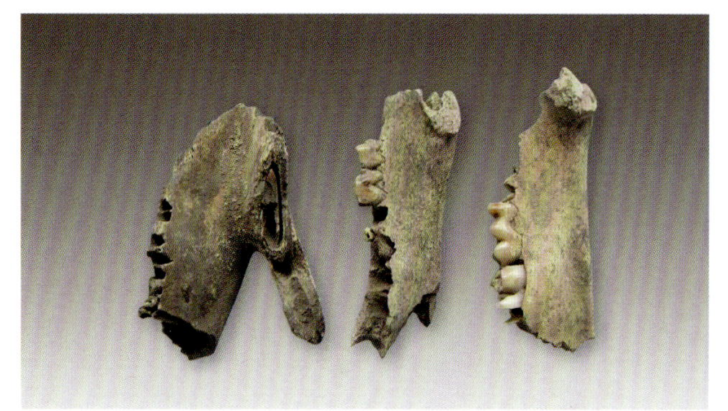
7. 猪下颌骨（T3④：324～T3④：326）

8. 猪下颌骨（T2③：1244、T2③：1245）

扬子鳄下颌骨、猪下颌骨

1. 猪下颌骨（T2④：1322、T2④：1323）

2. 猪下颌骨（T4④：1316、T4④：1317）

3. 猪下颌骨（T2④：1255、T2④：1256）、家猪左上颌骨（T2④：1104）

4. 野猪右下颌骨（T3④：1100）

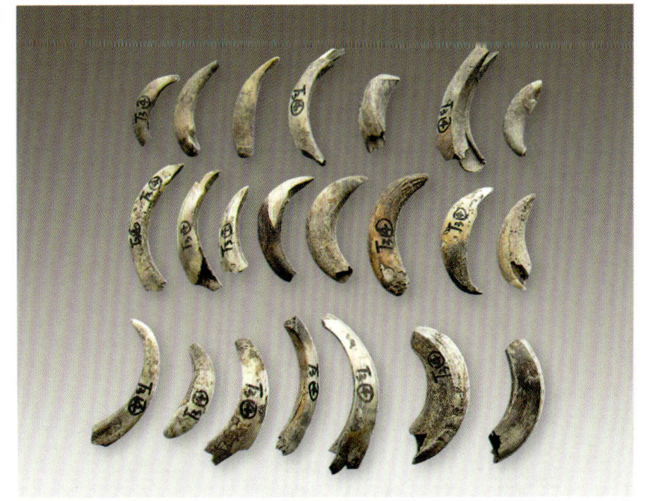

5. 猪游离齿（T3④：1200 ~ T3④：1221）

6. 野猪下犬齿（T3④：1154、T3④：1155）

猪颌骨与游离齿

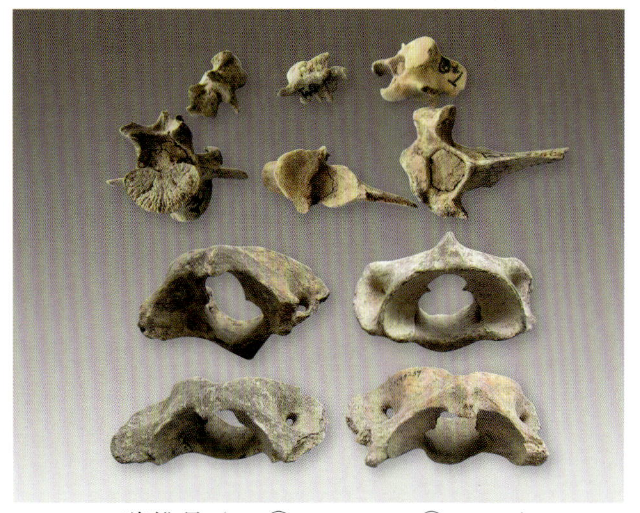

1. 猪椎骨（T4②：940 ~ T4②：945）

2. 猪寰椎（T2③：236 ~ T2③：239、T2④：163）

3. 猪肩胛骨（T2③：164、T2③：226 ~ T2③：231）

4. 猪肩胛骨（T2③：222 ~ T2③：225）

5. 猪肱骨（T2③：272 ~ T2③：274）

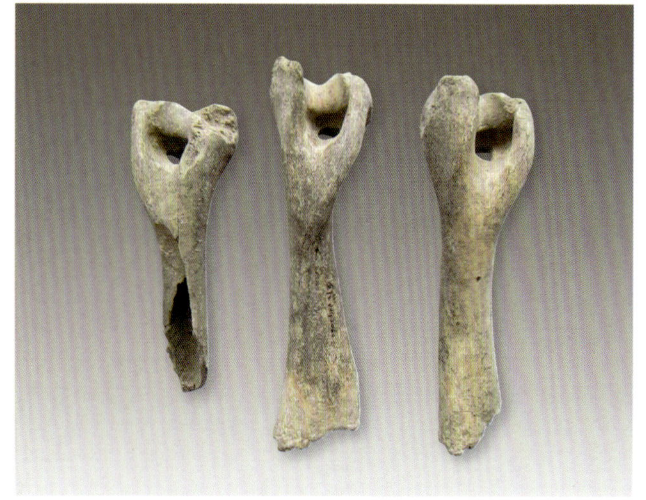

6. 猪肱骨（T2④：260 ~ T2④：262）

猪椎骨、肩胛骨与肱骨

1. 猪肱骨（T2③：275～T2③：277）

2. 猪肱骨（T2③：266～T2③：268）

3. 猪肱骨（T2④：257～T2④：259）

4. 猪肱骨（T2④：263～T2④：265）

5. 猪肱骨（T2③：284～T2③：291）

6. 猪趾骨（T3④：294～T3④：299）

猪肱骨、趾骨

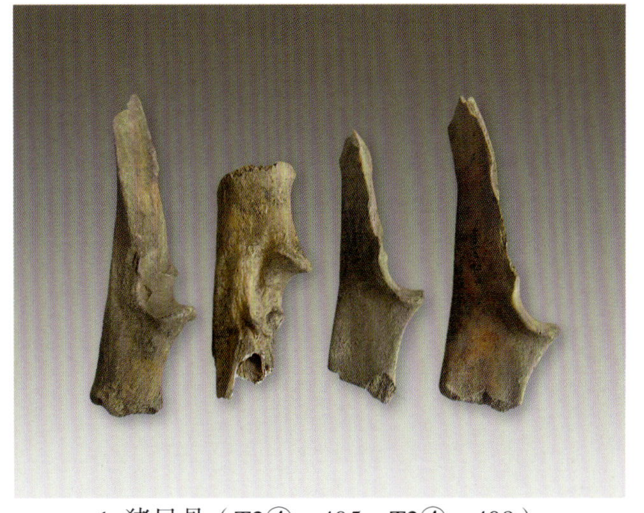

1. 猪尺骨（T2④：405 ~ T2④：408）

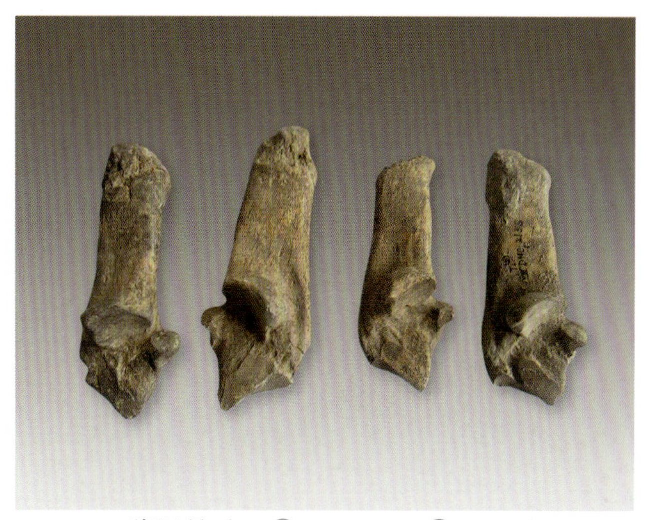

2. 猪跟骨（T2④：401 ~ T2④：404）

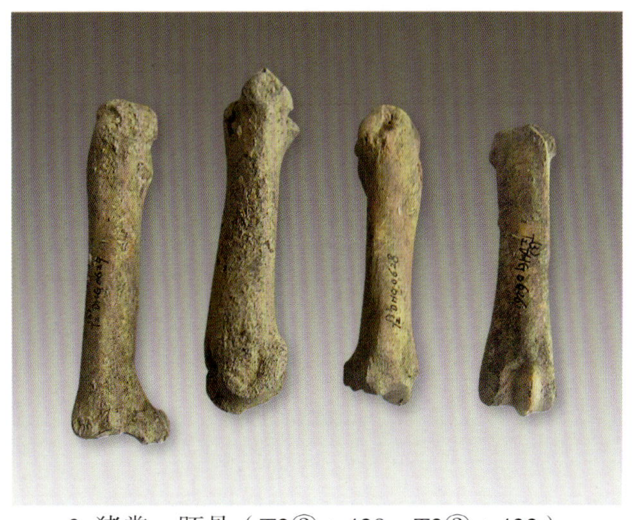

3. 猪掌、跖骨（T2③：429 ~ T2③：432）

4. 猪胫骨（T2③：380 ~ T2③：383）

5. 猪胫骨（T2③：384 ~ T2③：387）

6. 猪胫骨（T2③：388 ~ T2③：391）

猪骨骼

1. 梅花鹿角（T3③：1166 ~ T3③：1168、T3③：1166、T2③：1610、T2③：1614）

2. 梅花鹿角（T2③：1602 ~ T2③：1605）

3. 梅花鹿角（T2③：1606 ~ T2③：1609）

4. 梅花鹿角（T2③：1619 ~ T2③：1624）

5. 梅花鹿角（T2③：1638 ~ T2③：1648）

6. 梅花鹿头骨（T2③：1630 ~ T2③：1637）

7. 梅花鹿角（T3③：1679 ~ T3③：1691）

梅花鹿角与头骨片

1. 梅花鹿下颌骨（T3④：1598～T3④：1601、T2④：1016、T2③：1700～T2③：1704）

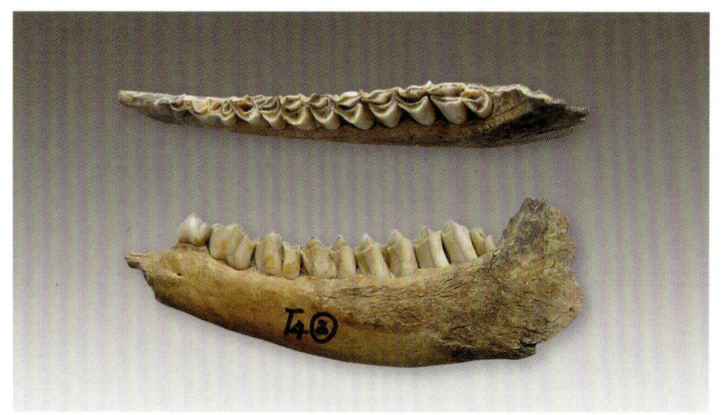

2. 梅花鹿左下颌骨（T4③：1115）

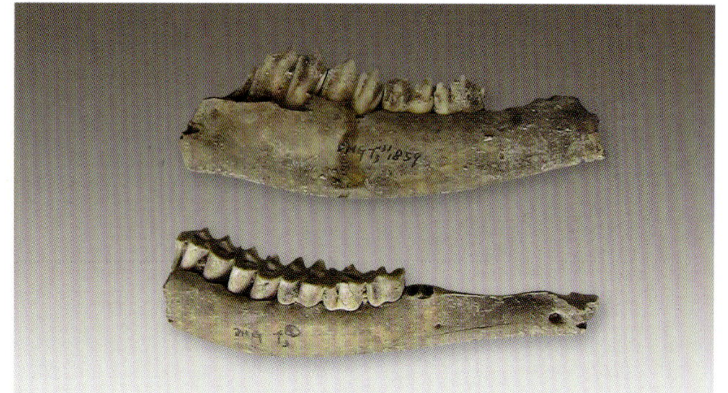

3. 梅花鹿右下颌骨（T3③：1584、T3③：1587）

4. 梅花鹿下颌骨（T2③：1706、T2③：1707、T2③：1710、T2③：114、T4②：1529～T4②：1534）

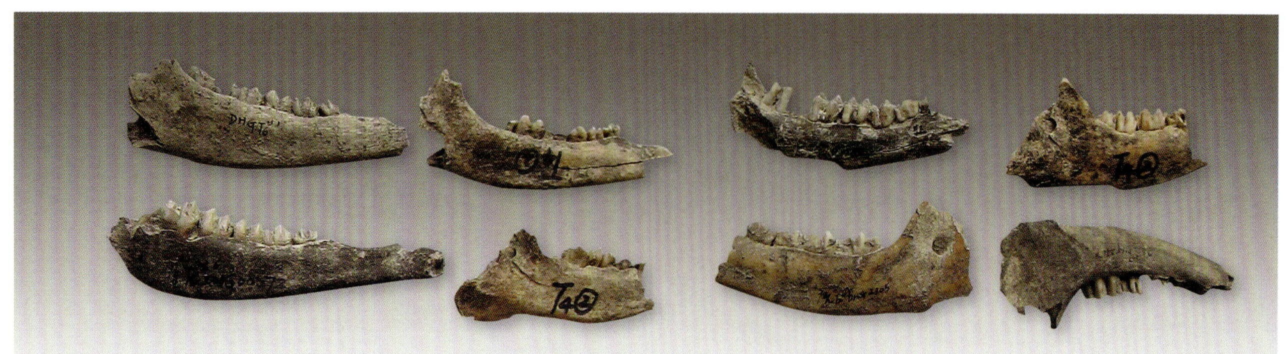

5. 梅花鹿下颌骨（T6③：1692～T6③：1694、T4②：1695～T4②：1697、T2④：1698～T2④：1699）

梅花鹿下颌骨

1. 梅花鹿枢椎（T3③：1528、T3③：1529、T2④：1526、T2④：1527）、寰椎（T2③：1522、T2③：1523、T4④：1524、T4④：1525）

2. 梅花鹿肩胛骨（T2③：1445 ~ T2③：1448、T2②：1449、T2②：1450、T3④：1451）

3. 梅花鹿肩胛骨（T2②：1169、T2②：1170）、桡骨（T3③：1455、T3③：1456、T2④：1457、T2④：1458）

4. 梅花鹿肱骨（T3③：1487 ~ T3③：1490、T2③：1491 ~ T2③：1494、T2④：1495 ~ T2④：1498、T2④：1483、T2④：1486）

梅花鹿骨骼

1. 掌骨（T2③：1507～T2③：1512）

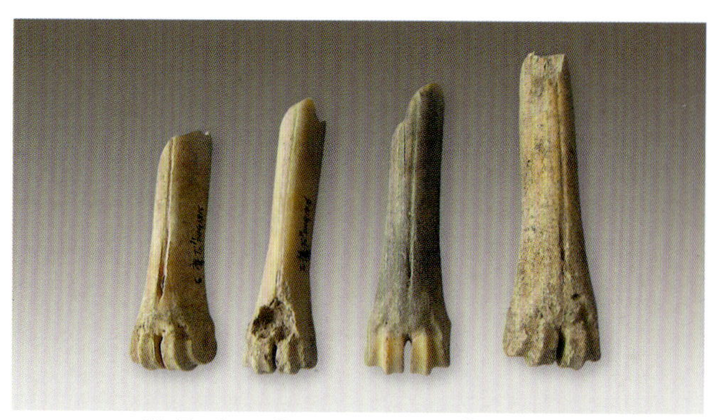

2. 掌骨（T2③：1499～T2③：1502）

3. 掌骨（T2③：1503～T2③：1506）

4. 胫骨（T2③：1477～T2③：1489）

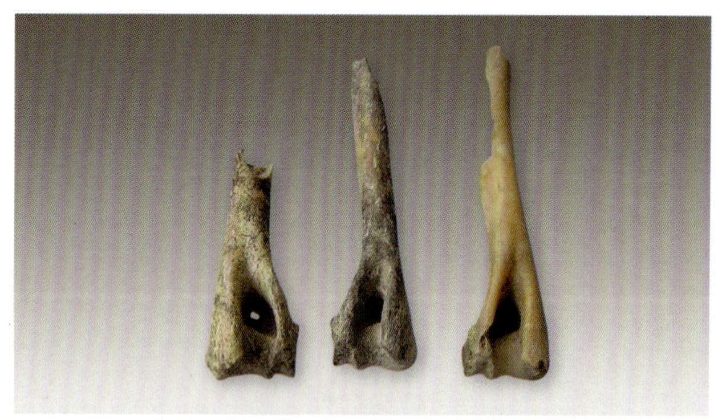

5. 肱骨（T6③：1717、T3③：1718、T3③：1719）

6. 胫骨（T6③：1482、T4②：1470、T4②：1475、T4②：1476）

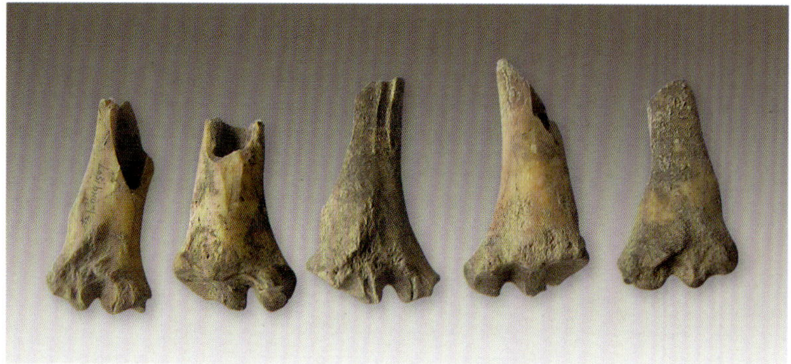

7. 桡骨（T2③：1463～T2③：1467）

8. 胫骨（T4②：1472～T4②：1474）

梅花鹿骨骼

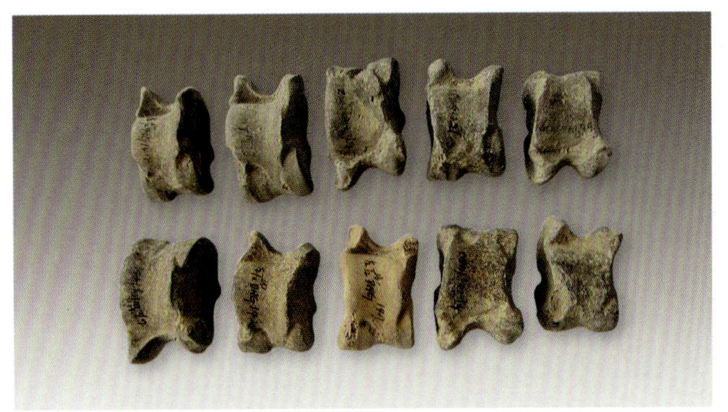
1. 距骨（T2③：1543 ~ T2③：1552）

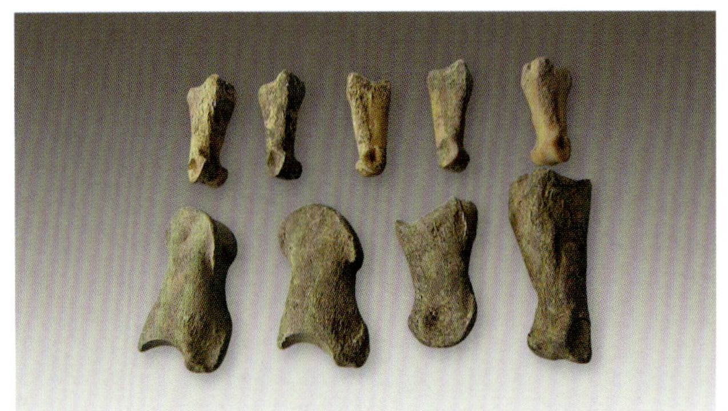
2. 趾骨（T2③：1575、T2③：1576、T4②：1577、T4②：1579、T3④：1580）

3. 跟骨（T2③：1553 ~ T2③：1563、T3④：1553 ~ T3④：1551、T2④：1564 ~ T2④：1567、T4②：1568 ~ T4②：1570）

4. 尺骨（T2④：1540 ~ T2④：1542）

5. 肱骨（T3③：1452、T3③：1453、T2④：1454）

6. 跖骨（T2③：1530 ~ T2③：1537、T4②：1538、T4②：1539）

梅花鹿骨骼

1. 獐左上犬齿（T2③：1506）

2. 獐左下颌骨（T6③：1106）

3. 獐左下颌骨（T6③：110）

4. 小型鹿科角（T3③：1714）

5. 獐左下颌骨（T6③：106）

6. 麋鹿寰椎骨（T2④：1118）

7. 麋鹿趾骨（T2③：1152）

8. 麋鹿肩胛骨（T2③：1728）

9. 小型鹿科右掌骨（T2③：1112）

10. 鹿肩胛骨（T2②：1171～T2②：1173）

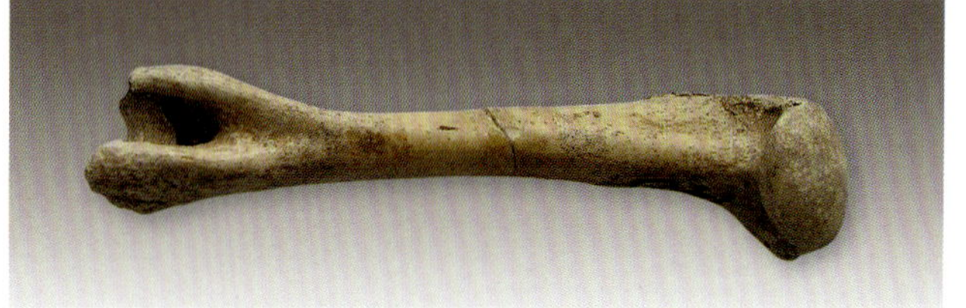
11. 小型鹿科左肱骨（T2②：1113）

鹿类与獐类骨骼

1. 麋鹿角（T2③：1152）

2. 麋鹿跖骨（T2③：1119）

3. 麋鹿尺骨（T2③：1729）

4. 梅花鹿角（T3③：1682）

5. 梅花鹿右下颌骨（T2③：1114）

6. 梅花鹿右下颌骨（T2④：1116）

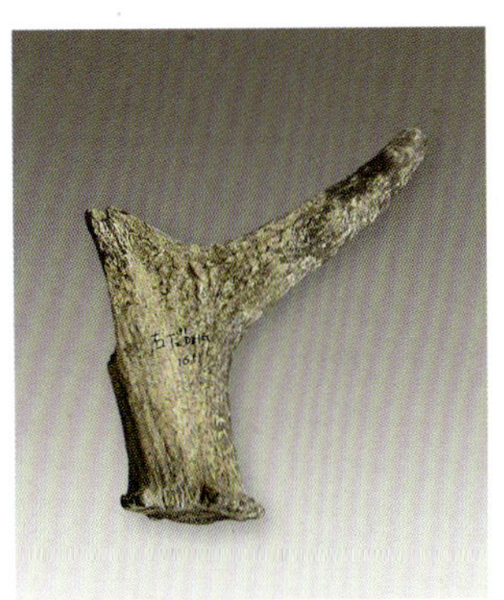
7. 梅花鹿右侧角（T2③：1165）

8. 梅花鹿角（T3③：1166）

9. 獐左下颌骨（T2③：1105）

10～13. 麝上犬齿（T4②：1148、T2③：1106～T2③：1108）

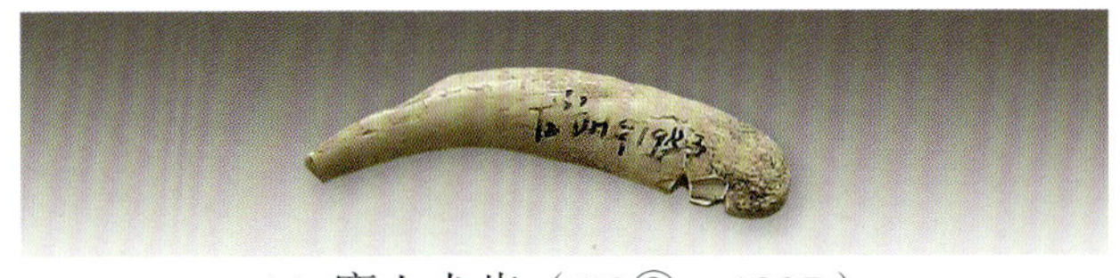
14. 麝上犬齿（T2③：1007）

15. 鹿角（T6③：1107）

鹿类骨骼

1. 麝右下颌骨（T2②：1009）

2. 麂左下颌骨（T3④：1008）

3. 褐家鼠右下颌骨（T2②：1161）

4. 牛左下M_3（T4③：1153）

5. 虎右上颌骨（T2③：1991）

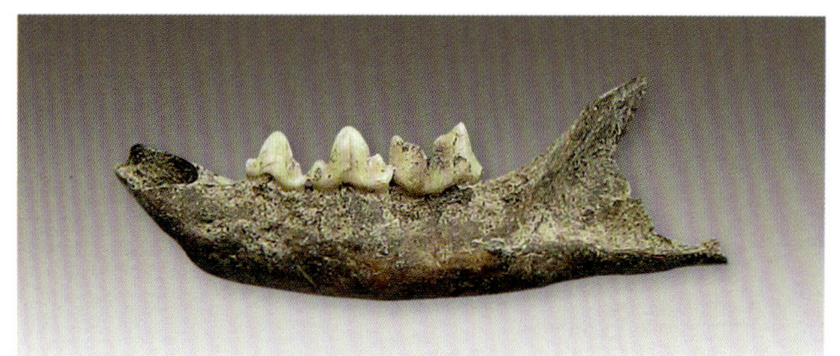

6. 猫左下颌骨（T3④：1406）

7. 虎左第三掌骨（T3③：1012）

8. 狗上颌骨（T3④：1117）

9. 狗左第四跖骨、右胫骨（T3④：1013、T3④：1014）

10. 貉左下颌骨（T2③：1992）

11. 貉左下颌骨（T2③：1994）

鹿、鼠、狗与牛类骨骼

1. 貉下颌骨
（T3③：1123、T3④：1296～T3④：1298）

2. 貉下颌骨（T3④：1768～T3④：1774）

3. 狗獾右下颌骨（T3③：1122）

4. 狗獾左下颌骨（T3③：1121）

5. 狗獾下颌骨（T2③：1730、T2③：1734）

6. 熊左下犬齿、兔右股骨
（T2③：1947、T2②：1158）

7. 兔右下颌骨（T2③：1160）

8. 刺猬右下颌骨（T3②：1159）

貉、狗獾、熊、兔与刺猬骨骼

1. 梅花鹿掌骨砍痕（T2③：1015）

2. 猪肱骨砍痕（T2③：1263）

3. 鹿角砍痕（T3③：1020）

4. 猪肱骨烧痕（T2③：1022）

5. 梅花鹿下颌骨锯痕（T2③：1023）

6. 梅花鹿肢骨锯痕（T2③：1016）

7. 骨角锯、钻孔、打磨痕迹（T2③：1021、T2③：1336、T2③：1019、T3③：1382、T3③：1026）

骨角人工痕迹

1. 骨凿、骨笄、骨锥磨痕（T2③：1017、T2③：1124、T2③：1025）、
鹿角勾形器磨痕（T3③：1027、T3③：1028）

2. 骨板钻孔痕（T2③：1018）

3. 左起考古领队阚绪杭与罗运兵、陶洋鉴定侯家寨出土动物骨骼工作照

钻孔、磨痕与工作照

定远侯家寨

（下）

综合研究

安徽省文物考古研究所　编著

阚绪杭　主编

科学出版社

北京

内 容 简 介

本书是侯家寨遗址历年考古发掘与研究工作的系统总结。侯家寨遗址1977年发现，1985～1986年进行了两次375平方米的考古发掘，出土大量陶器、石器、骨角器和动物骨骼以及一批陶器刻划符号，是安徽省最早发现具有自身两期考古学文化特征的新石器时代遗址，其考古发掘研究成果，为淮河中游地区新石器时代考古树立了标尺，填补了该地区考古学文化的空白，对建立该地区新石器时代考古学分期框架和文化谱系研究具有极其重要的价值意义。

本书适合从事考古学、古文字学、文物博物馆学、历史学、陶瓷学、动物学、生态环境学及淮河中游地区历史与文化学研究的专家、学者以及高等院校相关专业师生参考、阅读。

图书在版编目（CIP）数据

定远侯家寨：全3册 / 安徽省文物考古研究所编著；阚绪杭主编.—北京：科学出版社，2022.12

ISBN 978-7-03-074190-5

Ⅰ. ①定…　Ⅱ. ①安…　②阚…　Ⅲ. ①新石器时代文化-文化遗址-考古发掘-安徽　Ⅳ. ①K878.05

中国版本图书馆CIP数据核字（2022）第235882号

责任编辑：雷　英 / 责任校对：邹慧卿
责任印制：肖　兴 / 封面设计：张　放

科学出版社 出版
北京东黄城根北街16号
邮政编码：100717
http://www.sciencep.com
中国科学院印刷厂 印刷
科学出版社发行　各地新华书店经销
*
2022年12月第　一　版　开本：889×1194　1/16
2022年12月第一次印刷　印张：22
字数：630 000

定价：850.00元（全三册）

（如有印装质量问题，我社负责调换）

主　编：阚绪杭

副主编：陈　艳　唐更生

前　　言

安徽江淮地区的新石器时代考古工作始于20世纪30年代中央研究院历史语言研究所李景聃、王湘先生等在寿县考古调查发现了斗鸡台遗址等。五六十年代，华东文物工作队赵青芳、蒋赞初先生等在治淮工地清理了嘉山泊岗新石器时代遗址等，安徽省胡悦谦先生等在萧县对花家寺遗址开展了考古调查发掘工作等。1975年安徽省引进第一批大学考古专业毕业生，其中就有阚绪杭先生，他于1977～1978年在野外考古调查发现了定远县侯家寨和潜山县薛家岗两处重要的新石器时代遗址，并先后进行了发掘，获得重大考古新发现。20世纪80年代，苏秉琦先生提出开展“苏鲁豫皖先秦考古研究”课题，四省联合开展田野考古工作，特别是溯源考古更得到深入开展。安徽通过薛家岗、侯家寨、双墩、凌家滩等重要遗址的考古发掘研究，填补了这一地区考古学文化的空白，初步建立起安徽江淮地区新石器时代考古学文化序列与分期框架和谱系。

侯家寨遗址是江淮中部新石器中期一处典型的聚落中心遗址，位于淮河以南约60千米处的安徽定远县七里塘乡，总面积3万多平方米，1977年春发现，1985年春和1986年秋两次进行发掘，共计发掘375平方米。根据地层关系和文化遗存可分为上下两期具有自身文化特征的器物群，一期陶器均为手制，以夹砂红褐陶为主，器壁厚重，器形以鋬手平底罐形与钵形釜配套祖形支架炊器为特征，另有少数圆锥足鼎与鬶、豆、罐、盂、陶塑等，并出土大量陶器刻划符号和鹿角勾形器等。二期陶器仍多为手制，出现轮修或轮制，以夹砂红褐陶为主，泥质灰陶次之，器形以罐形与釜形鼎配套各种形状的三足炊器和大量彩陶器为特征，还有豆、钵、甑、罐、盂等。此外，两期地层还出土大量动物骨骼。此遗址为该地区新石器时代考古填补了空白，树立了标尺。

侯家寨遗址位于淮河中游南岸，属于江淮中东部文化交汇地带，因特殊的地理位置和复杂的文化内涵，其发掘资料整理研究对认识黄河和长江两大流域史前时期文化的相互影响和交流融合等均具有重要的学术价值和意义。侯家寨遗址发掘至今，对其出土遗存的认识，主要有侯家寨文化、青莲岗文化和双墩文化等说。1988年，严文明先生认为安徽江淮地区东北块的文化类型，可分为侯家寨下层和双墩、侯家寨上层和古埂下层、凌家滩及古埂上层四个阶段。1992年，邹厚本先生等重新表述青莲岗文化，并将其划分为侯家寨一期、双墩和青莲岗三个地方类型。1993年，阚绪杭先生首次提出侯家寨文化的命名，并将其划分为双墩、侯家寨下层、石山孜和侯家寨上层四个阶段。1999年，张敏先生提出江淮中部发现的侯家寨、古埂、大城墩等遗存均属侯家寨文化系统。2008年，阚绪杭先生提出淮河中游中期新石器时代文化序列为小山口文化→双墩文化→侯家寨二期文化，并指出侯家寨一期与双墩文化相同，侯家寨二期是在双墩文化基础上发展起来的后续文化。2011年以来，韩建业先生分别论证了双墩文化与北辛文化、龙虬庄文化与大汶口文化之间融合与形成的关系，提出在东部沿海地区存在一个“鼎豆壶杯鬶（盉）文化系统”。张敏先生对“考古学文化区系类型”理论进行了全面反思，重新建构了一个由若干“考古学文化系统”组成的新体系，其中青莲岗文化系统为“东夷民族文化区”，空间范畴包括海岱、江淮、宁镇和太湖这一广袤地区，而江淮中部文化区正由双墩文化、侯家寨文化和凌家滩文化等构成。

由此，我们更加认识到在江淮中东部时空节点上的侯家寨遗存的重要性，学术界三十多年来一直翘首以盼侯家寨考古材料整理研究和发掘报告的出版。2012年以来，退休的发掘领队阚绪杭先生为不辜负考古界的期望，同时秉持对事业的追求与责任心，主持了对侯家寨遗址发掘材料的全面整理和研究工作，并与安徽大学历史系、中国科学技术大学科技史与科技考古系和凤阳县文物管理所展开合作。

2014年春，阚绪杭先生主持对侯家寨遗址发掘资料进行整理研究时发现人手不足，希望安徽大学考古专业推荐2名学生协助工作。张爱冰和魏国锋老师选派2013级博士生陈艳和硕士生高超参加了整理。2016年安徽大学历史系与安徽省文物考古研究所联合申报国家社会科学基金重点项目“侯家寨遗址发掘资料的整理与研究”并获得立项。在整理工作期间，陈艳的博士论文选题由张爱冰和阚绪杭先生共同指导，她于2016年取得博士学位。2015年，张爱冰和阚绪杭先生商量安排安徽大学考古专业在读部分本科和硕士生应用侯家寨考古材料申报学校课题进行专题研究和论文撰写，得到阚绪杭先生特别支持。其中2012～2014级郝文兵、李壮、王芳璐等同学申报的国家级、省级大学生创新创业训练计划项目和大学生科研训练计划项目等均获立项。安徽大学考古学博士后流动站在站博士戴玲玲参加并接替完成了湖北省文物考古研究所罗运兵、陶洋的侯家寨遗址出土动物骨骼整理研究工作，她还完成了动物骨骼^{14}C测年的采样和送测等工作。其间她先后获得2016中国博士后基金资助和2017国家社会科学青年基金资助等。中国科学技术大学张居中带科技史硕士生采集侯家寨遗址出土陶器残留物样本进行研究并撰写论文。

至2019年底，由主编阚绪杭先生和副主编陈艳博士等完成了上下两册发掘报告初稿的编撰，并在《考古学报》上发表了整理报告。综合研究部分主要是社科课题，经过安徽大学和中国科技大学师生多年的共同努力，是在这次应用整理研究侯家寨遗址发掘材料的过程中进行的各类研究成果的一部分汇集。受时间和水平的限制，如有不足和疏漏望能得到专家们的勘正。

目　　录

（下）

插图目录

插表目录

第一章　侯家寨遗址分期、年代和文化研究

第一节　分期、年代和文化性质——侯家寨遗址出土陶器分期研究*

一、绪　　论

淮河与秦岭一起构成了一条中国重要的地理分界线，划分了中国的南方和北方。淮河的中下游几乎覆盖整个安徽北部，此地自古以来就是人类繁衍生息的重要区域。新石器时代，宁镇地区、太湖地区、中原地区和海岱地区的文化在此交汇。但是安徽地区的新石器时代考古学文化研究与周边地区相比较为薄弱，文化谱系难以建立。随着淮河上游的裴李岗文化、中游的双墩文化、下游的顺山集文化的发现和确立，淮河流域存在着重要的本土原始文化已成为学术界的共识。侯家寨遗址是安徽新石器时代一处重要的文化遗址，内涵丰富，面貌复杂，是研究淮河中游史前文化一个很好的切入点。若是对侯家寨遗存有一个更加深入的了解，将有助于安徽新石器时代文化谱系的建立。

本节的研究范围可分为三个维度。首先是空间范围，以侯家寨遗址为核心，向外辐射至淮河中下游和江淮地区。其次是时间范围，侯家寨遗址存续的时间处于新石器时代中晚期，因此距今7500～5500年是研究的时间范围。最后是研究内容，本节运用地层学和类型学的研究方法对侯家寨遗址出土陶器进行分期，再通过与侯家寨遗址相关联的遗址和文化的对比，厘清侯家寨遗存的文化面貌。

本节在系统整理侯家寨遗址发掘资料的基础上，对遗址出土的陶器进行形态分析，探讨其变化规律和发展序列，揭示其文化因素组成，明确其文化属性。

侯家寨遗址从1985年和1986年两次发掘至今，已经有30余年的时间。因地处淮河沿岸的地理位置和独具特色的文化遗存而受到学术界的广泛关注。遗憾的是，由于发掘面积较小、文化

---

* 本节作者为姚倩星。

遗存不够丰富、江淮地区还没有建立成熟的文化谱系等原因，侯家寨遗址的文化性质问题在学术界还没有取得共识。但在这30余年的时间里，对侯家寨遗址文化性质的探索一直没有停下脚步。

关于侯家寨遗址文化性质的研究，依照时间的早晚可以分为初识、深入、再认识三个阶段。

淮河流域同黄河流域和长江流域一样，也是非常重要的史前人类栖息生活的区域。但是在20世纪80年代以前，尤其是安徽地区，不论是田野工作还是综合研究都较为滞后，对淮河流域史前文化的认识和了解远远落后于黄河流域和长江流域。直至20世纪80年代末到90年代初，“苏鲁豫皖先秦考古研究”课题的提出使得学者将眼光放在淮河流域。随着该课题的推进，学术界逐渐认识到侯家寨遗址的重要性与特殊性，将其与周边的肥西古埂、含山大城墩、南京北阴阳营等遗存进行对比，以探讨其文化属性。

1988年，杨立新最早将江淮地区的原始文化分为四类，其中最早的是以侯家寨遗存和古埂下层为代表的文化遗存，称为侯家寨-古埂下层类型，认为侯家寨晚期与古埂下层年代相当，而侯家寨遗存早期和古埂下层应是同一文化的两个连续发展阶段。同类文化遗存还有含山大城墩下层、滁州朱郢山下层、肥东岗赵等。同时杨先生认为侯家寨-古埂下层类型与薛家岗类型有一定联系，有着同一文化来源[①]。

阚绪杭在1989年就对侯家寨遗址进行了分期，将第三和第四层划为一期，第二层划为二期，一期和二期文化共性是主要的，但中间有很大缺环[②]。

同年，何长风分析了以定远侯家寨遗址下层为代表的文化遗存，认为其具有独特的文化特征，代表了安徽淮河流域原始文化的一个新类型。同时排出安徽中部的文化序列：早期以侯家寨下层文化为代表，可称侯家寨类型；中期以古埂下层和侯家寨上层为代表，可称古埂-侯家寨类型；晚期以古埂上层为代表，可称古埂类型[③]。

1991年在安徽召开的“苏鲁豫皖先秦文化考古座谈会”对20世纪80年代苏鲁豫皖地区考古田野工作和研究工作进行了总结，十几位专家学者梳理了苏鲁豫皖地区新石器时代文化之间的联系与脉络，分析了侯家寨遗存与周边遗存的关系。阚绪杭认为，侯家寨遗址的出土器物与河姆渡、裴李岗、北辛等遗存完全不同，它是在淮河流域广大地区存在的较早的新石器时代文化。双墩遗存与侯家寨遗存系密切，古埂下层与侯家寨上层也有共同特征，而大城墩下层与侯家寨上层是同一文化的不同时期。阚绪杭还初步提出了“侯家寨文化”的命名[④]。

1992年邹厚本和谷建祥重新审视了青莲岗文化，将青莲岗文化分为三个类型：侯家寨一期类型、双墩类型和青莲岗类型，将侯家寨一期作为青莲岗文化的一个类型[⑤]。

同年，杨德标将江淮地区新石器时代的早期—中期—晚期序列归纳为侯家寨—薛家岗—龙

---

① 杨立新：《安徽江淮地区原始文化初探》，《文物研究》（第4辑），黄山书社，1988年。

② 阚绪杭：《定远侯家寨新石器时代发掘简报》，《文物研究》（第5辑），黄山书社，1989年。

③ 何长风：《关于安徽原始文化研究中的几个问题》，《文物研究》（第5辑），黄山书社，1989年。

④ 本刊编辑部：《苏鲁豫皖考古座谈会纪要》，《文物研究》（第7辑），黄山书社，1991年。

⑤ 邹厚本、谷建祥：《青莲岗文化再研究》，《东南文化》1992年第1期。

山三个阶段。其中属于早期遗存的有侯家寨一二期、大城墩一期、扁担岗一期、红墩寺一期和古埂早期①。

阚绪杭在1993年谈到双墩遗址的发掘与收获时再一次提及了“侯家寨文化”这个概念，并分析了侯家寨遗存与双墩遗存的关系，双墩晚期相当于侯家寨下层，而早期早于侯家寨下层②。

同年，杨立新再一次论证了安徽淮河流域的原始文化，他将江淮北部的原始文化大体分为四个阶段，其中第一阶段以双墩和侯家寨下层文化为代表，可分为前后两段，前段仅见双墩早期遗存，后段以双墩上层和侯家寨下层为代表。第二阶段以侯家寨上层和古埂下层为代表③。

同年，吴加安、梁中合、王吉怀认为濉溪石山孜遗存代表了一种新的文化类型——石山孜一期文化。侯家寨一期和石山孜一期文化因素具有相似性，属于石山孜一期文化④。3年后吴加安进一步分析了安徽北部的新石器时代文化遗存，认为皖北地区新石器文化分为早期、中期、晚期。早期以小山口一期文化和石山孜早期遗存为代表，而侯家寨早期与石山孜早期属同一文化⑤。

在这一阶段，关于安徽地区新石器时代文化的研究非常丰富，众多专家学者对一批安徽地区新石器时代遗址的文化性质和文化谱系提出了自己的看法，与侯家寨遗存相关的观点大致可以分为以下几种：一是将侯家寨遗存与古埂或双墩遗存看作一种文化类型；二是将侯家寨遗存单独作为一种新的文化类型；三是将侯家寨遗存归入其他文化，如石山孜文化、青莲岗文化中。不同观点的提出正是对侯家寨遗址文化性质初步认识的开始。

20世纪90年代末至21世纪初，学术界对侯家寨遗址的认识随着考古新材料的不断积累而逐渐深入。

阚绪杭在1993年正式提出了“侯家寨文化”命名，并将侯家寨文化分为四期：双墩→侯家寨下层→石山孜→侯家寨上层。一至三期是连续发展的阶段，文化面貌有更大的一致性。同时提出青莲岗文化与侯家寨文化之间虽然联系密切，但属于两个不同的文化⑥。

朔知在梳理安徽淮河流域早期原始文化的时候，分析侯家寨一期年代相当于北辛文化晚期，二期年代相当于北阴阳营二期文化，这也是首次将侯家寨遗存与北阴阳营遗存联系起来。并初步排出淮河中下游距今6000年前的新石器时代文化序列：一期为小山口一期；二期包括古台寺一期，石山孜第二、三次发掘的早期文化，双墩下层文化；三期包括石山孜一期、双孤堆

---

① 杨德标：《安徽江淮地区新石器时代文化》，《文物研究》（第7辑），黄山书社，1991年。

② 阚绪杭：《蚌埠双墩遗址的发掘与收获》，《文物研究》（第8辑），黄山书社，1993年。

③ 杨立新：《安徽淮河流域原始文化》，《纪念城子崖遗址发掘六十周年国际学术讨论会文集》，齐鲁书社，1993年。

④ 吴加安、梁中合、王吉怀：《皖北新石器文化遗存及其性质》，《文物研究》（第8辑），黄山书社，1993年。

⑤ 吴加安：《安徽北部的新石器时代文化遗存》，《考古》1996年第9期。

⑥ 阚绪杭：《试论淮河流域的侯家寨文化》，《中国考古学会第九次年会论文集》，文物出版社，1997年。

一期、硖山口下层、双墩上层、石山孜二期、侯家寨一期。同时分析了双墩遗存与侯家寨遗存的关联，以双墩下层为代表的文化与石山孜早期文化的共同点是明显的，但后期它将自己的特点发展成与石山孜二期文化明显不同的侯家寨一期文化[①]。

张敏在《龙虬庄：江淮东部新石器时代遗址发掘报告》的结语中也提到了侯家寨文化系统，将侯家寨、古埂、大城墩、羊角山等遗址中的新石器时代遗存归入了侯家寨文化系统[②]。

随着鹿邑武庄遗址发掘资料的公布，侯家寨遗存和武庄遗存的相似性引起了学术界的关注。张文军等对武庄遗址的文化性质进行了探讨，认为武庄一期与淮河中游的侯家寨一期、双墩、石山孜等遗存属于同一考古学文化系统。武庄二期继承了武庄一期的部分文化因素且有了新的发展，武庄二期与其年代相当、文化面貌相似的侯家寨二期，应属同一考古学文化，提出了“武庄二期文化”的命名[③]。

在这期间江苏薛城、郑州大河村等遗址发掘资料的公布，也为探讨侯家寨文化问题提供了新的视角。在这一阶段，对侯家寨遗址文化性质的探讨有了进一步加深，但学术界还是没有形成一个统一的认识。直到2005年召开“蚌埠双墩遗址暨双墩文化学术研讨会”“双墩文化”的概念得到学术界普遍认可，对侯家寨的研究进入再认识的阶段。

2007年阚绪杭和周群对双墩文化及其序列进行了初步探讨，对双墩文化的分布范围、典型文化遗存和分期等做了明确的分析，侯家寨一期、武庄一期属于双墩文化，而小山口遗存年代早于双墩遗存，古台寺遗存晚于小山口遗存而与双墩遗存年代相当。并认为侯家寨二期是一种新的文化面貌，是在双墩文化的基础上发展起来的一个新的文化类型，而武庄二期存在较多双墩文化因素，属于侯家寨二期文化类型，年代与侯家寨二期相当[④]。第二年《蚌埠双墩——新石器时代遗址发掘报告》再一次强调，侯家寨一期和二期文化面貌上存在差异，是两种不同类型的文化，这两种文化都是淮河中游文化序列组成中的一部分[⑤]。这意味着原有的侯家寨文化体系被重新界定，侯家寨一期应属于双墩文化。

综上所述，学术界对侯家寨遗址的认识是逐步加深的，从与古埂下层、大城墩下层、双墩等遗存的比较到与武庄二期相联系，再到确定侯家寨一期属于双墩文化，都为判断侯家寨遗址的文化性质打下良好的基础。但是我们也应该看到，学术界对侯家寨二期的文化性质至今没有取得共识，这对探讨淮河中游地区新石器时代文化谱系是很不利的。在认清了侯家寨一期文化性质的基础上，如何界定侯家寨二期的文化性质即本节所要探讨的重点。

---

① 朔知：《安徽淮河流域早期原始文化略说》，《东南文化》1999年第5期。

② 龙虬庄遗址考古队：《龙虬庄：江淮东部新石器时代遗址发掘报告》，科学出版社，1999年。

③ 张文军、张志清、赵新平：《试析河南鹿邑县武庄遗址新石器时代文化遗存》，《考古》2003年第2期。

④ 阚绪杭、周群：《安徽淮河流域的史前文明——双墩文化及其序列的初步探讨》，《文物研究》（第15辑），黄山书社，2007年。

⑤ 安徽省文物考古研究所、蚌埠市博物馆：《蚌埠双墩——新石器时代遗址发掘报告》，科学出版社，2008年。

二、侯家寨遗址概况

侯家寨遗址位于安徽省滁州市定远县七里塘乡袁庄村北面。定远县北与凤阳县相连，西与长丰县、淮南市相接，东与滁州市、明光市相邻，遗址距离定远县城西约40千米，距离淮河以南约60千米。

侯家寨遗址所属定远县地势整体北高南低，东、北两面环山，东有皇甫山麓，北有凤阳山脉，最高山峰为岱山，海拔347米，在地貌单元上属于江淮丘陵的一部分。境内地形较复杂，主要有三种地形：丘陵、波状平原和平原，其中波状平原面积最大，占全县总面积的80%。境内有池河和窑河两大水系，共72条河流。窑河，古称洛涧，主源称沛河，发源于狼窝山南侧，注入高塘湖入淮河①。池河为最大河流，发源于凤阳山脉，流入明光市女山湖，境内河长198千米，沿岸有一狭窄的河谷小平原。

该地水系发达，气候温和，属北温带向北亚热带向暖温带过渡气候带。季风明显而四季分明，春季温和多变，夏季炎热多雨，秋季少雨多旱，冬季干燥寒冷，无霜期长且日照充足，雨量偏少而分布不均。良好的自然环境使此地成为人类理想的宜居地。

在生产力水平低下，生命力薄弱的情况下，丰富且易获取的自然资源成为史前人类在此地生存下来的重要原因。良好的自然环境造就了此地丰富的自然资源。首先是矿产资源丰富，主要有金属矿和石矿两大类共23个品种。其次是林木资源丰富，丘陵山地有连绵不断的茂密森林，其中不乏名贵树种。最后是动物种类多样，大片林地哺育了大量禽类和兽类，丰富的水系哺育了大量的贝甲类和水生生物，为古人类提供了丰富的食物来源。

侯家寨遗址是典型的台形遗址，平面呈长方形。遗址北半部地势较高，向南呈缓坡状逐渐低平。遗址南北长200米，东西宽170米，总面积约34000平方米。遗址于1985年春和1986年秋进行过两次发掘，发掘面积375平方米。

侯家寨遗址文化堆积厚度在1.6～2.5米，共有四层堆积。在第1层下发现几座汉代土坑墓葬以及新石器时代灰坑和房址。这些遗迹均打破第2层。第2～4层均为单纯的新石器时代文化堆积地层。现结合发掘简报中公布的资料和T1东壁剖面图（图1-1），介绍一下每个地层的具体情况。

第1层：耕土层，土色浅黄灰色，土质疏松且较软，分布于整个探方。厚20～25厘米。地层中含有一些新石器时代的文化遗物，如夹砂（夹蚌末）陶片、红烧土块、红烧土颗粒及近现代的陶瓷片和砖瓦碎片等。有两座开口于第1层下的汉代墓葬和一个储藏山芋的窖坑，均打破第2、3层。

第2层：土色黄灰色，土质较硬，分布于整个探方。厚100～125厘米。地层中出土大量陶片，有夹砂（夹蚌末）红褐陶、泥质彩陶、泥质灰陶、黑陶及残陶器，有较多的红烧土块和一

① 安徽省地方志编纂委员会：《安徽省志·自然环境志》，方志出版社，1998年。

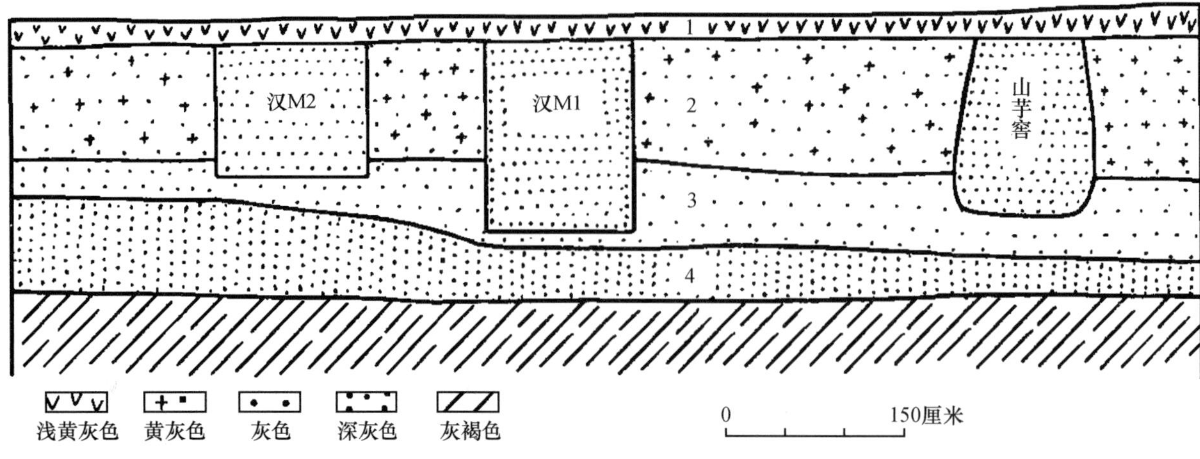

图1-1　T1东壁剖面图

些动物骨骼、螺蚌壳及少量残石器。能辨认的陶器器形有罐、釜、鼎足、圈足、豆柄、碗、器耳、钵、纺轮等。

第3层：土色灰色，土质紧实。厚30～85厘米，北部地层较薄，南部地层较厚。地层中含有大量的陶片，陶质为夹砂（夹蚌末）红褐陶、夹炭黑陶，还出土有大量的动物骨骼、螺蚌壳和红烧土块及少量石器等文化遗物。能辨认的陶器器形的有罐、釜、支架、盂形器、钵、碗、豆、纺轮等。

第4层：土色深灰色，土质坚硬。厚30～85厘米，北部地层较厚，南部地层较薄，呈坡状延伸。地层中含较多的红烧土颗粒与大量的陶片，陶质均为夹砂（夹蚌末）陶，能辨认的陶器器形有钵形釜、罐形釜、支架、罐、器耳、豆柄、圈足、器盖等。还出土有一定数量的动物骨骼。

第4层以下为灰褐色瓣状生土层，无文化遗物。

除T1外，其余四个探方的地层也都是连通的。根据土质土色，可以将四个地层划分为两大类，一类是以第3、4层为代表的灰土层，一类是以第1层耕土层和第2层为代表的黄灰土层。

第3、4两层土质皆较为紧密坚硬。这两层的包含物基本相同，其中陶器最多，但每种器形出土数量不同，数量较多的是釜、支架、钵、碗、瓷耳、罐等，较少的是盂形器、盆、盖纽、灶框、瓮、甑等，还出土极个别的鬶、鼎、勺和豆。石器和骨角器也有一些，石器器形简单，主要是锛、臼和弹丸。骨角器很多，主要是鹿角勾形器，还有几件骨锥和骨针，制作精细。另外有一些动物骨骼、螺蚌壳、红烧土等遗物。

第2层为灰黄色土，土质较紧，第1层是耕土层，经过人为耕种，土质细软疏松。第1层下有几处新石器时代的遗迹现象，均打破第2层。在三处房址中出土了残陶器和动物骨骼等遗物。在第1层中也发现了一些红褐色陶片和小块彩陶片，这些陶片受到人为干扰，难以判定其年代，因此皆不列入分期考虑。在第2层中发现大量的红烧土块、残陶片、动物骨骼、螺蚌壳和石器等遗物。陶器中发现了较多的鼎、鼎足、罐、钵、豆、器耳等，还发现了一些釜、盘、盂、碗和少量支架、壶、甑、勺。第2层还出土了大量制作精良的彩陶，彩绘纹饰主要绘制在豆、盘、钵、罐、碗等器物上，颜色鲜艳，纹饰精美。

这四个地层依次叠压但有所区别。第1、2层和第3、4层的土质土色明显不同，包含物也有所区别，第1、2层以鼎、豆、钵为主，器物种类更加丰富，流行彩陶，泥质陶较多。第3、4层以釜、支架、罐为主，出土大量刻划符号和鹿角勾形器，陶器陶质大多夹粗砂和蚌末。

三、侯家寨遗址出土陶器的类型与分期

1. 主要陶器的类型与演化

侯家寨遗址出土了大量的陶器、石器及骨角器，其中陶器种类最丰富、数量最多，编号在册的陶器及残片或残件近一千件，其中完整的和修复完整的有两百多件。陶器种类涵盖鼎、釜、钵、碗、甑、罐、豆、瓮、大口器、盂形器、壶、盆、支架、灶框、鬶等十几种。陶质陶色有夹砂或夹蚌末红褐色陶、褐色陶、外红内黑色陶、灰色陶和黑色陶，陶胎黑色的夹炭陶，泥质红陶和灰陶。器表以素面抹光为主，有的施红衣，少数还有纹饰，如指甲纹、刻划纹、按窝纹、附加堆纹、乳钉纹等，另有彩绘纹饰及镂孔。在十几种陶器中选取了釜、支架、鼎、鼎足、豆、罐、钵、碗、器耳、器盖和盖纽这十类器物进行类型学的研究。

侯家寨遗址地层关系简单，只在第1层下发现几个灰坑和房址，因此将以第1层下的灰坑和房屋内出土的陶器为基础向前寻找其发展规律，剩下的将以地层为依据进行类型学划分，依据地层难免有不完善之处，在筛选后若还有不足请批评指正。

1）釜

侯家寨遗址出土釜数量较多，共70件，其中修复复原器33件。陶釜的器形较大，胎壁较厚且粗糙，多夹蚌末，少数夹砂。陶色多为红褐色，有一些为外红内黑色。大多带有两个或四个鋬手，纹饰以素面为主，有少量指切纹和戳刺纹。器形有罐形釜和钵形釜两类。

罐形釜　器形较大且厚重，以夹蚌末的红褐色陶为大宗。根据腹部和口部的不同可分为三型。

A型　深腹。根据腹径的变化可分为二式。

Ⅰ式：卷沿，平底，深腹，最大腹径在中下部，两个对称鋬手呈窄鸡冠形。T2④：286（图1-2，1），胎质夹蚌末，陶色外红内黑。口沿较宽外侈。器壁粗厚，器表内外有明显的整平刮削痕。T4④：31，胎壁粗厚夹蚌末，陶色内外皆红褐色。口部卷沿较窄。器内有刮削痕。

Ⅱ式：有卷沿和直沿两种，深斜直腹，最大腹径下移。两个鋬手呈窄鸡冠形，冠部饰指切纹。T2③：156，胎质夹蚌末，陶色外红内黑。直沿，沿微外侈。两个对称鋬手装在肩部偏下位置，冠部饰指切纹。T3③：138（图1-2，2），胎质夹蚌末，陶色内外皆红褐色。卷沿。

演化趋势：最大腹径下移，从鼓腹变为斜直腹。

B型　卷沿，弧腹，平底。肩腹部有鋬手。胎质夹蚌末，陶色内外皆红褐色。有鋬手且冠

部饰指切纹。T3③：213（图1-2，3），口径较大，宽沿，外卷，颈部微束。肩部饰四个对称鸡冠形鋬手。通高29.6、口径27.6、腹径29.6、底径16.8厘米。T1③：61（图1-2，4），口径较小，束颈，鼓腹为圆弧形。肩部饰两个窄鸡冠形鋬手。通高26.4、口径16、腹径27.6、底径15.6厘米。

演化趋势：口径变小，颈部向内束紧，腹部从圆弧腹变为圆鼓腹，鋬手减少。

C型　口部无沿稍向内敛，腹部呈圆弧状，平底，肩部饰鸡冠形鋬手。胎质夹蚌末，陶色内外皆红褐色。根据器形大小不同可分为二式。

Ⅰ式：T1④：92（图1-2，5）与T1④：93，均器形较大，饰四个宽扁形对称鸡冠形鋬手，冠部饰指切纹。T1④：92通高33.4、口径37、腹径42.2、底径21.4厘米。T1④：93通高32、口径33.4、腹径39.8、底径21.4厘米。

Ⅱ式：T2③：155（图1-2，6），口部内敛较明显。器形相比Ⅰ式较小，尤其是口部。肩部饰两个对称窄鸡冠形鋬手。通高23.8、口径18、腹径25.3、底径14厘米。

演化趋势：器形有变小趋势，鋬手减少，口部向内收敛。

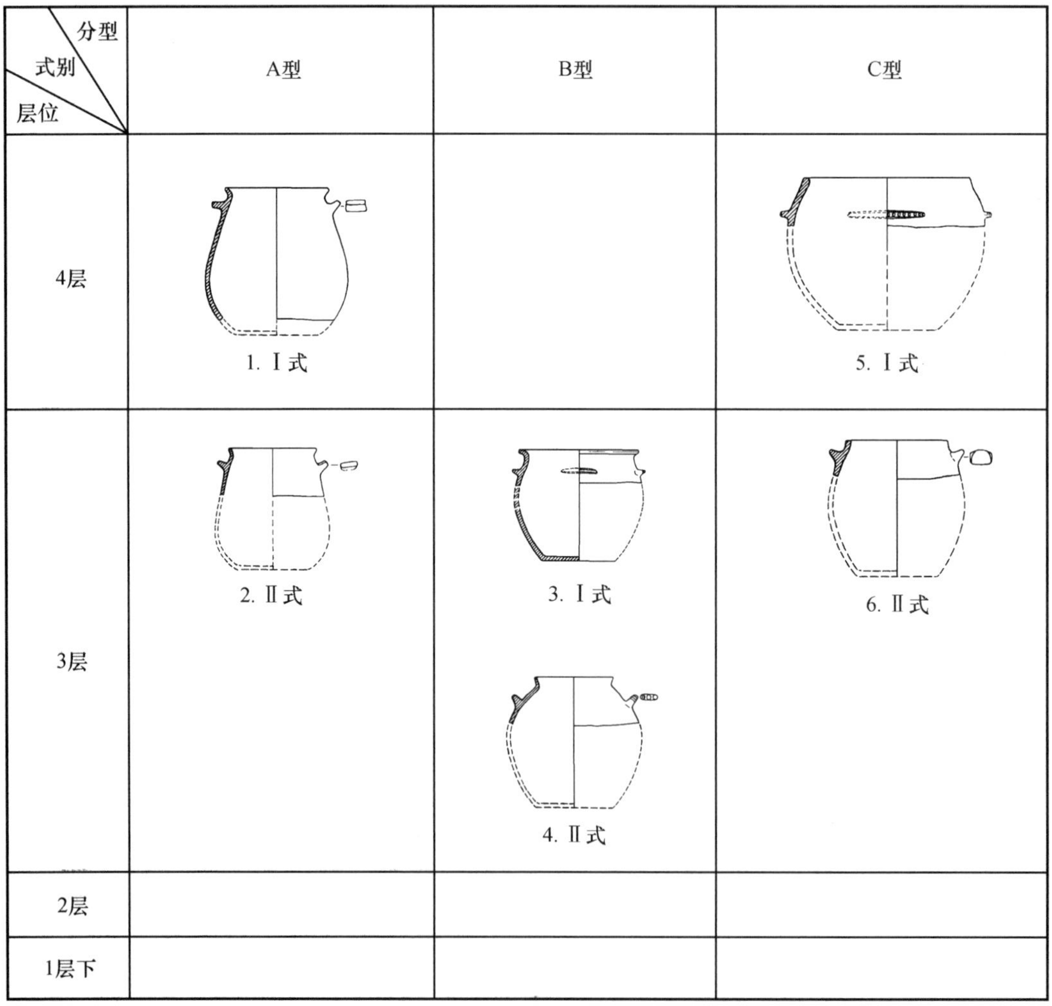

分型 / 式别 / 层位	A型	B型	C型
4层	1. Ⅰ式		5. Ⅰ式
3层	2. Ⅱ式	3. Ⅰ式 4. Ⅱ式	6. Ⅱ式
2层			
1层下			

图1-2　罐形釜

1. T2④：286　2. T3③：138　3. T3③：213　4. T1③：61　5. T1④：92　6. T2③：155

钵形釜　器形有大有小，陶质夹蚌末，陶色以外红内黑为多。根据口部和肩部的不同可分为三型。

A型　折肩。根据口部形状不同可分为三个亚型。

Aa型　侈口，折肩。器形较大，侈口圆唇，肩部有折棱，器表有纹饰。根据颈部形状的不同可分为二式。

Ⅰ式：T2④：260（图1-3，1），为口腹部残片。胎质夹蚌末，陶色外红内黑。颈部较短且微束，腹部斜直。口沿下饰一周指切纹。T3④：296，为口腹部残片。陶质粗糙夹蚌末，陶色外红内黑。窄平沿，腹部斜直。肩部折棱处饰戳刺纹。

Ⅱ式：T1②：62（图1-3，2），胎质夹砂，陶色内外皆红褐色。大口，折沿，束颈，颈部较长，肩装有两个称窄鸡冠形錾手，腹部斜弧状。颈部饰弦纹，錾手冠部饰指切纹。

演化趋势：陶质更加精细，颈部变长，腹部外弧度增加。

Ab型　敛口，折肩。口部稍内敛，肩部有折棱。胎质夹蚌末。器表大多有纹饰。肩部饰四个宽扁形对称鸡冠形錾手。根据器形大小的不同可分为三式。

Ⅰ式：器形较大。T3④：330（图1-3，3），陶色外灰褐色内黑色。口沿较宽。折棱部位饰指切纹。外沿间饰竖条刻划纹。錾手两端饰乳钉纹。通高21、口径37.4、腹径40、底径21.6厘米。T2③：238，器形较大。陶色内外皆红褐色。折棱部位和錾手冠部均饰指切纹。通高23.8、口径50、底径26.4厘米。

Ⅱ式：器形中等。T6③：54（图1-3，4），陶色外红内黑。折棱部位和錾手冠部均饰指切纹。口沿外部饰连续三角形刻划纹。通高18.8、口径37、底径20.6厘米。T2④：287，陶色内外皆红褐色。陶器素面，外表粗糙，有抹平痕迹。通高18.6、口径33.2、底径18.6厘米。

Ⅲ式：器形较小，口径较大。T1②：63（图1-3，5），陶色内外皆红褐色。折棱部位和錾手冠部均饰指切纹。通高14.6、口径39、底径21.2厘米。T3②：136，陶色内外皆红褐色。折棱部位和錾手冠部均饰指切纹。通高14.6、口径35、底径18.8厘米。

演化趋势：器形有变小趋势，腹部有变浅趋势。

Ac型　直口，折肩。直口，肩部有折棱且大多饰四个宽扁形对称鸡冠形錾手。胎质为夹蚌末，陶色为内外皆红褐色。根据口部和肩部的不同可分为二式。

Ⅰ式：T6④：102（图1-3，6），器形较小。口部与肩部距离较大，腹部斜直，平底。肩部饰四个宽扁形对称鸡冠形錾手。錾手冠部和肩部折棱部位饰指切纹。T6③：85，口部与肩部距离较大，腹部斜直，平底。肩部饰四个宽扁形对称鸡冠形錾手，錾手及器身皆素面。

Ⅱ式：T3②：135（图1-3，7），器形较小。口部与肩部距离较小，腹部斜弧内收。折肩下饰四个宽扁对称鸡冠形錾手。折棱部和錾手冠部均饰指切纹。

演化趋势：口部与肩部间的距离变小。

B型　敞口。广敞口，无沿，斜腹内收，平底。器形较大，肩部饰四个宽扁形对称鸡冠形錾手。胎质夹蚌末。T3④：332（图1-3，8），陶色外红内黑。饰四个宽扁形对称鸡冠形錾手，錾手素面。T3③：218（图1-3，9），陶色内外皆红褐色。饰四个宽扁形对称鸡冠形錾

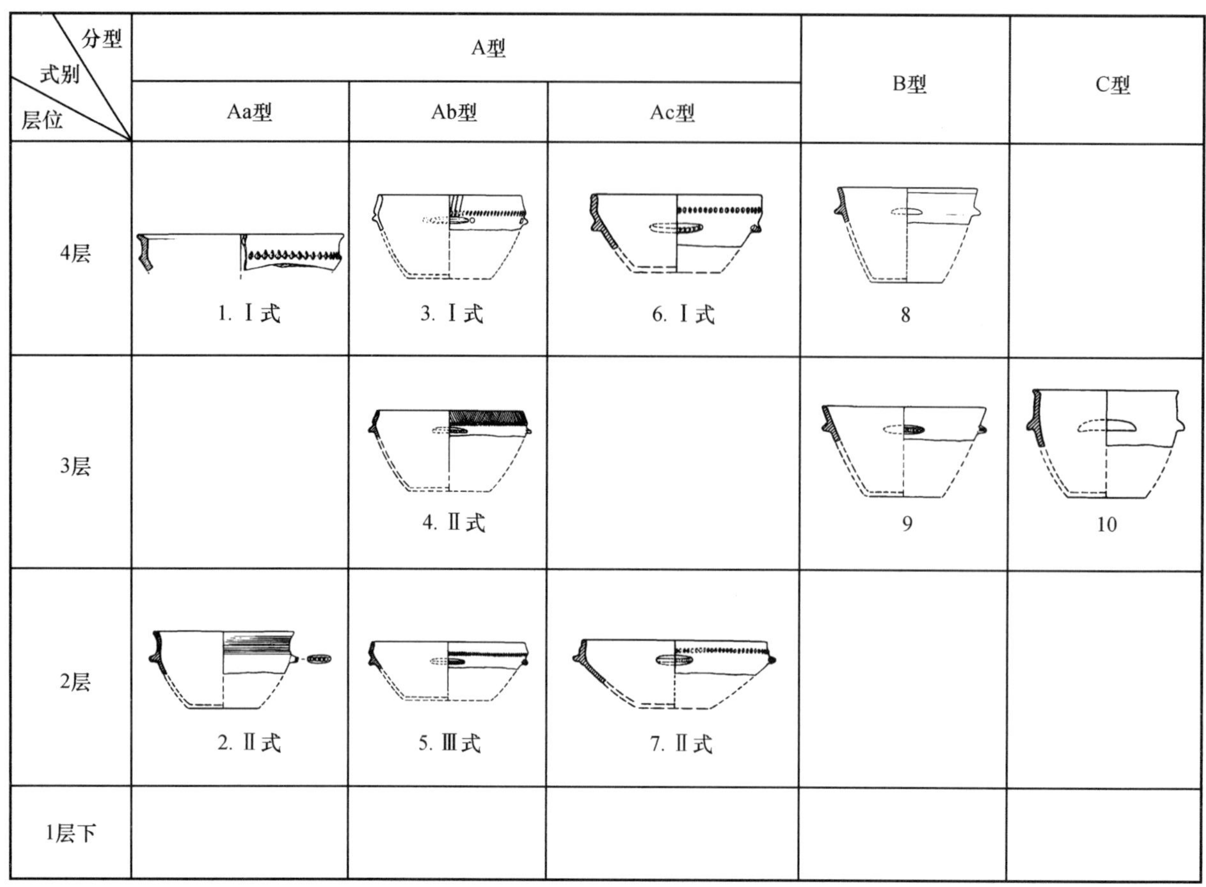

图1-3　钵形釜

1. T2④：260　2. T1②：62　3. T3④：330　4. T6③：54　5. T1②：63　6. T6④：102　7. T3②：135　8. T3④：332　9. T3③：218　10. T3③：219

手，鋬手冠部饰指切纹。

C型　大口，带沿。大口，窄沿，窄卷沿外侈，深弧腹内收，平底。有4个宽扁形对称鸡冠形鋬手，鋬手素面。T3③：219（图1-3，10），胎质夹蚌末，陶色内外皆红褐色，器壁粗厚。

陶釜数量较多，在第2～4层都有发现，其中第4层最多，第3层其次，第2层较少，而第1层下开口的遗迹单位中不见。釜的型式多样，且大多带有实用性与装饰性并存的鋬手。陶质较为粗糙，以红褐陶居多，器形较为厚重。器表基本素面抹光，但鋬手冠部大多饰指切纹，折棱部位饰戳刺纹。从出土层位和数量来看，作为炊器的釜使用时间跨度较长，基本贯穿整个遗址存续时间。但是随着时间的推移，釜的数量有所减少，使用频率越来越低，到最后被别的器形所取代而消失不见。

2）祖形支架

支架出土数量不多，仅15件，修复复原7件。修复复原的支架均为祖形支架，少量圆柱形支架残损严重难以区分。祖形支架与釜一起使用，三个一组将釜支起，于下方生火炊煮。陶色多为红褐色，灰褐色或灰色。胎质粗夹蚌末或夹砂。根据器形和大小的不同可分为二型。

A型　器形较大，支架顶端为蘑菇状或圆球状，底端为圆柱体或抹角方柱体。T1④：131

（图1-4，1），上半截圆柱体顶端为蘑菇形。胎质夹蚌末，陶色红褐色。支架整体粗壮硕大，上半截顶端为蘑菇状，下半截为圆柱体，底部稍宽于柱体。通高41.6、最大径12.2厘米。T3③：118（图1-4，2），上半截圆柱体顶端为弯头状。器形稍小。胎质夹蚌末，陶色为红褐色。上半截顶端为弯头状，下半截为圆柱体。底部有一圆柱形孔。通高31.5、最大径7.5厘米。T1④：130（图1-4，3），上半截顶端为蘑菇状，下半截为圆柱体。顶部半圆形出檐连接一道凸棱。

B型　器物小巧玲珑，顶端为蘑菇状或椭圆状。T2③：255（图1-4，4），支架整体较小。陶色为黑色，胎质略显细腻。上半截顶端为蘑菇状，柱体为圆柱状。支架外部弯曲处有一凸棱。

支架因与陶釜作为炊煮工具一起使用，因此与釜出土数量的规律一致，即第4层出土最多，第3层其次，第2、1层下的遗迹单位中不见。支架立于地面可重复使用，因此出土数量并不多。器形变化不大，样式单一，只有逐渐变小的趋势，这与釜的大小变化相统一。“祖形支架”这种特殊的形式可能代表侯家寨人的一种男性生殖崇拜，从一个侧面反映出这个时期或许处在母系社会向父系社会过渡的时期。

3）鼎

出土数量较多，但大多为破碎残片，残件的修复复原件共计27件。陶色以外红内黑为主，部分灰褐色。胎壁较厚且粗糙，多夹蚌末。器形以中小型为主，根据器身形状的不同可分为釜

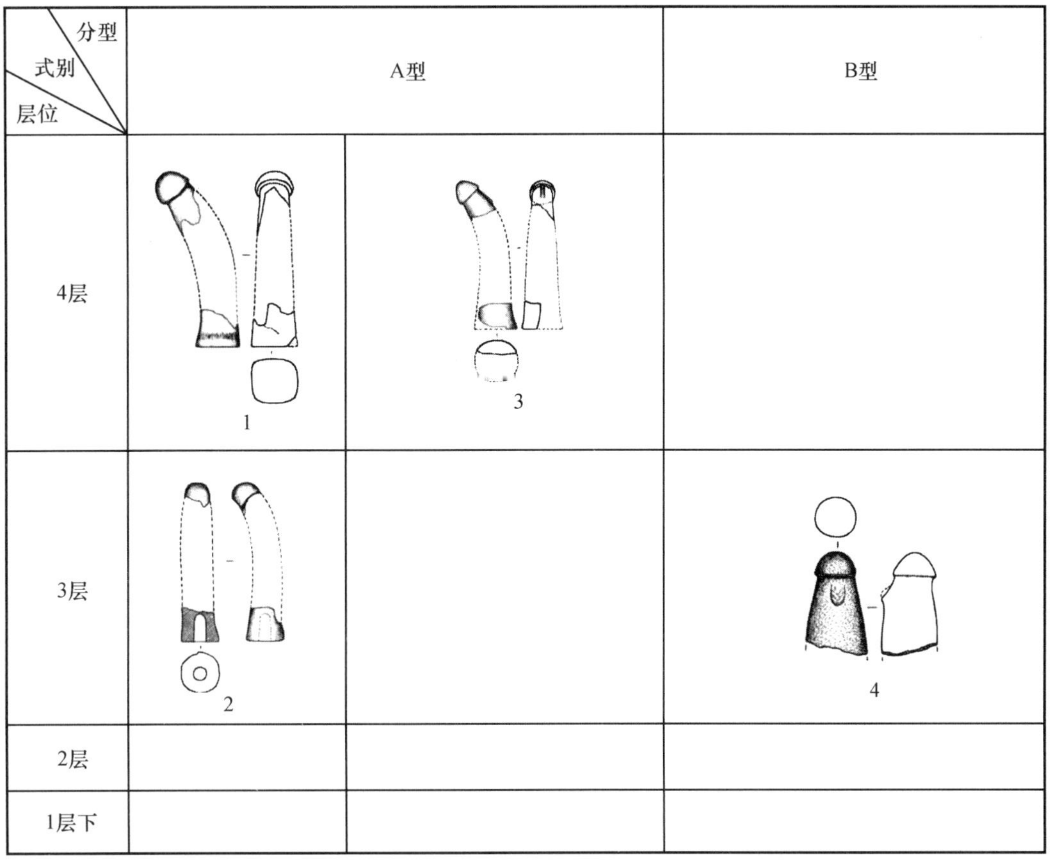

分型 式别 层位	A型		B型
4层	1	3	
3层	2		4
2层			
1层下			

图1-4　祖形支架

1. T1④：131　2. T3③：118　3. T1④：130　4. T2③：255

形鼎、罐形鼎和盘（钵）形鼎。

釜形鼎　器身似釜，折腹，圜底，三足。根据口、腹的不同可分为二型。

A型　大口折腹釜形鼎。大口，窄沿，沿微外卷，折腹或圆弧腹内收，圜底，三足。胎质夹蚌末，器内外表粗糙有刮削痕，肩腹部均有纹饰。根据颈部形状的不同可分为三亚型。

Aa型　大口微内敛，平窄沿，方唇，颈肩上腹不分，折腹内收，折棱明显。三个宽扁形足。根据器底的不同可分为二式。

Ⅰ式：T1②：60（图1-5，1），陶色外红内黑。圜底，底部圆滑。三个鼎足外撇较甚。折腹处饰附加堆纹、指切纹，肩上腹部饰弦纹。

Ⅱ式：F3：2（图1-5，2），陶色外灰内黑。圜底，底部略尖。三个鼎足较集中且微外撇，足外侧中间凹槽形。

演化趋势：器身圜底由圆变尖，足部外撇程度减小。

Ab型　平窄沿，圆唇，束颈，折腹，三个宽扁形足。根据足部及口腹部的不同可分为二式。

Ⅰ式：T1②：58（图1-5，3），陶色外红内黑。大口微内敛，折腹折棱明显，弧腹内收，圜底，三个鼎足较集中且外撇较甚，足外侧中间凹槽形。上腹部饰弦纹。通高16.8、口径14、腹径14、身高11.2厘米。

Ⅱ式：H4：3（图1-5，4），陶色外灰内黑。大口微敞，颈肩上腹部分呈内弧形束收，圜底，三个宽扁弯曲形足，足外侧中间凹槽形，凹槽两侧有两排并列指切纹。沿部有一圈弦

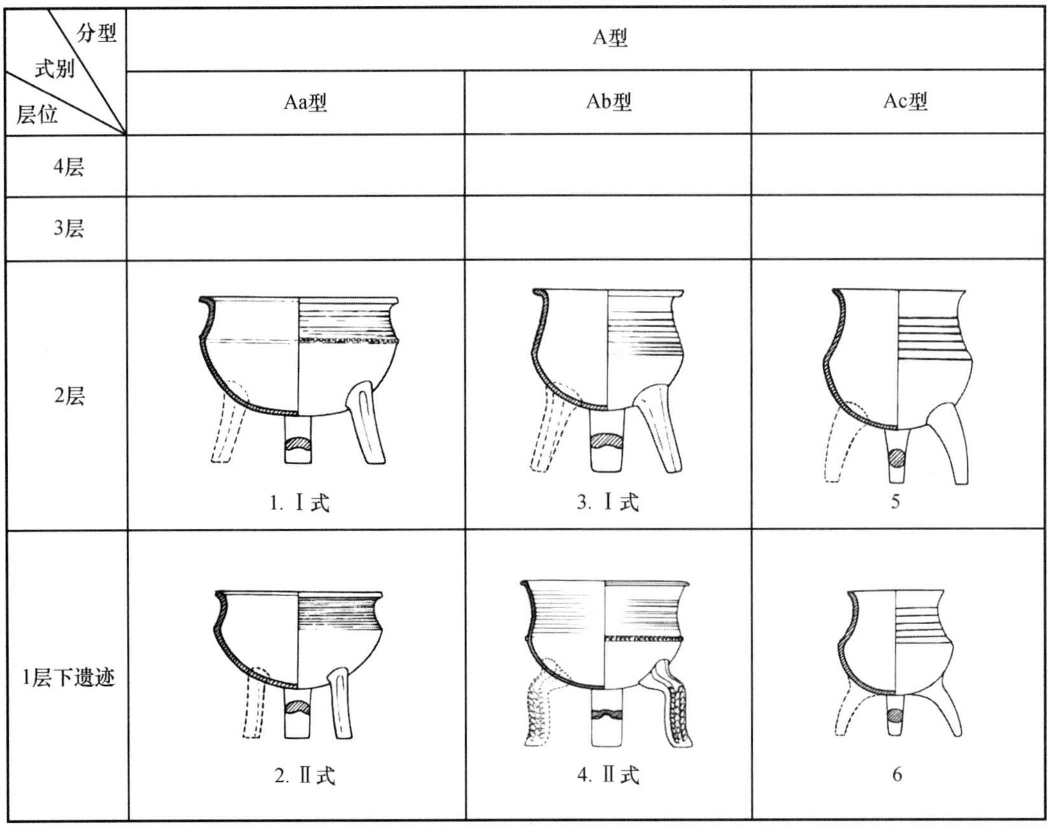

分型 / 式别 / 层位	A型		
	Aa型	Ab型	Ac型
4层			
3层			
2层	1. Ⅰ式	3. Ⅰ式	5
1层下遗迹	2. Ⅱ式	4. Ⅱ式	6

图1-5　釜形鼎

1. T1②：60　2. F3：2　3. T1②：58　4. H4：3　5. T3②：132　6. H5：6

纹，肩腹部饰多道弦纹，折腹处饰附加堆纹及指切纹。通高22.8、口径23.8、腹径22、身高25厘米。

演化趋势：器形有变大趋势，口部由内敛变为微敞，颈部变长且内弧更加明显，足部特征更加凸显。

Ac型　器形中等。口外侈，颈收缩，领部较高且下方有折棱。颈腹部多饰若干平行弦纹。弧腹下坠，最大径在腹底部。外撇的圆锥形足。T3②：132（图1-5，5），陶色灰褐色。口部外侈，肩上腹微内弧形，肩腹部折棱明显，圆弧腹，圜底，三个圆锥形足。H5：6（图1-5，6），陶色灰褐色。口部外侈，肩上腹微内弧形，肩腹部折棱明显，圆弧腹，圜底，三个圆锥形足。

B型　小口扁折腹釜形鼎。敛口，高领，扁折腹内收，圜底。鼎足宽扁形且外侧有凹槽。器内外表粗糙有刮削痕，胎质夹蚌末。肩腹部饰弦纹，折腹处饰附加堆纹加指切纹。根据口部形状的不同可分为二式。

Ⅰ式：直口，圆唇，直领。T3②：134（图1-6，1），陶色外红内黑。足外侧饰凹槽加戳印纹。

Ⅱ式：敛口，圆唇，直领微外侈。F3：1（图1-6，2），陶色内外皆红褐色。H5：7，陶色外红内黑。敛口，圆唇，直领微外侈。肩腹饰一周圆形泥条状乳钉纹。

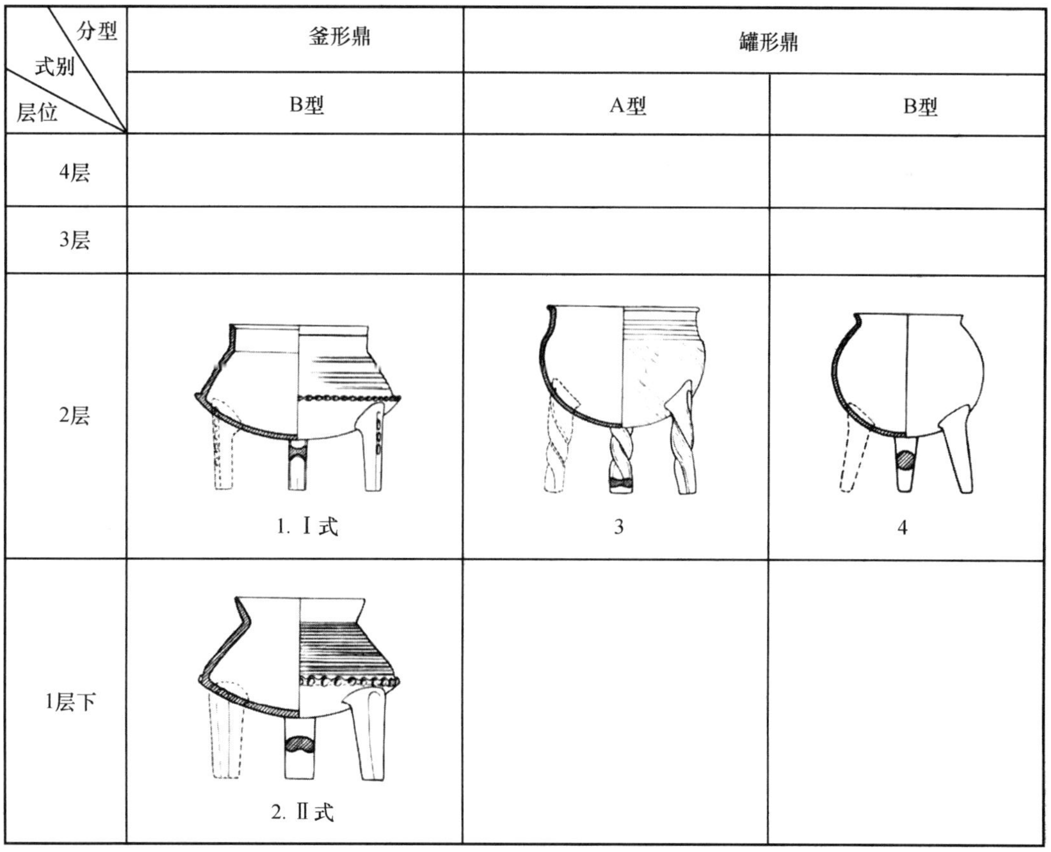

分型 / 式别 / 层位	釜形鼎	罐形鼎	
	B型	A型	B型
4层			
3层			
2层	1. Ⅰ式	3	4
1层下	2. Ⅱ式		

图1-6　釜形鼎和罐形鼎

1. T3②：134　2. F3：1　3. T2②：147　4. T2②：146

演化趋势：口部从直口变为敛口，直领有外侈趋势。

罐形鼎的鼎身为罐形，沿微外卷，圆唇，束颈，圆弧腹内收，圜底。器表经过打磨比较光滑。根据器形大小、领部高低及腹部形状的不同可分为二型。

A型　器形较大。敞口，束颈，圆腹。T2②：147（图1-6，3），陶色内外皆红褐色。平窄沿，圆唇，领部内弧，圆弧腹内收，圜底，鼎足为麻花形。肩颈部饰弦纹。通高24.6、腹径21.8、口径20.2、身高16厘米。T3②：133，陶色外灰褐内黑。窄侈沿，圆唇，领部稍内收，圆弧腹内收，圜底，三个扁形足，外侧有凹槽。通高25.6、腹径26、口径27.6、身高16.6厘米。

B型　器形较小。口部微敞，矮领，球腹，圜底。鼎足为圆锥形。T2②：146（图1-6，4），陶色外红内黑。最大腹径在中部，圆鼓腹。整个器身皆素面。通高15.8、腹径13.8、口径9.8、身高11.9厘米。

盘（钵）形鼎　鼎身为盘形或钵形，敞口，浅腹。器表打磨，内壁多有刮削痕。根据鼎身的不同可分为二型。

A型　盘形鼎。器形小，制作精细。根据足部和腹部的变化可分为二式。

Ⅰ式：T2③：237（图1-7，1），胎质夹蚌末，陶色为黑色。沿外撇，内沿折棱明显，浅腹，圜底，四个圆柱形矮足。

Ⅱ式：T2②：149（图1-7，2），红色泥质彩陶。敞口，盘形，肩部折棱明显，浅腹，平底，小矮足。腹部饰弦纹。

演化趋势：足部从四足变为三足，陶质从夹砂变为泥质，出现彩陶，底部从圜底变为平底，折肩从无到有。

B型　钵形鼎。根据口部和腹部的变化可分为二亚型。

Ba型　折肩钵形鼎。根据是否有把手及颈部变化可分为二式。

Ⅰ式：T2②：145（图1-7，3），陶质为红色泥质彩陶。大口微敞，直沿，肩部折棱比较明显，深腹钵形，圜底，三个扁矮足。足外侧饰指切纹。口部内外饰红色彩带纹。

Ⅱ式：F1：7（图1-7，4），胎质夹蚌末，陶色红褐色。敞口，窄平沿，颈部微束，折肩，圜底，腹部装有把手，三个扁矮足。

演化趋势：颈部向内收，腹部变浅，把手从无到有。

Bb型　敞口钵形鼎。根据足部的不同可分为二式。

Ⅰ式：T3②：25（图1-7，5），口部缺失。陶质为泥质黑陶，圜底，底部三足短小稍外撇，足尖上弯如钩状。

Ⅱ式：H5：1（图1-7，6），腹部装有把手但有残缺。器形较小。胎质夹蚌末，陶色外红内黑。圜底，三个矮足外撇。腹部饰两周并列指切纹。

演化趋势：器形有变小趋势，把手从无到有。

陶鼎集中出土于第1层下遗迹单位和第2层中。釜形鼎第3、4层不见，罐形鼎第3层不见，钵（盘）形鼎第4层不见。但第3、4层中都出土了鼎足，说明这个时期鼎这种器形或许已经出现。鼎大多陶质细腻，部分有彩绘，未发现火烧痕迹，因此推测为盛食器，因有足归为鼎类。

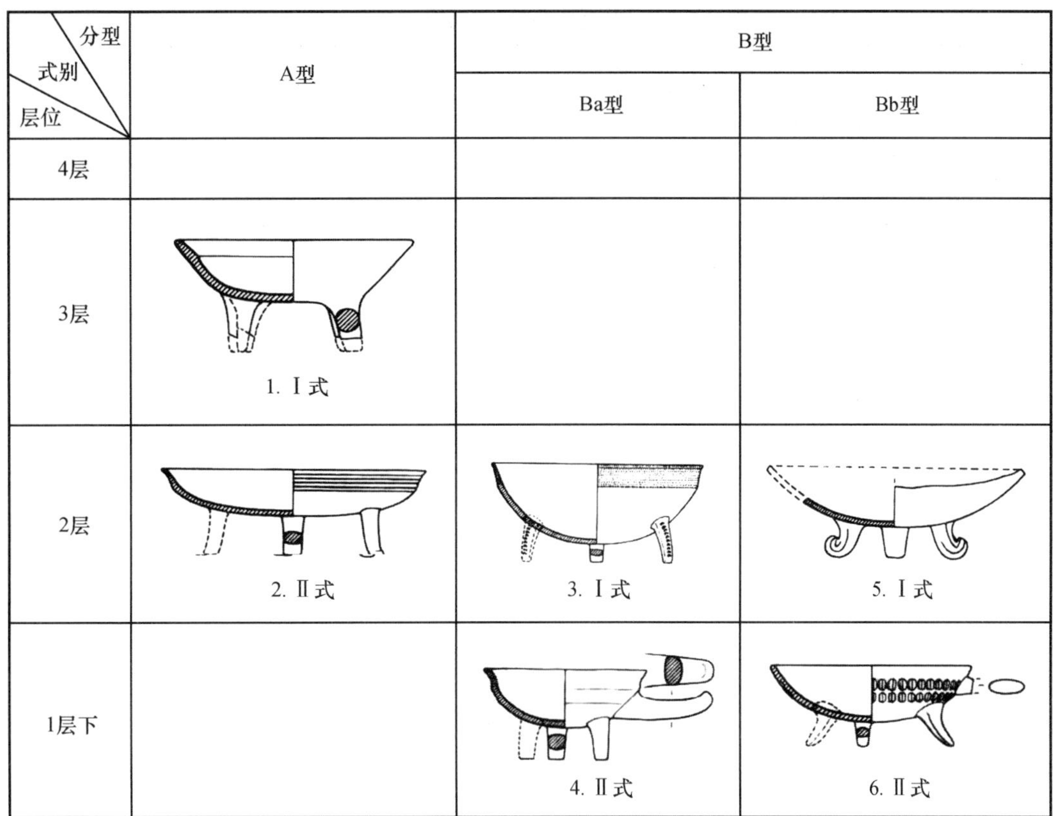

图1-7　盘（钵）形鼎

1. T2③：237　2. T2②：149　3. T2②：145　4. F1：7　5. T3②：25　6. H5：1

将鼎与釜相对比可得出如下结论：鼎与釜都是炊煮工具，两者之间有可替代性。釜集中出土于第3、4层，以第4层最多，而鼎尤其是釜形鼎在第3、4层缺失，可以证明釜的消亡与鼎的出现有关。早期炊煮食物以支架支起的釜为主，晚期以鼎为主，鼎足代替了支架的作用。虽然鼎的形式多样，但是没有抛弃釜形器，这也说明釜形器在炊器中的重要地位。

4）鼎足

侯家寨遗址出土鼎足数量较多，大部分保存较完整，有必要将鼎足单独整理，以清晰了解鼎足的样式和特点。

鼎足的陶色多为红褐色，少量彩陶。红褐色陶陶质粗糙，多夹蚌末，红色彩陶足质地比较细腻，可能为泥质陶。鼎足形状大小各异，大致可以分为五类：圆锥（柱）足、扁形足、麻花足、草帽足、弯曲足。现将出土的鼎足进行统计结果如表1-1所示。

从统计结果中可以看出：鼎足集中在第2层，第3层有部分，第1层下的遗迹及第4层中较少。这与鼎的出土情况大致相同，只是第1层下的遗迹较少，与地层中的器物量有差距，出土鼎足并不多。这五个大类中圆锥足和扁形足最多，从修复的完整陶鼎器中可见一斑。而麻花足、草帽足、弯曲足有侯家寨的地方特点。

圆锥（柱）足数量众多，按大小不同可分为大形足（图1-8，1）和中形足（图1-8，2）两类，对于残缺严重无法辨别大小的单列一类。由表1-1可知圆锥（柱）足第4～1层下遗迹单位中都有，但集中在第2、3两层，大形足与中形足数量相当。

表1-1　鼎足统计表

层位 / 类型	圆锥（柱）足/件			扁形足/件				麻花足/件	草帽足/件	弯曲足/件		小计/件
	大	中	残	宽	窄	矮	残			前后弯	两边弯	
1层下	0	0	3	4	2	1	1	0	1	1	0	13
2层	8	1	17	12	9	7	6	3	13	0	1	87
3层	4	2	5	5	1	1	4	1	0	0	0	23
4层	0	0	4	1	1	0	1	0	0	0	0	7
小计	12	3	29	22	13	9	12	4	14	1	1	130
	54			56				4	14	2		

扁形足数量与圆锥足相当，按照形状的不同分为宽扁形足（图1-8，3）、窄扁形足（图1-8，4）和矮扁形足（图1-8，5）三类，对于残缺严重无法判定形状的单列一类。由表1-1可知扁形足第4～1层下遗迹单位中都有，集中出土于第2层。宽扁形足多于窄扁形足，矮扁形足少量。

麻花足（图1-8，6）出土于第2、3两层，数量很少。

草帽足（图1-8，7）出土于第1层下遗迹单位和第2层中，集中出土于第2层。

弯曲足分为前后弯曲（图1-8，8）和两边弯曲（图1-8，9）两类，出土于第1层下遗迹单位和第2层，数量很少。

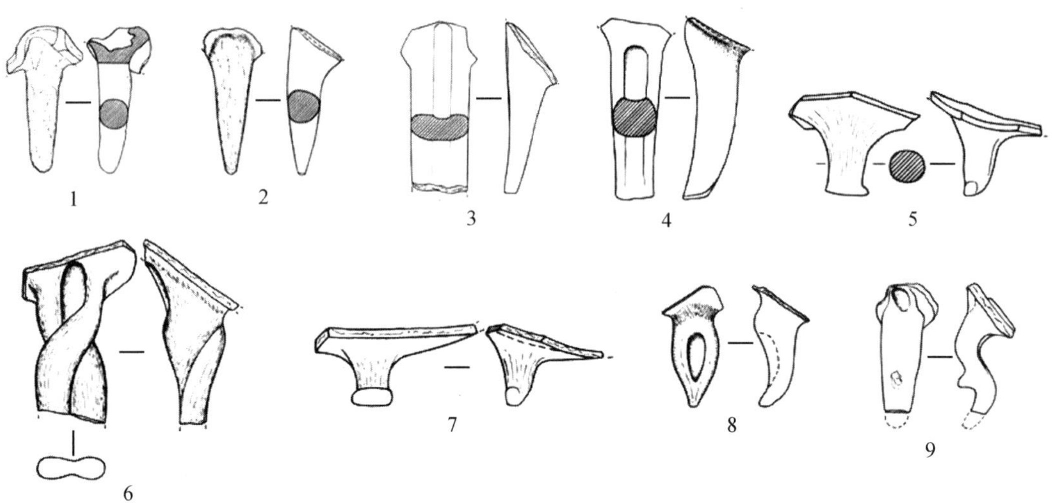

图1-8　鼎足

1. T2②：11　2. T2②：24　3. T1②：27　4. T6②：23　5. T2②：40　6. T1②：30　7. T2②：28　8. T3②：30　9. H3：10

5）豆

侯家寨遗址出土陶豆数量较多，其中5件完整器，残件修复复原的有12件，其余残件按部位可以分成豆座、豆柄、豆盘口沿等部分。残件难以按照统一标准分型分式，以残缺部位来划分恐有不准确之处，因此大部分用完整器和修复复原件作为典型器形进行分型分式讨论，以期对出土陶豆有一定了解。

陶豆的陶质绝大部分为泥质彩陶，陶质细腻，制作较精。彩陶底色多为橘色或暗红色，豆盘饰几何形图案花纹。黑陶豆多为素面，外表留有制作时的弦纹。圈足外撇呈喇叭形，根据豆盘形状和深浅的不同将其分成钵形豆和盘形豆两种。

钵形豆　根据豆盘口沿及肩腹部的不同可分为四型。

A型　敛口。豆盘口微敛，豆柄细长，豆盘和豆柄多有彩绘纹饰。根据豆盘和豆柄形状略有不同可分为二式。

Ⅰ式：T3②：131（图1-9，1），器壁较薄。彩陶纹饰有所磨损，但隐约可见豆盘口部饰一圈红色宽带状纹饰。豆座顶部、中部和底部各饰一条红色宽带，三条彩带中间有两组连续三角形。豆柄内部似有轮制痕迹。

Ⅱ式：H1：2（图1-9，2），泥质彩陶，外施红彩，内表黑色，底色为橘色。器壁薄。豆盘较深。口沿顶端及肩部下方各饰一条红色宽带状条纹，两条彩带中部饰两条平行水波纹。豆座顶部、中部和底部各饰一条红色宽彩带，三条彩带中间有两组连续三角形。

演化趋势：豆盘有变深的趋势，器壁越来越薄，陶质越来越细。

B型　折沿。豆盘口部内敛，折沿，豆柄粗矮。器壁较薄。根据豆盘和豆柄形状的不同可分为二式。

Ⅰ式：T2②：143（图1-9，3），红色泥质彩陶豆。口沿中部饰一周勾连云纹。豆盘较浅，口沿内敛，折沿处较矮，豆柄微外弧。

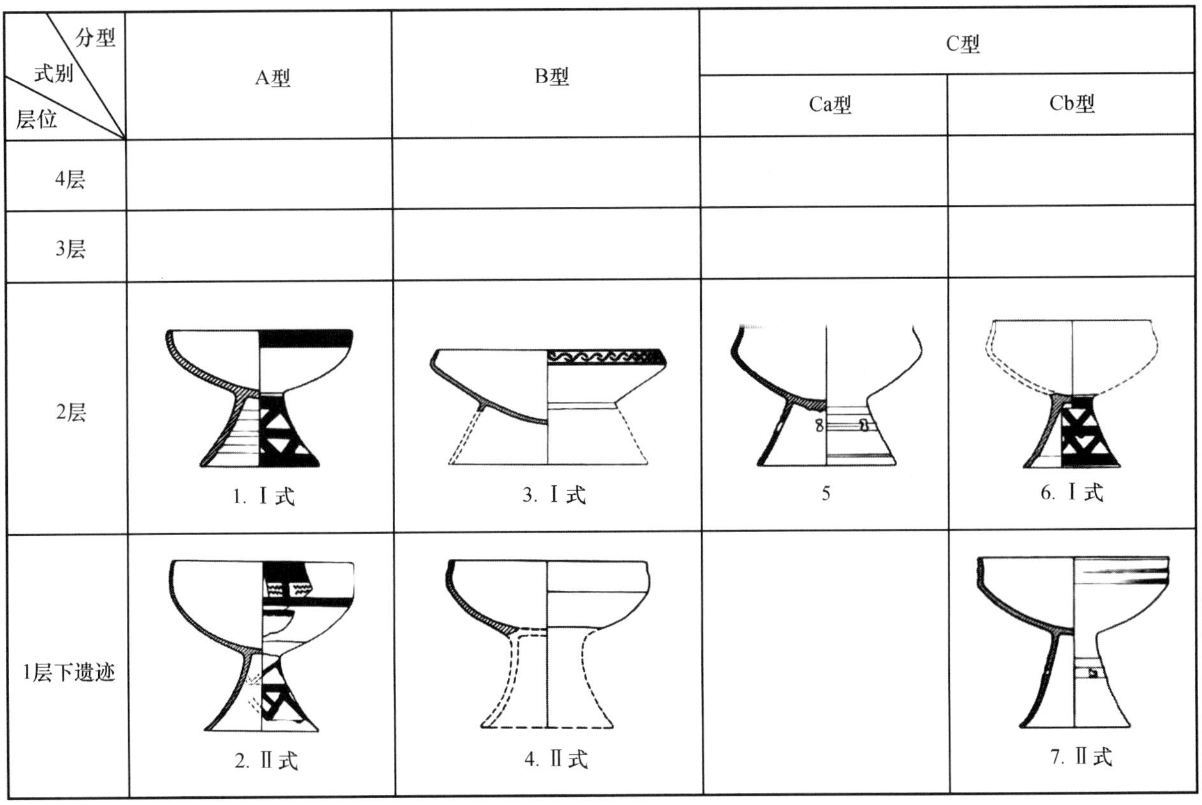

分型 / 式别 / 层位	A型	B型	C型	
			Ca型	Cb型
4层				
3层				
2层	1. Ⅰ式	3. Ⅰ式	5	6. Ⅰ式
1层下遗迹	2. Ⅱ式	4. Ⅱ式		7. Ⅱ式

图1-9　钵形豆

1. T3②：131　2. H1：2　3. T2②：143　4. H3：2　5. T2②：141　6. T3②：125　7. H5：2

Ⅱ式：H3∶2（图1-9，4），红衣彩陶。豆盘口部稍内敛，豆盘口沿中部有一道凸弦纹，豆柄内弧较甚。

演化趋势：豆柄愈加细长，口沿从内敛变为微敛。

C型　折肩。豆盘口部内敛，折肩。根据豆柄粗细的不同可分为二亚型。

Ca型　粗柄豆。豆柄粗矮，豆座有镂孔。器壁较薄。T2②∶141（图1-9，5），泥质黑陶。豆盘素面，豆柄中部有三道凸弦纹，弦纹处间饰竖8字形镂孔5个。豆柄上部和豆座各有两条弦纹。T3②∶127，红衣彩陶。矮形大圈足，豆柄中部略外弧，圈足上中下间饰横竖8字形镂孔。

Cb型　细柄豆。豆柄细长。根据豆盘和豆柄的不同可分为二式。

Ⅰ式：T3②∶125（图1-9，6），豆盘经修复。口微敛，器壁略厚。豆座顶部、中部至底部各饰一条红色宽带，三条彩带中间饰两组连续三角形。T3②∶129，内外底色皆为橘色，外施红衣彩陶。器壁较薄。豆座顶部、中部至底部各饰一条红色宽带，三条彩带中间饰两组连续三角形。T3②∶124，泥质黑陶。器壁略厚。豆盘口微敞，折肩处很明显。腹部有一条凸弦纹，上下饰两条细弦纹。豆柄应有8字形镂孔。

Ⅱ式：H5∶2（图1-9，7），泥质黑陶。器壁较薄。豆盘口微敞。肩口之间饰两道凸棱，圈足中部有三道凸起弦纹，弦纹处上下间饰横8字形镂孔6个。

演化趋势：豆盘口部从内敛到微敞，豆柄愈加细长，器壁越来越薄。

D型　折腹。豆盘口微敛，折腹，豆柄细长。器壁较薄。都饰彩绘纹饰。根据豆盘和豆柄略有不同可分为二式。

Ⅰ式：T3②∶128（图1-10，1），内外底色皆为橘色，外施红衣。肩部内折。口沿顶端和肩部各饰一条红色宽带状条纹。两条彩带中部饰两条平行间隔水波纹。

Ⅱ式：H3∶11（图1-10，2），底色为橘色，外施红衣，内为黑色。肩部略有弧度。口沿顶端、肩部及肩部下方各饰一条红色宽带状条纹。口沿和折肩中部饰两条平行的长水波纹间隔云纹的纹饰。

演化趋势：豆盘肩部由内敛到外弧，豆柄更加细长。

盘形豆　根据豆盘的不同可分为二型。

A型　盘口敞开，腹部有折棱，豆柄细长。器壁较薄。T3②∶126（图1-10，3），泥质黑陶。豆盘折腹，折棱明显。豆柄上部和中部分别间隔饰对称横排两圆孔。豆柄中部有三条凸弦纹。

B型　盘口完全敞开，豆柄粗矮。器壁较薄。T3②∶130（图1-10，4），红彩陶。豆盘较浅，呈盘形。盘口内外均饰红色宽带状纹。

陶豆在新石器时代的遗址中一般能体现出当地较高的陶器制作工艺和独特的地方属性，侯家寨也不例外。遗址出土的豆在第4层、第2层和第1层下的遗迹单位中都有发现，第3层虽然没有完整器或修复器，但有少量彩绘豆柄出土。豆形式多样，也富于变化。陶质从早期夹砂陶到晚期的泥质陶，越来越精细，器壁也越来越薄。豆柄有粗细两种，从第4层开始就有粗柄豆和细柄豆两种，细柄豆没有太大变化，粗柄豆的柄逐渐变粗，但到第1层下就消失不见了。

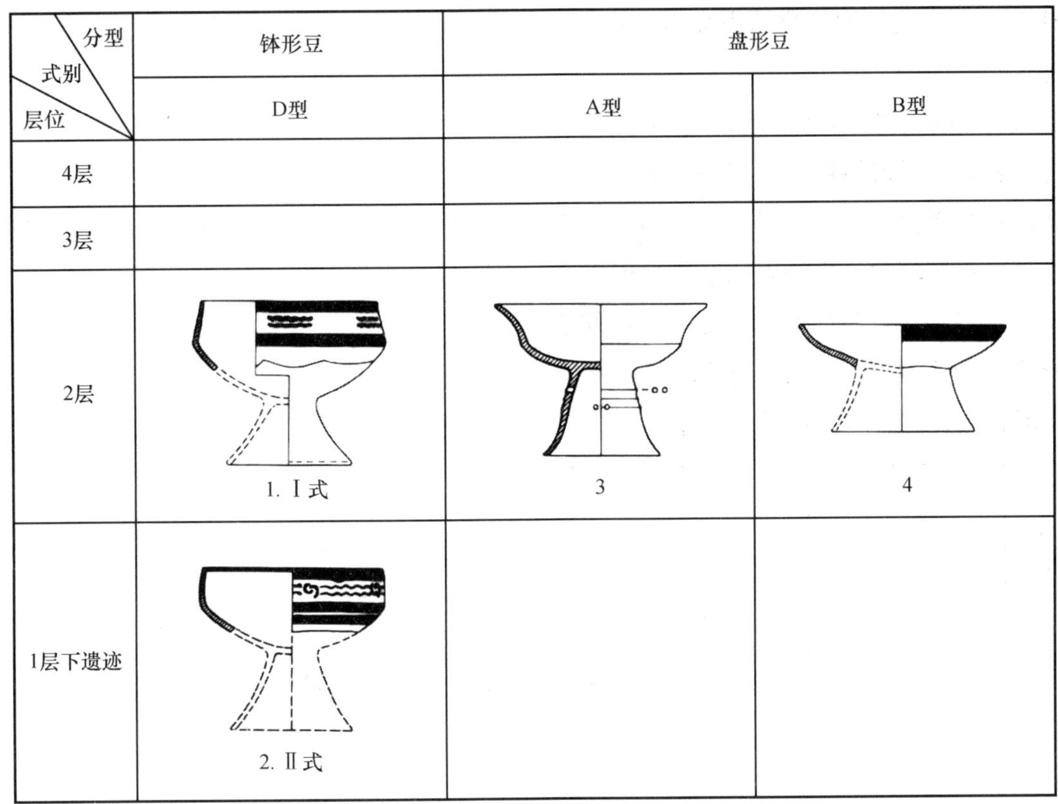

图1-10　钵形豆和盘形豆

1. T3②：128　2. H3：11　3. T3②：126　4. T3②：130

6）罐

侯家寨遗址出土陶罐数量较多，但大多为破碎残片及少量残件，根据口腹残片可确认是罐的有47件，修复复原的仅有7件。因此将这7件修复复原件作为主要典型器形进行类型学划分。

罐的陶色以红褐色陶为主，并有少量灰色陶和彩陶。器形以中小型为主，耳系有牛鼻形和鸟首形两种。根据罐的口沿和耳系的不同可分为二型。

A型　中口无系罐。中口窄沿，沿微外卷，微束颈，圆弧腹，平底。多为泥质彩陶，并有少量灰色陶。根据器物的演化可分为二式。

Ⅰ式：T1③：83（图1-11，1），灰色偏褐。中口微敞，平窄沿外撇，圆唇，溜肩，最大径在腹中部。肩部和腹部饰弦纹。

Ⅱ式：T2②：154（图1-11，2），红色彩陶。中口微敞，平窄沿，圆唇，圆肩，最大径在肩部。器身通体饰红色波浪纹和条纹。

演化趋势：最大径上移，唇部更圆润。

B型　小口双系罐。卷沿，束颈，圆肩，肩部装有两个对称耳系，上腹圆鼓，下腹内收，小平底。根据肩部和耳系的不同可分为四亚型。

Ba型　双系鸟首形，双系在肩部，肩部外弧。H1：3（图1-11，3），陶色红褐色，器壁粗厚，夹蚌末。内外表抹平显得粗糙，留有整平刮削痕。耳系为方鸟首形，肩部饰弦纹。

Bb型　双系鸟首形，嘴部不突出，双系在肩部，肩部微内弧。根据耳系和颈部的不同可分为二式。

Ⅰ式：耳系呈椭圆鸟首形，短颈，圆唇。T4④：30（图1-11，4），红褐色陶，器壁粗厚。内外表抹平显得粗糙，留有整平刮削痕。

Ⅱ式：耳系呈尖状鸟首形，口微敞，颈部稍高向内束。H1：4（图1-11，5），红褐色陶。器壁粗厚，器形较大。内外表抹平显得粗糙，留有整平刮削痕。

演化趋势：鸟首形耳系由圆变尖，颈部变长。

Bc型　双系牛鼻形，饰于颈部。肩部外弧。T2④：285（图1-11，6），红褐色陶，器壁粗厚，器形较大，夹蚌末。内外表抹平显得粗糙，留有整平刮削痕。

分型 式别 层位	A型	B型			
		Ba型	Bb型	Bc型	Bd型
4层			4. Ⅰ式	6	
3层	1. Ⅰ式				7
2层	2. Ⅱ式				
1层下遗迹		3	5. Ⅱ式		

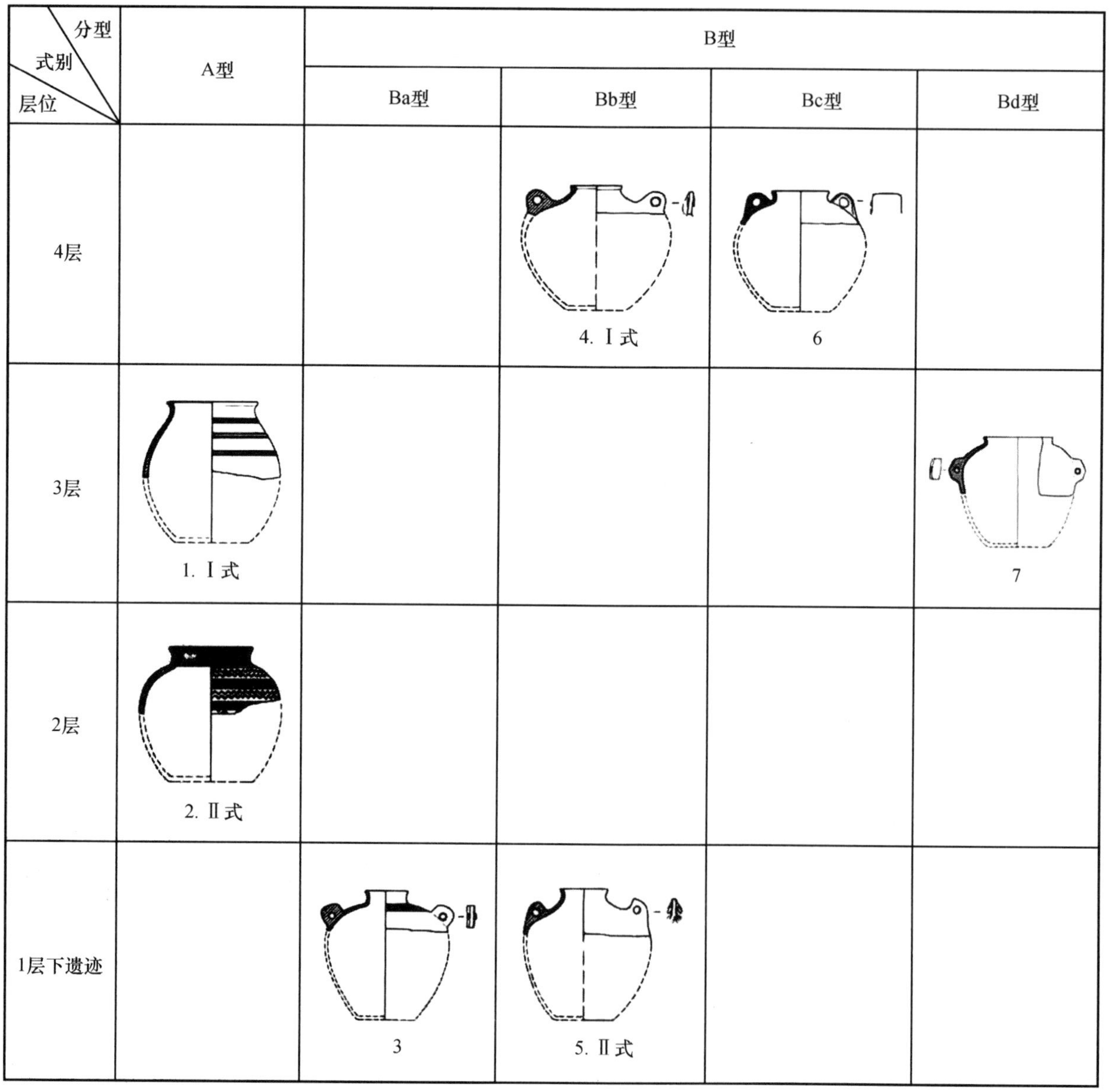

图1-11　罐

1. T1③：83　2. T2②：154　3. H1：3　4. T4④：30　5. H1：4　6. T2④：285　7. T3③：214

Bd型　椭圆形窄扁耳系，双系在腹部，肩部外弧，颈部较短。T3③：214（图1-11，7），陶色外红内黑色，器形较小。内外表抹平显得粗糙，留有平整刮削痕。

陶罐是使用非常广泛的生活器，是从新石器早期到晚期都一直存在的储藏器。在侯家寨遗址中，罐出土数量较多，形式多样，时间跨度大，第4～1层下遗迹单位中都有罐的踪迹。但陶质多为夹砂或夹蚌末，容易破碎，不易识别。而罐耳系多样，特征明显，将在下文单独分析。

7）钵

陶钵出土数量为24件，多为口腹部残片，其中修复复原件14件。胎质多夹蚌末，陶色多数为红褐色或外红内黑色。少数是泥质彩陶或彩绘陶、黑陶。器形多样，大小不一。纹饰大多素面，少数饰指切纹或戳刺纹。根据形态的不同可分为四型。

A型　碗形钵。大口，浅腹，平底。根据颈部的不同可分为二亚型。

Aa型　器形较小，敞口，斜直腹，小平底。根据腹部的不同可分为二式。

Ⅰ式：T2③：233（图1-12，1），夹细砂黑陶。腹部略深，上腹部横装有对称桥形把手。

Ⅱ式：T2②：151（图1-12，2），泥质彩陶。底色橘黄色，口沿部有一条红色宽带彩绘。腹部略浅，无把手。

演化趋势：陶质更加细腻，出现彩绘图案，把手消失，腹部变浅。

Ab型　敞口，颈微束，折肩，浅腹。T4②：2（图1-12，3），泥质彩陶。大口微敞，沿外撇，颈部内束，圆折肩，弧腹内收，小平底。彩陶颜色鲜亮，底色为橘色。口沿至颈部一周为宽带红彩。颈部以下至肩部饰一周连续曲折形纹。曲折纹下饰彩带。T3②：66，为口沿残片。红衣彩陶。宽沿外撇，颈部微收。颈部饰一周黑色彩带纹。

B型　折腹钵。T2②：7（图1-12，4）和T4②：12（图1-12，5），陶色为红褐色，胎质夹砂。敞口，圆唇，束颈，折腹，小平底。折腹部装有对称鋬手，冠部饰指切纹。

C型　罐形钵。敞口，颈部微束，弧腹或鼓腹，平底。根据器形的不同可分为二亚型。

Ca型　器形较小，似盂形。根据器形的不同可分为二式。

Ⅰ式：T3④：335（图1-13，1），陶质夹砂，陶色外红内黑。器壁较厚。口部微敞，束颈，圆肩，弧腹内收，小平底。

Ⅱ式：T2②：153（图1-13，2），为泥质黑陶。口部外侈，束颈，圆鼓腹，圜底。肩腹部竖装有一个桥形把手。

演化趋势：陶质从夹砂变为泥质，器壁变薄，腹部更鼓，小平底变成圜底。

Cb型　敞口，束颈，微鼓腹，平底。T4④：29（图1-13，3），器形较大。腹部较深，平底。颈下饰一对对称饼状鋬手。

D型　深腹钵。胎质粗糙夹蚌末。大口微敞，腹较深，平底。根据腹部和器形大小的不同可分为二亚型。

Da型　斜直腹，沿下饰两个对称鋬手。根据器形大小的不同可分为二式。

Ⅰ式：器形较大。T3③：217（图1-13，4），陶色内外皆红褐色。宽沿外撇。沿下横装有两饼状鋬手。

分型 式别 层位	A型		B型
	Aa型	Ab型	
4层			
3层	1. Ⅰ式		4
2层	2. Ⅱ式	3	5
1层下			

图1-12　钵（一）

1. T2③：233　2. T2②：151　3. T4②：2　4. T2②：7　5. T4②：12

分型 式别 层位	C型		D型	
	Ca型	Cb型	Da型	Db型
4层	1. Ⅰ式	3		6. Ⅰ式
3层			4. Ⅰ式	7. Ⅱ式
2层	2. Ⅱ式		5. Ⅱ式	
1层下				

图1-13　钵（二）

1. T3④：335　2. T2②：153　3. T4④：29　4. T3③：217　5. T2②：152　6. T3④：334　7. T3③：216

Ⅱ式：器形较小。T2②：152（图1-13，5），陶色内外皆红褐色。敞口无沿，沿下横装两饼状对称鋬手。

演化趋势：器形有变小趋势，腹部变浅。

Db型　弧腹内收，无鋬手。根据腹部弧度不同可分为二式。

Ⅰ式：T3④：334（图1-13，6），陶色内外皆红褐色。窄沿微敞，腹略鼓。器表内外有明显刮削痕。

Ⅱ式：T3③：216（图1-13，7），陶色外红内黑色。口沿微敞，斜腹稍外弧。

演化趋势：腹部弧度减小。

陶钵数量较少，第1层下不见，在第2层有少量，这两层出土钵的器形较小，多带有把手，且制作精细，出现了泥质彩绘陶钵。第3层和第4层数量较多，特别集中出土于第3层，器形相对较大，陶质相对粗糙。钵的数量虽然不多但型式多样，大小不同，能够适应不同食物的盛储之用。

8）*碗*

侯家寨遗址最大的一个特点就是出土了86件刻划符号，这些刻划符号大多刻于碗底，为碗赋予了更加特殊的含义。碗的陶色比较丰富，有外红内黑陶、红褐陶、红衣陶、彩陶和少量黑陶。陶碗烧成温度稍高，胎质地较细，夹微量蚌末或炭。有刻划符号的碗大多只剩碗底且未经修复，故不做分型分式考虑。没有刻划符号的碗和碗底一共28件，经过修复的碗有12件，根据其口沿部的不同可分为二型。

A型　大口微敛，内折沿，腹斜直，饼足或圈足。根据口部和底部的不同可分为二式。

Ⅰ式：为外红内黑或内外皆红褐色的彩绘陶，器壁较厚，饼足。T1④：89（图1-14，1），红褐色陶。敞口，素面。T2④：290，外红内黑色陶。内折沿微敛。

Ⅱ式：泥质彩陶碗，器壁较薄，做工精细，圈足底。T3②：119（图1-14，2），口沿向内敛，折沿，底部圈足呈微喇叭状。彩绘纹饰为橘黄色为底，纹饰在碗内表面，口部一周红色彩带，腹部和底部绘有似植物和几何形图案花纹。T3②：121，敞口，圈足较矮微外撇。彩绘纹饰为外底色橘黄色，内底色黑色，内外口沿处均饰一周红色彩带状条纹，圈足和腹部结合处饰一周红色彩带纹饰。

演化趋势：陶质更加细腻，器壁更薄，碗底由饼足变成圈足，彩绘纹饰更加精美。

B型　直口，折沿，折棱明显，斜直腹。纹饰皆素面。根据折沿处的变化可分为二式。

Ⅰ式：直口，小折沿，饼足底。彩绘陶或黑陶。T2④：292（图1-14，3）和T2④：293，皆为红衣陶，胎质较细，夹微量蚌末。

Ⅱ式：直口，宽折沿，圈足底。T2③：230（图1-14，4），泥质黑陶。

演化趋势：口沿变宽，碗底由饼足变为圈足。

陶碗出土数量不少，但只有二型，集中出土于第4层，第3层和第2层少量，第1层下没有发现。值得注意的就是很多碗底刻有单个或组合形的刻划符号，这些刻划符号基本都可以与实物相联系。在碗底这样的隐蔽位置刻划不是无意识的随手刻划，应是有一定意义的表达。

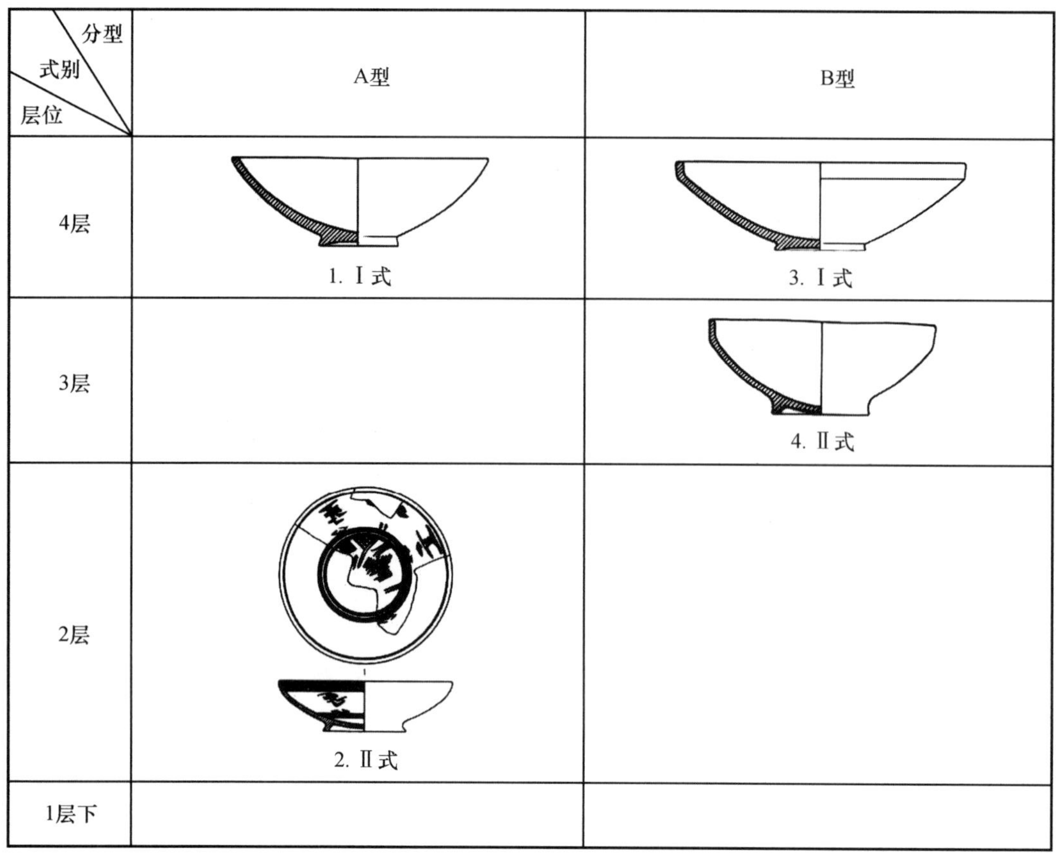

图1-14　碗

1. T1④：89　2. T3②：119　3. T2④：292　4. T2③：230

9）器盖和盖纽

侯家寨遗址出土器盖和盖纽共54件，但大多仅剩盖纽。陶色多为红褐色，少数灰色、黑色，胎夹蚌末。纽顶的形状有多种，根据盖纽形状不同可分为四型。

A型　圈座形纽。纽顶中空。根据中空的高度及柄部的不同可分为二亚型。

Aa型　圈座盖纽顶部较平，中空较浅，呈微凹状。从其器盖残存部位判断，基本为伞形器盖。根据陶质的不同可分为三式。

Ⅰ式：T6④：108（图1-15，1），陶色红褐色，陶质粗糙。纽口外敞。纽顶外缘部饰指切纹。

Ⅱ式：T1③：77（图1-15，2），陶色红褐色，陶质较细腻。纽口外侈。纽顶外缘部饰指切纹。

Ⅲ式：T3②：32（图1-15，3），陶质泥质红陶。纽口外敞。素面。

演化趋势：陶质从粗糙的夹砂红褐陶变为精细的泥质红陶。

Ab型　伞形器盖。圈座形盖纽中空较深，呈柱形。顶端圈座微外侈，柱体有凸起弦纹。T2②：136（图1-15，4），泥质红衣彩陶。纽部饰凸起弦纹。器盖上两条带状纹饰中上下夹三组三角形纹。T2③：225（图1-15，5），泥质黑陶。素面。

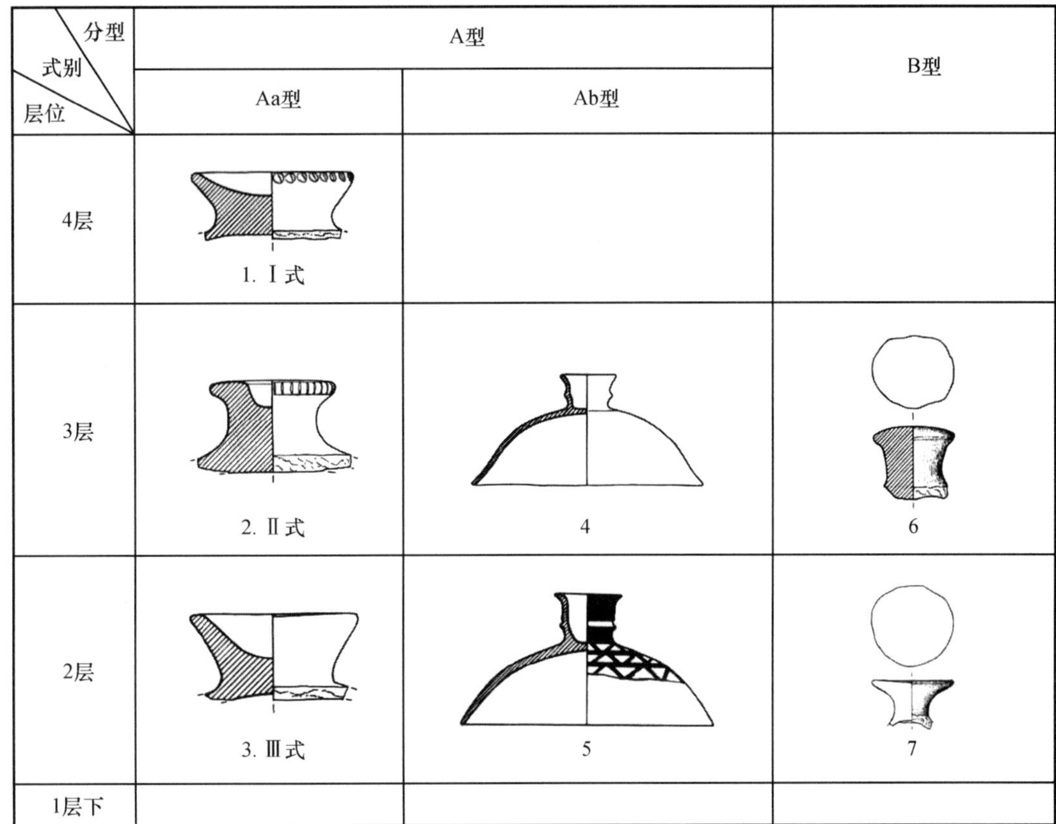

图1-15　器盖和盖纽（一）

1. T6④：108　2. T1③：77　3. T3②：32　4. T2②：136　5. T2③：225　6. T2②：74　7. T6③：62

B型　平顶形纽。数量很少。盖纽为实心圆形，纽顶为平顶。T2②：74（图1-15，6），红褐色陶。纽顶中部稍内凹，纽口外延较多。器形较轻薄。素面。T6③：62（图1-15，7），红褐色陶。纽顶中部稍外凸，器形较厚重。素面。

C型　尖顶形纽。从其器盖残存部位判断，均为平底形器盖。根据纽顶的不同可分为二亚型。

Ca型　尖顶，出沿。T1③：75（图1-16，1），红褐色陶。纽外缘出沿部分饰指切纹。F3：5（图1-16，2），红褐色陶。尖顶较短，颈部较长。

Cb型　尖顶纽。纽柱中部有一道凸出弦纹。T3③：150（图1-16，3），为盖纽残件，红衣彩陶。

D型　多角形纽。盖纽为实心多角形。根据角数不同可分为三亚型。

Da型　两角形纽。纽顶中部稍内凹，从其器盖残存部位判断为伞形盖。T1②：55（图1-16，4），红褐色陶。

Db型　三角形纽。从其器盖残存部位判断为伞形盖。T2②：137（图1-16，5）和F3：3（图1-16，6）皆红褐色陶。

Dc型　四角形纽。T2②：71（图1-16，7），红褐色陶。

器盖和盖纽体型较小，且多平底，推测可能是用于碗、钵、壶等小型盛放食物或酒水等器皿中。目前没有发现可以与鼎相符合的器盖。器盖和盖纽的形式多样，大多小巧精致，盖

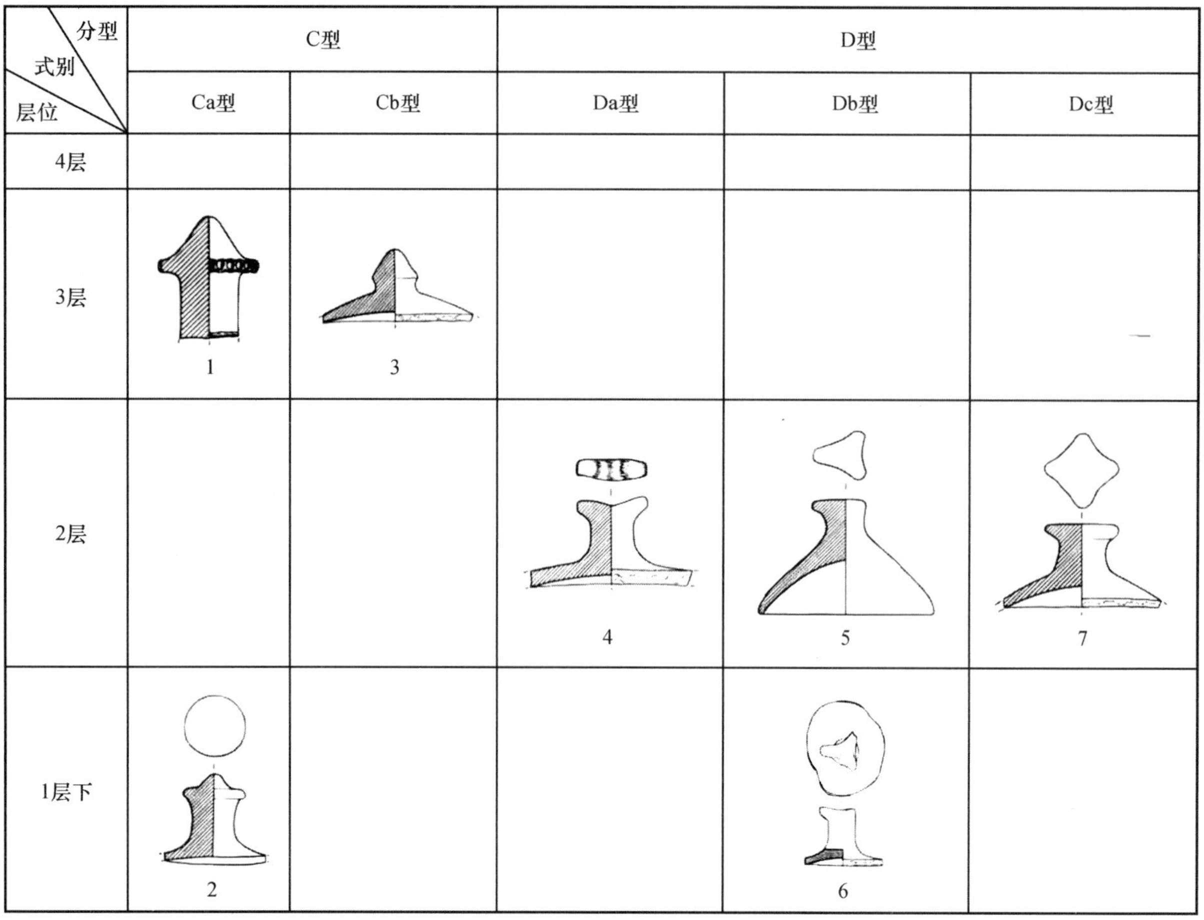

分型 式别 层位	C型		D型		
	Ca型	Cb型	Da型	Db型	Dc型
4层					
3层	1	3			
2层			4	5	7
1层下	2			6	

图1-16　器盖和盖纽（二）

1. T1③：75　2. F3：5　3. T3③：150　4. T1②：55　5. T2②：137　6. F3：3　7. T2②：71

纽基本都有或指切纹或彩绘的纹饰，多角形盖纽造型别致，这些都突出了侯家寨遗址先民独特的审美。

10）器耳

侯家寨遗址出土陶器耳有95件之多，器耳部分大多完整，多附着于罐的口腹部残片上。但罐的修复器太少，难以将器耳与器形相对应，因此器耳的分型与罐的分型无直接关联。器耳以红褐色、灰褐色夹蚌末陶为主，有少量黑色陶。大多数素面无纹，少数有指切纹。根据耳系的形状不同，可分为鸟首形和牛鼻形两种。

鸟首形耳系　呈明显鸟首形状，耳系狭窄细长，竖置于器物肩腹部，多数为单系孔。根据鸟喙朝向不同可分为三型。

A型　喙部朝上，鸟眼睛的部位有穿孔。根据喙部的不同可分为二亚型。

Aa型　喙部尖状突出。根据形状的不同可分为二式。

Ⅰ式：喙部呈方形。T4④：38（图1-17，1），耳系侧面呈梯形，正面呈圆形附着于器表，耳系突出部分呈三角形，单系孔贯穿。

Ⅱ式：喙部尖状突出更甚，向上弧度较大。T1②：51（图1-17，2），耳系侧面与鸟首相似，正面呈圆锥状，尖端向上翘起，单系孔贯穿。

演化趋势：喙部突出更甚且上扬明显，耳系下半部棱角消失，线条更加柔和。

Ab型　喙部圆润柔和，无明显尖状凸起。根据喙部的不同可分为三式。

Ⅰ式：喙部不明显但有上扬趋势，耳系线条整体柔和。T4④：6（图1-17，3），耳系侧面上半部较平，下半部呈斜弧与器身相连。正面呈圆形附着于器表，耳系突出部分两端粗中间细。单系孔贯穿。

Ⅱ式：喙部略有突出，器形厚重。T2③：204（图1-17，4），耳系侧面呈半圆形，正面呈粗厚圆柱形附着于器表。单系孔贯穿。

Ⅲ式：喙部更加明显，器形更贴近鸟首。T1②：53（图1-17，5），耳系侧面呈半圆形且向上趋势明显，正面呈细长圆柱形附着于器表。单系孔贯穿。

演化趋势：耳系形态与鸟首更加接近，喙部更加突出。

B型　喙部不突出，只是有向前伸展的趋势，鸟首特征不明显，耳系呈半圆或椭圆形，根据形状和厚度的不同可分为二亚型。

Ba型　器形厚重，大多有单系孔。根据形状的不同可分为三式。

Ⅰ式：鸟首侧面呈椭圆形，扁平。T4④：40（图1-17，6），耳系侧面呈半椭圆形，正面呈圆柱形附着于器表。单系孔贯穿。

Ⅱ式：鸟首侧面呈半圆形，正面呈椭圆柱形。T3③：168（图1-17，7），耳系侧面呈半圆形，正面呈椭圆柱形附着于器表。单系孔贯穿。

Ⅲ式：鸟首侧面呈半圆形，正面呈圆柱形。T3②：35（图1-17，8），耳系侧面呈半圆形，正面呈椭圆柱形附着于器表，器耳底部与器表之间有一片大于器耳的椭圆贴片。冠部饰指切纹。单系孔贯穿。F3：6（图1-17，9），耳系侧面呈半圆形，正面呈圆柱形附着于器表。单系孔贯穿。

演化趋势：鸟首越来越圆润，从扁平到饱满并饰以纹饰，更加美观。

Bb型　器形轻巧娇小，单系孔。根据鸟首的形状不同可分为三式。

Ⅰ式：鸟首为规整半圆形。T2④：281（图1-17，10），耳系侧面呈规整半圆形，正面呈椭圆形附着于器表，耳系突出部分呈圆柱形。单系孔贯穿。

Ⅱ式：鸟首呈不规则半圆形。T2③：53（图1-17，11），耳系侧面呈半圆形，上半部较平，下半部呈斜弧与器身相连。正面呈水滴形附着于器表，耳系突出部分两端粗中间细。单系孔贯穿。

Ⅲ式：鸟首略呈方形。T2②：57（图1-17，12），耳系侧面呈圆角方形，正面呈不规则圆形附着于器表，耳系突出部分两端粗中间细。单系孔占据器耳一半空间贯穿两边。

演化趋势：鸟首从半圆形逐步过渡到方形。

C型　喙部明显且朝向向下，鸟首特征明显。根据鸟首形状的不同可分为二亚型。

Ca型　鸟首呈梯形。根据形状的不同可分为二式。

Ⅰ式：喙部突出弧度向上。T3④：284（图1-17，13），耳系侧面呈梯形，上半部短，下半部长，呈外弧与器身相连。正面呈圆形附着于器表，耳系突出部分尖状向下。单系孔贯穿。

Ⅱ式：喙部突出较平。T2②：163（图1-17，14），耳系侧面呈梯形，上半部短，下半部长，且互相平行。正面呈圆形附着于器表，耳系突出部分呈圆柱形。单系孔贯穿。

演化趋势：喙部的角度从略上扬到平齐，且突程度更甚。与鸟首更加相似。

Cb型　器形厚重，孔系较小。根据鸟首形状和喙部的不同可分为四式。

Ⅰ式：鸟首半圆形，喙部圆润不明显。T1④：124（图1-17，15），耳系侧面呈半圆形，

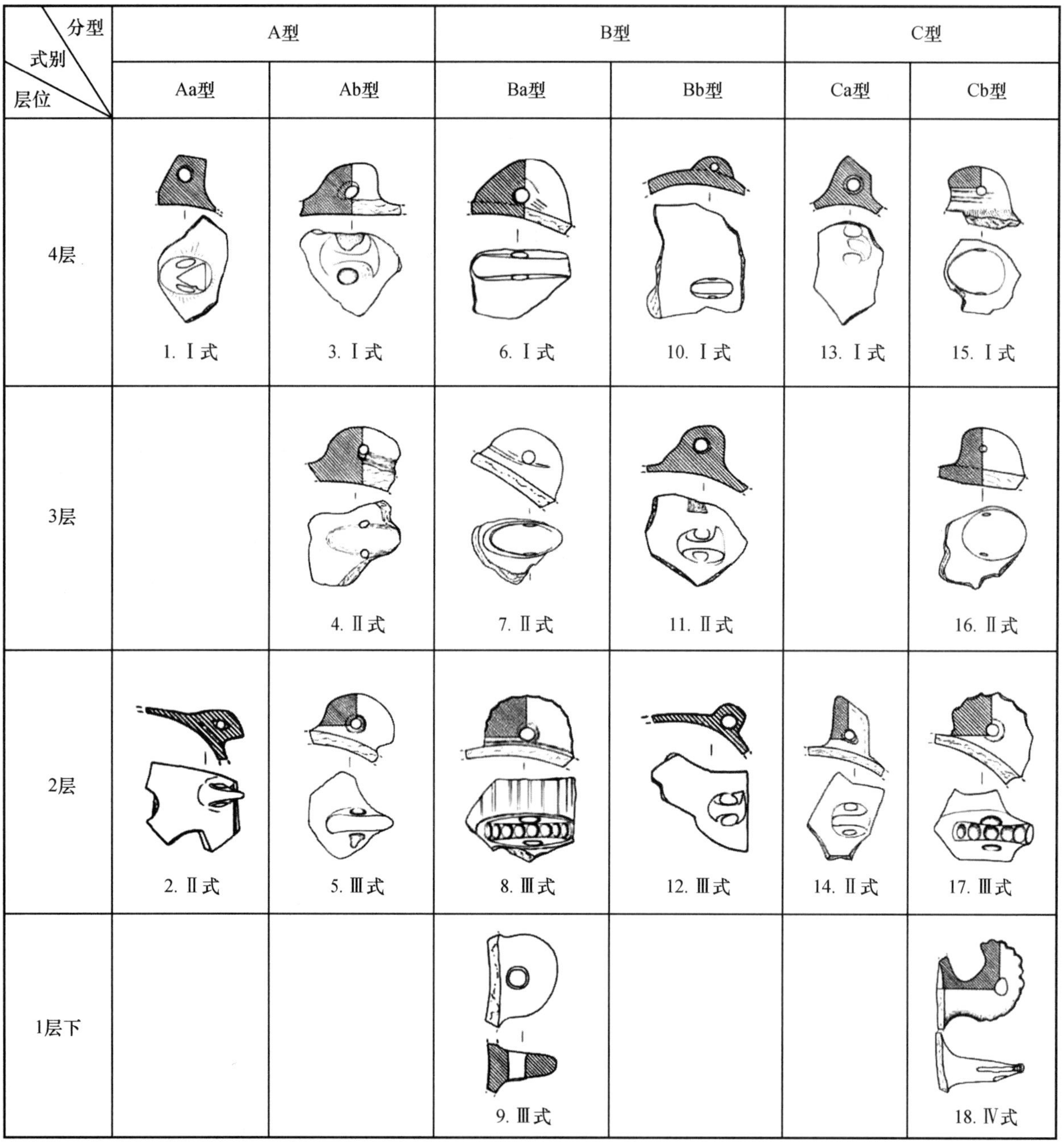

分型 / 式别 / 层位	A型		B型		C型	
	Aa型	Ab型	Ba型	Bb型	Ca型	Cb型
4层	1. Ⅰ式	3. Ⅰ式	6. Ⅰ式	10. Ⅰ式	13. Ⅰ式	15. Ⅰ式
3层		4. Ⅱ式	7. Ⅱ式	11. Ⅱ式		16. Ⅱ式
2层	2. Ⅱ式	5. Ⅲ式	8. Ⅲ式	12. Ⅲ式	14. Ⅱ式	17. Ⅲ式
1层下			9. Ⅲ式			18. Ⅳ式

图1-17　鸟首形耳系

1. T4④：38　2. T1②：51　3. T4④：6　4. T2③：204　5. T1②：53　6. T4④：40　7. T3③：168　8. T3②：35　9. F3：6　10. T2④：281　11. T2③：53　12. T2②：57　13. T3④：284　14. T2②：163　15. T1④：124　16. T5③：12　17. T1②：56　18. F3：8

下半部呈内弧与器身相连。正面呈水滴状附着于器表。单系孔贯穿。

Ⅱ式：鸟首呈不规则半圆形，喙部圆润不明显。T5③：12（图1-17，16），耳系侧面呈不规则半圆形，上半部外弧与器身相连，下半部较平。正面呈圆球形附着于器表。单系孔贯穿。

Ⅲ式：鸟首呈半圆形，喙部略明显。T1②：56（图1-17，17），耳系侧面呈半圆形，下半部略内弧与器身相连。正面呈椭圆形附着于器表，耳系突出部分呈圆柱形，中间稍细。冠部饰指切纹。单系孔贯穿。

Ⅳ式：鸟首形逼真，喙部明显。F3：8（图1-17，18），耳系侧面为明显鸟首状，颈部较高。正面呈椭圆鸡冠形。冠部饰指切纹。单系孔贯穿。

演化趋势：鸟首形状越来越明显且逼真，喙部愈加明显。

牛鼻形耳系　正面呈牛鼻形，耳系宽大，横装在器物肩腹部，多数有贯穿耳系的单系孔。根据孔系的不同可分为二型。

A型　单系孔贯穿。根据横切面大小不同可分为二亚型。

Aa型　耳系呈细长牛鼻形。T4④：41（图1-18，1）和T1③：78（图1-18，2），耳系侧面呈半圆形，正面呈细长呈牛鼻形附着于器表。

Ab型　耳系呈横宽牛鼻形。T1④：123（图1-18，3），耳系侧面呈半圆形，正面呈横宽牛鼻形附着于器表。单系孔贯穿。T3③：166（图1-18，4），耳系侧面呈半圆形，上半部略内弧，下半部外弧。正面呈横宽牛鼻形，系表满饰指切纹。不规整圆形单系孔贯穿。

B型　两个对称系孔贯穿。根据附着于器表的方向不同可分为二亚型。

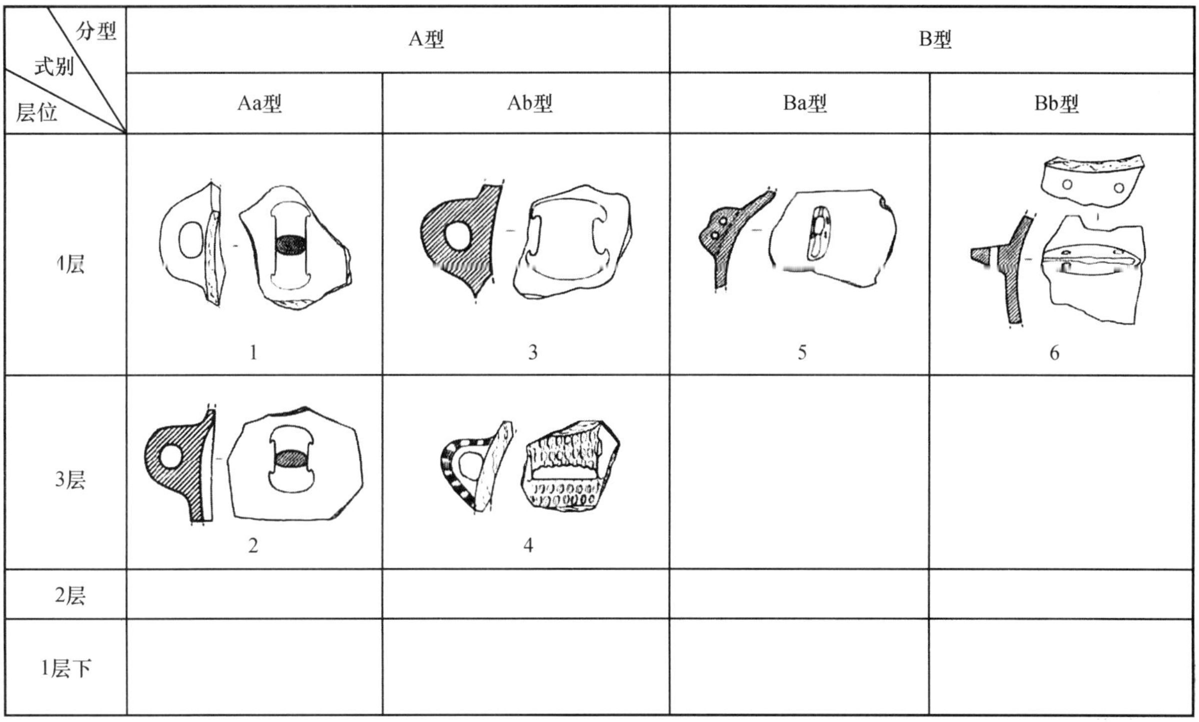

分型 / 式别 / 层位	A型		B型	
	Aa型	Ab型	Ba型	Bb型
4层	1	3	5	6
3层	2	4		
2层				
1层下				

图1-18　牛鼻形耳系

1. T4④：41　2. T1③：78　3. T1④：123　4. T3③：166　5. T3④：285　6. T6④：109

Ba型　耳系竖装于器表。T3④：285（图1-18，5），耳系侧面呈半圆形，中间略向内凹。两个对称系孔贯穿。

Bb型　耳系横装于器表。T6④：109（图1-18，6），耳系侧面呈梯形，前端短，后端长。两个对称系孔贯穿。

侯家寨遗址出土的耳系均为动物形耳系，不论是鸟首形还是牛鼻形皆具动物神韵，尤其是鸟首形耳系从早到晚的演化可以看出与鸟首越来越贴近，造型越来越逼真。鸟首形在耳系的数量上和型式上都占据很大比重，第4—1层下皆有出土，尤其是Cb型每层都有出土，能够看出比较完整的演化过程。牛鼻形集中出土于第4、3层，型式变化不大，均与牛鼻神似。动物形的耳系从侧面可以说明禽、牛这些动物在侯家寨先民的生活中占有重要地位，甚至已经出现了饲养家畜的行为①。

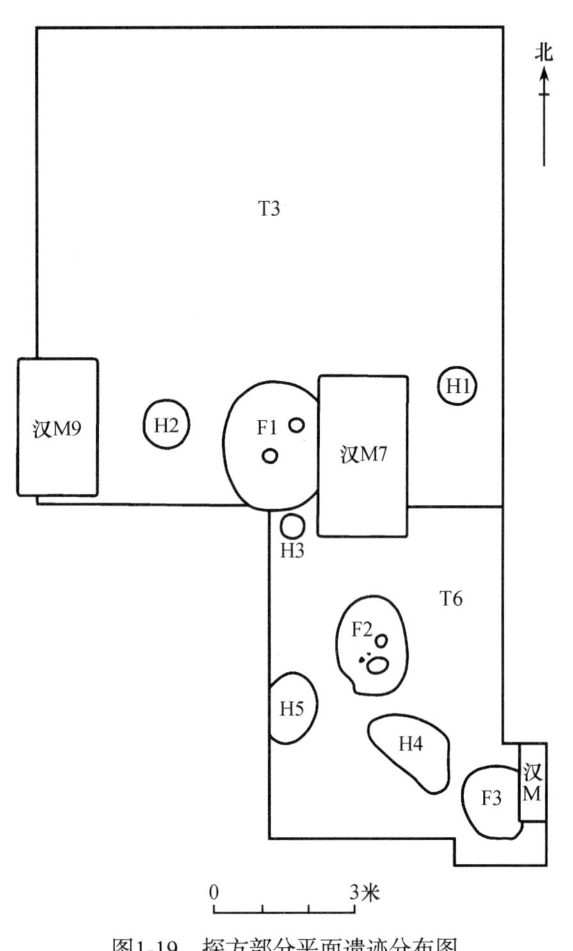

图1-19　探方部分平面遗迹分布图

2. 分期与年代

1）分期

根据这十种器物的分型分式不难看出，侯家寨遗址各地层单位出土的器物有一定差异。第4层、第3层出土的釜很多而鼎极少，钵和碗较多而豆较少，第2层恰好相反，鼎多釜少，豆多碗少。刻划符号这类独具特色的元素都集中在第4层、第3层，第2层则不见。泥质彩陶在第2层大量出现，第4层、第3层的陶器大多为夹砂夹蚌末的红褐色陶，基本不见泥质陶，而第2层和第1层下都出现了泥质彩陶、泥质黑陶等制作精细的陶器。因此，可以将第4层、第3层归为一期而与第2层区别开。

第1层下仅有八个新石器时代的遗迹单位，包括五个灰坑和三座房址（图1-19），都有陶片出土。这八处遗迹皆位于第1层下打破第2层。但是这八处遗迹中出土了一批陶片、动物骨骼、螺蚌壳等文化遗物。房址三座，分别为F1～F3，皆开口于第1层下打破第2层。

三座房址均遭到破坏，被汉墓打破，但从残缺的部分可以看出是浅穴式窝棚建筑，呈近圆浅形，穴深0.15～0.25米，面积在5平方米左右。房屋内铺垫了灰黑色黏土层并压实，表面平整

① 戴玲玲、陶洋、阚绪杭：《淮河中游地区的史前生业经济考察——安徽省侯家寨遗址出土动物骨骼研究》，《东南文化》2017年第1期。

且坚硬，黏土层上铺满细密黄色沙土。房屋中间有一两个圆形柱洞，应为支撑木柱所用。在两处居住面上发现一些陶片，F1的居住面上发现了鼎足2、豆盘口沿1、罐口沿2、鼎1、彩陶片1件（图1-20）。F3的居住面发现鼎足5、盖纽2、器耳2、鼎2、豆柄1、豆盘口沿1、器底1、罐口沿2件（图1-21）。

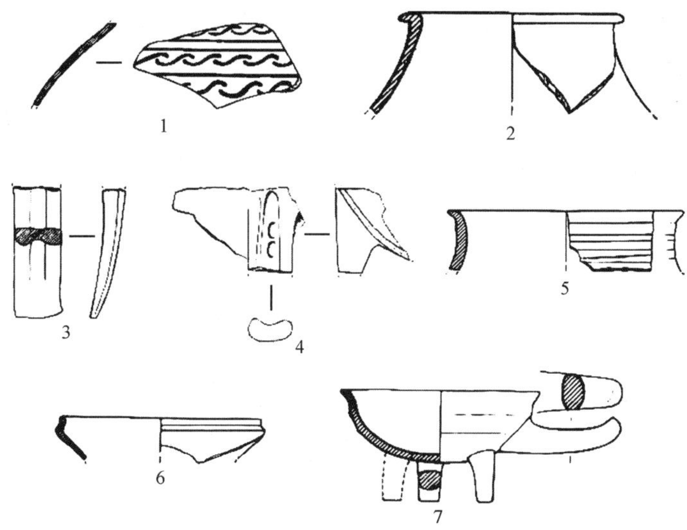

图1-20　F1出土陶器

1. F1∶1　2. F1∶4　3. F1∶2　4. F1∶3　5. F1∶6　6. F1∶5　7. F1∶7

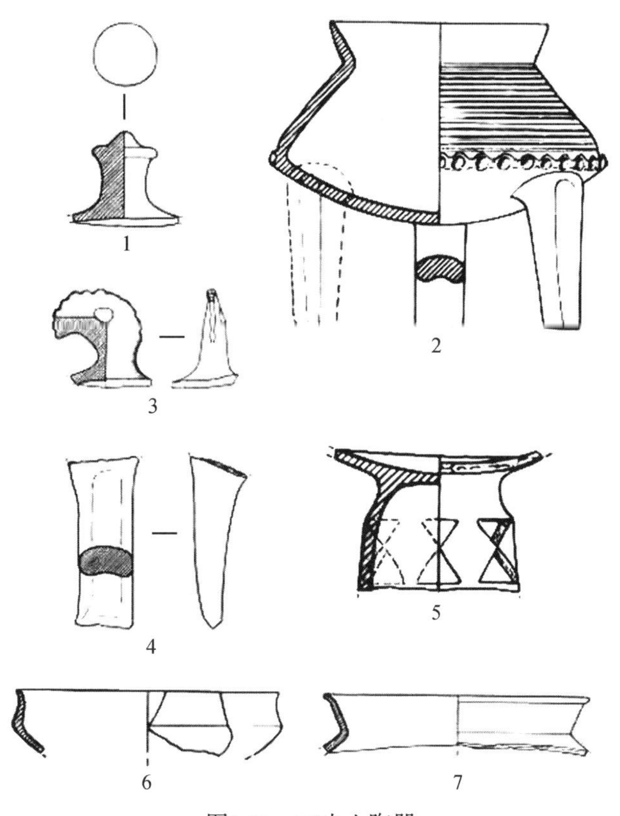

图1-21　F3出土陶器

1. F3∶5　2. F3∶1　3. F3∶8　4. F3∶9　5. F3∶7　6. F3∶13　7. F3∶14

灰坑五个，分别为H1～H5，开口于第1层下，打破第2层。五个灰坑有的是近圆形，有的呈不规则形，均分布在房址周围，推测为房子的附属遗存。坑内遗物多为陶片、动物骨骼和螺蚌壳，还夹有草木灰。H1的灰坑里发现了鼎1、豆1、豆座1、罐3、甑1、彩陶片1件（图1-22）。H2的灰坑里发现了盂2、球1件（图1-23）。H3的灰坑里发现了鼎足2、豆5、钵1、罐1、碗1、瓮1、鼎1件（图1-24）。H4的灰坑里发现了鼎1件。H5的灰坑里发现了鼎6、鼎足4、豆1、罐2、把手1、陶片1件（图1-25、图1-26）。

由此可以看出这八处遗迹中出土的陶器种类是相似的，大多是鼎、豆、罐、钵等常见器形，且与第2层内出土的器形一致。在陶质陶色上，豆、钵、罐等器形泥质陶较多，且多有彩绘纹饰，鼎、鼎足、盂、甑等器形多是夹砂或夹蚌末的红褐陶，饰弦纹、指切纹等纹饰。

这八处遗迹之间互相都没有叠压打破关系，均开口于第1层下打破第2层。从图1-21中可以看到，五个灰坑基本是围绕房址而存在的。在F1的东、西、南三面分别发现了H1、H2、H3，

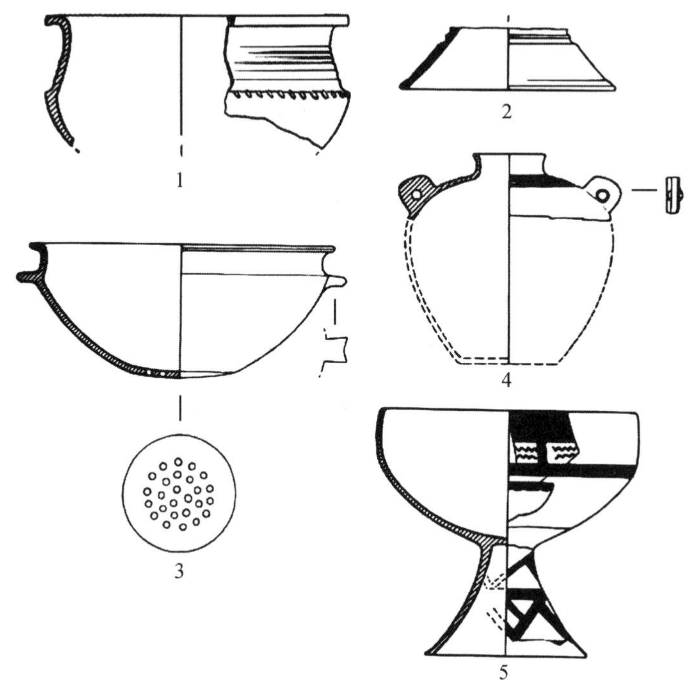

图1-22　H1出土陶器

1. H1∶6　2. H1∶5　3. H1∶1　4. H1∶3　5. H1∶2

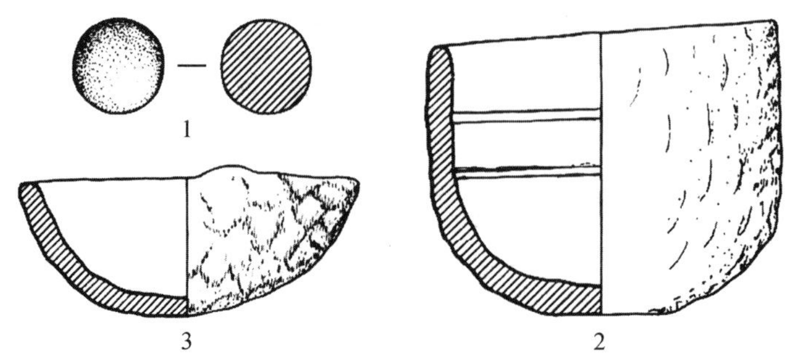

图1-23　H2出土陶器

1. H2∶3　2. H2∶1　3. H2∶2

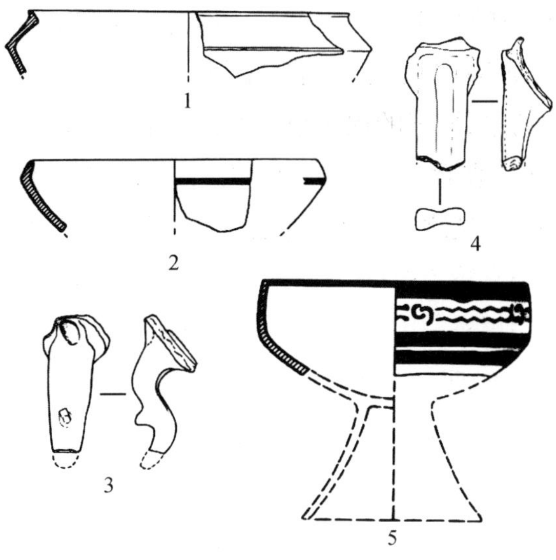

图1-24　H3出土陶器

1. H3∶6　2. H3∶5　3. H3∶12　4. H3∶10　5. H3∶11

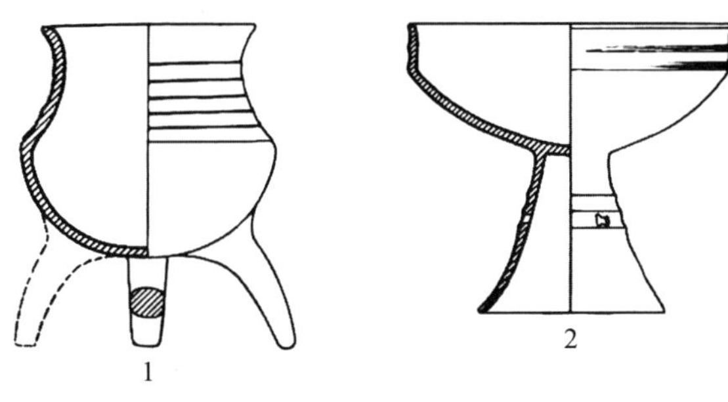

图1-25　H5出土陶器（一）

1. H5∶6　2. H5∶2

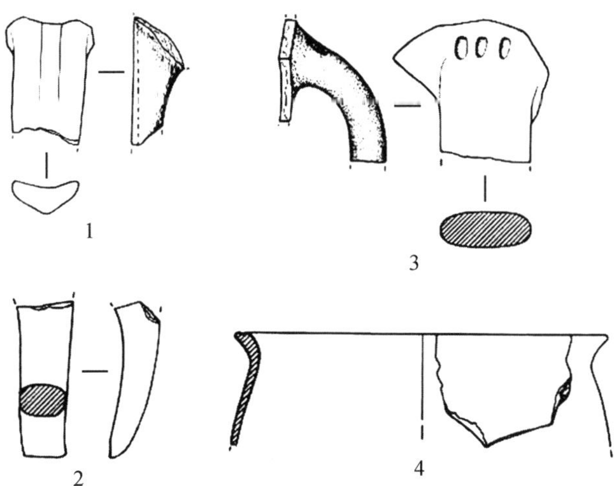

图1-26　H5出土陶器（二）

1. H5∶14　2. H5∶8　3. H5∶12　4. H5∶13

在F2的西南面发现了H5，在F3的西北面发现了H4。由此推测灰坑应是房屋的附属遗存。

由此可以初步断定这三处房址与五个灰坑应是同一时段的产物，是同一时期的侯家寨先民所创造出来的生活面。因此将第1层下的遗迹单位看作一个时段是合适的。

第1层下的遗迹单位的出土器物与第2层具有相似性，例如，釜形鼎尤其是B型折腹釜形鼎仅在第1层下和第2层有发现，A型罐形鼎也只在第1层下和第2层中出土。Cb型和D型的钵形豆仅发现于第1层下和第2层，很有特点的Db型三角形实心盖纽也仅见于第1层下和第2层。鼎足中的草帽足也只有第1层下和第2层有。因此可以将第2层和第1层下的遗迹单位归为同一期。

第2层和第1层下属于同一时期，文化面貌基本一致，年代相近甚至相接。第1层下的遗迹单位较少且出土陶片不多，难以完全把握器物特征，但是不论从陶质陶色还是器形式别来看还是有一些发展和变化的。例如，A型和B型的钵形豆、釜形鼎和盆形鼎在器形上都发生了一些变化。第1层下的遗迹单位中的泥质陶数量的比例较第2层高。因此可以将第1层下的遗迹单位划分为二期后段，第2层划分为二期前段。

第4层和第3层虽然在器物器形、陶质陶色上有一致性，但是第3层部分器物较第4层有所发展，已分属不同的式别。例如，Aa型盖纽在各层均有发现，演化关系明确，在第4层是Ⅰ式，在第3层是Ⅱ式。罐形釜的A型Ⅰ式和C型Ⅰ式仅在第4层中出土，而B型仅在第3层出土。钵形釜的C型只在第3层存在。因此可以将第4层划分为一期前段，第3层划分为一期后段。

第3层和第2层虽不属于同一时期，但也有一定的继承和发展关系。例如，祖形支架因和釜配合使用，因此在第4层和第3层中常见。但是在釜的数量开始大幅减少而被三足鼎取代的情况下，祖形支架在第2层中依旧存在，这种具有独特本土特色的支架被继承下来。另外，A型无耳罐和Ab型盖纽仅见于第3层和第2层而分属不同式别，这也体现了一种继承的发展关系。

综上所述，侯家寨遗址分期为：第4层为一期前段，第3层为一期后段，第2层为二期前段，第1层下为二期后段，共两期四段。器物分期表如表1-2～表1-4所示。

由表格可以看出第4～1层之间是有着继承和发展关系的，但是一期和二期之间又存在着明显的缺环，如第2层和第1层下突然出现的折腹釜形鼎、Cb型和D型钵形豆、四足盘（钵）形鼎等器形无法在下层中找到渊源。

表1-2　典型器物分期表（一）

器形 / 时期（层位）		釜								支架			鼎								
		罐形釜			钵形釜								釜形鼎				罐形鼎		盘形（钵）鼎		
		A	B	C	Aa	Ab	Ac	B	C	Aa	Ab	B	Aa	Ab	Ac	B	A	B	A	Ba	Bb
一期	前段（第4层）	Ⅰ		Ⅰ	Ⅰ	Ⅰ	Ⅰ	√		Ⅰ	√							Ⅰ			
	后段（第3层）	Ⅱ	√	Ⅱ		Ⅱ		√	√			√							Ⅰ		
二期	前段（第2层）				Ⅱ	Ⅲ	Ⅱ			Ⅱ			Ⅰ	Ⅰ	√	Ⅰ	√	Ⅱ	Ⅱ	Ⅰ	Ⅰ
	后段（第1层下）												Ⅱ	Ⅱ	√	Ⅱ				Ⅱ	Ⅱ

注：Ⅰ——Ⅰ式，Ⅱ——Ⅱ式，Ⅲ——Ⅲ式，Ⅳ——Ⅳ式，√——未分式

表1-3　典型器物分期表（二）

时期（层位）＼器形		豆							罐					钵						
		钵形豆					盘形豆													
		A	B	Ca	Cb	D	A	B	A	Ba	Bb	Bc	Bd	Aa	Ab	B	Ca	Cb	Da	Db
一期	前段（第4层）										Ⅰ	√					Ⅰ	√		Ⅰ
	后段（第3层）								Ⅰ				√	Ⅰ		√			Ⅰ	Ⅱ
二期	前段（第2层）	Ⅰ	Ⅰ	√	Ⅰ	Ⅰ	√	√	Ⅱ					Ⅱ	√	√	Ⅱ		Ⅱ	
	后段（第1层下）	Ⅱ	Ⅱ		Ⅱ	Ⅱ				√	Ⅱ									

注：Ⅰ——Ⅰ式，Ⅱ——Ⅱ式，Ⅲ——Ⅲ式，Ⅳ——Ⅳ式，√——未分式

表1-4　典型器物分期表（三）

时期（层位）＼器形		碗		盖和盖纽								器耳									
												鸟首形						牛鼻形			
		A	B	Aa	Ab	B	Ca	Cb	Da	Db	Dc	Aa	Ab	Ba	Bb	Ca	Cb	Aa	Ab	Ba	Bb
一期	前段（第4层）	Ⅰ	Ⅰ	Ⅰ								Ⅰ	Ⅰ	Ⅰ	Ⅰ	Ⅰ	Ⅰ	√	√	√	√
	后段（第3层）		Ⅱ	Ⅱ		√	√	√					Ⅱ	Ⅱ	Ⅱ		Ⅱ	√	√		
二期	前段（第2层）	Ⅱ		Ⅲ	√	√			√	√	√	Ⅱ	Ⅲ	Ⅲ	Ⅲ	Ⅱ	Ⅲ				
	后段（第1层下）				√		√			√					Ⅲ		Ⅳ				

注：Ⅰ——Ⅰ式，Ⅱ——Ⅱ式，Ⅲ——Ⅲ式，Ⅳ——Ⅳ式，√——未分式

2）年代

1997年侯家寨遗址曾测定过3个^{14}C数据，经树轮校正后的结果为：来自H5的ZK2183距今（5175±125）年，来自第3层的ZK2184距今（6990±130）年，来自第4层的ZK2185距今（6905±120）年[①]。

早年间的测年数据较少且限于科学技术的发展，现在看来不具有完全的说服力，因此在2015年重新采集样本送至美国加州大学欧文分校加速器质谱测试中心，测定出了6个动物骨骼样本的^{14}C数据（表1-5），可以为上述分期提供绝对年代数据。

表1-5　侯家寨遗址^{14}C测年数据

序号	标本号	地层单位	标本	测年数据（BP）	校正年代（cal BC）	
					σ1（68.2%）	σ2（95.4%）
1	NO.G21 HJZ-1	T4②	动物骨骼	5280±15	4161～4130	4171～4089
2	NO.G23 HJZ-3	T2③	动物骨骼	6235±20	5292～5245	5301～5206
3	NO.G24 HJZ-4	T2③	动物骨骼	6200±15	5163～5119	5177～5066
4	NO.G26 HJZ-6	T4②	动物骨骼	5070±15	3877～3853	3881～3880
5	NO.G27 HJZ-7	T2④	动物骨骼	6260±15	5295～5253	5298～5271
6	NO.G28 HJZ-8	T2④	动物骨骼	6320±20	5323～5296	5346～5281

① 阚绪杭：《试论淮河流域的侯家寨文化》，《中国考古学会第九次年会论文集》，文物出版社，1997年。

以上数据可以看出第3层和第4层年代相近，在距今7300～7100年，第2层年代在距今6200～5900年，与分期结果一致。由此可以将侯家寨一期年代上定为距今7250～7100年，侯家寨二期年代定为距今6100～5800年。

四、侯家寨遗存的文化因素分析

关于侯家寨遗址的文化面貌学术界尚无统一结论，但其与周边地区的交流和联系是毋庸置疑的，尤其是与淮河中游一带的同期遗存之间有着千丝万缕的联系。本节将运用文化因素分析法将侯家寨遗存与蚌埠双墩、濉溪石山孜（孜）、淮南小孙岗、鹿邑武庄、郑州大河村、怀宁孙家城、宿松黄鳝嘴、南京北阴阳营、肥西古埂、含山大城墩等遗存（图1-26）进行比较，以期验证上述的分期结论。

1. 侯家寨一期的文化因素分析

根据上文的分析，侯家寨一期的文化面貌可以总结如下。

陶器的陶质以夹粗砂和蚌末为主，少量夹炭，泥质陶不见。陶色以红褐色为主，外红褐内黑较多，部分内外皆黑色，少量陶器器表施红衣。陶器多素面，主要在器物的鋬手、耳系、口沿、肩颈、折棱脊等部位饰指切纹、乳钉纹、弦纹、戳刺纹、按窝纹、刻划纹等，极少量彩绘纹饰出现在豆柄上。陶器的器形整体较大且器壁厚重，皆手制，很多陶器表面还留有平整的刮削痕。陶器以罐形釜、钵形釜、祖形支架、小口双系罐、罐形钵、釜形钵、盂为典型器物。流行鋬手、平底器、器耳，圈足器少量，三足器很少。鋬手以窄鸡冠形为主流，器耳以牛鼻形为典型。少量鼎足，有圆锥（柱）形和宽扁形两种。大量刻划在圈足底部的刻划符号，只存在于一期。

与侯家寨一期相联系的遗存有双墩遗存、石山孜一期遗存、小孙岗遗存、武庄一期遗存等。

1）双墩遗存

双墩遗存以双墩遗址为代表，双墩遗址位于安徽省蚌埠市淮上区小蚌埠镇双墩村，地处黄淮海平原和江淮丘陵的过渡地带，坐落在淮河北岸一个高出地表的三角形原生台地上。双墩遗址于1986年进行过一次抢救性发掘，后于1991年和1992年进行了两次主动发掘①，又在2005年召开的“蚌埠双墩遗址暨双墩文化学术研讨会”上将双墩遗址的文化面貌确定为“双墩文化”。双墩文化是一支距今7300年左右的新石器时代中期的考古学文化，主要分布在淮河流域中游地区，具体的分布范围为：西从豫东与皖交界的鹿邑—信阳一线，东达苏西洪泽湖—六合一带，北到皖鲁交界处，南至大别山麓—六安—合肥—滁州一线，跨越河南、山东、安徽、江苏四省。

---

① 安徽省文物考古研究所、蚌埠市博物馆：《蚌埠双墩——新石器时代遗址发掘报告》，科学出版社，2008年。

双墩文化的主要特征为：陶质以夹蚌末为主，次为夹炭，少量夹云母末，还有极少量的泥质陶。陶色以红褐色为主，包括内外皆红褐色和外红褐内黑色两种，其次是外红内黑色，有一定数量的黑色陶和少量的灰色陶、红衣陶和彩陶。夹蚌末的陶器胎质粗糙，胎壁厚。而夹炭陶器的胎壁一般较夹蚌末的薄且磨光，外表施陶衣比较细腻。纹饰以素面为主，少量纹饰装饰在器物的口沿、肩颈部和折棱脊、鋬脊等地方，以刻划纹、戳刺纹、指切纹、篦点纹、乳钉纹和附加堆纹为流行。陶器皆手制，内外表大多进行过抹光处理，也有部分器物表面留有粗糙的刮削痕。陶器以罐形釜、钵形釜、祖形支架、罐形鼎、钵形鼎、圆锥形鼎足、大口罐、小口罐、直口折沿碗、折沿敛口钵、盆形甑、盘形甑、多形状盖纽等为典型器形，流行鋬手、耳系、平底、假圈足、矮圈足。

还有最重要的文化特征是出土了数量众多的刻划符号，这些刻划符号大多刻在陶碗的外圈足内，少部分刻在缸、钵等器物的底部及豆圈足内[①]。

将侯家寨一期的文化特征与双墩遗址进行对比可以发现两者间有大量相同的文化元素，具有极大的相似性。

例如，双墩遗存的B型罐形釜（图1-27，1）和侯家寨的B型罐形釜（图1-27，18）皆为侈口鼓腹平底四鋬罐形釜，双墩的C型罐型釜（图1-27，2）和侯家寨的C型罐形釜（图1-27，19）皆为敛口鼓腹平底四鋬罐形釜，双墩的A型钵形釜（图1-27，3）和侯家寨的Ac型钵形釜（图1-27，20）皆为直口斜腹平底四鋬钵形釜，双墩的B型钵形釜（图1-27，4）和侯家寨的Ab型钵形釜（图1-27，21）皆为敛口折肩四鋬钵形釜，双墩的C型钵型釜（图1-27，5）和侯家寨的B型钵形釜（图1-27，22）皆为敞口直腹平底四鋬钵形釜，双墩的B型支架（图1-27，6）和侯家寨的A型支架（图1-27，23）皆为带凸棱祖形支架，双墩的圆锥形鼎足（图1-27，7）和侯家寨的圆锥形鼎足（图1-27，24）相似，双墩的A型罐（图1-27，8）和侯家寨的Bc型罐（图1-27，25）皆为小口鼓腹平底牛鼻形双系罐，双墩的A型钵（图1-27，9）和侯家寨的Cb型钵（图1-27，26）皆为侈口鼓腹平底两鋬钵，双墩的B型钵（图1-27，10）和侯家寨的Da型钵（图1-27，27）皆为敞口深斜腹平底钵，双墩的D型钵（图1-27，11）和侯家寨的Aa型钵（图1-27，28）皆为敞口斜腹平底钵，双墩的A型碗（图1-27，12）和侯家寨的A型碗（图1-27，29）皆为敞口斜腹圈足碗，双墩的C型碗（图1-27，13）和侯家寨的B型碗（图1-27，30）皆为直口斜腹圈足碗，双墩的A型盖纽（图1-27，14）和侯家寨的Cb型盖纽（图1-27，31）皆为尖顶纽，双墩的B型盖纽（图1-27，15）和侯家寨的Aa型盖纽（图1-27，32）皆为圈座形盖纽，双墩的B型耳（图1-27，16）和侯家寨的Aa型牛鼻形耳（图1-27，33）皆为窄牛鼻形耳，双墩的C型耳（图1-27，17）和侯家寨的Ab型牛鼻形耳（图1-27，34）皆为宽牛鼻形耳等。另外，双墩遗址发现了数量大、种类多、内容丰富的刻划符号，而在侯家寨一期遗存中有与双墩遗址刻划内容相同的刻划符号。

① 安徽省文物考古研究所、蚌埠市博物馆：《蚌埠双墩——新石器时代遗址发掘报告》，科学出版社，2008年。

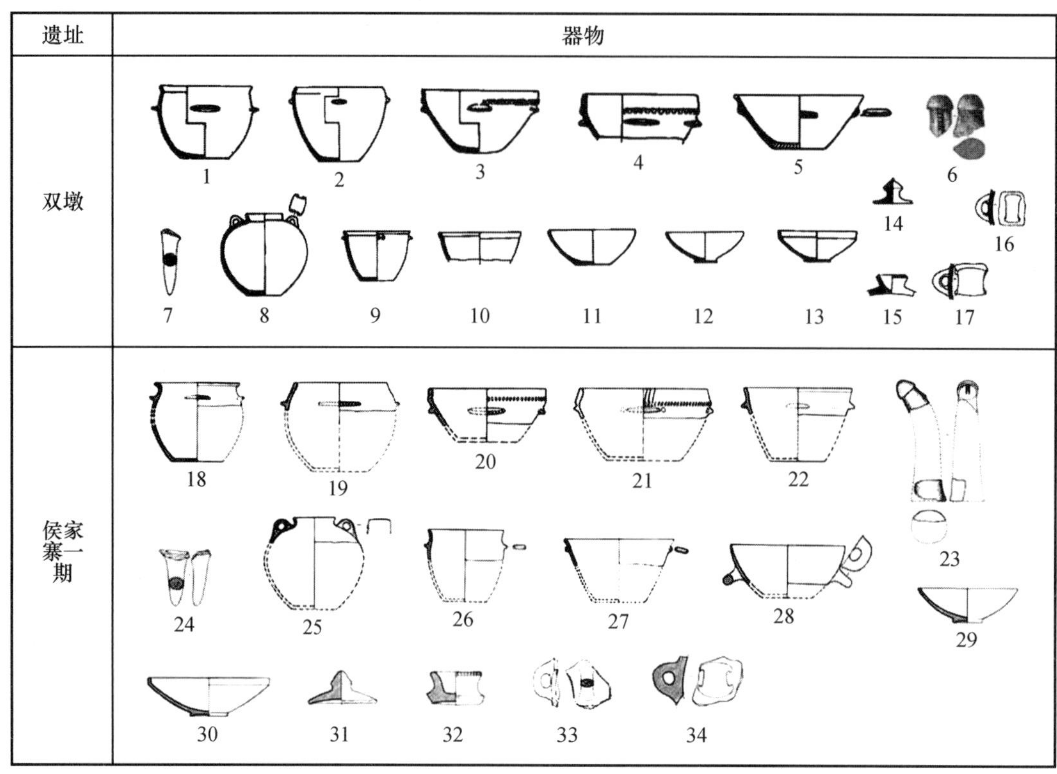

图1-27　双墩遗址与侯家寨一期陶器对比图

1. 91T0620⑬：30　2. 92T0721㉗：62　3. 91T0621③：119　4. 92T0523⑬：180　5. 91T0621④：198　6. 92T0723㉓：80　7. 92T0523④：200　8. 91T0719⑰：71　9. 91T0620⑬：38　10. 91T0719⑰：81　11. 92T0621⑥：162　12. 91T0621⑧：93　13. 91T0721㉖：75　14. 91T0628⑱：184　15. 91T0620⑱：45　16. 91T0719⑮：90　17. 92T0521⑱：51　18. T3③：213　19. T1④：92　20. T6④：102　21. T3④：330　22. T3④：332　23. T1④：130　24. T6③：87　25. T2④：285　26. T4④：29　27. T3③：217　28. T2③：233　29. T1④：89　30. T2④：292　31. T3③：150　32. T2④：279　33. T4④：41　34. T1④：123

侯家寨一期与双墩遗存的主要文化因素相同，整体文化面貌相一致，因此可以认为双墩遗址和侯家寨一期应属于同一考古学文化，即双墩文化。

虽然侯家寨一期与双墩遗存同属一个文化，但是两者之间有些器物还是有所区别。例如，双墩遗址中出土了很多独具特点的器身有孔的甑，而侯家寨一期只出土少量且只在器底有孔的甑。双墩遗存出土了除祖形支架外其他型式的支架和灶框，而侯家寨一期只有祖形支架和几件无法判定形状的灶框残片。双墩遗存的B型罐在侯家寨一期不见。双墩遗存的部分陶器在器身有圆形钻孔，这个技术在侯家寨一期不见。双墩遗存的D型桥形纽在侯家寨一期不见。双墩遗存的器耳有单系孔、双系孔和三系孔，而侯家寨一期流行单系孔。有些器形在侯家寨一期有而双墩遗存不见，如侯家寨一期的A型垂腹罐形釜、罐形鼎、钵形鼎、扁形足、中口无系罐等。由此可以证明侯家寨一期受到一些与双墩文化不同的文化因素的影响，在与别的文化的交流与碰撞的过程中有了一些不同于双墩文化的新的发展。

2）石山孜一期遗存

石山孜新石器时代遗址位于安徽省淮北市濉溪县平山乡石山孜村北，遗址北侧是濉河。遗址地势平坦，面积约3万平方米，是淮北地区发现的新石器时代遗址中较早的一处。安徽省文物考古研究所等分别在1988、1992、1993年进行过三次发掘①。

石山孜遗址出土遗物的文化特征为：陶器陶质以夹砂陶为主，少量泥质陶。夹砂陶的陶色以红褐色为主，少量黑陶和灰陶。泥质陶陶色以红色为主，黑陶次之，灰陶较少，还有极少量的彩陶、黄褐陶、橘黄陶和灰褐陶。夹砂陶中部分掺杂蚌末。纹饰以素面为主，流行附加堆纹、按窝纹、指甲纹，有少量戳印纹、划纹、凹弦纹和镂孔，纹饰大多饰于釜、盆口沿下、腹上部及鼎足根部外侧等部位。陶器皆手制，夹砂陶内外表粗糙，部分泥质陶外表经磨光。陶器以直口釜、微敛口釜、敞口釜、釜形鼎、钵形鼎、罐形鼎、圆锥形鼎足、短颈长圆腹双耳罐、宽折沿盆、窄沿盆、倒勾唇盆、微敛口深腹钵、直口浅折腹钵、覆碗形器盖和支座为典型器形，流行鋬手、耳系、平底、假圈足和三足。

石山孜新石器时代遗存分为两期，第7、6层为一期，第5、4层为二期。二期较一期在陶质和器形上都有了进一步发展，泥质陶比例增加，陶质更硬，器形种类增多。两期的遗物关系密切，一期和二期年代应是衔接的②。石山孜一期与侯家寨一期在陶质陶色和器形上有更多相似性。

例如，石山孜的D型釜（图1-28，1）和侯家寨的B型罐形釜（图1-28，8）皆为卷沿带鋬釜，石山孜的C型釜（图1-28，2）和侯家寨B型钵形釜（图1-28，9）皆为敞口带鋬釜，石山孜的C型罐（图1-28，3）和侯家寨的B型罐形鼎（图1-28，10）的罐身皆为侈口圆唇球腹罐，石山孜的圆锥形鼎足（图1-28，4）和侯家寨圆锥形鼎足（图1-28，11）相似，石山孜的

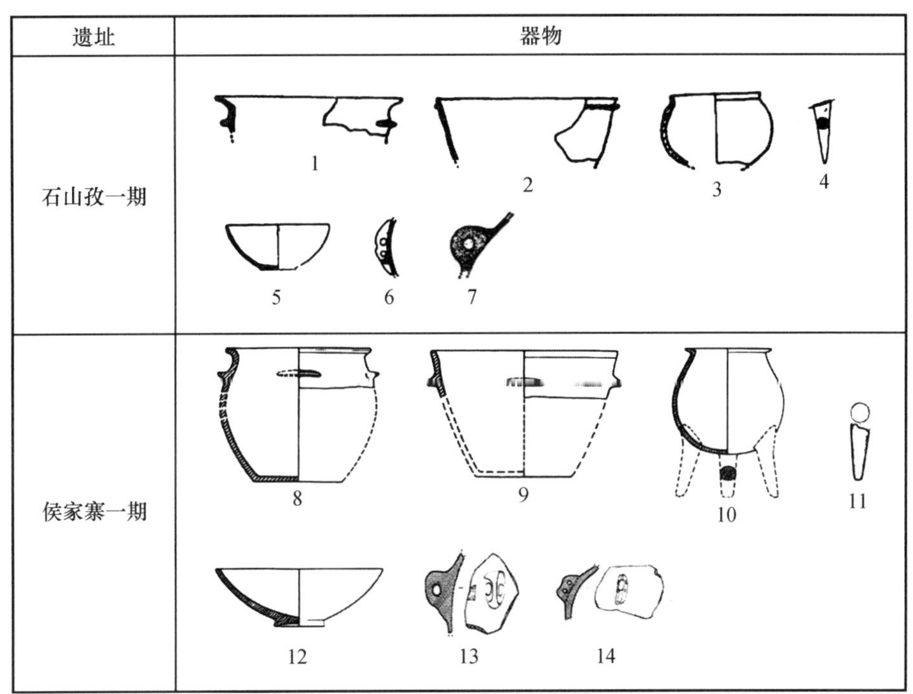

图1-28　石山孜一期和侯家寨一期陶器对比图

1. T4⑦：20　2. T4⑥：23　3. T2⑥：23　4. T4⑦：28　5. T4⑦：11　6. T3⑦：22　7. T4⑥：39　8. T3③：213　9. T3④：332　10. T4④：7　11. T6③：89　12. T1④：89　13. T3④：285　14. T2③：53

① 安徽省文物考古研究所：《安徽濉溪石山子新石器时代遗址》，《考古》1992年第3期。

② 安徽省文物考古研究所：《安徽濉溪石山子新石器时代遗址》，《考古》1992年第3期。

A型碗（图1-28，5）和侯家寨的A型碗（图1-28，12）皆为敞口弧腹圈足碗，石山孜的器耳（图1-28，6）和侯家寨Aa型牛鼻形器耳（图1-28，13）皆为弧长方形内凹双系孔器耳，石山孜的C型罐耳（图1-28，7）和侯家寨Bb型鸟首形罐耳（图1-28，14）皆为半环形单系孔耳系等。另外，石山孜一期发现了与侯家寨类似的6件鹿角勾形器。

石山孜一期与侯家寨一期虽然具有某些相同的文化因素，但也有不同之处，如石山孜的高领折腹罐形鼎不见于其他遗址，直口带鋬釜、侈口折沿带鋬盆等在侯家寨一期不见，而与处在淮河下游的顺山集遗址和后李文化具有相似之处。石山孜与双墩遗址也有相同的文化元素，如B型钵形鼎和双墩的B型鼎、A型支架和双墩的A型支架、B型罐和双墩的A型罐、B型钵和双墩的C型带把钵和双墩的D型钵等。由此可以看出，石山孜一期和侯家寨一期同属双墩文化，从陶质陶色和器形上可以判断二者年代大致相当。

3）小孙岗遗存

小孙岗遗址位于安徽省淮南市高皇镇老胡村，淮河干流流经遗址南侧。遗址呈崮堆状，高出周围地表约3米，现存面积约2万平方米。遗址于2012年9月～2013年1月进行了试掘[①]。

遗址文化层堆积分为10层，除第1层的耕土层外，其余均是新石器时代文化堆积层，简报中公布的器物资料不多且没有进行分期，因此可笼统概述该遗址陶器的文化特征为：陶质以夹蚌（砂）为主，夹云母和泥质陶少量。陶色以红色为主，少量红褐色、黑色和灰色以及极少量的黄色。陶器多素面，纹饰有附加堆纹、指甲纹、按窝纹、乳钉纹、刻划纹，有些陶器器表还施红陶衣。陶器皆手制，但经过刮削平整。陶器以红顶钵、小口双耳罐、鼓腹釜、盆形釜、敞口釜、罐形鼎、盆形鼎、假圈足碗为典型器形。流行平底器、支架和器盖，少量三足器，极少圜底器，鼎足流行圆锥形足。

从陶器的特征上看，小孙岗遗存的陶器特征与双墩文化特征基本一致，以夹蚌（砂）红褐色陶为主，少量泥质陶。小孙岗遗存的纹饰皆存在于双墩文化，罐、釜、鼎、碗、甑等器物类型与双墩文化具有相同的文化因素，小孙岗遗存和双墩文化都流行平底器、支架和器盖。由此，小孙岗遗存应属于双墩文化。

从已公布的器物上看，侯家寨一期和小孙岗遗存的文化面貌不同之处更甚。如小孙岗遗存的红顶钵（图1-29，1）不见于侯家寨遗址。小孙岗遗存的鼓腹釜与侯家寨遗址的罐形釜器形相仿但有所区别，尤其是无鋬鼓腹釜（图1-29，2）。侯家寨遗址的罐形釜皆有鋬手，或两个，或四个，小孙岗遗址的鼓腹釜或无鋬手，或双鋬手；侯家寨遗址的罐形釜腹径与底径相差较大，鼓腹明显，小孙岗遗址的鼓腹釜鼓腹弧度较缓。小孙岗遗址的深腹敞口釜（图1-29，3）不见于侯家寨遗址，而与马家浜文化的深腹釜相近。侯家寨一期鼎的数量极少，只有少数鼎足，可明确的鼎身只有一种罐形鼎，而小孙岗遗址有盆形鼎（图1-29，4）和罐形鼎（图1-29，5）两种，罐形鼎的形制与侯家寨一期相距甚远。

① 安徽省文物考古研究所、武汉大学历史学院考古系：《皖北小孙岗、南城孜、杨堡史前遗址试掘简报》，《考古》2015年第2期。

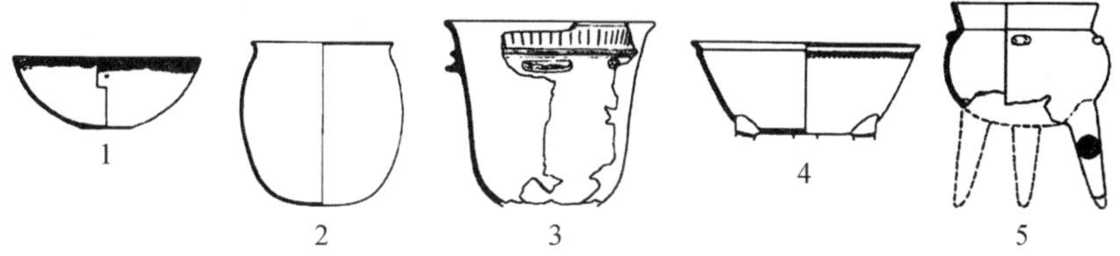

图1-29　小孙岗陶器器物图

1. H43：12　2. H43：7　3. H43：8　4. H23：5　5. H43：9

由此，小孙岗H43内出土的器物与侯家寨一期有很大不同，不同之处应是两者年代上的差异导致的。因为两者的地理位置相近，而年代有早晚。从灰坑出土物来看，小孙岗H23中的器物与侯家寨一期有同类器，如小口双耳罐的耳皆为鸟首形且罐口较小，肩部外弧。但H43内不见侯家寨一期典型的釜、平底器等，侯家寨一期也不见H43的卷沿鼓腹圜底釜。从H43和H23的地层关系上看，H43开口于第10层下，打破生土；H23开口于第6层下，打破第7～10层和H28（图1-30）。仅从两个灰坑判断，侯家寨一期的年代应晚于小孙岗H43而与H23年代相当，即小孙岗遗址最早时间早于侯家寨一期甚至是双墩遗存，但随着时间的推移，逐渐发展起来的双墩文化占领了小孙岗遗址，使得上层文化面貌与双墩文化相一致。

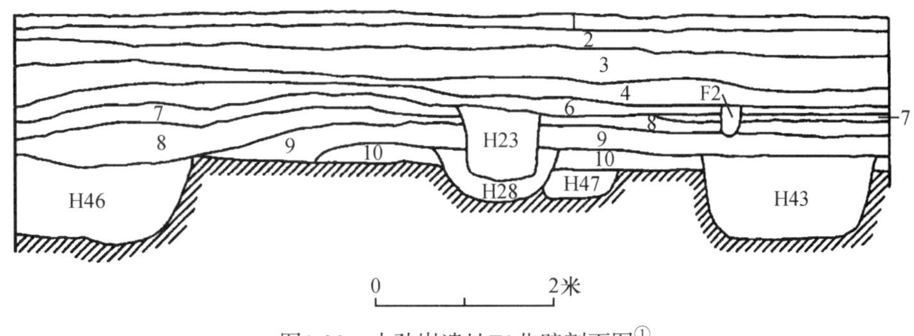

图1-30　小孙岗遗址T1北壁剖面图[①]

4）武庄一期遗存

武庄遗址位于河南省鹿邑县王皮溜乡武庄村，遗址南北皆有淮河支流经过，北有白沟河，南有清水河。这是一处崮堆形遗址，面积约7.5万平方米。1990年河南省文物考古研究所进行了一次主动发掘[②]。

武庄遗存分为一、二两期，属于一期文化遗存的有T102第7层和T103第7～9层；属于二期文化遗存的有3个探方的第3～6层及H70、H44等单位。武庄一期的文化特征为：陶器陶质以夹蚌（砂）和夹炭为主，少量泥质陶，极少量彩陶。夹蚌（砂）和夹炭陶的陶色以外红内灰或上红下灰的红褐色为主，泥质陶以红陶居多，灰陶很少。彩陶有施红衣和饰红色宽彩带两种。纹饰以素面为主，少量纹饰有划纹、弦纹、指甲纹、附加堆纹、篦点纹等。陶器有手制和泥条盘

① 安徽省文物考古研究所、武汉大学历史学院考古系：《皖北小孙岗、南城孜、杨堡史前遗址试掘简报》，《考古》2015年第2期。

② 河南省文物考古研究所：《河南鹿邑县武庄遗址的发掘》，《考古》2002年第3期。

筑两种，烧制火候不高，易破碎。陶器以罐形深腹鼎、圆锥形鼎足、窄沿侈口罐、红顶灰胎钵、敞口折腹盆、鸟首形双耳壶为典型器形，流行器耳、三足、圜底，平底和圈足较少。

武庄一期陶器在部分器形上与侯家寨一期有相似之处，如武庄一期的A型鼎足（图1-31，1）和侯家寨的圆锥形鼎足（图1-31，6），武庄一期的乙类A型罐（图1-31，2）和侯家寨的A型罐（图1-31，7），武庄一期的碗（图1-31，3）和侯家寨的A型碗（图1-31，8），武庄一期的A型器耳（图1-31，4）和侯家寨的C型鸟首形器耳（图1-31，9），武庄一期的甲类盆（图1-31，5）和侯家寨的盆（图1-31，10）等。不仅在器形上，在陶质陶色和纹饰上也有相似之处。武庄一期和侯家寨一期皆以夹蚌（砂）的粗红褐色陶为主，少量彩陶。陶器以素面为大宗，不见器物通体装饰纹饰，纹饰都有刻划纹、弦纹、附加堆纹、指甲纹等。流行鋬手、盖纽和鸟首形耳系。

除了共性以外，两者的不同之处也显而易见。例如，武庄一期的泥质陶较侯家寨一期多。武庄一期鼎多釜少而侯家寨一期釜多鼎少。武庄一期的釜为折沿腰檐罐形釜与马家浜文化的腰檐釜较为接近，而与侯家寨的平底鋬手釜不同[①]。武庄一期的红顶灰胎钵在侯家寨不见，但淮南小孙岗遗址有与B型钵相似的红顶钵，在郑州大河村遗址也有出土。武庄一期的乙类折腹盆在侯家寨一期中也不见。武庄一期的耳系多在壶上出现，如鸟首形双耳壶，而侯家寨一期的耳系多在罐上出现。两者的器物种类也有一定的差别，武庄一期有鼎、罐、钵、碗、盆、壶等，侯家寨一期有釜、罐、豆、钵、碗、鼎、盆、盂、支架、瓮、甑等。

由此，可以得出如下结论：文化属性上，武庄一期与侯家寨一期在文化面貌上共性大于异性，应属于同一文化即双墩文化。时间关系上，武庄一期应比侯家寨一期稍晚。首先，武庄一期不论从陶质陶色还是器形上更接近于侯家寨一期晚段。其次，武庄一期中的窄沿圆腹罐形鼎与石山孜二期的C型鼎基本相同[②]，且两者鼎足装饰相似，都有少量红彩陶的特征，可以证明

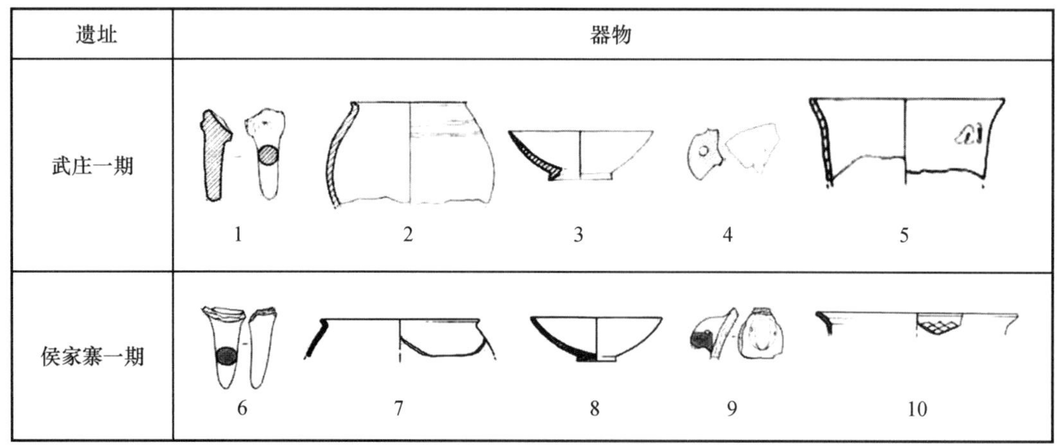

图1-31　武庄一期和侯家寨一期陶器对比图

1. H99：3　2. T103⑧：25　3. H99：2　4. T102⑦：8　5. T103⑧：36　6. T6③：87　7. T3④：305　8. T1④：89　9. T3③：164　10. T4③：12

① 张文军、张志清、赵新平：《试析河南鹿邑县武庄遗址新石器时代文化遗存》，《考古》2003年第2期。

② 张文军、张志清、赵新平：《试析河南鹿邑县武庄遗址新石器时代文化遗存》，《考古》2003年第2期。

两者年代相近。而石山孜一期与侯家寨一期年代相当，石山孜二期与石山孜一期年代相接，那么可以证明武庄一期稍晚于侯家寨一期。文化差异上，两者之间的差异应是时间和空间的不同造成的。

双墩遗存、石山孜一期遗存、小孙岗遗存和武庄一期遗存与侯家寨一期遗存同属于双墩文化，这五个遗存之间既有联系也有区别。双墩遗存属于典型的双墩文化。石山孜一期除了吸收双墩遗存的部分文化因素外，还受到北辛早中期文化、顺山集文化的影响，加之地理位置与侯家寨一期相隔较远，因此出现了与侯家寨一期文化面貌相似性不高的情况。小孙岗遗址与双墩遗址相距不远，小孙岗遗存的文化面貌与双墩遗存较为一致，但受到马家浜文化的些许影响，其整体面貌与侯家寨一期有明显区别，但时代相近。武庄一期遗存距侯家寨一期和双墩遗存都较远而离仰韶文化豫中区较近，但整体文化面貌与双墩遗存和侯家寨一期遗存非常相似，是双墩文化区的最西边。尽管武庄一期属于双墩文化，但因离大河村遗址距离较近，不可避免地受到大河村文化的影响，同时也将这种文化因素传播到安徽淮河流域。由此，双墩文化似可以分为不同的地方类型：双墩类型、石山孜一期类型、武庄一期类型和侯家寨一期类型。石山孜遗址和武庄遗址有早晚的划分，那上层文化的归属问题将在下节讨论。

2. 侯家寨二期的文化因素分析

侯家寨遗存分为两期，一期属于双墩文化，二期的文化面貌和一期有些差异，似是随着时间的推移，双墩文化的影响逐渐衰落而出现了势力更强的文化影响了侯家寨二期的文化面貌。现归纳二期文化特征如下。

陶器的陶质以夹砂陶为主，少量泥质陶。陶色以红褐色为主，外红内黑色次之，灰色和黑色少量，泥质陶多为彩陶。陶器多素面，少量纹饰有指切纹、弦纹、刻划纹、附加堆纹、乳钉纹、镂孔等。指切纹多装饰在鋬手冠部、折棱、鼎足和盖纽上，附加堆纹多装饰在折腹折肩处，弦纹多装饰在口沿下和肩腹部，乳钉纹和刻划纹多装饰在肩腹部，镂孔多装饰在豆柄、甑柄上。二期出现了大量彩陶，多为豆、钵、罐、盆和碗之类的盛储器。彩陶纹饰多为红彩，有宽窄彩带纹、波折纹、连续三角纹、曲折纹、勾连纹、菱形网格纹等。陶器皆手制，多数器内留有平整的刮削痕，器壁大多变薄，尤其是彩陶制作精美。陶器以折腹釜形鼎、束颈罐形鼎、浅腹钵形鼎、敛口钵形豆、敞口盘形豆、小口双系罐、深腹釜形钵、折腹釜形钵、带流高颈壶、盂形器、大口宽沿甑等为典型器形。流行鋬手、器耳和三足器。鋬手以窄鸡冠形和桥形为主，器耳以鸟首形为主，鼎足以麻花形和草帽形为特别。刻划符号二期全部不见。

除了出土大量文化遗物，还有些文化遗迹。三处残存居住面呈圆形或椭圆形。居住面低于四周15厘米，由6厘米的灰黑色黏土筑成，平整坚硬。屋内有柱洞，应为支撑木柱所用，推测为半地穴式建筑。五处灰坑，有圆形和不规则形两种，出土了陶片、动物骨骼和螺蚌壳等遗物。

与侯家寨二期相联系的遗存有：石山孜二期、武庄二期、大河村仰韶前一、二期、孙家城、黄鳝嘴、北阴阳营二期、古埂早期、大城墩一期等。

1）石山孜二期遗存

石山孜新石器时代遗存分为一、二两期，石山孜一期与二期在年代上是衔接的，整体面貌一致，又有一定差别。例如，石山孜二期较石山孜一期泥质陶比例明显上升，陶质更加坚硬，彩陶、红衣陶仅在二期出现。石山孜二期均为罐形鼎，而一期有釜形鼎和钵形鼎，二期陶器种类增多，出现了豆、杯、盂、带把钵等①。

石山孜一期与侯家寨一期年代相当，二期则与侯家寨二期具有一些相同的文化因素。例如，石山孜二期的D型Ⅱ式釜（图1-32，1）和侯家寨二期Aa型Ⅱ式钵形釜（图1-32，9）皆为大口折沿两鋬釜。石山孜二期的A型Ⅱ式鼎足（图1-32，2）和侯家寨二期的圆锥形鼎足（图1-32，10）相似。石山孜二期的B型Ⅱ式钵（图1-32，3）和侯家寨二期的Ba型Ⅰ式钵形鼎（图1-32，11）皆为三足钵，足部和口沿部略有不同。石山孜二期的带把钵（图1-32，4）和侯家寨二期的Bb型Ⅱ式钵（图1-32，12）均为带把钵，石山孜二期的把柄为宽扁形，底向内凹，而侯家寨二期把柄为圆柱形，圜底三足。石山孜二期的A型耳系（图1-32，5）和侯家寨二期的Aa型鸟首形耳系（图1-32，13）皆为形态逼真的鸟首形。石山孜二期的器盖（图1-32，6、7）和盖纽（图1-32，8）和侯家寨二期（图1-32，14～16）的基本相同。

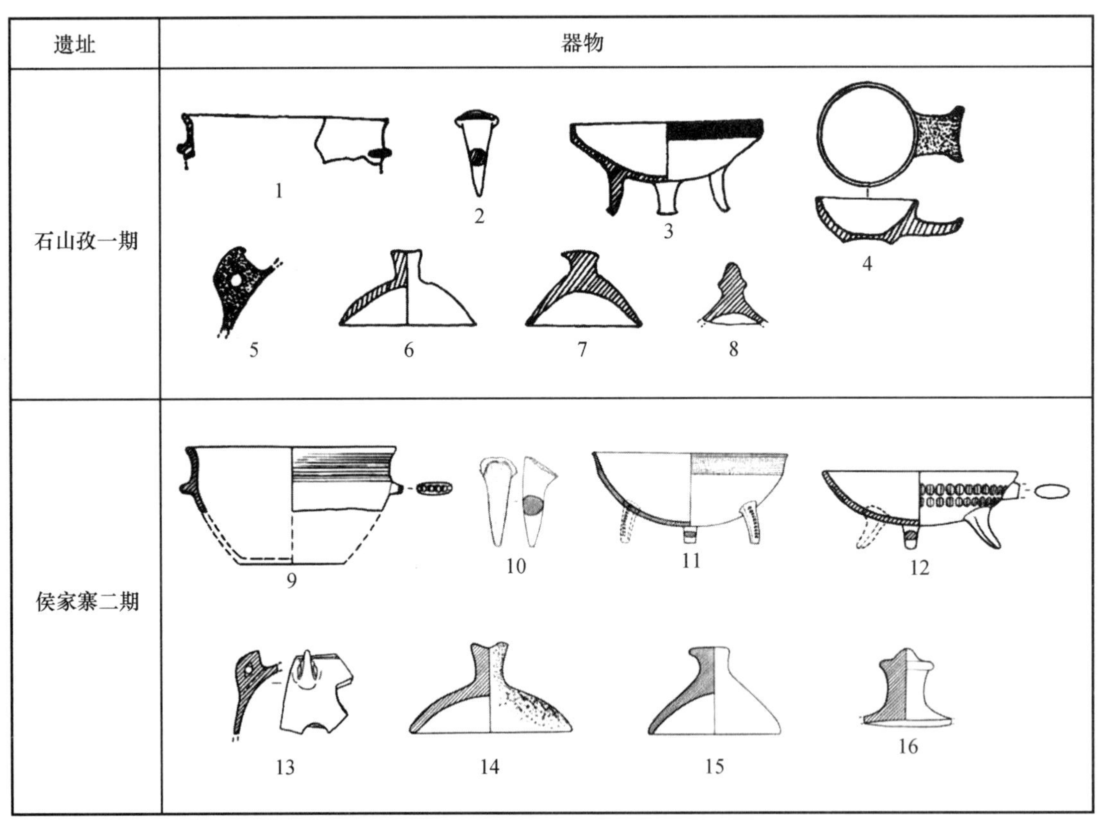

图1-32　石山孜二期和侯家寨二期陶器对比图

1. T3④：12　2. T4⑤：29　3. T4④：13　4. T4⑤：10　5. T1⑤：11　6. H3：1　7. T4④：1　8. T1④：12　9. T1②：62　10. T1②：24　11. T2②：145　12. H5：1　13. T1②：51　14. T3②：116　15. T2②：137　16. F3：5

① 安徽省文物考古研究所：《安徽濉溪石山子新石器时代遗址》，《考古》1992年第3期。

石山孜二期和侯家寨二期在鼎足、器耳和器盖等附件上的相似度很高，但器形上还是有些区别。比如石山孜二期和侯家寨二期虽然都有罐形鼎，但在型式上区别较大。石山孜二期的陶盆在侯家寨二期基本不见。石山孜二期虽然出现彩陶，但彩陶纹饰形式单一，数量很少，彩绘纹饰主要是用红彩涂满上下部分，中间用四条斜带连接和红彩绘出宽窄带纹。而侯家寨二期彩陶纹饰丰富且制作精细。侯家寨二期有丰富的彩陶豆，石山孜二期很少。三足钵并不是淮河流域的典型器形，而多出现在黄河流域，石山孜二期的三足钵与侯家寨二期的三足钵尽管有相似之处，但与北辛文化的三足钵更加接近，皆为圆锥形足且内撇，钵盘较浅。因此黄河流域的北辛文化对侯家寨二期是有所影响的，可能是通过石山孜遗址向淮河中游地区传播。

总体看来，石山孜二期与侯家寨二期应整体面貌相似，共性大于异性，应属于同一文化，两者之间的区别应是时间和空间的不同造成的。年代上石山孜二期应早于侯家寨二期，首先是石山孜二期的彩陶开始出现但是数量较少并不发达，而侯家寨二期彩陶发达。其次是石山孜二期的泥质陶数量比侯家寨二期要少，泥质陶的精细程度较侯家寨二期弱一些。最后石山孜二期与一期年代相接，侯家寨一期和侯家寨二期之间有缺环，而石山孜一期与侯家寨一期年代相当，那么石山孜二期的年代应在侯家寨一期和二期之间。

2）武庄二期遗存

前文分析了武庄一期与侯家寨一期之间的关系，武庄二期是在武庄一期的基础上发展起来的，侯家寨二期也是在侯家寨一期的基础上发展起来的，而武庄二期与侯家寨二期有较大的相似性。

武庄二期的文化特征为：陶器陶质以夹蚌（砂）陶最多，泥质陶其次，夹炭很少。陶色夹蚌（砂）以红褐陶为主，灰陶很少。泥质陶以红色、灰色、橙黄色较多，黑色较少。出现大量彩陶，以红彩为主，褐彩其次，少量黑彩，还有施白衣和红衣陶，极少量复合彩。纹饰以素面居多，有的经过磨光。少量纹饰以凹弦纹、刻划纹、附加堆纹、镂孔为流行。彩陶纹饰以宽窄彩带纹最多，水波纹、勾连纹、波折纹、锯齿纹、菱形“田”字纹、圆点弧线三角纹也常见。陶器更多用泥条盘筑而成，加上慢轮修整，器形规整。三足和圈足与器身分制，再进行黏接，烧制火候较高。以釜形鼎、罐形鼎、盆形鼎、折沿罐、折肩罐、三足钵、敞口碗、折肩豆、直口盆、箍口盆、双耳壶、擂钵等为典型陶器。流行三足器、圈足器、器盖、器耳。鼎足有宽扁形足和鸭嘴状足两种，器耳依然流行鸟首形，盖纽呈桥形或实心圆纽状。陶质工具有圆饼、纺轮、拍等。

除了出土大量遗物，还有数量较多的灰坑遗迹，有圆形、椭圆形和不规则形三种，以圆形最多。

武庄二期分为三段，第一段以第6层为代表，第二段以第5层为代表，第三段以第3、4层和H11为代表①。

武庄二期与侯家寨二期有很多相似器形，如武庄二期的Ab型鼎（图1-33，1）和侯家寨

① 河南省文物考古研究所：《河南鹿邑县武庄遗址的发掘》，《考古》2002年第3期。

二期的B型釜形鼎（图1-33，9）皆为高领折腹釜形鼎；武庄二期的Bb型鼎（图1-33，2）和侯家寨二期的Ab型釜形鼎（图1-33，10）皆为束颈折腹釜形鼎；武庄二期的Ba型鼎（图1-33，3）和侯家寨二期的A型罐形鼎（图1-33，11）皆为束颈鼓腹罐形鼎；武庄二期的B型鼎足（图1-33，4）和侯家寨二期的宽扁形足（图1-33，12）皆为扁形足；武庄二期的B型豆（图1-33，5）和侯家寨二期的B型钵形豆（图1-33，13）皆为折沿钵形豆；武庄二期的D型豆（图1-33，6）和侯家寨二期的A型钵形豆（图1-33，14）皆为直口钵形豆；武庄二期的A型壶（图1-33，7）和侯家寨二期的Ba型罐（图1-33，15）虽然器物种类不同但形制很像，皆为小口肩部装有两个牛鼻形耳；武庄二期的鸟首形器耳（图1-33，8）和侯家寨二期的鸟首形器耳相似（图1-33，16）；武庄二期和侯家寨二期皆流行喇叭形豆圈足等。除了器形上的相似外，彩陶纹饰也有很多相似之处，如宽窄彩条带、三角网纹、勾连纹、水波纹、波折纹等。

虽然有很多的相似之处，不同之处也是存在的，武庄二期很多陶器器形在侯家寨是不见的。武庄二期的鹿角勾形器、擂钵、鸭嘴状鼎足、高柄杯、A型和C型鼎等均在侯家寨二期不见。还有些器物虽然相似但还是有不同，如武庄二期的三足钵和侯家寨二期的钵形鼎，虽然皆

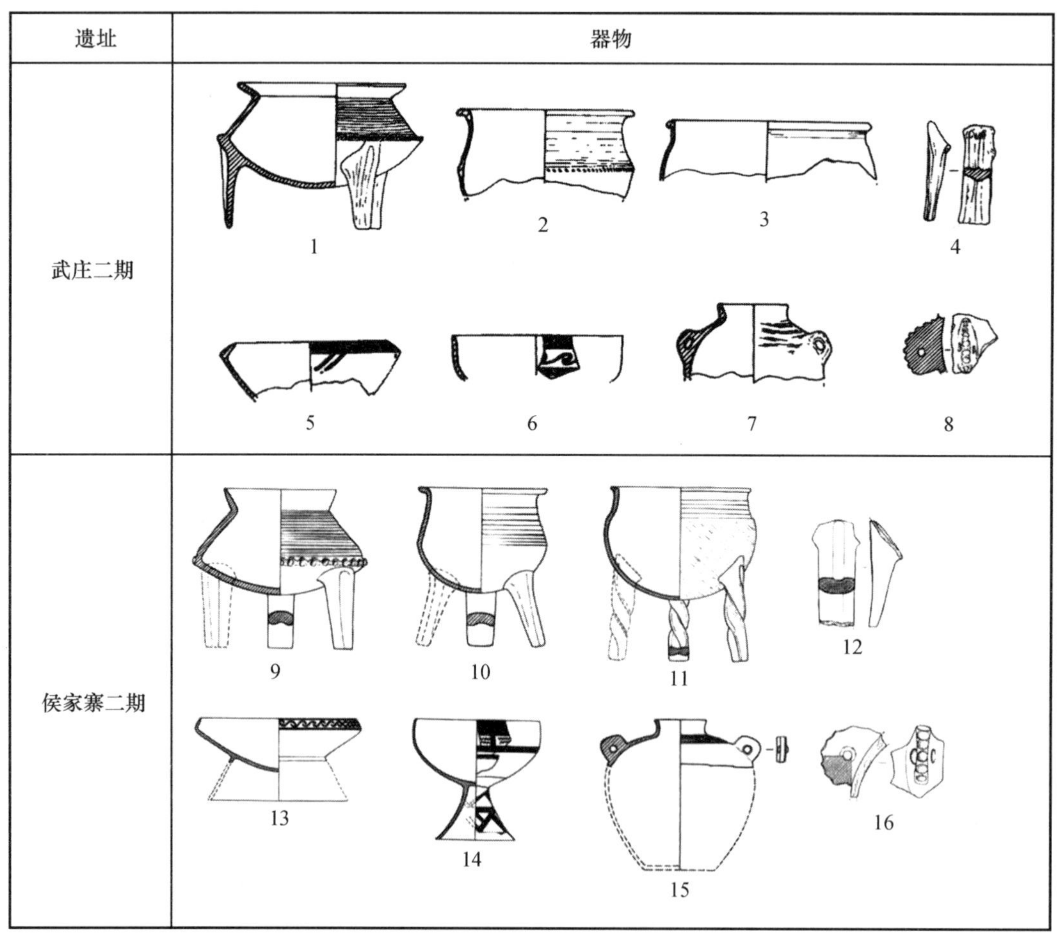

图1-33　武庄二期和侯家寨二期器物对比图

1. T102⑥：21　2. T101④：70　3. H44：1　4. T103④：49　5. T101⑤：28　6. T102⑤：44　7. T102④：45　8. T102⑥：26　9. F3：1　10. T1②：58　11. T2②：147　12. T1②：27　13. T2②：143　14. H1：2　15. H1：3　16. T1②：56

为三足钵但形制有所不同，还有侯家寨二期的罐和武庄二期的罐并不相似但和壶却很相似。彩绘纹饰上，武庄二期的如菱形"田"字纹和圆点弧线三角纹侯家寨二期不见。

由此，武庄二期和侯家寨二期具有很多相似之处，共性大于异性，应该属于同一文化。武庄二期除了与侯家寨二期相近，部分器物与大河村下层有相似之处，与双墩文化的略有不同，尤其是鹿角勾形器（图1-34）。武庄二期和大河村仰韶前二期的勾形器皆柄长钩短，而侯家寨一期代表的双墩文化的勾形器柄较短。另外，罐、钵、盆的相似器形较多，如红顶钵、侈口罐、垂沿盆、折腹鼎等，在仰韶前一期都有发现。因此武庄二期年代应与仰韶前一期遗存相当，前段年代最早能到仰韶前二期。除了武庄二期与大河村的仰韶文化有很大的联系外，这种联系也体现在侯家寨二期中。

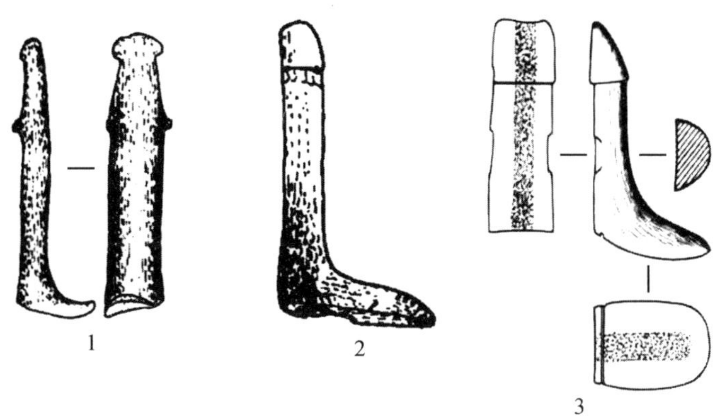

图1-34　鹿角勾形器

1. 武庄二期（T101⑤：5）　2. 大河村仰韶前二期（T38⑯：5）　3. 侯家寨一期（T2③：251）

3）大河村遗存

大河村遗址位于河南省郑州市柳林镇大河村，地处西南浅山区和豫东大平原接壤地带，坐落在一个西南—东北走向的慢坡土岗上。遗址平面呈椭圆形，面积40多万平方米，文化层堆积厚度7～12.5米，有仰韶文化层、龙山文化层、二里头文化层和商文化层。大河村遗址于1972年10月～1987年11月经历过2次钻探和21次发掘[①]。

大河村仰韶文化可以分为七期：仰韶前三期、前二期、前一期、第一期、第二期、第三期和第四期，这七期为一直延续两千多年的新石器时代文化，其中仰韶前一期与侯家寨二期具有更大相似性。

仰韶前二期仅在探方T37～T40和T55～T59的第18～20层，其文化特征为：陶器的陶质以泥质陶为主，少量夹砂陶，开始出现硬陶。陶色以褐色为主，棕红色较多，灰色少量，姜黄色最少。泥质陶陶质细腻，夹砂陶多孱和蚌末。陶器以素面为主，纹饰流行弦纹、指甲纹、按窝纹、附加堆纹、刻划纹、压印纹等。彩陶数量增多，纹饰有黑、棕或红色宽彩带纹，施于碗或钵的口沿部。陶器皆为手制，平底器为泥片粘贴法，尖底或圜底器为泥条盘筑法。陶器以罐形

① 郑州市文物考古研究所：《郑州大河村》（上），科学出版社，2001年。

鼎、盆形鼎、折腹鼎、大口鼓腹罐、小口高领罐、小口双耳罐、敛口垂腹罐、小包口罐、红顶灰陶钵、直口钵、敛口钵、敞口钵、敛口盆、侈口盆、叠沿弧腹盆、敛口鼓腹碗、侈口深弧腹碗、盅形豆、碗形豆、直筒豆为典型。流行三足器、平底器和耳系。鼎足形式多样，有圆锥形、圆柱形、梯形、扁方形足、宽扁形、板形、舌形、麻花形、凿形、方形、多棱形、方柱形。耳系多安装在罐上。

仰韶前二期与侯家寨二期的相似性并不大，前二期以泥质陶为主，夹砂陶较少，侯家寨二期仍以夹砂陶为主体，出现少量泥质陶。前二期泥质陶虽多，但彩陶较少，侯家寨二期的泥质陶大多为彩陶。陶色也很不同，前二期陶色丰富多彩，而侯家寨二期陶色单一、变化较少。前二期的鼎足多装饰按窝纹或指甲纹，侯家寨二期鼎足形式多样但纹饰较少。器形相似的很少，但仍然有可以比较的器形，如形式多样的鼎足，虽然纹饰不同但形制相似，特别是仰韶前二期有1件与侯家寨二期极为相似的麻花状的鼎足（图1-37，1），侯家寨二期流行的麻花状鼎足（图1-37，4）应是受其影响。另外就是仰韶前二期开始出现折腹鼎，敞口，方唇，高领斜直，束颈，折腹，圜底。前二期的C型Ⅱ式鼎在前一期依然存在并有所发展。仰韶前一期在前二期的基础上发展起来，很多器形来源于前二期且承袭前二期，而侯家寨二期与仰韶前一期具有更大的相似性，因此不应忽略仰韶前二期与侯家寨二期的关系。

仰韶前一期仅在探方T37～T40和T55～T59的第16、17两层，其文化特征为：陶器的陶质以泥质为主，夹砂次之，少数硬陶。陶色以棕红色为主，灰色次之，褐色再次之，姜黄色最少。陶器多素面，纹饰有弦纹、指甲纹、刻划纹、按窝纹等。彩陶增多，纹饰较前二期更丰富，有带状纹、三角纹、直线纹、平行直线纹、圆点纹、圆点圆圈纹，皆为黑、棕、红单彩。制法与前二期相同，皆手制。陶器以罐形鼎、盆形鼎、折腹釜形鼎、敛口折沿罐、束颈鼓腹罐、小口高领罐、敛口折肩罐、双唇束颈罐、磨沿罐、卷沿罐、小包口罐、敞口钵、直口钵、红顶钵、内卷沿钵、厚唇钵、直口折沿盆、折腹盆、敛口卷沿盆、直口深腹碗、侈口弧腹碗、折腹碗、尖底瓶为典型。鼎足有板状足、扁宽长条形足、方锥足、梯形足、圆锥形足。

遗迹现象有两座土坑墓和一座瓮棺葬。

仰韶前一期与仰韶文化后岗类型关系密切，侯家寨二期与之有交流和联系并受其影响（图1-35）。最典型的还是折腹釜形鼎，前一期的C型Ⅰ式鼎（图1-35，2）和侯家寨二期B型Ⅰ式釜形鼎（图1-35，5）皆为高领折腹釜形鼎，前一期的C型Ⅱ式鼎（图1-35，3）和侯家寨二期B型Ⅱ式釜形鼎（图1-35，6）皆为敛口微折领折腹鼎。虽然都为折腹鼎，但仰韶前一期的鼎身圜底下垂，折腹较扁，而侯家寨二期圜底近平，折腹角度更大，结合仰韶第一期中的折腹鼎可以看出，侯家寨二期将仰韶文化的折腹鼎加入了自身的特点。武庄二期的折腹鼎的领口与前一期相似，而器身与侯家寨二期相似。彩陶纹饰也有相似之处，如带状纹、三角纹、直线纹等。

由此，可以得出如下结论：首先侯家寨二期和武庄二期都受到大河村遗址仰韶前一、二期文化的影响。其次侯家寨二期年代应与仰韶前一期大致相当，而武庄二期也与仰韶前一期大致相当，那么可以证明侯家寨二期与武庄二期年代相当，而武庄二期一段的时间可能更早。

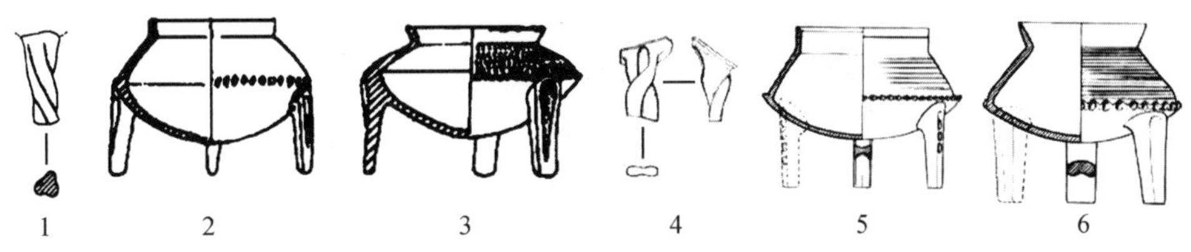

图1-35　大河村仰韶前一、二期和侯家寨二期陶鼎和鼎足

1～3. 大河村（T56⑱：18　2. T37⑯：4　3. T57⑰：8）　4～6. 侯家寨（T1②：30　5. T3②：134　6. F3：1）

4）孙家城遗存

孙家城遗址位于安徽省怀宁县马庙镇栗岗村孙家城和费屋两个村民组内，地处大别山东南麓的断裂带上，冲积平原南部。遗址东、南、西侧围有城垣，大致呈圆角长方形，现存城垣面积约25万平方米。孙家城遗址于2007年10月～2008年1月进行了第一次考古发掘，2008年9～11月进行了第二次考古发掘。

第一次发掘的孙家城遗址的文化层共14层，分为三个阶段：第14～9层为孙家城一期；第7～5层及各层下的遗迹为孙家城二期；第4、3层属于孙家城二期文化与薛家岗文化的过渡形态，归为孙家城二期；第2层下的红烧土坑1、H1、M1属于薛家岗文化早期。孙家城一、二期文化衔接紧密，应属于同一性质文化的两个发展阶段，而孙家城二期与薛家岗文化早期的承袭关系较明显，应属薛家岗文化来源之一①。第二次发掘主要是了解城垣的结构、城内布局，发现了大面积薛家岗晚期和张四墩类型的文化堆积。

孙家城一期的文化特征为：陶器的陶质以夹砂陶为主，少量泥质陶。陶色以红色为主，少量外红内黑色，极少数白色。白陶陶质夹粗砂。泥质陶质地疏松，夹了植物的茎秆和壳，有少量灰胎黑皮陶。陶器纹饰以戳印纹、刻划纹为流行，极少量菱形或回形纹、细绳纹，绳纹只见于白陶。陶器皆手制，表面用泥浆抹平。陶器以罐形鼎、釜形鼎、敞口盆、三足罐、钵形豆等为典型器形。流行三足器和圈足器，少量圜底器。鼎足数量众多且形式多样，有扁平长条形、圆锥形、弯曲状、麻花形和窄鱼鳍形。彩陶大量出土，彩绘纹饰多施于豆盘、豆柄和盆口沿。纹饰有窄条纹、网格纹、波浪纹、重三角纹、勾连云纹等，多以组合纹饰出现。彩陶颜色有黄地红彩、红地黑彩、红地白彩等。

还发现几处遗迹现象：三条小沟和一条基槽。沟内出土遗物有石器、陶器和动物骨骼。陶器器形有鼎、盆、豆、甑、钵、器盖、鼎足、纺轮、球等，还有少量彩绘陶片。石器有石锛、石料、砺石。

孙家城一期的部分器形与侯家寨二期有一定的相似性。孙家城一期数量最多的陶器就是鼎，有釜形鼎和罐形鼎两种，孙家城一期的釜形鼎（图1-36，1、2）和侯家寨二期的釜形鼎（图1-36，5）相似，孙家城一期的罐形鼎（图1-36，3）和侯家寨二期的罐形鼎（图1-36，6）几乎一样。鼎足也非常相似，均有宽扁形、圆锥形、麻花形、弯曲状的鼎足。相似的还有彩

① 安徽省文物考古研究所、怀宁县文物管理所：《安徽怀宁孙家城新石器时代遗址发掘简报》，《文物》2014年第5期。

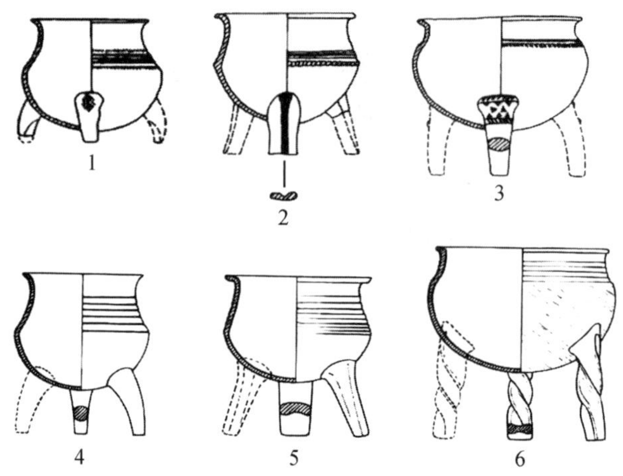

图1-36　孙家城一期和侯家寨二期陶鼎

1. T2⑪：3　2. T3⑪：20　3. T3⑬：8　4. T3②：132　5. T1②：58　6. T2②：147（1～3. 孙家城，4～6. 侯家寨）

陶，两者都有数量较多的彩陶且纹饰非常丰富，宽带纹、三角纹、勾连云纹在两个遗址都有出现。侯家寨二期也出土了较多的实心陶球和几件龟形、猪形陶塑，与孙家城一期相似。

两者的文化因素具有相似之处，但也有所区别。孙家城一期出土的泥质红陶、灰陶、黑陶较侯家寨二期多，且有些器形侯家寨二期不见。如孙家城一期的高领束颈球腹罐形鼎（图1-37，1）、敞口深腹釜形鼎（图1-37，2）、缸形器（图1-37，3）侯家寨二期不见，且孙家城一期的鼎足有特色鲜明的纹饰，如戳印三角纹和凸棱纹（图1-37，3）。由此可判断，孙家城一期应是较侯家寨二期有所发展的。

孙家城一期和孙家城二期有明显的连续性，孙家城二期的文化特征为：陶器的陶质以泥质陶最多，夹砂陶较少，泥质陶一般夹植物茎秆、壳或炭。陶色以外红内黑或灰色为多，胎质为红褐色和灰色较多，灰色胎大多为黑皮陶，陶色鲜亮，颇具特点。彩陶数量大大减少，色彩与一期相同，纹饰种类单一，多勾连纹和窄条纹。陶器纹饰有凸棱纹、压印纹、凹弦纹。制法与前一期相同，表面用泥浆抹平，有的器表能看到明显刮削痕。陶器以釜形鼎、罐形鼎、盘形豆、釜形罐、折沿双耳罐、直口盆、黑皮陶杯为典型。流行三足器和圈足器，少量平底器。鼎足多凹面足，少量侧装扁平三角形足。

孙家城二期的器物与一期有明显的连续性，皆流行釜形鼎、罐形鼎、杯、罐、陶球。而

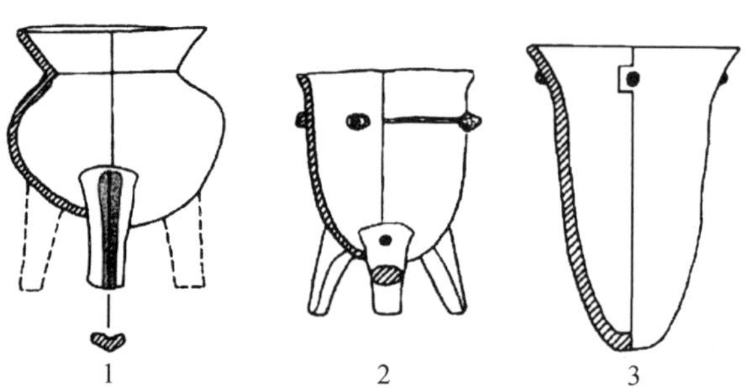

图1-37　孙家城一期陶器

1. T3⑪：12　2. T2⑨：13　3. T2⑨：19

二期的泥质陶比例上升，彩陶数量减少，二期偏晚陶豆和黑皮陶数量上升。孙家城二期虽然是在一期的基础上发展起来的，但某些器形与侯家寨二期有些关联，如孙家城二期的罐形鼎（图1-38，1）和侯家寨二期的Aa型釜形鼎（图1-38，3）、孙家城二期的豆（图1-38，2）和侯家寨二期的Ca型钵形豆（图1-38，4）较为相似。

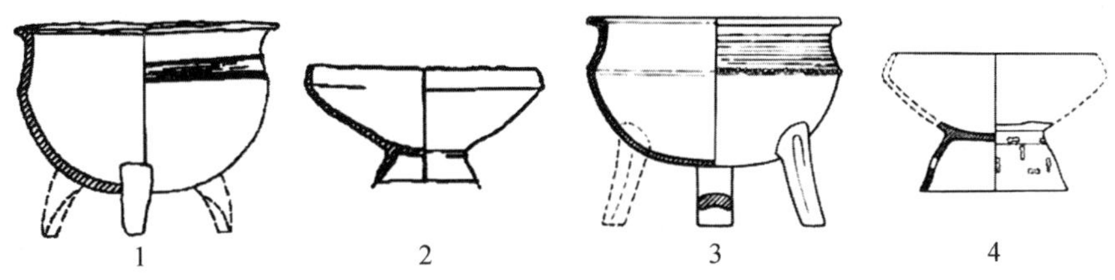

图1-38　孙家城二期和侯家寨二期陶鼎和陶豆

1. T2④：1　2. T3④：9　3. T1②：60　4. T2②：141（1、2. 孙家城，3、4. 侯家寨）

孙家城发掘简报中认为孙家城一期的罐形鼎、各式鼎足和戳印纹盆见于黄鳝嘴遗址，其文化应属于“黄鳝嘴文化”，黄鳝嘴文化年代与薛家岗一期年代相当或更早，是薛家岗文化的来源之一。而由费屋地点的地层关系可以确定孙家城一期早于薛家岗早期。那么孙家城一期年代应早于黄鳝嘴遗址。这由黄鳝嘴遗址较孙家城一期出现了大量的形式多样的豆、壶、杯等器形也可以证明。

由以上器形对比可知，孙家城一期与侯家寨二期有很多的相似性，其年代最早应稍晚于侯家寨二期，因此孙家城一期所代表的黄鳝嘴文化受到侯家寨二期所代表的文化的影响。而孙家城二期在陶质陶色和制作工艺上较侯家寨一期皆有精进，陶器形式也有所丰富，年代应稍晚且与孙家城一期年代相接，孙家城二期应与侯家寨二期晚期年代相当。^{14}C测年数据显示，孙家城一、二期文化绝对年代为距今5800～5500年，而侯家寨二期距今6200～5800年。孙家城二期叠压在薛家岗早期文化之上，器形上也有相似之处，应是薛家岗文化的来源之一①。

5）黄鳝嘴遗存

黄鳝嘴遗址位于安徽省宿松县程岭乡刘墒村，坐落在大塔山北边的缓坡上，东有凉亭河经过。遗址总面积约1.2万平方米。遗址于1981年冬季进行试掘，1982年和1984年又进行两次发掘②。

黄鳝嘴遗存文化层堆积很薄，揭去耕土层就是新石器时代文化层且只有一层，该层发现十七座墓葬，遗物大多从墓葬中出土，因此完整器和可修复器物较多。该遗址的文化特征为：陶器的陶质以夹砂陶为主，泥质陶次之。陶色以红色、黑色最多，灰色其次，少量褐色。泥质黑衣陶胎质多为红色，烧后施黑衣。陶器的纹饰有弦纹、刻划纹、刻点连线纹、网格纹、按窝纹、锥刺纹、附加堆纹、多角星纹、镂孔。还有少量彩陶和红衣陶，彩陶纹饰单一，多施于豆、钵的口沿部和腹部。陶器皆手制，少数器物口沿出现慢轮修整，陶胎均匀。大多数器物从

① 安徽省文物考古研究所、怀宁县文物管理所：《安徽怀宁孙家城新石器时代遗址发掘简报》，《文物》2014年第5期。

② 安徽省文物考古研究所：《宿松黄鳝嘴新石器时代遗址》，《考古学报》1987年第4期。

墓葬中出土，因此明器较多，实用器很少，器形小巧。陶器以罐形鼎、钵形豆、盘形豆、碟形豆、单耳杯、釜形杯、折腹盆为典型。流行三足器、圈足器、器盖，少量平底器。鼎足数量众多，有扁平形、圆锥形、凹面足和三角柱形足四种。

遗迹现象主要是墓葬，无墓坑和葬具，尸骨腐朽无存，但随葬品保存较好。十七座墓葬均有随葬品，数量2～13件，基本组合为鼎、豆、壶、杯。随葬品摆放朝向多东北—西南，个别为东南—西北。

黄鳝嘴遗存以墓葬为主，出土陶器多为明器，但部分器形的形制与侯家寨二期有相似之处。如黄鳝嘴Ⅰ式釜形鼎（图1-39，1）和侯家寨二期的Ac型釜形鼎（图1-39，3）的鼎身皆为束颈弧腹釜形鼎，鼎足略有不同，黄鳝嘴的鼎足流行装饰按窝纹，侯家寨二期的鼎足多素面。黄鳝嘴Ⅰ式盘形豆（图1-39，2）和侯家寨二期A型盘形豆（图1-39，4）的豆盘皆为敞口浅腹盘形，豆盘下有细柄，但黄鳝嘴的盘形豆圈足为覆盆形，而侯家寨二期为喇叭形。

虽然黄鳝嘴遗存更多受到崧泽早期文化、北阴阳营二期文化、王家墩一期文化、汤家岗文化、大溪文化等文化的影响，与侯家寨二期文化的相同因素很少，但在某种程度上侯家寨二期文化对黄鳝嘴文化形成的影响是不可忽略的。黄鳝嘴遗存的年代应稍晚于侯家寨二期，不论是从陶质、陶色、陶器制法还是器形上都可以证明。黄鳝嘴遗存和侯家寨遗存之间联系的纽带应是地处两者之间的孙家城遗存，即侯家寨二期文化的影响通过孙家城遗存一路向西南传播，但随着距离的增加，影响在逐渐减弱。

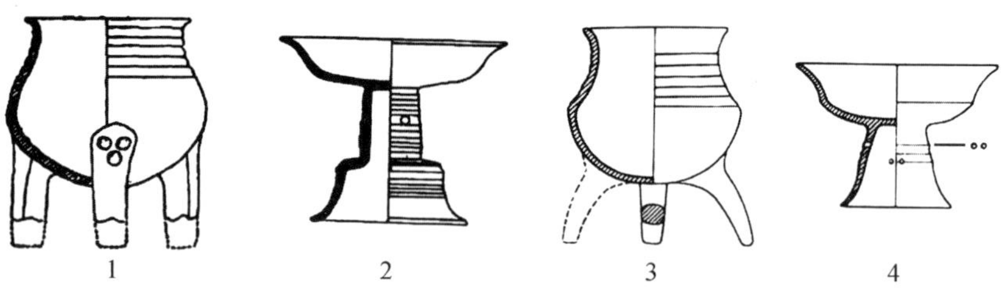

图1-39　黄鳝嘴遗址和侯家寨二期陶鼎和陶豆

1. T1②：3　2. M4：3　3. H5：6　4. T3②：126（1、2. 黄鳝嘴，3、4. 侯家寨）

6）北阴阳营二期遗存

北阴阳营遗址位于江苏省南京市南京大学宿舍区内，是一个高出地面约4米的椭圆形土墩。遗址于1955年春、1956年春、1957年10月～1958年1月、1958年夏进行过四次发掘，总发掘面积3132平方米①。

遗址分为4层，其中第4层为新石器时代文化层，发现了几处灰坑、灶坑、红烧土堆积和大量的墓葬。271座墓葬组成的墓葬区是最重要的发现。

新石器时代文化层分为四期：一期以H68和H70为代表；二期以墓葬区258座墓葬为代表；三期以居住区边缘的13座墓葬为代表；四期以H2为代表。其中文化内涵最丰富的与侯家寨二期有可比性的是二期。

① 南京博物院：《北阴阳营——新石器时代及商周时期遗址发掘报告》，文物出版社，1993年。

北阴阳营二期的文化遗物主要是从墓葬中出土，现简单总结一下墓葬中出土的器物：随葬物品主要是陶器、石器和玉器。陶器多为器皿，石器多为生产工具，玉器多为装饰品。

陶器以泥质红陶最多，泥质灰陶其次，夹砂红陶再次，夹砂灰陶最少。陶器多素面，纹饰有弦纹、附加点纹、竖条形和花瓣形压印纹、乳钉纹、附加堆纹、按窝纹、乳突、划纹和镂孔。泥质陶在罐腹部和圈足器柄部经常饰弦纹。按窝纹和乳突纹饰于鼎足根部。少量彩陶和红衣陶见于钵、碗、盆等器形。陶器皆手制后经慢轮修整，器形规整，器壁较薄。陶器以束颈鼓腹鼎、束颈折腹鼎、浅腹盆形鼎、平底盉、三足盉、圆腹钵形豆、折沿钵形豆、细高圈足豆、壶形豆、盆形豆、矮圈足碗、矮圈足簋、圜腹凹底钵形盆、反弧腹盆、双曲腹钵、带鋬钵、钵形匜、束颈折腹罐、带鋬罐、长颈罐、单把罐、小口双鼻罐、三足罐、葫芦形罐、扁鼓腹罐、圈足罐、长颈壶、高圈足尊、小型明器为典型器形。流行三足器、圈足器、器盖、器鋬和流口。鼎足形式独特且多样，有圆锥形、宽扁形、扁三角形、外弯曲足、直立圆锥足、外撇羊角形、凿形、扁窄条形、鸭嘴形和短足。鋬手和器耳有角状把手、牛鼻形耳、鸟首形耳、环形鋬、扁耳、扁圆形鋬、扁三角形鋬、半月形耳、鸡冠形耳、圆角长方形把手、圆柱形把手、宽形鋬。器盖多为覆碗形，盖纽有环纽、角状纽、鸟形纽、菱角形纽、五瓣花形纽、杯形纽，以杯形纽最常见，多加盖于鼎上。

地层中出土的陶器皆实用器，器形较大，陶质较粗。泥质陶的陶质、陶色、器形都与墓葬中出土的相差无几，但泥质陶所占比例较小，比例最多的为夹砂红陶，其次是泥质红陶，再次为泥质灰陶，夹砂灰陶最少。出土陶器种类包括鼎、盉、豆、壶、罐、钵、尊、杯、盖，器形与墓葬中出土相似。鼎足除圆锥形、三角形、凿形外还有辫形、麻花形、绳索形。

北阴阳营二期的器物尤其是鼎、豆、壶、碗、罐等形式多样，有独特的地域特色。但南京地处长江下游，离淮河地区、太湖地区都不远，难免受到其他文化的影响，因此北阴阳营与淮安青莲岗、邳州市刘林遗址早期、青浦崧泽早期、潜山薛家岗二期等遗址都有交流，吸收其文化因素并进行发展。除了与同期的遗址有所交流，也传承了更早期遗址的部分因素，因此侯家寨二期与北阴阳营二期部分器形可以进行比较，如北阴阳营二期的Ⅱ型a式鼎（图1-40，1）和侯家寨二期的Ac型釜形鼎（图1-40，12）皆为敞口束颈鼓腹鼎，北阴阳营二期的Ⅴ型c式鼎（图1-40，2）和侯家寨二期的Aa型釜形鼎（图1-40，13）皆为窄沿折腹鼎；北阴阳营二期的Ⅵ型b式豆（图1-40，3）和侯家寨二期的Cb型钵形豆（图1-40，14）皆为直口钵形豆；北阴阳营二期的Ⅰ型d式豆（图1-40，4）和侯家寨二期的A型钵形豆（图1-40，15）皆为微敛口钵形豆；北阴阳营二期的ⅩⅢ型b式豆（图1-40，5）和侯家寨二期的A型盘形豆（图1-40，16）皆为敞口折腹盘形豆；北阴阳营二期的Ⅱ型c式碗（图1-40，6）和侯家寨二期的Ca型钵形豆（图1-40，17）的口腹部相似，皆敛口折肩弧腹；北阴阳营二期的Ⅱ型b式彩陶盆（图1-40，7）和侯家寨二期的Ab型彩陶钵（图1-40，18）器形相似，皆敞口折肩；北阴阳营二期的Ⅵ型c式钵（图1-40，8）和侯家寨二期的Ca型钵（图1-40，19）具有可比性，皆鼓腹带环形把手；北阴阳营二期的ⅩⅢ型a式罐（图1-40，9）和侯家寨二期的Ba型罐（图1-40，20）皆为小口双系罐；北阴阳营的杯形（图1-40，10）和菱角形（图1-40，11）盖纽和侯家寨二期的Aa型（图

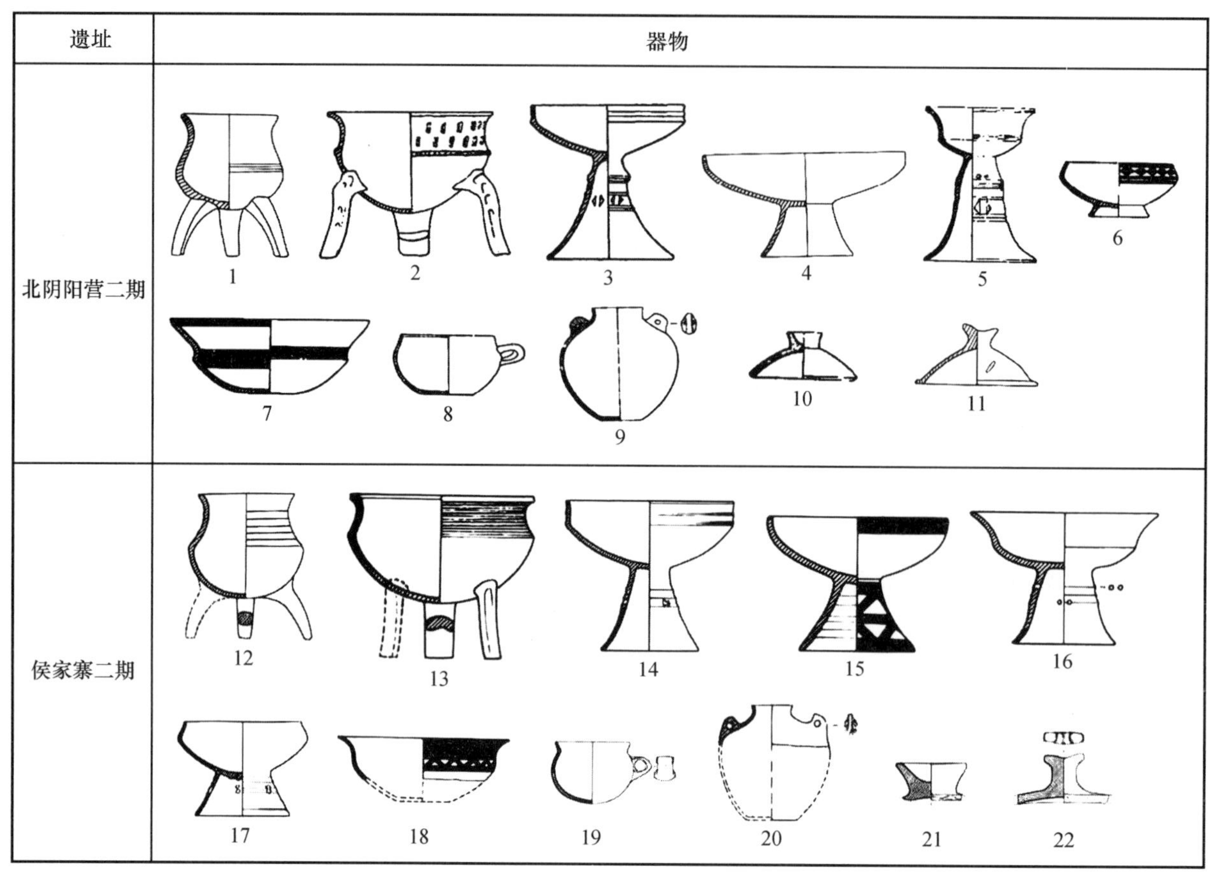

图1-40　北阴阳营二期和侯家寨二期陶器对比图

1. M38：5　2. M83：9　3. M155：5　4. M117：10　5. M156：8　6. M15：5　7. M46：6　8. M204：10　9. M90：4　10. M75：1　11. M20：4　12. H5：6　13. F3：2　14. H5：2　15. T3②：131　16. T3②：126　17. T2②：141　18. T4②：2　19. T2②：153　20. H1：4　21. T3②：32　22. T1②：55

1-40，21）和Da型（图1-40，22）盖纽相似。北阴阳营二期出了一批小型明器，侯家寨二期同样出土了数量较多的小陶器，但是没有墓葬资料予以支撑，难以判定其性质，但大小和形制同北阴阳营二期相似。

北阴阳营二期年代与崧泽早期遗存年相当，而侯家寨遗址早于崧泽早期（详细分析见下章），那侯家寨二期的年代应早于北阴阳营二期，所以侯家寨二期文化对北阴阳营二期文化的形成产生了一定的影响。侯家寨二期文化除了向西南方向传播，同时也向东南传播。

7）古埂早期遗存

古埂遗址位于安徽省合肥市肥西县上派镇，遗址呈慢坡状，高出周围农田约2米。1983年春季进行过一次发掘，发掘面积150平方米。

遗址的文化层分为四层，其中第3、4层为古埂早期遗存，第2层为古埂晚期遗存[①]。早期和晚期的文化面貌有所区别，古埂早期遗存与侯家寨二期具有可比性。

古埂早期的文化特征为：陶器陶质以夹砂陶为主，泥质陶其次。陶色以红色为主，其次是

① 安徽省文物考古研究所：《安徽肥西县古埂新石器时代遗址》，《考古》1985年第7期。

灰色，黑色极少，还有少量陶器表面施红衣。夹砂陶火候较低，质地疏松。纹饰以素面为主，少量纹饰以锥刺纹、刻划纹、波浪纹、附加堆纹和镂孔为流行。陶器皆手制，胎壁厚薄不均，但大多表面磨光。陶器以盆形鼎、罐形鼎、盘形鼎、钵形豆、束颈双耳罐、长颈折腹壶、敛口钵、深腹尊为典型器形。流行平底器、三足器、器耳和把手，圈足器基本不见。鼎足出土数量大、种类多，有锥形足、长扁足、扁长方形足、扁凿形足、枫叶形足、扁瓦状足。器耳多鸟首形，还有牛鼻形和扁方形。把手有三角形、扁弓形、扁凿形、扁錾形四种。

除了出土遗物，还有几处遗迹现象，其中房址2处，灰坑1处。2处房址只残留一部分居住面，为平地起建，但形制稍有不同。F1地面由大块红烧土铺垫，平整坚硬。F1房基东南部有一个长方形红烧土台，推测该红烧土台为睡觉的地方。在南部还发现1个圆形土坑，坑内填满灰黄色土和大量烧土颗粒。F2地面也铺垫大块红烧土，红烧土下铺垫一层灰黄色土，土中夹杂大量红烧土颗粒。该层下有5个圆形土坑，坑口与基层位于同一平面且无明显分界，坑内填满灰黄色土和大量烧土颗粒，土坑用途未知，但应与房屋建筑有关。另有一圆形灰坑，开口于第3层下，口大底小，深1米，坑内填土为深灰色夹有红烧土颗粒，出土了黑陶豆、砺石、彩绘陶片等。

出土遗物虽然不多，但是有部分可比较的陶器，如古埂早期的Ⅱ式鼎（图1-41，1）和侯家寨二期的A型钵形鼎（图1-41，8）形制相似，皆为敞口盘形鼎，但古埂早期的鼎折腹更加明显。古埂早期的豆（图1-41，2）和侯家寨二期的Cb型钵形豆（图1-41，9）形制相似，豆盘口沿皆内敛，折肩，弧腹，豆柄细长，豆座呈喇叭形，但古埂早期的折肩较高，口沿内敛更甚，豆柄与豆座连接处略呈覆盆形。另外，古埂早期的锥形足（图1-41，3）、扁长方形足（图1-41，4）和长扁足（图1-41，5）与侯家寨二期的圆锥形足（图1-41，10）、宽扁形足（图1-41，11、12）相似。古埂早期的鸟首形耳系（图1-41，6、7）与侯家寨二期的鸟首形耳系（图1-41，13、14）如出一辙。

古埂早期与侯家寨二期有较大的相似性，具有某些相同的文化元素，应属于同一文化。但两者有不同之处，古埂早期和侯家寨二期皆出现彩陶，但古埂早期的彩陶数量较侯家寨二期少，图案也略有不同。另外，古埂早期的尊、杯在侯家寨二期不见或少见，却与江苏邳州市刘林遗址相似，而罐形鼎和江苏句容丁沙地遗址相似。枫叶形、外撇凿形、扁瓦状形鼎足均不见于侯家寨二期。古埂早期发现两座残房基，侯家寨二期发现三座残房基，从残存面上看，两者的形制略有不同。古埂早期的房址平地起建，而侯家寨二期房址为浅地穴式，古埂早期的地面由红烧土块铺垫，而侯家寨二期由灰黑色黏土铺垫且铺有黄色细砂。古埂早期的平地式建筑与屈家岭文化的房屋建式相似，屈家岭文化的房屋也是平地起建，挖一个面积较大的浅坑，再往坑里运土铺垫后铺撒一层红烧土块①，这种铺地方式与古埂早期很相似。但屈家岭文化的年代晚于古埂早期，建屋技术更加成熟，防潮措施更多，房屋面积更大，还出现了分间房屋。而古埂早期的房屋从设施和构造来看应属于地面建筑的初始阶段，除了红烧土地面没有发现更多的

① 张江凯、魏峻：《新石器时代考古》，文物出版社，2004年。

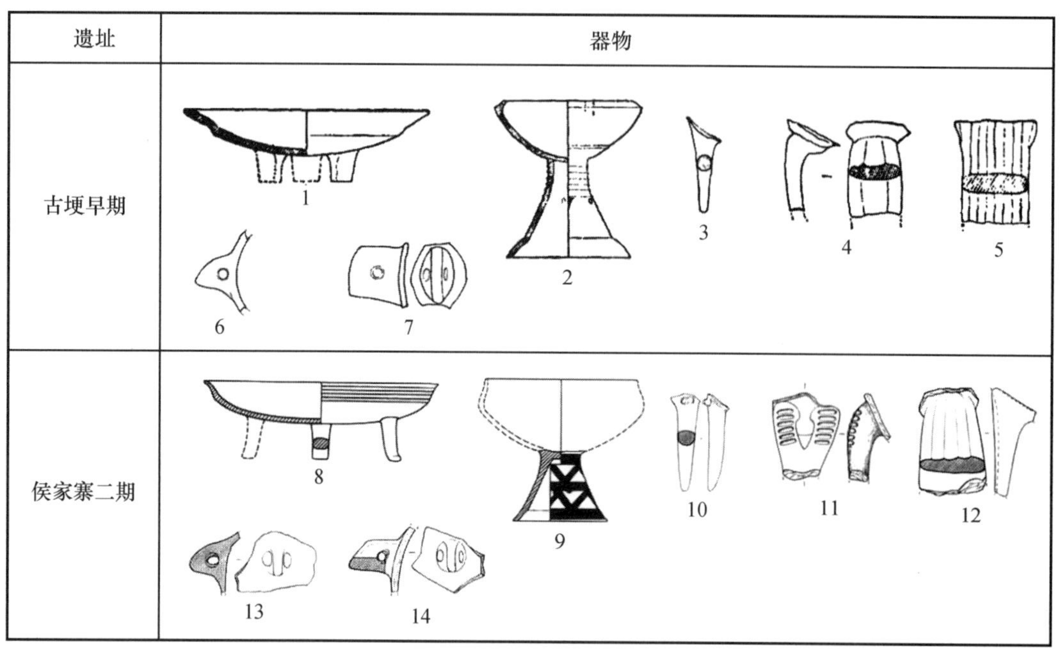

图1-41　古埂早期和侯家寨二期陶器对比图

1. T1③：24　2. H2：18　3. T6④：9　4. T3③：16　5. T6③：15　6. T1③：27　7. T6③：11　8. T2②：149　9. T3②：125　10. T2②：17　11. T2②：42　12. T1②：33　13. T3②：40　14. T2②：163

防潮措施，屋内除了一处红烧土台基外没有发现房屋分间和门道、灶坑等附属设施。而侯家寨二期的房屋虽为浅地穴式，但铺垫一层坚硬的黏土和细砂土，屋内有柱洞，屋外有窖穴灰坑，是浅地穴式房屋发展的成熟阶段。因此古埂早期的房屋和侯家寨二期的房屋在时间上应是相衔接的，是两种房屋模式的过渡阶段。再结合出土陶器的陶质陶色和器形，两者年代应大致相当，不同之处是由所处地理位置不同而吸收的文化不同造成的。

8）大城墩一期遗存

大城墩遗址位于安徽省马鞍山市含山县，遗址是一个长方形台地，高出周围农田约3米，面积2万多平方米。自1979年开始，先后进行过四次发掘[①]。

大城墩遗址前三次发掘只有商周时期的文化层，并将遗址分为了六期。第四次发掘的250平方米中有新石器时代至商周时期的文化层，分为五期，本节对大城墩遗址的分期以第四次发掘的分期为标准。

其中第一期与侯家寨二期有可比性。大城墩一期的文化特征为：陶器的陶质以夹砂陶为主，少量泥质陶。陶色以红色为主，其次是黑色和灰色。夹砂陶火候低，质地疏松。泥质陶火候高，质地细腻。陶器以素面为主，纹饰流行凹弦纹、凸弦纹、按窝纹、刻划纹和尖乳钉状堆纹。陶器大多轮制，器形规整，泥质陶器表经过打磨。陶器以高领折腹鼎、敞口束颈钵、敞口深腹罐、高颈折腹釜、高圈足杯为典型器形。流行三足器、圜底器和器耳，平底器少量。鼎足

① 安徽省文物考古研究所、含山县文物管理所：《安徽含山大城墩遗址第四次发掘报告》，《考古》1989年第2期。

有凿形和梯形，流行在鼎足上饰划纹、按窝和凹槽。器耳有鸟首形、半环形和牛鼻形。

一期的遗迹只有灰坑1个，椭圆形，平底。坑内为坚硬的黄褐色填土，出土鼎2个。

大城墩一期因出土器物较少，所以可比器形也不多。大城墩一期出土的鼎较多，形制相似，皆为高颈折腹釜形鼎。Ⅰ式釜形鼎（图1-42，1）与侯家寨二期B型釜形鼎折腹部相似，只是大城墩一期Ⅰ式鼎的领部高且外侈较甚，方沿，平唇，侯家寨二期的鼎圆唇，领部微外撇。大城墩一期的Ⅱ式鼎（图1-42，2）和Ⅲ式鼎（图1-42，3）与侯家寨二期的Ac型釜形鼎器形相似，大城墩一期的Ⅱ式鼎和Ⅲ式鼎的折腹部和唇部略有不同。大城墩一期的扁凿形足（图1-43，1）和侯家寨二期的宽扁形足相似，大城墩一期的凿形足分为外弧和内弧两种，侯家寨二期的鼎足有外弧无内弧。大城墩一期的器耳有牛鼻形（图1-43，2）、梯形和半环形，其中牛鼻形与侯家寨一期的竖牛鼻形有相同的文化元素，但有所发展，器耳冠部饰按窝纹，且孔系较大。

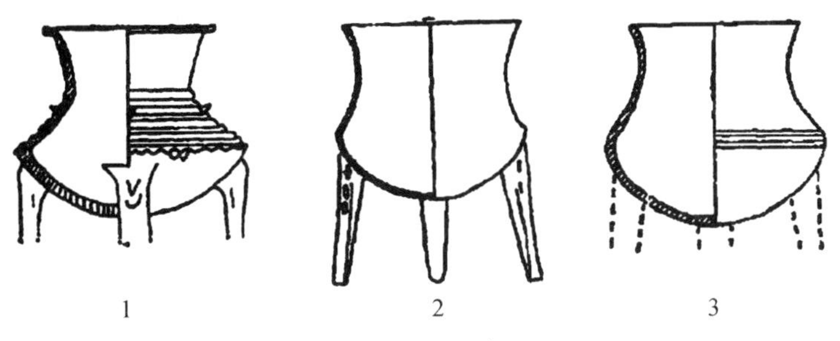

图1-42　大城墩一期陶器（一）

1. H9：2　2. H9：1　3. T17⑫：99

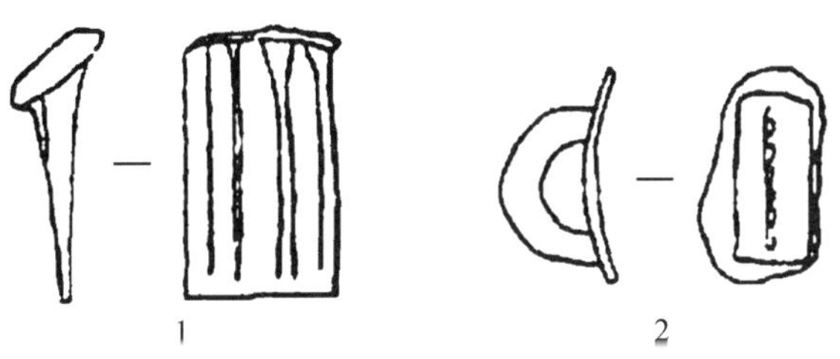

图1-43　大城墩一期陶器（二）

1. T17⑫：102　2. T17⑫：107

大城墩一期与侯家寨二期的文化面貌整体相似，大城墩一期的陶器种类侯家寨二期都有，但部分器形形制不同，除了上述几种之外，大城墩一期的陶罐和陶碗形制与侯家寨二期完全不同，陶釜与侯家寨二期的陶钵有些相似，应该受到马家浜文化的影响。由此，大城墩一期与侯家寨二期应属于同一文化，因地域的不同发展出了属于自己的文化内涵。而二者的相对年代关系，首先大城墩一期出现了轮制陶器，而侯家寨二期几乎没有发现。其次大城墩一期的Ⅰ式折腹釜形鼎与侯家寨二期的B型釜形鼎似有连续发展的关系（图1-44）。因此大城墩一期的年代应稍晚于侯家寨二期。

上述遗存与侯家寨二期遗存或多或少都有些联系，其中石山孜二期、武庄二期、古埂早期和大城墩一期与侯家寨二期应属于同一文化，石山孜二期早于侯家寨二期，武庄二期与侯家

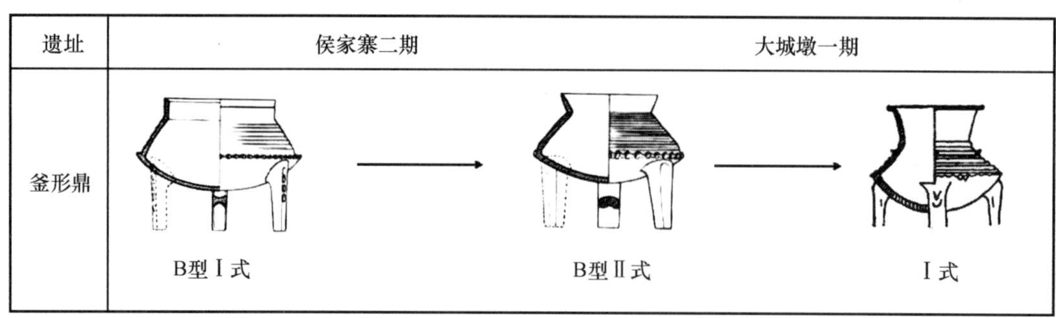

图1-44　折腹釜形鼎的演化图

寨二期年代相当，古埂下层和大城墩一期年代较侯家寨二期略晚。而郑州大河村仰韶前一、二期、黄鳝嘴、孙家城一、二期、北阴阳营二期与侯家寨二期皆有交流并互相吸收了对方的文化因素。

3. 小结

根据上文的分析可以将侯家寨遗址出土陶器分为几大类。

A类：这一类器物属于双墩文化的器物群，包括双墩遗址和双墩文化的其他遗址中共同存在的器物，这群器物集中在侯家寨一期。包括B型Ⅰ式卷沿罐形釜、C型Ⅰ式敛口罐形釜、Ac型Ⅰ式直口钵形釜、Ab型Ⅰ式敛口钵形釜、B型敞口钵形釜、A型B型祖形支架、Bc型牛鼻双系罐、Cb型鼓腹钵、Da型敞口深腹钵、Aa型敞口钵、A型碗、B型碗、Cb型尖顶纽、Aa型圈座纽、牛鼻形耳、Bb型鸟首形耳。

B类：这一类器物是只在侯家寨遗存出现，别的遗存或文化不曾出现或偶尔见到，即侯家寨遗址独有器物群。这群器物包括A型敞口双鋬罐形釜、Aa型Ⅰ式侈口折肩钵形釜、A型Ⅰ式四足盘形鼎、Ba型Ⅱ式盘形鼎、D型折腹钵形豆、B型敞口盆形豆、Bd型小直口双耳罐、B型双鋬折腹钵、Ca型Ⅰ式钵、Db型敞口钵、Ab型伞形器盖、B型平顶形器盖、Ca型尖顶盖纽、草帽形和弯曲形鼎足、折沿斜腹豆、粗柄豆。

C类：这一类器物是侯家寨遗存吸收别的遗存或文化的因素发展起来的。B型Ⅱ式罐形釜、C型Ⅱ式罐形釜、Ac型Ⅱ式钵形釜、Da型Ⅱ式钵、A型Ⅱ式和B型Ⅱ式碗是在双墩文化同类的Ⅰ式器形上继续发展的。盘形鼎和Bb型双耳罐或许是吸收了裴李岗文化的因素而加以改造和发展起来的。B型釜形鼎、麻花形鼎足是受到仰韶文化大河村类型的影响而出现的。B型罐形鼎受到石山孜一期和大汶口文化的影响而出现并发展的。A型罐受到武庄一期的影响并发展。Dc型盖纽受到大汶口文化影响而出现的。Ab型钵形釜受到马家浜文化和双墩文化的影响而继续发展。

D类：这一类器物是其他遗存或文化吸收了侯家寨遗址的文化因素导致具有相似性的器物。Bb型盘形鼎与龙虬庄一期的Ⅰ型1式三足钵相似。A型Ⅱ式盘形鼎与古埂早期的Ⅱ式鼎相似。Aa型釜形鼎与北阴阳营二期的Ⅴ型c式鼎、孙家城二期罐形鼎相似。B型釜形鼎与大城墩一期的Ⅰ式鼎具有共同的文化因素。A型罐形鼎与孙家城一期的罐形鼎相似。B型罐形鼎与崧泽文化的ⅢA型釜形鼎具有共同的文化因素。麻花形鼎足与孙家城一期、北阴阳营二期相似。A型Ⅰ式钵形豆与北阴阳营二期Ⅰ型d式豆具有相同的文化因素。Cb型Ⅱ式钵形豆与北阴阳营二期的Ⅵ型b式豆具有相同的文化因素。A型盘形豆与北阴阳营二期的XⅢ型b式豆、黄鳝嘴Ⅰ式盘形豆具有相同的文化因素。Aa型钵与龙虬庄一期的ⅠB型钵相似。Ab型钵与北阴阳营二期的Ⅱ型b式彩陶盆具有相同的文化因素。Ca型Ⅱ式钵与北阴阳营二期的Ⅵ型c式钵具有相同的文化因素。Da型盖纽与北阴阳营的杯纽形盖纽相似。

E类：具有这一时代共性的器物，这部分器物主要是鼎足、盖纽和耳系等附属配件，有圆锥形鼎足、宽扁形鼎足、圈座形盖纽、鸟首形耳系。

F类：与侯家寨二期属于同一文化的遗存而与侯家寨二期所共有的器物群。包括Aa型Ⅱ式钵形釜、Ca型Ⅱ式盖纽、Da型盖纽、Db型盖纽是与石山孜二期共有的器物。Ab型釜形鼎、A型罐形鼎、A型Ⅱ式钵形豆、B型Ⅰ式钵形豆、Ba型罐是与武庄二期共有的器物。Cb型钵形豆是与古埂下层共有的。Ac型釜形鼎是石山孜、武庄、古埂、大城墩遗址共有的器物。盘形鼎（三足盘）在石山孜、武庄、古埂和侯家寨遗址均有发现，但形制上的略有不同，是吸收了不同的文化导致的。

这六类器物共同组成了侯家寨遗址复杂的文化面貌，A类器物显示了侯家寨一期的文化属性是属于双墩文化的器物，同属于双墩文化的遗存有小孙岗遗存、石山孜一期遗存、武庄一期遗存。B类是侯家寨二期独有的器物，这类器物中有一部分属于D类，但被与侯家寨二期年代相当或更晚的文化所吸收而加以改造，主要是北阴阳营文化、龙虬庄文化、孙家城文化。C类是侯家寨二期吸收别的文化形成的，这些文化包括较早的裴李岗文化、双墩文化，年代相近的大汶口文化、仰韶文化大河村类型等。F类是与侯家寨二期属于同一文化的石山孜二期、武庄二期、古埂早期、大城墩一期与侯家寨二期相同的器形。

侯家寨二期文化是一种有别于侯家寨一期的文化，可暂时称之为“侯家寨文化”。F类器物中共同的器形存在于石山孜二期、武庄二期、古埂早期和大城墩一期，属于同一种文化。时间上也存在早晚关系，石山孜二期略早于侯家寨二期，武庄二期与侯家寨二期年代相当，古埂早期和大城墩一期略晚于侯家寨二期（表1-6）。B类器物中侯家寨二期特有的器物群，似是可以将侯家寨二期从这种文化中分出一个类型——侯家寨二期类型。但从现有资料来看，用“侯家寨文化”这个概念去概括这种文化属性还有些单薄，首先是发掘的遗址资料不多，其次是已发掘的遗址大多只有地层单位，缺乏墓葬、窑址、房屋等与人类生产生活有关的遗迹单位，只从出土器物的相似性上很难去定义一个文化，因此还有待今后能够获得更多的资料去丰富侯家寨文化的内涵。

侯家寨二期的源头并没有完全找到，除了具有双墩文化特征的被延续下来的器物，更多器物的来源还是难以确定，有待更多的考古资料的发现去解决。侯家寨二期的去向已经有些线索，一支往东南去向宁镇地区最远到达了太湖流域、宁镇地区，影响到了北阴阳营二期文化、崧泽文化。一支往西南去往江淮西南部，影响到了黄鳝嘴文化和薛家岗文化。同时顺着淮河向下游传播开来。

表1-6　各遗址文化层年代关系表

文化	遗存						
双墩文化	小孙岗						
		双墩	侯家寨一期	石山孜一期			
					武庄一期		
侯家寨文化				石山孜二期			
			侯家寨二期		武庄二期		
						古埂早期	大城墩一期

除了上述几个与侯家寨遗存有密切联系的遗存外，黄河流域、长江流域和淮河流域的其他文化对侯家寨遗存尤其是侯家寨二期遗存的文化面貌的形成与发展也产生了一定的影响。

五、侯家寨遗存与周边文化的关系

侯家寨一期属于双墩文化的结论比较可靠，在此不对一期的文化属性做过多探讨。侯家寨二期文化面貌较为复杂，上一节分析了与侯家寨二期联系较为密切的周边遗存的关系，并将以侯家寨二期为代表的一类遗存暂称为侯家寨文化，但上述分析并不全面，因此将在本节简单探讨一下周边文化与侯家寨遗存的联系。

1. 与黄河流域文化的关系

黄河被喻为中国的母亲河，孕育了繁荣的史前文化。尽管多源头起源说被普遍认可，但黄河流域史前文化的发展为中国的国家形成及中原地区中心地位的形成奠定了坚实的经济和文化基础是不可磨灭的。虽然黄河流域与淮河流域相距较远，但其文化的影响力却很深远，或多或少都影响到了淮河流域。而对侯家寨二期文化产生影响的文化主要有裴李岗文化、仰韶文化和大汶口文化。

1）裴李岗文化

裴李岗文化是以河南新郑裴李岗出土遗物为代表的文化遗存，主要分布在豫中地区，包括舞阳贾湖、密县莪沟北岗、临汝中山寨等遗址①。裴李岗文化的陶器以泥质红陶最多，夹砂红陶次之，泥质灰陶数量最少，这与侯家寨二期的陶色陶质相差甚远。但纹饰皆流行指切纹、篦点纹、刻划纹和乳钉纹。常见器形有平底或圜底钵、圈足碗、三足钵、双耳壶、三足壶、双耳罐等，其中小口双耳罐与侯家寨二期的B型罐具有相似的器形，皆小口，矮颈，平底，两个穿孔耳系。三足钵与侯家寨二期的钵形鼎非常相似，皆敞口，圜底，但侯家寨二期的盘形鼎肩腹

① 张之恒：《中国新石器时代考古》，南京大学出版社，2004年。

部常见纹饰，且到晚段一般装有圆柱形把手。

裴李岗文化年代早于侯家寨二期，其文化向南传播至淮河流域留下的文化因素已经不多了，再加上时间的推移，更为原始的文化因素也逐渐被摒弃，因此到了侯家寨二期留下的相同的文化因素已经极少，并受到本地文化的改造。但是裴李岗文化的影响却不能被忽视，这是时间和空间对文化传播的影响。

2）仰韶文化

仰韶文化因首先于1921年在河南渑池县仰韶村发现而得名，是黄河中游一支内涵丰富的史前文化，其中心区在渭河流域、豫西和晋南地区。上文提到的郑州大河村遗址虽不在仰韶文化的中心区，但发现了连续不断发展的仰韶文化层。仰韶文化对侯家寨文化形成产生最直接的影响是通过大河村遗址实现的。

郑州大河村仰韶前一期与侯家寨二期具有一定的相似性。仰韶前一期陶器的陶质以泥质陶为主，夹砂陶次之，少数硬陶。陶色以棕红色为主，灰色次之，褐陶再次之，姜黄陶最少。陶器多素面，纹饰有弦纹、指甲纹、刻划纹、按窝纹等。彩陶纹饰较常见带状纹、三角纹、直线纹、平行直线纹、圆点纹、圆点圆圈纹，皆为黑、棕、红单彩。陶器以罐形鼎、折腹釜形鼎、敛口折沿罐、束颈鼓腹罐、小口高领罐、敛口折肩罐、双唇束颈罐、敞口钵、直口钵、红顶钵、直口折沿盆、折腹盆、敛口卷沿盆、直口深腹碗、折腹碗、尖底瓶为典型。鼎足有板状足、扁宽长条形足、方锥足、梯形足、圆锥形足。其中折腹釜形鼎、彩陶纹饰有相似之处，如带状纹、三角纹、直线纹等。

大河村仰韶前一期与后岗类型关系密切，罐形鼎、盆形鼎、弦纹罐、红顶钵等器形在后岗类型中都能找到相似的，但不见后岗类型的彩陶[①]。大河村仰韶前一期是在前二期和前三期的基础上发展起来的，除了受到仰韶文化后岗类型的影响外，还具有自身的文化特点，如折腹釜形鼎。折腹釜形鼎从仰韶前三期开始便有了祖形，经过不断发展，至仰韶前一期向东传播，经过武庄遗址到淮河流域影响了侯家寨二期的文化面貌。

3）大汶口文化

大汶口文化因首先于1959年在山东泰安大汶口遗址发现而得名，后又发现邳州市大墩子、兖州王因、曲阜西夏侯等遗址[②]，逐渐了解了大汶口文化的文化面貌和文化序列。大汶口文化分为早、中、晚三期。属于早期的遗址有邳州市大墩子中层墓、刘林、兖州王因、泰安大汶口下层、滕州岗上村等，绝对年代为距今6300～5500年。属于中期的遗址有邹县野店、泰安大汶口（第五、六期）、新沂花厅、邳州市大墩子晚期墓等，绝对年代约为距今5500～4800年。属于晚期的遗址有泰安大汶口（第七、八、九期）、曲阜东位庄、日照东海峪、萧县花家寺、平顶山寺岗等，绝对年代约为距今4800～4200年。

侯家寨二期与大汶口文化早期年代相当，较多地受到大汶口文化影响。江苏邳州市刘林遗

① 郑州市文物考古研究所：《郑州大河村》（上），科学出版社，2001年。

② 张之恒：《中国新石器时代考古》，南京大学出版社，2004年。

址是大汶口文化早期的代表，于1960年和1964年进行过两次发掘①，出土了一批有价值的文化遗物，部分陶器与侯家寨二期具有可比性。刘林遗址的陶器以夹砂红陶为主，少量夹砂灰陶、泥质红陶和泥质灰陶，极少量泥质灰陶，在陶质陶色上与侯家寨二期相近。相近的纹饰有弦纹、刻划纹、指甲纹、附加堆纹、镂孔和彩绘。彩绘纹饰相似的有三角纹、菱形纹、条纹。刘林遗址的器形以盆形鼎、钵形鼎、罐形鼎、小口双耳罐、敞口深腹罐、敛口平底钵、大口折沿盆、觚形杯、圈足杯、钵形豆为典型器形，其中罐形鼎、带把钵形鼎、钵形豆与侯家寨二期具有相同的文化因素。敞口圈足杯的形制与侯家寨二期的盘形豆器形相似，但大小不同。刘林遗址鼎足有圆锥形、宽扁形、扁三角形、鸭嘴形、凿形等，圆锥形和宽扁形鼎足在侯家寨二期也较为常见，但刘林遗址多小型足，而侯家寨二期不见。刘林遗址耳系多鸟首形，与侯家寨二期相似。刘林遗址罐形鼎流行器盖，盖纽有圆环形、四瓣形、圆饼形、鞍形等，其中四瓣形、圆饼形与侯家寨二期的四角形和圈座形别无二致。由此，侯家寨二期与刘林遗址在陶器上具有较大的相似性。

兖州王因遗址也是大汶口文化早期代表，还从地层和器形上都证明了大汶口文化来源于北辛文化。王因遗址大汶口文化期的折腹釜形鼎和小口圆腹罐形鼎与侯家寨二期非常相似。王因遗址的北辛文化期未见大汶口文化期的折腹釜形鼎，应是受到其他文化的影响而发展起来的。侯家寨二期的折腹釜形鼎也是突然出现，前文分析过可能与西北边的大河村仰韶前一、二期的折腹釜形鼎有关。或许王因遗址的折腹釜形鼎也受到了大河村遗址的影响。侯家寨二期的罐形鼎数量较少，在王因遗址的大汶口文化期有鼎身基本一致的罐形鼎，鼎足略有不同，应是侯家寨二期吸收了王因遗址的部分文化因素。

由此，大汶口文化早期与侯家寨二期年代相当，二者之间有密切的联系与交流，是互相影响的关系。

2. 与长江流域文化的关系

长江与黄河一南一北遥遥相望，丰富的水流量孕育了人类文明，目前发现的最早的史前文化距今2万～1.5万年。长江流域的湖泊河流众多，出现了以不同湖泊为中心的相对独立的文化体系，如长江下游的宁镇地区、宁绍地区、太湖流域，长江中上游的江汉平原，都有各自的文化系统，既相对独立又相互影响。侯家寨遗址处于淮河中游地区，与长江下游的文化有较为频繁的交流。

1）马家浜文化

马家浜文化是太湖流域较早的一支新石器时代文化。马家浜文化1977年被正式提出，分布区以太湖流域为中心，具有代表性的遗址有桐乡罗家角、嘉兴马家浜、吴中区草鞋山、青浦崧泽等。

马家浜文化可分为早晚两期。早期陶器以夹砂红褐陶为主，夹砂灰陶和黑陶次之，夹砂红

① 南京博物院：《江苏邳县刘林新石器时代遗址第二次发掘》，《考古学报》1965年第2期。

陶最少。纹饰有刻划纹、绳纹和附加堆纹等[①]。典型陶器器形有筒形深腹腰檐釜、带脊釜、弧腹釜、敛口釜、束颈釜、钵形釜、钵形豆、盆形豆、敞口弧腹盆、敞口折腹盆、侧把盉等。晚期陶器以夹砂红陶数量最多，还有些泥质红陶、黑陶和夹砂灰陶。纹饰有弦纹、绳纹、附加堆纹、网纹、指甲纹和镂孔等[②]。典型器形有筒形腰檐釜、弧腹腰檐釜、束颈釜形鼎、钵形豆、窄沿鼓腹盆、盆形豆、带把盉等。鼎足有圆锥形、圆柱形、宽扁形。从马家浜文化早晚期陶器的特征可以看出，其发展模式与侯家寨一二期非常相似。陶器从无泥质陶到少量泥质陶，纹饰有所增加，如出现镂孔等。炊器从以釜为大宗到釜逐渐减少并开始出现鼎。盛储器器形基本延续但型式有所变化。流行耳系，耳系以牛鼻形为多。鼎足都有圆锥形、宽扁形。马家浜文化以腰檐和釜为代表，侯家寨二期的折腹釜形钵腰部有一圈明显折棱与鋬手相连，与腰檐相似。侯家寨遗址钵形釜的敞口深腹平底与马家浜文化的钵形平底釜相似，只是侯家寨遗址的钵形釜有鋬手但无腰檐。

马家浜文化的辐射范围离侯家寨遗址并不远，加之二者年代相当，发展过程相似，故侯家寨先民应是吸收了马家浜文化一定的因素并加以改造，形成了自己的特点。

2）崧泽文化

崧泽文化是继马家浜文化后在太湖流域发展起来的新石器时代文化，分布范围大体与马家浜文化一致，但传播范围更加广泛。代表性遗址有青浦崧泽、吴中区草鞋山、常州圩墩等。

崧泽文化分为早中晚三期，现以青浦崧泽遗址为例，对崧泽文化与侯家寨二期文化进行比较。

崧泽遗址位于上海市青浦区，于1960年、1961年和1976年进行了一次试掘和两次发掘[③]。遗址分为上中下三层，下层为马家浜晚期文化层，中层为崧泽文化层，上层为青铜时代文化层，从地层上证明了马家浜文化和崧泽文化的关系。

中层的崧泽文化层发现大量墓葬，大多陶器都在墓葬中出土。陶器的陶质以夹砂红褐陶为多，泥质灰陶其次，泥质红陶和黑衣陶少量。纹饰有附加堆纹、弦纹、压划纹、篮纹、镂孔和彩绘。陶器以手制轮修为主，制模为辅，像鼎、豆、罐、壶还有分制痕迹。器形以釜形鼎、盆形鼎、壶形鼎、直筒釜、敛口折沿釜、球腹釜、盆形豆、盘形豆、罐形豆、碗形豆、筒腹鼓腰杯、直筒杯、平底觚、折腹罐、斜腹罐、弧腹罐、弧腹壶、折腹壶、折肩深腹瓶、卷沿浅腹盆、折肩圈足钵、敛口匜、澄滤器、三口器为典型。流行平底器、圈足器、三足器、花瓣形足器和小方足器。鼎足有扁方形、凹弧形、扁铲形、凿形、三角形、尖锥形，高矮不一。器耳以鸡冠形和小横鼻为多见。

崧泽文化层陶器制作工艺较侯家寨二期精进很多，器形复杂多样，但部分器形与侯家寨二期有一定的可比性。最明显的相似点在于陶豆。崧泽文化层的陶豆种类繁多，差异很大，其中有一部分陶豆的豆柄粗矮，这种豆柄在其他文化中几乎不见，而侯家寨二期却很流行。还有一

① 张之恒：《中国新石器时代考古》，南京大学出版社，2004年。

② 张之恒：《中国新石器时代考古》，南京大学出版社，2004年。

③ 上海市文物保管委员会：《崧泽——新石器时代遗址发掘报告文物出版社》，文物出版社，1987年。

部分陶豆的豆盘折沿斜直腹和敞口弧腹，这两种豆盘也是侯家寨二期所流行的。另外，崧泽文化层的ⅢA型釜形鼎和侯家寨二期的B型釜形鼎似有连续发展的关系。

崧泽文化在年代上晚于侯家寨二期，侯家寨二期将自己的文化传播至太湖流域，被稍晚的崧泽文化加以吸收和发展，而强盛起来的崧泽文化反而用自己的文化影响了江淮流域的其他文化，形成互相交融的文化形态。

3）黄鳝嘴文化

黄鳝嘴文化是以1981年在安徽省宿松县刘塝村发现的黄鳝嘴遗址命名的，该遗址文化面貌较为复杂，与江汉地区原始文化有着密切联系，根据其文化特征及内涵认为黄鳝嘴遗存是一种新的原始文化类型——黄鳝嘴文化①。黄鳝嘴文化还包括安庆墩头、太湖王家墩、枞阳小柏墩、黄梅塞墩、怀宁孙家城等遗址。

上文探讨了孙家城一、二期以及黄鳝嘴遗存与侯家寨二期遗存之间的关系，于此总结一下黄鳝嘴文化的主要特征：陶器的陶质以夹砂陶为主，泥质陶次之。陶色以红色、黑色为主，黑色多为泥质黑皮陶，外红内黑色次之，少量灰色、褐色。纹饰有戳印纹、刻划纹、凸棱纹、凹弦纹、弦纹、刻点连线纹、网格纹、按窝纹、锥刺纹、附加堆纹、多角星纹、镂孔等。彩陶陶质细腻，彩绘纹饰多施于豆盘、豆柄和盆口沿，有窄条纹、网格纹、波浪纹、重三角纹、勾连云纹等。陶器以罐形鼎、釜形鼎、盘形豆、碟形豆、单耳杯、折腹盆、敞口盆、三足罐、釜形罐、钵形豆、黑皮陶杯等为典型器形。流行三足器和圈足器，少量圜底器、平底器。鼎足数量众多且形式多样，有扁平长条形、圆锥形、凹面形、异形足等。其中釜形鼎、罐形鼎、钵形豆、盘形豆、鼎足、彩绘纹饰都与侯家寨二期具有相似性。

侯家寨二期在年代上早于黄鳝嘴文化，南下的侯家寨二期文化或多或少对黄鳝嘴文化的形成起到了推动作用，黄鳝嘴文化又为薛家岗文化的兴盛打下了基础，可以说侯家寨二期文化对江淮地区新石器时代晚期繁荣的文化面貌的形成有着不可忽略的积极作用。

4）北阴阳营文化

北阴阳营文化是以北阴阳营遗址新石器时代文化层命名的宁镇地区的一种原始文化。北阴阳营遗址新石器时代文化层分为四期，其中以第二期文化面貌最为丰富。

北阴阳营文化特征可简单总结如下：陶器陶质以泥质陶最多，夹砂陶次之。陶色有红色、灰色两种。纹饰有弦纹、附加堆纹、锥刺纹、按窝纹、划纹、压印纹、镂孔等。陶器手制后慢轮修整。彩陶有红色、黑色两种，红色陶衣多见于泥质红陶。陶器以折腹鼎、鼓腹鼎、盆形鼎、钵形豆、高圈足豆、盘形豆、壶形豆、圈足碗、钵形盆、钵形匜、长颈罐、三足罐、小口罐、长颈壶为典型器形。流行圈足器、三足器、器盖、器鋬和流口。鼎足、把手和器盖形式多样，独具特色。其中鼓腹鼎、折腹鼎、钵形豆、盘形豆、小口罐与侯家寨二期有很高的相似性。

侯家寨二期年代早于北阴阳营二期，尽管北阴阳营一期早于北阴阳营二期，与青莲岗遗址

---

① 安徽省文物考古研究所：《宿松黄鳝嘴新石器时代遗址》，《考古学报》1987年第4期。

同时期，但限于资料过少难以比较，因此可以笼统认为侯家寨二期早于北阴阳营文化。北阴阳营富于变化的鼎、豆、罐除了具有本地特色外，应该受到不止一个文化的影响，侯家寨二期是其中之一。

3. 与淮河流域文化的关系

淮河流域处于黄河和长江流域之间，受到两者较多的影响，很长一段时间内，淮河流域被认为是黄河和长江流域的交汇区，并无自己的文化。但随着考古资料的丰富，淮河流域拥有自己的本土文化的事实越来越清晰。不可否认的是，淮河流域复杂的文化面貌与周边文化区的频繁交流与融合有着直接联系。因此淮河流域的史前文化序列并不清晰，文化类型划分并不统一，而目前较为清晰的文化要属顺山集文化和龙虬庄文化。因此本节将探析一下顺山集文化与侯家寨一期文化、龙虬庄文化与侯家寨二期文化的关联。

1）顺山集文化

顺山集文化是以顺山集遗址为代表的目前为止发现最早的淮河下游文化。顺山集遗址位于江苏省宿迁市泗洪县，坐落在重岗山的斜向坡地上，是一处大型环壕聚落。遗址于2010～2013年进行过三次考古发掘①。

顺山集遗址分为三期，前两期属于顺山集文化，发现了环壕、居住区和墓葬区。前两期的文化特征为：陶器以外红内黑的夹砂陶为主，少量泥质红陶和夹炭陶，泥质红陶多施红衣。纹饰有指甲纹、按捺纹、乳钉纹、附加堆纹、刻划纹和镂孔。器形以敞口弧腹圜底釜、厚唇直腹釜、带鋬釜、高领罐、侈口圆唇罐、敛口双耳罐、圆唇圜底钵、方唇弧腹钵、圆唇鼓腹钵、敞口折腹盆、角把钵、弧腹圜底杯、直腹平底杯、斜弧状支脚、弯弧状支脚、猪形支脚、双角形支脚为典型。一期流行圜底器，二期流行鋬手和器耳，少量平底器，无三足器。耳系多鸡冠形、长条形、马鞍形。陶器除生活用品外还有生产工具，有纺轮、纺锤、管、珠子，还有些陶塑。

石器有锛、球、磨球、磨盘、斧、锤。玉器有管、绿松石饰。骨器有鹿角器、锥、镞。

房址有浅地穴建造和地面建筑两种，地面有大面积红烧土堆积，有木骨泥墙残块。

环壕呈不规则椭圆形，与最南端的自然河道形成一个封闭环形，兼防御与排水的功能。环壕在第一、二期使用，第三期基本被填平。

墓葬多在第二期发现，位于环壕外侧，是一个处墓葬区。墓葬形制基本一致，皆为长方形土坑竖穴墓，头向多北偏东，大部分为单人仰身直肢葬，随葬品极少。

顺山集文化较侯家寨一期早几百年的时间，可比较的器形不多。陶器的陶质都以外红内黑的夹砂陶为主，多陶釜，流行耳系、支脚，有相近的纹饰、动物形陶塑等，但在器形上相差较远。顺山集文化尽管年代很早，陶器的制作方法上较为原始，但是从聚落形态来看，已经有脱离原始聚落的迹象，出现环壕和功能区的划分，是一处发达的早期史前文化。或许江淮地区早

① 南京博物院、泗洪县博物馆：《顺山集——泗洪县新石器时代遗址考古发掘报告》，科学出版社，2016年。

期多釜、少鼎、多支架、多器耳的文化特征就是由此开始。顺山集文化与双墩文化的发现使得江淮流域拥有独立文化的说法被进一步证实。

2）龙虬庄文化

龙虬庄文化是以龙虬庄遗址为代表的一支淮河东部文化。龙虬庄遗址位于江苏省高邮市龙虬镇，是一处保存完好的新石器时代聚落遗址。龙虬庄遗址于1993年至1995年进行过四次考古发掘[①]。

龙虬庄遗址发现大量墓葬，因此出土陶器分为生活用品和随葬用品两类。作为生活用品的陶器和随葬用品的陶器之间差异较大，但侯家寨遗址未发现墓葬，因此不对随葬用品进行分析。

生活用品中的陶器以夹砂灰陶最多，其次为泥质灰陶，夹砂红陶和泥质黑陶较少。夹砂陶大多为夹动物骨屑或蚌末。纹饰有戳点纹、指捺纹、镂孔、泥条贴塑和彩绘，部分陶器涂红衣。彩陶纹饰有宽窄条带纹、网纹、栅栏纹、卦形纹、圆圈纹、变形鱼纹或鸟纹。器形以双耳罐形釜、双鋬罐形釜、双流罐形釜、盆形釜、深腹釜、腰檐筒形釜、三足盉、罐形鼎、盆形鼎、三足罐、三足钵、双腹壶、扁腹壶、卷沿深腹罐、卷沿扁腹罐、直口双鋬罐、折沿盆、卷沿盆、折腹盆、钵形豆、折腹盘形豆、弧腹碗、深腹碗、浅腹钵、折腹钵、高柄杯、平底盉、带把三足罐、带把钵为典型器型。流行圜底器、三足器和平底器。

龙虬庄遗址分为三期，其中与侯家寨二期相似的器形大多在第一期出现，如龙虬庄小圆圈形盖纽和侯家寨二期的圆圈形盖纽基本一致，龙虬庄的四瓣花形纽顶和侯家寨二期的四角形纽非常相似。龙虬庄的Ⅰ型1式三足钵和侯家寨二期的盆形鼎具有相同的文化因素，二者皆敞口钵形器身下三外撇小矮足。龙虬庄的ⅢB型1式罐口沿和侯家寨二期的B型罐口沿相似。龙虬庄遗址地层中出土了一批小陶器，有盂形器、壶形器、罐形器等，侯家寨二期也同样出土了一批用途不明的小陶器，也有与龙虬庄相似的盂形器。龙虬庄遗址中的ⅠA型1式豆盘与侯家寨二期A型钵形豆的豆盘相似，ⅡA型1式盆形豆的口盘和侯家寨二期A型盘形豆相似，龙虬庄的矮粗形豆柄在侯家寨二期流行。龙虬庄的ⅠB型钵和侯家寨二期的Aa型钵别无二致，皆浅腹敞口平底，口沿外侧饰一圈红彩。

龙虬庄文化与侯家寨遗址同处淮河岸边，龙虬庄一期与侯家寨二期年代相近，尽管不属于同一文化范畴，但相似的文化元素也不少，两者应是有较强的联系的，这种交流是双向的，沿着淮河进行的。

由此，以侯家寨二期为典型的侯家寨文化与周边文化的关系较为清晰（表1-7）：来自黄河流域的裴李岗文化和来自淮河流域的顺山集文化对侯家寨文化的形成产生了影响。来自黄河中游的仰韶文化和黄河下游的大汶口文化早期，来自长江流域的马家浜文化，来自淮河流域的龙虬庄文化与侯家寨文化进行着密切的联系与交流。来自长江流域的崧泽文化早期、黄鳝嘴文化、北阴阳营文化均受到侯家寨文化不同程度的影响。

---

① 龙虬庄遗址考古队：《龙虬庄：江淮东部新石器时代遗址发掘报告》，科学出版社，1999年。

表1-7　侯家寨文化与周边文化年代关系表

<table>
<tr><th colspan="4">黄河流域</th><th colspan="4">长江流域</th><th colspan="2">淮河流域</th></tr>
<tr><td>裴李岗文化</td><td colspan="2"></td><td></td><td></td><td colspan="2"></td><td></td><td></td><td>顺山集文化</td></tr>
<tr><td rowspan="2"></td><td rowspan="2">仰韶文化</td><td>大河村仰韶前二期</td><td></td><td></td><td colspan="2"></td><td></td><td></td><td></td></tr>
<tr><td>大河村仰韶前一期</td><td>大汶口文化早期</td><td>马家浜文化</td><td colspan="2"></td><td></td><td>侯家寨文化</td><td>龙虬庄文化</td></tr>
<tr><td rowspan="2"></td><td colspan="2" rowspan="2"></td><td rowspan="2"></td><td rowspan="2">崧泽文化早期</td><td rowspan="2">黄鳝嘴文化</td><td>孙家城一期</td><td rowspan="2">北阴阳营文化</td><td rowspan="2"></td><td rowspan="2"></td></tr>
<tr><td>孙家城二期</td></tr>
</table>

六、结　　语

在目前对淮河中游地区史前文化的地位与作用认识还未明晰的情况下，侯家寨遗址作为淮河流域一处重要的史前遗址，以其为切入点梳理淮河中游考古学文化序列和谱系有重要的学术意义。

侯家寨遗址尽管发掘面积较小，但出土遗物众多，涵盖陶器、石器、玉器、骨角器和动物骨骼几大类。其中陶器数量最大且种类丰富，适合进行分期研究，因此本节的重点放在出土陶器的研究上。通过对出土陶器的研究得出如下几点结论。

第一，侯家寨遗址地层关系比较简单，但存续时间较长，文化面貌复杂，因此遗址的分期对厘清侯家寨遗存的文化性质起着至关重要的作用。在对出土陶器进行全面整理的基础上，本节运用地层学和类型学等传统考古学方法，佐以^{14}C测年等现代科学技术手段将遗址分为两期四段，其中一期和二期在时间上并不完全连续。

第二，由于侯家寨一期和二期在时间上的不连续性且文化面貌有所改变，因此在上述分期的基础上，对侯家寨一期和二期分别进行了文化因素分析，基本探明其文化面貌。侯家寨一期和二期分属于不同的文化，侯家寨一期属于双墩文化，侯家寨二期与武庄二期、石山孜二期、古埂早期、大城墩一期具有相似的文化面貌暂称侯家寨文化，但是一期和二期也并不是完全脱节的两个时期，部分文化因素仍具有连续性。

第三，双墩文化在距今7300～6800年的时间里在淮河中游势头强劲，文化覆盖区较大并且有同一刻划符号系统的多地重复出现的情况，但到了距今6700年前后开始逐渐衰落。随即侯家寨文化继起而上，吸收了黄河流域长江流域的部分文化因素，继承了双墩文化的部分因素，同时有着自身的文化特点，并将融合后的文化向西南、东南方向传播。而后黄鳝嘴文化、凌家滩文化、薛家岗文化的繁荣发展取代了侯家寨文化，形成淮河中游独具特色的文化面貌。

由此基本厘清了侯家寨遗存的文化面貌，理顺了淮河中游7500～5500年的文化序列，取得了一定的成果。但是不可忽视的是双墩文化与侯家寨文化之间有一段缺乏材料的空白，这段空白还有待今后更多的工作将其补上，让淮河流域的文化谱系和系统能够完善，更有说服力。

第二节　侯家寨一期文化遗存研究——一期双墩文化研究*

一、绪　论

淮河，与长江、黄河、济水齐名，是古代“四渎”之一。淮河两岸水资源丰富，植被茂密，气候温暖湿润，近万年以前，就有先民在这里繁衍生息，创造了属于淮河流域的独特文化，且淮河具有特殊的地理位置，与南北地区皆有交流，双墩文化就是在这样复杂的背景下孕育而生的。本节以双墩文化为切入点，探寻新石器时代淮河中游地区的文化发展脉络。

本节以双墩文化为研究对象，时间上，距今7300～6300年，空间上，以双墩遗址为核心，西自河南东部与安徽交界的鹿邑至信阳一线，东至江苏洪泽湖，北达安徽与山东交界处，南到大别山北麓至滁州一线①，主要沿淮河干、支流分布。

本节首先对双墩文化4处典型遗址的发掘资料进行重新梳理，运用地层学和类型学对双墩文化典型遗址的陶器进行分型分式，寻求陶器的演变规律，观察各遗址间的相对年代关系，达到对双墩文化分期的目的，厘清双墩文化的发展序列。再通过文化因素分析法，将各遗址与周边地区考古学文化进行比较研究，找出双墩文化的构成要素。由于双墩遗址在1991年和1992年的两次发掘中各自进行地层划分，所以在对双墩遗址的分期研究中，先对双墩遗址这两次的发掘材料分别分期，再将两年的器物进行对照，得出相对应的地层关系，从而完成对双墩遗址的整体分期。

双墩文化以安徽蚌埠双墩遗址而命名。安徽地区的新石器时代考古发掘和研究工作虽在20世纪30年代就已起步，但在随后的40多年间一度进展缓慢，直到1979年潜山薛家岗遗址的发掘才算是进入蓬勃发展的新阶段，并在之后的工作中相继发现了诸多重要遗址②。双墩遗址就是在1985年第二次全国文物普查时发现的。自1986年第一次发掘双墩遗址，已经过去30余年，在这段时间里陆续又发现一些与双墩遗址文化内涵相近的遗存，这些遗存是我们研究双墩文化的一手材料，也是认识淮河流域原始文化发展的切入点。

长期以来，学术界关注的焦点始终在黄河流域和长江流域，对于淮河流域史前文化的认识不够深入。直到20世纪80年代苏秉琦先生提出“苏鲁豫皖地区古文化研究”课题，学术界才正式把目光投向淮河流域，而地处淮河中游地区的双墩文化无疑是淮河流域史前文化体系中的重要组成部分。回顾双墩文化的研究历程，从宏观上看大致可分为三个阶段。

---

* 此节作者为许丹阳。

① 安徽省文物考古研究所、安徽省蚌埠市博物馆：《安徽蚌埠双墩新石器时代遗址发掘》，《考古学报》2007年第1期。

② 朔知：《安徽新石器时代考古概述》，《华夏考古》1998年第3期。

第一阶段，20世纪80年代至20世纪末，为研究的初始阶段，这一阶段由于发掘材料有限，研究者主要对双墩遗址和与之文化特征相似的各遗址文化属性，以及安徽地区淮河流域文化发展谱系等问题进行研究，观点也存在较多分歧。

1988年，杨立新将江淮地区的原始文化分为四个类型，按时间顺序分别为侯家寨-古埂下层类型、薛家岗类型、黄鳝嘴类型、江淮龙山类型，认为侯家寨晚期与肥西古埂下层器物特征相同，年代也大致相当，侯家寨早期年代略早，与古埂下层应为同一文化遗存的两个发展阶段①。

1989年，何长风在探讨安徽原始文化分区和类型时，认为皖中腹地的新石器早期文化以侯家寨下层文化为代表，双墩遗址与侯家寨下层属同类文化遗存，可称为侯家寨类型。石山孜遗址文化面貌与侯家寨下层有相似之处，年代也大体同时②。同年，阚绪杭在对侯家寨遗址分期的基础上，也认为双墩遗址文化遗存与侯家寨文化遗存属同类③。严文明提出双墩和侯家寨下层是安徽东北块区域内较早的文化遗存，年代与石山孜遗址相当，在器物方面有相当多的马家浜文化因素，但二者又有一定差异④。

1991年5月，“苏鲁豫皖考古座谈会”在合肥召开，阚绪杭在会上再次提出双墩遗址与侯家寨遗址的文化面貌是一致的，双墩遗址可以分为早晚两期，双墩早期的年代早于侯家寨下层，此类型的遗址还包括石山孜、小孙岗、武庄等，是围绕淮河流域发展出的一种新的文化类型，而侯家寨遗址在诸遗址中发掘时间最早，内涵丰富，具有代表性，可将此类文化遗存统称为侯家寨文化⑤。同年，杨德标提出侯家寨遗存是江淮地区新石器时代早期阶段的代表⑥。

1992年，邹厚本和谷建祥认为侯家寨一期、双墩、青莲岗分别代表了青莲岗文化的三个类型，并且双墩类型的自身特点强烈，具备担当侯家寨和青莲岗类型中间环节的可能性⑦，即把双墩遗存、侯家寨一期均纳入青莲岗文化范畴中。

1993年，吴加安等提出皖北地区以石山孜遗址和小山口遗址早期堆积为代表的一类遗存是一种新的文化类型，有称为“石山孜文化”的条件，而双墩、侯家寨一期、武庄一期等遗存与其文化面貌相似，但是它们之间的关系等问题由于发掘资料的限制还不能解决⑧。同年，杨立新将沿淮及江淮北部地区的原始文化遗存划分为四个阶段，第一阶段以双墩和侯家寨下层为代表，其中双墩早期遗存为前段，双墩上层和侯家寨下层为后段，且该类文化遗存的文化面貌与

---

① 杨立新：《安徽江淮地区原始文化初探》，《文物研究》（第4辑），黄山书社，1988年。

② 何长风：《关于安徽原始文化研究中的几个问题》，《文物研究》（第5辑），黄山书社，1989年。

③ 阚绪杭：《定远侯家寨新石器时代遗址发掘简报》，《文物研究》（第5辑），黄山书社，1989年。

④ 严文明：《安徽新石器文化发展谱系的初步观察》，《文物研究》（第5辑），黄山书社，1989年。

⑤ 本刊编辑部：《苏鲁豫皖考古座谈会纪要》，《文物研究》（第7辑），黄山书社，1991年。

⑥ 杨德标：《安徽江淮地区新石器时代文化》，《文物研究》（第7辑），黄山书社，1991年。

⑦ 邹厚本、谷建祥：《青莲岗文化再研究》，《东南文化》（第2辑），黄山书社，1992年。

⑧ 吴加安、梁中合、王吉怀：《皖北新石器文化遗存及其性质》，《文物研究》（第8辑），黄山书社，1993年。

周围地区不同，具有早期特征[①]。随后，阚绪杭指出双墩遗址的文化面貌与侯家寨遗址下层的文化面貌一致，将其归为侯家寨类型，双墩遗址的发掘为侯家寨文化的分期树立了标尺[②]。在1993年中国考古学会第九次年会上，阚绪杭提出双墩—侯家寨下层—石山孜—侯家寨上层为侯家寨文化的四个发展阶段，第一至三阶段文化面貌更接近，衔接更紧密，而第四阶段的文化面貌发生了变化。侯家寨文化具有自身独特的文化面貌，是一个独立的文化体系，平底四鋬釜、祖形支架、鸟首形双耳小口罐等是反映其自身特征的典型器物，而青莲岗所出的器物与侯家寨不同，不宜将二者归为同一文化中[③]。

1994年，张敬国提出“石山孜文化”这一命名，早期以石山孜遗址下层为代表，与双墩、双孤堆、硖山口下层等均属于裴李岗时期的文化[④]。

1996年，吴加安将皖北地区已发掘的新石器时代遗存分成三个阶段，以小山口一期和石山孜早期遗存为代表的早期，以亳州富庄大汶口墓葬和尉迟寺一期为代表的中期，以尉迟寺遗址二期为代表的晚期[⑤]。

1999年，朔知对淮河中下游距今8000～6000年的新石器时代文化进行梳理，并将其分为三期：一期为小山口一期文化，二期包括古台寺一期文化、石山孜第二、三次发掘的早期文化、双墩下层文化，三期包括石山孜一期、双孤堆一期、石山孜二期、双墩上层和侯家寨一期文化等，提出以双墩下层为代表的文化与石山孜早期文化十分相似，但又具有自身特点，并发展为侯家寨一期文化，侯家寨一期文化与双墩下层有相当多的共性，而年代相当于双墩上层[⑥]。

至此，可看出这一阶段围绕双墩遗存的文化属性和本地区文化发展谱系的研究在持续进行，但还没有将此类遗存单独命名为双墩文化，而是将其归于侯家寨文化、青莲岗文化或石山孜文化，其中被广泛认同的就是双墩遗存与侯家寨遗存关系密切，尤其是侯家寨下层与双墩遗存的文化特征极为相似，应属于同一类型文化。

第二阶段，2000～2009年。进入21世纪后，新材料的发表丰富了研究资源，对双墩文化的最终确立起到推动作用。

2002年，河南鹿邑武庄遗址发掘材料公布，发掘者认为武庄一期文化遗存的文化面貌与双墩晚期、侯家寨一期有相似之处，而与河南境内其他同时期的遗存差异较大[⑦]。张文军等认为，武庄一期与侯家寨一期、双墩、石山孜等属于同一个文化系统，它们文化面貌间的差异是

① 杨立新：《安徽淮河流域原始文化》，《纪念城子崖遗址发掘六十周年国际学术讨论会文集》，齐鲁书社，1993年。

② 阚绪杭：《蚌埠双墩遗址的发掘与收获》，《文物研究》（第8辑），黄山书社，1993年。

③ 阚绪杭：《试论淮河流域的侯家寨文化》，《中国考古学会第九次年会论文集》，文物出版社，1997年。

④ 张敬国：《近年来安徽淮北地区新石器时代考古的主要收获》，《文物研究》（第9辑），黄山书社，1994年。

⑤ 吴加安：《安徽北部的新石器时代文化遗存考古》，《考古》1996年第9期。

⑥ 朔知：《安徽淮河流域早期原始文化略说》，《东南文化》1999年第5期。

⑦ 河南省文物考古研究所：《河南鹿邑县武庄遗址的发掘》，《考古》2002年第3期。

所处时间和空间的不同导致的[①]。

2005年，阚绪杭从双墩遗址的材料入手，认为双墩遗址的陶器有很强的自身组合特征和个性特征，结合周边地区与双墩遗址文化特征相似的其他遗址，可以称之为“双墩文化”。双墩文化可分为早、中、晚三期，年代距今8000～5500年，早期以小山口和古台寺遗址为代表，中期以双墩遗址为代表，晚期以侯家寨二期和武庄二期为代表，中期是双墩文化的典型期，此期还包括石山孜、武庄一期、小孙岗一期等。双墩文化自生的文化因素居多，与贾湖文化、小山口文化遗存、后李文化有一定的渊源关系，而双墩文化之后兴起的龙虬庄文化、薛家岗文化、北阴阳营文化等与双墩有相近的文化因素，丁沙地遗址与双墩相似的文化因素较多，或许有双墩文化的一支迁徙到那里的可能[②]。这是相关研究中第一次提出“双墩文化”，是通过对发掘材料更深入地分析而得出的结论。但此时双墩文化的内涵是较为广泛的，包括了该地区更早的小山口和古台寺遗存，以及年代较晚的侯家寨二期和武庄二期遗存[③]。同年，“蚌埠双墩遗址暨双墩文化研讨会”在蚌埠召开，与会专家确认双墩文化是一种新的文化类型，肯定双墩文化在淮河流域新石器时代文化序列中的重要地位，双墩文化的命名当之无愧[④]。阚绪杭等进一步认为，侯家寨二期的文化面貌与一期不同，不能统而称之，只有侯家寨一期与双墩遗址文化内涵一致[⑤]。

双墩文化的确立，使淮河流域的史前文化有了一个明确的基点。双墩文化自身特征明显，不同于黄河流域和长江流域的史前文化，由此引出的淮河流域史前文化是否自成体系也引发学界关注。邵望平、高广仁最先提出淮河流域实际上存在着一个相对完整并且独立的淮河古文化大系，后李文化是与淮系文化最早接触融合的一支原始文化，淮系文化以裴李岗文化为主源，侯家寨文化是由裴李岗人创造的，是淮系文化的重要组成部分。这里提到的侯家寨文化，实际指的是双墩文化[⑥]。

2007年，阚绪杭等对双墩文化及其序列进行了初步探讨，认为双墩文化是以双墩遗址内涵为代表的文化类型，主要分布在淮河中游地区，从河南与安徽交界的鹿邑至信阳一线到江苏洪泽湖以西，北至安徽与山东交界处，向南到大别山北麓至张八岭地区，并将淮河中游地区的新石器文化遗存分为三期，早期以小山口和古台寺遗址为代表，中期以双墩和侯家寨一期为代

① 张文军、张志清、赵新平：《试析河南鹿邑县武庄遗址新石器时代文化遗存》，《考古》2003年第2期。

② 阚绪杭：《试析淮河中游地区的双墩遗址与双墩文化》，《文物研究》（第14辑），黄山书社，2005年。

③ 本文经过分析后不认同小山口、古台寺、侯家寨二期、武庄二期等遗存属于双墩文化，它们与双墩文化的源流相关，但文化内涵与双墩文化各具特点，不宜统归为双墩文化。

④ 安徽省文物考古研究所、蚌埠市博物馆：《蚌埠双墩——新石器时代遗址发掘报告》，科学出版社，2008年，第399页。

⑤ 阚绪杭、周群：《安徽淮河流域新石器时代考古的重大突破——双墩文化概说》，《中国文物报》2005年12月16日第7版。

⑥ 邵望平：《淮系古文化概说》，《中国史前考古学研究——祝贺石兴邦先生考古半世纪暨八秩华诞文集》，三秦出版社，2004年；高广仁：《淮河史前文化大系提出的学术意义》，《郑州大学学报（哲学社会科学版）》2005年第2期。

表，属于典型的双墩文化，晚期以侯家寨二期和武庄二期为代表[①]。

2008年，《蚌埠双墩——新石器时代遗址发掘报告》出版，公布了双墩遗址前后共三次发掘的资料，发掘者认为双墩文化有其自身典型器物群，有一定的分布范围，填补了淮河流域新石器时代中期考古学文化的空白，并提出双墩文化来源于贾湖文化、后李文化和小山口文化的共同影响[②]。

在此阶段，以双墩遗址为典型代表的同类文化遗存被命名为双墩文化，基本得到学术界认可，同时学术界也认识到侯家寨下层与双墩遗址同属双墩文化，而侯家寨上层具有自身特色，应属另一文化类型。

除此之外，随着现代科技的发展进步，利用科技手段进行考古研究也被广泛应用到实践中，相关研究涉及稻作农业、制陶工艺等方面。

2001年，张居中等对双墩遗址进行考古调查，在红烧土块中发现一批保存较好的稻壳印痕，对其鉴定后发现这些残存稃片为栽培稻的稃片，说明双墩人不仅种植水稻，而且开始粳稻和籼稻的分化，由此推测淮河流域可能是粳稻的初始起源地。2004年，张居中等对淮河中游地区稻作农业进行研究后认为，淮河流域的先民在距今1万年时就尝试将野生稻驯化为栽培稻，至距今9000～7500年，淮河上游的贾湖先民已经种植了原始栽培稻，但此时的籼粳分化尚不明显，受水热条件的影响，这些原始稻有向粳稻发展的趋势，这种趋势延续到双墩遗址的遗存中，到了侯家寨和龙虬庄遗址时期，稻种中粳形特征明显，表明人工干预的压力增大。在距今5500年左右，已经完成粳稻特征的定型化，并且完成时间早于长江流域，加之当时的淮河流域气候环境和人类生存压力大于长江流域，对稻作农业的依赖性更强，这也促使淮河流域的先民加快对稻种的人工干预，更加可认定之前淮河中游地区可能是粳稻初始起源地之一的推测。中国科学技术大学生物考古实验室与中国社会科学院考古研究所合作，利用植硅体分析法对双墩遗址地层沉积物进行研究的最新成果证明，在距今7000年前后，此地区已经出现了北方黄米（黍）和南方水稻共存的现象，这是目前淮河中下游地区发现最早的稻黍共存记录 。

2006年，董俊卿、朱铁权等对双墩、侯家寨遗址陶器的制作工艺做了初步研究，发现双墩遗址的彩陶和红衣陶与同期其他文化的区别较大，具有自身特色，侯家寨二期的彩陶与其他文化相近的要素则较多，并运用了化妆土工艺。再结合其他要素分析，发现双墩遗址代表了淮河中游一支独立发展的文化，而侯家寨二期的文化面貌在继承本地文化传统，又吸收了周边地区因素的情况下，已经发生巨大的变化[③]。这也使得侯家寨一期和二期分属两个不同文化的结论更具说服力。随后，朱铁权、王昌燧等以双墩遗址的夹炭陶和夹蚌陶为研究对象，首次将拉曼光谱与植硅体分析应用于研究中，发现夹炭陶是将稻壳直接粉碎掺入制作的，暗示着稻作农业

---

① 阚绪杭、周群：《安徽淮河流域的史前文明——双墩文化及其序列的初步探讨》，《文物研究》（第15辑），黄山书社，2007年。

② 安徽省文物考古研究所、蚌埠市博物馆：《蚌埠双墩——新石器时代遗址发掘报告》，科学出版社，2008年，第414、470～472 页。

③ 张居中、尹若春、杨玉璋等：《淮河中游地区稻作农业考古调查报告》，《农业考古》2004年第3期。

在距今7000多年前就存在于淮河中游地区，夹蚌陶的掺和物以蚌壳或螺壳为原料，并根据掺和物中的碳酸钙主要以方解石的晶格形式存在判断夹蚌陶的烧制温度在410～825℃。董俊卿、冯敏等对双墩彩陶颜料的来源进行了分析，实验结果表明，双墩彩陶的红彩以赤铁矿为来源，应是从遗址附近采集来的，黑彩则是利用渗碳工艺中炭黑的自然效果，并未使用矿物颜料①。

可见，科技手段和方法在考古研究中所起作用也是至关重要的，不仅可以对制陶工艺、彩陶颜料来源、稻作农业情况等做出科学的分析，得出客观真实的结论，而且对传统考古学理论分析的结果有证实的作用。

第三阶段，2010年至今。

2012年，张小雷等对泗县新石器时代中期遗址进行调查时，新发现唐圩和张集遗址，这两处遗址的年代处于双墩文化时期，文化特征与双墩有部分相似之处②。这批材料填补了皖东北地区新石器中期文化的空白，为今后了解这一地区的新石器时代文化起源和发展提供了新线索。

同年9月，淮南小孙岗遗址的发掘进一步丰富了双墩文化的内涵，发掘者认为小孙岗遗址新石器时代遗存性质与双墩遗存相同，同属双墩文化范畴③。

为全面揭示双墩遗址的聚落布局，2014～2016年，中国社会科学院考古研究所开始了新一轮考古勘探和发掘，揭示了双墩遗址核心区的台地主要为人工堆筑而成，台基本体面积约3000平方米④。

2017年，《濉溪石山孜——石山孜遗址第二、三次发掘报告》出版，这两次发掘比1988年第一次发掘的收获更为丰富，并在第一次发掘中认定的石山孜一期遗存之下发现了年代更早的堆积。报告整理者结合这三次发掘的材料对石山孜的分期做了调整，将第一次发掘认识的石山孜一期遗存调整为石山孜二期，其文化特征与同时期的双墩文化和北辛文化均有相似之处，为探讨双墩文化的内涵提供了可比较的材料⑤。

2018年，张小雷提出将淮河中游两侧及北部地区内距今7300～6300年的考古学文化统称为双墩文化，分为早晚两期，包括石山孜、双墩、王新庄三个类型，并认为贾湖文化、石山孜早期文化、顺山集三期遗存是双墩文化的来源构成⑥。

刻划符号是双墩文化的重要特征之一，在双墩、侯家寨遗址中多有发现。对双墩刻划符号研究最多的就是参与双墩遗址发掘的徐大立，早在1989年他就对双墩刻划符号做出整理，双墩

---

① 董俊卿、朱铁权、毛振伟等：《双墩遗址、侯家寨遗址彩陶与红衣陶制作工艺的初步研究》，《东南文化》2006年第1期。

② 张小雷、张伟、何钰婧：《安徽泗县新石器时代中期遗址的调查与研究》，《东南文化》2018年第1期。

③ 安徽省文物考古研究所、武汉大学历史学院考古系：《皖北小孙岗、南城孜、杨堡史前遗址试掘简报》，《考古》2015年第2期。

④ 来自中国考古网。

⑤ 安徽省文物考古研究所、淮北市博物馆、濉溪县文物事业管理局：《濉溪石山孜——石山孜遗址第二、三次发掘报告》，文物出版社，2017年，第263～266页。

⑥ 张小雷：《淮河流域新石器时代文化格局研究》，山东大学博士学位论文，2018年，第85～102页。

刻划符号在刻划部位、内容、方法等方面都具有自身特征，虽然不能确定其有表音的功能，但表形、表义是肯定的，已经具备象形、会意、指事等汉字构成的基本要素①。进入21世纪后，徐大立仍然坚持对双墩刻划符号进行研究，先是于2006年专门对双墩遗址的植物类刻划符号进行了分析，此类刻划符号有水草、花瓣、树木、蓬草等多种表现形态，反映狩猎、养蚕、捕鱼、采集及物候历法等多方面情况，并由此判断采集不是双墩人获取食物的主要来源，依据蓬草、籽粒等刻划符号推测双墩人已经开始水稻种植，双墩先民已经掌握了地理、天文、自然现象的相关知识和经验，并将这些信息刻划在陶器上流传后世②。次年，他又分别探讨双墩刻划符号与网具、原始天文历法、文字的关系，认为此形符号历经刻划符号到真正文字的演变过程，已经具有原始文字的功能③。2008年，徐大立对双墩遗址所出的刻划符号进行总体归纳，分别从刻划符号的特征和刻划方法、刻划内容和特点等方面进行分析，提出虽有部分双墩刻划符号在随后发展中消亡，但仍有一部分存在于甲骨文、金文、少数民族文字中得以流传，而且高度相似的刻划符号在相距不远的侯家寨遗址中也有发现，更说明在一定区域内先民对部分固定形态的刻划符号有共同的认知和使用的情况，已经具备文字社会性的特点④。

2011年，裘士京提出文字应是人类进入阶级社会后为适应社会发展，由统治阶级中的巫师或僧侣创造的，产生的年代不会早至距今六七千年的原始时期。完整意义的汉字是形、音、义三者结合的产物，早期刻划符号虽有记事功能，但不具备以上三要素，不是真正意义上的文字⑤。同年，黄德宽对双墩遗址的几何类符号进行释读，认为这些符号具有简单记事和表达某些原始思想观念的功能，部分符号是该地区先民对“天”“地”“方位”、地理环境的认识以及原始巫术思想的反映，并且可以简单记录洪水之类的大事件，显示出双墩刻划符号已初步具备原始文字的某些特点⑥。王蕴智认为象形类符号最具双墩文化特色，几何类符号重见比例较高，有简繁之分，先民应该对它们有广泛的认知程度，而双墩的组合符号更值得注意，将两个或两个以上的独立符号结合在一起，表达一定的特指意义，他肯定双墩刻划符号有一套自身的构形系统，满足构成文字的部分要素，应是一种应用于淮河中游地区的地域性符号，为研究汉字起源问题提供了依据⑦。

2013年，王晖从双墩陶器刻划符号入手，对史前陶器刻划符号的性质进行探讨，提出根据刻划符号的形体结构来分析其与后来汉字之间的关联，还要从文字是记录语言的符号系统这一性质来区分二者间的差异，双墩的象形类刻划符号属于文字性符号，几何类符号难以辨认，不

① 徐大立：《蚌埠双墩新石器遗址陶器刻划初论》，《文物研究》（第5辑），黄山书社，1989年。

② 徐大立：《试析双墩遗址植物类刻划符号》，《东南文化》2006年第6期。

③ 徐大立：《蚌埠双墩遗址“⌑”形刻划符号释义》，《东南文化》2007年第6期。

④ 徐大立：《蚌埠双墩遗址刻画符号简述》，《中原文物》2008年第3期。

⑤ 裘士京：《原始刻划符号性质与文字起源刍议》，《吕梁学院学报》2011年第1期。

⑥ 黄德宽：《蚌埠双墩遗址几何类刻划符号试释》，《东南文化》2012年第3期。

⑦ 王蕴智：《双墩符号的文化特征及其性质》，《中国海洋大学学报（社会科学版）》2011年第5期。

便传播信息，不属于文字性符号，而只有文字性符号才是孕育汉字的母胎[①]。

2016年，王磊通过梳理淮河上游、中游、下游地区发现的陶器刻划符号，再将它们与江汉、中原、长江下游、海岱地区所发现的进行比较，认为其在与周边地区文化的交流中逐渐形成自身特点，提出文字的起源可能与刻划符号有关，尤其是符号与符号之间、符号与文字之间有承袭关系的，且被先民接受并使用的就是原始性质的文字，但不能说刻划符号就是文字的起源[②]。

双墩、侯家寨遗址的部分刻划符号基本一致，是双墩文化内涵的重要组成部分。围绕刻划符号展开的研究也较丰富，研究者在对双墩遗址刻划符号分类整理的基础上，以讨论刻划符号的性质为主，它们究竟属于原始地域性文字还是具有文字性质的符号还众说纷纭。但可以肯定的是，这些刻划符号具有一定的记事作用，是先民对现实生产生活的记录和反映，而在侯家寨遗址出有相似的符号，石山孜遗址中也有个别形象相近刻划符号的发现，表明当时淮河中游地区的先民对其中部分刻划符号内容有共同的认知，可能在此地区通用，这些陶器刻划符号为研究符号的产生、发展以及符号与文字的渊源提供实物依据。

通过上述梳理，我们可以获得以下几点认识：双墩文化是淮河中游地区的原始文化，是构成淮系古文化群体的重要一环，极具研究价值；侯家寨遗址一期、武庄遗址一期、小孙岗遗址新石器时代早期遗存与双墩遗存的文化内涵极为相似，应同属于双墩文化；石山孜遗址的延续时间长，文化面貌复杂，究竟是独立命名为“石山孜文化”还是归入双墩文化还没有定论；侯家寨遗址和武庄遗址各自的二期与一期之间文化面貌差异较大，分属不同的文化类型，将是研究双墩文化后续发展的重要资料。

双墩文化地处淮河中游地区，地理位置特殊，一直被认为是南北文化的交汇过渡地区。随着淮河上游的裴李岗文化，中游的双墩文化、侯家寨文化，下游的顺山集文化、龙虬庄文化相继确立，淮河流域具有独立文化系统的认识日渐明朗，而双墩文化是该系统的重要组成部分，毋庸置疑。但一直以来，对双墩文化的研究还不够系统，有关双墩文化的分期、双墩文化与周边地区考古学文化的关系、来源和流向等问题的研究还不够深入，这正是本节的意义和价值所在。

二、典型遗址概况

目前被认定属于双墩文化的有双墩、侯家寨一期、武庄一期、小孙岗下层、双孤堆、硖山口等遗存，由于双孤堆、硖山口遗址的发掘材料还未公布，石山孜遗址的文化属性争议较大，本节以发表材料较丰富的双墩遗址、侯家寨遗址一期、武庄遗址一期、小孙岗遗址为主进行分析。

① 王晖：《从蚌埠双墩遗址陶符看史前陶器刻划符号的性质》，《宝鸡文理学院学报（社会科学版）》2013年第6期。

② 王磊：《淮河流域史前刻划符号及相关问题研究》，《华夏考古》2016年第3期。

1. 双墩遗址

位于安徽省蚌埠市小蚌埠镇双墩村北侧的一块台地上，南距淮河约3千米。蚌埠市博物馆于1986年对其进行抢救性发掘，发掘面积75平方米。随后为配合国家文物局“苏鲁豫皖先秦考古重点课题”，安徽省文物考古研究所等于1991年、1992年又进行两次考古发掘，三次发掘面积共375平方米[①]。

双墩遗址的地层堆积较为特殊，呈西北高、东南低的斜坡状堆积。发掘者根据有些地层为纯净的蚌壳或红烧土堆积，以及斜坡堆积的情况，判断此处原本为一条凹沟，双墩人为了扩大台面面积向凹沟内倾倒垃圾，才形成此种堆积，此处并非双墩人的生活居住区，所以才会在此清理出大量的破碎陶片、兽骨、石器、蚌器、骨角器等。发掘者对1991年、1992年两次发掘的地层单位各自进行了划分，其中部分地层可以对照，但因1986年的发掘材料已散失，无法与后两次发掘的地层单位相比对。

由于双墩遗址已发掘区域为倾倒垃圾形成的移动地层，不是双墩人生活活动形成的原始堆积，所以遗迹现象很少，只在第1层下发现新石器时代灰坑5座。由于遗迹开口于耕土层下，上部区域又常年裸露进行耕种，并有乱葬坟，所发现灰坑均破坏严重。灰坑平面为圆形或椭圆形，坑内包含物有红烧土颗粒、动物骨骼、陶片等，部分似为窖穴。除此之外，在部分发掘区的文化层中几乎不含有灰土，全部为倾倒红烧土块形成的堆积地层，红烧土块一面有圆孔，另一面抹平，可能与房屋建筑相关。

双墩遗址出土最丰富的文化遗物就是陶片，数量巨大，但能复原的并不多。陶器以夹蚌末红褐色陶为主，器壁多较厚，分为内外皆红褐色和外红褐色内黑色两种，另有少量的红衣陶和红色彩陶等。陶器皆为手制，内外表大多经过整平或磨光处理，表面多素面，少部分器表有刻划纹、指切纹、附加堆纹、戳刺纹、弦纹、乳钉纹和彩绘等。大部分有纹饰的器物都运用了两种或两种以上不同纹饰组合的手法。陶器器类明确，其中生活用具数量最多，炊煮器主要有釜、甑、支架、灶框、鼎，大口平底四鋬罐形釜和钵形釜、祖形支架、矮灶框最具典型性，鼎的数量较少，在陶器中只是配角。盛储器包括罐、碗、盆、钵、豆，外表多施红陶衣，罐的数量最多，器形有横装牛鼻形双耳罐、竖装鸟首形双耳罐、双系大口罐、少量彩陶小口罐等。碗的体积较大，有假圈足饼形底和矮圈足底。钵的形制多样，部分口沿下装有鋬手或对称乳钉。用具类有器盖、器座、盂形器、杯形器、四流器等，其中四流器的形制较为特殊，具有个性特征，其他遗址还未发现有同类器物。工具类以网坠和投掷器数量居多，还包括纺轮、锉、圆饼等。另有一部分陶塑艺术品，1986年的发掘中发现有一件陶塑人头像，1991、1992年的两次发掘中也出土几件陶塑动物首部和人面像。

石器大多制作粗糙，技术较为原始，石料多为细砂岩，质地较软，而且石器为实用器，日

---

① 安徽省文物考古研究所、蚌埠市博物馆：《蚌埠双墩——新石器时代遗址发掘报告》，科学出版社，2008年，第10～12页。

常磨损大，出土时多为残件。石器有打制和磨制之分，打制石器包括锤、石臼、砍砸器、研磨器等，磨制石器包括斧、圆饼等，其中石圆饼磨制最为精致，但功用不明。另有一批石料和砺石。发掘时在地层中出土有自然石块，没有加工痕迹，可能被直接拿来使用。总体来看，石器具有出土数量少、器形较小、制作工艺粗糙、器类简单等特点①。

骨器多为动物肋骨和肢骨制作而成，磨制较为粗糙，器形包括锥、针、笄、镞、镖、管饰等。角器有鹿角勾形器和鹿角尖锥形器，尖锥形器制作较简单，先将鹿角尖部切割下来，再稍加磨制而成。鹿角勾形器制作精致，巧妙地运用了鹿角的主杈枝形状，精磨而成，主枝为钩，杈枝为柄，钩柄有索槽，可以将其绑在长杆上使用，可能在采集食物、修整陶器、刻划符号等多方面进行使用②。鹿角勾形器有170余件，可见此种器物与双墩人的生活密切相关。蚌器在双墩遗址出土的数量比其他遗址要多，主要为工具，有刀、切割器、刮削器、纺轮、匕、锯等。这些蚌器出土时多数较为残破，但仍可看出经过切割、凿、钻等制作工序，较为精致，尤其是一件蚌锯，通体磨光，显示出制作技术的进步。在发掘的地层中也包含大量蚌壳，多数为多年生长的老蚌，适合做蚌器。相比石器、骨角器的原材料，蚌壳的获取要容易许多，加之双墩遗址距离淮河较近的缘故，双墩人很容易获得水产资源，所以才会制作大量蚌器，方便日常使用，蚌器可能在一定程度上替代了石器在生产生活中发挥的作用。

目前已知双墩遗址出土的刻划符号有633件，全部刻划在陶器上，大部分符号被刻划在陶碗的外底圈足内。部分陶碗外表施红衣，而这些刻划符号划破红衣，应该是在施红衣后进行刻划的。符号的刻道有刻划和压划的阴文，还有少部分似用剔刻、拍印或模印方法形成的阳文。符号的刻划时间也不相同，有在陶坯未干时刻划、陶坯晾干后刻划、陶坯烧制成器后刻划、两次刻划之分，两次刻划指在陶坯干透前后或烧制完成前后分别刻划。符号的结构多样化，有单体、重体和组合符号。从符号的形体看，可分为象形类符号、几何类符号和其他类符号。象形类符号包括鱼形、猪形、鹿形、蚕形、植物形、花瓣形等；几何类符号包括三角形、方框形、网格形、十字形、圆圈形、弧线形、数字形、叉形、钩形、房屋形等；其他类符号包括特殊形和残形，即符号形象较为特殊，不能归入上述分类的，以及符号残破无法辨认其具体形象的。这套刻划符号包含的内容多样，有捕鱼、狩猎、种植等，生动而又真实地表现出双墩人的生产、生活情况，具有深刻的写实意义，是双墩文化内涵的重要组成部分，是双墩人的“档案馆”③。

2. 侯家寨遗址

位于安徽省滁州市定远县七里塘乡袁庄村，为一处台形新石器时代遗址，平面呈长方形，面积约为34000平方米，北部地势较高，北距淮河约60千米。该遗址于1977年被发现，1985春和1986秋年进行两次考古发掘，发掘总面积约375平方米。

---

① 阚绪杭：《蚌埠双墩遗址的发掘与收获》，《文物研究》（第8辑），黄山书社，1993年。

② 王宇：《试谈蚌埠双墩遗址出土靴形器功用》，《南方文物》2011年第4期。

③ 徐大立：《蚌埠双墩遗址刻划符号》，《中国文物报》2005年12月16日第7版。

侯家寨遗址的地层堆积较简单，共分为4层，各探方间可以相互连通。根据地层堆积、土质土色以及对遗物的整理分析，侯家寨遗址可分为两期，第3、4层为一期，第1层下和第2层为二期[①]。侯家寨一期遗存属于双墩文化。

侯家寨遗址的遗迹皆开口于第1层下，有残房基遗址3座、灰坑5座、柱洞与墙基槽、现代山芋窖、汉代墓葬等。灰坑平面多为圆形，属于房屋的附属遗存，包含物有动物骨骼、残陶片等。房屋只余基槽部分，保存较差，可能为半地穴式窝棚建筑[②]。

出土陶器以夹蚌末和夹砂陶为主，多为外红内黑色，器壁薄厚不均，少量在器表施红陶衣及在口沿部绘红彩。陶器均手制，内外表大多经磨平或磨光。器表以素面为主，有少量的戳刺纹、刻划纹、附加堆纹等，也有在同一件器物上同时饰两种或两种以上组合纹饰的现象，与双墩遗址所见一致。器类有釜、罐、支架、钵、碗等，流行鋬手、平底、矮圈足、器耳、支架等，其中以釜为大宗，分为钵形和罐形，平底、有鋬手，形制与双墩所出同类器极为相似。祖形支架也有发现，釜与支架搭配使用。碗较为常见，制作比较精良，部分器表有红衣。罐分大口和小口，小口罐肩部有对称的双耳系，另有上腹部饰弦纹的无系罐。侯家寨一期中也发现人面和动物形的陶塑。

石器有锛、弹丸、臼等。数量少，器类简单，器形小，专业分工不明确，多为砂质岩石制作而成，质地较软。另有一些自然石块和打制石器。总体与双墩遗址的石器相似，制作技术较低，器物较粗糙。

骨器有锥、针、凿等，角器主要为鹿角勾形器和锥状器。骨角器为动物的肢骨和鹿角经切割后加工成型，再磨光制成。鹿角勾形器与双墩所出一致，呈靴形，上端有凹槽，可系绳索。

侯家寨遗址出土86件陶器刻划符号，均在侯家寨一期文化层中发现，第4层有48件，第3层有38件。符号刻道全部为刻划或压划的阴文，技法比较娴熟规范。符号全部刻划在器物的隐蔽位置，主要处在陶碗的圈足、饼足外底部，个别符号被刻划在豆的底部，所以这些刻划符号并不是起美化装饰器物的作用，应该有其特殊的用意。这些符号不是先民随意刻划的结果，而是通过这些符号来表示和传达特定的信息，是有意识的行为。刻划符号结构多样，可分为象形类符号、几何类符号、其他类符号，象形类和几何类刻划符号大部分见于双墩遗址，但有一件人面形刻划符号为其特有。两处遗址的刻划符号在结构和组合方式上也极为相似，皆包括单体、重体和组合图形，存在方框形和弧线形的组合、重弧线组合、圆圈形和斜线形的组合等。侯家寨遗址和双墩遗址出土陶器刻划符号相似度很高，象形符号具有明显的记事作用，应是一脉相承，说明当时的淮河中游地区人们对于某些图形的使用具有社会性，部分内容相同、形象相近的符号可能在两地先民的认知中达成共识。

---

① 阚绪杭：《定远侯家寨新石器时代遗址发掘简报》，《文物研究》（第5辑），黄山书社，1989年。

② 陈艳：《侯家寨遗址文化遗存研究》，安徽大学博士学位论文，2016年，第13～15页。

3. 武庄遗址

位于河南省鹿邑县城南10千米的武庄村北，为一处孤堆形遗址，遗址所在之处南有清水河，北有白沟河，均为淮河支流。遗址于1987年河南文物考古研究所调查时发现，1990年春进行发掘，发掘面积450平方米。

武庄遗址的中心区由于历年来平整土地，地层堆积破坏严重，而T103因所处地势较低而保存较好，文化堆积达2米以上，共分为9层。根据土质土色、地层堆积和各单位包含物特征及组合方式，将武庄遗址新石器时代遗存分为两期，第一期文化遗存为T102第7层和T103第7～9层等单位①，属于双墩文化。

武庄遗址一期发现有房基、灰坑、壕沟等遗迹。房基保存较差，可知的为圆形或方形的地面式建筑，居住面多经过红烧土和沙土铺垫抹平。灰坑的平面呈圆形或不规则形，坑较浅。另外发现一条半圆形的壕沟，应该起到聚落环壕的作用。

出土陶器以夹蚌末红褐陶和夹炭的外红内灰红褐陶为主，有少量泥质红陶和黑陶。器表多素面，比例超过90%，少部分器物饰刻划纹、附加堆纹、指甲纹、篦点纹等，常见鋬手、器耳、附加泥条作装饰，彩陶极少见。陶器多为手制，烧制火候较低。器类不丰富，有鼎、罐、钵、碗、盆等，以平底器和三足器为主，宽折沿深腹罐形鼎、红顶钵、圈足碗、窄沿侈口罐等为其典型器②，其中圆锥足鼎和红顶钵数量居多。石器、角器数量较少，多残破。

4. 小孙岗遗址

位于安徽省淮南市高皇镇老胡村东，南距淮河干流约1.3千米，为一处堌堆形遗址，顶部高出周围地表3～4米。遗址北部为缓坡，南部被破坏成一道陡坎，西部被村子占压。此遗址于1991年被调查发现③。2012年对遗址进行试掘，布探沟两条，试掘面积60平方米。

两条探沟的地层堆积基本一致，文化层厚度约为1.7米。地层共分10层，除耕土层以外，第2～10层均为新石器时代文化堆积。

试掘发现的遗迹有灰坑45座、房址2座。房址只残存有墙基部分，未发现柱洞、居住面等建筑残迹。灰坑平面形状有圆形、椭圆形、方形④。

出土陶器以夹蚌末（同时夹砂）红陶为主，另有红褐陶、黄陶和黑陶，少量泥质陶和夹云母陶。器表以素面为主，部分饰刻划纹、附加堆纹、指甲纹、乳钉纹等，少数器表施红陶衣。陶器均手制，器表薄厚不均。器类包括釜、罐、鼎、钵等。流行平底器、支架和器盖，有少量三足器。

---

① 河南省文物考古研究所：《河南鹿邑县武庄遗址的发掘》，《考古》2002年第3期。

② 张文军、张志清、赵新平：《试析河南鹿邑县武庄遗址新石器时代文化遗存》，《考古》2003年第2期。

③ 何长风：《淮南市古文化遗址调查》，《文物研究》（第7辑），黄山书社，1991年。

④ 安徽省文物考古研究所、武汉大学历史学院考古系：《皖北小孙岗、南城孜、杨堡史前遗址试掘简报》，《考古》2015年第2期。

上述四处遗址是双墩文化的典型遗址，它们之间的文化共同点是主要的，由于它们所处的时间、空间以及所受到的影响不同，文化面貌之间也有差异，但大体上同大于异。

三、双墩文化的分期与年代

针对双墩文化分期的研究较少，但对一支考古学文化的研究，分期是最基础的工作。本节先利用类型学方法对各典型遗址进行单独分期，再建立各遗址分期间的对应关系，进而实现对双墩文化的整体分期。

本节对双墩遗址、侯家寨遗址、武庄遗址和小孙岗遗址的典型陶器进行类型学分析。由于地层堆积比较特殊，对双墩遗址的分析放在最后。小孙岗遗址由于简报中公布的材料较少，受到发掘材料限制，不能详细地进行分型分式，所以主要在对其他有详细材料公布的遗址分析的基础上，大致判断其年代。

1. 侯家寨遗址一期典型陶器演变及分期

侯家寨遗址一期地层包括除T1外其他探方的第3、4层（图1-45），这两层无遗迹现象，堆积情况如下。

第3层：土色为灰色，土质致密，较紧。厚度为80～160厘米。包含物为红烧土块和陶片，能辨认器形的有釜、支架、盂、碗等。另外还发现大量的螺蚌壳和动物骨骼。

第4层：土色为深灰色，土质致密，较硬。厚度为20～55厘米。包含物为红烧土颗粒和陶片，能辨认器形的有釜、钵、碗、支架等。

第4层下为灰褐色生土，呈瓣状。

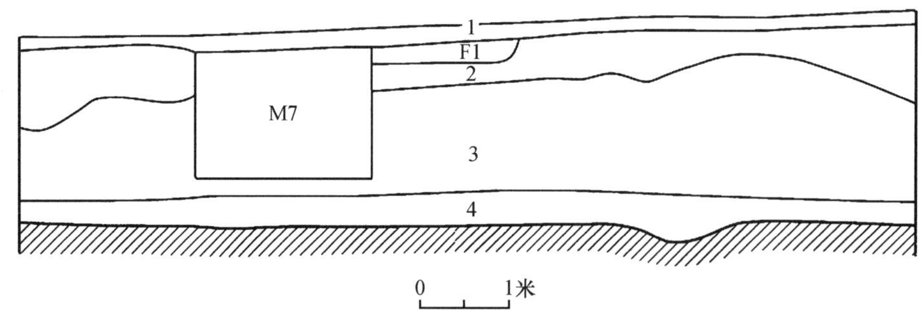

图1-45　侯家寨遗址T3南壁剖面图[①]

侯家寨遗址出土大量陶片，有的探方中的地层几乎是由陶片堆积形成，少部分陶器残片经修复复原。第3、4层包含的陶器器类有釜、支架、鼎、甑、钵、碗、罐、盂、盖纽、耳系等20余种。本文选取釜、钵、碗、祖形支架、器盖和盖纽、罐、器耳、盂形器进行类型学分析。

① 安徽省文物考古研究所：《安徽定远侯家寨新石器时代遗址发掘》，《考古学报》2019年第1期。

1）釜

60件。器形较大。典型特征为大口、平底、肩腹部横装两个或四个对称的鸡冠形鋬手。依据釜腹部形态分为罐形釜和钵形釜两大类。

罐形釜　整体器形似罐形，根据口沿部的不同分为三型。

A型　无沿罐形釜。无沿，敛口，肩腹一体，圆弧腹，平底。器形较大，上腹部装有四个对称的鸡冠形鋬手，鋬手冠部饰指切纹。T1④：92（图1-46，1），通高33.4、口径37、底径21.4厘米。

B型　卷沿罐形釜。肩部装有四个对称的鸡冠形鋬手。根据口部大小分为二亚型。

Ba型　大口卷沿罐形釜。T3③：213（图1-46，2），大口，宽卷沿，颈部微束，溜肩，斜弧腹内收，平底。通高29.6、口径27.6、底径16.8厘米。

Bb型　中口卷沿罐形釜。T4④：31（图1-46，3），中口，窄卷沿，弧腹，下腹部外鼓，平底。通高26.3、口径16、底径14.8厘米。

C型　侈口罐形釜。T2④：286（图1-46，4），中口，窄折沿，口外侈，弧腹，下腹部外鼓，平底。肩部装有两个对称的鋬手。通高29.4、口径21.4、底径17.2厘米。

钵形釜　大口，多为折沿，根据口沿的不同分为三型。

A型　折沿钵形釜，肩腹部一体。根据口沿部的不同分为二亚型。

Aa型　折沿敛口钵形釜。折沿，口内敛，斜弧腹内收，平底，上腹部装四个对称的鸡冠形鋬手。T1④：91（图1-46，5），外沿中部饰一周指切纹并间饰三道竖条刻划纹，每个鋬手两侧各饰一个乳钉纹，折棱处和鋬手冠部均饰指切纹。通高19.5、口径47.4、底径22.2厘米。

Ab型　折沿直口钵形釜。折沿，直口，平底，上腹部装四个对称鸡冠形鋬手。T6④：102（图1-46，6），口沿下饰一周指切纹，鋬手冠部饰指切纹。口径34厘米。

B型　敞口无沿钵形釜。敞口，上腹部横装四个对称的鸡冠形鋬手。胎质皆夹蚌末，器壁粗厚。根据口部和腹部的变化可分为二式。

Ⅰ式：敞口，平底，斜弧腹，器身较高。T3④：332（图1-46，7），通高23、口径34、底径17.2厘米。

Ⅱ式：大敞口，平底，斜直腹，器身稍矮。T6③：11（图1-46，8），器表有明显的整平刮削痕。通高14.6、口径40、底径18.2厘米。

演变趋势：器体腹部由斜弧腹变为斜直腹，口更为大敞，器身整体变矮。

C型　大口带沿钵形釜。T3③：219（图1-46，9），窄卷沿，口外侈，颈部微束，斜弧腹内收，腹较深，平底。上腹部横装四个对称的鸡冠形鋬手。通高21.2、口径29.8、底径15.6厘米。

陶釜的数量较多，型式多样，在侯家寨遗址一期和二期的地层和遗迹单位中均有出土，陶釜贯穿侯家寨遗址整个发展时期。釜的肩腹部横装四鋬，与支架搭配进行炊煮，方便移动。器体表面饰戳刺纹、指切纹和刻划纹，鋬手冠部饰指切纹，兼具美观性和实用性。此外，在数量上呈逐层递减的趋势，可能是因为随着生产力的发展，釜渐渐地不能满足先民的生活需要，而被其他使用简便的器物如鼎所代替，所以数量越来越少。

2）钵

14件。陶色多为红褐色和外红内黑色，少量为黑色陶，胎质多夹蚌末。根据钵腹部的不同分为三型。

A型　大口深腹钵，根据腹部的变化和有无錾手分为二亚型。

Aa型　敞口，弧腹，平底，无錾手。根据腹部弧度的不同可分为二式。

Ⅰ式：斜弧腹，腹部微鼓。T3④：334（图1-47，1），大口窄沿，口微敞，平底。

Ⅱ式：斜弧腹较斜直。T3③：216（图1-47，2），大口微敞，腹较深，平底。

演变趋势：斜弧腹的弧度有减弱趋势，腹部变得较斜直。

Ab型　大敞口，斜直腹，平底，有錾手。T3③：217（图1-47，3），上腹部装有两个对称的饼形錾手。

B型　罐形钵。根据有无錾手可分为二亚型。

Ba型　上腹部装有两个的对称的饼形錾手。T4④：29（图1-47，4），中口，口外敞，斜弧腹内收，腹较深，平底。

Bb型　无錾手。T3④：335（图1-47，5），侈口，束颈，斜弧腹，小平底。

C型　碗形钵。器身似碗形。T2③：233（图1-47，6），敞口，斜腹较直，平底。上腹部横装两个对称的泥条桥形把手。

3）碗

8件。陶色有红衣陶、红褐陶、外红内黑陶和少量黑陶。胎质较细，烧成温度稍高。根据器物口沿部的不同分为二型。

A型　折沿直口。根据折沿部的不同可分为二式。

Ⅰ式：直口，小折沿。T2④：292（图1-47，7），斜直腹，假圈足饼形底内凹。

Ⅱ式：直口，宽折沿。T2③：230（图1-47，8），斜弧腹，饼形底内凹。

演变趋势：陶碗口部折沿处有变宽趋势。

B型　敞口碗。敞口，斜弧腹，饼形底内凹。T1④：89（图1-47，9）。

陶碗型式较简单，特殊的是在很多碗外底部发现有刻划符号，要将碗倒扣过来才能发现，应有其特殊意义。

4）祖形支架

11件。胎质夹蚌末或夹砂，较粗糙，支架的顶端呈圆头状蘑菇形，器体上端均呈不同程度的弯曲状。根据器表有无纹饰分为二型。

A型　器物顶端下部饰凸棱，器体多粗壮硕大，上半截顶端呈圆头状蘑菇形，顶端下部饰一道凸棱。根据器形大小和顶部弯曲程度可分为二式。

Ⅰ式：器形偏大，器体弯曲程度较大。T1④：130（图1-48，1），下半截为圆柱体。通高40.2、最大径11.6厘米。

Ⅱ式：器形偏小，器体弯曲程度不明显。T2③：255（图1-48，2），下半截为圆柱体。整

器类
期、段
罐形釜A型
罐形釜B型
Ba型
Bb型
罐形釜C型
钵形釜A型
Aa型
Ab型
钵形釜B型
钵形釜C型
一期
前段
后段
1. T1④：92
3. T4④：31
4. T2④：286
5. T1④：91
6. T6④：102
7. Ⅰ式T3④：332
2. T3③：213
8. Ⅱ式T6③：11
9. T3③：219

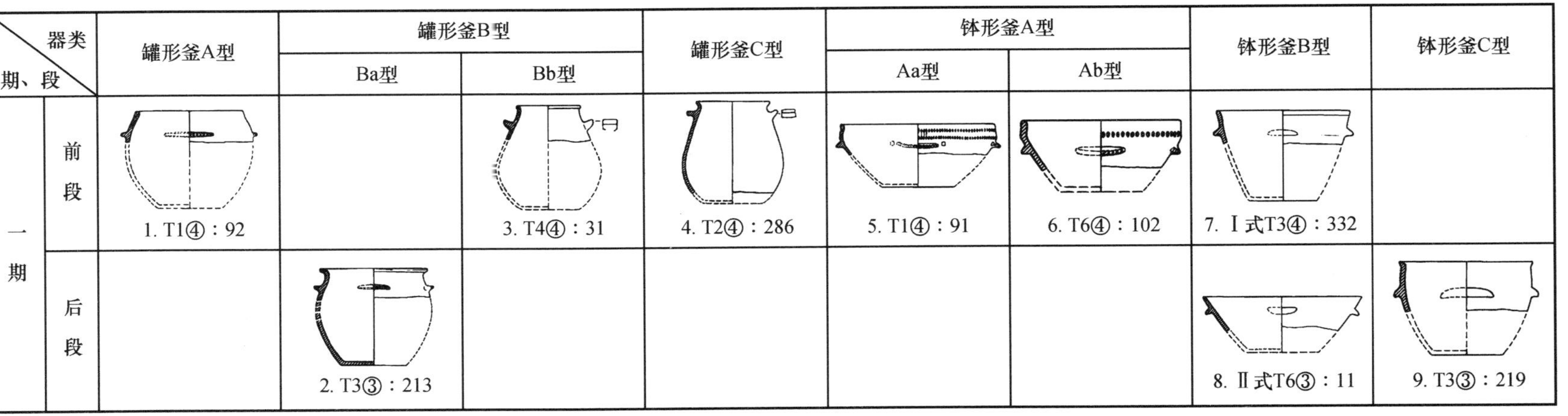

图1-46　侯家寨遗址一期陶器分期图（一）

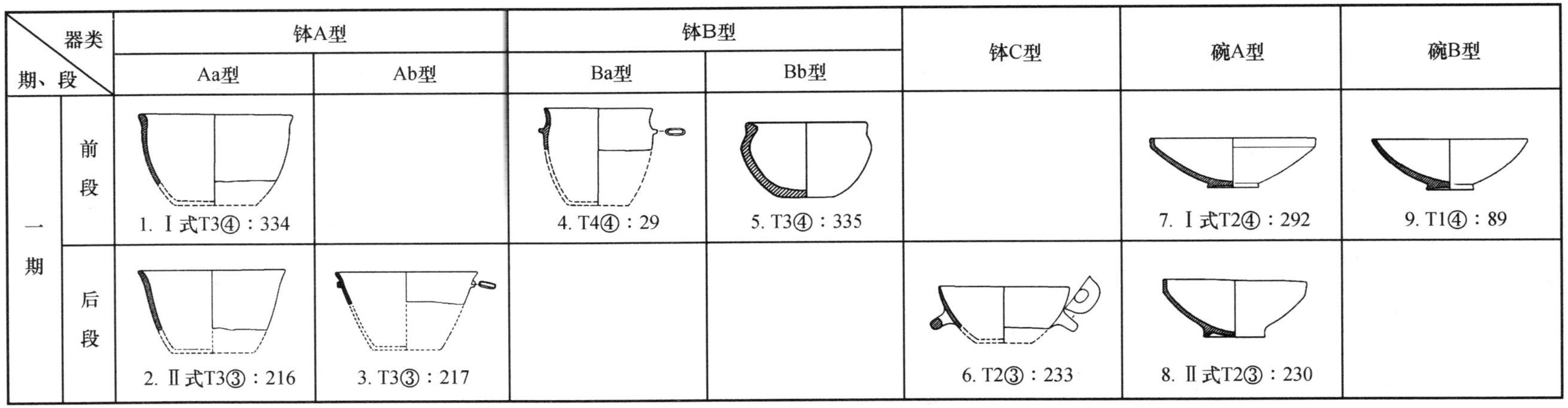

器类
期、段
钵A型
Aa型
Ab型
钵B型
Ba型
Bb型
钵C型
碗A型
碗B型
一期
前段
后段
1. Ⅰ式T3④：334
4. T4④：29
5. T3④：335
7. Ⅰ式T2④：292
9. T1④：89
2. Ⅱ式T3③：216
3. T3③：217
6. T2③：233
8. Ⅱ式T2③：230

图1-47　侯家寨遗址一期陶器分期图（二）

体器形偏小。最大径2.1厘米。

演变趋势：器形有变小趋势，器体弯曲程度有所减弱。

B型　器表素面。上半截圆头状顶端为蘑菇形，呈弯曲状，下半截为圆柱体。T1④：131（图1-48，3），通高41.6、最大径12.2厘米。

祖形支架是极具特色的器物。支架与釜搭配使用，三个一组将釜支撑起来，下方烧火进行炊煮，也许先民认为支架可重复使用，所以无须进行大量制作，因此发现的支架数量并不多。

5）器盖和盖纽

36件，大部分为残存的盖纽。陶色多为红褐色，少数灰色和黑色陶，个别施红衣。胎质夹蚌末。根据纽顶形状的不同可分为四型。

A型　圆座形纽。纽顶部较平，内部有不同程度的中空。根据盖纽顶端外缘部有无纹饰及形状的不同分为三亚型。

Aa型　顶部较平圆座形纽，盖纽顶端外缘部无纹饰。根据中空的深浅可分为二式。

Ⅰ式：中空部较浅，呈微凹状。顶部平。素面。如T4④：42（图1-48，4）。

Ⅱ式：中空部较深，呈深弧状。如T5③：7（图1-48，5），顶部较平。素面。

演变趋势：素面盖纽的中空由浅变深。

Ab型　顶部较平圆座形纽，盖纽顶端外缘部饰指切纹，此类盖纽大部分中空较深，呈深弧形。如T3④：279（图1-48，6）。

Ac型　伞形器盖。T2③：225（图1-48，7），平顶，中空较深，近柱形，柱体有凸起弦纹。

B型　尖顶形纽。根据纽顶的不同和有无纹饰分为二亚型。

Ba型　尖顶出沿明显，纽外缘部饰指切纹。如T1③：75（图1-48，8）。

Bb型　尖顶出沿不明显，素面。如T3③：150（图1-48，9）。

C型　平顶形纽。顶端较平，均为实心纽。T3③：154（图1-48，10），纽顶较平，出沿，素面。

D型　柱形纽。T6③：23（图1-48，11），纽顶较平，中空较深，呈深弧形，纽体似柱形。

器盖数量较多，型式丰富，制作较为精致，部分器纽外缘部还饰指切纹。推测当时可能有相当部分的陶器是有器盖的，只是多数保存不好或因使用磨损已不见。

6）罐

复原7件。陶色多为红褐色，少量为灰色陶。器形以中小型为主，多数有双耳，耳系包括鸟首形、牛鼻形和猪鼻形三种。根据有无耳系分为二型。

A型　中口无系罐。T1③：83（图1-48，12），微卷沿，口外侈，溜肩，圆弧腹，中腹部外鼓，平底。肩部和腹部饰几组弦纹。

B型　小口双系罐。口微侈，短颈微束，平底，肩腹部装有两个对称耳系。根据肩腹部和耳系形态的不同分为三亚型。

Ba型　斜肩，弧腹，上腹部较圆弧，肩部装有两个对称鸟首形耳系。如T4④：30（图1-49，1）。

Bb型　圆肩，斜弧腹内收，上腹部装有两个对称的鸟首形耳系。如T3③：214（图1-49，2）。

Bc型　圆肩，圆弧腹，中腹部外鼓，肩部装有两个对称的牛鼻形耳系。如T2④：285（图1-49，3）。

陶罐出土时多为口沿部残片，无法观察其腹部、底部的具体形态，所以分型分式时以复原件为主进行分析。陶罐的器耳系比较有特征，均为动物形器耳，形态逼真。

7）器耳

55件。陶色多为红褐色、灰褐色，少量黑色陶，胎夹蚌末，较粗糙。根据器耳形态的不同可分为三型。

A型　鸟首形耳系。器形多较窄，竖装于器物的肩腹部，多数有单系孔贯穿。根据器形的不同分为四亚型。

Aa型　鸟首近似方形，嘴部较明显，有单系孔贯穿。根据嘴部角度的不同分为二式。

Ⅰ式：耳系侧面近似直角方形，嘴部直角明显。如T4④：37（图1-50，1）。

Ⅱ式：耳系侧面近似圆角方形，嘴部形状较圆弧。如T2③：203（图1-50，2）。

演变趋势：鸟首侧面由近似直角方形变为圆角方形，整体形象更圆润。

Ab型　鸟首侧面近似梯形，尖嘴部突出，有单系孔贯穿。根据嘴部角度的不同分为二式。

Ⅰ式：嘴部角度较尖锐。如T3④：284（图1-50，3）。

Ⅱ式：嘴部角度较圆弧。如T3③：164（图1-50，4）。

演变趋势：鸟首的嘴部角度由尖锐变圆弧，形象更加生动写实。

Ac型　鸟首侧面为半圆形或半椭圆形，鸟嘴部不明显，有单系孔贯穿。根据鸟首形状的不同分为二式。

Ⅰ式：鸟首侧面为半椭圆形。如T4④：40（图1-50，5）。

Ⅱ式：鸟首侧面为半圆形，整体显得圆润。如T3③：168（图1-50，6）。

演变趋势：鸟首侧面由半椭圆形变为半圆形，整体器形更饱满。

Ad型　鸟首较为厚重，侧面近似半圆形，中间有一穿孔，但穿孔较小，有的穿孔并未贯穿器耳。如T2③：204（图1-50，7）。

B型　牛鼻形耳系。器体多为横宽形，较宽大，横装在器物的肩腹部，单系孔贯穿。部分耳系表面满饰指切纹。根据器体形状的不同分为二亚型。

Ba型　耳系较窄。耳系侧面呈半圆形，正面显得细长。如T4④：41（图1-50，8）。

Bb型　耳系较宽。耳系侧面呈半椭圆形，正面显得横宽。T2④：280（图1-50，9），素面。

C型　猪鼻形耳系。耳系呈长方形，中间有两个对称穿孔，形似猪鼻。根据器耳在器体的安装方向的不同分为二亚型。

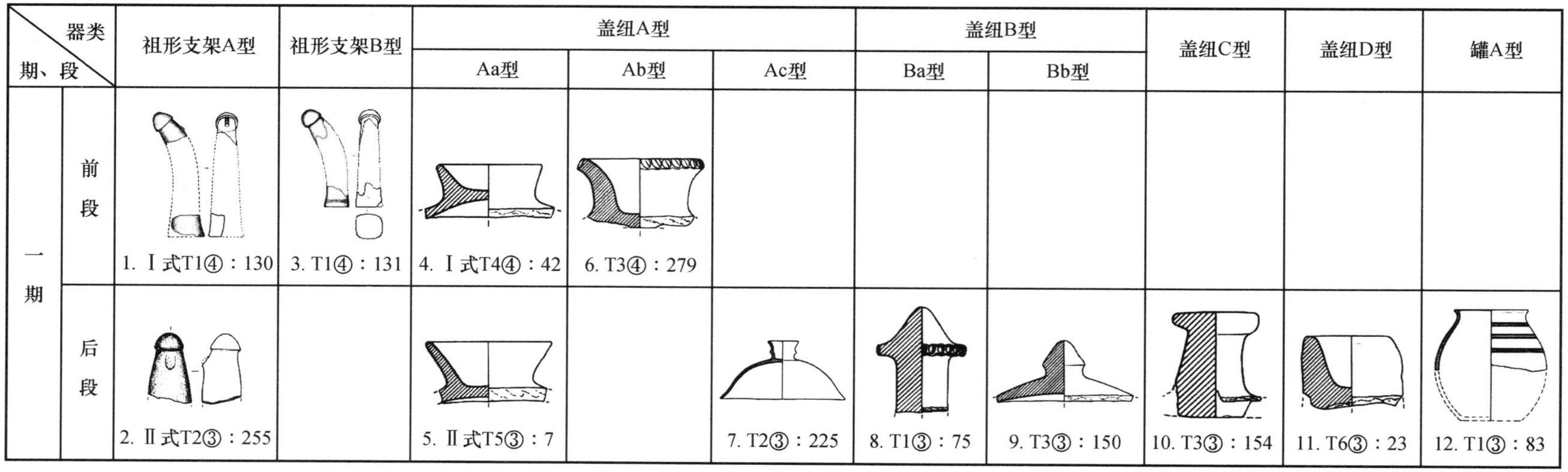

期、段		祖形支架A型	祖形支架B型	盖纽A型			盖纽B型		盖纽C型	盖纽D型	罐A型
				Aa型	Ab型	Ac型	Ba型	Bb型			
一期	前段	1. Ⅰ式T1④：130	3. T1④：131	4. Ⅰ式T4④：42	6. T3④：279						
	后段	2. Ⅱ式T2③：255		5. Ⅱ式T5③：7		7. T2③：225	8. T1③：75	9. T3③：150	10. T3③：154	11. T6③：23	12. T1③：83

图1-48　侯家寨遗址一期陶器分期图（三）

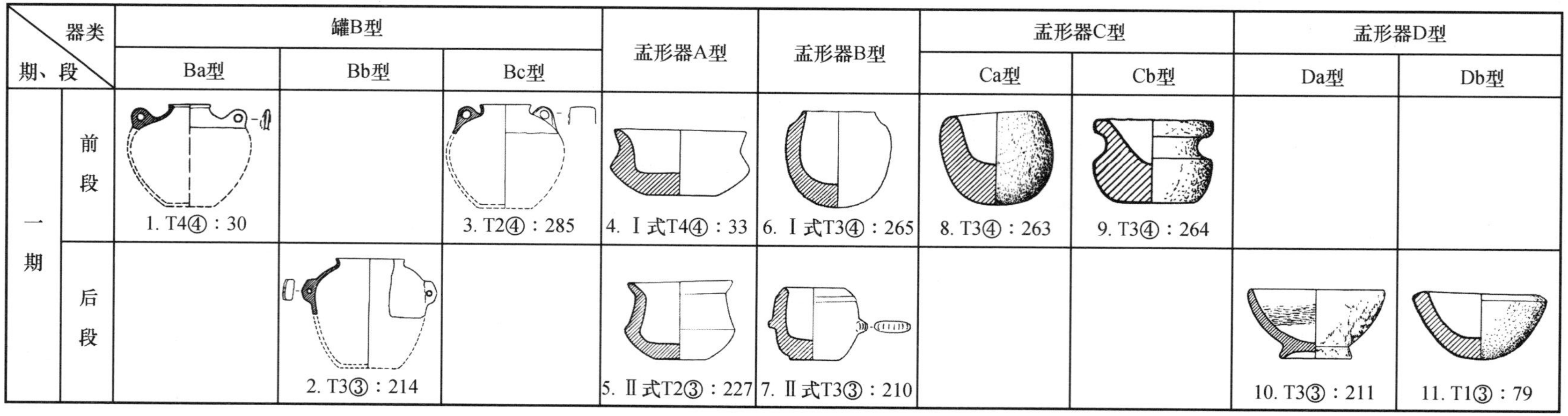

期、段		罐B型			盂形器A型	盂形器B型	盂形器C型		盂形器D型	
		Ba型	Bb型	Bc型			Ca型	Cb型	Da型	Db型
一期	前段	1. T4④：30		3. T2④：285	4. Ⅰ式T4④：33	6. Ⅰ式T3④：265	8. T3④：263	9. T3④：264		
	后段		2. T3③：214		5. Ⅱ式T2③：227	7. Ⅱ式T3③：210			10. T3③：211	11. T1③：79

图1-49　侯家寨遗址一期陶器分期图（四）

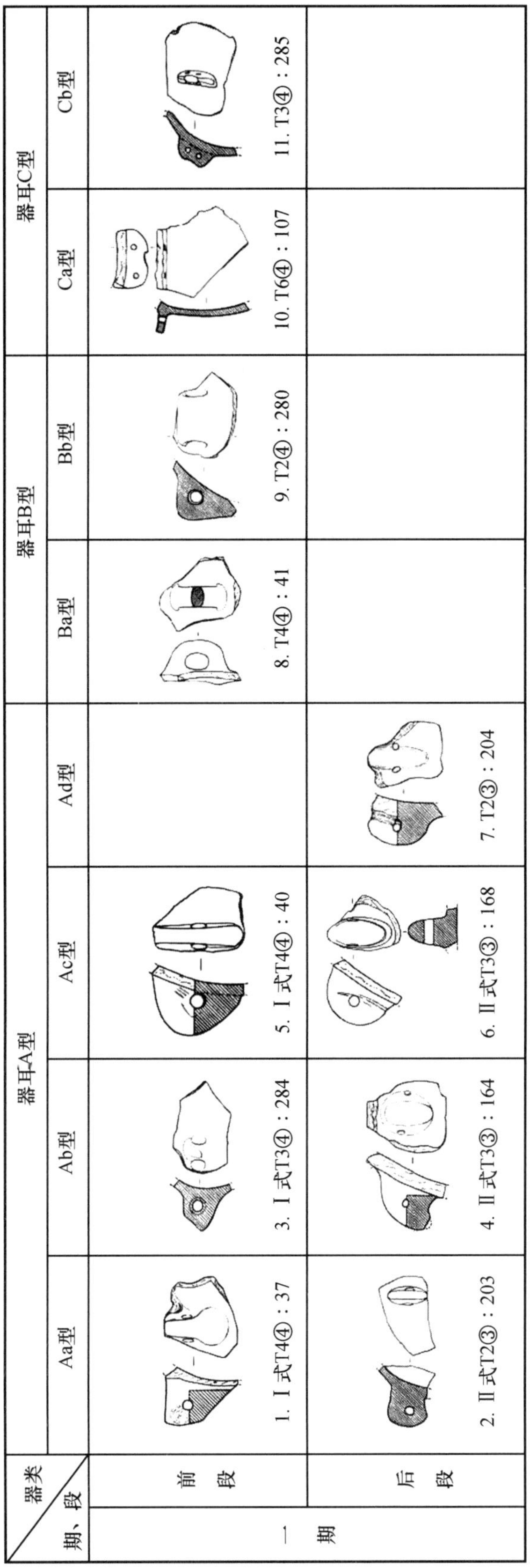

期、段 \ 器类		器耳A型				器耳B型		器耳C型	
		Aa型	Ab型	Ac型	Ad型	Ba型	Bb型	Ca型	Cb型
一期	前段	1. Ⅰ式T4④：37	3. Ⅰ式T3④：284	5. Ⅰ式T4④：40		8. T4④：41	9. T2④：280	10. T6④：107	11. T3④：285
	后段	2. Ⅱ式T2③：203	4. Ⅱ式T3③：164	6. Ⅱ式T3③：168	7. T2③：204				

图1-50　侯家寨遗址一期陶器分期图（五）

Ca型　横装猪鼻形器耳。耳系侧面似梯形，横装于器表。如T6④：107（图1-50，10）。

Cb型　竖装猪鼻形器耳。T3④：285（图1-50，11），耳系侧面近似半圆形，两系孔中间部分向内凹，竖装于器表。

总体来看，鸟首形耳系数量最多，型式也最为丰富，并演变得更加写实。牛鼻形器耳数量次之，猪鼻形器耳数量最少，二者无式的变化，器形上略显单调，但都极具动物的特征和神韵。如此多样的动物形器耳展示了先民们积极的生活态度以及独特的艺术审美，而以这几类动物形象作为制作器耳的蓝本，可能是因为这几种动物与先民的生活联系紧密。

8）盂形器

16件。器形不规整，大小不一，制作较粗糙。陶色多为红褐色陶，胎质较粗，多夹蚌末。根据器形的不同可分为四型。

A型　有沿盂。敞口，平底，折腹。根据折腹位置的不同分为二式。

Ⅰ式：折腹位置在腹部的中上部。如T4④：33（图1-49，4）。

Ⅱ式：折腹位置在腹部中下部。T2③：227（图1-49，5），器壁较厚。

演变趋势：折腹位置由器物的中上部变为中下部。

B型　无沿盂。根据底部的不同分为二式。

Ⅰ式：圜底。T3④：265（图1-49，6），敛口，圆弧腹。

Ⅱ式：平底。T3③：210（图1-49，7），小口内敛，深圆弧腹，中腹部有两个对称的鋬手，鋬手冠部饰指切纹。

演变趋势：器物由圜底变为平底。

C型　盅形盂。根据形制的不同可分为二亚型。

Ca型　直口，弧腹，圜底。如T3④：263（图1-49，8）。

Cb型　敞口，折腹，平底。如T3④：264（图1-49，9）。

D型　碗形盂。器身似碗形，敞口，斜弧腹。根据底部的不同分为二亚型。

Da型　圈足底。如T3③：211（图1-49，10）。

Db型　圜底。如T1③：79（图1-49，11）。

在对上述八种器类进行类型学分析之后，可以得出侯家寨遗址一期典型陶器分期表，如表1-8～表1-10所示。

表1-8　侯家寨遗址一期典型器物分期表（一）

器类 / 分型 / 期、段		釜									支架		钵					
		罐形釜				钵形釜												
		A型	Ba型	Bb型	C型	Aa型	Ab型	Ac型	B型	C型	A型	B型	Aa型	Ab型	Ba型	Bb型	C型	D型
一期	前段（4层）	√		√	√	√	√	√	Ⅰ		Ⅰ	√	Ⅰ		√	√		
	后段（3层）		√			√	√		Ⅱ	√	Ⅱ		Ⅱ	√			√	√

注：Ⅰ——Ⅰ式，Ⅱ——Ⅱ式，√——表示有此类器物

表1-9 侯家寨遗址一期典型器物分期表（二）

期、段 \ 分型 \ 器类		碗		器盖和盖纽							罐			
		A型	B型	Aa型	Ab型	Ac型	Ba型	Bb型	C型	D型	A型	Ba型	Bb型	Bc型
一期	前段（4层）	Ⅰ	√	Ⅰ	√							√		√
	后段（3层）	Ⅱ		Ⅱ	√	√	√	√	√	√	√		√	

注：Ⅰ——Ⅰ式，Ⅱ——Ⅱ式，√——表示有此类器物

表1-10 侯家寨遗址一期典型器物分期表（三）

期、段 \ 分型 \ 器类		器耳								盂					
		Aa型	Ab型	Ac型	Ad型	Ba型	Bb型	Ca型	Cb型	A型	B型	Ca型	Cb型	Da型	Db型
一期	前段（4层）	Ⅰ	Ⅰ	Ⅰ	√	√	√	√	√	Ⅰ	Ⅰ	√	√		
	后段（3层）	Ⅱ	Ⅱ	Ⅱ	√	√	√	√		Ⅱ	Ⅱ			√	√

注：Ⅰ——Ⅰ式，Ⅱ——Ⅱ式，√——表示有此类器物

整体看，侯家寨遗址一期陶器的陶色多为红褐色和外红内黑色，少部分为黑色。陶器均为手制，在器物上流行鋬手、耳系。胎质多夹蚌和砂，较为粗糙。陶器器形多较大，器壁较为粗糙厚重，部分器表有整平的刮削痕。器表以素面为主，但在部分器物的口沿外部、鋬手冠部、腹部、耳系表面等部位饰指切纹、刻划纹、乳钉纹等纹饰。以大口平底四鋬罐形釜、钵形釜与祖形支架配套使用的炊器为典型特征。根据以上侯家寨遗址一期典型陶器的分型分式和分期表可看出，第3、4两层出土的部分器形有明显的继承和发展关系，已属不同型式。例如，B型钵形釜、Aa型钵、A型碗等在两层中均有发现，但分别为Ⅰ式和Ⅱ式；C型盂形器只在第4层存在，而D型盂形器在第3层才出现。因此可进一步将一期划分为两段，即第4层为一期前段，第3层为一期后段，二者为连续发展的两个阶段。

2. 武庄遗址一期典型陶器演变及分期

武庄遗址一期包括T102的第7层和T103的第7～9层等单位[①]。根据简报中发表的T103西壁剖面图（图1-51）可知属于武庄遗址一期的叠压打破关系有两组：⑧→H99→生土；⑨→H96→生土。

简报中发表了H99的部分器物，在此对与H99相关的地层做进一步的说明，即T103的第7～9层。

第7层：土色为灰褐色，包含物有陶鼎、罐、红顶钵、双耳壶、少量彩陶等。

第8层：土色为浅灰色，出土物与第7层相近。H99开口于第8层下。

第9层：土色为黄褐色，包含物极少。

第9层下为生土层。

① 河南省文物考古研究所：《河南鹿邑县武庄遗址的发掘》，《考古》2002年第3期。

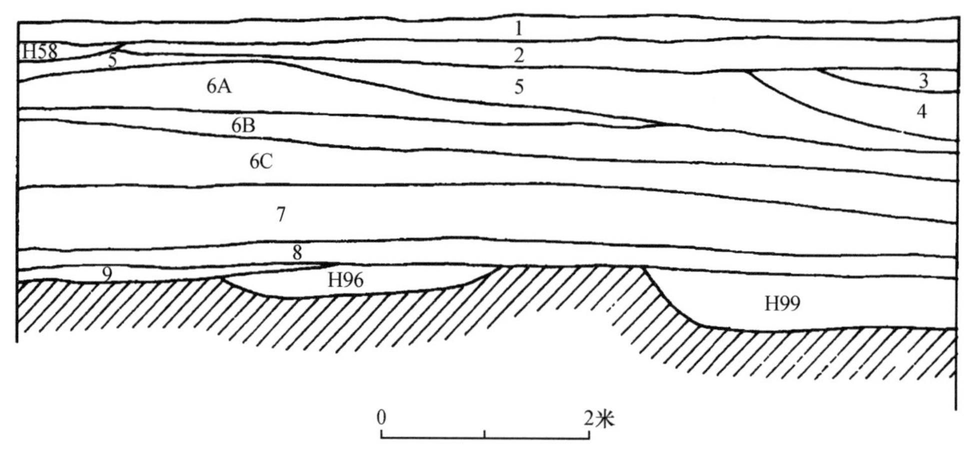

图1-51　武庄遗址T103西壁剖面图

由于器物公布较少，现根据T102的第7层和T103的第7层、第8层、H99的出土情况，对武庄一期的碗、钵、罐、器耳、盆、鼎足、鼎、器鋬、盖纽、壶等进行类型学分析。

1）碗

均为泥质红陶，制作较精致。

A型　敞口碗。敞口，斜弧腹。H99：2（图1-52，1），腹较浅，矮圈足底。口径14、高4.8厘米。H99：8（图1-52，2），腹较深，底部缺失。器壁较薄。口径18厘米。

2）钵

均为泥质红陶。口内敛。根据器表的不同分为二型。

A型　红顶钵。皆为红顶，灰胎。依据口沿部的不同分为二式。

Ⅰ式：内叠唇，敛口。H99：1（图1-52，3），斜直腹。口径26厘米。T103⑧：32（图1-52，4），口径32厘米。

Ⅱ式：尖圆唇，口微敛。T103⑦：33（图1-52，5），口径32厘米。

演变趋势：口部由内叠唇变为尖圆唇，口内敛的程度有减弱趋势。

B型　素面钵。T103⑦：35（图1-52，6），尖圆唇，口微敛，弧腹，腹较深。口径14.4厘米。

3）罐

均为口沿部和腹部残片，陶质有夹蚌陶和泥质陶两种。根据口沿部的不同分为三型。

A型　卷沿罐。卷沿，侈口。根据肩部的不同分为二式。

Ⅰ式：溜肩。T103⑧：25（图1-52，7），圆弧腹外鼓。肩部饰几组弦纹。口径13.6厘米。

Ⅱ式：弧肩。T103⑦：31（图1-52，8），束颈。口径19.2厘米。

演变趋势：肩部由溜肩变为弧肩。

B型　折沿罐。折沿，侈口。根据肩部的不同分为二式。

Ⅰ式：宽肩。T103⑧：27（图1-52，9），沿面微凹，束颈，肩部饰泥钉。泥质红陶。口径13厘米。

Ⅱ式：斜肩。T103⑦：30（图1-52，10），肩部饰凹弦纹。陶色为灰褐色，胎质夹蚌末。口径26厘米。

演变趋势：器物肩部由宽肩变为斜肩。

C型　无沿敛口罐。T102⑦：14（图1-52，11），敛口。肩部饰由条纹组成的纹饰。

4）器耳

胎质包括夹砂陶和泥质两种。根据器形的不同可分为二型。

A型　鸟首形。T102⑦：8（图1-52，12），鸟首侧面近似梯形，鸟嘴部较为突出，有单系孔贯穿，竖装于器物表面。

B型　牛鼻形。T102⑦：17（图1-52，13），耳系侧面呈半圆形，单系孔贯穿，正面显得细长。竖装于器体表面。

5）盆

陶盆根据口沿部的不同分为二型。

A型　宽沿盆。T103⑧：36（图1-53，1），敞口，直腹微收。口沿下饰短泥条。口径20厘米。

B型　窄沿盆。根据口沿部和腹部的不同分为二式。

Ⅰ式：T103⑧：38（图1-53，2），圆唇，沿面较平，斜弧腹。口径30厘米。

Ⅱ式：T103⑦：37（图1-53，3），尖圆唇，沿面较斜，敞口，颈微束，折腹内收。口径47.2厘米。

演变趋势：唇部由圆唇变为尖圆唇，沿面由较平变为较斜，腹部由斜弧腹变为折腹内收。

6）鼎足

鼎足为红褐色陶，夹蚌末。根据足部形状的不同分为二型。

A型　圆锥形足。足体为圆柱形，呈上粗下细圆锥状。H99：3（图1-53，4），足跟部饰乳钉纹。

B型　扁形足。T102⑦：16（图1-53，5），足尖外撇。

7）鼎

器身呈罐形，均为夹蚌红褐陶。

A型　折沿罐形鼎。根据折沿部的不同分为二式。

Ⅰ式：窄折沿。H99：7（图1-53，6），口外侈，束颈，斜弧腹内收。口径26厘米。

Ⅱ式：宽折沿。T103⑦：28（图1-53，7），口外侈，束颈，斜弧腹，腹较深。口径34厘米。

演变趋势：鼎的折沿部有变宽趋势。

8）器錾

均为泥质红陶。根据器形的不同可分为二型。

A型　扁条状。T102⑦：19（图1-53，8），器身较为扁平，端饰压印花边。

B型　扁角状。T103⑧：42（图1-53，9），器身有弧度。正面施红衣。

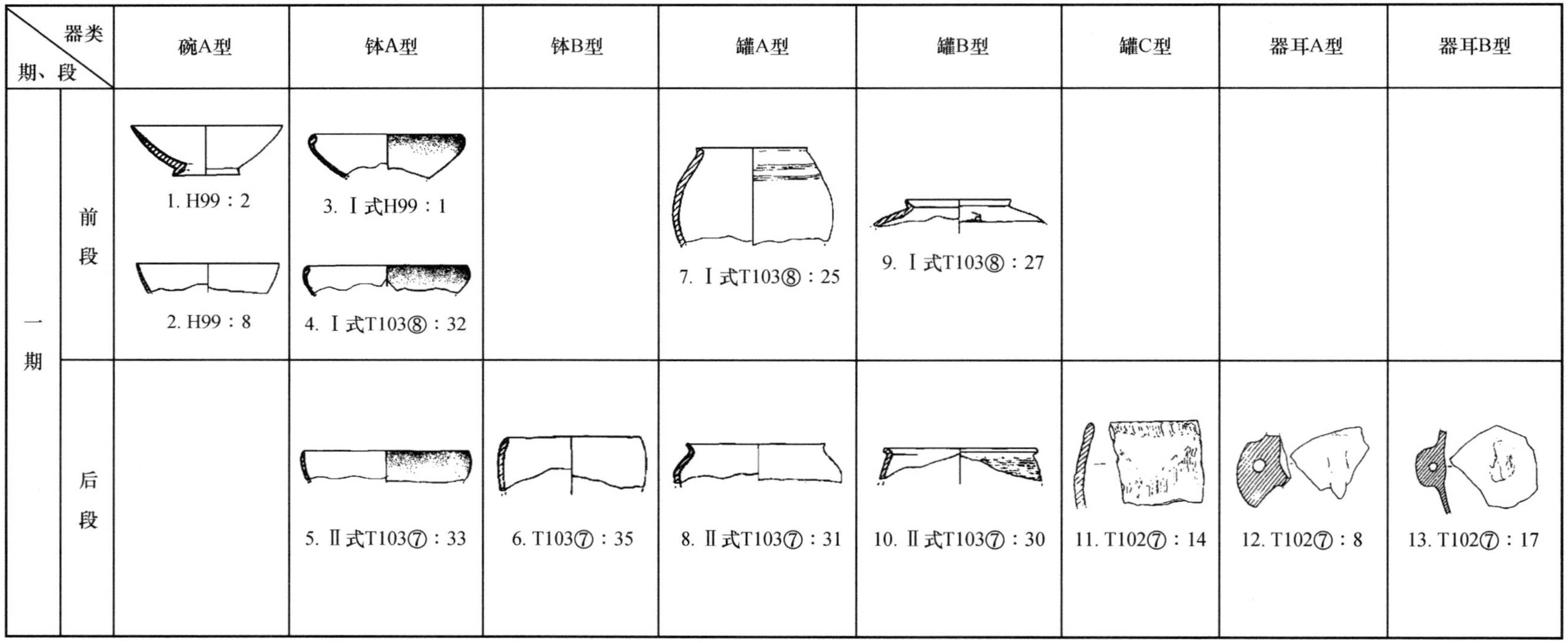

期、段		碗A型	钵A型	钵B型	罐A型	罐B型	罐C型	器耳A型	器耳B型
一期	前段	1. H99：2 2. H99：8	3. Ⅰ式H99：1 4. Ⅰ式T103⑧：32		7. Ⅰ式T103⑧：25	9. Ⅰ式T103⑧：27			
	后段		5. Ⅱ式T103⑦：33	6. T103⑦：35	8. Ⅱ式T103⑦：31	10. Ⅱ式T103⑦：30	11. T102⑦：14	12. T102⑦：8	13. T102⑦：17

图1-52　武庄遗址一期陶器分期图（一）

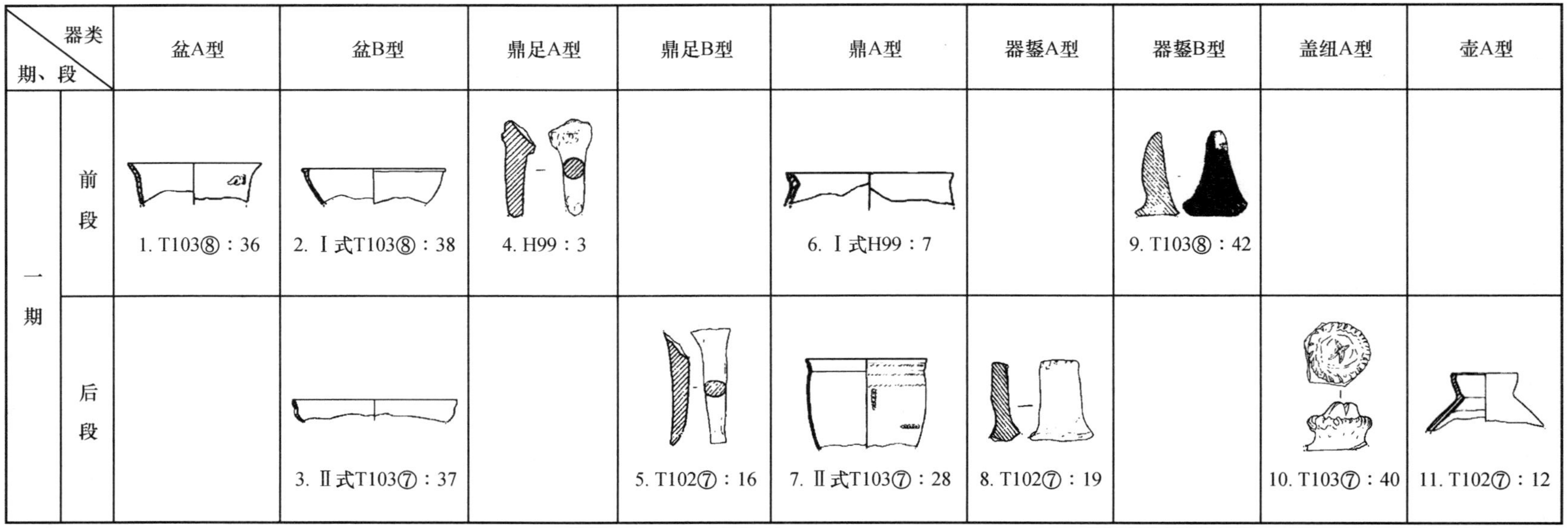

期、段 \ 器类		盆A型	盆B型	鼎足A型	鼎足B型	鼎A型	器鋬A型	器鋬B型	盖纽A型	壶A型
一期	前段	1. T103⑧：36	2. Ⅰ式T103⑧：38	4. H99：3		6. Ⅰ式H99：7		9. T103⑧：42		
	后段		3. Ⅱ式T103⑦：37		5. T102⑦：16	7. Ⅱ式T103⑦：28	8. T102⑦：19		10. T103⑦：40	11. T102⑦：12

图1-53　武庄遗址一期陶器分期图（二）

9）盖纽

A型　圆座形纽。T103⑦：40（图1-53，10），顶端饰花边和“十”字形纹样的泥突。

10）壶

A型，小口壶。T102⑦：12（图1-53，11），圆唇，小口，矮领，束颈，斜肩。口径9厘米。

通过对武庄遗址一期陶器的分型分式，可得出该遗址典型陶器分期表（表1-11），如下所示。

表1-11　武庄遗址一期典型陶器分期表

期、段 \ 分型 \ 器类			碗	钵		罐			器耳		盆		鼎足		器鋬		器纽	壶	鼎
			A型	A型	B型	A型	B型	C型	A型	B型	A型	B型	A型	B型	A型	B型	A型	A型	A型
一期	前段	H99	√	Ⅰ									√						Ⅰ
		T103⑧		Ⅰ		Ⅰ	Ⅰ				√	Ⅰ				√			
	后段	T103⑦		Ⅱ	√	Ⅱ	Ⅱ					Ⅱ	√				√		Ⅱ
		T102⑦						√	√	√				√	√			√	

注：Ⅰ——Ⅰ式，Ⅱ——Ⅱ式，√——表示有此类器物

武庄遗址一期文化遗存的陶器主要为夹蚌末红褐陶和泥质红陶，部分器表施红衣。纹饰以素面为主，少数饰乳钉纹、凹弦纹等。器表以装饰附加短泥条较为特色，流行动物形耳系、鋬手、器纽。这方面与侯家寨、双墩等遗址一致。但是武庄的泥质陶比其他遗址多见。武庄遗址器物组合的重要特征为鼎多釜少，而双墩、侯家寨、小孙岗遗址均以釜形器为主，鼎少见。推断武庄一期的年代应该晚于另三处遗址。根据上述分期表可知，A型钵、A型罐、B型罐和B型盆等器物在上下地层和遗迹单位中已存在式的变化，由此，可将武庄遗址一期划分为两段，前段以H99和T103⑧为代表，后段以T103⑦和T102⑦为代表。后段与前段相比，除了部分同类器形出现式的变化外，还新出现了B型钵、A型壶等器物，鼎足由流行圆锥形足变为扁形足。从武庄一期的器物特征来看，其主体与双墩文化的遗址是相似的，可能由于地理位置和所处年代等原因，其在发展过程中又受到周边地区文化的影响，尤其是仰韶文化大河村类型仰韶前三期和前二期的影响极为明显，产生一些与大河村类型相似，而在其他双墩文化遗址中少见或不见的器形。

3. 双墩遗址典型陶器演变及分期

双墩遗址在1986、1991、1992年的三次发掘中均出土了大量陶片。陶器主要分为生活用品、工具和其他器物三大类，包括釜、罐、钵、碗、器耳、鋬手、泥塑等30余种器类，其中生活用品与先民联系最为紧密，更替较快，最能反映其陶器演化规律。在此范围内选取釜、钵、碗、支架、器盖和盖纽、罐、器耳、盂这8类器物进行类型学分析。其中1991和1992年在发掘时分别统一地层，由于1986年的发掘材料散失，无法确定各个探方地层之间的对应关系，所以

在分型分式时以1991和1992年的器物为主。先分别对1991和1992年的器物进行分析，再确定各地层之间的对应关系。

双墩遗址1991年出土器物的型式划分如下。

1）釜

釜是数量最多的器类，也是双墩遗址最有代表性的器物之一。典型特征为大口，深腹，平底，肩腹部横装有四个鸡冠形鋬手。根据釜腹部形态的不同分为罐形釜和钵形釜两大类。

罐形釜　16件。器身为罐形。大口，肩腹部装有四个对称的鸡冠形鋬手。根据口沿部的不同分为二型。

A型　无沿罐形釜。1件。91T0621⑦：116（图1-54，1），大口内敛，肩腹一体，鋬手冠部饰指切纹。复原口径39.6厘米。

B型　折沿罐形釜。此型最多，15件。根据肩部的不同分为二亚型。

Ba型　折沿折肩罐形釜。窄折沿，口外侈，折肩。1件。91T0719⑬：57（图1-54，2），颈微束，斜弧腹，平底。肩部饰一周连续三角形刻划纹和戳刺纹。口径27、高22.8、底径15.6厘米。

Bb型　折沿溜肩罐形釜。宽折沿，口外侈，束颈，斜弧腹，肩腹一体，平底。14件。91T0719⑱：62（图1-54，3），束颈。素面。口径32.4、高28.8、底径16.8厘米。

钵形釜　15件。器身似钵形，多数口沿下有纹饰。根据口沿部的不同分为二型。

A型　折沿钵形釜。肩腹部一体，上腹部装有四个对称的鸡冠形鋬手。14件。根据口部的不同分为二亚型。

Aa型　折沿敛口钵形釜。折沿，敛口，斜腹较直，平底。13件。91T0620⑮：31（图1-54，4），口沿下部有折棱，折棱处饰一周戳刺纹，鋬手冠部饰指切纹。复原口径35、高16.2厘米。

Ab型　折沿直口钵形釜。1件。91T0621③：119（图1-54，5），折沿，直口，斜腹较直，平底。口沿下折棱处饰一周戳刺纹，鋬手冠部饰指切纹。复原口径50.4、高26.5厘米。

B型　敞口无沿钵形釜。1件。91T0621④：198（图1-54，6），大敞口，无沿，斜直腹，平底。上腹部装有四个对称的鋬手。素面。复原口径26.4、高12厘米。

2）钵

10件。根据口部的不同可分为三型。

A型　折沿外侈钵，4件。根据肩部的不同分为二亚型。

Aa型　折沿折肩钵，1件。91T0719⑮：111（图1-55，1），窄折沿外侈，颈微束，斜弧腹，平底。肩部满饰连续的组合三角纹，三角纹下方饰一周附加堆纹，上腹部有两个对称的鋬手和两组对称的双乳钉纹。口径18.4、高12.8、底径8.4厘米。

Ab型　折沿溜肩罐形钵。3件。折沿，侈口，平底，溜肩，器身似罐形，陶色内外皆为红褐色。根据腹部的不同和有无纹饰可分为三式。

Ⅰ式：斜直腹。口沿下饰三乳钉纹。91T0719⑮：112（图1-55，2），宽折沿。口径22.8、高11.6、底径10厘米。

Ⅱ式：斜弧腹内收。口沿下饰双乳钉纹。91T0620⑬：38（图1-55，3），窄折沿，束颈。口径20、高14.4、底径9.6厘米。

Ⅲ式：斜弧腹。素面。91T0621⑦：44（图1-55，4），窄折沿，颈微束，上腹部微外鼓。口径20、高9.2、底径8.2厘米。

演变趋势：器物腹部由斜直腹变为斜弧腹，再变成上腹部外鼓。器表纹饰由三乳钉纹变为双乳钉纹，又变为素面。后期器身变矮，整体器形变小。

B型　直口钵。3件。根据腹部的不同分为二亚型。

Ba型　斜直腹。1件。91T0621⑧：159（图1-55，5），宽折沿，直口微内敛，平底。口径17.6、高8、底径5.8厘米。

Bb型　斜弧腹。折沿，口内敛，平底。2件。91T0621⑦：43（图1-55，6），口沿外部饰组合戳刺纹。口径11.4、高7.2、底径5.6厘米。

C型　碗形钵。3件。口皆内敛，平底，素面，器身似碗形。根据腹部的不同和有无把手分为二亚型。

Ca型　圆弧腹，口沿下有一把手。1件。91T0621⑨：47（图1-55，7），口径14、高11.2、底径9.6厘米。

Cb型　斜弧腹，无把手。2件。91T0621⑧：161（图1-55，8），素面。口径19.5、高8.6、底径6.2厘米。

3）碗

19件。根据口沿部的不同可分为二型。

A型　折沿碗。17件，多为外施红衣内黑色陶。根据口部的不同可分三亚型。

Aa型　直口。折沿，斜弧腹，假圈足饼底内凹。11件。91T0819⑲：54（图1-54，7），复原口径31.6、高11.2、底径9.6厘米。

Ab型　侈口。3件。91T0819⑲：69（图1-54，8），折沿，斜弧腹，饼底内凹。复原口径30.4、高10.4、底径11厘米。

Ac型　敛口。内折沿，假圈足饼底内凹。3件。根据腹部的变化可分为二式。

Ⅰ式：斜弧腹，腹较深。如91T0620⑨：48（图1-54，9）。

Ⅱ式：圆弧腹。91T0621⑤：19（图1-54，10），复原口径22、高9、底径5.6厘米。

演变趋势：腹部由斜弧腹变为圆弧腹。

B型　敞口碗。2件。斜弧腹内收，假圈足饼底内凹。91T0621⑧：93（图1-54，11），复原口径24、高9.2、底径7厘米。

4）支架

8件，无完整器，均为残存的上半截或下半截。陶色均为红褐色，胎夹蚌末，胎质粗糙。由于支架的下半截相差不大，又不便于观察顶端形状，所以只对残存上半截的支架进行分析。根据支架顶端形状的不同可分为二型。

A型　支架顶端呈圆头状蘑菇形。根据顶端凸起程度的不同分为二亚型。

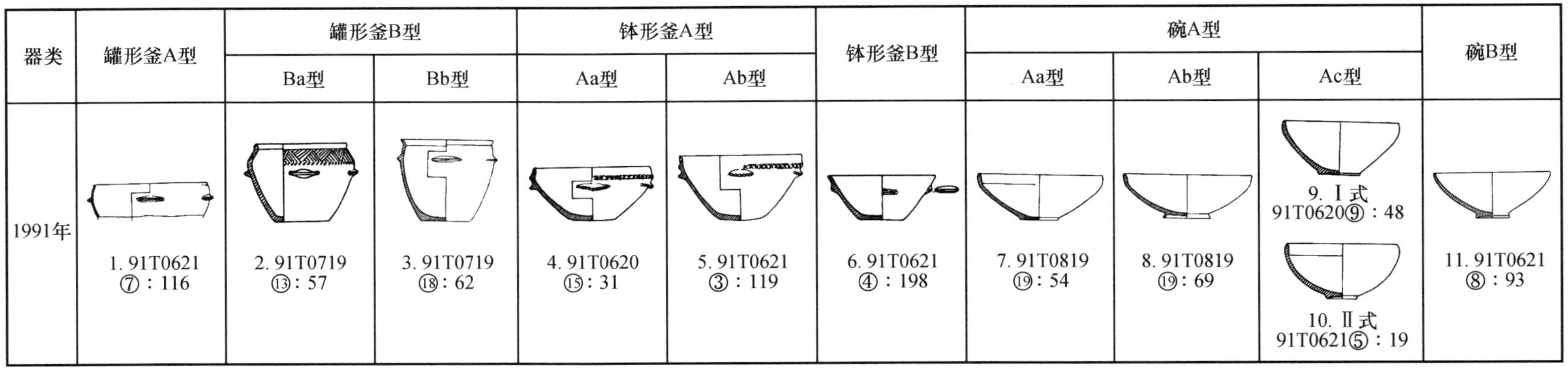

器类	罐形釜A型	罐形釜B型		钵形釜A型		钵形釜B型	碗A型			碗B型
		Ba型	Bb型	Aa型	Ab型		Aa型	Ab型	Ac型	
1991年	1. 91T0621 ⑦：116	2. 91T0719 ⑬：57	3. 91T0719 ⑱：62	4. 91T0620 ⑮：31	5. 91T0621 ③：119	6. 91T0621 ④：198	7. 91T0819 ⑲：54	8. 91T0819 ⑲：69	9. Ⅰ式 91T0620⑨：48 10. Ⅱ式 91T0621⑤：19	11. 91T0621 ⑧：93

图1-54　1991年双墩遗址陶器分期图（一）

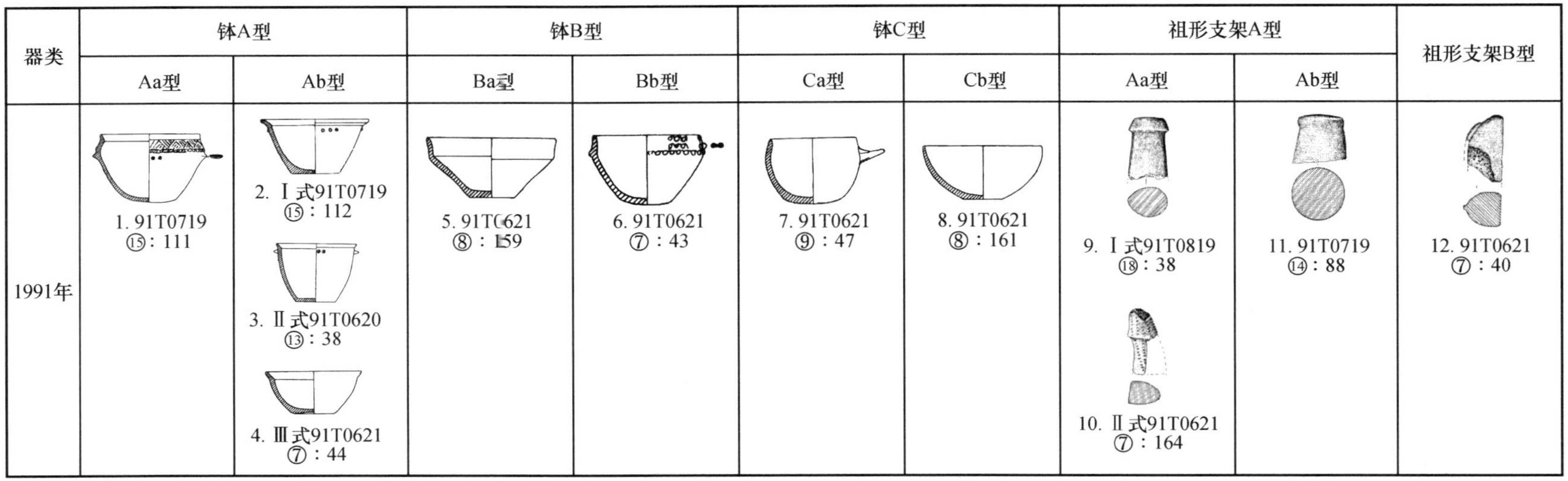

器类	钵A型		钵B型		钵C型		祖形支架A型		祖形支架B型
	Aa型	Ab型	Ba型	Bb型	Ca型	Cb型	Aa型	Ab型	
1991年	1. 91T0719 ⑮：111	2. Ⅰ式91T0719 ⑮：112 3. Ⅱ式91T0620 ⑬：38 4. Ⅲ式91T0621 ⑦：44	5. 91T0621 ⑧：159	6. 91T0621 ⑦：43	7. 91T0621 ⑨：47	8. 91T0621 ⑧：161	9. Ⅰ式91T0819 ⑱：38 10. Ⅱ式91T0621 ⑦：164	11. 91T0719 ⑭：88	12. 91T0621 ⑦：40

图1-55　1991年双墩遗址陶器分期图（二）

Aa型　顶端为圆头状蘑菇形，形状较为突出。根据顶端侧面形状的不同和有无纹饰分为二式。

Ⅰ式：顶端侧面为半圆形。素面。4件。器身为圆柱体，支架断截面为椭圆形。如91T0819⑱：38（图1-55，9）。

Ⅱ式：顶端侧面为半椭圆形。顶端及柱身均饰指切纹。1件。91T0621⑦：164（图1-55，10），支架断截面为抹角椭圆形。

演变趋势：支架顶端由圆头状变为尖圆头状，器体由素面变为饰纹饰。

Ab型　顶端为蘑菇形，形状不突出，侧面看仅略微有弧形凸起。2件。如91T0719⑭：88（图1-55，11），断截面为椭圆形。器表皆为素面。

B型　支架顶端侧面为斜圆弧形。1件。91T0621⑦：40（图1-55，12），顶端一侧饰附加堆纹。残高16.8、最大径8.8厘米。

5）器盖和盖纽

11件。多为残存的盖纽。陶色为红褐色，胎质夹蚌末。根据盖纽形状的不同可分为四型。

A型　圆座形纽。3件。纽顶部较平，外缘部有纹饰，内部中空，中空程度较深。91T0620⑱：45（图1-56，1），内部中空为深弧形。高4.2厘米。

B型　尖顶形纽。3件。盖纽顶端突出，侧面呈三角形，皆素面，纽顶微出沿。根据顶端凸起程度的不同分为二式。

Ⅰ式：纽顶尖部突出。2件。91T0621⑱：184（图1-56，2），纽顶侧面三角形部分顶端近直角。高4.6厘米。

Ⅱ式：纽顶尖部不突出。1件。91T0621④：17（图1-56，3），纽顶侧面三角形部分顶端为钝角近平，只微凸起。高5厘米。

演变趋势：纽顶尖部由近直角变为近平角，不似之前凸起明显。

C型　平顶形纽。1件。91T0621⑧：173（图1-56，4），纽顶为平顶，实心，素面。高2.6厘米。

D型　桥形纽。4件。盖纽顶端折起呈桥形，表面有纹饰。根据盖纽折起侧面所呈形状的不同可分为二亚型。

Da型　盖纽折起的侧面呈梯形。3件。91T0621⑧：177（图1-56，5），表面饰几组刻划纹。高4.6厘米。

Db型　盖纽折起的侧面呈半圆形。1件。91T0621⑦：18-1（图1-56，6），表面饰指切纹。高4厘米。

6）罐

18件。多数肩部装有两个对称的耳系，器表多有整平刮削痕。根据口部的不同和有无耳系可分为三型。

A型　大口无系罐。1件。91T0719⑱：69（图1-56，7），口外侈，束颈，折肩。肩部满饰组合三角纹。复原口径22.8厘米。

B型　大口双系罐。4件。根据口部的不同分为二亚型。

Ba型　口外侈。窄沿外侈，颈微束，平底。91T0819⑭：9（图1-56，8），圆弧腹内收，溜肩，肩腹一体。肩部装有两个对称的宽牛鼻形耳系。复原口径24.8、高15.6、底径7.2厘米。

Bb型　口内敛。91T0621⑦：122（图1-56，9），斜肩，斜弧腹，平底，上腹部装有两个对称的窄牛鼻形耳系。复原口径28.8、高22.2、底径14.4厘米。

C型　小口双系罐。13件。矮领，束颈，圆肩，部分器表和耳系有纹饰。91T0719⑱：110（图1-56，10），斜弧腹，平底。肩部装有两个对称的窄牛鼻形耳系。复原口径10、高20、底径12.8厘米。

7）器耳

6件。皆为罐的双耳。陶色为红褐色，胎质夹蚌末。器耳有横装和竖装之分。根据其表现形态的不同可分为二型。

A型　鸟首形。2件。竖装于器身，有穿孔，似鸟的眼睛。根据鸟首形态的不同可分为二亚型。

Aa型　鸟首侧面近半圆形，嘴部不明显。91T0621⑩：188（图1-57，1），有双系孔贯穿。残长8厘米。

Ab型　鸟首侧面近三角形，嘴部突出，较圆弧。91T0620⑦：170（图1-57，2），有单系孔贯穿。残长9厘米。

B型　牛鼻形。4件。耳系侧面形状为半圆形。根据耳系正面形状的不同可分为二亚型。

Ba型　耳系较窄，呈竖长状。1件。91T0719⑮：90（图1-57，3），素面。残高8.8厘米。

Bb型，耳系较宽，呈横宽状。3件。91T0620⑲：43（图1-57，4），耳系正面饰戳刺纹。残高8厘米。

8）盂形器

5件。形制不同，大小不一。陶色皆为红褐色，胎质夹蚌末，较粗糙。根据器形的不同可分为二型。

A型　有沿盂。91T0719⑬：108（图1-57，5），宽沿外侈，束颈，弧腹外鼓，腹较浅，矮圈足。口径15.2、高6厘米。

B型　罐形盂。91T0819⑨：42（图1-57，6），小口微敛，溜肩，上腹部外鼓，下腹部斜弧内收，器身似罐形，小平底。口径4.6、高6.6、底径6.4厘米。

C型　盅形盂。3件，器形均较小。根据形状的不同可分为二亚型。

Ca型　似杯形，2件。91T0621⑧：64（图1-57，7），下腹部微外鼓，平底。口径1.5、高2.3、底径1.7厘米。

Cb型　似碗形，1件。91T0621⑧：60（图1-57，8），口内敛，圆弧腹，平底。口沿下饰一周戳刺纹。口径5.6、高3.6、底径4.4厘米。

双墩遗址1992年出土器物型式如下。

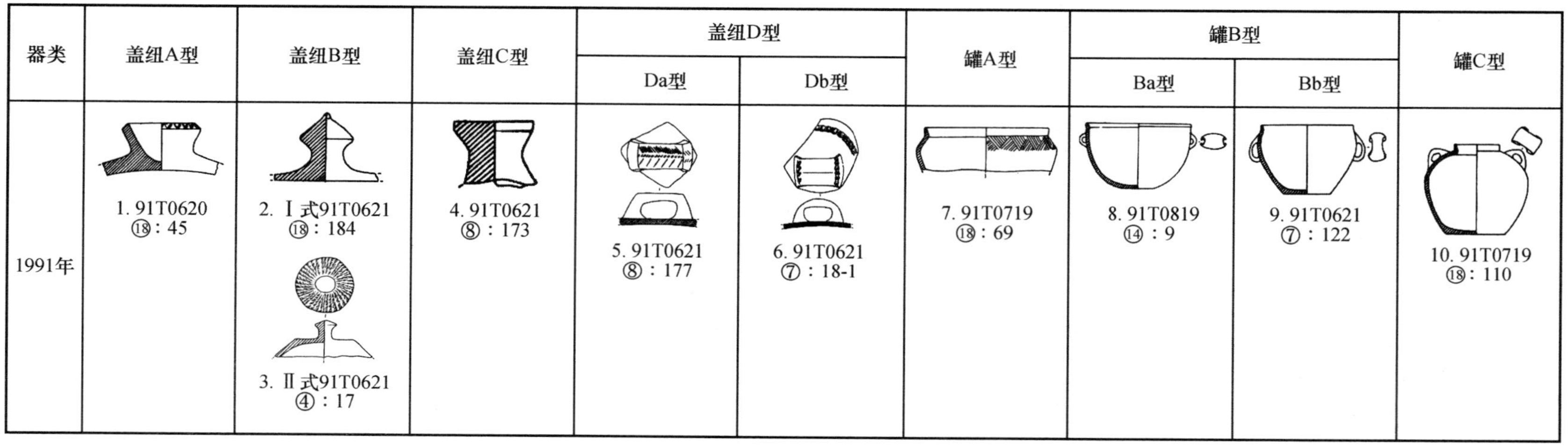

器类	盖纽A型	盖纽B型	盖纽C型	盖纽D型		罐A型	罐B型		罐C型
				Da型	Db型		Ba型	Bb型	
1991年	1. 91T0620 ⑱：45	2. Ⅰ式91T0621 ⑱：184 3. Ⅱ式91T0621 ④：17	4. 91T0621 ⑧：173	5. 91T0621 ⑧：177	6. 91T0621 ⑦：18-1	7. 91T0719 ⑱：69	8. 91T0819 ⑭：9	9. 91T0621 ⑦：122	10. 91T0719 ⑱：110

图1-56　1991年双墩遗址陶器分期图（三）

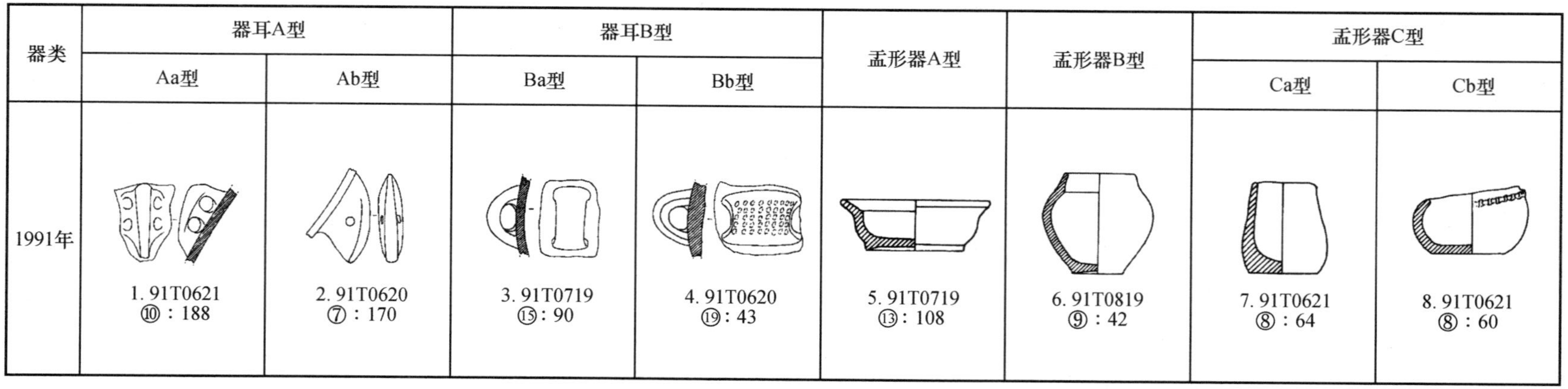

器类	器耳A型		器耳B型		盂形器A型	盂形器B型	盂形器C型	
	Aa型	Ab型	Ba型	Bb型			Ca型	Cb型
1991年	1. 91T0621 ⑩：188	2. 91T0620 ⑦：170	3. 91T0719 ⑮：90	4. 91T0620 ⑲：43	5. 91T0719 ⑬：108	6. 91T0819 ⑨：42	7. 91T0621 ⑧：64	8. 91T0621 ⑧：60

图1-57　1991年双墩遗址陶器分期图（四）

1）釜

与1991年出土釜的器形大体一致，仍分为罐形釜和钵形釜两大类。

罐形釜　15件。根据口沿部的不同可分为四型。

A型　无沿敞口罐形釜。上腹部横装四个对称的鋬手。1件。92T0722㉓：77（图1-58，1），肩腹一体。素面。复原口径27.6厘米。

B型　折沿外侈罐形釜。肩腹一体，上腹部装有四个对称的鸡冠形鋬手。8件。92T0722㉚：79（图1-58，2），宽折沿，口外侈。复原口径33厘米。

C型　大口内敛罐形釜。2件。92T0721㉗：62（图1-58，3），敛口，肩腹一体，斜弧腹，上腹部有四个对称的鋬手。素面。复原口径37.8厘米。

D型　直口罐形釜。4件。92T0522⑱：62（图1-58，4），口较直，上腹部有四个对称的鋬手。

钵形釜　19件。多数器表有纹饰，并横装四个对称的鸡冠形鋬手，部分鋬手冠部饰指切纹，器表留有整平刮削痕。根据口沿部的不同可分为二型。

A型　折沿钵形釜。17件。根据口部的不同可分为三个亚型。

Aa型　折沿敛口钵形釜。9件。92T0722㉘：23（图1-58，5），肩腹一体，斜弧腹，平底。复原口径37厘米。

Ab型　折沿直口钵形釜。7件。92T0522⑪：64（图1-58，6），口沿下饰一周戳刺纹。复原口径42厘米。

Ac型　折沿侈口钵形釜。1件。92T0623⑪：122（图1-58，7），口沿下饰一周戳刺纹。复原口径36厘米。

B型　敞口钵形釜。敞口，斜腹，肩腹一体。2件。如92T0522⑫：61（图1-58，8）。

2）钵

9件。根据口沿部的不同可分为四型。

A型　折沿外侈钵。2件。根据肩部的不同可分为二亚型。

Aa型　折沿折肩钵。92T0522④：33（图1-59，1），窄折沿，口外侈，颈微束，折肩，斜弧腹，平底。肩部饰戳刺连续三角纹，三角纹下方饰一周附加堆纹。口径16.4、高8.8、底径6.4厘米。

Ab型　折沿溜肩罐形钵。92T0721㉗：70（图1-59，2），折沿，口外敞，颈微束，溜肩，斜弧腹，平底。口沿下饰多组双乳钉纹。口径14.5、高8.4、底径6.4厘米。

B型　折沿直口钵。内折沿，口较直，斜弧腹较直，平底。2件。根据器形的大小可分为二式。

Ⅰ式：92T0623⑰：151（图1-59，3），口沿下饰一周附加堆纹。口径21.2、高10.8、底径8.4厘米。

Ⅱ式：92T0622⑮：82（图1-59，4），口沿下饰一周指窝纹。口径11.2、高8、底径5.2厘米。

演变趋势：器形有变小趋势。

C型　碗形钵。4件。根据腹部的不同和有无把手可分为二亚型。

Ca型　圆弧腹，口沿下一侧有羊角形把手。92T0522⑫：32（图1-59，5），口较直，平底。口径14、高8、底径8厘米。

Cb型　斜弧腹，无把手。根据腹部的变化可分为二式。

Ⅰ式：弧腹较圆。92T0623⑰：22（图1-59，6），敛口，平底。素面。口径16.8、高9.2、底径6.4厘米。

Ⅱ式：斜弧腹内收。92T0721⑧：65（图1-59，7），口内敛，平底。素面。口径20、高8、底径6.4厘米。

演变趋势：无把手碗形钵的腹部由圆弧腹变为斜弧腹。

D型　敞口钵。1件。92T0723㉒：12（图1-59，8），敞口，斜弧腹，平底。素面。口径22.4、高6.8、底径6.6厘米。

3）碗

13件。多为外施红衣内黑色陶。根据口沿部的不同可分为二型。

A型　折沿碗。11件。根据口部的不同可分为三亚型。

Aa型　折沿，直口。3件。92T0723㉗：47（图1-59，9），斜弧腹内收，假圈足饼底内凹。复原口径16.4、高8、底径6.2厘米。

Ab型　折沿，口外侈。1件。92T0622⑰：69（图1-59，10），斜弧腹内收，假圈足饼底内凹。复原口径22、高8.2、底径6.4厘米。

Ac型　折沿，口内敛。7件。92T0721㉓：5（图1-59，11），斜弧腹内收，饼底。复原口径20.8、高8、底径7.2厘米。

B型　敞口碗。斜弧腹内收，圈足底。2件。92T0622⑭：21（图1-59，12），复原口径21.2、高8、底径6厘米。

4）支架

21件。均为上半截或下半截的残件，包括祖形、圆柱形、框形，其中以祖形支架最有特色，所以在此选用残存的8件祖形支架进行分析。祖形支架均为红褐色陶，胎质夹蚌末。根据顶端形状的不同分为二型。

A型　顶端为蘑菇形。7件。根据顶端头部下方有无纹饰可分为二亚型。

Aa型　素面。4件。根据顶端形状的不同可分为二式。

Ⅰ式：顶端为圆头状蘑菇形，顶端侧面为半圆形。器身为圆柱体，断截面呈圆形。92T0721㉖：91（图1-60，1）。

Ⅱ式：顶端为尖圆头状蘑菇形，顶端侧面为半椭圆形。器身为圆柱体。92T0622⑰：177（图1-60，2），残高24.8、最大径10厘米。

演变趋势：支架头部由圆头状变为尖圆头状蘑菇形，侧面形状由半圆形变为半椭圆形。

Ab型　支架顶端头部下方有指切纹或小泥扣。3件。顶端侧面为半圆形，器身为圆柱体，断截面呈椭圆形。根据纹饰的不同可分为二式。

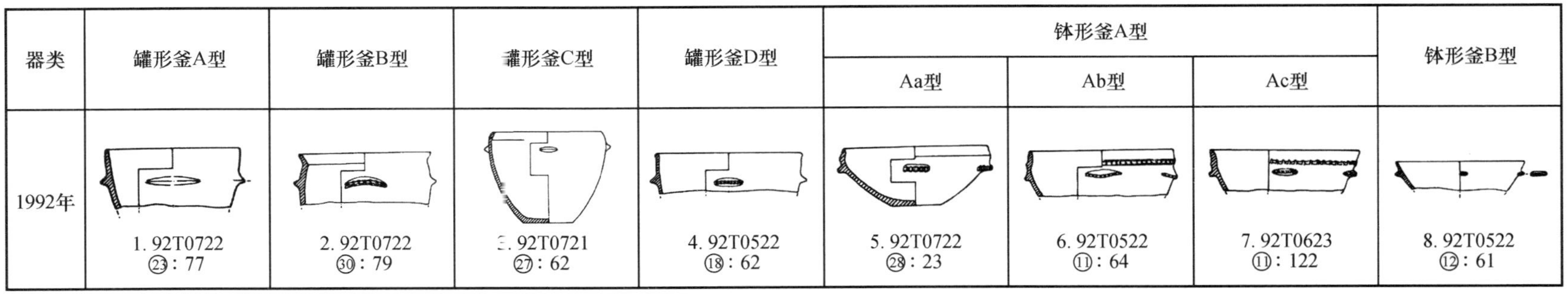

器类	罐形釜A型	罐形釜B型	罐形釜C型	罐形釜D型	钵形釜A型			钵形釜B型
					Aa型	Ab型	Ac型	
1992年	1. 92T0722 ㉓：77	2. 92T0722 ㉚：79	3. 92T0721 ㉗：62	4. 92T0522 ⑱：62	5. 92T0722 ㉘：23	6. 92T0522 ⑪：64	7. 92T0623 ⑪：122	8. 92T0522 ⑫：61

图1-58　1992年双墩遗址陶器分期图（一）

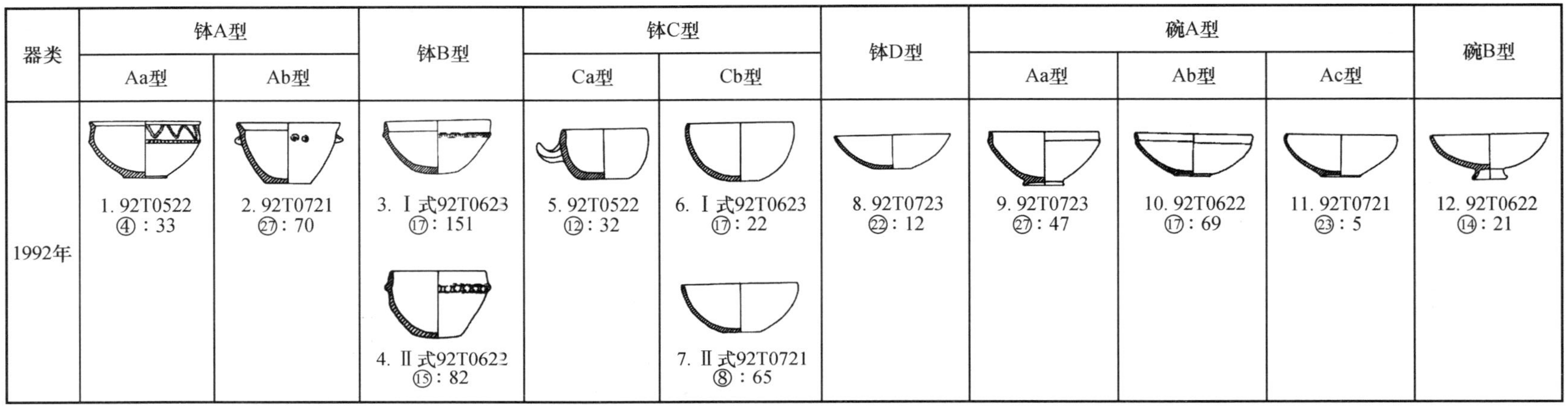

器类	钵A型		钵B型	钵C型		钵D型	碗A型			碗B型
	Aa型	Ab型		Ca型	Cb型		Aa型	Ab型	Ac型	
1992年	1. 92T0522 ④：33	2. 92T0721 ㉗：70	3. Ⅰ式92T0623 ⑰：151 4. Ⅱ式92T0622 ⑮：82	5. 92T0522 ⑫：32	6. Ⅰ式92T0623 ⑰：22 7. Ⅱ式92T0721 ⑧：65	8. 92T0723 ㉒：12	9. 92T0723 ㉗：47	10. 92T0622 ⑰：69	11. 92T0721 ㉓：5	12. 92T0622 ⑭：21

图1-59　1992年双墩遗址陶器分期图（二）

Ⅰ式：头部下方饰指切堆纹。92T0723㉒：80（图1-60，3），残高8、最大径5.4厘米。

Ⅱ式：头部下方饰小泥扣。92T0623⑰：178（图1-60，4），头部下方装有小型鸡冠形鋬和半圆形小泥扣。残高21、最大径12厘米。

演变趋势：头部下方的纹饰由装饰指切纹演变为流行半圆形或方形小泥扣。

B型　支架顶端侧面为斜圆弧形。92T0721⑤：81（图1-60，5），顶端一侧饰附加堆纹。残高13.6、最大径5.2厘米。

5）器盖和盖纽

26件。多为残存的盖纽，盖纽形状多样，样式丰富。根据盖纽形状的不同可分为六型。

A型　圆座形纽。5件。内部中空。根据中空部的深度不同可分为二式。

Ⅰ式：4件。中空部较深。92T0721㉖：86（图1-60，6），中空部呈深弧形，纽顶外缘部饰刻划纹。高4.8厘米。

Ⅱ式：中空部较浅，呈浅弧形。1件。92T0523⑧：241（图1-60，7），素面。高3.8厘米。

演变趋势：圆座形盖纽的中空部由深变浅。

B型　尖顶形纽。3件。纽顶顶端为三角形，均素面，纽顶微出沿。根据纽体形状的不同可分为二式。

Ⅰ式：纽体为柱形。92T0622⑲：174（图1-60，8），纽体两侧较直。高5厘米。

Ⅱ式：纽体两侧内凹，呈弧形。如92T0523④：237（图1-60，9）。

演变趋势：纽体由柱体两侧较直变为两侧呈内凹形。

C型　平顶形纽。皆为实心纽。2件。92T0523⑤：239（图1-60，10），纽顶外缘部饰刻划纹。高5.4厘米。

D型　桥形纽。纽顶正面多有刻划纹。12件。根据盖纽折起所呈形状的不同可分为二亚型。

Da型　盖纽折起呈梯形。11件。92T0722㉑：91（图1-60，11），盖纽表面饰刻划纹。高3.8厘米。

Db型　盖纽折起呈半圆形。1件。92T0523⑤：243（图1-60，12），盖纽表面饰刻刺纹。高6.4厘米。

E型　椭圆形纽。纽顶侧面微凸起。92T0523⑥：235（图1-60，13），盖纽正面中间饰一道指切纹，纽顶外缘部饰指切纹。高3.8厘米。

F型　多角形纽。根据纽顶的不同可分为二亚型。

Fa型　三角形纽。92T0623⑭：165（图1-60，14），实心纽，纽顶平面有三个角。高3.2厘米。

Fb型，两角形纽。92T0523⑤：234（图1-60，15），实心纽，纽顶平面中间内凹，两端各有一凸起角。高3.8厘米。

6）罐

30件。大部分肩部装有对称的双耳，内外表多留有整平刮削痕。根据口部的大小和有无耳系可分为三型。

A型　大口无系罐。8件。根据口沿部的不同可分为二亚型。

Aa型　3件。大口内敛。根据肩部的不同可分为二式。

Ⅰ式：溜肩。92T0721㉓：6（图1-61，1），敛口，斜弧腹内收，平底。口沿下饰一周刻刺纹。

Ⅱ式：折肩。92T0622⑭：88（图1-61，2）敛口，斜弧腹，平底。折肩处饰一周刻刺纹。

演变趋势：肩部由溜肩变为折肩。

Ab型　5件。折沿侈口无系罐。根据肩部和腹部的不同可分为二式。

Ⅰ式：溜肩，圆弧腹。92T0622⑰：42（图1-61，3），折沿，口外侈，束颈，平底。肩部饰竖道戳刺纹和间隔附加堆纹。复原口径18.6、高12、底径8厘米。

Ⅱ式：折肩，斜弧腹。92T0523③：186（图1-61，4），折沿，口外侈，束颈，折肩处有刻刺纹，肩部满饰竖道刻划纹。复原口径36厘米。

演变趋势：肩部由溜肩变为折肩，腹部由圆弧腹变为斜弧腹。

B型　大口双系罐。7件。肩部装有两个对称的耳系。根据口部的不同可分为二亚型。

Ba型　大口外侈。2件。根据肩部的不同可分为二式。

Ⅰ式：斜肩。92T0721㉙：70（图1-61，5），折沿，口外侈，颈微束，肩部装有两个对称的宽牛鼻形耳系。器耳表面满饰戳刺纹。复原口径27.6、残高9厘米。

Ⅱ式：溜肩。92T0622⑰：133（图1-61，6），折沿，口微外侈，颈微束。上腹装有两个对称的宽牛鼻形耳系。素面。复原口径30.6、残高12.6厘米。

演变趋势：肩部由斜肩变为溜肩。

Bb型　大口内敛。5件。根据肩部的不同可分为二式。

Ⅰ式：斜肩。92T0721㉙：74（图1-61，7），口沿外表和器耳均饰刻刺纹。复原口径24厘米。

Ⅱ式：溜肩。敛口，肩部装有两个对称的耳系。92T0522⑬：67（图1-61，8），沿下一周和耳系中间均饰刻刺纹。复原口径37.8厘米。

演变规律：肩部由斜肩变为溜肩。

C型　小口双系罐。15件。根据口部的不同可分为三亚型。

Ca型　折沿，口微侈。12件。根据肩部的不同可分为三式。

Ⅰ式：斜肩。92T0721㉙：29（图1-61，9），斜弧腹，平底。肩部装有两个对称的牛鼻形耳系。口径12、高16.4厘米。

Ⅱ式：圆肩。92T0721㉒：73（图1-61，10），肩部装有两个对称的宽牛鼻形耳系。复原口径12.4厘米。

Ⅲ式：溜肩。肩部装有两个对称的耳系。92T0522⑮：114（图1-61，11），复原口径7.2厘米。

演变趋势：器物肩部由斜肩变为圆肩再变为溜肩。

Cb型　折沿，直口。2件。92T0523⑥：182（图1-61，12）肩部装有两个对称的鸟首形耳系，有单系孔贯穿。复原口径12厘米。

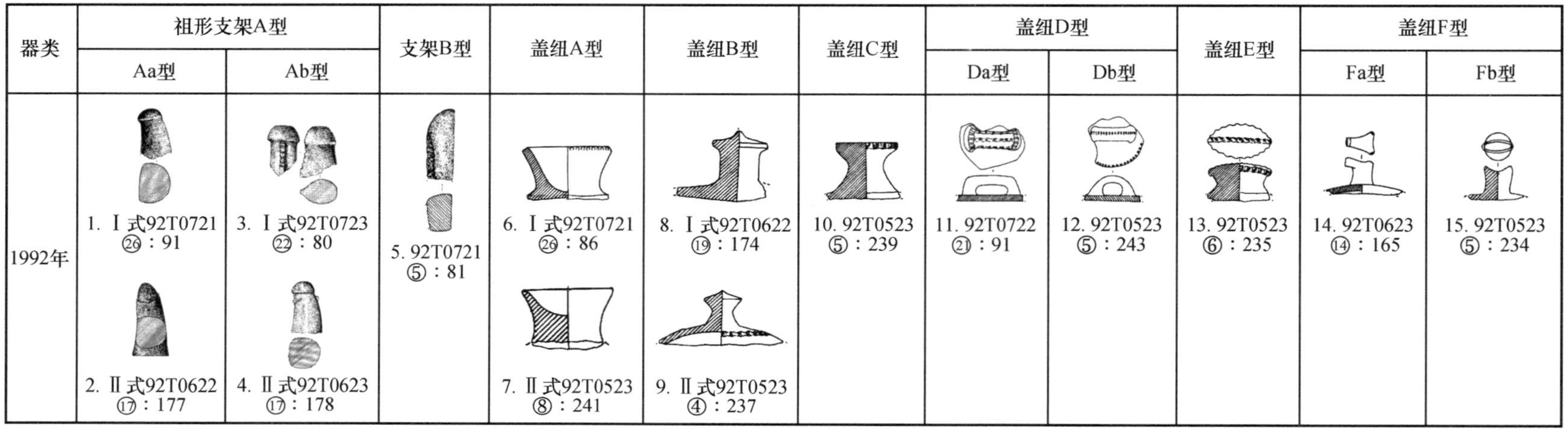

器类	祖形支架A型		支架B型	盖纽A型	盖纽B型	盖纽C型	盖纽D型		盖纽E型	盖纽F型	
	Aa型	Ab型					Da型	Db型		Fa型	Fb型
1992年	1. Ⅰ式92T0721 ㉖：91 2. Ⅱ式92T0622 ⑰：177	3. Ⅰ式92T0723 ㉒：80 4. Ⅱ式92T0623 ⑰：178	5. 92T0721 ⑤：81	6. Ⅰ式92T0721 ㉖：86 7. Ⅱ式92T0523 ⑧：241	8. Ⅰ式92T0622 ⑲：174 9. Ⅱ式92T0523 ④：237	10. 92T0523 ⑤：239	11. 92T0722 ㉑：91	12. 92T0523 ⑤：243	13. 92T0523 ⑥：235	14. 92T0623 ⑭：165	15. 92T0523 ⑤：234

图1-60　1992年双墩遗址陶器分期图（三）

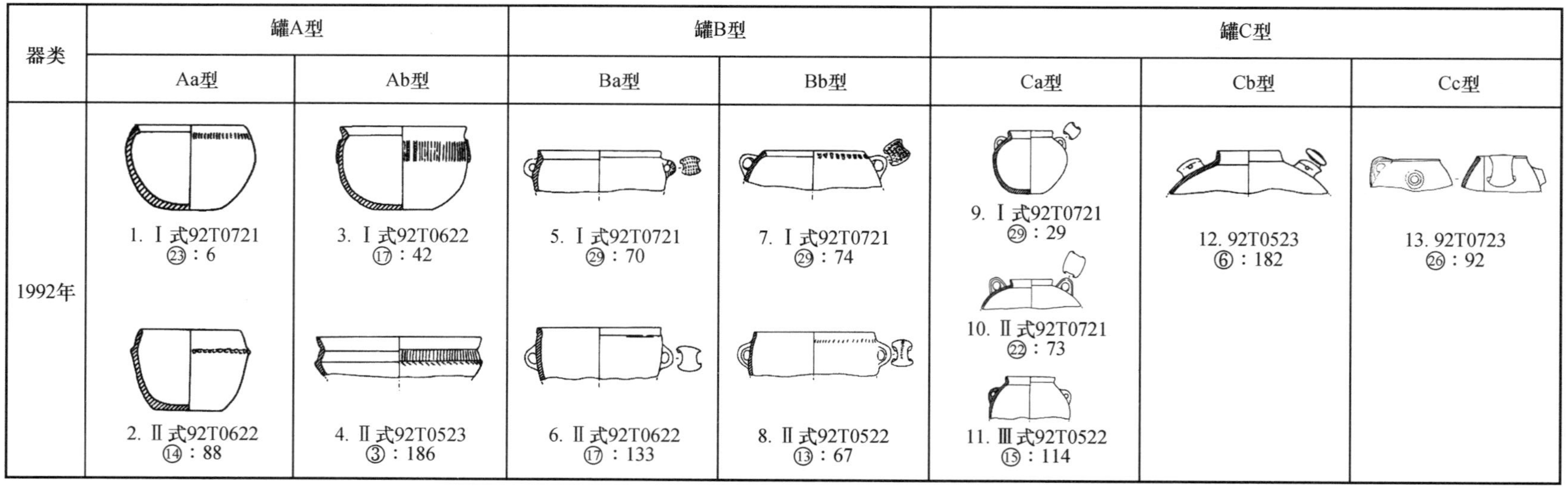

器类	罐A型		罐B型		罐C型		
	Aa型	Ab型	Ba型	Bb型	Ca型	Cb型	Cc型
1992年	1. Ⅰ式92T0721 ㉓：6 2. Ⅱ式92T0622 ⑭：88	3. Ⅰ式92T0622 ⑰：42 4. Ⅱ式92T0523 ③：186	5. Ⅰ式92T0721 ㉙：70 6. Ⅱ式92T0622 ⑰：133	7. Ⅰ式92T0721 ㉙：74 8. Ⅱ式92T0522 ⑬：67	9. Ⅰ式92T0721 ㉙：29 10. Ⅱ式92T0721 ㉒：73 11. Ⅲ式92T0522 ⑮：114	12. 92T0523 ⑥：182	13. 92T0723 ㉖：92

图1-61　1992年双墩遗址陶器分期图（四）

Cc型　口内敛。1件。92T0723㉖：92（图1-61，13），肩部一侧装有耳系，有流。通体施红色彩绘，有明显的拼接和刮抹痕。复原口径16厘米。

7）器耳

18件。均为罐的耳系。根据器物形态的不同可分为二型。

A型　鸟首形器耳。12件。器耳均有穿孔，根据穿孔数量的不同可分三亚型。

Aa型　三系孔贯穿，窄体竖装。2件。根据鸟首侧面形状的不同可分为二式。

Ⅰ式：鸟首侧面近梯形。92T0522⑲：172（图1-62，1），上圆下尖，嘴部突出，较尖锐。残长8厘米。

Ⅱ式：鸟首侧面近半圆形。92T0523⑥：221（图1-62，2），上圆下圆弧，嘴部突出，角度圆弧。残长7厘米。

演变趋势：鸟首的嘴部角度变弧。

Ab型　两系孔贯穿，窄体竖装。7件。根据鸟首侧面形状的不同可分为三式。

Ⅰ式：鸟首侧面近梯形，角度尖锐。92T0721⑳：98（图1-62，3），上圆下尖，嘴部突出。残长7.4厘米。

Ⅱ式：鸟首侧面近梯形，角度变弧。92T0623⑭：160（图1-62，4），上圆下弧，嘴部突出，但角度变弧。残长7.4厘米。

Ⅲ式：鸟首侧面近半椭圆形，角度圆弧。92T0523⑨：225（图1-62，5），上圆下圆弧，嘴部位置突出，角度更加圆弧。残长6.6厘米。

演变趋势：鸟首的嘴部角度由尖锐变得越来越圆弧。

Ac型　单系孔贯穿，窄体竖装。3件。根据鸟首侧面形状的不同可分为二式。

Ⅰ式：鸟首侧面近斜长方形。上圆下尖，嘴部位置突出，角度较尖锐。92T0521⑬：48（图1-62，6）。

Ⅱ式：鸟首侧面近半椭圆形。92T0523④：223（图1-62，7），上圆下弧，嘴部位置突出，角度变弧。

演变趋势：鸟首的嘴部位置变得圆弧。

B型　牛鼻形器耳。6件。根据形状的不同可分为二亚型。

Ba型　窄牛鼻形耳系。正面显得细长。92T0622⑩：183（图1-62，8），耳系正面饰戳刺纹。

Bb型　宽牛鼻形耳系。92T0723㉙：86（图1-62，9），耳系表面饰戳刺纹。

8）盂形器

4件。均为红褐色陶，胎质夹蚌末，较粗糙。根据器形的不同可分为三型。

A型　有沿盂。92T0623⑭：186（图1-63，1），大口，束颈，近直腹，下腹部微外弧，大平底。口径8.6、高4.6、底径5.6厘米。

B型　圈足盂。92T0622⑬：14（图1-63，2），敛口，圆鼓腹，似球形，圈足底。口径4、高6.6、圈足径4厘米。

C型　盅形盂。根据底部的不同可分为二亚型。

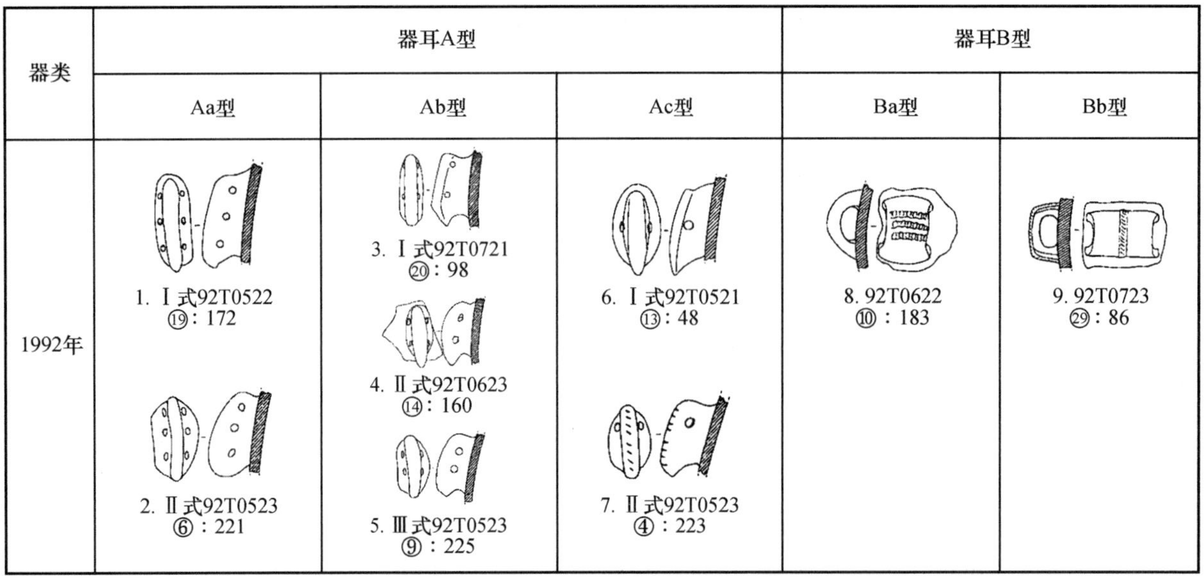

器类	器耳A型			器耳B型	
	Aa型	Ab型	Ac型	Ba型	Bb型
1992年	1. Ⅰ式92T0522⑲：172 2. Ⅱ式92T0523⑥：221	3. Ⅰ式92T0721⑳：98 4. Ⅱ式92T0623⑭：160 5. Ⅲ式92T0523⑨：225	6. Ⅰ式92T0521⑬：48 7. Ⅱ式92T0523④：223	8. 92T0622⑩：183	9. 92T0723㉙：86

图1-62　1992年双墩遗址陶器分期表（五）

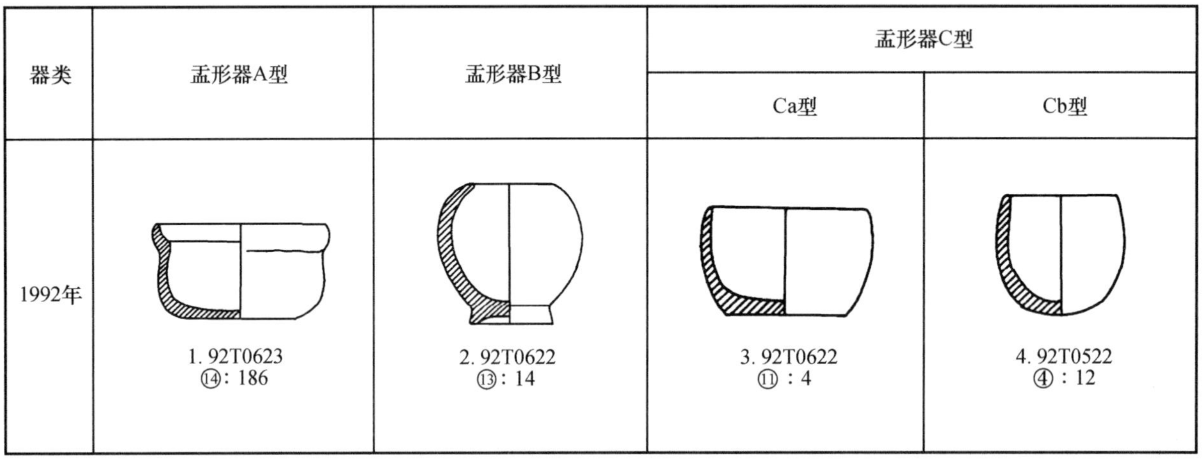

器类	盂形器A型	盂形器B型	盂形器C型	
			Ca型	Cb型
1992年	1. 92T0623⑭：186	2. 92T0622⑬：14	3. 92T0622⑪：4	4. 92T0522④：12

图1-63　1992年双墩遗址陶器分期图（六）

Ca型　平底。92T0622⑪：4（图1-63，3），近直口，上腹部较直，下腹部微弧，平底。口径5.4、高3.6、底径4厘米。

Cb型　圜底。92T0522④：12（图1-63，4），近直口，上腹部较直，下腹部微弧，圜底。口径4、高4.4厘米。

利用上述分型分式结果，再结合双墩遗址1991、1992年的部分器物的器形比对，可以给出两次发掘的部分地层单位对应关系（图1-64、图1-65）。

根据以上分型分式的结果，结合报告中双墩遗址的地层堆积和其他器物的特征以及组合关系，可将双墩遗址分为两期四段（表1-12）。1991年第19～15层为早期前段，1991年第14～11层和1992年第31～27层为早期后段。1991年第10～2层和1992年第26～11层为晚期前段，1992年第10～2层为晚期后段。1992年的堆积总体晚于1991年。

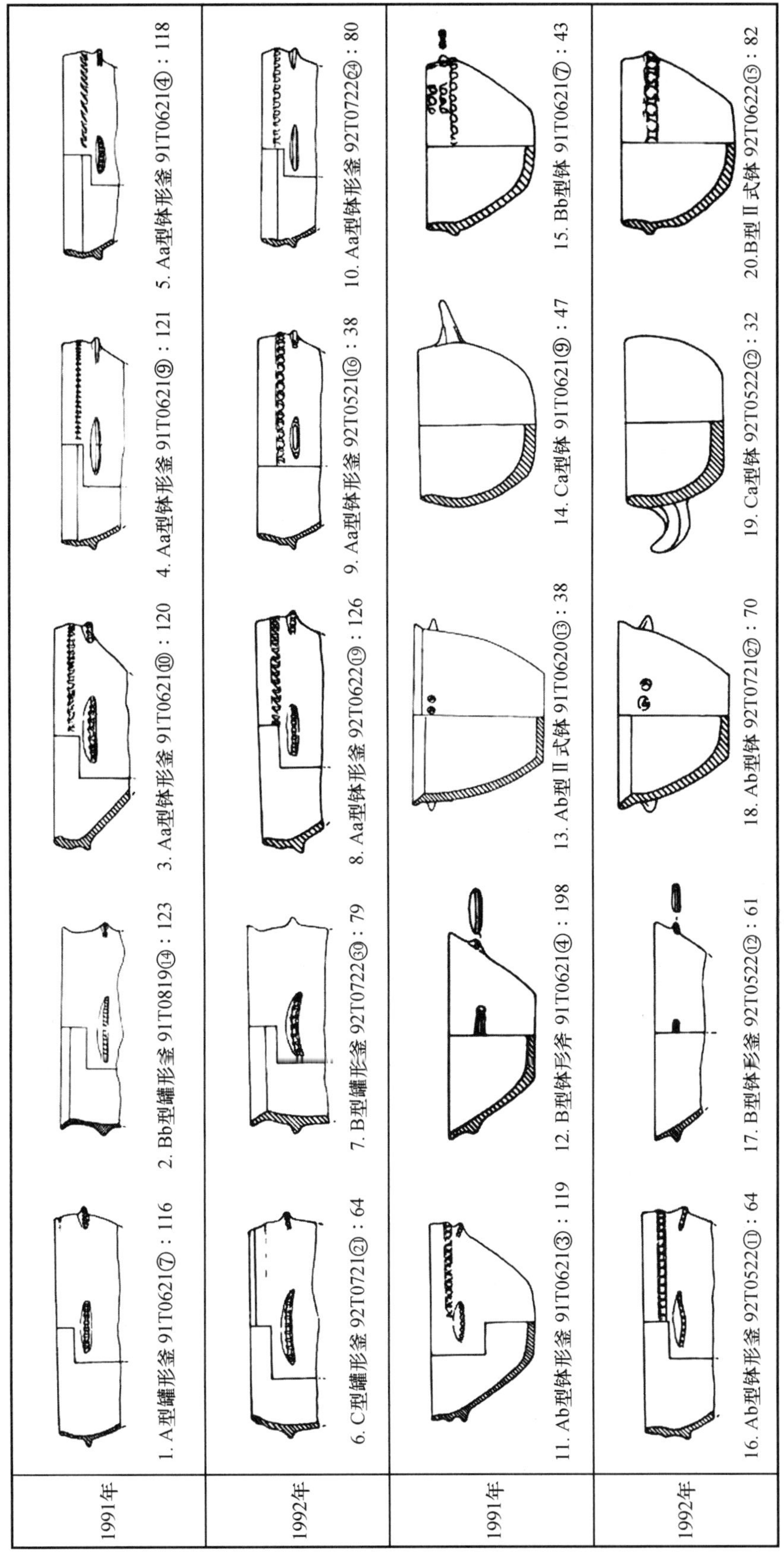

图1-64 1991、1992年双墩遗址器物对照图（一）

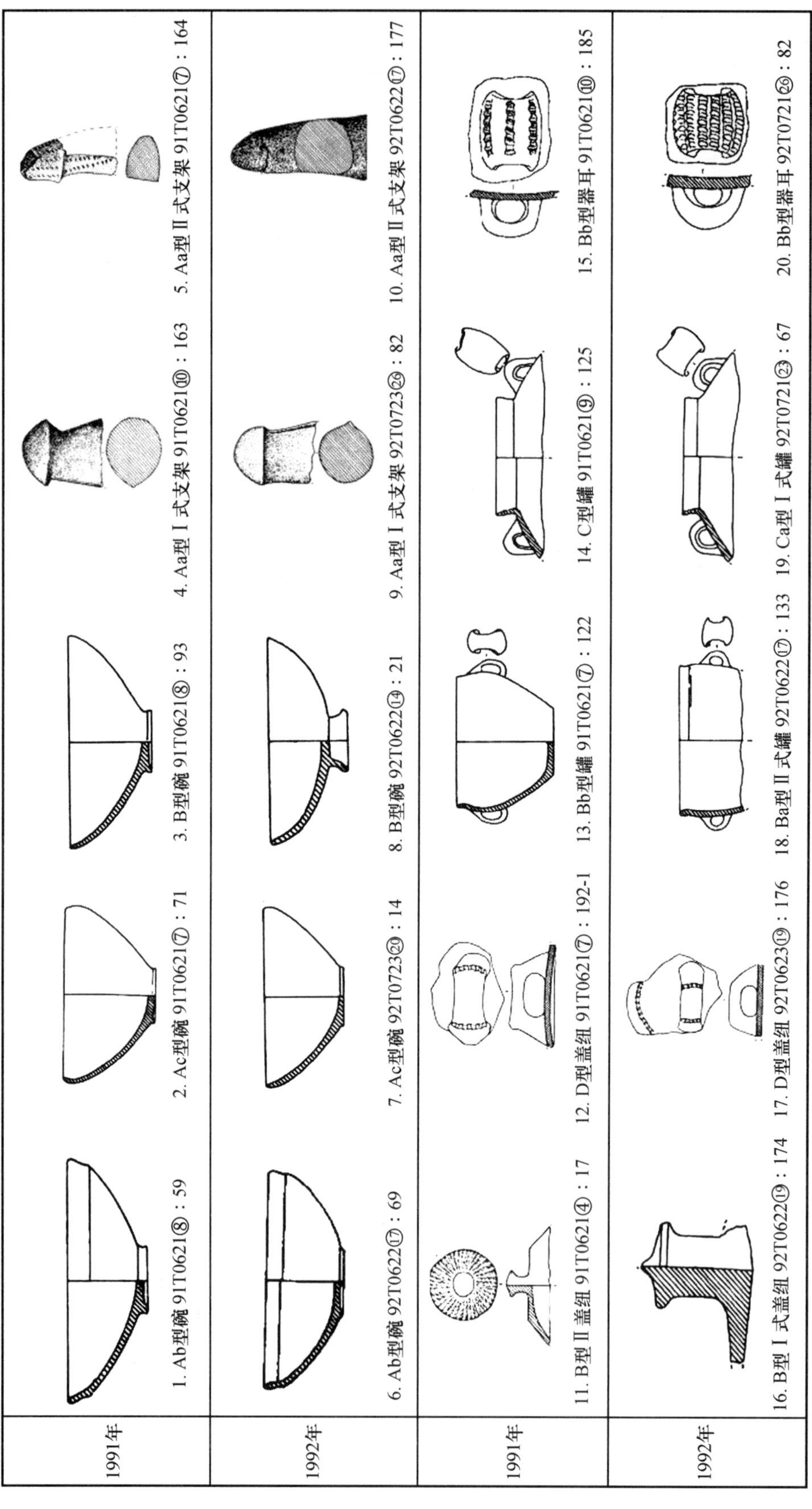

图1-65　1991、1992年双墩遗址器物对照图（二）

表1-12 双墩遗址分期表

期	段	层位	器形
早期	前段	1991年第19～15层	Bb型罐形釜、Aa型钵形釜、Aa型钵、Ab型Ⅰ式钵、Aa型碗、Ab型碗、Aa型Ⅰ式支架、Ab型支架、A型罐、C型罐、Ba型器耳、Bb型器耳、A型盖纽、B型Ⅰ式盖纽
	后段	1991年第14～11层	Ba型罐形釜、Bb型罐形釜、Aa型钵形釜、Ab型Ⅱ式钵、Aa型碗、Aa型Ⅰ型支架、Ab型支架、Ba型罐、Bb型罐、C型罐、A型盂
		1992年第31～27层	B型罐形釜、C型罐形釜、Aa型钵形釜、Ab型钵、Aa型碗、Aa型Ⅰ式支架、Ba型Ⅰ式罐、Bb型Ⅰ式罐、Bb型器耳、Ca型Ⅰ式罐
晚期	前段	1991年第10～2层	A型罐形釜、Bb型罐形釜、Aa型钵形釜、Ab型钵形釜、B型钵形釜、Aa型碗、Ab型碗、Ac型Ⅰ式碗、Ac型Ⅱ式碗、B型碗、Ab型Ⅲ式钵、Ca型钵、Cb型钵、Ba型钵、Bb型钵、B型Ⅱ式盖纽、C型盖纽、D型盖纽、Aa型器耳、Ab型器耳、Bb型器耳、C型罐、Aa型Ⅰ式支架、Aa型Ⅱ式支架、B型支架、B型盂、Ca型盂、Cb型盂
		1992年第26～11层	A型罐形釜、B型罐形釜、C型罐形釜、D型罐形釜、Aa型钵形釜、Ab钵形釜、Ac钵形釜、B型钵形釜、Ca型钵、Cb型Ⅰ式钵、B型Ⅰ式钵、B型Ⅱ式钵、E型钵、Aa型碗、Ab型Ⅰ式碗、Ab型Ⅱ式碗、Ac型碗、B型碗、A型Ⅰ式盖纽、B型Ⅰ式盖纽、B型Ⅱ式盖纽、D型盖纽、Fa型盖纽、Aa型Ⅰ式支架、Aa型Ⅱ式支架、Ab型Ⅰ式支架、Ab型Ⅱ式支架、Aa型Ⅰ式罐、Aa型Ⅱ式罐、Ab型Ⅰ式罐、Ba型Ⅱ式罐、Bb型Ⅰ式罐、Bb型Ⅱ式罐、Ca型Ⅰ式罐、Ca型Ⅱ式罐、Ca型Ⅲ式罐、Cc型罐、Aa型Ⅰ式器耳、Ab型Ⅰ式器耳、Ab型Ⅱ式器耳、Ac型Ⅰ式器耳、Ba型器耳、Bb型器耳、A型盂、B型盂、Ca型盂
	后段	1992年第10～2层	B型罐形釜、D型罐形釜、Aa型钵形釜、Ab钵形釜、Aa型钵、Cb型Ⅱ式钵、B型支架、A型Ⅱ式盖纽、B型Ⅱ式盖纽、C型盖纽、D型盖纽、E型盖纽、Fb型盖纽、Ab型Ⅱ式罐、Bb型Ⅱ式罐、Ca型Ⅲ式罐、Cb型罐、Aa型Ⅱ式器耳、Ab型Ⅱ式器耳、Ab型Ⅲ式器耳、Ac型Ⅱ式器耳、Ba型器耳、Cb型盂

早期前段主要器形有：折沿罐形釜、折沿敛口钵形釜、折沿甑、敞口盆、小口双系罐、祖形支架、折沿直口碗等。流行牛鼻形器耳。

早期后段主要器形有：折沿罐形釜、折沿敛口钵形釜、甑、敞口盆、小口双系罐、祖形支架、折沿直口碗等。流行牛鼻形器耳，新出现大口双系罐，小口双耳罐的口沿下方和双耳表面饰刻刺纹。罐形釜肩部饰三角形刻划纹或组合戳刺纹，钵形釜口沿下流行饰一周戳刺纹。

晚期前段主要器形有：折沿罐形釜、折沿敛口钵形釜、敞口甑、敞口盆、小口双系罐、祖形支架、折沿直口碗等，牛鼻形耳系少见，流行鸟首形器耳。新出现鼎、彩陶盆、带把手的碗形钵、折沿敛口碗、敞口碗等。小口双系罐、钵形釜、桥形盖纽数量增多。鼎有钵形鼎和罐形鼎，均为大口，圆锥形足，肩腹部饰刻刺纹，另饰附加堆纹。多见残鼎足，釜鼎共存。部分大口罐肩腹部饰竖道刻刺纹。彩陶盆口沿外部饰一周红色交叉形纹饰，腹部饰红色斜线或三角形纹饰。

晚期后段主要器形有：折沿罐形釜、折沿敛口钵形釜、敞口甑、小口双系罐等。流行鸟首形器耳，祖形支架少见，折沿直口钵形釜数量增多，在口沿外上部常满饰竖道刻刺纹。与上段相比，部分器形如Cb型钵、A型盖纽、Aa型器耳、Ab型器耳等出现式的变化。

从总体上看，早期以釜为主，釜与支架搭配使用，支架多为祖形，不见完整的鼎。小口双系罐和大口双系罐多为牛鼻形耳系，部分耳系表面饰刻刺纹。陶工具方面（表1-13），多陶锉和陶圆饼，少见陶网坠和鹿角勾形器。晚期釜鼎共存，祖形支架少见，多为圆柱形支架，耳系流行鸟首形，牛鼻形器耳较少。出现彩陶盆、把手钵等器物。陶锉和陶圆饼数量较少，多见陶网坠、投掷器和鹿角勾形器。早期器物组合较为单调，晚期器类增多，组合更为丰富。在陶质上（表1-14），早晚两期也有所差异，早期前段以91T0719和91T0819为例，以夹炭陶和夹蚌陶为主，夹炭陶所占比例普遍高于夹蚌陶，早期后段以91T0621和92T0723为例，夹炭陶的比例较前段有所下降，夹蚌陶所占比例上升。晚期前段以91T0621和92T0522为例，夹炭陶比例持续下降，夹蚌陶比例继续增加，且二者数据相差很大。晚期后段以92T0522为例，夹炭陶和夹蚌陶所占比例与上一段基本一致。整体上夹炭陶早期所占比重大于晚期，夹蚌陶早期所占比重小于晚期。

表1-13　双墩遗址陶工具与鹿角勾形器统计表

期别＼器类		锉/件	圆饼/件	网坠/件	投掷器/件	鹿角钩形器/件
早期	1991年第19～11层	16	5	0	22	3
	1992年第31～27层	2	2	1	3	0
合计		18	7	1	25	3
晚期	1991年第10～2层	2	1	0	1	20
	1992年第26～2层	1	2	146	36	57
合计		3	3	146	37	77

4. 小孙岗遗址

根据简报中发表的T1北壁剖面图（图1-66）可知有六组叠压打破关系：④→F2→⑥、⑦、⑧、⑨；⑥→H23→⑦、⑧、⑨、H28；⑧→H46→生土；⑨→H28→⑩、H47、生土；⑨→H43→生土；⑩→H47、生土。

简报只公布了H23和H43的包含物，对于其他遗迹的具体情况不清楚，在此只对与这两个灰坑相关的地层，即第6～10层进行说明。

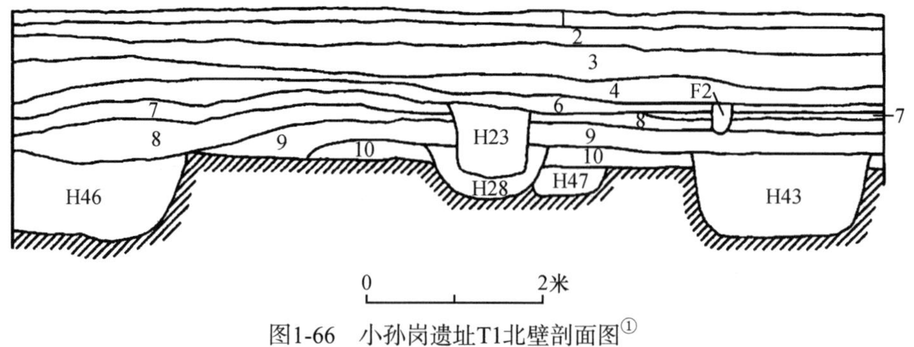

图1-66　小孙岗遗址T1北壁剖面图①

① 安徽省文物考古研究所、武汉大学历史学院考古系：《皖北小孙岗、南城孜、杨堡史前遗址试掘简报》，《考古》2015年第2期。

表1-14　双墩遗址部分单位陶质统计表

期段、层位 / 陶质	早期前段					早期后段				晚期前段						晚期后段	
	91T0719			91T0819		91T0621		92T0723		91T0621			92T0522			92T0522	
	第19层	第18层	第17b层	第19层	第18层	第12层	第11层	第30层	第29层	第10层	第5层	第3层	第21层	第14层	第11层	第10层	第4层
夹炭陶/%	56.46	54.98	57.98	54.87	47.42	18.13	15.2	38.23	21.81	11.88	9.21	9.56	11.2	19.74	10.01	10.37	8.76
夹蚌陶/%	21.45	28.6	23.28	44.66	33.86	77.98	78.21	61.69	78.03	88.13	83.38	88.75	88.25	82.86	84.41	85.86	88.06

第6层：土色为浅红褐色，土质疏松，夹杂大量的红烧土颗粒。本层下有H23。

第7层：土色为黄色夹杂斑点，土质较致密。

第8层：土色为灰黑色，土质较为致密，夹杂大量红烧土颗粒。

第9层：土色为棕色泛白，土质较致密。本层下有H43。

第10层：土色为深棕色，土质致密。

第10层下为生土层，土色为黑棕色。

由于材料的限制，小孙岗遗址地层中的包含物均不清楚，简报中只公布了H23和H43中的部分包含物。根据地层关系可知H43年代早于H23，暂时将H43归为A段，H23归为B段。

A段器物包括如下几类。

卷沿束颈罐形釜　H43：7（图1-67，1），卷沿，口外侈，束颈，溜肩，圆弧腹，中腹部外鼓，圜底。口径27.7、高31厘米。

卷沿敞口罐形釜　H43：8（图1-67，2），卷沿，敞口，肩腹一体，斜弧腹，圜底。口沿部饰纹，刻划纹下饰泥条附加堆纹，附加堆纹下方装有对称的鸡冠形鋬手和乳钉纹。器表施红陶衣。口径33.2、残高28.2厘米。

折沿敛口盆形釜　H43：3（图1-67，3），折沿，口内敛，肩部有折棱，折棱饰一周按有指窝的泥条附加堆纹，斜弧腹，圜底。口径28.8、高15.3厘米。

罐形鼎　H43：9（图1-67，4），折沿，口外侈，鼓腹，圜底。上腹部饰四个对称的乳钉，圆锥形足。器表光滑，外施红陶衣，胎质夹蚌末。口径16.8、残高21.3厘米。

红顶钵　H43：12（图1-67，5），敞口，斜弧腹内收，平底。口径27.6、高10.2、底径7.4厘米。

祖形支架　H43：17（图1-67，6），顶端为圆头状蘑菇形，头部下方有一突起。残高19.2厘米。

B段器物包括如下几类。

折沿鼓腹罐形釜　折沿，口外侈，束颈。H23：1（图1-68，1），溜肩，肩腹一体，深弧腹。口沿下装有两个对称的鸡冠形鋬手。口径33、残高27.8厘米。H23：9（图1-68，2），口径34.2、残高10.4厘米。

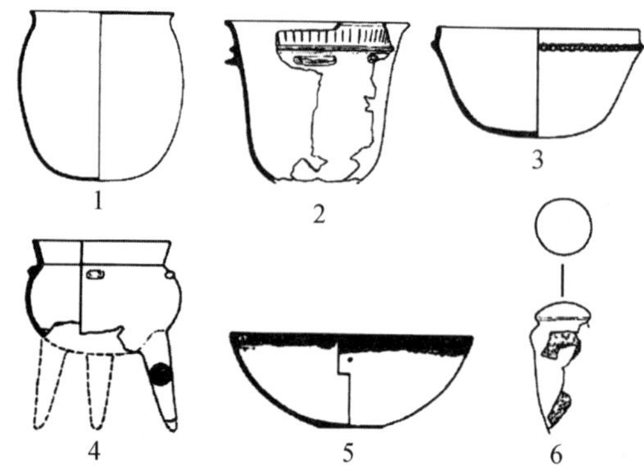

图1-67　小孙岗遗址A段（H43）器物

1. H43：7　2. H43：8　3. H43：3　4. H43：9　5. H43：12　6. H43：17

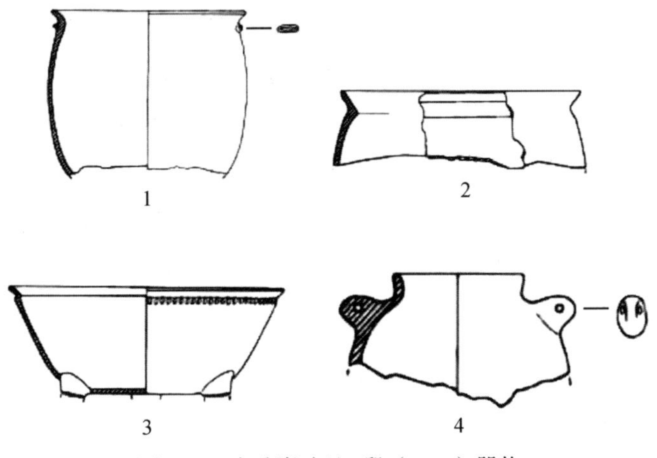

图1-68　小孙岗遗址B段（H23）器物

1. H23：1　2. H23：9　3. H23：5　4. H23：3

盆形鼎　H23：5（图1-68，3），折沿，口外侈，斜弧腹，平底。足部残。口沿下饰一周按窝纹。口径35.5、残高14.2厘米。

小口双耳罐　H23：3（图1-68，4），折沿，口外侈。肩部装有两个对称的鸟首形器耳。口径10.7、残高10.8厘米。

综上，已知的小孙岗遗址A段器物为：卷沿束颈罐形釜、卷沿敞口罐形釜、折沿敛口盆形釜、罐形鼎、红顶钵、祖形支架；B段器物为：折沿鼓腹罐形釜、盆形鼎、小口双耳罐。根据地层叠压关系可知A段的年代早于B段，这两段代表小孙岗遗址发展中的两个阶段。

A段中的釜为卷沿圜底，双墩遗址和侯家寨遗址的釜为折沿平底，但是鸡冠形鋬手与双墩遗址相同。盆形釜和圆头状支架与双墩遗址早期和侯家寨遗址一期的典型器物钵形釜和祖形支架相似，应属同类器，盆形釜折沿口内敛，口沿下饰一周附加堆纹，此种器形在双墩遗址中普遍存在，但此盆形釜没有鋬手。罐形釜为卷沿，不见于双墩遗址。红顶钵与双墩遗址早期的一件彩陶钵相近。罐形鼎的腹部与双墩遗址所出鼎均为圆弧腹，但小孙岗遗址的罐形鼎腹部近球形，折沿部较宽。H43的年代应与双墩遗址早期年代相当或稍早。

B段中的釜为折沿鼓腹罐形釜，并装有对称的鸡冠形鋬手，此种釜在双墩遗址和侯家寨遗址一期普遍存在。盆形鼎与双墩遗址的钵形鼎有所不同，小口双耳罐的耳系有单系孔贯穿，应属鸟首形，这种器耳流行于双墩遗址晚期。小口、束颈、斜肩等特征与双墩遗址所出一致。H23的年代应与双墩遗址晚期前段相当。

5. 分期整合

上一节已将双墩文化各遗址分别进行了分期，下面对这些分期进行整合。在对各遗址典型器分型分式的基础上，从上述4处遗址共有的器类中选取7类观察其变化，分析其演变规律。

1）钵形釜

折沿直口钵形釜，内折沿，直口，腹部较斜直，平底，上腹部装有四个对称的鸡冠形鋬手。演变趋势：Ⅰ式（图1-69，4）的器表有纹饰的多流行在口沿下饰一周指切纹，口径一般在35厘米左右，Ⅱ式（图1-69，5）的器表纹饰变得多样化，主要在口沿下饰一周戳刺纹、附加堆纹或竖道刻划纹，有组合纹饰，口径多大于40厘米，整体器形有变大趋势。

折沿敛口钵形釜，内折沿，敛口，平底。演变趋势：Ⅰ式（图1-69，1）无鋬手，斜弧腹，Ⅱ式（图1-69，2、3）一般装有四个对称的鋬手，并且鋬手的冠部饰指切纹，多为斜直腹。口沿下的纹饰由饰一周泥条状附加堆纹变为流行饰一周戳刺纹。

2）钵

罐形钵，内外皆红褐色的夹蚌末陶。折沿，口外敞，斜弧腹，平底。演变趋势：器形整体有由竖高变为矮宽的趋势，上腹部由Ⅰ式（图1-69，6）的装有两个对称的鋬手变为Ⅱ式（图1-69，7）的饰多组对称的双乳钉，再变为Ⅲ式（图1-69，8）的素面。

碗形钵，多为黑色陶，夹蚌末或细砂。尖唇，敞口，平底。演变趋势：腹部由Ⅰ式（图1-69，9）斜弧腹变为Ⅱ式（图1-69，10）斜直腹，再变为Ⅲ式（图1-69，11）弧腹较圆，Ⅰ式钵的上腹部装有两个桥形把手，Ⅱ式和Ⅲ式则无装饰，素面。

折肩钵，尖唇，折沿，口外侈，斜弧腹，平底。陶色有外红内黑色陶和黑色陶，胎质均夹蚌末，器壁较厚。演变趋势：折肩部的突出程度减弱，器表纹饰由Ⅰ式（图1-69，12）的肩部满饰密集的组合三角纹，三角纹下方装有对称的鋬手、对称的双乳钉纹和一周附加堆纹，变为Ⅱ式（图1-69，13）的肩部饰稀疏的三角纹和附加堆纹。器身有变矮的趋势，两式器高相差约5厘米。

3）碗

敞口碗，演变趋势：唇部由Ⅰ式（图1-69，14）的圆唇变为Ⅱ式（图1-69，15）和Ⅲ式（图1-69，16）的尖唇，底部由Ⅰ式和Ⅱ式的假圈足饼底内凹变为Ⅲ式的矮圈足，腹部由斜弧腹变为斜腹较直，器身整体有变矮的趋势。Ⅰ式和Ⅱ式的陶胎夹杂质，多为外施红衣内黑色陶，Ⅲ式为泥质红陶，制作较精细。

4）支架

祖形支架，陶胎均夹蚌末，多数为红褐色陶，个别为灰色陶。演变趋势：有纹饰的祖形支架由Ⅰ式（图1-69，17）的流行在顶端下方饰突脊变为Ⅱ式（图1-69，18）流行装饰小泥扣。素面的祖形支架顶端头部由Ⅰ式（图1-69，19）的半圆形变为Ⅱ式（图1-69，20）的尖圆形。整体来看支架头部的弯曲程度有减弱的趋势。

5）盆

窄沿盆，腹部为斜弧腹内收。演变趋势：陶色由外红内黑色，外表施红陶衣变为红色，陶质由Ⅰ式（图1-70，1）较粗糙的夹蚌陶变为Ⅱ式（图1-70，2）较精细的泥质陶。

宽沿盆，敞口，均为夹蚌末陶。演变趋势为：由Ⅰ式（图1-70，3）的斜直腹，素面，变为Ⅱ式（图1-70，4）的直腹微弧内收，并在口沿下方饰短泥条。整体看口沿外敞的程度有所减弱。

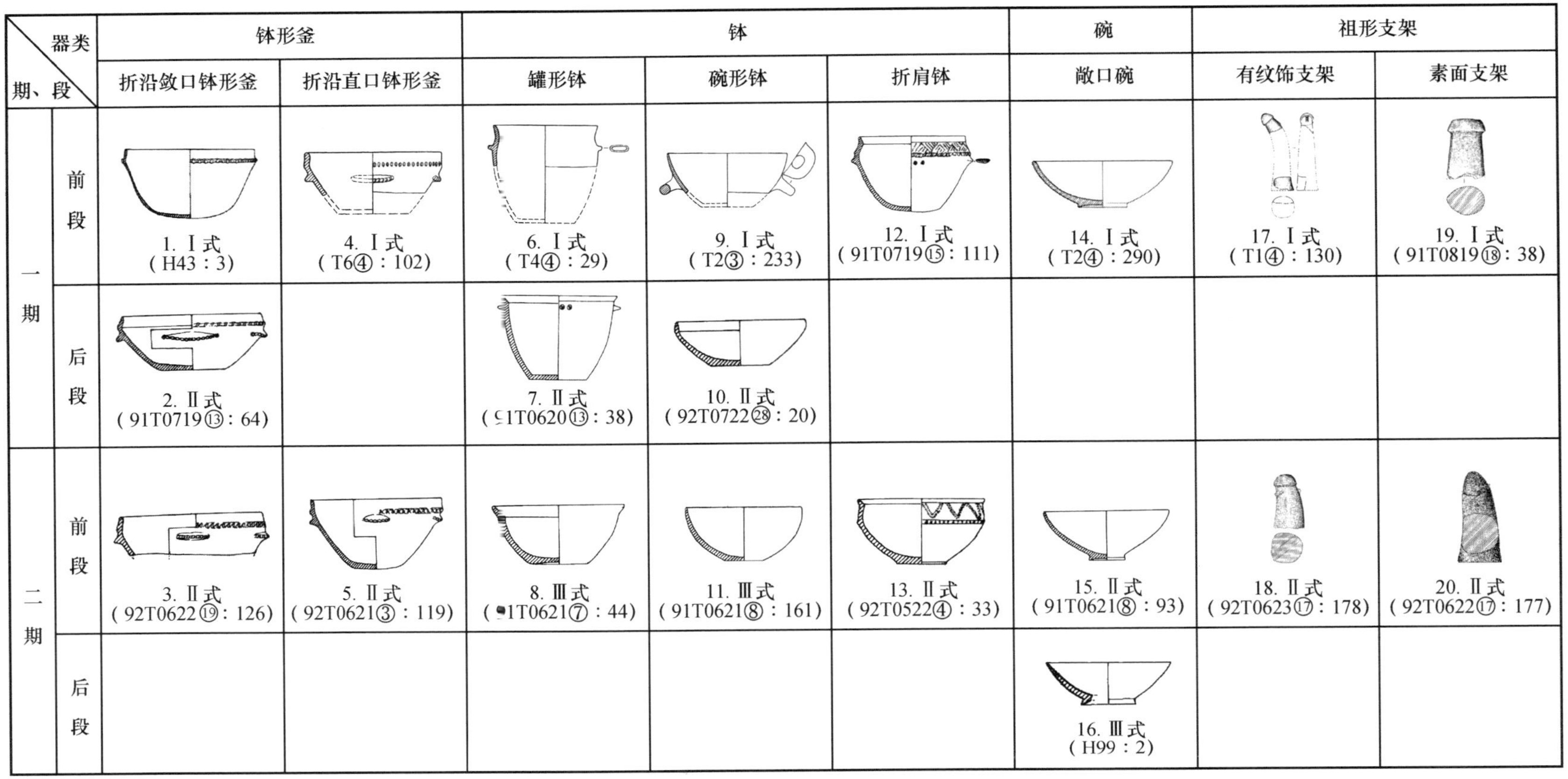

期、段		钵形釜		钵			碗	祖形支架	
		折沿敛口钵形釜	折沿直口钵形釜	罐形钵	碗形钵	折肩钵	敞口碗	有纹饰支架	素面支架
一期	前段	1. Ⅰ式（H43：3）	4. Ⅰ式（T6④：102）	6. Ⅰ式（T4④：29）	9. Ⅰ式（T2③：233）	12. Ⅰ式（91T0719⑮：111）	14. Ⅰ式（T2④：290）	17. Ⅰ式（T1④：130）	19. Ⅰ式（91T0819⑱：38）
	后段	2. Ⅱ式（91T0719⑬：64）		7. Ⅱ式（91T0620⑬：38）	10. Ⅱ式（92T0722㉘：20）				
二期	前段	3. Ⅱ式（92T0622⑲：126）	5. Ⅱ式（92T0621③：119）	8. Ⅲ式（91T0621⑦：44）	11. Ⅲ式（91T0621⑧：161）	13. Ⅱ式（92T0522④：33）	15. Ⅱ式（91T0621⑧：93）	18. Ⅱ式（92T0623⑰：178）	20. Ⅱ式（92T0622⑰：177）
	后段						16. Ⅲ式（H99：2）		

图1-69　双墩文化陶器分期图（一）

1. 小孙岗遗址　2、3、5、7、8、10～13、15、17～20. 双墩遗址　4、6、9、14. 侯家寨遗址　16. 武庄遗址

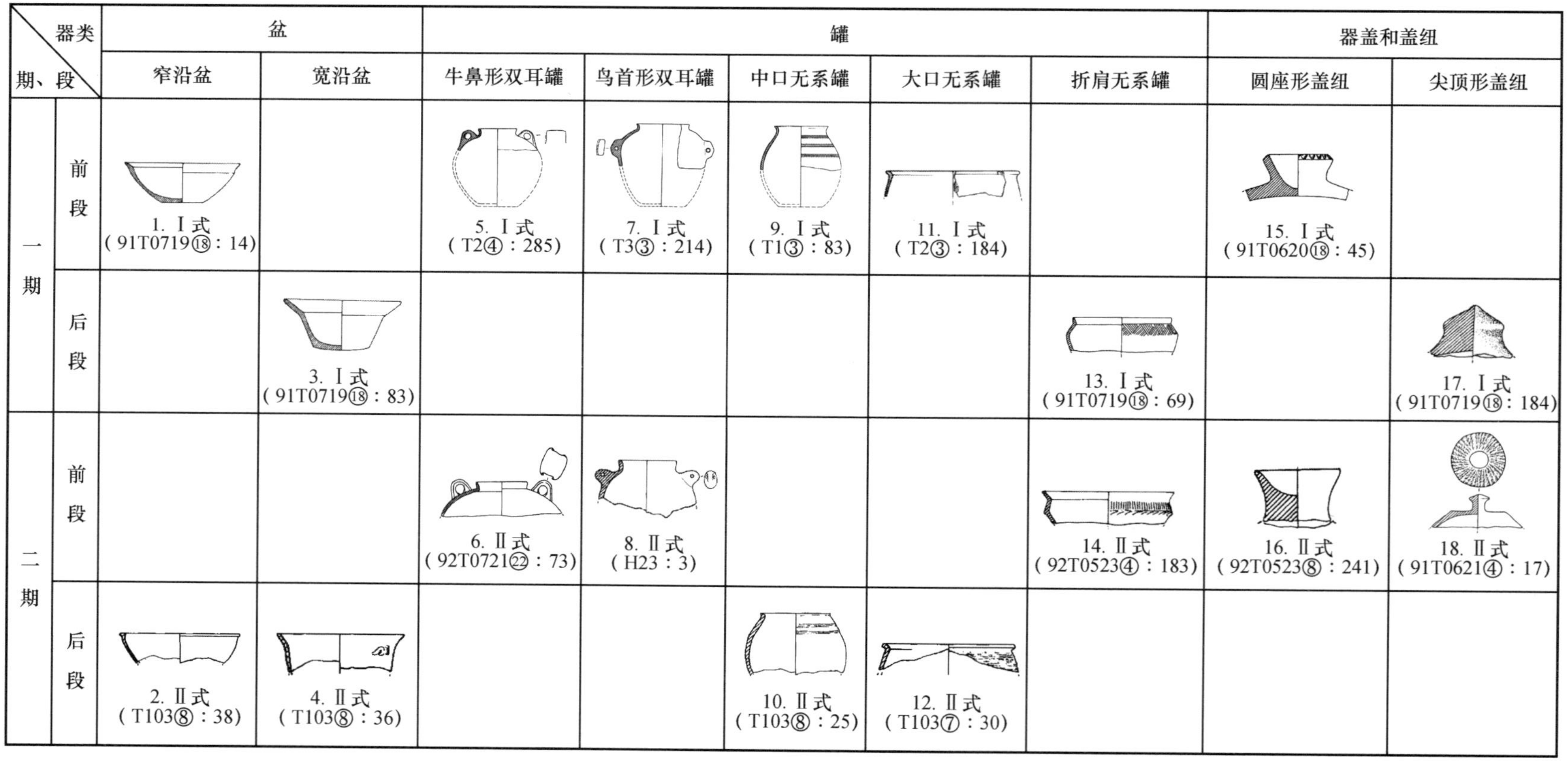

期、段		盆		罐					器盖和盖纽	
		窄沿盆	宽沿盆	牛鼻形双耳罐	鸟首形双耳罐	中口无系罐	大口无系罐	折肩无系罐	圆座形盖纽	尖顶形盖纽
一期	前段	1. Ⅰ式（91T0719⑱：14）		5. Ⅰ式（T2④：285）	7. Ⅰ式（T3③：214）	9. Ⅰ式（T1③：83）	11. Ⅰ式（T2③：184）		15. Ⅰ式（91T0620⑱：45）	
	后段		3. Ⅰ式（91T0719⑱：83）					13. Ⅰ式（91T0719⑱：69）		17. Ⅰ式（91T0719⑱：184）
二期	前段			6. Ⅱ式（92T0721㉒：73）	8. Ⅱ式（H23：3）			14. Ⅱ式（92T0523④：183）	16. Ⅱ式（92T0523⑧：241）	18. Ⅱ式（91T0621④：17）
	后段	2. Ⅱ式（T103⑧：38）	4. Ⅱ式（T103⑧：36）			10. Ⅱ式（T103⑧：25）	12. Ⅱ式（T103⑦：30）			

图1-70　双墩文化陶器分期图（二）

1、3、6、13～18. 双墩遗址　2、4、10、12. 武庄遗址　5、7、9、11. 侯家寨遗址　8. 小孙岗遗址

6）罐

小口双耳罐，耳系包括牛鼻形耳和鸟首形耳，形态生动逼真。小口微侈，平底。牛鼻形耳双耳罐为夹蚌末红褐色陶，演变趋势：肩部由Ⅰ式（图1-70，5）斜肩变为Ⅱ式（图1-70，6）圆肩。鸟首形双耳罐多夹蚌末，多为红褐色陶，另有部分为外红褐色内黑色陶。演变趋势：耳系由Ⅰ式（图1-70，7）装在上腹部变为Ⅱ式（图1-70，8）装在肩部，位置有上移趋势。

中口无系罐，卷沿，口微侈，肩腹部饰几组弦纹。演变趋势：卷沿部有变矮趋势，由灰褐色陶变为泥质红陶（图1-70，9、10）。

大口无系罐，折沿，侈口，胎质夹蚌末。演变趋势：器表由Ⅰ式（图1-70，11）素面变为Ⅱ式（图1-70，12）的肩腹部饰弦纹。

折肩无系罐，折沿，折肩，肩部饰纹饰，胎质夹蚌末。演变趋势：折沿部由Ⅰ式（图1-70，13）的较窄变为Ⅱ式（图1-70，14）的较宽，肩部所饰纹饰由Ⅰ式的组合三角纹变为Ⅱ式的竖道刻划纹。整体器形由Ⅰ式的口部直径小于折肩处直径变为Ⅱ式的口部直径大于折肩处直径，折沿部由窄变宽，陶色由黑色变为外红褐色内黑色。

7）器盖和盖纽

圆座形盖纽，顶部较平，内部中空。演变趋势：两式的中空部由深变浅，盖纽唇部由Ⅰ式（图1-70，15）饰刻划纹变为Ⅱ式（图1-70，16）素面。

尖顶形盖纽，顶端侧面为三角形。演变趋势：尖顶部的突起高度由高变低，顶端由Ⅰ式（图1-70，17）较圆弧变为Ⅱ式（图1-70，18）较尖锐。

利用上述7类器物的变化得出双墩文化分期表，如表1-15、表1-16所示。为方便表述，可将双墩文化分为10组，第1组为侯家寨遗址一期前段，第2组为侯家寨遗址一期后段，第3组为小孙岗遗址A段，第4组为双墩遗址早期前段，第5组为双墩遗址早期后段，第6组为双墩遗址晚期前段，第7组为双墩遗址晚期后段，第8组为小孙岗遗址B段，第9组为武庄遗址一期前段，第10组为武庄遗址一期后段。

表1-15　双墩文化陶器分期表（一）

期、组 \ 器类		钵形釜		钵			碗
		折沿敛口钵形釜	折沿直口钵形釜	罐形钵	碗形钵	折肩钵	敞口碗
一期	第1组		Ⅰ	Ⅰ			Ⅰ
	第2组		Ⅰ		Ⅰ		
	第3组	Ⅰ					
	第4组					Ⅰ	
	第5组	Ⅱ		Ⅱ	Ⅱ		
二期	第6组	Ⅱ	Ⅱ	Ⅲ	Ⅲ		Ⅱ
	第7组	Ⅱ	Ⅱ			Ⅱ	
	第8组						
	第9组						Ⅲ
	第10组						

表1-16　双墩文化分期表（二）

期、组 \ 器类		支架		盆		小口双系罐		无系罐			器盖和盖纽	
		有纹饰	素面	窄沿	宽沿	牛鼻形耳	鸟首形耳	中口	大口	折肩	圆座形	尖顶形
一期	第1组	Ⅰ	Ⅰ	Ⅰ		Ⅰ					Ⅰ	
	第2组				Ⅰ		Ⅰ	Ⅰ	Ⅰ			Ⅰ
	第3组	Ⅰ										
	第4组		Ⅰ	Ⅰ	Ⅰ	Ⅰ				Ⅰ	Ⅰ	Ⅰ
	第5组										Ⅰ	
二期	第6组	Ⅱ	Ⅱ			Ⅱ	Ⅱ					Ⅱ
	第7组									Ⅱ	Ⅱ	
	第8组						Ⅱ					
	第9组			Ⅱ	Ⅱ			Ⅱ				
	第10组								Ⅱ			

根据上述器物分期表可得出以下认识，双墩文化可大体分为两期：一期以侯家寨遗址一期、双墩遗址早期、小孙岗遗址A段为代表；二期以双墩遗址晚期、小孙岗遗址B段、武庄遗址一期为代表。

双墩文化一期的陶器特征为：陶器主要有罐形釜、钵形釜、装有牛鼻形耳系的小口双系罐、钵、碗、甑、祖形支架、圆座形和尖顶形盖纽等。陶色以红褐色为主，另有外红褐色内黑色陶和黑色陶，少量灰褐色陶和外表施红衣陶。陶质以夹蚌末和夹炭陶为主，杂质较多，部分为夹云母陶，泥质陶极少见。器表素面为主，部分器物饰指切纹、戳刺纹、附加堆纹、乳钉纹、刻划纹等，罐形釜的折肩部饰组合三角形刻划纹，钵形釜口沿下常见饰一周戳刺纹或附加堆纹，陶釜錾手的冠部常饰指切纹，钵的折肩部饰三角形刻划纹，上腹部饰乳钉纹，圆座形盖纽的外缘部饰刻划纹，无系罐的折肩部饰竖道刻划纹，部分牛鼻形耳系表面饰戳刺纹和组合方格纹，大口双耳罐口沿下饰一周刻刺纹等。陶器器形较大，皆为手制，部分器物器壁粗厚，小器形如盂为直接捏制而成，很多器物如罐、釜的内外表留有整平的刮削痕，但整平粗糙。

双墩文化二期的陶器特征为：陶器主要有罐形釜、钵形釜、装有鸟首形耳系的小口双耳罐、钵、碗、彩陶盆、鼎、甑、桥形盖纽等。陶色仍以红褐色居多，另有红色、黑色和黄色陶，彩陶器较一期有所增多。陶质以夹蚌夹砂和夹炭陶居多，泥质陶数量增多，主要为泥质红陶。陶器均为手制，纹饰方面仍以素面为主，但在罐形釜和钵形釜的口沿下方常见饰一周戳刺纹或刻刺纹，錾手冠部饰指切纹，钵的口沿外部有组合刻刺纹和指窝纹，折肩部饰连续的三角纹和附加堆纹，祖形支架顶端头部饰指切纹，头部下方流行装有小泥扣或饰指切堆纹，桥形盖纽的表面常见指切纹或刻划纹，椭圆形盖纽表面饰指切纹，大口无系罐口沿下流行饰一周刻刺纹等。

在双墩文化一期中，前四组的联系比较紧密，带指切纹的祖形支架、素面祖形支架、宽沿盆、窄沿盆、牛鼻形耳系小口双系罐、圆座形盖纽、尖顶形盖纽等器物同时存在于侯家寨遗址一期、小孙岗遗址A段和双墩遗址早期前段中，而折沿敛口钵形釜、罐形钵、碗形钵等器类在一期第5组中有了式的变化，所以双墩文化一期可进一步分为两段，即侯家寨遗址、小孙岗遗址A段、双墩遗址早期前段为双墩文化一期的前段，三者年代大体相当，双墩遗址早期后段为双墩文化一期的后段，年代较前段稍晚，而部分器物器形上的差异可能是在各自发展中受不同文化影响造成的，总体特征还是基本一致的。在双墩文化二期中，前三组联系比较紧密，折沿敛口钵形釜、折沿直口钵形釜、鸟首形耳系的小口双耳罐等同时存在于双墩遗址晚期和小孙岗遗址B段中，而敞口碗、盆、无系罐等器类在武庄遗址一期阶段有了变化，并且武庄遗址出现一些另几处遗址未见或少见的器类如小口壶、叠唇红顶钵等，应该是有了新的发展，并且年代较晚，吸收的文化元素较多的缘故。据此，双墩文化二期也可进一步分为两段，即双墩遗址晚期和小孙岗遗址B段为双墩文化二期的前段，二者年代大体相当。武庄遗址一期为双墩文化二期的后段，年代偏晚。现将上述四处遗址的对应关系划分为表1-17。

表1-17 双墩、侯家寨、小孙岗和武庄遗址双墩文化分期对应关系表

期、段 \ 遗址		双墩遗址	侯家寨遗址	小孙岗遗址	武庄遗址
一期	前段	双墩遗址早期前段（第4组）	侯家寨遗址一期前段、后段（第1组、第2组）	小孙岗遗址A段（第3组）	
	后段	双墩遗址早期后段（第5组）			
二期	前段	双墩遗址晚期前段、后段（第6组、第7组）		小孙岗遗址B段（第8组）	
	后段				武庄遗址一期前段、后段（第9组、第10组）

6. 年代

双墩文化各遗址中有明确属于不同种类新石器时代考古学文化堆积，并且与双墩文化堆积具有叠压关系的有两处，即侯家寨遗址和武庄遗址。在这两处遗址中，双墩文化堆积下并未发现有更早的遗存，而其上所叠压的堆积为两种遗存，一种是以折腹釜形鼎、束颈罐形鼎、釜形钵等为代表的侯家寨二期遗存，一种是以釜形鼎、折肩钵、大敞口折腹盆、侈口彩陶盆等为代表的武庄二期遗存。关于这两种遗存的属性有观点认为二者属于同一文化类型，可称之为侯家寨文化①。从地层关系来看，属于双墩文化的侯家寨一期遗存和武庄一期遗存均叠压在这两处遗址的生土层上，其年代皆早于在其上层的侯家寨二期遗存和武庄二期遗存。

目前已知的双墩文化相关测年数据如表1-18所示，双墩遗址有5个测年数据，来自第11、13、14、19层，年代大致集中在距今7300～6800年。侯家寨遗址一期前段和后段各有两个最新的测年数据，其中一期前段的年代为距今7300～7250年，一期后段的年代为距今7250～7100年，综合看侯家寨一期的绝对年代为距今7300～7100年。双墩遗址和侯家寨遗址的测年均来源

① 陈艳：《侯家寨遗址文化遗存研究》，安徽大学博士论文，2016年，第78页。

于属双墩文化一期的地层单位中，由此，可推断双墩文化一期的年代为距今7300～6800年，一期前段距今7300～7100年，一期后段距今7100～6800年，与上文的分期结果相互印证。双墩文化二期的相关测年数据还没有公布，参照大河村仰韶前三期和前二期的年代判断，双墩文化二期前段距今6800～6500年，双墩文化二期后段距今6500～6300年，上文的表1-17可进一步完善为表1-19。

表1-18　双墩文化^{14}C测年数据表

序号	遗址	样品编号	所属单位	样品来源	测年数据（BP）	校正数据（BP）	
						σ1（68.2%）	σ2（95.4%）
1	侯家寨遗址	NO.G23 HJZ-3	T2③	动物骨骼	6235±20	7159～7180	7027～7057
2	侯家寨遗址	NO.G24 HJZ-4	T2③	动物骨骼	6200±15	7068～7112	7148～7168
3	侯家寨遗址	NO.G27 HJZ-7	T2④	动物骨骼	6260±15	7168～7179	7166～7247
4	侯家寨遗址	NO.G28 HJZ-8	T2④	动物骨骼	6320±20	7180～7200	7173～7225
5	双墩遗址	ZK-2614	91T0621⑪	木炭	6200±105	7144～6740	
6	双墩遗址	ZK-2615	91T0719⑬	木炭	5935±160	6787～6410	
7	双墩遗址	ZK-2616	91T0819⑭	木炭	6080±110	6886～6635	
8	双墩遗址	ZK-2617	91T0819⑲	木炭	6320±140	7190～6860	
9	双墩遗址	ZK-2618	91T0819⑲	木炭	6415±145	7280～6899	

表1-19　双墩文化各遗址年代关系表

期	段	年代	遗址			
			双墩遗址	侯家寨遗址	小孙岗遗址	武庄遗址
一期	前段	距今7300～7100	双墩遗址早期前段	侯家寨遗址一期	小孙岗遗址A段	
	后段	距今7100～6800	双墩遗址早期后段			
二期	前段	距今6800～6500	双墩遗址晚期		小孙岗遗址B段	
	后段	距今6500～6300				武庄遗址一期

7. 文化内涵

在对双墩文化各遗址分期的基础上，结合其他方面材料，先对双墩文化的内涵进行总结，方便下文将其与周边地区文化进行比较。双墩文化的各典型遗址均呈台形和堌堆形，其中双墩和侯家寨遗址为台形遗址，武庄和小孙岗遗址为堌堆形遗址，所处地势均比遗址周围地区要高。小孙岗遗址面积约20000平方米，武庄遗址面积约75000平方米，双墩遗址面积约25200平方米，侯家寨遗址面积约34000平方米，除武庄遗址面积稍大外，其余各遗址面积相差不多，并且遗址附近皆有河流经过，但是各遗址距离河流的距离有远近之分，这也影响到他们的生业经济活动形态。双墩文化的遗迹主要是房址和灰坑。房址在武庄和小孙岗遗址有所发现，但只余残房基部分，无法窥其全貌，一般呈圆形和方形，有的居住面用沙土和红烧土铺垫，在双墩遗址中也发现可能与房址有关的红烧土堆积。灰坑呈圆形、不规则形、方形或椭圆形，多为直壁平底，另有斜壁平底和斜壁圜底。相关的墓葬遗迹目前还未发现。

陶器方面，双墩文化的典型器形有折沿钵形釜、敞口钵形釜、折沿罐形釜、祖形支架、灶框、小口双系罐、大口折肩无系罐、大口双系罐、折沿碗、敞口碗、罐形钵、碗形钵、折沿和折肩钵、盆形甑等，以平底器为大宗，少量三足器和圈足器。流行牛鼻形器耳、鸟首形器耳、鸡冠形鋬手、圆座形盖纽、尖顶形盖纽、桥形盖纽、假圈足饼底、矮圈足。釜是双墩文化中最典型的陶器，数量也最多，有罐形釜和钵形釜，釜的肩腹部多装有双鋬或四鋬，部分鋬手的冠部饰指切纹更似鸡冠形。祖形支架与釜的组合最具特色。鸟首形器耳一般有一到三个穿孔。完整的鼎在双墩文化一期中只有个例出现，二期时数量和型式有所增加，此时先民可能已经认为用鼎炊煮食物比用釜和支架的组合要更为方便。陶色以内外皆红褐色和外红褐色内黑色为主，部分陶碗表面施红衣，另有少量红色彩陶，多在陶盆的口沿沿面或腹部绘有红色交叉形图案。一期陶质以夹蚌末和夹炭陶为主，夹炭陶比例高于夹蚌末陶，胎质粗糙，泥质陶少见。二期夹蚌陶比例上升，大于夹炭陶比例，泥质陶数量也有所增加。纹饰以素面为主，大部分地层单位中素面陶的比例超过90%，仅有小数值比例的器物有纹饰，流行戳刺纹、刻划纹、指切纹、附加堆纹、乳钉纹等，以戳刺纹为主流，纹饰多饰在器物口沿外部、折肩处、上腹部、器耳表面、鋬手冠部、盖纽外缘部等处。陶器均为手制，大件器物为泥片贴塑法或泥条盘筑法制成，小件器物直接捏制而成，不见轮制痕迹。部分器物的器表有整平时的刮削痕，但整平粗糙，表面常不平，器壁也厚薄不均。在双墩遗址还发现了大量的陶工具，有锉、纺轮、圆饼、网坠、投掷器等。大部分为红褐色陶，少量为褐色陶，胎质夹蚌末或夹炭。陶锉以中间宽两头窄的扁平形为主，有少量椭圆形，表面布满麻坑。陶圆饼的用途不明，器物大小不一致、薄厚不均，有的中间有一穿孔，有的还带索槽或座。陶网坠数量多，形状多样，有长方形、椭圆形、扁方形等，器形有大有小，以小型网坠数量居多，其两端和两侧均有索槽，大型网坠不仅表面有索槽，中间还有穿孔，网坠在双墩遗址中的使用很普遍，先民已经掌握了结网捕鱼的技术。投掷器为手握捏制成，表面留有指痕。此外，在双墩遗址和侯家寨遗址还发现有陶塑，有猪头形和人面像，体现出双墩人对自身形象的认知，也表现出猪与双墩人的生活联系比较紧密。

石器方面，从已公布的遗址材料来看，磨制石器较少，多数形制较为原始，打磨结合而成。双墩文化的石器数量不多，种类也不甚丰富，有石锤、石球、研磨器、石斧、砍砸器、石圆饼、砺石等。石斧为磨制而成，断面呈椭圆形，两面刃，器体较厚实。研磨器多为打制而成，器形不规整，器体上留有打击斑和使用痕迹。石锛等木材加工工具数量较少。

骨、角器方面，种类多样，有锥、笄、针、匕、尖状器、鹿角勾形器、鹿角尖锥器等，其中以鹿角勾形器最为典型，为鹿角磨制加工而成，制作精细，主枝为钩，叉枝为柄，钩柄有段和索槽，底面为长舌形，这种器物在双墩文化各遗址中均有发现，尤其是双墩遗址和侯家寨遗址的出土数量较大。此类器物自距今7300年开始集中存在于双墩文化和马家浜文化分布区，主要在淮河流域和环太湖地区，另外，在晋南和胶东地区也有少量发现，有研究认为双墩文化的鹿角勾形器无穿孔，应为勾集果实的采集工具①。骨锥制作较简单，只削磨尖部，柄部未做加

① 张小雷：《简论中国古代的靴形鹿角器》，《中原文物》2011年第4期。

工。骨笄磨制精细，一头较尖。骨镞均有柄，磨制而成，有尖头形、三棱尖形、三角尖形。骨匕为扁平形，刃部为圆弧形或尖圆形。双墩遗址还发现有大量的蚌器，利用坚硬的厚蚌壳加工而成，制作大多数比较粗糙，有蚌刀、切割器、纺轮、锯、匕、刮削器等。双墩人先食用鲜美的蚌肉，再利用蚌壳来制作工具，大量蚌器的使用显然与双墩遗址所处的地理位置和自然环境有关系。

此外，陶器刻划符号也是不可忽视的一部分，其在双墩遗址和侯家寨遗址中均有大量发现，是双墩文化内涵的重要组成部分。刻划符号绝大部分被刻划在陶碗的外底部，只有少量被刻划在陶豆的圈足内或碗的腹部。部分有刻划符号的陶碗外腹部还有2～4道放射状刻道，并破坏了原本经过磨光和饰红陶衣的碗表面，是在陶器烧制成型后刻上去的。但是这种情况与刻划符号具体有何种关联还不清楚。两处遗址的刻划符号相似度极高。整体来看，侯家寨遗址中的大部分刻划符号内容均存在于双墩遗址中，刻划手法、刻划位置、组合方式都极为一致。这两处遗址的刻划符号可以代表双墩文化的刻划符号特点。双墩文化刻划符号以象形类和几何类为主，是先民对现实生产生活的记录，部分太阳形、圆圈形刻划符号可能还反映了先民的精神信仰，这些刻划符号当时可能已经在淮河中游地区通用，对后世汉字的起源有所影响和启示。

生业经济方面，双墩文化各遗址中公布相关研究成果的只有双墩遗址和侯家寨遗址，可以利用这两处的材料来观察双墩文化生业经济模式。通过对双墩遗址出土动物骨骼进行鉴定可知，在双墩文化时期，双墩地区的生态环境比较适宜人类活动，气温比现在蚌埠地区气温高0.4～2.3℃，所反映的动物区系类型与现代该地区类型大体相同。双墩人已驯养猪和狗，食用猪肉来弥补有时渔猎食物的不足[①]。对双墩遗址所出石器分析可知，该地区先民对榫卯结构的优势掌握较少，导致石凿没有得到普及利用，部分石器工具匮乏，但这不代表先民的种植能力低下，因为丰富的蚌器可以替代部分石器的功能来从事生产，所以种植和采集是并重的[②]。水稻的发现也从另一面说明双墩人的种植技术并不落后，在双墩遗址和侯家寨遗址均发现种植水稻的情况，包括粳稻、籼稻和中间型，其中粳稻所占比例最大，在随后发展中粳型特征更加明显，说明人工干预程度加大[③]。所以，双墩遗址的先民应是过着以种植和渔猎为主、采集和狩猎为辅的经济生活[④]。在侯家寨遗址中，先民的主要肉食资源是猪和鹿，特别是家猪饲养的肉食贡献较大，但是对淡水资源的利用显然不如双墩遗址先民的依赖性那么强，这也与侯家寨遗址距河流稍远有关，因此对动物进行驯化和饲养来获取肉食显得尤为重要。双墩遗址和侯家寨

① 安徽省文物考古研究所、蚌埠市博物馆：《蚌埠双墩——新石器时代遗址发掘报告》，科学出版社，2008年，第606、607页。

② 安徽省文物考古研究所、蚌埠市博物馆：《蚌埠双墩——新石器时代遗址发掘报告》，科学出版社，2008年，第622页。

③ 安徽省文物考古研究所、蚌埠市博物馆：《蚌埠双墩——新石器时代遗址发掘报告》，科学出版社，2008年，第583、584页。

④ 安徽省文物考古研究所、蚌埠市博物馆：《蚌埠双墩——新石器时代遗址发掘报告》，科学出版社，2008年，第413页。

遗址出土大量鹿科动物骨骼，为先民制作鹿角器提供了原材料，另外侯家寨遗址发现的猪科动物骨骼中家猪占主体地位，说明侯家寨先民的狩猎活动不如双墩先民的丰富。侯家寨先民的肉食资源获取途径应以家畜（家猪）饲养为主，同时辅以渔猎和捕捞①。总体看来，侯家寨先民的经济生活也是多种多样的。通过这两处遗址可以看出，各遗址由于所处地理位置和距离河流的远近不同，在经济活动中渔猎、狩猎、采集等活动所占比重会存在差异，并不完全一致。

双墩文化时期，淮河中游地区气候环境相对湿润温暖，经过对侯家寨遗址动物群的鉴定可知，现在只生存在长江流域或者更偏南地区的扬子鳄、中华鲟等于侯家寨遗址中均有发现，而现今生活在安徽以南地区，喜好山林、灌木的梅花鹿、麝、獐等也存在于双墩文化时期的淮河中游地区②。但可能是由于在距今7300～7000年和6900年分别出现强降水事件③，在随后的时间内，淮河中游地区发现的新石器时代遗址较少，文化发展并不繁荣，直到在距今6100年左右以侯家寨二期为代表的侯家寨文化产生，以及之后的黄鳝嘴文化、凌家滩文化、薛家岗文化相继出现，此地区的文化才又蓬勃发展起来。

四、双墩文化与周边地区考古学文化的关系

上一节分析了双墩文化的各典型遗址，并对双墩文化内涵进行初步归纳。由于相邻地区有强势的文化存在，双墩文化在产生和发展过程中不免要受到周边文化的影响。双墩文化周边，淮河中游地区有大体与双墩文化共时的石山孜二期文化遗存，淮河下游地区有早于双墩文化的顺山集文化和晚于双墩文化的龙虬庄文化；海岱地区有早于双墩文化的后李文化和与双墩文化共时的北辛文化；黄河流域有早于双墩文化并与之有短期共时阶段的裴李岗文化，还有晚于双墩文化的仰韶文化（表1-20）。本节主要选择与双墩文化所处的淮河中游地区有直接地理接触地区的考古学文化或遗存进行比较。通过比较，进一步明确双墩文化的内涵，进而判断双墩文化在发展过程中主要与哪些文化产生交流与碰撞，并为探讨双墩文化的源流奠定基础。

表1-20　双墩文化及周边地区文化对应表

淮河中游	淮河下游	海岱地区	黄河流域
	顺山集文化	后李文化	裴李岗文化
石山孜二期遗存、双墩文化		北辛文化	
	龙虬庄文化		仰韶文化

① 戴玲玲、陶洋、阚绪杭：《淮河中游地区的史前生业经济考察——安徽省侯家寨遗址出土动物骨骼研究》，《东南文化》2017年第1期。

② 戴玲玲、陶洋、阚绪杭：《淮河中游地区的史前生业经济考察——安徽省侯家寨遗址出土动物骨骼研究》，《东南文化》2017年第1期。

③ 胡飞：《淮河中游及巢湖流域史前文化演化及其农业发展的环境背景研究》，中国科学技术大学博士学位论文，2014年。

1. 与淮河流域考古学文化的关系

淮河地处黄河和长江两大水域之间，是南北文化交汇的过渡区。自“苏鲁豫皖古文化考古座谈会”召开以及相关考古发掘工作的开展以来，内涵独特、材料丰富的遗存相继被发现，淮河流域本土文化系统的轮廓也越发清晰。淮河流域因特殊的地理位置而受到其他地区文化的影响，但是仍具有本土特色，并且淮系文化的发展并不落后于黄河、长江两大文化系统，特别是近几年顺山集文化的确立更为淮系文化的研究增砖添瓦。

1）顺山集文化

顺山集遗址位于江苏省泗洪县梅花镇大新庄西南约400米处，总面积约17.5万平方米①，地处淮河下游地区。遗址分为三期，第一期距今8500～8300年，第二期距今8300～8000年，第三期距今8000～7500年②，前两期器物形态可观察到有明显的演化关系，被称为顺山集文化，而第三期与第二期之间存在缺环，器物形态和组合方式也与前两期大为不同，文化属性暂不明确。距离顺山集遗址约4千米的韩井遗址也属于顺山集文化，与顺山集遗址的情况相同也分为三期，前两期为顺山集文化。顺山集文化年代早于双墩文化，在此将顺山集遗址的材料与双墩文化进行比较。

陶器方面，顺山集文化以夹砂陶为主，所占比例超过90%，另有少量泥质陶和夹炭陶，掺和料为粗砂粒。夹砂陶的陶色以外红褐色内黑色为主，陶色不纯，泥质陶多为红色，器表多施红衣。双墩文化则以夹蚌陶为主，一期夹炭陶比例大于夹蚌陶，二期夹蚌陶比例大幅度上升，大部分地层单位中夹蚌陶比例超80%。陶色以红褐色和外红褐色内黑色为主，部分器表施红陶衣。二者有一定共同点。纹饰上，两支文化均以素面为主，少部分器表饰指甲纹、按捺纹、乳钉纹、附加堆纹等，但是相比之下，顺山集文化的器物纹饰显得较单一，双墩文化的纹饰种类虽不算丰富，但大多在同一件器物上同时饰两种以上的组合纹饰，如刻划纹和附加堆纹、戳刺纹和乳钉纹等，更讲究美观效果，在这方面双墩文化显得比顺山集文化更为进步。器形上，顺山集以圜底器为主，有部分平底器，少量圈足器，不见三足器。双墩则以平底器为主，少部分三足器和圈足器，圜底器极少见。从器形特征可明显看出顺山集文化更为原始。

顺山集的器类主要有釜、罐、盆、灶、支脚、纺轮、纺锤及各类陶塑等（图1-71）。釜均为圜底，多为厚圆唇、翻沿，部分釜的口唇部外表饰指甲纹或按捺纹，以A型敞口釜和D型带鋬手釜最为典型，敞口釜多为翻沿（图1-71，11），鋬手以窄条形和马鞍形为主，个别为鸡冠形，与双墩文化主流的鸡冠形鋬手相似，部分釜腹部饰乳钉纹或附加堆纹。双墩文化的釜主体器形与顺山集文化不同，均为平底，多为尖唇、折沿，以折沿罐形釜（图1-71，1）和钵形釜为典型，多数有四鋬，常在口沿下饰一周戳刺纹、竖道刻划纹或附加堆纹的组合纹饰，与顺山

① 南京博物院考古研究所、泗洪县博物馆：《江苏泗洪县顺山集新石器时代遗址》，《考古》2013年第7期。

② 南京博物院、泗洪县博物馆：《顺山集——泗洪县新石器时代遗址考古发掘报告》，科学出版社，2016年，第296页。

集文化陶釜单调的纹饰和只有双錾不同。罐类的Ca型双耳罐（图1-71，12）较具有代表性，均为敛口，双耳的位置多与口部持平或略高，与双墩文化中的双耳罐主体特征不同，倒是与双墩遗址相近的石山孜遗存较为相似。双墩文化的双耳罐有小口和大口之分，小口双耳罐为折沿束颈（图1-71，2），大口双耳罐的口径超过20厘米，这两种在顺山集文化中没有发现，双墩文化罐的耳系装在肩部或上腹部，顺山集则为圆唇，敛口，器耳离口部很近，有的口耳相连，二者有明显的差异，但二者的器耳均有鸟首形，顺山集的鸟首形耳（图1-71，18）还处在较原始的环形状态，不见啄部，双墩文化的鸟首形器耳形象逼真，啄部明显。盆均为折腹，以Aa型上腹反弧形盆（图1-71，15）最具有代表性，部分器内外均施红陶衣。双墩文化的盆多为折沿盆（图1-71，5），敞口，腹部较直，另有少量彩陶盆。灶为框形（图1-71，17），为夹砂夹炭红陶或红褐陶，器体厚重，难以烧透，出土时多残碎。双墩文化的灶则为圆头状（图1-71，7），起到拦火的作用，不似顺山集的笨重粗厚。碗的口部有敞口、敞口较直、直口，器壁较粗厚，厚薄不均，均为夹砂陶，制作粗糙。双墩文化的碗则器形较大，以折沿碗为典型（图1-71，3），器表多施红衣，双墩遗址的B型敞口碗与顺山集的B型敞口碗（图1-71，13）差别较大，有假圈足饼底内凹和矮圈足底，顺山集的碗均为平底，在武庄遗址还有泥质红陶碗，

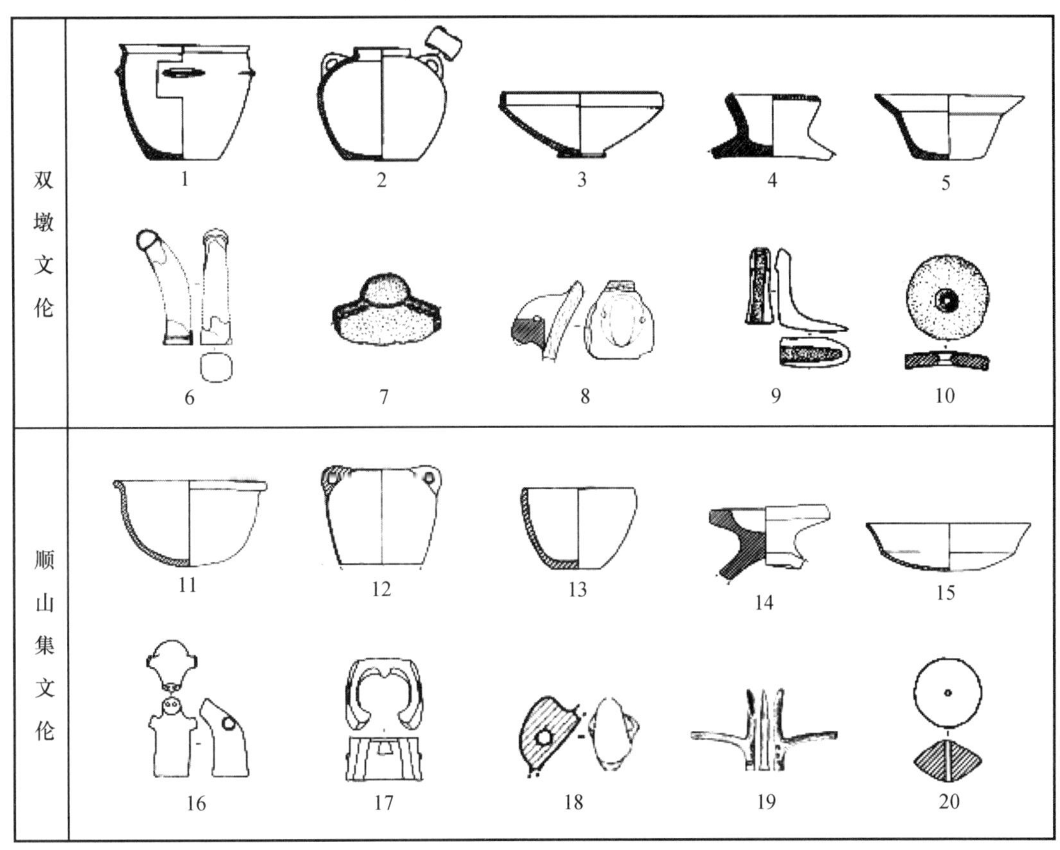

图1-71　双墩文化与顺山集文化器物对比图

1. 双墩91T0719⑱：62　2. 双墩91T0719⑱：110　3.双墩91T0621⑩：134　4. 双墩92T0723⑳：85　5. 双墩91T0719⑱：83　6. 侯家寨T1④：131　7. 双墩91T0819⑰：11　8. 侯家寨T3③：164　9. 双墩92T0622⑬：44　10. 双墩91T0620⑩：80　11. H13：1　12. TG9③b：16　13. G9④：5　14. TG9④：48　15. H4：2　16. T2274⑥：5　17. TG9④：15　18. TG3⑥：20　19. TG12⑫：2　20. TG9⑤：1（11～20. 顺山集）

制作更精细。顺山集的支脚以C型猪形（图1-71，16）最为典型，数量最多，三件一组搭配使用，支脚上半截多有两短柱状突起，似猪的双眼，顶端微弯曲，有的有两孔，似猪鼻，生动形象地展示了猪的形态，这应该与顺山集先民的生活相关。根据对动物骨骼的鉴定，在顺山集遗址一到三期提取的动物骨骼中，猪科动物所占比例一直是最高的，所以先民可能从生活生产中获得灵感，制作猪形支脚在日常生活中使用。双墩文化的支架以祖形（图1-71，6）最为典型，在侯家寨、双墩、小孙岗等遗址中均有发现，都是三个一组与釜搭配使用。顺山集的纺轮为专门烧制，器形不规则。纺锤数量较多，多数中间有圆形穿孔，便于插棍使用。大量陶纺轮和纺锤的出现反映出顺山集文化时期此地的纺线劳动可能比较普遍。双墩文化的纺轮（图1-71，10）并不是专门制作的，多数是利用残陶片加工制成的，不见有纺锤。双墩遗址1991、1992年发掘所见和侯家寨遗址的A型盖纽（图1-71，4）与顺山集文化的部分捉手（图1-71，14）在形状上有相似之处，均为圆座形，顶部较平，内部中空，但双墩文化的盖纽要更为精致，外缘部多饰一周指切纹，器形比较规范。

石器和骨角器方面，顺山集的石器有锛、斧、磨球等，制作技术总体较原始，但也有一定比例的磨制石器。骨角器不发达，数量极少。双墩文化的石器和骨角器公布材料最全面的就是双墩遗址，所以暂以双墩遗址为主做比较。双墩的骨角器发达，种类有锥、尖状器、凿、针、镞、勾形器等，以鹿角勾形器（图1-71，9）的制作最为精细，数量也最多。石器多为打磨结合，制作较粗糙，精磨石器不多，有斧、锤、球、砍砸器等。需要注意顺山集遗址中出土的石磨盘和石磨球组合在双墩文化中没有发现，这可能是用作谷物脱壳的工具。对顺山集部分石器表面残留物的淀粉粒分析，证明顺山集石器有一器多用的特征，长柱形石锤和石斧等也被用来加工植物性食物①。但总体看双墩文化的石器和骨角器比顺山集文化要先进。

在艺术、信仰方面，顺山集文化发现了一定数量的陶塑，形象包括猪、狗、熊、鱼、鸟、人等，这些形象应该是经过先民们细致观察后制作的，都是与生活息息相关的动物。双墩文化中也发现有陶塑，但数量较少，不如顺山集所出的种类丰富，主要为猪头形陶塑。但是双墩文化中有大量陶器刻划符号，不仅是双墩人对于生活的记录，从刻划手法和线条来看也具有艺术性。

生业经济方面，顺山集遗址出土大量动物骨骼和一定数量的植物遗存，狗为驯化狗，猪以野猪为主，有一定比例的具备早期驯化特征的家猪。由此可以看出，家畜饲养在顺山集先民生活中不占首要地位，他们主要通过狩猎来获得肉食资源，猪和鹿是最普遍的狩猎对象。通过对顺山集遗址的石器和陶釜残片表面残留物的淀粉粒分析，可知顺山集先民已经开始种植水稻，但水稻种植在当时属于辅助性食物生产手段，采集才是先民获取植物资源的首要途径，并未发现粟、黍等旱地作物的淀粉粒，说明此地在新石器时代中期之前属于水稻栽培区，不同于裴李岗文化和后李文化的稻-旱混作农业模式②。顺山集遗址的生业模式是以狩猎和采集为主，水稻

① 杨玉璋、LI Weiya、姚凌等：《淀粉粒分析揭示的江苏泗洪顺山集遗址古人类植物性食物来源与石器功能》，《中国科学：地球科学》2016年第7期。

② 杨玉璋、LI Weiya、姚凌等：《淀粉粒分析揭示的江苏泗洪顺山集遗址古人类植物性食物来源与石器功能》，《中国科学：地球科学》2016年第7期。

栽培和家畜饲养为辅[①]。双墩文化的家畜饲养已经较为成熟，并成为主要的肉食获取途径，由于所处历史时期不同，双墩文化比顺山集文化更为进步也属客观规律。

综上，双墩文化在文化面貌上与顺山集文化可比较的不多，相似性不大，典型器物的形态大不相同，器形也不如双墩文化的规整，顺山集文化以圜底釜为主体，不见三足鼎，与双墩文化平底器为主体、鼎釜共存有本质区别，显示出更多原始性。虽有些相近之处，如相同的器类、相似的器物形态，双耳罐、支脚的使用等，但主体特征明显不同。顺山集文化与双墩文化年代间隔较远，应该不是双墩文化来源的直接构成部分，但二者共处淮河流域，在时间和空间上顺山集文化会对其后的文化遗存有一定辐射力。

2）*石山孜遗存*

石山孜遗址位于安徽省淮北市濉溪县石山孜村北部，村子处在一处山间谷地之中，古濉水流经遗址北侧[②]，遗址面积约13万平方米，1988、1992、1993年共进行了三次发掘。在1988年发掘简报中，发掘者将石山孜新石器时代遗存分为两期，两期在年代上是衔接的，一期与侯家寨一期年代相当[③]。但在2017年出版的《濉溪石山孜——石山孜遗址第二、三次发掘报告》中，发掘者对石山孜遗址的分期做了调整，石山孜遗存分为四期，其中与双墩文化年代相当的为石山孜二期，年代距今7200～6300年[④]。本节将石山孜二期文化遗存与双墩文化进行比较。

陶器方面，石山孜的陶质包括夹蚌、夹砂、泥质、夹炭四种，所占比例分别为55%、28%、11%、6%。虽然夹蚌陶的比例最高，但与双墩文化夹蚌陶所占的比例相比仍有差距，并且石山孜的泥质陶比例明显高于双墩文化，说明该时期石山孜人对陶土的选择比双墩人要讲究。泥质陶以青灰色和红色为主，并有相当一部分为“红顶”，其他三类中红褐色陶最多，其次为灰黑色，陶色不均。另有少量彩陶，多在陶器口沿外部饰一周红彩。陶器多为泥条盘筑法手制而成，再进行打磨，但泥质陶已采用轮制法。纹饰有附加堆纹、篦点纹、刻划纹、指掐纹、席纹、谷糠纹等，少数器物饰两种以上的组合纹饰。而双墩则不见轮制法制成的陶器，陶器制作方法不如石山孜人先进。

石山孜的器类有釜、鼎、碗、钵、罐、盂等，与双墩器类大部分一致，但不见双墩文化的甑、祖形支架等（图1-72）。石山孜的釜有附加堆纹釜和带鋬釜，其中A型附加堆纹釜常见在器物的附加泥条上加饰按窝纹，似链索，个别釜的附加堆纹下方装有对称的鋬手，有圜底和平底两种，Ab型Ⅱ式附加堆纹釜（图1-72，20）与双墩的A型折沿钵形釜（图1-72，1）相似，均为折沿，斜腹，平底，上腹部装有对称的鋬手，只是二者所饰纹饰存在区别，石山孜流行泥

---

① 南京博物院、泗洪县博物馆：《顺山集——泗洪县新石器时代遗址考古发掘报告》，科学出版社，2016年，第298页。

② 安徽省文物考古研究所、淮北市博物馆、濉溪县文物事业管理局：《濉溪石山孜——石山孜遗址第二、三次发掘报告》，文物出版社，2017年，第9页。

③ 安徽省文物考古研究所：《安徽濉溪石山子新石器时代遗址》，《考古》1992年第3期。

④ 安徽省文物考古研究所、淮北市博物馆、濉溪县文物事业管理局：《濉溪石山孜——石山孜遗址第二、三次发掘报告》，文物出版社，2017年，第265页。

条堆纹上饰按窝纹，双墩文化则流行饰戳刺纹和指切纹，但从釜的整体形态来看还是极为相近的。另外，B型附加堆纹釜只在器物口沿外部或上腹部有一周凸棱，再无其他纹饰。带鋬釜多为鸡冠形鋬手，与双墩文化一致，多为侈口或直口，其中A型Ⅱ式（图1-72，21）带鋬釜与侯家寨遗址B型Ⅱ式敞口无沿钵形釜（图1-72，2）相似，均为敞口，斜弧腹，装有四个对称的鸡冠形鋬手。但是石山孜不见双墩的典型器物折沿带鋬罐形釜，双墩文化也不见石山孜的B型附加堆纹釜。石山孜的鼎分为釜形、罐形、盆形、钵形（图1-72，22、23），多饰泥条、鋬手、耳系，腹部有泥条形成的凸棱，并饰编织纹、斜线组成的三角纹等，与双墩文化的罐形鼎和钵形鼎在形态上明显不同，双墩文化的鼎（图1-72，3、4）多为折沿，不见有鋬手、耳系等装饰，纹饰有附加堆纹、刻刺纹、按窝纹等，二者的鼎在文化交流中可能没有过多吸收对方的要素。石山孜和双墩的鼎足多为圆锥状，石山孜的鼎足尖部多较圆钝（图1-72，24），双墩的足尖部则较尖（图1-72，5），石山孜不见侯家寨遗址的扁形足，而且Ab型锥形足的足跟处多贴附泥条，其上饰指甲纹，双墩文化的锥形足大多素面，个别足跟部饰乳钉纹。圆锥形鼎足在大部分同时期的遗址中均有发现，是具有共时性的器物。石山孜与双墩的双耳罐在主体器形和陶质上均有差别，石山孜的双耳罐以夹蚌陶和泥质陶为主，双墩的除个别为泥质陶外，其余皆为夹蚌陶，双墩文化大口罐（图1-72，6）的口径一般大于或约等于腹径，石山孜口径稍大的罐（图1-72，25）的口径仍明显小于腹径，二者有差异。石山孜的A型和B型罐的半圆状泥饼器耳（图1-72，26、27）与侯家寨遗址的Ac型鸟首形器耳（图1-72，7、8）相似，有单系孔贯穿。双墩不见石山孜所出加饰泥突和指甲纹的半环形耳系。石山孜的Bb型双耳罐（图1-72，28）多为折沿小口双耳罐，与双墩和侯家寨遗址的C型罐（图1-72，9）在形态上相似。石山孜的盆以泥质陶和夹蚌陶为主，折沿，沿面较平，并且腹部多饰凸棱（图1-72，32）或装有鋬手（图1-72，31），双墩的盆则以夹蚌陶为主，少量夹云母陶或泥质陶，虽有折沿，但折沿部较斜（图1-72，13），不似石山孜折沿较平，个别鋬手盆（图1-72，12）应是受到石山孜影响产生的，石山孜也不见双墩的大敞口盆。石山孜彩陶盆（图1-72，29）的陶质为夹炭掺和蚌末，双墩的彩陶盆以夹炭陶为主，都有在器表施红陶衣的情况，大部分彩陶盆的口沿外部有纹饰（图1-72，10）。石山孜的钵仍以夹蚌陶和泥质陶为主，泥质陶多为“红顶”（图1-72，33），上部口沿外为红色，下部为灰色，少量涂红色彩带，平底或圜底，部分钵和碗上腹部有两个钻孔的情况不见于双墩。双墩文化的钵以夹蚌陶为主体，少量为泥质陶，在武庄和小孙岗遗址发现少量“红顶”钵（图1-72，14），上红下灰，双墩文化的钵所见均为平底。石山孜的Ad型钵（图1-72，35）与双墩遗址的Ca型钵（图1-72，16）相似，均有扁平把手。石山孜的Ba型Ⅰ式钵（图1-72，34）与双墩的E型钵（图1-72，15）相似，均为敞口。石山孜不见双墩的折沿带鋬钵和折腹钵，双墩的部分钵表面有组合纹饰，而石山孜只有个别饰放射状条纹。石山孜的碗以泥质陶为主，内外磨光，部分器表施红衣，腹部有压印指甲纹的泥条，存在与红顶钵类似的红顶碗，根据碗底残片可知石山孜的碗底有圈足底和饼形底，部分圈足边缘有压印窝纹形成花边圈足底（图1-72，36），不见双墩文化的折沿碗。双墩的碗多夹杂质，少数为泥质红陶，器表粗糙，多为外施红衣内黑色，未发现石山孜所出的红顶碗和花边圈足底，但有少量喇叭形圈足碗（图1-72，17）。石山孜的盖纽发现较少，型式也不如双墩多样，圆座形盖纽较为一致，内部中空呈弧形，但未发现桥形盖纽和尖顶形盖纽，反映出石山孜器物普遍不使用器盖。石山孜的A型支脚与双墩的祖形支架相似，顶端为圆头状蘑菇形，这种祖形支架是双墩文化的典型器，石山孜中只是个例出现，应是二者文化交流的体现。灶的形态二者完全不同（图1-72，18、37）。石山孜作为工具使用的陶网坠不仅数量少，而且为枣核状，器表有使用的凹槽痕迹。双墩的网坠为长方形或椭圆形，数量大，使用普遍，反映出渔猎经济发达。此外，二者都发现有陶圆片、锉、纺轮等，石山孜的D型纺轮与双墩所出纺轮均为废陶片加工而成，石山孜不见双墩的投掷器、陶球等。

石器方面，石山孜有一件较为特殊的柄形器，似祖形，发掘者认为可能与宗教礼仪有关。

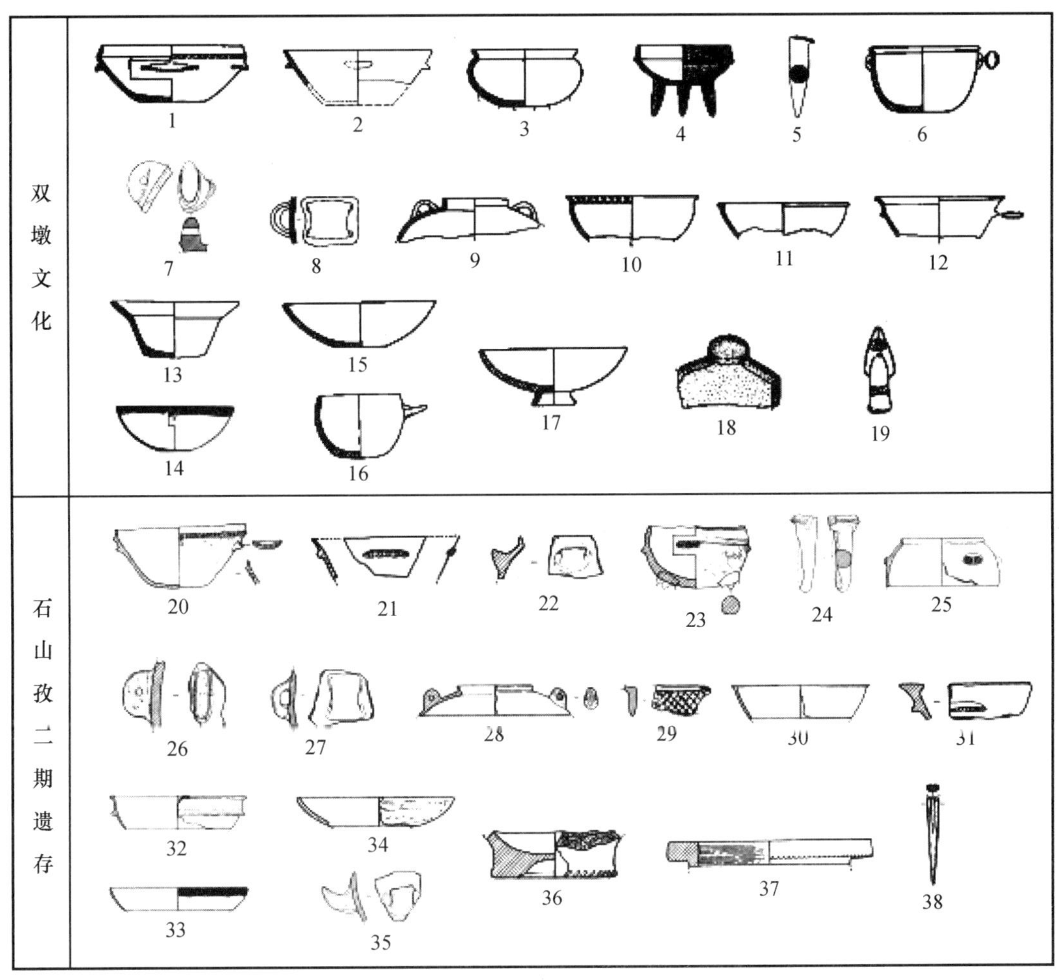

图1-72　双墩文化与石山孜二期遗存器物对比图

1. 双墩91T0719⑬：64　2. 侯家寨T6③：11　3. 双墩92T0623⑳：85　4. 双墩91T0621⑤：13　5. 双墩92T0623⑲：150　6. 双墩92T0722㉘：25　7. 侯家寨T3③：168　8. 双墩91T0719⑱：93　9. 双墩91T0819⑭：130　10. 双墩92T0522：115　11. 武庄T103⑧：38　12. 双墩91T0719⑮：61　13. 双墩91T0719⑱：83　14. 小孙岗H43：12　15. 双墩92T0723㉒：12　16. 双墩91T0621⑨：47　17. 双墩92T0622⑭：21　18. 双墩91T0819⑲：31　19. 双墩91T0719⑮：182　20. H188：22　21. F14：2　22. H205：3　23. H125：2　24. T1630⑦：22　25. H62：1　26. T1730⑥：5　27. T1730⑥：2　28. H191：1　29. H148：16　30. T0725⑧：33　31. H373：5　32. F8：28　33. H138：7　34. H187：6　35. H321：3　36. H176：5　37. T0723⑧：28　38. T0823⑨：2（20～38.石山孜）

二者均发现有研磨器、石斧、石铲、砺石等。骨角器方面，二者皆有骨镞、骨针、骨镖、骨匕、鹿角勾形器等，总的器类基本一致，但器物的具体形态有差异，石山孜的骨镞（图1-72，38）为扁铤，尖锋或圆锋，双墩的骨镞（图1-72，19）则为三角或三棱尖形。石山孜的匕为扁平体，较窄。双墩的骨匕则多为扁宽形。双墩的典型器鹿角勾形器在石山孜也有发现，数量较少，石山孜的此类器应该是受双墩文化影响产生的。双墩遗址还发现有大量的蚌器，石山孜则只有一件蚌刀，应该是地理位置所导致的，双墩遗址距离淮河较近，水生资源丰富，所以利用食用过后的蚌壳加工作为蚌器在日常生活中使用。

审美艺术方面，石山孜的两件陶碗外底部发现两件与双墩文化形象类似的陶器刻划符号，应该也是从双墩遗址或侯家寨遗址传播过去的。泥塑只有少量发现，不见双墩发现的人面形。

生业经济方面，通过对石山孜遗址石磨盘和磨棒表面残留物进行淀粉粒分析，发现淀粉粒来源多样，可鉴定出种属的就有8类，反映石山孜石工具加工食物的多样性，块根块茎类植物是石山孜人的主要利用对象，这些植物都是便于在野生环境中采集到的类型。结合石山孜发现农业生产工具较少、植物加工工具较多来看，石山孜先民的生业模式中采集经济占主导地位，农业经济不如已进行水稻种植的双墩发达①。对石山孜二期鉴定出的动物种属有猪、狗、梅花鹿、龟等，推测当时此地自然环境优越，方便进行采集和狩猎活动，猪存在家猪，并且饲养水平比较高，大部分家猪是在饲养到一定年龄后再进行宰杀的，所以家猪饲养在肉食来源中占有比较重要的地位②。石山孜二期时先民的生业模式应是以采集和狩猎为主，种植和家畜饲养为辅。可能已经初步具备了农业经济的形态③。与距石山孜遗址最近的双墩遗址相比，以攫取型经济为主导的石山孜二期的发展水平不如双墩遗址先进。

总体来看，石山孜二期文化遗存与双墩文化在陶器、石器、骨角器方面均有相似之处，陶器器类大部分一致，虽然部分器形看起来很相似，但仔细观察其细部却有明显差别，石山孜的主要器类中泥质陶均占有相当的比重，而双墩文化中除前期夹炭陶与夹蚌陶并重外，皆以夹蚌陶为主，所占比例可达90%以上，泥质陶所占比例一直不高，这一点二者有明显区别。流行的纹饰也不同，石山孜二期流行泥条状附加堆纹，常在上面压印窝纹，双墩文化则以戳刺纹、指切纹为主。石山孜二期文化遗存是延续石山孜一期文化遗存发展而来的，双墩文化的部分器物与石山孜一期文化遗存也较接近，如敞口钵形釜可能来源于石山孜一期的同类器，部分釜的口沿下有凸棱并在其上加饰纹饰的风格可能也与石山孜一期中此种手法相关，推测石山孜一期文化遗存对双墩文化的产生有影响，下一节会对二者做进一步分析。如上所比对的器形而言，双墩文化与石山孜二期文化遗存有部分相似器形，但是各自的主流要素还有所保留，在此期间

---

① 董珍、张居中、杨玉璋等：《安徽濉溪石山子遗址古人类植物性食物资源利用情况的淀粉粒分析》，《第四纪研究》2014年第1期。

② 安徽省文物考古研究所、淮北市博物馆、濉溪县文物事业管理局：《濉溪石山孜——石山孜遗址第二、三次发掘报告》，文物出版社，2017年，第411～413页。

③ 安徽省文物考古研究所、淮北市博物馆、濉溪县文物事业管理局：《濉溪石山孜——石山孜遗址第二、三次发掘报告》，文物出版社，2017年，第451页。

的文化交流中，双墩文化对于石山孜二期的影响稍显强势。由此可认为前文所述的双墩文化诸遗址文化面貌显然与双墩遗址的文化面貌趋于一致，而与石山孜遗址有所区别，二者个性大于共性。判断二者应为所处时代相当、同一地域、位置相邻，可能具有血缘关系的两种并行发展的文化。在文化发展过程中，二者有密切交流。相同的器形也与时代相同具有共时性，位置相近具有地域性特征有关。石山孜遗存是否可定名为石山孜文化，已有的观点不统一，石山孜新石器遗存与小山口一期文化遗存也有较大共性，但年代可能比后者稍晚，并且据目前所见材料看，二者的文化面貌比石山孜与双墩文化的共性要大，石山孜一期与小山口一期或许属于同一文化系统。

3）龙虬庄文化

龙虬庄遗址位于江苏省高邮市一沟乡龙虬庄村，平面近方形，四周环水，在1993～1995年进行了4次考古发掘。龙虬庄文化是江淮东部地区以龙虬庄遗址为代表的考古学文化，年代距今6600～5000年。龙虬庄遗址分为三期，一期年代距今6600～6300年，包括遗址的第8层和第7层①。龙虬庄一期与双墩文化的年代较接近，在此将二者进行比较（图1-73）。

陶器方面，龙虬庄遗址陶器的陶质主要为夹砂陶，掺杂有动物骨屑或蚌末，并有相当比例的泥质陶。豆、盆、钵、罐等泥质陶器为轮制而成，器形规整，器壁较薄。釜、鼎等夹砂陶器则为泥条盘筑制成。纹饰丰富，有戳点纹、捺窝纹、刻划纹、镂空、贴塑、彩绘等。器类方面，龙虬庄有釜、盉、匜、钵、罐、小陶器等，主要器物为陶釜，贯穿整个龙虬庄遗址的发展时期，釜的型式多样，皆为夹砂陶，最典型的是双耳罐形釜和盆形釜，Ⅰ型双耳罐形釜（图1-73，13）为圜底，小口折沿，溜肩，圆腹，肩部有两个对称的半环形耳系，器形特征与双墩遗址和侯家寨遗址的C型小口双耳罐（图1-73，1）极为接近，均为小口折沿，直口或外侈，半环形耳系似为牛鼻形耳系，二者应该有一定的承袭关系，由于此种特征组合在龙虬庄中是作为釜来使用，为炊煮器，与器盖或支座配合使用，所以口径比双墩文化中作盛器来使用的罐要大，一般在20厘米左右，但龙虬庄不见与釜搭配的支架。Ⅳ型盆形釜为折沿或卷沿，弧腹，圜底，上腹部一般饰捺印纹或刻划纹，此类器形在双墩文化中没有发现。另外，Ⅱ型双鋬罐形釜（图1-73，14）虽为折沿，圜底，在肩腹部或口沿内部装有对称的鋬手，鋬手形状为花边形、羊角形和半圆柱形，但与双墩和侯家寨遗址的折沿带鋬罐形釜（图1-73，2）基本没有相似处，Ⅷ型的腰檐筒形釜也不见于双墩文化。龙虬庄有平底罐和三足罐，双墩均为平底罐。龙虬庄的Ⅰ型卷沿深腹罐（图1-73，15）与侯家寨遗址的A型无系罐（图1-73，3）器形相近，均为卷沿，深腹，溜肩，圆弧腹，平底，肩部饰弦纹。ⅢA型双耳罐（图1-73，16）与双墩遗址的B型大口双耳罐（图1-73，4）有相似之处，口径较大，肩腹部有两个对称的耳系，宽扁耳似双墩的牛鼻形耳。龙虬庄的罐流行三足、鋬手，与双墩罐类器相似的元素并不多，可能是龙虬庄的釜过多地吸收了双墩罐的元素，所以在制作罐时创造出更多符合他们审美的器形。龙虬庄的小陶器与双墩的盂形器极为相似，Ⅰ型小陶器（图1-73，17）与侯家寨遗址的A型盂（图

① 龙虬庄遗址考古队：《龙虬庄：江淮东部新石器时代遗址发掘报告》，科学出版社，1999年，第190、203页。

1-73，5）相近，折沿或卷沿，敞口，平底，龙虬庄所出的腹部局部较鼓，双墩所出为折腹。Ⅱ型小陶器（图1-73，18）与双墩遗址的Ca型盂（图1-73，6）相似，尖唇，下腹部外鼓，平底，器壁较厚，手工捏制而成。龙虬庄的三足钵均为圜底，多为扁形足，口沿下和足部常饰捺窝纹或压印纹，不见于双墩文化中。二者都有红顶钵（图1-73，8、20）。双墩遗址的Cb型Ⅰ式钵（图1-73，9）与龙虬庄的Ⅴ型钵（图1-73，21）为尖唇，折沿，近斜直腹，平底。龙虬庄的碗皆为泥质陶，多圈足器，圈足直径较大。双墩文化的碗多平底，圈足直径较小，口径较大，器表多施红衣，胎质夹炭较厚。另有部分伞形器盖（图1-73，7、19）比较相似。龙虬庄遗址的陶工具只有纺轮、陶球，纺轮多为圆台形（图1-73，22），一面大一面小，部分表面有纹饰。未见双墩的网坠、纺锤、陶锉等。可以看出，两个文化有部分相似点，但也存在区别，双墩文化以平底器为主体，少见三足器，龙虬庄文化多见三足器、圜底器，流行鋬手、耳系、流，鋬手形状与双墩的完全不同。二者在主要器类上差别很大，但部分器物又看似有承接关系，整体来看，龙虬庄文化的陶器更讲究实用性，龙虬庄人为方便器物的移动、固定、使用而在器身附加了鋬手、流或耳。龙虬庄的典型器钵形匜等不见于双墩。

石器方面，龙虬庄一期的石器少见。骨角器却很丰富，主要有骨叉、骨镞、骨镖等，但不见双墩典型的鹿角勾形器，也不见蚌器。龙虬庄的骨叉（图1-73，24）与双墩的鹿角勾形器（图1-73，12）在勾取食物方面的作用应该是相同的。龙虬庄的骨镞为尖头形（图1-73，

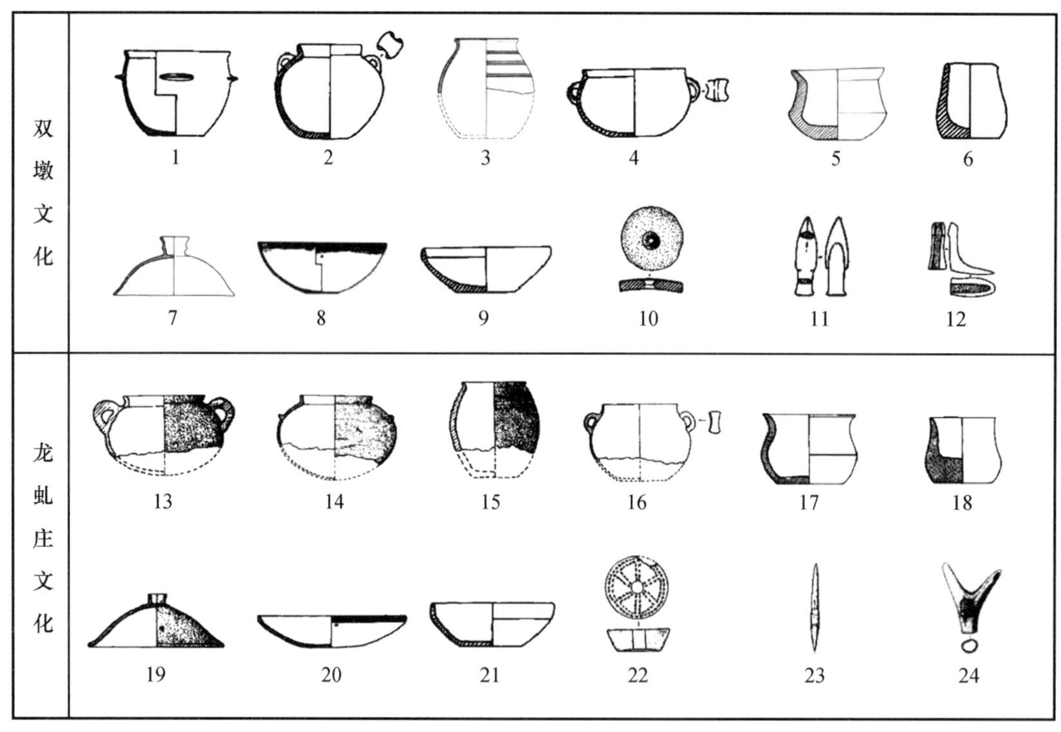

图1-73　双墩文化与龙虬庄文化器物对比图

1. 双墩92T0721㉙：29　2. 双墩91T0719⑬：61　3. 侯家寨T1③：83　4. 双墩91T0819⑭：131　5. 侯家寨T2③：227　6. 双墩91T0621⑧：64　7. 侯家寨T2③：225　8. 小孙岗H43：12　9. 双墩92T0722㉘：20　10. 双墩91T0620⑩：80　11. 双墩91T0719⑫：8　12. 双墩92T0622⑬：44　13. T2028⑦：8　14. T1828⑦：10　15. T2027⑦：11　16. T2430⑦：12　17. T1527⑦：9　18. T1928⑧：18　19. T4129⑦：18　20. T1527⑦：10　21. T1729⑧：7　22. T1927⑦：13　23. T0927⑧：11　24. T4129⑦：19（13～24. 龙虬庄遗址）

23），双墩文化的骨镞多三棱尖形（图1-73，11）。龙虬庄和双墩的骨器都很发达，多为生产生活用具，可能是因为两地的自然环境相似，渔猎经济发达。

生业经济方面，龙虬庄人的生业模式也是多样化的，包括采集、渔猎、水稻种植、家畜饲养。龙虬庄遗址出土的炭化稻均为人工栽培的粳型稻，并反映出延续1500年之久的粳型稻栽培史，在稻作农业方面比双墩有所发展。采集经济和农业经济在龙虬庄居民的生活中互为补充，农业不发达时，采集经济所占比重就上涨，农业经济逐渐发展时，采集经济就相对下降。动物遗存中麋鹿数量最多，是本地先民主要的狩猎对象，人们利用动物骨角制作工具，食其肉来满足对肉食的需求，结合地层中发现的数百件渔猎工具，可认为该地区渔猎经济相当发达。此外，家猪与家犬与龙虬庄人也联系紧密，发现的家猪头骨上可观察到宰杀痕迹，先民主要食其肉，而家犬的骨架大多较为完整，并且在骨骼上无一发现有切割和敲打的痕迹，说明龙虬庄人并不食用狗肉，狗是生产生活中最忠实的伙伴，多用来殉葬或建房奠基，即在生前和死后都希望有狗陪伴①。

综上，龙虬庄文化晚于双墩文化，所以在陶器的制作方法上表现出先进性，器类器形也更多元化，从部分器形相似的陶器可看出，龙虬庄的部分器形应来自双墩文化，相似度较高，双墩文化可能对龙虬庄文化的产生造成影响。

2. 与海岱地区考古学文化的关系

海岱地区的分布范围较为广泛，包括辽东半岛南部、河北省东南部、河南省东部、安徽和江苏省北部、山东全省②。该区域自距今8000多年的后李文化开始，经北辛文化、大汶口文化逐步形成一个相对独立、文化连续发展的地区③。双墩文化与后李文化看似有文化上的承续，大体与北辛文化同期发展。

1）后李文化

后李文化是以山东省淄博市临淄区齐陵镇后李官庄村的后李遗址命名的，也是目前海岱地区已发现年代最早的新石器时代考古学文化，绝对年代为距今9000～7300年④。后李文化遗址大多分布于泰沂山系北侧和长白山的西北麓，海拔40～50米的山前丘陵和山前冲积平原的河旁台地或濒河高地上⑤。后李文化各遗址发掘出房址、墓葬、灰坑、陶窑等遗迹，出土陶器、石器、骨角器等文化遗物。双墩文化的遗迹发现较少，材料不多，所以从遗物方面将二者进行比较（图1-74）。

陶器方面，后李陶器皆为夹砂陶，少数掺和有蚌末、粗砂粒或云母末，胎质与所出陶器地

① 龙虬庄遗址考古队：《龙虬庄：江淮东部新石器时代遗址发掘报告》，科学出版社，1999年，第492页。
② 栾丰实：《海岱地区史前考古的新进展》，《山东大学学报（哲学社会科学版）》2006年第5期。
③ 何德亮：《海岱地区古代社会的文明化进程》，《中原文物》2005年第4期。
④ 孙启锐：《后李文化研究》，山东大学硕士学位论文，2014年，第1页。
⑤ 何德亮、牛燕：《后李遗址与后李文化》，《史前研究》2010年第00期。

层的土质基本一致，可见当时并没有使用经过专门处理的土来制作陶器①。所谓的“夹砂陶”并不是人为掺入的砂粒，称之为“自然土陶”更为恰当②。陶色以红褐色和红色为主，少量灰褐色和黑褐色陶。陶器烧成温度普遍较低，多见陶色不均的现象，质地较粗疏。制法以分段手制为主，即先将底部拍打成型，再将其上部分用泥条盘筑法进行对接。少数器物内外壁有刮削痕。小荆山遗址还见有泥片贴塑而成的陶器。后李陶器大多数器形不规整，器壁厚薄不均，常把口沿向外翻折形成双层来达到加固器物口沿的目的，即“叠唇”，此种手法常见于陶釜。器表多素面，部分器物的口部、唇部、腹部饰泥条堆纹、指甲纹、戳印纹等，常在陶釜的叠唇下部进行按压或戳印形成花边沿，未发现彩陶。从以上几个方面可看出后李文化与双墩文化有异同之处，陶色均以红褐色或红色为主，器物均为手制，不见轮制法，但是双墩文化少有叠唇的情况，只在武庄遗址发现有内叠唇的钵，纹饰也比后李文化丰富。并且双墩文化以夹蚌末陶为主，还有一定比例的夹炭陶，少量的彩陶和泥质陶，陶质的选取方面明显比后李要讲究。造型上，后李的圜底器占绝对主体地位，极少见平底器和圈足器，不见三足器，而双墩是以平底器为主，少量三足器和圈足器，极少见圜底器。

后李的器类也较简单，造型古朴，主要有釜、钵、盆、罐、碗、盂、壶、支脚等。其中釜是后李文化的典型器，以深腹圜底为特征，口部较大，器身似筒形，有叠沿釜、折沿釜、卷沿釜、附加堆纹釜、带鋬釜等，部分底部有烟炱痕③。总体特征与双墩的釜有本质区别，双墩的釜均为平底，不见圜底釜，但不排除在某些细节方面对之后的双墩文化有影响。二者有相似元素的是折沿釜和带鋬釜，折沿釜（图1-74，14）数量较少，在后李文化中不属于主流器形，常见为尖圆唇，小折沿，折棱明显，有平折沿和斜折沿两种，圜底。带鋬釜是在器物成型后，在口下部或上腹部横装双鋬或四鋬，部分鋬手冠部饰指甲纹，似双墩文化的鸡冠形鋬手，整体器形与双墩遗址的部分B型折沿外侈罐形釜（图1-74，2）口部相似，二者可能有一定的渊源关系。后李的钵除少数为平底、圈足底或有乳钉足外，其余皆为圜底，小荆山H1546：1（图1-74，15）与双墩遗址的92T0621⑥：162（图1-74，3）相似，皆为圆唇，斜弧腹，平底，但小荆山的这件器形稍大，口部微敞。双墩不见后李的圜底钵、圈足钵、乳钉足钵，后李也不见红顶钵、折肩钵等，但某些钵的外表有疑似不典型的红衣。盆多为卷沿（图1-74，17），有的为花沿，即在唇面饰凸棱，形成花边的效果，如小荆山的F12：18（图1-74，16），双墩文化陶盆未见唇面有纹饰的情况，并且以宽折沿盆（图1-74，5）和敞口盆（图1-74，4）为主，个别口沿外部有纹饰。后李的双耳罐多为敛口无沿，上腹部有两个对称的耳系，底部有的为圈足底，双墩文化中不见圈足底的陶罐，均为平底，但二者的耳系皆有桥形耳和牛鼻耳（图1-74，7、19）。后李的无耳罐（图1-74，18）器形较大，多为大敞口，腹部斜直，平底，双墩不见此种罐。后李的碗为敛口或敞口（图1-74，20），底部有圈足、假圈足、圜底（图1-74，21），不见双墩典型的折沿碗（图1-74，9），双墩文化的碗也不见圜底，多为假圈足饼底内

① 王永波、王守功、李振光：《海岱地区史前考古的新课题——试论后李文化》，《考古》1994年第3期。

② 栾丰实：《海岱地区考古研究》，山东大学出版社，1997年，第14页。

③ 济青公路文物工作队：《山东临淄后李遗址第三、四次发掘简报》，《考古》1994年第2期。

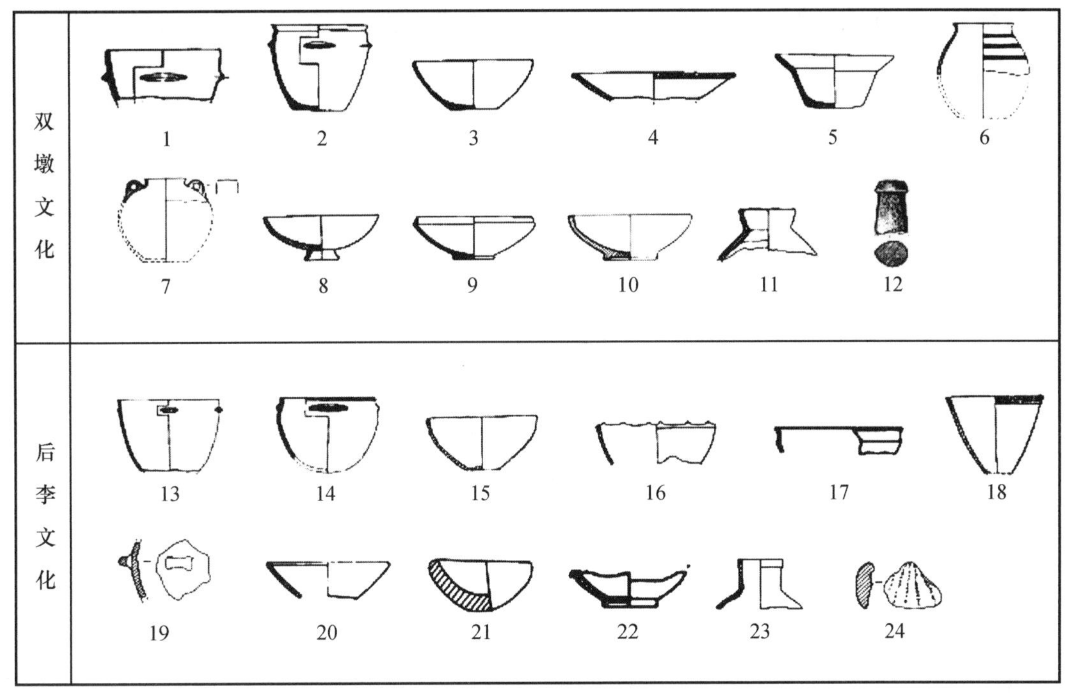

图1-74　双墩文化与后李文化器物对比图

1. 双墩92T0722㉓：77　2. 双墩91T0719⑱：62　3. 双墩91T0621⑥：162　4. 双墩91T0719⑮：82　5. 双墩91T0719⑱：83　6. 侯家寨T1③：83　7.侯家寨T2④：285　8. 92T06㉒：21　9. 92T0722㉕：38　10. 侯家寨T3④：336　11. 武庄T102⑦：12　12. 91T0819⑱：38　13. 月庄H259：31　14. 月庄H124：2　15. 后李H1546：1　16. 小荆山F12：18　17. 小荆山H118：3　18. 后李T1622⑫：5　19. 西河F302：21　20. 小荆山F17：17　21. 西河F301：15　22. 小荆山H108：1　23. 小荆山F11：69　24. 西河T312③：1

凹，另有部分圈足碗（图1-74，8），双墩部分矮圈足碗（图1-74，10）与小荆山遗址出土的圈足碗（图1-74，22）相似，圈足较喇叭形的稍矮，足两侧较直。壶（图1-74，23）均为小口，叠唇，束颈，深腹或长圆腹，圜底或平底。双墩文化中只在武庄遗址发现壶（图1-74，11），特征与后李文化不同，不见叠唇。后李的陶支脚有牛角形、窝头形（图1-74，24），这两种在双墩文化中未发现，但二者的使用方式相似，后李的支脚多在烧灶边被发现，应该也是几个一组与炊器搭配使用。后李文化的典型器匜在双墩文化中未发现，双墩大量的投掷器、网坠等也不见于后李文化。从陶器整体特征来看，后李文化的陶器各个方面都显得较原始，制作工艺不够成熟，器形不规整，双墩文化陶器各方面显得比后李进步得多，这也与二者年代不同有关，虽然两个文化的主流器形存在较大差异，但是后李文化某些细微特征可能被双墩文化所吸收发展。

石器方面，后李文化的石器经过琢制、打制、磨制而成，多为打制石器，器物的刃部多经过精磨，石器种类较丰富，有斧、锛、铲、镰、凿、球、犁形器、磨盘、磨棒、支脚、刮削器等，用于进行生产和粮食加工。其中数量较多的石支脚是后李文化的一个重要特征，相当一部分是未经加工的自然条石，用来支撑圜底陶器。与双墩文化相比，后李文化的石器种类更多，双墩不见后李的磨盘、磨棒、镰、支脚等，后李不见双墩的石圆饼。骨角器、蚌器方面，后李的骨器种类较多，多为磨制，制作较精，有锥、镞、镖、匕、针、耜等，不见双墩的笄、凿、鹿角勾形器等。蚌器有一定数量，但保存得不好，有刀、镰等。整体看，骨角蚌器不如双墩文化发达，这也与二者所处的自然环境有关。

生业经济方面，后李文化先民已经掌握植物栽培和动物驯化技术，猪具备从野猪向家猪转变的特点，但是野猪的形状仍然明显①。栽培的稻、粟、黍在食物中所占的比例很低。食用种植的农作物和家畜在后李人的食物资源中不占主流地位，主要食物来源依靠采集和渔猎。可见后李先民正处于从狩猎采集捕捞经济向农业经济转变阶段，各种软体动物和鱼类等淡水动物是他们的主要肉食资源，而淡水软体动物资源的丰富也显示出当时此文化分布区范围内的气候温暖湿润，降水充沛，与现在的长江流域气候环境类似②。暖湿的气候环境使后李文化各遗址的动物群种属丰富，依靠采集和渔猎就可以满足生存需要，似乎没有发展农业的压力，所以农业并未得到太大发展③。显然，后李文化的植物栽培和动物驯化水平远没有已经对粳稻、籼稻进行划分，并驯化了猪和狗的双墩文化先民成熟，尚处于低端水平。文化的整体发展水平也没有双墩文化先进。

整体上看，后李文化年代较早，双墩文化较其有更多的发展。二者皆以釜为典型器，文化面貌有部分相似之处。后李文化与皖北地区的小山口一期文化遗存较为相似，与双墩文化的关系更为密切，小山口一期的年代早于双墩文化，可见海岱地区与淮河中游地区应在更早时期就有所交流，后李文化对双墩文化的产生可能有一定影响。

2）北辛文化

北辛文化是以山东省滕州市北辛遗址而命名的考古学文化，也是海岱地区继后李文化发展起来的又一支重要文化，年代距今7400～6100年。北辛文化的分布范围为南自淮河故道，向北似未越过黄河，东至海，西界约在京杭大运河沿岸一带，主要集中在鲁中南、鲁北、胶东半岛和苏北地区④。目前北辛文化遗址已发现一百余处⑤。

陶器方面，北辛的陶质主要为夹砂陶和泥质陶，泥质陶少于夹砂陶，夹砂陶所掺和砂粒较细，少数掺和有碎蚌末。夹砂陶的陶色以橘黄色和黄褐色为主，在北辛文化一期和四期时多见红褐色⑥，另有少量灰色和灰黑色陶，陶色不均。泥质陶以红色为主，陶色较纯正，部分泥质灰陶和少量的灰黑陶。双墩以夹蚌末陶为主，泥质陶极少，多为红褐色陶，与北辛的差异较大，而泥质陶却是北辛文化的主流陶质之一，北辛人对陶土的选择和使用方面明显比双墩人要讲究细致。北辛器物以素面为主，部分器物饰堆纹、刻划纹、乳钉纹、指甲纹、篦纹、锥刺纹、席纹等，宽1毫米左右的窄堆纹最具特色，并用成组的窄堆纹组合成人字形、三角形等纹

---

① 宋艳波：《济南地区后李文化时期动物遗存综合分析》，《华夏考古》2016年第3期。

② 靳桂云：《后李文化生业经济初步研究》，《东方考古》2012年第00期。

③ 孙启锐：《后李文化研究》，山东大学硕士学位论文，2014年，第87页。

④ 栾丰实：《北辛文化研究》，《考古学报》1998年第3期。

⑤ 栾丰实：《北辛文化——海岱地区史前文化的承前启后时期》，《栾丰实考古论文集》，文物出版社，2017年。

⑥ 张江凯：《略论北辛文化及其相关问题》，《考古学研究》（四），科学出版社，2000年。

饰，多饰在夹砂陶的鼎类器物表面。有的器物在器表同时饰两种纹饰，如堆纹和乳钉纹、刻划纹和篦纹等[①]，运用组合纹饰的风格与双墩文化相近。泥质陶有的施陶衣，彩陶数量少。双墩流行戳刺纹、刻划纹、乳钉纹等，不见北辛的篦纹和席纹，虽有部分相同的纹饰，但又各具特色，双墩器物的组合纹饰凹凸结合的手法要更胜一筹。陶器以手制为主，多用泥条盘筑和泥片贴塑法，而至北辛文化第四期出现慢轮修整技术，所以此期陶器的器壁薄厚较均匀，部分陶器的口部还残留细密的线状修抹痕迹，说明这一阶段的制陶技术较前三期陶器已经大为提高[②]。双墩陶器皆为手制，未见轮制痕迹，但器物表面大多有整平的刮削痕，整平粗糙。北辛的制陶技术更先进。器形上，北辛以三足器和圜底器为主，平底器少见，圈足器极少。双墩文化则不见圜底器，以平底器为主流，另有少部分圈足器和三足器。二者的主流器形差异可能与各自的文化传统不同有关，北辛文化是在延续后李文化的基础上发展起来的，不可避免地要继承后李文化的部分传统要素，再依自身需要进行改造和发展。

北辛与双墩的共同器类有鼎、釜、碗、罐、钵、器盖、支脚等，但形态上存在差异（图1-75）。陶鼎是北辛的典型器物，有盆形鼎、罐形鼎、钵形鼎、釜形鼎，以垂腹、尖圜底、大圜底为特征，鼎的口沿外部和腹部常见窄堆纹、篦纹、划纹，部分鼎还留有器盖，鼎足有圆锥形和侧三角形。双墩与之同有罐形鼎和钵形鼎，北辛的罐形鼎（图1-75，17）口部卷沿或折沿，深腹，腹上部外鼓，腹部常饰窄堆纹，尖圜底。钵形鼎（图1-75，18）有直口和敛口，腹部较深，深腹，尖圜底，腹部常见窄堆纹、曲折划纹、篦纹等。双墩的罐形釜（图1-75，1）也有卷沿和折沿，但是腹部与北辛相比较浅，以素面为主，部分腹部饰刻刺纹，不流行窄堆纹，皆为平底，不见垂腹尖圜底，数量也较少，在双墩文化二期时才渐渐有所普及，足部多为圆锥足，另有小部分扁形足，但与北辛文化的侧三角形足有区别。钵形鼎（图1-75，2）为折沿，直口或内敛，在口沿外和上腹部常有刻刺纹。可见二者的鼎相似处极少。北辛陶器虽然以鼎为主，但釜并未因鼎的出现而被立刻舍弃，而是由炊煮器变为盛储器继续存在，但数量有所减少，到北辛文化四期时才极少见[③]。北辛的釜种类多样，包括折腹釜、筒形釜、罐形釜（图1-75，19）等，皆圜底，多似盆形，种类比双墩文化的釜要丰富，有的腹部饰堆纹、篦纹，口沿外部有鸡冠形耳等，鸡冠形耳应该是延续后李文化发展下来的，部分底部附有三个乳钉足（图1-75，20），一般口部较大，与双墩文化的釜截然不同，不见双墩的折沿带鋬平底罐形釜（图1-75，3）和钵形釜（图1-75，4）。北辛的碗均为泥质陶，制作较精细，有的碗底还有粟糠痕迹，而双墩的碗胎多夹杂质，器表多施红衣，在武庄遗址多见泥质陶碗。北辛的敞口和敛口碗在器形上与双墩的同类器较为相似，为斜弧腹或斜直腹，平底，但是不见双墩文化典型的折沿碗（图1-75，5）。另有一种红顶碗，即陶碗口下一周为红色，此种碗在北辛、东贾柏等遗址中均有发现，双墩文化中未发现。北辛的陶钵数量也较多，底部分为平底和圜底，但部分

---

① 中国社会科学院考古研究所山东队、山东省滕县博物馆：《山东滕县北辛遗址发掘报告》，《考古学报》1984年第2期。

② 张江凯：《略论北辛文化及其相关问题》，《考古学研究》（四），科学出版社，2000年。

③ 张江凯：《略论北辛文化及其相关问题》，《考古学研究》（四），科学出版社，2000年。

平底钵并非有意制作，而是在陶胎未干时放置造成的。北辛遗址的H612：2（图1-75，24）与小孙岗遗址的H43：12（图1-75，8）相似，皆为红顶钵，斜弧腹，平底。但是北辛文化的红顶器物要多于双墩文化。东贾柏遗址的H13：26（图1-75，22）与双墩遗址的Cb型钵（图1-75，6）器形相似，均为口内敛，下腹斜收，平底。北辛遗址的H713：28（图1-75，23）与双墩遗址E型钵（图1-75，7）相似，皆为腹部较浅，大敞口，平底。双墩不见北辛的圜底钵，北辛也不见双墩典型的折沿钵、罐形钵、碗形钵等，钵类器不如双墩文化丰富。北辛与双墩共有的双耳罐虽都为小口，双耳，平底，但是北辛小口双耳罐（图1-75，25）的口径一般小于10厘米，双墩小口双耳罐（图1-75，9）的口径一般大于10厘米，多在13～15厘米，前者口径明显小于后者，并且口径稍高，似壶口，后期渐渐变矮，与后者已知的均为矮颈有差异。小口双耳罐的耳系基本一致，多有单系孔贯穿，应同属鸟首形器耳，应为两个文化交流的结果，北辛应受到双墩文化的影响，如北辛遗址H309：2的耳系和双墩遗址92T0523⑥：182的耳系相似，侧面形状近长矩形，有单系穿孔。另有深腹圜底罐，卷沿，侈口，上腹部较直，圜底，中腹部有鸡冠形耳，此类罐在双墩文化中无同类器，但鸡冠形耳与双墩多见的鸡冠形鋬手相似，应承自后李文化。深腹平底罐（图1-75，26）与侯家寨遗址A型罐（图1-75，10）器形接近，皆为束颈，溜肩，圆弧腹，平底，但前者肩上饰乳钉纹，并满饰锥刺纹，后者上腹部饰弦纹，前者比后者颈部略高。整体上看，北辛陶罐的颈部普遍比双墩陶罐偏高。二者的器盖较为相似，如北辛遗

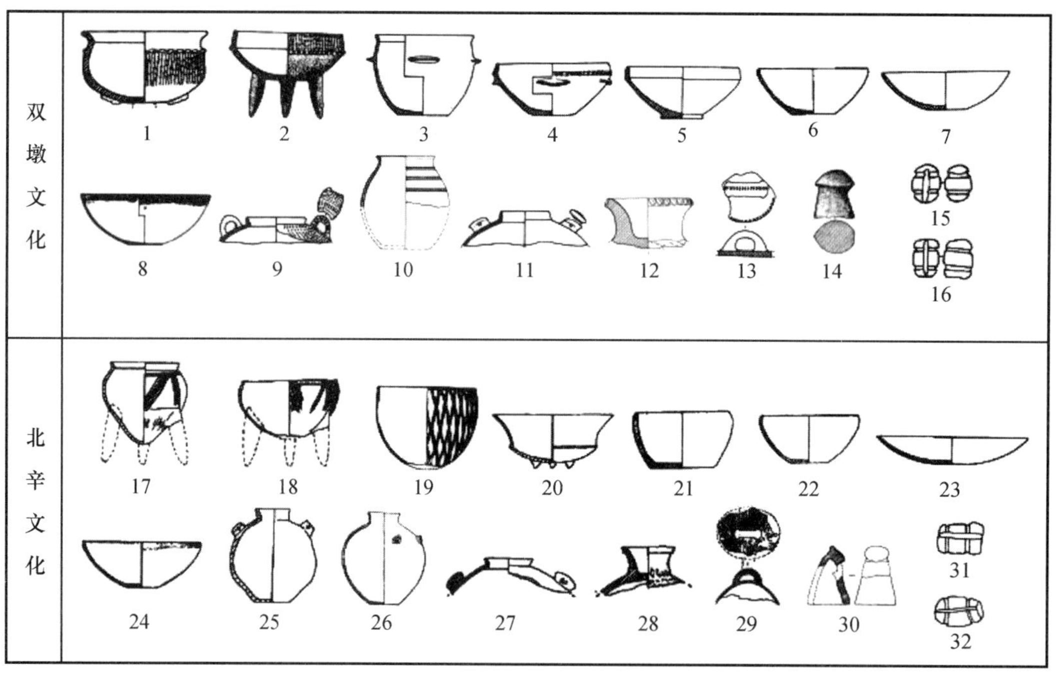

图1-75　双墩文化与北辛文化器物对比图

1. 双墩92T0623⑬：16　2. 双墩91T0621⑤：13　3. 双墩91T0620⑬：30　4. 双墩91T0620⑮：31　5. 双墩91T0620⑬：34　6. 双墩91T0621⑥：162　7. 双墩92T0723㉒：12　8. 小孙岗H43：12　9. 双墩91T0621⑪：124　10. 侯家寨T1③：83　11. 双墩92T0523⑥：182　12. 侯家寨T3④：279　13. 双墩92T0523⑤：243　14. 双墩91T0621⑩：163　15. 双墩92T0523⑥：71　16. 双墩92T 0523④：25　17. 北辛H701：23　18. 北辛H401：22　19. 北辛H706：29　20. 大伊山M39：2　21. 大伊山M46：1　22. 东贾柏H13：26　23. 北辛H713：28　24. 北辛H612：2　25. 北辛H1002：12　26. 东贾柏H13：41　27. 北辛H309：2　28. 北辛H1001：25　29. 北辛H301：50　30. 北辛H506：4　31. 北辛T704④：17　32. 北辛H711：8

址的H1001：25（图1-75，28）与侯家寨遗址的Ab型盖纽（图1-75，12）均为圆座形盖纽，内部中空，北辛遗址的H301：50（图1-75，29）与双墩遗址的D型盖纽（图1-75，13）相似，均为桥形盖纽，盖纽附于器盖，侧面为弧形，可能是北辛文化的此类盖纽在文化交流中辐射到双墩文化区，并在双墩地区大量使用，此类器在盖纽和器盖之间有孔隙，方便先民在使用时提起器盖，还可起到隔热作用，相比于其他形盖纽要用手捏起相比，桥形盖纽更为实用，这可能是在双墩遗址较多发现此类盖纽的原因。短柱状似猪鼻形的支脚（图1-75，30）也是北辛的常见器物，较有特色，与双墩文化典型的祖形支架（图1-75，14）不同，但功用是一致的。双墩遗址1986年的发掘品中也有一件猪鼻形支架，应是受到北辛文化影响的结果，但仍以最具特色的祖形支架为主。

从陶器的整体特征可以看出，北辛文化与双墩文化有交流和互动，但又保持自身特色。北辛还发现三件陶器刻划符号，可能是受到双墩的影响产生的，但并未普及。部分陶质工具，如网坠（图1-75，15、16、31、32）也较为相似，均有椭圆形和长方形，双墩文化的渔猎活动要比北辛文化发达，北辛文化的此类工具可能是从双墩文化传过去的。

北辛的石器数量较多，制法有打制、磨制、琢制，以磨制居多，打制石器也占有相当的比例，器形较规整。器类有斧、铲、凿、钺、刀、镰、磨盘、磨棒等，磨制石器多于双墩，以长方形大石铲、圆角长方形磨盘、长条状磨棒较为典型，器类比双墩略显多样，器形上也有一些共性，石斧多为圆角梯形。双墩虽有研磨器，但不见磨盘和磨棒的典型组合。北辛的骨角蚌器数量也很多，有生产生活工具，也有装饰品，包括镞、鱼镖、凿、匕、针、锥等，多是先切割骨料，刮削制出雏形后，再磨制成型。北辛的蚌器如铲、镰等已经定型化，用厚蚌壳打、磨而成。

生业经济方面，在北辛遗址的窖穴中发现残存的炭化粟，而石磨盘和磨棒就是用于谷物加工的。山东地区的史前农业是以种植粟和黍等旱作物为主的，虽然到了龙山文化时期胶东半岛地区也兼种植水稻，但是粟、黍仍然占主导地位[①]。可见地理位置和自然环境导致两种文化居民的饮食习惯也有差异，双墩居民的粮食作物为稻。北辛和双墩的家畜饲养皆以猪和狗为主。二者应大体处于同一发展水平。

综上所述，双墩文化和北辛文化是时代大体同时、文化内涵不同的两种考古学文化，但二者在发展中应保持着文化交流，这种交流是双向影响的，同时又各自保持自身主体特征。而它们文化面貌的部分共同点，有些是交流互动的体现，有些是时代共性所致。

3. 与黄河流域考古学文化的关系

黄河流域向来被认为是中华文明的发源地，孕育出繁荣的史前文化。与双墩文化关系密切的有裴李岗文化和仰韶文化。

---

① 吴诗池：《山东新石器时代农业考古概述》，《农业考古》1983年第2期。

1）裴李岗文化

裴李岗文化是以裴李岗遗址而命名，以三足钵、小口双耳壶、筒形深腹罐、带足石磨盘、锯齿形石镰、舌形石铲等为典型器物，分布于河洛地区的一支新石器时代中期考古学文化，其绝对年代距今8500～7000年①。目前发现的裴李岗文化遗址达百余处，主要分布在豫西山地东部边缘的丘陵地带，以及豫中和豫南的黄淮平原地区，在豫北的太行山东麓和豫南的大别山北麓也有零星发现②。典型遗址有新郑裴李岗、舞阳贾湖、长葛石固、莪沟北岗等，可分为裴李岗类型、贾湖类型、花窝类型等③。裴李岗文化分布范围广，遗存丰富，研究多元，后启仰韶文化，为研究黄河流域考古学文化谱系提供了重要资料。

陶器方面，裴李岗文化的陶器以泥质红陶和夹砂红陶为主，另有部分灰陶和少量黑陶，陶质主要为泥质陶和夹砂陶，质地疏松，吸水性强，易破碎。陶器均为手制，多用泥条盘筑法制成，小件器物直接捏制而成，器物的耳、足等部位先单独制成再黏接到器身上，有的器物表面打磨光滑，器形规整。可看出其与双墩文化陶色虽然都以红色系为主，但双墩多红褐色陶，裴李岗多红色陶，双墩陶质以夹蚌末陶为主，早期夹炭陶稍多于夹蚌陶，泥质陶所占比例极低，二者的主流陶质不同。裴李岗的少数器物饰篦点纹、乳钉纹、刻划纹、压印纹、指甲纹等，以篦点纹居多。双墩以戳刺纹居多，二者的主体纹饰有差别。裴李岗多三足器和圜底器，双墩则是以平底器为主，极少见圜底器。裴李岗的器类主要有鼎、罐、壶、三足钵、碗、勺等，双墩的器类主要为釜、甑、支架、钵、碗、罐等。裴李岗不见双墩典型的平底釜与祖形支架的组合，双墩文化也不多见裴李岗文化典型的三足器。下面从器物形态上将二者进行比较，部分器形可能有承袭关系，但是在双墩文化中有新发展。

鼎是裴李岗文化的典型器物之一，分为盆形鼎、罐形鼎、钵形鼎④，皆为圜底，鼎足形式多样，双墩文化虽然也有这三种鼎，但数量较少，并且多见圆锥状足，不如裴李岗文化用鼎普遍（图1-76）。小孙岗遗址的盆形鼎（图1-76，1），折沿，口外侈，斜弧腹，平底，口沿下饰一周按窝纹。裴李岗文化中的盆形鼎（图1-76，10）一般在口沿下和腹部饰锯齿纹、乳钉纹、堆纹或弦纹等。双墩的罐形鼎（图1-76，2）皆为平底，在口沿下和腹部饰堆纹和刻刺纹，圆鼓腹，腹部较浅。裴李岗的罐形鼎（图1-76，11）皆为圜底，腹部常饰乳钉纹和多组弦纹，腹较深，足部为外撇形圆锥足、凿形足、侧扁矮三角形足，有的足上有凹槽。双墩文化的钵形鼎（图1-76，3）多为折沿，平底，口沿外常饰刻刺纹，装有圆锥形足，裴李岗文化的钵形鼎（图1-76，12）多为素面，圜底，器身一般近似半圆形或半椭圆形，多为外撇形圆锥状足。小口双耳壶也是裴李岗文化的典型器，器形多样，在双墩文化中目前仅武庄遗址发现有壶类器物，而武庄的壶与裴李岗的壶不同，但裴李岗的部分双耳壶可能对双墩文化中的双

---

① 靳松安：《试论裴李岗文化的分期与年代》，《中原文物》2007年第6期。

② 孙广清：《河南裴李岗文化的分布和地域类型》，《华夏考古》1992年第4期。

③ 李友谋：《裴李岗文化》，文物出版社，2003年，第11、94页。

④ 王兴堂、蒋晓春、黄秋鸯：《裴李岗文化陶鼎的类型学分析——兼谈陶鼎的渊源》，《中原文物》2009年第2期。

耳罐产生有所启发。小口双耳壶有圜底、平底、尖底、三足、假圈足等形式，除平底双耳壶在磁山遗址和仰韶文化后岗类型中发现有同类器外，其他形式双耳壶为其特有①。双耳一般为半月形耳，较粗厚，中间有穿孔，方便穿绳。裴李岗文化中的壶是作为水器使用，所以普遍小口，颈部较高，防止水洒出，但有部分颈部较矮，底部较平的双耳壶与双墩的部分罐有相近之处，如贾湖的M335：6、M263：1（图1-76，13、14）与双墩遗址的1992年的Ca型罐（图1-76，4、5）相似，双墩发现的此形器颈部较矮，腹部较圆鼓，不似裴李岗的腹部和颈部细高，双墩的罐作盛储器，裴李岗的壶作水器，应该从实用角度考虑二者形态上有所差异，但具备双墩是在吸收某些裴李岗元素再加以改造的可能。裴李岗的罐有筒形深腹罐、角把罐、侈口深腹罐等，在双墩文化中未发现同类器，另有少量双耳罐与双墩文化的同类器形相似，如裴李岗的M107：1（图1-76，15）与侯家寨的T4④：30（图1-76，6）相似，皆为矮颈，斜肩，肩上有两耳，弧腹，平底。双墩遗址的甑可能是由贾湖遗址的甑发展来的，底部和腹部均有孔。裴李岗的钵有三足钵、圜底钵、小平底钵，未见双墩的折肩钵、罐形钵等，双墩也不见圜底钵和三足钵，二者的部分平底钵较为相似，如石固遗址的H101：1（图1-76，16）与双墩遗址的91T0621⑧：161（图1-76，7），均为浅弧腹、平底。石固遗址的H45：1（图1-76，17）与

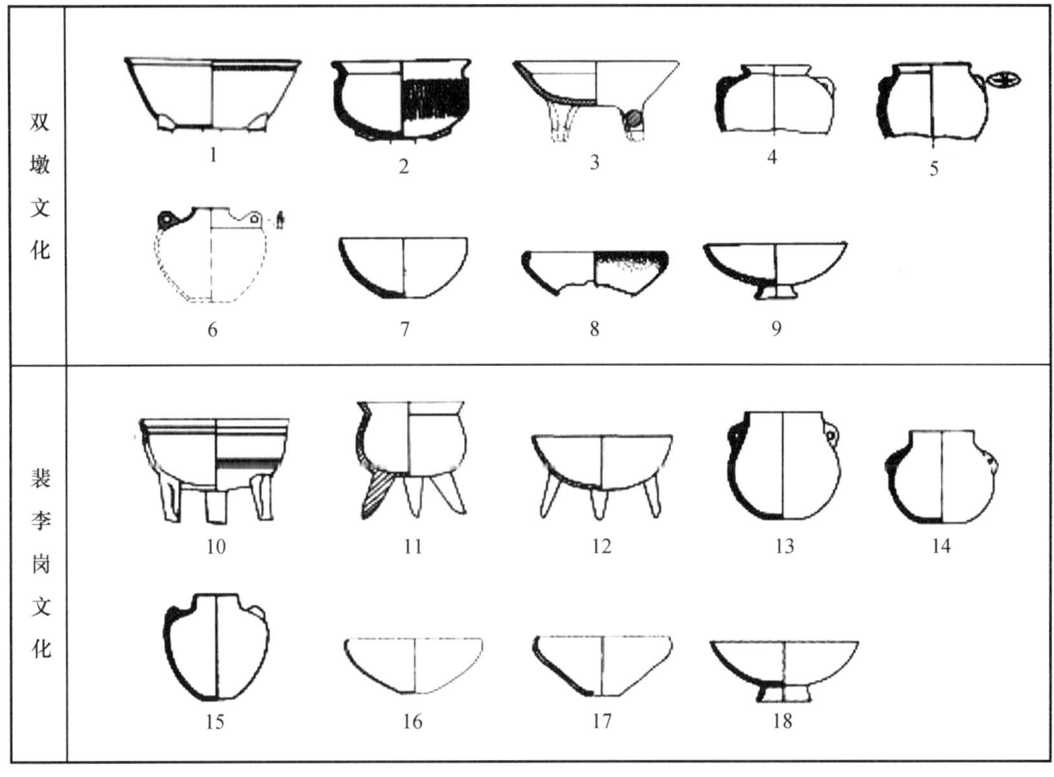

图1-76 双墩文化与裴李岗文化器物对比图

1. 小孙岗H23：5 2. 双墩92T0623⑬：16 3. 侯家寨T2③：237 4. 双墩92T0623㉗：91 5. 双墩92T0723㉙：90 6. 侯家寨T4④：30 7. 双墩91T0621⑧：161 8. 武庄H99：1 9. 双墩92T0622⑭：21 10. 中山寨H46：3 11. 贾湖H104：6 12. 裴李岗M2：2 13. 贾湖H335：6 14. 贾湖H263：1 15. 裴李岗M107：1 16. 石固H101：1 17. 石固H45：1 18. 唐户H25：1

① 李友谋、陈旭：《试论裴李岗文化》，《考古》1979年第4期。

武庄遗址的H99：1（图1-76，8）均为口内敛明显、斜直腹。裴李岗的碗有圜底、平底、圈足底，双墩的碗有假圈足饼底内凹和圈足两种，唐户遗址的H25：1（图1-76，18）与双墩遗址的B型碗92T0622⑭：21（图1-76，9）皆为敞口，弧腹，圈足，器形大小也基本一致，口径在20厘米左右，高8厘米。

从陶器群整体看，两个文化的器物组合各有特色，典型器物也有所差别，两处文化先民的生活习惯应该是有差异的，他们是本质不同的两种考古学文化，但是由于所处时间、空间的影响，不可避免的又有交集，这种交流中年代较早的裴李岗文化是强势的一方，导致裴李岗文化的部分特征要素影响到双墩文化，如双耳罐、圈足碗等。莪沟北岗遗址的陶制品中还发现一件泥质人头正面塑像，扁头平顶，前额较陡直，两眉脊粗壮左右相连，宽鼻深目，下颌前突，方脸[①]。在双墩遗址中也发现有人面陶塑，圆眼，蒜头鼻，脸颊两侧各有五个戳刺点连成一斜线，额头中间有一同心圆，不仅是双墩人对自身形象的雕刻，也可能是新石器时代“纹面、雕题”的最早例证[②]。还要注意贾湖遗址中发现有17例被刻划在龟甲、骨器、石器和陶器上的刻划符号，陶器刻划符号有3例，其中一件太阳形刻划符号与双墩遗址和侯家寨遗址发现的同类刻划符号形象相似，可能表明这几处的先民具有共同的原始宗教精神，即太阳崇拜意识。

石器方面，裴李岗多磨制石器，打制石器较少，但打制石器在各遗址中均有发现，说明裴李岗文化的石器仍存在旧石器时代晚期文化的遗风[③]。但总的来看磨制石器居主体地位，多数石器通体磨光，器类有磨盘、磨棒、镰、斧、铲、锄、刀、锛、矛、凿、石杵、石球等，种类十分丰富。其中以石磨盘和石磨棒的组合最为典型，发现数量较多，磨盘以鞋底形圆头状并附有四个圆柱状足的最具特色，磨棒为长圆柱形，两端较细，中间较粗，与磨盘配套使用，用来加工农作物。石镰通体磨光，刃部有细密的三角形齿，也称锯齿镰。石锛、石凿、石杵等较少见，研磨器仅在贾湖遗址发现，数量较少，双墩的石器同样少见石锛、石凿等对木料进行加工的工具。裴李岗的石斧多通体磨光，两面弧刃，断面为椭圆形，双墩的石斧也具有这些特点，二者具有相似性。裴李岗文化的石器种类比双墩文化更多样，石磨盘、石磨棒、石镰、矛等在双墩文化中不见，裴李岗也未发现双墩的石圆饼，反映出两处文化的先民在生产生活中侧重的方式是不同的，或者说主体的生业方式是有差异的。

骨角器方面，在裴李岗文化早期的遗址中出土较少，晚期遗址发现的较多[④]。其中舞阳贾湖遗址发现的最多，也最具特色，涵盖了生产工具和生活用具，主要有镞、凿、矛、镖、针、耜、笛等，骨镞用来狩猎，骨镖用以捕鱼，骨针用来进行手工织补。骨笛为其他考古学文化所不见，在贾湖和中山寨遗址中皆有发现，骨笛用丹顶鹤的尺骨做成，不仅是吹奏乐器，也反映

---

① 河南省博物馆、密县文化馆：《河南密县莪沟北岗新石器时代遗址发掘报告》，《河南文博通讯》1979年第3期。

② 安徽省文物考古研究所、蚌埠市博物馆：《蚌埠双墩——新石器时代遗址发掘报告》，科学出版社，2008年，第304页。

③ 李友谋：《裴李岗文化》，文物出版社，2003年，第52页。

④ 李友谋：《裴李岗文化》，文物出版社，2003年，第68页。

出裴李岗人丰富多彩的精神世界和艺术追求。

生业经济方面，大量用作农业生产的石器显示出农业在裴李岗文化中的重要的地位。通过对贾湖遗址的炭化稻遗存进行研究发现，处于淮河上游的贾湖遗址地区已经存在栽培稻，并且在种植规模和物种的多样性方面已达到较高水平，包括粳稻、籼稻和普通野生稻[①]。但是贾湖遗址的一到三期并不都以农业经济为主，直到三期时农业经济才占有比较重要的地位，总体看贾湖人仍是以采集渔猎为主，农业种植和家畜饲养为辅[②]。栽培稻的技术可能伴随文化交流影响到淮河中游的双墩文化分布区，在双墩遗址中同样发现了粳稻和籼稻。在沙窝李遗址和裴李岗遗址中还发现炭化粟遗存，应该是裴李岗文化分布区范围内南北两处自然环境差异导致的结果，即裴李岗文化分布区内偏北的遗址多种植粟，偏南方的遗址多种植稻。裴李岗人还进行家畜饲养，据对裴李岗遗址陶塑猪的形态分析，其与野猪的形态不同，属于向家猪形态过渡的家养动物[③]。但大部分遗址中发现的动物遗骨并不多，所以这一时期的家畜饲养应该还处于初始阶段，并未普及。裴李岗文化时期处于全新世大暖期的发展阶段，与如今亚热带气候环境接近，河流湖泊分布广泛，水热条件充沛，野生动植物资源丰富，各遗址中出土的弹丸、矛、骨镞等工具，发现的鹿、獐、獾等野生动物骨骼和植物果核等，说明当时的条件利于进行采集和渔猎。裴李岗文化应属于以攫取型经济为主，出现原始农业和家畜饲养，但主体生业方式应是采集和渔猎。双墩文化时期的农业要比裴李岗时期有所发展，是以农业种植和家畜饲养为主，辅以采集和渔猎。

总体来看，裴李岗文化对双墩文化有一定影响力，陶器方面某些特征或许来自裴李岗文化。双墩文化比裴李岗文化年代晚，在生业经济和生产力方面较裴李岗文化先进也属正常发展规律，其中双墩文化与裴李岗文化贾湖类型联系较为密切，也与二者共处淮河流域，沿淮流动便利有关。

2）仰韶文化

仰韶文化是以河南省渑池县仰韶遗址而命名的考古学文化。仰韶文化的分布范围主要在黄土高原及附近地区，中心分布区位于关中—陕南、晋南、豫西[④]。年代距今7000～5000年，相关遗址目前已发现数千处，分布范围广泛，各分布区的仰韶文化面貌有所区别。包括典型仰韶文化及相关的外围遗存重点遗址。

典型仰韶文化以半坡类型、庙底沟类型、西王村类型为主干，它们具有一脉相承的渊源关系[⑤]。其特征为：陶器为手制，采用泥条盘筑法。陶色早期以红褐色和红色为主，灰色陶和

---

① 孔昭宸、刘长江、张居中：《河南舞阳县贾湖遗址八千年前水稻遗存的发现及其在环境考古学上的意义》，《考古》1996年第12期。

② 来茵、张居中、尹若春：《舞阳贾湖遗址生产工具及其所反映的经济形态分析》，《中原文物》2009年第2期。

③ 黄富成：《略论裴李岗文化“台地农业”》，《农业考古》2008年第4期。

④ 中国社会科学院考古研究所：《中国考古学·新石器时代卷》，中国社会科学出版社，2010年，第208页。

⑤ 王仁湘：《仰韶文化渊源研究检视》，《考古》2003年第6期。

黑色陶有逐渐增加的趋势。典型器形有罐、瓮、尖底瓶、盆、碗、钵等。纹饰以绳纹、弦纹、戳刺纹为主，流行彩陶器，彩绘图案丰富，有鱼纹、几何纹、鸟纹、花瓣纹等。以上述特征为典型的相关遗址与双墩文化分布区较远，二者特质要素相似之处也很少，最典型的小口尖底瓶在双墩文化中未发现，双墩文化中的彩陶也不多，在二期才出现，彩绘图案主要为一些几何图形，不见仰韶文化中的鱼纹、鸟纹等。主体仰韶文化与双墩文化的相似处较少。相比之下处于仰韶文化分布范围边缘区的大河村遗址与双墩文化关联较多。

大河村遗址位于河南省郑州市柳林镇大河村西南的一处土岗上，北距贾鲁河2.5千米，距黄河7.5千米。在1972～1987年共进行过21次发掘，该遗址延续时间长，内涵丰富，发现了仰韶、龙山、二里头、商四种文化遗存。大河村遗址的仰韶文化遗存可分为七期，分别为仰韶前三期、仰韶前二期、仰韶前一期、仰韶一期、仰韶二期、仰韶三期、仰韶四期，这七期为连续发展的仰韶文化全过程，长达2400年，其中仰韶前三期的年代为距今6800～6400年[①]。此期与双墩文化的文化面貌有相似性，随后的仰韶遗存均从此期开始延续下去，此期也具有部分裴李岗文化因素（图1-77）。

陶器方面，陶质主要为泥质陶和夹砂陶，以泥质陶居多，其中夹砂陶均掺和蚌料。陶色以姜黄色为主，其次为灰色，另有一部分棕色和褐色。器表纹饰有弦纹、指甲纹、附加堆纹。陶器均为手制，火候较低，小件器物为直接捏制而成，平底器为泥片贴塑制成，尖、圜底器为泥条盘筑制成。双墩以夹蚌末陶为主，大河村仰韶前三期和前二期夹砂陶中全部掺和蚌料很可能是受到双墩文化影响，而二者主要的传播媒介就是位于河南的武庄遗址。二者陶色不同，可能也与各自的文化传统和烧制温度有关，双墩文化的陶器烧制温度较高，可达850℃[②]。二者共有指甲纹、压印纹等纹饰，双墩文化多见指甲纹，而大河村的仰韶前三期遗存多凹弦纹。

大河村的仰韶前遗存器类有鼎、罐、钵、盆、壶、碗、盂、器盖等。大河村仰韶前三期的鼎有罐形鼎、盆形鼎、折腹鼎，其中大河村的A型鼎（图1-77，16）与武庄的A型Ⅱ式鼎（图1-77，1）相似，器身皆为罐形，胎质夹蚌末，尖圆唇，敞口，折沿，深弧腹。鼎足已发现的均为圆锥形素面足，双墩鼎足绝大多数为此形，大河村的鼎足很可能受到双墩文化的影响，虽然裴李岗文化也对大河村产生了影响，但是裴李岗文化的鼎足以扁形足和外撇形足居多，圆锥形足不占主体地位。罐的型式多样，大河村的B型Ⅰ式罐（图1-77，17）与武庄的B型Ⅰ式罐（图1-77，2）相似，皆为小口，折沿，尖唇，束颈，宽肩，口径为13厘米，泥质陶。大河村的A型Ⅰ式罐（图1-77，18）与武庄的A型Ⅰ式罐（图1-77，3）相似，均为卷沿，口外侈，溜肩，肩腹一体，圆弧腹外鼓，上腹部饰几组弦纹，口径相差不多。大河村的钵与双墩文化也较为相似。大河村的A型Ⅱ式钵（图1-77，19）与武庄的B型钵（图1-77，4）相似，尖圆唇，直口微敛，弧腹，腹较深，素面，武庄的这件器形偏小，但二者的形态相近。大河村的C型Ⅳ

---

① 郑州市文物考古研究所：《郑州大河村》，科学出版社，2001年，第24页。

② 安徽省文物考古研究所、蚌埠市博物馆：《蚌埠双墩——新石器时代遗址发掘报告》，科学出版社，2008年，第49页。

式钵（图1-77，20）与武庄的T103⑧：34（图1-77，5）相似，皆为尖圆唇，敛口，斜直腹，红顶，灰胎。大河村的C型Ⅵ式钵（图1-77，21）与武庄的A型Ⅰ式钵（图1-77，6）相似，皆为敛口，斜直腹内收，红顶，灰胎。大河村的钵类器与武庄遗址相似之处较多，与双墩文化其他遗址的相似器极少。陶盆流行侈口窄沿盆和弧腹盆，大河村的B型Ⅲ式盆（图41-77，22）与武庄的B型Ⅰ式盆（图1-77，7）相似，皆为窄折沿，敞口，斜弧腹，泥质陶。大河村的F型盆（图1-77，23）与武庄的B型Ⅱ式盆（图1-77，8）也相似。双墩文化的宽、窄折沿盆和敞口盆不见于大河村遗址前仰韶遗存，当双墩人迁徙到武庄地区后，宽折沿盆仍保留了之前的传统，宽折沿，近直腹，而窄沿侈口盆则为吸收周边地区仰韶文化特征发展出来的。大河村的碗流行圈足底和假圈足底，A型碗（图1-77，24）与武庄A型碗（图1-77，9）的底部相似，为矮圈足底，但不见双墩典型的折沿碗。大河村遗址仰韶前三期遗存出土生产工具数量较少，器类单调，仅发现陶锉、石斧、蚌铲、陶圆片、木器等，其中陶锉、陶圆片在双墩遗址中亦有大量发现，陶锉（图1-77，26、11）表面均布满麻坑，多为中间宽两头窄的扁平形，陶圆片（图1-77，25、10）多为钵、碗的残片加工而成的，有部分边缘有磨制痕迹。大河村的此类器物很可能是受到双墩文化的影响而产生的。木器在双墩文化中没有发现，石锛、石凿等木材加工工具也较少发现。

大河村遗址仰韶前二期遗存是继承前三期遗存发展来的，年代距今6400年左右[①]，仍然与双墩文化有所交流（图1-77）。大河村仰韶前二期的指甲纹较前期增多，另外还发现有压印纹、划纹、锥刺纹、附加堆纹等，彩陶器和红顶器也有所增加，器类与前三期一致，器形主体承袭前三期，但型式有所增加。鼎的腹部变浅，鼓腹明显。鼎足变化较大，前三期的素面圆锥形鼎足消失，足跟处多饰指甲纹或捺窝纹，出现扁形足、舌形足、麻花足、凿形足等，样式丰富，在双墩文化侯家寨遗址中也存在足跟饰捺窝纹的锥形足，武庄遗址的扁状足与大河村相似。罐形鼎除了延续前三期继续发展外，还新出现盆形鼎和折腹鼎，此类器在双墩文化中未发现。陶罐多在肩腹部饰弦纹或划纹，流行小直口鼓腹平底双耳罐、敛口无沿鼓腹双耳罐，出现鸟首形器耳，此类器耳在双墩文化和裴李岗文化中多有发现，应是文化交流的结果。大河村的C型Ⅴ式罐（图1-77，28）与双墩遗址的C型罐（图1-77，13）相似，均为小口，鼓腹，平底，但是大河村的此型罐颈部较矮。大河村的C型Ⅶ式罐与双墩遗址的92T0523④：223相似，均为小口，肩部有两个鸟首形耳系，耳系有单孔贯穿。武庄的A型壶（图1-77，14）应该是吸收了大河村I型Ⅵ式罐（图1-77，29）的某些要素，大河村的此型罐均为小口，颈部较高似壶口，与武庄遗址发现的壶口部相似，武庄的壶应是由大河村的此型罐发展而来的。部分敛口红顶钵仍与武庄遗址同类器相似，此期红顶钵和彩陶钵数量增加。生产工具仍然较少，除了有前三期的陶锉、陶圆片、石斧等工具外，还发现有鹿角勾形器、骨匕、骨镞、骨凿等。鹿角勾形器在双墩、侯家寨、石山孜等淮河流域遗址中均有发现，但武庄的这件鹿角靴形器（图1-77，30）与双墩的有所区别，双墩遗址的鹿角勾形器（图1-77，15）虽然也存在柄长钩短的器形，但柄长

① 郑州市文物考古研究所：《郑州大河村》，科学出版社，2001年，第574、585页。

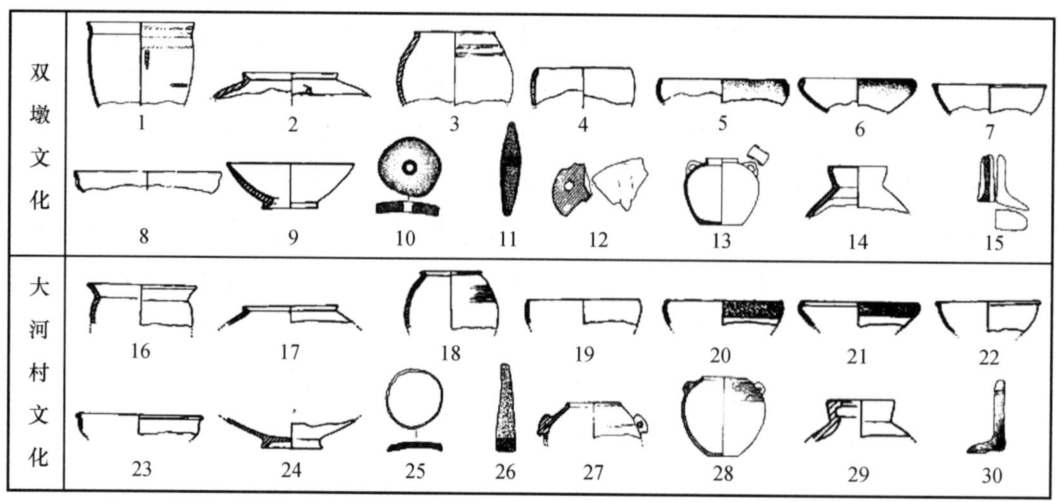

图1-77　双墩文化与大河村类型器物对比图

1. 武庄T103⑦：28　2. 武庄T103⑧：27　3. 武庄T103⑧：25　4. 武庄T103⑦：35　5. 武庄T103⑧：34　6. 武庄H99：1　7. 武庄T103⑧：38　8. 武庄T103⑦：37　9. 武庄H99：2　10. 双墩92T0722⑳：19　11. 双墩91T0819⑲：41　12. 武庄T102⑦：8　13. 双墩91T0719⑱：110　14. 武庄T102⑦：12　15. 双墩92T0523⑧：97　16. T38㉑A：51　17. T38A㉑：20　18. T38㉑A：15　19. T38㉑A：42　20. T38㉑B：68　21. T38㉑B：54　22. T38㉑B：75　23. T38㉑A：82　24. T38㉑A：128　25. T38㉑A：148　26. T38㉑A：3　27. T37⑳：5　28. T38⑱：1　29. T38⑱：16　30. T38⑲：5（16～30. 大河村）

与钩长相差不多，一般不超过2厘米，而武庄的这件器物柄部比钩部长8厘米，差距较大，可能它们的功用不同，但是此类器物的存在依然可能是随着双墩文化先民迁徙而传播过去的。

由此可见，仰韶文化大河村遗址的仰韶前三期和前二期遗存与双墩文化有所交流，尤其是武庄遗址受到的影响最大，除了具有双墩文化的主体特征外，主要是吸收了仰韶文化大河村类型的文化因素进行发展，所以文化面貌方面兼具双墩和前仰韶的特征，从器物特征来看，武庄一期的器物与仰韶前三期和前二期均有相近元素，武庄遗址一期后段的部分器物是受到大河村仰韶前二期的影响，所以武庄一期的年代下限应该晚于大河村仰韶前二期的上限，年代应与前三期晚期和前二期前期相当，它们之间的影响也是双向的。后来的仰韶文化发展可能也是从此受到了少许双墩文化的影响，但主体特征并无太多相同点。

4. 双墩文化的构成

通过将双墩文化与周边相邻地区的考古学文化或遗存进行比较之后，发现部分器物与其他文化或遗存中的器物具有相似性，或存在渊源关系，据此大体上可将双墩文化的陶器分为四类。

A类：具有时代共性，较普遍存在于同时期的考古学文化或遗存中的器物。此类器物主要有侯家寨遗址Ac型饼形穿孔状鸟首形耳系，双墩遗址E型敞口钵、Ca型带把手碗形钵，双墩遗址和侯家寨遗址的A型圆座形盖纽、B型敞口碗、Cb型无把手碗形钵、圆锥形鼎足等，亦见于石山孜二期文化遗存、北辛文化中。

B类：其他考古学文化或遗存吸收双墩文化因素导致具有相似性的器物。石山孜二期文化遗存中存在与双墩遗址和侯家寨遗址的A型折沿钵形釜相似的器物，应该是在文化互动中双向影响形成的。双墩遗址C型小口折沿双耳罐和侯家寨遗址B形小口折沿双耳罐的可能对龙虬庄遗址的双耳罐形釜的形成有影响，侯家寨遗址的A型无系罐、双墩遗址的B型大口双耳罐、侯家寨遗址的A型盂、双墩遗址的Ca型盂、侯家寨遗址Bb型钵、双墩遗址的Cb型钵、侯家寨遗址的Aa型Ⅰ式钵对龙虬庄遗址的同类器产生了影响。

C类：双墩文化吸收其他文化或遗存的因素加以发展的器物。双墩文化中的鸡冠形鋬手可能受到石山孜一期文化遗存和后李文化中的相似鋬手或耳系的影响。双墩遗址的D型桥形盖纽、Bb型折沿外侈罐形釜可能受到后李文化同类器的影响，并加以改造。双墩遗址和侯家寨遗址的B型敞口无沿钵形釜受到石山孜一期文化遗存的影响，石山孜一期文化遗存中较为多见此形釜。双墩文化中的假圈足饼底内凹碗、带鋬手钵、牛鼻形耳系、敛口钵、圈足碗、甑等分别受到石山孜一期、后李文化、裴李岗文化的影响。双墩遗址的陶锉可能受到顺山集遗址第三期文化遗存的影响而产生。小孙岗遗址的红顶钵可能是在北辛文化与双墩文化的互动中产生的。双墩遗址的Ca型Ⅰ式双耳罐和侯家寨遗址的Ba型Ⅰ式双耳罐可能与裴李岗文化中的双耳壶和双耳罐有关联。武庄遗址的A型Ⅱ式鼎、B型Ⅰ式罐、A型Ⅰ式罐、B型钵、A型Ⅰ式钵、B型Ⅰ式盆、A型壶等应是受到仰韶文化大河村类型的影响形成的。此类器物虽然是双墩文化融合其他文化的特征而发展的，但是也有自身的特点，宽牛鼻形耳系表面多饰戳刺纹、刻划纹等纹饰，不似其他文化中的同类器耳为素面。

D类：双墩文化的典型器物群在其他文化或遗存中少见或偶见。主要有双墩遗址的B型折沿带鋬罐形釜、A型折沿带鋬钵形釜、祖形支架、A型折沿碗、C型小口折沿鸟首形和牛鼻形双耳罐、B型大口双耳罐、B型罐形钵、B型尖顶形盖纽、A型有一到三个穿孔的鸟首形耳系、罐形鼎、钵形鼎、折沿盆等，侯家寨遗址的A型折沿钵形釜、祖形支架、B型尖顶形盖纽、B型罐形钵、Aa型与Ab型喙部突出的鸟首形耳系等。小孙岗遗址的卷沿罐形釜、罐形鼎、盆型鼎、祖形支架等。

从以上分析可以看出，A、B、C、D四类器物构成了双墩文化的组成要素，其中B类和D类器物是双墩文化的主体器物。双墩文化在发展过程中与北辛文化、石山孜二期文化遗存、仰韶文化大河村类型均有交流互动，并互相影响，其中与石山孜二期文化遗存联系较紧密，这两处遗址地理位置相近，往来便利。而双墩文化的产生可能受到顺山集文化、顺山集三期文化遗存、后李文化、裴李岗文化、石山孜一期文化遗存的影响，部分器形是在吸收以上几处文化要素的基础上，再进行自身发展而形成的，也具有一定的自身特征。但是其中顺山集文化与双墩文化的年代间隔较大，应该不是双墩文化的直接来源。之后的龙虬庄文化应与双墩文化有联系，龙虬庄的报告中认为最大限度上满足龙虬庄文化来源条件的就是贾湖文化，但是贾湖文化与龙虬庄文化的年代有间隔，这中间势必要通过其他文化来过渡，很有可能就是双墩文化在这段间隔期对龙虬庄文化造成了影响。龙虬庄文化与双墩文化的器物组合虽有所差别，但前者有部分器物与后者的陶器在某些细部较为相近。下一节将结合本节的分析结果，对双墩文化的来源和流向进行分析。

五、双墩文化的源流

下面讨论双墩文化的来源和流向。

1. 双墩文化的来源

关于双墩文化的来源问题，相关论述并不多。双墩遗址的发掘者阚绪杭认为，淮河上游的贾湖文化、海岱地区的后李文化以及淮河中游的小山口文化可能构成双墩文化的来源[①]。张小雷在分析淮河流域新石器时代文化格局时，提出双墩文化应是受到石山孜早期文化、顺山集三期遗存、贾湖文化共同影响产生的[②]。结合上一节的分析，双墩文化与周边相邻的海岱地区、黄河流域以及自身所处的淮河流域其他地区均有联系，这也是淮河独特的地理位置带来的结果，处于南北交汇区，其文化面貌必然是受到各方影响而形成的。双墩文化源于何处，首先要明确双墩文化分布区内或周边相邻地区早于双墩文化的遗存有哪些。上文提到的双墩文化各遗址多集中于淮河中游地区。在淮河流域早于双墩文化的遗存有上游的裴李岗文化，中游的小山口一期文化遗存、石山孜一期文化遗存，下游的顺山集文化、顺山集三期文化遗存。此节主要对小山口一期文化遗存、石山孜一期文化遗存和顺山集三期文化遗存进行分析。

小山口一期文化包括小山口遗址和古台寺遗址的新石器时代早期文化遗存，两处遗存属于同一文化类型，年代距今8000～7700年[③]。小山口遗址位于安徽省宿县桃山乡小山口村，1991年开一条3米×10米的探沟进行试掘。陶器多数为红褐色，夹砂陶所占比例高达89%，泥质红陶占11%，常见胎质夹杂草木灰，质软疏松。陶器为手制，烧制温度低，夹砂易脱落，器表常有孔洞，器形不规整，陶胎较厚，制陶技术较原始。器表以素面为主，少数饰指甲纹、乳钉纹等，口沿下流行饰附加堆纹形成的凸棱。器类有釜、罐、钵、盆、杯、支座等[④]。陶釜较多，主要为敞口和直口，C型直口釜肩腹部装有鋬手。盆与双墩遗址的部分敞口盆有相似之处，为圆唇，敞口，斜腹。罐与双墩文化的同类器有区别。石器数量较少，有刮削器、石锛、石斧、石磨盘、磨棒等。骨角器有骨笄、骨管、骨锥。古台寺遗址与小山口遗址距离约10千米，1991年春进行发掘。古台寺陶器外表多为红褐色或灰褐色，内部为灰黑色。夹砂陶为大宗，比例达91%，另有泥质陶和夹蚌陶，二者所占比例与小山口遗址相近。陶器手制，火候低，陶质软。器表以素面为主，有少量的戳印纹。器形有釜、鼎、罐等，流行在口沿下饰一周凸棱，器物型式与小山口遗址近似。多见陶釜，敞口或直口，以直口釜为多，唇较厚，A型Ⅵ式釜的外沿呈

① 安徽省文物考古研究所、蚌埠市博物馆：《蚌埠双墩——新石器时代遗址发掘报告》，科学出版社，2008年，第470～472页。

② 张小雷：《淮河流域新石器时代文化格局研究》，山东大学博士学位论文，2018年，第102页。

③ 中国社会科学院考古研究所安徽队：《安徽宿县小山口和古台寺遗址试掘简报》，《考古》1993年第12期。

④ 中国社会科学院考古研究所安徽队：《安徽宿县小山口和古台寺遗址试掘简报》，《考古》1993年第12期。

倒钩形，有的在凸棱上加饰压印纹或指甲纹，个别腹部有半圆形鋬手，鋬手冠部饰指甲纹，似鸡冠形，与双墩文化中的鸡冠形鋬手相似。所见鼎足为圆锥形，个别足面饰指甲纹。总体看，两处遗址发掘面积较小，所出遗物并不丰富，从出土器物观察，两处遗址反映出的文化面貌极为相似，陶色、陶质、纹饰基本相同，均以夹砂陶为主，有部分泥质红陶，存在胎夹杂蚌末的情况，制法原始，均为手制，烧制火候低，器类单调，纹饰简单，均以釜形器为主，但古台寺遗址已经出现三足器，器形上也有所发展。由于试掘面积较小，已有材料并不能代表两处遗存的全部内涵，但毋庸置疑的是，小山口一期文化遗存是目前淮河中游地区已知年代最早的新石器时代文化遗存，它对本地随后出现的文化可能会有所影响，但其年代与双墩文化有几百年的间隔，应该不是双墩文化的直接来源。小山口早期遗存的特点与后李文化极为相近，陶色多为红褐色，以釜为主，直口，厚唇，有鋬手，与后李文化中的同类器相似，年代与后李文化的第5、6期相当[①]。由于二者的共同点明显，小山口新石器早期遗存与后李文化可能就是同一种文化[②]。目前虽然还没有直接证据证明小山口一期文化就是后李文化，但是从二者的文化面貌来看，即使不属于同一文化系统，它们的关系也应该比较密切。

石山孜一期文化遗存是在石山孜遗址第二、三次发掘中发现的，原石山孜一期被调整为石山孜二期遗存[③]。石山孜一期遗存与小山口一期文化也有很大相似性。陶器以夹砂陶为主，其次为夹蚌陶，所掺和蚌末和砂粒多脱落，在器表留下孔洞，少量泥质陶和夹炭陶。陶色以红褐色为主，烧制温度较低，一器多色。纹饰以附加堆纹上压印指甲纹为主，另有乳钉纹、戳点纹、划纹等。基本器类有釜、罐、钵、盆、碗、支脚。釜是最主要的器类，有附加堆纹釜、带鋬釜、倒钩沿釜、折腹平底釜、卷沿釜、乳钉纹釜。附加堆纹釜是在口沿外饰一周附加泥条，在其上加印指甲纹，此种装饰手法与古台寺一致，釜多为侈口和敞口。双墩的钵形釜口沿下也有凸棱，凸棱上饰指甲纹或戳刺纹，与古台寺和石山孜的装饰相似。部分Aa型、Ca型带鋬釜与双墩文化中的敞口钵型釜相近，敞口，装有四鋬，很可能是双墩此型器的直接来源，鋬手形状多为马鞍形和鸡冠形，鸡冠形与双墩文化中的鸡冠形鋬手一致。倒钩沿釜不见于双墩文化中，与古台寺遗址中同类器雷同。部分A型Ⅰ式、C型Ⅰ式、D型Ⅰ式折腹平底釜与双墩文化中的典型器折沿钵形釜较相似，双墩同类器很可能是对石山孜的此类釜加以改造形成的。双耳罐数量较多，但与双墩的双耳罐形态有差异，为敛口和直口，不见双墩的小口折沿双耳罐，器形与顺山集文化的同类器相似，多口耳相连。钵、罐、碗等器在肩腹部有一或两个对钻的圆孔，可能为修补之用，双耳为半环形。双墩的盆多为斜折沿或敞口，折沿处明显，沿部较宽，折沿盆斜腹较直，与石山孜一期的B型Ⅱ式盆相似，但又明显有所发展。石山孜一期的带鋬手钵对双墩遗址所出的鋬手钵应该有影响。石器有斧、锤、凿、磨盘、磨棒等，磨盘和磨棒不见于双墩文化，但在裴李岗文化、后李文化中均有发现。石山孜一期文化遗存的年代距今7900～7200

① 孙启锐：《后李文化研究》，山东大学硕士学位论文，2014年，第47页。

② 栾丰实：《海岱地区考古研究》，山东大学出版社，1997年，第14页。

③ 安徽省文物考古研究所、淮北市博物馆、濉溪县文物事业管理局：《濉溪石山孜——石山孜遗址第二、三次发掘报告》，文物出版社，2017年，第21页。

年，报告整理者认为石山孜一期文化与小山口一期文化属于同一文化系统，并认为顺山集文化为石山孜一期文化的源头①，而顺山集文化与石山孜一期遗存的关系也确实比与双墩文化的关系要紧密的多。石山孜一期文化应比小山口遗存年代稍晚，与古台寺新石器早期遗存有一段共时时间。从石山孜遗存的特征来看，其来源与顺山集文化、小山口遗存均有关联。

顺山集三期文化遗存与被定为顺山集文化的遗存之间存在缺环，除了仍具有一部分顺山集文化特征外，更多的是一些新的文化要素。夹砂陶的掺和料多为植物碎末，器表多涂抹泥浆，少量器物饰绳纹、刻划纹、附加堆纹等，常见窄长月牙形鋬手。以釜、盆、圈足盘、锉等为典型器类。釜的造型与前两期有明显不同，虽然底部均为圜底，但是新出现折沿釜，折沿部较宽，以A型、D型、E型釜最具代表性，E型釜常见腹部装有两个月牙形鋬手；双墩遗址的C型折沿釜有宽折沿和窄折沿两种，但总体形态上二者还是差异较大，月牙形鋬手与双墩冠部未饰指切纹的鸡冠形鋬手相似。罐和壶上所装的宽、窄条半环形耳似双墩文化中的宽、窄牛鼻形耳。新出现陶锉，器表坑坑洼洼，多为扁平的梭形，双墩遗址也发现大量陶锉，二者的陶锉较为接近。顺山集三期遗存的石器不发达，有锛、锤、磨球等，未发现骨器，动物骨骼数量也较少，这可能与当时这里的气候环境、温湿度等有关。三期遗存器形整体较规整，制作技艺较前两期有所提高，新出现锉、折沿釜、圈足盘等器物，不见前两期的匜、灶、纺锤等，显然三期与前两期之间存在缺环。双墩文化与顺山集三期遗存相似之处多于顺山集文化，但主体差异还是存在的。二者的联系可能是因为在距今约7800年时，淮河流域遭遇干冷气候②，部分动物种属在这种条件下难以生存，人类的生活也不像之前那样稳定，所以处于淮河下游的顺山集先民向淮河中游地区迁徙，带来了部分顺山集文化要素。

总体来看，在双墩文化分布区范围内及周边地区比双墩文化年代早的文化遗存中，顺山集文化、小山口一期文化与双墩文化的年代间隔较大，大部分器形差别较大，应该不是双墩文化的直接来源。石山孜二期文化遗存是延续石山孜一期文化遗存发展下来的，而石山孜二期文化遗存与双墩文化有着密切交流，石山孜一期文化的下限时间基本可与双墩文化年代相衔接，双墩文化的部分器形如折沿钵型釜、敞口钵型釜等，以及器物口沿下有凸棱并在上面加印纹饰的风格很可能是从石山孜一期文化继承发展来的。由此推测石山孜一期文化发展到一定阶段时，一部分先民留在原地继续发展造就出石山孜二期文化，而另有一部分人沿淮河支流南下到达淮河岸边双墩文化分布区。而提到裴李岗文化对双墩文化产生的影响，就要谈到裴李岗文化与北辛文化的关系，北辛文化的产生也与裴李岗文化密切相关。裴李岗的一支很可能沿着淮河北侧支流东进，到达泗河中下游地区，从而促使了汶泗流域北辛文化的形成③。而裴李岗文化就是在其东进的过程中对双墩文化形成造成影响，裴李岗人在沿淮河向东迁徙时，淮河中游地

① 安徽省文物考古研究所、淮北市博物馆、濉溪县文物事业管理局：《濉溪石山孜——石山孜遗址第二、三次发掘报告》，文物出版社，2017年，第155页。

② 胡飞、杨玉璋、张居中：《淮河中游地区史前人类文化演化过程的环境考古学观察》，《东南文化》2018年第3期。

③ 栾丰实：《北辛文化研究》，《考古学报》1998年第3期。

区是必经之路，或许有一部分裴李岗人在此时将裴李岗文化的部分传统和文化因素传播到该地区，主要体现在双墩文化的罐类器方面，可能是对裴李岗双耳壶、双耳罐类器进行扬弃改造产生的，双墩的双耳罐在器形方面较石山孜遗存更接近裴李岗文化，而石山孜的双耳罐器形则更偏向于顺山集的同类器。此外，后李文化看似与双墩文化的形成也有所关联，后李文化以釜类器为主，部分窄沿釜应对双墩文化同类器有影响，釜与支架搭配的传统在双墩文化中也存在。后李文化的下限为距今7300年，与双墩文化时间相衔接。从其与小山口一期文化的密切联系来看，在距今8000年的时候，海岱地区与淮河中游地区就已经多有交集了，所以在后李文化末期有部分先民选择迁徙到淮河中游地区也并不稀奇。

综上，初步推测石山孜一期文化部分先民南移到淮河中游地区，裴李岗文化部分先民沿淮东进过程中途经淮河中游地区，顺山集三期的先民受生活所迫也沿淮迁徙到中游地区，后李文化部分先民南下沿淮抵达在更早时期就已有联系的淮河中游地区，在四者的共同作用下，并与当地本土文化融合，双墩文化逐步形成。

有研究显示，距今8500～7500年，顺山集地区的气候环境温和偏干燥，适合人群在这里繁衍生息，推动了顺山集文化的产生和发展，巢湖湖相沉积物所记录的在距今7800～7600年的降温事件对古人类的生存带来了冲击[①]。所以原顺山集地区的先民沿濉河北移，来到淮河中游的石山孜地区，与此时当地较为发达的石山孜一期文化相结合，石山孜一期文化与小山口一期文化是本土的强势文化，当一支外来文化迁徙到新的地区时，很大程度上是要被当地的文化所吸纳改造的，但这也不是一朝一夕就能完成的，所以在文化融合的前期，新来的文化的特征还会有所保留并对后续发展有影响，石山孜二期文化遗存中的陶锉可能就是在顺山集三期遗存的影响下产生的，而在随后石山孜与双墩的交流中又将这一元素传给了双墩，但其对双墩文化的影响并不占主体地位，顺山集的要素主要是被石山孜遗存所吸收。在距今7300～7000年和距今6900～6700年淮河中游地区出现强降水事件，这可能是前文所提到的双墩文化各遗址均处在台地上的原因，应该是为了减小强降水时河流湖泊泛滥带来的破坏性影响，所以才选择在比遗址周边地势稍高的区域进行生产生活。在双墩遗址和侯家寨遗址发现的房屋形陶器刻划符号也从侧面反映出当时此地区确实降水量大，气候潮湿，此类刻划符号被认为是干栏式建筑，如双墩92T0721㉗：57、双墩92T0723㉚：49、侯家寨T6③：36-2等，这种建筑下面架空，隔开地面，可以有效地隔离潮气，双墩人选择居住在干栏式房屋内，不同于后李、仰韶、北辛等半地穴式的建筑，也是环境因素造成的。石山孜遗址处于谷地，在强降水频发期间，在谷地中生存显然不如在台地上适宜，这就促使一部分石山孜人沿淮河支流向南流动，寻找适合生活的台地以便应对强降水天气。双墩文化各遗址先民的生业经济活动中侧重点的不同，也说明在该段时期内淮河中游地区的微地貌环境也存在差异[②]。正是因为第二次的强降水事件造成的恶劣影响，仅

① 胡飞、杨玉璋、张居中：《淮河中游地区史前人类文化演化过程的环境考古学观察》，《东南文化》2018年第3期。

② 胡飞、杨玉璋、张居中：《淮河中游地区史前人类文化演化过程的环境考古学观察》，《东南文化》2018年第3期。

仅依靠在台地上生活来躲避强降水对生产活动的威胁，此时已经不能支撑先民的生存，原处于淮河中游地区的双墩文化先民不得不迫于环境的恶化，向其他宜居地区转移，双墩人选择了向西北部地区出发，沿淮河支流涡河北上，到达今鹿邑武庄地区，此时这一区域已被仰韶文化覆盖，迁移而上的双墩文化只能在那里与周边的仰韶文化进行交流融合，在这个过程中，双墩作为一支刚刚由异地迁去的外来文化，进入了仰韶文化腹地，处于弱势状态，势必要接受当地强势文化的改造，所以分布在武庄地区的双墩文化在受到周边仰韶文化大河村类型的作用下，除保留一部分淮河中游地区双墩文化的自身特征，另外还产生一批与大河村类型极为相似的器物，而后在周边地区文化的包围下，双墩文化的北上发展并不顺利，其发展由此进入末期，归于平淡，走向了尾声。

2. 双墩文化的流向

对于双墩文化流向的问题，受到材料的限制，在此仅做初步的探讨。

双墩文化在淮河中游地区发展到二期前段时由于生态环境的改变，先民选择向西北方向的武庄地区迁徙。而淮河中游地区在距今6500～5500年属于文化间歇期，淮河中游地区降水量大，湿地沼泽范围扩大，河流密集，海平面上升，海水倒灌[①]，所以人类的生存空间有限，文化发展不似之前那么丰富，在这一地区发现的属于此期间内的遗址也很少。

来源于地层的证据表明以侯家寨二期为代表的侯家寨文化可能是双墩文化的主要继承者。侯家寨文化的年代距今6100～5800年，在侯家寨遗址发现侯家寨文化地层叠压在双墩文化地层之上。侯家寨文化遗存包括侯家寨遗址的第2层和几处第1层下的遗迹，有三处残居住面，呈圆形或椭圆形，推测为半地穴式的窝棚建筑，还有五个灰坑，呈圆形或不规则形，坑内出土有陶片、动物骨骼等[②]。遗物主要为陶器，以夹砂陶为主，另有部分泥质陶，泥质陶多为彩陶，制作较精细，器壁相对于一期变得薄而均匀。陶色以红褐色为主，次为外红内黑色，少量灰色陶和黑色陶。陶器均为手制，多数器物留有刮削痕迹。器表以素面为主，少部分器物饰指切纹、弦纹、附加堆纹、刻划纹、镂孔等。流行錾手、耳系、三足，錾手仍多为鸡冠形錾手，与一期时的錾手一致，耳系多为鸟首形，较一期时形态有所发展，鼎足比一期时丰富，出现麻花形和草帽形足。在一期属双墩文化的遗存中大量发现的陶器刻划符号不见于二期。彩陶器的彩绘纹饰以红彩为主，多在盆、碗、豆的表面饰三角纹、带状纹、波折纹、网格纹等，样式丰富。陶器以浅腹钵形鼎、折腹釜形鼎、盘形豆、钵形豆、釜形钵、高颈壶等为典型。从文化特征来看，侯家寨文化与双墩文化有共同点，陶器均以红褐色和外红内黑色为主，均为手制，器表内外进行磨光，留有整平刮削痕，器表均以素面为主，共有的纹饰有指甲纹、附加堆纹、弦纹等，皆流行錾手和耳系。耳系也较为相似，主要为鸟首形和牛鼻形。侯家寨文化时期三足鼎

---

① 赵希涛、唐领余、沈才明等：《江苏建湖庆丰剖面全新世气候变迁和海面变化》，《海洋学报（中文版）》1994年第1期。

② 阚绪杭：《定远侯家寨新石器时代遗址发掘简报》，《文物研究》（第5辑），黄山书社，1989年。

大量出现，取代双墩文化时期釜的主流地位，说明此时淮河流域的文化已经进入了新的发展时期。而在侯家寨文化层中出土的部分器物与双墩文化层中的同类器有继承发展的关系（图1-82）。如T3②：138，为罐形釜口腹部残片，折沿，口外侈，上腹部斜直，并装有两个对称的鋬手，应是继承双墩文化的Cb型罐形釜发展的，与后者相比最大腹径位置下移，更接近底部，上腹部又弧腹较鼓变为较斜直。T3②：135，为折沿直口钵形釜，与双墩文化的Ab型钵形釜相似，但是器形较小，器身也较一期变矮，应该是延续其发展的。T3②：118，为祖形支架，底部有一柱形孔洞，上半截弯曲状，与双墩文化的B型支架形态相近，但是顶端由出檐变为不出檐。H1：4为小口双耳罐残片，与双墩文化的Ba型罐有关联，但较其来说此型罐的颈部变高，上腹部的外鼓程度减弱，腹径与底径的差距也变小。T2②：152为敞口钵，与双墩文化的Ab型钵相似，但是器形变小，器身变矮。T2②：136为伞形器盖，与双墩文化的Ac型器盖形态基本一致，只是器表有红色彩绘纹饰，不似双墩文化的素面，更加美观。F3：5与双墩文化的Ba型盖纽相似，均为尖顶形，顶端下出檐，但是侯家寨文化的此型盖纽尖顶部分较双墩文化时变矮，出檐部为素面，不似双墩文化时饰有指切纹。T1②：63与双墩文化的Aa型折沿敛口钵形釜相似，折沿，口内敛，口沿下饰一周指切纹，斜直腹，平底，上腹部装有四个对称的鸡冠形鋬手。此外，在本期还新出现了麻花形、草帽形、弯曲形鼎足，不见于双墩文化遗存中。由以上对比可以看出侯家寨文化延续了部分双墩文化的传统，二者具有承袭关系，并与其他文化有交流，发展出具有自身特色的文化遗存。与其属于同一文化系统的遗存还包括武庄二期、古埂早期、大城墩一期等[①]。此类文化遗存以侯家寨二期为代表，有一组具有自身特色的器物组合，有一定的分布范围，或可称为侯家寨文化[②]。但是侯家寨遗址的一期和二期遗存虽在地层上属于叠压关系，可实际上经过测年可知两期之间存在较大年代缺环，侯家寨二期的最新测年结果显示其年代为距今6100～5800年。在文化间歇期内此地不适合人类生存，而后淮河中游地区的自然环境有所变化，又变得宜居，使原本迁徙到武庄地区的双墩人后裔出于寻源的目的又回到此地区，延续部分之前双墩文化传统发展出侯家寨文化，并渐渐地向南部发展。所以可以认为侯家寨文化是双墩文化的后续文化。

双墩文化除了在其分布范围内对侯家寨文化的形成产生影响外，应该也对江淮东部地区的文化造成影响，在上文将双墩文化与龙虬庄文化对比时可看出二者有一定的相似性，尤其是双耳罐形釜、盂形器等形态相近。由于强降水事件频发，淮河中游地区的双墩人有一部分选择北上迁徙到武庄地区，另外有一部分人可能选择沿淮河向下游地区转移流向龙虬庄地区，而江淮东部地区也被证实存在独立的文化系统，双墩人转移到这里处于弱势，难以进行自身的发展，只能被当地文化所吸纳，主体文化特征与双墩文化相比已有明显差异，只有个别器物特征可看出具有双墩因素。龙虬庄一期年代的上限距今6600年，年代也大体可与双墩文化二期后段相衔接，并且两地之间没有艰险的障碍阻隔，双墩人流向龙虬庄地区也不难实现（图1-78）。

---

① 姚倩星：《侯家寨遗址出土陶器分期研究》，安徽大学硕士学位论文，2018年，第1页。

② 陈艳：《侯家寨遗址文化遗存研究》，安徽大学博士学位论文，2016年，第78页。

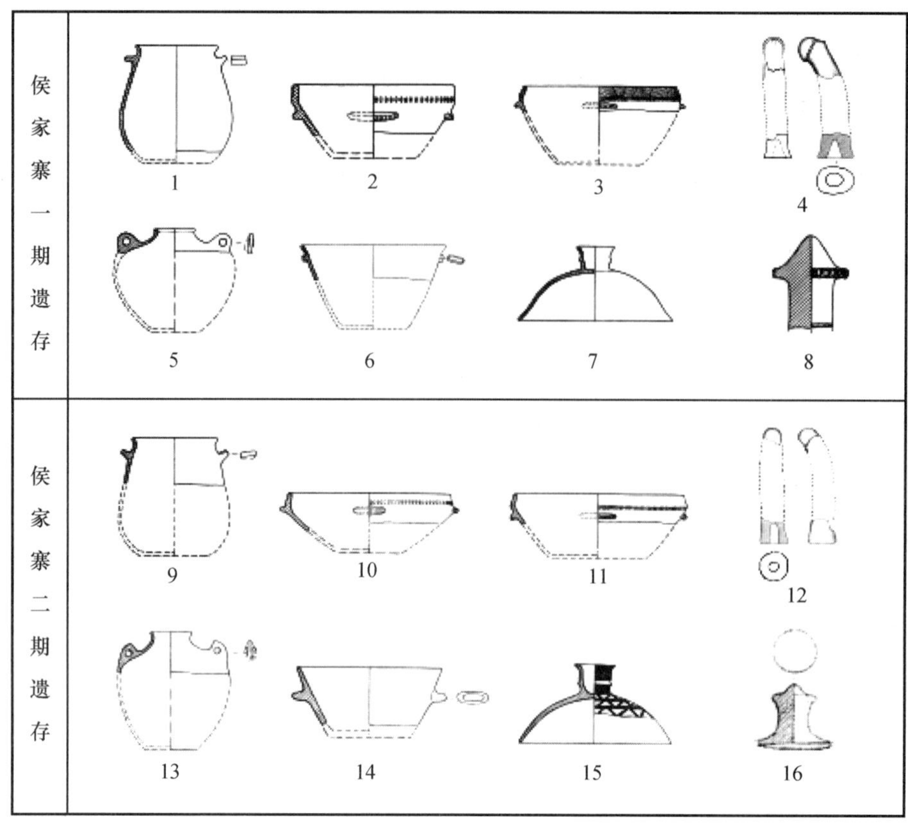

图1-78　侯家寨一期与侯家寨二期器物对比图

1. T2④：286　2. T6④：102　3. T6③：54　4. T1④：132　5. T4④：30　6. T3③：217　7. T2③：225　8. T1③：75　9. T3②：138　10. T3②：135　11. T1②：63　12. T3②：118　13. H1：4　14. T2②：152　15. T2②：136　16. F3：5

综上所述，可以认为石山孜一期文化遗存、裴李岗文化、后李文化构成双墩文化的直接来源，顺山集三期对双墩文化的产生也有一定影响。双墩文化在发展中本土元素明显，将其他文化带来的影响进行改造，是此时淮河流域较为发达且自身特征明显的一支新石器时代文化。后期自然环境变化使双墩文化先民背井离乡去寻找新的栖息地，但受到其他文化的冲击，渐渐衰落了。继双墩文化之后，淮河流域又兴起了侯家寨文化，侯家寨文化在继承双墩文化的部分文化因素以外，也具有自己的典型要素。侯家寨文化的典型遗址仍处于淮河中游地区，可能是一种寻源行为。而龙虬庄文化也是受到双墩文化的一定作用产生的，只是在江淮东部地区双墩文化已不再是主导者身份，只遗留小部分元素，主体要素已不在。由此推断，双墩文化的主要后续文化即为侯家寨文化和龙虬庄文化。

六、结　　语

通过上述研究，本节所得认识和结论可初步归纳如下。

双墩文化的年代为距今7300～6300年，总体上可分为两期，一期距今7100～6800年，二期距今6800～6300年。

双墩文化并不是孤立发展的，在其产生和发展的过程中皆受到海岱地区、黄河流域、淮河流域的文化影响，并且与同时期相邻地区考古学文化有密切互动，表现较为活跃，尤其与石山孜二期文化遗存和北辛文化往来频繁，双向交流。

双墩文化是在裴李岗文化、后李文化、石山孜一期文化、顺山集三期的作用下，与当地土著文化共同造就的。双墩文化的后续发展应为侯家寨文化和龙虬庄文化。

关于淮河中游地区史前文化发展序列，距今8000年时，小山口一期遗存产生，其文化面貌与海岱地区后李文化相近，二者应有联系。在同时或稍晚时期出现石山孜一期遗存，其与小山口一期遗存的器物特征有相似之处，或许属于同一文化系统，此类遗存代表了淮河中游地区距今8000年的文化，并延续发展出石山孜二期遗存。距今7300年时，双墩文化在受到多元文化的作用下产生，其与石山孜二期遗存大体是同时发展的，与石山孜二期具有血缘关系，代表了距今7000年左右淮河中游的文化，在这一时期是极为强势的。随后在距今6100年左右，侯家寨文化在继承双墩文化部分要素的基础上，又在与其他文化交流中产生了自身特点，并影响到了之后的黄鳝嘴文化、薛家岗文化、北阴阳营文化等。

综上所述，本节基本明确了双墩文化的特征要素，进而完善了距今8000～6000年的淮河中游地区新石器文化发展序列。但是相对于其他地区来说，淮河流域史前文化的研究还是略显薄弱，很多问题现在还不能得到明确解答，希望今后开展更多的考古发掘工作，用实物资料来揭开淮河流域史前文化的面纱，使淮系文化的发展脉络更为清晰。

第三节　侯家寨二期文化遗存研究——论侯家寨文化*

侯家寨遗址位于淮河以南约60千米处的安徽省定远县七里塘乡袁庄村，为新石器时代台形遗址，面积3万余平方米，1977年春发现，1985年春和1986年秋进行了两次发掘，揭露面积375平方米。遗址堆积可分为两期。对于侯家寨两期遗存属性的认识，学术界经过多年探讨认为：一期应属于距今7000年左右的双墩文化，二期文化面貌暂不清晰①。

一、侯家寨遗存文化属性研究现状

1989年，阚绪杭最早将侯家寨遗存分为两期，并将江淮地区年代和遗存性质相近的肥西古

---

* 此节作者为陈艳。

① 阚绪杭：《安徽淮河流域新石器时代考古的重大突破：双墩文化概说》，《中国文物报》2005年12月16日第3版。

埂下层、濉溪石山孜、蚌埠双墩、含山大城墩下层等统称为“侯家寨遗存”[①]。此后，学术界对于侯家寨两期遗存文化属性的探讨主要有以下四种观点。

第一，认为侯家寨遗存一期和二期文化面貌上有所不同，应属于不同文化类型。

早在1988年，杨立新提出侯家寨晚期和古埂下层应是同一类型的文化遗存，而侯家寨早期和古埂下层应是同一文化遗存的两个连续发展阶段[②]。1989年，严文明先生认为“在安徽东北块，较有代表性的文化类型早的有定远侯家寨下层及蚌埠双墩等，晚的阶段有侯家寨上层和肥西古埂下层”[③]。何长风认为安徽江淮地区至少有5个原始文化类型，即以侯家寨下层为代表的文化（可称侯家寨类型）和以古埂下层与侯家寨上层为代表的文化类型等[④]。1999年，朔知将安徽淮河流域发现的不晚于公元前6000～前4000年的遗址分为三期：一期为小山口一期文化，二期有古台寺一期文化、双墩下层文化等，三期有石山孜一期、双墩上层、侯家寨一期等[⑤]。

第二，认为侯家寨一期和二期分属两种不同的考古学文化。

1993年，吴加安等提出石山孜文化，认为鹿邑武庄一期，以及淮河沿岸如蚌埠双墩、侯家寨一期有一些与石山孜相似或相近的因素[⑥]。2003年，张文军将侯家寨一期及武庄一期纳入江淮地区同一考古学文化系统，同时提出武庄二期文化，侯家寨二期属于武庄二期文化[⑦]。

第三，认为侯家寨一期和二期作为一个整体，同属于一种类型或一种文化。

1991年，杨德标将安徽江淮地区新石器时代文化分为早、中、晚三个阶段，认为早期阶段以定远侯家寨一、二期，含山大城墩一期和肥西古埂早期等为代表[⑧]。1996年，梁中和、傅宪国把淮河中游地区早期新石器时代文化统一命名为“石山孜文化”，并分为石山孜类型和侯家寨类型[⑨]。冀和认为侯家寨遗址是石山孜文化的一个类型，即侯家寨类型[⑩]。

第四，从侯家寨文化到双墩文化，侯家寨遗存一分为二。对于侯家寨遗存的文化属性，影响比较深远的是侯家寨遗址发掘者阚绪杭的观点。他在1991年“苏鲁豫皖考古工作座谈会”上首次提出侯家寨文化[⑪]。1993年，正式刊文并将其分为四个阶段。这四个阶段分别以蚌埠双墩、侯家寨下层、石山孜、侯家寨上层为代表。在文中他强调“虽然侯家寨一期、二期同属于

① 阚绪杭：《定远县侯家寨新石器时代遗址发掘简报》，《文物研究》（第5辑），黄山书社，1989年。

② 杨立新：《安徽江淮地区原始文化初探》，《文物研究》（第4辑），黄山书社，1988年。

③ 严文明：《安徽新石器文化发展谱系的初步观察》，《文物研究》（第5辑），黄山书社，1989年。

④ 何长风：《关于安徽原始文化研究中的几个问题》，《文物研究》（第5辑），黄山书社，1989年。

⑤ 朔知：《安徽淮河流域早期原始文化略说》，《东南文化》1999年第5期。

⑥ 吴加安、梁中和、王吉怀：《皖北地区新石器文化遗存及其性质》，《文物研究》（第8辑），黄山书社，1993年。

⑦ 张文军、张志清、赵新平：《试析河南鹿邑县武庄遗址新石器时代文化遗存》，《考古》2003年第2期。

⑧ 杨德标：《安徽江淮地区新石器时代文化》，《文物研究》（第7辑），黄山书社，1991年。

⑨ 梁中和、傅宪国：《淮河中下游地区的早期新石器时代文化》，《考古求知集：96考古研究所中青年学术讨论会文集》，中国社会科学出版社，1997年。

⑩ 冀和：《试论皖北地区新石器时代早期文化》《中原文物》1997年第2期。

⑪ 本刊编辑部：《苏鲁豫皖考古座谈会纪要》，《文物研究》（第7辑），黄山书社，1991年。

侯家寨文化，但却是不同的发展阶段，文化面貌上有部分连续性但又存在很大的不同”[①]。

2005年，随着对双墩遗址研究的深入，李伯谦、张之恒、张敏等均表示以双墩遗址为代表的遗存是淮河中游地区独立的考古学文化[②]。阚绪杭通过对双墩遗址发掘资料的整理和对比研究认为，在新石器时代早期和中期，淮河中游的双墩遗址比侯家寨遗址更具有典型性和代表性，称为“双墩文化”更为合适。同时，他强调侯家寨一期和二期文化面貌不同，一期与双墩内涵一致，二期则有很大差异[③]。2008年，在《蚌埠双墩——新石器时代遗址发掘报告》中，阚绪杭就侯家寨遗址和双墩文化的关系再次做了说明，认为“双墩遗址与侯家寨一期相同而区别于二期，与淮河中游同类文化比较，双墩遗址内涵更有典型性和代表性”[④]。

双墩文化提出以后，侯家寨遗存一分为二，一期纳入双墩文化。对于二期文化面貌，阚绪杭认为，侯家寨二期“文化内涵典型、丰富，且分布在文化区的中心地区，其可以独立承载侯家寨文化的命名”[⑤]。侯家寨二期能否独立承载侯家寨文化，其内涵、年代、文化属性等，正是本节关注的焦点。

二、侯家寨二期遗存特征

侯家寨遗址为一座台形新石器时代遗址，共分为4个地层，5个灰坑，3处残居住面。根据地层堆积和对出土物的分析整理，可以将侯家寨遗存分为两期，第3层和第4层为侯家寨一期，第1层、第2层、灰坑和居住面为侯家寨二期[⑥]。

侯家寨二期出土遗物有石器、兽骨和骨器、陶器等。石器数量不多，多为石锛，少量为石铲和石斧。出土的动物骨骼较多，种类有猪、狗、鹿、龟、鳖、鸟、螺、蚌等；骨器和角器数量均较少，仅有尖状器等（图1-79）。一期流行的鹿角勾形器二期基本不见，一期的骨针、尖状器二期少见。这应和生产方式的转变有一定的关系。

侯家寨二期出土陶器最为丰富。陶器以夹砂陶为主，泥质陶次之，夹蚌陶较少。陶色红褐色为主，橘色或暗红色的彩陶次之，少量为黑色或外红内黑。陶器多素面。纹饰有弦纹、指切纹、捺窝纹、戳刺纹、刻划纹、镂孔等。器耳、盖纽发达，流行鸟首形器耳，圈座形纽、尖

① 阚绪杭：《试论淮河流域的侯家寨文化》，《中国考古学会第九次年会论文集》，文物出版社，1997年。

② 蚌埠博物馆、本刊编辑部：《聚焦淮河考古：蚌埠双墩遗址暨双墩文化研讨会纪要》，《中国文物报》2005年12月16日第3版。

③ 阚绪杭：《安徽淮河流域新石器时代考古的重大突破：双墩文化概说》，《中国文物报》2005年12月16日第3版。

④ 安徽省文物考古研究所、蚌埠市博物馆：《蚌埠双墩——新石器时代遗址发掘报告》，科学出版社，2008年。

⑤ 安徽省文物考古研究所、蚌埠市博物馆：《蚌埠双墩——新石器时代遗址发掘报告》，科学出版社，2008年。

⑥ 侯家寨相关资料均来自安徽省文物考古研究所。

顶出沿形、角形纽等。彩陶纹饰丰富，多在口沿或器身饰红色彩带，折线纹、水波纹、勾连云纹、网状纹、几何纹等。陶器流行三足器、圈足器、平底器，有部分圜底器。器形有鼎，豆、钵、罐、釜、碗、盂、盆、甑、壶、伞形器盖、陶纺轮、陶球等，其中，以鼎、豆、钵、罐、盂等器物最为典型。

三、侯家寨二期遗存年代

侯家寨二期包括第1层、第2层、5个灰坑和3处残居住面。灰坑和残居住面均开口于第1层下，打破第2层，显然灰坑和居住面的年代应晚于第2层，早于第1层。第2层以夹砂陶为主、泥质陶次之。灰坑、残居住面和第1层以泥质陶为主。两者主要器类、器形基本相同，但是少数器形有一定的区别。所以，把第2层划为侯家寨二期的早段，把灰坑、残居住面及1层作为二期的晚段。第1层出土器物较少，仅有几件陶盂、陶球，在和周边遗址做比较时，以灰坑、残居住面出土器物为主。

侯家寨二期早段彩陶碗内饰的连续菱格纹及其他纹饰组合（图1-79，16），与龙虬庄二期晚段钵内饰高度相似，且侯家寨二期早段的彩陶碗在龙虬庄二期晚段也存在①。侯家寨二期早段的折腹釜形鼎（图1-79，2）在龙虬庄晚段有相类的器物存在②。显然，侯家寨二期的早段与龙虬庄二期的晚段曾有交集。大汶口文化早期王因遗址出土的釜形鼎③。与侯家寨二期早段的Ⅰ式直口釜形鼎几乎完全相同④，可见，侯家寨二期早段应与大汶口早期年代相近。大汶口文化早期距今6200～5600年，龙虬庄二期距今6300～5500年，结合龙虬庄文化二期晚段及大汶口文化早期的年代推测，侯家寨二期上限应在距今6200年左右。

侯家寨晚段出土的大口釜形鼎（图1-79，1），与北阴阳营二期出土的Ⅴc式鼎器形完全一致；侯家寨二期晚段流行的Ba型罐形鼎（图1-79，3），与北阴阳营Ⅱa式鼎完全一致⑤。可以推测，侯家寨二期晚段灰坑的与残居住面的年代应与北阴阳营二期相当，而侯家寨二期1层应晚于灰坑和残居住面的年代，所以侯家寨二期晚段应与北阴阳营二期相近或稍晚。北阴阳营二

① 龙虬庄遗址考古队：《龙虬庄——江淮东部新石器时代遗址发掘报告》，科学出版社，1999年，第257、220页。

② 龙虬庄遗址考古队：《龙虬庄——江淮东部新石器时代遗址发掘报告》，科学出版社，1999年，第257、220页。

③ 中国社会科学院考古研究所：《山东王因——新石器时代遗址发掘报告》，科学出版社，2000年，第110页。

④ 阚绪杭：《定远县侯家寨新石器时代遗址发掘简报》，《文物研究》（第5辑），黄山书社，1989年。

⑤ 南京博物院：《北阴阳营——新石器时代及商周时期遗址发掘报告》，文物出版社，1993年，第40、41、95、40页。

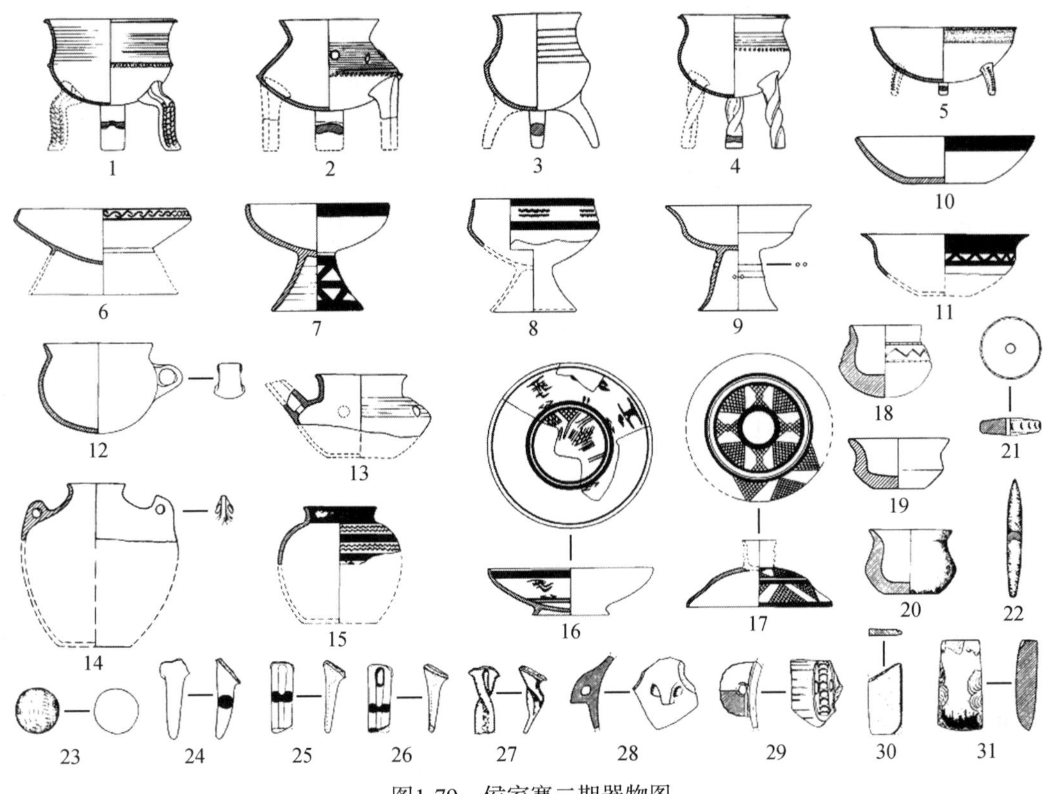

图1-79　侯家寨二期器物图

1. Aa型鼎（H4：3）　2. Ab型鼎（H5：7）　3. Ba型鼎（H5：6）　4. Bb型鼎（T1②：69）　5. C型鼎（T2②：145）　6. Ab型豆（T2②：143）　7. Ba型豆（T3②：131）　8. Bb型豆（H3：11）　9. Cb型豆（T3②：126）　10. Aa型钵（T2②：151）　11. Ab型钵（T4②：2）　12. D型钵（T2②：153）　13. 壶（T3②：139）　14. A型罐（T2②：154）　15. Ba型罐（H1：4）　16. B型碗（T3②：119）　17. 器盖（T3②：117）　18. B型盂（T3②：114）　19. C型盂（T6②：4）　20. D型盂（T2②：122）　21. 纺轮（T1②：6）　22. 骨器（T2②：164）　23. 陶球（T1②：24）　24. Aa型鼎足（T1②：11）　25. Ba型鼎足（T6②：28）　26. Bc型鼎足（T2②：20）　27. D型鼎足（T3②：46）　28、29. 耳系（Aa型T2②：55、Ac型T1②：56）　30. 石刀（T3②：357）　31. 石锛（T1②：139）

期年代与苏北邳州市刘林和青浦崧泽早期年代相当①。邳州市刘林处于大汶口文化早期，距今最晚年代为5600年，崧泽早期距今最晚年代为约5800年。

侯家寨二期有一个H5的测年数据，为距今5175年，显然，数据偏晚。根据堆积情况及与周边考古学文化的对比，侯家寨二期的年代上限在距今6200年左右，下限应在距今5600年或稍晚阶段。

四、侯家寨二期遗存分布范围

侯家寨遗址位于淮河中游。淮河流域在史前时期是黄河流域和长江流域的交汇地带，侯

① 南京博物院：《北阴阳营——新石器时代及商周时期遗址发掘报告》，文物出版社，1993年，第40、41、95页。

家寨二期便不可避免地与长江流域和黄河流域的新石器时代文化发生关系。在淮河上游，侯家寨二期同类遗存有鹿邑武庄二期。在江淮流域，侯家寨二期遗存兵分两路，一路分布在江淮东部，其发展的路径，先是南下到肥西古埂，然后从古埂转向东南，经巢湖、裕溪河渡江到达现今马鞍山的石臼湖和南京的固城湖，进入宁镇地区。另一路分布在江淮西部，其传播路径是从肥西古埂，通过陆路和水路，转向西南怀宁孙家城，同时对附近的宿松黄鳝嘴、安庆夫子城有一定的影响。罗运兵特别提到了第一条路径，他认为早在侯家寨一期淮河中游遗存南下的现象就已经非常明显，而且这种南下的势头相当强劲①。这一地区，侯家寨二期同类遗存有肥西古埂早期、大城墩一期、高淳薛城遗址中层等。

淮河上游的武庄遗址位于河南省鹿邑县城南10千米的王皮溜乡马庄行政村武庄村北，淮河支流西淝河的上游②。2003年，张文军等撰文详细论证了武庄二期一段、二段和侯家寨二期是同一考古学文化。他认为武庄二期和侯家寨二期均以鼎、罐、豆、碗、盆、壶等器类为主，且二者的鼎、罐、豆、钵、彩陶盆等形制基本相同（图1-80），尤其是领部渐高的折腹釜形鼎在淮河中游地区具有代表性③。

肥西古埂位于安徽省肥西县上派镇东1.5千米处，北距合肥18千米，派河从遗址东北约1千米向东南注入巢湖。遗址平面呈横长条状，高出周围农田约2米，北临古埂塘，南面紧邻一条水渠。发掘者将古埂新石器时代文化遗存划分为早晚两期。早期遗存主要是遗址第4层和第3层，还包括第2层下房基F1、F2，灰坑H2，灶坑Z1等遗迹④。其早期遗存以夹砂红陶为主，部分泥质陶，盛行三足器、平底器，有部分圈足器。古埂早期颈部饰凹旋纹的罐形鼎（图1-80，17）、泥质红陶的伞形器盖（图1-81，25）、盅（图1-81，26）等在侯家寨二期类似的发现（图1-80，5，图1-81，5、2）。古埂早期常见的喇叭圈足钵形豆（图1-80，18）、鸟首形器耳（图1-80，27）在长江下游地区少见，但在侯家寨二期尤为发达（图1-80，7；图1-81，4）。古埂的圆锥形鼎足（图1-81，29）、鼎足正面饰一竖凹槽的手法（图1-81，30），也大量出现在侯家寨二期（图1-81，14、15），尤其是鼎足正面饰一条或多条竖凹凿的做法在侯家寨十分流行（图1-81，13、14）。古埂早期器物上的刻划纹、波浪纹、附加堆纹，以及出现在豆柄上的圆镂孔装饰等，在侯家寨二期中均存在。古埂早期两平行直线间饰折线纹（图1-81，28）也是侯家寨二期的典型纹饰（图1-81，1、9）。古埂早期的黑色花瓣纹彩绘风格与刘林出土彩陶风格亦十分相似⑤。证明古梗早期和刘林之间的文化交往是较为密切的。据此推之，古埂早期的年代应为大汶口文化中期或略早⑥。

① 罗运兵：《薛家岗文化与周邻文化的关系》，《道远集——安徽省文物考古研究所五十年文集（1958～2008）》，黄山书社，2008年。

② 河南省文物考古研究所：《河南鹿邑县武庄遗址的发掘》，《考古》2002年第3期。

③ 张文军、张志清、赵新平：《试析河南鹿邑县武庄遗址新石器时代文化遗存》，《考古》2003年第2期。

④ 安徽省文物考古研究所：《安徽肥西县古埂新石器时代遗址》，《考古》1985年第7期。

⑤ 安徽省文物考古研究所：《安徽肥西县古埂新石器时代遗址》，《考古》1985年第7期。

⑥ 安徽省文物考古研究所：《安徽肥西县古埂新石器时代遗址》，《考古》1985年第7期。

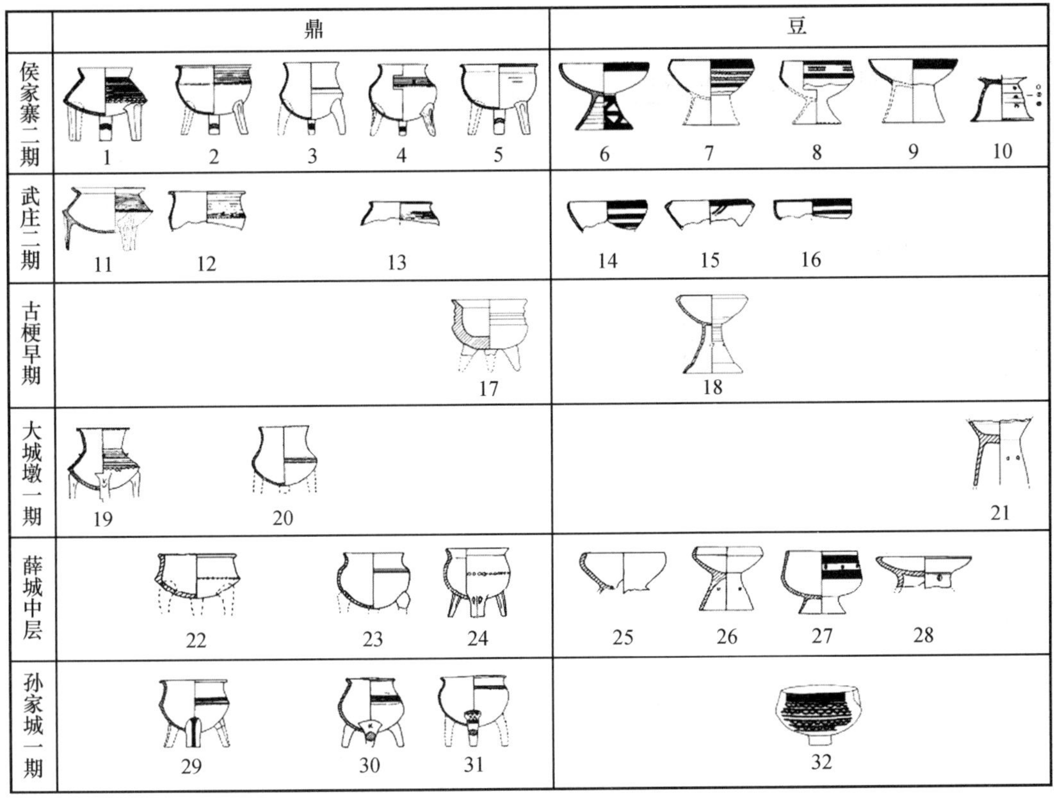

图1-80　侯家寨二期陶鼎、陶豆对比图

1～5. 侯家寨二期鼎（F3：1、T1②：60、H5：5、②：7、T3②：133）　6～10. 侯家寨二期豆（T3②：132、T3②：58、T3②：128、T2②：130、T2②：142）　11～13. 武庄二期鼎（T102⑥：21、T101④：70、T103⑥C：45）　14～16. 武庄二期豆（T102⑥：32、T101⑤：28、T102⑥：31）　17. 古梗早期鼎（T1③：20）　18. 古梗早期豆（H2：⑱）　19、20. 大城墩一期鼎（H9：2、T17⑫：99）　21. 大城墩一期豆（T17⑫：110）　22～24. 薛城中层鼎（M107：21、M77：2、M15：5）　25～28. 薛城中层豆（M84：3、采：41、M82：8、M15：4）　29～31. 孙家城一期鼎（T3⑪：20、T3⑪：53、T3⑬：6）　32. 孙家城一期豆（G2：17）

含山大城墩位于安徽省含山县城西北约15千米处的仙踪镇夏鹏村，滁河的支流夏坝河经附近流过。发掘者将大城墩文化堆积分为5期，T17⑫及H9被划分为新石器时代文化遗存，即大城墩一期[①]。大城墩遗址一期的陶器均以夹砂红褐陶为主，少量泥质红陶和黑陶，以圜底器、三足器为主，少量平底器和圈足器，这和侯家寨二期的陶器群特征基本一致。大城墩一期能识别的器形有鼎、豆、釜、钵、器耳、纺轮等，在侯家寨二期基本有相同或相类的器形存在。特别是大城墩一期领部较高的Ⅰ式釜形鼎（图1-80，19）与侯家寨二期的折腹釜形鼎（图1-80，1）器形基本一致，只是大城墩一期折腹釜形鼎同定远侯家寨二期的和鹿邑武庄二期的相比较，领部更高；大城墩一期的罐形鼎（图1-80，20）在侯家寨二期盛行（图1-80，3）。大城墩一期陶钵（图1-81，31）、圆形穿孔器耳（图1-81，32）、镂孔陶豆柄（图1-80，21）是侯家寨二期流行器物（图1-80，10；图1-81，1、8）。大城墩的扁凿形鼎足中间饰凹槽或按窝的

① 安徽省文物考古研究所、含山县文物管理所：《安徽含山大城墩遗址第四次发掘报告》，《考古》1989年第2期。

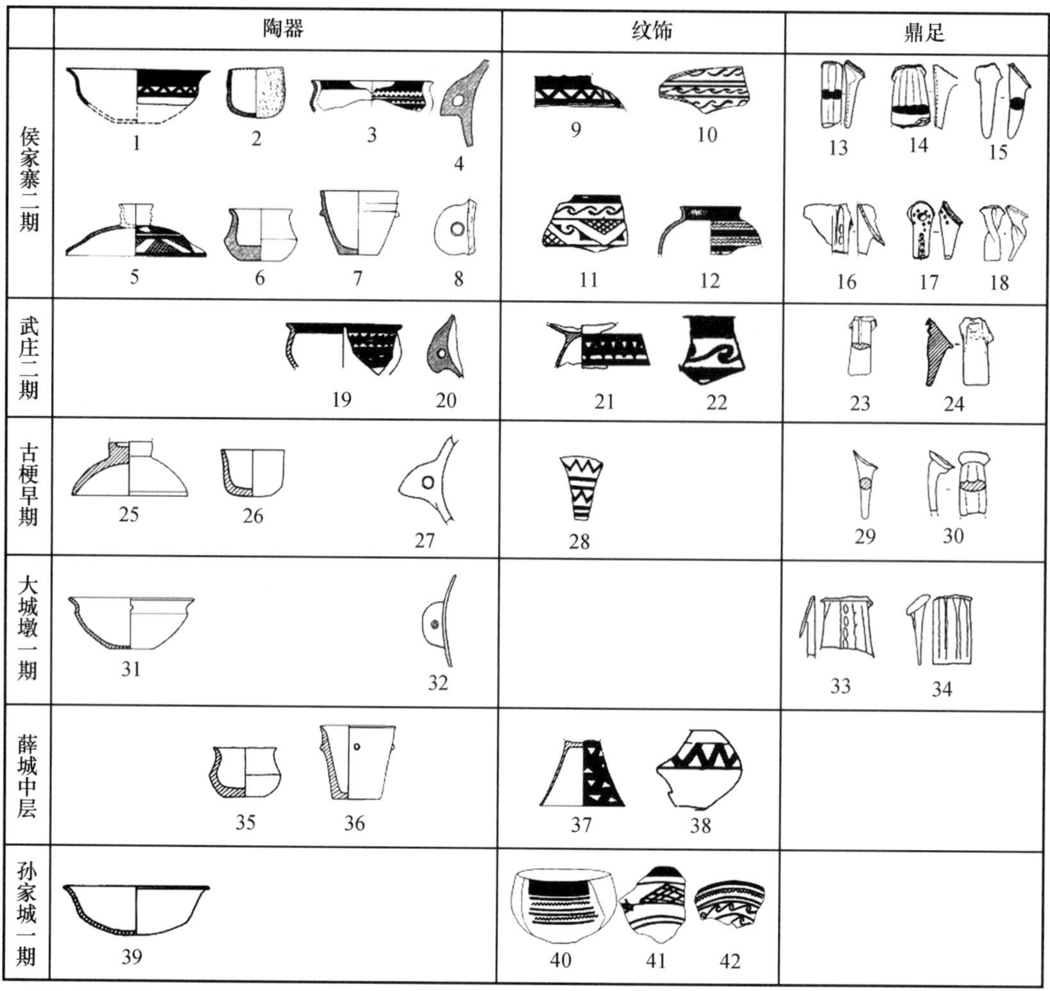

图1-81　侯家寨二期陶器对比图

1、7. 侯家寨二期钵（T4②：2、T2②：150）　2、6. 侯家寨二期盂（T1②：14、T1②：65）　3. 侯家寨二期盆（②：23）　4、8. 侯家寨二期耳系（T2②：55、F3：6）　5. 侯家寨二期器盖（T3②：17）　9～12. 侯家寨二期纹饰（T3②：96、F2：1、②：16、T6②：5）　13～18. 侯家寨二期鼎足（T1②：20、T2②：13、T2②：11、F1：3、F3②：13、T2②：9）　19. 武庄二期盆（T103⑤：51）　20. 武庄二期耳系（T101④：16）　21、22. 武庄二期纹饰（T101④：31、T102⑤：44）　23、24. 武庄二期鼎足（T101⑤：13、H11：2）　25. 古梗二期器盖（T1④：22）　26. 古梗二期盅（T1③：18）　27. 古梗二期耳系（T1③：27）　28. 古硬二期纹饰（T5③：4）　29、30. 古梗二期鼎足（T6④：9、T3③：16）　31. 大城墩一期钵（T17⑫：98）　32. 大城墩一期耳系（T17⑫：106）　33、34. 大城墩一期鼎足（T17⑫：101、T17⑫：102）　35. 薛城中层盂（M108：6）　36. 薛城中层釜（M88：2）　37、38. 薛城中层纹饰（M48：3、M58：1）　39. 孙家城一期盆（G2：16）　40～42. 孙家城一期纹饰（T2⑩：21、T3⑪：2、T3⑪：9）

手法（图1-81，33、34）是侯家寨二期鼎足装饰的典型做法（图1-81，14、16），说明了侯家寨二期与大城墩一期联系密切。含山大城墩罐形鼎（图1-80，20）与北阴阳二期罐形鼎基本一致[①]，两者年代应相近。

① 南京博物院：《北阴阳营——新石器时代及商周时期遗址发掘报告》，文物出版社，1993年，第40、41、95页。

高淳薛城遗址位于江苏省高淳县薛城乡薛四村，南距县城所在地淳溪镇约4千米。遗址原处在石臼湖南岸，本为岛形台地，现在东南面大部仍临水。发掘者将地层堆积和遗迹分为上、中、下三个阶段，其中层文化包括T1第4层及第4层出土的115座墓葬[①]。中层文化遗存，陶质以夹砂红陶和泥质红陶为主，流行平底器、三足器和圈足器，少量圜底器。器形均有釜、鼎、豆、钵、罐、网坠、纺轮等，这和侯家寨二期器物群特征基本相同。此外，两者在陶器器形及流行的陶饰上有很大的共同性，如薛城中层所见的折腹鼎（图1-80，22）、罐形鼎（图1-80，23、24）也在侯家寨二期盛行（图1-80，2、4、5）。薛城中层A型Ⅰ式（图1-80，27）、B型Ⅰ式豆（图1-80，28）、Ⅱ式豆（图1-80，25）、Ⅲ式豆（图1-81，26），侯家寨二期有相似器形（图1-80，8、9、6、7）。薛城中层的折腹盂（图1-81，35）、釜（图1-81，36）与侯家寨二期所见如出一辙，薛城中层流行彩绘宽带折线纹（图1-81，37、38）也是侯家寨二期彩陶的典型纹饰（图1-81，9）。但因高淳薛城处于宁镇地区并与太湖地区相邻，其必然与宁镇地区及太湖地区的原始文化有一定的互动。尤其是薛城下文化层，受马家浜文化影响较深，如下文化层的腹有腰檐釜及肩附鸡冠形鋬手釜、带鋬手的罐形鼎、敛口豆等更多的是马家浜文化的中晚期因素。以此推测，“上文化层的年代应相当于马家浜文化的中晚期”[②]。中文化层在继承上文化层部分元素的基础上，又与北阴阳营二期文化交集甚多。当然，这种影响也是相互的，如薛城中层所出的罐形鼎、罐形豆饰彩带及连续菱形网格纹的手法也见于北阴阳营二期；薛城中文化层的玉器和石器，对北阴阳营文化的同类器又有一定的影响。因高淳薛城所处的位置，其中文化面貌呈现一定的复杂性，这应是几种原始文化在高淳薛城融合交汇的结果，但从陶器整体特征分析，薛城文化层中更多吸收了淮河中游侯家寨二期文化的因素。综上分析，“薛城中文化层年代应与北阴阳营文化二期相当”[③]。

怀宁孙家城位于安徽省怀宁县西北的马庙镇栗岗村孙家城和费屋两个村民组内，北靠长江支流大沙河，地处冲积平原南部。发掘者根据地层堆积和陶器变化情况，将孙家城分为三期，孙家城一期、二期和薛家岗文化早期。孙家城一期和侯家寨二期文化遗存的陶器都以粗红褐色陶和泥质陶为主。孙家城一期器物鼎、豆、釜、钵、甑、陶塑、陶球、陶纺轮等均与侯家寨二期的相同或相类似。孙家城一期数量较多的罐形鼎（图1-80，30、31）和釜形鼎（图1-80，29）与侯家寨二期的鼎的器形高度一致（图1-80，4、5、2），孙家城一期圆锥形、麻花形、凹槽鼎足是侯家寨二期盛行的几种典型鼎足（图1-81，15、18、13）。孙家城一期钵形彩陶豆盘（图1-80，32）也是侯家寨二期典型器物且数量众多（图1-80，8）。孙家城一期彩陶纹饰中水波纹、网格纹及勾连云纹（图1-81，40、41、42），是侯家寨二期彩陶豆及其他彩陶器物尤

① 南京市文物局、南京市博物馆、高淳县文管所：《江苏高淳县薛城新石器时代遗址发掘简报》，《考古》2000年第5期。

② 南京市文物局、南京市博物馆、高淳县文管所：《江苏高淳县薛城新石器时代遗址发掘简报》，《考古》2000年第5期。

③ 南京市文物局、南京市博物馆、高淳县文管所：《江苏高淳县薛城新石器时代遗址发掘简报》，《考古》2000年第5期。

为流行的纹饰（图1-81，12、11、10）。孙家城一期和侯家寨二期器物群、陶器纹饰均显现出高度的一致性，共性非常明显。孙家城一期的罐形鼎和釜形鼎存在于崧泽文化早期，结合孙家城^{14}C测年数据，其一期文化的绝对年代为距今5800年或略晚①。

有观点认为怀宁孙家城一期应属于当地尚未被明确认识的一种早于薛家岗的新文化：黄鳝嘴文化②。怀宁孙家城和黄鳝嘴在某些器形上的确有类似之处，如戳印纹鼎足和戳印纹盆。怀宁孙家城紧邻宿松黄鳝嘴，两者区域上比较接近，必然彼此影响。但怀宁孙家城的大量彩陶豆、罐及折线纹、勾连云纹的彩陶纹饰不见于黄鳝嘴，孙家城的麻花鼎足、各类陶球黄鳝嘴没有，却在侯家寨二期大量存在；黄鳝嘴流行的各类陶杯、竹节豆、钻孔和刻点连线纹在怀宁孙家城基本不见，而在湖北黄梅塞墩却非常流行③。可见，怀宁孙家城一期和黄鳝嘴之间区别是主要的，黄鳝嘴文化内涵更多显现出皖西南地区原始文化和淮河中游原始文化的融合性特征，两者应不属于同一考古学文化系统。

侯家寨二期除和上述同类遗存之间有很大的共性之外，还存在不同程度的差异。如武庄二期的器座、锯齿纹在侯家寨二期不见，而侯家寨二期的甑在武庄二期也不见；侯家寨二期的壶和肥西古埂的壶形制完全不同，侯家寨二期的勾连云纹、网格纹在古埂不见；孙家城的罐形圜底壶，在侯家寨二期没有类似器，侯家寨二期的扁形壶孙家城也无相似器；高淳薛城的带把杯、三系三鋬装饰风格不见于侯家寨二期，侯家寨二期的甑、壶也不见于高淳薛城；侯家寨二期的麻花鼎足不见于大城墩。但因这类遗存处于江淮之间，这个地区是东西南北文化的交汇处，外来文化在此地的扩张，使得这类遗存在和外来文化碰撞融合的过程中吸收了一部分外来文化因素，同时也将自身特色的文化传播到周边地区。如崧泽文化的罐形鼎和侯家寨二期的同类遗存的罐形鼎极为相似④，侯家寨二期流行的彩带纹（图1-80，9）、折线纹（图1-80，6）在崧泽文化中也可找到⑤。同样，江淮西部受到皖西南地区黄鳝嘴类型文化遗存的影响⑥，文化面貌上有一定的复杂性。但外在的影响并没有改变其基本的文化面貌，以侯家寨二期为代表的一类的遗存仍然保留了其自身的特征。他们之间所存在的不同程度的差异反映了所处空间和时间上的不同，他们应属于同一考古学文化系统。

---

① 安徽省文物考古研究所、怀宁县文物管理所：《安徽怀宁孙家城新石器时代遗址发掘简报》，《文物》2014年第5期。

② 安徽省文物考古研究所、怀宁县文物管理所：《安徽怀宁孙家城新石器时代遗址发掘简报》，《文物》2014年第5期。

③ 向绪成：《试论黄冈地区新石器时代文化》，《鄂东考古发现与研究》，湖北科学技术出版社，1999年；中国社会科学院考古研究所：《黄梅塞墩》，文物出版社，2010年；安徽省文物考古研究所：《宿松黄鳝嘴新石器时代遗址》，《考古学报》1987年第4期。

④ 郝明华：《苏皖江北地区的崧泽文化因素》，《东南文化》2001年第5期。

⑤ 上海市文物保管委员会：《崧泽——新石器时代遗址发掘报告》，文物出版社，1987年，第50页、57页。

⑥ 安徽省文物考古研究局：《宿松黄鳝嘴新石器时代遗址》，《考古学报》1987年第4期；安徽省文物考古研究所、怀宁县文物管理局：《安徽怀宁孙家城新石器时代遗址发掘简报》，《文物》2014年第5期。

五、侯家寨文化的命名

根据夏鼐先生考古学文化命名的原则，以首次发现的典型遗址小地名为名，且具有一组与其他已知文化区分开来器物群，有一定的分布范围，并有一处代表性遗存[①]。侯家寨遗址1985年春和1986年秋进行两次发掘，1989年9月简报发表。1991年“苏鲁豫皖考古座谈会”上正式提出侯家寨文化，认为侯家寨出土器物具有很强的自身特征，内涵丰富，且具有一定的分布范围，是一个新的文化类型，即侯家寨文化[②]。鹿邑武庄遗址发掘于1990年，简报发表于2002年，2003年，张文军等撰文将武庄二期、侯家寨二期等分布于淮河流域、面貌特征独特的考古学文化称为“武庄二期文化”[③]。根据考古学文化命名原则，侯家寨发掘时间和简报发表时间均早于武庄，侯家寨文化命名的提出也早于武庄二期文化。侯家寨遗址分布在文化区的中心地区，文化因素典型而丰富，武庄遗址考古材料尚显单薄，地处文化区分布西部边缘，并含有较多的外来文化因素，典型性不够突出。

综观其上，以侯家寨二期为代表的诸文化遗存，有一组区别于其他文化的器物组合，具有独特的文化特征，主要分布在淮河中游和长江中下游地区，代表了距今6200～5600年江淮地区原始文化的一个新类型，以“侯家寨文化”称之更为妥当。

① 夏鼐：《关于考古学上文化的定名问题》，《考古》1959年第4期。

② 本刊编辑部：《苏鲁豫皖考古座谈会纪要》，《文物研究》（第7辑），黄山书社，1991年。

③ 张文军、张志清、赵新平：《试析河南鹿邑县武庄遗址新石器时代文化遗存》，《考古》2003年第2期。

第二章　环境考古研究

淮河中游地区新石器时代气候与环境考古研究*

近些年，在“过去全球气候变化”研究的推动下，环境考古研究取得了丰硕的学术成果，极大地推动了我国考古学的发展。环境考古研究表明，新石器时代考古学文化演化、文明兴衰以及原始农业发展与全新世气候环境演变关系密切①。

中国长江流域和黄河流域的新石器时代考古学文化谱系连续完整，全新世气候环境演变过程清晰明了，人地关系研究也较为深入，这为考古学家理解长江流域和黄河流域新石器时代人类文化发展及其社会变迁提供了重要的科学依据。然而，作为“苏鲁豫皖考古”的淮河流域则相形见绌，环境考古工作相对薄弱。其中，则以淮河中游地区的新石器时代考古学文化最具本土特色，且考古遗址数量众多，考古学文化序列渐趋清晰，是中华文明孕育和发展的重要地区之一。但由于缺乏黄土、冰芯、石笋、泥炭沉积物等高分辨率的古气候载体，该地区新石器时代气候与环境演变的分辨率较低，这对于深入理解淮河中游地区史前人类文化演化过程及其人地关系十分不利。

为了能从古气候与古环境演变的角度来诠释淮河中游地区新石器时代考古学文化的发展过程，笔者借助多年的实地考察与环境考古研究成果，系统梳理了淮河中游及其周边地区自然沉积地层、考古地层及其出土的动植物遗存和器物中包含的微体化石及历史文献资料所揭示的古植被、古气候以及古地理等方面的自然环境演变信息，重建淮河中游地区新石器时代的气候环境背景，为考古学家深入理解该地区新石器时代人地关系及其社会变迁提供科学依据。

一、淮河中游地区地理位置与新石器文化

淮河，古代“四渎”之一，介于长江与黄河之间，形成于中更新世早期，当时的古河道位

---

* 此节作者为胡飞。

① 夏正楷：《环境考古学：理论与实践》，北京大学出版社，2012年，第243～330页。

于杨店、彭桥、新阮店段，为东北向，后转东西向经汝南埠、岗李店向东延伸，并逐渐南移，大致沿现行河道北侧呈东西向向东流去[①]。但淮河上、中、下游地区的地貌形态、河流分布、植被类型以及气候环境等自然条件不尽相同，新石器时代考古学文化面貌也各具特色。

淮河中游地区位于苏、鲁、豫、皖四省交界地带，以安徽中北部淮北平原为主，包括河南东部、山东西南部和江苏北部的小部分地区，该地区不仅是中国东部亚热带湿润季风区与暖温带半湿润季风区之间的地理、植被和气候过渡带，更是黄河流域与长江流域、东部沿海与西部腹地古文化相互交流、碰撞和融合的重要区域之一。淮河中游北部属暖温带区，淮河中游南部属北亚热带区，冬春干旱少雨，夏秋闷热多雨，冷暖和旱涝转变急剧。年平均气温为11～16℃，气温变化由北向南、由东向西递增，蒸发量南小北大，年平均水面蒸发量为1000～1300mm，无霜期200～240天，年均降水量为750～900mm，分布状况大致是由南向北递减[②]。淮北平原现代植被以农作物及人工植被为主，原始植被几乎荡然无存。从山地次生林中可见华北、内蒙古东部及东北平原区系成分，属暖温带落叶林带南段[③]。

20世纪80年代末，国家文物局启动了苏鲁豫皖四省相邻地区考古学文化研究项目，经过近三十年的考古调查、发掘与研究，淮河中游地区新石器时代考古学文化序列已渐趋完善，大致经历了文化的兴起（顺山集文化及其三期遗存，距今8500～7500年）[④]、发展（双墩文化，距今7300～6500年[⑤]；侯家寨文化，距今6500～5500年）以及兴盛（大汶口中、晚期文化和龙山时代文化，距今5500～3800年）[⑥]的过程。顺山集、侯家寨、双墩遗址的发掘表明本地区的早中期考古学文化具备鲜明的自身因素，后期的大汶口文化以及龙山时代文化虽受到海岱地区、中原地区、太湖地区等考古学文化的影响，但仍具备鲜明的地方特色，如明光的泊岗、蚌埠禹会村、凤阳的金董大古堆下层等遗址。

二、淮河中游地区新石器时代自然环境变迁

淮河中游地区位于我国南、北气候过渡带，淮河以南属亚热带，淮河以北属暖温带，独特

---

① 安徽省地方志编纂委员会：《安徽省志·自然环境志》，方志出版社，1998年。

② 陈桥驿：《淮河流域》，上海春明出版社，1952年。

③ 金权、王平、王松根：《安徽淮河中游平原晚新生代孢粉组合及古气候》，《海洋地质与第四纪地质》1987年第4期。

④ 南京博物院考古研究所、泗洪县博物馆：《江苏泗洪县顺山集新石器时代遗址》，《考古》2013年第7期。

⑤ 安徽省文物考古研究所、安徽省蚌埠市博物馆：《安徽蚌埠双墩新石器时代遗址发掘》，《考古学报》2007年第1期。

⑥ 淮河中游地区大汶口文化的结束时间、龙山时代文化的兴起与结束时间引用“中华文明探源工程（二）——考古学文化谱系年代研究”，中国社会科学院考古研究所，中国考古网，EB/OL2011-11-24 http：//www.kaogu.cn/cn/zhongdaketi/2013/1025/31394.html。

的地质构造与地理环境致使缺乏黄土沉积、石笋、树轮以及湖泊沉积物等方面的高分辨率的古气候、古环境载体。为了弥补这方面的缺憾，本节以冰芯、黄土、深海沉积物、石笋以及湖泊沉积物等古气候载体所记录的全新世气候环境信息为依据①，通过对淮河中游及其周边地区的自然沉积地层、考古地层及其出土的动植物遗存和器物中所包含的微体化石及历史文献资料所揭示的古植被、古气候以及古地理等自然环境背景，重建淮河中游地区新石器时代自然环境变迁过程。

1. 古环境演变的地质学记录

20世纪70年代，安徽省地质矿产局区域地质调查队，在淮北平原钻取了全新统萧-砀组以及蚌埠组地层沉积物，并利用孢粉组合信息将淮河中游地区的全新世气候划分为五个气候阶段，即距今12000～7500年、距今7500～5300年、距今5300～4000年、距今4000～2500年、距今约2500年至今。为了精确揭示淮河中游地区新石器的自然环境变迁历史，本节主要以淮北平原黄口孔全新世以来的孢粉组合信息为基础，并结合研究区以及周边地区的重要自然沉积地层和典型考古地层的古气候、古环境代用指标，共同揭示淮河中游地区新石器时代高分辨率的气候环境信息。

格陵兰冰芯、古里雅冰芯、董哥洞石笋以及深海沉积物的古气候指标显示（图2-1），距今12000～8500年为全新世早期，全球气候环境逐渐好转，人类开始定居生活和发展农业，优越的生态环境加速了史前人类文化的发展。这一时期全国的新石器时代遗址数量快速增加，而淮河中游北部地区正从湖盆逐渐演化成湖沼、湿地②，大部分地区可能不适合人类定居生活，这也许是该时期缺乏考古遗址的重要原因。江苏庆丰剖面的孢粉组合显示，距今9000～8500年气温出现低谷，且幅度较大，比现今气温要低，并伴随海平面下降到-5米以下③，综合反映距今9000～8500年气候环境较为冷干。这次降温事件可能加速了淮北平原地貌环境的变迁，为古代人类来此定居提供了可靠的生存环境。

距今8500～7500年，安徽萧县黄口钻孔孢粉分析结果显示，淮北平原的气候温凉偏湿，植被是以针叶林为主的针阔叶混交林和草原，含栗、栎、柳等阔叶树种的针叶林成片分布，由蒿、藜组成的草原分布面积广，并伴有湿地及积水洼地生长环境的芦苇、香蒲及莎草等沼生、湿生植物④。蚌埠双墩岩芯的粒度、磁化率、地球化学元素以及有机碳稳定同位素等古气候代用指标显示，距今11700～7400年的气候环境从温凉干燥向温暖湿润方向发展⑤。淮河中游偏

① 徐海：《中国全新世气候变化研究进展》，《地质地球化学》2001年第2期。

② 金权：《安徽淮北平原第四系》，地质出版社，1990年。

③ 赵希涛、唐领余、沈才明等：《江苏建湖庆丰剖面全新世气候变迁和海面变化》，《海洋学报》1994年第1期。

④ 金权等：《安徽淮北平原第四系》，地质出版社，1990年。

⑤ 胡飞：《淮河中游及巢湖流域史前文化演化及其农业发展的环境背景研究》，中国科学技术大学博士学位论文，2014年。

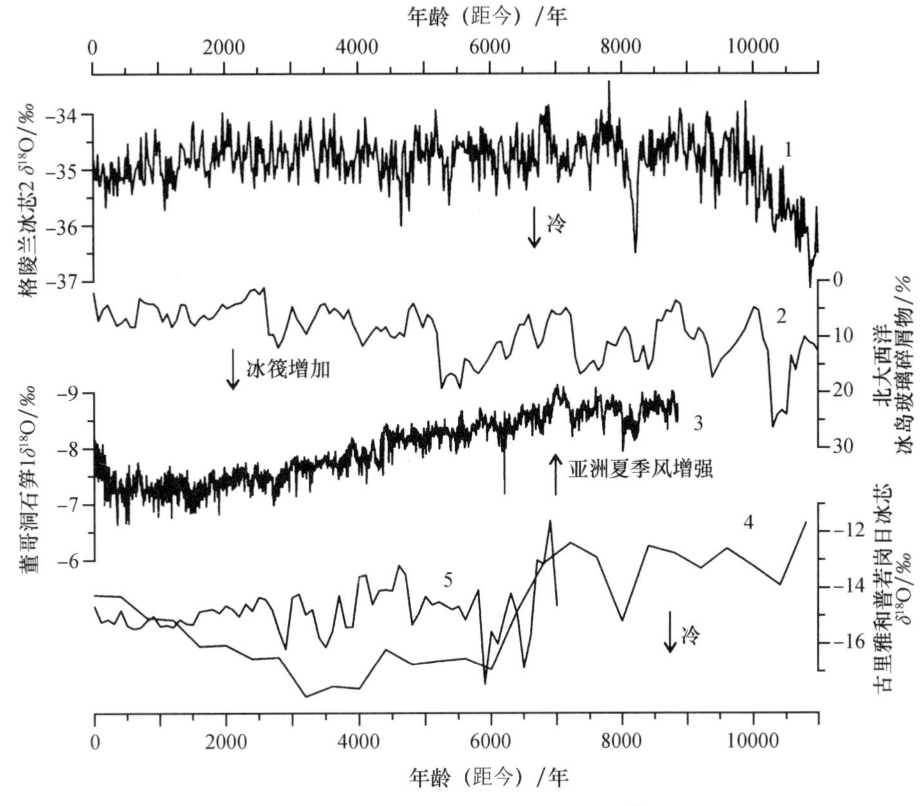

图2-1　全新世气候环境变化曲线[①]

1. 格陵兰冰芯2（GISP2）氧同位素记录　2. 北大西洋MC52-V29191钻孔冰岛玻璃碎屑物百分比　3. 贵州董哥洞DA石笋氧同位素记录　4. 古里雅冰芯氧同位素记录　5. 普若岗日冰芯氧同位素记录

南的巢湖湖泊沉积物的孢粉组合中则以乔木花粉为主，落叶阔叶属种含量高于常绿阔叶属种，落叶阔叶属种主要含有落叶栎类，另有一定量的栗属，常绿阔叶属种主要是栲/石栎属，有一定量的青冈属和常绿栎类，表明该时期这一地区的植被是以落叶、常绿属种为主的落叶阔叶、常绿阔叶混交林，但常绿落叶阔叶栲/石栎随时间在减少，落叶阔叶栎类在增加，而喜阴的青冈属含量相对稳定，反映气温在逐渐降低，而相对湿度则变化不大[②]；其他古环境代用指标也显示该时段气候环境从相对温暖湿润向温和偏干方向发展（图2-2）[③]。江苏庆丰剖面的孢粉组合显示，距今8500～7500年含有较多的木本植被花粉，以山榉科中的栎、栗、青冈栎以及栲为主，亦有高含量的藜科、禾本科、蒿花粉，指示该区域植被为常绿落叶阔叶林，地方性植被仍为盐生草甸，年均温较现今高1.3～1.6℃，而有孔虫组合也反映海平面有所上升，但有波动[④]。

① 李小强：《中国全新世气候和农业活动研究新进展》，《中国科学：地球科学》2013年第12期。

② 王心源、张广胜、张恩楼等：《巢湖湖泊沉积记录的早—中全新世环境演化研究》，《科学通报》2008年第S1期。

③ 胡飞、杨玉璋、张居中等：《安徽巢湖湖相地层记录的早全新世气候事件》，《地层学杂志》2015年第1期；胡飞、杨玉璋、张居中等：《巢湖地区末次冰消期—早全新世沉积环境演化》，《海洋地质与第四纪地质》2015年第1期。

④ 赵希涛、唐领余、沈才明等：《江苏建湖庆丰剖面全新世气候变迁和海面变化》，《海洋学报》1994年第1期。

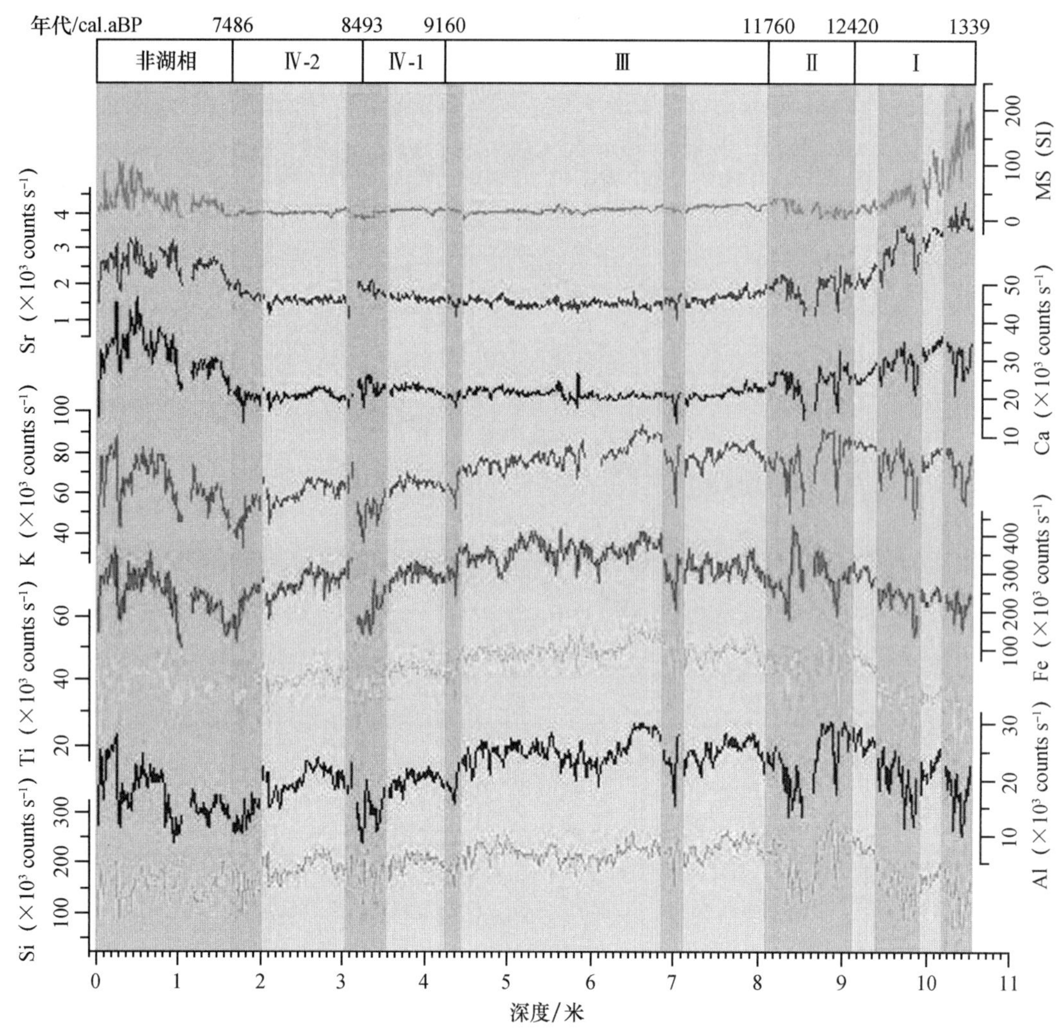

图2-2　巢湖湖相沉积物的磁化率与地球化学元素分布曲线

以上综合显示淮北平原、江淮地区以及江苏北部地区在距今8500～7500年的气候环境存在区域性差异，但总体反映出淮河中游北部地区气候环境温凉偏湿，而淮河中游南部地区的气候条件则相对温和偏干。

距今7500～5300年，淮北平原的植被为含针叶林成分的落叶阔叶林-草原，以栗、栎为优势种，夹杂亚热带珙桐等植物，林下和林间草地生长以蒿、藜为主的各类草本和蕨类植物，间有凤仙花、禾本科、莎草科等喜湿植物，还存在生长于河流、湖沼周围的芦苇、莎草等沼生植物，以及湖中浅水中生长的眼子菜、黑三菱、双星藻等，反映当时的气候环境温暖潮湿①。蚌埠双墩岩芯的古气候代用指标反映距今7400～6400年前后的气候环境温暖湿润，距今6400～5700年的气候条件更加温暖湿润，且雨水丰富②。巢湖湖泊沉积物的孢粉组合指

① 金权等：《安徽淮北平原第四系》，地质出版社，1990年。

② 胡飞：《淮河中游及巢湖流域史前文化演化及其农业发展的环境背景研究》，中国科学技术大学博士学位论文，2014年。

示距今7000～4750年的气候温暖湿润，且在5840～5500年达到最盛的暖湿期，之后进入距今5375～4930年的Elm Decline榆树衰退期，湖面缩小[①]；粒度、磁化率以及地球化学元素指示距今7400～6400年气候环境温暖湿润，距今6400～5700年的气候更加温暖湿润，且雨水丰富[②]，与淮北平原的气候条件基本一致，说明当时淮河中游南北地区的气候环境都较为暖湿。江苏庆丰剖面的孢粉组合显示在距今7200～6600年、6500～6200年、6100～3000年出现暖期，在距今6600～6500年气温急剧降低且波动，最低年均温比现今低0.4℃，与前期相比，降低幅度达2℃；有孔虫组合指示距今7500～6500年的海水已入侵庆丰地区，形成泥质海滩-潟湖环境[③]，距今约7000年的海岸线直抵洪泽湖东低山丘陵地带[④]。总体来看，距今7500～5300年淮河中游地区的气候环境普遍温暖湿润，但其间仍可能有气温的冷暖波动和降水的多寡交替。

距今5300～4000年，黄口孔孢粉组合以松、藜、蒿、中华卷柏为主，植被类型为针阔叶混交林-草原，林地稀疏，草原广布，有小片湿地存在，总体气候温暖偏干[⑤]。蚌埠双墩岩芯的古气候代用指标指示距今5700～4300年的气候环境逐渐从温暖湿润向温凉干燥方向发展[⑥]。巢湖湖泊沉积物在距今5300～4860年的孢粉组合以乔木花粉占优势，距今4860～4000年的孢粉组合仍以乔木花粉占优势，但落叶阔叶属种栎类含量逐渐增加，而常绿阔叶属种栲/石栎属含量逐渐减少，指示气候环境温和干燥，向着干旱化趋势发展[⑦]。江苏庆丰剖面距今6400～3700年的孢粉组合显示为栎-青冈林植被类型，有孔虫组合反映距今5500～4000年的苏北平原中部是海岸沙丘发育时期，为较为开放的潟湖以至海湾环境[⑧]。蒙城尉迟寺遗址考古地层的古环境代用指标分析结果显示，距今约5050年以前气候环境温暖湿润，距今5050～4500年的气候总体偏干冷，并存在数次波动，距今约4500年以后的气候由干冷转向温湿，且可能分别在距今约5050、4700以及4620年前后发生过冷干事件[⑨]。蚌埠禹会村遗址龙山文化层的孢粉组合显示，在距今4500年之前的植被类型以禾本科为主的草本占优势，气候环境较为干凉，距今4500～4000年的

① 王心源、张广胜、张恩楼等：《巢湖湖泊沉积记录的早～中全新世环境演化研究》，《科学通报》2008年第S1期。

② 王心源、吴立、张广胜等：《安徽巢湖全新世湖泊沉积物磁化率与粒度组合的变化特征及其环境意义》，《地理科学》2008年第4期。

③ 赵希涛、唐领余、沈才明等：《江苏建湖庆丰剖面全新世气候变迁和海面变化》，《海洋学报》1994年第1期。

④ 刘志岩、孙林、高蒙河：《苏北海岸线变迁的考古地理研究》，《南方文物》2006年第4期。

⑤ 金权等：《安徽淮北平原第四系》，地质出版社，1990年。

⑥ 胡飞：《淮河中游及巢湖流域史前文化演化及其农业发展的环境背景研究》，中国科学技术大学博士学位论文，2014年。

⑦ 王心源、张广胜、张恩楼等：《巢湖湖泊沉积记录的早～中全新世环境演化研究》，《科学通报》2008年第S1期。

⑧ 赵希涛、唐领余、沈才明等：《江苏建湖庆丰剖面全新世气候变迁和海面变化》，《海洋学报》1994年第1期。

⑨ 马春梅、朱诚、朱光耀等：《安徽蒙城尉迟寺遗址地层的磁化率与元素地球化学记录研究》，《地层学杂志》2006年第2期。

植被类型总体以草本占优势，同时生长有松属、落叶栎属、榆属、枫杨属、大戟科、禾本科、菊科、莎草科、葎草属及少许蕨类，显示气候条件温凉较干燥①；其他古环境代用指标也显示距今约4500年的气候开始趋于干旱，淮河及支流水位开始下降，但龙山时代中后期又开始趋向暖湿，降水增加，洪水灾害频发②。总体可见，淮河中游地区距今5300～4000年的总体气候环境由温暖湿润向温和偏干方向发展。

距今4000～2500年，淮北平原的植被为含少量针叶树种的阔叶林-草原类型，林地稀疏或成片分布，以栗、栎占优势，间有针叶树种松、罗汉松、铁杉等，草本植被以蒿、藜为主，并伴有湖泊、湖滨及湿地地区的莎草等沼生植物，反映当时的气候条件温暖湿润③。巢湖湖相沉积物的孢粉组合显示距今4860～2170年的气温逐渐降低，湿度下降，而在距今3760年前后出现一次大的干旱事件，一直持续到距今约2980年，总体气候环境温和偏干④。这一阶段淮河中游及江淮地区似乎出现“南旱北涝”的气候格局，这可能对该地区新石器时代晚期的聚落选址、农业发展以及文化衰亡产生过重要影响。

2. 古气候变迁的考古学证据

淮河中游地区是我国自然条件多重过渡地带和古代文化交汇区，新石器时代也孕育了多期考古学文化。研究表明，淮河中游地区在距今8500年左右出现了人类活动，至距今7000年前后达到一次发展的小高峰，并分别形成独具淮河流域特色的顺山集文化和双墩文化，此后该地区古文化急速衰落，并在经历了近2000年文化低潮期后，该地区的古文化在距今5000年左右又进入一个爆发式发展期，先后形成具有一定自身特色的大汶口文化和龙山时代文化，但明显受山东、河南等地考古学文化的影响，文化面貌显现得较为复杂，而后随着该地区龙山时代文化的衰落，最终融入以中原地区为核心的华夏文明体系，成为中国古代文明形成的主要来源之一。

距今8500～7500年，淮河中游洪泽湖西北部濉河下游才迎来顺山集先民。考古资料显示，顺山集先民以环壕聚落的形式定居，聚落内分布有房址、墓葬、灰坑等遗迹，并出土了大量的陶器和石球、石斧、石锤、石锛以及磨盘等石器⑤。石器和陶釜残片表面残留物的淀粉粒分析结果显示⑥，顺山集先民可能以薏苡、栝楼根、野生水稻为主要植物性食物，而这些都是喜温暖湿润和充足阳光的植物，且耐涝不耐旱，说明淮河中游地区顺山集文化时期的气候环境较

① 赵琳、马春梅、张广胜等：《安徽蚌埠禹会村遗址地层的孢粉记录研究》，《微体古生物学报》2013年第4期。

② 张广胜、朱诚、王吉怀等：《安徽蚌埠禹会村遗址4.5～4.0ka BP龙山文化的环境考古》，《地理学报》2009年第7期。

③ 金权等：《安徽淮北平原第四系》，地质出版社，1990年。

④ 王心源、张广胜、张恩楼等：《巢湖湖泊沉积记录的早—中全新世环境演化研究》，《科学通报》2008年第S1期。

⑤ 林留根：《论顺山集文化》，《考古》2017年第3期。

⑥ 杨玉璋、LI Weiya、姚凌等：《淀粉粒分析揭示的江苏泗洪顺山集遗址古人类植物性食物来源与石器功能》，《中国科学：地球科学》2016年第7期。

为适宜喜暖湿型植物的生长。顺山集遗址出土的古代鹿、野猪的牙釉质碳稳定同位素数据显示①，鹿与野猪的食物都是以C_3植物为主，且牙釉质氧同位数据又反映它们体内水源不同，表明当时的水环境复杂多样，气候条件相对温凉湿润。同时，遗址出土的水牛与现代水牛牙釉质碳系列值比较发现，现代牛通常吃C_4植物，而古代水牛只是偶尔吃C_4植物，结合其氧同位素系列值，综合反映现代气候环境比过去更暖更干燥。另外，顺山集遗址二期沉积物中植硅体组合显示②，顺山集二期早段以示冷型植硅体为优势，晚段示暖型植硅体数量迅速增加，反映了聚落二期期间经历了暖湿—冷干—回暖的气候波动。总体来看，淮河中游东北部顺山集文化时期的气候环境比现代温凉湿润且存在波动，河流或沼泽湿地多见，动植物资源较为丰富，而淮河中游的其他大部分地区可能沼泽湿地分布较广，易受水患困扰，不适合人类长期定居。

距今7300～6500年的双墩文化发展期，淮河中游地区分布有蚌埠双墩、定远侯家寨、濉溪石山孜等多处考古遗址，先民大多都选择古台地为居住地，反映当时人们有意选择海拔较高的地方进行居住，说明当时这一地区沼泽湿地分布较广，有可能还会经常遭受洪水的侵扰。蚌埠双墩遗址发现的水稻遗存以及与农业经济相匹配的石斧、石铲、蚌刀等农业生产工具和圆饼、石棒或杵等谷物加工工具，说明水稻在双墩遗址先民的食物结构占有重要的地位，反映淮河中游双墩文化时期的水热条件优越，水资源丰富，气候环境温暖湿润，适宜野生稻的生长与驯化。另外，遗址还出土了大量的水、陆生动物骨骼、介壳以及网坠、镞、石块、陶长核形器等渔猎工具和鹿角勾形器、蚌器以及炭化的果核等采集工具和植物遗存。考古研究显示，双墩遗址先民的经济生活以渔猎为主，农业为次，采集和饲养猪为辅的多种经济生活方式③，这不仅反映双墩先民的经济形态和饮食结构，更揭示出古代先民对自然环境的适应性，充分说明当时的气候环境温暖湿润，森林植被茂盛，河流或沼泽湿地遍布。安徽濉溪石山孜遗址出土的动物遗骸有兽类、鸟类、鱼类、蚌和螺五大类，其中以鹿类（包括梅花鹿、水鹿、四不像鹿、獐、麝、麂）骨骼数量最多，猪骨其次④，而石磨盘和石磨棒表面附着残留物中可能有薏苡、小麦族、山药、莲藕、莲子、豇豆属和姜科等植物种属的淀粉粒⑤，以上动物遗骸与植物微体化石均反映出石山孜遗址周围的动植物资源较为丰富，自然环境为山地与平原交接地带，周边可能分布有丘陵、平原、河流、湖泊以及沼泽湿地，气候较现在淮北温暖湿润。另外，定远侯家寨遗址与邻近的双墩遗址，在文化面貌上呈现高度的相似，但两个遗址在动物利用上存在明显的

① 田晓四、朱诚、水涛等：《江苏省泗洪县顺山集遗址哺乳动物牙釉质C，O稳定同位素记录的食性特征、生态环境和季节变化》，《科学通报》2013年第30期。

② 吴文婉、林留根、甘恢元等：《泗洪顺山集二期聚落环境与生业的植硅体证据》，《中国农史》2017年第1期。

③ 安徽省文物考古研究所、蚌埠市博物馆：《蚌埠双墩——新石器时代遗址发掘报告》，科学出版社，2008年。

④ 安徽省文物考古研究所：《安徽省濉溪县石山子遗址动物骨骼鉴定与研究》，《考古》1992年第3期。

⑤ 董珍、张居中、杨玉璋等：《安徽濉溪石山子遗址古人类植物性食物资源利用情况的淀粉粒分析》，《第四纪研究》2014年第1期。

不同[①]。综上所述，淮河中游双墩文化时期的地貌环境复杂多样，可能是以河流、湖泊或沼泽湿地为主，台地、丘陵、平原为辅的地貌环境，气候环境总体温暖湿润。

距今6500～5500年，我国进入全新世大暖期最盛期[②]，气候温暖湿润，雨水丰富，是我国中原地区仰韶文化的发展鼎盛期[③]。然而，淮河中游地区目前仅发现侯家寨、富庄、红墩寺等少数考古遗址，这可能与地貌、水文以及气候环境存在密切联系。同时，海平面上升，海水倒灌[④]，可能致使淮河中游大部分地区洪水滞留，进一步挤压当时人类的生存空间，迫使人类迁徙或向高海拔地区迁移，导致淮河中游地区进入文化衰落期。

距今5500～4300年，淮河中游地区受山东大汶口文化的影响，考古学文化加速发展，遗址数量多达50余处，并向南扩展至大别山山麓地带，且遗址也逐渐从平原地带向低丘和岗地扩张，开始逐渐远离河流[⑤]，这充分反映出该时期淮河中游大部分地区的地貌、水文以及气候环境有所改变，人类的生存空间进一步扩大，外来文化带来新的技术，推动了先民积极适应与改造生存环境。对安徽蒙城尉迟寺遗址大汶口文化层和龙山文化层出土的动物遗骸的生态特征的分析发现，总体来看大汶口与龙山时期的自然环境大体相同，但麋鹿与獐的比例分别从16%、5%降低至10%、1%，梅花鹿在动物组合中所占比例从11%升高到13%[⑥]。由此可见，在该地区大汶口文化向龙山时代文化演化过程中，沼泽、湿地等环境中的动物数量减少，而生活于平原、山地的动物数量有所增加，也从侧面印证这一地区的气候条件由暖湿向干凉转变，致使人类的生存空间进一步扩大，为北方黄河下游的山东龙山文化和中原地区的河南龙山文化以及南方地区的崧泽文化、良渚文化在此汇聚提供了有利条件。

距今4300～4000年，淮河中游周边地区的考古学文化快速发展，人口迅速膨胀，南、北方的考古学文化逐渐向中纬度地区扩张，致使淮河中游地区龙山时代的考古遗址数量130余处，并逐渐向南部低山丘陵以及高海拔地区迁移[⑦]，说明当时的淮河中游地区已比较适宜人类定居和开展农业种植活动，反映该地区龙山时代的水环境相对前期有所变化，沼泽湿地面积有所缩小，森林植被环境趋于增加。安徽蚌埠禹会村遗址浮选出水稻、小麦、粟以及大麦四种农作物遗存，且以水稻为主，出土的水稻全属粳稻，而出土的炭化小麦的平均粒长与东灰山遗址的小

---

① 戴玲玲、陶洋、阚绪杭：《淮河中游地区的史前生业经济考察——安徽省侯家寨遗址出土动物骨骼研究》，《东南文化》2017年第1期。

② 方修琦、侯光良：《中国全新世气温序列的集成重建》，《地理科学》2011年第4期。

③ 张宏彦：《黄河流域史前文化变化过程的环境考古学观察》，《考古与文物》2009年第4期。

④ 赵希涛、唐领余、沈才明等：《江苏建湖庆丰剖面全新世气候变迁和海面变化》，《海洋学报》1994年第1期。

⑤ 黄润、朱诚、郑朝贵：《安徽淮河流域全新世环境演变对新石器遗址分布的影响》，《地理学报》2005年第5期。

⑥ 中国社会科学院考古研究所：《蒙城尉迟寺——皖北新石器时代聚落遗存的发掘与研究》，科学出版社，2001年。

⑦ 黄润、朱诚、郑朝贵：《安徽淮河流域全新世环境演变对新石器遗址分布的影响》，《地理学报》2005年第5期。

粒型炭化小麦相差不大[①]。一般来说，淮河是中国南北气候的分界线，淮河以北属于暖温带半湿润季风气候，农业经济形态属北方特点，而淮河以南属于亚热带湿润季风气候，农业经济形态属南方特点。蚌埠禹会村遗址出土稻旱混作农业遗存足以说明淮河中游地区当时的生态环境不仅可以种植水稻，部分地区也适合小麦、粟等旱地农作物的生长，反映淮河中游龙山时代的地貌环境多样，水资源充足，气候环境可能较为温和偏干。

距今4200～4000年，全球出现距今约5000年以来最强的一次气候突变，中纬度（45°N）以南到热带（15°N）包括北美洲、北非、地中海、中亚以及东亚等地区均出现干旱气候[②]。由此可见，距今4200～4000年的干旱气候加速了淮河中游地区的水文、地貌环境的改变，减弱人类对水环境的限制，扩大人类的生存空间，推动南、北方先进文化的传入，加速稻粟混作农业的发展，为该阶段文化的繁荣提供物质基础。距今4000～3800年，全国大多数地区受洪涝灾害的影响，而淮河中游地区也可能洪水灾害频发，沼泽、湿地面积增加，人类生存空间遭受挤压，不利于农业生产活动，又加之外族的入侵改变了文化的正常发展道路[③]，可能加速了淮河中游地区龙山时代文化的衰落。

3. 上古地理信息的历史文献记载

淮河是我国古今变迁最大的河流之一。淮河中游以淮北平原为主，广大的淮河平原地区是一片微向东南倾斜的平原。淮北淮南因地势与倾斜皆不同，遂产生不对称水系，河流水性也基本不同。淮北冲积地上都是缓坡，流水平缓；淮南多山丘，坡度较陡，水流稍急促[④]。构成淮北水系的主要支流，除洪河、颍河发源于伏牛山区以外，西淝河、涡河、北淝河、浍河、沱河等均发源于苏鲁皖边界隆起带南侧的平原上。这些河流都顺应地势倾斜方向流向东南，注入淮河中游干流[⑤]。

《山海经·海内东经》记载："淮水出余山，余山在朝阳东，义乡西，入海，淮浦北。"说明上古时期淮河中游有一大泽，整个淮河上中游地区的河流全都汇入其中，近于一个大湖海，故称为"淮海""淮极"。淮河上、中游以洪河口为界，地面落差约在178米，进入淮河中游，也即进入一个低洼地区，尤其自淮滨到今凤台县以西，连同淮河南岸霍邱城西湖以东到淮南市一带，今天仍旧是淮河洪水到来时的主要蓄洪区。淮滨以下，淮河众多的支流自南、西、北三面汇入这里，有汝水、颍水、决水、淠水、淝水、涡水、夏淝水等，这些都是淮河重

---

① 中国社会科学院考古研究所、安徽省蚌埠市博物馆：《蚌埠禹会村》，科学出版社，2013年，第250～268页；胡飞、杨玉璋、张居中：《淮河中游地区史前人类文化演化过程的环境考古学观察》，《东南文化》2018年第3期。

② 王绍武：《4.2kaBP事件》，《气候变化研究进展》2010年第1期。

③ 靳松安、赵新平：《试论山东龙山文化的历史地位及其衰落原因》，《郑州大学学报（哲学社会科学版）》1994年第4期。

④ 徐近之：《淮北平原与淮河中游的地文》，《地理学报》1953年第2期。

⑤ 钱济丰：《历史时期淮河流域沉积环境的变迁》，《安徽师大学报（自然科学版）》1984年第2期。

要的大支流，较易形成大面积的水面[①]。上古时期的整体气候比现在温热多雨[②]，易造成诸水停汇于这一带。

春秋战国以前，寿县、淮南一带的淮河主河道南北游动不定，也可说明这一点。《尔雅·释丘》记载“淮南有州黎丘”，说明淮河、寿县八公山一带不是在水泽之中，也可能是在其近旁。《左传·定公二年》：“吴人见舟于豫章，而潜师于巢。冬十月，吴军楚师于豫章，败之。”这与当时战争形势及吴楚战争大都在淮河中游展开相符合，说明春秋时期，本地原有大水泽虽然已大部消退，但仍遗留有豫章之类的湖泽水面[③]。《史记·货殖列传》载：“合肥受南北潮，皮革、鲍、木输会也。”合肥在江淮分水岭以南，合肥以南大湖自然为巢湖，而北湖经学者推测可能为“芍陂”，即现在的“安丰塘”，但上古时期较现今水面更广阔。

由此可见，古代淮河中游有一个众水所汇的大泽，古人称之为“淮极”“海”“淮海”，又称“豫章”[④]。这与地质学研究和淮河中游地区史前人类遗址的空间分布特征相符，反映出新石器时代的淮河中游地区确是湖泽密布、河流交错，地貌环境复杂多样，并对新石器时代的人类生存与文化发展可能产生过重要影响。

三、结　论

近些年，伴随国家文物局对苏鲁豫皖地区开展考古学研究的重视，淮河中游地区新石器时代的考古学文化序列已渐趋完善，但由于淮河中游地区缺乏高分辨率的古气候、古环境信息载体，故而本节从地质学记录、考古学证据以及古文献记载方面重建了淮河中游地区新石器气候与环境。

距今12000～8500年，淮北平原逐渐从湖盆向湖沼、湿地演化，大部分地区可能不适合人类定居生活，这也许是此地缺乏新石器时代早期考古遗址的重要原因；距今8500～7500年前后的顺山集文化时期，淮北平原植被类型以针叶林为主的针阔叶混交林和草原，地貌环境仍复杂多样，淮河中游南部地区则可能以落叶、常绿属种为主的落叶阔叶、常绿阔叶混交林，总体气候环境温凉偏湿；距今7300～6500年的双墩文化时期，该地区植被为针叶林成分的落叶阔叶林-草原类型，湖沼、湿地分布较广，气候条件温暖湿润且较为稳定；距今6500～5500年的侯家寨文化时期，淮河中游地区的考古遗址资料显示，植被类型相对双墩文化时期变化不大，但气候条件更加温暖湿润，加之海水倒灌可能导致淮河中游大部分地区滞留洪水，不适合人类居住；距今5500～4000年前后的大汶口文化和龙山时代早期，该地区的植被类型转变为针阔叶混交林-草原，气候条件也从温暖湿润逐渐向温和偏干方向发展，陆地面积相对前期大大增加；

① 陈立柱：《淮河中游地区上古历史地理研究》，安徽大学博士学位论文，2012年。
② 竺可桢：《中国近五千年来气候变迁的初步研究》，《考古学报》1972年第1期。
③ 陈立柱：《淮河中游地区上古历史地理研究》，安徽大学博士学位论文，2012年。
④ 陈立柱：《淮河中游地区上古历史地理研究》，安徽大学博士学位论文，2012年。

距今4000～3800年的龙山时代晚期，该地区的植被为含少量针叶树种的阔叶林-草原类型，气候环境又转向温暖湿润，雨水丰富，可能频发的洪涝灾害加速了龙山时代文化的衰亡。

研究表明，淮河中游地区新石器文化的兴衰与暖干型、冷湿型的气候环境密切相关。为了更加全面、客观地理解淮河中游地区新石器时代的人地关系，考古学研究迫切需要与第四纪地质学研究紧密合作，提高淮河中游地区新石器时代气候与环境演变的分辨率，拓展古地貌、古河流以及古海岸线变迁对该地区史前人类活动的影响，以便深入认识淮河中游地区新石器时代人类对自然环境变迁的适应性和主观能动性，从而更好地理解该地区史前文化变迁的内在机制。

第三章　技术工艺研究

第一节　陶器制作工艺研究*

一、侯家寨遗址出土陶器制作工艺研究

侯家寨文化是指以侯家寨上层遗存为代表的淮河流域新石器时代考古学文化。侯家寨遗址位于淮河以南约60千米处的安徽定远县七里塘乡，遗址总面积约3万平方米，1985年春和1986年秋共进行了2次发掘，发掘总面积375平方米。根据1989年发表的简报，遗址分为两期。

侯家寨文化的陶器特征表现出多样性与复杂性，既有羼和陶又有泥质陶，陶色以红褐色为主，兼有彩陶、黑陶，制作方法既有较为原始的手制又有轮制法的尝试。因此，侯家寨文化陶器工艺的研究对进一步探究侯家寨文化内涵具有十分重要的意义。自20世纪80年代以来，潜山薛家岗、含山大成墩、定远侯家寨、肥西古埂、蚌埠双墩等一大批新石器时代遗址的发掘，为安徽江淮地区新石器文化研究提供了一大批重要材料。随着这批考古资料的整理与相继发表，安徽江淮地区新石器文化发展脉络日渐清晰，学术界对该地区各文化的年代学分析及比较研究表现出浓厚的兴趣，而忽视了各文化出土陶器的科技研究工作的重要性。制陶工艺的研究，对研究该文化发展水平及与周围文化之间的比较研究具有重要的学术意义。因此，本节拟采用科技手段对侯家寨文化出土陶器进行测试分析，以研究其烧制工艺，为侯家寨文化进一步的探究及侯家寨文化与双墩文化、薛家岗文化的比较研究提供可靠材料。

（一）样品介绍

本节所用的陶片样品均由安徽省文物考古研究所提供，样品来自侯家寨遗址，共采集样品35片，编号为HJZ1～HJZ35。采样时针对一期与二期各选取了较为具有代表性的陶片，其中一期（第3、4层）选取15片，二期（第2层）选取20片。陶片形状不甚规整，大小不一，大者

* 此节作者为王爱民、秦金娇。

重约500克，小者仅有数十克。陶片样品中有泥质陶、羼和陶、彩陶、黑陶（图3-1）。羼和陶内部有较为亮眼的白色颗粒，器表留有大量不规则形凹坑。彩陶以红色颜料绘制的几何花纹为主，坯体呈黄褐色，覆以红色颜料。黑陶数量较少，通体黑色，较为鲜亮。侯家寨样品详细信息如表3-1所示。

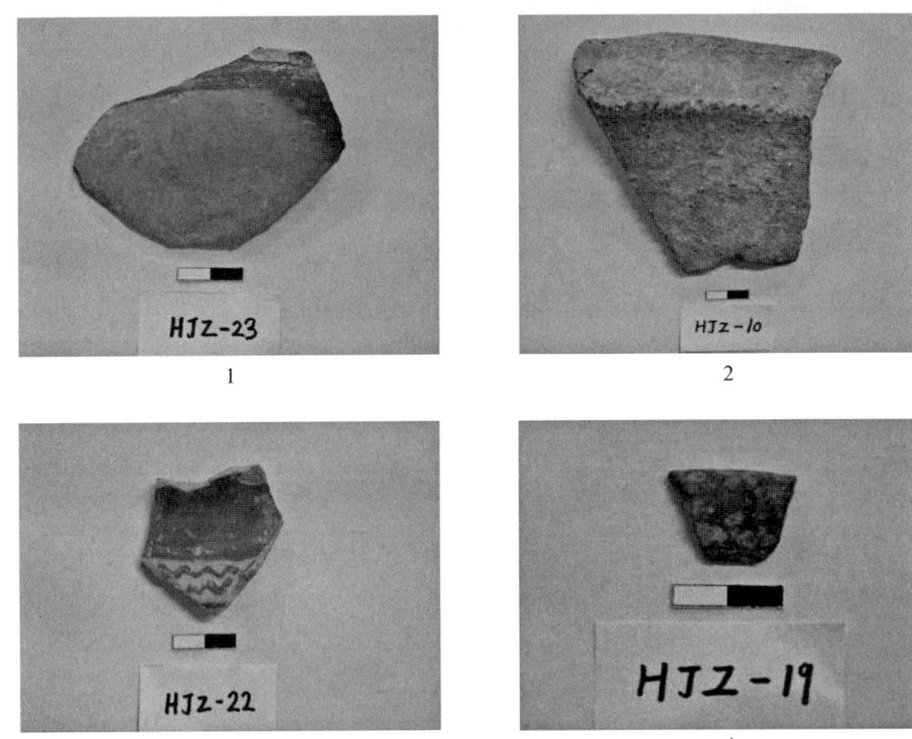

1 2 3 4

图3-1 侯家寨陶片样品

1. 泥制陶 2. 羼和陶 3. 彩陶 4. 黑陶

表3-1 侯家寨样品信息

样品编号	位置	质地	时期
HJZ-1	腹片	泥制陶有彩绘	二期
HJZ-2	腹片	泥制陶有彩绘	二期
HJZ-3	腹片	泥制陶有彩绘	二期
HJZ-4	口沿	泥制陶有彩绘	二期
HJZ-5	口沿	泥制陶有彩绘	二期
HJZ-6	腹片	泥制陶有彩绘	二期
HJZ-7	口沿	泥制陶有彩绘	二期
HJZ-8	口沿	泥制陶有彩绘	二期
HJZ-9	器足	泥制陶有彩绘	二期
HJZ-10	口沿	羼和陶	一期
HJZ-11	腹片	羼和陶	一期
HJZ-12	口沿	羼和陶	一期
HJZ-13	腹片	羼和陶	一期

续表

样品编号	位置	质地	时期
HJZ-14	腹片	羼和陶	一期
HJZ-15	腹片	羼和陶	一期
HJZ-16	口沿	羼和陶	二期
HJZ-17	口沿	羼和陶	一期
HJZ-18	器足	羼和陶	二期
HJZ-19	口沿	黑陶	二期
HJZ-20	口沿	羼和陶	一期
HJZ-21	器底	泥制陶有彩绘	二期
HJZ-22	口沿	泥制陶有彩绘	二期
HJZ-23	腹片	泥制陶有彩绘	二期
HJZ-24	腹片	泥制陶有彩绘	二期
HJZ-25	口沿	泥制陶有彩绘	二期
HJZ-26	口沿	羼和陶	一期
HJZ-27	器底	羼和陶	一期
HJZ-28	器耳	羼和陶	二期
HJZ-29	口沿	羼和陶	二期
HJZ-30	口沿	羼和陶	二期
HJZ-31	口沿	羼和陶	一期
HJZ-32	腹片	羼和陶	一期
HJZ-33	腹片	羼和陶	一期
HJZ-34	腹片	羼和陶	一期
HJZ-35	腹片	羼和陶	一期

（二）实验仪器

陶器微结构分析采用日本基恩士的VHX-2000超景深三维显微系统和上海蔡康的XPF-550C偏光显微镜。

陶片的X射线荧光光谱仪（XRF）分析在安徽大学老区科技考古实验室进行，所用仪器为美国EDAX公司生产的束斑直径为300μm的Eagle-Ⅲ型能量色散X射线荧光光谱仪。

陶片的X射线衍射分析（XRD）在安徽大学现代实验技术中心进行。采用仪器为北京普析通用仪器有限责任公司生产的XD-3型X射线衍射仪。具体工作条件为：电压36kV，电流20mA，衍射扫描范围：5°～70°，测试波长为1.54056。

陶片的拉曼光谱分析实验在安徽大学现代实验技术中心进行，采用仪器为英国伦敦雷尼绍公司生产的型号为inVia_Reflex* 的激光拉曼光谱仪。

陶片的热膨胀分析实验在中国科技大学理化科学实验中心热分析实验室进行，测试所用仪器为德国耐驰（Netzsch）公司生产的型号为DIL 402 C （1600℃model）的热膨胀仪，加热温度至1000℃。

（三）结果讨论

1. 微结构分析

（1）超景深三维显微系统

超景深三维显微系统的观察结果（图3-2）显示，彩陶和陶衣陶大多为泥质陶，其质地纯净，较为细腻，表面平整，没有明显的孔隙（图3-2，4）；羼和陶中可见大小不等、形状各异、分布不均的羼和料颗粒，并且表面有明显的孔隙，同样大小不一，分布不均（图3-2，1～3）。

（2）岩相分析

选取HJZ-4、HJZ-5、HJZ-15、HJZ-16、HJZ-19、HJZ-21、HJZ-26、HJZ-27、HJZ-28、HJZ-31共10个样品，沿其断面切割一小片。采用加拿大胶将所切割下来的片状样品黏接在载玻片上，磨成厚度为0.03mm以下的薄片，采用XPF-550C偏光显微镜进行岩相分析，结果如图3-3所示。

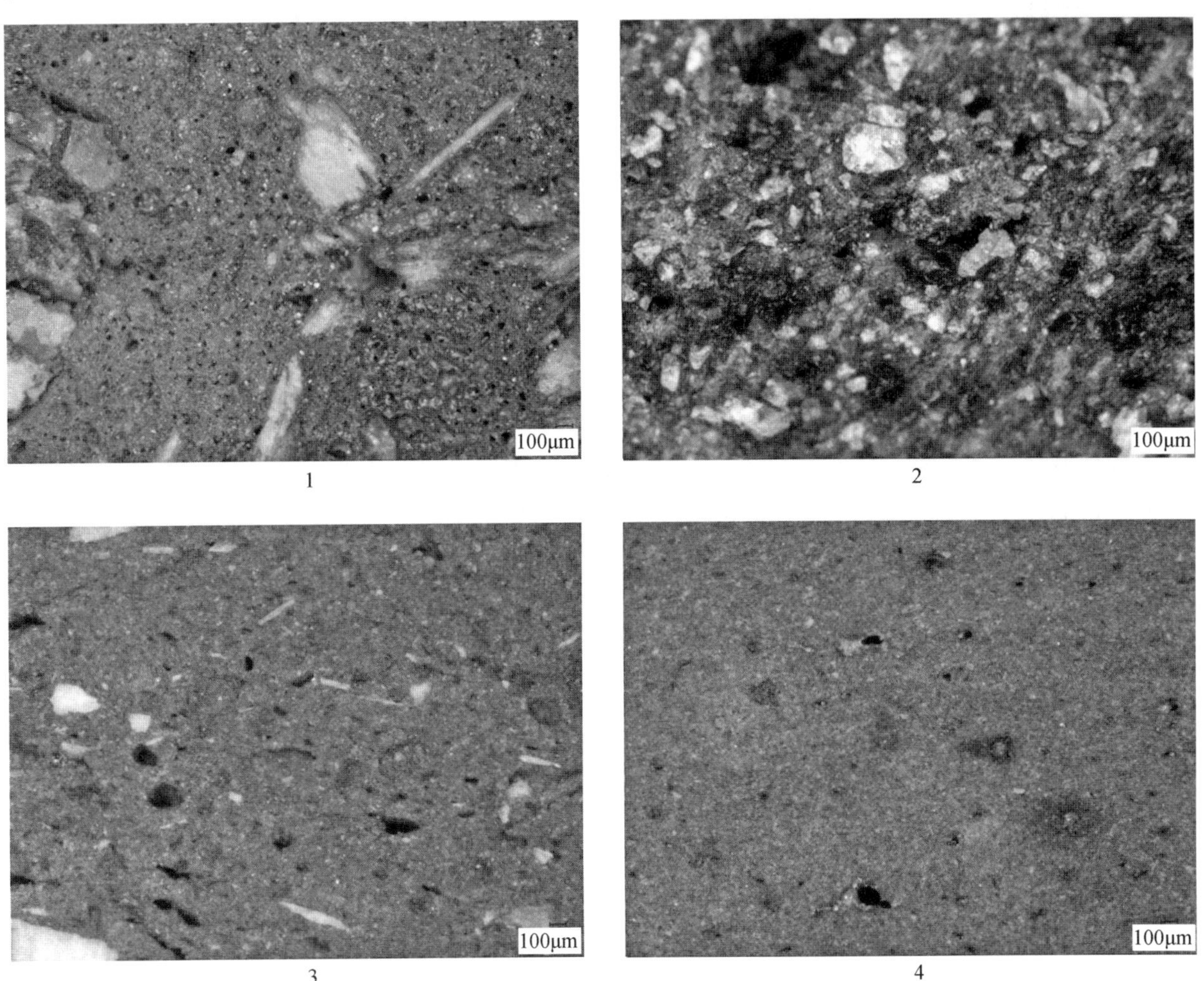

图3-2　侯家寨陶片超景深照片

1. HJZ-10　2. HJZ-11　3. HJZ-18　4. HJZ-25

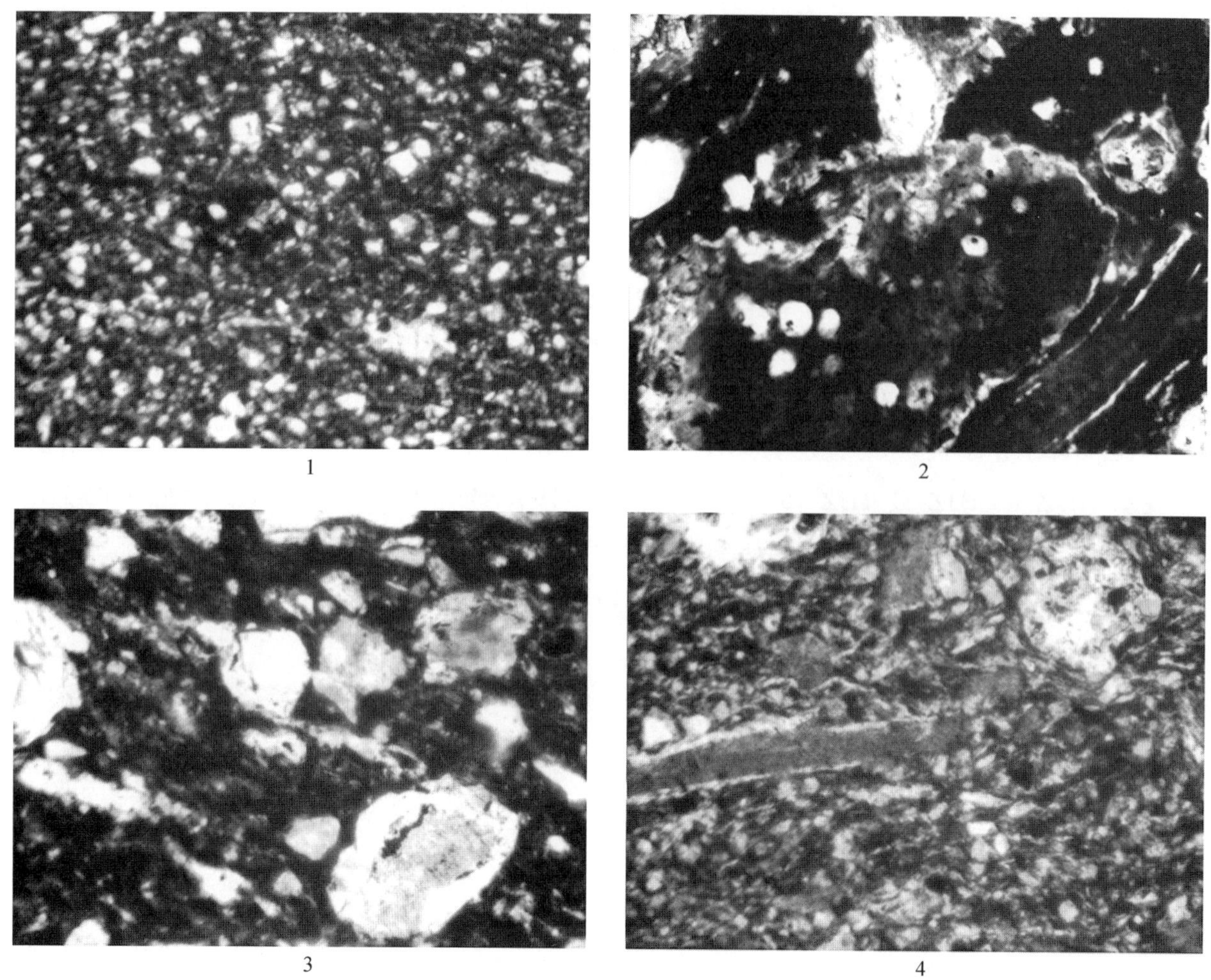

图3-3　侯家寨陶片岩相照片
1. HJZ-5　2. HJZ-15　3. HJZ-16　4. HJZ-26

岩相分析结果显示，陶片基质的颗粒细小，主要为黏土矿物、粉砂和少量含铁矿物，不同形貌的石英、云母、方解石等较大矿物颗粒在基质中呈不均匀分布。从岩相分析结果来看，侯家寨羼和陶的羼和料包括石英砂、方解石和云母片，即该遗址羼和陶分别为夹砂陶、夹蚌陶、夹云母片陶。

2. X射线荧光光谱法（XRF）

采用X射线荧光光谱仪，对侯家寨陶器进行成分分析，以了解侯家寨遗址出土陶器的原料特点。本文尝试采用便携式XRF对样品进行无损分析，以探讨便携式XRF在陶器分析中的可行性。

XRF的分析结果如表3-2所示。

表3-2　侯家寨陶器的XRF分析结果

样品编号	测试位置	元素含量/%					
		Al	Si	K	Ca	Fe	Mn
HJZ-1	表面	10.14	28.45	2.97	1.21	10.10	0.08
HJZ-2	表面	8.32	26.65	2.39	2.65	5.74	0.12
HJZ-3	表面	7.53	22.73	1.88	4.91	6.01	0.12
HJZ-4	表面	8.72	30.65	2.09	1.61	5.00	0.10
HJZ-5	表面	6.76	23.88	2.62	6.60	10.44	0.10
HJZ-8	表面	10.42	25.00	2.46	3.32	7.41	0.05
HJZ-10	断面	10.65	29.06	1.94	0.74	6.39	0.24
HJZ-11	表面	6.00	21.52	1.56	11.86	5.23	0.58
HJZ-12	表面	5.45	16.28	1.68	15.50	4.61	0.08
HJZ-13	断面	10.24	30.66	1.78	0.79	4.66	0.07
HJZ-14	断面	9.19	28.07	1.64	4.93	5.78	0.34
HJZ-15	断面	9.07	31.73	1.87	1.12	3.89	0.23
HJZ-16	表面	8.09	29.23	1.48	3.17	5.78	0.23
HJZ-17	表面	6.54	21.69	2.44	10.55	5.86	0.10
HJZ-18	断面	8.83	28.25	1.39	6.66	4.59	0.05
HJZ-20	表面	7.00	22.78	2.13	5.70	6.91	0.11
HJZ-21	表面	10.46	29.07	1.83	0.80	6.25	0.03
HJZ-22	表面	6.76	26.76	2.41	3.40	5.44	0.09
HJZ-23	表面	8.82	29.42	2.34	1.67	3.91	0.09
HJZ-24	表面	6.85	21.92	1.97	5.10	8.01	0.17
HJZ-25	表面	8.50	25.19	2.08	2.10	10.25	0.04
HJZ-26	断面	8.38	27.61	1.29	7.19	5.44	0.34
HJZ-27	断面	8.73	31.30	1.75	1.72	4.79	0.23
HJZ-28	表面	6.63	23.42	2.24	4.42	7.55	0.15
HJZ-30	断面	7.50	22.30	1.26	16.05	4.30	0.17
HJZ-31	断面	9.12	29.72	1.35	3.84	4.75	0.21
HJZ-32	表面	6.98	26.40	2.01	3.95	6.07	0.12
HJZ-33	表面	10.74	28.01	1.71	0.92	6.71	0.06
HJZ-34	表面	8.13	27.03	2.01	3.29	5.13	0.09
HJZ-35	断面	7.71	29.40	1.23	6.98	3.94	0.10

制陶原料有两类，黏土是主要原料，羼和料属瘠性原料。黏土是塑性原料，是陶器成型的基础。而黏土的可塑性被众多因素影响，其中黏土中氧化铝的含量是一重要因素。氧化铝含量越高，黏土可塑性越好。侯家寨陶片中元素Al的含量普遍较高，有些样品高达9%以上，说明该陶器的原料中添加了一种含铝的矿物，以使其所用的原料黏土具有较好的可塑性。

侯家寨陶器中的Fe含量不均，高者可达10%以上。经对样品进行观察，Fe含量较高的样品，其表面均有红色陶衣或红色彩绘。对样品进行XRF分析时，这些样品的检测位置均为陶衣或彩绘部位，表明样品的红色陶衣和彩绘中铁含量较高，很可能是一种含铁的矿物颜料。

侯家寨陶器的钙含量高低不等。经观察，低钙含量的陶器大多为泥质陶，而高钙含量的陶器均为羼和陶。HJZ-11、HJZ-12、HJZ-17、HJZ-26、HJZ-30、HJZ-35等羼和陶器，其Ca含量均很高，个别样品高达16.5%，表明这些陶器中的羼和料是一种含钙材料，可能为蚌壳。

3. X射线衍射分析（XRD）

为进一步了解侯家寨陶器的原料特点，选取HJZ-1、HJZ-15、HJZ-22、HJZ-23、HJZ-30、HJZ-33等样品，切割一小块采用玛瑙研钵研磨成粉末，对其进行X射线衍射分析。

样品HJZ-1、HJZ-22、HJZ-23和HJZ-33的XRD衍射分析结果显示（图3-4～图3-7），其主要物相为石英和长石。结合微观结构的观察结果，这些样品主要为泥质陶，个别为夹砂陶，所夹砂粒为石英砂。

样品HJZ-15的主要物相除石英和长石外，还发现了含量较多的云母（图3-8）。云母是一种铝硅酸盐矿物。云母的添加，导致陶器中的Al元素含量偏高，这与XRF分析结果相符。含云母的样品是一种添加了云母片的羼和陶。

样品HJZ-30的主要物相为石英、长石和方解石（图3-9）。XRF分析结果显示，该样品的Ca含量高达16.5%。其高钙含量，应来自于方解石的添加。资料显示，蚌壳的主要成分为方解石晶型的碳酸钙。因此，此陶器应为添加了蚌壳的羼和陶，即夹蚌陶。

石英是陶器坯体中的主要原料，降低了陶器原料的可塑性，减小了坯体的干燥收缩，从而起到了防止坯体变形的作用，并在一定程度上缩短了坯体干燥时间。

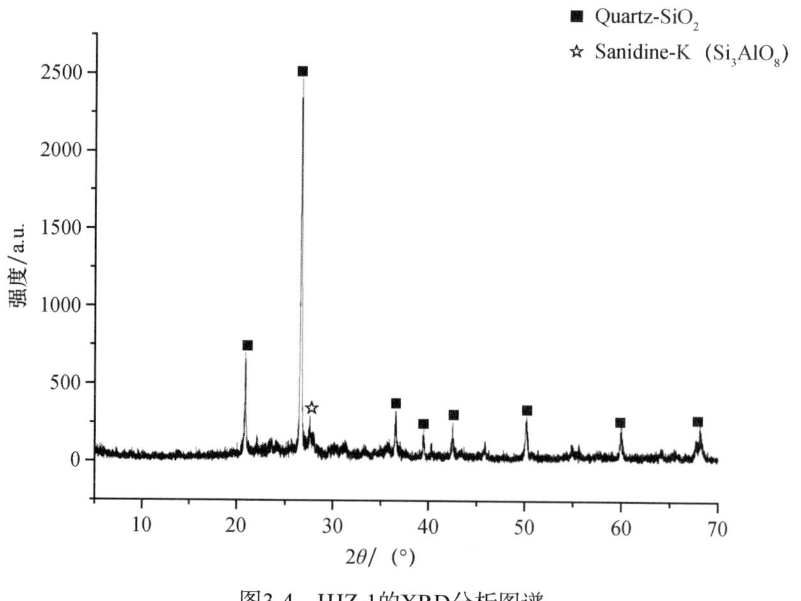

图3-4　HJZ-1的XRD分析图谱

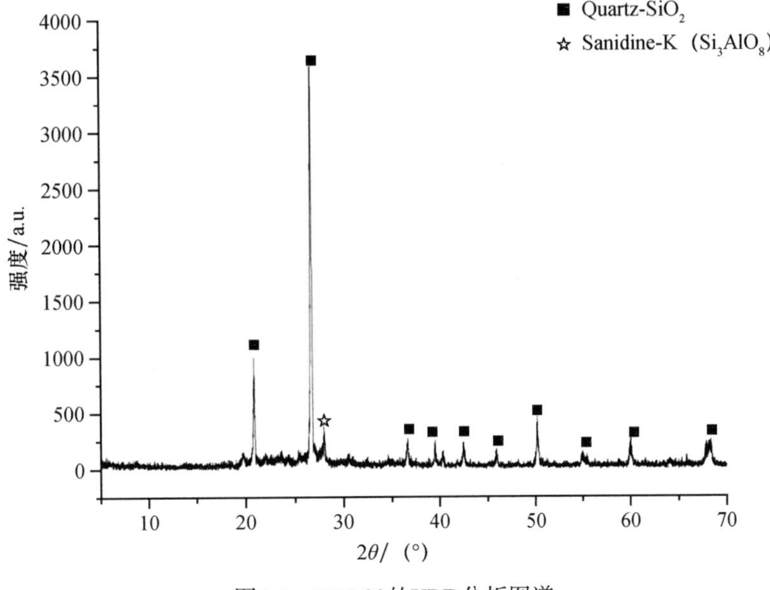

图3-5　HJZ-22的XRD分析图谱

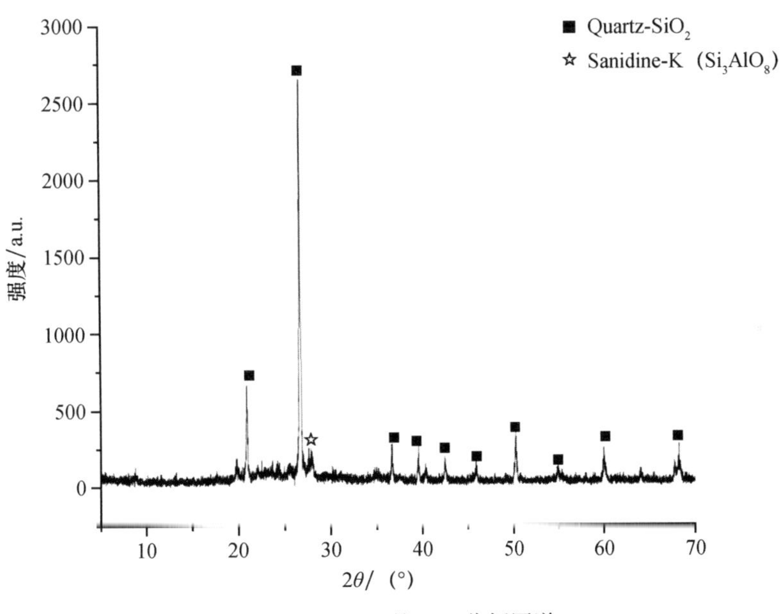

图3-6　HJZ-23的XRD分析图谱

长石是制陶原料中一种常有的熔剂原料。陶器坯体烧制成型前，长石作为一种非可塑性原料，也起到了防止坯体收缩变形、提高坯体强度的作用。烧制过程中，长石能有效地促进熔融其他的矿物原料，并且降低烧成温度。长石还可以在一定程度上使得坯体质地致密。

4. 拉曼光谱分析

拉曼光谱（RM）是一种散射光谱。拉曼光谱分析法是基于印度科学家C. V. 拉曼所发现的拉曼散射效应，对与入射光频率不同的散射光谱进行分析以得到分子振动、转动方面信息，并应用于分子结构研究的一种分析方法。

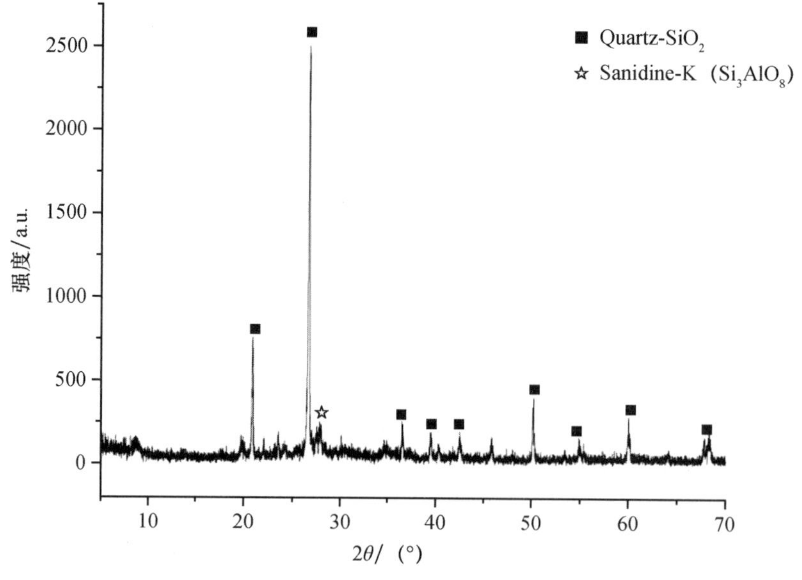

图3-7　HJZ-33的XRD分析图谱

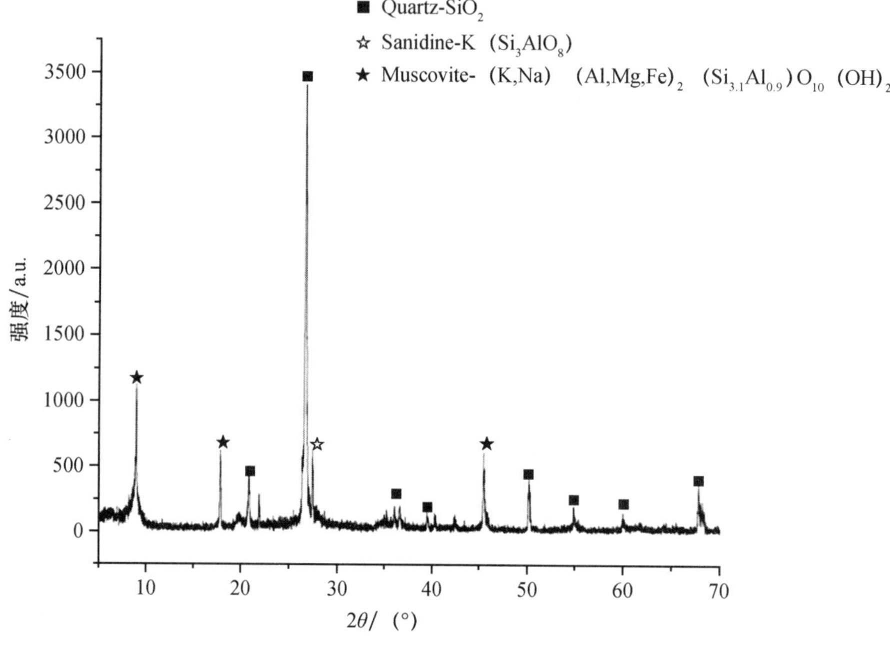

图3-8　HJZ-15的XRD分析图谱

本文选取了5个侯家寨陶片样品，采用拉曼光谱进行原位无损分析，以进一步了解黑陶、彩陶、羼和陶的相关原料特点，分析结果如图3-10～图3-14所示。

在样品HJZ-1（图3-10）和HJZ-5的拉曼图谱中（图3-11），在波数1084cm^{-1}处均有明显的峰，表明其物相为方解石晶型的碳酸钙。而在常压下，碳酸钙被加热到900℃左右就会分解，所以说明样品HJZ-1和HJZ-5的烧制温度应不超过900℃。

图3-12是样品HJZ-4表面红色部位的拉曼图谱，其在225cm^{-1}、294cm^{-1}、406cn^{-1}和672cm^{-1}处的峰和赤铁矿的特征峰相吻合，表明样品HJZ-4的红色陶衣中的显色物相为赤铁矿。

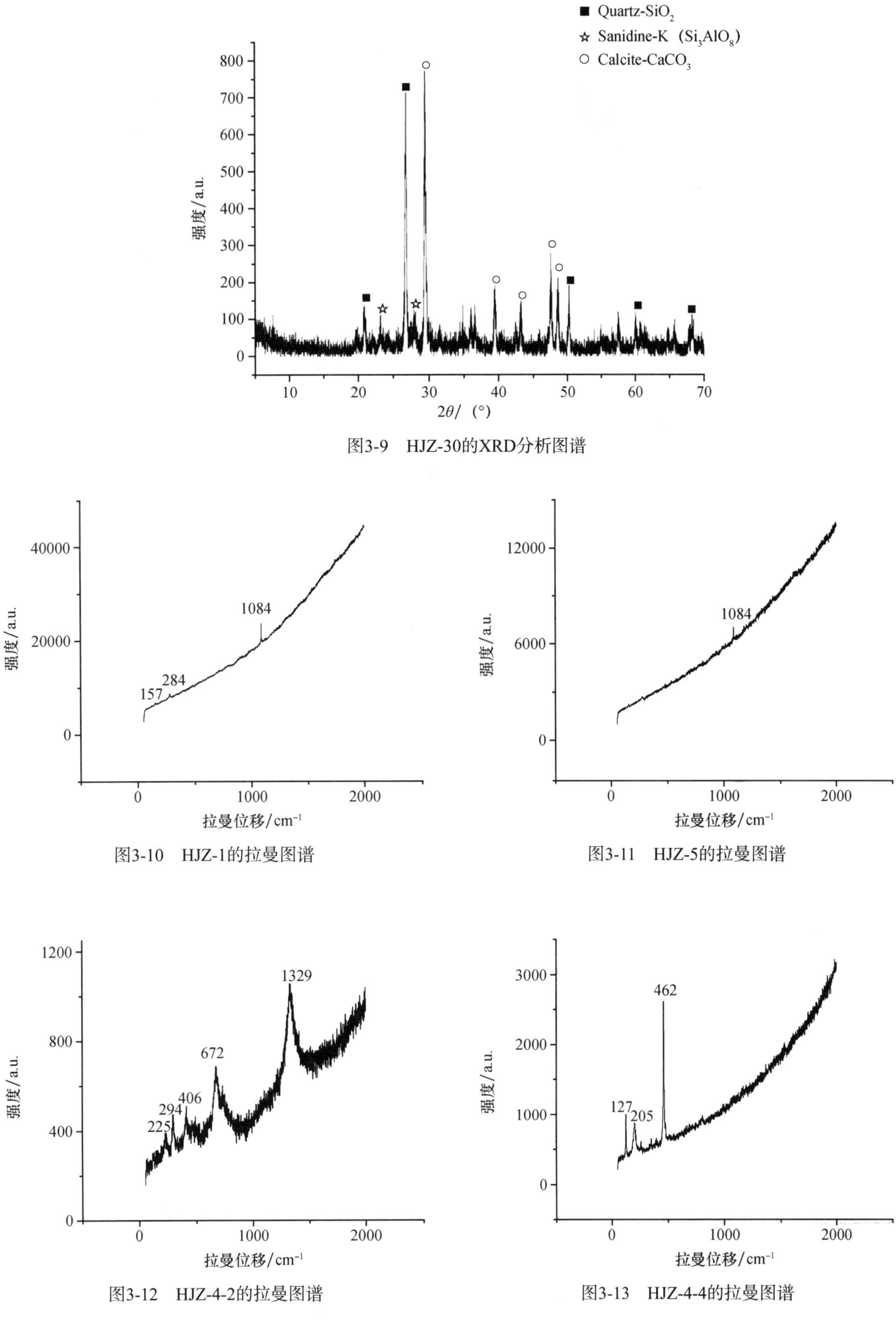

图3-9　HJZ-30的XRD分析图谱

图3-10　HJZ-1的拉曼图谱

图3-11　HJZ-5的拉曼图谱

图3-12　HJZ-4-2的拉曼图谱

图3-13　HJZ-4-4的拉曼图谱

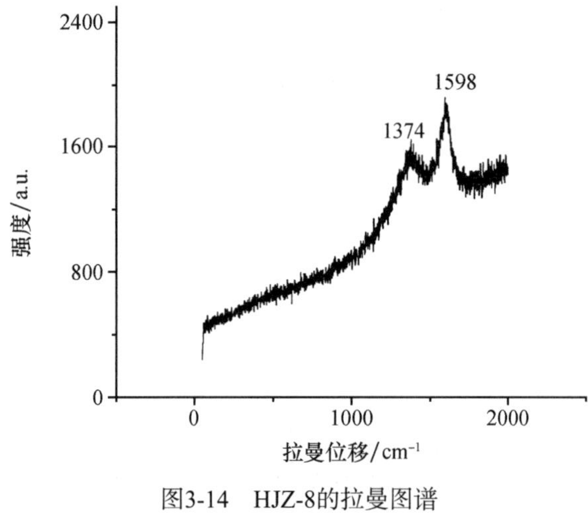

图3-14　HJZ-8的拉曼图谱

图3-13是样品HJZ-4断面白色颗粒的拉曼图谱，其在462cm^{-1}处的峰与石英的特征峰相一致，表明该样品可能添加了石英砂。XRF分析结果显示该样品硅含量较高，应该与添加石英砂有关。

陶片HJZ-8内部的拉曼图谱（图3-14）显示，其在波数1374cm^{-1}和1598cm^{-1}处的峰应归结为炭黑的特征峰，表明该样品的内部黑色物质为炭黑。通过观察其新鲜剖面，发现内表面黑色层越往里越淡，该样品应该是采用渗碳工艺烧制的。渗碳工艺是指陶器坯体在烧制过程中，温度处于400～600℃时，陶器坯体中水分迅速挥发，部分有机物也被分解，故在坯体内部产生了大量的空隙，使之具有相当强的吸附性；同时窑中空气不足，即氧气不足，植物不完全燃烧产生大量富含碳元素的浓烟，浓烟不断渗透进入坯体的空隙，由表及里，使之发黑且细致。

5. 热膨胀分析

侯家寨样品陶片的热膨胀实验，可以得知其具体烧成温度。本次选取了样品陶片HJZ-3和HJZ-4进行了热膨胀分析（图3-15、图3-16）。

样品HJZ-3和HJZ-4的热膨胀曲线分别在850℃和在800℃左右出现拐点，表明其原始烧成温度分别为850℃和800℃左右。结合侯家寨夹蚌陶器中方解石的普遍存在，可初步推测侯家寨陶器的烧成温度在800～850℃，最高不超过900℃。

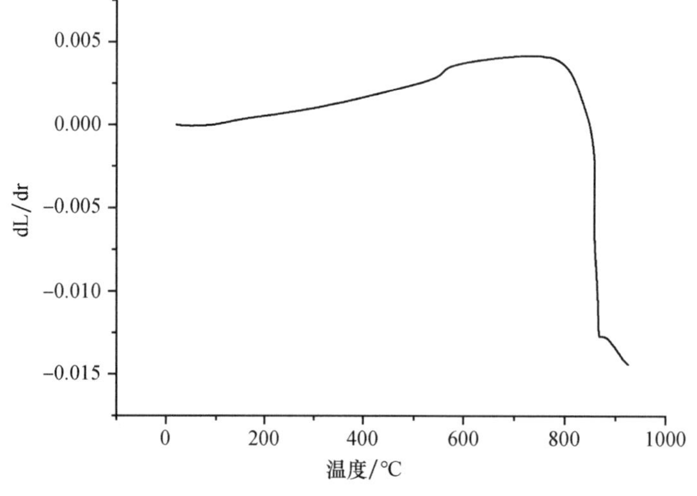

图3-15　HJZ-3的热膨胀曲线

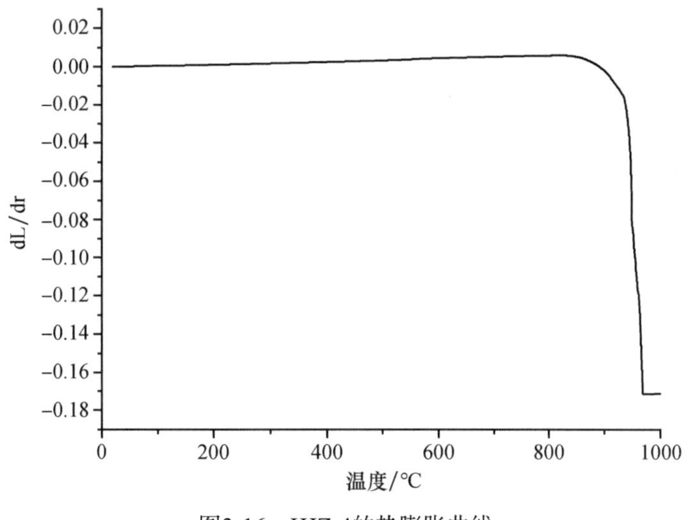

图3-16　HJZ-4的热膨胀曲线

二、结　论

通过对侯家寨陶器进行各种检测分析，可得出以下初步结论。

（1）侯家寨遗址陶器中的羼和陶主要为夹蚌陶、夹云母片陶和夹砂陶。

（2）红色陶衣和彩绘的主要成分为赤铁矿，表明侯家寨遗址使用赤铁矿作为红色颜料。

（3）黑陶表面的黑色成分主要为炭黑，其烧制采用了渗碳工艺。

（4）热膨胀分析和物相分析的结果表明，侯家寨陶器的烧成温度在800～850℃，最高不超过900℃。

第二节　骨角器制作工艺研究——骨角器研究*

侯家寨遗址出土骨角器研究

侯家寨遗址出土了大量骨角器，以动物骨骼和鹿角为原料，主要器形有笄、锥、凿、针、镞、两头尖状器、鹿角勾形器，还有残骨器和骨料，其中鹿角勾形器是其文化的一大特点，为深入探讨侯家寨文化的生产方式、经济生活发展状况，以及其在淮河流域新石器时代文化源流中扮演的角色等提供重要依据。

骨角器是指用兽骨或头角（如鹿角）切割、研磨制成的器具，常分为生活用具、生产工具和装饰用具。早在旧石器时代晚期，骨角器就已经出现在中国历史舞台上，它是继石器之后，

* 此节作者为赵励耘、邓栋梁。

人类文明进步的又一重要指标，伴随着锯、切、削、磨、钻等制作工艺的进一步提高。骨角器在新石器时代至三代时期普遍出现，这一时期物质水平、审美水平极大提高，人类创造的物质文明不断被刷新，以致到战国秦汉时期骨角器被铁质工具取代。骨角器的研究对我们了解新石器时代的经济文化、生产生活以及交往沟通等有重要意义。

“石、骨器的演化速率较慢，且其逻辑过程最容易重复，因受原材料的限制，制作过程中的随意性也较强，所以其演化的历史进程往往难以被把握和揭示。”①陶器出土数量繁多，变化发展快，破碎率高，对水、土、火的组合、性质、变化规律的掌握程度是陶器优劣的关键，制作目的性较强，制作工匠发挥自己创造力的空间大。但陶器只是研究考古学文化的一个因素，不能反映人类生活的各个方面。

淮河流域地处我国南北气候带的过渡地带，一年四季分明，气候温和，雨量充沛，物产富饶，自古以来就适宜人类居住繁衍。侯家寨遗址发掘以来，其文化属性是研究的焦点，侯家寨文化的确立是近几年来淮河流域新石器时代考古工作的一项重大成果，它有安徽淮河流域新石器时代中期考古学文化的典型性和代表性，有助于淮河流域树立自己的文化标尺。侯家寨遗址所出土的角骨器数量较多，尤其是鹿角勾形器，在侯家寨遗址器物群中具有特殊性，其制作精细，工序复杂，代表侯家寨遗址骨角器制作水平。研究侯家寨遗址出土的骨角器会为研究史前淮河流域与周边地区的文化交流提供一条线索，从鹿角勾形器来看，文化交流的中心是淮河中游地区，此后扩及周边地区。

本节在广泛地查阅侯家寨遗址以及骨角器有关的文献资料的基础上，依靠考古类型学对骨角器进行型式分类，利用地层学确认各文化层的先后关系，并根据骨角器所在地层确认骨角器的年代关系，分析骨角器的发展变化规律。利用超景深三维显微系统等科技手段探讨骨角器的制作工艺，深入探讨侯家寨文化的生产方式、经济生活发展状况。利用文化因素分析方法探讨侯家寨遗址骨角器的文化内涵，同时将侯家寨遗址出土的骨角器与周边遗址相比较，了解骨角器在江淮流域的传播交流过程，以及其在淮河流域新石器时代文化源流中扮演的角色。

（一）遗址概况

史前人类的生活生产依赖自然环境中物质和非物质的自然资源，自然环境中的各种要素，如阳光、水、空气、动物、土地、草原、森林、矿藏等共同组成史前人类生存和发展的先决条件和基础。自然环境和地理位置的优劣直接影响着人类发展的初期阶段人类社会发展的进程，贯穿于侯家寨遗址产生、发展、消灭的全过程，使得生活在侯家寨遗址的居民有着自身的文化特点，也影响着它与其他各种文化的交流。

社会经济与自然环境也有密切关系，在获取食物中，侯家寨遗址是新石器时代早期的文化遗址，其渔猎和采集仍占有重要地位，相对而言，家畜饲养和水稻种植反而没有较快的发展，

① 河南省文物考古研究所：《舞阳贾湖》，科学出版社，1999年。

不在社会经济中占据绝对优势，遗址中出土大量采集和渔猎时使用的角骨器工具，农业生产工具出土较少。借助自然科学已有的研究成果，对侯家寨遗址所处地域的自然地理环境、地理位置做介绍，对于其出土角骨器的研究有重要意义。

定远县侯家寨遗址地处安徽省东部，在地貌上属于江淮丘陵地区，自东向西逐渐升高，地面分别向南北倾斜，但长期处于侵蚀剥蚀环境，县域内大部分地区为波状平原。地貌类型组合以冲积、洪积台地为主，台间有宽广冲谷发育①。从地理地势上看，其东部是江淮东部地区的里下河低平原，西部是皖西山地丘陵，南部是沿江平原，北部是沿淮、淮北平原。从文化区的分布看，以北是海岱地区，以南是环巢湖地区，西南是宁镇地区，以东是江淮东部地区，以西是豫南、鄂北的中原地区。侯家寨遗址就位于黄河流域和长江流域大文化分布区域的过渡地带，有着自身的文化特色，也在文化交流中扮演着小齿轮的角色。淮河流域先后发现很多类似的文化遗址，经过调查和发掘，可以认识到侯家寨文化的初步分布区域，即东到江苏洪泽湖，西至河南省东南部，北达安徽北部，南到大别山北麓②。平原地区少石料，侯家寨遗址石器很少，主要是锛和石臼，制作也粗糙，多打制，磨制较少。易获得的骨料、角料就成为工具制作的主要原料，满足居民的生产需求和生活需求。

安徽省现代大部分地区气候受季风影响显著，整体上处于暖温带与亚热带的过渡地带，气候特征表现为季风明显，四季分明，春秋时短，夏冬时长，冬冷夏热，降水季节分布不均，常有干旱、洪涝等灾害。全年无霜期200～250天，年平均气温为14～17℃，全年平均降水量在773～1670毫米，南多北少，山区多，平原丘陵少，夏季降水丰沛，占全年降水量的40%～60%③。第四纪新生代的气候特征与现代相比有一定差别，距今7000～4000年前的江淮地区的气温比现在高2～3℃，气候属于亚热带与暖温带的过渡区，湿润温暖，森林广布。哺乳动物在这一时期大量繁衍生息，是自然环境中集天地之精华所造就的又一生命奇迹。侯家寨遗址就出土有大量的猪、鹿、狗、马、牛、羊、豹等哺乳动物的骨骼。在可鉴定数中，猪和鹿占所有哺乳动物骨骼的比例为85%左右，其中，猪的骨骼占55.2%，鹿类占29.1%④。动物资源与人类的经济生活密切相关，为侯家寨遗址的居民提供食物，更重要的是提供了制作工具的骨质原料。

侯家寨遗址文化层中出土的大量动物骨骼中，"根据鹿角的形态可知，该遗址中至少存在梅花鹿、麋鹿、獐、麝、麂等。现今的野生梅花鹿、麝、獐、麂等多生活在安徽以南地区，喜山林、灌木丛和沿海草滩等植被环境。现生的麋鹿生活于长江中下游的沼泽地带，喜食嫩草和水生植物。此外，遗址中鉴定出一定数量的爬行类动物，其中，鼋、扬子鳄以及中华鲟等现今

① 安徽省地方志委员会：《安徽省志·自然地理志》，方志出版社，1998年。

② 阚绪杭：《试论淮河流域的侯家寨文化》，《中国考古学会第九次年会论文集》，文物出版社，1997年。

③ 安徽省地方志编撰委员会：《安徽省志·自然地理志》，方志出版社，1998年。

④ 戴玲玲、陶洋、阚绪杭：《淮河中游地区的史前生业经济考察——安徽省侯家寨遗址出土动物骨骼研究》，《东南文化》2017年第1期。

只生活在长江流域甚至更南地区”[①]。所以该地区湖泊沼泽众多，水网密集，水资源丰富，水生的生物物种多样，和当今的水生生物种类有相似之处，社会经济中渔猎占有很大的比重，地位极其重要。近岸区的水生植物，如菱、藕、莲子、芡实等自然成为居民采集的对象，虽不能作为主食，但这些食物不加工即可食用，自然也会给居民生活带来便利和乐趣，丰富食谱，提供某些营养物质，提升身体素质。

水域面积过大也会有弊端，古人依赖水资源程度极大，居址选择近湖泊或河流，又距水源一定距离，防止湖泊河流泛滥侵蚀。突发的连续强降雨，再加上地势平坦不易泄洪，下渗作用缓慢，地下水位较高，造成洪水泛滥将居址淹没，现代社会的我们都会面临洪涝等自然灾害的考验，更不必说防御能力如此之弱的史前社会居民。洪水的泛滥致使人口迁徙，是侯家寨遗址一、二期文化之间产生文化缺环的主要原因。居住在此的居民受河流泛滥的影响，迁居至更加高的地面，动物也四处迁徙，等洪水退回，原居住地经过环境的变化，再次成为宜居之地，原居民迁回原居址，此时的文化已经向前发展，与原文化有差异，空缺也就形成。

（二）骨角器的形态

根据地层堆积情况和对遗物的分析整理，侯家寨遗址分为4个文化层次，一期文化包括遗存第3、4层；二期文化包含第2层及第1层下的若干遗迹单位[②]。一期出土骨角器共有80件，其中鹿角勾形器有73件；二期出土骨器有14件，鹿角勾形器仅2件。

1. 鹿角勾形器

75件。均为截取鹿角加工制成的勾形器，制作精细，工序复杂。钩柄有打磨的横隔段和竖系索槽。钩部底面呈长舌形。根据其柄、勾形角度不同，可分为A、B、C、D四型。部分为半成品和残件。

A型　21件。垂直直角勾形器，钩大小中等，柄与钩的长度基本相等。T2③：248（图3-17，1），柄端较平，柄上部切出段，段下有一凹槽，刻有六条横向短线，钩前端残，钩部近转角处刻有浅槽，磨制光滑。柄长4.7、钩残均长2.9厘米。T3④：365（图3-17，2），柄端平，柄上分段，钩部残。柄长4、钩残均长2.9厘米。T2③：251（图3-17，3），完整，柄端呈弧状，上端切出段，中部有宽槽，钩部长舌形，钩部近转角处刻有浅槽。柄长5.2、钩长3.9厘米。T4④：368（图3-17，4），柄顶端略弧，仅内侧切割成段，通体打磨光滑后不做额外加工。柄长6.3、钩长4.3厘米。T3④：366（图3-17，5），柄部粗短，仅内侧切割成段，柄顶端略弧，但边缘棱角分明。钩部刻槽两对。柄长2.6、钩长5厘米。

---

① 戴玲玲、陶洋、阚绪杭：《淮河中游地区的史前生业经济考察——安徽省侯家寨遗址出土动物骨骼研究》，《东南文化》2017年第1期。

② 阚绪杭：《定远县侯家寨新石器时代遗址发掘简报》，《文物研究》（第5辑），黄山书社，1989年。

B型　24件。圆弧直角钩形器。鹿角弯折处弧度较大，棱角明显。GT3④：210（图3-17，6），钩部比柄长，钩部较宽大。柄部顶端棱角分明，切割出段，段位较高。柄部仍有局部未磨光。柄长3.9、钩长4.8厘米。T2③：324（图3-17，7），柄部前端切割出段，段位较低，柄部有一条斜向划痕。钩部前端略残。柄长5、钩残长约2.3厘米。T2③：249（图3-17，8），形体较大。半成品，已经切割成钩形器的形状，加工成型，横隔断和竖系槽均未打磨。柄部顶端切割不规则，顶端平。钩部前端平。器身棱角分明，未经打磨，未做精细加工。柄长11.8、钩长8.9厘米。

C型　27件。9件为残件。圆弧钝角钩形器。鹿角钩与柄弯折处呈钝角，弧度较大。弯折棱角不明显。T3③：242（图3-17，9），柄部段线切割较浅，顶部弧曲。钩部底部略有弧度，钩部宽长。柄长6.1、钩长7.2厘米。T3③：374（图3-17，10），柄部顶端弧屈，前端切割段线较深。器体通体磨光，不做额外加工。柄长7.5、钩长4.7厘米。T1③：86（图3-17，11），柄部残缺，鹿角钩与柄弯折处呈钝角，钩部完整，打磨光滑。钩长7厘米。

D型　1件。圆弧锐角钩形器。半成品。T2④：314（图3-17，12），形体较大。柄部顶端未经切割，形状自然，有段部切割口，鹿角钩与柄弯折处呈锐角，钩部前端上翘。器身未经打磨，较粗糙。柄长7.8、钩长8.4厘米。

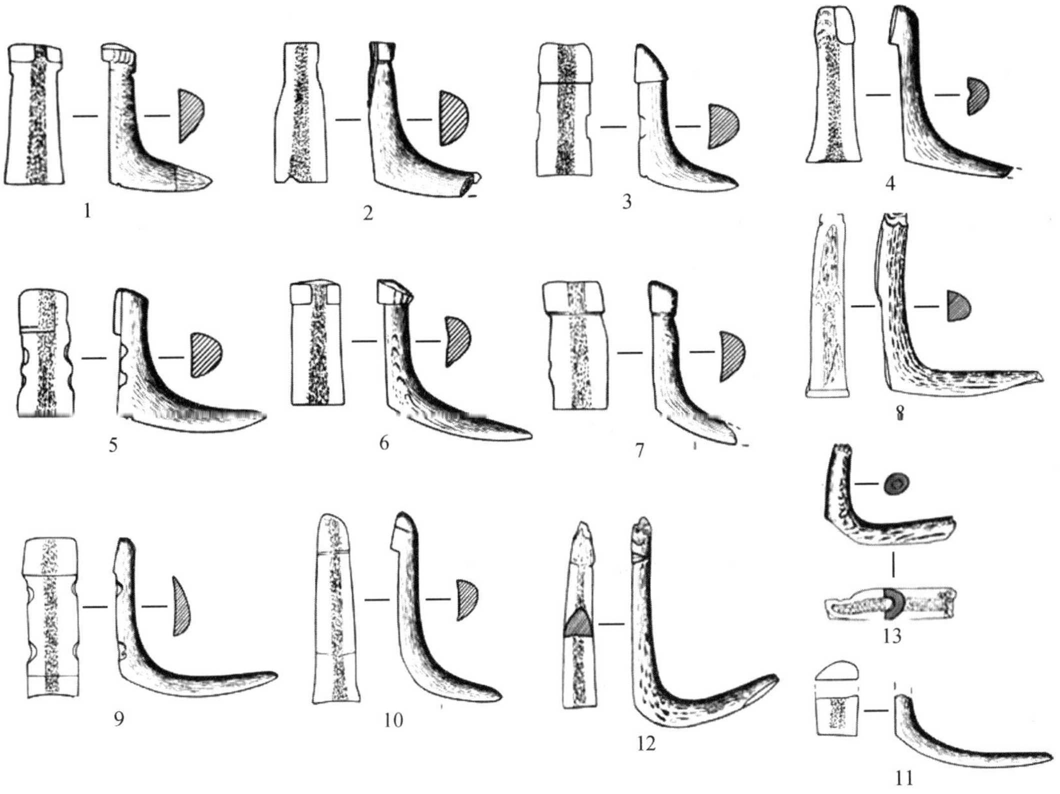

图3-17　侯家寨遗址出土鹿角勾形器与坯料

1～5. A型（T2③：248、T3④：365、T2③：251、T④：368、T3④：366）　6～8. B型（GT3④：210、T2③：324、T2③：249）　9～11. C型（T3③：242、T3③：374、T1③：86）　12. D型（T2④：314）　13. 坯料（T2③：243）

另有坯料2件，所属型别未知。为切割的鹿角勾形器坯料。外侧面切割痕迹明显。内面保留鹿角原骨面，未做成型加工。

T2③：243（图3-17，13），形体较大。柄部呈圆柱状，钩部已切除一半，两端有切割痕迹。未经打磨。柄长约7.9、钩长约9.3厘米。

另外有7件残件所属型别未知。

从整体上看，侯家寨遗址出土的鹿角勾形器数量众多，在出土骨角器中占79%。形制特别，造型简洁，绝大多数形体完整，皆在柄部上端切割出段，少数段的下方配套着一或两条系索槽，部分钩部近转折处刻完整沟槽一条，除刻槽外不做额外加工。通体磨光，磨制技术较高，只有部分未完成品未磨光。

2. 骨器

20件。多为各种动物的肢骨、肋骨等加工磨制而成，多数加工磨制比较精细，少数打磨粗糙。器形有骨针、骨笄、两头尖状器、骨镞、骨锥、骨凿、骨料等。

1）骨针

4件。体扁圆。骨质较坚硬，加工精细，磨制光滑。仅1件完整，其余3件残缺。T2④：312（图3-18，1），保存完整米黄色，截面呈椭圆形，略有弯曲，尾部有一小圆孔。直径约0.3、长7.1厘米。T4④：4（图3-18，2），两端残，呈圆柱状，尾部小孔残缺，从残部可以看出针孔的形状。直径3.3、残长3.9厘米。

2）骨笄

5件。均由肢骨制成，粗细长短不一，磨制较精致。多数一端较尖细，少数扁平状。另一端稍粗。有的尖部或顶部残缺，仅一件完整。T2③：251（图3-18，3），完整，细长，尖部尖锐，尾部棱角明显，打磨光滑，背部是骨腔内壁。长9.2厘米。T6③：10（图3-18，4），深褐色，尾部残缺，尖部呈圆锥状，不尖锐。残长6.7厘米。T2④：311（图3-18，5），尖部稍有残缺，通体磨制，留有骨头内壁的凹槽。残长11.1厘米。T3②：20（图3-18，6），两端均残缺，象牙白色，较粗，扁平，骨壁上有一长条裂缝。残长5.6厘米。

3）两头尖状器

2件。保存完整。均为动物肢骨加工磨制而成。粗细长短不一。两端磨制成尖头形。T2③：252（图3-18，7），短小粗实。一端为粗圆锥尖头接圆柱体，一侧骨质疏松，另一端切除疏松的骨质，打磨成平面，切出两段。制作精致，打磨光滑。长6.5厘米。T2③：254（图3-18，8），细长尖锐。器形简单，利用较细的长骨制成，打磨光滑。长9.2厘米。

4）骨镞

1件。T3①：3（图3-18，9），残件，尖部残缺，浅黄色。镞脊、叶、铤磨制精，截面为三角形，棱角清晰。残长7.3厘米。

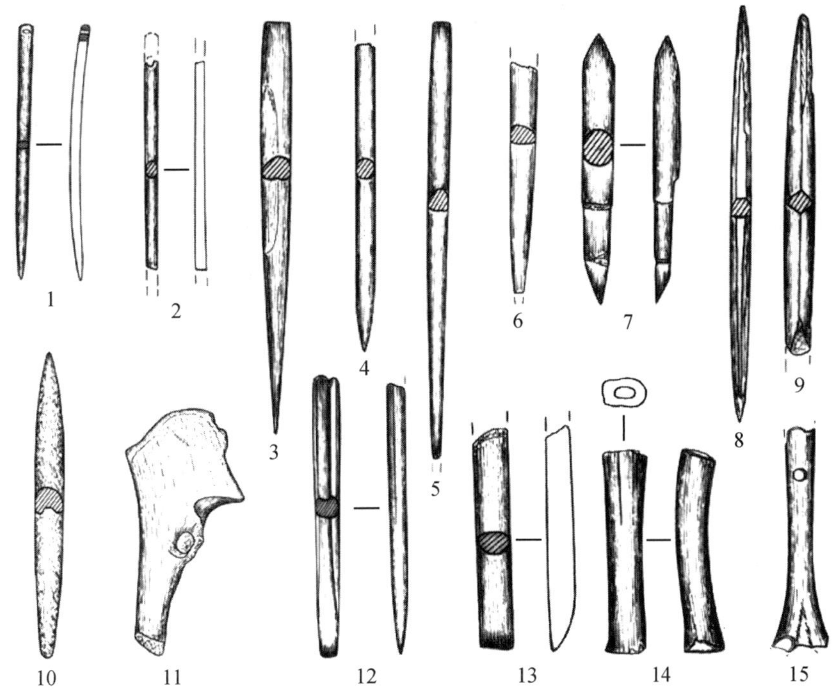

图3-18　侯家寨遗址出土骨器

1、2. 骨针（T2④：312、T4④：4）　3～6. 骨笄（T2③：251、T6③：10、T2④：311、T3②：20）　7、8. 两头尖状器（T2③：252、T2③：254）　9. 骨镞（T3①：3）　10、11. 骨锥（T2②：164、采集：8）　12、13. 骨凿（T6③：41、T3②：142）　14、15.骨料（T2③：335、T2③：336）

5）骨锥

2件。一端为尖刃，一端为柄。T2②：164（图3-18，10），磨制，两头不尖锐。制作相对粗糙。似为半成品。长度9.7厘米。采集：8（图3-18，11），刃部残缺。柄部利用自然状态，刃部稍做加工，刃部极扁平。残长8.3厘米。

6）骨凿

2件。刃部扁平凿形。顶部残缺。T6③：41（图3-18，12），体扁平，两面刃。骨腔壁保存。残长8.3厘米。T3②：142（图3-18，13），体不规则圆柱形。两面刃。残长4.8厘米。

7）骨料

2件。为动物肢骨，中空，两端留有明显的切割痕，做了部分加工。器形不明确，属于截取的骨料。T2③：335（图3-18，14），骨壁较厚。两端留有整齐的切割痕迹。形体较规整，略有弯曲。长6.5厘米。T2③：336（图3-18，15），骨壁较薄。一端钻有一圆孔，另一端较宽大。长6.6厘米。

8）残骨器

1件。T2③：337（图3-19，1），为较薄的骨器片状残件，平面似鞋底的后半部，厚度仅3毫米。有明显的切割和磨制痕。残长5.7厘米。

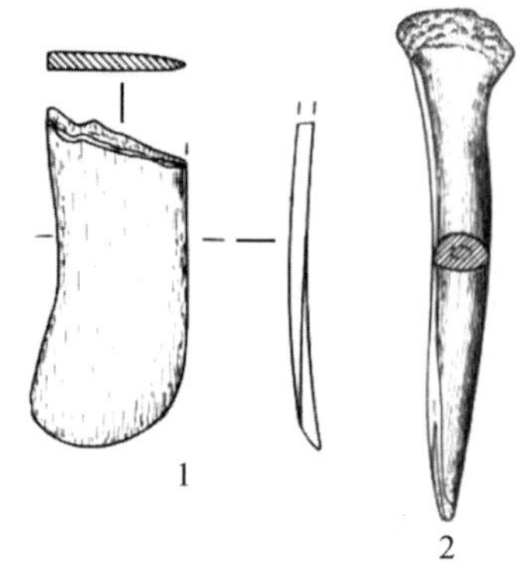

图3-19　侯家寨遗址出土残骨器及半成品尖状器
1. 残骨器（T2③：337）　2. 半成品尖状器（T3③：382）

9）半成品尖状器

1件。T3③：382（图3-19，2），为肢骨加工的半成品。一端已经切割成尖状，但未打磨。顶端未做加工。保留骨节的原状。长14厘米。

侯家寨遗址出土的骨器占出土骨角器的21%，种类不甚齐全。与其他文化遗址中出土的骨器相比，侯家寨遗址出土的骨器形制简单，有明显棱角的骨器很少，多数打磨光滑。基本上是小型器，长度在5.5～14厘米，最长的成品是半成品尖状器T3③：382，长14厘米。

（三）骨角器的年代与分期

鹿角勾形器在侯家寨遗址中绝大多数属于一期，属于二期的仅有2件。一期的遗存第3层更为集中，第3层的年代距今大约7100年，第4层距今约7200年，两个地层年代差距不大，故骨角器在器形变化上并不明显，但也可以发现一些区别。除A、B两型勾形器出土于第3、4层，其余型式只出土于第3层。在24件B型勾形器中，第4层出土的勾形器钩部短小，发展到第3层时，出现了钩部较大的勾形器，整体体形扩大化，这变化与钩形器的功能变化相关。刻槽的勾形器为数不多，数量不超过10个，基本上出土于第3层，而钻孔技术尚未应用到勾形器制作中。

骨器与鹿角勾形器相同，也是多数出土于第3层。多数器形只见于一个地层中，如两头尖状器、针、镞、锥，另外还有骨料、残骨器、半成品尖状器也只出土于一个地层中。骨笄出土于一期的第2层和二期的第3、4两层，出土层位越低，骨笄的颜色越深，从下层至上层，骨笄器形变粗短。针全部出土于第4层，属于一期早期阶段，制作精细，侯家寨遗址出土的骨针是其钻孔技术的代表。

总体来说，侯家寨遗址出土的骨角器器形整体上变化不明显（表3-3、表3-4）。

表3-3　侯家寨遗址出土骨器分期表

期别		层位	骨笄	两头尖状器	骨针	骨镞	骨锥	骨凿	骨料	残骨器	半成品尖状器
一期	Ⅲ段	①				T3：3					
		②	T3②：20、T3②：141				T2：164、采集：8号	T3：142			
二期	Ⅱ段	③	T6③：251、T6③：20	T2③：252、T2③：254				T6：41	T2：335、T2③：336	T2：337	T2：382
	Ⅰ段	④	T2④：311		T2④：312、T2④：313、T2④：4、T3④：36						

表3-4　侯家寨遗址出土鹿角勾形器排队表

期别		层位	A型 垂直直角勾形	B型 圆弧直角勾形	C型 圆弧钝角勾形	D型 圆弧锐角勾形	坯料	残件
二期	Ⅲ段	①						
		②	T3②：374、T3②：373					
一期	Ⅱ段	③	T2③：251、T2③：248、T6③：43、T2③：247、T3③：252、T6③：44、T6③：47、T6③：51、T3③：372、T6③：247	T2③：325、T2③：324、T3③：373、T3③：374、T6③：48、T3③：248、T3③：251、T3③：250、T3③：254、T3③：253、T3③：249、T3③：255、T2③：244、T2③：245、T3③：244、T2③：246、T2③：249、T2③：326	T6③：50、T6③：42、T3③：242、T6③：49、T2③：250、T6③：53、T6③：46、T3③：242、T6③：45、T3③：243、T3③：246、T3③：245、T1③：86、T3③：374、T3③：378、T3③：376、T3③：377、T3③：375、T2③：332、T1③：86、T2③：330、T2③：331、T3③：377、T3③：379、T3③：381、T2③：328、T6③：52		T3③：326、T2③：243	T2③：334、T3③：380、T1③：84、T1③：85、T2③：329、T2③：333、T3③：327
	Ⅰ段	④	T3④：366、T3④：365、T6④：93、T3④：363、T3④：368、T6④：94、T1④：87、T2④：315、T3④：367	T3④：210、T3④：369、T3④：364、T6④：92、T3④：371、T3④：370		T2④：314		

（四）骨角器的制作工艺与功用

1. 制作工艺

侯家寨遗址的玉石器发现较少，环境中能提供的石料缺乏，骨角器替代石器成为居民的首选工具。新石器时代早期的江淮丘陵地区，动物资源丰富，角骨器制作业十分发达。骨器多用动物肋骨制成，器体都较小，骨壁较薄，保留骨腔壁，打磨粗糙，有的仅在尖部打磨。角器中最具特征性的鹿角勾形器数量众多，造型独特，捕获或自动脱落的鹿类动物角枝制作生产工具，利用鹿角枝杈的自然形状进行加工制成鹿角勾形器。

骨角器的制作工艺大体经过切割或磨割成型，在此基础上进行钻孔、打磨、刻划等细加工。骨角的结构、特性（硬度和弹性等）是影响工具制作和使用的重要因素，一方面决定了制作工具需要花费的时间、难度，一方面影响着工具的效用和耐用度。以动物肢骨为例，骨骺部分结构疏松，缺少硬度和弹性，在制作工具的时候首先会被砍去；肢骨骨干为密质骨，其中填充着骨髓，密质骨坚硬有弹性适合做骨器。骨骼的形状和骨壁厚度因骨骼部位、动物体型大小的不同而不同，都是影响骨器制作的因素。骨壁过厚在制坯和加工时更耗时耗力，不易操作，骨壁很薄的部位，在加工和使用过程中更容易断裂，效能不高。考虑到修理加工的难易度和效率以及工具的使用效果，人们可能会选择形状上较为平直、骨壁厚度合适，特别是能够减少开料和取坯工作量与难度的骨骼进行修理加工，如鹿类的掌跖骨，大型动物的肋骨等。与骨头的髓腔结构不同，鹿角的内部完全由骨松质填满，鹿角与骨头相比骨胶原含量很高，因此更富有弹性。从结构特性来看，加工鹿角比长骨更容易。鹿角具有较高的抗压力和弹性，成为适合制作工具的材料。

阚绪杭认为鹿角尖状器制作比较简单粗糙，将鹿角尖部的一段切割下来，稍磨其尖，余保留原样①。考古学者对骨角器的制作过程并未详细介绍，更缺少现代技术的科学分析。骨角料本身较硬，想要切割成生产工具，需要比骨角料更加坚硬的制作工具，如石器。侯家寨遗址的石器不发达，周围没有丰富的石材作为制作石器的原料，石器有一器多用的现象，直接投入农业生产中，或者用一些打制石器和自然石块对鹿角加工。所谓切割，绝不是一蹴而就的，应慢慢磨锯成坯，费时耗力。骨角器制作以实用方便为目的，器形简洁，不刻花纹、符号等。

1）鹿角勾形器

图3-20和图3-21所示为在三维超景深显微镜的观测下的鹿角勾形器。其主要制作工艺如下：首先，在鹿角上截取一段有主干和枝杈，主枝为柄，杈枝为勾；其次，磨锯主杈枝的背面（磨锯掉除至少一半），在磨据柄部背面时预留出段；再次，对柄部进行刻槽等加工，钩部修理成长舌状，前有尖峰和侧刃；最后是对鹿角勾形器进行磨光等细微处理。从显微图片中可以看到鹿角勾形器的刻槽底部和柄部有明显的切割痕迹。

2）骨片、骨管和骨针

图3-22所示骨片则经过了切割、磨制、钻孔加工，两侧孔径分别为5.0毫米和3.6毫米，且由于骨片较薄，孔形未发现错位，推测为单面钻孔。

而图3-23所示骨管经过了切割、打磨抛光、钻孔加工，根据它只有一个孔，并且上孔径为2.2、下孔径为1.6毫米，可推测为单面钻孔。

图3-24所示骨针经过了切割、打磨抛光、刮削、钻孔加工。磨制会在骨针表面形成平行和交叉的划痕，而刮则会形成纵向的细沟槽和棱脊。经过使用之后，新的使用痕迹会覆盖在磨痕和刮痕之上，刮磨痕迹逐渐模糊，针尖和针鼻的地方会产生光泽，随着使用次数的增多逐渐变得明亮②。该骨针一侧孔径约为1.5毫米，另一侧为2.1毫米，两侧孔未出现错位情况且骨针厚度较薄，推测其为单面钻孔。

---

① 阚绪杭：《蚌埠双墩遗址的发掘与收获》，《文物研究》（第8辑），黄山书社，1993年。

② 李晓蓉：《柿子滩旧石器遗址发现的骨针及相关问题研究》，山西大学硕士学位论文，2013年。

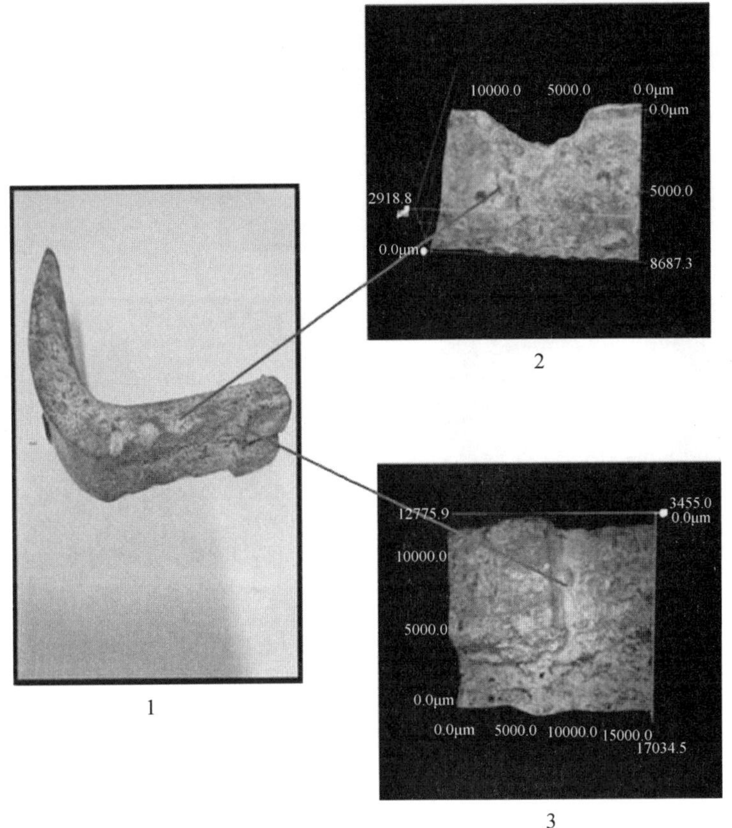

图3-20　侯家寨遗址出土的鹿角勾形器（一）

1. DHT2③：224　2. 三维超景深显微镜下30倍图　3. 三维超景深显微镜下20倍图

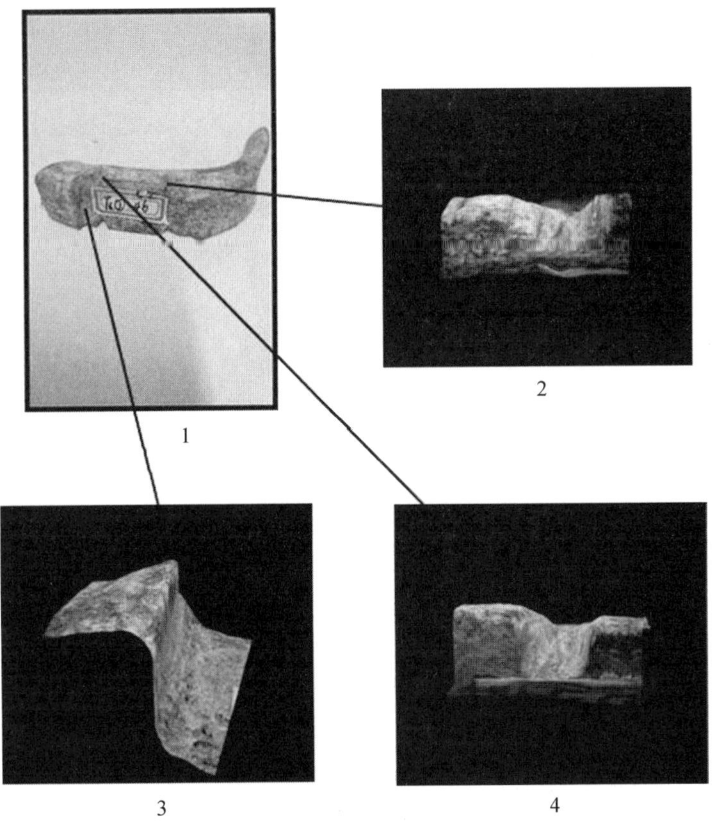

图3-21　侯家寨遗址出土的鹿角勾形器（二）

1. T6③：46　2、4. 三维超景深显微镜下30倍图　3. 三维超景深显微镜下40倍图

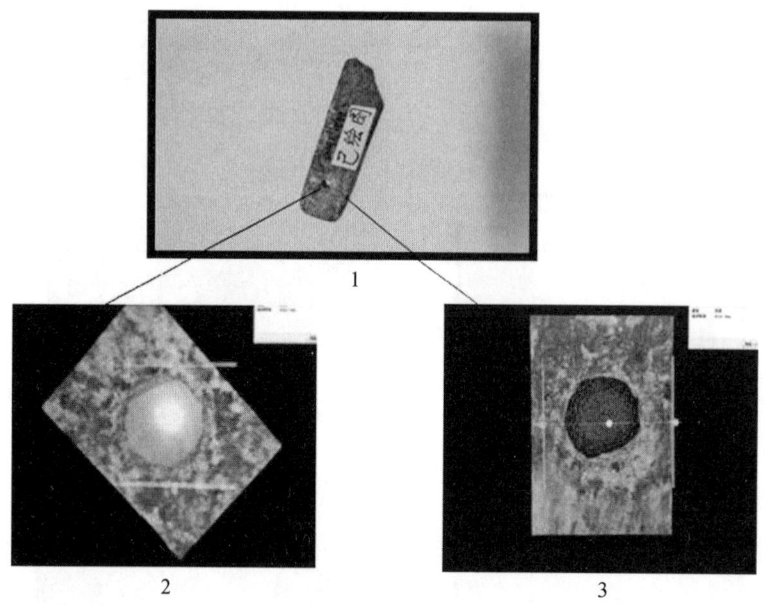

图3-22　侯家寨遗址出土的骨片

1. DHGT2③：1889　2、3. 三维超景深显微镜下50倍图

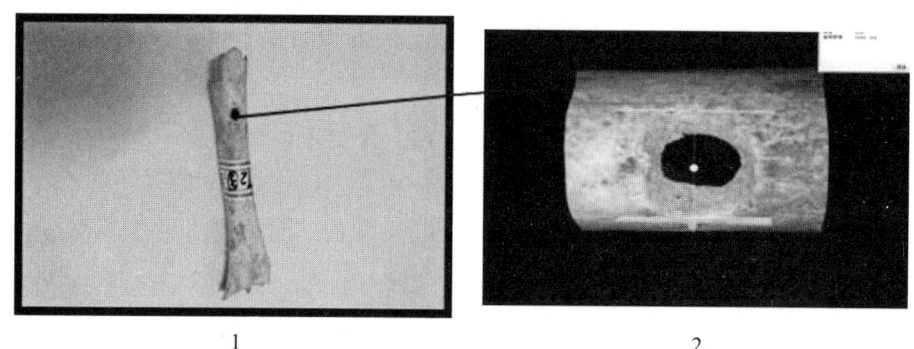

图3-23　侯家寨遗址出土的骨管

1. DHT2③：336　2. 三维超景深显微镜下20倍图

3）骨料

图3-25是骨料，其上有明显切割的痕迹，这与二里头遗址发现的骨器（图3-26）类似，具体来看，长骨和角料的截料、坯料的进一步切割均采用片状工具。一般是从不同侧面开始，转向切割。多切开骨壁的大部，到骨髓腔时即停止，然后用砍砸、折断等方法分割骨料[①]。

综上所述，侯家寨遗址出土骨角器的制作集合了切割、打磨、抛光、钻孔等多种工艺，集中反映了侯家寨时期发达的骨制品制作技术；它也反映了磨光与钻孔技术在这一时期得到了广泛应用。同时，在项目研究过程中，我们也遇到了一个问题，由于骨角器质地较脆，易受环境侵蚀，有些工艺特征已被环境侵蚀掉，造成许多有效数据丢失，这就给其工艺研究带来一定困难，只能在有限的数据下对其制作工艺进行推测。

① 陈国梁、李志鹏：《二里头遗址制骨遗存的考察》，《考古》2016年第5期。

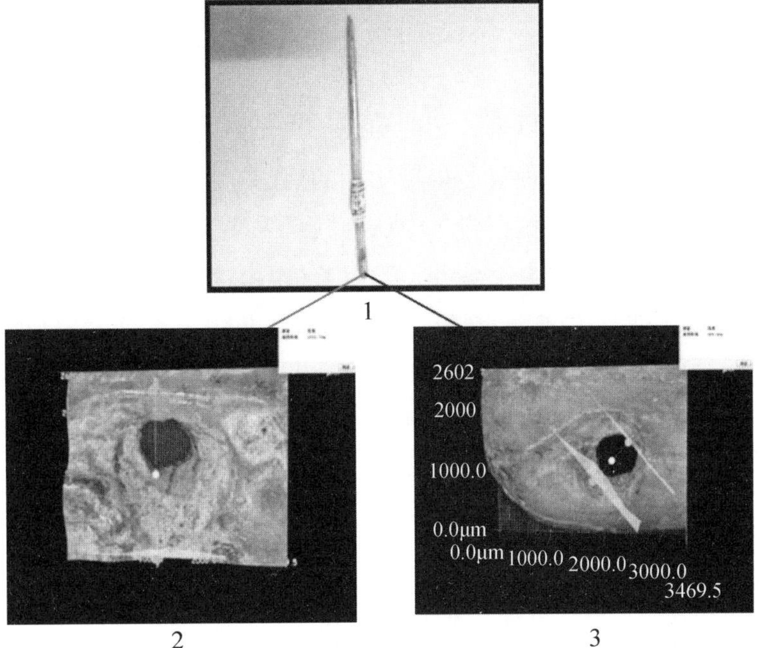

图3-24　侯家寨遗址出土的骨针

1. T2④：312　2、3. 三维超景深显微镜下100倍图

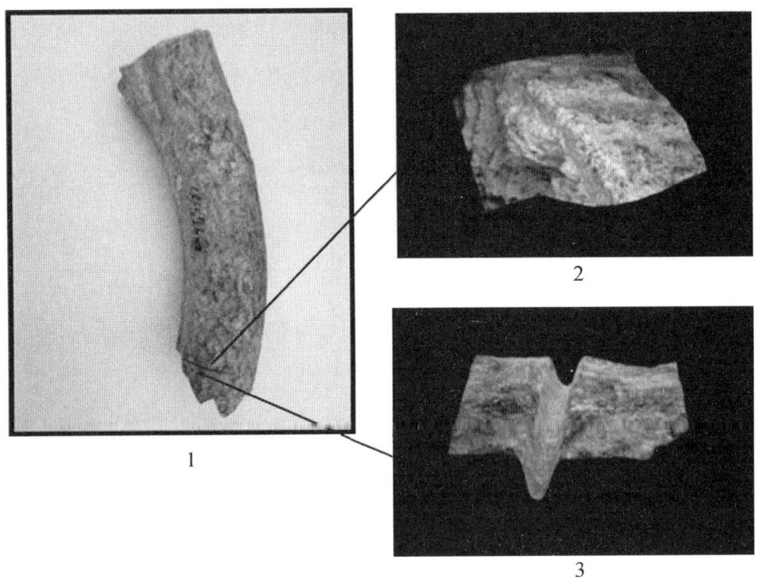

图3-25　侯家寨遗址出土的骨料

1. 编号DHGT3③：1577　2、3. 三维超景深显微镜下30倍图

图3-26　二里头遗址出土骨器

2. 功用

自1965年鹿角勾形器首次出土以来，它的功能一直是一个谜，每当有新的鹿角器出土时，我们才会想起这个问题，现有许多种对鹿角器功能的猜想。目前最主流的一种说法是阚绪杭在《蚌埠双墩——新石器时代遗址发掘报告》中认为其是采集工具。解华顶在《蚌埠双墩新石器时代遗址出土鹿角勾形器功用考》中说是古人类为了获得高处水果而制作的采集工具。

侯家寨遗址出土的骨质生产工具有镞、凿、锥等，乃仿照石器的器形制作而成。装饰用具有笄，缝纫工具有骨针。遗址仅出土一件骨镞，“镞，矢轻利也”，《吕氏春秋·贵卒》：“所为贵镞矢者，为其应声而至。”镞是一种常用的狩猎工具，即箭头，损耗大，可远距离捕捉猎物，是攫取经济中不可缺少的工具，但仅一件骨镞表明其在侯家寨遗址中不占重要的地位。骨凿是挖槽或穿孔用的工具，常用锤子敲打作用在骨凿上以凿、刻其他材料的表面。骨笄即兽骨制的簪子，是用来固定头发的发饰，侯家寨遗址出土骨器中骨笄数量最多，共有5件，占骨器数量的23.8%。固定头发，防止头发打结缠绕，方便梳理和日常工作，同时这又是装饰用具，当时的居民已经有了审美观念，注重个人外在形象。作为原始缝纫工具的骨针最早发现于北京周口店龙骨山山顶洞人的居住遗址，从旧石器时代晚期开始，居民开始使用骨针，至新石器时代早期的侯家寨遗址已经普遍使用，出土骨器中骨针数量较多，侯家寨遗址的磨制、钻孔技术已相当成熟。一直到战国秦汉时期，骨针被铁针代替，退出历史舞台。

侯家寨遗址的鹿角勾形器造型单一，有直角、圆弧直角、圆弧角，柄部基本上有段，钩部大小不一。勾形器的背部平整，柄部又刻出段，结合柄部的凹槽（用来固定勾形器，防止滑落松动），可与树枝组合使用，将勾形器绑缚在树枝上，延伸手臂的长度，钩部作为着力点。柄、钩构成的角度以及柄部的大小不同，可用于不同采集对象的采集活动，一种使用情况是勾取高枝上的野果等，需要类似D型T2④：314的，钩与柄的角度为锐角，钩部较大且上翘，或如同C型T3③：242，钩部宽长。假如要采集的果实枝丫很高，则可以找来一木棒，把顶端的一面削平，然后在木棒未削平的一面刻出一个和钩形器钩部的凹槽位置相对应的浅槽，再用细绳将勾形器绑缚在木棒上，这样方便勾取长有植物果实的树枝，且勾形器有长舌状的尖峰和侧刃，可以慢慢割断果实的梗部和植物的茎部。

另一种情况是勾取近岸区的水生植物，如菱、芡实、莲蓬等。江淮地区的龙虬庄遗址T3830各文化层中芡实共发现882粒，菱共发现169个[①]，表明在江淮地区早期新石器时代已经有芡实、菱生长，江淮地区近岸区的水生植物生长繁盛，菱喜温暖湿润、阳光充足、不耐霜冻。芡实分布范围广，南至南岭地区，北至东北平原。所以芡实和菱是侯家寨遗址居民采集是对象，许多钩部短小的钩形器在勾取这些水生植物时可以发挥作用，水生植物根茎柔软，勾形器不需要体形长、大，只需有个着力点就可轻松勾取果实，如C型T3③：374。

---

① 龙虬庄遗址考古队：《龙虬庄：江淮东部新石器时代遗址发掘报告》，科学出版社，1999年。

（五）与周边地区骨角器遗存的比较

1. 与双墩骨角器遗存的比较

阚绪杭将侯家寨文化遗址分为四个发展阶段：双墩→侯家寨下层→石山孜→侯家寨上层[①]。双墩遗址的绝对年代为距今7300～7100年，其文化面貌与侯家寨遗址下层一致，但出土遗物与侯家寨下层出土器物又有差异，从中可以证明双墩晚期相当于侯家寨下层，而早期则早于侯家寨下层[②]，侯家寨遗址出土骨角器集中在下层。双墩遗址出土骨角器数量是侯家寨遗址出土数量的近两倍，共207件[③]，且种类比侯家寨遗址丰富，其中骨器除锥、针、凿、笄、尖状器以外，双墩遗址还出土有鱼钩、镖、匕、管饰、片饰等，鹿角勾形器是两遗址的特色器物，造型独特。制作原料一致，都是动物肢骨和鹿角，制作粗糙。骨笄、骨针、骨凿器形相似，应该继承于相同的文化来源。骨锥制作都仅将尖部磨削，柄部保持自然形状不加工，双墩遗址骨锥保存完好，形体较大，侯家寨遗址出土骨锥量少且残缺，大小未知。双墩遗址出土骨镞的形制多样，有尖头形、三棱尖形、三角尖形等，侯家寨遗址仅有三棱尖形一种形制。双墩遗址的钻孔技术比侯家寨遗址发达，使用更广泛，鱼钩、骨针、骨匕、片饰等均钻小孔系索，侯家寨遗址仅骨针有钻孔。两遗址出土的鹿角勾形器都属于切段类勾形器，但侯家寨遗址的鹿角勾形器制作比双墩遗址先进，前者的勾形器在柄部刻有浅槽，便于用绳索绑缚固定木棒，而后者则无此项加工。按照形状分类，都可以分成钩部宽大和短小两类，满足上述两类采集对象的获取。

从骨角器的种类、器形、制作技术等方面看侯家寨遗址和双墩遗址出土的骨角器有交流的影响过程，只是侯家寨遗址的骨器显得比较薄弱。侯家寨遗址一期遗存的骨角器与双墩遗址相近之处较多，发展至侯家寨遗址二期，相似之处变少，侯家寨遗址更加有自身特点。

2. 与贾湖骨角器遗存的比较

贾湖遗存位于淮河上游，年代大致距今9000～7800年，比侯家寨遗址年代早约1000年，它包含着黄河中、下游至淮河流域的东、西两大片文化系统的若干因素[④]，与侯家寨遗址有密切关系。贾湖遗址在发展中不断向淮河流域扩张，或与淮河流域的文化进行交流，成为侯家寨遗址文化因素的源头之一。贾湖和侯家寨都有成熟的契刻符号，只是刻划的位置不同，贾湖是在龟甲、陶器、骨器、石器上，侯家寨是刻在陶器底部，尤其太阳纹是两遗址都刻划在陶器上

① 阚绪杭：《试论淮河流域的侯家寨文化》，《中国考古学会第九次年会论文集》，文物出版社，1997年。

② 阚绪杭：《蚌埠双墩遗址的发掘与收获》，《文物研究》（第8辑），黄山书社，1993年。

③ 安徽省文物考古研究所、蚌埠市博物馆：《蚌埠双墩——新石器时代遗址发掘报告》，科学出版社，2008年。

④ 河南省文物考古研究所：《舞阳贾湖》，科学出版社，1999年。

的。因此侯家寨可能在继承、发展的过程中学习了贾湖的某些文化因素，与贾湖三期文化因素相近，在角骨器方面也有所表现。

贾湖遗址大量骨器多出土于贾湖遗址中的墓葬，这与侯家寨遗址不同，侯家寨遗址骨角器出土于地层中。出土骨制品制作精致，数量庞大，有1009件，仅骨凿就有21件，是侯家寨遗址骨器的总和。种类丰富，有许多侯家寨遗址未发现的器形，如长条形骨板、骨刀、骨柄、骨耜、矛、骨笛、镖、杈形器等，基本上是狩猎和农业生产工具，采集工具很少，所以说侯家寨遗址出土的骨角器的器形还是比较单调的，也是最基本的生产工具。侯家寨遗址出土的骨锥与贾湖遗址部分骨锥一致，保留一端便于手握的骨关节。贾湖遗址中未发现侯家寨遗址出土的鹿角勾形器，贾湖遗址中被称为勾形器的器物，形状与侯家寨遗址勾形器相去甚远，作用也无法明确。骨锥、骨针、骨凿、骨镞等骨器的原料、制作工艺、部分形状基本一致。

贾湖遗址是此时稻作农业的最北区，大量的角骨制农业工具显示出农业种植在社会经济中的位置重于采集经济，但是渔猎仍然占有重要地位。从侯家寨遗址出土的特征性器物——鹿角勾形器可以看出，侯家寨的采集攫取经济十分重要。从上述资料看，侯家寨遗址出土骨角器受贾湖遗址很大影响。

3. 与龙虬庄骨角器遗存的比较

根据龙虬庄遗存的层位关系和文化遗物的形态特征，龙虬庄遗址①主要文化堆积分为三期，发达的骨角器是龙虬庄的一大特点。第一期常见的骨角器有角叉、骨镖与骨镞，皆为渔猎用具。第二期骨角器不仅数量增加，品种也明显增多，出现大型生产工具角斧。第三期生产工具仍以骨角器为主，角叉出两尖刃，骨镞加长，加强了杀伤力。造型区别不大，锋刃变化明显。三期连续发展，无明显缺环。侯家寨遗址一、二期间有明显的缺环，表现在骨角器上就是一期多鹿角勾形器，少骨器；二期较少勾形器，多骨器。龙虬庄遗址出土的骨角器比侯家寨更加复杂，如斧、叉、矛、镖、匕首、杯等。龙虬庄遗址的先民充分利用兽骨和鹿角的自然形状，因形制宜，因需制宜，如角杯用麋鹿角的枝根及角盘部分制成，中部掏空成圆窝，形成杯状。侯家寨居民也触类旁通，利用枝杈构成的角度制成勾形器。侯家寨遗址的骨镞、骨锥、骨针、骨笄等器与龙虬庄遗址的器形相同或相似，两者应该有一定的联系。

4. 与石山孜骨角器遗存的比较

石山孜遗址位于安徽省淮北市濉溪县，与侯家寨一期文化时代大体相当。二期文化的时代，据两期遗物分析，关系较为密切，在年代上是衔接的②。在濉溪石山孜遗址T4第7层（最底层）地层中出土少数鹿角勾形器。骨角器制作粗糙，骨针形制、大小与侯家寨遗址出土骨针极其相近，勾形器与侯家寨遗址出土的勾形器一样，都属于切断类勾形器，柄上部背面锯有一阶

① 龙虬庄遗址考古队：《龙虬庄：江淮东部新石器时代遗址发掘报告》，科学出版社，1999年。

② 安徽省文物考古研究所：《安徽濉溪石山子新石器时代遗址》，《考古》1992年第3期。

梯，底面呈长舌形。两个遗址出土骨骼中猪和鹿都占80%多，为制作骨器、角器提供了原料，也是居民食物来源。贾庆元推测石山孜遗址出土的几件鹿角勾形器可能是一种打磨陶器口沿的辅助性工具，这种说法应该不成立，勾形器虽有弯角，但背面被削平，不适于手握，切出的段也属多余，所以不能作为打磨器口的辅助性工具。在侯家寨遗址中出土了大量的陶制打磨器，用于打磨器口。总之，侯家寨遗址和石山孜遗址文化面貌有很大的相似性，联系紧密，石山孜遗址中出土的骨角器应该受到侯家寨遗址影响。

5. 与北辛骨角器遗存的比较

北辛遗址①位于滕州市市区东南25余千米，年代上早期为距今7300～6800年，中期距今6800～6500年，晚期距今6500～6300年。北辛遗址骨角器数量多，常见器形有镞、鱼镖、鹿角锄、凿、匕、梭形器、针、锥、笄等，其中以镞、针、笄最多，都在40件以上，虽然出土的鹿角勾形器数量较少，但新石器时代中期，鹿角勾形器在海岱地区文化遗址中也常见。北辛遗址出土的鹿角勾形器体较宽，顶端呈乳头形，且应是自然状态，未经切割。北辛遗址的骨镞与侯家寨遗址的骨镞有异同之处，相同的是横断面都略呈三角形，有区别的是北辛遗址大多数骨镞锋铤界线不明显，铤部刻有短横线，条数不一。北辛遗址出土骨镖器形与镞相似，仅铤部较长且偏于一侧，尾部外撇。两个遗址出土的针、锥、笄形制、大小相似或相同。北辛遗址出土的部分骨角器上刻有弦纹、菱形纹、短横线纹等，但侯家寨遗址出土的骨角器表面几乎不见刻划痕迹，仅打磨光滑。再结合相对年代看，侯家寨遗址骨角器应该受到北辛遗址的影响，但侯家寨遗址自身有独立的发展，如鹿角勾形器。

6. 与北阴阳营骨角器遗存的比较

南京市北阴阳营遗址②文化堆积分为4层，新石器时代文化遗存多出土于第4层，墓葬集中，共发现271座墓葬，是该遗址新石器时代最主要的发现。随葬品中骨角器较少，仅在M33中出土骨镞和角锥各1件。骨镞有圆柱状短铤，锥由鹿角制成。北阴阳营遗址时期的骨角器已经不受重视，石器、陶器、玉石器原料充足，使居民放弃使用难以制作的骨器。即使在陶器方面北阴阳营遗址受侯家寨遗址的影响，但在骨角器方面，北阴阳营遗址已经逐步放弃使用骨角器。

7. 与圩墩骨角器遗存的比较

圩墩遗址③位于常州市东郊戚墅堰镇，圩墩遗址属于马家浜文化遗存的年代为距今

---

① 中国社会科学院考古研究所山东队、山东省滕县博物馆：《山东滕县北辛遗址发掘报告》，《考古学报》1984年第2期。

② 南京博物院：《北阴阳营——新石器时代及商周时期遗址发掘报告》，文物出版社，1993年。

③ 吴苏：《圩墩新石器时代遗址发掘简报》，《考古》1978年第4期。

6200～5900年，与侯家寨遗址二期年代相当。下层地层中出土有矛、笄、锥、凿、镞、针、滑轮状骨器，数量较多。锥呈柳叶形，横断面呈圆角长方形，尾端刻有凹槽两道，与侯家寨遗址出土的骨锥有很大差别。针有剑形和圆锥形，钻孔较多，在其他遗址中少见，可见钻孔是圩墩遗址常见的制作工艺步骤。中层墓葬中骨角器数量相对减少，主要有笄、锥、凿、镞、指环、鹿角勾形器。鹿角勾形器出土于男性墓的脚趾旁，钻数孔。总体上看，圩墩遗址的骨角器与侯家寨遗址的骨角器形制差别很大，圩墩遗址吸收借鉴了侯家寨遗址骨角器的制作工艺。

侯家寨遗址出土的角器——鹿角勾形器是其最具特征性的遗物，在新石器时代大多数其他遗址中发现不集中，有的遗址仅发现一两件，所以侯家寨遗址出土的鹿角勾形器具有典型性和代表性。骨器则相对来说较普通，制作粗糙，但器形繁多，样式固定，表明侯家寨遗址骨角器制作系统已经制作比较完备。就制作工艺来看，集合了切割、打磨、抛光、钻孔等多种工艺，集中反映了侯家寨时期发达的骨制品制作技术。侯家寨遗址位于淮河流域，夹处于黄河流域和长江流域的交汇之地，文化面貌受多方文化的影响，文化内涵丰富、复杂。在文化交流中，侯家寨遗址出土的骨角器形制和制作技术与蚌埠双墩遗址、舞阳贾湖遗址、北辛遗址等有很多异同之处。此外，侯家寨遗址出土的骨角器与龙虬庄遗址出土的骨器关系密切，常州圩墩遗址、北阴阳营遗址、石山孜遗址均受到侯家寨遗址出土的骨角器的影响。

第四章　彩陶研究——侯家寨遗址出土彩陶研究*

一、绪　　论

"彩陶是指在陶坯上，以天然的矿物质颜料进行描绘，用赭石和氧化锰作呈色元素，然后入窑烧制。在陶胎上呈现出图案，达到装饰美化效果的陶器"[①]。随着社会生产技术的推进、人们物质水平的日益富裕和审美水平的提高，彩陶作为极其珍贵的艺术瑰宝，应农业文化或是以农业为主的文化的需求而出现。其展现了我国原始绘画艺术的丰硕成果，成为人类优秀的物质文化遗产。

新石器时代的绘彩陶包括彩陶和彩绘陶两种，二者色彩、纹饰相近，区别是彩陶是先将纹饰绘制在陶坯上再入窑高温焙烧，颜料牢固地附着于器表；彩绘陶是将陶器烧成后，再绘制花纹，颜料不牢固，出土一般脱落明显。从时间看，前者出现早，后者出现晚。彩绘陶由彩陶发展而来，时间下限一直可达历史时期，在中原地区甚至到汉代以后，而彩陶在这一地区结束的时间却要早得多。

江淮地区的考古工作始于20世纪30年代，但是，直到20世纪80年代，苏秉琦先生提出并倡导开展苏鲁豫皖考古课题，田野考古工作才陆续展开。自1951年于淮安青莲岗遗址[②]发现新石器时代彩陶后，安徽新石器时代彩陶研究工作逐步推进。朔知根据安徽地区的新石器绘彩陶器的概貌与时代，将其分为以蚌埠双墩和濉溪石山孜遗址为代表的早期、以怀远双孤堆和定远侯家寨上层为代表的中期、以萧县花家寺和六安王大岗为代表的晚期、只见于安庆张四墩和寿县斗鸡台遗址的末期，分别相当于山东北辛文化时期、大汶口文化早中期、大汶口文化晚期或薛家岗文化三期、龙山时代，据此认为：安徽绘彩陶器在早期受仰韶文化的影响，但随后与周边各文化都有一定的交流，尤其是与大汶口文化关系密切；皖西南的彩绘陶可能是相对独立的系统，是全国彩绘陶发展较早的一个区域[③]。张伟将淮河中下游地区的新石器彩陶分为三期六

---

* 此章作者为王红艳。

① 李宗山：《海岱地区史前彩陶与彩绘陶初论》，《考古学报》1996年第3期。

② 华东文物工作队：《淮安县青莲岗新石器时代遗址调查报告》，《考古学报》1955年第1期。

③ 朔知：《安徽新石器时代绘彩陶器》，《中原文物》2000年第3期。

段和三大区域，通过与相邻遗址彩陶的对比发现，淮河中下游地区的新石器时代彩陶在早期主要受到裴李岗—仰韶文化的影响；大汶口文化早期晚段受到仰韶文化庙底沟类型的强烈影响；大汶口中期，大汶口文化强势崛起，反过来对仰韶文化产生较大影响①。董俊卿、朱铁权等将蚌埠双墩和定远侯家寨等遗址的彩陶和红衣陶的制作工艺进行比较分析，明确红彩和红衣的物相，并较为深入地探讨了他们的制作工艺和文化内涵②。董俊卿、冯敏等利用激光拉曼光谱、X射线衍射和波长色散X射线荧光光谱等方法对安徽蚌埠双墩遗址出土的彩陶进行测试分析，证明双墩遗址彩陶以赤铁矿为红彩的矿料来源，黑彩未使用矿物颜料，而是利用渗碳工艺中炭黑的自然效果，并推测红彩的矿料可能是从遗址附近采集而来③。李宗山认为安徽潜山薛家岗文化彩陶和彩绘陶的特点与海岱地区有着较大的一致性④。前贤时彦所做的大量有益研究为侯家寨遗址彩陶的器形、纹饰特征、与周边遗址的文化交流等研究提供了重要参考价值，佐以探讨侯家寨遗址的文化性质和内涵，有利于安徽新石器本地文化序列的建立。

二、典型器形形态与谱系

侯家寨遗址⑤位于淮河以南约60千米处的安徽定远县七里塘乡，遗址总面积约3万平方米，1985年春和1986年秋共进行了2次发掘，发掘总面积375平方米。侯家寨遗址分为4个文化层次，根据地层堆积情况和对遗物的分析整理，将遗存第3、4层定为一期文化；第2层及第1层下的灰坑、房屋遗迹单位定为二期文化。一期陶器均为手制，以夹砂红褐陶为主，泥质陶不见，少见彩陶，器壁厚重；器表多素面，有少量的戳刺纹、指切纹、刻划纹和乳钉等；器形有罐形釜、钵形釜、祖形支架、鼎、鬶、豆、罐、盂、陶塑、打磨器等。本期还出土大量陶器刻划符号（现统计有86件）和角质勾形器（56件）。二期陶器仍多为手制，出现轮修或轮制，以夹砂红褐陶为主，泥质灰陶、泥质彩陶次之；器表仍以素面为主，有少量的刻划纹、捺窝纹、附加堆纹、轮旋纹、乳钉纹和镂孔等；器形有釜形鼎、罐形鼎、钵形鼎、豆、钵、甑、罐、盂等。根据^{14}C测定数据，侯家寨一期年代为距今7250～7100年，二期年代为距今6100～5800年。

侯家寨遗址出土的彩陶（现经修复有完整器38件，残件、陶片154件）多为红彩，少量黑彩；器形有豆、盘、罐、钵等；纹饰有条带纹、波浪纹、网状纹、三角纹、勾连纹等。现将遗址出土彩陶分述如下。

---

① 张伟：《淮河中下游流域新石器彩陶初探》，安徽大学硕士学位论文，2013年。

② 董俊卿、朱铁权、毛振伟等：《双墩遗址、侯家寨遗址彩陶与红衣陶制作工艺的初步研究》，《东南文化》2006年第1期。

③ 董俊卿、冯敏、王昌燧等：《双墩彩陶颜料来源的测试研究》，《岩矿测试》2007年第1期。

④ 李宗山：《海岱地区史前彩陶与彩绘陶初论》，《考古学报》1996年第3期。

⑤ 阚绪杭：《定远县侯家寨新石器时代遗址发掘简报》，《文物研究》（第5辑），黄山书社，1989年。

1. 钵

3件。依据器物肩部和腹部的形态不同划分为A、B二型。

A型　1件。敞口，斜直腹，小平底。T2②：151，泥质彩陶，底色橘黄色。口沿部饰一条红彩宽带纹（图4-1，1）。

B型　2 件。敞口，折肩，深腹。T4②：2，泥质彩陶。大口微敞，沿外撇，颈部内凹，圆折肩，弧腹内收，小平底。彩陶颜色鲜亮，底色为橘色。口沿至颈部一周为宽带红彩，颈部以下至肩部饰一周连续折线纹，折线纹下饰一条宽带纹（图4-1，2）。T3②：14，口沿残片，浅腹。泥质彩陶。彩陶底色为红色，颜色已经磨损发暗，应为烧制之后着色。宽沿外撇，颈部微收。颈部饰一周黑色宽带纹（图4-1，3）。

2. 碗

7件。泥质彩陶，器壁较薄，做工精细，圈足。根据口部形态不同分为A、B二型。

A型　3件。直口。

Ⅰ式：折腹。T2③：230，原应为红彩，因埋藏侵蚀，变成黑彩。直口，弧腹，圈足底（图4-1，4）。

Ⅱ式：弧腹。T3②：141，口沿内外部均有宽带纹红彩，腹部与底座交接处饰宽带纹。采集：1，底色橘黄色，外饰红彩，纹饰模糊（图4-1，5）。

B型　4件。敞口。T3②：119，内彩彩陶碗，底色为橘黄色。器壁较薄，做工精细。口沿向内敛，折沿，弧腹，底部圈足呈微喇叭状。器内口沿饰红色宽带纹，内壁腹部和内底部均绘有似植物和几何形图案花纹，内壁残存“工”和“圭”等图案。原应为红彩，因埋藏侵蚀，变成黑彩（图4-1，8）。T3②：121，器形较小。彩陶碗。胎质较薄。底色外部为橘黄色，内部为黑色。口沿内外均饰一周红色宽带纹，圈足和腹部结合处饰一周红色宽带纹（图4-1，6）。

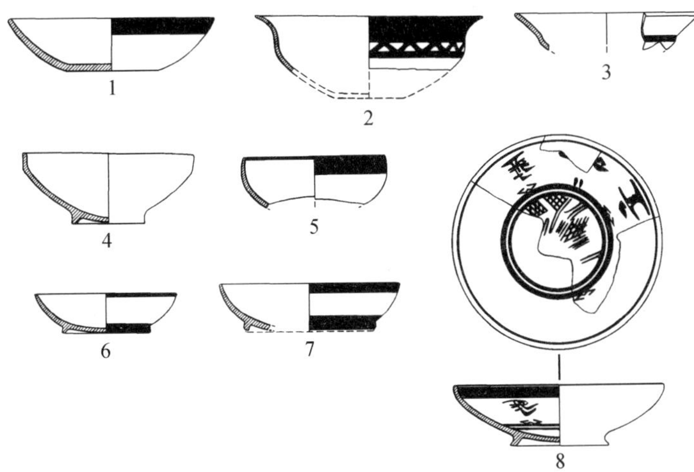

图4-1　彩陶钵、碗

1. T2②：151　2. T4②：2　3. T3②：14　4. T2③：230　5. 采集：1　6. T3②：121　7. T3②：43　8. T3②：119

T3②：43，内外口沿处均饰一周红色宽带纹，圈足和腹部结合处饰一周红色宽带纹（图4-1，7）。T2②：115，敞口，卷沿，弧腹，平底，圈足。器身饰三条宽带纹，中间间隔饰三条短波浪纹为一组和两条竖条纹为一组的纹饰。

3. 豆

11件。在侯家寨遗址出土彩陶中所占比例较高，为主要的代表性器类。均为残件修复件。泥质彩陶，陶质细腻，制作较精。圈足外撇呈喇叭形。彩陶底色为橘色或暗红色，口沿部饰宽带纹，豆盘饰几何形图案花纹。根据豆盘形态差异，将其分为钵形豆和盘形豆两类。

1）钵形豆

10件。根据豆盘口沿、肩部、腹部形态差异分为A、B、C、D四型。

A型　2件。直口钵形豆。直口，圆肩，弧腹，喇叭形豆座，豆柄细长。根据豆盘形状的不同可分为二式。

Ⅰ式：1件。浅腹。T3②：131，彩陶纹饰磨损不清楚。豆盘口处饰一周红色宽带纹。豆座顶部、中部至底部各饰一条红色宽带纹，三条宽带纹中间饰两条折线纹（图4-2，1）。

Ⅱ式：1件。深腹。H1：2，泥质彩陶，底色为橘色，外施红色，内表黑色。豆盘圆折肩。口沿顶端及肩部下方各饰一条红色宽带纹，两条宽带纹中部饰两条平行波浪纹。豆座顶部、中部至底部各饰一条红色宽带纹，三条宽带纹中间饰两条折线纹（图4-2，2）。

演化趋势：豆盘腹部加深，由浅腹变为深腹，器壁愈薄，陶质愈细。

B型　2件。折沿钵形豆。盘口内敛，折沿，斜直腹，豆柄粗矮微外弧，喇叭形豆座，器壁较薄。T2②：143，红色泥质彩陶，器形较大。口沿饰一周勾连云纹，勾连云纹上下饰条带纹（图4-2，3）。T4②：58，泥质彩陶，底色为橘红色。口沿和豆盘底部偏上处分别饰一周红色宽带纹形。在两条宽带纹之间饰两组平行长波浪纹，每组两条。

C型　4件。折肩钵形豆。盘口内敛，折肩，斜弧腹。根据柄部粗细程度的不同分为二亚型。

Ca型　2件。豆柄粗矮，器壁较薄。根据肩部形态差异分为二式。

Ⅰ式：1件。肩部内折明显。T3②：127，红衣彩陶，器形较大。豆柄中部略外弧，足圈外撇呈喇叭状，圈足上中下间饰横竖8字形镂孔（图4-2，4）。

Ⅱ式：1件。肩部微折。H3：2，残。红衣彩陶。豆盘口沿有一道凸弦纹，豆柄内弧甚。（图4-2，5）。

演变趋势：豆盘口沿从内敛到微敛，柄部愈加细高，器壁越来越薄。

Cb型　2件。细柄豆。T3②：125，豆盘经修复。口微敛，器壁略厚。豆座顶部、中部至底部各饰一条红色宽带纹，三条宽带纹中间饰两组折线纹（图4-3，1）。T3②：129，豆盘修经复。内外底色皆为橘色，外施红衣彩陶。豆座顶部、中部至底部饰三条红色宽带纹，三条宽带纹中间饰两组折线纹。

D型　2件。折腹钵形豆。豆盘口微敛，折腹，豆柄细长。根据腹部形态差异可分为二式。

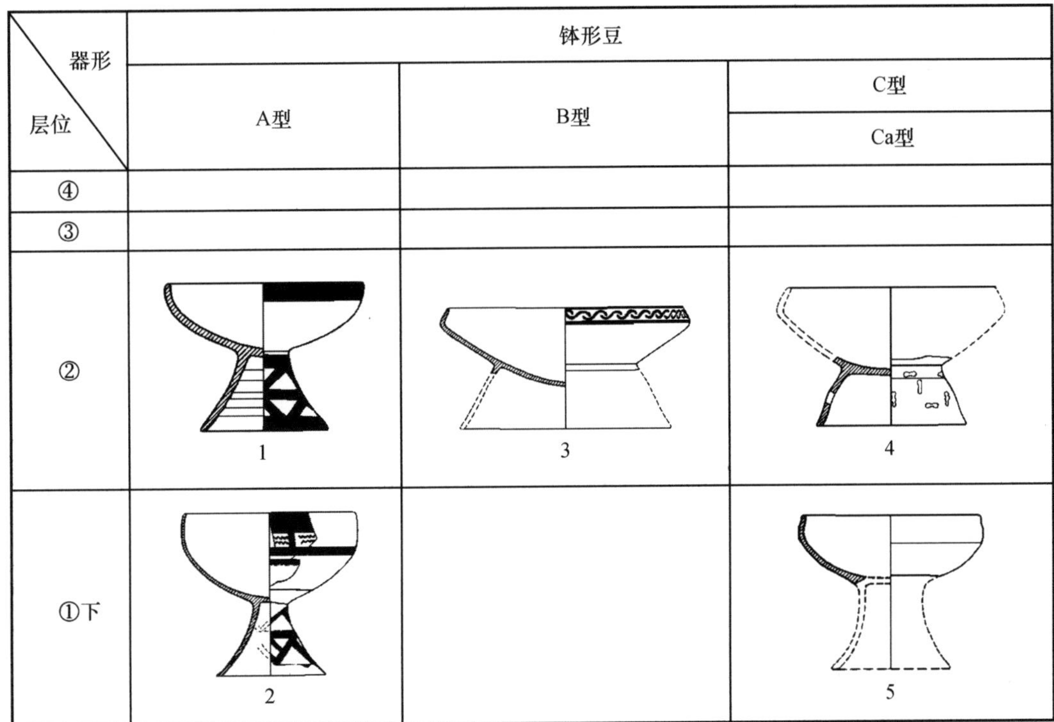

器形 层位	钵形豆		
	A型	B型	C型
			Ca型
④			
③			
②	1	3	4
①下	2		5

图4-2　彩陶豆（一）

1. T3②：131　2. H1：2　3. T2②：143　4. T3②：127　5. H3：2

器形 层位	钵形豆		盘形豆
	C型	D型	
	Cb型		
④			
③			
②	1	2	4
①下		3	

图4-3　彩陶豆（二）

1. T3②：125　2. T3②：128　3. H3：11　4. T3②：130

Ⅰ式：1件。腹部折向明显。T3②：128，豆柄和豆座经修复。内外底色皆为橘色，外施红衣彩陶。口沿顶端和肩部各饰一条红色宽带纹，两条宽带纹中部饰两组波浪纹，每组为平行的两条波浪纹（图4-3，2）。

Ⅱ式：1件。腹部微折。H3：11，豆盘残，底座经修复。底色为橘色，外施红衣彩陶，内为黑色。口沿顶端、肩部及肩部下方各饰一条红色宽带纹。口沿和折肩中部饰两条平行的长波浪纹间隔勾连云纹的纹饰（图4-3，3）。

演变趋势：豆盘肩部由内敛到外弧，豆柄愈加细长。

2）盘形豆

1件。

T3②：130，泥质彩陶。豆盘较浅，呈盘形。盘口内外均饰红色宽带纹（图4-3，4）。

4. 豆座残片

15件。大多为豆座底部圈足残片。彩陶为内外底色皆橘色，少数为外橘内黑色，或内外皆红色，这类豆座底部大多绘有彩绘图案或镂孔，器壁较薄。圈足外撇呈喇叭圈足座。部分圈足内部有明显轮制打磨痕迹。根据豆座形态差异可分为A、B二型。

A型　3件。矮粗喇叭状圈足座，圆柱形豆柄。T3②：9，泥质红衣彩陶，陶色内外底色皆橘黄色，外部饰红色彩绘。圈足底部和豆柄处饰两周红色宽带纹，第二条宽带纹中部间隔饰两条一组的横波浪纹和竖波浪纹（图4-4，1）。T3②：46，泥质红衣彩陶。陶色内外底色皆橘黄色。外部绘有红色彩绘（图4-4，2）。T3②：64，陶色内外近土黄色。镂空，镂空图形为横竖长方形（图4-4，3）

B型　16件。细喇叭状圈足座，圆柱形豆柄。T2②：99，泥质彩陶。陶色外底色橘黄色，内为黑色。圈足底部饰红色宽带纹（图4-4，4）。T2②：100，泥质彩陶，陶色外底色橘黄色。圈足底部饰红色宽带纹，宽带纹上部饰连续折线纹（图4-4，5）。T2②：102，陶色内外底色皆橘黄色。圈足间隔饰两道粗红色宽带纹，两道宽带纹中间饰连续折线纹。圈足留有制作时的数道旋纹（图4-4，6）。T3②：59，泥质红衣彩陶，陶色底色内外皆橘红色。圈足底部饰红色宽带纹，宽带纹上部饰连续折线纹（图4-4，7）。T3②：60，泥质红衣彩陶，陶色底色内外近土黄色。圈足底部饰红色宽带纹，宽带纹上部饰连续折线纹（图4-4，8）。T3②：61，泥质红衣彩陶，陶色底色内外皆橘黄色。外饰以红彩（图4-4，9）。T3②：82，泥质红衣彩陶，陶色外底色橘黄色，内为黑色。残片上饰连续折线纹（图4-4，10）。T3③：36，泥质红衣彩陶，陶色外底色橘黄色，圈足底部饰红色宽带纹，宽带纹上部饰连续折线纹（图5-4，11）。T3④：326，泥质红衣彩陶，饰以红彩（图4-4，12）。H1：5，陶色底色内外皆土黄色（图4-4，13）。T2④：258，黑彩。喇叭形豆座，圆柱形豆柄。T2④：259，泥质红衣彩陶，饰以红彩。喇叭状豆座，豆柄圆柱形。T3④：28，泥质红衣彩陶，饰以红彩。喇叭状豆座，豆柄圆柱形。T3④：256，泥质红衣彩陶，饰以红彩。喇叭状豆座，豆柄圆柱形。T4③：26，泥质红衣彩陶，饰以红彩。低矮喇叭状豆座。T6④：120，为豆座残片，黑彩。喇叭形豆座。

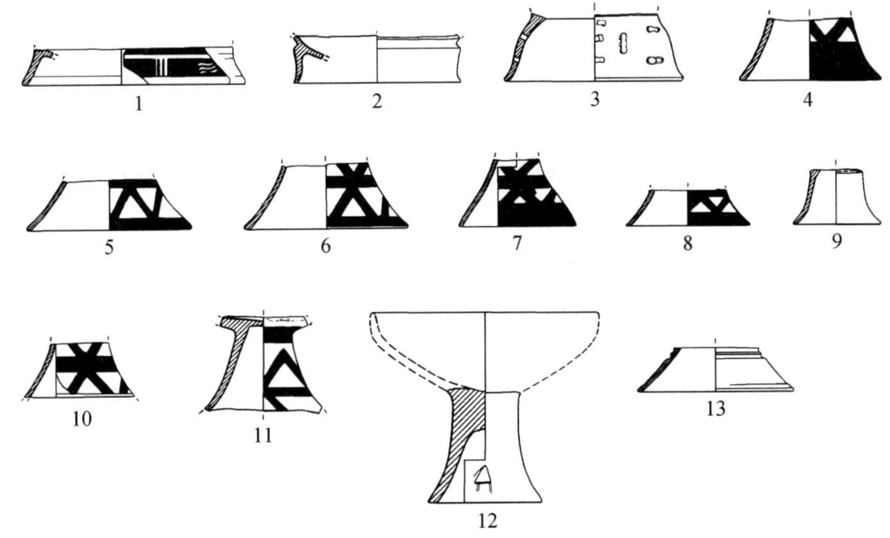

图4-4　彩陶豆座

1. T3②：9　2. T3②：46　3. T3②：64　4. T2②：99　5. T2②：100　6. T2②：102　7. T3②：59　8. 3、T3②：60　9. T3②：61　10. T3②：82　11. T3③：36　12. T3④：326　13. H1：5

5. 豆柄

7件。为泥质彩陶，胎质细腻，器壁较薄。从腰部至底部呈圆锥喇叭形或者平行凸起竹节纹。T2②：85，陶色内外皆红色，外施红衣。豆柄中部有两道箍状凸起，呈竹节形。竹节纹中部间隔饰三道竖长条形刻划纹。T3②：49，外红内黑色，外表彩绘。豆柄顶部和中部饰两道红色宽带纹，宽带纹中部饰折线纹纹饰。T1②：74，豆柄残片。泥质彩陶，陶色外红内黑色。外表柄部残留红色彩绘。T3②：50，豆柄残片。泥质彩陶，陶色外红内黑色。外表柄部残留红色彩绘。T3③：149，豆柄残片。泥质彩陶，陶色外红内黑色。外表柄部残留红色彩绘，近圆柱形，应为喇叭形豆座。T3④：257，豆柄残片。泥质彩陶，陶色外红内黑色。外表柄部残留红色彩绘。近圆柱形，应为喇叭形豆座。F3：7，豆柄部位内外皆红色，残留豆盘外红内黑色。豆柄有箍状凸起，间隔饰折线纹饰。

6. 豆盘口沿

23件。均为豆盘口沿残片。陶质大多为泥质陶，少数夹砂。多数为内外均橘红色，外施红衣或红色彩陶。多数口沿处饰红色宽带纹，少数饰波浪纹或素面。根据盘口形状的差异，又可以分为二型。

A型　18件。钵形豆盘，根据口沿、肩部和腹部形态差异分为三亚型。

Aa型　6件。折沿，敛口。T6②：11，泥质彩陶，内外皆红色。口沿折棱明显。外部饰宽度不一的红色宽带纹（图4-5，1）。H3：5，泥质彩陶，内外皆红色，口沿部饰红色宽带纹，口沿折棱明显（图4-5，2）。T1②：43，夹砂红陶，内外皆红色，外施红衣彩绘。T2②：104，泥质彩陶，内外皆红色，外施红衣彩绘。H3：8，泥质彩陶，内外皆红色。

H3：9，泥质彩陶，内外皆红色。

Ab型　9件。直口微敛，弧腹。T3②：13（图4-5，3）、T3②：65（图4-5，4）、T3②：67（图4-5，5）、T3②：69（图4-5，6）、T3②：70（图4-5，7）、T3②：72（图4-5，8）、T3②：75（图4-5，9）、T3②：81（图4-5，10）、T3②：90（图4-5，11）等口沿饰红色宽带纹。

Ac型　3件。直口微敛，折腹。T3②：63，口沿部饰红色宽带纹，两条宽带纹中间饰两道平行波浪纹和勾连纹（图4-5，12）。T3②：76，陶色外红内黑色，外表底色为橘黄色。外表上下饰宽带纹，宽带纹之间饰横向平行波浪纹和纵向水波纹（图4-5，13）。T3②：74，陶色外红内黑色。外表底色为橘黄色。外表上下饰宽带纹，宽带纹之间饰平行波浪纹（图4-5，14）。

B型　5件。盘形豆盘。T3②：71，口沿部均饰红色宽带纹（图4-5，15）T3②：106，陶色外红内黑色。口沿下方微收。口沿内有红色宽带纹。T3②：139，泥质彩陶。敞口，斜直腹，腹部饰红色三角网纹。T3②：77，泥质彩陶。陶色内外皆橘黄色。口沿外部饰红色宽带纹。T2②：105，泥质彩陶。口沿部饰红色宽带纹。口部有一圆孔。

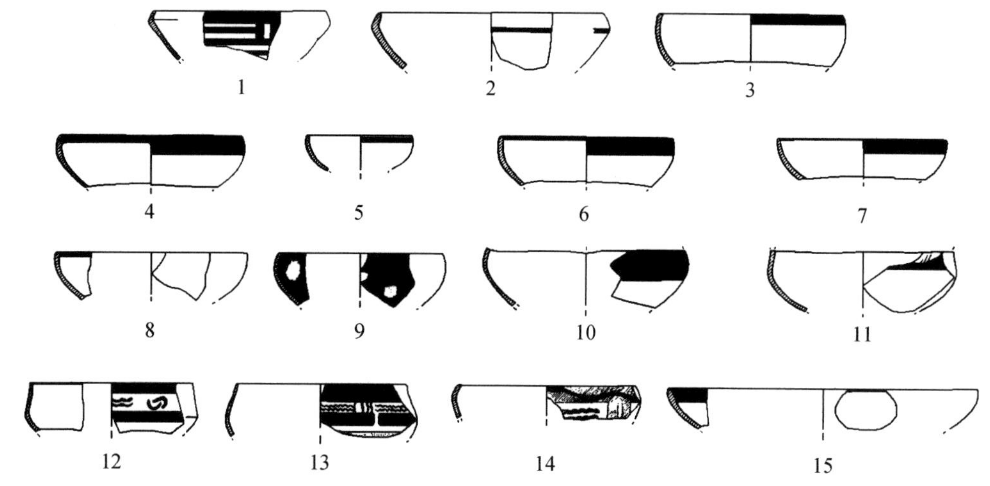

图4-5　彩陶豆盘口沿

1. T6②：11　2. H3：5　3. T3②：13　4. T3②：65　5. T3②：67　6. T3②：69　7. T3②：70　8. T3②：72　9. T3②：75　10. T3②：81　11. T3②：90　12. T3②：63　13. T3②：76　14. T3②：74　15. T3②：71

7. 三足钵

2件。敞口盘形，直沿，沿下有折棱。依据腹部形态差异可分为二型。

A型　1件。浅腹，平底。T2②：149，红色彩陶。敞口盘形，浅腹大平底，三矮足。内外红色满彩，腹部饰弦纹。

B型　1件。深腹，圜底。T2②：145，红色彩陶。直沿，沿下折棱比较明显，深腹钵形，圜底，三扁矮足，足外侧饰指切纹。口部内外饰红色宽带纹。

8. 罐

2件。彩陶罐多为残件，完整器较少。根据器物形态差异可分为二式。

Ⅰ式：1件。T1③：83，为残件修复。红色彩陶。口微敞，平窄沿，圆唇，束颈，溜肩，圆鼓腹，平底。最大径在腹部。肩部和腹部饰弦纹（图4-6，1）

Ⅱ式：1件。T2②：154，为残件修复。红色彩陶。口微敞，平窄沿，圆唇，束颈，圆肩，圆鼓腹，平底。最大径在肩部。口沿内外饰一条宽带纹。器身肩部和上腹部宽带纹和两条长波浪纹为一组的纹饰相间分布（图4-6，2）。

演变趋势：器形整体变矮，最大径上移，纹饰更加复杂。

9. 陶罐残件

9件。器形以中小型为主，耳系有牛鼻子形和鸟首形两种。根据器物口沿、耳系和腹部不同，可将其分为A、B二型。

A型　7件。为无系形罐。T3②：78，彩陶罐口沿残片。红色宽带纹，外表上下饰多道连续波浪纹（图4-6，3）。T3②：8，彩陶罐颈腹残片。外表上下饰条带纹中间饰间隔波浪纹（图4-6，4）。T3②：21，彩陶罐口沿残片。外饰红色宽带纹，宽带纹间饰齿纹（图4-6，5）。T3②：23，彩陶罐口沿残片。外饰红色宽带纹，宽带纹间饰齿纹（图4-6，6）。T3②：10，彩陶罐颈腹残片。外表饰两条连续波浪纹为一组的纹饰（图4-6，7）。F1：1，彩陶罐残片。通体上下饰条带纹中间饰连续勾连云纹（图4-6，8）。H3：6，为罐口沿残片。红色宽带纹红衣彩陶，折肩，折棱明显。内外表抹平，留有整平刮削痕（图4-6，9）。

B型　2件。小口双系罐。根据陶罐耳系的不同可以分为Ⅰ、Ⅱ二式。

Ⅰ式：1件。牛鼻形双系。T6③：55，为罐口沿残片。红色宽带纹红衣陶。内外表抹平，留有整平刮削痕（图4-6，10）。

Ⅱ式：1件。鸟首形双系。T2②：108，为罐口沿残件。为红衣彩陶，内外表抹平，留有整平刮削痕。颈部饰弦纹（图4-6，11）。

10. 彩陶器盖

4件。为伞形器盖，圈座形盖纽中空较深，呈柱形。顶端圈座微外侈，柱体有凸起弦纹，陶质细腻。根据纹饰差异分为二式。

Ⅰ式：纹饰简单。T2③：225，黑彩，圈座形盖纽中空较深，呈柱形。顶端圈座微外侈，柱体有凸起弦纹（图4-6，12）。T5②：6，白衣彩陶，圈座形盖纽中空较深，呈柱形。顶端圈座微外侈，柱体有凸起弦纹（图4-6，13）。

Ⅱ式：纹饰繁复。T2②：136，泥质红衣彩陶，器纽饰凸起弦纹，两条带状纹饰中上下夹三条折线纹（图4-6，14）。T3②：117，泥质红衣彩陶，伞形器盖，中间有折棱，器盖表面

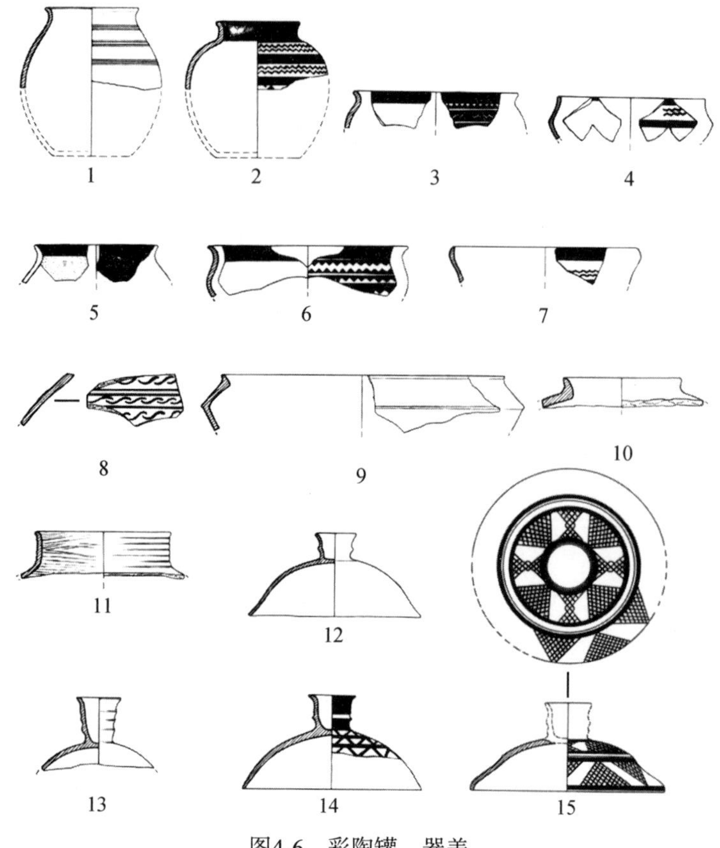

图4-6 彩陶罐、器盖

1. T1③：83 2. T2②：154 3. T3②：78 4. T3②：8 5. T3②：21 6. T3②：23 7. T3②：10 8. F1：1 9. H3：6 10. T6③：55 11. T2②：108 12. T2③：225 13. T5②：6 14. T2②：136 15. T3②：117

上下饰条带纹，在条带纹中间饰折线纹等网状纹饰，纹饰以器纽为中心对称。纽饰弦纹（图4-6，15）。

三、典型纹饰形态与谱系

“彩陶花纹是以陶器为载体的文化特质，花纹并非随陶器形态的改变而改变，它有着自身规律和内在的演变轨迹。”①侯家寨遗址出土彩陶器物图案花纹大多为红彩，也有少量黑彩和橙黄彩，制作过程为“即先将淘洗好的陶土制成胎体，阴干并打磨光滑，然后在其表面施一层2.0毫米厚的化妆土，晾干后再进行彩绘，最后入窑焙烧。因其红彩是赤铁矿致色，所以最终形成红、橘黄、灰黑色彩对比鲜明的三层效果”②。施彩部位大都在口沿和上腹部。纹饰主要为宽带纹、连续三角纹、波浪纹、三角网纹、竖条纹和勾连纹，上下间隔绘制。具体如下。

① 李水城：《半山与马厂彩陶研究》，北京大学出版社，1998年，第35页。

② 董俊卿、朱铁权、毛振伟等：《双墩遗址、侯家寨遗址彩陶与红衣陶制作工艺的初步研究》，《东南文化》2006年第1期。

1. 折线纹

出现频率较高，红色单彩，依据线条和构图差异可分为A、B二型。

A型　折线纹线略粗，上下绘宽带纹。根据构图分为Aa、Ab、Ac三亚型。

Aa型　上下各一条宽带纹，宽带纹间饰横向连续折线纹，如T3②：96（图4-7，1）。有的宽带纹上下宽度不等，如T4②：2（图4-7，2）。

Ab型　上下三条宽带纹，宽带纹间各饰一条横向连续折线纹，如T3②：129（图4-7，3）。

Ac型　上下多条宽带纹，宽带纹间各饰一条连续折线纹，如T2②：136（图4-7，4）。

B型　单一折线纹，折线纹线较细，多见于组合纹饰，比T2②：16（图4-7，5）。

2. 波浪纹

出现频率高，红色单彩。根据线条可分为二型。

A型　长波浪纹，细线绘制。上下各绘一条宽带纹，宽度不一，波浪纹间细线绘制长波浪纹，两条一组，有的饰一组波浪纹，如T2②：154（图4-7，7）；有的饰两组波浪纹，如T4②：58（图4-7，6）。

B型　短波浪纹，细线绘制，两条一组。

Ba型　上下各饰一条横向宽带纹，宽带纹中间饰短波浪纹，两条一组，波向一致，每组间隔留白，如T3②：128（图4-7，8）。

Bb型　上下各饰一条横向宽带纹，宽带纹中间饰短波浪纹，两条一组，波向一致，每组间隔饰云气纹。根据线条可分为二式。

Ⅰ式：波浪、云纹均为粗线绘制，云纹较飘逸，如T3②：63（图4-5，12）。

Ⅱ式：波浪为细线绘制，云纹粗线绘制，云纹更为圆润，如H3：11（图4-7，9）。

Bc型　上下各饰一条横向宽带纹，宽带纹中间饰短波浪纹，两条一组，波向相反，每组间饰竖线纹，如H1：2（图4-7，10）。

Bd型　上下各饰一条横向宽带纹，宽带纹中间饰短波浪纹，两条一组，波向相同，每组间饰四条短波纹，如T3②：76（图4-7，11）。

3. 勾连云纹

出现频率较高，红色单彩，上下绘横条带纹。依据构图差异分为Ⅰ、Ⅱ二式。

Ⅰ式：构图紧凑，后一个云气纹勾连于前一个云气纹的最低处，如T2②：143（图4-7，12）、T6②：5。

Ⅱ式：构图更为疏朗，后一个云气纹勾连于前一个云气纹的尾部，如F1：1（图4-7，13）。

4. 宽带纹

出现频率极高，线条横向排列，粗细不等。常见红色单彩，少量黑色单彩。单独见于器物口沿的纹饰一般用粗线绘制，与其他纹饰组合出现的纹饰一般细线绘制，如T2②：151（图4-7，14）。除横向的宽带纹外，还有纵向、横向相间的宽带纹，见于T6②：11（图4-7，15）。

5. 齿纹

出现频率一般，红色单彩，粗线绘制，有锯齿纹、对齿纹和倒齿纹，多与横向宽带纹或折线纹等组合，如T3②：21，器表从上而下依次饰宽带纹、锯齿纹、对齿纹、倒齿纹（图4-7，16）。T3②：23，器表从上而下依次饰宽带纹、对齿纹、倒齿纹（图4-7，17）。

6. 圆圈纹

出现频率较低，红色单彩，粗线绘制，出现频率较低。有的为单个圆圈与其他纹饰组合，如T3②：116（图4-7，18），有的数个圆圈相连成。

7. 网格纹

出现频率较高，红色单彩，细线绘制密集小方格，图案呈一个大三角形或两个钝角相对的三角形。常见网格纹上下各绘一条宽带纹，如T3②：117；或仅其上绘制一条宽带纹，如T6②：5（图4-7，20）。

8. 栅栏纹

出现频率一般，红色单彩，图案画面疏朗，用细线绘制交错折线纹，纹饰呈三角形或菱形，如T6②：3（图4-7，21）。

9. 植物纹

出现频率低，红色单彩，粗、细线合制，图案形似草叶，如T6②：5。

10. 弦纹

出现频率低，红色单彩，细线绘制，如T1③：83。

11. 彩绘符号

出现频率较低，红色单彩，粗、细线合制，纹饰复杂，图案似字，如T3②：119（图4-7，22、23）。

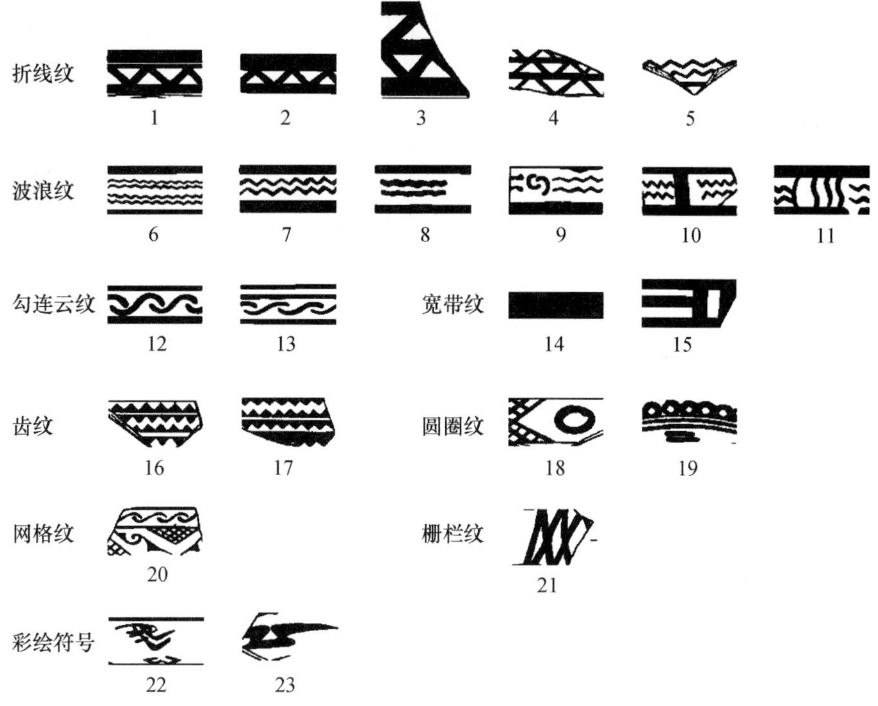

图4-7　彩陶纹饰图

1、2. Aa型折线纹（T3②：96、T4②：2）　3. Ab型折线纹（T3②：129）　4. Ac型折线纹（T2②：136）　5. B型折线纹（T2②：6）　6、7. A型波浪纹（T4②：58、T2②：154）　8. Ba型波浪纹（T3②：128）　9. Bb型Ⅱ式（H3：11）　10. Bc型波浪纹（H1：2）　11. Bd型波浪纹（T3②：76）　12. Ⅰ式勾连云纹（T2②：43）　13. Ⅱ式勾连云纹（F1：1）　14、15. 宽带纹（T2②：151、T6②：11）　16、17. 齿纹（T3②：21、T3②：23）　18、19. 圆圈纹（T3②：116、T3②：117）　20. 网格纹（T6②：5）　21. 栅栏纹（T6②：3）　22、23. 彩绘符号（T3②：119）

四、器形与纹饰的对应关系

侯家寨遗址一期彩陶较少，出土遗物中可辨认的彩陶器形有豆柄、豆座、碗残片；纹饰有红色宽带纹和弦纹，红色单彩或黑色单彩，均为外彩，个别器物满饰红彩。侯家寨二期彩陶文化发达，尤其是二期前段彩陶盛行，二期后段彩陶急剧减少，纹饰简单，构图疏朗。总体器形种类增多，施彩器物多为钵、碗、罐、豆、鼎等；纹饰繁复，常见有由直线构成的宽带纹、竖线纹、三角网纹、折线纹等几何图案，还有由曲折线、弧线构成的云纹、波浪纹、勾连纹、弧线三角纹等，往往是直线条与曲线、弧线配合，图案结构匀称、严谨，线条简洁、规整；在色彩上，在红色及个别白色陶衣上施红彩、黑彩和橙黄彩，色彩对比强烈；内外彩均有，以外彩为主，内彩器物一般饰在器口较大、腹部较浅的器皿上，外壁不做装饰或者只有简单装饰，内壁一般饰宽带纹或者其他独特如“工”和“圭”字形纹饰；出土彩陶多为单彩，红色单彩居多，黑色单彩次之；彩陶器由满施红彩陶衣到施于口部、腹部的简单彩绘，再发展到通体彩绘（如表4-1～表4-3）。

表4-1　典型器物分期表（一）

期别＼器形		钵		碗		豆						豆座	
						钵形					盘形		
		A型	B型	A型	B型	A型	B型	C型		D型		A型	B型
								Ca型	Cb型				
一期	前段（④）												√
	后段（③）			Ⅰ									√
二期	前段（②）	√	√	Ⅱ	√	Ⅰ	√	Ⅰ	√	Ⅰ	√	√	√
	后段（①下）					Ⅱ		Ⅱ		Ⅱ			√

注：Ⅰ——Ⅰ式；Ⅱ——Ⅱ式；√——只有一种式别

表4-2　典型器物分期表（二）

期别＼器形		豆柄	豆盘				鼎		罐	陶罐残片		器盖
			A型			B型	A型	B型		无系	小口	
			Aa型	Ab型	Ac型							
一期	前段（④）	√										
	后段（③）	√							Ⅰ		Ⅰ	Ⅰ
二期	前段（②）	√	√	√	√	√	√	√	Ⅱ	√	Ⅱ	Ⅱ
	后段（①下）	√	√							√		

注：Ⅰ——Ⅰ式；Ⅱ——Ⅱ式；√——只有一种式别

表4-3　典型纹饰分期表（三）

期别＼纹饰		勾连云纹	宽带纹	折线纹				波浪纹					网格纹	齿纹	圆圈纹	植物纹	弦纹	彩绘符号
				A型			B型	A型	B型									
				Aa	Ab	Ac			Ba	Bb	Bc	Bd						
一期	前段（④）		√															
	后段（③）		√		√												√	
二期	前段（②）	Ⅰ	√	√	√	√	√	√	√	√	Ⅰ	√	√	√	√	√		√
	后段（①下）	Ⅱ									Ⅱ							

注：Ⅰ——Ⅰ式；Ⅱ——Ⅱ式；√——只有一种式别

彩陶器形主要为碗、钵、豆、罐、鼎，典型器形与典型纹饰的对应关系如下。

（1）口沿部分绘彩：碗、钵、罐、鼎等器物口沿内外绘红色单彩、黑色单彩宽带纹。

（2）腹部花纹：一般绘于碗、钵、豆、罐等器物器壁。陶罐器腹多为宽带纹与A型长波浪纹和齿纹的组合纹饰。陶豆器腹多见宽带纹与B型波浪纹的组合纹饰。

（3）器座、器盖花纹：豆座多见A型折线纹与宽带纹组合。器盖多见宽带纹与几何网格和A型折线纹的组合纹饰。

（4）内彩花纹：绘于碗、钵类大口浅腹器的内壁，多为彩绘符号、几何网纹和栅栏纹。

五、文化交流相关问题讨论

侯家寨遗址位于淮河南岸、江淮中东部之交，周边有海岱文化、双墩文化、青莲岗文化、仰韶文化等，属于文化交汇地带。侯家寨遗址特殊的地理位置和复杂的文化内涵，使它与周边文化必然会相互影响，彩陶文化亦然，侯家寨一期与二期文化之间存在较大差异，因此本节运用文化因素分析法将侯家寨一、二期出土彩陶与周边遗址出土彩陶进行讨论，梳理侯家寨遗址彩陶文化的特征和传播之路。

1. 与双墩彩陶遗存的关系

2007年阚绪杭和周群对双墩文化及其序列进行分析，认为定远侯家寨一期、鹿邑武庄一期同属双墩文化。并认为侯家寨二期是在双墩文化的基础上发展起来的新的文化类型，武庄二期属于侯家寨二期文化①。双墩遗址距今7300～7100年，与侯家寨一期年代相近，因此将侯家寨一期彩陶与蚌埠双墩遗址出土彩陶做比较（图4-8）。

侯家寨遗址一期彩陶出土极少，制法均为手制，胎多夹炭；器形为碗、豆、罐等；常见口沿饰宽带纹和折线纹。双墩遗址②出土的彩陶多为彩陶器的残片，外表磨光红褐色，胎多夹炭，少数似泥质陶；器形多为小口罐、盆、钵等；常见宽带纹、网格纹、X纹、斜线纹。二者均在器物口沿饰宽带纹，饰单色外彩，且以赤铁矿作为红彩的矿料来源③。所以从器形、陶

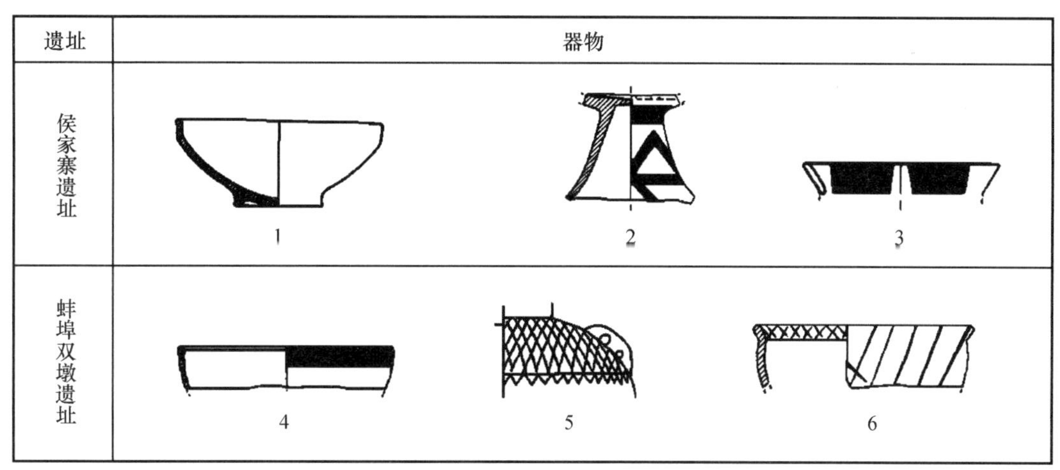

图4-8　侯家寨、双墩遗址彩陶

1. T2③：230　2. T3③：36　3. 彩陶残片　4. 91T0819⑭：170　5. 86T0820③：78　6. 92T0522⑱：115-1

---

① 阚绪杭、周群：《安徽淮河流域的史前文明——双墩文化及其序列的初步探讨》，《文物研究》（第15辑），黄山书社，2007年。

② 安徽省文物考古研究所、蚌埠市博物馆：《蚌埠双墩——新石器时代遗址发掘报告》，科学出版社，2008年。

③ 董俊卿、朱铁权、毛振伟等：《双墩遗址、侯家寨遗址彩陶与红衣陶制作工艺的初步研究》，《东南文化》2006年第1期。

质、陶色、纹饰等方面可以看出侯家寨遗址一期彩陶与双墩遗址彩陶各有自身特色，因这一时期彩陶文化不发达，无法深入分析。

2. 与武庄彩陶遗存的关系

鹿邑武庄遗址位于河南省鹿邑县王皮溜乡武庄村，是一处孤堆形遗址[①]。根据其文化堆积情况和各单位出土陶器的组合、特征，分为一、二期。属于一期的文化遗存有T103第7～9层；属于二期的文化遗存有三个方的第3～6层及H70、H44等单位。

武庄一期遗存中出土遗物中彩陶少见，仅见施红衣和饰红色宽带纹者。侯家寨一期与武庄一期年代相近，文化面貌也有相同或者相近的因素。

武庄二期遗存分为三段。彩陶较为发达，以红彩为大宗，有褐彩，黑彩很少，红衣陶多且常见于第一、二段，白衣彩陶则主要见于第三段。侯家寨遗址二期出土彩陶与武庄遗址二期出土彩陶相比：①两遗址中的彩陶器物比较多，皆泥质陶，以红彩为主，制作精美，均有内彩。②花纹皆为宽度不等的宽带纹组成平行线或间以水波纹、A型折线纹、勾连纹、锯齿纹等，均施于豆、盆、钵、碗等器物的口沿内外、圈足部及肩、腹之上。③罐形鼎、钵形豆、侈口鼓折腹彩陶盆等彩陶器形制也基本相同，如侯家寨遗址A型无系罐残片（图4-9，1）与武庄遗址乙类B型盆（图4-9，5）器形、纹饰相似；侯家寨遗址Aa型敛口折沿豆盘（图4-9，2）与武庄遗址A型Ⅱ式豆（图4-9，6）器形相同；侯家寨遗址A型Ⅱ式直口弧腹陶豆（图4-9，3）与武庄D型豆（图4-9，7）器形相同；武庄豆圈足T101④：31（图4-9，8）与侯家寨B型豆圈足（图4-9，4）形制、纹饰相同，均为喇叭形圈足，纹饰为宽带纹间饰连续折线纹。④侯家寨遗址的三角网纹、连续三角纹不见于武庄，而武庄的圆点弧线三角纹、“田”字纹在侯家寨遗址中也未曾见到。另外，武庄遗址二期文化相比一期文化最大的变化是鼎文化取代釜文化，彩陶的大量出现，与侯家寨遗址一、二期文化的变化相同。虽然侯家寨遗址位于淮河以南，与武庄遗址相距较远，但两遗址相对年代相当，从地层堆积和出土遗物可以看出两遗址的二期文化遗存都是在一期文化遗存的基础上发展起来的，侯家寨遗址二期文化与武庄遗址二期文化第一、二段文化相近[②]，且武庄遗址器物群特征与侯家寨遗址器物群特征相似，但武庄遗址二期陶器种类多于侯家寨遗址二期，这可能和武庄遗址受较多的外来文化影响有关。在侯家寨一期文化之后，淮河流域中游地区受高海面、洪涝等影响，地表环境不适合人类生存，先民的生存环境严重恶化，从而导致文化发展的中断[③]。有很大可能侯家寨遗址一期文化生存的人们在自然环境突变的情况下，为寻求新的生存空间迁徙至河南武庄地区，继承侯家寨一期文化发展为侯家寨二期文化。根据文化面貌和相对年代推测武庄遗址可能和侯家寨遗址应该同属一个考古学文化，即侯家寨文化。

---

① 河南省文物考古研究所：《河南鹿邑县武庄遗址的发掘》，《考古》2002年第3期。

② 张文军、张志清、赵新平：《试析河南鹿邑县武庄遗址新石器时代文化遗存》，《考古》2003年第2期。

③ 黄润、朱诚、郑朝贵：《安徽淮河流域全新世环境演变对新石器遗址分布的影响》，《地理学报》2005年第5期。

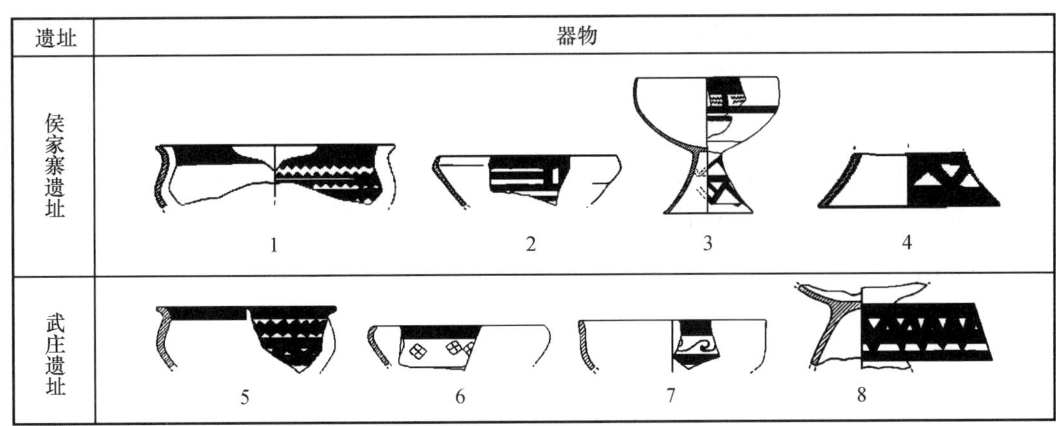

图4-9　侯家寨、武庄遗址出土彩陶

1. T3②：23　2. T6②：11　3. H1：2　4. T3②：60　5. T103⑤：51　6. T103④：56　7. T102⑤：44　8. T101④：31

3. 与龙虬庄彩陶遗存的关系

龙虬庄遗址位于江苏省高邮市龙虬镇，是一处新石器时代聚落遗址。根据龙虬庄遗存的层位关系和文化遗物的形态特征，可将虬庄遗址分为三期。第一期的年代为距今6600～6300年；第二期分为前后两段，前段的年代为距今6300～6000年，后段的年代距今6000～5500年；第三期的年代为距今5500～5000年。龙虬庄遗址[①]出土的彩陶器主要在二期文化遗存，器形有钵、匜等，多为泥质红陶，轮制。彩绘有红彩和黑彩两种，尤以黑彩为多，多为内彩，外彩仅见钵、碗口沿或者腹部与足部连接处饰宽带纹。彩陶纹样以宽带纹、斜方格网纹为主，宽带纹中间填以网纹、水波纹、栅栏纹、圆圈纹、几何纹、卦形纹、脚印纹及由弧线三角形组成的花瓣纹等，还有的类似变形的鱼纹或鸟纹。从龙虬庄遗址的彩陶纹样、陶质、陶色等可以看出龙虬庄遗址彩陶文化与侯家寨遗址二期彩陶文化面貌有很大的相似性，两者应该有一定的联系。

4. 与孙家城彩陶遗存的关系

孙家城遗址[②]位于安徽省怀宁县马庙镇栗岗村孙家城和费屋两个村民组内，2006～2008年先后进行了两次发掘，其文化堆积分为孙家城一期、孙家城二期、薛家岗文化早期。一、二期文化约为距今5800～5500年。薛家岗文化早期的年代为距今5500～5300年。孙家城遗址一期文化遗存出土有大量彩绘陶片，为烧后彩绘，主要为黄地红彩，很多彩绘出土时已脱落或模糊不清。纹饰有主要饰于豆盘和豆柄上，也有少量饰于盆类口沿内表。以黄地红彩最多，另有红地黑彩、红地白彩等。纹饰以条纹为多，另有较多的网格纹、波浪纹和少量的重三角纹、勾连云纹等，各类纹饰组合使用者较多。孙家城二期文化中彩陶数量很少。多数为烧后彩，仅个别属烧前彩，附着十分牢固。 陶质、陶色、施纹部位、彩绘颜色几与一期相同，但纹饰有所变

---

① 龙虬庄遗址考古队：《龙虬庄：江淮东部新石器时代遗址发掘报告》，科学出版社，1999年。

② 安徽省文物考古研究所、怀宁县文物管理所：《安徽怀宁孙家城新石器时代遗址发掘简报》，《文物》2014年第5期。

化，为宽带纹。薛家岗文化早期的彩陶数量少，为泥质灰黄陶，纹饰为黑褐色条带纹彩绘。孙家城遗址一期文化彩绘陶片与侯家寨遗址二期文化彩陶纹饰网格纹、波浪纹、勾连云纹等基本相同，如侯家寨遗址D型钵形豆T3②：128（图4-10，1）与孙家城钵形豆T2⑩：21（图4-10，4）器形均为敛口折腹豆，纹饰均为波浪纹、侯家寨Ⅰ式勾连云纹（图4-10，2）与孙家城陶豆盘T3⑪：9（图4-10，5）纹饰相同、侯家寨T6②：5（图4-10，3）所见网格纹与孙家城陶片T3⑪：2（图4-10，6）纹饰相同；两遗址彩陶均有黄底红彩和红底黑彩。相较侯家寨遗址二期彩陶，孙家城一期彩绘陶制作粗糙，但其陶器器类增加，应有所发展。所以，从彩陶片的绘制风格、陶质以及相对年代上推断，孙家城遗址彩绘陶纹饰和器形均与侯家寨彩陶纹饰器形相一致。

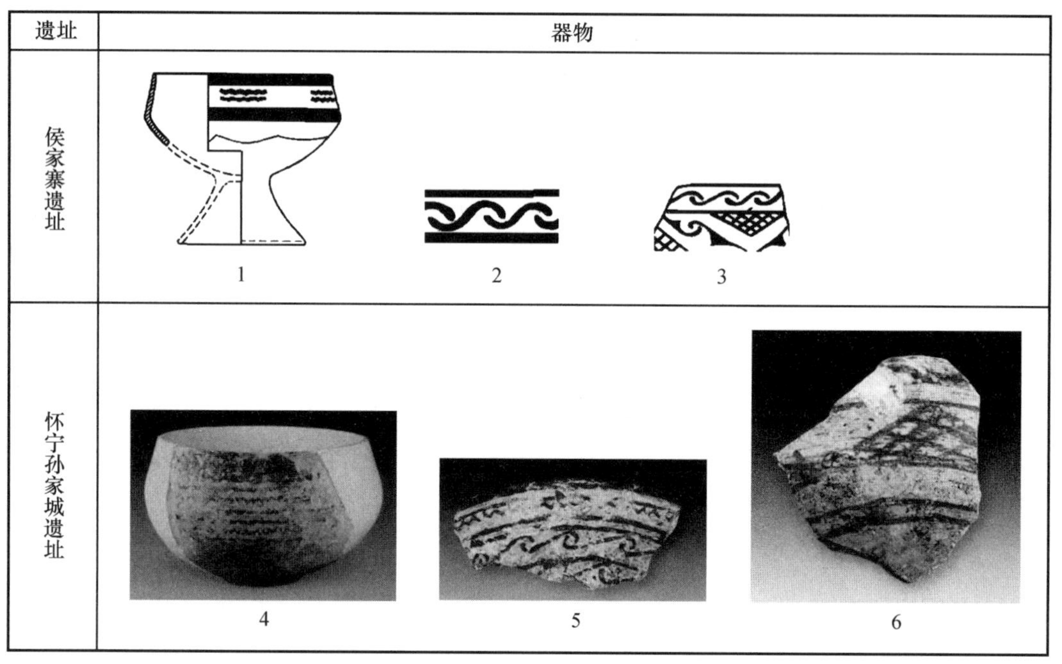

图4-10　侯家寨、孙家城遗址出土彩陶

1. T3②：128　2. T2②：143　3. T6②：5　4. T2⑩：21　5. T3⑪：9　6. T3⑪：2

（采自《安徽怀宁孙家城新石器时代遗址发掘简报》图一三、图一五、图一六）

5. 与北阴阳营彩陶遗存的关系

南京北阴阳营遗址[①]新石器时代遗址分为四期。出土彩陶器28件，均为第二期文化遗存出土。北阴阳营遗址二期文化出土彩陶与侯家寨遗址二期文化出土彩陶相比：①两遗址器表大多施红色陶衣，也有少量彩陶施加白色陶衣。②两遗址出土的器物如矮圈足碗、豆、鼎等形制基本相同，如北阴阳营二期的Ⅱ型b式彩陶盆（图4-11，4）与侯家寨二期B型彩陶钵（图4-11，1）器形形似，均为敞口、折肩；北阴阳营遗二期Ⅱ型c式碗（图4-11，5）与侯家寨二期C型钵形豆（图4-11，2）口腹相似，皆敛口、折肩、弧腹；北阴阳营遗址Ⅰ型b式碗（图4-11，6）

① 南京博物院：《北阴阳营——新石器时代及商周时期遗址发掘报告》，文物出版社，1993年。

与侯家寨二期A型Ⅱ式彩陶碗（图4-11，3）器形相似，均为直口、弧腹、圈足底。③彩陶图案以宽、窄带状纹和网纹为主，但北阴阳营遗址以宽带纹作为构图骨架，再在空白处填以菱形网纹，色彩有红、白、黑几种，而侯家寨遗址出土彩陶则以宽带纹为骨架，在空白处填以三角网纹彩。从彩陶陶色、纹饰以及相对年代推测，北阴阳营遗址彩陶文化除了受到东南太湖地区文化因素的影响外，也应该受到侯家寨遗址彩陶文化传播的影响，再加上浓厚的地方性文化因素，自成独立文化系统。

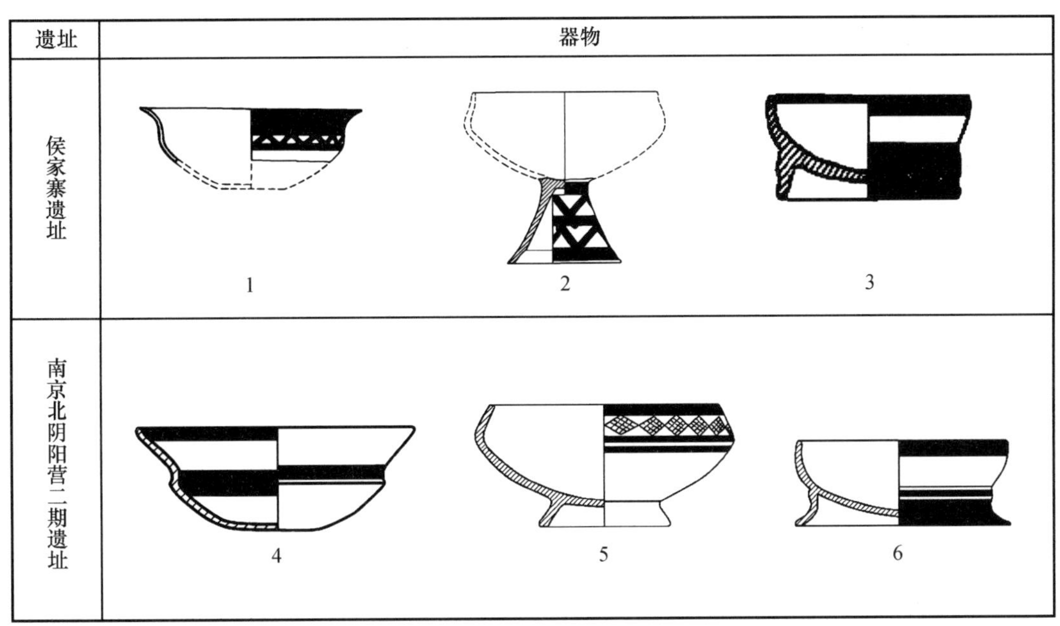

图4-11　侯家寨、北阴阳营遗址出土彩陶

1. T4②：2　2. T3②：125　3. T2②：141　4. M46：6　5. M15：52　6. M71：9

6. 与青莲岗彩陶遗存的关系

青莲岗遗址位于江苏省淮安市淮安区城东北35千米的宋集乡青莲村，1951～1953年，经过四次调查和一次试掘，发现彩陶片59件，口沿残片37件，腹片22件[①]。与侯家寨遗址出土彩陶相比：①青莲岗遗址仅见彩陶钵残片，侯家寨遗址彩陶种类较多，有钵、碗、豆、鼎、罐等；②青莲岗遗址和侯家寨遗址出土彩陶皆泥质红陶，青莲岗彩陶皆为内彩、单彩，外彩仅在口沿处加一道宽带纹；③青莲岗遗址彩陶色彩以黑、红为主，侯家寨以红彩为主；④青莲岗遗址和侯家寨遗址出土彩陶皆以口沿内外饰一条红色宽带纹为主，青莲岗遗址彩陶图案纹样有双弧线纹、鱼网纹、水波纹、卦形纹、斜十字纹等几种简单的花纹，侯家寨遗址彩陶纹样有三角网纹、连续折线纹、勾连纹、波浪纹等。从陶质、陶色、纹样以及时间上推测侯家寨遗址彩陶受青莲岗遗址彩陶文化的影响，尤其是内彩器的出现。

① 华东文物工作队：《淮安县青莲岗新石器时代遗址调查报告》，《考古学报》1955年第1期；吴山菁：《略论青莲岗文化》，《文物》1973年第6期。

7. 与万北彩陶遗存的关系

万北遗址位于沭阳县城北15千米，属宿迁市沭阳万匹乡万北村，1987年春考古人员调查发现，1987冬，在南京博物院的主持下，考古工作人员先后三次对该遗址进行了发掘①。遗址主要分为四期，二期出现了相当比例的单色内彩陶。彩陶器主要为钵，多为泥质红陶；彩绘有黑彩和深褐色彩两种，以黑彩为主；皆为内彩；纹样多为黑彩绘方格网纹、变形鱼纹、水波纹、三角网纹、宽带纹、双弧线纹和“之”字纹等。其三角网纹、横竖宽带纹见于侯家寨二期。可见，侯家寨遗址内彩器的出现可能受万北遗址的影响。

8. 与大汶口文化彩陶的关系

定远侯家寨遗址位于淮河中游地区，不可避免地与周边海岱地区的大汶口文化②碰撞交流。侯家寨遗址与海岱地区大汶口文化的早、中期相比相似点有：首先，在彩陶的陶衣上，大汶口文化早期阶段出现一定数量的红衣和白衣，黑彩数量大增，侯家寨遗址彩陶也出现了红色和白色的陶衣。其次，在具体纹样上，侯家寨遗址彩陶以勾连纹、波浪纹、三角网纹等为主要纹饰，这三种纹饰在大汶口文化中有比较多的发现。最后，侯家寨遗址彩陶以外彩为主，有内彩器出现，大汶口文化均为外彩。侯家寨遗址彩陶文化与大汶口彩陶文化也存在较大区别：一是在彩绘纹饰上，大汶口文化极富特征的八角星图案未能在侯家寨遗址出现。二是这一阶段，大汶口文化复彩盛行，而侯家寨始终为单彩。这一时期，海岱地区彩陶流行外彩，侯家寨遗址等江淮地区流行内外彩，宁镇地区出现内彩器。可见，定远侯家寨遗址作为典型的淮河中游新石器文化，其彩陶文化在陶衣和发达的外彩方面受海岱地区大汶口文化因素的影响较大。

9. 与仰韶文化彩陶的关系

我国新石器时代的彩陶主要流行于仰韶时代。“在不排除个别地区也曾独立发明新石器彩陶的前提下，可以确认中国的彩陶的主源在渭河流域一带”③。仰韶文化对侯家寨遗址文化的影响是经过大河村遗址过渡实现的。郑州大河村遗址④位于河南郑州市柳林镇大河村，遗址于1972～1987年先后经过2次钻探和21次发掘。其文化可分为七期：仰韶前三期、前二期、前一期、第一期、第二期、第三期和第四期。郑州大河村遗址仰韶前一期与侯家寨二期具有一定的相似性，其彩陶以泥质陶为主，纹饰有带状纹、三角纹、宽带纹、圆点纹、圆圈纹，皆为黑、棕、红单彩。可见，侯家寨二期受到大河村遗址仰韶前一期文化的影响。

侯家寨遗存在时间、空间上都处于长江下游、黄河下游南北文化交流的节点上，文化内

---

① 南京博物院：《江苏沭阳万北遗址新石器时代遗存发掘简报》，《东南文化》1992年第1期。

② 何德亮：《大汶口文化彩陶的艺术特征》，《东南文化》2008年第4期。

③ 栾丰实：《试论仰韶时代东方与中原的关系》，《考古》1996年第4期。

④ 郑州市文物考古研究所：《郑州大河村》（上），科学出版社，2001年。

涵丰富、复杂，受黄河和长江两大流域仰韶文化时期势力的消长、相互的文化联系和交流的影响。体现在彩陶上就是在江淮中部双墩一期、武庄一期和侯家寨一期文化的基础上，一方面受仰韶文化、大汶口文化南下的影响以外彩为主，白色陶衣或红色陶衣上施红彩，纹样中宽带纹和三角网纹盛行，器形中钵、盆制作精美；另一方面受江淮东部地区龙虬庄文化、青莲岗文化的影响出现内彩器，以单彩为主，主要纹饰有水波纹、网纹，形成独立发达的彩陶文化并向皖西南怀宁孙家城遗址、东南宁镇北阴阳营遗址等文化方向传播。

第五章　陶塑与陶支架研究

第一节　淮河中下游地区史前陶塑研究*

淮河中下游地区①在新石器时代是一个相对独立、自成系统的文化区。然长期以来，地处黄河、长江两大流域之间的地理位置赋予了其文化面貌具有更多的“中介”性，从而妨碍了对它的独立、系统性的认识，使该地区原始文化没有受到足够的重视②。作为淮河中下游新石器文化重要内涵的陶塑，也处于学术研究的边缘，除了零星的讨论以外，至今尚无专门的研究成果问世。因此，本节尝试对该区域新石器时代陶塑的发现情况、特点及意义做一下梳理、探讨，以求教于方家。

（一）淮河中下游地区史前陶塑的发现与分类

1. 发现情况

陶塑是指以黏土作原料，捏塑成型后经过烧制而成的雕塑作品。新石器时代，淮河中下游地区出土陶塑较多的遗址主要有泗洪顺山集、蚌埠双墩、定远侯家寨、濉溪石山孜、高邮龙虬庄等，新沂花厅、邳州市大墩子、蒙城尉迟寺、蚌埠禹会等遗址也有少量发现。

1）泗洪顺山集遗址

顺山集遗址可分为三期，一期遗存距今8500～8300年，二期遗存距今8300～8000年，三期遗存距今8000～7500年。

顺山集二期文化陶塑数量多，种类复杂，有人、猴、熊、猪、殉、禽鸟、鱼及龟等，共19

---

* 此节作者为杨国兵。

① 地理意义上的淮河中下游地区包括安徽、江苏两省淮河流域及泰沂山脉以南的鲁南一带。但在新石器时代，该区域文化面貌比较复杂，文化区时有变迁。为讨论方便，本节所指淮河中下游地区，仅包括苏、皖两省淮河中下游部分。

② 邵望平、高广仁：《淮系古文化概说》，《中国史前考古学研究——祝贺石兴邦先生考古半世纪暨八秩华诞文集》，三秦出版社，2004年。

件。为夹砂红陶或灰褐陶。

人面　4件。刻划粗略，面部器官及比例有变形现象，规格小（图5-1，1～4）。以T2173：1为例，眼部以上残，内凹眼眶部分残存，鼻梁凸显，口部凹陷。残宽5.2、残高4厘米。

动物陶塑　共15件。

猴面　1件。TG11⑩：6，眼、鼻孔镂空，吻部突出，穿五孔表现牙齿，上额钻一圆孔，下有一桃叶形突起。整体比例恰当，形象逼真。宽6、高6.7厘米（图5-1，5）。

熊首　1件。TG10⑤：5，双眼圆形内凹，吻部突出，双耳竖起略残，背面略残。宽6.5、高6.6厘米（图5-1，6）。

猪首　1件。TG12：1，双眼用泥丸贴塑而成。吻部粗短，眼眶下凹。残高12.3厘米（图5-1，7）。

狗首　3件。仅残存头、颈部，规格小，面部特征略有不同（图5-1，8～10）。以T2174：1为例，双眼为圆形穿孔，吻部突出略残，双耳残。残宽2.6、残长4.1、残高3.5厘米。

鸟首　3件。仅有头、颈部，规格小，形象不辨（图5-1，11～13）。以TG9④：21为例，双眼呈球状外凸，周围有两道眼眶，喙部突出，下颌部内凹，中部钻一圆孔至额顶。残宽4.7、长7.8、残高5.6厘米。

鱼　1件。TG12：3，吻部突出，上下颌分开，鳃盖表现抽象，背脊凸起，躯干后半部及尾部残。残长4.4、高2.8厘米（图5-1，14）。

龟　1件。TG12⑧：16，头及躯干后半部残，两前肢略残，龟甲稍显。残长4.2、高2.1厘米（图5-1，15）。

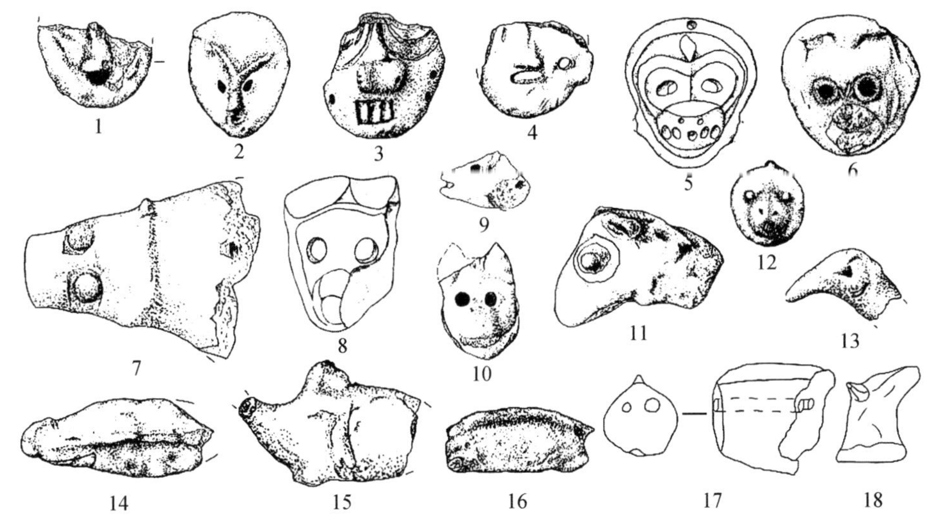

图5-1　顺山集遗址出土史前陶塑

1. T2173：1　2. TG7：2　3. TG9：16　4. TG12：1　5. TG11⑩：6　6. TG10⑤：5　7. TG12：1　8. T2174：1　9. TG12：10　10. TG12：9　11. TG9④：21　12. TG12：8　13. TG12：11　14. TG12：3　15. TG12⑧：16　16. TG1：1　17. TG13：18　18. C：47

另有未命名动物陶塑4件，因残缺严重，形象不辨[①]。

顺山集三期文化出土陶塑2件，均夹砂红陶。

蝉　1件。TG1：1，两眼突出略残，背部有脊，尾残。残长6.8厘米（图5-1，16）。

猪鼻形陶塑　1件。TG13：18，正面上侧有两圆形纵向穿孔，后段残。残长5.7厘米（图5-1，17）[②]。

鸟首形陶塑　1件。采集所得。C：47，夹砂红陶，喙部长凸，下端近平。高4.3厘米（图5-1，18）[③]。

2）蚌埠双墩遗址

双墩遗址年代距今7300～7100年。遗址发掘出土泥塑15件，均红褐色陶，胎夹蚌末。

猪形雕塑　4件。形象各异、大小不一。92T0523：150，残猪首形，残长8、最大径6厘米（图5-2，1）。91T0621⑦：66，猪首形，下部有圆柱柄。高6.2厘米（图5-2，2）。92T0622：41，猪首残件，身饰指切纹，似为毛发。残长20、厚7.2厘米（图5-2，3）。92T0722：93，猪形饰件残片，陶钵口部残片，猪塑于陶钵口部。残片宽7、残高5.2厘米（图5-2，7）。

人体塑像　共3件。陶塑人头像2件。86T0720③：290，制作精美，胎夹云母末。头像眉弓突出，圆眼，蒜头鼻，小嘴微笑，椭圆形脸颊两侧各有5个戳刺点，额头中间有2个近椭圆形同心圆。右耳垂有穿孔，左耳残，头后部残缺。头高6.3、面宽6.5厘米（图5-2，8）。92T0723：51，仅有人面部轮廓。高5、厚2.6厘米（图5-2，5）。91T08193：169，陶祖残件。长7厘米（图5-2，6）。

鸟形陶塑　2件。92T0622：37，头部残件，圆眼，嘴残。残长8.8厘米（图5-2，4）。86T0720③：209，野鸭头形。长11厘米（图5-2，13）。

龟形陶塑　1件。86T0720②：202，龟盖边缘有一周凹槽，两端各有一穿孔，旁有乳钉。制作粗糙，龟背有火烤痕迹。长12.3、宽8.7、高4.2厘米（图5-2，9）。

陶圆锥形器　3件。除形体大小稍有区别外，外形基本相同。86T0820③：138，底径3、高4.1厘米（图5-2，10）。

陶塑菱角　1件。86T0720③：208，长7.3、宽3厘米（图5-2，11）。

陶陀螺　1件。86T0720③：207，两端呈圆锥状，一端素面，另一端刻有菱形网纹，中间有一周凸棱，上有细密竖道刻划，正中有一穿孔。陀螺长5.7、中间径3厘米（图5-2，12）[④]。

---

① 南京博物院、泗洪县博物馆：《顺山集——泗洪县新石器时代遗址考古发掘报告》，科学出版社，2016年，第197～201页。据图，TG9④：21、TG12：8似非鸟形，TG12⑧：16恐非龟形，今暂从原报告说。

② 南京博物院、泗洪县博物馆：《顺山集——泗洪县新石器时代遗址考古发掘报告》，科学出版社，2016年，第267页。

③ 南京博物院、泗洪县博物馆：《顺山集——泗洪县新石器时代遗址考古发掘报告》，科学出版社，2016年，第279页。该陶塑有耳，似非鸟形，今暂从原报告说。

④ 安徽省文物考古研究所、蚌埠市博物馆：《蚌埠双墩——新石器时代遗址发掘报告》，科学出版社，2008年，第128、304页。

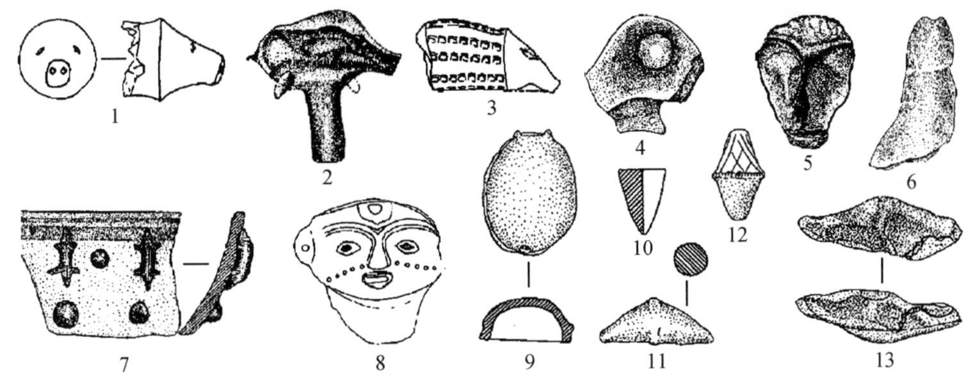

图5-2　双墩遗址出土史前陶塑

1. 92T0523：150　2. 91T0621⑦：66　3. 92T0622：41　4. 92T0622：37　5. 92T0723：51　6. 91T0819：169　7. 92T0722：93　8. 86T0720③：290　9. 86T0720②：202　10. 86T0820③：138　11. 86T0720③：208　12. 86T0720③：207　13. 86T0720③：209

3）定远侯家寨遗址

侯家寨遗址可分为两期，一期属双墩文化，年代距今7300～7000年。二期为侯家寨文化，年代距今6100～5800年。

一期文化出土塑像3件，为夹蚌末红褐陶。

猪形　2件。T4：44，身体圆鼓，上部残，下有4乳钉状足。高5、宽3.3厘米（图5-3，1）。T1：95，上部残，下部有4乳钉状足。高3、宽4.6厘米（图5-3，2）。

人面　1件。T6：33，双眉上翘呈倒“八”字形，高鼻小口。高5.9、宽3.1、厚2.8厘米（图5-3，3）。

二期出土塑像4件，均夹蚌末红褐陶，动物形状。

T1：22，龟形。头部略残，长9、高4.2厘米（图5-3，4）。T1：41，残，外形似海豹。长6.9、高3.9厘米（图5-3，5）。T6②：144，嘴部残，顶部有一残兽头，底部透雕一圈圆孔。高7.6、底径5.1厘米（图5-3，6）。T3②：99，动物足部残件，前后有4个脚趾。残高2.3、残断面径1.4厘米（图5-3，7）[①]。

4）濉溪石山孜遗址

濉溪石山孜遗址延续时间长，距今7900～4000年。可分为四期，即石山孜一、二、三期及龙山文化期。遗址出土动物陶塑残件4件，泥质红陶或红褐陶，均属石山孜文化时期。

一期2件。T1529：10，器体一侧刻双眼、鼻梁及唇部，器底刻划一圆圈。残高8.1厘米（图5-4，1）。T0724：13，残，捏制而成，双耳残失，眼外突，嘴尖圆。残高3.3厘米（图5-4，2）[②]。两件均似为猛兽，形象不明。

二期1件。T0722：7，倒锥状，器体一侧捏制双耳、双眼、鼻梁，耳、眼均外突，鼻梁呈

①　安徽省文物考古研究所：《安徽定远侯家寨新石器时代遗址发掘》，《考古学报》2019年第1期。发掘者推测T1：41为海豹形，因侯家寨遗址距海较远，此处存疑。

②　安徽省文物考古研究所、淮北市博物馆、濉溪县文物事业管理局：《濉溪石山孜——石山孜遗址第二、三次发掘报告》，文物出版社，2017年，第127—129页。

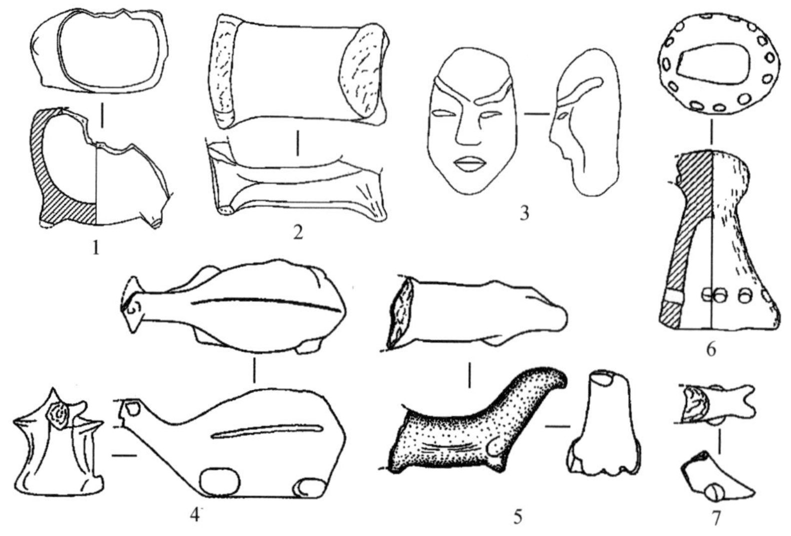

图5-3　侯家寨遗址出土史前陶塑

1. T4：44　2. T1：95　3. T6：33　4. T1：22　5. T1：41　6. T2②：144　7. T3②：99

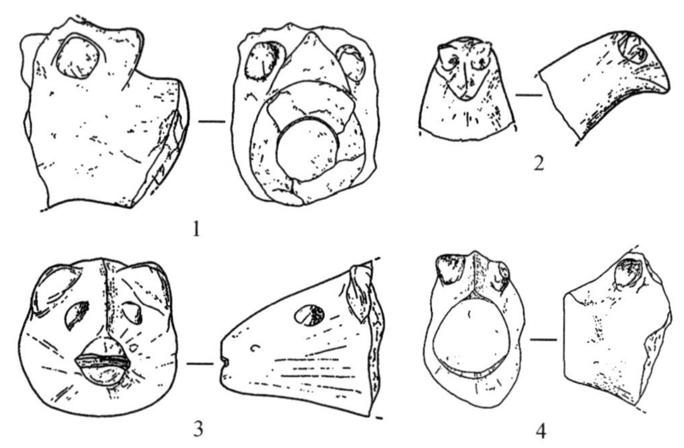

图5-4　石山孜遗址出土史前雕塑

1. T1529：10　2. T0724：13　3. T0722：7　4. T1530：1

突棱状，嘴部呈凹槽状。残高5.5厘米（图5-4，3）①。似属熊类。

三期1件。T1530：1，仅存双眼及鼻梁，眼部外突呈乳钉状，鼻梁呈棱状。宽5.4、残高8厘米（图5-4，4）②。形象不明。

5）高邮龙虬庄遗址

龙虬庄遗址分为三期，第一期距今6600～6300年；第二期分为前后两段，前段距今6300～6000年，后段距今6000～5500年；第三期距今5500～5000年。

遗址出土陶塑器类单一，仅有猪形壶9件。基本形制类似，均身体滚圆，中空，面部塑

① 安徽省文物考古研究所、淮北市博物馆、濉溪县文物事业管理局：《濉溪石山孜——石山孜遗址第二、三次发掘报告》，文物出版社，2017年，第230页。

② 安徽省文物考古研究所、淮北市博物馆、濉溪县文物事业管理局：《濉溪石山孜——石山孜遗址第二、三次发掘报告》，文物出版社，2017年，第344页。

口、鼻、眼，表情各异，栩栩如生。尾作半环形，背上出壶口，直口或微向外侈，下有矮足。M157：1，泥质黑陶，直口，嘴角上翘，双眉下垂，双目细眯作憨笑状，四扁足。口径7.5、通长16.3、通高10.9厘米（图5-5，1）①。

6）新沂花厅遗址

花厅遗址距今5400～4800年，遗址分为南、北两区。猪形陶罐1件，发现于北区墓葬，属大汶口文化中、晚期。

猪形陶罐　1件。M21：14，泥质黑皮陶。鼻上方有一对菱形小眼，口微张，短锥状四足，短双尾。体态肥壮，造型逼真，背部有一矮颈圆口（图5-5，2）②，与龙虬庄所出猪形罐十分类似。

7）邳州市大墩子遗址

邳州市大墩子遗址发现的陶塑属于大汶口文化中晚期的花厅类型，距今约5000年。

该类型墓葬中出土陶房3件。1件立面作长方形，有檐，攒尖顶，前设门，左右和后墙有窗，壁上刻划有狗的形象。1件立面呈三角形，前为门，左右及后墙亦设窗（图5-5，3）。1件作圆形，有一周突檐，攒尖顶，有五道戗脊（图5-5，7）③。

8）蒙城尉迟寺遗址

蒙城尉迟寺年代为大汶口文化晚期至龙山时期，距今4600～4000年。陶塑2件，均出土于大汶口文化层。

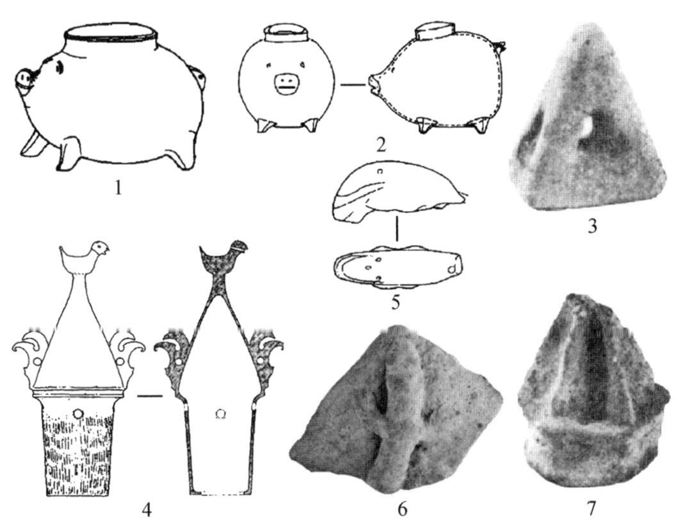

图5-5　龙虬庄、花厅、大墩子、尉迟寺、禹会遗址出土史前陶塑
1. 猪形壶　2. 猪形罐　3、7. 陶房　4. 鸟形器　5. 猪形陶塑　6. 陶塑壁虎

① 龙虬庄遗址考古队：《龙虬庄：江淮东部新石器时代遗址发掘报告》，科学出版社，1999年，第286～288页。

② 南京博物院：《花厅——新石器时代墓地发掘报告》，文物出版社，2003年，第132页。

③ 南京博物院：《江苏邳县大墩子遗址第二次发掘》，《考古学集刊》（第1集），中国社会科学出版社，1981年。

猪形陶塑　1件。T4111⑧：2，似酣睡状，头埋在胸前。线条粗放，写意味道较浓，头部残。残长5.9、厚2.4、宽2.1厘米（图5-5，5）[①]。

鸟形器　1件。T2318：1，手制，器表呈红褐色，并有烧制时氧化的灰褐色斑块，器物颈部以下为空体，由上、中、下三部分构成，底部残破，整体器形似瓶。通高59.5、中部直径22、底径14.4厘米（图5-5，4）[②]。

9）蚌埠禹会村遗址

遗址属于龙山文化晚期，距今约4000年。

陶塑壁虎　1件。JSG②：20，夹细砂红褐陶，伴有浅灰色，手制。仅存残片，器表塑有壁虎1件，身体细长，头部略粗，吻部较尖，头上部两眼凸起，前肢作爬行状。长7.7厘米（图5-5，6）[③]。

2. 陶塑分类

淮河中下游地区出土的陶塑大体可以分为三类：人体类、动物类、其他类。

人体类又可分为人像、陶祖两类。人像类陶塑在淮河中下游地区见于顺山集、双墩、侯家寨遗址，共出土7件，均为单体人头部塑像。由于塑像均残，塑造时是全身还是仅塑头部，现在不得而知。这些塑像用材和塑造手法有较大差别，双墩86T0720③：290人头部塑像形象生动，表情丰富，塑造精美，是史前陶塑的杰作。其他陶塑人像相对来说塑造随意，写意意味较浓。陶祖见于双墩、侯家寨遗址，除了双墩发现的1件陶祖残件外，两地还发现较多大型的陶祖形支架。根据现有发现，淮河中下游地区人体陶塑见于新石器时代早、中期，晚期不见。

动物类陶塑是淮河中下游史前陶塑的大宗。从表现手法来看，又可分为单体动物型、动物器皿型、装饰部件型三类。单体动物型陶塑最多，占淮河中下游动物陶塑的绝大部分，广泛分布于各遗址。动物器皿型在本地区发现较少，仅在龙虬庄、花厅遗址墓葬发现10件猪形陶罐。装饰部件型是指作为器物的一部分而存在，此类陶塑数量最少。双墩遗址陶钵口部的泥塑陶猪装饰件、禹会遗址陶器残片上的壁虎饰件属于此类。双墩另一件猪首形陶塑，下部为一圆柱柄，也可能为某件器物上的一部分。尉迟寺出土的鸟形神器，顶部有一鸟类陶塑，也可以归为此类。

从种类来看，淮河中下游地区的史前动物陶塑有猪、狗、龟、猴、熊、鸟等，分属家养、野生动物。除形象不明的之外，动物陶塑以猪形最为普遍，占已发现动物陶塑的将近一半。狗次之。鸟类形象也较常见，不排除其中有家养的可能。此外，野生动物也占有一定的比例。这

① 中国社会科学院考古研究所：《蒙城尉迟寺——皖北新石器时代聚落遗存的发掘与研究》，科学出版社，2001年，第169页。

② 中国社会科学院考古研究所、安徽省蒙城县文化局：《蒙城尉迟寺》（第二部），科学出版社，2007年，第148、149页。

③ 中国社会科学院考古研究所安徽工作队、蚌埠市博物馆：《安徽蚌埠市禹会龙山文化遗址祭祀台基发掘简报》，《考古》2013年第1期。

些动物都来自人们熟知的动物形象。

其他类陶塑主要包括圆锥状器（陀螺）、菱角、房等。见诸报道的圆锥状器有10余件①，均发现于双墩遗址，可能为另一种形制的陀螺。另外，淮河中下游很多新石器遗址均出土一种小陶球，实心的居多，部分中空，有些上有花纹。陶菱角仅双墩遗址发现1件。陶房仅见于大墩子遗址。这些陶塑除陶房为随葬品外，其他均应属于玩具。

（二）淮河中下游地区史前陶塑的时空分布与特色

1. 淮河中下游地区史前陶塑的时空分布

淮河中下游地区陶塑出现的时间很早。现有发现表明，该地区的陶塑在新石器时代早期即已出现，一直持续到新石器时代末期，有4000多年的历史。泗洪顺山集遗址是目前淮河中下游地区发现的时间最早的新石器时代遗址。该遗址二期文化中，即出土了大量陶塑作品，距今已有8000年。濉溪石山孜一期出土陶塑2件，大约与顺山集二期同时，同属新石器时代早期。蚌埠双墩遗址、定远侯家寨一期与石山孜二期约略同时，文化面貌上有相同之处，应同属双墩文化。而石山孜三期、侯家寨二期时间上略晚，约相当于大汶口文化早期。这些遗存属于新石器时代中期，从陶塑发现数量上来看，较早期有所减少。龙虬庄陶塑猪形壶均出于二期文化，花厅遗址、大墩子遗址属于大汶口文化中、晚期，尉迟寺遗址属于大汶口文化晚期，禹会遗址则相当于龙山时代末期，均属新石器时代晚期。此时期陶塑种类、数量急剧减少。从上述分析来看，淮河中下游地区的陶塑在新石器时代早、中、晚三期呈现逐期递减的趋势，与其他地区史前陶塑多出现在新石器中晚期不同。是考古发现的偶然性使然还是人们的观念变迁造成了这种变化，尚值得继续探讨。

从空间分布来看，淮河下游发现陶塑的史前遗址较中游为少，除龙虬庄、花厅、大墩子遗址位于淮河下游外，其他遗址均位于淮河中游偏东地区，中游遗址出土陶塑的数量也明显多于下游地区。另外，淮河以北地区发现陶塑的遗址及陶塑数量均明显多于淮河以南，呈现明显的地区不均现象。究其原因，除了考古发现的偶然因素外，还可能与不同史前文化的内涵有关，陶塑的多少或许反映了某一原始文化居民的习俗或偏好。另外，在1128～1855年，黄河下游河道南决，夺淮入海，黄河经历了长达700多年的南流时期②，淮河下游地区长期属于黄泛区。洪水泛滥对古遗址造成了破坏，以至于遗址及陶塑较少发现，也是一个可能的因素。

2. 淮河中下游地区史前陶塑的特点

淮河中下游地区的陶塑，在种类和塑造手法上有着不同于其他地区的特点。淮河中下游地

① 包括发掘报告中所称的“尖状器”，两者形制相同，应属同类器物。

② 马玉凤、李双权、潘星慧：《黄河冲积扇发育研究述评》，《地理学报》2015年第1期。

区南与江淮地区毗连，自然环境类似，但是江淮地区发现的陶塑却数量极少，见诸报道的仅有望江汪洋庙①、怀宁孙家城②、含山大城墩③等遗址。在陶塑种类上也有一定的区别。汪洋庙出土水牛头陶塑1件（图5-6，1），而牛形陶塑不见于淮河中下游地区。该遗址另出土人头部陶塑1件，总体呈圆柱状，略具人面形状，线条勾勒粗略简单，塑造手法与淮河流域相比更加简略（图5-6，2）。淮河中下游地区出土了大量的猪形陶塑，但这些陶猪都为素色，与孙家城遗址出土的彩绘陶猪不同（图5-6，3）。淮河中下游出土的人形陶塑均为人面部，与含山大城墩出土的贴塑全身人像（图5-6，4）差别明显。陶塑之间的这些区别与两个地区文化面貌之间的差异是吻合的。

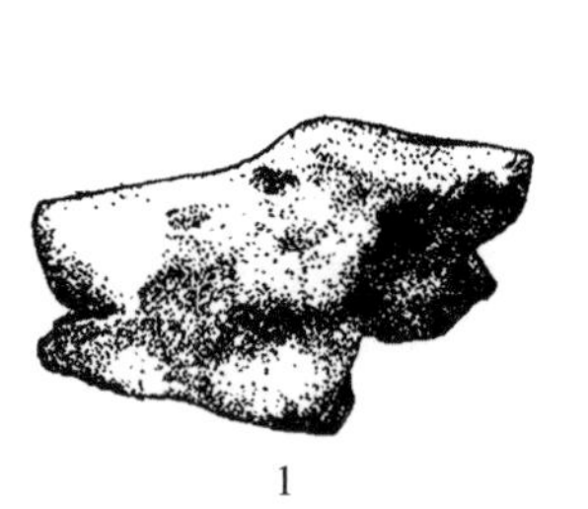

1　2　3　4

图5-6　江淮地区出土史前陶塑

1. 水牛头陶塑　2. 人头部陶塑　3. 猪形陶塑　4. 人形陶塑

黄河下游的海岱地区，是另外一个史前陶塑比较发达的地区。海岱地区与淮河中下游地区接壤，文化交流频繁，尤其是大汶口、龙山文化时代，海岱与淮河中下游北部属同一文化区，因此两地陶塑具有一定的共性。如动物陶塑较多并以猪为主，狗、龟、猴、鸟等在两地均有发现。塑造手法上也有相似之处，如猪形容器都占一定的比例。这些相似性反映了两地文化的互动与交流。但是，两地陶塑的区别也很明显。首先，海岱地区出土动物陶塑更注重刻画整体形象，因此写实性更强，而淮河中下游则更多塑造动物的部分形体。如章丘焦家④、曲阜尼山⑤大汶口文化遗址出土的狗、猪形陶塑（图5-7，1～4），临朐西朱封⑥、日照两城镇⑦龙山文化出土的陶猴、陶鸟（图5-7，5、6）等，都较淮河中下游更为完整逼真。这种现象很可能是因其功能差异而造成。其次，海岱地区动物形容器种类远较淮河中下游丰富，鸟形陶塑较淮河中下游更多，如海岱地区大汶口文化中发现的狗形、鸟形陶鬶等器物，龙山文化中多见的鸟形盖

① 安徽省文物考古研究所：《望江汪洋庙新石器时代遗址》，《考古学报》1986年第1期。

② 安徽省文物考古研究所、怀宁县文物管理所：《安徽怀宁孙家城新石器时代遗址发掘简报》，《文物》2014年第5期。

③ 安徽省文物考古研究所、含山县文物管理所：《安徽含山大城墩遗址第四次发掘报告》，《考古》1989年第2期。

④ 章丘市博物馆：《山东章丘市焦家遗址调查》，《考古》1998年第6期。

⑤ 山东省博物馆：《山东曲阜新石器时代遗址调查》，《考古》1963年第7期。

⑥ 山东省文物考古研究所、临朐县文物保管所：《临朐县西朱封龙山文化重椁墓的清理》，《海岱考古》（第一辑），山东大学出版社，1989年。

⑦ 刘敦愿：《日照两城镇龙山文化遗址调查》，《考古学报》1958年第1期。

纽，均不见或少见于淮河中下游地区。此外，海岱地区出土的人面塑像，有些用作器物上的装饰件出现，如曲阜尼山[①]发现的人面形盖纽（图5-7，7）、乳山小管村[②]人面形鼎足（图5-7，8）等，此类陶塑在淮河中下游地区也无发现。

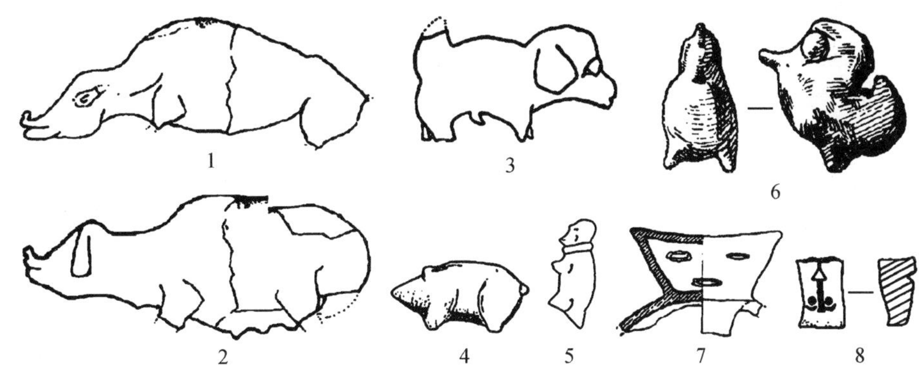

图5-7 海岱地区出土史前陶塑

1～3. 章丘焦家 4、7. 曲阜尼山 5. 临朐西朱封 6. 日照两城镇 8. 乳山小管村

新石器时代的淮河上游及黄河中游南部地区属中原文化区，先后经历了裴李岗文化、仰韶文化、龙山文化的发展阶段，各阶段发现的陶塑数量比较平均。该区陶塑类别与淮河中下游地区类似，器形主要有人头像及猪、狗、鸟等动物形象。并且塑造手法相类，如浮雕壁虎形象在仰韶文化中多见。庙底沟遗址出土3件带有浮雕壁虎的器物残片[③]，汝州洪山庙出土陶瓮上的贴塑壁虎[④]与禹会出土的极其类似，可能是淮河中下游同类器物的渊源。但是，两地属于不同文化区，陶塑的差异也很明显。如中原文化区出土的人体类陶塑无论是数量还是塑造手法均更加多样，装饰附件型陶塑及鸟形陶塑比例明显高于淮河中下游地区。临汝煤山出土的狗形盖纽（图5-8，1）[⑤]，洪山庙出土的陶缸外部的贴塑人（腿）（图5-8，2）[⑥]，裴李岗遗址出土的羊头（图5-8，3）[⑦]，新密新砦二期文化发现的猪首、羊首盖纽（图5-8，4、5）[⑧]，以及登封王城岗的陶塑鹰首（图5-8，6）[⑨]等，均不见于淮河中下游地区。这些不同，既体现了两地生业经济的差别，又反映了风俗习惯、精神信仰的差异。

---

① 山东省博物馆：《山东曲阜新石器时代遗址调查》，《考古》1963年第7期。

② 北京大学考古实习队、烟台市文物管理委员会：《乳山小管村的发掘》，《胶东考古》，文物出版社，2000年。

③ 中国科学院考古研究所：《庙底沟与三里桥》，科学出版社，1959年，第42页。

④ 河南省文物考古研究所：《汝州洪山庙》，中州古籍出版社，1995年，第39—43页。

⑤ 中国社会科学院考古研究所河南二队：《河南临汝煤山遗址发掘报告》，《考古学报》1982年第4期。

⑥ 河南省文物考古研究所：《汝州洪山庙》，中州古籍出版社，1995年，第60页。

⑦ 开封地区文物管理委员会、新郑县文物管理委员会、郑州大学历史系考古专业：《裴李岗遗址一九七八年发掘简报》，《考古》1979年第3期。

⑧ 北京大学震旦古代文明研究中心、郑州市文物考古研究院：《新密新砦——1999—2000年田野考古发掘报告》，文物出版社，2008年，第311、353页。

⑨ 河南省文物研究所、中国历史博物馆考古部：《登封王城岗与阳城》，文物出版社，1992年，第84、85页。

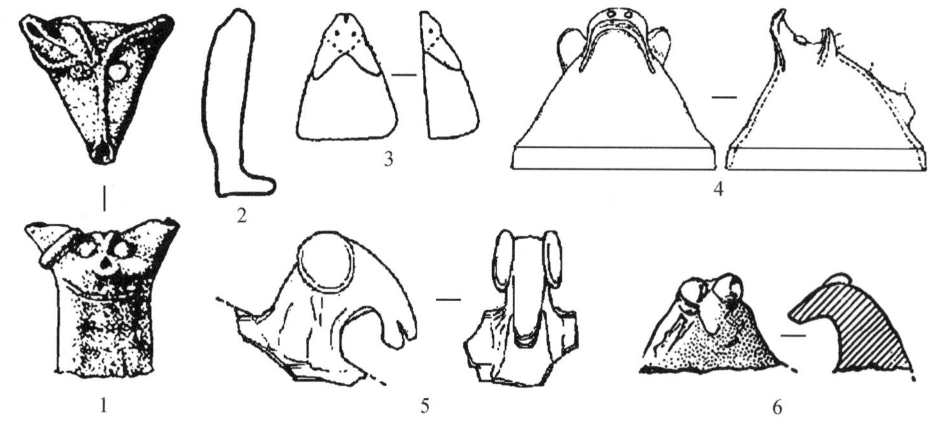

图5-8　淮河上游、黄河中游南部地区出土史前陶塑

1. 煤山　2. 洪山庙　3. 裴李岗　4、5. 新砦　6. 王城岗

（三）淮河中下游地区史前陶塑的价值与功能

史前陶塑是人类最早创造的艺术品之一，它既是原始人类对自己生活环境的再现，也反映了人们的精神世界及对生活的追求与向往，为研究史前人类的物质生产活动和精神活动提供了丰富的实物资料。

1. 陶塑所反映的史前淮河中下游地区生业模式

淮河流域出土的史前动物雕塑，一定程度上还原了当时人们的生活环境和生业模式。新石器时代早期的顺山集遗址，是目前淮河中下游地区出土动物陶塑数量最多的遗址。这些动物陶塑既有野生的熊、猴、鸟、龟、鱼等，也有家养的猪、狗，可见动物在人们的生活中占有非常重要的地位。从陶塑数量上来看，顺山集遗址的野生动物要超过家养动物，可能反映了此时动物的获取仍然以狩猎为主，家养动物只起到肉食来源的辅助作用。新石器时代中期以后，猪在淮河中下游出土陶塑中占的比重增大。龙虬庄遗址出土的9件动物陶塑，全部是猪形陶罐，说明野生动物在人类生活中的地位已经逐渐被家养动物替代。新石器时代后期虽然出土动物陶塑数量不多，但大多都是猪形陶塑。这种变化实际反映了动物养殖业的逐步发展，人们对野生动物依赖性逐渐降低的一个过程。

淮河中下游史前遗址出土的动物骨骼，也为上述推测提供了依据。根据顺山集出土的动物骨骼的鉴定结果，野生动物骨骼的可鉴定数与最小个体数总体要大于家养动物[①]。石山孜遗址动物骨骼鉴定结果表明，虽然总体而言鹿科动物占绝大多数，但猪的比例却呈逐渐增大的趋势，并且仅次于鹿类骨骼的比例[②]。龙虬庄发现的动物骨骼的种群分布也呈类似状况，家猪骨

① 南京博物院、泗洪县博物馆：《顺山集——泗洪县新石器时代遗址考古发掘报告》，科学出版社，2016年，第335页。

② 宋艳波、饶小燕、贾庆元：《濉溪石山孜遗址出土动物遗存分析》，《濉溪石山孜——石山孜遗址第二、三次发掘报告》，文物出版社，2017年。

骼仅次于麋鹿[①]。到大汶口、龙山时期的尉迟寺遗址，出土动物骨骼中家猪逐渐超过鹿类[②]。上述状况与遗址中猪形陶塑比例的逐渐增大是一致的，说明家猪饲养业逐渐成为淮河中下游史前先民主要的肉食来源。各遗址发现的家养动物骨骼中，狗的数量仅次于猪，也与陶塑种类一致，说明狗也成为人类饲养的主要动物。但是，在史前淮河中下游地区一直占有重要地位的鹿类却无对应陶塑发现。牛的骨骼在石山孜、尉迟寺等遗址发现较多，但陶塑中也无牛的踪影。这种现象一方面是因为考古发现具有偶然性，另一方面也与该地区某些动物陶塑塑造简略、形象不易识别有关。此外，猴、熊等陶塑的发现说明当时的淮河中下游地区有比较丰富的森林、草原植被。陶鱼、龟、菱角等的发现也与该地河湖密布、水生动植物资源丰富有关，说明水产品也在人们的食物来源中占有一席之地。上述情况表明，新石器时代的淮河中下游地区，人们以农业生活为主，但渔猎经济也是重要的辅助经济部门，同时随着农业的发展，粮食有了剩余，家畜饲养业也逐渐发展起来。可以说，陶塑为我们打开了一个认识史前淮河中下游地区生业模式的窗口。

2. 淮河中下游史前陶塑的审美功能

陶塑作为艺术品，大多不具有实用功能，而是体现了人们对艺术的热爱和对美的追求。淮河中下游出土的史前陶塑审美功能突出，主要表现在以下几点。

第一，淮河中下游地区的史前陶塑题材丰富，内容多样，是我国造型艺术的珍品。这些陶塑品虽然数量不多，但是既有人物，又有各种各样的水生、陆生动物形象，还有水生植物菱角以及游戏用品陀螺、陶球等，除此之外，还有可能反映了人们精神信仰的人面、陶祖、鸟形器等。这些源于生活，又高于生活的陶塑品，反映了先民物质和精神生活的方方面面，是史前人类热爱生活，并且善于发现美、创造美的表现。

第二，淮河中下游地区出土的史前陶塑，在艺术表现手法上写实和写意并存，具有多样的美感。该区域出土的陶塑与石家河文化邓家湾遗址出土的陶塑不同，很多以写意为主，不重在刻画外形而强调神似，突出的是最能表现动物特征的部分。有些陶塑并不完全合乎动物的原始形状和比例，甚至还有器官变形或减省的现象。例如，顺山集的陶蝉以及石山孜的不明动物陶塑，均突出表现它们的双眼，手法生动传神。侯家寨的陶龟着重刻画乌龟负重前行的形象，姿态朴拙可爱。龙虬庄、花厅出土的猪形陶罐，不事雕琢，寥寥几笔却憨态可掬，栩栩如生。尉迟寺遗址的陶猪，仅仅勾勒粗略的外形，却也不使人觉得突兀。另有部分陶塑却以写实为主。如顺山集出土的猴首、熊首等，面部刻画精细，比例恰当，表情形象生动。该遗址出土的几件狗形陶塑，把狗在顺服时贴耳温顺、警惕时双耳竖张、发怒时张口狂吠的神态塑造得淋漓尽致。石山孜出土的4件陶塑，虽然难辨是何种动物，但突出而怒张的眼睛却将猛兽形象刻画得

---

① 龙虬庄遗址考古队：《龙虬庄：江淮东部新石器时代遗址发掘报告》，科学出版社，1999年，第464～492页。

② 袁靖、陈亮：《尉迟寺遗址动物骨骼研究报告》，《蒙城尉迟寺》，科学出版社，2001年；中国社会科学院考古研究所、安徽省蒙城县文化局：《蒙城尉迟寺》（第二部），科学出版社，2007年。

逼真传神。更值得一提的是双墩遗址出土的夹砂人头陶塑，那宽圆的脸盘、充满惊奇的大眼及张开的小嘴，把充满好奇的儿童形象塑造得惟妙惟肖。侯家寨出土的人面陶塑虽造型简单，但也比例恰当，属写实性风格。禹会遗址的贴塑壁虎，仅用鼓凸的眼睛，略做弯曲的身体，即把其灵动的姿态刻画得生动传神。

在塑造手法上，淮河中下游史前艺术家不拘一格，创造了以捏塑为主，堆塑、贴塑、雕镂、锥刺等各种手法紧密融合、综合运用的造型技术，使陶塑品达到了动、静结合，张弛有致。有些动物形容器或装饰件，更是达到了审美和实用功能的有机统一。这些惟妙惟肖、活灵活现的原始陶塑艺术品，反映了淮河中下游地区的史前艺术创作者已经有了丰富的美学知识和创作经验，他们在对人、物进行充分观察的基础上，展现出了高超的陶塑技艺与才能，为后人再现了丰富生动的史前生活画卷。

3. 淮河中下游地区史前陶塑的原始宗教与巫术内涵

原始宗教与巫术是史前先民最重要的精神活动，它们之间既有联系又有区别。原始宗教是指民众对具有超自然力的精神体的信奉与尊重，包括自然崇拜（天体崇拜、动物崇拜、植物崇拜等）、图腾崇拜、生殖崇拜、祖先崇拜等不同的阶段和形式。巫术则是试图通过超自然的神秘力量来影响周围的人或事物，以达到控制和操纵对方的目的。

淮河中下游地区的一些史前动物陶塑是出于动物崇拜物目的而制作的。由于使用目的区别，原始宗教活动与巫术行为使用的器物是大不相同的。动物之所以成为崇拜对象，或因为强大的繁衍能力，抑或神秘的出没、行动规律，还可能因为奇异的形态变化等。作为崇拜物的动物陶塑一般都制作精细，形象庄严神秘。如顺山集出土的猴首制作精美，可能是因为其敏捷的行动能力受到崇拜。某些鸟类也可能因高超的飞翔能力成为人们崇拜的对象。禹会遗址出土的贴塑壁虎，很可能因为昼伏夜出的神秘感而被崇奉。蝉的幼虫在夜晚钻出地面，在夜间蜕壳化为飞蝉，这种神奇的生命变化在原始人心中十分神秘，因此捏塑陶蝉作为崇拜物。某些遗址如顺山集、双墩等出土的猪形陶塑形体较大，如双墩编号为92T0622：41的猪首陶塑残件，仅残长就有20厘米，整个身长应在40厘米以上，并且身饰代表毛发的指切纹，制作比较精细，应当与猪崇拜有关。顺山集编号TG12：1的猪首陶塑，也应当作如是观。猪作为崇拜对象，是因为它们具有极强的生殖能力。某些代表猛兽形象的陶塑，则可能是因为勇猛强壮的力量受到膜拜。除了这些制作精细的作品之外，还有一些动物陶塑造型简略抽象，有些甚至不辨外形，并且出土时多为残件，很可能是使用后随意丢弃的，属于巫术活动遗物。

淮河中下游地区出土的史前人体塑像数量不多，也与信仰或巫术有关。宋兆麟指出，原始的人形偶像基本有两种，一种是祖先神，一种是巫术手段。巫术活动中的替身一般制作随意，并且多经过人为破坏，缺头少肢，与神像的形体完整，制作精细明显不同[①]。双墩编号

① 宋兆麟：《后洼遗址雕塑品中的巫术寓意》，《文物》1989年第12期；宋兆麟：《中国史前的女神信仰》，《中国历史博物馆馆刊》1995年第1期。

86T0720③：290的人头塑像制作精细，并非巫术用具，可能为部族信奉的神灵形象。至于其他几件人面塑像，制作简单粗糙，面部器官比例不协调，甚至出现变形，出土时残破严重，应属巫术活动用具。双墩、侯家寨遗址中出现的陶祖及祖形支架，则分明是生殖崇拜的遗物。龙虬庄、花厅的猪形陶罐以及大墩子遗址的陶房模型均出土于墓葬，属于祭祀或祖先崇拜的遗留。

尉迟寺遗址还发现1件组合型器物——鸟形神器。该器物上部为写意的鸟形，下部为攒顶状房屋形，“房檐”上部两侧各有两个上下叠压的勾形装饰构件，整体似为一鸟站在房顶上。该器物器形硕大，造型神秘。虽然学界对此器物造型的解读意见不一[①]，但该器出于尉迟寺遗址大汶口文化层，属于东夷文化。众所周知，东夷是一个崇拜鸟的民族，因此，这件器物具有鸟崇拜的寓意应该是没有问题的。

4. 淮河中下游地区史前陶塑的教育功能

儿童教育是史前人类社会活动的主要内容之一。淮河中下游地区史前教育活动的存在可以从陶塑玩具中一见端倪。这些玩具可以分为体育类、知识类两种。双墩遗址发现的陶塑陀螺即为儿童玩具。该遗址出土的陶圆锥形器，在河姆渡一期文化中也出土3件，发掘者认为也是陀螺[②]。陕西商县紫荆遗址及西安半坡遗址均有同类器物出土，学者研究认定为陀螺，是中国最早的儿童玩具之一[③]。双墩文化在时间上要早于上述遗址，因此该遗址发现的陀螺应为迄今中国发现最早的同类器物。值得指出的是，淮河中下游地区各史前遗址中普遍存在的小陶球，发掘者多称为弹丸，但很多小球上有纹饰，作为弹丸似无必要，这些也应为儿童玩具。至于双墩遗址出土的空心小球[④]以及刘林遗址M21儿童身侧的陶球[⑤]，更可确定为玩具无疑。另外，儿童具有亲近动物的天性，因此各遗址中发现的动物陶塑，尤其是那些形体较小的，不排除具有玩具的功能。体育类玩具可以强健儿童体魄，知识类玩具则可以帮助儿童提高对动物的认知。这些陶塑玩具能够增强儿童的生存技能，对于促进部族繁衍壮大是必不可少的。

（四）结语

淮河中下游地区的史前陶塑，以生动的手法和高超的技艺，塑造了各种造型多样、形意结合的人像、动植物、玩具等各类艺术形象，在我国陶塑史上占有重要的地位。这些陶塑品真实再现了淮河中下游地区史前人类的生产生活状况，反映了人与自然之间和谐与共的关系。

淮河中下游地区的史前陶塑是中国传统艺术的瑰宝，充分显示出史前艺术大师卓越的创作

---

① 郎剑锋：《蒙城尉迟寺遗址“鸟形神器”的定名与功能》，《江汉考古》2014年第6期。

② 浙江省文物考古研究所：《河姆渡：新石器时代遗址发掘报告》，文物出版社，2003年，第70页。

③ 王宜涛：《我国最早的儿童玩具——陶陀罗》，《考古与文物》1999年第5期。

④ 安徽省文物考古研究所、蚌埠市博物馆：《蚌埠双墩——新石器时代遗址发掘报告》，科学出版社，2008年，第131页。

⑤ 江苏省文物工作队：《江苏邳县刘林新石器时代遗址第一次发掘》，《考古学报》1962年第1期。

才能。他们立足于生存环境和生活实践，在创造物质财富的同时，又创造了丰富的精神财富。“艺术大师们创造出来的许许多多优秀艺术作品，都是古代人类智慧的结晶，都是劳动实践的产物，如果没有劳动实践，就没有原始艺术。”[①]重视并发掘这些艺术品的价值，对于了解淮河中下游的原始文化内涵，正确认识“淮系文化”有重要的意义。当然限于资料和学识，本节的讨论仅是初步的，甚至可能有不足，不当之处，尚请前辈同仁指正。

第二节　淮河中下游地区出土陶支架研究[*]

在淮河中下游地区的众多史前文化中都发现了陶支架的存在，这些陶支架在形态和功用上是否具有一致性及能否反映淮河中下游地区存在陶支架的史前文化之间的关系是本节关注的重点。淮河中下游地区的陶支架在功用上有作为炊器支架使用的实用功能和特定象征意义的象征功能，主要器形有圆柱形支架和中空筒形的座，二者分布的主流区域有所区别。通过对淮河中下游地区不同史前文化的陶支架进行功用和形态上的比较分析，找出他们之间的关联，可以为探讨这些文化之间的文化交流提供一定的证据。

（一）引言

陶支架又名陶支脚、陶支座和器座等，一般认为是史前人类所使用的炊具的组成部分，在炊烧过程中对炊器起支撑的作用。不同学者对于陶支架的命名也不统一，根据陶支架形状和使用时数量组合的不同，本节将陶支架分为两类，一类是普通的柱形支架，使用时三个为一组对炊器进行支撑，可以称其为支脚、支架；另一类是底部为圈足形式的器座，可以单个使用来支撑炊器，称为支座、器座，在本节中以陶支架作为两种分类的统称。但是陶支架是否只具备这单一的功能还不能妄定结论，有些学者认为陶支架也可能是史前人类在制作陶器时所使用的一种特殊工具，即用来稳定圜底器皿模具所制造的一种特殊工具[②]。关于陶支架的其他功用的探讨，也早有学者进行过研究，如认为陶支架的部分类型象征着原始人类的生殖崇拜的观点以及陶支架作为原始人类的一种祭祀象征的观点。具体的有大溪文化发现的一部分陶支架可以作为这一类功用的代表，在大溪文化发现了一部分未经烧烤和磨损痕迹的陶支架，且他们与大溪文化出土的炊具之间不具有明显的结构上的稳定关系。反之这部分陶支架之上有着原始宗教神秘与凝重意味的纹饰，而这类纹饰显而易见不是装饰在久经烧烤的炊具之上的，更多与象征宗教神秘意义方面的功能联系在一起[③]。因此关于史前陶支架的功用的研究仍需更多的资料与探讨。

---

① 何德亮：《山东史前时期的陶塑艺术》，《文物世界》2003年第1期。

* 此节作者为王红艳。

② 陈晓华：《陶支架功用新探》，《南方文物》1996年第3期。

③ 陈国庆、孟华平：《大溪文化陶支座用途剖析》，《江汉考古》1991年第3期。

陶支架作为一种史前人类的特殊工具，它广泛分布在中国众多的史前文化当中。主要分布区域有黄河中下游地区、长江中上游沿岸地区和下游杭州湾和太湖流域一带，东南沿海一带也有零星的发现，以及台湾地区的新石器时代文化中[①]。淮河流域也是史前陶支架的主要分布地区之一。在淮河中下游地区的史前文化中也发现了较多陶支架的存在，主要有江苏泗洪顺山集遗址、江苏高邮龙虬庄遗址、安徽定远侯家寨遗址以及蚌埠双墩遗址等。淮河中下游地区的陶支架分布如此广泛，那淮河中下游地区的史前文化中的陶支架之间是否具有一定的联系即能否反映各史前文化间的文化交流与传播，这个问题引起了笔者深思。笔者通过对淮河中下游地区部分史前文化陶支架的形态和功能做类型学的分析，希望对研究江淮地区史前文化的文化交流传播贡献一分力量。

（二）史前陶支架研究的简要回顾

在我国新石器时代文化中发现过大量的陶支架，大溪文化、磁山文化、北辛文化和河姆渡文化等众多史前文化中都出土了这一为数众多的史前人类的特殊工具。关于史前陶支架的形态、功用和所反映的文化内涵即一个文化的陶器特征、经济发展水平、文化发展进程等方面的研究也有过不少学者的参与。早期陶支架的研究集中在类型学方面上，根据陶支架的形态上的不同进行分型定式，后来随着发掘资料的增多，对史前陶支架的研究也拓展到依据不同形状的陶支架是否具有不同功用的功能上的研究以及探讨陶支架所反映的文化内涵等方面。

严文明先生在《中国古代的陶支脚》中通过对当时中国发现史前陶支架地区的陶支架类型的排比和分析，向我们证明中国古代陶支架主要有7种类型，分别是倒靴形、猪嘴形、馒头形、角形、圆柱形、塔形和歪头柱形。严文明先生还为陶支架的功用做了简单的定义，并对发现陶支架的文化与其周围的文化在陶支架上的源流关系进行列举，提出研究陶支架的形制上的承袭演进关系对于研究文化传播有着重大意义。在中国古代存在着一个由陶支架过渡到陶鼎的文化圈，陶支架的分布区域与陶鼎的分布区域一致说明了二者的密切关系[②]。

陈国庆和孟华平在《大溪文化陶支座用途剖析》中对陶支架的功用进行了一些新的探讨，针对大溪文化陶支架的制作和外形上的一些特点，提出了陶支架功用应该分为两类的看法，即作为炊器支架和象征功用的区分。他们通过对支架实用性和分布特点的论述，证明了A、B两种类型的支架中有精美装饰者可能是一种宗教祭祀的产品，是当时人们宗教意识的产物。陈国庆和孟华平对其他地区的陶支架的功用也做了与大溪文化相类似的分析，得出动物形状的支架可能是人们自然崇拜的反映的结论[③]。陈晓华在《陶支架功用新探》一文中，通过模拟实验的操作，将陶支架作为制作陶器时所使用的一种模具，并对陶支架的消亡提出一种新的观点，即

① 吴伟：《史前支脚器具的兴衰与史前农业进程》，《农业考古》2012年第3期。

② 严文明：《中国古代的陶支脚》，《考古》1982年第6期。

③ 陈国庆、孟华平：《大溪文化陶支座用途剖析》，《江汉考古》1991年第3期。

制陶工艺的进步逐步淘汰了固定模具转向使用更为先进的工具[①]。

在《史前支脚器具的兴衰与史前农业进程》一文中，吴伟将史前陶支架配合陶釜使用的这一炊器系统同农业发展进程联系起来，将陶支架所反映的农业发展水平作为重点，突出了史前陶支架背后的文化内涵。吴伟通过对陶支架与其配套使用的炊具进行类型学的分析，从功能的角度指出支架及其组合器物的演进趋势和消亡原因，并着重分析背后所反映的文化因素间的相互作用和农业发展的演变[②]。卢德佩在《浅谈大溪文化的陶支座》中指出，大溪文化猪形支架的出现代表当时这一地区拥有着发达的家畜饲养业和农业，农业和家畜饲养业的发展影响了支架的形状，而通过陶支架以及其他陶器中夹杂的大量稻谷颗粒又能反过来印证当时农业的发展状况[③]。

赵雅楠在《黄河下游及其以北地区新石器时代陶支脚刍议》中通过对这一地区的不同史前文化的陶支架的类型进行分析比较，得出该地区陶支架有着多源的起源并形成了不同的文化传统的结论，通过形制和功能上的分析，来研究这一地区不同文化的文化传统和文化交流。关于陶支架的功用也指出了其应有两方面功用，即炊器支架功用和象征功用两个方面[④]。

关于史前陶支架的研究经历了从形制到功用再到陶支架所反映的生产力发展水平等几个阶段，是一个逐渐深化的过程，但是随着考古发掘资料的日益增加和关于陶支架基本研究的完善，我们还需要对陶支架背后所反映的文化交流和文化传播的信息进行解读。本节即通过对淮河中下游地区史前陶支架的形制和功用上的研究来考察其反映的文化交流的信息。

（三）侯家寨遗址出土的陶支架

侯家寨遗址是分布在淮河中下游地区的一处新石器时代文化遗址，遗址经历了前后两次的发掘，判断侯家寨遗址可分为上下两层，其中侯家寨下层文化具有典型的蚌埠双墩文化的特征，因此与蚌埠双墩文化遗存合并命名为“双墩文化”。侯家寨遗址共发现陶支架 18件，多数出土于T1的第3、4层之中。均为残件，修复复原6件，残件12件。陶色多为红褐色、灰褐色或灰色。胎质粗夹蚌末或砂。器形有祖形、圆柱形、残双头形状。纹饰素面。根据地层和器形的不同，可分为A、B二型。

A型　13件。为祖形或残双头形。修复复原6件，残件7件。仿男性生殖器的“祖形支架”，器体多粗壮硕大，上半截圆柱体顶端为蘑菇或圆球状，下半截为圆柱体或抹角方柱体。双头形为残件，似扁圆体形。根据器形的不同，可分为Aa、Ab二亚型。

Aa型　器体多粗壮硕大，上半截圆柱体顶端为蘑菇形、圆球形或双头形，下半截为圆柱体或抹角方柱体。Aa型又可分为三式。

① 陈晓华：《陶支架功用新探》，《南方文物》1996年第3期。

② 吴伟：《史前支脚器具的兴衰与史前农业进程》，《农业考古》2012年第3期。

③ 卢德佩：《浅谈大溪文化的陶支座》，《史前研究》1984年第4期。

④ 赵雅楠：《黄河下游及其以北地区新石器时代陶支脚刍议》，《中原文物》2016年第6期。

Ⅰ式：上半截圆柱体顶端为蘑菇形。T1④：130，修复件，支架整体粗壮硕大，上半截顶端为蘑菇状，下半截为圆柱体。通高40.2、最大径11.6厘米。T1④：131，修复件，支架整体粗壮硕大，上半截顶端为蘑菇状，下半截为圆柱体。通高41.6、最大径12.2厘米。T1④：132，修复件，支架整体粗壮硕大，上半截顶端为蘑菇状，下半截为椭圆形圆柱体。通高38.1、最大径11.7厘米（图5-9，2）。T1④：133，修复件，支架整体粗壮硕大，上半截顶端为蘑菇状，下半截为抹角方柱体。通高41.8、最大径 13.1厘米。T1③：143，底部残件，柱体为实体，圆柱形，柱体较粗。底部稍宽出沿。红褐色陶，胎质比较粗糙。残高11.5、最大径13.5厘米（图5-10，2）。T1④：80，底部残件，方形柱体。红褐色陶，胎质粗糙。残高7.8、最大径8.7厘米。T3④：267，顶端部分残件，器形稍大，顶端为蘑菇状，柱体应为圆柱形。红褐色陶，胎质粗糙。残高10.5、最大径6.3厘米（图5-10，1）。

Ⅱ式：上半截顶端为弯头状，下半截为圆柱体。T3③：118，修复件。陶色为红褐色。上半截顶端为弯头状，下半截为圆柱体。底部有一圆柱形孔。通高31.5、最大径7.5厘米（图5-9，1）。

Ⅲ式：F2：5，为双头残件，顶端修复。红褐色陶。器形并列圆形双头，双头内侧有使用接触面。残高9.8、最大径10.5厘米。

Ab型　器物小巧玲珑，顶端为蘑菇或椭圆头状。T2③：255，上半截残件，支架整体较小，上半截顶端为蘑菇状，柱体为圆柱状。黑色陶，胎质略显细腻。残高4.7、最大径2.1厘米。T3③：236，顶端残件。顶部为弯头状。灰色陶，胎质粗糙。残高3.9、最大径3.5厘米。

B型　5件。为圆柱形支架。陶色为红褐色或灰褐色。陶胎粗糙夹炭或夹砂。器体形制较小，

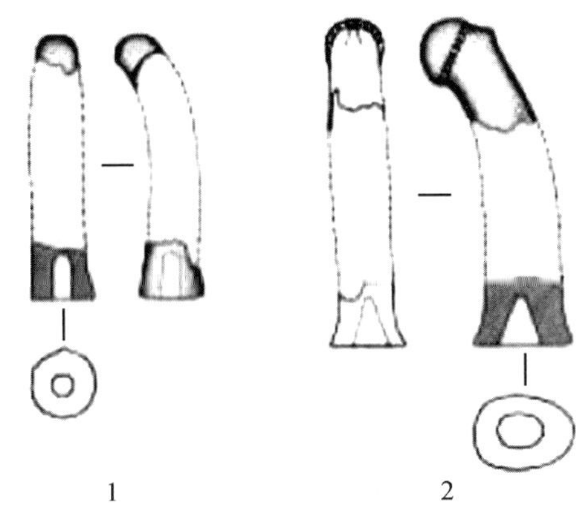

图5-9　侯家寨遗址陶支架（一）

1. Aa型Ⅱ式（T3③：118）　2. Aa型Ⅰ式（T1④：132）

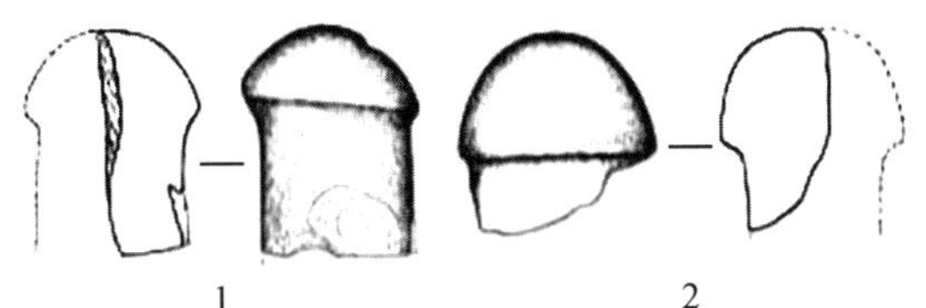

图5-10　侯家寨遗址陶支架（二）

1、2. Aa型Ⅰ式（T3④：267、T1③：143）

均为残存的下半截，底部稍粗或出沿。T3④：37，残件。灰色陶。圆柱状，底部稍粗出沿，柱体中空。底部有两圆孔。残高5.2、最大径5.5厘米。T3④：269，圆柱状，残存半个底部，底部稍粗出沿，柱体为实体。残高5.1、最大径7.8厘米。T3④：270，底部残件，抹角方柱状，柱体为实体。红褐色陶，胎粗糙。残高4.8、最大径5.9厘米。T2③：144，圆柱体。残存半个底部，柱体为实体。红褐色陶，胎质粗糙。残高9、最大径7.4厘米。T2③：235，柱体残件。柱体为实体。红褐色陶，胎粗糙。残高8.5、最大径5.9厘米。

侯家寨遗存分为一、二两期，其中第3、4层为侯家寨一期，第2层为侯家寨二期，根据侯家寨二期出土遗存的^{14}C测年分析，侯家寨二期与北阴阳营二期所处年代一致，距今6200～5600年[①]。

侯家寨文化的陶支架有A、B两种类型，其中部分陶支架上有磨损和烧烤痕迹[②]。通过对侯家寨遗存出土的陶支架的观察，很容易看出侯家寨文化陶支架多属于侯家寨文化一期，其年代距今约7000年。陶支架作为炊具支架使用时，应当满足以下三个条件：①有经常被烧烤的痕迹；②陶支架的端部与其支撑的炊器的接触面上应有经常磨损留下的痕迹；③作为支架时其形态结构要具有一定的稳定性[③]。

侯家寨文化的陶支架功能很可能不是单一的，如果按照上面的三个标准来进行比较的话，我们发现有一部分陶支架是不满足作为炊器支架功能的标准的。其中祖形器的器形较为突出，侯家寨文化的陶支架中有13个是祖形器的蘑菇头形状，这种形状不是与炊器的平面或者凸面的最佳接触面的选择，从实用性角度来看，祖形陶支架作为炊器支架使用的可能性较小。而祖形支架带给我们的第一印象是关于原始人类的生殖崇拜方面的信息，它可能是因为生殖崇拜所制造的器具，也可能代表着一定的象征意义或是宗教祭祀方面的信息。侯家寨文化中的陶支架既有实用性较强的作为支架使用的，也有类似于祖形器的偏重象征意义或宗教意义的类型，在对陶支架功用的分析中，祖形支架的数量远多于圆柱形支架。但是只是依靠两种类型支架数量的简单比较并不能得出可靠的结论。就祖形支架来说，其中Aa型Ⅱ式的顶端歪头状支架，三个歪头向内组成的一组支架在支撑炊器时具有一定的稳定性，所以祖形支架可能并非全是象征意义或宗教祭祀方面的功能。应该说侯家寨文化的陶支架的功能是多个方面的，并非单一的作为炊器支架来使用。

原始社会晚期，陶支架配合釜或者其他炊器所使用的情况逐渐转变为使用三足炊器或灶等器具。这一转变不仅是陶支架支撑炊器具有一定的不稳定性，也是原始人类的生活方式逐渐固定，较少发生迁移的体现。支架的变化反映了各新石器时代文化的发展与进步，为我们研究新石器文化打开了一个新的侧面[④]。原始社会的侯家寨文化二期时，出现了较多的三足器鼎代替一期文化时期支架与釜配套使用的情况。这从一个侧面证实了侯家寨一期文化中的陶支架必然

① 朔知：《安徽淮河流域早期原始文化略说》，《东南文化》1999年第5期。

② 阚绪杭：《定远县侯家寨新石器时代遗址发掘简报》，《文物研究》（第5辑），黄山书社，1989年。

③ 陈国庆、孟华平：《大溪文化陶支座用途剖析》，《江汉考古》1991年第3期。

④ 吴伟：《史前支脚器具的兴衰与史前农业进程》，《农业考古》2012年第3期。

是有一部分作为炊器的支架在使用。侯家寨二期文化中出现的三足器鼎则可能视作生产力的进步，原始人类对原有工具的改进。这一炊具的改进趋势同淮河中下游地区其他发现陶支架的史前文化进行比较，如果在年代衔接上具有合理性的话，我们可以进一步推测这种改变是从哪里兴起，进而判断这些史前文化间的文化交流与传播。

（四）淮河中下游地区其他遗址出土的陶支架

1. 双墩遗址出土的陶支架

蚌埠双墩遗址发现于蚌埠市小蚌埠镇双墩村，前后经历了多次发掘，其中1991年和1992年的两次发掘为主，并有较多收获。双墩文化的^{14}C测年表明，其距今约7000年。与双墩遗址同时期的遗存还有定远侯家寨遗址下层、鹿邑武庄遗址和霍邱红墩寺等。它们文化面貌相似，同属于蚌埠双墩文化，以蚌埠双墩遗址较为典型。在1991和1992年的两次发掘中，蚌埠双墩遗址出土了大量的陶质遗物，其中陶支架有4件，均为红褐色夹蚌末陶，陶质粗疏。体状为圆柱形，形制主要有A、B二型，A型是仅残存下半截的圆柱形，B型是仿男性生殖器的祖形。

A型　2件。红褐色夹蚌末陶，胎粗糙。小型，圆柱形体，存下半截。92T0623⑩：211，高8.2厘米（图5-11，1）。92T0522⑱：113，高6.8厘米（图5-11，2）。

B型　2件。残。红褐色夹蚌末陶，胎粗糙。大型，仿男性生殖器，特别是顶端形似龟头，又被称为祖形器。92T0721㉖：91，存上半截，顶部半圆形出檐形似龟头。高15.2厘米（图5-11，3）。92T0723㉒：80，存上半截，顶部半圆形出檐连接一道凸棱，形似龟头。高7.7厘米（图5-11，4）。

侯家寨文化提出后，阚绪杭先生对侯家寨出土遗物与蚌埠双墩文化的遗物进行比较研究，得出侯家寨一期与蚌埠双墩文化具有一致性，侯家寨一期应归属于蚌埠双墩文化。侯家寨一期与蚌埠双墩文化陶器都是以夹砂红褐为主，陶器较厚重，器形偏大，器表部分有磨光，以素面为主，少数附有附加堆纹，指甲纹，乳钉纹。常见器形有鼎、釜、支架、圈足钵、盂形器、器盖

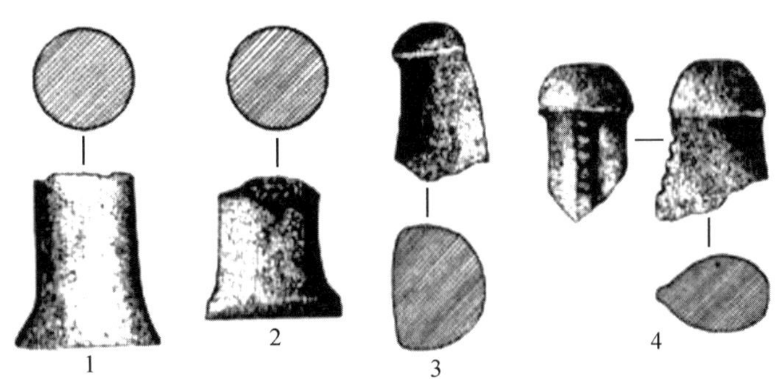

图5-11　双墩遗址陶支架

1、2. A型（92T0623⑩：211、92T0522⑱：113）　3、4. B型（92T0721㉖：91、92T0723㉒：80）

等。从其他遗物的种类与类型上的分析也能得出侯家寨一期与蚌埠双墩具有一致性①。

蚌埠双墩遗址出土的陶支架与侯家寨文化的陶支架具有明显的一致性，都是圆柱形支架与祖形支架共存，形制与规格具有高度的一致性，表明二者之间的密切关系。通过对蚌埠双墩多个测年数据的分析，我们得出蚌埠双墩文化的时间跨度在距今7300～6600年，侯家寨一期属于典型的蚌埠双墩文化的代表②。在类型上双墩文化与侯家寨一期的陶支架并没有较大的变化，在蚌埠双墩的祖形支架的侧面上有一条锯齿状的突起，在侯家寨一期的陶支架上则不见，这一类祖形支架在双墩文化时期很可能是单一的象征功能的代表，如作为生殖崇拜的器具。如果作为炊器支架来使用的话，在支架上装饰锯齿状突起的可能性较低，史前人类在制造使用工具的时候注重的是实用性。至于在侯家寨一期的时候这种纹饰的消失，我们可以推测为当时祖形支架做炊器支架时其形态有了一定的进化，如侯家寨一期的弯头状祖形支架，其作为炊器支架时明显比普通的祖形支架多出一定的稳定性。祖形支架也能作为炊器支架使用时，是否专门制作只具备象征功能的祖形支架已经没有那么重要。从蚌埠双墩文化陶支架的直径上判断，其与侯家寨一期相比没有明显变化，二者形制和功能上一致。根据双墩的陶支架的残高和形制结构判断，其两种类型的支架在高度上也应与侯家寨一期相一致。

蚌埠双墩文化的陶支架也具有象征功能和炊器支架两种功用，从这一方面分析，蚌埠双墩文化与侯家寨一期也具有明显的承袭关系。蚌埠双墩文化的陶支架中个别有烧烤与磨损痕迹，应该是作为炊器支架来使用的，其余的则可能是象征功用。在蚌埠双墩文化的陶支架的象征功能的分析中，有学者认为其可能是作为原始人类生殖崇拜的器具来使用的。生殖崇拜是伴随着生产力的发展进步而出现的，男性在新的生产活动中占据主要地位，对男性的崇拜伴随着经济发展一道产生。在淮河流域距今7000年前就已经产生了稻作农业，伴随着农业的发展，男性的经济地位日益提高，这种地位变化在意识领域就是对男性的崇拜。双墩人在生活中大量制造的这一类用具代表了他们心中对男根的崇拜和这一现象所代表的他们对于发展经济和繁衍人口的希望③。由于蚌埠双墩文化与侯家寨一期具有明显的一致性，在后面的部分中，将两者统一为一部分来进行分析比较。

2. 顺山集遗址出土的陶支架

顺山集遗址是位于江苏省泗洪县的新石器时代遗址，距今8000～7000年，分布于淮河中下游地区的黄淮平原上。于2010～2013年经历了三次考古发掘，文化内涵丰富，出土较多的遗存资料。根据研究将顺山集文化初步分为三期，其中一、二期文化之间一致性较高，均体现了以圜底陶釜配合陶支架使用的炊器系统，一、二期文化之间的区分以聚落环壕的形成和使用为

① 安徽省文物考古研究所、蚌埠市博物馆：《蚌埠双墩——新石器时代遗址发掘报告》，科学出版社，2008年。

② 安徽省文物考古研究所、安徽省蚌埠市博物馆：《安徽蚌埠双墩新石器时代遗址发掘》，《考古学报》2007年第1期。

③ 陈艳：《双墩文化遗址陶祖形器的考古学分析》，《宿州学院学报》2016年第2期。

界限。第三期与前两期在文化面貌上有一定的变化，但内在联系仍然存在。顺山集遗址形成的以陶釜为主的陶器系统是其文化的一大特色，也是鉴定其与周围文化之间的交往传播的有力证据，与顺山集时代相近的后李文化、贾湖一期—裴李岗文化和彭头山文化等，都有着相近的文化因素存在[①]。在顺山集第三期文化中，其文化面貌发生了一定的改变，但是以釜为主的陶器系统仍然存在，釜作为主要炊器，它的使用必须配备一定的配套工具，如支架，但是顺山集第三期时陶支架不见，而发现了一定数量的陶支座，在这里我们将第三期的陶支座视作陶支架的进化与变形来进行比较分析。

一期文化：支架11件。夹砂红陶。依器形不同，可分四型，本期有A、B二型。

A型　10件。斜弧柱状。顶端斜平，向一侧斜弧，截面近圆形。H2：1，残高24. 2厘米。

B型　1件。TG3④：4，宽扁形。弯弧状，截面近椭圆形。残高11. 5厘米。

二期文化：器座2件。圆台形，口小底大，器身有圆形穿孔。TG9③b：4，夹砂红陶。口径15.2、底径18.4、高63厘米（图5-12，1）。TG10③b：4，夹砂红褐陶。口径16.5、底径22、高6.5厘米（图5-12，2）。

支架　26件。依器形不同，可分四型，本期有A、C、D三型。A、B、C型三件成一组合使用，D型二件成一组合。

A型　7件。斜弧柱状。顶端斜平，横截面呈圆形，下部残。TG9⑤：20，夹砂红陶。残高9厘米（图5-12，3）。

C型　12件。猪形。夹砂红陶。顶端斜平，两短柱状突起似双眼，器体向一侧弯弧，横截面近圆形。T2274⑥：4，复原高25.1厘米（图5-12，4）。T2274⑥：5，顶端有两圆形“鼻孔”。复原高28.9厘米（图5-12，6）。

D型　7件。双角形。TG9 ④：49，夹砂夹炭红陶。顶端有两个角状支撑，器宽厚向一侧

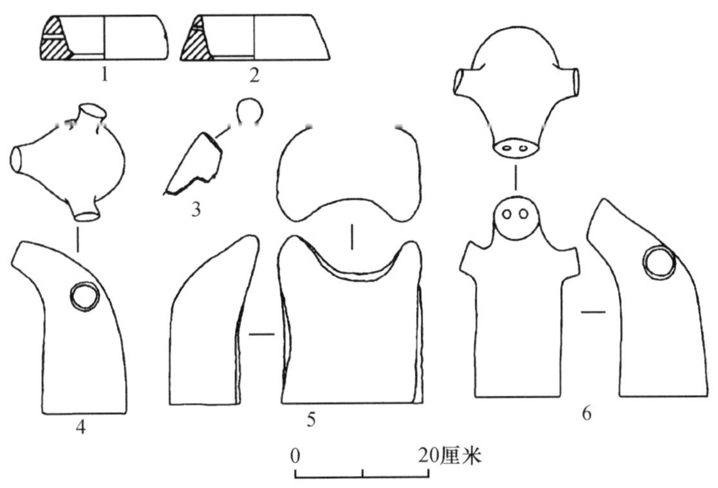

图5-12　顺山集遗址陶器座及支架

1、2. 器座（TG9③b：44、TG10③b：4）　3. A型支架（TG9⑤：20）　4、6. C型支架（T2274⑥：4、T2274⑥：5）　5. D型支架（TG9④：49）

① 林留根：《论顺山集文化》，《考古》2017年第3期。

弯弧。宽21. 2、高24. 5厘米（图5-12，5）。

三期文化：器座3件。夹砂夹炭红陶。中空筒形。TG1⑬：3，圆唇，微侈口，外翻沿，斜腹。口径24、高11. 6厘米。TG1⑨：11，方圆唇，敞口，宽斜折沿，弧腹。复原口径30.8、残高9.8厘米[①]。

顺山集一期文化中，依据形制的区别有A、B两种类型的支架，其中A型支架为斜弧柱状，其顶端斜平。B型支架为宽扁形，弯弧状。在形态结构上这两类支架做炊器支架使用时都具有较好的稳定性，且其形态上不具有特殊的象征意义，据此笔者推断顺山集一期时陶支架的功用还是单纯地以作为炊器支架为主，从形态结构上分析，在距今8000年左右的原始社会时期，陶支架的象征功能还未产生或者正在形成，根据对蚌埠双墩文化陶支架的观察，可以推测在这一时期，陶支架象征功能已经达到完善。A、B两类支架的弧状结构与侯家寨一期文化的A型支架的Aa型Ⅱ式具有明显的一致性，这所反映的也是两种文化之间的交流与传播。顺山集文化一期距今约8000年，明显早于侯家寨一期，这就说明至少在陶支架的形制方面，侯家寨一期乃至蚌埠双墩文化受顺山集文化的影响，而侯家寨一期文化也具有以陶釜为主的陶器系统，这为我们找到淮河中下游地区最初的文明起源提供了一点新思路。根据对顺山集文化的植物遗存的分析研究，我们发现早在距今8000多年前，顺山集文化就已经出现了水稻栽培，只是这种稻作农业发展水平较低，处于原始阶段。这一时期的原始人类还成功驯化了猪和狗等家畜，除了狩猎之外有了稳定的肉食来源。顺山集文化时期，原始农业的兴起以及家畜饲养的出现，使得原始人类过上了较为稳定的农业定居生活。这一点对于研究这一文化的陶支架是十分重要的。经济基础决定上层建筑，原始农业的发展水平影响着顺山集文化时期的原始人类的思想意识的发展状况，这对于研究陶支架的象征功用的产生是十分必要的[②]。顺山集文化中开始栽培水稻表明其农业已经开始起源与发展，前文我们提到原始人类关于陶支架的类似祖形器的象征功用的形成是伴随着农业经济兴起，男性在生产活动中日益占据重要地位形成的[③]。而在顺山集一期文化中，没有发现有明显的作为象征功用的陶支架，从社会经济的角度上，我们可以推测为这一时期顺山集文化的农业发展水平还较低，陶支架中类似于祖形器或与之相仿的象征功用还没有产生。

在顺山集二期文化中，有顺山集文化中四种类型支架的其中三种，分别是A、C、D型。A型在一期文化中已经出现过，表明顺山集二期文化与一期的承袭关系较为明显。C型支架为猪形支架，其造型比较独特，侧身有两短柱状突起双眼，在其顶端有两个圆形“鼻孔”，外形像猪，故称为猪形支架。C型支架的弯弧状的整体结构，与A、B两型的弧形结构是一致的，与侯家寨一期文化的A型支架的弧弯状结构是一致的。C型支架也有弧弯状结构以及其顶端与炊器的接触面也是平面，这说明其作为炊器的实用性是很强的。C型支架外形类似猪的形状，与

① 南京博物院考古研究所、泗洪县博物馆：《江苏泗洪顺山集新石器时代遗址发掘报告》，《考古学报》2014年第4期。

② 李一琦、沈志忠：《江苏淮北地区顺山集文化时代农业发展研究》，《南方农机》2017年第8期。

③ 陈艳：《双墩文化遗址陶祖形器的考古学分析》，《宿州学院学报》2016年第2期。

这一时期家畜饲养业发达有很大的关系，顺山集文化时期驯化的主要家畜就是猪和狗，而猪一般作为主要的肉食来源，将它的形状与炊器的组成部分结合起来，显示出顺山集文化时期的原始人类对家畜饲养的重视。此外，猪形支架很可能也代表着一种象征功用，象征着家猪在经济生活中的重要地位，反映了顺山集文化时期的原始人类在精神领域向往着丰衣足食的生活的追求。这为蚌埠双墩文化时期祖形支架的象征功用找到了直接的源头，同时也间接表明淮河中下游文化向中上游传播的趋势。

D型支架为双角形支架，其也是整体呈弧弯状结构，有着顺山集文化陶支架的整体特点，结构较为合理，有利于支撑炊器。D型支架也有其突出的地方，在顺山集文化中A、B、C三类型的支架都是三件组合为一组使用，而D型两件就可以作为一组进行使用，这是由其独特的双角结构和弧弯状设计共同决定的。双角形支架与侯家寨一期文化的Aa型Ⅲ式有着十分明显的关联，两者的顶端都有双角突出，且双头内侧都有使用的接触面，据此我们可以推断侯家寨一期的残双头型支架即Aa型Ⅲ式也可能为整体结构呈弧弯状并两件为一组使用。顺山集二期文化的D型支架，其整体结构稳定，作为炊器支架的功用明显，而作为象征功用的意味则不明显。

顺山集第三期文化中，没有陶支架的发现，但是发现了与陶支架功用相近的一定数量的陶器座。由于顺山集文化前面两期中都发现了陶支架的使用，而且顺山集第三期文化依然继承了前两期中以釜为主的陶器系统，我们可以认为顺山集三期时的陶器座是由一、二两期的陶支架发展演变而来的①。顺山集第三期时发现的陶支座为中空筒形，配合陶釜使用具有更强的稳定性，而且其外形也不具有明显的象征功能的意义。从形态上来判断，陶支架正处于一个逐渐消失的状况中，陶支架转化为结构更为稳定的器座，到后来出现各种三足炊器，这是一个逐渐演化的过程。

顺山集文化的陶支架与侯家寨一期文化的在外形上有着明显的关联性，从顺山集四种类型陶支架都具有的弯弧结构，到D型双角形与侯家寨一期的残双头形的双头结构，这些都表明两种文化曾发生过紧密的联系，再根据两种文化之间年代的前后序列性以及两者都是以陶釜为主的陶器系统的特征，我们可以推测二者可能具有承袭关系，或者是江淮流域的新石器文化在距今8000多年到距今7000年之间的传播演进过程是从淮河中下游地区的中下游向中上游逐渐过渡的。这更是说明了至少在顺山集文化、侯家寨文化和蚌埠双墩文化之间有过密切的文化交流与传播，这对于我们研究淮河中下游地区的新石器时代文化序列可能提供了一点新的思路。

3. 龙虬庄遗址出土的器座

龙虬庄文化是分布于江淮东部的新石器时代文化，龙虬庄文化的发现填补了江淮东部地区史前文化的空白，根据龙虬庄文化堆积和文化遗存的不同将其分为三期，其年代距今7000～5000年。龙虬庄文化有着以陶釜为主的炊器系统，这一特征贯穿了其文化发展的始终。在龙虬庄文化中未发现陶支架的存在，但是发现了一定数量的器座，这些器座与陶釜配套使

① 林留根：《论顺山集文化》，《考古》2017年第3期。

用，作为一套完整的炊器。由于龙虬庄也有着以釜为主的炊器系统，而釜需要一定的工具来支撑使用，故我们在这里将器座视作与陶支架相近似的工具来进行比较。

器座　皆夹砂陶，复原4件。可分为二型。

Ⅰ型　束腰。分为三式。

1式：器座的中部束腰，上下两端呈喇叭形，边缘外撇。T1929⑧：11，夹砂灰陶。下径19.6厘米（图5-13，1）。T3929⑦：13，夹砂灰陶。上径23.7、下径24、高19.6厘米（图5-13，2）。

2式：束腰在中部偏上，上部外撇。H11：1，夹砂红陶。上径15.3、下径16.4、高7.6厘米（图5-13，3）。

3式：束腰在中部偏下，上部外撇，下部内收。T2431④：10，夹砂灰陶，上径16、下径16.6、高14.8厘米（图5-13，4）。

Ⅱ型　上小下大，呈大圈足形，上部加厚内斜，下部外撇。T4526⑤：18，夹砂灰陶。上径18、下径23.9、高7.1厘米（图5-13，5）①。

对比龙虬庄文化的器座与顺山集第三期文化的器座，我们可以发现，龙虬庄文化的器座与顺山集文化之间的关联也是十分密切。龙虬庄文化的Ⅱ型器座与顺山集三期文化中的器座基本一致，都是下部外撇的圈足形器座。两种文化在地域上紧邻且都有以陶釜为主的炊器系统，我们可以判断这两种文化的器座也必然有某种密切的联系，尤其是顺山集第三期到龙虬庄文化还存在时间上的延续性，我们有理由推测，顺山集文化向东传播并很大地影响甚至塑造了龙虬庄文化。龙虬庄文化的Ⅰ型器座较Ⅱ型有所进步，出现了中部束腰结构，较Ⅱ型，其更容易适应口径较大的釜形器，这与龙虬庄文化中有较多数量的底部宽大的陶釜有关，为了更好地适应自身文化的特点与需要，器座在传播引进的过程中结合自身需要又形成了新的特点。根据龙虬庄

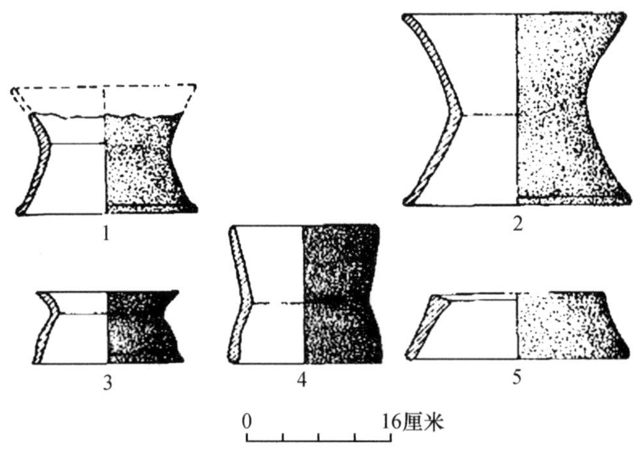

图5-13　龙虬庄遗址器座

1、2. Ⅰ型1式（T192⑧：11、T3929⑦：13）　3. Ⅰ型2式（H11：1）　4. Ⅰ型3式（T2431④：10）　5. Ⅱ型（T4526⑤：18）

① 龙虬庄遗址考古队：《龙虬庄：江淮东部新石器时代遗址发掘报告》，科学出版社，1999年。

出土的器座与顺山集第三期文化的器座类型上的比较，距今7000年前，淮河中下游的顺山集文化有明显的东渐传播的趋向，并在淮河下游地区影响或者直接形成了龙虬庄文化，这为探明淮河流域文化传播方向与最初起源有着一定的意义。

（五）结语

淮河中下游地区的史前文化中，有较多遗址都发现了陶支架的存在。通过对这些陶支架类型学和功用的比较以及各史前文化年代上的先后关系，我们可以大致对淮河中下游地区的文化交流传播方向有一个了解。通过本节的比较，我们可以发现在距今8000～7000多年前，淮河中下游地区的史前文化交流传播有着一个从淮河中下游地区向两端传播扩散的趋向，通过对顺山集文化与蚌埠双墩文化和龙虬庄文化的比较，我们可以明显看出顺山集文化与这两种文化之间共同的以釜为主的陶器系统的特点和他们陶支架之间的高度一致，也说明这些文化曾经一定发生过密切的交流。陶支架类型学上的研究，为我们了解史前文化的交流与传播开辟了一个新的视角，弄清楚文化传播的方向对于研究淮河中下游地区的文化发展谱系是至关重要的，文化传播的清晰脉络反映着它的起源与发展。希望本节能对淮河中下游地区史前文化的发展谱系的建立起到一点作用。

第六章　鹿角勾形器研究
——史前时期鹿角勾形器研究*

在我国的一些新石器时代遗址中，经常发现一种用鹿角制成的器物。该类器物以加工后基本垂直的鹿角主叉枝为组成部分，一般长4～13、宽3～9厘米。出于观察角度和认识的不同，有“角质刮削器”“直角形骨器”“鹿角勾形器”“鹿角直角器”等不同称谓。

鹿角勾形器最早见诸报道是在河南唐河茅草寺遗址。该遗址下层出土1件“骨角器”，时代与邓州八里岗仰韶文化中期相当[①]。此后，不断有出土鹿角勾形器的报道。截至目前，共有32处遗址出土过此类器物，总数超过400件，其分布范围北到胶东半岛北部，南及钱塘江流域，西至黄河中游地区，以淮河流域及环太湖地区数量最多。出土鹿角勾形器的遗址，以蚌埠双墩为最早，距今7300～7100年[②]；时代最晚的为淅川下集[③]和海盐龙潭港[④]，前者出土鹿角勾形器的地层属于龙山文化，后者所属墓葬的时代为良渚晚期偏早，距今约4600年。

鹿角勾形器包括柄部和钩部两个组成部分。通常情况下，钩部由稍短、略细的鹿角杈枝制成，其尖端多被加工成扁薄或圆尖的刃状，由部分勾形器上依稀可见的使用痕迹知，钩部是鹿角勾形器的作用端；柄部一般由鹿角主枝制成，较钩部略长，其上端多加工出段、槽、孔或肩。

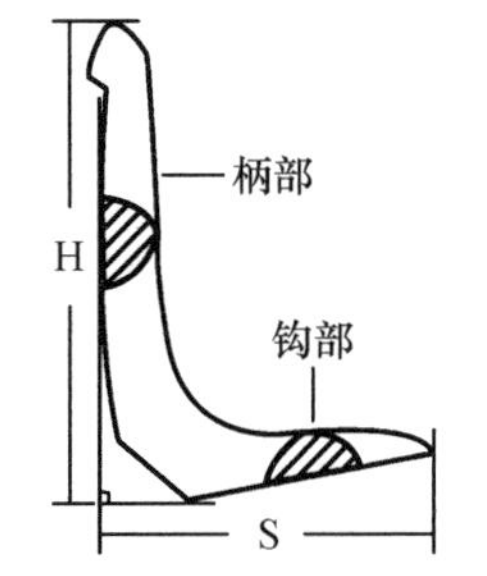

图6-1　鹿角勾形器的柄部、钩部及长宽示意图

鹿角勾形器的尺寸主要是其长、宽，为了便于分析、比较，我们对不同发掘者使用的测量方法进行了统一。测量时，我们先于鹿角勾形器柄部背面作一条最贴合的切线，切线两端分别为柄部顶点和钩部最低点，两点之间的距离即为长度H；切线到钩部尖端的距离为宽度S（图6-1）。

---

* 此章作者为许晶晶。

① 河南省文化局文物工作队：《河南唐河茅草寺新石器时代遗址》，《考古》1965年第1期。

② 安徽省文物考古研究所、蚌埠市博物馆：《蚌埠双墩——新石器时代遗址发掘报告》，科学出版社，2008年。

③ 原长办考古队河南分队：《淅川下集新石器时代遗址发掘报告》，《中原文物》1989年第1期。

④ 浙江省文物考古研究所、海盐县博物馆：《浙江海盐县龙潭港良渚文化墓地》，《考古》2001年第10期。

（一）鹿角勾形器的型式、起源及传播

以往的研究多是针对某一遗址或若干遗址的鹿角勾形器进行分析，因而难免有所缺漏。近期，有学者开始将不同区域的鹿角勾形器进行综合分析，并在型式划分的基础上探讨其起源问题①。本节将在已有研究基础上，全面收集目前可见资料，对鹿角勾形器重新进行型式划分，并试图以更直观的方式探讨其起源及传播的问题②。

1. 鹿角勾形器的型式

鹿角勾形器的钩部几无二致，柄部差别较大，因而我们按不同的柄部特征将鹿角勾形器分为五型。

A型　切段类。该型鹿角勾形器在柄部上端切出段，部分段的下方还配套有若干系索槽。出土此型鹿角勾形器的遗址最多，且多集中于淮河及其以北地区，以淮河流域最为密集，如河南的唐河茅草寺③、长葛石固④、郑州大河村⑤、新郑唐户⑥，安徽的定远侯家寨⑦、怀远双古（孤）堆⑧、濉溪石山子（孜）⑨、凤台峡山口⑩、淮南小孙岗⑪、蚌埠双墩⑫，山东的滕州北辛⑬等。A型鹿角勾形器占比最高，约50.78%⑭。这些遗址中，又以双墩和侯家寨出土鹿角勾形器最众，分别占到全部勾形器的32.55%和14.58%。

结合时代差异及长宽的大小变化，我们可将A型鹿角勾形器分为三式。

---

① 张小雷：《简论中国古代的靴形鹿角器》，《中原文物》2011年第4期。

② 吴县草鞋山、嘉兴吴家浜和济宁张山三遗址出土鹿角勾形器均为残件，型式不明，因而未纳入本文的讨论范围。

③ 河南省文化局文物工作队：《河南唐河茅草寺新石器时代遗址》，《考古》1965年第1期。

④ 河南省文物研究所：《长葛石固遗址发掘报告》，《华夏考古》1987年第1期。

⑤ 郑州市文物考古研究所：《郑州大河村》，科学出版社，2001年。

⑥ 河南省文物考古研究所、新郑市文物事业管理局：《新郑唐户新石器时代遗址调查》，《中原文物》2005年第5期。

⑦ 阚绪杭：《定远县侯家寨新石器时代遗址发掘简报》，《文物研究》（第5辑），黄山书社，1989年。

⑧ 贾庆元、何长风：《怀远县双古堆新石器时代及商周遗址》，《中国考古学年鉴（1990）》，文物出版社，1991年；贾庆元：《谈石山子古文化遗存》，《文物研究》（第11辑），黄山书社，1998年。

⑨ 安徽省文物考古研究所：《安徽濉溪石山子新石器时代遗址》，《考古》1992年第3期。

⑩ 贾张、叶刘、陆周：《凤台县峡山口新石器时代遗址》，《中国考古学年鉴（1993）》，文物出版社，1995年。

⑪ 淮南市博物馆：《安徽淮南市小孙岗遗址试掘收获》，《文物研究》（第14辑），黄山书社，2005年。

⑫ 安徽省文物考古研究所、蚌埠市博物馆：《蚌埠双墩——新石器时代遗址发掘报告》，科学出版社，2008年。

⑬ 中国社会科学院考古研究所山东队、山东省滕县博物馆：《山东滕县北辛遗址发掘报告》，《考古学报》1984年第2期。

⑭ 少数报道未提供确切的数量，这部分数据未计算入内（如峡山口）；对于残破不可判断型制的一律不作统计（如草鞋山）。下文的比例也是在这些原则下统计得出的，不再说明。

Ⅰ式：长度通常大于6厘米，宽度在5厘米左右，长度明显大于宽度，长宽比[①]一般大于1.4。蚌埠双墩92T0523⑲：148，钩柄夹角大于90°，长7.4、宽5.1厘米，长宽比为1.45（图6-2，1）。

Ⅱ式：长5厘米左右，宽度略小于长度，长宽比大于1。郑州大河村T21⑤：36，长5.2、宽4.6厘米，长宽比1.13（图6-2，2）。

Ⅲ式：长度一般大于6厘米，宽度与长度相近，长宽比略大于1。郑州大河村T11④B：31，长5.7、宽5.6厘米，长宽比1.02（图6-2，3）。

A型勾形器的演化趋势为：长度由大减小再增大，变化较快；宽度逐渐增大，长宽比由大渐小。勾形器表现为由高瘦向矮胖变化。

B型　钻孔类。该型鹿角勾形器均于柄部上端钻孔，少数是在预先刻好的沟槽内钻孔。此型鹿角勾形器占所有同类器第二多，约33.59%。根据柄部上端钻孔数的不同，我们又将B型鹿角勾形器划分为Ba和Bb二亚型，其中前者指柄部上端单孔者，如山东的胶县三里河[②]、栖霞古镇都[③]，江苏的高邮龙虬庄[④]，浙江的桐乡罗家角[⑤]、余杭吴家埠[⑥]、余姚河姆渡[⑦]、海盐仙坛庙[⑧]及湖州塔地[⑨]等遗址所出者；后者为双孔，出土于江苏的常州圩墩[⑩]、常州新岗[⑪]，浙江的海盐龙潭港[⑫]和平湖庄桥坟[⑬]等遗址；金坛三星村[⑭]遗址兼出上述二亚型。太湖流域的部分遗址

---

① 本文中所有鹿角靴形器的长度（H）、宽度（S）值均按照上文所述方法，由笔者对照器物线图（无线图时参考照片）亲测得出，如与原报道不同，请以本文为准。

② 中国社会科学院考古研究所：《胶县三里河》，文物出版社，1988年。

③ 烟台市博物馆、栖霞牟氏庄园文物管理处：《山东栖霞市古镇都新石器时代遗址发掘简报》，《考古》2008年第2期。本遗址及其他若干遗址（郑州大河村、海盐仙坛庙）的靴形器中存在部分骨质者，在本文中一并参与讨论。

④ 龙虬庄遗址考古队：《龙虬庄：江淮东部新石器时代遗址发掘报告》，科学出版社，1999年。

⑤ 罗家角考古队：《桐乡县罗家角遗址发掘报告》，《浙江省文物考古所学刊》，文物出版社，1981年。

⑥ 浙江省文物考古研究所：《余杭吴家埠新石器时代遗址》，《浙江省文物考古研究所学刊》，科学出版社，1993年。

⑦ 浙江省文物考古研究所：《河姆渡：新石器时代遗址考古发掘报告》，文物出版社，2003年。

⑧ 浙江省文物考古研究所、海盐县博物馆：《海盐仙坛庙遗址的早中期遗存》，《浙北崧泽文化考古报告集（1996～2014）》，文物出版社，2014年。

⑨ 浙江省文物考古研究所、湖州市文物保护管理所：《湖州塔地遗址的崧泽文化遗存》，《浙北崧泽文化考古报告集（1996～2014）》，文物出版社，2014年。

⑩ 常州市博物馆：《江苏常州圩墩村新石器时代遗址的调查和试掘》，《考古》1974年第2期；吴苏：《圩墩新石器时代遗址发掘简报》，《考古》1978年第4期；常州市博物馆：《常州圩墩新石器时代遗址第三次发掘简报》，《史前研究》1984年第2期；常州市博物馆：《1985年江苏常州圩墩遗址的发掘》，《考古学报》2001年第1期。

⑪ 常州博物馆：《常州新岗：新石器时代文化遗址发掘报告》，文物出版社，2012年。

⑫ 浙江省文物考古研究所、海盐县博物馆：《浙江海盐县龙潭港良渚文化墓地》，《考古》2001年第10期。

⑬ 浙江省文物考古研究所、平湖市博物馆：《浙江平湖市庄桥坟良渚文化遗址及墓地》，《考古》2005年第7期。

⑭ 江苏省三星村联合考古队：《江苏金坛三星村新石器时代遗址》，《文物》2004年第2期。

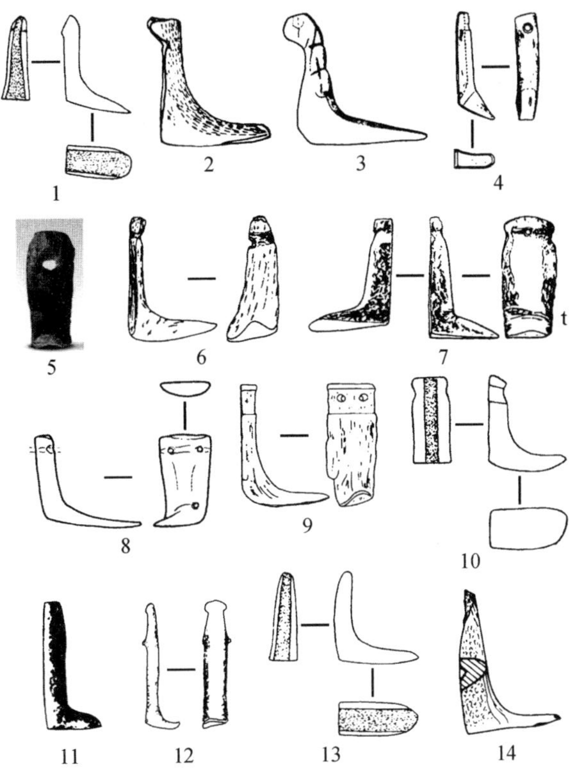

图6-2　中国史前的鹿角勾形器

1、10、13. 蚌埠双墩（92T0523⑲：148、91T0819④：3、92T0523⑩：104）　2、3. 郑州大河村（T21⑤：36、T11④B：31）　4. 海盐仙坛庙（M104：7）　5. 余姚河姆渡（T20④：30）　6. 湖州塔地（H39：35）　7. 胶县三里河（M279：20）　8. 常州新岗（M95：4）　9. 海盐龙潭港（M28：46）　11. 淅川黄楝树（T10②：101）　12. 鹿邑武庄（T101⑤：5）　14. 濮阳西水坡（T180④：5）

有在鹿角勾形器拐角处单侧加钻一孔的习惯，如圩墩、龙虬庄、三星村、新岗、罗家角、仙坛庙等，三里河出土的靴形器还在钻孔两侧刻出浅槽。粗略地看，拐角钻孔的情形多见于Bb型上。

根据尺寸变化并参考年代关系，可以将Ba型鹿角勾形器分为三式。

Ⅰ式：宽度略大于5厘米，长度较宽度稍大，长宽比略大于1。余姚河姆渡T20④：30，器体扁矮①（图6-2，5）。

Ⅱ式：长度大于6厘米，宽5.5厘米左右，长宽比大于1。湖州塔地H39：35，残，见明显磨制痕。长8、宽5.6厘米，长宽比为1.43（图6-2，6）。

Ⅲ式：长约6厘米，宽近4厘米，长宽比较大。胶县三里河M279：20，柄部上端钻孔两侧有凹槽。长6.5、宽4厘米，长宽比1.63（图6-2，7）。

Bb型可分为二式。

Ⅰ式：长宽相近且较小，长宽比略大于1。常州新岗M95：4，表面磨光，拐角处钻一孔，与另一勾形器（M95：5）同出于墓主脚端。长5.2、宽5厘米，长宽比1.04（图6-2，8）。

---

① 原报告未发表线图，故尺寸未经本文修正，这里依照片推算其长宽比。

Ⅱ式：长度较大，一般超过7厘米，宽约5.5厘米，长宽比较大。海盐龙潭港M28：46，将柄部上端减薄后再钻孔，长7.8、宽5.5厘米，长宽比1.42（图6-2，9）。

B型鹿角勾形器的演化趋势是：长宽比逐渐增大，即器形由矮胖向瘦高发展。

C型　刻槽类。此型鹿角勾形器均于柄部上端刻有浅槽，且不与其他设施相配伍。出土该型勾形器的遗址相对较少，分布也较分散，如山西的垣曲古城东关[①]，河南的淅川下集[②]、淅川黄楝树[③]、郑州大河村[④]，浙江的余姚河姆渡[⑤]和安徽的蚌埠双墩[⑥]。这些靴形器中除河姆渡的T27④：44是于柄部上下各刻两道浅槽外，其余均为一道。C型鹿角勾形器出土数量较少，约占总数的4.69%。

根据尺寸变化，C型鹿角勾形器可分为二式。

Ⅰ式：长宽相近，多在5～6厘米。蚌埠双墩91T0819④：3，长5、宽4.1厘米，长宽比1.22（图6-2，10）。

Ⅱ式：长宽比大于2。淅川黄楝树T10②：101，长宽比为2.13（图6-2，11）[⑦]。

C型勾形器的演化趋势为：长宽比越来越大，即由矮胖向瘦高发展。

D型　削肩类。该型鹿角勾形器数量最少，仅有1件，约占总数的0.26%。见于河南的鹿邑武庄遗址[⑧]，以削低柄部上端两侧形成肩部为特征（图6-2，12）。

E型　不做额外处理类。此型鹿角勾形器将柄部切割成型并打磨光滑后不做额外加工，目前仅见于安徽的蚌埠双墩[⑨]和河南的濮阳西水坡[⑩]两遗址，共约20件，占全部总数的5.21%。

该型鹿角勾形器也可分为二式。

Ⅰ式：长宽均大于6厘米，长宽比略大于1。蚌埠双墩92T0523⑩：104，长6.3、宽6厘米，长宽比为1.05（图6-2，13）。

Ⅱ式：长约10厘米，宽度多在6～7厘米，长宽比较大。濮阳西水坡T180④：5，长10、宽7厘米，长宽比为1.43（图6-2，14）。

E型鹿角勾形器的变化趋势是：柄部加长较快，钩部变长略缓，长宽比增大，即向着更大、更瘦长的方向发展。

以上五型共十三式鹿角勾形器的型式与时代关系如表6-1。

---

① 中国历史博物馆考古部、山西省考古研究所、垣曲县博物馆：《垣曲古城东关》，科学出版社，2001年。

② 原长办考古队河南分队：《淅川下集新石器时代遗址发掘报告》，《中原文物》1989年第1期。

③ 长江流域规划办公室考古队河南分队：《河南淅川黄楝树遗址发掘报告》，《华夏考古》1990年第3期。

④ 郑州市文物考古研究所：《郑州大河村》，科学出版社，2001年。

⑤ 浙江省文物考古研究所：《河姆渡：新石器时代遗址考古发掘报告》，文物出版社，2003年。

⑥ 安徽省文物考古研究所、蚌埠市博物馆：《蚌埠双墩——新石器时代遗址发掘报告》，科学出版社，2008年。

⑦ 黄楝树及下集两遗址所出靴形器均未发表线图及尺寸，文中长宽比系笔者根据发表照片算得。

⑧ 河南省文物考古研究所：《河南鹿邑县武庄遗址的发掘》，《考古》2002年第3期。

⑨ 安徽省文物考古研究所、蚌埠市博物馆：《蚌埠双墩——新石器时代遗址发掘报告》，科学出版社，2008年。

⑩ 河南省文物考古研究所、濮阳市文物保护管理所：《濮阳西水坡》，中州古籍出版社，2012年。

表6-1　中国史前鹿角勾形器的型式与分期对应关系表[①]

型式 / 分期	A型	Ba型	Bb型	C型	D型	E型
新石器时代晚期早段	Ⅰ	Ⅰ	Ⅰ	Ⅰ	Ⅰ	Ⅰ、Ⅱ
新石器时代晚期中段	Ⅱ					
新石器时代晚期晚段	Ⅲ	Ⅱ				
新石器时代末期		Ⅲ	Ⅱ	Ⅱ		

2. 起源和传播

我们将五型勾形器分别用不同字母表示（表6-2）。

表6-2　中国史前鹿角勾形器统计简表

<table>
<tr><th>型别</th><th>遗址名称</th><th>出土数量/件</th><th>出土单位</th><th>年代</th><th>分期</th></tr>
<tr><td rowspan="12">A</td><td>蚌埠双墩</td><td>125*</td><td rowspan="6">地层或灰坑</td><td>7300～7100BP</td><td rowspan="5">新石器时代晚期早段</td></tr>
<tr><td>滕州北辛</td><td>5</td><td>北辛文化早、中期</td></tr>
<tr><td>定远侯家寨</td><td>56</td><td>侯家寨一期（6900BP）</td></tr>
<tr><td>濉溪石山孜</td><td>6</td><td>石山孜一期</td></tr>
<tr><td>淮南小孙岗</td><td>1</td><td>双墩文化或略早</td></tr>
<tr><td>新郑唐户</td><td>2</td><td>一件仰韶早期，另一件仰韶晚期</td><td>新石器时代晚期早段、晚段</td></tr>
<tr><td>怀远双孤堆</td><td>较多</td><td rowspan="2">未知</td><td>大汶口文化早期或稍早</td><td rowspan="5">新石器时代晚期中段</td></tr>
<tr><td>凤台峡山口</td><td>未知</td><td>与怀远双孤堆相近</td></tr>
<tr><td>唐河茅草寺</td><td>1</td><td rowspan="4">地层或灰坑</td><td>仰韶文化中期</td></tr>
<tr><td>长葛石固</td><td>2</td><td>5845±110BP</td></tr>
<tr><td>郑州大河村</td><td>8</td><td>大河村仰韶文化第一、二期</td></tr>
<tr><td>郑州大河村</td><td>8</td><td>大河村仰韶文化第三、四期</td><td>新石器时代晚期晚段</td></tr>
<tr><td rowspan="9">Ba</td><td>桐乡罗家角</td><td>2</td><td rowspan="2">地层</td><td>马家浜文化第一、二期</td><td rowspan="5">新石器时代晚期早段</td></tr>
<tr><td>余姚河姆渡</td><td>6</td><td>河姆渡文化</td></tr>
<tr><td>余杭吴家埠</td><td>2</td><td rowspan="2">墓葬</td><td>马家浜文化第二、三期</td></tr>
<tr><td>金坛三星村</td><td>未知</td><td>马家浜文化中晚期</td></tr>
<tr><td>高邮龙虬庄</td><td>1</td><td>地层</td><td>龙虬庄文化第二期前段（6300～6000BP）</td></tr>
<tr><td>湖州塔地</td><td>1</td><td>灰坑</td><td>崧泽文化晚期</td><td rowspan="2">新石器时代晚期晚段</td></tr>
<tr><td>海盐仙坛庙</td><td>2</td><td rowspan="2">墓葬</td><td>良渚文化早期</td></tr>
<tr><td>胶县三里河</td><td>38</td><td rowspan="2">大汶口文化晚期</td><td rowspan="2">新石器时代末期</td></tr>
<tr><td>栖霞古镇都</td><td>1</td><td>地层</td></tr>
</table>

① 这里的分期参考的是中国社会科学院考古研究所：《中国考古学·新石器时代卷》，中国社会科学出版社，2010年。其中，新石器时代晚期的三段分别对应半坡文化、庙底沟文化和西王村文化。

续表

型别	遗址名称	出土数量/件	出土单位	年代	分期
Bb	常州新岗	2	墓葬	马家浜文化中晚期	新石器时代晚期早段
	金坛三星村	未知			
	常州圩墩	16	墓葬、地层	马家浜文化第三、四期	
	平湖庄桥坟	2	墓葬	良渚文化中晚期	新石器时代末期
	海盐龙潭港	1		良渚文化晚期偏早	
C	蚌埠双墩	11*	地层或灰坑	7300～7100BP	新石器时代晚期早段
	垣曲古城东关	2		东关一期早段	
	余姚河姆渡	1		河姆渡文化	
	郑州大河村	2		大河村仰韶文化前二期	
	淅川黄楝树	1		屈家岭文化	新石器时代末期
	淅川下集	1		龙山文化	
D	鹿邑武庄	1	地层	相当于侯家寨二期	新石器时代晚期早段
E	蚌埠双墩	15*	地层或灰坑	7300～7100BP	新石器时代晚期早段
	濮阳西水坡	5		4500～4300BC	

注：表中带“*”者为根据线图中各型所占比例乘以总数估计而得；三星村遗址出土鹿角勾形器总数为55件，然每个亚型的数量未知

通过对鹿角勾形器的型式划分及出土勾形器遗址时空分布的分析，我们认为可以得出以下结论。

（1）就目前已有资料来看，最早的鹿角勾形器发现于新石器时代晚期早段，此时不论分布范围还是出土数量均已达到顶峰；此后，鹿角勾形器开始走上分布范围不断缩小、出土数量也不断减少的道路。

（2）A型鹿角勾形器主要出土于淮河中游地区，黄河中游也有少量分布；B型以环太湖地区最多，胶东半岛北部有零星发现；其他三型数量较少，分布也较零散。

（3）鹿角勾形器有两个明确的起源中心，即淮河中游和环太湖地区。自新石器时代晚期早段于淮河中游的双墩遗址出现后，A型鹿角靴形器就不断向西、向北扩展，此时，分布范围最广、遗址数量最多；晚期中段局限于河南郑州至唐河一线及淮河中游的若干遗址；晚段又仅限于郑州附近，遗址也极少，至新石器时代末期时已完全消失。B型鹿角勾形器于新石器时代晚期早段产生于环太湖流域，此时，不论出土数量还是分布范围均达到顶峰；晚期晚段时分布最为局促、遗址数量最少；新石器时代末期时又向北传播到胶东半岛北部。C型似有从淮河中游经黄河中游向汉水上游传播的趋势。D、E二型靴形器数量太少，目前看不出明确的传播趋势或路径。

（4）鹿角勾形器时空分布的变迁体现了史前先民文化交流和相互影响的动态过程。

（二）鹿角勾形器的缚柄方式

对于鹿角勾形器的制作流程，通常是根据器物形态直接判断，在这一点上，研究者几乎没有分歧。综合起来看，制作鹿角勾形器包括以下几步：首先，截取一段有主干和枝杈的鹿角；其次，削平主杈枝的背面（通常是削除至少一半），对于A型鹿角勾形器，需要在削平主干背面时预留出段；再次，对柄部上端进行钻孔、刻槽等加工，制作出适用的钩部；最后是对鹿角勾形器进行磨光等微调处理。这些步骤中，削平主杈枝的背面对于一件鹿角勾形器的成型有着非常重要的意义。我们推测，削平杈枝的背面是为了使其减薄，这样便于将其进一步加工成扁薄或圆尖的尖端（此时，杈枝变身钩部，主干成为柄部）。显然，钩部的尖端应该是鹿角勾形器的作用端，部分考古实物上仍可以观察到钩部的使用痕迹[①]。结合柄部上端的段、槽或钻孔，我们认为削平柄部背面旨在与他物组成复合工具，背面即是二者的结合面，换句话说，削平主枝的背面是为了缚柄。

由于柄部结构不同，因而各型鹿角勾形器的缚柄方式也不一致。下面进行具体分析。

对于A型鹿角靴形器，“段”是复原缚柄方式的关键。我们认为段相当于一个榫头，将（竹）木柄的一面削平，再于该平面上端开一个类似于卯眼的缺口，二者相合，如榫卯相扣，最后缚以绳索，这样勾形器便可与器柄完美匹配而不至于松动或滑脱了（图6-3）。

柄部上端的钻孔是B型勾形器缚以器柄的关键。我们认为这些孔是用来穿绳系线的：先将（竹）木柄的一面削平，再于合适位置钻出相同数量的孔，便可用线绳将勾形器紧缚于器柄之上了[②]（图6-4）。

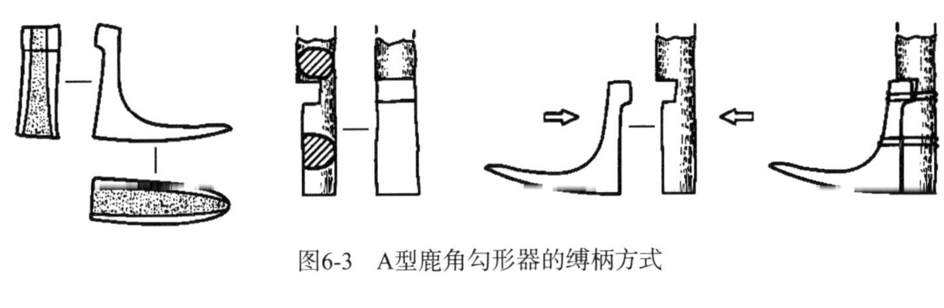

图6-3　A型鹿角勾形器的缚柄方式

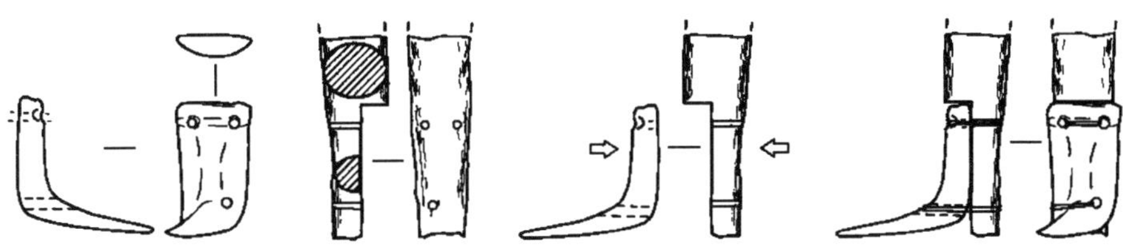

图6-4　B型鹿角勾形器的缚柄方式

① 如新郑唐户、郑州大河村等遗址均观察到鹿角勾形器钩部的底面和前端有明确的使用痕迹。

② 这里以拐角钻孔的Bb型靴形器为例。至于Ba型及拐角无钻孔的情况，原理相同而具体的系绳方式稍异，不再图示。

C型勾形器上的浅槽显然用于系绳，为了将其缚于柄上，必然要在器柄上合适位置刻划相同数量的沟槽与之相对（图6-5）。

D型勾形器的肩部也应该是用来系绳的。因此，只要相应地在（竹）木柄上削出肩部，就可以将二者束缚在一起了（图6-6）。

E型勾形器的柄部在修治成型以后不再做任何加工，与之相应，（竹）木柄的制作也应最易。史前先民只要将器柄加工出一平面即可匹配二者（图6-7）。显然，从缚柄效果上看，E型勾形器相对于前四型更易滑脱。

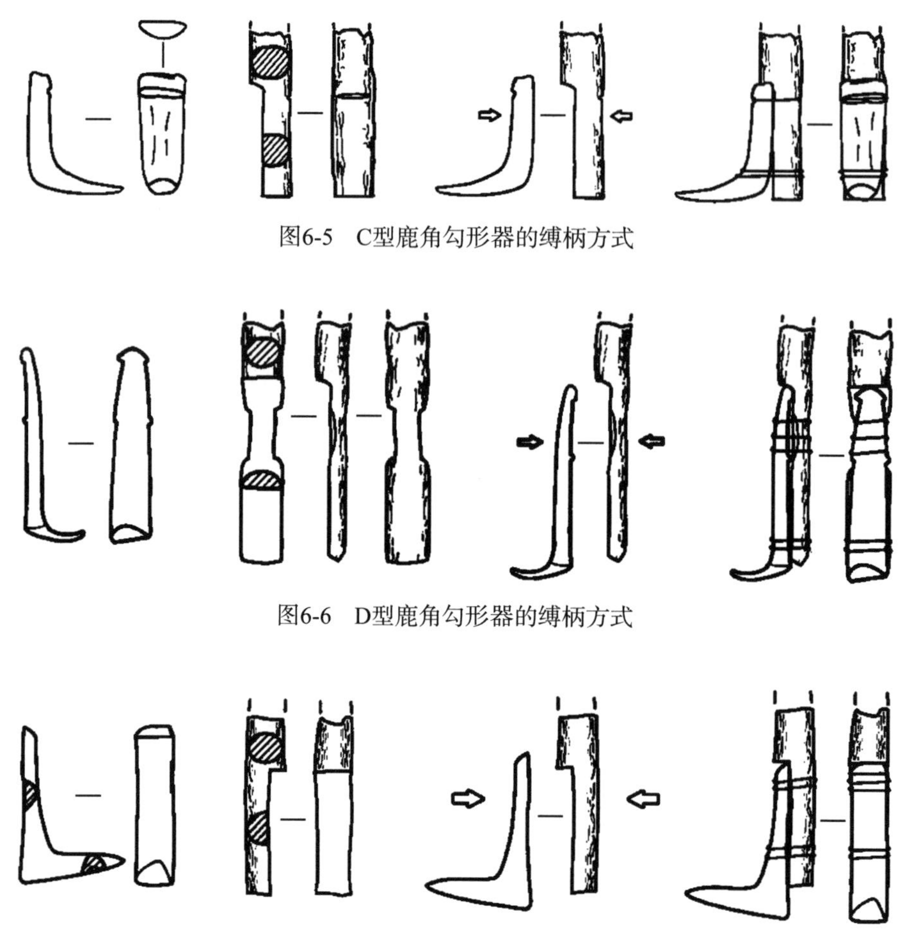

图6-5　C型鹿角勾形器的缚柄方式

图6-6　D型鹿角勾形器的缚柄方式

图6-7　E型鹿角勾形器的缚柄方式

（三）鹿角勾形器的功能

学界关注最多的是鹿角勾形器的功能问题，一些发掘者曾于报告中简要提及，也有对出土于某一遗址者进行专门讨论的。综合起来看，主要有以下七种观点。

1. 制陶工具说

发掘者通过对濉溪石山孜遗址出土鹿角勾形器的观察，认为它们是打磨陶器口沿的辅助型工具①；类似地，有学者通过对蚌埠双墩遗址出土该类器物的探究，推测勾形器是集刮抹器表、制作口沿、修整圈足和刻划符号四种功能于一身的陶器加工工具②。

2. 渔猎工具说

王仁湘先生曾认为鹿角勾形器是用来钓鳄鱼的③。

3. 编织工具说

龙虬庄遗址发掘报告认为“靴形骨器、梭形角器和刀形骨器可能与编织有关，应属编织用具，其中勾形器可能用于绷线，梭形器可能用于织线，而刀形器可能用于理线”④。张小雷认为太湖地区的勾形器是用于缠绕丝线的纺织工具⑤。

4. 采集工具说

蚌埠双墩的发掘者认为鹿角勾形器似为采集用的勾捞工具⑥。解华顶则结合双墩遗址所处时代的生态特点，推论鹿角勾形器是一种以钩部尖端和侧边切割的方式勾取树枝上果实的采集工具⑦。张小雷也认为分布于淮河流域的鹿角勾形器可能是勾取果实的采集工具⑧。

5. 带钩说

该说法亦由王仁湘先生提出。他认为勾形器是史前带钩，并推测了它们的使用方式：“它的柄尾有孔或刻槽，使用时应当是系在腰带的一端；腰带的另一端是一个套扣，直接挂套在钩首”，且“由于勾形器背面宽平，与腰部服帖，加上钩首较长，系带时可能效果还可以，系解方便”。成对出土于墓葬的“可能是在腰带的两端各系一枚勾形器，使用时用一个小绳套将两枚勾形器的勾底对底地固定在一起”⑨。

---

① 安徽省文物考古研究所：《安徽濉溪石山子新石器时代遗址》，《考古》1992年第3期。

② 王宇：《试谈蚌埠双墩遗址出土靴形器功用》，《南方文物》2011年第4期。

③ 王仁湘：《黄河流域新石器时代的骨制生产工具》，《中国考古学论丛》，科学出版社，1993年。

④ 龙虬庄遗址考古队：《龙虬庄：江淮东部新石器时代遗址发掘报告》，科学出版社，1999年，第343页。

⑤ 张小雷：《简论中国古代的靴形鹿角器》，《中原文物》2011年第4期。

⑥ 安徽省文物考古研究所、安徽省蚌埠市博物馆：《安徽蚌埠双墩新石器时代遗址发掘》，《考古学报》2007年第1期。

⑦ 解华顶：《蚌埠双墩新石器时代遗址出土鹿角靴形器功用考》，《中国文物报》2008年12月26日第7版。

⑧ 张小雷：《简论中国古代的靴形鹿角器》，《中原文物》2011年第4期。

⑨ 王仁湘：《善自约束：古代带钩与带扣》，上海古籍出版社，2012年，第93、94页。

6. 刮削器说

在《垣曲古城东关》中，该遗址唯一一件鹿角勾形器被定名为“角质刮削器”[①]。

7. 点播器说

濮阳西水坡遗址出土的鹿角靴形器均被定名为点播器[②]。

鹿角勾形器的柄部特征表明其当缚柄使用，不可能用于手持，手持的话没有必要将其加工成半圆剖面的形状，原生的圆柄更适合持握，更不用对柄部上端进行加工，因此，鹿角勾形器不是用来加工陶器的；尽管鹿角勾形器的拐角在外部多呈直角的形态，然而绝大多数在内侧较为圆转光滑，更有钩柄夹角大如海盐仙坛庙M104：7者（图6-2，4），因而鹿角勾形器不大可能用于勾取果实，即使用于采摘，效果也不十分理想；鹿角勾形器一般自拐角向钩尖逐渐减薄，且内表光滑圆转，于钩部系线容易滑脱，从这一点看，鹿角勾形器不适合用作带钩。“渔猎工具说”“编织工具说”“刮削器说”三种推断均未经论证，这里不做评论。

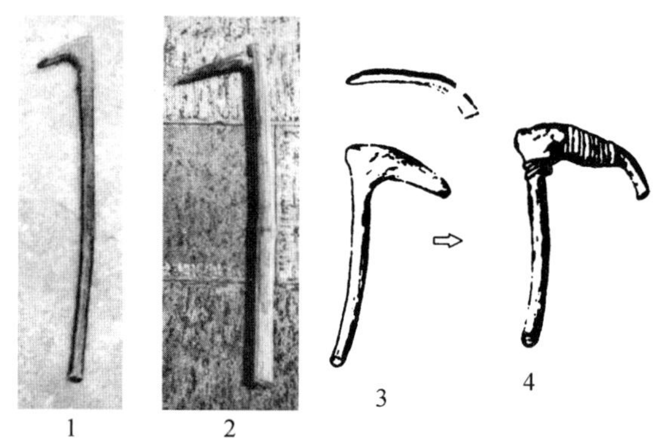

图6-8　部分少数民族使用的木、竹和角锄

（1、2. 改自李仰松：《民族考古学论文集》，图版伍1、2；3、4. 改自陈国强、林嘉煌：《高山族文化》，第42页）

我们认为鹿角勾形器具有韧性的材质特点应比竹、木采集工具更易发挥作用。使用过程中，由于力学原理，钩部的尖端及底面留下了使用痕迹[③]。

环太湖流域及胶东半岛地区出于墓主脚下的鹿角勾形器原先即可能是缚柄后埋藏的，（竹）木柄置于手旁，则勾形器可抵脚端。只是，由于地底湿暗、年久日深，（竹）木柄及线绳终致腐败不见，仅留下勾形器附于脚侧。如此，通过测量墓主指骨与勾形器之间的距离，就可以粗略估算完整鹿角勾形器的器长。由金坛三星村M447和常州新岗M95推算，缚柄后的鹿

① 中国历史博物馆考古部、山西省考古研究所、垣曲县博物馆：《垣曲古城东关》，科学出版社，2001年，第87页。

② 河南省文物考古研究所、濮阳市文物保护管理所：《濮阳西水坡》，中州古籍出版社，2012年，第231页。

③ 这里的力学原理非常简单：尖端在使用过程中与他物产生碰撞或摩擦而受损。有学者在提出大山前遗址夏家店下层文化的石铲是做石锄使用的假设后，进行石铲的复原使用实验时也观察到类似的作用端磨耗的情况，详见陈胜前、杨宽、董哲等：《大山前遗址夏家店下层文化石铲的功能研究》，《考古》2013年第6期。

角勾形器全长90～100厘米。

尽管上文已经论证鹿角勾形器可能是一类勾形复合工具，主要用作采集工具的可能性等，但如需进一步弄清鹿角勾形器的具体功能及使用方式，我们认为最好是对其微痕进行分析并参考复原实验（含制作和使用两方面）的结果。

第七章　刻划符号研究——侯家寨遗址出土刻划符号研究*

20世纪30年代以来，我国境内发现了一批刻划在陶器、石器、骨角器、玉器、木器上的符号，这些符号蕴含着丰富的远古文化信息，是研究我国文明起源的重要资料。其中的陶器刻划符号最早是在甘青地区发现，瑞典学者安特生1923～1924年在甘青地区开展考古工作，发现了一些刻齿骨板及彩陶符号[①]。20世纪30年代，我国的考古工作者在黄河流域进行了一系列的考古发掘，出土了大量分属于不同时代的陶器刻划符号，在山东城子崖的两万余陶片中发现88片刻有符号，其中3片属于龙山文化，其余为两周文化[②]。1936～1937年，施昕更等对浙江杭县良渚文化遗址进行了发掘，发现了5个刻划符号，作者称为“记号文字”[③]。1937年何天行发现一件良渚文化陶器上刻有8个符号，他认为这些符号为初期象形文字，时代必早于甲骨文及金文，当为古代越族文化的表现[④]。这些刻划符号的公布，引起了考古学者们的关注，他们对这些刻划符号进行了多角度的研究。中华人民共和国成立后，中国的考古学得到了长足的发展，这一时期最值得一提的是西安半坡遗址的发掘，在所出土直口钵的外缘发现113个刻划符号[⑤]。后来在离半坡不远的铜川李家沟[⑥]、临潼姜寨[⑦]等地也发现了此类刻划符号。半坡刻划符号数量丰富，年代较早，是探讨文字起源、古代社会形态的重要资料。郭沫若先生[⑧]认为半坡刻划

---

*　此章作者为姚蓉蓉、林岩。

①　安特生著，乐森玥译：《甘肃考古记》，《地质专报》甲种第5号，1925年发行，文物出版社重印，2011年。

②　中央研究院历史语言研究所：《城子崖》，中央研究院历史语言研究所，1934年，第53、54页；转引自李孝定：《从几种史前和有史早期陶文的观察蠡测中国文字的起源》，《南阳大学学报》1969年第3期。

③　施昕更：《良渚（杭县第二区黑陶文化遗址初步报告）》，浙江省教育厅，1938年，第24、25页。

④　何天行：《杭县良渚镇之石器与黑陶》，上海吴越史地研究会，1937年，第15页；西安半坡博物馆：《史前研究》，三秦出版社，2000年，第552～557页。

⑤　中国科学院考古研究所、陕西省西安半坡博物馆：《西安半坡》，文物出版社，1963年，第196～198页。

⑥　西安半坡博物馆：《铜川李家沟新石器时代遗址发掘报告》，《考古与文物》1984年第1期。

⑦　半坡博物馆、陕西省考古研究所、临潼县博物馆：《姜寨——新石器时代遗址发掘报告》，文物出版社，1988年，第141～144页。

⑧　郭沫若：《古代文字之辩证的发展》，《考古学报》1972年第1期。

符号属于文字的范畴，高明先生[①]认为这些符号可能只是标记，不是文字甚至与文字无直接关系，裘锡圭先生[②]则认为半坡刻符不是文字，只是其中的少量符号为汉字所吸收，它们的大部分跟汉字的形成没有什么直接关系。1974年出版的《大汶口》[③]考古报告，公布了5个刻划符号，王树明先生对其进行了系统的梳理，他认为大汶口刻划符号较之以前发现的刻划符号更为复杂，出现了组合符号，似乎与文字的关系更加密切[④]。1974年青海柳湾出土了大量的彩陶刻划符号[⑤]，尚民杰先生认为柳湾彩陶符号表明，当时彩陶器已处于大规模制造时期，柳湾彩陶应是制陶业内部不同劳动分工的产物，是"制陶工匠留下的一种不定型的、表示一种临时意义的特殊标记"[⑥]。随着刻划符号资料的增多，刻划符号的研究逐步深入，考古学家、语言文字学家参与其中，一些学者已经注意到刻划符号的时代及地域特点。王志俊先生对关中地区的仰韶文化进行了统计分析和考释[⑦]，部分学者还利用已发现的刻划符号对中国文字起源及形成问题进行了探讨。

20世纪80年代以来是刻划符号研究的深化阶段，随着"夏商周断代工程""中华文明探源工程"的实施开展，这一时期淮河流域的考古工作得到了很大的发展，并发现了大量的刻划符号。1983～1987年，考古工作者发掘了距今8000多年的河南舞阳贾湖遗址，整理出分别刻划于龟甲、石器、陶器上的17件刻划符号，张居中先生将符号分为三类：具有原始文字性质类、记号类、数字类[⑧]。贾湖遗址出土的刻划符号因技法、载体等与甲骨文相似，成为学者研究的焦点。唐建先生认为，贾湖刻符应被断定为文字，至少应被断定为文字前书写系统，并与后来的文字系统的发展有关[⑨]。另外，蔡运章[⑩]、刘志一[⑪]、冯凭[⑫]等先生也对贾湖刻符进行了探讨。这一时期最引人注目的当属蚌埠双墩遗址出土的刻划符号，数量众多，内涵丰富。最先对蚌埠双墩刻划符号进行整理和研究的为徐大立先生，1989年首次系统介绍了蚌埠双墩遗址出土的刻划符号[⑬]，引起了国内外考古工作者的极大的关注。随后徐大立先生又陆续发表了干栏式建筑

---

① 高明：《论陶符兼谈汉字的起源》，《北京大学学报（哲学社会科学版）》1984年第6期。

② 裘锡圭：《裘锡生学术文集》语言文字与古文献卷，复旦大学出版社，2012年，第25～39页。

③ 山东省文物管理处、济南市博物馆：《大汶口》，文物出版社，1974年，第73页。

④ 王树明：《谈陵阳河与大朱村出土的陶尊"文字"》，《山东史前文化论文集》，齐鲁书社，1986年。

⑤ 青海省文物管理处考古队、中国社会科学院考古研究所：《青海柳湾》，文物出版社，1984年，第165～169页。

⑥ 尚民杰：《柳湾彩陶符号试析》，《考古与文物》1990年第3期。

⑦ 王志俊：《关中仰韶文化刻划符号综述》，《考古与文物》1980年第3期。

⑧ 河南省文物考古研究所：《舞阳贾湖》，科学出版社，1999年，第984～991页。

⑨ 唐建：《贾湖遗址新石器时代甲骨契刻符号的重大考古理论意义》，《复旦学报（社会科学版）》1992年第3期。

⑩ 蔡运章、张居中：《中华文明的绚丽曙光——论舞阳贾湖发现的卦象文字》，《中原文物》2003年第3期。

⑪ 刘志一：《贾湖龟甲刻符考释及其他》，《中原文物》2003年第2期。

⑫ 冯凭、吴长旗：《舞阳龟甲刻符初探》，《中原文物》2009年第3期。

⑬ 徐大立：《蚌埠双墩新石器遗址陶器刻划初论》，《文物研究》（第5辑），黄山书社，1989年。

刻划符号[①]、植物形刻划符号[②]、网形刻划符号等研究性文章，从不同的方面分析和释读了双墩刻划符号，通过对网形、植物形等刻划符号的分析，我们了解到双墩先民当时已经能够认识和利用自然条件，初步具备了一些生产生活的知识和技能，而且对天文、地理、自然现象都已经具有了相当的了解和认识。王晖先生通过对双墩遗址刻划符号中象形类的刻划符号以及文字画的研究，认为它们与后来的汉字形体结构式一脉相承，是汉字早期形式的酝酿，可以称为“文字画”或“文字性的符号”，而几何类的刻划符号与后来的文字没有什么关系，可称为“非文字性符号”[③]。黄德宽先生以双墩遗址出土的文化遗物为出发点，结合淮河流域的区域文化，对双墩遗址的部分几何形刻划符号进行了释读。他认为，双墩遗址出土的陶器刻划符号是研究早期文明和文字形成的重要资料，是已经发现的新石器刻划符号中比较具有价值的一批符号[④]。王蕴智先生通过对双墩刻划符号的载体、构型的研究，认为双墩刻划符号属于一种区域性的原始文字，是具有表意功能的特定符号系统[⑤]。王树明先生通过对双墩碗底刻纹与大汶口陶尊文字的研究认为，我国的古代文字并非完全因为宗教信仰所需要，而是基于人的生产生活的需求而创造的[⑥]。陈坤先生通过对双墩刻划符号的研究，认为表示山川、植物、太阳等刻划符号，反映了双墩先民对自然环境的认识，而表示渔猎刻划符号的大量出现，反映了双墩先人的生产以渔猎为主[⑦]。

综上所述，随着我国考古学不断发展，刻划符号发现的范围不断扩大，对刻划符号的研究取得了丰硕的成果。而侯家寨遗址出土的刻划符号由于一直未能经过系统的整理与发表，没有得到足够的重视，在众多的研究里都是一提而过，并未进行单独的研究。本章在系统整理资料的基础上，对侯家寨刻划符号进行深入研究，为侯家寨刻划符号提供一些新的认识。

一、侯家寨遗址出土陶器刻划符号概况

侯家寨遗址出土陶器刻划符号均在一期第3、4两个地层中出现，共86件，载体均为陶器。大多数是刻划或压划在碗的外圈足底部，少数刻划在豆的底部，刻划符号所依附的陶器多为夹砂红陶，陶器工艺均为手制，器壁厚重，均残，大部分只余下底部，少数残留腹部，个别器物外腹部有数道放射状刻道，似用锐器刻划，划破表面的红色陶衣，双墩遗址出土刻划符号的陶器也有类似的情况，这些刻道很可能与圈足内的刻划符号有一定的联系。侯家寨遗址出土的陶

① 徐大立：《从蚌埠双墩遗址出土的巢居刻划谈起》，《第二届淮河文化研讨会论文集》，2003年。

② 徐大立：《试析双墩遗址植物类刻划符号》，《东南文化》2006年第6期。

③ 王晖：《中国文字起源时代研究》，《陕西师范大学学报》2011年第5期。

④ 黄德宽：《蚌埠双墩遗址几何类刻划符号试释》，《东南文化》2012年第3期。

⑤ 王蕴智：《双墩符号的文化特征及其性质》，《中国海洋大学学报（社会科学版）》2011年第3期。

⑥ 王树明：《双墩碗底刻文与大汶口陶尊文字》，《中原文物》2006年第2期。

⑦ 陈坤：《刻划符号透视下的双墩社会》，《宿州学院学报》2013年第4期。

器刻划符号并没有被当作特殊物品保存起来，而是和其他遗物一样被丢弃在文化堆积层中，这些陶器多为实用器，厚重，不易破碎，应该是人们有意打破丢弃的。

1. 刻划位置

侯家寨刻划符号的载体主要是陶碗，均为实用器物。碗是常见的器物，而且制作比较精，器壁较薄，多施红衣，为夹砂红褐陶和外红内黑陶。碗的形体较大，口部多为敛口，也有直口和敞口等变化，斜弧腹内收，矮圈足或饼形底。刻划位置的不同，符号的表达作用就会有差异。刻划在器物的显著位置，那么符号就会起到标志或装饰作用；如果符号刻划在隐蔽位置，那么它们就“具有特定的记事和表达概念的功能”①。侯家寨刻划符号均在器物的外底部，即在陶碗的圈足、饼足外底部（图7-1）。从刻划符号的刻划位置可以看出，侯家寨刻划符号和双墩刻划符号一样，大部分符号主要分布于器物的隐蔽部分。显然，它的作用不是用于装饰，而具有特殊的意义和用途②。

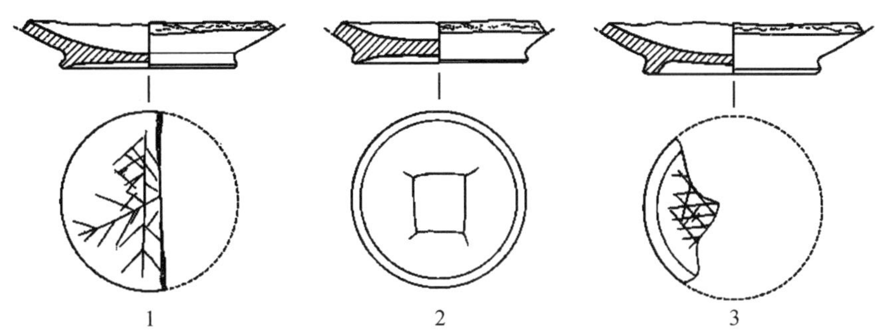

图7-1　侯家寨刻划符号位置

1. T3③：230　2. T3④：345　3. T②4：308

2. 刻划方法

从侯家寨符号的刻划线条和形体上看，技法比较娴熟和规范。符号全部为刻划或压划的阴文。其刻划的方法具体来说大体可以分为4种。

第一种：陶坯未干时刻划。这种刻划的痕迹一般较粗，内容简单，主要为单体符号和组合符号的地纹。刻划工具的顶部较圆钝。侯家寨的86件刻划符号中，大约有40多个刻划符号是在陶坯未干时刻划的。有刻划和压划两种方法。

第二种：陶坯晾干后刻划。这种刻划的痕迹较细，能够刻划出来很复杂的组合符号或者图形图画。大约有30多个刻划符号使用这样的刻划方法，刻划工具应该是比较尖锐且硬度大。

第三种：陶坯烧制成器后刻划。这样的刻划使用得不多，因为陶器烧制后质地坚硬而不能刻划自如，刻痕多浅而不规整。

---

① 王蕴智：《从双墩文化刻画符号看中国文字起源的多元性》，《古文字研究》（第28辑），中华书局，2010年。

② 徐大立：《蚌埠双墩遗址刻画符号简述》，《中原文物》2008年第3期。

第四种：两次刻划。在陶坯干透前后或者烧制完成前后分别刻划，从而显示出地纹与主纹的区别，丰富了刻划内容。这两次刻划有的是全部使用刻划法，有的是刻划法与压划法并用。

侯家寨刻划符号刻划方法多样，刻划时间也有坯胎晾干前后、陶坯烧制前后的差别。这进一步说明侯家寨刻划符号是有意识进行刻划的，这些刻划符号表达着一定的意思。

我国史前新石器时代时期刻划符号刻划时间大致可以分为陶器烧制前刻划和陶器烧制后刻划两种。如乐都柳湾、西安半坡、临潼姜寨遗址出土的刻划符号都是在陶坯上刻划的。江苏良渚文化遗址和上海马桥、亭林出土的刻划符号“是在器物烧成后，用尖峰状硬器（究竟用何物至今无令人信服的说法）刻划而成”①。浙江余杭南湖遗址出土的5件有刻划符号的陶器中，有4件是烧后刻划的，只有1件是入窑前刻划的②。宜昌杨家湾出土的74个刻划符号，“其中有63件刻划的比较规整，深度宽度均可能是用竹木片削尖或骨质的平刀、小刮刀一类的工具在未烧好以前就刻划上去。还有11件，刻划不够规整，深度不一，似乎是用了很大的劲才刻划上去，可能是在陶器烧成后或使用一段时间才刻上去的”③。这些新石器时代刻在陶器上的刻划符号刻划时间不同，是否为刻划者有意为之？想要表达什么意思？对此人们看法不一，大致有以下三种观点：

（1）器物制作者的标记。最初是由《西安半坡》的报告整理者提出来的，他们认为多种类同的符号出在同一个窖穴或同一地区，因而推测这些符号可能是代表器物制作者的专门记号④。不过，他们仅是就西安半坡出土的刻划符号而言。后来，郭沫若先生又扩大而为之，用于其他刻划符号，“我国后来的器物上，无论是陶器，或者铜器其他成品，有物勒工名的传统”⑤。持此论者，还有李学勤⑥、汪宁生⑦、裘锡圭⑧、高明⑨、陈炜湛⑩等。

（2）器物拥有者的标记。最初也是由《西安半坡》的报告整理者提出来的。持此观点的有汪宁生、陈炜湛、严汝娴⑪等学者。

（3）标识氏族的族徽。郭沫若先生认为刻划符号除了是陶器制作者的标记外，“无疑是具有文字性质的符号，如花押或者族徽之类”⑫。

陶器制作者在陶坯上刻划符号，可能是标明各自的产品，也可能如尚民杰先生所说，是标

---

① 张明华、王惠菊：《太湖地区新石器时代的陶文》，《考古》1990年第10期。

② 余杭县文管会：《余杭县出土的良渚文化和马桥文化的陶器刻划符号》，《东南文化》1991年第5期。

③ 龚丹：《鄂西地区柳林溪和杨家湾遗址出土的刻划符号研究》，《武汉文博》2006年第3期。

④ 中国科学院考古研究所、陕西省西安半坡博物馆：《西安半坡》，文物出版社，1963年。

⑤ 郭沫若：《古代文字之辩证的发展》，《考古》1972第2期。

⑥ 李学勤：《考古发现与中国文字起源》，《中国文化研究集刊》（第2辑），复旦大学，1985年。

⑦ 汪宁生：《从原始记事到文字发明》，《考古学报》1981年第1 期。

⑧ 裘锡圭：《汉字形成问题的初步探索》，《中国语文》1978年第3期。

⑨ 高明：《论陶符兼谈汉字的起源》，《北京大学学报（哲学社会科学版）》1984年第6期。

⑩ 陈炜湛：《汉字起源试论》，《中山大学学报（社会科学版）》1978年第1期。

⑪ 严汝娴：《普米族的刻划符号——兼谈对仰韶文化刻划符号的看法》，《考古》1982年第3期。

⑫ 郭沫若：《古代文字之辩证的发展》，《考古学报》1972年第1期。

识工序。也有可能是为了计数、归属等而存在的。陶器烧后刻划，从各地出土烧后刻划符号的数量来看，并不是因为在陶器烧制前忘记而漏刻所以烧制后补刻的。烧后刻划和烧前刻划也许表达有同样的意思，是器物制作者的标记或拥有者的标记。但是器物制作者并不一定是器物拥有者，器物制作者和拥有者可能属于不同族属、部落，所以烧后刻划是为了区分不同器物拥有者而刻划的。将刻划符号认为是族徽是站不住脚的，原始社会晚期族徽确实存在，是氏族间相区别的标志，但它不至于有那么多不同式样。

3. 刻划工具

侯家寨一期文化遗物主要是陶器、骨角器，以及少量石器。位于淮河流域的侯家寨文化的一些陶器中夹有蚌末，说明当时人们已使用食用过后的蚌壳。刻划在陶器上的符号所采用的刻划工具可能主要是一些有锋利刃口的贝壳片、骨片、骨锥、角锥、骨针、石质的尖状器、竹木类尖状器，也许由于年代久远，竹木类尖状器没有像骨质、石质的尖状器一样保存下来。刻痕较细且深的符号应该是用比较尖的工具刻划，而一些刻痕浅且粗糙的符号，刻划工具应该是一些尖比较粗的工具。各种不同的尤其是锋利刻划工具的大量使用，促使了刻划符号的类型由简单到复杂，由少数符号到大范围符号的刻划，也丰富了刻划的内容，对于原始文明的传播起着重要的推动作用[①]。

二、侯家寨刻划符号的分类与释读

侯家寨遗址刻划符号的结构比较复杂，根据不同的分类标准表现形式可以有不同的分类结果方式。从符号的构成方式看，侯家寨刻划符号可分为单体符号、重体符号、组合符号和其他四类。从符号的象形程度，侯家寨刻划符号分为象形类、几何类和其他三类。其他类符号包含两类符号：①符号虽然比较完整，但其形状不好界定，不能归入上述分类中，暂成为特殊形；②符号残缺且不能据形复原的符号。在分类的基础上，联系侯家寨遗址的地域特征和文化内涵对部分刻划符号进行释读（表7-1）。

表7-1　侯家寨刻划符号分类统计表

分类	形状	数量/件
象形类	动物形	3
	植物形	10
	人面形	1
	房屋形	2
	太阳形	1
	总计	17（20%）

① 王磊、陈亮：《淮河流域史前刻划符号研究》，《黑龙江史志》2009年第8期。

续表

分类	形状	数量/件
几何类	方框形	16
	网格形	11
	圆圈形	4
	弧线形	5
	数字形	7
	叉形	2
	勾形	2
	总计	47（55%）
其他类	特殊形	3
	残形	19
	总计	22（25%）
总计		86

1. 象形类

“象形者，画成其物，随体诘诎，日月是也。”侯家寨刻划符号象形类共17件，占总数的20%，包括动物形、植物形、人面形、房屋形和太阳形，刻划形象生动，记录了侯家寨先民的生活环境及其对客观世界的观察和认识。

与双墩遗址出土的刻划符号相比，侯家寨刻划符号虽数量不多，但表达内容丰富。象形类中的动物、植物、人面、太阳、房屋等符号，联系起来可以还原侯家寨先民的日常生活；几何类中方框形、数字形等透露出一定的原始宗教等特殊含义。这些刻划符号表达简洁、内容生动，具有原始文字的性质，值得我们进一步研究。

1）动物形

3件，刻划位置均在碗的外底部，笔画简单流畅，形象逼真，极易辨认。

单体鱼形　2件，刻划在碗底，线条简单，具有抽象性。T6③：37（图7-2，1），为一件碗底残片，饼底内凹，在其外底部刻划由两条弧线构成的鱼形刻划符号，底部两条弧线相交构成鱼尾，鱼形体扁长，鱼头稍残，刻道清晰，刻痕稍粗，似为器物烧成后刻划。T6③：38（图7-2，2），为一件碗底残片，饼底内凹，在其外底部似一笔刻划出抽象鱼形，刻划完整，体型较圆，刻道清晰，刻痕稍粗，似为器物烧成后刻划。

这两件动物形均为鱼的外形轮廓，是侯家寨先民对其日常生活中事物的客观描绘。另外侯家寨生业经济的考察研究表明“捕捞和狩猎活动在双墩遗址中具有极为重要的地位，相比之下，侯家寨遗址虽然也存在对淡水资源的利用，但是对其依赖程度远不及双墩遗址”[①]，从这一点来看，侯家寨遗址出土鱼形刻划符号数量较少是符合逻辑的。但是侯家寨遗址作为以狩猎为主要生计方式的聚落，刻划符号却未发现诸如猪、鹿等动物形是值得思考的，当然也不排除

① 戴玲玲、陶洋、阚绪杭：《淮河中游地区的史前生业经济考察——安徽省侯家寨遗址出土动物骨骼研究》，《东南文化》2017年第1期。

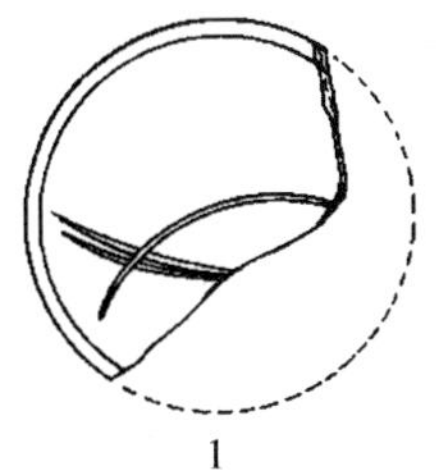
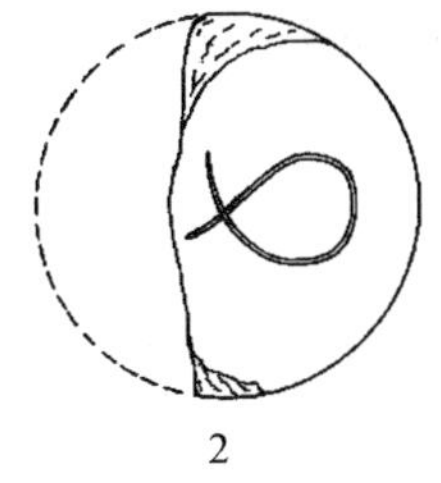

1　　2　　3

图7-2　动物形刻划符号

1. T6③：37　2. T6③：38　3. T2④：297

早期发掘对于这些信息收集遗漏的可能性。

组合鱼形　1件，为水草与鱼的组合。T2④：297（图7-2，3），为一件完整的碗底，在其外底部刻划有两条弧线构成的刻划符号，鱼形完整，体型偏肥，刻道清楚，似为器物烧成后刻划，碗底鱼腹处重合四组平行的折线纹，似为在未干的坯胎上压印上去，应为水草的形状。

鱼和水草组成的刻划符号，因为鱼头向下，刻划的可能是鱼在水草中觅食的情形，也可能是表现鱼在水草中游动的情形或者表现鱼儿卧在水草上产卵时的状态。水草一般生长在河湖沟汊的岸边或者水湾处，属于浅水水域。在这样的地方是容易捕获鱼的，人们掌握了鱼的习性，才刻划了适宜鱼群觅食、交配产卵的水草形象。

2）植物形

10件，均刻划在碗的底部，有形似主径和枝桠的单株植物，有类似叶脉的刻划，其中还有1件植物形与弧线形的组合刻划，反映了侯家寨先民细致入微的观察行为。T3③：230（图7-3，1），为一件碗底的残部，饼形。碗底内黑外红，外部着红色陶衣，碗底外部疑似未着色。碗底外部刻划有植物形符号，单株，枝杈较多，刻划清晰，浅且细，应在陶坯晒干后刻划。T3③：234（图7-3，2），为碗底残片，饼形底内凹，碗内黑外红，外部着红色陶衣，碗底外部疑似未着色。其底部刻划有植物叶脉形残符号，叶脉简单稀少，叶脉顶部有一弧线，刻道较清晰，似在干的坯胎上刻划。残留的碗底可以看出刻划符号中间为单棵植物，植物中部可能为鱼形刻划符号的上半部。这组刻划符号可能是鱼儿躲避天敌而躲藏在藻叶后面。T3③：223（图7-3，3），为碗底残片，饼形，底内凹。碗的外部、底部似均着红色陶衣，其底部刻划有植物叶脉形残符号，叶脉细密，刻道清晰，刻道较粗，似为器物烧成后刻划。符号以一组纤细的线条勾勒出一簇低矮丛生的蓬草形象。线条有长有短，富有层次，符合蓬草的形象特征。T3③：226（图7-3，4），碗的残底片，矮圈足底。碗外红内黑，外部着红色陶衣，碗底外部疑似未着色，其底部刻划有植物叶脉形符号。刻道不太清晰，似在干的坯胎上刻划。T6③：35（图7-3，5），碗底残片，饼形。碗内黑外红，外部着红色陶衣，碗底疑似未着色。其底部刻划有若干条折线，刻道清晰，形似植物残叶脉，似在未干的坯胎上刻划。T6③：33（图7-3，6），碗底残片，饼形，底内凹。碗内黑外红，外部着红色陶衣，碗底外部疑似未着色。其外底部刻划有植物叶脉形残符号，刻道较清晰，似在未干的坯胎上刻划。T3④：355，（图7-3，7），为碗的残底片，圈足底。碗外红内黑，外部着红色陶衣，碗底外部疑似未着色。其底部刻划有植物叶脉形残符号，叶脉稀疏。刻道清晰，似在坯胎未干时刻划。T3④：346（图7-3，8），为碗的残底片，圈足底。碗内黑外红，外部和枝杈符号，刻道清晰，似在未干的坯胎上刻划，外部为圆形刻划符号，圆形刻痕粗壮有力，似在未干的坯胎上刻划。T3④：344（图7-3，9），为碗底的残部，饼形内凹。碗外红内黑，外部着红色陶衣，碗底外部疑似未着色。其底部刻划有植物的主茎和枝杈，枝杈较少，刻道清晰有力，似在未干的坯胎上刻划。T6④：45（图7-3，10），为一件完整的碗底部，圈足底，碗内红外黑，外部着红色陶衣，碗底外部疑似未着色。碗底外部刻划有单株植物形刻划符号，主茎刻道清晰有力，枝杈刻道细且浅，应在坯胎晾干时刻划，在主茎的上端和下端分别刻有两道弧线，刻痕较浅，不易发现。

背向弧线形表现了水波，与植物形刻划的组合很可能表现了鱼的生长环境，这表明侯家寨先民并不是单纯地将鱼作为食物来源加以捕获，而是有充足的时间观察鱼的日常活动，也反映了侯家寨先民独特的智慧。

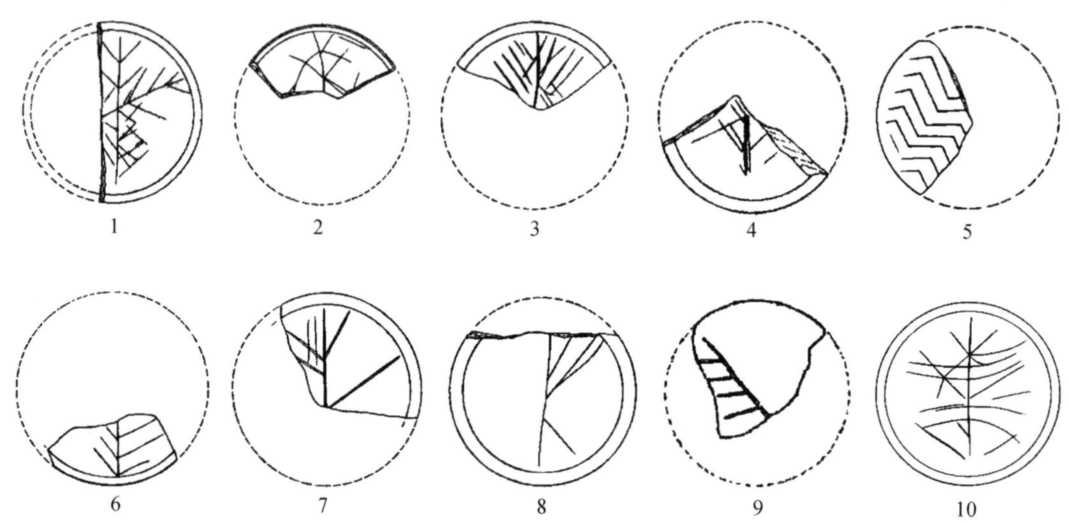

图7-3　侯家寨植物形刻划符号

1. T3③：230　2. T3③：234　3. T3③：223　4. T3③：226　5. T6③：35　6. T6③：33　7. T3④：355　8. T3④：346　9. T3④：344　10. T6④：45

图7-4　侯家寨人面形刻划符号（T3④：357）

3）人面形

1件，刻划生动形象。

T3④：357（图7-4），为一件碗的残片，饼形底，碗内黑外红。其底部刻划出人面的形状，眉高眼大，刻道清晰有力，刻痕较粗，似为坯胎未干时刻划。

人面形刻划符号的发现，在我国新石器时代刻划在陶器上的刻划符号中属于首例。用简洁的线条勾画出人的眼睛鼻子和嘴巴，圆脸、斜长眼、蒜头鼻，还有鼻翼两侧貌似是胡子一样的小点，是对人面的真实描绘。刻划得生动、形象，表现出侯家寨人高超的刻划技术。刻划人面形象，体现出有较高思维水平的侯家寨古人用刻划的方式来表现自我。

时至今日，世界上的许多原始部落还存在面部崇拜，这种根基于某种神灵信仰的习俗，曾经是史前人类的普遍现象[①]。我国史前社会广泛存在着“人面崇拜”现象，有关人面的形象在多种载体上都有发现，如岩石、陶器、青铜牌饰等。这些人面形象或绘画或雕刻或是古代人类的有意制作，反映出原始人类的神秘思维，似乎是在通过人面形象获得某种超自然的力量。侯家寨人面形刻划符号的发现是新石器时代陶器刻划符号中的首例，目前我国以陶器为载体的人面形象还包括仰韶文化的人面鱼纹形象、易县涞水古遗址抽象的人面形象等。侯家寨人面形象的刻划符号较为写实，可能是侯家寨先民对自我的认知；仰韶文化人面与鱼的彩绘形象可能表现了原始居民对自我与鱼关系的认识，而易县陶残片上夸张的人面形象则可能表达某种原始的崇拜思想。

4）*房屋形*

2件，一件刻划清晰，图案较为完整；另一件刻划较浅，但大致轮廓明显。这两件刻划符号可以说是半成品与成品的房屋形刻划符号。T6③：36（图7-5，1），为碗的底片，饼形底。碗外红内黑色，碗外部似皆着红色陶衣，外底部疑似未着色。刻道清晰，应在坯胎未干时刻划。T3③：239（图7-5，2），为碗底，饼形底，饼足内凹。碗外红内黑色，外着红色陶衣，外底部疑似未着色。刻道不太清晰，应在坯胎已干时刻划。

原始人最初居住在树上和自然岩洞中，一般称之为“巢居”和“穴居”。南方地区地下水位较高，为脱离潮湿地面，居住形式经历了“巢居—杆栏式”的演变过程。在距今7000多年的双墩文化中也发现了和侯家寨文化类似的杆栏式建筑刻划符号，徐大立先生曾有文探讨，认为这些符号是淮河人上古时期“构木为巢”而居的具体写照。淮域卑湿，先民构木为舍[②]。双墩与侯家寨文化都在淮河流域，从两个文化反映的房屋构造上可以看出当时淮河流域先民们生活在一个低洼潮湿、靠近水源的地方，这与侯家寨出土的鱼形刻划符号息息相关，也刚好说明了这点。侯家寨房屋形刻划符号为研究淮河中游地区原始建筑的形制提供了重要的形象资料。

5）*太阳形*

T2④：294（图7-6），为碗底残片，矮圈足底。碗内黑色外红褐色。外底部刻划有圆形符

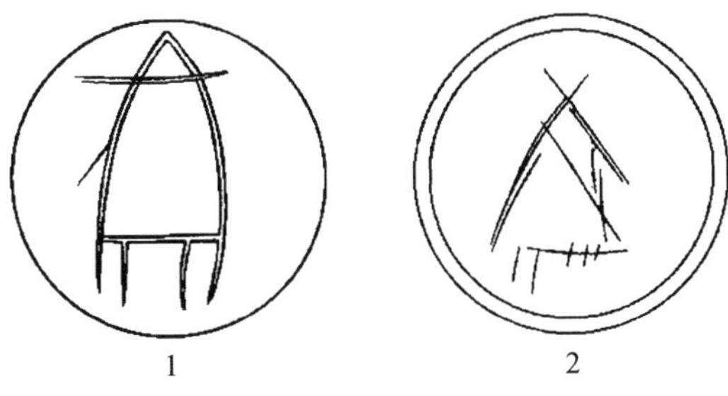

图7-5　房屋形刻划符号

1. T6③：36　2. T3③：239

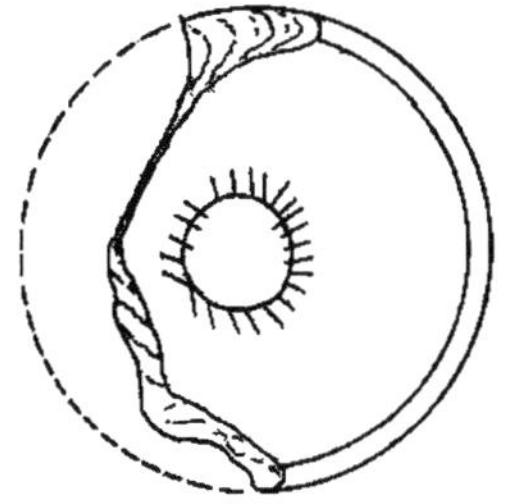

图7-6　太阳形刻划符号

（T2④：294）

① 胡绍宗：《中国早期制像艺术》，人民美术出版社，2011年，第95页。

② 徐大立：《蚌埠双墩遗址出土的巢居刻划谈起》，《第二届淮河文化研讨会论文集》，2003年。

号，圆形外部刻划射线，似放射光芒的太阳，刻道清晰，似在坯胎未干时刻划。

原始时代的人们不理解太阳的奥秘，以为太阳具有能使万物复苏、生长的超自然力量，甚至视之为丰产的主要赐予者，并且太阳的出现在一年四季、一天之中也会有变化，天气阴晴不定，因此逐渐形成太阳有灵观，世界各地区、民族中出现太阳崇拜的习俗[①]。

2. 几何类

47例，占总数的55%。大多刻划在碗的外底部。此类刻划符号数量相对较多，内容复杂，有方框形、网格形、圆圈形、弧线形、数字形、叉形、勾形等。

1）方框形

16件。T2③：160-1（图7-7，1），为碗的残底片，矮圈足底。碗内外皆红褐色。其外底部刻划有残方形，在器底中也刻划，两边线条向外延伸，刻道清晰，似在已干坯胎上刻划。T3③：232（图7-7，2），为碗底残片，圈足底。碗内黑外红，外着红色陶衣，碗底外部疑似未着色。其外底部中也刻划有残方框形。刻道清晰，似在未干坯胎上刻划。T2④：305（图7-7，3），为碗底残片，饼形，底内凹。碗内黑外红，外着红色陶衣，碗底外部未着色。其外底部刻划有残方形，线条向外延伸，刻道清晰，似在器物烧成后刻划。T3④：345（图7-7，4），为完整的碗底，饼形，底内凹。碗内黑外红，外着红色陶衣，碗底外部未着色。其外底中部刻划有方形，四角均有线条延伸出来，用处不明。刻道清晰，似在坯胎已干时刻划。T3④：351（图7-7，5），为碗的残底片，饼形底。碗内黑外红，外着红色陶衣，碗底外部未着色。其外底部刻划有残方形。刻道清晰，刻痕较粗，规整，似在坯胎未干时压印而成的。T3④：353（图7-7，6），为碗的残底片，矮圈足底。碗内黑外红，外着红色陶衣，碗底外部疑似未着色。其外底部刻划有残方形，一边延伸出一部分。刻道清晰，似在坯胎未干时刻划。T6④：99（图7-7，7），为碗的残底片，饼形底。碗外红褐色内黑色。其外底部靠近碗底边缘刻划方框形，刻出三边。刻道清晰，似在器物烧成后刻划。T2④：307（图7-7，8），为碗的残底片，矮圈足底。碗外红褐色内黑色，外着红色陶衣，碗底外部未着色。其外底刻划有两重弧线残方框形符号。刻道清晰，似在坯胎已干时刻划。T3③：239（图7-7，9），为碗底残片，矮圈足底。碗外红内黑色，外着红色陶衣，碗底外部似未着色。外底部刻划有残方框形及方形内部一直线和方形一边平行的符号。刻道清晰，似在坯胎未干时刻划。T2④：304（图7-7，10），为碗底残片，饼形，底内凹。碗外红内黑，外部着红色陶衣。重线斜方框形，刻道清晰，似为器物烧成后刻划。另外，陷阱捕鱼也是双墩文化时期先民的一种捕鱼方法。在双墩遗址刻划符号中，表示在陆地上设置陷阱时，往往在方框上画一条直线（直线表示地面，方框表示阱坑）表示陷阱隐藏在地下；在水中设置陷阱则在方框下画一条或两条弧线（弧线表示

① 何星亮：《太阳神及其崇拜仪式》，《民族研究》1992年第3期。

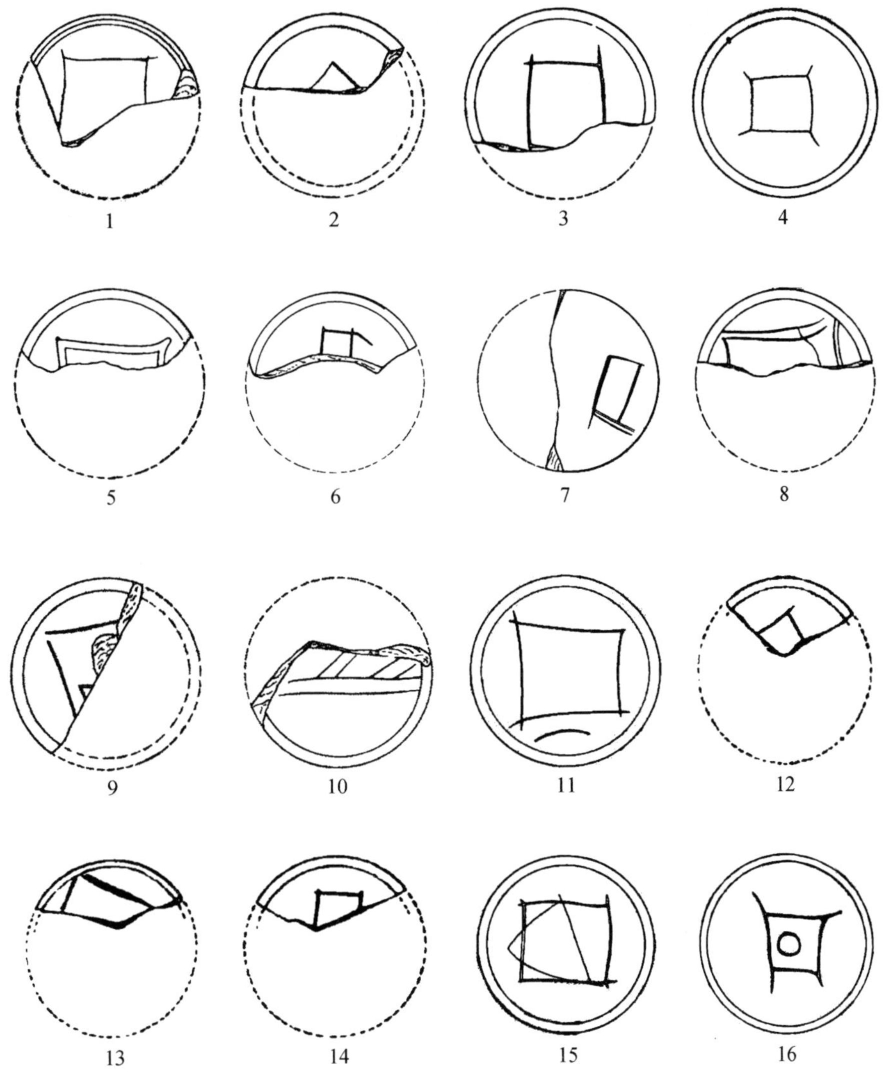

图7-7　侯家寨方框形刻划符号

1. T2③：160-1　2. T3③：232　3. T2④：305　4. T3④：345　5. T3④：351　6. T3④：353　7. T6④：99　8. T2④：307　9. T3③：239　10. T2④：304　11. T2④：295　12. T3④：358　13. T3③：238　14. T3③：236　15. T3③：221　16. T3③：240

水，方框表示陷阱）表示陷阱设置在水中[①]。侯家寨刻划符号T2④：304的重线半框形刻划就很可能反映了这一内容，这可以说是侯家寨居民留给我们最原始的文字记录。T2④：295（图7-7，11），为完整的碗底片，饼形底。碗外红内黑色，外着红色陶衣，碗底外部未着色。外底部刻划有方形，方框形外部刻划有和其一边平行的弧线。刻道清晰，似在坯胎未干时刻划。T3④：358（图7-7，12），为碗的残底片，矮圈足底。碗内黑外红，外着红色陶衣，碗底外部疑似未着色。其外底部刻划有残方形，一边有线条延伸。刻道清晰，似在坯胎未干时刻划。T3③：238（图7-7，13），碗的残底片，饼形底。碗内黑外红，外着红色陶衣，碗底外部未着

① 李昆声、黄懿陆：《中华历史文化探源：云南抚仙湖与世界文明学术研讨会论文集》，云南人民出版社，2012年，第508页。

色。其外底部刻划有残方形，方框较大，两边顶着碗底的边沿。刻道清晰，似在器物烧成后刻划。T3③：236（图7-7，14），为碗底残片，圈足底。碗内黑外红，外着红色陶衣，碗底外部未着色。其外底部刻划有残方形。刻道清晰，似在已干坯胎上刻划。T3③：221（图7-7，15），为完整的碗底片，矮圈足底。碗内黑外红，外着红色陶衣，碗底外部未着色。外底部刻划有方框形和三角形组成的组合符号。刻道清晰，似在坯胎未干时刻划。三角形刻划，似代表抄网或一种锐器，先民手执一角直接用来捕捉河里的鱼，而方框形符号可能表示类似渔网之类的捕鱼用具，二者一起组成的符号应该表示下河捕鱼的事件。T3③：240（图7-7，16），为完整的碗底片，矮圈足底。碗内黑外红，外着红色陶衣，碗底外部似未着色。外底部刻划有方形及方形内部圆形组成的组合符号。方形刻道清晰，似在坯胎未干时刻划，圆形刻道稍浅，似在坯胎已干时刻划。

T2④：295这组刻划符号表现出先民的朴素宇宙观念——天圆地方。“天圆地方”曾经是古人对宇宙的普遍认知。据《大戴礼记·曾子天圆》载，单居离问于曾子曰：“天之所生上首，地之所生下首，上首之谓员（圆），下首之谓方，如诚天员（圆）而地方，则是四角不揜也。”圆形表示天，方框形可能表示地，方框形也可以表达“方”这个概念，“□即方之初文”，“原始社会劳动人民的创造文字，极朴质，极简单，也是极符合于客观事物的真像，以□为方，以○为圆，都是最原始的文字……”[①]黄德宽也认为这种四方形之中加一个圆形的符号，可以看作“天圆地方”的综合表现[②]。该组刻划符号也可以看作一条单弧线，上面是一个半框形，在单弧线和半框形围成内部的圆圈代表的是日。前面讨论了弧线刻划符号可以表示“水”，在这里可以看作淮水。淮河古称“淮”，也称“淮水”，《水经注》三十：“淮水出南阳平氏县胎簪山，东北过桐柏山……又东过钟离县北……又东至广陵淮浦县，入于海。”侯家寨遗址位于淮河流域的南岸，考古发现渔猎工具和鱼形刻划符号，表现渔猎经济在古人的生产、生活中占有重要比重，淮水对人们的现实生活和精神生活有重大的影响。而单弧线可能也代表“地”，《说文解字》“屯”下曰：“一，地也。”其释“一、上、下、旦、至”诸字皆可参考。根据以上分析，可以认为这组刻划符号是侯家寨地区先民以“淮水”或者“大地”为参考观察“天、地”的视觉图像表现，与中华民族先人“天圆地方”的基本观念相一致。黄德宽认为：“半圆框形与圆圈形相比只是视角取象的差异，也应该是‘天穹’的符号，如纳西象形文字的‘天’就写作‘圆而覆’的半圆弧形。因为是在陶胎（体）上刻划，弧线和圆形变形为直线或亦圆亦方是很自然的刻写现象，甲骨文可以提供大量类似的实例。”在这里若把半框形理解为天，单弧线看为淮水或大地，圆圈看作太阳的话，这组刻划符号体现的是生活在淮水岸边的先民观察到的太阳悬挂在空中的景象。

2）网格形

11件。T3③：220（图7-8，1），碗底残片，饼形底，饼足内凹。碗外红褐色内黑色。外

---

① 于省吾：《商周金文录遗·序言》，中华书局，1993年。

② 黄德宽：《蚌埠双墩遗址几何类刻划符号试释》，《东南文化》2012年第3期。

底部刻划有连续小方格网格符号，刻道清晰有力，似在坯胎未干时刻划。T3③：229（图7-8，2），碗底残片，矮圈足底。碗外红褐色内黑色。外底部刻划有网格形符号，刻道清晰，似在坯胎未干时刻划。T3④：352（图7-8，3），碗底残片，圈足底。碗内外皆红褐色。外底部刻划有网形符号，刻道不太清晰，似在坯胎已干时刻划。T3④：349（图7-8，4），为碗底残件，矮圈足。碗外红内黑色，外着红色陶衣，外底部疑似未着色。图案不太清晰，似为坯胎已干时刻划。T2③：157-1（图7-8，5），碗底残片，圈足底。碗外红褐色内黑色。外底部刻划有网格形符号，刻道较清晰，似在坯胎未干时刻划。T2③：240（图7-8，6），碗底残片，饼形底。碗外红褐色内黑色。外底部刻划交叉斜平行线组成的网格形符号，刻道清晰，似在坯胎未干时刻划。T3③：231（图7-8，7），矮圈足底。碗外红褐色内黑色，外着红色陶衣，碗外底部未着色。外底部刻划有网格形符号，刻道较清晰，似在坯胎已干时刻划。T3③：227（图7-8，8），碗底残片，饼形底，饼足内凹。碗外红褐色内黑色，外底部刻划有叶脉形残符号，刻道较清晰，似在坯胎未干时刻划。T3③：237（图7-8，9），碗底残片，饼形底，饼足内凹。碗外红褐色内黑色。外底部刻划有网格形符号，刻道清晰，似在坯胎已干时刻划。T2④：308（图7-8，10），碗底残片，圈足底。碗外红褐色内黑色，外着红色陶衣，碗外底部未着色。外底部刻划有网形符号，刻道清晰有力，似在坯胎未干时刻划。T3④：348（图7-8，11），碗底残片，饼形底，饼足内凹。碗外红褐色内黑色。外底部刻划有网格形符号，刻道清晰有为，似在坯胎未干时刻划。碗底中部残缺，似有人为打磨钻孔迹象。

网格形刻划符号是由多个线条组合而成，如T3③：237是由菱形方格组成，方格较小，分布较密，更像是人们对一种实物的观察结果。根据侯家寨动物种属的鉴定和量化统计，侯家寨先民的肉食资源获取途径以（家猪）饲养为主[①]。网格形符号或许是圈养家猪所用的栅栏，防止饲养的动物走失。另外，网格形刻划符号表达的可能是侯家寨居民用来捕鱼的网。也反映出渔猎经济在侯家寨文化中占有一定的比重。

3）圆圈形

4件。T3④：343（图7-9，1），碗底残片，矮圈足底。碗内外皆红褐色。外底部刻划有圆形符号，刻道清晰，似在坯胎已干时刻划。黄德宽认为单线圆圈作为抽象的符号，可能是表达“圆”这个概念的，与汉字“方圆”的“圆”初文相同[②]。笔者认为也可以将单线圆形理解为天。将天理解为一个圆形，在古代文献中多有记载。《庄子·说剑》：“上法圆天以顺三光，下法方地以顺四时。”《淮南子·天文训》：“天道曰员（圆），地道曰方。方者主幽，员（圆）者主明。”单线圆圈还可能表示阴天或者冬天的太阳，没有刺眼的光芒。与T2④：294所表示光芒四射的太阳有所区别。T3③：224（图7-9，2），为完整的碗底，饼形底，饼足内凹。外底部刻划有圆形符号，似一道道旋涡，刻道不清晰，似在坯胎已干时刻划。该刻划符

① 戴玲玲、陶洋、阚绪杭：《淮河中游地区的史前生业经济考察——安徽省侯家寨遗址出土动物骨骼研究》，《东南文化》2017年第1期。

② 于省吾：《商周金文录遗·序言》，中华书局，1993年。

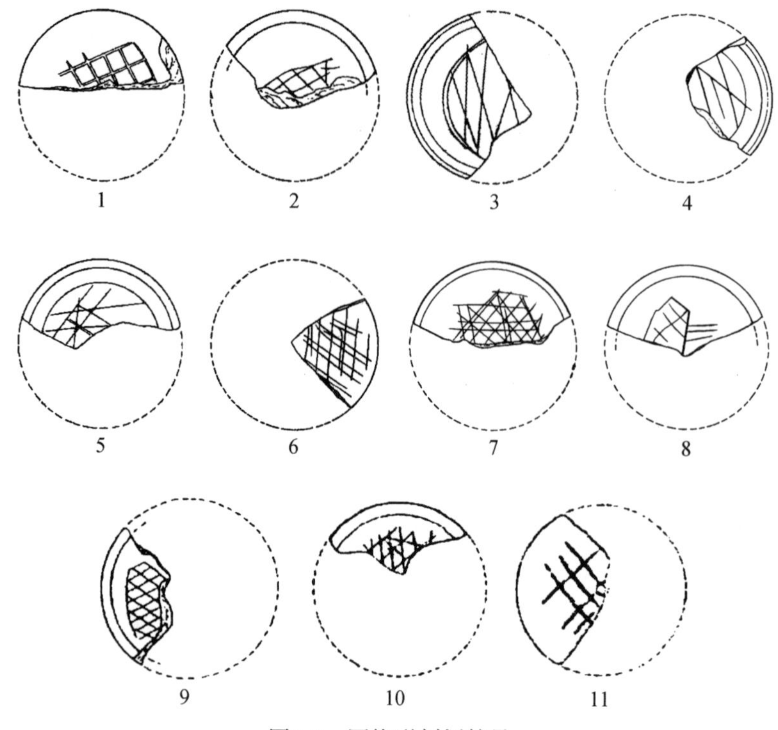

图7-8　网格形刻划符号

1. T3③：220　2. T3③：229　3. T3④：352　4. T3④：349　5. T2③：157-1　6. T2③：240　7. T3③：231　8. T3③：227　9. T3③：237　10. T2④：308　11. T3④：348

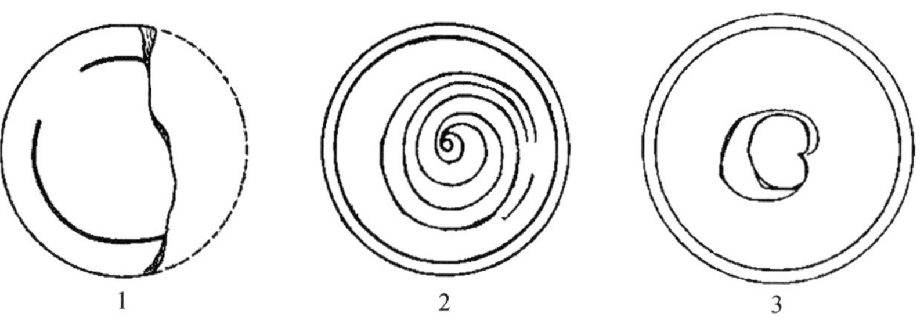

图7-9　圆圈形刻划符号

1. T3④：343　2. T3③：224　3. T2④：216

号从结构外形上看，与旋涡非常相似，也许该刻划符号是生活在淮河流域的侯家寨先民们经过观察淮河，把水中的旋涡给生动、象形地刻划出来；同时该刻划符号与螺蛳壳上的纹路相似，渔猎经济在侯家寨文化中占有一定的比重，也许该图是根据食用后的螺蛳刻划的符号。T2④：216（图7-9，3），为完整的碗底，饼形底，饼足内凹。碗内黑色外红褐色，外着红色陶衣，碗外底部未着色。外底部刻划有圆圈内部套一小圆圈，刻道不清晰，似在坯胎已干时刻划。

4）弧线形

5件。T2④：302（图7-10，1），为一件碗的残片，饼形底，饼足内凹。碗内外皆红褐色，外部似着红色陶衣，碗外底部未着色。其外底部刻划有两条平行弧线。刻道清晰有力，应在坯胎未干时刻划。T6④：97（图7-10，2），为一件完整的碗底，矮圈足。碗外红内黑色，外施红色陶衣，碗底外部未着色。其外底部刻划有两组对称、弧线背部向内，每组两条平行弧线的图形，刻道较清晰，应在坯胎已干时刻划。外腹部有三道放射状刻痕，划破陶衣，似为器物烧好后刻划，放射状刻痕是有意刻划，和碗底符号有特定的联系。T6④：100（图7-10，3），为一件碗的残片，饼形底。外红褐色内黑色，外部似着红色陶衣，外底部未着色。其外底部刻划有三条平行弧线，弧线背部向内，刻道清晰有力，应在坯胎未干时刻划。T2③：158-1（图7-10，4），为一件碗的残片，饼形底，饼足内凹。碗内外皆红褐色，碗内外似皆着红色陶衣，外底部未着色。其外底部刻划两道平行弧线，弧线背部向内，并伴随着其他不太清晰的弧线线条，这组弧线背部向外，两组弧线有部分交叉，平行弧线刻道清晰，似在坯胎未干时刻划。其他弧线线条不清晰，应在坯胎已干时刻划。T6③：34（图7-10，5），为一件碗的残片，饼形底，饼足内凹。碗内外皆红褐色。其外底部刻划有四组对称弧线，背部向内，每组有平行弧浅的图形。刻道清晰有力，应在坯胎未干时刻划。

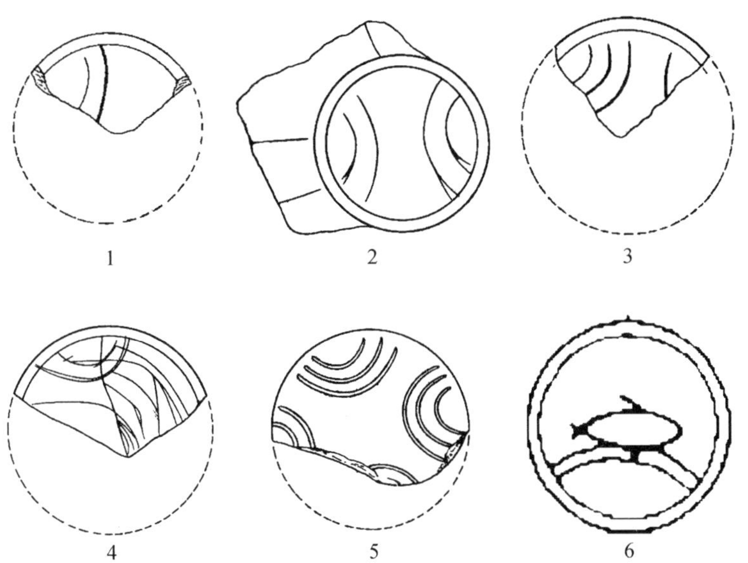

图7-10 弧线形刻划符号

1. T2④：302 2. T6④：97 3. T6④：100 4. T2③：158-1 5. T6③：34 6. 86T0720③：90（双墩遗址出土）

黄德宽先生根据双墩遗址发现的86T0720③：90（图7-10，6）上的这组刻划符合判断“鱼”形下面的双弧线是水纹，并联想到甲骨文的“水”“川”“渔”等字形，甲骨文的“水”“川”都是从水的波纹着眼构形的，“渔”也是由一条“鱼”和“水”组成。因此认为双墩水纹符号与甲骨文在表现方法上颇为相似①。侯家寨遗址出土的这批弧线形刻划符号与双墩遗址的极为相似，都是重线背向的弧线形，因此侯家寨弧线形刻划符号似是表现水波荡漾的景象。

① 黄德宽：《蚌埠双墩遗址几何类刻划符号试释》，《东南文化》2012年第3期。

5）数字形

7件。T3③：241（图7-11，1），为碗的底部。饼形底。碗内黑外红色，外着红色陶衣，外底部未着色。一字横穿碗底中部，刻道清晰有力，应在坯胎未干时刻划。“一”字横穿碗底，与甲骨文、金文“一”字的表现方式相同，而在新石器时代其他遗址中这类刻划符号也经常出现，可能是表示原始先民计数的过程，因为计数是人们最关注也是与日常生活密切相关的。T2④：301（图7-11，2），为碗的残底部。矮圈足底。碗内黑外红褐色。一字形斜穿碗底残片，刻道清晰，应在坯胎未干时刻划。T2③：162-1（图7-11，3），为碗的残底部。饼形底。碗内黑外红色，外着红色陶衣，外底部未着色。一字形横穿碗底，刻道清晰有力，应在坯胎未干时刻划，在一字上有一勾形刻痕与其交叉，刻痕较浅。T6③：39（图7-11，4），为碗的底部。饼形底，饼足内凹。碗内黑外红色，外着红色陶衣，外底部未着色。两条直线相交，下端有一月牙形划痕，刻道不太清晰，应在坯胎已干时刻划。T3③：228（图7-11，5），为碗的残底部。饼形底。碗内黑外红色，外着红色陶衣，外底部未着色。底部刻划有交叉“十”字形。碗底边缘刻有米粒状平行刻划纹。刻道清晰，应在坯胎未干时刻划。T3④：354（图7-11，6），为碗的底部。饼形底。碗内黑外红色，外着红色陶衣，外底部未着色。“一”字横穿底部，底部刻划有“二”字形，两道斜线压划在“二”字形上。刻道清晰有力，应在坯胎未干时刻划。T3④：339（图7-11，7），碗底残片，矮圈足底。碗外红褐色内黑色，外着红色陶衣，碗外底部未着色。外底部有阴刻重线“十”字形残符号，刻道较清晰，似在坯胎已干时刻划。

6）叉形

2件。T2④：306（图7-12，1），为碗的残底片，矮圈足底。碗外红内黑色，外着红色陶衣，外底部未着色。其外底部有对称的叉形符号，刻道较清晰，似在已干的坯胎上刻划。T3④：341（图7-12，2），为碗的残底片，矮圈足底。碗外红内黑色。其外底部有对称的叉形符号，刻道较清晰，似在已干的坯胎上刻划。

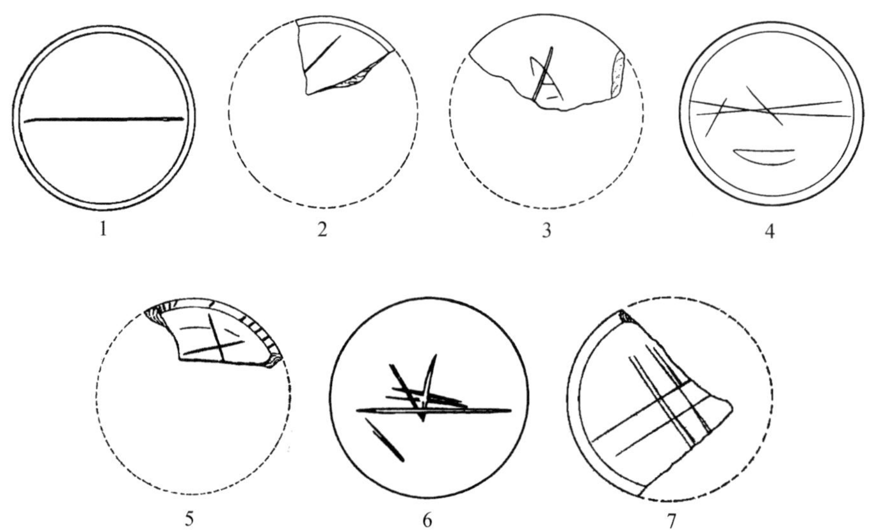

图7-11　数字形刻划符号

1. T3③：241　2. T2④：301　3. T2③：162-1　4. T6③：39　5. T3③：228　6. T3④：354　7. T3④：339

7）勾形

2件。T3③：225（图7-13，1），为碗底残件，饼形底，饼足内凹。碗外红内黑色。似刻划有一条残直线，刻道较清晰，似为坯胎已干时刻划。T3③：233（图7-13，2），为碗的残片，饼形底。碗内黑外红色，外着红色陶衣，外底部未着色。刻道清晰有力，似在坯胎未干时刻划。

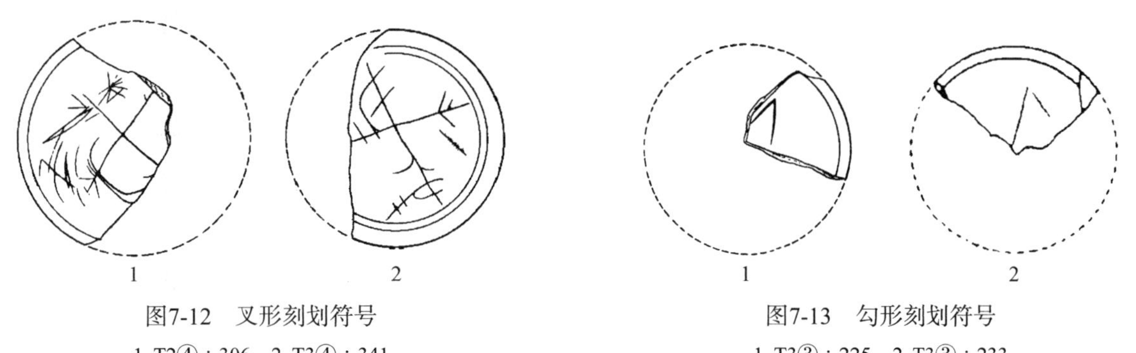

图7-12　叉形刻划符号
1. T2④：306　2. T3④：341

图7-13　勾形刻划符号
1. T3③：225　2. T3③：233

3. 其他类

1）特殊形

3件。T3④：350（图7-14，1），器物平底，底部似为黑色，器身似着红色陶衣。器物数条横线、竖线呈90°角交叉，又有数条斜线斜交于迭些横竖线。线条刻道较清晰，似为坯胎未干时刻划。T2③：241（图7-14，2），为碗底残片，饼形底。碗内黑色外红褐色。外底部刻划有圆形符号，刻道不清晰，似在坯胎已干时刻划。T2④：300（图7-14，3），为碗底残件，饼形底，饼足内凹。碗外红内黑色，外着红色陶衣，外底部疑似未着色。残部似残留两条平行弧线，弧线的右侧疑似为两条平行线。刻道模糊，似为坯胎已干时压印图案。T3④：326（图7-14，4），为刻在豆座上的符号。豆座呈喇叭圈足状。外饰红色陶衣。两条弧线和上面的一条直线相交，呈倒三角状，在上部有四条线向上延伸，刻道清晰有力，似为坯胎未干时刻划。

2）残形

19件。如T2②：158（图7-15）。

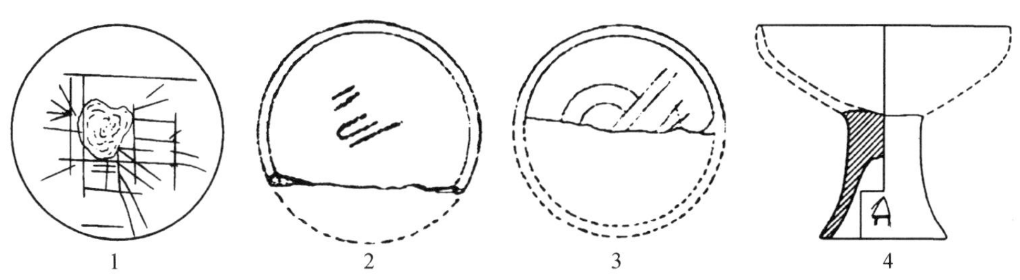

图7-14　特殊形刻划符号
1. T3④：350　2. T2③：241　3. T2④：300　4. T3④：326

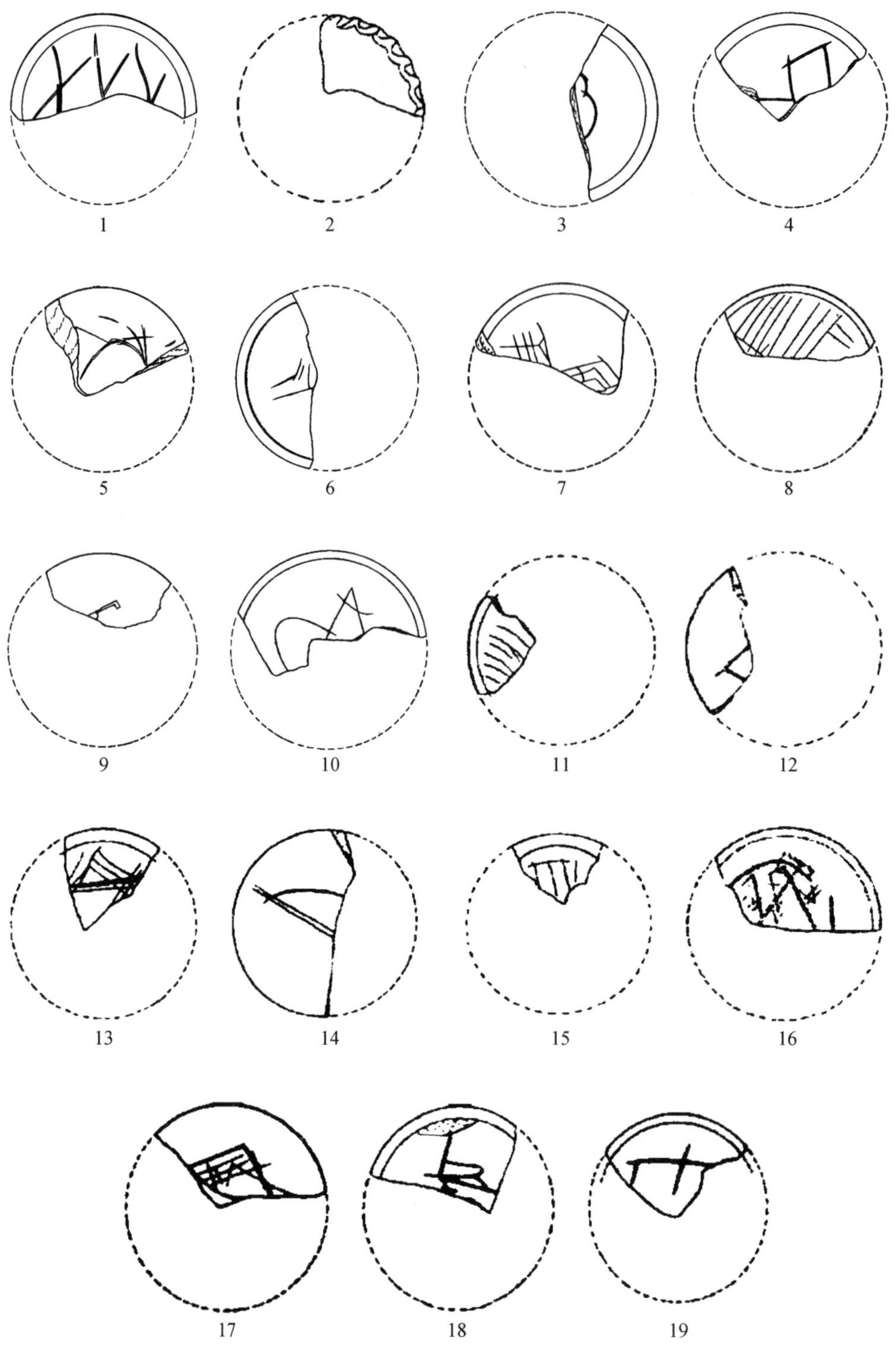

图7-15　残形刻划符号

1. T2②：158　2. T6④：96　3. T2④：298　4. T2④：299　5. T2④：303　6. T2④：309　7. T3④：349　8. T3④：356　9. T6④：98　10. T3③：222　11. T2③：161-1　12. T3④：349　13. T3④：338　14. T3④：303　15. T3④：342　16. T3④：347　17. T3④：361　18. T2④：310　19. T3③：235

三、与其他遗址出土刻划符号的比较

1. 作为双墩文化的侯家寨刻划符号

从绝对年代来看，侯家寨遗址一期文化的年代为距今7300～7000，双墩遗址距今7300年左右，时间上极为相近。“侯家寨是一处非常重要的新石器时代考古学文化遗址，一期文化以平底带釜、祖形支架和陶器刻划符号为典型器物，可纳入双墩文化。”①侯家寨遗址一期实为双墩文化的一处典型遗址。

蚌埠双墩遗址位于安徽省蚌埠市淮上区双墩村，是一处新石器时代的台形遗址，出土了大量的陶器、石器、蚌器、骨角器等文化遗物。出土的陶器以红褐色夹蚌末和外红衣内黑色夹炭陶为主。陶器多素面，部分也有纹饰，陶器器形也比较规整，器类明确。典型炊具有斧、甑、支架、灶框和少量的鼎。石器数量较少，制作技术简单，以粗磨和打制石器为主，主要器形有斧、锛、砍砸器等。出土的蚌器数量多，加工粗糙，制作简单，器形多刀、匕、锯等。骨角器多为骨锥、骨针、饰件和鹿角勾形器等。双墩人的经济生活是以渔猎为主，农业为次，采集和饲养为辅②。在双墩遗址出土的陶器上发现刻划符号633件，其中绝大多数刻划或压划在碗的外底圈足内，仅有少数符号刻划在豆圈足内或其他平底器的底部等不同部位。有刻划符号碗的外腹部大多数有2～4道放射状刻道，刻道划破器物表面的红色陶衣，是在器物施红色陶衣后刻上去的，或是在使用过程中为了表达某种意思而刻上去的。报告整理者认为，碗底的刻划符号与腹部的放射状刻道似有一定的关系。符号处于遗址东南侧的凹沟中，与当时人们的生活废弃物堆积在一起，没有发现这些刻划符号被当时人们作为特殊物品保管起来或另行处理的现象。

“双墩遗址的三次发掘在陶片中发现了633余件刻划符号，是我国目前出土刻划符号最多的一处新石器时代遗址。”③侯家寨遗址和双墩遗址同处淮河中游地区，两遗址相距60千米，年代大体相当，出土的刻划符号较为相似，两者的刻划符号刻划位置一样，都刻划在碗底、钵底等隐蔽位置，刻划载体一样都刻划在陶器上，在刻划方法上，两者的刻划多为阴文，双墩的刻划方法更加多样，有刻划法、压划法、剔刻法和黏贴修整法，由于侯家寨遗址相较双墩遗址出土刻划符号较少，仅发现压划法和刻划法。两者的刻划符号出土环境相同，均与先民们的生活废弃物堆积在一起，没有发现被当作特殊品保管起来的或另行处理的现象。而且在器物的腹部都发现有放射状刻道。在刻划内容上，双墩刻划的内容更加多样，如山川、河流、太阳、房屋、四叶花、捕鱼、狩猎、养蚕和几何类刻划符号等。从刻划符号的刻划方式、形体及符号的构成方式等方面来看，两者展现了极大的相似性（表7-2）。

---

① 安徽省文物考古研究所：《安徽定远侯家寨新石器时代遗址发掘》，《考古学报》2019年第1期。

② 安徽省文物考古研究所、安徽省蚌埠市博物馆：《安徽蚌埠双墩新石器时代遗址发掘》，《考古学报》2007年第1期。

③ 安徽省文物考古研究所、蚌埠市博物馆：《蚌埠双墩——新石器时代遗址发掘报告》，科学出版社，2008年。

表7-2　侯家寨与双墩刻划符号类比

分类	形状	侯家寨刻划符号	双墩刻划符号
象形类	鱼形	T6③：37	86T0720③：90
	植物形	T3③：230	86T0720④：15
		T6③：33	93征集品：3
		T3③：223	86T0830③：9
	房屋形	T6③：36	93征集品
	太阳形	T2④：294	86T0720③：48

续表

分类	形状	侯家寨刻划符号	双墩刻划符号
几何形	方框形	 T2③：160-1	 86T0720③：25
		 T2④：304	 86T0720③：47
		 T6④：99	 86T0820④：12
	网格形	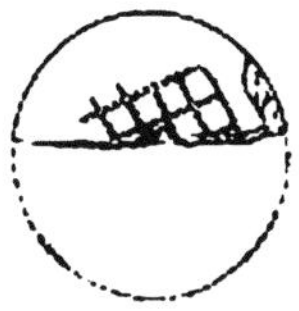 T3③：220	 86T0720③：42
		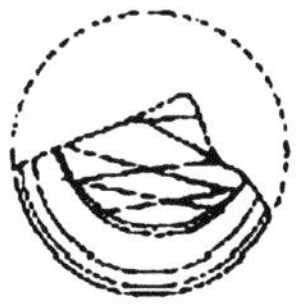 T3④：352	 86T0820③：46
		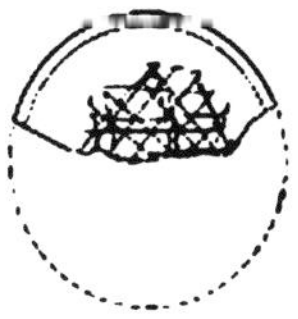 T3③：231	 86T0720③：69
	圆圈形	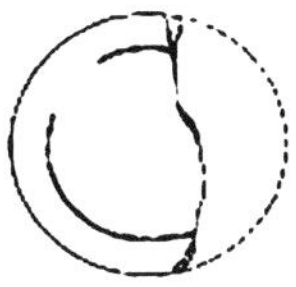 T3④：343	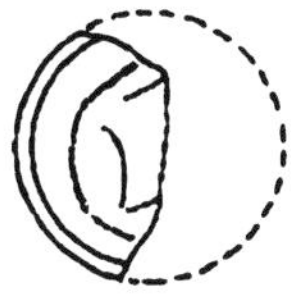 86发掘品：106
		 T3③：224	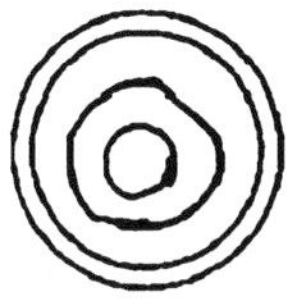 86T720②：101

续表

分类	形状	侯家寨刻划符号	双墩刻划符号
几何形	弧线形	T6④：97	86T0720③：52
		T6③：34	86发掘品：94
	数字形	T3③：241	86发掘品：31
		T3④：339	86T0720③：28
	叉形	T3④：341	86发掘品：89
	勾形	T3③：225	86T0820④：53

通过比较可以总结出以下几点：首先，二者刻划符号均刻划在陶器上，主要载体是陶碗且外红内黑。陶胎多为夹炭、蚌末、沙砾，呈黑色或灰黑色。大量的刻划符号都集中在不引人注意的部位，如器物的外底部，即陶碗的圈足、饼足外底部和陶豆的喇叭形足内侧等。显然，二者符号的作用都不是装饰，而是具有特殊的意义和用途。其次，在刻划方法上，二者都存在陶坯未干时候刻划、陶坯晾干后刻划、陶坯烧制成器后刻划、两次刻划这四种情况。所不同的是，侯家寨刻划符号全部为刻划或压划的阴文。而双墩刻划符号多为刻划或压划的阴文，还有一些似用剔刻或拍印或模印方法形成的阳文符号。最后，从刻划符号表现的内容上来看，双墩

遗址的刻划符号更为丰富，有猪、鹿、蚕等多种象形动物类刻划和刻划多变的三角形、方框形等几何类刻划。但是侯家寨遗址中出土的人面形和房屋形刻划符号则表现了侯家寨特有的文化面貌。

2. 与贾湖刻划符号的比较

舞阳贾湖遗址位于河南省舞阳县北舞镇贾湖村，属于淮河上游。1983～1987年，考古工作者先后对其进行了6次发掘。经^{14}C测定，年代为公元前7000～前5800年。出土的器物有陶器、骨器、石器等。典型陶器有侈口罐、折沿罐、带流圈足壶、罐形壶、方口盆等。墓葬中有大量的二次葬和一、二次合葬现象，大量随葬骨器而陶、石器相对较少，如成组龟甲、獐牙、猪下颚骨等。骨器多制作精美。大量骨笛、叉形骨器、成组龟甲以及柄形石器的随葬表明其精神文化也有了相当的发展。在出土的遗物中发现17例刻划符号，分别刻划于14件甲、骨、石、陶器上，其中龟甲刻符9例，骨器刻符3例，石器刻符2例，陶器刻符3例（图7-16）。报告整理者将符号分为三大类：具有原始文字性质类、记号类、数字类①。部分学者认为贾湖先民创造的刻划符号具有原始文字性质，为研究汉字的起源提供了重要的资料来源。蔡运章和张居中教授认为其部分刻划符号为反映八卦之象的卦象文字，是中华先民“制器尚象”习俗的产物，也是一种特殊的记事文字，并将这些原始的卦象文字与商周甲骨文进行比较，除4个刻划不清无法释读之外，其余符号均被释读出来②。

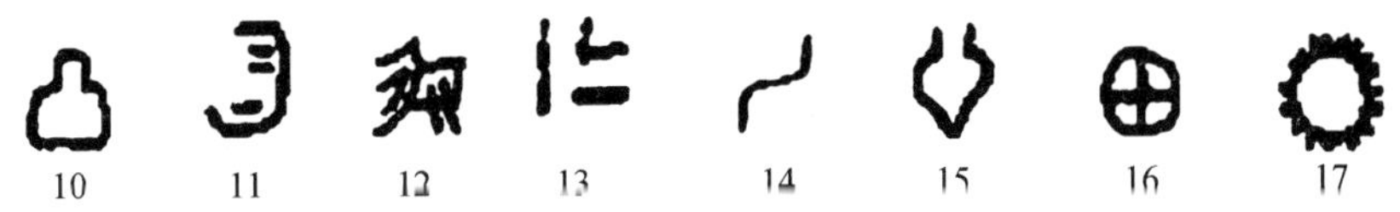

图7-16　贾湖遗址刻划符号③

1. M344：18　2. M344：28　3. M335：15　4. M94：4　5. M233：11　6. M233：15　7. M387：4（下腹甲右侧）　8. M387：4（下腹甲上）　9. M387：4（背甲上）　10. M387：8　11. M253：4　12. M344：3　13. 不明　14. H141：1　15. H198：7　16. T10838：2　17. H190：2Ⅲ

舞阳贾湖遗址位于淮河上游，为新石器时代早期文化，侯家寨遗址位于淮河中游，属新石器时代中期文化。从文化流源来看，阚绪杭先生提出淮河上游的贾湖文化、山东境内的后李文

① 河南省文物考古研究所：《舞阳贾湖》，科学出版社，1999年，第984～987页。

② 蔡运章、张居中：《中华文明的绚丽曙光——论舞阳贾湖发现的卦象文字》，《中原文物》2003年第3期。

③ 河南省文物考古研究所：《舞阳贾湖》，科学出版社，1999年，第1028页。

化为双墩文化的主要来源[①]，从地域上来看，淮河上游文化传播到中游并无太多阻拦。两个遗址刻划符号的刻划方式较为相似，都为用尖锐的工具刻划上去，部分刻痕较为清晰。从刻划载体上看，贾湖遗址的刻划载体更加丰富，骨器、陶器、石器均有刻划，其中骨器刻符较多。从刻划内容上看，侯家寨刻符更加丰富，形象生动，生活气息浓厚，两遗址部分刻划符号相似。侯家寨遗址多几何形刻划符号，更能表达抽象性的思维观念，贾湖遗址的更像是记号类、计数类刻符，且多为单个符号，侯家寨遗址出现组合形的符号，具有表达复杂的意蕴的功能。从以上的分析比较可以看出，侯家寨遗址出土的刻划符号相对于贾湖遗址刻符更具有写实性，是刻划符号的进一步发展，侯家寨部分刻划符号受到贾湖刻划符号的影响。

3. 与龙虬庄刻划符号的比较

在淮河下游地区，代表江淮地区东部新石器时代文化的龙虬庄遗址位于江苏扬州高邮市一沟乡龙虬庄村，时代距今6500～5500年。遗址平面近似方形，总面积约43000平方米，是江淮东部面积最大、保存最完好的一处新石器时代聚落遗址。从1993年起，先后进行了4次考古发掘，在遗址东部的南荡文化遗存中采集到一片泥质磨光黑陶盆口沿残片，表面乌黑发亮，胎亦呈黑色，烧成火候较高，质地坚硬。陶片内壁8个刻划符号（图7-17）纵向两行，每行4个，左行的4个刻画符号类似甲骨文，右行的4个类似动物形。这些刻文笔画纤细，技法娴熟。

侯家寨遗址的刻划符号，是通过单体符号或者组合型符号构成的象形类符号、几何类符号来反映远古社会的生活情况，如渔猎、采集等。侯家寨刻划符号是一种单一的文字符号，因为不能记录语言而认为其是符号而不是文字，但因为同时出现许多不同以及有许多相同符号重复出现的情况来看，似应为一种单一的表义文字。而龙虬庄遗址出土的刻划符号似是由单一的表义文字向系统文字的发展进化的过渡阶段。与均刻划在器物底部比较隐蔽部位的侯家寨遗址刻划符号不同，龙虬庄的刻划符号刻在泥质磨光黑陶盆的口沿部，异常明显，而且属于文字画，结构布局匀称，字体间隔相等，左边一行似文字，右边一行似图画。正如王晖先生所说，龙虬庄陶文中有文字有“文字画”图形，特别是用假借字来说明图形的含义，这正是“文字画”向原始文字转变过程中的中间环节[②]。对于龙虬庄文化的刻划符号，饶宗颐和周晓陆先生认为是早期汉字。饶宗颐先生把这片符号分为两组，一组四文，另一组作鱼形及动物形的图文，似怪兽虫鱼之类，不知何所指，但必与“祝尤”有关，并认为该陶片可以看作揭示图文并茂的古代记录之一例。王晖先生认为龙虬庄陶文左边的四个字与殷墟甲骨文相近，但是比较潦草，应该是原始文字。右边四个字应该是注音符号，不是字。

图7-17　龙虬庄刻划符号

---

① 安徽省文物考古研究所、蚌埠市博物馆：《蚌埠双墩——新石器时代遗址发掘报告》，科学出版社，2008年，第472页。

② 王晖：《中国文字起源时代研究》，《陕西师范大学学报（哲学社会科学版）》2011年第5期。

刘志一先生认为龙虬庄陶文是刻划形式的表音文字与描绘形式的表意文字融合的原始形态，是目前所知最古老的两种文字融合的遗物，也是甲骨文形成的胚胎形态。

侯家寨遗址的刻划符号与龙虬庄遗址的刻划符号代表淮河流域刻划符号发展的不同阶段。通过对二者的研究分析，探究淮河流域刻划符号的发展历程，对研究早期文字的形成和汉字的起源问题提供了极其珍贵的材料。

4. 与良渚文化刻划符号的比较

良渚文化[①]为太湖流域新石器时代晚期文化，距今5300～4000年。因1936年浙江余杭县（今余杭区）良渚遗址的发现而得名，主要分布在浙江省的北部和江苏省南部的太湖周围地区。良渚文化的刻划符号主要分布在太湖流域，其中浙江余杭良渚遗址群发现的刻划符号最为丰富。目前发现的良渚文化刻划符号（图7-18）有126个，约104种。

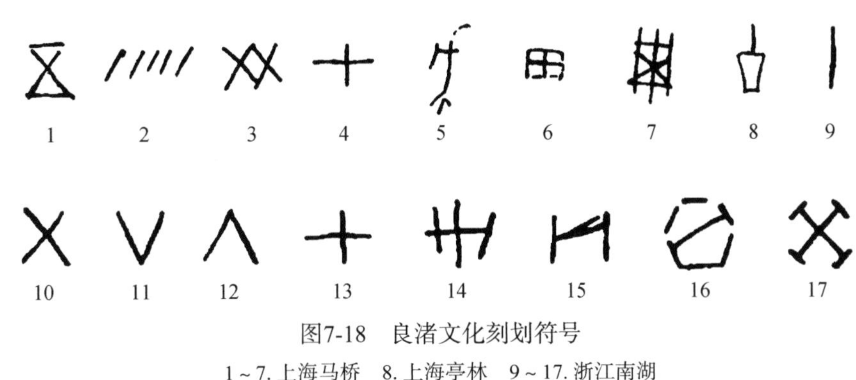

图7-18　良渚文化刻划符号

1～7. 上海马桥　8. 上海亭林　9～17. 浙江南湖

从目前发现的良渚文化刻划符号来看，主要有两大类：单体刻划符号与成组出现的刻划符号。单体刻划符号的使用频率不高，且刻划的随意性较强，还有一些较为写实，因此不具备表音或表意的功能。成组的刻划符号需要具体分析，有的仅仅代表图画或符号记事，还有一些则具有特定含义且在多地区均有发现。

良渚文化刻划符号与侯家寨刻划符号对比：①从符号载体看，良渚文化不仅有陶器，还有玉器，陶器种类多样，玉器主要为玉璧和玉琮。侯家寨全部刻在陶器的外底部，侯家寨文化时期没有玉器。②新石器时代遗存中包括侯家寨遗址发现的基本上是一器一符，而良渚文化遗物中发现了一器二符甚至多符的现象。裘锡圭认为："良渚文化多个成行的符号，尤其是余杭南湖黑陶罐上八九个符号排列成行的一例，可能确实反映了用符号记录语句的认真尝试。也就是说，它们非常可能已经是原始文字了。"[②]侯家寨刻划符号中出现了一部分固定的单体符号，当这些符号与其他符号相组合时，可以使我们从中分析出其所显示的内容，成为一种可以

① 中国社会科学院考古研究所：《中国考古学·新石器时代卷》，中国社会科学出版社，2010年；余杭县文管会：《余杭县出土的良渚文化和马桥文化的陶器刻划符号》，《东南文化》1991年5期。

② 裘锡圭：《究竟是不是文字——谈谈我国新石器时代使用的符号》，《文物天地》1993年2期。

会意并解读的符号，没有像良渚文化多种成行的符号。③从符号形态来看，既有象形符号，也有几何符号，还出现了一些复杂的符号。张明华、王惠菊等学者把良渚文化出现的一些刻划符号看成文字，认为“这些刻划基本上已经脱离了具体的图画阶段，而进入了抽象性质的文字阶段”。侯家寨刻划符号简单，分为象形和几何形两种[①]。从这两个遗址所代表的刻划符号可以看出，分布在不同地区、时代差距较多的不同遗址的刻划符号，差异性是非常明显的。

5. 与柳林溪刻划符号的比较

柳林溪遗址位于湖北省秭归县茅坪镇，坐落在长江北岸的坡地上，从1960年到2000年经过多次发掘，发现了新石器时期、二里头时期、东周等时期的文化遗存。柳林溪新石器时代遗存的年代介于城背溪文化晚期和大溪文化早期之间，距今7000～6000年。在新石器文化遗存中，发现了石器、陶器、骨器等遗物，其中以陶器为大宗，石器次之，骨器较少。石器以生产工具为主，器形有斧、铲、锛、砍砸器等。出土的陶器以夹砂、夹炭红陶为主；陶器的制法以泥条贴塑和泥条盘筑为主，部分为捏制；器表纹饰以绳纹为主，有少量的刻划纹、戳印纹、附加堆纹、镂孔等纹饰；器形有碗、钵、罐、鼎、瓮、盆等。其中80件陶器上发现有刻划符号，其中刻划于夹砂红陶罐口沿、支座顶部或柱身的符号9件，其余71件均刻划在泥质圈足、假圈足碗的外底部（图7-19）。刻划符号多位于底部正中，少数几个偏离，靠近边沿[②]。支座上的刻划符号多为复合符号，分布对称，且刻划在器物显要位置，应为装饰、美化所用的纹饰，非刻划符号，本节不予进行讨论。柳林溪遗址的刻划符号均为阴刻，部分符号刻划较浅，难以分辨，是在陶器制成阴干后进行刻划的。刻划的笔画有粗细、深浅之分，碗底符号笔划多为两端细浅而中间粗深，圈足碗外底部的符号笔画多呈弯弧或曲折状，刻槽底部符号有尖细、宽平、圆弧三种。陶罐为夹砂陶，胎质厚，刻划时不易变形，符号规整，线条平直，圈足碗底均泥质陶或细泥陶，器壁薄，刻划困难，符号随意性大。对于刻划符号的内容，周国平先生推测这些刻划符号可能与自然界、生产、生活中的水、山、土、动物、植物和工具、玩具以及计数有某种必然的联系[③]。

对比柳林溪遗址和侯家寨遗址出土的刻划符号，我们可以发现有着很多的相同点，同时也有些不同。侯家寨遗址与柳林溪遗址的年代大体相当，距今7000～6000年，处于新石器时代中期。在刻划内容上，侯家寨一些圆圈形、植物形、叉形、“一”字形、弧线形等刻划符号在柳林溪遗址中也有发现，且二者形态相似；在刻划位置上，柳林溪遗址大部分刻划符号刻划在圈足碗底部的隐蔽位置，少数刻划在陶罐的口沿上，可能具有某种特殊的意义；从刻划载体上看，两者都刻划在人们生活常用的碗、豆、罐上；从刻划手法上看，

---

① 张明华、王惠菊：《太湖地区新石器时代的陶文》，《考古》1991年10期。

② 国务院三峡工程建设委员会办公室、国家文物局：《秭归柳林溪》，科学出版社，2003年，第133～162页。

③ 周国平：《柳林溪遗址出土的刻划符号及初步研究》，《2003年三峡文物保护与考古学研究学术研讨会论文集》，科学出版社，2003年。

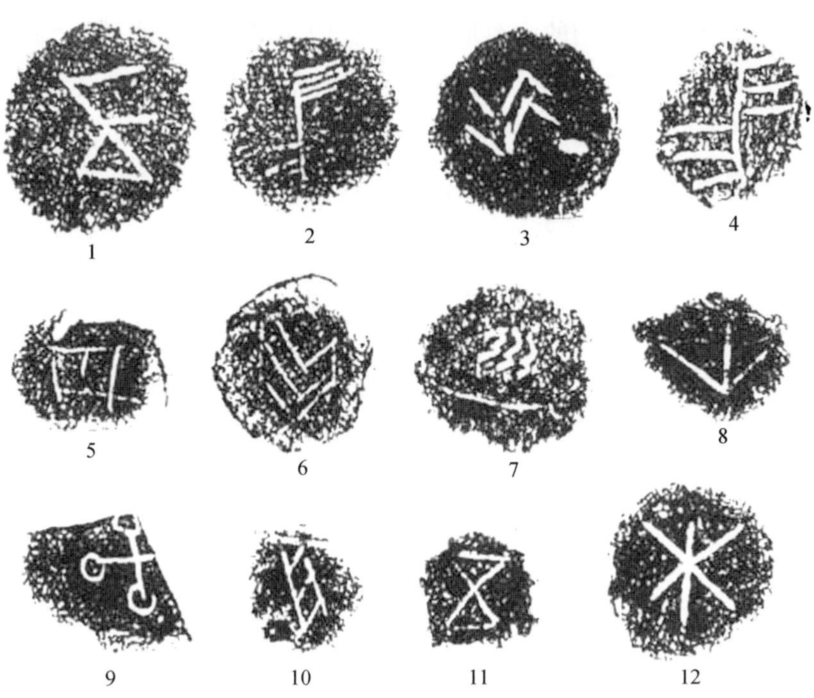

图7-19　柳林溪遗址第一期遗存陶器刻划符号拓本①

1. T0716⑥：36　2. T0916⑦：117　3. T1016⑥：102　4. T0816⑥：122　5. T1217⑥：30　6. T1116⑦：70　7. T1016⑥：99　8. T0816⑥：125　9. T1016⑥：97　10. T1116⑥：66　11. T1316⑥：17　12. T1217⑤：31

都采用了阴刻的手法，在器物坯胎烧制前或烧制后进行刻划，刻痕都有深浅之分，反映出刻划的工具具有相似性，都采用一些尖状的骨质刀或者都采用一些尖竹木片和一些圆头刃的工具进行刻划或压划。侯家寨遗址与柳林溪遗址及杨家湾遗址又存在一定的差异，侯家寨遗址中的刻划符号内容更加丰富形象，尤其是鱼形、植物形、建筑形等象形类刻划符号，侯家寨的几何类刻划符号更具有抽象性，更易辨认。从刻划位置上看，侯家寨遗址的刻划符号多刻划在碗、豆等器物的底部，而柳林溪遗址陶罐的符号刻划在口沿外侧，支座上的符号刻划在支座顶部或柱身上。侯家寨遗址只刻划在一些豆和碗上，而柳林溪遗址和杨家湾遗址中的刻划符号除了刻划在陶豆、陶碗之外，还刻划在陶罐、陶支座上。从以上的相同点和不同点可以看出，侯家寨遗址的刻划符号与柳林溪的刻划符号之间存在着密切的联系。不同遗址之间出现同特征的刻划符号，说明这些遗址之间存在着一定的联系，可能是原始文化传播的原因，不同的异地文化随着当时氏族部落之间交流的广泛进行，这些文化开始传播到其他地区形成了一些共同的文化特征，也可能在一些遗址之间还存在着对另一个遗址继承和发展的因素。一种新的文化融入本土文化，与本土文化重新组合，形成了既有共同特征又有自身特色的新的文化特征。

通过以上的比较研究可知，侯家寨刻划符号既是对贾湖遗址、双墩遗址刻划符号的继承和发展，也是和长江地区柳林溪遗址刻划符号相互融合的结晶。在和周边各地区史前文化的相互交流中，侯家寨遗址的刻划符号也形成了自身的特点，符号所刻划的内容一般都是贴近人们日

① 湖北省文物考古研究所：《湖北秭归县柳林溪遗址1998年发掘简报》，《考古》2000年第8期。

常生活的动物、植物、人等。刻划的内容形象逼真，内涵丰富，涵盖了与当时人们息息相关的衣食住行以及天文历法、宗教信仰等生产、生活、精神等方面的全部内容，刻划符号的位置也很特殊，符号一般都刻划在器物的隐蔽位置，只有当器物倒扣过来才可以看清，这与当时某种宗教活动或者某种特殊的用途有关。更多的奥秘还有待以后的考古资料和考古实践去揭示。

四、研究侯家寨刻划符号的意义

1. 对研究侯家寨文化的意义

侯家寨刻划符号内容丰富，翔实地记录了侯家寨居民的社会生活状况。其中关于太阳、河流、植物等刻符，直观地反映了侯家寨居民对赖以生存的气候和生态环境的认识。网格形、勾形、鱼形等符号是淮河流域渔猎经济占有重要地位的反映。房屋形刻划符号反映当时人们的定居生活方式。植物形符号为研究6900多年前的气候、植被等提供了宝贵的资料。圆圈形、部分弧线形等符号凝聚了先民朴素的宇宙观念。侯家寨刻划符号内容丰富，几乎涵盖了当时古人生产、生活、精神方面的全部内容，构成了侯家寨文化极其重要的内涵，为探索该地原始先民的社会、经济、生活提供了大量信息，具有重要的历史、科学和艺术研究价值。

2. 对确立淮河流域史前文明地位的意义

淮河流域地处我国南北气候带的过渡地带，一年四季分明，雨量充沛，气候温和，物产富饶，自古以来就适宜人类居住繁衍。这一地区考古文化体系的建立，一直受到考古学界的重视。侯家寨文化的确立是近几年来淮河流域新石器时代考古工作的一项重大成果，它是独立分布于淮河中上游地区的新石器时代文化。侯家寨遗址发现了我国目前年代较早，数量较多的陶器刻划符号。侯家寨刻划符号是淮河流域刻划符号乃至全国史前刻划符号的重要组成部分，对我国距今6900年以后刻划符号的产生起到了积极的影响作用，特别是对淮河流域、长江流域、太湖流域以及整个东部广大地区的符号的产生起到过直接或间接的影响，与贾湖刻划符号、双墩刻划符号一起对我国文化的传播、文字的形成和发展以及文明的继承都有着极其重要的作用。对于侯家寨文化刻划符号的研究，对于弄清楚淮河流域刻划符号的发展过程，该地区考古学文化和邻近地区考古学文化之间的关系具有重要的意义。侯家寨刻划符号与我国文字的起源有着重要的联系，这些刻划符号广泛传播促进了文字的形成与发展，是淮河流域史前文化的重要内容，有助于淮河流域树立自己的文化标尺。

3. 对汉字起源研究的启示

学术界对于文字起源问题的研究由来已久，存在着多种看法。比较流行的有文字起源于图画以及文字起源于史前陶器上的刻划符号两种观点。另外，还有以汪宁生为代表的文字起源鉴源论，即文字是由物件记事、符号记事和图画记事三种方法演化而来的，这三种记事方法在原始社会晚期并行发展、交错存在，皆对文字的出现产生了影响。不同的原始记事方法，其产生的时间不同，即存在先后顺序。人类对事物的认识总是由浅入深、由具体到抽象的，文字作为人类交往的媒介，它是抽象的，因此，它的产生应是一个递进的过程。从这一点考虑，可以认为刻划符号是文字起源历程中的重要一环，从单体刻划符号、成组出现的刻划符号到一种刻划符号在多地区的发现，表明了刻划符号可能存在地域的使用体系，也是考古学文化地域特征的外在体现。

侯家寨刻划符号写实性较强，简洁、生动、形象，具有文字书写的特征。符号中有单体符号、重体符号和组合形符号。证明了汉字的构成传统并不是是由一整幅图画进行拆分构成单体符号的说法。而且侯家寨刻划符号所刻划的内容已具有象形、指事、会意的文字特征，体现了“仰观天象于天，俯则观法于地，旁观鸟兽之文与地之宜，近取诸身，远取诸物”的原始造字规则。

侯家寨遗址出土的陶器刻划符号形体丰富，构型规律，组合多样，是一种地域性的具有特定表意功能的符号系统，具有明显的记事性质和较强的表意功能，具有可解释性。由于受社会发展和文化的限制，其表达方式和手段还是十分有限的，还无法成为篇章，流畅表意，因此它距离成熟文字还有一段距离。尽管如此，侯家寨刻划符号和其他陶文符号一样，共同为汉字起源问题的研究提供了新的依据，它启发我们汉字的起源、发展是多元的，淮河流域的刻划符号应该有其独特的贡献，侯家寨遗址刻划符号在中国刻划符号体系里占有一席之地。

侯家寨刻划符号意义深远，不仅为深入研究距今6000多年的新石器时代侯家寨的生产、生活、精神方面起到了重要的作用，更为重要的是为研究符号的产生、传播、传承和探讨符号与文字的关系，以及符号在汉字萌芽、形成中所起到的借鉴和影响作用等提供了一套内涵丰富的史前刻划符号资料。

侯家寨遗址出土的刻划符号，不仅与同期的双墩刻符相似，而且与早期的贾湖刻符以及江汉地区的柳林溪遗址、太湖流域的良渚文化刻符从刻划内容到刻划方式方面都有一定的相似性。可以看到侯家寨刻划符号并不是孤立存在的，其具有一定的社会性，有着强大的生命力，是在与不同考古学文化交流融合过程中发展起来的。

侯家寨刻划符号内容丰富，刻划技法娴熟，出现了两个及两个以上的组合符号，具有象形、会意、指事的功能，较合乎六书造字的规则，其中一部分刻划符号与甲骨文、金文相似甚至是相同，也有一部分保留在少数民族的文字中。由于受社会发展和文化的限制，侯家寨刻划符号的表达方式和手段还是十分有限的，还无法成为篇章，流畅表意，距离成熟文字还有一定的距离。尽管如此，侯家寨刻符和其他陶文一样，应该是中国文字起源的源头之一。

附录一　侯家寨遗址考古发掘与整理研究年表*

1977年4月，安徽省文物考古研究所阚绪杭在定远县青洛乡李巷村登点宣传路线教育期间发现。

1985年5月，安徽省文物考古研究所阚绪杭对定远侯家寨遗址进行了第一次考古试掘，开4米×10米探沟一条，获得一批重要的新颖且具有自身特征的新石器时代文化器物。

1986年9～11月，安徽省文物考古研究所由阚绪杭领队（安徽首份田野考古领队证书）对侯家寨遗址进行了第二次发掘。两次发掘共开探方6个，发掘面积375平方米（包括扩方在内），发现灰坑、房基等遗迹，出土大量陶器、陶器刻划符号、骨角器、动物骨骼等文化遗物。

阚绪杭在1986年《中国考古学年鉴》发表《定远县侯家寨新石器时代遗址》。

阚绪杭等在1987年2月20日《中国文物报》第一版头条发表《江淮流域发现新石器时代早期文化类型》。首次介绍侯家寨遗址考古发掘与收获，并提出器物群具有自身文化特征。

1986年秋，蚌埠市博物馆高和平、郑保明等对蚌埠双墩遗址进行抢救性发掘，揭露面积75平方米，出土大量陶器、陶器刻划符号、石器、骨角器等文化遗物。

1988年9～10月，安徽省文物考古研究所贾庆元等对濉溪石山孜遗址进行第一次发掘，发掘面积100平方米，发现灰坑等遗迹，出土陶器、石器、骨器、角器和蚌器等遗物。

10月，杨立新在《文物研究》（第4辑）发表《安徽江淮地区原始文化初探》，将江淮地区原始文化分为四个类型，按时间顺序分别为侯家寨-古埂下层类型、薛家岗类型、黄鳝嘴类型和江淮龙山类型。

1989年9月，严文明在《文物研究》（第5辑）发表《安徽新石器文化发展谱系的初步观察》，将安徽江淮地区东北块的文化类型分为侯家寨下层及双墩、侯家寨上层及古埂下层、凌家滩和古埂上层四个阶段。

阚绪杭在《文物研究》（第5辑）发表《定远县侯家寨新石器时代遗址发掘简报》，依据地层和器物形制特征，将侯家寨遗址分为上下两期文化遗存。

何长风在《文物研究》（第5辑）发表《关于安徽原始文化研究中的几个问题》，认为皖中腹地的新石器早期文化以侯家寨下层文化为代表，双墩遗址与侯家寨下层属同类文化遗存，可称为侯家寨类型。

---

* 此部分作者为许丹阳、张爱冰。

徐大立在《文物研究》（第5辑）发表《蚌埠双墩新石器遗址陶器刻划初论》，认为双墩刻划符号在刻划部位、内容、方法等方面都具有自身特征，已经具备象形、会意、指事等汉字构成的基本要素。

高广仁在《文物研究》（第5辑）发表《谈谈对安徽淮北地区新石器时代遗址的初步认识》，对亳州富庄、濉溪石山孜等遗存进行了初步分析。

1990年春，河南省文物考古研究所张文军等对鹿邑武庄遗址进行发掘，发掘面积450平方米，发现房基、灰坑、壕沟等遗迹，出土陶器、兽骨、蚌壳等遗物。

1991年春，中国社会科学院考古研究所安徽队吴加安领队对宿州古台寺遗址进行试掘，揭露面积96平方米，发现墓葬、灰坑等遗迹，出土陶器、石器、骨角器等遗物。

5～9月，安徽省文物考古研究所阚绪杭先生领队对蚌埠双墩遗址进行第一次发掘并取得重要收获。

6月，首届“苏鲁豫皖考古座谈会”在合肥召开。阚绪杭在会上提出双墩遗址与侯家寨遗址下层文化面貌一致，此类型遗址还包括石山孜、小孙岗、武庄等，侯家寨遗址在诸遗址中发掘时间最早，可分为上下两期，将此类文化遗存统称为“侯家寨文化”。

秋，中国社会科学院考古研究所安徽队吴加安等对宿州小山口遗址进行试掘，揭露面积30平方米，发现墓葬、灰坑等遗迹，出土陶器、石器、骨角器等遗物。

12月，杨德标在《文物研究》（第7辑）发表《安徽江淮地区新石器时代文化》，将江淮地区新石器时代文化序列划分为侯家寨—薛家岗—龙山三个阶段，其中早期遗存有侯家寨一、二期、大城墩一期、扁担岗一期、红墩寺一期和古埂早期。

1992年3月，安徽省文物考古研究所在《考古》第3期发表《安徽濉溪石山子新石器时代遗址》。

邹厚本、谷建祥在《东南文化》第1期发表《青莲岗文化再研究》，将青莲岗文化分为侯家寨一期、双墩和青莲岗三个类型。

10～12月，安徽省文物考古研究所阚绪杭再次领队对蚌埠双墩遗址进行第二次发掘。两次发掘面积共300平方米，出土大量陶片、陶器刻划符号、石器、骨器、角器、蚌器和动物骨骼等。

11月至次年7月，安徽省文物考古研究所贾庆元等对濉溪石山孜（也称“石山子”，后同）遗址进行第二次发掘。

1993年10月至次年1月，安徽省文物考古研究所贾庆元等对濉溪石山孜遗址进行第三次发掘。第二、三次发掘面积共350平方米，发现房址、灰坑、墓葬等遗迹，出土陶器、石器、骨器、角器、牙器和动物遗骸等遗物。

10月，吴加安等在《文物研究》（第8辑）发表《皖北地区新石器文化遗存及其性质》，提出皖北地区以石山孜遗址和小山口遗址早期堆积为代表的一类遗存是一种新的文化类型，可称为“石山孜文化”。

阚绪杭在《文物研究》（第8辑）发表《蚌埠双墩遗址的发掘与收获》，提出双墩遗址的文化面貌与侯家寨遗址下层的文化面貌一致，可将其归为侯家寨类型，双墩遗址的发掘为侯家寨文化的分期树立了标尺。

11月，杨立新在《纪念城子崖遗址发掘60周年国际学术讨论会文集》发表《安徽淮河流域原始文化》，将江淮北部的原始文化分为四个阶段，其中第一阶段以双墩和侯家寨下层文化为代表，第二阶段以侯家寨上层和古埂下层为代表。

12月，中国社会科学院考古研究所安徽队吴加安等在《考古》第12期发表《安徽宿县小山口和古台寺遗址试掘简报》。

1994年11月，张敬国在《文物研究》（第9辑）发表《近年来安徽淮北地区新石器时代考古的主要收获》，认为安徽淮北地区新石器时代早期文化以石山孜文化为代表，侯家寨遗存、双墩遗存、武庄遗存都属于这一文化系统。

1996年9月，吴加安在《考古》第9期发表《安徽北部的新石器文化遗存》，将皖北地区新石器文化分成三大阶段，早期以小山口一期和石山孜早期遗存为代表，中期以亳州富庄大汶口墓葬和尉迟寺一期为代表，晚期以尉迟寺遗址二期为代表。

1997年4月，冀和在《中原文物》第2期发表《试论皖北地区新石器时代早期文化》，将石山孜文化划分为石山孜类型和侯家寨类型，其中石山孜类型包括小山口、古台寺、临泉宫庄遗存，侯家寨类型包括双墩、双孤堆、硖山口、小孙岗遗存。

12月，阚绪杭在《中国考古学会第九次年会论文集》发表《试论淮河流域的侯家寨文化》，提出侯家寨文化是一个独立的文化体系，双墩—侯家寨下层—石山孜—侯家寨上层是侯家寨文化的四个发展阶段。

1998年6月，肖燕在《华夏考古》第1期发表《苏北淮海地区青莲岗文化新论》，提出安徽中、东部地区存在有侯家寨一期文化—古埂下层—古埂上层文化系统，侯家寨一期文化部分因素受到青莲岗文化的影响，但仍是两个不同的文化系统。

9月，朔知在《华夏考古》第3期发表《安徽新石器时代考古概述》。

10月，贾庆元在《文物研究》（第11辑）发表《谈石山子古文化遗存》，提出石山孜文化包括双墩、小孙岗、硖山口、双孤堆等遗存，侯家寨不能归入石山孜文化。

1999年9月，《龙虬庄：江淮东部新石器时代遗址发掘报告》由科学出版社出版，张敏在结语中将侯家寨、古埂、大城墩、羊角山等遗存归入侯家寨文化系统。

10月，朔知在《东南文化》第5期发表《安徽淮河流域早期原始文化略说》，将淮河中下游距今8000～6000年的新石器时代文化分为三期：一期为小山口一期文化；二期包括古台寺一期文化，石山孜第二、三次发掘的早期文化，双墩下层文化；三期包括石山孜一期、双孤堆一期、石山孜二期、双墩上层和侯家寨一期文化等。

2000年6月，朔知在《中原文物》第3期发表《安徽新石器时代绘彩陶器》，将安徽新石器时代绘彩陶器划分为四期，皖西南是我国彩绘陶发生年代较早的一个区域。

2001年5月，郝明华在《东南文化》第5期发表《苏皖江北地区的崧泽文化因素》，探讨了崧泽文化西渐及其对江淮之间史前文化发展的影响。

2002年2月，安徽省文物考古研究所在《考古》第2期发表《安徽考古的世纪回顾与思索》。

3月，河南省文物考古研究所在《考古》第3期发表《河南鹿邑县武庄遗址的发掘》。

2003年2月，张文军等在《考古》第2期发表《试析河南鹿邑县武庄遗址新石器时代文化遗存》，认为武庄一期与侯家寨一期、双墩、石山孜等属于同一个文化系统，武庄二期与侯家寨二期属于同一考古学文化，并提出了“武庄二期文化”的命名。

11月，邵望平在《中国史前考古学研究——祝贺石兴邦先生考古半世纪暨八秩华诞文集》发表《淮系古文化概说》，提出淮河流域存在着一个相对完整、独立的古文化大系。

2004年8月，张居中等在《农业考古》第3期发表《淮河中游地区稻作农业考古调查报告》，对来自蚌埠双墩、定远侯家寨和霍邱红墩寺三处遗址中含有水稻印痕的草拌泥土块和红烧土块进行分析，发现稻壳印痕及其残存稃片属于栽培稻的稃片及印痕残片，淮河中游地区可能是粳稻初始起源地之一。

2005年3月，高广仁在《郑州大学学报（哲学社会科学版）》第2期发表《淮河史前文化大系提出的学术意义》。

5月，朱铁权等在《文物保护与考古科学》第2期发表《双墩遗址黑陶渗炭工艺初探》，提出双墩遗址出土黑陶和局部发黑陶器表层的黑色物质是炭黑，双墩遗址主要采用渗炭工艺制作黑陶。

11月12～13日，由中国先秦史学会等主办的“蚌埠双墩遗址暨双墩文化学术研讨会”在蚌埠召开，会议肯定了“双墩文化”的命名。

12月，阚绪杭在《文物研究》（第14辑）发表《试析淮河中游地区的双墩遗址与双墩文化》，将双墩文化分为早、中、晚三期，早期以小山口和古台寺遗址为代表，中期以双墩遗址为代表，晚期以侯家寨二期和武庄二期为代表。

阚绪杭等在《中国文物报》16日第7版发表《安徽淮河流域新石器时代考古的重大突破——双墩文化概说》，认为侯家寨一期与双墩遗址文化内涵一致，二者属于同一文化类型，即双墩文化。

2006年2月，董俊卿等在《东南文化》第1期发表《双墩遗址、侯家寨遗址彩陶与红衣陶制作工艺的初步研究》，分析了红彩和红衣陶的物相，探讨了红彩和红衣陶的制作工艺及其文化内涵。

12月，徐大立在《东南文化》第6期发表《试析双墩遗址植物类刻划符号》，提出双墩遗址植物类刻划符号有水草、花瓣、树木、蓬草等表现形态，反映了狩猎、养蚕、捕鱼、采集及物候历法等多方面情况。

2007年1月，安徽省文物考古研究所阚绪杭等在《考古学报》第1期发表《安徽蚌埠双墩新石器时代遗址发掘》。

11月，徐大立在《东南文化》第6期发表《蚌埠双墩遗址“⌑”形刻划符号释义》，提出“⌑”形刻划符号除了具有网具功能外，还与远古时期的天文历法有关。

12月，阚绪杭等在《文物研究》（第15辑）发表《安徽淮河流域的史前文明——双墩文化及其序列的初步探讨》，认为以双墩文化为代表的同类遗存可分为三期，早期以小山口和古台寺遗址为代表，中期以双墩和侯家寨一期为代表，属于典型的双墩文化，晚期以侯家寨二期和武庄二期为代表。

2008年4月，安徽省文物考古研究所阚绪杭等编著的《蚌埠双墩——新石器时代遗址发掘报告》由科学出版社出版，阚绪杭在结语中提出淮河中游中期新石器时代文化序列为小山口文化→双墩文化→侯家寨二期文化，侯家寨一期与双墩文化相同，侯家寨二期是在双墩文化基础上发展起来的后续文化。

6月，徐大立在《中原文物》第3期发表《蚌埠双墩遗址刻画符号简述》，提出虽有部分双墩刻划符号在随后发展中消亡，但仍有一部分存在于甲骨文、金文、少数民族文字中，而且高度相似的刻划符号在相距不远的侯家寨遗址中也有发现，说明在一定区域内先民对部分固定形态的刻划符号有共同的认知和使用情况，已经具备文字社会性的特点。

12月，解华顶在《中国文物报》26日第7版发表《蚌埠双墩新石器时代遗址出土鹿角靴形器功用考》，提出鹿角靴形器是一种以钩部尖端和侧边切割的方式勾取树枝上果实的采集工具。

2009年10月23～25日，由中国文字学会等主办的“蚌埠双墩遗址刻划符号暨早期文明起源国际学术研讨会”在蚌埠召开，阚绪杭先生在会上做了题为《双墩文化陶器刻划符号的分布与研究》的发言。

2011年8月，张小雷在《中原文物》第4期发表《简论中国古代的靴形鹿角器》，提出靴形鹿角器产生并流行于距今7000～6000年的淮河流域和环太湖地区，其中不带穿孔者为普通的采集工具，带穿孔者为纺织工具。

9月，王蕴智在《中国海洋大学学报（社会科学版）》第5期发表《双墩符号的文化特征及其性质》，认为双墩刻划符号有一套自身的构形系统，满足构成文字的部分要素，是一种应用于淮河中游地区的地域性符号。

12月，王宇在《南方文物》第4期发表《试谈蚌埠双墩遗址出土靴形器功用》，认为这类器物是集刮抹器表、制作口沿、修整圈足和刻划符号四种功能于一身的陶器加工工具。

张敏等在《东方考古》（第8辑）发表《青莲岗文化的回顾与反思——兼论考古学文化区与民族文化区的相互关系》，对“考古学文化区系类型”理论进行了反思，重新建构了一个由若干“考古学文化系统”组成的新体系，其中青莲岗文化系统为“东夷民族文化区”，空间范畴包括了海岱、江淮、宁镇和太湖这一广袤地区，而江淮中部文化区正由双墩文化、侯家寨文化和凌家滩文化等构成。

2012年6月，韩建业在《江汉考古》第2期发表《双墩文化的北上与北辛文化的形成——从济宁张山“北辛文化遗存”论起》，认为北辛文化是由双墩文化和后李文化融合形成，北辛文化中的裴李岗文化因素间接承继自双墩文化。

黄德宽在《东南文化》第3期发表《蚌埠双墩遗址几何类刻划符号试释》，认为部分符号是该地区先民对“天”“地”“方位”、地理环境的认识以及原始巫术思想的反映，并且可以简单记录洪水之类的大事件，显示出双墩刻划符号已初步具备原始文字的某些特点。

2012年9月至2013年1月，武汉大学历史学院考古系、安徽省文物考古研究所联合对淮南小孙岗等遗址进行了试掘，其中小孙岗遗址揭露面积60平方米，发现房址、灰坑等遗迹，出土陶器、石器、骨角器和动物骨骼等遗物。

2013年12月，王晖在《宝鸡文理学院学报（社会科学版）》第6期发表《从蚌埠双墩遗址陶符看史前陶器刻划符号的性质》，提出双墩的象形类刻划符号属于文字性符号，几何类符号难以辨认，不便传播信息，不属于文字性符号，而只有文字性符号才是孕育汉字的母胎。

2014年10月，由中国社会科学院考古研究所主持的双墩遗址二次考古发掘项目启动（中国社会科学院考古研究所这个双墩遗址二次发掘是将安徽省前三次发掘视为一次发掘而言的）。

2015年2月，安徽省文物考古研究所等在《考古》第2期发表《皖北小孙岗、南城孜、杨堡史前遗址试掘简报》。

朔知在《东南文化》第1期发表《崧泽时代皖江两岸的聚落与文化》，提出崧泽时代皖江两岸宏观聚落分布区域主要集中在东、西部，中部很少。在文化发展过程中，当地快速形成了以玉、石器为主体的文化特质，同时吸纳了邻近地区诸文化因素。这一阶段是皖江流域文化发展的第一个高峰，对整个长江下游这一时期文化的崧泽化起到了重要作用。

郝文兵等申报的国家级大学生创新创业训练计划项目“侯家寨文化出土陶器制作工艺研究”立项，由阚绪杭提供侯家寨考古资料，张爱冰、魏国锋教授指导，该项目于2016年结项。

李壮等申报的安徽省大学生创新创业训练计划项目“侯家寨文化年代学研究”立项，由阚绪杭提供侯家寨考古资料，张爱冰、魏国锋教授指导，该项目于2016年结项。

王芳璐等申报的安徽大学大学生科研训练计划项目“史前考古学文化的确立与命名——以侯家寨为例”立项，由阚绪杭提供侯家寨考古资料，张爱冰、魏国锋教授指导，该项目于2018年结项。

2016年2月，陈艳在《宿州学院学报》第2期发表《双墩文化遗址陶祖形器的考古学分析》，认为双墩陶祖形器反映了史前双墩人祛除邪神、祈求人口繁衍的生殖崇拜。

4月，陈艳在《东南文化》第2期发表《论侯家寨文化》，提出以侯家寨二期为代表的文化遗存有一组区别于其他文化的器物组合群，具有独特的文化特征，分布在淮河中游和长江中下游流域，距今6200～5600年，可独立称为侯家寨文化。

5月，依托侯家寨遗址发掘材料整理研究基地，由阚绪杭提供侯家寨考古资料，并与张爱冰教授共同指导，陈艳在安徽省文物考古研究所科研基地完成安徽大学博士学位论文《侯家寨遗址文化遗存研究》，通过答辩，取得博士学位。

21日，张爱冰在首届“中国考古学大会（郑州）”上做了题为《关于侯家寨遗存的几点认识》的发言。

6月，由安徽大学历史系张爱冰与安徽省文物考古研究所阚绪杭合作申报的国家社科基金重点项目“侯家寨遗址发掘资料的整理与研究”获准立项，2020年11月结项。

9月，王磊在《华夏考古》第3期发表《淮河流域史前刻划符号及相关问题研究》。

2017年2月，戴玲玲等在《东南文化》第1期发表《淮河中游地区的史前生业经济考察——安徽省侯家寨遗址出土动物骨骼研究》，提出该遗址先民的肉食资源获取途径以家畜（家猪）饲养为主，同时辅以渔猎和捕捞。

5月，丁俊琼完成安徽大学硕士学位论文《安徽长江流域崧泽时代考古学文化的年代与分区》。

林岩完成安徽大学硕士学位论文《侯家寨遗址出土陶器刻划符号研究》。

6月9日，由中国社会科学院考古研究所等主办的“双墩遗址与淮河流域古代文明进程研讨会”在蚌埠召开，会议展示了中国社会科学院考古研究所于双墩遗址进行考古发掘所取得的多项阶段性研究成果。

11月，双墩遗址入选第三批国家考古遗址公园立项名单。

安徽省文物考古研究所等编著的《濉溪石山孜——石山孜遗址第二、三次发掘报告》由文物出版社出版。

邓栋梁等申报的国家级大学生创新创业训练计划项目“侯家寨遗址出土骨角器整理与研究”立项，由阚绪杭提供侯家寨考古资料，张爱冰、魏国锋教授指导，该项目于2018年结项。

2018年5月，由阚绪杭提供侯家寨考古资料，张爱冰教授指导，姚倩星完成安徽大学硕士学位论文《侯家寨遗址出土陶器分期研究》。

张小雷完成山东大学博士学位论文《淮河流域新石器时代文化格局研究》。

10月23日，张爱冰在第二届“中国考古学大会（成都）”上做了题为《侯家寨遗址新测年数据及相关问题讨论》的发言。

姚蓉蓉申报的安徽大学省级大学生创新创业训练计划项目“侯家寨遗址出土刻划符号研究”立项，由阚绪杭提供侯家寨考古资料，张爱冰教授指导，该项目于2019年结项。

2019年1月，安徽省文物考古研究所阚绪杭等在《考古学报》第1期发表《安徽定远侯家寨新石器时代遗址发掘》。

2月，胡飞在《南方文物》第1期发表《淮河中游地区新石器时代气候与环境》，提出淮河中游地区新石器时代的气候环境经历了温凉偏湿、温暖湿润、更加温暖湿润以及逐渐趋于温和偏干、直至洪涝频发的演变过程，且与顺山集文化、双墩文化、大汶口文化以及龙山时代文化的兴衰密切相关。

3月25日，中国科学技术大学科技史与科技考古系罗武宏等在《人类学学报（网络版）》发表《安徽定远侯家寨遗址二期植物性食物资源利用的淀粉粒证据》，利用淀粉粒分析方法，对安徽定远侯家寨遗址二期出土的22件陶器残片表面残留物进行了分析，结果表明新石器时代晚期淮河中游淮河以南地区先民利用的植物性食物资源具有多样性。

5月25～26日，由中国社会科学院考古研究所等主办的“淮河古代文明研究——蚌埠双墩陶塑人头像与史前雕塑学术研讨会”在蚌埠召开。阚绪杭在会上发表题为《蚌埠双墩遗址陶塑人头像观察与解读》的发言，认为头像刻纹是天文标志符号而非简单的雕题纹面。

5月，许丹阳完成安徽大学硕士学位论文《双墩文化研究》。

6月，许晶晶在《华夏考古》第3期发表《试论中国史前的鹿角靴形器》，提出鹿角靴形器应是一种缚柄使用的复合工具，型别不同，缚柄方式也不一样，推测用于锄刨或掏掘，类似于锄。

2019年12月安徽省文物考古研究所阚绪杭主编完成《定远侯家寨》考古报告（全三册）初稿。

2020年12月安徽省文物考古研究所阚绪杭主编完成《定远侯家寨》考古报告（全三册）调整修改稿。

附录二　引用书目*

安徽省地方志编纂委员会：《安徽省志·自然环境志》，方志出版社，1999年。

安徽省黄山市黄山区文化局：《安徽黄山市蒋家山新石器时代遗址调查》，《考古》1995年第2期。

安徽省文物工作队：《安徽文物考古工作新收获》，《文物考古工作三十年（1949～1979）》，文物出版社，1979年。

安徽省文物工作队：《潜山薛家岗新石器时代遗址》，《考古学报》1982年第3期。

安徽省文物局、安徽省文物考古研究所：《杭埠河中游区域系统调查报告》，文物出版社，2012年。

安徽省文物考古研究所：《安徽安庆市夫子城新石器时代遗址的发掘》，《考古》2002年第2期。

安徽省文物考古研究所：《安徽安庆市先秦文化遗址调查报告》，《文物研究》（第14辑），黄山书社，2005年。

安徽省文物考古研究所：《安徽枞阳、庐江古遗址调查》，《江汉考古》1987年第4期。

安徽省文物考古研究所：《安徽定远侯家寨新石器时代遗址发掘》，《考古学报》2019年第1期。

安徽省文物考古研究所：《安徽肥西县古埂新石器时代遗址》，《考古》1985年第7期。

安徽省文物考古研究所：《安徽含山大城墩遗址第四次发掘报告》，《考古》1989年第2期。

安徽省文物考古研究所：《安徽含山凌家滩新石器时代墓地发掘简报》，《文物》1989年第4期。

安徽省文物考古研究所：《安徽含山县凌家滩遗址第五次发掘的新发现》，《考古》2008年第3期。

安徽省文物考古研究所：《安徽考古六十年》，《中国考古60年（1949～2009）》，文物出版社，2009年。

---

* 此部分作者为张爱冰。

安徽省文物考古研究所：《安徽潜山县天宁寨新石器时代遗址》，《考古》1987年第11期。

安徽省文物考古研究所：《安徽省濉溪县石山孜遗址动物骨骼鉴定与研究》，《考古》1992年第3期。

安徽省文物考古研究所：《安徽濉溪石山孜新石器时代遗址》，《考古》1992年第3期。

安徽省文物考古研究所：《安徽芜湖月堰遗址新石器时代墓葬发掘简报》，《文物》2009年第8期。

安徽省文物考古研究所：《凌家滩——田野考古发掘报告之一》，文物出版社，2006年。

安徽省文物考古研究所：《凌家滩文化研究》，文物出版社，2006年。

安徽省文物考古研究所：《凌家滩玉器》，文物出版社，2000年。

安徽省文物考古研究所：《潜山薛家岗》，文物出版社，2006年。

安徽省文物考古研究所：《十年来安徽省的文物考古工作》，《文物考古工作十年（1979～1989）》，文物出版社，1991年。

安徽省文物考古研究所：《宿松黄鳝嘴新石器时代遗址》，《考古学报》1987年第4期。

安徽省文物考古研究所：《望江汪洋庙新石器时代遗址》，《考古学报》1986年第1期。

安徽省文物考古研究所、安徽省蚌埠市博物馆：《安徽蚌埠双墩新石器时代遗址发掘》，《考古学报》2007年第1期。

安徽省文物考古研究所、蚌埠市博物馆：《蚌埠双墩——新石器时代遗址发掘报告》，科学出版社，2008年。

安徽省文物考古研究所、含山县文物管理所：《安徽含山大城墩遗址第四次发掘报告》，《考古》1989年第2期。

安徽省文物考古研究所、含山县文物管理所：《安徽含山大城墩遗址发掘报告》，《考古学集刊》（第6集），中国社会科学出版社，1989年。

安徽省文物考古研究所、含山县文物管理所：《安徽含山县凌家滩遗址第三次发掘简报》，《考古》1999年第11期。

安徽省文物考古研究所、含山县文物局：《安徽含山县韦岗遗址新石器时代遗存发掘简报》，《考古》2015年第3期。

安徽省文物考古研究所、怀宁县文物管理所：《安徽怀宁孙家城新石器时代遗址发掘简报》，《文物》2014年第5期。

安徽省文物考古研究所、淮北市博物馆、濉溪县文物事业管理局：《濉溪石山孜——石山孜遗址第二、三次发掘报告》，文物出版社，2017年。

安徽省文物考古研究所、武汉大学历史学院考古系：《皖北小孙岗、南城孜、杨堡史前遗址试掘简报》，《考古》2015年第2期。

安立华：《汉画像“金乌负日”图象探源》，《东南文化》1992年第Z1期。

安特生（J. G. Anderson）著，乐森璕译：《甘肃考古记》，文物出版社，2011年。

安志敏：《试论文明的起源》，《考古》1987年第5期。

B. 格罗莫娃著，刘后贻等译：《哺乳动物大型管状骨检索表》，科学出版社，1960年。

半坡博物馆、陕西省考古研究所、临潼县博物馆：《姜寨——新石器时代遗址发掘报告》，文物出版社，1988年。

北京大学考古实习队、烟台市文物管理委员会：《乳山小管村的发掘》，《胶东考古》，文物出版社，2000年。

北京大学考古学系、安徽省文物考古研究所：《安徽安庆市张四墩遗址试掘报告》，《考古》2004年第1期。

北京大学震旦古代文明研究中心、郑州市文物考古研究院：《新密新砦——1999～2000年田野考古发掘报告》，文物出版社，2008年。

本刊编辑部：《苏鲁豫皖考古座谈会纪要》，《文物研究》（第7辑），黄山书社，1991年。

蚌埠博物馆、本刊编辑部：《聚焦淮河考古：蚌埠双墩遗址暨双墩文化研讨会纪要》，《中国文物报》2005年12月18日第3版。

蔡运章、张居中：《中华文明的绚丽曙光——论舞阳贾湖发现的卦象文字》，《中原文物》2003年第3期。

长江流域规划办公室考古队河南分队：《河南淅川黄楝树遗址发掘报告》，《华夏考古》1990年第3期。

常素霞：《试论中国玉器的发展与审美特征》，《文物春秋》1995年第3期。

常州博物馆：《常州新岗——新石器时代文化遗址发掘报告》，文物出版社，2012年。

常州市博物馆：《1985年江苏常州圩墩遗址的发掘》，《考古学报》2001年第1期。

常州市博物馆：《常州圩墩新石器时代遗址第三次发掘简报》，《史前研究》1984年第2期。

常州市博物馆：《江苏常州圩墩村新石器时代遗址的调查和试掘》，《考古》1974年第2期。

晁福林：《说商代的“天”和“帝”》，《史学集刊》2016年第3期。

陈国梁、李志鹏：《二里头遗址制骨遗存的考察》，《考古》2016年05期。

陈国强、林嘉煌：《高山族文化》，学林出版社，1988年。

陈国庆、孟华平：《大溪文化陶支座用途剖析》，《江汉考古》1991年第3期。

陈久金、张敬国：《含山出土玉片图形试考》，《文物》1989年第4期。

陈坤：《刻划符号透视下的双墩社会》，《宿州学院学报》2013年第4期。

陈立柱：《淮河中游地区上古历史地理研究》，安徽大学博士学位论文，2012年。

陈亮：《安徽尉迟寺遗址出土的猪骨材料分析与研究》，中国社会科学院研究生院硕士学位论文，2000年。

陈桥驿：《淮河流域》，上海春明出版社，1952年。

陈胜前等：《大山前遗址夏家店下层文化石铲的功能研究》，《考古》2013年第6期。

陈望衡：《意识之母：试论华夏史前审美意识的本原性》，《社会科学战线》2013年第3期。

陈炜湛：《汉字起源试论》，《中山大学学报（社会科学）》1978年第1期。

陈晓华：《陶支架功用新探》，《南方文物》1996年第3期。

陈艳：《侯家寨遗址文化遗存研究》，安徽大学博士学位论文，2016年。

陈艳：《论侯家寨文化》，《东南文化》2016年第2期。

陈艳：《双墩文化遗址陶祖形器的考古学分析》，《宿州学院学报》2016年第2期。

程至杰：《淮河上中游地区新石器时代植食资源利用研究》，中国科学技术大学博士学位论文，2016年。

程至杰、杨玉璋、袁增箭等：《安徽宿州杨堡遗址炭化植物遗存研究》，《江汉考古》2016年第1期。

程至杰、杨玉璋、张居中等：《安徽淮南小孙岗遗址炭化植物遗存研究》，《第四纪研究》2016年第36卷第2期。

戴玲玲、陶洋、阚绪杭：《淮河中游地区的史前生业经济考察——安徽省侯家寨遗址出土动物骨骼研究》，《东南文化》2017年第1期。

董俊卿、冯敏、王昌燧等：《双墩彩陶颜料来源的测试研究》，《岩矿测试》2007年第1期。

董俊卿、朱铁权、毛振伟等：《双墩遗址、侯家寨遗址彩陶与红衣陶制作工艺的初步研究》，《东南文化》2006年第1期。

董玉琛、郑殿升：《中国作物及其野生近缘植物·粮食作物卷》，中国农业出版社，2006年。

董珍、张居中、杨玉璋等：《安徽濉溪石山孜遗址古人类植物性食物资源利用情况的淀粉粒分析》，《第四纪研究》2014年第1期。

杜佳佳：《凌家滩玉器的考古学研究》，南京师范大学硕士学位论文，2011年。

方纪生：《民俗学概论》，北京师范大学出版社，1980年。

方向明：《崧泽文化玉器及其相关问题的研究》，《东南文化》2010年第6期。

方修琦、侯光良：《中国全新世气温序列的集成重建》，《地理科学》2011年第4期。

冯凭、吴长旗：《舞阳龟甲刻符初探》，《中原文物》2009年第3期。

冯友兰：《中国哲学史》，华东师范大学出版社，2011年。

甘恢元：《试论凌家滩墓地》，《南京博物院集刊》（第13期），文物出版社，2013年。

高飞、冯敏、王荣等：《薛家岗遗址出土古玉器的材质特征》，《岩矿测试》2006年第3期。

高广仁：《谈谈对安徽淮北地区新石器时代遗址的初步认识》，《文物研究》（第5辑），黄山书社，1989年。

高广仁：《淮河史前文化大系提出的学术意义》，《郑州大学学报（哲学社会科学版）》

2005年第2期。

高蒙河：《试论长江下游的史前文化区域》，《学术月刊》1990年第10期。

高蒙河：《苏皖平原地区新石器时代遗存的研究》，《文物研究》（第7辑），黄山书社，1991年。

高明：《论陶符兼谈汉字的起源》，《北京大学学报（哲学社会科学版）》1984年第6期。

高一龙：《太湖县王家墩遗址试掘》，《文物研究》（第1辑），黄山书社，1985年。

葛威、刘莉、金正耀：《几种禾本科植物淀粉粒形态比较及其考古学意义》，《第四纪研究》2010年第2期。

耿德铭：《施甸陶祖和古代男性崇拜》，《四川文物》1990年第3期。

龚丹：《鄂西地区柳林溪和杨家湾遗址出土的刻划符号研究》，《武汉文博》2006年第3期。

管理：《家猪起源研究方法探索》，中国科学技术大学博士学位论文，2008年。

管理、胡耀武、王昌燧等：《食谱分析方法在家猪起源研究中的应用》，《南方文物》2011年第4期。

郭成杰、刘友忠：《潜山薛家岗文化遗存与镂孔陶球活动》，《安庆师范学院学报》1986年第4期。

郭大顺、张克举：《辽宁省喀左县东山嘴红山文化建筑群址发掘简报》，《文物》1984年第11期。

郭沫若：《古代文字之辩证的发展》，《考古》1972第3期。

郭伟民：《史前祭坛概论》，《考古耕耘录——湖南省中青年考古学者论文选集》，岳麓书社，1999年。

国务院三峡工程建设委员会办公室、国家文物局：《秭归柳林溪》，科学出版社，2003年。

韩立刚、郑龙亭：《蚌埠双墩新石器时代遗址动物遗存鉴定简报》，《蚌埠双墩——新石器时代遗址发掘报告》，科学出版社，2008年。

郝明华：《苏皖江北地区的崧泽文化因素》，《东南文化》2001年第5期。

何德亮：《山东史前时期的陶塑艺术》，《文物世界》2003年第1期。

何德亮：《海岱地区古代社会的文明化进程》，《中原文物》2005年第4期。

何德亮：《大汶口文化彩陶的艺术特征》，《东南文化》2008年第4期。

何德亮：《江淮地区史前时期的文明化进程》，《文物研究》（第15辑），黄山书社，2007年。

何德亮、牛燕：《后李遗址与后李文化》，《史前研究2010》，广西科学技术出版社，2011年。

何介钧：《长江中游新石器时代文化》，湖北教育出版社，2004年。

何天行：《杭县良渚镇之石器与黑陶》，上海吴越史地研究会，1937年。

何星亮：《太阳神及其崇拜仪式》，《民族研究》1992年第3期。

何长风：《关于安徽原始文化研究中的几个问题》，《文物研究》（第5辑），黄山书社，1989年。

何长风：《淮南市古文化遗址调查》，《文物研究》（第7辑），黄山书社，1991年。

何长风、贾庆元：《怀远县双古堆新石器时代及商周遗址》，《中国考古学年鉴（1990）》，文物出版社，1991年。

河南省博物馆、密县文化馆：《河南密县莪沟北岗新石器时代遗址发掘报告》，《河南文博通讯》1979年第3期。

河南省文化局文物工作队：《河南唐河茅草寺新石器时代遗址》，《考古》1965年第1期。

河南省文物考古研究所：《河南鹿邑县武庄遗址的发掘》，《考古》2002年第3期。

河南省文物考古研究所：《汝州洪山庙》，中州古籍出版社，1995年。

河南省文物考古研究所：《舞阳贾湖》，科学出版社，1999年。

河南省文物研究所：《长葛石固遗址发掘报告》，《华夏考古》1987年第1期。

河南省文物研究所、长江流域规划办公室考古队河南分队：《淅川下王岗》，文物出版社，1989年。

河南省文物考古研究所、濮阳市文物保护管理所：《濮阳西水坡》，中州古籍出版社，2012年。

河南省文物考古研究所、新郑市文物事业管理局：《新郑唐户新石器时代遗址调查》，《中原文物》2005年第5期。

河南省文物研究所、中国历史博物馆考古部：《登封王城岗与阳城》，文物出版社，1992年。

贺刚：《湘西史前遗存与中国古史传说》，岳麓书社，2013年。

湖北省文物考古研究所：《湖北姊归县柳林溪遗址1998年发掘简报》，《考古》2000年第8期。

胡飞：《淮河中游及巢湖流域史前文化演化及其农业发展的环境背景研究》，中国科学技术大学博士学位论文，2014年。

胡飞、杨玉璋、张居中：《淮河中游地区史前人类文化演化过程的环境考古学观察》，《东南文化》2018年第3期。

胡飞、杨玉璋、张居中等：《安徽巢湖湖相地层记录的早全新世气候事件》，《地层学杂志》2015年第1期。

胡飞、杨玉璋、张居中等：《巢湖地区末次冰消期-早全新世沉积环境演化》，《海洋地质与第四纪地质》2015年第1期。

湖南省文物考古研究所：《澧县城头山——新石器时代遗址发掘报告》（上），文物出版社，2007年。

胡绍宗：《中国早期制像艺术》，人民美术出版社，2011年。

胡悦谦：《安徽新石器时代遗址的调查》，《考古学报》1957年第1期。

华东文物工作队：《淮安县青莲岗新石器时代遗址调查报告》，《考古学报》1955年第1期。

淮南市博物馆：《安徽淮南市小孙岗遗址试掘收获》，《文物研究》（第14辑），黄山书社，2005年。

黄润、朱诚、郑朝贵：《安徽淮河流域全新世环境演变对新石器遗址分布的影响》，《地理学报》2005年第5期。

黄苑：《凌家滩遗址出土玉器研究》，山东大学硕士学位论文，2011年。

黄德宽：《蚌埠双墩遗址几何类刻划符号试释》，《东南文化》2012年第3期。

黄富成：《略论裴李岗文化"台地农业"》，《农业考古》2008年第4期。

黄友林：《生命·人类·社会》，中国文史出版社，2013年。

黄跃昊：《试论我国墓葬文化的转变》，《兰州交通大学学报》2009年第5期。

冀和：《试论皖北地区新石器时代早期文化》，《中原文物》1997年第2期。

济青公路文物工作队：《山东临淄后李遗址第三、四次发掘简报》，《考古》1994年第2期。

贾张、叶刘、陆周：《凤台县峡山口新石器时代遗址》，《中国考古学年鉴（1993）》，文物出版社，1995年。

贾兵强：《裴李岗文化时期的农作物与农耕文明》，《农业考古》2010年第1期。

贾庆元：《谈石山子古文化遗存》，《文物研究》（第11辑），黄山书社，1998年。

姜岱品：《皖西南地区新石器时代文化研究》，安徽大学硕士学位论文，2011年。

江苏省考古研究所、无锡市锡山区文物管理委员会：《江苏无锡鸿山邱承墩新石器时代遗址发掘简报》，《文物》2009年第11期。

江苏省三星村联合考古队：《江苏金坛三星村新石器时代遗址》，《文物》2004年第2期。

江苏省文物工作队：《江苏邳县刘林新石器时代遗址第一次发掘》，《考古学报》1962年第1期。

蒋素华：《北阴阳营——凌家滩玉器的分析》，《东南文化》2002年第5期。

金权等：《安徽淮北平原第四系》，地质出版社，1990年。

金权、王平、王松根：《安徽淮河中游平原晚新生代孢粉组合及古气候》，《海洋地质与第四纪地质》1987年第4期。

靳桂云：《后李文化生业经济初步研究》，《东方考古》2012年第1期。

靳桂云、王海玉、燕生东等：《山东胶州赵家庄遗址龙山文化炭化植物遗存研究》，《科技考古》（第三辑），科学出版社，2011年。

靳松安：《试论裴李岗文化的分期与年代》，《中原文物》2007年第6期。

靳松安、赵新平：《试论山东龙山文化的历史地位及其衰落原因》，《郑州大学学报（哲学社会科学版）》1994年第4期。

开封地区文物管理委员会、新郑县文物管理委员会、郑州大学历史系考古专业：《裴李岗遗址一九七八年发掘简报》，《考古》1979年第3期。

凯斯·道伯涅、袁靖、安东·欧富恩克等：《家猪起源研究的新视角》，《考古》2006年第11期。

阚绪杭：《蚌埠双墩遗址的发掘与收获》，《文物研究》（第8辑），黄山书社，1993年。

阚绪杭：《定远县侯家寨新石器时代遗址发掘简报》，《文物研究》（第5辑），黄山书社，1989年。

阚绪杭：《试论淮河流域的侯家寨文化》，《中国考古学会第九次年会论文集》，文物出版社，1997年。

阚绪杭：《试析淮河中游地区的双墩遗址与双墩文化》，《文物研究》（第14辑），黄山书社，2005年。

阚绪杭、方国祥：《枞阳县新石器时代文化遗址调查报告》，《文物研究》（第8辑），黄山书社，1993年。

阚绪杭、周群：《安徽淮河流域新石器时代考古的重大突破——双墩文化概说》，《中国文物报》2005年12月16日第7版。

阚绪杭、周群：《安徽淮河流域的史前文明——双墩文化及其序列的初步探讨》，《文物研究》（第15辑），黄山书社，2007年。

孔昭宸、刘长江、张居中：《河南舞阳县贾湖遗址八千年前水稻遗存的发现及其在环境考古学上的意义》，《考古》1996年第12期。

来茵、张居中、尹若春：《舞阳贾湖遗址生产工具及其所反映的经济形态分析》，《中原文物》2009年第2期。

郎剑锋：《蒙城尉迟寺遗址“鸟形神器”的定名与功能》，《江汉考古》2014年第6期。

雷戈：《历史与意义》，河北大学出版社，2014年。

李晖：《江淮民间的男根崇拜》，《东南文化》1991年第2期。

李伯谦：《从中国文明化历程研究看国家起源的若干理论问题》，《中原文化研究》2016年第1期。

李根蟠、卢勋：《中国南方少数民族原始农业形态》，农业出版社，1987年。

李海燕：《安徽沿淮及江淮地区的新石器时代文化》，安徽大学硕士学位论文，2007年。

李家和、杨巨源、刘诗中：《江西薛家岗类型文化遗存的发现和研究》，《东南文化》1989年第3期。

李晶晶：《长江中下游史前玉器的审美特征——四谈江西新石器时代晚期文化》，华东师范大学博士学位论文，2014年。

李昆声：《考古材料所见生殖器崇拜考——以云南史前及青铜时代为例》，《云南民族大学学报（哲学社会科学版）》2003年第4期。

李昆声、黄懿陆：《中华历史文化探源：云南抚仙湖与世界文明学术研讨会论文集》，云南人民出版社，2012年。

李民昌：《江苏沭阳万北新石器时代遗址动物骨骼鉴定报告》，《东南文化》1991年第Z1期。

李民昌、张敏、汤陵华：《高邮龙虬庄遗址史前人类生存环境与经济生活》，《东南文化》1997年第02期。

李水城：《半山与马厂彩陶研究》，北京大学出版社，1998年，第35页。

李文成、宋国定、吴妍：《河南淅川坑南遗址石制品表面残留淀粉粒的初步分析》，《人类学学报》2014年第1期。

李文杰：《大溪文化的类型和分期》，《考古学报》1986年第2期。

李文杰：《试论大溪文化与屈家岭文化、仰韶文化的关系》，《考古》1979年第2期。

李小强：《中国全新世气候和农业活动研究新进展》，《中国科学：地球科学》2013年第12期。

李晓蓉：《柿子滩旧石器遗址发现的骨针及相关问题研究》，山西大学硕士学位论文，2013年。

李孝定：《从几种史前和有史早期陶文的观察蠡测中国文字的起源》，《南阳大学学报》1969年第3期。

李学勤：《考古发现与中国文字起源》，《中国文化研究集刊》（第2辑），复旦大学出版社，1985年。

李仰松：《民族考古学论文集》，科学出版社，1998年。

李一琦、沈志忠：《江苏淮北地区顺山集文化时代农业发展研究》，《南方农机》2017年第8期。

李友谋：《裴李岗文化》，文物出版社，2003年。

李友谋、陈旭：《试论裴李岗文化》，《考古》1979年第4期。

李志鹏：《殷墟孝民屯遗址出土家猪的死亡年龄与相关问题研究》，《江汉考古》2011年第4期。

李宗山：《海岱地区史前彩陶与彩绘陶初论》，《考古学报》1996年第3期。

梁中和、傅宪国：《淮河中下游地区的早期新石器时代文化》，《考古求知集：’96考古研究所中青年学术讨论会文集》，中国社会科学出版社，1997年。

辽宁省文物考古研究所：《牛河梁——红山文化遗址发掘报告（1983～2003年度）》，文物出版社，2012年。

林留根：《论顺山集文化》，《考古》2017年第3期。

凌纯声：《中国古代神主与阴阳性器崇拜》，《民族学研究所集刊》（第8集），民族学研究所，1959年。

刘斌：《崧泽文化与良渚文化玉器的比较研究》，《海峡两岸古玉学会议论文专辑》，2001年。

刘敦愿：《日照两城镇龙山文化遗址调查》，《考古学报》1958年第1期。

刘佳媛：《凌家滩遗址的玉璜研究》，南京师范大学硕士学位论文，2014年。

刘松林、王同革：《试从韦岗遗址的发掘成果来看凌家滩文化特质》，《巢湖学院学报》2015年第5期。

刘晓芹：《凌家滩人体装饰品研究》，安徽大学硕士学位论文，2012年。

刘志岩、孙林、高蒙河：《苏北海岸线变迁的考古地理研究》，《南方文物》2006年第4期。

刘志一：《贾湖龟甲刻符考释及其他》，《中原文物》2003年第2期。

龙虬庄遗址考古队：《龙虬庄：江淮东部新石器时代遗址发掘报告》，科学出版社，1999年。

卢德佩：《浅谈大溪文化的陶支座》，《史前研究》1984年第4期。

卢茂村：《浅议安徽省薛家岗遗址出土的石刀》，《农业考古》1995年第3期。

陆思贤：《新石器时代的鸟形装饰与太阳崇拜》，《史前研究》1986年第Z1期。

栾丰实：《北辛文化——海岱地区史前文化的承前启后时期》，《栾丰实考古文集》，文物出版社，2017年。

栾丰实：《北辛文化研究》，《考古学报》1998年第3期。

栾丰实：《海岱地区考古研究》，山东大学出版社，1997年。

栾丰实：《海岱地区史前考古的新进展》，《山东大学学报（哲学社会科学版）》2006年第5期。

栾丰实：《试论仰韶时代东方与中原的关系》，《考古》1996年第4期。

栾丰实：《中国史前文化中的八角星图案初探》，《南艺学报》2010年第1期。

罗家角考古队：《桐乡县罗家角遗址发掘报告》，《浙江省文物考古所学刊》，文物出版社，1981年。

罗武宏：《淮河流域稻作农业起源的植硅体新证》，中国科学技术大学博士学位论文，2014年。

罗运兵：《薛家岗文化研究》，武汉大学硕士学位论文，2004年。

罗运兵：《薛家岗文化与周邻文化的关系》，《道远集——安徽省文物考古研究所五十年文集（1957～2008），黄山书社，2008年。

罗运兵：《中国古代猪类驯化、饲养与仪式性使用》，科学出版社，2012年。

罗运兵、张居中：《河南舞阳县贾湖遗址出土猪骨的再研究》，《考古》2008年第1期。

吕利亚、毛振伟、朔知等：《从张四墩遗址看薛家岗文化的去向》，《南方文物》2007年第1期。

吕利亚、毛振伟、朔知等：《薛家岗遗址出土古陶的产地分析》，《中原文物》2007年第5期。

马春梅、朱诚、朱光耀等：《安徽蒙城尉迟寺遗址地层的磁化率与元素地球化学记录研究》，《地层学杂志》2006年第2期。

马萧林：《灵宝西坡遗址家猪的年龄结构及相关问题》，《华夏考古》2007年第1期。

马玉凤、李双权、潘星慧：《黄河冲积扇发育研究述评》，《地理学报》2015年第1期。

矛盾：《神话研究》，百花文艺出版社，1981年。

梅术文：《薛家岗文化陶球用途探讨》，《边疆考古研究》（第16辑），科学出版社，2016年。

梅术文：《薛家岗文化研究——以陶器为视角的编年序列的建立和谱系关系的梳理》，吉林大学博士学位论文，2015年。

南京博物院：《北阴阳营——新石器时代及商周时期遗址发掘报告》，文物出版社，1993年。

南京博物院：《花厅——新石器时代墓地发掘报告》，文物出版社，2003年。

南京博物院：《江苏邳县大墩子遗址第二次发掘》，《考古学集刊》（第1集），中国社会科学出版社，1981年。

南京博物院：《江苏邳县刘林新石器时代遗址第二次发掘》，《考古学报》1965年第2期。

南京博物院：《江苏沭阳万北遗址新石器时代遗存发掘简报》，《东南文化》1992年第1期。

南京博物院、泗洪县博物馆：《顺山集——泗洪县新石器时代遗址考古发掘报告》，科学出版社，2016年。

南京博物院考古研究所、泗洪县博物馆：《江苏泗洪顺山集新石器时代遗址发掘报告》，《考古学报》2014年第4期。

南京博物院考古研究所、泗洪县博物馆：《江苏泗洪县顺山集新石器时代遗址》，《考古》2013年第7期。

南京市文物局、南京市博物馆、高淳县文管所：《江苏高淳县薛城新石器时代遗址发掘简报》，《考古》2000年第5期。

钱济丰：《历史时期淮河流域沉积环境的变迁》，《安徽师大学报（自然科学版）》1984年第2期。

青海省文物管理处考古队、中国社会科学院考古研究所：《青海柳湾》，文物出版社，1984年。

邱振威、庄丽娜、林留根：《江苏泗洪韩井遗址水稻驯化的植硅体证据及相关问题》，《东南文化》2018年第1期。

裘士京：《原始刻划符号性质与文字起源刍议》，《吕梁学院学报》2011年第1期。

裘锡圭：《汉字形成问题的初步探索》，《中国语文》1978年第3期。

裘锡圭：《究竟是不是文字——谈谈我国新石器时代使用的符号》，《文物天地》1993年2期。

裘锡圭：《裘锡生学术文集·语言文字与古文献卷》，复旦大学出版社，2012年。

饶宗颐：《未有文字以前表示“方位”与“数理关系”的玉版——含山出土玉版小论》，《文物研究》（第6辑），黄山书社，1990年。

任光云：《亚洲栽培稻与非洲栽培稻种间杂种不育的遗传研究》，云南农业大学硕士学位论文，2006年。

任式楠：《薛家岗葬俗述要》，《文物研究》（第5辑），黄山书社，1989年。

山东省博物馆：《山东曲阜新石器时代遗址调查》，《考古》1963年第7期。

山东省文物管理处、济南市博物馆：《大汶口——新石器时代墓葬发掘报告》，文物出版社，1974年。

山东省文物考古研究所、临朐县文物保管所：《临朐县西朱封龙山文化重椁墓的清理》，《海岱考古》（第一辑），山东大学出版社，1989年。

上海市文物保管委员会：《崧泽——新石器时代遗址发掘报告》，文物出版社，1987年。

上海市文物管理委员会：《1994—1995年上海青浦崧泽遗址的发掘》，《上海博物馆集刊》（第8期），上海书画出版社，2000年。

尚民杰：《柳湾彩陶符号试析》，《考古与文物》1990年第3期。

邵望平、高广仁：《淮系古文化概说》，《中国史前考古学研究——祝贺石兴邦先生考古半世纪暨八秩华诞文集》，三秦出版社，2004年。

邵望平、汪遵国：《迎接中国考古学的新世纪——中国考古学会理事长苏秉琦教授访谈录》，《东南文化》1993年第1期。

施昕更：《良渚——杭县第二区黑陶文化遗址初步报告》，浙江省教育厅，1938年。

施雅风：《中国全新世大暖期气候与环境》，海洋出版社，1992年。

十工：《以薛家岗早期墓葬出土的陶鬶为例——兼谈从马家浜至崧泽早期长江中下游鬶的源流》，《文物研究》（第17辑），科学出版社，2010年。

朔知：《安徽淮河流域早期原始文化略说》，《东南文化》1999年第5期。

朔知：《安徽新石器时代绘彩陶器》，《中原文物》2000年第3期。

朔知：《安徽新石器时代考古概述》，《华夏考古》1998年第3期。

朔知：《初识薛家岗与良渚的文化交流——兼论皖江流域通道与太湖南道问题》，《浙江省文物考古研究所学刊》（八），科学出版社，2006年。

朔知：《从凌家滩文化看中国文明的起源》，《安徽史学》2000年第3期。

朔知：《沟汀遗址的年代及皖南山区新石器遗址的几个问题》，《考古与文物》2002年第5期。

朔知：《凌家滩祭坛遗迹试论》，《凌家滩文化研究》，文物出版社，2006年。

朔知：《崧泽时代皖江两岸的聚落与文化》，《东南文化》2015年第1期。

朔知：《皖江区域考古的意义》，《文物研究》（第14辑），黄山书社，2015年。

朔知：《皖西南新石器时代文化的变迁》，《南方文物》2006年第2期。

朔知、杨德彪：《薛家岗石刀钻孔定位与制作技术的观测研究》，《中国历史文物》2003年第6期。

崧泽遗址考古队：《上海青浦崧泽遗址考古发掘获重要成果——发现马家浜文化时期多项重要遗迹》，《中国文物报》2004年6月9日第一版。

宋恩常：《泰国农村调查研究》，云南大学历史研究所民族组，1976年。

宋建：《江淮地区早期文明进程的断裂与边缘化》，《文物研究》（第15辑），黄山书社，2007年。

宋康年：《黄家堰出土的玉饰品》，《中国文物报》2001年8月29日第8版。

宋艳波：《济南地区后李文化时期动物遗存综合分析》，《华夏考古》2016年第3期。

宋艳波、饶小燕、贾庆元：《濉溪石山孜遗址出土动物遗存分析》，《濉溪石山孜——石山孜遗址第二、三次发掘报告》，文物出版社，2017年。

宋兆麟：《后洼遗址雕塑品中的巫术寓意》，《文物》1989年第12期。

宋兆麟：《原始的生育信仰：兼论图腾和石祖崇拜》，《史前研究》1983年第1期。

宋兆麟：《中国史前的女神信仰》，《中国历史博物馆馆刊》1995年第1期。

苏秉琦：《辽西古文化古城古国——试论当前考古工作重点和大课题》，《辽海文物学刊创刊号》，《辽海文物学刊》发行部，1986年。

苏秉琦：《略谈我国东南沿海地区的新石器时代考古——在长江下游新石器时代文化考古学术讨论会上的一次发言提纲》，《文物》1978年第3期。

苏秉琦、殷玮璋：《关于考古学文化的区系类型问题》，《文物》1981年第5期。

苏诚鉴：《“输会”合肥的兴衰》，《安徽史学》1986年第1期。

孙保瑞：《探寻伏牛山先秦文明》，中州古籍出版社，2012年。

孙广清：《河南裴李岗文化的分布和地域类型》，《华夏考古》1992年第4期。

孙启锐：《后李文化研究》，山东大学硕士学位论文，2014年。

唐建：《贾湖遗址新石器时代甲骨契刻符号的重大考古理论意义》，《复旦学报（社会科学版）》1992年第3期。

田晓四、朱诚、水涛等：《江苏省泗洪县顺山集遗址哺乳动物牙釉质C，O稳定同位素记录的食性特征、生态环境和季节变化》，《科学通报》2013年第30期。

万智巍、杨晓燕、葛全胜等：《淀粉粒分析揭示的赣江中游地区新石器晚期人类对植物的利用情况》，《中国科学：地球科学》2012年第10期。

万智巍、杨晓燕、葛全胜等：《中国南方现代块根块茎类植物淀粉粒形态分析》，《第四纪研究》2011年第4期。

万智巍、杨晓燕、李明启等：《中国常见现代淀粉粒数据库》，《第四纪研究》2012年第2期。

汪宁生：《从原始记事到文字发明》，《考古学报》1981年第1期。

王灿：《中原地区早期农业-人类活动及其与气候变化关系研究》，中国科学院大学博士毕业论文，2016年。

王晖：《从蚌埠双墩遗址陶符看史前陶器刻划符号的性质》，《宝鸡文理学院学报（社会科学版）》2013年第6期。

王晖：《中国文字起源时代研究》，《陕西师范大学学报（哲学社会科学版）》2011年第3期。

王辉：《安徽省长江沿岸工程地质分区研究》，合肥工业大学硕士学位论文，2014年。

王磊：《淮河流域史前刻划符号及相关问题研究》，《华夏考古》2016年第3期。

王磊、陈亮：《淮河流域史前刻划符号研究》，《黑龙江史志》2009年第8期。

王荣、朔知、王昌燧：《薛家岗玉器加工工艺的微痕迹初探》，《文物保护与考古科学》2009年第4期。

王宇：《试谈蚌埠双墩遗址出土靴形器功用》，《南方文物》2011年第4期。

王东阳：《中国审美意识之心理考古》，吉林大学博士学位论文，2012年。

王宁远、蒋卫东、李林等：《浙江海盐仙坛庙发现崧泽文化早期到良渚文化晚期文化遗存》，《中国文物报》2004年2月4日第一版。

王仁湘：《黄河流域新石器时代的骨制生产工具》，《中国考古学论丛》，科学出版社，1993年。

王仁湘：《善自约束：古代带钩与带扣》，上海古籍出版社，2012年。

王仁湘：《仰韶文化渊源研究检视》，《考古》2003年第6期。

王仁湘：《中国史前的纵梁冠——由凌家滩遗址出土玉人说起》，《中原文物》2007年第3期。

王绍武：《4.2kaBP事件》，《气候变化研究进展》2010年第1期。

王树明：《双墩碗底刻文与大汶口陶尊文字》，《中原文物》2006年第2期。

王树明：《谈陵阳河与大朱村出土的陶尊“文字”》，《山东史前文化论文集》，齐鲁书社，1986年。

王心源、吴立、张广胜等：《安徽巢湖全新世湖泊沉积物磁化率与粒度组合的变化特征及其环境意义》，《地理科学》2008年第4期。

王心源、张广胜、张恩楼等：《巢湖湖泊沉积记录的早—中全新世环境演化研究》，《科学通报》2008年第S1期。

王兴堂、蒋晓春、黄秋鸯：《裴李岗文化陶鼎的类型学分析——兼谈陶鼎的渊源》，《中原文物》2009年第2期。

王宜涛：《我国最早的儿童玩具——陶陀罗》，《考古与文物》1999年第5期。

王永波、王守功、李振光：《海岱地区史前考古的新课题——试论后李文化》，《考古》1994年第3期。

王永磊：《环太湖地区马家浜时期文化研究》，山东大学硕士学位论文，2013年。

王蕴智：《双墩符号的文化特征及其性质》，《中国海洋大学学报（社会科学版）》2011

年第5期。

王蕴智：《从双墩文化刻画符号看中国文字起源的多元性》，《古文字研究》（第28辑），中华书局，2010年。

王增林：《植物硅酸体分析在安徽蒙城尉迟寺遗址中的应用》，《考古》1995年第1期。

王震中：《中心聚落形态、原始宗邑与酋邦社会的整合研究》，《重建中国上古史的探索》，云南人民出版社，2015年。

王志俊：《关中地区仰韶文化刻划符号综述》，《考古与文物》1980年第3期。

韦存虚、张军、周卫东等：《水稻胚乳淀粉体被膜的降解和复粒淀粉粒概念的探讨》，《中国水稻科学》2008年第4期。

魏长虹：《红山文化与凌家滩文化玉器的比较研究》，吉林大学硕士学位论文，2009年。

魏正瑾：《宁镇地区新石器时代文化的特点与分期》，《考古》1983年第9期。

吴立、王心源、周昆叔等：《巢湖流域新石器至汉代古聚落变更与环境变迁》，《地理学报》2009年第1期。

吴苏：《圩墩新石器时代遗址发掘简报》，《考古》1978年第4期。

吴伟：《史前支脚器具的兴衰与史前农业进程》，《农业考古》2012年第3期。

吴加安：《安徽北部的新石器文化遗存》，《考古》1996年第9期。

吴加安、梁中合、王吉怀：《皖北地区新石器文化遗存及其性质》，《文物研究》（第8辑），黄山书社，1993年。

吴汝祚：《薛家岗遗址和北阴阳营遗址的关系以及有关问题的探讨》，《文物研究》（第9辑），黄山书社，1994年。

吴山菁：《略论青莲岗文化》，《文物》1973年第6期。

吴诗池：《山东新石器时代农业考古概述》，《农业考古》1983年第2期。

吴文婉、林留根、甘恢元等：《泗洪顺山集二期聚落环境与生业的植硅体证据》，《中国农史》2017年第1期。

西安半坡博物馆：《史前研究》，三秦出版社，2000年。

西安半坡博物馆：《铜川李家沟新石器时代遗址发掘报告》，《考古与文物》1984年第1期。

夏鼐：《关于考古学上文化的定名问题》，《考古》1959年第4期。

夏浙新：《凌家滩遗址新石器时代文化因素分析》，上海社会科学院硕士学位论文，2014年。

夏正楷：《环境考古学——理论与实践》，北京大学出版社，2012年。

向绪成：《试论黄冈地区新石器时代文化》，《鄂东考古发现与研究》，湖北科学技术出版社，1999年。

肖梦龙：《江淮地区和江南古文化的交融》，《南方文物》1996年第2期。

解华顶：《蚌埠双墩新石器时代遗址出土鹿角靴形器功用考》，《中国文物报》2008年12月26日第7版。

徐繁：《繁昌县缪墩遗址调查简报》，《文物研究》（第7辑），黄山书社，1991年。

徐海：《中国全新世气候变化研究进展》，《地质地球化学》2001年第2期。

徐大立：《蚌埠双墩新石器遗址陶器刻划初论》，《文物研究》（第5辑），黄山书社，1989年。

徐大立：《蚌埠双墩遗址“⌑”形刻划符号释义》，《东南文化》2007年第6期。

徐大立：《蚌埠双墩遗址刻划符号》，《中国文物报》2005年12月16日第7版。

徐大立：《蚌埠双墩遗址刻画符号简述》，《中原文物》2008年第3期。

徐大立：《从蚌埠双墩遗址出土的巢居刻划谈起》，《第二届淮河文化研讨会论文集》，2003年。

徐大立：《试析双墩遗址植物类刻划符号》，《东南文化》2006年第6期。

徐凤芹：《凌家滩遗址出土玉璜及其相关问题研究》，南京大学硕士学位论文，2011年。

徐近之：《淮北平原与淮河中游的地文》，《地理学报》1953年第2期。

徐义华：《从新石器时代墓葬随葬器物看社会的演进》，《辽宁师范大学学报（社会科学版）》2016年第3期。

徐中舒：《甲骨文字典》，四川辞书出版社，1989年。

许绍银、许可：《中国陶瓷辞典》，中国文史出版社，2013年。

烟台市博物馆、栖霞牟氏庄园文物管理处：《山东栖霞市古镇都新石器时代遗址发掘简报》，《考古》2008年第2期。

严汝娴：《普米族的刻划符号——兼谈对仰韶文化刻划符号的看法》，《考古》1982年第3期。

严文明：《安徽新石器文化发展谱系的初步观察》，《文物研究》（第5辑），黄山书社，1989年。

严文明：《中国古代的陶支脚》，《考古》1982年第6期。

严文明：《中国史前文化的统一性与多样性》，《文物》1987年第3期。

颜张奕：《史前时代鹿角勾型器研究》，安徽大学硕士学位论文，2016年。

杨晶：《关于凌家滩墓地的分期与年代问题》，《文物研究》（第15辑），黄山书社，2007年。

杨晶、蒋卫东：《玉器国魂——中国古代玉器与传统文化学术讨论会文集》（五），浙江古籍出版社，2012年。

杨伯达：《关于凌家滩出土史前古玉的管见》，《凌家滩文化研究》，文物出版社，2006年。

杨德彪：《安徽江淮地区新石器时代文化》，《文物研究》（第7辑），黄山书社，1991年。

杨德彪：《屯溪下林塘遗址试掘简报》，《文物研究》（第1辑），黄山书社，1985年。

杨立新：《安徽淮河流域原始文化》，《纪念城子崖遗址发掘60周年国际学术讨论会文集》，齐鲁书社，1993年。

杨立新：《安徽江淮地区原始文化初探》，《文物研究》（第4辑），黄山书社，1988年。

杨立新：《安徽考古的世纪回顾与思索》，《考古》2002年第2期。

杨立新：《江淮地区文明化进程的考古学观察》，《文物研究》（第15辑），黄山书社，2007年。

杨立新：《皖南原始文化刍议》，《文物研究》（第7辑），黄山书社，1991年。

杨晓燕：《中国古代淀粉研究：进展与问题》，《第四纪研究》2017年第1期。

杨晓燕、蒋乐平：《淀粉粒分析揭示浙江跨湖桥遗址人类的食物构成》，《中国科学（D辑）：地球科学》2010年第7期。

杨晓燕、孔昭宸、刘长江等：《中国北方主要坚果类淀粉粒形态对比》，《第四纪研究》2009年第1期。

杨晓燕、孔昭宸、刘长江等：《中国北方现代粟、黍及其野生近缘种的淀粉粒形态数据分析》，《第四纪研究》2010年第2期。

杨晓燕、孔昭宸、刘长江等：《中国北方主要坚果类淀粉粒形态对比》，《第四纪研究》2009年第1期。

杨学政：《揭秘原始性崇拜密码》，云南人民出版社，2008年。

杨玉璋、Li Weiya、姚凌等：《淀粉粒分析揭示的江苏泗洪顺山集遗址古人类植物性食物来源与石器功能》，《中国科学：地球科学》2016年第7期。

杨玉璋、李为亚、姚凌等：《淀粉粒分析揭示的河南唐户遗址裴李岗文化古人类植物性食物资源利用》，《第四纪研究》2015年第1期。

姚凌：《植物淀粉粒分析方法的探讨及其在中国新石器时代遗址研究中的应用》，中国科学技术大学博士学位论文，2016年。

姚倩星：《侯家寨遗址出土陶器分期研究》，安徽大学硕士学位论文，2018年。

叶润清：《安徽马鞍山烟墩山遗址发现新石器至西周文化遗存》，《中国文物报》2004年6月11日第1版。

叶舒宪：《鹰熊、鸮熊与天熊——鸟兽合体神话意象及其史前起源》，《民族艺术》2010年第1期。

尹检顺：《汤家岗文化初论》，《南方文物》2007年第2期。

于锦绣：《玉与灵物崇拜——中国玉文化的原始宗教学研究》，《中国玉文化玉学论丛》，紫禁城出版社，2002年。

于省吾：《商周金文录遗·序言》，中华书局，1993年。

余杭县文管会：《余杭县出土的良渚文化和马桥文化的陶器刻划符号》，《东南文化》1991年5期。

俞为洁、徐耀良：《河姆渡文化植物遗存的研究》，《东南文化》2000年第7期。

俞伟超：《含山凌家滩玉器反映的信仰状况》，《古史的考古学探索》，文物出版社，2002年。

袁靖：《动物考古学揭密古代人类和动物的相互关系》，《西部考古》（第二辑），科学出版社，2007年。

袁靖：《论黄河流域和长江流域史前居民获取肉食资源方式的差异》，《科技考古文集》，文物出版社，2009年。

袁靖：《中国古代家养动物的动物考古学研究》，《第四纪研究》2010年第2期。

袁靖、陈亮：《尉迟寺遗址动物骨骼研究报告》，《蒙城尉迟寺》，科学出版社，2001年。

袁珂：《山海经校注》，上海古籍出版社，1980年。

袁珂：《中国神话传说》（简明版），北京联合出版公司，2015年。

原长办考古队河南分队：《淅川下集新石器时代遗址发掘报告》，《中原文物》1989年第1期。

张弛：《安徽史前考古的一部补白之作——潜山薛家岗》，《文物》2005年12期。

张弛：《大溪、北阴阳营和薛家岗的石、玉器工业》，《考古学研究》（四），科学出版社，2000年。

张东：《江淮走廊的新石器时代文化研究》，北京大学博士学位论文，2014年。

张捷：《双墩和凌家滩纹饰沿革分析》，《文物研究》（第15辑），黄山书社，2007年。

张娟、杨玉璋、张义中等：《安徽蚌埠钓鱼台遗址炭化植物遗存研究》，《第四纪研究》2018年第2期。

张莉、王吉怀：《改革开放以来皖北地区考古收获和意义》，《文物研究》（第17辑），黄山书社，2010年。

张敏：《崧泽文化三题》，《东南文化》2015年第1期。

张涛：《中国古代婚姻》，山东教育出版社，1990年。

张伟：《淮河中下游流域新石器彩陶初探》，安徽大学硕士学位论文，2013年。

张德水：《祭坛与文明》，《中原文物》1997年第1期。

张德水：《新石器时代典型巫师墓葬剖析》，《中原文物》1998年第4期。

张光直：《古代中国及其在人类学上的意义》，《史前研究》1985年第2期。

张光直：《中国相互作用圈与文明的形成》，《庆祝苏秉琦考古五十五年论文集》，文物出版社，1989年。

张广胜、朱诚、王吉怀等：《安徽蚌埠禹会村遗址4.5～4.0kaBP龙山文化的环境考古》，《地理学报》2009年第7期。

张宏明：《安徽出土史前玉器的初步研究》，《出土玉器鉴定与研究》，紫禁城出版社，2001年。

张宏明：《皖南地区经济、文化的源头——试论石器时代的皖南开发》，《文物研究》（第11辑），黄山书社，1998年。

张宏彦：《黄河流域史前文化变化过程的环境考古学观察》，《考古与文物》2009年第4期。

张宏彦：《中国史前考古学导论》，高等教育出版社，2003年。

张江凯：《略论北辛文化及其相关问题》，《考古学研究》（四），科学出版社，2000年。

张江凯、魏峻：《新石器时代考古》，文物出版社，2004年。

张敬国：《近年来安徽淮北地区新石器时代考古的主要收获》，《文物研究》（第9辑），黄山书社，1994年。

张居中、尹若春、杨玉璋等：《淮河中游地区稻作农业考古调查报告》，《农业考古》2004年第3期。

张明华、王惠菊：《太湖地区新石器时代的陶文》，《考古》1990年第10期。

张童心、王斌：《马家浜文化生成因素三题》，《东南文化》2014年第1期。

张文军、张志清、赵新平：《试析河南鹿邑县武庄遗址新石器时代文化遗存》，《考古》2003年第2期。

张小雷：《淮河流域新石器时代文化格局研究》，山东大学博士学位论文，2018年。

张小雷：《简论中国古代的靴形鹿角器》，《中原文物》2011年第4期。

张小雷、张伟、何钰婧：《安徽泗县新石器时代中期遗址的调查与研究》，《东南文化》2018年第1期。

张照根、朱颖浩：《江苏吴江市同里遗址进行抢救性发掘》，《中国文物报》2004年12月1日第一版。

张之恒：《中国新石器时代考古》，南京大学出版社，2004年。

章丘市博物馆：《山东章丘市焦家遗址调查》，《考古》1998年第6期。

赵国华：《生殖崇拜文化论》，中国社会科学出版社，1990年。

赵辉：《崧泽墓地随葬陶器的编年研究》，《东南文化》2000年第3期。

赵琳、马春梅、张广胜等：《安徽蚌埠禹会村遗址地层的孢粉记录研究》，《微体古生物学报》2013年第4期。

赵善德：《薛家岗新石器遗存分期的讨论》，《江汉考古》1988年第4期。

赵希涛、唐领余、沈才明等：《江苏建湖庆丰剖面全新世气候变迁和海面变化》，《海洋学报》1994年第1期。

赵晓明：《薏苡》，中国林业出版社，2000年。

赵雅楠：《黄河下游及其以北地区新石器时代陶支脚刍议》，《中原文物》2016年第6期。

赵志军：《植物考古学：理论、方法和实践》，科学出版社，2010年。

赵志军、张居中：《贾湖遗址2001年度浮选结果分析报告》，《考古》2009年第8期。

浙江省文物考古研究所：《河姆渡——新石器时代遗址发掘报告》，文物出版社，2003年。

浙江省文物考古研究所：《良渚遗址群考古报告之四——庙前》，文物出版社，2005年。

浙江省文物考古研究所：《南河浜——崧泽文化遗址发掘报告》，文物出版社，2005年。

浙江省文物考古研究所：《余杭吴家埠新石器时代遗址》，《浙江省文物考古研究所学刊（1980～1990）》，科学出版社，1993年。

浙江省文物考古研究所：《浙江嘉兴南河浜遗址发掘简报》，《文物》2005年第6期。

浙江省文物考古研究所等：《浙江平湖市庄桥坟良渚文化遗址及墓地》，《考古》2005年第7期。

浙江省文物考古研究所、海盐县博物馆：《海盐仙坛庙遗址的早中期遗存》，《浙北崧泽文化考古报告集（1996～2014）》，文物出版社，2014年。

浙江省文物考古研究所、海盐县博物馆：《浙江海盐县龙潭港良渚文化墓地》，《考古》2001年第10期。

浙江省文物考古研究所、湖州市文物保护管理所：《湖州塔地遗址的崧泽文化遗存》，《浙北崧泽文化考古报告集（1996～2014）》，文物出版社，2014年。

郑州市文物考古研究所：《郑州大河村》，科学出版社，2001年。

中国科学院考古研究所、陕西省西安半坡博物馆：《西安半坡》，文物出版社，1963年。

中国科学院考古研究所：《庙底沟与三里桥》，科学出版社，1959年。

中国历史博物馆考古部、山西省考古研究所、垣曲县博物馆：《垣曲古城东关》，科学出版社，2001年。

中国社会科学院考古研究所：《黄梅塞墩》，文物出版社，2010年。

中国社会科学院考古研究所：《胶县三里河》，文物出版社，1988年。

中国社会科学院考古研究所：《蒙城尉迟寺——皖北新石器时代聚落遗存的发掘与研究》，科学出版社，2001年。

中国社会科学院考古研究所：《山东王因——新石器时代遗址发掘报告》，科学出版社，2000年。

中国社会科学院考古研究所：《中国考古学·新石器时代卷》，中国社会科学出版社，2010年。

中国社会科学院考古研究所、安徽省蚌埠市博物馆：《蚌埠禹会村》，科学出版社，2013年。

中国社会科学院考古研究所、安徽省蒙城县文化局：《蒙城尉迟寺》（第二部），科学出版社，2007年。

中国社会科学院考古研究所安徽队：《安徽宿县小山口和古台寺遗址试掘简报》，《考古》1993年第12期。

中国社会科学院考古研究所安徽工作队、蚌埠市博物馆：《安徽蚌埠市禹会龙山文化遗址祭祀台基发掘简报》，《考古》2013年第1期。

中国社会科学院考古研究所河南二队：《河南临汝煤山遗址发掘报告》，《考古学报》1982年第4期。

中国社会科学院考古研究所科技考古中心：《考古遗址出土动物骨骼图谱》，文物出版社，待刊。

中国社会科学院考古研究所山东队、山东省滕县博物馆：《山东滕县北辛遗址发掘报告》，《考古学报》1984年第2期。

中央研究院历史语言研究所：《城子崖》，中央研究院历史语言研究所，1934年。

仲召兵：《环太湖地区崧泽文化末期考古学文化面貌及聚落的变迁——兼谈崧泽文化与良渚文化的分界》，《东南文化》2013年第3期。

仲召兵：《长江下游地区崧泽文化圈的形成》，《东方考古》（第11集），科学出版社，2015年。

周到：《南阳汉画象石中的几幅天象图》，《考古》1975年第1期。

周军、朱亮：《驻马店杨庄遗址发现的兽骨及其意义》，《考古与文物》1998年第5期。

周国平：《柳林溪遗址出土的刻划符号及初步研究》，《2003年三峡文物保护与考古学研究学术研讨会论文集》，科学出版社，2003年。

朱天顺：《中国古代宗教初探》，上海人民出版社，1982年。

朱维铮、周予同：《经学史论著选集》，上海人民出版社，1996年。

竺可桢：《中国近五千年来气候变迁的初步研究》，《考古学报》1972年第1期。

庄丽娜：《薛家岗文化石料利用特点及产源初探——兼及石器产地讨论》，《南方文物》2008年第3期。

邹厚本、谷建祥：《青莲岗文化再研究》，《东南文化》1992年第1期。

〔英〕西蒙·赫森著，侯彦峰、马萧林译：《哺乳动物骨骼和牙齿鉴定方法指南》，科学出版社，2012年。

〔德〕费尔巴哈著，王太庆译：《宗教的本质》，商务印书馆，2010年。

〔瑞士〕伊丽莎白·施密德著，李天元译：《动物骨骼图谱》，中国地质大学出版社，1991年。

内 容 提 要

侯家寨遗址位于淮河流域安徽省定远县七里塘乡潘庄村境内，是一处距今7000～6000年的新石器时代文化中心聚落遗址。该遗址1977年发现，为长方形台地，面积 3万余平方米。1985年和1986年分别进行过两次小规模375平方米的考古发掘，文化层最厚达2.5米左右，可分为四个自然文化地层。出土大量陶器、石器、骨角器和动物骨骼等文化遗物，还发现大量的陶器刻划符号，取得一批具有两期自身特征的新石器时代考古学文化新资料。该遗址上下两期文化的地层关系和器物群特征：第3、4两层为下层一期文化。陶器质地粗糙，器壁厚重，皆手制，器形多较大，器表除了少量的指切纹外，多素面磨光。流行鋬手、耳系、平底、矮圈足等器类，器形有釜形器、祖形支架、罐、钵、碗、豆等。石器数量少，多为利用原始石料稍作加工。鹿角勾形器比较发达。值得一提的是在碗底圈足内发现80余件刻划符号。还出土大量的猪、鹿、牛、豹、虎、鱼类、介壳类、鸟类等几十种动物骨骼。第1层下的第2层和灰坑、残房基等遗迹为上层二期文化。陶器有红褐陶、灰陶、黑陶，纹饰多素面，少量指切纹、镂空、弦纹。陶器流行三足、平底、圈足、鋬手、耳系等，器形有鼎、甑、罐、碗、钵、豆、盆、盂形器等。最有特征的是在一期红衣或红口彩陶器的基础上发展起来的大量红色彩绘纹饰陶器。还发现残房基、灰坑和动物骨骼等。该遗址内涵丰富，时代早，两期考古学文化面貌新颖，下层一期器物群与蚌埠双墩遗址内涵相同，其文化属性为“双墩文化”；上层二期器物群区别于周边其他文化，命名为“侯家寨文化”。侯家寨是安徽省最早发现具有自身两期考古学文化特征的新石器时代遗址，其考古发掘研究成果，为淮河中游地区新石器时代考古树立了标尺，填补了该地区考古学文化的空白，对建立该地区新石器时代考古学分期框架和文化谱系研究具有极其重要的价值意义。

本报告的出版对考古学、古文字学、文物博物馆学、历史学、陶瓷学、动物学、生态环境学及淮河中游地区历史与文化学研究具有重要的参考价值。

Abstract

Houjiazhai site located in Panzhuang Village, Qilitang Township, Dingyuan County, Anhui Province, in the Huai River Valley, is a settlement site of the Neolithic age about 6,000 to 7,000 years ago. It is a rectangular terrace, covering an area of more than 30,000 square meters. The site was first discovered in 1977, and two small-scale archaeological excavations of 375 square meters were carried out in 1985 and 1986. The cultural layer is up to 2.5 meters thick and can be divided into four natural and cultural strata. A large number of cultural relics such as pottery, stone tools, bone horns and animal bones have been excavated, and many pottery carved symbols have been found, and lots of new materials of Neolithic archaeological culture with their own characteristics in the two periods have been obtained. According to the stratigraphy and artifact group characteristics of the two periods of culture at the site, the remains of this site can be divided into two phases of cultures. Strata ③ and ④ belonged to the lower early culture, the pottery of which were all handmade, coarse with thick bodies and large sizes; except for a few finger cuts, most of the pottery are plain-polished. The shapes of handle, three legs, flat-bottom, ear-shaped lugs, low ring foot were popular, and the main types of pottery wares were kettle, phallus-shaped vesselstands, jars, bo-bowls, bowls, dou-stemmed bowls, etc. The number of stone tools is less, and most of them are slightly processed by using original stone materials. Antler hook device is relatively developed. What is worth mentioning is that more than 80 carved symbols have been found in the foot of the bottom circle of the bowl. In addition, the site has also unearthed a large number of pigs, deer, cattle, leopards, tigers, fish, scale shells, birds and other dozens of animal bones. Strata ① and ② and the ash pits, house foundations and other features belongs to the upper layer culture. The pottery wares of this culture have been made of reddish-brown pottery, gray pottery and black pottery, most of which are plain, plus some fingerprint patterns, cut-out patterns and bowstring patterns, and the most typical ones are some red color-painted pottery wares. Houjiazhai site is the first Neolithic site discovered in Anhui province with its own two archaeological cultural characteristics. Its archaeological excavation research results have set a yardstick for Neolithic archaeology in the middle reaches of the Huai River, filled the gap of archaeological culture in the region, and are of great value to the establishment of the Neolithic archaeological staging framework and cultural genealogy research in the region.

The publication of this report is of great reference value to the study of archaeology, paleography, cultural relics museology, history, ceramics, zoology, ecological environment and the study of history and culture in the middle reaches of the Huai River.

后　记

侯家寨遗址1977年春发现，1985～1986年两次发掘，共发掘375平方米，取得一批重要的具有自身文化面貌的考古新材料，引起考古学界的高度关注和期望，我退休前也多次进行整理，却皆因没有场地和有其他工作被迫停下，发掘材料虽经历单位多次搬迁但尚有幸保存，为这次最终整理研究和报告的编写留下可能。

2012年我结束在蚌埠整理研究编写《蚌埠双墩》报告和发掘整理研究并编写出版双墩一号春秋墓《钟离君柏墓》10年后，回到合肥，按理说我2019年1月退休就可以在家不工作了。但是，当我回到合肥一想到经我们发掘的几个遗址的材料，特别是具有淮河流域7000～6000年两期新石器时代中期文化属性的侯家寨遗址这一重要发掘材料，如果不能得到整理研究并编写发掘报告将是我的终身遗憾。

当年发掘者之一的何长风副厅长在首次发现安徽省具有自身文化特征的新石器时代早中期文化遗存时，特地在北京大学向考古泰斗苏秉琦先生做了汇报。之后我们在《中国文物报》上发了一条安徽考古新发现，列入国家文物局“苏鲁豫皖先秦考古重点课题”项目中。大约2012年秋，在繁昌县参加古陶瓷学术会议时，一次早餐桌上遇见何长风先生（当时兼安徽省文物局长），我跟他说：我们当年一起发掘的侯家寨遗址那么重要的考古材料因我退休而得不到整理研究，又没有人能接手，深感遗憾。后来在厅、局、所诸位领导的支持下，我们在合肥经济开发区考古所科研基地对侯家寨遗址和繁昌洛冲窑、绩溪对面窑遗址发掘材料进行修复整理研究和报告的编撰工作，其间兼局长的何长风先生还专程到整理现场指导、看望我们邀请的湖北省文物考古研究所（现为研究院）的动物骨骼鉴定专家罗运兵、陶洋先生和技工。

在侯家寨遗址发掘材料整理研究中，合作单位凤阳县文物管理所还给我提供了研究和编写报告等工作平台的支撑。侯家寨遗址发掘材料整理研究期间，对中国科技大学和安徽大学考古专业师生开放，为数名在读博士后、博士、硕士和本科生提供资料进行课题研究并撰写毕业论文。2018年，正当侯家寨遗址整理工作接近完成之时，又因考古所整理室所在楼统一安装中央空调，将来之不易花了5年时间整理和修复的侯家寨遗址和两个窑址发掘材料仅完成器物修复还没有开始整理的文物全部打包装箱放到临时库房里去了。庆幸的是基本完成了侯家寨遗址报告编写的整理研究基础工作，所以才会有今天文本稿的完成。这里值得一说的是，如果今后不能对修复大批器物的两处窑址考古材料进行整理研究并编写报告也是非常可惜的。我最近在跟所长叶润清研究员谈到两个窑址发掘材料整理的事，他表示支持。由此可见，考古发掘工作相对容易而整理研究与报告编写的路径艰辛而曲折，更具不确定性。

侯家寨遗址发掘材料的整理研究和报告编写工作于34年后的2019年12月完成初稿。2020年5月安徽省文物考古研究所邀请张敏、杨立新、吴卫红、叶润清、李治益等专家集体审稿，根据大家的意见，对报告的体例重新进行了调整和修改。2020年12月修改稿完成后分册打印装订，特送请安徽省政协副主席李修松教授、安徽省文化和旅游厅副厅长何长风先生和安徽省文物考古研究所所长叶润清研究员审阅，并对他们提出的意见进行了修改，终将告罄，安徽省政协副主席李修松教授非常支持和肯定这部淮系历史节点考古报告的出版，给写了序言。出版招标工作于2021年6月完成后才最终与科学出版社签订合同。压在我心头几十年的冰块得以消融，深感无比欣慰。没有对不起淮河流域的先人们留下的历史见证；没有辜负作为一个几十年考古工作者的良知和职责；没有对不起参加发掘同志们的辛勤劳动和汗水；没有辜负领导与同事们的关心和支持；更没有辜负在南京大学课堂上蒋赞初老先生"安徽新石器考古学文化是一块空白地"的教诲。遗憾的是2018年以来多次与侯家寨遗址所属定远县文博部门沟通合作整理研究均不果。

侯家寨遗址考古发掘资料整理研究工作由阚绪杭研究馆员（考古领队）主持与主编，陈艳、唐更生担任副主编。本报告编写分工如下。

主编阚绪杭研究馆员承担报告的内容提要，第一、二章，第三章一、四节，第四章一、三节，第五、六章，后记，附录一、二等章节的编写；第七章和图页、图版的编排；全书统稿和修改、全部文物照相等工作，还有出版校对等。

副主编陈艳（安徽宿州学院副教授、淮北师范大学硕士生导师）全程参加资料整理研究工作，并承担报告的第三章第二、三节，第四章第二节和其他章节的合作编写，计编撰15万字余，并参加报告的修改工作等。

副主编唐更生（凤阳县文物管理所馆员）配合主编进行研究报告的编写工作，并合作第六章汉墓的整理编写等。

安徽大学博士后戴玲玲与湖北省文物考古研究院罗运兵、陶洋先生先后接续整理研究侯家寨遗址出土动物骨骼并编写鉴定研究报告，编写博士后论文《淮河中游地区的史前生业经济考察——侯家寨遗址出土动物骨骼研究》。其间还负责取骨骼样本送美国进行骨胶原年代数据测定工作等。

安徽大学硕士研究生高超（苏州市吴中区博物馆馆员）参加了整理期间的部分器物排队和整理初稿5万余字的编写工作。

山西临汾梁苏红（女）和王广珍夫妇负责陶器修复工作。

河北石家庄刘坠生负责绘图工作。

安徽省博物馆金春刚负责拓片工作。

本次在基地整理侯家寨遗址发掘材料时得到安徽省文物考古研究所王强先生的大力帮助和支持，如查找因考古所搬家放在临时库房不同角落的侯家寨考古发掘材料，整理相关事务及技工的管理工作等，在此深表感谢。

参加两次侯家寨遗址发掘工作的人员有安徽省文物考古研究所阚绪杭（考古领队）、定远县七里塘乡文化站张行芳；1986年秋发掘还有安徽省文物考古研究所何长风、胡欣民、韩立刚、汪景辉等同志参加。两次发掘工作得到当年定远县文化局和七里塘乡及潘庄大队领导的大力支持和帮助，在此深表感谢！对当年参加发掘工作付出辛勤劳动汗水的潘庄和袁庄村民们表示深深的感谢！

阚绪杭　于凤阳县博物馆

2019年12月初稿

2020年12月修改稿